朝鮮後期僧匠人名辭典

-佛教繪畫-

안 귀 숙 安貴淑

홍익대학교 대학원 미술사학과 졸업(文學博士)
문화재청 인천국제공항 문화재감정관실 감정위원
문화재청 문화재전문위원과 경기도 문화재위원 등
홍익대학교 출강

주요논문은 박사학위논문「중국 정병 연구」외에「朝鮮後期 鑄鐘匠 思印比丘에 관한 硏究」(『佛敎美術』, 1988),「조선후기 佛畵僧의 계보와 義謙比丘에 대한 연구」(『미술사연구』 8과 9, 1994-1995),「고려 佛具의 의미와 제작방법」(『佛法으로 피어난 금속공예』, 2006),「佛鉢의 도상적 성립과 전개」(『시각문화의 전통과 해석』, 2007) 등이 있다. 저서는『유기장』(2002, 화산문화)이 있다.

최 선 일 崔宣一

홍익대학교 대학원 미술사학과 졸업(文學博士)
문화재청 인천국제공항 문화재감정관실 감정위원
경기도 문화재전문위원
명지대학교 출강

주요논문은 박사학위논문「朝鮮後期 彫刻僧의 활동과 佛像 硏究」외에「朝鮮後期 彫刻僧 色難과 그 系譜」,「日本 高麗美術館 所藏 朝鮮後期 木造三尊佛龕」,「고양 상운사 목조아미타삼존불좌상과 조각승 進悅」,「17세기 조각승 守衍의 활동과 불상 연구」등이 있다. 저서는『朝鮮後期僧匠人名辭典－佛敎彫塑』(2007, 양사재)가 있다.

朝鮮後期僧匠人名辭典

－ 佛敎繪畵 －

초판 1쇄 인쇄 : 2008년 5월 13일
초판 1쇄 발행 : 2008년 5월 23일

엮은이 : 안귀숙·최선일
펴낸이 : 한정희
편 집 : 김소라, 김경주, 김하림, 신학태, 장호희, 한정주, 문영주
영 업 : 이화표
관 리 : 하재일
펴낸곳 : 도서출판 양사재

주 소 : 서울특별시 마포구 마포동 324-3
전 화 : 02-718-4831~2
팩 스 : 02-703-9711
이메일 : kyunginp@chol.com
홈페이지 : 한국학서적.kr / http://www.kyunginp.co.kr

값 45,000원
ISBN : 978-89-960255-2-8 93220

이 책은 사단법인 성보문화재연구원의 불화조사 결과물로 발간된『韓國의 佛畵』(전 40권) 등 畵記로부터 도움을 받아 출판되었기에 이에 감사드립니다.

朝鮮後期僧匠人名辭典

- 佛教繪畵 -

안 귀 숙·최 선 일

책을 내면서

　필자가 조선후기(1600-1910) 불화에 대해 관심을 갖게 된 때는 석사학위논문인 「조선후기 범종의 연구」를 준비하던 1980년부터이다. 전국 각지의 사찰에 있는 조선후기 범종을 조사하면서 대웅전을 비롯한 각 전각에 봉안되어 있는 불화도 자연스럽게 조사하게 되었다. 학부에서 금속공예를 전공하여 언제나 입체인 단조로운 금속만을 만지다가 형형색색으로 설채設彩된 불교회화는 평면이지만 여러 존상尊像들이 화면 가득히 배치되어 각기 다른 자유로운 시선과 운동감을 느낄 수 있어 오랫동안 시선을 고정시켰다. 근본적으로는 같은 시대의 미술이란 다양하면서도 결국에 그 근저에 동일한 양식을 공유하고 있다는 관점을 갖고 여러 유형의 자료를 수집하고 연구하면서 불교미술을 꿰뚫는 안목을 가지려고 노력하였다.

　이후 불교공예품을 만든 작가에 주목하여 「조선후기 주종장鑄鐘匠 사인비구思印比丘」(1988)의 작품세계를 연구하면서 당시에 활동하던 주종장들의 계보와 지역을 바탕으로 형성된 양식적 특징에 대해 알 수 있었다. 이 연구를 바탕으로 그동안 전국을 다니며 발품으로 모아온 불화 화기畵記와 사적기事蹟記 등의 각종 문헌자료를 분석하여 불화승佛畵僧의 작가론을 시도하게 되었다. 불화는 거룩한 부처님과 장엄한 불세계佛世界를 현현顯現시켜 중생들을 불국토로 인도하는 매체이므로 이를 한 평생 그려왔던 불화승, 특히 금어金魚는 불사佛事의 대표승려이기 때문이다. 「조선후기 불화승의 계보와 의겸비구義謙比丘에 관한 연구」(1994-1995)를 통해 조선후기 불화승들이 사승師承관계로 화업畵業을 이어 각 산문山門별로 문파門派를 형성한 점과 작품상의 특징 및 활동상황을 파악할 수 있었다. 불佛의 가피력加被力으로 이 두 연구의 대상이었던 사인과 의겸의 작품들은 모두 보물로 지정되었다.

　이후 학계에서는 조선후기 불화승에 대한 연구가 활발하게 진행되어 현재까지 한 시대를 풍미했던 20여 명의 수화승首畵僧들과 그 작품세계가 규명되었다. 뿐만 아니라 이러한 연구 성과를 바탕으로 2000년에 조선후기 불상을 만든 조각승의 작가론이 시도되었다.

　이와 같은 시기별 작가론의 연구는 체계적인 사료 수집 및 분석이 수반되어야 만이 가능한 일로, 같은 연구를 하고 있는 후학 최선일박사와 의기투합하여 불교미술 연구에 입문한 때부터 모아온 자료를 엮어 학문발전에 조금이라도 기여하고자 불화와 불상, 공예, 건축을 총 망라한 『조선후기

승장 인명사전』을 준비하게 되었다. 이 불화승인명사전은 그 일환으로 앞서 출간된 조각승인명사전 (2007)에 이은 것이다.

이 책이 엮어질 수 있었던 것은 발품으로 모은 불화자료 및 각종 문헌자료와 불화를 연구한 관련 학자들의 연구 성과는 물론 최근 성보문화재의 보존과 관리를 위해 문화재청과 대한불교조계종 문화유산발굴조사단이 체계적인 사찰 조사를 한 후『한국의 사찰문화재』시리즈를 발간하였기에 가능하였다. 또한 석정스님과 범하스님이 주도하신『한국의 불화』시리즈를 비롯하여 홍윤식 선생님의『한국불화화기집』등 많은 기초자료도 큰 도움이 되었다.

다만 화기畵記나 사적기를 직접 확인하지 못하여 동일인으로 추정되나 단정 지을 수 없는 경우와 동명이인同名異人일 가능성이 있지만 동일인으로 언급하여야 할 상황이 이 사전을 만들면서 가장 아쉬웠던 점이다. 이 사전에서 다룬 인명은 조선후기에 불화를 그린 승려들로 모두 2,400여 명에 달하며, 그들의 활동연대와 작업현황 등을 시기적으로 정리하였다. 특히, 불사를 주도한 수화승首畵僧으로 활동한 470여 명은 앞으로도 많은 기록을 찾아내어 그들의 잊혀진 삶과 작품세계에 대한 구체적인 접근이 지속적으로 이루어질 수 있다.

이 책을 만들면서 또 한 가지 아쉬웠던 점은 1980년대까지만 하더라도 전각의 제 위치에 봉안되어있던 불화들이 상당수 도난되어 현재 그 소재를 알 수 없다는 점이다. 그렇기 때문에 사진으로라도 많은 독자들이 최고의 불화승 작품을 감상할 수 있도록 소재를 알 수 없는 불화 사진을 수록하였다. 언젠가 봉안처를 떠난 불화들이 제 위치에 봉안되기를 바라는 마음이다.

사찰조사를 주관하신 범하스님과 사료를 아낌없이 주신 고경스님과 홍선스님, 필자와 최선일 박사를 불교미술 연구자로 이끌어주시고 흔쾌히 추천사를 써주신 은사 김리나 교수님께 감사드린다.

또한 養士齋 한정희 사장님의 전폭적인 지원이 없었다면 이 같은 사전류의 출판은 불가능하였을 것이다. 학문과 연구자들을 중히 여기는 그의 안목을 존경하며 감사한 마음을 전하고 싶다.

2008년 5월

추천사

    조선후기 승장들의 활동상과 그들의 작품세계를 알 수 있는 책이 또 한권 간행되었다. 『朝鮮後期僧匠人名辭典－佛像彫塑』의 후속편으로 이번에 간행되는 『朝鮮後期 僧匠人名辭典－佛教繪畵』는 주로 승장僧匠 중에서 불화승佛畵僧을 대상으로 하였다.

    조선후기 불교미술을 담당했던 승장僧匠, 즉 조각승과 불화승을 중심으로 활발한 연구를 하고 있는 안귀숙 박사와 최선일 박사가 불화의 화기畵記, 사찰의 사적기寺蹟記, 비문碑文 등의 다양한 문헌 기록을 검토하여 개별 불화승들의 활동 시기와 사승師承관계를 파악하고 불화의 양식과 변화 과정을 밝혀내는 작업을 하여왔다. 이러한 작업의 일환으로 조선시대 불교회화사 연구의 토대를 이루는 기초를 제공하고자 이 『朝鮮後期僧匠人名辭典－佛教繪畵』을 펴내게 되었다.

    삼국시대에 불교가 전래된 이후 수많은 성보문화재聖寶文化財가 신앙의 대상이나 불교의식 또는 교화敎化에 필요한 미술품으로 제작되어 사찰에 봉안되었다. 국가적인 차원에서 불사佛事가 이루어지기도 하고, 때로는 귀족과 양민良民 등 다양한 계층의 후원으로 이루어졌다. 이러한 불교문화재는 한국미술의 발달에 중요한 위치를 점유한다. 그러나 역사 기록이나 명문에 작품을 만든 사람들이 쓰여 있는 경우를 제외하고는 그 많은 불교문화재를 제작한 작가가 알려진 경우는 매우 드물다. 그나마 다행인 것은 불화의 한 귀퉁이를 차지하는 화기畵記를 통해서 그림을 그린 화승畵僧의 이름을 알 수 있다. 특히 조선시대는 정책적인 차원의 숭유억불정책으로 불교가 침체하였으면서도 왕실이나 귀족층의 염원에 따른 불상과 불화 제작이 계속되어 현재까지 많은 불화들이 전해지게 되었다.

    조선시대에 임진왜란을 겪으면서 그 이전의 대부분의 사찰과 불교문화재가 파괴되었다. 이후 조선시대 후기에 사찰의 중창과 중건, 불상과 불화의 봉안이 활발해졌으며 전쟁의 후유증을 치유하기 위한 다양한 성격의 불교의식이 행해짐에 따라 불교문화재가 제작되어 현재까지 많이 남아 있다. 그리고 이러한 불사佛事에 동원된 수많은 승려 장인들이나 같이 작업을 하였던 장인들의 이름이 조금씩 알려지고 있다. 따라서 불교문화의 이해를 위해서는 승장에 대한 연구가 중요하다.

이 인명사전은 조선후기 불화인 벽화와 후불탱화 등을 제작하였거나 중수한 화승畵僧을 중심으로
총 2,400여 명의 승명僧名과 470여 명의 수화승首畵僧들의 활동상황을 조사 정리한 것으로, 앞으로
한국불교회화사 연구의 활성화에 크게 이바지할 것으로 기대한다. 이 불화승들의 인명사전을 발판
으로 더 많은 승장僧匠에 대한 연구가 이루어지고 아울러 우리나라 역사 전반에 걸쳐 불구佛具, 사찰
건축 등 불사에 참여한 장인들에 관한 연구도 이루어져서 조선시대 불교미술 연구가 더욱 활발해지
기를 바란다.

홍익대학교 명예교수 金 理 那

일러두기

이 인명사전은 조선후기(1598~1910년) 사찰의 벽화와 불화 등을 그린 승려장인들을 수록한 것이다. 이들의 활동은 사찰에 전해지는 사적기寺蹟記와 사적비寺蹟碑, 불화佛畵의 화기畵記 등을 바탕으로 시기별로 정리하여 그 활동 시기와 내용 및 승장僧匠의 계보를 밝힐 수 있는 수화승首畵僧을 적어놓았다. 이는 한국불교회화사에서 불화를 제작한 승려에 대한 개별적인 정리가 이루어지지 않았기 때문이다.

각각의 승려들은 생존 시기와 상관없이 법명法名을 표제어로 하여 가나다 순으로 배열하였다. 그리고 활동 내용 가운데 주로 불화를 그린 승려는 불화승佛畵僧으로, 불화의 조성과 불상의 개금·중수에 참여한 승려는 승장僧匠으로 구분하였으며, 동명이인同名異人(50여 년 이상 활동시기가 차이 나는 경우)은 시기별로 이름 다음에 숫자를 적어놓았다.

각각의 승장에 대한 내용은 1) 표제어와 활동연대 2) 활동시기와 분야 3) 활동연대와 같이 한 수화승 등을 구체적으로 언급하고 4) 대표적인 불화승은 작품 사진을 첨가하고 5) 마지막으로 활동의 근거를 밝힐 수 있는 문헌기록과 참고문헌을 적어놓았다(불화의 명칭은 참고자료의 명칭을 그대로 따랐다).

본문의 서술은 한글표기를 원칙으로 하고, 혼동을 초래할 경우에 한하여 한자를 함께 표기하였다. 그리고 기존 보고서나 도록에 잘못 쓴 경우와 다르게 읽은 경우는 모두 주註를 달아 독자들이 확인할 수 있게 하였다.

호號를 가진 스님은 법명法名과 활동시기 다음에 적어놓았고, 불화의 조성사찰과 봉안사찰이 다른 경우는 조성사찰을 먼저 언급하고 봉안사찰을 표기하였다. 이는 승장들의 활동지역을 파악하기 위해서 조성사찰이 중요하기 때문이다.

　책의 뒷부분에는 1) 조선후기 불교회화 참고문헌 2) 조선후기 불화 제작에 수화승으로 활동한 승려 3) 조선후기 불화승 당호 목록 4) 시기별로 불화 도판을 첨부하여 연구자와 일반인들에게 조선후기 불화의 변화과정을 이해할 수 있게 하였다.

　도판은 조성자, 명칭, 조성연대, 봉안사찰(조성사찰) 순으로 적어놓았다.

　본문에서는 1) 洪潤植 편, 『韓國佛畵畵記集』 1, 가람연구소, 1995 → 『韓國佛畵畵記集』 2) 『韓國의 佛畵』 1-40, 聖寶文化財研究院, 1996~2007 → 『韓國의 佛畵』 1-40 3) 『한국의 사찰문화재』 1-7, 문화재청·대한불교조계종 문화유산발굴조사단, 2002~2007 → 『한국의 사찰문화재』 1-7 등으로 줄여서 적어놓았다.

목 차 *contents*

ㄱ

가진(假眞 : -1771-) 18세기 후반에 활동한 불화승이다. 1771년에 수화승 두훈과 경북 선산 수다사 시왕도(송제대왕), 수화승 성총과 시왕도(변성대왕, 도시대왕)와 사자도를 조성하였다.

> □1771년 경북 선산 水多寺 十王圖(宋帝大王) 조성(『韓國의 佛畵 9 - 直指寺(下)』) 수화승 抖薰
> 1771년 경북 선산 水多寺 十王圖(變成大王) 조성(『韓國의 佛畵 9 - 直指寺(下)』) 수화승 性聰
> 1771년 경북 선산 水多寺 十王圖(都市大王) 조성(『韓國의 佛畵 9 - 直指寺(下)』) 수화승 性聰
> 1771년 경북 선산 水多寺 使者圖 조성(『韓國의 佛畵 9 - 直指寺(下)』) 수화승 性聰
> ※ 가진과 가현은 동일인으로 추정된다.

가현(假賢 : -1771-) 18세기 후반에 활동한 불화승이다. 1771년에 수화승 두훈과 경북 선산 수다사 시왕도(오관대왕)를, 수화승 윤행과 시왕도(오도전륜대왕)를 조성하였다.

> □1771년 경북 선산 水多寺 十王圖(五官大王) 조성(『韓國의 佛畵 9 - 直指寺(下)』) 수화승 抖薰
> 1771년 경북 선산 水多寺 十王圖(五道轉輪大王) 조성(『韓國의 佛畵 9 - 直指寺(下)』) 수화승 允幸

각림(覺林 : -1656-1688-) 17세기 중·후반에 활동한 승장이다. 1656년에 수화승 무염과 전북 완주 송광사 목조석가삼존불좌상과 오백나한상을, 1688년에 수화승 민원과 경북 김천 고방사 아미타회상도를 조성하였다.

> □1656년 전북 완주 松廣寺 木造釋迦三尊佛坐像과 五百羅漢像 제작(『講座 美術史』 13) 수화승 無染
> □1688년 경북 김천 高方寺 阿彌陀會上圖 조성(『韓國佛畵畵記集』) 수화승 敏圓

각순(覺淳 : -1745-) 18세기 중반에 활동한 불화승이다. 1745년에 수화승 서기, 가선嘉善 뇌옥雷玉 등과 경북 영주 부석사 괘불도를 조성하였다.

> □1745년 경북 영주 浮石寺 掛佛圖 조성(『韓國의 佛畵 24 - 孤雲寺(下)』) 수화승 瑞氣

각융(覺融 : -1700-) 18세기 전반에 활동한 불화승이다. 1700년에 수화승 천신과 전북 부안 내소사 괘불도를 조성하였다.

▫ 1700년 전북 부안 來蘇寺 掛佛圖 조성(『韓國의 佛畵 14 – 禪雲寺』)[1] 수화승 天信

각인(覺仁, 珏印 : -1781-1790-) 18세기 후반에 활동한 불화승이다. 1781년에 수화승 취월정일과 경북 문경 혜국사 신중도를, 1790년에 수화승 민관과 경기 화성 용주사 대웅보전 삼장도를 조성하였다.

▫ 1781년 경북 문경 惠國寺 神衆圖 조성(『韓國의 佛畵 8 – 直指寺(上)』) 수화승 醉月定一
▫ 1790년 경기 화성 龍珠寺 大雄寶殿 三藏圖 조성(『韓國의 佛畵 28 – 龍珠寺(上)』)[2] 수화 승 旻官

각잠(覺岑 : -1749-1759-) 18세기 중반에 활동한 불화승이다. 1749년에 수화 승 의겸과 전북 부안 개암사 괘불도(부안 내소사 소장)를, 1759년에 수화승 오관과 강원 원주 鷦鷯寺 비로자나후불도(평창 월정사 소장)를 조성하였다.

▫ 1749년 전북 부안 開巖寺 掛佛圖 조성(扶安 來蘇寺 所藏, 『韓國의 佛畵 14 – 禪雲寺』) 수화승 義兼
▫ 1759년 강원 원주 稚岳山 鷦鷯寺 毘盧遮那後佛圖 조성(平昌 月精寺 所藏, 『韓國의 佛畵 10 – 月精寺』) 수화승 悟寬

각천 1(覺天 : -1684-1698-) 17세기 후반에 활동한 불화승이다. 1684년에 지영智英 등과 명성왕후明聖王后 숭릉崇陵과 1698년에 백기白基 등과 장릉莊陵 조성소 화승畵僧으로 참여하였다.

▫ 1684년 『明聖王后崇陵山陵都監儀軌』 造成所 畵僧(奎章閣 14832호, 朴廷蕙, 「儀軌를 통해서 본 朝鮮時代의 畵員」 자료1)
▫ 1698년 『莊陵封陵都監儀軌』 造成所 畵僧(奎章閣 14830호, 朴廷蕙, 「儀軌를 통해서 본 朝鮮時代의 畵員」 자료1)

각천 2(覺天 : -1724-1736-) 18세기 전반에 활동한 불화승이다. 수화승 의겸과 1724년에 전남 순천 송광사 응진당 석가모니후불도와 1730년에 경남 고성 운흥사 괘불도와 감로도를, 수화승 채인과 전남 곡성 도림사 보광전 아미타후불도를, 수화승 의겸과 충남 공주 갑사 대웅전 삼세불도(아미타불)와 1736년에 전남 순천 선암사 서부도전西浮屠殿 감로도를 조성하였다.

▫ 1724년 전남 순천 松廣寺 應眞堂 釋迦牟尼後佛圖 조성(『韓國의 佛畵 6 – 松廣寺』) 수화 승 義謙
▫ 1730년 경남 고성 雲興寺 掛佛圖 조성(『韓國의 佛畵 26 – 雙磎寺(下)』) 수화승 義謙
1730년 경남 고성 雲興寺 甘露圖 조성(『韓國의 佛畵 26 – 雙磎寺(下)』)[3] 수화승 義謙
1730년 전남 곡성 道林寺 普光殿 阿彌陀後佛圖 조성(『韓國의 佛畵 11 – 華嚴寺』) 수화 승 彩仁
1730년 충남 공주 甲寺 大雄殿 三世佛圖(阿彌陀佛) 조성(『韓國의 佛畵 15 – 麻谷寺 (上)』)[4] 수화승 義兼
▫ 1736년 전남 순천 仙巖寺 西浮屠殿 甘露圖 조성(『韓國의 佛畵 12 – 仙巖寺』)[5] 수화승 義謙

각총(覺聰 : -1735-1758-)* 18세기 중반에 활동한 불화승이다. 수화승으로 1735년에 경기 남양주 봉선사 괘불도와 1758년에 경기 여주 신륵사 극락보전 삼장도를 조성하였다.

▫ 1735년 경기 남양주 奉先寺 掛佛圖 조성(『掛佛調査報告書』와 『韓國佛畵畵記集』 및 『韓國의 佛畵 33 – 奉先寺』) 都畵員[6] 수화승

각총, 괘불도, 1735년, 남양주 봉선사   각총, 괘불도 부분, 1735년,
남양주 봉선사

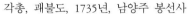

   ◦ 1758년 경기 여주 神勒寺 極樂寶殿 三藏圖 조성(『韓國의 佛畵 28 – 龍珠寺(上)』) 畵師
     수화승
   ※ 각총은 학총과 관련이 있을 것으로 추정된다.

각현(覺玄 : -1885-) 19세기 후반에 활동한 불화승이다. 1885년에 수화승 수
룡기전과 경남 합천 해인사 대적광전 삼신도(석가모니불)를 조성하였다.

   ◦ 1885년 경남 합천 해인사 大寂光殿 三身圖(釋迦牟尼佛) 조성(『韓國의 佛畵 4 – 海印寺
     (上)』) 수화승 水龍琪銓

각혜(覺惠 : -1745-) 18세기 중반에 활동한 불화승이다. 1745년에 수화승 의
겸과 전남 나주 다보사 괘불도를 조성하였다.

   ◦ 1745년 전남 나주 多寶寺 掛佛圖 조성(畵記, 『掛佛調査報告書 II』와 『韓國의 佛畵 37 –
     白羊寺・新興寺』) 수화승 義兼

각홍(覺洪 : -1781-) 18세기 후반에 활동한 불화승이다. 1781년에 수화승 유
봉과 경북 김천 청암사 신중도를 조성하였다.

   ◦ 1781년 경북 김천 靑巖寺 神衆圖 조성(『韓國의 佛畵 8 – 直指寺(上)』) 수화승 有奉

각희(覺熙 : -1659-) 17세기 중반에 활동한 불화승이다. 1659년에 나묵 등과
효종孝宗 빈전殯殿을 단청丹靑하였다.

   ◦ 1659년 『孝宗殯殿都監儀軌』魂殿二房, 丹靑 畵僧(奎章閣 13528호, 朴廷蕙, 「儀軌를 통해
     서 본 朝鮮時代의 畵員」 자료1)

간학(簡學 : -1749-) 18세기 중반에 활동한 불화승이다. 1749년에 수화승 순
혜와 전남 해남 대흥사 영산회상도(국립중앙박물관 소장)를 조성하였다.

   ◦ 1749년 전남 해남 大興寺 靈山會上圖 조성(國立中央博物館 所藏, 『영혼의 여로 – 조선시
     대 불교회화와의 만남』과 『韓國의 佛畵 39 – 國・公立博物館』) 수화승 順慧

갈빈(葛彬 : -1735-) 18세기 전반에 활동한 불화승이다. 1735년에 수화승 각총과 경기 남양주 봉선사 괘불도를 조성하였다.

◦ 1735년 경기 남양주 奉先寺 掛佛圖 조성(『掛佛調査報告書』와 『韓國佛畵畵記集』 및 『韓國의 佛畵 33 - 奉先寺』) 수화승 覺聰

강상(康詳 : -1730-) 18세기 전반에 활동한 불화승이다. 1730년에 수화승 의겸과 경남 고성 운흥사 괘불도를 조성하였다.

◦ 1730년 경남 고성 雲興寺 掛佛圖 조성(『韓國의 佛畵 26 - 雙磎寺(下)』)[7] 수화승 義謙
※ 강상은 처상과 관련이 있을 것으로 추정된다.

강운(講雲, 講云 : -1769-1780-) 18세기 후반에 활동한 불화승이다. 1769년에 수화승 쾌윤과 경남 남해 용문사 괘불도를, 수화승 비현과 1777년에 전남 영광 불갑사 팔상전 영산회상도와 지장전 지장시왕도, 전남 곡성 태안사 대웅전 석가여래도와 신중도 및 명적암 신중도를, 1778년에 전남 고흥 금탑사 괘불도를 그렸다. 1780년에 수화승 비현과 전남 순천 선암사 팔상전 화엄도華嚴圖를, 수화승 송계쾌윤과 전북 남원 현국사 대웅전 삼세후불도를 조성하였다.

◦ 1769년 경남 남해 龍門寺 掛佛圖 조성(『韓國의 佛畵 26 - 雙磎寺(下)』) 수화승 快玧
◦ 1777년 전남 영광 佛甲寺 八相殿 靈山會上圖 조성(『靈光 母岳山 佛甲寺』와 『韓國의 佛畵 37 - 白羊寺·新興寺』)[8] 수화승 丕賢
  1777년 전남 영광 佛甲寺 地藏殿 地藏十王圖 조성(『靈光 母岳山 佛甲寺』와 『韓國의 佛畵 37 - 白羊寺·新興寺』)[9] 수화승 丕賢
  1777년 전남 곡성 泰安寺 大雄殿 釋迦如來圖, 神衆圖, 三藏圖와 明寂庵 神衆圖 조성(『泰安寺誌』) 수화승 丕賢
◦ 1778년 전남 고흥 金塔寺 掛佛圖 조성(『韓國의 佛畵 6 - 松廣寺』) 수화승 丕賢
◦ 1780년 전남 순천 仙巖寺 八相殿 華嚴圖 조성(『韓國의 佛畵 12 - 仙巖寺』) 수화승 丕賢
  1780년 전북 남원 賢國寺 大雄殿 三世後佛圖 조성(順天 松廣寺 造成, 南原 善國寺 所藏, 『韓國의 佛畵 13 - 金山寺』) 수화승 快玧

강학(講學 : -1759-) 18세기 중반에 활동한 불화승이다. 1759년에 수화승 비현과 전남 여수 흥국사 괘불도를 조성하였다.

◦ 1759년 전남 여수 興國寺 掛佛圖 조성(『韓國의 佛畵 11 - 華嚴寺』) 수화승 丕賢

거봉(巨奉, 居峯 : -1781-)* 18세기 후반에 활동한 불화승이다. 1781년에 수화승 승윤과 경남 하동 쌍계사 삼세불도(석가모니불)와 삼장도를, 수화승으로 관룡사 감로도(동국대학교 박물관 소장)를 조성하였다.

◦ 1781년 경남 하동 雙溪寺 三世佛圖(釋迦牟尼佛) 조성(『韓國의 佛畵 25 - 雙磎寺(上)』) 수화승 勝允
  1781년 경남 하동 雙溪寺 三藏圖 조성(『韓國의 佛畵 25 - 雙磎寺(上)』) 수화승 勝允
  1781년 경남 창녕 觀龍寺 甘露圖 조성(東國大學校 博物館 所藏, 『韓國佛畵畵記集』)[10] 良工 수화승

거붕(巨鵬)* 조선후기에 활동한 불화승이다. 제작연대를

거봉, 감로도, 1781년, 창녕 관룡사(동국대박물관)

알 수 없는 경남 진주 삼장사 현왕도(국립중앙박물관
소장)를 수화승으로 조성하였다.

거봉, 감로도 부분

∘ 연대미상 경남 진주 三藏寺 現王圖 조성(國立中央博物館 所
藏, 『韓國의 佛畵 39 － 國·公立博物館』) 畵員 수화승

거선(巨善 : -1757-) 18세기 중반에 활동한 불화승이
다. 문성文晟, 윤행允幸 등과 1757년에 인원왕후仁元王
后 산릉山陵과 정성왕후貞聖王后 홍릉弘陵 조성소 화승
畵僧으로 참여하였다.

∘ 1757년 『仁元王后山陵都監儀軌』 造成所 畵僧(奎章閣 13560
호, 朴廷蕙, 「儀軌를 통해서 본 朝鮮時代의 畵員」 자료1)
1757년 『貞聖王后弘陵山陵都監儀軌』 造成所 畵僧(奎章閣
13591호, 朴廷蕙, 「儀軌를 통해서 본 朝鮮時代의 畵員」 자료1)

거영(巨暎, 巨英 : -1788-1791-) 18세기 후반에 경북 문경 대승사를 중심으로
활동한 승장이다. 1788년에 상겸과 경북 상주 남장사 불사에 참여하여 『불사
성공록佛事成功錄』에 대승양공大乘良工으로 적혀있다. 1791년에 수화승 성암
홍안과 강원 삼척 운흥사 목조아미타불좌상(평창 월정사 박물관 소장)을 개
금하였다.

∘ 1788년 남장사 불사에 참여한 화승을 적은 『佛事成功錄』에 大乘良工으로 언급(이용윤,
「『佛事成功錄』을 통해 본 남장사 괘불」) 수화승 尙謙
∘ 1791년 강원 삼척 雲興寺 木造阿彌陀佛坐像 개금(平昌 月精寺博物館 所藏, 『한국의 사찰
문화재－강원도』) 수화승 弘眼

거욱(巨旭 : -1788-) 18세기 후반에 경북 문경 대승사를 중심으로 활동한 불
화승이다. 1788년에 상겸과 경북 상주 남장사 불사에 참여하여 『불사성공록
佛事成功錄』에 대승양공大乘良工으로 적혀있다.

∘ 1788년 남장사 불사에 참여한 화승을 적은 『佛事成功錄』에 大乘良工으로 언급(이용윤,
「『佛事成功錄』을 통해 본 남장사 괘불」) 수화승 尙謙

계각(偈珏 : -1862-) 19세기 후반에 활동한 불화승이다. 1862년에 수화승 덕
운과 경남 합천 해인사 대적광전 124위 신중도를 조성하였다.

∘ 1862년 경남 합천 海印寺 大寂光殿 124位 神衆圖 조성(『韓國의 佛畵 4 － 海印寺(上)』)
수화승 德芸

견곡(見谷 : -1741-) 18세기 중반에 활동한 불화승이다. 1741년에 수화승 긍척
과 전남 여수 흥국사 팔상전 석가모니후불도와 대웅전 삼장도를 조성하였다.

∘ 1741년 전남 여수 興國寺 八相殿 釋迦牟尼後佛圖 조성(『韓國의 佛畵 11 － 華嚴寺』)[11] 수
화승 亘陟
1741년 전남 여수 興國寺 大雄殿 三藏圖(天藏·持地菩薩) 조성(『韓國의 佛畵 11 － 華
嚴寺』)[12] 수화승 亘陟
1741년 전남 여수 興國寺 大雄殿 三藏圖(地藏菩薩) 조성(『韓國의 佛畵 11 － 華嚴寺』)
수화승 亘陟

견한(見閑 : -1777-) 18세기 후반에 활동한 불화승이다. 1777년에 수화승 비

현과 전남 곡성 태안사 대웅전 석가여래도, 신중도, 삼장도와 명적암 신중도
를 조성하였다.

　 ◦ 1777년 전남 곡성 泰安寺 大雄殿 釋迦如來圖, 神衆圖, 三藏圖와 明寂庵 神衆圖 조성(『泰
　　安寺誌』) 수화승 조현

경곡(景谷 : -1893-) 19세기 후반에 활동한 불화승이다. 1893년에 수화승 금
호약효, 허곡긍순虛谷亘巡 등과 서울 지장사 대웅전 지장보살도를 조성하였다.

　 ◦ 1893년 서울 地藏寺 大雄殿 地藏菩薩圖 조성(『서울전통사찰불화』와 『韓國佛畵畵記集』
　　및 『韓國의 佛畵 34 - 曹溪寺(上)』) 수화승 錦湖若效[13]

경관(景官 : -1905-1914-) 20세기 전반에 활동한 불화승이다. 1905년에 수화
승 초암세한과 대구 동화사 석가모니후불도와 십육나한도를, 1906년에 수화
승 대우봉하와 경북 김천 청암사 아미타후불도를, 1907년에 수화승 한형과
전북 무주 원통사 석가모니후불도와 원통보전 신중도를, 1909년에 수화승 명
조와 김천 청암사 아미타후불도를, 1914년에 수화승 혜고봉감과 김천 청암사
석가모니후불도와 신중도를 조성하였다.

　 ◦ 1905년 대구 桐華寺 釋迦牟尼後佛圖 조성(『韓國의 佛畵 21 - 桐華寺(上)』) 수화승 草庵
　　世閑
　　1905년 대구 桐華寺 靈山殿 十六羅漢圖 조성(『韓國의 佛畵 22 - 桐華寺(下)』) 수화승
　　慧山竺衍
　　1905년 대구 桐華寺 靈山殿 十六羅漢圖 조성(『韓國의 佛畵 22 - 桐華寺(下)』) 수화승
　　允一
　　1905년 대구 桐華寺 靈山殿 十六羅漢圖 조성(『韓國의 佛畵 22 - 桐華寺(下)』) 수화승
　　草庵世閑
　 ◦ 1906년 경북 김천 靑巖寺 阿彌陀後佛圖 조성(『韓國의 佛畵 8 - 直指寺(上)』) 수화승 大
　　愚奉河
　 ◦ 1907년 전북 무주 圓通寺 釋迦牟尼後佛圖 조성(『韓國의 佛畵 13 - 金山寺』) 수화승 漢炯
　　1907년 전북 무주 圓通寺 圓通寶殿 神衆圖 조성(『韓國의 佛畵 13 - 金山寺』) 수화승
　　漢炯
　 ◦ 1909년 경북 김천 靑巖寺 阿彌陀後佛圖 조성(『韓國의 佛畵 8 - 直指寺(上)』) 수화승 明照
　 ◦ 1914년 경북 김천 靑巖寺 釋迦牟尼後佛圖 조성(『韓國의 佛畵 8 - 直指寺(上)』) 수화승
　　慧杲奉鑑
　　1914년 경북 김천 靑巖寺 神衆圖 조성(『韓國의 佛畵 8 - 直指寺(上)』) 수화승 李慧杲
　　奉鑑

경담당 1(鏡潭堂, 璟曇堂) 성규(性奎) 참조

경담당 2(鏡潭堂) 영의(映宜) 참조

경륜(敬崙 : -1903-1907-)* 20세기 전반에 활동한 불화승이다. 1903년에 수화
승 향호묘영과 경남 통영 용화사 석가모니후불도를, 1904년에 수화승 한형과
경남 합천 해인사 국일암 지장도와 울산 신흥사 석가모니후불도를, 수화승
환월상휴와 경남 양산 통도사 비로암 구품도九品圖와 칠성도를 그렸다. 1905
년에 수화승 금호약효와 부산 범어사 팔상전 영산회상도와 수화승으로 나한
전 나한도 일부를, 1907년에 수화승 한형과 전북 무주 원통사 석가모니후불

도와 원통보전 신중도 및 명부전 독성도를 조성하였다.

- ◦1903년 경남 통영 龍華寺 釋迦牟尼後佛圖 조성(『韓國의 佛畵 25 – 雙磎寺(上)』) 出草 수화승 香湖妙英
- ◦1904년 경남 합천 海印寺 國一庵 地藏圖 조성(『韓國의 佛畵 4 – 海印寺(上)』) 수화승 漢炯
  1904년 울산 新興寺 釋迦牟尼後佛圖 조성(『韓國의 佛畵 3 – 通度寺(下)』) 수화승 漢炯
  1904년 경남 양산 通度寺 毘盧庵 九品圖 조성(『韓國의 佛畵 1 – 通度寺(上)』)[14] 수화승 煥月尙休
  1904년 경남 양산 通度寺 毘盧庵 七星圖 조성(『韓國의 佛畵 2 – 通度寺(中)』)[15] 수화승 煥月尙休
- ◦1905년 부산 梵魚寺 捌相殿 靈山會上圖 조성(『梵魚寺聖寶博物館 名品圖錄』과 『韓國의 佛畵 32 – 梵魚寺』)[16] 수화승 普應文性
  1905년 부산 梵魚寺 羅漢殿 靈山會上圖 조성(『梵魚寺聖寶博物館 名品圖錄』과 『韓國의 佛畵 32 – 梵魚寺』) 수화승 普應文性
  1905년 부산 梵魚寺 羅漢殿 羅漢圖 조성(『梵魚寺聖寶博物館 名品圖錄』과 『韓國의 佛畵 32 – 梵魚寺』) 金魚 수화승 普應文性
  1905년 부산 梵魚寺 掛佛圖 조성(『梵魚寺聖寶博物館 名品圖錄』과 『韓國의 佛畵 32 – 梵魚寺』) 수화승 錦湖若效
- ◦1907년 전북 무주 圓通寺 釋迦牟尼後佛圖 조성(『韓國의 佛畵 13 – 金山寺』) 片手 수화승 漢炯
  1907년 전북 무주 圓通寺 圓通寶殿 神衆圖 조성(『韓國의 佛畵 13 – 金山寺』) 수화승 漢炯
  1907년 전북 무주 圓通寺 冥府殿 獨聖圖 조성(『韓國의 佛畵 13 – 金山寺』) 수화승 漢炯

경률(經律, 徑律 : -1897-1898-) 19세기 후반에 활동한 불화승이다. 수화승 연호봉의와 1897년에 경남 남해 용문사 대웅전 석가모니후불도와 삼장도 및 신중도, 경남 함양 벽송사 아미타후불도를, 1898년에 향호묘영과 대승암 삼세후불도(순천 선암사 소장)를 조성하였다.

- ◦1897년 경남 남해 龍門寺 大雄殿 釋迦牟尼後佛圖 조성(『韓國의 佛畵 25 – 雙磎寺(上)』) 수화승 蓮湖奉宜
  1897년 경남 남해 龍門寺 大雄殿 三藏圖 조성(『韓國의 佛畵 25 – 雙磎寺(上)』) 수화승 蓮湖奉宜
  1897년 경남 남해 龍門寺 大雄殿 神衆圖 조성(『韓國의 佛畵 25 – 雙磎寺(上)』) 수화승 蓮湖奉宜
  1897년 경남 咸陽 碧松寺 阿彌陀後佛圖 조성(『韓國의 佛畵 4 – 海印寺(上)』) 수화승 蓮湖奉宜
- ◦1898년 大乘庵 三世後佛圖 조성(順天 仙巖寺 所藏, 『韓國의 佛畵 12 – 仙巖寺』) 수화승 香湖妙永

경린(敬燐 : -1794-) 18세기 후반에 활동한 불화승이다. 1794년에 수화승 지언과 천불전 사천왕도(해남 대흥사 소장)를 조성하였다.

- ◦1794년 千佛殿 四天王圖 조성(海南 大興寺 所藏, 『韓國의 佛畵 31 – 大興寺』) 수화승 智彦

경림(景林, 敬林 : -1890-1891-) 19세기 후반에 활동한 불화승이다. 1890년에 수화승 긍조와 서울 흥천사 대방 아미타후불도와 신중도를, 1891년에 수화승 의암현조와 경기 수원 청련암 극락보전 석가모니후불도를 조성하였다.

- ◦1890년 서울 興天寺 大房 阿彌陀後佛圖 조성(『서울전통사찰불화』와 『韓國佛畵畵記集』)[17] 수화승 亘照
  1890년 서울 興天寺 大房 神衆圖 조성(『서울전통사찰불화』와 『韓國佛畵畵記集』) 수

화승 亘照
◦ 1891년 경기 수원 靑蓮庵 極樂寶殿 釋迦牟尼後佛圖 조성(『韓國의 佛畵 28 – 龍珠寺(上)』)
수화승 檥庵炫眺

경문(敬文 : -1841-) 19세기 중반에 활동한 불화승이다. 1841년에 수화승 용
하천여와 순천 선암사 대승암 지장시왕도와 운수암 신중도를 조성하였다.

◦ 1841년 전남 순천 仙巖寺 大乘庵 地藏十王圖 조성(『韓國의 佛畵 12 – 仙巖寺』) 수화승
龍河天如
1841년 雲水庵 神衆圖 조성(『韓國의 佛畵 12 – 仙巖寺』) 수화승 龍河天如

경민(敬玟, 璟珉 : -1866-1870-) 19세기 중반에 활동한 불화승이다. 1866년에
수화승 하은위상과 경남 양산 통도사 안양암 북극전 칠성도를, 1870년에 수
화승 원명긍우와 관악산 화장사 아미타후불도를 조성하였다.

◦ 1866년 경남 양산 通度寺 安養庵 北極殿 七星圖 조성(『韓國의 佛畵 2 – 通度寺(中)』)[18]
수화승 霞隱偉祥
◦ 1870년 冠岳山 華藏寺 阿彌陀後佛圖 조성(서울 地藏寺 所藏, 『韓國의 佛畵 34 – 曹溪寺
(上)』) 수화승 圓明肯祐

경범(敬凡 : -1649-) 17세기 중반에 활동한 불화승이다. 1649년에 수화승 신
겸과 충북 청주 보살사 괘불도를 조성하였다.

◦ 1649년 충북 청주 菩薩寺 掛佛圖 조성(『韓國佛畵畵記集』과 『韓國의 佛畵 17 – 法住寺』)[19]
수화승 信謙

경보(景甫, 璟補, 璟甫, 景輔 : -1775-1798-)* 18세기 후반에 활동한 불화승이
다. 1775년에 수화승으로 경남 양산 통도사 명부전 시왕도(염라대왕, 평등대
왕)를, 1797년에 수화승 지연과 경북 안동 운대사 아미타후불도(안동 서악사
소장)를, 1798년에 수화승 옥인과 경남 양산 통도사 용화전 후불도와 수화승
지연과 명부전 지장도를 조성하였다.

◦ 1775년 경남 양산 通度寺 冥府殿 十王圖(閻羅大王) 조성(『韓國의 佛畵 2 – 通度寺(中)』)
良工 수화승
1775년 경남 양산 通度寺 冥府殿 十王圖(平等大王) 조성(『韓國의 佛畵 2 – 通度寺(中)』)
良工 수화승
◦ 1797년 경북 안동 雲臺寺 阿彌陀後佛圖 조성(安東 西岳寺 所藏, 『韓國의 佛畵 23 孤雲寺
(上)』) 수화승 指涓
◦ 1798년 경남 양산 通度寺 龍華殿 後佛圖 조성(『韓國의 佛畵 1 – 通度寺(上)』)[20] 수화승
玉仁
1798년 경남 양산 通度寺 冥府殿 地藏圖 조성(『韓國의 佛畵 1 – 通度寺(上)』) 수화승
指演
◦ 연대미상 경북 경주 祇林寺 十王圖(泰山大王) 조성(『韓國의 佛畵 38 – 佛國寺』)[21] 良工
수화승
연대미상 경북 경주 祇林寺 十王圖(五道轉輪大王) 조성(『韓國의 佛畵 38 – 佛國寺』)[22]
良工 수화승

경붕(敬鵬, 敬朋 : -1802-1812-) 19세기 전반에 활동한 불화승이다. 1802년에
수화승 쾌윤과 전남 순천 선암사 나한전 삼세후불도와 신중도를 조성하고,
1806년에 수화승 도일과 전남 순천 송광사 사천왕상을 개채하였다. 1808년

에 수화승 화악평삼과 경남 고성 옥천사 괘불도를, 1812년에 수화승 도일과 전남 순천 수도암 삼세후불홍도三世後佛紅圖와 신중도(순천 선암사 소장)를 조성하였다.

- 1802년 전남 순천 仙巖寺 羅漢殿 三世後佛圖 조성(『韓國의 佛畵 12 – 仙巖寺』) 수화승 快玧
  1802년 전남 순천 仙巖寺 羅漢殿 神衆圖 조성(『韓國의 佛畵 12 – 仙巖寺』)23) 수화승 快玧
- 1806년 전남 순천 松廣寺 四天王像 개채(『曹溪山 松廣寺誌』) 수화승 度溢
- 1808년 경남 고성 玉泉寺 掛佛圖 조성(『韓國의 佛畵 26 – 雙磎寺(下)』)24) 수화승 華岳評三
- 1812년 修道庵 三世後佛紅圖 조성(順天 仙巖寺 所藏, 『韓國의 佛畵 12 – 仙巖寺』) 수화승 度鎰
  1812년 修道庵 神衆圖 조성(順天 仙巖寺 所藏, 『韓國의 佛畵 12 – 仙巖寺』) 수화승 度鎰

경삼(敬三, 敬杉 : -1887-) 19세기 후반에 활동한 불화승이다. 1887년에 수화승 혜고지한과 대구 동화사 대웅전 신중도를, 수화승 연하계창과 경기 의정부 망월사 괘불도를 조성하였다.

- 1887년 대구 桐華寺 大雄殿 神衆圖 조성(『韓國의 佛畵 21 – 桐華寺(上)』) 수화승 慧杲智澣
  1887년 경기 議政府 望月寺 掛佛圖 조성(『掛佛調査報告書』와 『韓國佛畵畵記集』) 수화승 淵荷啓昌

경상 1(敬尙 : -1710-) 18세기 전반에 활동한 불화승이다. 1710년에 수화승 승장과 경기 안성 칠장사 괘불도를 조성하였다.

- 1710년 경기 안성 七長寺 掛佛圖(三佛會掛佛) 조성(『韓國의 佛畵 29 – 龍珠寺(下)』)25) 수화승 勝藏

경상 2(慶尙 : -1828-) 19세기 전반에 활동한 불화승이다. 1828년에 수화승 퇴운신겸과 경기 고양 중흥사 약사회상도(국립중앙박물관 소장)를 조성하였다.

- 1828년 경기 고양 中興寺 藥師會上圖 조성(國立中央博物館 所藏, 『北漢山의 佛敎遺蹟』과 『영혼의 여로 – 조선시대 불교회화와의 만남』 및 『韓國의 佛畵 39 – 國·公立博物館』)26) 수화승 退雲信謙

경석(璟錫 : -1868-) 19세기 중반에 활동한 불화승이다. 1868년에 수화승 경은계윤과 경북 예천 용문사 아미타후불도와 신중도를 조성하였다.

- 1868년 경북 예천 龍門寺 阿彌陀後佛圖 조성(『韓國의 佛畵8 – 直指寺(上)』) 수화승 慶隱戒允
  1868년 경북 예천 龍門寺 神衆圖 조성(『韓國의 佛畵8 – 直指寺(上)』)27) 수화승 慶隱戒允

경선(敬善, 敬先, 慶善 : -1870-1879-)* 19세기 후반에 활동한 불화승이다. 1870년에 수화승 금암천여와 경남 남해 용문사 괘불도 개조改造와 아미타후불홍도阿彌陀後佛紅圖를, 해남 대흥사 청신암 아미타후불도를, 1874년에 수화승으로 운대암 지장도와 수화승 운파취선과 전남 순천 향림사 지장시왕도와 신중도를, 1875년에 수화승 금암천여와 경남 통영 용화사 관음암 신중도와 칠성도를, 1879년에 수화승 향호묘영과 전남 순천 낙안 금강암 지장도와 염불암 신중도를 조성하였다.

- 1870년 경남 남해 龍門寺 掛佛圖 改造(『韓國의 佛畵 26 – 雙磎寺(下)』) 수화승 錦岩天如

1870년 경남 남해 龍門寺 阿彌陀後佛紅圖 조성(『韓國의 佛畵 25 – 雙磎寺(上)』) 수화
승 錦巖天如

1870년 전남 해남 大興寺 無量殿 阿彌陀後佛圖 조성(『韓國의 佛畵 31 – 大興寺』) 수
화승 天如

1870년 전남 해남 大興寺 淸神庵 阿彌陀後佛圖 조성(『全南의 寺刹』) 수화승 天如

▫1874년 雲臺菴 地藏圖 조성(河東 雙磎寺 所藏, 『韓國의 佛畵 25 – 雙磎寺(上)』) 金魚 수
화승

1874년 전남 순천 香林寺 地藏十王圖 조성(金玲珠, 『朝鮮時代佛畵硏究』와 『韓國佛畵
畵記集』) 수화승 雲波就善

1874년 전남 순천 香林寺 神衆圖 조성(金玲珠, 『朝鮮時代佛畵硏究』와 『韓國佛畵畵記
集』) 수화승 雲波就善

▫1875년 경남 통영 龍華寺 觀音庵 神衆圖 조성(『韓國의 佛畵 25 – 雙磎寺(上)』) 수화승
錦巖天如

1875년 경남 통영 龍華寺 觀音庵 七星圖 조성(『韓國의 佛畵 26 – 雙磎寺(下)』) 수화승
錦岩天如

▫1879년 전남 순천 樂安 金剛庵 地藏圖 조성(圓光大學校 博物館 所藏, 『韓國의 佛畵19 –
大學博物館(Ⅱ)』) 수화승 香湖妙寧

1879년 전남 순천 선암사 念佛庵 神衆圖 조성(順天 仙巖寺 所藏, 『韓國의 佛畵 12 –
仙巖寺』) 수화승 香湖妙寧

▫연대미상 대구 把溪寺 十六羅漢圖 조성(『韓國의 佛畵 22 – 桐華寺(下)』)[28] 수화승 錦庵
天如

경선당(慶善堂, 慶船堂) 응석(應碩, 應釋) 참조

경성당 1(環惺堂) 긍준(肯濬) 참조

경성당 2(景星堂) 두삼(斗三) 참조

경수 1(環脩 : -1796-) 18세기 후반에 활동한 불화승이다. 1796년에 송계쾌
윤과 전남 순천 운수난야雲水蘭若 지장시왕도와 운수암 신중도를 조성하였다.

▫1796년 전남 순천 雲水蘭若 地藏十王圖 조성(順天 仙巖寺 所藏, 『韓國의 佛畵 12 – 仙巖
寺』) 수화승 快玧

1796년 전남 순천 雲水庵 神衆圖 조성(順天 仙巖寺 所藏, 『韓國의 佛畵 12 – 仙巖寺』)
수화승 快玧

경수 2(鏡秀, 敬秀, 景洙, 景秀, 敬守, 敬修 : -1868-1900-) 19세기 중·후반에 활
동한 불화승이다. 1868년에 수화승 경은계윤과 경북 예천 용문사 아미타후불
도와 신중도를, 1894년에 수화승 두명과 경남 함양 영원사 신중도를, 1895년
에 수화승 두안과 대구 달성 유가사 도성암 석가모니후불도를, 1896년에 수
화승 경호와 경북 성주 선석사 아미타후불도를, 수화승 범해두안과 경북 김
천 봉곡사 지장도를, 대구 동화사에서 수화승 덕산묘화와 사천왕도(지국천왕)
와 수화승 소현과 사천왕도(증장천왕)를 조성하였다. 1897년에 수화승 연호
봉의와 경남 남해 용문사 대웅전 석가모니후불도와 신중도 및 현왕도를, 수
화승 영운봉수와 경북 영천 은해사 백흥암 영산전 석가모니후불도와 대법당
신중도를, 심검당 아미타후불도를 그렸다. 1898년에 수화승 벽산찬규와 경남
영천 은해사 극락전 구품도를, 수화승 주화와 경남 양산 통도사 비로암 석가

모니후불도와 백련암 지장보살도를, 1900년에 수화승 동호진철과 경남 양산 통도사 금강계단金剛戒壇 감로도를, 수화승 영운봉수과 죽림사 극락전 지장도와 칠성도(영천 은해사 소장)를 조성하였다.

- 1868년 경북 예천 龍門寺 阿彌陀後佛圖 조성(『韓國의 佛畵8 - 直指寺(上)』) 수화승 慶隱戒允

  1868년 경북 예천 龍門寺 神衆圖 조성(『韓國의 佛畵8 - 直指寺(上)』)29) 수화승 慶隱戒允
- 1870년 冠岳山 華藏寺 阿彌陀後佛圖 조성(서울 地藏寺 所藏, 『韓國의 佛畵 34 - 曹溪寺(上)』) 수화승 圓明肯祐
- 1894년 경남 함양 靈源寺 神衆圖 조성(『韓國의 佛畵 4 - 海印寺(上)』) 수화승 斗明
- 1895년 대구 달성 瑜伽寺 道成庵 釋迦牟尼後佛圖 조성(『韓國의 佛畵 21 - 桐華寺(上)』) 수화승 斗岸
- 1896년 경북 성주 禪石寺 阿彌陀後佛圖 조성(『韓國의 佛畵 21 - 桐華寺(上)』) 수화승 璟鎬

  1896년 경북 김천 鳳谷寺 地藏圖 조성(『韓國의 佛畵 8 - 直指寺(上)』) 수화승 帆海斗岸30)

  1896년 대구 桐華寺 四天王圖(持國天王) 조성(『韓國의 佛畵 21 - 桐華寺(上)』) 수화승 德山妙華

  1896년 대구 桐華寺 四天王圖(增長天王) 조성(『韓國의 佛畵 21 - 桐華寺(上)』) 수화승 所賢
- 1897년 경남 남해 龍門寺 大雄殿 釋迦牟尼後佛圖 조성(『韓國의 佛畵 25 - 雙磎寺(上)』) 수화승 蓮湖奉宜

  1897년 경남 남해 龍門寺 大雄殿 神衆圖 조성(『韓國의 佛畵 25 - 雙磎寺(上)』) 수화승 蓮湖奉宜

  1897년 경남 남해 龍門寺 現王圖 조성(『韓國의 佛畵 26 - 雙磎寺(下)』) 수화승 蓮湖奉宜

  1897년 경북 영천 銀海寺 百興菴 靈山殿 釋迦牟尼後佛圖 조성(『韓國의 佛畵 30 - 銀海寺』) 수화승 永雲奉洙

  1897년 경북 영천 銀海寺 百興菴 尋劍堂 阿彌陀後佛圖 조성(『韓國의 佛畵 30 - 銀海寺』) 수화승 永雲奉秀
- 1897년 경북 영천 銀海寺 百興菴 大法堂 神衆圖 조성(『韓國의 佛畵 30 - 銀海寺』) 수화승 永雲奉秀
- 1898년 경남 영천 銀海寺 極樂殿 九品圖 조성(『韓國의 佛畵 30 - 銀海寺』) 수화승 碧山璨奎
- 1899년 경남 양산 通度寺 毘盧庵 釋迦牟尼後佛圖 조성(『韓國의 佛畵 1 - 通度寺(上)』) 수화승 周華

  1899년 경남 양산 通度寺 白蓮庵 地藏菩薩圖 조성(『韓國佛畵畵記集』) 수화승 周華
- 1900년 경남 양산 通度寺 金剛戒壇 甘露圖 조성(『韓國의 佛畵 2 - 通度寺(中)』)31) 수화승 東湖震徹

  1900년 竹林寺 極樂殿 地藏圖 조성(永川 銀海寺 所藏, 『韓國의 佛畵 30 - 銀海寺』) 수화승 影雲奉秀

  1900년 竹林寺 七星圖 조성(永川 銀海寺 所藏, 『韓國의 佛畵 30 - 銀海寺』) 수화승 影雲奉秀
- 연대미상 경북 영천 銀海寺 百興庵 極樂殿 地藏圖 조성(『韓國의 佛畵 30 - 銀海寺』) 수화승 碧山璨奎

경순(敬順 : -1879-) 19세기 후반에 활동한 불화승이다. 1879년에 수화승 수룡기전과 대구 동화사 염불암念佛庵 아미타후불도를 조성하였다.

- 1879년 대구 桐華寺 念佛庵 阿彌陀後佛圖 조성(『韓國의 佛畵 21 - 桐華寺(上)』) 수화승 琪銓

경식(敬息 : -1890-) 19세기 후반에 활동한 불화승이다. 1890년에 수화승 긍조와 서울 홍천사 대방 아미타후불도를 조성하였다.

 ▫ 1890년 서울 興天寺 大房 阿彌陀後佛圖 조성(『서울전통사찰불화』와 『韓國佛畵畵記集』)[32] 수화승 亘照

경심(敬心 : -1673-)* 17세기 후반에 활동한 불화승이다. 1673년에 수화승으로 전남 구례 천은사 괘불도를 조성하였다.

 ▫ 1673년 전남 구례 泉隱寺 掛佛圖 조성(『韓國의 佛畵 11 - 華嚴寺』) 畵員 수화승

경안 1(慶岸 : -1797-1798-) 18세기 후반에 활동한 불화승이다. 수화승 지연과 1797년에 경북 안동 운대사 아미타후불도와 1798년에 경남 양산 통도사 명부전 지장도를 조성하였다.

 ▫ 1797년 경북 안동 雲臺寺 阿彌陀後佛圖 조성(安東 西岳寺 所藏, 『韓國의 佛畵 23 孤雲寺 (上)』) 수화승 指涓
 ▫ 1798년 경남 양산 通度寺 冥府殿 地藏圖 조성(『韓國의 佛畵 1 - 通度寺(上)』)[33] 수화승 指演

경안 2(慶安 : -1901-) 20세기 전반에 활동한 불화승이다. 1901년에 수화승 보응문성과 전북 고창 선운사 아미타후불도를 조성하였다.

 ▫ 1901년 전북 고창 禪雲寺 阿彌陀後佛圖 조성(『韓國의 佛畵 14 - 禪雲寺』) 수화승 普應 文性

경암당(慶菴堂) 묘흥(妙興) 참조

경연 1(敬衍 : -1704-) 18세기 전반에 활동한 불화승이다. 1704년에 수화승 인문과 부화승 초경楚敬 등과 경북 영천 수도사 괘불도를 조성하였다.

 ▫ 1704년 경북 영천 修道寺 掛佛圖 조성(『韓國의 佛畵 30 - 銀海寺』)[34] 수화승 印文

경연 2(慶演 : -1901-)* 석담당(石潭堂) 20세기 전반에 활동한 불화승이다. 1901년에 경선응석과 전남 해남 대흥사 대웅보전 삼세불도(약사불)를 조성할 때 모화模畵의 소임을 맡고, 수화승으로 강원 속초 신흥사 칠성도를 조성하였다.

 ▫ 1901년 전남 해남 大興寺 三世後佛圖(藥師佛) 조성(『全南의 寺刹』과 『韓國의 佛畵 31 - 大興寺』) 模畵 수화승 慶船應釋
 1901년 전남 해남 大興寺 冥府殿 地藏十王圖 조성(『韓國의 佛畵 31 - 大興寺』) 模畵 수화승 慶船應釋
 1901년 강원 속초 神興寺 七星圖 조성(『한국의 사찰문화재 - 강원도』과 『韓國의 佛畵 37 - 新興寺』) 金魚 수화승
 ※ 경연 2와 경연 3은 동일인으로 추정된다.

경연 3(敬演 : -1906-)* 대우당(大愚堂) 20세기 전반에 활동한 불화승이다. 1906년에 수화승으로 경북 울진 불영사 응진전 아미타후불도를 조성하였다.

 ▫ 1906년 경북 울진 佛影寺 應眞殿 阿彌陀後佛圖 조성(『韓國의 佛畵 38 - 佛國寺』) 金魚 수화승

경엽(敬曄 : -1887-1892-) 19세기 후반에 활동한 불화승이다. 1887년에 수화

승 성옥과 강원 원주 구룡사 아미타후불도를, 1892년에 수화승 영명천기와
서울 봉은사 대웅전 삼장도를 조성하였다.

- 1887년 강원 원주 龜龍寺 阿彌陀後佛圖 조성(『韓國의 佛畵 10 – 月精寺』) 수화승 性沃
- 1892년 서울 奉恩寺 大雄殿 三藏圖 조성(『韓國의 佛畵 34 – 曹溪寺(上)』) 수화승 永明天機

경오 1(慶悟, 慶吾 : -1797-1799-) 18세기 후반에 활동한 불화승이다. 수화승
지연과 1797년에 경북 안동 운대사 아미타후불도를, 1798년에 경남 양산 통
도사 명부전 지장도를, 1799년에 경북 경주 기림사 시왕전 지장도(동국대학
교 경주캠퍼스 박물관 소장)를 조성하였다.

- 1797년 경북 안동 雲臺寺 阿彌陀後佛圖 조성(安東 西岳寺 所藏,『韓國의 佛畵 23 – 孤雲
  寺(上)』) 수화승 指涓
- 1798년 경남 양산 通度寺 冥府殿 地藏圖 조성(『韓國의 佛畵 1 – 通度寺(上)』) 수화승 指演
- 1799년 경북 경주 祇林寺 十王殿 地藏圖 조성(東國大學校 慶州캠퍼스 博物館 所藏,『韓
  國의 佛畵 18 – 大學博物館(Ⅰ)』) 수화승 慈雲□演

경오 2(景悟, 敬五 : -1880-1911-) 19세기 후반부터 20세기 전반까지 활동한
불화승이다. 1880년에 수화승 환봉준성과 전북 완주 위봉사 보광명전 삼세불
(약사불도)을, 1899년에 수화승 벽산찬규와 상원암 신중도(군위 신흥사 소장)
를, 1911년에 수화승 환월상휴와 경기 안성 법계사 화장찰해도를 조성하였다.

- 1880년 전북 완주 威鳳寺 普光明殿 三世佛圖(藥師佛) 조성(『韓國의 佛畵 13 – 金山寺』)
  수화승 幻峯準性
- 1899년 上元庵 神衆圖 조성(軍威 新興寺 所藏,『韓國의 佛畵 30 – 銀海寺』) 수화승 粲圭
- 1911년 경기 안성 靑龍寺 內院庵 華藏刹海圖 조성(安城 法界寺 所藏, 畵記)35) 수화승 煥
  月尙休

경옥(慶玉, 璟玉, 景玉, 敬玉 : -1775-1801-)* 18세기 후반부터 19세기 전반까지
경기 양주를 중심으로 활동한 불화승이다. 1775년에 수화승으로 경남 양산
통도사 명부전 시왕도(송제대왕과 변성대왕)를, 1790년에 정조가 발원한 화
성 용주사 불화를 조성하였다. 1794년부터 1796년까지 화성 건립에 참여하
고, 1797년에 수화승 지연과 경북 안동 운대사 아미타후불도를, 1798년에 수
화승 옥인과 경남 양산 통도사 용화전 후불도와 명부전 지장전 지장도를, 수
화승 자운지연과 1799년에 경북 경주 기림사 시왕전 지장도(동국대학교 경주
캠퍼스 박물관 소장)와 1801년에 경북 양산 통도사 백운암 지장도를 그렸다.
그는 1801년에 작성된 『화성성역의궤華城城役儀軌』에 양주목楊州牧 승려로
언급되어 있다.

- 1775년 경남 양산 通度寺 冥府殿 十王圖(宋帝大王) 조성(『韓國의 佛畵 2 – 通度寺(中)』)
  良工 수화승
  1775년 경남 양산 通度寺 冥府殿 十王圖(變成大王) 조성(『韓國의 佛畵 2 – 通度寺(中)』)
  良工 수화승
- 1790년 경기 화성 龍珠寺 七星閣七星如來四方七星幀 조성(「本寺諸般畵畵造作等諸人芳啣」)
- 1794년-1796년 화성 건립에 화원으로 참여(1801년 작성된 『華城城役儀軌』卷4 工匠 畵
  工 條) 楊州牧
- 1797년 경북 안동 雲臺寺 阿彌陀後佛圖 조성(安東 西岳寺 所藏,『韓國의 佛畵 23 – 孤雲

寺(上)』) 수화승 指涓
- 1798년 경남 양산 通度寺 冥府殿 地藏圖 조성(『韓國의 佛畵 1 - 通度寺(上)』) 수화승 指演
- 1799년 경북 경주 祇林寺 十王殿 地藏圖 조성(東國大學校 慶州캠퍼스 博物館 所藏, 『韓國의 佛畵 18 - 大學博物館(Ⅰ)』) 수화승 慈雲□演
- 1801년 경남 양산 通度寺 白雲庵 地藏圖 조성(『韓國의 佛畵 3 - 通度寺(下)』) 수화승 指演
- 연대미상 경북 경주 祇林寺 十王圖(初江大王) 조성(『韓國의 佛畵 38 - 佛國寺』)[36] 良工 수화승
  연대미상 경북 경주 祇林寺 十王圖(閻羅大王) 조성(『韓國의 佛畵 38 - 佛國寺』)[37] 良工 수화승

경우 1(景祐, 憬佑 : -1784-1810-) 18세기 후반에 활동한 승장이다. 1784년에 수화승 유성과 경북 김천 직지사 천불전 불상을 제작하고, 1810년에 수화승 정민과 경북 청송 대전사 운수암 지장도(영천 은해사 소장)를 조성하였다.

- 1784년 경북 김천 直指寺 千佛殿 佛像 제작(發願文) 수화승 有誠
- 1810년 大典寺 雲水庵 地藏圖 조성(永川 銀海寺 所藏, 『韓國의 佛畵 30 - 銀海寺』) 수화승 定敏

경우 2(敬祐, 環優, 景佑 : -1882-1885-) 19세기 후반에 활동한 불화승이다. 1882년에 수화승 수룡기전과 부산 범어사 영산회상도와 삼장보살도 등, 부산 장안사 나한전 석가모니후불도를, 1884년에 수화승 우송정규와 경남 진주 응석사 석가모니후불도와 수화승 혜과엽계와 경북 예천 용문사 칠성도를, 1885년에 수룡기전과 경남 합천 해인사 대적광전 삼신도(비로자나불), 국일암 구품도와 신중도를 조성하였다.

- 1882년 부산 梵魚寺 大雄殿 釋迦牟尼後佛圖 조성(『梵魚寺聖寶博物館 名品圖錄』과 『韓國의 佛畵 32 - 梵魚寺』) 수화승 琪銓
  1882년 부산 梵魚寺 三藏菩薩圖 조성(『梵魚寺聖寶博物館 名品圖錄』과 『韓國佛畵畵記集』 및 『韓國의 佛畵 32 - 梵魚寺』) 수화승 琪銓
  1882년 부산 梵魚寺 神衆圖 조성(『梵魚寺聖寶博物館 名品圖錄』과 『韓國佛畵畵記集』 및 『韓國의 佛畵 32 - 梵魚寺』) 수화승 琪銓
  1882년 부산 長安寺 羅漢殿 釋迦牟尼後佛圖 조성(『韓國의 佛畵 32 - 梵魚寺』) 수화승 琪銓
- 1884년 경남 진주 凝石寺 釋迦牟尼後佛圖 조성(『韓國의 佛畵 4 - 海印寺(上)』) 수화승 廷奎
  1884년 경북 예천 龍門寺 七星圖 조성(『韓國의 佛畵 9 - 直指寺(下)』) 수화승 慧果燁桂
- 1885년 경남 합천 海印寺 大寂光殿 三身圖(毘盧遮那佛) 조성(『韓國의 佛畵 4 - 海印寺(上)』) 수화승 水龍琪銓
  1885년 경남 합천 海印寺 國一庵 九品圖 조성(『韓國의 佛畵 4 - 海印寺(上)』) 수화승 水龍琪銓
  1885년 경남 합천 海印寺 國一庵 神衆圖 조성(『韓國의 佛畵 4 - 海印寺(上)』) 수화승 水龍琪銓

경욱 1(敬郁 : -1794-1796-)* 18세기 후반에 경기 양주를 중심으로 활동한 불화승이다. 1792년에 수화승 화엄□□과 경기 남양주 흥국사 시왕전 시왕도(변성대왕)를 그리고, 1794년부터 1796년까지 화성 건립에 참여하였다. 1802년에 수화승으로 경기 양주 수□암 지장도(파주 보광사 소장)를 조성하였다. 1801년에 작성된 『화성성역의궤華城城役儀軌』에 양주목楊州牧 승려로 언급되어

있다.

- 1792년 경기 남양주 興國寺 十王殿 十王圖(變成大王) 조성(『韓國의 佛畵 33 - 奉先寺』) 수화승 和嚴□□
- 1794년-1796년 화성 건립에 화원으로 참여(1801년 작성된 『華城城役儀軌』 卷4 工匠 畵工 條) 楊州牧
- 1802년 경기 양주 守□庵 地藏圖 조성(坡州 普光寺 所藏, 『韓國의 佛畵 33 - 奉先寺』) 金魚 수화승

경욱 2(慶郁 : -1831-)* 19세기 중반에 활동한 불화승이다. 1831년에 수화승으로 내원암 아미타극락회상도(국립중앙박물관 소장)를 조성하였다.

- 1831년 內院庵 阿彌陀極樂會上圖 조성(國立中央博物館 所藏, 유마리, 「朝鮮朝 阿彌陀佛畵의 硏究」와 『韓國의 佛畵 39 - 國·公立博物館』)38) 畵員 수화승

경욱 3(敬郁, 敬旭 : -1854-1861-)* 한명당(漢明堂) 19세기 중반에 활동한 불화승이다. 1854년에 수화승 원담내원과 전남 구례 화엄사 나한전 석가모니후불도(하동 한산사 소장)를, 수화승 해운익찬과 전남 해남 대흥사 대광명전 지장시왕도와 호림박물관 소장 현왕도를, 1855년에 수화승으로 해남 대흥사 신중도(동국대학교 박물관 소장)를 조성하였다. 1860년에 수화승 해명산수와 충북 영동 성주사 괘불도와 1861년에 수화승으로 충남 공주 마곡사 청련암 석가모니후불도를 그렸다.

- 1854년 전남 구례 華嚴寺 羅漢殿 釋迦牟尼後佛圖 조성(河東 寒山寺 所藏, 『韓國의 佛畵 25 - 雙磎寺(上)』) 수화승 圓潭乃圓
  1854년 現王圖 조성(湖林博物館 所藏, 『韓國의 佛畵 20 - 私立博物館』) 수화승 益讚
  1854년 전남 해남 大興寺 大光明殿 地藏十王圖 조성(『全南의 寺刹』과 『韓國의 佛畵 31 - 大興寺』) 수화승 益讚
- 1855년 전남 해남 大興寺 神衆圖 조성(東國大學校 博物館 所藏, 『韓國의 佛畵 18 - 大學博物館(Ⅰ)東國大』) 畵師 수화승
- 1860년 충북 영동 聖住寺 掛佛圖 조성(『韓國佛畵畵記集』) 수화승 海溟山水_
- 1861년 충남 공주 麻谷寺 淸蓮庵 釋迦牟尼後佛圖 조성(『韓國의 佛畵 15 - 麻谷寺(上)』) 金魚 수화승

경운(敬雲, 慶雲 : -1863-1884-)* 19세기 후반에 경남 합천 해인사를 중심으로 활동한 불화승이다. 1863년에 수화승으로 울산 석남사 산신도를, 1868년에 수화승 금암천여와 경남 하동 쌍계사 지장도를 그렸다. 수화승 금운긍률과 1882년에 경남 밀양 표충사 대홍원전 구품도와 1883년에 경북 청도 운문사 구품도를 조성하였다. 1884년에 수화승 축연과 서울 진관사 영산전 제석도(사자·장군)를 그렸다.

- 1863년 울산 石南寺 山神圖 조성(『韓國의 佛畵 3 - 通度寺(下)』)39) 魚畵兼施主陜川海印寺 수화승
- 1868년 경남 하동 雙磎寺 地藏圖 조성(『韓國의 佛畵 25 - 雙磎寺(上)』) 수화승 錦庵天如
- 1882년 경남 밀양 表忠寺 大弘願殿 九品圖 조성(『韓國의 佛畵 3 - 通度寺(下)』) 수화승 肯律
- 1883년 경북 淸道 雲門寺 九品圖 조성(『韓國의 佛畵 21 - 桐華寺(上)』) 수화승 肯律
- 1884년 서울 津寬寺 靈山殿 帝釋圖(使者, 將軍) 조성(『韓國의 佛畵 35 - 曹溪寺(中)』) 金魚 수화승 竺衍

경원(敬元 : -1652-) 17세기 중반에 활동한 불화승이다. 1652년에 수화승 신겸과 충북 청원 안심사 괘불도를 조성하였다.

▫1652년 충북 청원 安心寺 掛佛圖 조성(『韓國의 佛畵 17 – 法住寺』) 수화승 信謙

경월당(景月堂) 긍엽(亘爗) 참조

경윤 1(慶允 : -1789-) 18세기 후반에 활동한 불화승이다. 1789년에 장조莊祖 현륭원顯隆園 조성소 화승畵僧으로 참여하였다.

▫1789년 『莊祖顯隆園園所都監儀軌』 造成所 畵僧(奎章閣 13627호, 朴廷蕙, 「儀軌를 통해서 본 朝鮮時代의 畵員」 자료1)

경윤 2(敬允 : -1847-) 19세기 중반에 활동한 불화승이다. 1847년에 수화승 금암천여와 전남 고흥 금탑사 극락전 아미타후불도를 조성하였다.

▫1847년 전남 고흥 金塔寺 極樂殿 阿彌陀後佛圖 조성(『韓國의 佛畵 6 – 松廣寺(上)』) 수화승 錦菴天如

경윤 3(慶允 : -1885-) 19세기 후반에 활동한 불화승이다. 1885년에 수화승 수룡기전과 경남 합천 해인사 대적광전 삼신도(석가모니불)를 조성하였다.

▫1885년 경남 합천 해인사 大寂光殿 三身圖(釋迦牟尼佛) 조성(『韓國의 佛畵 4 – 海印寺(上)』) 수화승 水龍琪銓

경은 1(慶銀 : -1802-) 19세기 전반에 활동한 불화승이다. 1802년에 수화승 경욱과 경기 양주 수□암 지장도(파주 보광사 소장)를 조성하였다.

▫1802년 경기 양주 守□庵 地藏圖 조성(坡州 普光寺 所藏, 『韓國의 佛畵 33 – 奉先寺』) 片手 수화승 慶郁

경은 2(敬恩 : -1890-) 19세기 후반에 활동한 불화승이다. 1890년에 수화승 긍조와 서울 흥천사 대방 신중도를 조성하였다.

▫1890년 서울 興天寺 大房 神衆圖 조성(『서울전통사찰불화』와 『韓國佛畵畵記集』) 沙彌 수화승 亘照

경은당(慶隱堂) 계윤(戒允) 참조

경인(京寅, 敬仁 : -1901-1938-) 연암당(蓮庵堂, 連庵堂, 蓮菴堂), 속성 유柳씨. 20세기 전반에 활동한 불화승이다. 1901년에 한곡돈법과 충북 보은 법주사 여적암 신중도를, 1910년에 수화승 융파법융과 충남 공주 갑사 팔상전 석가모니후불도와 수화승 금호약효와 대웅전 신중도, 1911년에 충남 청양 정혜사 칠성도, 1912년에 충남 공주 마곡사 영은암 신중도와 청련암 독성도 및 칠성도를, 1917년에 수화승 보응문성과 보은 법주사 대웅보전 비로자나후불도를 조성하였다. 1918년에 수화승 벽월창오와 전남 순천 선암사 응진당 십육나한도와 사자도를, 1919년에 수화승 향암성엽과 충남 부여 금지사 아미타후불도와 칠성도를, 1923년에 수화승 호은정연과 충남 논산 쌍계사 대웅전 삼세불도와 신중도를, 수화승 금호약효와 1924년에 마곡사 심검당 석가모니후불도와 신중도 및 대광보전 신중도, 충남 예산 향천사 괘불도, 충남 서산 부석사 칠성도와 신중도를 그렸다. 1925년에 수화승 호은정연과 충남 예산 정혜사 석가모니후불도를, 1933년에 수화승 응탄과 충남 예산 대연사 지장도를, 1936년에 수화승 향암성엽과 마곡사 대원암 석가모니후불도와 칠성도를 조성하고, 1938년에 수화승 영성몽화와 마곡사 명부전 창건에 참여하였다.

- 1901년 충북 보은 法住寺 汝寂庵 神衆圖 조성(『韓國의 佛畵 17 – 法住寺』) 수화승 漢谷頓法
- 1910년 충남 공주 甲寺 八相殿 釋迦牟尼後佛圖 조성(『韓國의 佛畵 15 – 麻谷寺(上)』) 수화승 隆坡法融

  1910년 충남 공주 甲寺 大雄殿 神衆圖 조성(『韓國의 佛畵 15 – 麻谷寺(上)』) 수화승 錦湖若效
- 1911년 충남 청양 定慧寺 七星圖 조성(『韓國의 佛畵 16 – 麻谷寺(下)』) 沙彌 수화승 錦湖若效
- 1912년 충남 공주 麻谷寺 灵隱庵 神衆圖 조성(『韓國의 佛畵 15 – 麻谷寺(上)』) 수화승 錦湖若效

  1912년 충남 공주 麻谷寺 靑蓮菴 七星圖 조성(『韓國의 佛畵 16 – 麻谷寺(下)』) 수화승 錦湖若效

  1912년 충남 공주 麻谷寺 靑蓮菴 獨聖圖 조성(『韓國의 佛畵 16 – 麻谷寺(下)』) 沙彌 수화승 錦湖若效
- 1917년 충북 보은 法住寺 大雄寶殿 毘盧遮那後佛圖 조성(『韓國의 佛畵 17 – 法住寺』) 수화승 普應文性
- 1918년 전남 순천 선암사 應眞堂 十六羅漢圖 조성(『韓國의 佛畵 12 – 仙巖寺』) 수화승 碧月昌昕

  1918년 전남 순천 仙巖寺 應眞堂 十六羅漢圖 조성(『韓國의 佛畵 12 – 仙巖寺』) 수화승 碧月昌昕

  1918년 전남 순천 仙巖寺 應眞堂 使者圖 조성(『韓國의 佛畵 12 – 仙巖寺』) 수화승 碧月昌昕
- 1919년 충남 부여 金池寺 阿彌陀後佛圖 조성(『韓國의 佛畵 15 – 麻谷寺(上)』) 수화승 香庵性曄

  1919년 충남 부여 金池寺 七星圖 조성(『韓國의 佛畵 16 – 麻谷寺(下)』) 수화승 性曄香菴
- 1923년 충남 논산 雙溪寺 大雄殿 三世佛圖(釋迦牟尼佛) 조성(『韓國의 佛畵 15 – 麻谷寺(上)』) 수화승 湖隱定淵

  1923년 충남 논산 雙溪寺 大雄殿 三世佛圖(藥師佛) 조성(『韓國의 佛畵 15 – 麻谷寺(上)』) 수화승 湖隱定淵

  1923년 충남 논산 雙溪寺 大雄殿 三世佛圖(阿彌陀佛) 조성(『韓國의 佛畵 15 – 麻谷寺(上)』) 수화승 湖隱定淵

  1923년 충남 논산 雙溪寺 大雄殿 神衆圖 조성(『韓國의 佛畵 15 – 麻谷寺(上)』) 수화승 湖隱定淵
- 1924년 충남 공주 麻谷寺 尋劍堂 釋迦牟尼後佛圖 조성(『韓國의 佛畵 15 – 麻谷寺(上)』) 수화승 錦湖若效

  1924년 충남 공주 麻谷寺 尋劍堂 神衆圖 조성(『韓國의 佛畵 15 – 麻谷寺(上)』) 수화승 錦湖若效

  1924년 충남 공주 麻谷寺 大光寶殿 神衆圖 조성(『韓國의 佛畵 15 – 麻谷寺(上)』) 수화승 錦湖若效

  1924년 충남 예산 香泉寺 掛佛圖 조성(『韓國의 佛畵 27 – 修德寺』) 수화승 錦湖若效

  1924년 충남 서산 浮石寺 七星圖 조성(『韓國의 佛畵 27 – 修德寺』) 수화승 錦湖若效

  1924년 충남 서산 浮石寺 神衆圖 조성(『韓國의 佛畵 40 – 補遺』) 수화승 錦湖若效
- 1925년 충남 예산 定慧寺 釋迦牟尼後佛圖 조성(『韓國의 佛畵 27 – 修德寺』) 수화승 湖隱定淵

∘1933년 충남 예산 大連寺 地藏圖 조성(『韓國의 佛畵 27 – 修德寺』) 수화승 應坦
∘1936년 충남 공주 麻谷寺 大院庵 釋迦牟尼後佛圖 조성(『韓國의 佛畵 15 – 麻谷寺(上)』) 수화승 香菴性曄
　1936년 충남 공주 麻谷寺 大院庵 七星圖 조성(『韓國의 佛畵 16 – 麻谷寺(下)』) 수화승 香庵性曄
∘1938년 충남 공주 麻谷寺 冥府殿 創建(「忠淸南道公州郡泰華山麻谷寺冥府殿創建記」)[40] 수화승 永醒蒙華

경잠 1(景岑, 敬岑 : -1650-1656-)* 17세기 중반에 활동한 승장이다. 수화승으로 1650년에 충남 공주 갑사 괘불도와 1656년에 경북 김천 직지사 비로자나불상을 제작하였다.

∘1650년 충남 공주 甲寺 掛佛圖 조성(『韓國佛畵畵記集』과 『韓國의 佛畵 16 – 麻谷寺(下)』) 畵員 수화승
∘1656년 경북 김천 直指寺 毘盧遮那佛像 제작(최완수, 『명찰순례』 1) 수화승

경잠 2(敬岑 : -1788-1796-) 18세기 후반에 경기 수원을 중심으로 활동한 불화승이다. 1788년에 수화승 연홍과 충남 공주 마곡사 대적광전 석가모니후불도를 조성하고, 1794년부터 1796년까지 화성 건립에 참여하여 1801년에 작성된 『화성성역의궤華城城役儀軌』에 수원부水原府 승려로 언급되어 있다.

∘1788년 충남 공주 麻谷寺 大寂光殿 釋迦牟尼後佛圖 조성(『韓國의 佛畵 15 – 麻谷寺(上)』) 수화승 錬弘
∘1794년-1796년 화성 건립에 화원으로 참여(1801년 작성된 『華城城役儀軌』 卷4 工匠 畵工 條) 水原府

경전(敬典, 景銓 : -1856-1899-) 19세기 중·후반에 활동한 불화승이다. 1856년에 수화승 해운익찬과 경북 성주 선석사 대웅전 석가모니후불도를, 1879년에 수화승 수룡기전과 전북 완주 위봉사 태조암 석가모니후불도를, 1896년에 수화승 범해두안과 경북 김천 봉곡사 지장도를, 1896년에 수화승 덕산묘화와 대구 동화사 사천왕도(지국천왕)를, 1899년에 우송상수와 봉곡사 극락암 칠성도를 조성하였다.

∘1856년 경북 성주 禪石寺 大雄殿 釋迦牟尼後佛圖 조성(『韓國의 佛畵 21 – 桐華寺(上)』) 수화승 益讚
∘1879년 전북 완주 威鳳寺 太祖庵 釋迦牟尼後佛圖 조성(『韓國의 佛畵 13 – 金山寺』) 수화승 繡龍大電
∘1896년 경북 김천 鳳谷寺 地藏圖 조성(『韓國의 佛畵 8 – 直指寺(上)』) 수화승 帆海斗岸[41]
　1896년 대구 桐華寺 四天王圖(持國天王) 조성(『韓國의 佛畵 21 – 桐華寺(上)』) 수화승 德山妙華
∘1899년 전북 무주 北固寺 七星閣 七星圖 조성(『韓國의 佛畵 13 – 金山寺』) 수화승 友松爽洙
　1899년 鳳谷寺 極樂庵 七星圖 조성(茂朱 安國寺 所藏, 『韓國의 佛畵13 – 金山寺』) 沙彌 수화승 友松爽洙

경조(敬祚, 敬照 : -1901-1910-) 화봉당(華峰堂, 化峰堂) 20세기 전반에 활동한 불화승이다. 1901년에 수화승 벽산찬규와 경북 경산 환성사 명부전 지장도를, 1902년에 수화승 경선응석과 경기 고양 흥국사 괘불도를, 1905년에 수화

승 초암세한과 대구 동화사 석가모니후불도와 십육나한도를, 1906년에 수화
승 혜고봉감과 서울 지장사 약사전 약사후불도와 능인보전 신중도를, 1909년
에 수화원 처사 학권鶴權과 대구 동화사 승당 아미타후불도를, 1910년에 수
화승 벽산찬규와 대구 동화사 금당 수마제전 아미타후불도를 조성하였다.

- 1901년 서울 蓮華寺 神衆圖 조성(『韓國의 佛畫 35 – 曹溪寺(中)』) 수화승 漢峰應作[42]
  1901년 경북 경산 環城寺 冥府殿 地藏圖 조성(『韓國의 佛畫 30 – 銀海寺』) 수화승 璨圭
- 1902년 경기 고양 興國寺 掛佛圖 조성(『畿內寺院誌』와 『韓國佛畫畫記集』 및 『韓國의 佛畫 35 – 曹溪寺(中)』) 수화승 慶船應釋
- 1905년 대구 桐華寺 釋迦牟尼後佛圖 조성(『韓國의 佛畫 21 – 桐華寺(上)』) 수화승 草庵世閑
  1905년 대구 桐華寺 靈山殿 十六羅漢圖 조성(『韓國의 佛畫 22 – 桐華寺(下)』) 수화승 慧山竺衍
  1905년 대구 桐華寺 靈山殿 十六羅漢圖 조성(『韓國의 佛畫 22 – 桐華寺(下)』) 수화승 草庵世閑
- 1906년 서울 地藏寺 藥師殿 藥師後佛圖 조성(『韓國의 佛畫 34 – 曹溪寺(上)』) 수화승 惠杲奉鑑[43]
  1906년 서울 地藏寺 能仁寶殿 神衆圖 조성(『韓國의 佛畫 35 – 曹溪寺(中)』) 수화승 奉鑑
- 1909년 대구 桐華寺 僧堂 阿彌陀後佛圖 조성(『韓國의 佛畫 21 – 桐華寺(上)』) 수화원 處士 鶴權
- 1910년 대구 桐華寺 金塘 須摩提殿 阿彌陀後佛圖 조성(『韓國의 佛畫 21 – 桐華寺(上)』) 수화원 居士 碧山
- 연대미상 대구 달성 瑜伽寺 神衆圖 조성(『韓國의 佛畫 21 – 桐華寺(上)』) 金魚 수화승 碧山

경준(敬俊) 19세기 후반부터 20세기 전반까지 활동한 불화승이다. 제작연대
를 알 수 없는 경북 영천 은해사 백흥암 극락전 지장도를 수화승 벽산찬규와
조성하였다.

- 연대미상 경북 영천 銀海寺 百興庵 極樂殿 地藏圖 조성(『韓國의 佛畫 30 – 銀海寺』) 수화승 碧山璨奎

경진(敬眞 : -1893-) 19세기 후반에 활동한 불화승이다. 1893년에 수화승 금
호약효와 전북 진안 천황사 대웅전 삼세후불도를 조성하였다.

- 1893년 전북 진안 天皇寺 大雄殿 三世後佛圖 조성(『韓國의 佛畫 13 – 金山寺』) 수화승 錦湖若效

경찬(景粲 : -1682-1688-) 17세기 후반에 활동한 불화승이다. 1682년에 수화
승 법능과 경기 안성 청룡사 감로도를, 1688년에 수화승 민원과 경북 김천
고방사 아미타회상도를 조성하였다.

- 1682년 경기 안성 靑龍寺 甘露圖 조성(『韓國의 佛畫 29 – 龍珠寺(下)』)[44] 수화승 法能
- 1688년 경북 김천 高方寺 阿彌陀後佛圖 조성(『韓國佛畫畫記集』과 『韓國의 佛畫 8 – 直指寺(上)』)[45] 수화승 敏圓

경천(敬天, 景天 : -1888-1936-)* 곽운당(廓雲堂), 속성 이李씨, 19세기 후반부터
20세기 전반까지 활동한 불화승이다. 1888년에 수화승 혜산축연과 강원 평창
상원사 십육나한도를, 1890년에 수화승 서암전기와 경남 합천 해인사 경학원

아미타후불도를, 1895년에 강원 고성 유점사 보타전 후불도와 신중도를, 1910년에 수화승으로 강원 강릉 백운사 독성도를, 1913년에 수화승 퇴경상노와 경북 문경 김용사 대성암 아미타후불도와 삼장도를, 1923년에 수화승 호은정연과 충남 논산 쌍계사 대웅전 삼세불도와 신중도를, 수화승 대우봉민와 송암사 칠성도(양산 통도사 소장)와 경남 양산 통도사 독성도와 내원사 칠성도를, 1924년 대구 동화사 괘불도를 그렸다. 수화승으로 1933년에 경기 화성 용주사 괘불도와 1936년에 강원 평창 상원사 적멸보궁 보궁을 단청하였다.

- 1888년 강원 평창 上院寺 十六羅漢圖 조성(『韓國의 佛畵 10 – 月精寺』) 수화승 蕙山竺衍
- 1890년 경남 합천 海印寺 經學院 阿彌陀後佛圖 조성(『韓國의 佛畵 4 – 海印寺(上)』) 수화승 瑞巖典琪
- 1895년 강원 고성 榆岾寺 寶陀殿 後佛圖와 神衆圖 조성(『榆岾寺本末寺誌(榆岾寺)』)
- 1910년 강원 강릉 白雲寺 獨聖圖 조성(『韓國의 佛畵 10 – 月精寺』) 金魚 片手 수화승
- 1912년 강원 고성 榆岾寺 鐵製塗金 地藏菩薩坐像 조성(『榆岾寺本末寺誌(榆岾寺)』)
- 1913년 경북 문경 金龍寺 大成庵 阿彌陀後佛圖 조성(『韓國의 佛畵 8 – 直指寺(上)』) 出草 수화승 退耕相老
  1913년 경북 문경 金龍寺 三藏圖 조성(『韓國의 佛畵 8 – 直指寺(上)』) 出草 수화승 退耕相老
- 1923년 충남 논산 雙溪寺 大雄殿 三世佛圖(釋迦牟尼佛) 조성(『韓國의 佛畵 15 – 麻谷寺(上)』) 수화승 湖隱定淵
  1923년 충남 논산 雙溪寺 大雄殿 三世佛圖(藥師佛) 조성(『韓國의 佛畵 15 – 麻谷寺(上)』) 수화승 湖隱定淵
  1923년 충남 논산 雙溪寺 大雄殿 三世佛圖(阿彌陀佛) 조성(『韓國의 佛畵 15 – 麻谷寺(上)』) 沙彌 수화승 湖隱定淵
  1923년 충남 논산 雙溪寺 大雄殿 神衆圖 조성(『韓國의 佛畵 15 – 麻谷寺(上)』) 수화승 湖隱定淵
  1923년 松巖寺 七星圖 조성(梁山 通度寺 所藏, 『韓國의 佛畵 2 – 通度寺(中)』) 수화승 張大愚
  1923년 경남 양산 通度寺 獨聖圖 조성(『韓國의 佛畵 2 – 通度寺(中)』) 수화승 大愚奉玟
  1923년 경남 양산 內院寺 七星圖 조성(『韓國의 佛畵 3 – 通度寺(下)』) 수화승 大愚奉玟
- 1924년 대구 桐華寺 掛佛圖 조성(『韓國의 佛畵 22 – 桐華寺(下)』) 수화승 大愚奉珉
- 1933년 경기 화성 龍珠寺 掛佛圖 조성(『韓國의 佛畵 29 – 龍珠寺(下)』) 金魚 수화승
- 1936년 강원 평창 上院寺 寂滅寶宮 丹靑(이강근, 「上院寺 寂滅寶宮에 대한 조사보고서」) 金魚片手 수화승

경침(敬忱, 慶忱 : -1789-1796-) 18세기 후반에 경기 양주를 중심으로 활동한 불화승이다. 1789년에 장조莊祖 현릉원顯隆園 조성소 화승畵僧으로 참여하고, 1794년부터 1796년까지 화성 건립에 참여하여 1801년에 작성된 『화성성역의궤華城城役儀軌』에 양주목楊州牧 승려로 언급되어 있다.

- 1789년 『莊祖顯隆園園所都監儀軌』 造成所 畵僧(奎章閣 13627호, 朴廷蕙, 「儀軌를 통해서 본 朝鮮時代의 畵員」 자료1)
- 1794년-1796년 화성 건립에 화원으로 참여(1801년 작성된 『華城城役儀軌』 卷4 工匠 畵工 條) 楊州牧

경파(慶波 : -1790-) 18세기 후반에 활동한 불화승이다. 1790년에 수화승 상겸과 경기 화성 용주사 감로도를 조성하였다.

- 1790년 경기 화성 龍珠寺 甘露圖 조성(『韓國佛畵畵記集』) 수화승 尙兼

경팔(敬八 : -1908-) 20세기 전반에 활동한 불화승이다. 1908년에 수화승 석옹철유와 서울 수국사 괘불도를 조성하였다.

　∘ 1908년 서울 守國寺 掛佛圖 조성(『韓國의 佛畵 35 – 曹溪寺(中)』) 수화승 石翁喆裕

경하당(慶霞堂, 慶椴堂) 도우(到雨) 참조

경학(景鶴, 敬學, 景學, 璟學 : -1896-1906-) 19세기 후반부터 20세기 전반까지 활동한 불화승이다. 1896년에 수화승 두안과 경남 양산 통도사 반야용선도般若龍船圖를, 1897년에 수화승 태일과 경남 창녕 포교당 산신도와 수화승 영운봉수와 경북 영천 은해사 백홍암 영산전 석가모니후불도 및 백홍암 심검당 아미타후불도 등을 조성하였다. 1903년에 수화승 묘영과 경남 통영 용화사 석가모니후불도를, 1904년에 수화승 환월상휴와 경남 양산 통도사 비로암 구품도九品圖와 비로암 칠성도를, 수화승 한동과 울산 신흥사 석가모니후불도를, 1905년에 수화승 약효와 부산 범어사 팔상전 영산회상도와 나한전 영산회상도 및 괘불도를, 수화승 경륜과 범어사 나한전 나한도를, 1906년에 수화승 한형과 경북 경주 기림사 대적광전 신중도를 그렸다.

　∘ 1896년 경남 양산 通度寺 般若龍船圖 조성(『韓國의 佛畵 2 – 通度寺(中)』) 수화승 帆海斗岸
　∘ 1897년 경남 창녕 昌寧布敎堂 山神圖 조성(『韓國의 佛畵 3 – 通度寺(下)』) 出草 수화승 太一
　　1897년 경북 영천 銀海寺 百興菴 靈山殿 釋迦牟尼後佛圖 조성(『韓國의 佛畵 30 – 銀海寺』) 수화승 永雲奉洙
　　1897년 경북 영천 銀海寺 百興菴 尋劍堂 阿彌陀後佛圖 조성(『韓國의 佛畵 30 – 銀海寺』) 수화승 永雲奉秀
　　1897년 경북 영천 銀海寺 百興菴 大法堂 神衆圖 조성(『韓國의 佛畵 30 – 銀海寺』) 수화승 永雲奉秀
　∘ 1903년 경남 통영 龍華寺 釋迦牟尼後佛圖 조성(『韓國의 佛畵 25 – 雙磎寺(上)』) 수화승 香湖妙英
　∘ 1904년 경남 양산 通度寺 毘盧庵 九品圖 조성(『韓國의 佛畵 1 – 通度寺(上)』)46) 수화승 煥月尙休
　　1904년 경남 양산 通度寺 毘盧庵 七星圖 조성(『韓國의 佛畵 2 – 通度寺(中)』)47) 수화승 煥月尙休
　　1904년 울산 新興寺 釋迦牟尼後佛圖 조성(『韓國의 佛畵 3 – 通度寺(下)』) 수화승 漢炯
　∘ 1905년 부산 梵魚寺 捌相殿 靈山會上圖 조성(『梵魚寺聖寶博物館 名品圖錄』과 『韓國의 佛畵 32 – 梵魚寺』)48) 수화승 普應文性
　　1905년 부산 梵魚寺 羅漢殿 靈山會上圖 조성(『梵魚寺聖寶博物館 名品圖錄』과 『韓國의 佛畵 32 – 梵魚寺』) 수화승 普應文性
　　1905년 부산 梵魚寺 羅漢殿 羅漢圖 조성(『梵魚寺聖寶博物館 名品圖錄』과 『韓國의 佛畵 32 – 梵魚寺』) 수화승 普應文性
　　1905년 부산 梵魚寺 掛佛圖 조성(『梵魚寺聖寶博物館 名品圖錄』과 『韓國의 佛畵 32 – 梵魚寺』) 수화승 錦湖若效
　∘ 1906년 경북 경주 祇林寺 大寂光殿 神衆圖 조성(『韓國의 佛畵 38 – 佛國寺』) 수화승 漢炯
　∘ 연대미상 경남 양산 通度寺 毘盧庵 神衆圖 조성(『韓國의 佛畵 1 – 通度寺(上)』)49) 수화승 尙休
　　연대미상 경남 양산 通度寺 獨聖圖 조성(『韓國의 佛畵 2 – 通度寺(中)』) 수화승 煥月尙休

경해당(慶海堂) 진숙(鎭淑) 참조

경허당(鏡虛堂) 정안(正眼) 참조

경허당(慶虛堂, 擎虛堂) 영운(永芸) 참조

경협(景洽, 璟洽 : -1895-1925-) 응하당(應荷堂) 19세기 후반부터 20세기 전반까지 활동한 불화승이다. 1895년에 수화승 상규와 서울 봉은사 영산전 십육나한도를, 1925년에 수화승 고산축연과 충북 보은 법주사 대웅보전 사천왕도(향우)를 조성하였다.

- 1895년 서울 奉恩寺 靈山殿 十六羅漢圖 조성(『韓國의 佛畵 35 – 曹溪寺(中)』) 수화승 尙奎
- 1925년 충북 보은 法住寺 大雄寶殿 四天王圖(向右) 조성(『韓國의 佛畵 17 – 法住寺』) 수화승 古山竺淵

경호 1(景昊, 璟鎬 : -1894-1896-)* 19세기 후반에 활동한 불화승이다. 1894년에 수화승 두명과 경남 함양 영원사 신중도를, 1896년에 수화승으로 경북 성주 선석사 아미타후불도를 조성하였다.

- 1894년 경남 함양 靈源寺 神衆圖 조성(『韓國의 佛畵 4 – 海印寺(上)』) 金魚 수화승 斗明
- 1896년 경북 성주 禪石寺 阿彌陀後佛圖 조성(『韓國의 佛畵 21 – 桐華寺(上)』) 片手 수화승

경호 2(景浩, 敬浩 : -1905-1918-) 20세기 전반에 활동한 불화승이다. 1905년에 수화승 초암세한과 대구 동화사 석가모니후불도와 수화승 혜산축연이나 윤일 등과 대구 동화사 영산전 십육나한도를, 1918년에 수화승 벽월창오와 전남 순천 선암사 응진당 십육나한도와 삼성각 독성도를 그렸다. 제작연대를 알 수 없는 광주 약사암 지장시왕도를 수화승 관하종인과 대구 달성 유가사 신중도를 수화승 벽산과 조성하였다.

- 1905년 대구 桐華寺 釋迦牟尼後佛圖 조성(『韓國의 佛畵 21 – 桐華寺(上)』) 수화승 草庵世閑
  1905년 대구 桐華寺 靈山殿 十六羅漢圖 조성(『韓國의 佛畵 22 – 桐華寺(下)』) 수화승 慧山竺衍
  1905년 대구 桐華寺 靈山殿 十六羅漢圖 조성(『韓國의 佛畵 22 – 桐華寺(下)』) 수화승 允一
  1905년 대구 桐華寺 靈山殿 十六羅漢圖 조성(『韓國의 佛畵 22 – 桐華寺(下)』) 수화승 草庵世閑
- 1918년 전남 순천 선암사 應眞堂 十六羅漢圖 조성(『韓國의 佛畵 12 – 仙巖寺』) 수화승 碧月昌旿
  1918년 전남 순천 仙巖寺 三聖閣 獨星圖 조성(『韓國의 佛畵 12 – 仙巖寺』) 수화승 碧月昌旿
- 연대미상 광주 藥師庵 地藏十王圖 조성(『韓國의 佛畵 6 – 松廣寺(上)』) 수화승 觀河宗仁
  연대미상 대구 달성 瑜伽寺 神衆圖 조성(『韓國의 佛畵 21 桐華寺(上)』) 수화승 碧山

경화(敬花 : -1781-)* 18세기 후반에 활동한 불화승이다. 1781년에 수화승 승윤과 경남 하동 쌍계사 삼세불도(석가모니불)를 조성하였다.

- 1781년 경남 하동 쌍계사 三世佛圖(釋迦牟尼佛) 조성(『韓國의 佛畵 25 – 雙磎寺(上)』) 수화승 勝允

경환 1(敬還, 敬煥, 景煥 : -1764-1803-)* 용봉당(龍峯堂) 18세기 중반부터 19세기 전반까지 경기를 중심으로 활동한 불화승이다. 1764년에 건원릉健元陵 정자각丁字閣 중수와 1776년에 영조英祖 원릉元陵 조성소 화승畵僧으로 참여하였다. 1780년에 수화승 설훈과 경기 남양주 봉선사 대웅전 불상을 중수·개금 시 묘적암 화주化主로 나와 있다. 1788년에 상겸 등과 경북 상주 남장사 불사에 참여하여 『불사성공록佛事成功錄』에 경성양공京城良工으로 언급되어 있다. 1790년에 수화승 관허설훈과 경기 가평 현등사 신중도와 청동지장보살좌상을 제작한 후, 1794년부터 1796년까지 화성성역에 화공畵工으로 참가하여 1801년에 작성된 『화성성역의궤華城城役儀軌』에 수원부水原府 승려로 적혀있다. 그는 1803년에 도성암 현왕도(안산 쌍계사 소장) 조성 시 증명證明의 소임을 맡았다.

- 1764년 『健元陵丁字閣重修都監儀軌』 畵僧(奎章閣 13500호, 朴廷蕙, 「儀軌를 통해서 본 朝鮮時代의 畵員」 자료1)
- 1776년 『英祖元陵山陵都監儀軌』 造成所 畵僧(奎章閣 13586호, 朴廷蕙, 「儀軌를 통해서 본 朝鮮時代의 畵員」 자료1)
- 1780년 경기 남양주 奉先寺 大雄殿 佛像 重修·改金(「有明朝鮮國京畿右道楊州牧地雲岳山奉先寺大雄殿佛像重修改金願文」, 『奉先寺本末寺誌(奉先寺)』) 妙寂庵 化主 수화승 雪訓
- 1788년 경북 상주 南長寺 掛佛圖 조성(『韓國의 佛畵 9 – 直指寺(下)』) 繪畫所 수화승 1788년 남장사 불사에 참여한 화승을 적은 『佛事成功錄』에 京城良工으로 언급(이용윤, 「『佛事成功錄』을 통해 본 남장사 괘불」) 수화승 尙謙
- 1790년 경기 가평 懸燈寺 神衆圖 조성(畵記와 『韓國의 佛畵 33 – 奉先寺』)50) 수화승 寬虛雪訓
  1790년 경기 가평 懸燈寺 靑銅地藏菩薩坐像 제작(造像記) 수화승 寬虛 雪訓
- 1794년-1796년 화성 건립에 화원으로 참여(1801년 작성된 『華城城役儀軌』 卷4 工匠 畵工 條) 水原府
- 1803년 道成庵 現王圖 조성(安山 雙磎寺 所藏, 畵記) 證明51)
- 연대미상 경기 의왕 淸溪寺 極樂寶殿 阿彌陀後佛圖 조성(『韓國의 佛畵 28 – 龍珠寺(上)』) 수화승 雪訓

경환 2(環環 : -1898-1900-) 19세기 후반에 활동한 불화승이다. 1898년에 수화승 상규와 경기 파주 보광사 대웅전 영산회상도와 수화승 금화기경과 서울 봉국사 명부전 시왕각부도(일직사자, 월직사자, 건영대장군)를, 수화승 승호와 1900년에 경기 여주 신륵사 석가모니후불도, 감로도, 아미타회상도를 조성하였다.

- 1898년 경기 파주 普光寺 大雄殿 靈山會上圖 조성(『畿內寺院誌』와 『韓國佛畵畵記集』 및 『韓國의 佛畵 33 – 奉先寺』) 沙彌 수화승 禮芸尙奎
  1898년 서울 奉國寺 冥府殿 十王各部圖(日直使者, 月直使者, 建靈大將軍) 조성(『韓國의 佛畵 35 – 曹溪寺(中)』) 수화승 錦華機炯
- 1900년 경기 여주 神勒寺 極樂寶殿 釋迦牟尼後佛圖 조성(『韓國의 佛畵 28 – 龍珠寺(上)』) 수화승 幻溟龍化
  1900년 경기 여주 神勒寺 甘露圖 조성(『韓國의 佛畵 29 – 龍珠寺(下)』) 沙彌 수화승 錦華機炯
  1900년 경기 여주 神勒寺 阿彌陀會上圖 조성(『韓國佛畵畵記集』)52) 수화승 錦華機炯

경훈(慶熏, 慶勳 : -1887-1897-) 19세기 후반에 활동한 불화승이다. 1887년에 수화승 성옥과 강원 원주 구룡사 아미타후불도를, 1888년에 수화승 이봉중린과 인천 강화 백련사 신중도를, 1892년에 연하계창과 전북 익산 심곡사 아미타후불도를, 1897년에 수화승 정연과 충북 보은 법주사 원통보전 관음도와 수화승 금호약효와 팔상전 팔상도(녹원전법상)를 조성하였다.

- 1887년 강원 원주 龜龍寺 阿彌陀後佛圖 조성(『韓國의 佛畵 10 - 月精寺』) 수화승 性沃
- 1888년 인천 강화 白蓮寺 神衆圖 조성(『畿內寺院誌』와 『韓國佛畵畵記集』 및 『韓國의 佛畵 35 - 曹溪寺(中)』) 수화승 尼峯仲獜
- 1892년 전북 익산 深谷寺 阿彌陀後佛圖 조성(『韓國의 佛畵 13 - 金山寺』) 出抄 수화승 蓮河啓昌
- 1897년 충북 보은 法住寺 圓通寶殿 觀音圖 조성(『韓國의 佛畵 17 - 法住寺』) 수화승 定鍊
  1897년 충북 보은 法住寺 捌相殿 八相圖(鹿苑轉法相) 조성(『韓國의 佛畵 17 - 法住寺』) 수화승 錦湖若效

경훈당(敬熏堂) 영파(影波) 참조

경흡(景洽 : -1893-1900-) 19세기 후반부터 20세기 전반까지 활동한 불화승이다. 수화승 금효약효와 1893년에 서울 지장사 대웅전 현왕도와 1895년에 서울 봉은사 영산전 나한도를, 수화승 승호와 1900년에 경기 여주 신륵사 감로도와 아미타회상도를, 수화승 환명용화와 극락보전 석가모니후불도를 조성하였다.

- 1893년 서울 地藏寺 大雄殿 現王圖 조성(『서울전통사찰불화』와 『韓國佛畵畵記集』 및 『韓國의 佛畵 36 - 曹溪寺(下)』)[53] 수화승 錦湖若效
- 1895년 서울 奉恩寺 靈山殿 羅漢圖 조성(『韓國佛畵畵記集』)[54] 수화승 尙奎
- 1900년 경기 여주 神勒寺 甘露圖 조성(『韓國의 佛畵 29 - 龍珠寺(下)』)[55] 수화승 錦華機炯
  1900년 경기 여주 神勒寺 阿彌陀會上圖 조성(『韓國佛畵畵記集』) 수화승 錦華機炯
  1900년 경기 여주 神勒寺 極樂寶殿 釋迦牟尼後佛圖 조성(『韓國의 佛畵 28 - 龍珠寺(上)』)[56] 수화승 幻溟龍化

계관(戒寬, 桂觀 : -1769-1798-)* 18세기 후반에 경상도를 중심으로 활동한 불화승이다. 1769년에 수화승 상정과 경북 경주 불국사 불사에 참여하고, 1771년에 수화승 화월두훈과 경북 선산 수다사 시왕도(초강대왕)를, 1775년에 수화승 경옥과 경남 양산 통도사 명부전 시왕도(송제대왕)를, 1781년에 수화승 취월정일과 경북 문경 혜국사 신중도를, 1786년에 수화승 상겸과 경북 상주 황령사 신중도를, 1788년에 수화승 용봉경환과 상주 남장사 괘불도를 조성하였다. 1790년에 수화승으로 상주 남장사 십육나한도를, 수화승 신겸과 1795년에 충북 보은 법주사 대웅보전 신중도(복천암 소장)와 1796년에 경북 영주 부석사 영산전 미타후불도 조성과 미타·관음을 개금하고, 1798년에 수화승 지연 등과 양산 통도사 명부전 지장도를 그렸다.

- 1769년 경북 경주 佛國寺 佛事에 참여(『韓國의 佛畵 38 - 佛國寺』) 수화승 尙淨[57]
- 1771년 경북 선산 水多寺 十王圖(初江大王) 조성(『韓國의 佛畵 9 - 直指寺(下)』) 수화승 抖薰

◦ 1775년 경남 양산 通度寺 冥府殿 十王圖(宋帝大王) 조성(『韓國의 佛畵 2 - 通度寺(中)』) 수화승 璟玉
◦ 1781년 경북 문경 惠國寺 神衆圖 조성(『韓國의 佛畵 8 - 直指寺(上)』) 수화승 醉月定一
◦ 1786년 경북 상주 黃嶺寺 神衆圖 조성(『韓國의 佛畵 8 - 直指寺(上)』) 수화승 尙謙
◦ 1788년 경북 상주 南長寺 掛佛圖 조성(『韓國의 佛畵 9 - 直指寺(下)』) 수화승 龍峰敬還
◦ 1790년 경북 상주 南長寺 十六羅漢圖 조성(『韓國의 佛畵 9 - 直指寺(下)』) 金魚[58] 수화승
◦ 1795년 충북 보은 法住寺 大雄寶殿 神衆圖 조성(福泉庵 所藏, 『韓國의 佛畵 17 - 法住寺』) 수화승 信謙
◦ 1796년 경북 영주 浮石寺 靈山殿 阿彌陀後佛圖와 彌陀 · 觀音 개금(「浮石寺資料」, 『佛敎美術』 3)
◦ 1798년 경남 양산 通度寺 冥府殿 地藏圖 조성(『韓國의 佛畵 1 - 通度寺(上)』) 수화승 指演

계긍(戒亘 : -1817-) 19세기 전반에 활동한 불화승이다. 1817년에 수화승 민활과 부산 범어사 신중도(제석 · 천룡)를 조성하였다.

◦ 1817년 부산 梵魚寺 神衆圖(帝釋 · 天龍) 조성(『韓國의 佛畵 32 - 梵魚寺』) 수화승 敏活

계념(界念, 桂念 : -1884-) 19세기 후반에 활동한 불화승이다. 1884년에 수화승 금화기형과 경북 예천 용문사 시왕도(1·3·5대왕)를, 수화승 혜과엽계와 칠성도를 조성하였다.

◦ 1884년 경북 예천 龍門寺 十王圖(1·3·5大王) 조성(『韓國의 佛畵 9 - 直指寺(下)』)[59] 수화승 錦華機炯
  1884년 경북 예천 龍門寺 七星圖 조성(『韓國의 佛畵 9 - 直指寺(下)』) 수화승 慧果燁桂

계명(戒明 : -1766-) 18세기 중반에 활동한 불화승이다. 1766년에 수화승 화월두훈과 충북 보은 법주사 괘불도를 조성하였다.

◦ 1766년 충북 보은 法住寺 掛佛圖 조성(『韓國의 佛畵 17 - 法住寺』) 수화승 華月枓訓

계법(戒法 : -1844-) 19세기 중반에 활동한 불화승이다. 1844년에 수화승 인원체정과 서울 봉은사 신중도를 조성하였다.

◦ 1844년 서울 奉恩寺 大雄殿 神衆圖 조성(『서울전통사찰불화』와 『韓國의 佛畵 35 - 曹溪寺(中)』) 수화승 仁源体定

계선(戒禪 : -1890-) 19세기 후반에 활동한 불화승이다. 1890년에 수화승 긍조와 서울 흥천사 대방 아미타후불도와 신중도를 조성하였다.

◦ 1890년 서울 興天寺 大房 阿彌陀後佛圖 조성(『서울전통사찰불화』와 『韓國佛畵畵記集』)[60] 수화승 亘照
  1890년 서울 興天寺 大房 神衆圖 조성(『서울전통사찰불화』와 『韓國佛畵畵記集』) 수화승 亘照

계성(啓性, 戒性, 戒成 : -1780-1804-) 19세기 전반에 활동한 불화승이다. 1780년에 수화승 비현과 순천 선암사 팔상전 화엄도를, 1802년에 수화승 쾌윤과 전남 순천 선암사 나한전 삼세후불도와 신중도를, 수화승 지연과 1803년에 울산 석남사 지장도와 1804년에 대구 동화사 양진암養眞庵 신중도를 조성하였다.

◦ 1780년 전남 순천 仙巖寺 八相殿 華嚴圖 조성(『韓國의 佛畵 12 - 仙巖寺』) 수화승 卍賢
◦ 1802년 전남 순천 仙巖寺 羅漢殿 三世後佛圖 조성(『韓國의 佛畵 12 - 仙巖寺』) 수화승 快玧

　　1802년 전남 순천 仙巖寺 羅漢殿 神衆圖 조성(『韓國의 佛畵 12 - 仙巖寺』) 수화승 快玧
　◦1803년 울산 石南寺 地藏圖 조성(『韓國의 佛畵 3 - 通度寺(下)』) 수화승 指涓
　◦1804년 대구 桐華寺 養眞庵 神衆圖 조성(『韓國의 佛畵 21 - 桐華寺(上)』) 수화승 指演

계순 1(戒淳 : -1709-1710-) 18세기 전반에 활동한 불화승이다. 수화승 도문과 1709년에 경북 예천 용문사 천불도千佛圖와 팔상도를, 1710년에 경북 안동 봉정사 괘불도를 조성하였다.

　◦1709년 경북 예천 龍門寺 千佛圖 조성(『韓國의 佛畵 9 - 直指寺(下)』) 수화승 道文
　　1709년 경북 예천 龍門寺 八相圖 조성(『韓國佛畵畵記集』)61) 수화승 道文
　◦1710년 경북 안동 鳳停寺 掛佛圖 조성(『韓國의 佛畵 24 - 孤雲寺(下)』) 수화승 道文

계순 2(戒順, 啓順, 戒淳 : -1872-1883-) 19세기 후반에 활동한 불화승이다. 1872년에 수화승 방우진호와 경기 파주 보광사 사자도(사자·장군)를, 1878년에 수화승 화산재근과 삼각산 화계사 명부전 지장도와 수화승 한담천신과 경기 안성 청룡사 대웅전 삼세후불도를, 1883년에 수화승 진호와 서울 미타사 무량수전 칠성도를 조성하였다.

　◦1872년 경기 파주 普光寺 使者圖(使者·將軍) 조성(『韓國佛畵畵記集』과 『韓國의 佛畵 33 - 奉先寺』) 수화승 放牛珎昊
　◦1878년 三角山 華溪寺 冥府殿 地藏圖 조성(서울 華溪寺 所藏, 『韓國의 佛畵 34 - 曹溪寺 (上)』) 수화승 華山在根
　　1878년 경기 안성 靑龍寺 大雄殿 三世後佛圖 조성(『韓國의 佛畵 28 龍珠寺(上)』) 수화 승 漢潭天娠
　◦1883년 서울 彌陀寺 無量壽殿 七星圖 조성(『韓國의 佛畵 36 - 曹溪寺(下)』) 수화승 進浩

계식(戒湜 : -1775-) 18세기 후반에 활동한 불화승이다. 1775년에 수화승 포관과 경북 양산 통도사 영산전 팔상도(도솔내의상)를 조성하였다.

　◦1775년 경남 양산 通度寺 靈山殿 八相圖(兜率來儀相) 조성(『韓國의 佛畵 2 - 通度寺(中)』) 수화승 抱冠

계심 1(戒心 : -1723-) 18세기 전반에 활동한 불화승이다. 1723년에 수화승 의겸과 전남 여수 홍국사 관음전 관음도를 조성하였다.

　◦1723년 전남 여수 興國寺 觀音殿 觀音圖 조성(『韓國의 佛畵 11 - 華嚴寺』)62) 수화승 義謙

계심 2(戒心 : -1844-) 19세기 중반에 활동한 불화승이다. 1844년에 수화승 중봉세호와 경기 의왕 청계사 극락보전 신중도를 조성하였다.

　◦1844년 경기 의왕 淸溪寺 極樂寶殿 神衆圖 조성(『韓國의 佛畵 28 - 龍珠寺(上)』) 수화승 中峰勢晧

계안(戒眼 : -1757-1766-) 18세기 중반에 활동한 불화승이다. 1757년에 수화승 의겸과 전남 구례 화엄사 대웅전 삼신도(노사나불)를 그리고, 수화승 색민과 1766년에 전남 보성 대원사 명부전 지장보살을 개금改金하면서 지장도와 시왕도 등을 조성하였다.

　◦1757년 전남 구례 華嚴寺 大雄殿 三身圖(盧舍那佛) 조성(『韓國의 佛畵 11 - 華嚴寺』) 수 화승 義兼
　◦1764년 전남 해남 大興寺 掛佛圖 조성(『韓國의 佛畵 31 - 大興寺』) 수화승 色旻
　◦1766년 전남 보성 大原寺 冥府殿 地藏菩薩 改金과 地藏圖 조성(『韓國의 佛畵 6 - 松廣寺』)

수화승 色旻
1766년 전남 보성 大原寺 冥府殿 十王圖(五道轉輪大王과 使者) 조성(『韓國의 佛畵 7
- 松廣寺』) 수화승 色旻

계영(誠泳 : -1907-) 20세기 전반에 활동한 불화승이다. 1907년에 수화승 향
호묘영과 전남 여수 흥국사 보광전 아미타후불도를 조성하였다.

◦ 1907년 전남 여수 興國寺 普光殿 阿彌陀後佛圖 조성(『韓國의 佛畵 11 - 華嚴寺』)63) 수화
승 香湖妙英

계오(戒悟 : -1672-1683-)* 17세기 후반에 활동한 불화승이다. 1672년에 전남
곡성 도림사 목조소대木造疏臺를 채색하고, 1677년에 대루 상량 시 청밀淸蜜
을 시주施主하였다. 1683년에 수화승으로 도림사 괘불도를 조성하였다.

◦ 1672년 전남 곡성 道林寺 木造疏臺 色彩(『谷城郡의 佛敎遺蹟』)64)
◦ 1677년 전남 곡성 道林寺 大樓 上樑 時 淸蜜施主(『谷城郡의 佛敎遺蹟』)
◦ 1683년 전남 곡성 道林寺 掛佛圖 조성(『韓國의 佛畵 11 - 華嚴寺』) 畵員 수화승

계옥(戒玉 : -1863-) 19세기 후반에 활동한 불화승이다. 1863년에 수화승 경
담성규와 경남 창녕 청련사 석가모니후불도와 울산 석남사 신중도를 조성하
였다.

◦ 1863년 경남 창녕 靑蓮寺 釋迦牟尼後佛圖 조성(『韓國의 佛畵 3 - 通度寺(下)』) 수화승
璟曇性奎
1863년 울산 石南寺 神衆圖 조성(『韓國의 佛畵 3 - 通度寺(下)』) 수화승 鏡潭性奎

계원(桂元 : -1903-) 20세기 전반에 활동한 불화승이다. 1903년에 수화승 향
호묘영과 경남 통영 용화사 석가모니후불도를 조성하였다.

◦ 1903년 경남 통영 龍華寺 釋迦牟尼後佛圖 조성(『韓國의 佛畵 25 - 雙磎寺(上)』) 수화승
香湖妙英

계우(戒宇, 戒禹 : -1771-1788-) 18세기 후반에 경북 문경 대승사를 중심으로
활동한 불화승이다. 1771년에 수화승 성총과 경북 선산 수다사 시왕도(변성
대왕, 도시대왕)를, 1775년에 수화승 포관과 경남 양산 통도사 약사전 약사후
불도를, 1777년에 수화승 정총과 용연사 석가모니후불도(동국대학교 박물관
소장)를 조성하였다. 1788년에 상겸과 경북 상주 남장사 불사에 참여하여
『불사성공록佛事成功錄』에 대승양공大乘良工으로 적혀있다.

◦ 1771년 경북 선산 水多寺 시왕도(變成大王) 조성(『韓國의 佛畵 9 - 直指寺(下)』) 수화승
性聰
1771년 경북 선산 水多寺 시왕도(都市大王) 조성(『韓國의 佛畵 9 - 直指寺(下)』) 수화
승 性聰
◦ 1775년 경남 양산 通度寺 藥師殿 藥師如來後佛圖 조성(『韓國의 佛畵 1 - 通度寺(上)』)65)
수화승 □冠
◦ 1777년 龍淵寺 釋迦牟尼後佛圖 조성(東國大學校 博物館 所藏, 『韓國의 佛畵 18 - 大學博
物館(Ⅰ)』) 수화승 定聰
◦ 1788년 남장사 불사에 참여한 화승을 적은 『佛事成功錄』에 大乘良工으로 언급(이용윤,
「『佛事成功錄』을 통해 본 남장사 괘불」) 수화승 尙謙

계웅(戒雄 : -1892-) 19세기 후반에 활동한 불화승이다. 1892년에 수화승 한
봉창엽과 서울 봉은사 대웅전 감로왕도를, 제작연대를 알 수 없는 십육나한
도(국립중앙박물관 소장)를 수화승 덕월응륜과 조성하였다.

  ▫ 1892년 서울 奉恩寺 大雄殿 甘露王圖 조성(『서울전통사찰불화』와 『韓國佛畵畵記集』) 수
    화승 漢峰瑲曄
  ▫ 연대미상 十六羅漢圖 조성(國立中央博物館 所藏, 『韓國의 佛畵 39 – 國·公立博物館』)
    金魚 수화승 德月應崙

계원(戒圓 : -1776-) 18세기 후반에 활동한 불화승이다. 1776년에 영조英祖
원릉元陵 조성소 화승畫僧으로 참여하였다.

  ▫ 1776년 『英祖元陵山陵都監儀軌』造成所 畫僧(奎章閣 13586호, 朴廷蕙, 「儀軌를 통해서
    본 朝鮮時代의 畵員」 자료1)

계윤 1(戒允 : -1766-1771-) 18세기 중반에 활동한 불화승이다. 1766년에 수
화승 화월두훈과 충북 보은 법주사 괘불도를, 1771년에 경북 선산 수다사 시
왕도 가운데 수화승 정민과 시왕도(태산대왕)를, 수화승 교원과 시왕도(평등
대왕)를 조성하였다.

  ▫ 1766년 충북 보은 法住寺 掛佛圖 조성(『韓國의 佛畵 17 – 法住寺』) 수화승 華月枓訓
  ▫ 1771년 경북 선산 水多寺 十王圖(泰山大王) 조성(『韓國의 佛畵 9 – 直指寺(下)』) 수화승
    定敏
    1771년 善山 水多寺 十王圖(平等大王) 조성(『韓國의 佛畵 9 – 直指寺(下)』) 수화승 敎願

계윤 2(戒允 : -1801-) 19세기 전반에 활동한 불화승이다. 1801년에 수화승
옥인과 경남 양산 내원사 노전爐殿 석가모니후불도와 지장도를 조성하였다.

  ▫ 1801년 경남 양산 內院寺 爐殿 釋迦牟尼後佛圖 조성(『韓國의 佛畵 3 – 通度寺(下)』) 수
    화승 玉仁
    1801년 경남 양산 內院寺 爐殿 地藏圖 조성(『韓國의 佛畵 3 – 通度寺(下)』) 수화승 玉仁

계윤 3(桂輪 : -1832-) 19세기 전반에 활동한 불화승이다. 1832년에 수화승
신선과 삼각산 신흥사 괘불도(서울 흥천사 소장)를 조성하였다.

  ▫ 1832년 三角山 新興寺 掛佛圖 조성(서울 興天寺 所藏, 『서울전통사찰불화』와 『掛佛調査
    報告書 II』 및 『韓國佛畵畵記集』) 수화승 愼善

계윤 4(戒允 : -1868-1870-)* 경은당(慶隱堂) 19세기 중반에 활동한 불화승이
다. 1868년에 수화승으로 경북 예천 용문사 아미타후불도와 신중도를, 1870
년에 수화승 원명긍우와 관악산 화장사 아미타후불도(서울 지장사 소장)를
조성하였다.

  ▫ 1868년 경북 예천 龍門寺 阿彌陀後佛圖 조성(『韓國의 佛畵8 – 直指寺(上)』)[66] 金魚 수화승
    1868년 경북 예천 龍門寺 神衆圖 조성[67](『韓國의 佛畵8 – 直指寺(上)』) 金魚 수화승
  ▫ 1870년 冠岳山 華藏寺 阿彌陀後佛圖 조성(서울 地藏寺 所藏, 『韓國의 佛畵 34 – 曹溪寺
    (上)』) 수화승 圓明肯祐

계은(啓銀, 啓恩 : -1899-1900-) 19세기 후반부터 20세기 전반까지 활동한 불
화승이다. 수화승 보암긍법과 1899년에 서울 미타사 칠성전 신중도와 1900
년에 무량수전 신중도를 조성하였다

- 1899년 서울 彌陀寺 七星殿 神衆圖 조성(『韓國의 佛畵 35 - 曹溪寺(中)』) 수화승 普庵肯法
- 1900년 서울 彌陀寺 無量壽殿 神衆圖 조성(『韓國의 佛畵 35 - 曹溪寺(中)』) 수화승 普庵肯法

계은당(繼恩堂, 桂隱堂, 啓恩堂) 봉법(鳳法, 奉法) 참조

계의(戒誼, 戒宜, 戒仅 : -1804-1818-)* 19세기 전반에 활동한 불화승이다. 1804년에 수화승 계한과 경남 양산 통도사 대광명전 신중도(제석천룡도, 금강도)와 해장보월海藏寶閣 자장율사진영慈藏律師眞影을, 1812년에 수화승으로 경북 경주 불국사 극락전 후불도와 울산 오봉사 지장도(양산 통도사 소장)를, 1818년에 수화승 지한과 통도사 극락암 신중도를 조성하였다.

- 1804년 경남 양산 通度寺 大光明殿 神衆圖(帝釋天龍圖) 조성(『韓國의 佛畵 1 - 通度寺(上)』)[68] 수화승 戒閑
  1804년 경남 양산 通度寺 大光明殿 神衆圖(金剛圖) 조성(『韓國의 佛畵 1 - 通度寺(上)』)[69] 수화승 戒閑
  1804년 경남 양산 通度寺 海藏寶閣 慈藏律師眞影 조성(『韓國의 佛畵 2 - 通度寺(中)』) 수화승 戒閑
- 1812년 울산 五峯寺 地藏圖 조성(梁山 通度寺 所藏, 『韓國의 佛畵 1 - 通度寺(上)』)[70] 良工 수화승
- 1818년 경남 양산 通度寺 極樂庵 神衆圖 조성(『韓國의 佛畵 3 - 通度寺(下)』) 수화승 志閑

계인(戒仁, 戒印 : -1784-1789-)* 18세기 후반에 경북을 중심으로 활동한 불화승이다. 1784년에 수화승 유성과 경북 김천 직지사 천불전 불상을 제작하고, 1785년에 수화승으로 김천 봉곡사 신중도를, 1789년에 수화승 영린과 직지사 신중도를 그렸다.

- 1784년 경북 김천 直指寺 千佛殿 佛像 제작(發願文) 수화승 有誠
- 1785년 경북 김천 鳳谷寺 神衆圖 조성(『韓國의 佛畵 8 - 直指寺(上)』) 畵[71] 수화승
  1785년 경북 김천 直指寺 「乾隆五十年緣化秩」 언급(『直指寺誌』)
- 1789년 경북 김천 直指寺 神衆圖 조성(『韓國의 佛畵 8 - 直指寺(上)』) 수화승 永璘

계장(戒莊, 戒璋 : -1869-1870-) 19세기 후반에 활동한 불화승이다. 수화승 춘담봉은과 1869년에 충남 서천 은적암 칠성도(부여 무량사 소장)를, 1870년에 운수암雲峀菴 칠성도, 독성도, 산신도(안성 운수암 소장)를 조성하였다.

- 1869년 충남 서천 隱寂菴 七星圖 조성(扶餘 無量寺 所藏, 『韓國의 佛畵 16 - 麻谷寺(下)』) 수화승 春潭奉恩[72]
- 1870년 雲峀菴 七星圖 조성(安城 雲水庵 所藏, 『韓國의 佛畵 29 - 龍珠寺(下)』) 수화승 奉恩
  1870년 雲峀菴 獨聖圖 조성(安城 雲水庵 所藏, 『韓國의 佛畵 29 - 龍珠寺(下)』) 수화승 奉恩
  1870년 雲峀菴 山神圖 조성(安城 雲水庵 所藏, 『韓國의 佛畵 29 - 龍珠寺(下)』) 수화승 奉恩

계정(戒淨, 戒定 : -1869-1874-)* 19세기 후반에 활동한 불화승이다. 1869년에 수화승으로 만세사萬歲寺 도성암道成庵 신중도(양산 통도사 소장)와 수화승 봉은과 충남 서천 은적암 칠성도(부여 무량사 소장)를, 1874년에 수화승 창엽과 경기 안성 청룡사 아미타후불도와 수화승 금곡영환과 원통암 지장도(강화

청련사 소장)를 조성하였다.

> ◦ 1869년 萬歲寺 道成庵 神衆圖 조성(梁山 通度寺 所藏, 『韓國의 佛畵 1 – 通度寺(上)』) 金魚 수화승
> ◦ 1869년 충남 서천 隱寂菴 七星圖 조성(扶餘 無量寺 所藏, 『韓國의 佛畵 16 – 麻谷寺(下)』) 수화승 春潭奉恩73)
> ◦ 1874년 경기 안성 靑龍寺 阿彌陀後佛圖 조성(『韓國의 佛畵 28 – 龍珠寺(上)』) 수화승 漢峰璟燁
> 1874년 圓通庵 地藏圖 조성(江華 靑蓮寺 所藏, 『韓國의 佛畵 34 – 曹溪寺(上)』) 수화승 金谷永煥

계종(啓鍾 : -1898-) 19세기 후반에 활동한 불화승이다. 1898년에 수화승 경선응석과 경기 파주 보광사 대웅전 삼장도를 조성하였다.

> ◦ 1898년 경기 파주 普光寺 大雄殿 三藏圖 조성(『畿內寺院誌』와 『韓國佛畵畵記集』 및 『韓國의 佛畵 33 – 奉先寺』)74) 수화승 慶船應釋

계주(戒柱 : -1882-) 19세기 후반에 활동한 불화승이다. 1882년에 수화승 기전과 부산 장안사 나한전 석가모니후불도를 조성하였다.

> ◦ 1882년 부산 長安寺 羅漢殿 釋迦牟尼後佛圖 조성(『韓國의 佛畵 32 – 梵魚寺』) 수화승 琪銓

계징(戒澄 : -1759-1801-) 18세기 중반에 영남을 중심으로 활동한 불화승이다. 1759년에 수화승 임한과 경남 양산 통도사 대광명전 비로자나후불도와 석가모니후불도를 조성하였다. 1759년에 불상 개금과 불화 및 단청을 하고, 1765년에 경북 경주 불국사 대웅전 중창에 참여하였다. 1775년에 수화승 경보와 경북 양산 통도사 명부전 시왕도(염라대왕)를, 1798년에 수화승 지연과 통도사 명부전 지장도를, 1801년에 수화승 옥인과 양산 내원사 노전爐殿 석가모니후불도와 지장도를 조성하였다.

> ◦ 1759년 경남 양산 通度寺 大光明殿 毘盧遮那後佛圖 조성(『韓國의 佛畵 1 – 通度寺 (上)』) 수화승 任閑
> 1759년 경남 양산 通度寺 大光明殿 釋迦牟尼後佛圖 조성(『韓國의 佛畵 1 – 通度寺 (上)』) 수화승 任閑
> 1759년 己酉年改金幀畵丹艧事施主記(安貴淑, 「조선후기 佛畵僧의 계보와 義謙比丘에 대한 연구(상)」)
> ◦ 1765년 경북 경주 佛國寺 大雄殿 重創(「佛國寺古今創記」, 『佛國寺誌』) 嶺南僧
> ◦ 1775년 경남 양산 通度寺 冥府殿 十王圖 第五閻羅大王 조성(『韓國의 佛畵 2 – 通度寺 (中)』) 수화승 景甫
> ◦ 1798년 경남 양산 通度寺 冥府殿 地藏圖 조성(『韓國의 佛畵 1 – 通度寺(上)』) 수화승 指演
> ◦ 1801년 경남 양산 內院寺 爐殿 釋迦牟尼後佛圖 조성(『韓國의 佛畵 3 – 通度寺(下)』) 수화승 玉仁
> 1801년 경남 양산 內院寺 爐殿 地藏圖 조성(『韓國의 佛畵 3 – 通度寺(下)』) 수화승 玉仁

계창 1(啓昌 : -1886-1892-)* 연하당(蓮河堂, 淵荷堂, 蓮荷堂) 19세기 후반에 활동한 불화승이다. 1886년에 수화승 천기와 서울 봉은사 판전版殿 후불도를, 1887년에 수화승 석옹철유와 서울 경국사 현왕도(동국대학교 박물관 소장)를 그렸다. 수화승으로 1887년에 경기 의정부 망월사 괘불도를, 1892년에 전북

익산 심곡사 대웅전 석가모니후불도와 아미타후불도 및 삼성각 독성도를 조성하였다.

- 1886년 서울 奉恩寺 版殿 毘盧遮那後佛圖 조성(『서울전통사찰불화』와 『韓國佛畵畵記集』 및 『韓國의 佛畵 34 – 曹溪寺(上)』) 수화승 影明天機
- 1887년 서울 慶國寺 現王圖 조성(東國大學校 博物館 所藏, 『韓國의 佛畵 18 – 大學博物館(Ⅰ)』) 수화승 石翁喆侑

  1887년 경기 議政府 望月寺 掛佛圖 조성(『掛佛調査報告書』와 『韓國佛畵畵記集』) 金魚 수화승
- 1892년 전북 익산 深谷寺 大雄殿 釋迦牟尼後佛圖 조성(『韓國의 佛畵 13 – 金山寺』) 金魚 片手 수화승

  1892년 전북 익산 深谷寺 阿彌陀後佛圖 조성(『韓國의 佛畵 13 – 金山寺』) 片手 수화승

  1892년 전북 익산 深谷寺 三聖閣 獨聖圖 조성(『韓國의 佛畵 13 – 金山寺』) 片手 수화승

계창 2(桂昌 : -1913-1919-)* 보응당(普應堂) 20세기 전반에 활동한 불화승이다. 1913년에 수화승으로 경기 여주 고달사 산신도를, 1919년에 충남 청양 정혜암 남암 신중도(공주 갑사 소장)를 조성하였다.

- 1913년 경기 여주 高達寺 山神圖 조성(『韓國의 佛畵 29 – 龍珠寺(下)』) 金魚 수화승
- 1919년 충남 청양 定慧庵 南庵 神衆圖 조성(公州 甲寺 所藏, 『韓國의 佛畵 15 – 麻谷寺(上)』) 金魚[75] 수화승

  ※ 계창 1과 계창 2는 동일인으로 추정된다.

계첨(戒添 : -1803-) 19세기 전반에 활동한 불화승이다. 1803년에 수화승 홍안과 경북 문경 김용사 석가모니후불도, 신중도, 현왕도를 조성하였다.

- 1803년 경북 문경 金龍寺 釋迦牟尼後佛圖 조성(『韓國의 佛畵 8 – 直指寺(上)』)[76] 수화승 弘眼

  1803년 경북 문경 金龍寺 神衆圖 조성(『韓國의 佛畵 8 – 直指寺(上)』) 수화승 弘眼

  1803년 경북 문경 金龍寺 現王圖 조성(『韓國의 佛畵 9 – 直指寺(下)』)[77] 수화승 弘眼

계청(戒淸 : -1675-) 17세기 후반에 활동한 불화승이다. 1675년에 현종顯宗 빈전殯殿 조성소 화승畵僧으로 참여하였다.

- 1675년 『顯宗殯殿都監儀軌』 魂殿 造成所 畵僧(奎章閣 13540호, 朴廷蕙, 「儀軌를 통해서 본 朝鮮時代의 畵員」 자료1)

계춘(啓春 : -1776-) 18세기 후반에 활동한 불화승이다. 1776년에 영조英祖 원릉元陵 조성소 화승畵僧으로 참여하였다.

- 1776년 『英祖元陵山陵都監儀軌』 造成所 畵僧(奎章閣 13586호, 朴廷蕙, 「儀軌를 통해서 본 朝鮮時代의 畵員」 자료1)

계탁(戒卓 : -1781-) 18세기 후반에 활동한 불화승이다. 수화승 승윤과 1781년에 경남 하동 쌍계사 삼세불도(석가모니불)과 삼장도를, 수화승 함식과 삼세불도(약사여래)를, 수화승 평삼과 국사암 제석천룡도帝釋天龍圖 등을 조성하였다.

- 1781년 경남 하동 雙磎寺 三世佛圖(釋迦牟尼佛) 조성(『韓國의 佛畵 25 – 雙磎寺(上)』) 수화승 勝允

  1781년 경남 하동 雙磎寺 三世佛圖(藥師如來) 조성(『韓國의 佛畵 25 – 雙磎寺(上)』) 수화승 咸湜

1781년 경남 하동 雙磎寺 三藏圖 조성(『韓國의 佛畵 25 – 雙磎寺(上)』)[78] 수화승 勝允
1781년 경남 하동 雙磎寺 國師庵 帝釋天龍圖 조성(『韓國의 佛畵 25 – 雙磎寺(上)』)[79] 수화승 平三
1781년 경남 하동 雙磎寺 帝釋天龍圖 조성(『韓國佛畵畵記集』) 수화승 平三

계탄 1(戒坦 : -1751-1753-) 18세기 중반에 활동한 불화승이다. 1751년에 전남 순천 선암사 아미타후불도와 1753년에 수화승 치한과 전남 순천 선암사 괘불도를 조성하였다.

  ◦1751년 전남 순천 仙巖寺 阿彌陀後佛圖 조성(『仙巖寺』)
  ◦1753년 전남 순천 仙巖寺 掛佛圖 조성(『韓國의 佛畵 12 – 仙巖寺』)[80] 수화승 致閑

계탄 2(啓坦 : -1817-) 19세기 전반에 활동한 불화승이다. 1817년에 수화승 운곡언보와 경북 청도 병사餠寺 석가모니후불홍도釋迦牟尼後佛紅圖(청도 덕사 소장)를 조성하였다.

  ◦1817년 경북 청도 餠寺 釋迦牟尼後佛紅圖 조성(淸道 德寺 所藏,『韓國의 佛畵 21 – 桐華寺(上)』) 수화승 雲谷言輔

계학(戒學) 18세기 후반에 활동한 불화승이다. 제작연대를 알 수 없는 경북 포항 보경사 팔상도(사문유관상)를 수화승 성명과 조성하였다.

  ◦연대미상 경북 포항 寶鏡寺 八相圖(四門遊觀相) 조성(『韓國의 佛畵 38 – 佛國寺』) 靈駕 수화승 聖明

계한(戒閑 : -1787-1804-)* 18세기 후반부터 19세기 전반까지 활동한 불화승이다. 1787년에 수화승 계심과 전북 고창 선운사 불상을 개금하고, 1798년에 수화승 지연과 경남 양산 통도사 명부전 지장도를 조성하였다. 수화승으로 1804년에 경남 양산 통도사 대광명전 신중도(제석천룡도와 금강도)와 해장보각海藏寶閣 자장율사진영慈藏律師眞影을 그렸다.

  ◦1787년 전북 고창 禪雲寺 佛像 개금(『한국의 사찰문화재 – 전라북도·제주도』) 수화승 戒心
  ◦1798년 경남 양산 通度寺 冥府殿 地藏圖 조성(『韓國의 佛畵 1 – 通度寺(上)』) 수화승 指演
  ◦1804년 경남 양산 通度寺 大光明殿 神衆圖(帝釋天龍圖) 조성(『韓國의 佛畵 1 – 通度寺(上)』) 良工 수화승
   1804년 경남 양산 通度寺 大光明殿 神衆圖(金剛圖) 조성(『韓國의 佛畵 1 – 通度寺(上)』) 良工 수화승
   1804년 경남 양산 通度寺 海藏寶閣 慈藏律師眞影 조성(『韓國의 佛畵 2 – 通度寺(中)』) 良工 수화승

계행(桂幸 : -1887-) 19세기 후반에 활동한 불화승이다. 1887년에 수화승 수룡기전과 대구 대광명사大光明寺 아미타후불도와 부산 범어사 극락전 아미타후불도 및 석가이십육보살도를, 수화승 혜고지한과 대구 동화사 대웅전 신중도를 조성하였다.

  ◦1887년 대구 大光明寺 阿彌陀後佛圖 조성(『韓國의 佛畵 4 – 海印寺(上)』) 수화승 水龍琪銓
   1887년 부산 梵魚寺 極樂殿 阿彌陀後佛圖 조성(『韓國의 佛畵 32 – 梵魚寺』) 수화승 水龍琪銓
   1887년 부산 梵魚寺 釋迦二十六菩薩圖 조성(『梵魚寺聖寶博物館 名品圖錄』) 수화승 水龍琪銓

1887년 대구 桐華寺 大雄殿 神衆圖 조성(『韓國의 佛畵 21 – 桐華寺(上)』) 수화승 慧杲
智澣

계헌 1(戒憲 : -1755-1762-) 18세기 중반에 활동한 불화승이다. 수화승 색민
과 1755년에 전남 장성 백양사 극락보전 아미타후불도와 1762년에 전남 구
례 천은사 지장보살도를 조성하였다.

　　◦1755년 전남 장성 白羊寺 極樂寶殿 阿彌陀後佛圖 조성(『韓國의 佛畵 37 – 白羊寺·新興
　　　寺』) 片手 수화승 嗇旻
　　◦1762년 전남 구례 泉隱寺 地藏菩薩圖 조성(김정희, 『조선시대 지장시왕도 연구』) 수화승
　　　色旻

계헌 2(戒憲 : -1860-) 19세기 중반에 활동한 불화승이다. 1860년에 수화승
해운익찬과 전남 구례 화엄사 각황전 삼세불도(약사불)를 조성하였다.

　　◦1860년 전남 구례 華嚴寺 覺皇殿 三世佛圖(藥師佛) 조성(『韓國의 佛畵 11 – 華嚴寺』)[81]
　　　수화승 海雲益讚

계현(戒賢 : -1892-) 19세기 후반에 활동한 불화승이다. 1892년에 수화승 금
곡영환과 경기 남양주 흥국사 영산전 석가모니후불도를, 수화승 경선응석과
십육나한도(2·4·6·8존자)를 조성하였다.

　　◦1892년 경기 남양주 興國寺 靈山殿 釋迦牟尼後佛圖 조성(『韓國의 佛畵 33 – 奉先寺』)
　　　수화승 金谷永煥
　　　1892년 경기 남양주 興國寺 靈山殿 十六羅漢圖(2·4·6·8尊者) 조성(『韓國의 佛畵 33
　　　– 奉先寺』) 수화승 慶船應釋

계호(戒湖 : -1687-) 17세기 후반에 활동한 불화승이다. 1687년에 수화승 능
학과 충남 공주 마곡사 괘불도를 조성하였다.

　　◦1687년 충남 공주 麻谷寺 掛佛圖 조성(『韓國의 佛畵 16 – 麻谷寺(下)』) 수화승 能學

계홍(戒弘, 戒洪 : -1775-) 18세기 후반에 활동한 불화승이다. 1775년에 수화
승 포관과 경남 양산 통도사 약사전 약사후불도를, 영산전 팔상도 중 수화승
포관과 비람강생상毘籃降生相을, 수화승 유성과 유성출가상踰城出家相 등을 조
성하였다.

　　◦1775년 경남 양산 通度寺 藥師殿 藥師如來後佛圖 조성(『韓國의 佛畵 1 – 通度寺(上)』)
　　　수화승 □冠
　　　1775년 경남 양산 通度寺 靈山殿 八相圖(毘籃降生相) 조성(『韓國의 佛畵 2 – 通度寺
　　　(中)』) 수화승 抱冠
　　　1775년 경남 양산 通度寺 靈山殿 八相圖(踰城出家相) 조성(『韓國의 佛畵 2 – 通度寺
　　　(中)』) 수화승 有誠
　　　1775년 경남 양산 通度寺 靈山殿 八相圖(樹下降魔相) 조성(『韓國의 佛畵 2 – 通度寺
　　　(中)』)[82] 수화승 □□
　　　1775년 경남 양산 通度寺 靈山殿 八相圖(鹿苑轉法相) 조성(『韓國의 佛畵 2 – 通度寺
　　　(中)』) 수화승 □□

계화(戒和 : -1840-) 19세기 후반에 활동한 불화승이다. 1840년에 수화승 대
송성준과 경북 의성 수정암 삼세불묵도三世佛墨圖를 조성하였다.

　　◦1840년 경북 의성 水淨庵 三世佛墨圖 조성(『韓國의 佛畵 23 – 孤雲寺(上)』) 수화승 大松
　　　成俊

고산당(古山堂) 축연(竺演, 竺淵) 참조

곡령(谷冷 : -1741-) 18세기 후반에 활동한 불화승이다. 1741년에 수화승 긍척과 전남 여수 흥국사 팔상전 석가모니후불도를 조성하였다.

> ▫1741년 전남 여수 흥국사 八相殿 釋迦牟尼後佛圖 조성(『韓國의 佛畵 11 - 華嚴寺』)[83] 수화승 亘陟

공안(供眼 : -1798-) 18세기 후반에 활동한 불화승이다. 1798년에 수화승 신겸과 충북 보은 법주사 여적암 신중도(괴산 채운암 소장)를 조성하였다.

> ▫1798년 충북 보은 大法住寺 汝寂庵 神衆圖 조성(槐山 彩雲庵 所藏, 『韓國佛畵畵記集』) 수화승 信謙
> ※ 공안은 홍안을 잘못 읽은 것으로 보인다.

곽운당(廓雲堂) 경천(敬天) 참조

관령(貫伶 : -1755-) 18세기 중반에 활동한 불화승이다. 1755년에 수화승 상오와 경북 영천 은해사 대웅전 삼장도를 조성하였다.

> ▫1755년 경북 영천 銀海寺 大雄殿 三藏圖 조성(『韓國의 佛畵 30 - 銀海寺』) 수화승 常悟

관보(琯甫, 琯普, 琯寶 : -1803-1824-)* 19세기 전반에 활동한 불화승이다. 1803년에 수화승 지연과 울산 석남사 지장도와 1822년에 경북 영천 수도사 괘불도 개비조성改備造成을, 1824년에 수화승 체균과 대구 파계사 아미타후불묵도阿彌陀後佛墨圖와 수화승으로 신중도를 조성하였다.

> ▫1803년 울산 石南寺 地藏圖 조성(『韓國의 佛畵 3 - 通度寺(下)』) 수화승 指涓
> ▫1822년 경북 영천 修道寺 掛佛圖 改備造成(『韓國의 佛畵 30 - 銀海寺』) 수화승 指演
> ▫1824년 대구 把溪寺 阿彌陀後佛墨圖 조성(『韓國의 佛畵 21 - 桐華寺(上)』) 수화승 体均
> 　1824년 대구 把溪寺 神衆圖 조성(『韓國의 佛畵 21 - 桐華寺(上)』) 畵師 수화승

관성(觀性 : -1722-1749-) 18세기 전·중반에 전북 임실을 중심으로 활동한 승장이다. 1722년에 수화승 진열과 부산 범어사 관음전 목조관음보살좌상을 제작하고, 1749년에 수화승 의겸과 전북 부안 개암사 괘불도(부안 내소사 소장)를 조성하였다. 그는 불상에서 발견된 발원문에 전북 임실 신흥사에 거주하는 대선사大禪師로 나와 있다.

> ▫1722년 부산 梵魚寺 觀音殿 木造觀音菩薩坐像 제작(『梵魚寺聖寶博物館 名品圖錄』) 수화승 進悅
> ▫1749년 전북 부안 開巖寺 掛佛圖 조성(扶安 來蘇寺 所藏, 『韓國의 佛畵 14 - 禪雲寺』) 수화승 義兼

관여(寬如 : -1770-) 18세기 후반에 활동한 불화승이다. 1770년에 수화승 화연과 광주 무등산 안심사에서 화엄도를 조성하여 전남 순천 송광사 화엄전에 봉안하였다.

> ▫1770년 광주 無等山 安心寺에서 華嚴圖를 조성하여 순천 松廣寺 華嚴殿 봉안(『曹溪山松廣寺史庫』와 『韓國의 佛畵 6 - 松廣寺』) 수화승 華蓮

관옥(寬玉 : -1798-1804-) 18세기 후반에 활동한 불화승이다. 1798년에 수화승

신겸과 충북 보은 속리산 법주사 여적암 신중도(괴산 채운암 소장)를 그리고, 수화승 홍안과 1803년에 경북 문경 김용사 석가모니후불도, 응진전 후불도, 신중도와 1804년에 문경 혜국사 석가모니후불도를 조성하였다. 1804년에 수화승 수연과 문경 혜국사에서 지장도를, 수화승 신겸과 신중도를 그렸다.

- 1798년 충북 보은 大法住寺 汝寂庵 神衆圖 조성(槐山 彩雲庵 所藏, 『韓國佛畵畵記集』) 수화승 信謙
- 1803년 경북 문경 金龍寺 釋迦牟尼後佛圖 조성(『韓國의 佛畵 8 – 直指寺(上)』)[84] 수화승 弘眼
  1803년 경북 문경 金龍寺 應眞殿 後佛圖 조성(『韓國의 佛畵 8 – 直指寺(上)』) 수화승 弘眼
  1803년 경북 문경 金龍寺 神衆圖 조성(『韓國의 佛畵 8 – 直指寺(上)』) 수화승 弘眼
- 1804년 경북 문경 惠國寺 釋迦牟尼後佛圖 조성(『韓國의 佛畵 8 – 直指寺(上)』) 수화승 弘眼
  1804년 경북 문경 惠國寺 地藏圖 조성(『韓國의 佛畵 8 – 直指寺(上)』) 수화승 守衍
  1804년 경북 문경 惠國寺 神衆圖 조성(『韓國의 佛畵 8 – 直指寺(上)』) 수화승 愼謙

관일 1(寬日 : -1801-) 19세기 전반에 활동한 불화승이다. 1801년에 수화승 태영과 경남 진주 백천사 운대암 감로왕도(의정부 망월사 소장)를 조성하였다.

- 1801년 경남 진주 百泉寺 雲臺庵 甘露王圖 조성(議政府 望月寺 所藏, 『韓國佛畵畵記集』) 수화승 泰榮

관일 2(琯一, 琯日, 官日 : -1863-1864-) 19세기 중반에 활동한 불화승이다. 1863년에 수화승 경담성규와 경남 창녕 청련사 석가모니후불도와 울산 석남사 신중도를, 1864년에 수화승 성흔과 경북 고령 반룡사 보광전 칠성도(대구 동화사 소장)를 조성하였다.

- 1863년 경남 창녕 靑蓮寺 釋迦牟尼後佛圖 조성(『韓國의 佛畵 3 – 通度寺(下)』) 수화승 璟曇性奎
  1863년 울산 石南寺 神衆圖 조성(『韓國의 佛畵 3 – 通度寺(下)』) 수화승 鏡潭性奎
- 1864년 경북 고령 盤龍寺 普光殿 七星圖 조성(大邱 桐華寺 所藏, 『韓國의 佛畵 22 – 桐華寺(下)』) 수화승 性炘

관종(寬悰 : -1840-) 19세기 후반에 활동한 불화승이다. 1840년에 수화승 대송성준과 경북 의성 수정암水淨庵 삼세불묵도三世佛墨圖를 조성하였다.

- 1840년 경북 의성 水淨庵 三世佛墨圖 조성(『韓國의 佛畵 23 – 孤雲寺(上)』) 수화승 大淞成俊

관주(觀周 : -1830-1845-)* 무경당(無鏡堂) 18세기 중반에 활동한 불화승이다. 수화승으로 1830년에 경북 안동 중대사 신중도(안동 대원사 소장)와 1845년에 충북 괴산 채운암 영산회상도를 조성하였다.

- 1830년 경북 안동 中臺寺 神衆圖 조성(安東 大圓寺 所藏, 『韓國의 佛畵 23 – 孤雲寺(上)』) 金魚 수화승
- 1845년 충북 괴산 彩雲庵 靈山會上圖 조성(『韓國佛畵畵記集』) 金魚 수화승

관하당(觀河堂) 세겸(世兼) 참조

관하당(觀河堂) 종인(宗仁) 참조

관행 1(寬行, 璀幸 : -1858-1863-)* 설하당(雪荷堂, 雪夏堂) 19세기 중반에 활동 한 불화승이다. 1858년에 수화승 성주와 경남 밀양 표충사 명부전 지장도를, 1860년에 수화승 의운자우와 경북 울진 불영사 대웅보전 신중도를 조성하였 다. 1861년에 수화승으로 경북 청도 운문사 아미타후불도를, 1862년에 수화 승 의운자우와 경북 영천 은해사 운부암 아미타후불묵도阿彌陀後佛墨圖를 그 렸다. 1863년에 수화승으로 경남 양산 통도사 수도암 석가모니후불홍도釋迦 牟尼後佛紅圖와 경북 예천 명봉사 아미타후불도를, 수화승 의운자우와 경북 영천 묘각사 아미타후불도를 조성하였다.

- 1858년 경남 밀양 表忠寺 冥府殿 地藏圖 조성(『韓國의 佛畵 3 - 通度寺(下)』) 수화승 聖注
- 1860년 경북 울진 佛影寺 大雄寶殿 神衆圖 조성(『韓國의 佛畵 38 - 佛國寺』) 片手 수화 승 意雲慈友
- 1861년 경북 淸道 雲門寺 阿彌陀後佛圖 조성(『韓國의 佛畵 21 - 桐華寺(上)』) 金魚 수화승
- 1862년 경북 영천 銀海寺 雲浮庵 阿彌陀後佛墨圖 조성(『韓國의 佛畵 30 - 銀海寺』) 수 화승 意雲慈友
- 1863년 경남 양산 通度寺 修道庵 釋迦牟尼後佛紅圖 조성(『韓國의 佛畵 3 - 通度寺(下)』) 金魚 수화승
  1863년 경북 예천 鳴鳳寺 阿彌陀後佛圖 조성(『韓國의 佛畵 8 - 直指寺(上)』) 金魚[85] 수화승
  1863년 경북 영천 妙覺寺 阿彌陀後佛圖 조성(『韓國의 佛畵 30 - 銀海寺』) 수화승 義 雲慈雨

관행 2(官行 : -1876-) 19세기 후반에 활동한 불화승이다. 1876년에 수화승 수룡기전과 대구 동화사 내원암 칠성도(치성광여래)를 조성하였다.

- 1876년 대구 桐華寺 內院庵 七星圖(熾盛光如來) 조성(『韓國의 佛畵 22 - 桐華寺(下)』) 수 화승 水龍大電

관허당(冠虛堂, 寬虛堂) 의관(宜官) 참조

관혜(貫惠 : -1898-1903-)* 월연당(月淵堂) 19세기 후반부터 20세기 전반까지 활동한 불화승이다. 1898년에 수화승 봉호와 경북 의성 수정암 대광전 신중 도를, 1899년에 수화승 벽산찬규와 상원암 신중도(군위 신흥사 소장)를, 1903년에 수화승으로 경북 경주 기림사 칠성도와 칠성각부도七星各部圖를 조 성하였다.

- 1898년 경북 의성 水淨庵 大光殿 神衆圖 조성(『韓國의 佛畵 23 - 孤雲寺(上)』) 片手 수 화승 奉旲
- 1899년 上元庵 神衆圖 조성(軍威 新興寺 所藏, 『韓國의 佛畵 30 - 銀海寺』) 수화승 粲圭
- 1903년 경북 경주 祇林寺 七星圖 조성(『韓國의 佛畵 38 - 佛國寺』) 金魚 수화승
  1903년 경북 경주 祇林寺 七星各部圖 조성(『韓國의 佛畵 38 - 佛國寺』) 金魚 수화승
  1903년 경북 경주 祇林寺 七星各部圖 조성(『韓國의 佛畵 38 - 佛國寺』) 金魚 수화승

관홍(寬洪, 寬弘 : -1821-1822-) 19세기 전반에 활동한 불화승이다. 수화승 신 겸과 1821년에 온양민속박물관에 소장된 석가모니후불도와 지장도를, 1822 년에 경북 문경 김용사 화장암 석가모니후불도와 신중도를 조성하였다.

- 1821년 釋迦牟尼後佛圖 조성(溫陽民俗博物館 所藏, 『韓國의 佛畵 20 - 私立博物館』) 수

화승 退雲信謙

1821년 地藏圖 조성(溫陽民俗博物館 所藏, 『韓國의 佛畵 20 – 私立博物館』) 수화승 退雲信謙

◦ 1822년 경북 문경 金龍寺 華藏庵 釋迦牟尼後佛圖 조성(『韓國의 佛畵 8 – 直指寺(上)』) 수화승 退雲信謙

1822년 경북 문경 金龍寺 神衆圖 조성(『韓國의 佛畵 8 – 直指寺(上)』) 수화승 退雲信謙

광구(廣口 : -1719-)* 18세기 전반에 활동한 불화승이다. 1719년에 수화승으로 경남 고성 운흥사 영산전 영산회상도를 조성하였다.

◦ 1719년 경남 고성 雲興寺 靈山殿 靈山會上圖 조성(安貴淑,「조선후기 佛畵僧의 계보와 義謙比丘에 대한 연구(상)」) 畵員 수화승

광감(廣瑊 : -1749-1766-) 18세기 중반에 활동한 불화승이다. 1749년에 수화승 사혜와 충남 천안 광덕사 괘불도를, 1766년에 수화승 화월두훈과 충북 보은 법주사 괘불도를 조성하였다.

◦ 1749년 충남 천안 廣德寺 掛佛圖 조성(『韓國의 佛畵 16 – 麻谷寺(下)』) 수화승 思惠
◦ 1766년 충북 보은 法住寺 掛佛圖 조성(『韓國의 佛畵 17 – 法住寺』) 수화승 華月枓訓

광변(廣邊 : -1684-) 17세기 후반에 활동한 불화승이다. 1684년에 지영智英 등과 명성왕후明聖王后 숭릉崇陵 조성소 화승畵僧으로 참여하였다.

◦ 1684년『明聖王后崇陵山陵都監儀軌』造成所 畵僧(奎章閣 14832호, 朴廷蕙,「儀軌를 통해서 본 朝鮮時代의 畵員」자료1)

광섬(廣暹 : -1684-) 17세기 후반에 활동한 불화승이다. 1684년에 지영智英 등과 명성왕후明聖王后 숭릉崇陵 조성소 화승畵僧으로 참여하였다.

◦ 1684년『明聖王后崇陵山陵都監儀軌』造成所 畵僧(奎章閣 14832호, 朴廷蕙,「儀軌를 통해서 본 朝鮮時代의 畵員」자료1)

광성(廣成 : -1759-) 18세기 중반에 활동한 불화승이다. 1759년에 보살사 아미타후불도를 조성하였다.

◦ 1759년 菩薩寺 阿彌陀極樂會上圖 조성(유마리,「朝鮮朝 阿彌陀佛畵의 硏究」)

광습(廣習 : -1710-1718-)* 18세기 전반에 활동한 승장이다. 1710년에 수화승으로 강원 평창 월정사 북대 고운사 목조석가불좌상을 제작하고, 1718년에 민회빈愍懷嬪 봉묘封墓 조성소 화승畵僧으로 참여하였다.

◦ 1710년 강원 평창 月精寺 北臺 孤雲庵 木造釋迦佛坐像 제작(『한국의 사찰문화재 – 강원도』) 畵員 수화승
◦ 1718년『愍懷嬪封墓都監儀軌』造成所 畵僧(奎章閣 14837호, 朴廷蕙,「儀軌를 통해서 본 朝鮮時代의 畵員」자료1)

광신(廣信 : -1775-) 18세기 후반에 활동한 불화승이다. 1775년에 수화승 포관과 경남 양산 통도사 영산전 팔상도(도솔내의상)를 조성하였다.

◦ 1775년 경남 양산 通度寺 靈山殿 八相圖(兜率來儀相) 조성(『韓國의 佛畵 2 – 通度寺(中)』) 수화승 抱冠

광열(廣悅 : -1684-) 17세기 후반에 활동한 불화승이다. 1684년에 지영智英 등과 명성왕후明聖王后 숭릉崇陵 조성소 화승畵僧으로 참여하였다.

◦ 1684년『明聖王后崇陵山陵都監儀軌』造成所 畫僧(奎章閣 14832호, 朴廷蕙,「儀軌를 통해서 본 朝鮮時代의 畫員」자료1)

광엽(廣曄, 曠燁 : -1875-1888-) 19세기 후반에 활동한 불화승이다. 1875년에 수화승 용하와 강원 삼척 신흥사 아미타후불도와 신중도(평창 월정사 소장)를, 1888년에 수화승 하은응상과 경북 문경 김용사 칠성도와 독성도를 조성하였다.

◦ 1875년 강원 삼척 新興寺 阿彌陀後佛圖 조성(平昌 月精寺 所藏,『韓國의 佛畫 10 - 月精寺』와『한국의 사찰문화재-강원도』)86) 수화승 榕夏
1875년 강원 삼척 新興寺 神衆圖 조성(平昌 月精寺 所藏,『한국의 사찰문화재-강원도』)87) 수화승 □夏
◦ 1888년 경북 문경 金龍寺 七星圖 조성(『韓國의 佛畫 9 - 直指寺(下)』) 수화승 霞隱應祥
1888년 경북 문경 金龍寺 獨聖圖 조성(『韓國의 佛畫 9 - 直指寺(下)』) 수화승 霞隱應祥

광일 1(廣日 : -1684-) 17세기 후반에 활동한 불화승이다. 1684년에 수화승 인규와 경북 상주 용흥사 괘불도를 조성하였다.

◦ 1684년 경북 상주 龍興寺 掛佛圖 조성(『韓國의 佛畫 9 - 直指寺(下)』) 수화승 印圭

광일 2(光日 : -1863-) 19세기 중반에 활동한 불화승이다. 1863년에 수화승 경담성규와 울산 석남사 신중도를 조성하였다.

◦ 1863년 울산 石南寺 神衆圖 조성(『韓國의 佛畫 3 - 通度寺(下)』) 수화승 鏡潭性奎

광지(光遲 : -1675-) 17세기 후반에 활동한 불화승이다. 1675년에 현종顯宗 빈전殯殿 조성소 화승畫僧으로 참여하였다.

◦ 1675년『顯宗殯殿都監儀軌』魂殿 造成所 畫僧(奎章閣 13540호, 朴廷蕙,「儀軌를 통해서 본 朝鮮時代의 畫員」자료1)

광초(光初 : -1768-) 18세기 중반에 활동한 불화승이다. 1768년에 수화승 정일과 경북 봉화 축서사 괘불도를 조성하였다.

◦ 1768년 경북 봉화 鷲棲寺 掛佛圖 조성(『韓國의 佛畫 24 - 孤雲寺(下)』) 수화승 定一

광학(廣學 : -1764-) 18세기 중반에 활동한 불화승이다. 1764년에 수화승 수성과 경북 경주 금정암 지장도(소재불명)와 한국불교미술박물관 소장 은선묘아미타도銀線描阿彌陀圖를 조성하였다.

◦ 1764년 경북 경주 金井庵 地藏圖 조성(소재불명,『韓國의 佛畫 38 - 佛國寺』) 수화승 守性
1764년 銀線描阿彌陀圖 조성(韓國佛敎美術博物館 所藏,『제1회 조선불화특별전』)

광헌 1(廣軒 : -1764-) 18세기 중반에 활동한 불화승이다. 1764년에 수화승 치삭과 경북 의성 대곡사 지장도와 원광대학교 박물관 소장 감로도를 조성하였다.

◦ 1764년 경북 의성 大谷寺 地藏圖 조성(『韓國의 佛畫 23 - 孤雲寺(上)』) 수화승 稚朔
1764년 甘露圖 조성(圓光大學校 博物館 所藏,『韓國의 佛畫 19 - 大學博物館(Ⅱ)』)88) 수화승 雉翔

광헌 2(廣軒 : -1795-) 18세기 후반에 활동한 불화승이다. 1795년에 수화승 신겸과 충북 보은 법주사 대웅보전 신중도(복천암 소장)를 조성하였다.

◦ 1795년 충북 보은 法住寺 大雄寶殿 神衆圖 조성(福泉庵 所藏, 『韓國의 佛畵 17 – 法住寺』)
수화승 信謙

광흠(廣欽 : -1719-) 18세기 전반에 활동한 불화승이다. 1719년에 수화승 의
겸과 경남 고성 운흥사 영산전 팔상도를 조성하였다.

◦ 1719년 경남 고성 雲興寺 靈山殿 八相圖 조성(安貴淑, 「조선후기 佛畵僧의 계보와 義謙
比丘에 대한 연구(상)」) 수화승 義謙

굉원(宏遠 : -1719-1732-)* 18세기 전반에 경북 팔공산을 중심으로 활동한 승
장이다. 1719년에 수화승 계찰과 경북 경주 기림사 대웅전 아미타불을 중
수·개금하고, 1725년에 수화승 석민과 북지장사 지장시왕도(국립중앙박물
관 소장)를, 1732년에 수화승으로 강원 고성 건봉사 지장시왕도를 조성하였
다. 그는 불사 참여 시 팔공산인八公山人으로 있다.

◦ 1719년 경북 경주 기림사 대웅전 아미타불 중수 개금(「慶州府東含月山祇林寺大雄殿西方
極樂世界阿彌陀如來重修改金化主及引勸諸師學檀越緣化比丘示發願文」, 『한국의 사찰문
화재–대구광역시·경상북도 I 자료집』) 八公山人 수화승 戒察
◦ 1725년 北地藏寺 地藏十王圖 조성(國立中央博物館 所藏, 김정희, 『조선시대 지장시왕도
연구』와 유마리, 「朝鮮朝 阿彌陀佛畵의 硏究」 및 『韓國의 佛畵 39 – 國·公立博物館』)[89]
수화승 碩敏
◦ 1732년 강원 고성 乾鳳寺 地藏十王圖 조성(慶北大學校 博物館 所藏, 김정희, 『조선시대
지장시왕도 연구』) 畵員 수화승

굉척(宏陟 : -1725-1727-) 18세기 전반에 활동한 승장이다. 1725년에 수화승
의겸과 전남 순천 송광사 영산전 석가모니후불도와 오십전 오십삼불도五十三
佛圖(7위) 및 삼십삼조사도三十三祖師幀를 그리고, 1727년에 수화승 하천과 대
구 동구 동화사 대웅전 목조삼세불좌상을 제작하였다.

◦ 1725년 전남 순천 松廣寺 靈山殿 釋迦牟尼後佛圖 조성(『韓國의 佛畵 6 – 松廣寺』) 수화
승 義謙
1725년 전남 순천 松廣寺 五十殿 五十三佛圖(七位) 조성(『韓國의 佛畵 7 – 松廣寺』)
수화승 □□
1725년 전남 순천 松廣寺 三十三祖師圖 조성(『曹溪山松廣寺史庫』)[90] 수화승 義謙
◦ 1727년 대구 동구 桐華寺 大雄殿 木造三世佛坐像 제작(김미경, 「八公山 桐華寺 목조삼세
불좌상의 복장적 검토」) 수화승 夏天

교원(敎願, 敎源 : -1767-1771-)* 18세기 후반에 활동한 불화승이다. 1767년에
수화승 하윤, 약붕과 경북 경주 불국사 대웅전을 단청하고, 1771년에 수화승
으로 경북 선산 수다사 시왕도(평등대왕)를 조성한 후, 수화승 상정과 경북
김천 직지사 불상을 개금하였다.

◦ 1767년 경북 경주 佛國寺 大雄殿 丹艧(「佛國寺古今創記」, 『佛國寺誌』) 수화승 夏閏
◦ 1771년 경북 선산 水多寺 十王圖(平等大王) 조성(『韓國의 佛畵 9 – 直指寺(下)』) 良工 수
화승
1771년 경북 김천 直指寺 佛像 개금(「佛像改金施主秩」, 『直指寺誌』)

교환(敎桓 : -1802-1808-) 19세기 전반에 활동한 불화승이다. 1802년에 수화
승 쾌윤과 전남 순천 선암사 나한전 삼세후불도와 신중도를 조성하고, 1806

년에 수화승 도일과 전남 순천 송광사 사천왕상을 개채하였다. 1808년에 수
화승 화악평삼과 경남 고성 옥천사 괘불도를 그렸다.

　◦1802년 전남 순천 仙巖寺 羅漢殿 三世後佛圖 조성(『韓國의 佛畵 12 – 仙巖寺』) 수화승
　快玧
　1802년 전남 순천 仙巖寺 羅漢殿 神衆圖 조성(『韓國의 佛畵 12 – 仙巖寺』)[91] 수화승
　快玧
　◦1806년 전남 순천 松廣寺 四天王像 개채(『曹溪山 松廣寺誌』) 수화승 度溢
　◦1808년 경남 고성 玉泉寺 掛佛圖 조성(『韓國의 佛畵 26 – 雙磎寺(下)』)[92] 수화승 華岳評三
　※ 교환은 교항과 동일인으로 추정된다.

구백(九栢 : -1788-) 18세기 후반에 활동한 불화승이다. 1788년에 상겸 등과
남장사 불사에 참여하여 기록한 『불사성공록佛事成功錄』에 호남양공湖南良工
으로 언급되어 있다.

　◦1788년 남장사 불사에 참여한 화승을 적은 『佛事成功錄』에 湖南良工으로 언급(이용윤,
　「『佛事成功錄』을 통해 본 남장사 괘불」) 수화승 尙謙

구원(究遠 : -1728-) 18세기 전반에 활동한 불화승이다. 1728년에 수화승 쾌
민과 대구 동화사 지장도를 조성하였다.

　◦1728년 대구 桐華寺 地藏圖 조성(『韓國의 佛畵 21 – 桐華寺(上)』) 수화승 快旻

국견(國堅 : -1700-) 18세기 전반에 활동한 불화승이다. 1700년에 수화승 천
신과 전북 부안 내소사 괘불도를 조성할 때 조간화원雕刊畵員으로 참여하였다.

　◦1700년 전북 부안 來蘇寺 掛佛圖 조성(『韓國의 佛畵 14 – 禪雲寺』) 彫刊畵員[93] 수화승
　天信

국선(國善 : -1758-1765-) 18세기 중반에 활동한 승장이다. 1758년에 수화승
설훈, 벽하와 경북 의성 고운사 사천왕도(광목천왕도와 지국천왕, 홍익대학교
박물관 소장)를 조성하고, 1765년에 수화승 긍유와 서울 봉은사 대웅전 목조
삼세불좌상을 개금하였다.

　◦1758년 경북 의성 高雲寺 四天王圖(廣目天王) 조성(弘益大學校 博物館 所藏, 『韓國의 佛
　畵 19 – 大學博物館(Ⅱ)』) 수화승 碧河
　1758년 경북 의성 高雲寺 四天王圖(持國天王) 조성(弘益大學校 博物館 所藏, 『韓國의
　佛畵 19 – 大學博物館(Ⅱ)』)[94] 수화승 雪訓
　◦1765년 서울 奉恩寺 大雄殿 木造三世佛坐像 개금(이분희, 「奉恩寺 三世佛像의 研究」) 수
　화승 肯柔

국성(國成, 國性 : -1775-1801-)* 18세기 후반에 활동한 불화승이다. 1775년에
수화승으로 경남 양산 통도사 명부전 시왕도를, 1792년에 수화승 지연과 통
도사 괘불도와 삼장도 및 신중도(원적산 금봉암 봉안)를, 수화승 瑝峯과 경북
영천 은해사 백흥암 극락전 감로도를 조성하였다. 1797년에 수화승 지연과
경북 안동 운대사 아미타후불도를, 1798년에 수화승 옥인과 통도사 명부전
지장도(원적산 금봉암 소장)를, 수화승 자운지연과 1799년에 경북 경주 기림
사 시왕전 지장도(동국대학교 경주캠퍼스 박물관 소장)와 통도사 백운암 지
장도를 조성하였다.

◦1775년 경남 양산 通度寺 冥府殿 十王圖(初江大王) 조성(『韓國의 佛畵 2 - 通度寺(中)』) 良工 수화승
1775년 경남 양산 通度寺 冥府殿 十王圖(太山大王) 조성(『韓國의 佛畵 2 - 通度寺(中)』) 良工 수화승
◦1792년 경남 양산 通度寺 掛佛圖 조성(『韓國의 佛畵 2 - 通度寺(中)』) 수화승 指演
1792년 경남 양산 通度寺 三藏圖 조성(『韓國의 佛畵 1 - 通度寺(上)』) 수화승 指演
1792년 경남 양산 通度寺 神衆圖(圓寂山 金鳳庵 奉安) 조성(『韓國의 佛畵 1 - 通度寺(上)』)95) 수화승 福贊
1792년 경북 영천 銀海寺 百興庵 極樂殿 甘露圖 조성(『韓國의 佛畵 30 - 銀海寺』)96) 수화승 瑀峯
◦1797년 경북 안동 雲臺寺 阿彌陀後佛圖 조성(安東 西岳寺 所藏, 『韓國의 佛畵 23 - 孤雲寺(上)』) 수화승 指涓
◦1798년 경남 양산 通度寺 冥府殿 地藏圖 조성(『韓國의 佛畵 1 - 通度寺(上)』) 수화승 指演
◦1799년 경북 경주 祇林寺 十王殿 地藏圖 조성(東國大學校 慶州캠퍼스 博物館 所藏, 『韓國의 佛畵 18 - 大學博物館(Ⅰ)』) 수화승 慈雲 □演
◦1801년 경남 양산 通度寺 白雲庵 地藏圖 조성(『韓國의 佛畵 3 - 通度寺(下)』) 수화승 指演
◦연대미상 경북 경주 祇林寺 十王圖(宋帝大王) 조성(『韓國의 佛畵 38 - 佛國寺』)97) 良工 수화승
연대미상 경북 경주 祇林寺 十王圖(變成大王) 조성(『韓國의 佛畵 38 - 佛國寺』)98) 良工 수화승

국순(國順 : -1729-) 18세기 전반에 활동한 불화승이다. 1729년에 수화승 성징과 경남 창원 성주사 감로도를 조성하였다.

◦1729년 경남 창원 聖住寺 甘露圖 조성(『韓國의 佛畵 32 - 梵魚寺』) 수화승 性澄

국연(國演 : -1781-) 18세기 후반에 활동한 불화승이다. 1781년에 수화승 승윤과 경남 하동 쌍계사 삼세불도(석가모니불)와 삼장도를, 수화승 평삼과 삼세불도(아미타불)를 조성하였다.

◦1781년 경남 하동 쌍계사 三世佛圖(釋迦牟尼佛) 조성(『韓國의 佛畵 25 - 雙磎寺(上)』)99) 수화승 勝允
1781년 경남 하동 雙磎寺 三世佛圖(阿彌陀如來) 조성(『韓國의 佛畵 25 - 雙磎寺(上)』)100) 수화승 平三
1781년 경남 하동 쌍계사 三藏圖 조성(『韓國의 佛畵 25 - 雙磎寺(上)』)101) 수화승 勝允

국인(國印, 國仁 : -1777-1781-) 18세기 후반에 활동한 불화승이다. 1777년에 수화승 비현과 전남 영광 불갑사 팔상전 영산회상도와 지장전 지장시왕도를, 1781년에 수화승 승윤과 경남 하동 쌍계사 삼세불도(석가모니불)와 삼장도를, 수화승 함식과 삼세불도(약사불)를, 수화승 평삼과 삼세불도(아미타불)와 제석천룡도를 조성하였다.

◦1777년 전남 영광 佛甲寺 八相殿 靈山會上圖 조성(『靈光 母岳山 佛甲寺』와 『韓國의 佛畵 37 - 白羊寺·新興寺』) 수화승 丕賢
1777년 전남 영광 佛甲寺 地藏殿 地藏十王圖 조성(『靈光 母岳山 佛甲寺』와 『韓國의 佛畵 37 - 白羊寺·新興寺』) 수화승 丕賢
◦1781년 경남 하동 雙溪寺 三世佛圖(釋迦牟尼佛) 조성(『韓國의 佛畵 25 - 雙磎寺(上)』)102) 수화승 勝允
1781년 경남 하동 雙磎寺 三世佛圖(藥師如來) 조성(『韓國의 佛畵 25 - 雙磎寺(上)』)103) 수화승 咸湜
1781년 경남 하동 雙磎寺 三世佛圖(阿彌陀如來) 조성(『韓國의 佛畵 25 - 雙磎寺(上)』)104)

수화승 平三
1781년 경남 하동 雙溪寺 三藏圖 조성(『韓國의 佛畵 25 – 雙磎寺(上)』)[105] 수화승 勝允
1781년 경남 하동 雙磎寺 帝釋天龍圖 조성(『韓國佛畵畵記集』) 수화승 平三

국현(國玄 : -1755-) 18세기 중반에 활동한 불화승이다. 1755년에 수화승 임한과 경북 청도 운문사 비로전 삼신불도와 온양민속박물관 소장 삼장도를 조성하였다.

◦ 1755년 경북 청도 雲門寺 毘盧殿 三身佛圖 조성(『韓國의 佛畵 21 – 桐華寺 (上)』) 수화승 任閑
◦ 1755년 三藏圖 조성(溫陽民俗博物館 所藏, 『韓國의 佛畵 20 – 私立博物館』)[106] 수화승 任閑

권겸(勸兼 : -1780-) 18세기 후반에 활동한 불화승이다. 1780년에 수화승 비현과 전남 순천 선암사 팔상전 화엄도를 조성하였다.

◦ 1780년 전남 순천 선암사 八相殿 華嚴圖 조성(『韓國의 佛畵 12 – 仙巖寺』) 수화승 丕賢

궤민(軌敏 : -1749-) 18세기 중반에 활동한 불화승이다. 1749년에 수화승 순혜와 전남 해남 대흥사 영산회상도(국립중앙박물관 소장)를 조성하였다.

◦ 1749년 전남 해남 大興寺 靈山會上圖 조성(國立中央博物館 所藏, 『영혼의 여로 – 조선시대 불교회화와의 만남』과 『韓國의 佛畵 39 – 國・公立博物館』) 수화승 順慧

궤찰(軌察 : -1789-) 18세기 후반에 활동한 불화승이다. 1789년에 장조莊祖 현륭원顯隆園 조성소 화승畵僧으로 참여하였다.

◦ 1789년 『莊祖顯隆園園所都監儀軌』造成所 畵僧(奎章閣 13627호, 朴廷蕙, 「儀軌를 통해서 본 朝鮮時代의 畵員」 자료1)

궤헌(軌軒, 軌憲 : -1789-1796-) 18세기 후반에 경기를 중심으로 활동한 불화승이다. 1789년에 장조莊祖 현륭원顯隆園 조성소 화승畵僧으로 참여하고, 1794년부터 1796년까지 화성 건립에 참여하여 1801년에 작성된 『화성성역의궤華城城役儀軌』에 양주목楊州牧 승려로 언급되어 있다.

◦ 1789년 『莊祖顯隆園園所都監儀軌』造成所 畵僧(奎章閣 13627호, 朴廷蕙, 「儀軌를 통해서 본 朝鮮時代의 畵員」 자료1)
◦ 1794년-1796년 화성 건립에 화원으로 참여(1801년 작성된 『華城城役儀軌』 卷4 工匠 畵工 條) 楊州牧

귀학(歸鶴 : -1702-) 18세기 전반에 활동한 불화승이다. 1702년에 수화승 윤탄과 금강산 장안사 대웅전 중수에 참여하였다.

◦ 1702년 금강산 장안사 대웅전 중수(「金剛山長安寺大雄殿重修上樑文」, 安貴淑, 「조선후기 佛畵僧의 계보와 義謙比丘에 대한 연구(상)」) 수화승 允坦

규상(奎祥 : -1892-1898-)* 용담당(蓉潭堂) 19세기 후반에 활동한 불화승이다. 1892년에 수화승 금곡영환과 경기 남양주 흥국사 영산전 석가모니후불도와 십육나한도(10・12・14・16존자)를, 1895년에 수화승 영화와 경기 남양주 불암사 괘불도를, 1898년에 수화승으로 서울 봉국사 명부전 시왕도(5・7・9대왕)를, 수화승 경선응석과 경기 파주 보광사 감로도를 조성하였다.

◦ 1892년 경기 남양주 興國寺 靈山殿 釋迦牟尼後佛圖 조성(『韓國의 佛畵 33 − 奉先寺』)
　수화승 金谷永煥
　1892년 경기 남양주 興國寺 靈山殿 十六羅漢圖(10·12·14·16尊者) 조성(『韓國의 佛畵
　33 − 奉先寺』) 수화승 慶船應釋
◦ 1895년 경기 남양주 佛巖寺 掛佛圖 조성(『掛佛調査報告書』와 『韓國佛畵畵記集』 및 『韓
　國의 佛畵 33 − 奉先寺』) 片手 수화승 金谷永煥
◦ 1898년 서울 奉國寺 冥府殿 十王圖(5·7·9大王) 조성(『韓國의 佛畵 35 − 曹溪寺(中)』) 金
　魚 수화승
　1898년 경기 파주 普光寺 甘露圖 조성(『韓國佛畵畵記集』과 『韓國의 佛畵 33 − 奉先
　寺』) 수화승 慶船應釋

규성(圭星 : -1910-) 20세기 전반에 활동한 불화승이다. 1910년에 수화승 한
명한동과 경남 창녕 도성암 칠성도를 조성하였다.

◦ 1910년 경남 창녕 道成庵 七星圖 조성(『韓國의 佛畵 3 − 通度寺(下)』) 수화승 漢溟漢炯

규현(奎鉉 : -1906-1930-) 동운당(東雲堂), 속성 한韓씨, 20세기 전반에 활동한
불화승이다. 1906년에 수화승 대운봉하와 경기 여주 신륵사 지장도와 시왕도
등을, 수화승 허곡긍순과 신중도를, 1930년에 수화승 예운상규와 경남 밀양
표충사 삼세불도(아미타불와 약사불)를 조성하였다.

◦ 1906년 경기 여주 神勒寺 地藏圖 조성(『韓國의 佛畵 28 − 龍珠寺(上)』) 수화승 大雲奉河
　1906년 경기 여주 神勒寺 十王各部圖(使者, 將軍) 조성(『韓國의 佛畵 29 − 龍珠寺(下)』)
　수화승 大雲奉河
　1906년 경기 여주 神勒寺 神衆圖 조성(『韓國의 佛畵 28 − 龍珠寺(上)』) 수화승 虛谷
　亘巡
◦ 1930년 경남 밀양 表忠寺 三世佛圖(阿彌陀佛) 조성(『韓國의 佛畵 3 − 通度寺(下)』) 片章
　수화승 金禮芸
　1930년 경남 밀양 表忠寺 三世佛圖(藥師佛) 조성(『韓國의 佛畵 3 − 通度寺(下)』) 수화
　승 金禮芸

극관(極貫 : -1781-) 18세기 후반에 활동한 불화승이다. 수화승 승윤과 1781
년에 경남 하동 쌍계사 삼세불도(석가모니불)와 삼장도를, 수화승 함식과 삼
세불도(약사불)를, 수화승 평삼과 삼세불도(아미타불)와 삼장도를 조성하였다.

◦ 1781년 경남 하동 쌍계사 三世佛圖(釋迦牟尼佛) 조성(『韓國의 佛畵 25 − 雙磎寺(上)』) 수
　화승 勝允
　1781년 경남 하동 雙磎寺 三世佛圖(藥師佛) 조성(『韓國의 佛畵 25 − 雙磎寺(上)』) 수
　화승 咸湜
　1781년 경남 하동 雙磎寺 三世佛圖(阿彌陀佛) 조성(『韓國의 佛畵 25 − 雙磎寺(上)』)
　수화승 平三
　1781년 경남 하동 쌍계사 三藏圖 조성(『韓國의 佛畵 25 − 雙磎寺(上)』) 수화승 勝允

극륜(剋倫 : -1703-) 18세기 전반에 활동한 불화승이다. 1703년에 수화승 수
원과 경북 문경 김용사 괘불도를 조성하였다.

◦ 1703년 경북 문경 金龍寺 掛佛圖 조성(『韓國의 佛畵 9 − 直指寺(下)』) 수화승 守源

극성(克成, 克性 : -1649-) 17세기 중반에 활동한 불화승이다. 1649년에 인조
仁祖 빈전殯殿과 장릉長陵 조성소 화승畵僧으로 참여하였다.

◦ 1649년 『仁祖殯殿都監儀軌』 魂殿二房 造成所 畵僧(奎章閣 14855호, 朴廷蕙, 「儀軌를 통

해서 본 朝鮮時代의 畫員」 자료1)
　　1649년 『仁祖長陵山陵都監儀軌』 造成所 畫僧(奎章閣 15074호, 朴廷蕙, 「儀軌를 통해
　서 본 朝鮮時代의 畫員」 자료1)

극영(尅英 : -1749-) 18세기 중반에 활동한 불화승이다. 1749년에 수화승 순혜와 전남 해남 대흥사 영산회상도(국립중앙박물관 소장)를 조성하였다.

　　◦1749년 전남 해남 大興寺 靈山會上圖 조성(國立中央博物館 所藏, 『영혼의 여로 - 조선시
　대 불교회화의 만남』과 『韓國의 佛畫 39 - 國·公立博物館』) 수화승 順慧

극찬(極贊 : -1781-1790-) 18세기 후반에 호남을 중심으로 활동한 불화승이다. 수화승 평삼과 1781년에 경남 하동 쌍계사 제석천룡도와 국사암 제석천룡도, 1786년에 경남 의령 수도사 감로도(양산 통도사 소장) 등을 조성하였다. 1788년에 남장사 불사에 참여할 때 적은 『불사성공록佛事成功錄』에 호남양공湖南良工으로 언급되어 있다. 1790년에 수화승 평삼과 하동 쌍계사 고법당 제석신중도를 그렸다.

　　◦1781년 경남 하동 雙磎寺 國師庵 帝釋天龍圖 조성(『韓國의 佛畫 25 - 雙磎寺(上)』) 수화
　승 平三
　　1781년 경남 하동 雙磎寺 帝釋天龍圖 조성(『韓國佛畫畫記集』) 수화승 平三
　　◦1786년 경남 의령 修道寺 甘露圖 조성(梁山 通度寺 所藏, 『韓國의 佛畫 2 - 通度寺(中)』)
　片手 수화승 評三
　　1786년 阿彌陀後佛圖 조성(救仁寺 遺物展示館 所藏, 『韓國의 佛畫 40 - 補遺』) 片手
　수화승 平三
　　◦1788년 남장사 불사에 참여한 화승을 적은 『佛事成功錄』에 湖南良工으로 언급(이용윤,
　「『佛事成功錄』을 통해 본 남장사 괘불」) 수화승 尙謙
　　◦1790년 경남 하동 雙磎寺 古法堂 帝釋神衆圖 조성(『韓國의 佛畫 25 - 雙磎寺(上)』) 수화
　승 評三

극총(克摠 : -1750-) 18세기 중반에 활동한 불화승이다. 1750년에 수화승 덕인과 감로도(원광대학교 박물관 소장)를 조성하였다.

　　◦1750년 甘露圖 조성(圓光大學校 博物館 所藏, 『韓國의 佛畫 19 - 大學博物館(Ⅱ)』) 수화
　승 德仁

극혜(極惠 : -1792-) 18세기 후반에 활동한 불화승이다. 1792년에 수화승 만겸과 부산 마하사 현왕도를 조성하였다.

　　◦1792년 부산 摩訶寺 現王圖 조성(『韓國의 佛畫 32 - 梵魚寺』) 수화승 萬謙

극환(極環 : -1718-) 18세기 전반에 활동한 불화승이다. 1718년에 민회빈愍懷嬪 봉묘封墓 조성소 화승畫僧으로 참여하였다.

　　◦1718년 『愍懷嬪封墓都監儀軌』 造成所 畫僧(奎章閣 14837호, 朴廷蕙, 「儀軌를 통해서 본
　朝鮮時代의 畫員」 자료1)

근식(根植 : -1892-) 19세기 후반에 활동한 불화승이다. 1892년에 수화승 경선응석과 경기 남양주 흥국사 영산전 십육나한도(2·4·6·8존자)를 조성하였다.

　　◦1892년 경기 남양주 興國寺 靈山殿 十六羅漢圖(2·4·6·8尊者) 조성(『韓國의 佛畫 33 -
　奉先寺』) 수화승 慶船應釋

근영(根榮, 根永 : -1905-1907-) 20세기 전반에 활동한 불화승이다. 1905년에

수화승 경선응석과 충북 보은 법주사 팔금강번八金剛幡(백정수금강)을, 1907년에 수화승 두흠과 인천 강화 청련사 원통전 감로도를 조성하였다.

▫ 1905년 충북 보은 法住寺 八金剛幡(白淨水金剛) 조성(『韓國의 佛畵 17 - 法住寺』) 수화승 慶船應釋
▫ 1907년 圓通菴 甘露圖 조성(江華 靑蓮寺 所藏, 『畿內寺院誌』와 『韓國佛畵畵記集』)107) 수화승 斗欽

근유(瑾宥 : -1877-) 만응당(萬應堂) 19세기 후반에 활동한 불화승이다. 1877년에 수화승 금곡영환과 경기 파주 보광사 십육나한도(10·12·14·16존자)를 조성하였다.

▫ 1877년 경기 파주 普光寺 十六羅漢圖(10·12·14·16尊者) 조성(『韓國의 佛畵 33 - 奉先寺』) 수화승 金谷永煥

근정(謹淨 : -1739-) 18세기 후반에 활동한 불화승이다. 1739년에 수화승 긍척과 전남 곡성 태안사 성기암 지장보살도와 칠성도(호암미술관 소장)를 조성하였다.

▫ 1739년 전남 곡성 泰安寺 聖祈庵 地藏菩薩圖와 七星圖 조성(湖巖美術館 所藏, 『泰安寺誌』) 수화승 亘陟

근헌(謹軒, 瀷軒 : -1744-1750-) 18세기 중반에 운부사를 중심으로 활동한 불화승이다. 1744년에 수화승 세관과 경북 김천 직지사 석가모니후불도와 아미타후불도 및 시왕도(진광대왕, 초강대왕)를 조성하였다. 1750년에 수화승 처일과 경북 영천 은해사 대웅전 석가모니후불도를, 제작연대를 알 수 없는 대□사 석가모니후불도(영천 은해사 소장)를 수화승 밀기와 그렸다.

▫ 1744년 경북 김천 直指寺 釋迦牟尼後佛圖 조성(『韓國의 佛畵 8 - 直指寺(上)』) 雲浮寺 수화승 世冠
1744년 경북 김천 直指寺 阿彌陀後佛圖 조성(『韓國의 佛畵 8 - 直指寺(上)』) 수화승 世冠
1744년 경북 김천 直指寺 十王圖(秦廣大王) 조성(『韓國의 佛畵 9 - 直指寺(下)』) 수화승 世冠
1744년 경북 김천 直指寺 十王圖(初江大王) 조성(『韓國의 佛畵 9 - 直指寺(下)』) 수화승 世冠
▫ 1750년 경북 영천 銀海寺 大雄殿 釋迦牟尼後佛圖 조성(『韓國의 佛畵 30 - 銀海寺』) 수화승 處一
▫ 연대미상 大□寺 釋迦牟尼後佛圖 조성(永川 銀海寺 所藏, 『韓國의 佛畵 30 - 銀海寺』) 수화승 密機

금겸(錦謙 : -1810-1831-)* 19세기 전반에 활동한 불화승이다. 1810년에 수화승 정민과 대전사 운수암 지장도(영천 은해사 소장)를, 1824년에 수화승 체균과 대구 파계사 아미타후불묵도阿彌陀後佛墨圖를, 수화승 관보와 파계사 신중도를 조성하였다. 수화승으로 1828년에 황산사 제석도(영덕 덕흥사 소장)와 1831년에 영천 은해사 안양전 신중도를 그렸다.

▫ 1810년 大典寺 雲水庵 地藏圖 조성(永川 銀海寺 所藏, 『韓國의 佛畵 30 - 銀海寺』) 수화승 定敏

▫ 1824년 대구 把溪寺 阿彌陀後佛墨圖 조성(『韓國의 佛畵 21 - 桐華寺(上)』) 수화승 体均
1824년 대구 把溪寺 神衆圖 조성(『韓國의 佛畵 21 - 桐華寺(上)』) 수화승 琯普
▫ 1828년 黃山寺 帝釋圖 조성(盈德 德興寺 所藏, 『韓國의 佛畵 38 - 佛國寺』) 良工 수화승
▫ 1831년 경북 영천 銀海寺 安養殿 神衆圖 조성(『韓國의 佛畵 30 - 銀海寺』) 畫事 수화승

금곡당(金谷堂) 영환(永煥, 永環) 참조

금담당(錦潭堂) 병연(炳淵) 참조

금명(錦明 : -1718-) 18세기 전반에 활동한 불화승이다. 1718년에 수화승 천오와 경북 경주 기림사 대적광전 삼신불회도와 제작연대를 알 수 없는 기림사 삼장도(동국대학교 경주캠퍼스 박물관 소장)를 조성하였다.

▫ 1718년 경북 경주 祇林寺 大寂光殿 三身佛會圖 조성(文明大, 「毘盧遮那三身佛圖像의 形式과 祇林寺 三身佛像 및 佛畵의 연구」와 『韓國의 佛畵 38 - 佛國寺』) 수화승 天悟
▫ 연대미상 경북 경주 祇林寺 三藏圖 조성(東國大學校 慶州캠퍼스 博物館 所藏, 『韓國의 佛畵 18 - 大學博物館(Ⅰ)』)108) 수화승 天悟

금명당(錦明堂, 錦溟堂, 錦冥堂) 운제(運齊) 참조

금산당(錦山堂) 계주(桂柱) 참조

금석(金錫 : -1715-)* 18세기 전반에 활동한 불화승이다. 1715년에 수화승으로 전남 장흥 중창 시 고법당, 능인전, 나한전, 대하당 등에 단청을 주도하였다.

▫ 1715년 전남 장흥 寶林寺 古法堂 重創 丹靑(『譯註 寶林寺重創記』) 上邊手 수화승
1715년 전남 장흥 寶林寺 能仁殿, 羅漢殿, 大河堂 丹靑(『譯註 寶林寺重創記』) 邊手 수화승

금선(錦善 : -1860-) 19세기 중반에 활동한 불화승이다. 1860년에 수화승 해운익찬과 경남 하동 쌍계사 명부전 지장도를 조성하였다.

▫ 1860년 경남 하동 雙磎寺 冥府殿 地藏圖 조성(『韓國의 佛畵 25 - 雙磎寺(上)』) 수화승 海雲益讚

금성(錦性 : -1762-) 18세기 중반에 활동한 불화승이다. 1762년에 성휘 등과 장조莊祖 영우원永祐園 조성소 화승畫僧으로 참여하였다.

▫ 1762년 『莊祖永祐園園所都監儀軌』造成所 畵僧(奎章閣 13607호, 朴廷蕙, 「儀軌를 통해서 본 朝鮮時代의 畫員」 자료1)

금순(錦淳, 錦珣 : -1788-)* 18세기 후반에 경북 문경 대승사를 중심으로 활동한 불화승이다. 1788년에 상겸과 경북 상주 남장사 불사에 참여하여 『불사성공록佛事成功錄』에 대승양공大乘良工으로 적혀있고, 수화승으로 경북 상주 남장사 현왕도(직지사성보박물관 소장)를 조성하였다.

▫ 1788년 남장사 불사에 참여한 화승을 적은 『佛事成功錄』에 大乘良工으로 언급(이용윤, 「『佛事成功錄』을 통해 본 남장사 괘불」) 수화승 尙謙
1788년 경북 상주 남장사 현왕도 조성(直指寺聖寶博物館 所藏, 이용윤, 「『佛事成功錄』을 통해 본 남장사 괘불」 註10) 良工 수화승

금심(錦心 : -1794-1802-) 18세기 후반부터 19세기 전반까지 활동한 불화승이다. 1794년에 수화승 지연과 천불전 사천왕도(해남 대흥사 소장)를, 1802년에

수화승 쾌윤과 전남 순천 선암사 나한전 삼세후불도와 신중도를 조성하였다.

- 1794년 千佛殿 四天王圖 조성(海南 大興寺 所藏,『韓國의 佛畵 31 – 大興寺』) 수화승 智彦
- 1802년 전남 순천 仙巖寺 羅漢殿 三世後佛圖 조성(『韓國의 佛畵 12 – 仙巖寺』) 수화승 快玧
  1802년 전남 순천 仙巖寺 羅漢殿 神衆圖 조성(『韓國의 佛畵 12 – 仙巖寺』)[109] 수화승 快玧

금암당(金庵堂, 錦岩堂, 錦菴堂, 錦庵堂) 천여(天如) 참조

금영당(錦靈堂) 지률(旨律) 참조

금우(金牛 : -1770-) 18세기 후반에 활동한 불화승이다. 1770년경에 수화승 유성과 경북 안동 모운사 지장도와 수화승 유상과 제석도를 조성하였다.

- 1770년경 경북 안동 暮雲寺 地藏圖 조성(『韓國의 佛畵 23 – 孤雲寺(上)』) 수화승 有誠
  1770년경 경북 안동 暮雲寺 帝釋圖 조성(『韓國의 佛畵 23 – 孤雲寺(上)』) 수화승 有祥

금운(錦云 : -1764-) 18세기 중반에 활동한 불화승이다. 1764년에 수화승 색민과 전남 해남 대흥사 괘불도를 조성하였다.

- 1764년 전남 해남 大興寺 掛佛圖 조성(『韓國의 佛畵 31 – 大興寺』) 수화승 色旻

금운당(錦雲堂) 긍률(肯律) 참조

금운당(錦雲堂) 정기(定基) 참조

금인(錦仁 : -1770경-1772-) 18세기 전반에 활동한 불화승이다. 수화승 유성과 1770년에 경북 안동 모운사 지장도와 1772년에 충남 서산 개심사 괘불도를 조성하였다.

- 1770년경 경북 안동 暮雲寺 地藏圖 조성(『韓國의 佛畵 23 – 孤雲寺(上)』) 수화승 有誠
- 1772년 충남 서산 開心寺 掛佛圖 조성(『韓國의 佛畵 27 – 修德寺』) 수화승 有誠

금점(錦点)* 19세기 후반에 활동한 불화승이다. 제작연대를 알 수 없는 경북 영천 은해사 관음전 신중도를 수화승으로 조성하였다.

- 연대미상 경북 영천 銀海寺 觀音殿 神衆圖 조성(『韓國의 佛畵 30 – 銀海寺』)[110] 良工 수화승

금주(金珠 : -1890-) 19세기 후반에 활동한 불화승이다. 1890년에 수화승 봉수와 경북 상주 남장사 신중도를, 수화승 금주와 경북 안동 석수사 무량수전 지장도를, 수화승 응상과 경북 예천 명봉사鳴鳳寺 현왕도를 조성하였다.

- 1890년 경북 상주 南長寺 神衆圖 조성(『韓國의 佛畵 8 – 直指寺(上)』) 수화승 奉秀
  1890년 경북 안동 石水寺 無量壽殿 地藏圖 조성(『韓國의 佛畵 23 – 孤雲寺(上)』) 金魚 수화승
  1890년 경북 예천 鳴鳳寺 現王圖 조성(『韓國佛畵畵記集』)[111] 수화승 應祥

금주당(金珠堂) 봉화(奉化) 참조

금지(金地 : -1887-) 19세기 후반에 활동한 불화승이다. 1887년에 수화승 상옥과 충남 서산 개심사 칠성도를 조성하였다.

◦1887년 충남 서산 開心寺 七星圖 조성(『韓國의 佛畫 27 - 修德寺』) 수화승 祥玉

금찬(錦贊 : -1780-) 18세기 후반에 활동한 불화승이다. 1780년에 수화승 비현과 전남 순천 선암사 팔상전 화엄도를 조성하였다.

◦1780년 전남 순천 仙巖寺 八相殿 華嚴圖 조성(『韓國의 佛畫 12 - 仙巖寺』)[112] 수화승 弗賢

금하당(錦河堂) 재우(在雨) 참조

금현(錦昀, 錦現 : -1788-1801-)* 18세기 후반부터 19세기 전반까지 활동한 불화승이다. 1788년에 수화승으로 경북 상주 남장사 현왕도를, 1794년에 수화승 지언과 천불전 사천왕도(해남 대흥사 소장)를, 1801년에 수화승 백인태영과 경남 진주 백천사 운대암 신중도(하동 쌍계사 소장)와 감로왕도(의정부 망월사 소장)를 조성하였다.

◦1788년 경북 상주 南長寺 現王圖 조성(『韓國의 佛畫 9 - 直指寺(下)』) 良工[113] 수화승
◦1794년 千佛殿 四天王圖 조성(海南 大興寺 所藏, 『韓國의 佛畫 31 - 大興寺』) 수화승 智彦
◦1801년 雲臺菴 神衆圖 조성(河東 雙磎寺 所藏, 『韓國의 佛畫 25 - 雙磎寺(上)』) 수화승 百忍泰榮
1801년 경남 진주 百泉寺 雲臺庵 甘露王圖 조성(議政府 望月寺 所藏, 『韓國佛畫畫記集』) 片手 수화승 泰榮

금호당(錦湖堂) 약효(若效) 참조

금홍(錫洪 : -1890-) 19세기 후반에 활동한 불화승이다. 1890년에 수화승 서암전기와 경남 합천 해인사 경학원經學院 아미타후불도를 조성하였다.

◦1890년 경남 합천 海印寺 經學院 阿彌陀後佛圖 조성(『韓國의 佛畫 4 - 海印寺(上)』) 수화승 瑞巖典琪

금화당(錦華堂) 기형(機炯)

금훈(錦薰 : -1854-) 19세기 중반에 활동한 불화승이다. 1854년에 수화승 성천과 무염암 아미타후불도(홍성 석련사 소장)를 조성하였다.

◦1854년 無染庵 阿彌陀後佛圖 조성(洪城 石蓮寺 所藏, 『韓國의 佛畫 27 - 修德寺』) 수화승 性天

긍률(肯律 : -1879-1888-)* 금운당(錦雲堂) 19세기 후반에 활동한 불화승이다. 1879년에 수화승 기전과 대구 동화사 염불암 아미타후불도를, 수화승 수룡기전과 전북 완주 위봉사 태조암 석가모니후불도, 1880년에 석가모니후불도(목아불교박물관 소장)와 경북 안동 연미사 신중도를, 수화승 하은응상과 경북 문경 김용사 금선암 아미타후불도와 신중도 및 양진암 신중도 등을 그렸다. 수화승으로 1881년에 인천 강화 백련사 현왕도와 1882년에 경남 밀양 표충사 대홍원전 구품도 및 1883년에 경북 청도 운문사 구품도를 조성하였다. 1884년에 수화승 금화기형과 경북 예천 용문사 시왕도(1·3·5대왕)과 수화승 정규와 경남 진주 응석사 석가모니후불도를, 1885년에 수화승 수룡기전과 경남 합천 해인사 대적광전 삼신도(비로자나불, 석가모니불)와 삼장도 및 국일

암 구품도 등을 그렸다. 1887년에 강원 고성 유점사 능인보전 감로도와 1888년에 수화승으로 강화 백련사 현왕도를 조성하였다.

- ∘ 1879년 대구 桐華寺 念佛庵 阿彌陀後佛圖 조성(『韓國의 佛畵 21 – 桐華寺(上)』) 수화승 琪銓
  1879년 전북 완주 威鳳寺 太祖庵 釋迦牟尼後佛圖 조성(『韓國의 佛畵 13 – 金山寺』) 수화승 繡龍大電
- ∘ 1880년 경북 문경 金龍寺 金仙庵 阿彌陀後佛圖 조성(『韓國의 佛畵 8 – 直指寺(上)』) 수화승 霞隱應禪
  1880년 경북 문경 金龍寺 金仙庵 神衆圖 조성(『韓國의 佛畵 8 – 直指寺(上)』) 수화승 霞隱應祥
  1880년 경북 문경 金龍寺 養眞庵 神衆圖 조성(『韓國의 佛畵 8 – 直指寺(上)』) 수화승 霞隱應祥
  1880년 경북 문경 金龍寺 四天王圖(持國天王) 조성(『韓國의 佛畵 8 – 直指寺(上)』) 수화승 霞隱應祥
  1880년 釋迦牟尼後佛圖 조성(木芽佛敎博物館 所藏, 『韓國의 佛畵 20 – 私立博物館』) 수화승 繡龍琪銓
  1880년 경북 안동 燕尾寺 神衆圖 조성(『韓國의 佛畵 23 – 孤雲寺(上)』) 수화승 繡龍琪銓
- ∘ 1881년 白蓮寺 現王圖 조성(江華 白蓮寺 所藏, 『韓國佛畵畵記集』과 『韓國의 佛畵 36 – 曹溪寺(下)』) 金魚 수화승
- ∘ 1882년 경남 밀양 表忠寺 大弘願殿 九品圖 조성(『韓國의 佛畵 3 – 通度寺(下)』) 金魚 수화승
  1882년 강원 고성 榆岾寺 水月社 後佛圖 조성(『榆岾寺本末寺誌(榆岾寺)』)
- ∘ 1883년 경북 淸道 雲門寺 九品圖 조성(『韓國의 佛畵 21 – 桐華寺(上)』) 金魚 수화승
- ∘ 1884년 경북 예천 龍門寺 十王圖(1·3·5大王) 조성(『韓國의 佛畵 9 – 直指寺(下)』)[114] 수화승 錦華機炯
  1884년 경남 진주 凝石寺 釋迦牟尼後佛圖 조성(『韓國의 佛畵 4 – 海印寺(上)』) 수화승 廷奎
- ∘ 1885년 경남 합천 海印寺 大寂光殿 三身圖(毘盧遮那佛) 조성(『韓國의 佛畵 4 – 海印寺(上)』) 片手 수화승 水龍琪銓
  1885년 경남 합천 해인사 大寂光殿 三身圖(釋迦牟尼佛) 조성(『韓國의 佛畵 4 – 海印寺(上)』) 片手 수화승 水龍琪銓
  1885년 경남 합천 海印寺 大寂光殿 三藏圖 조성(『韓國의 佛畵 4 – 海印寺(上)』) 片手 수화승 繡龍琪銓
  1885년 경남 합천 海印寺 國一庵 九品圖 조성(『韓國의 佛畵 4 – 海印寺(上)』) 片手 수화승 水龍琪銓
  1885년 경남 합천 海印寺 國一庵 神衆圖 조성(『韓國의 佛畵 4 – 海印寺(上)』)[115] 수화승 水龍琪銓
- ∘ 1887년 강원 고성 榆岾寺 능인보전 甘露圖 조성(『榆岾寺本末寺誌(榆岾寺)』)
- ∘ 1888년 인천 강화 白蓮寺 現王圖 조성(『畿內寺院誌』) 金魚[116] 수화승

긍만(亘萬 : -1878-) 19세기 후반에 활동한 불화승이다. 1878년에 수화승 한담천신과 경기 안성 청룡사 대웅전 삼세후불도를 조성하였다.

- ∘ 1878년 경기 안성 靑龍寺 大雄殿 三世後佛圖 조성(『韓國의 佛畵 28 龍珠寺(上)』) 수화승 漢潭天娠

긍명당(亘明堂) 천우(天雨) 참조

긍법 1(肯法, 亘法 : -1881-1907-)* 보암당(普庵堂, 普菴堂, 宝庵堂) 19세기 후반

에 활동한 불화승이다. 1881년에 수화승 동호진철과 인천 강화 전등사 약사전 현왕도를, 1883년에 수화승 경선응석과 경기도 남양주 홍국사 신중도(의정부 회룡사 소장)를, 1884년에 수화승 기형과 경북 예천 용문사 시왕도(1·3·5대왕)와 신중도를, 1887년에 수화승 금곡영환과 서울 미타사 대웅전 신중도와 수화승 학허석운과 칠성도를, 수화승 혜산축연과 봉래암 신중도(동국대학교 박물관 소장), 경기 화성 봉림사 칠성도를, 1888년에 수화승 이봉중린과 인천 강화 백련사 신중도와 칠성도를 조성하였다. 1890년에 수화승 긍조와 서울 홍천사 대방 신중도 조성 시 모상模像으로 참여하였다. 수화승으로 경기 남양주 불암사 지장보살상을, 1894년에 강원 평창 상원사 중대 석가모니후불도를, 1895년에 상원사 중대 사자암 목조비로자나불좌상을 개금하고, 1897년에 경기 남양주 불암사 십육나한도를 그렸다. 1898년에 수화승 경선응석과 경기 파주 보광사 대웅전 삼장도와 1902년에 경기 고양 홍국사 괘불도를, 1905년에 수화승 혜고봉감과 서울 봉원사 대웅전 삼장보살도와 수화승으로 극락구품도를, 1906년에 수화승 혜고봉감과 서울 지장사 약사전 약사후불도와 능인보전 신중도 및 수화승 산신각 칠성도를 그렸다. 1907년에 수화승으로 경기 남양주 불암사 신중도와 서울 보문사 관음보살도 및 서울 수국사 영산회상도 등을 제작하였다.

- 1881년 인천 강화 傳燈寺 藥師殿 現王圖 조성(『畿內寺院誌』와 『韓國佛畵畵記集』 및 『韓國의 佛畵 36 - 曹溪寺(下)』) 수화승 東昊震徹
- 1883년 경기 남양주 興國寺 神衆圖 조성(議政府 回龍寺 所藏, 畵記, 『畿內寺院誌』와 『韓國佛畵畵記集』 및 『韓國의 佛畵 33 - 奉先寺』) 片手 수화승 應碩
- 1884년 경북 예천 龍門寺 十王圖(1·3·5大王) 조성(『韓國의 佛畵 9 - 直指寺(下)』)[117] 수화승 錦華機炯
  1884년 경북 예천 龍門寺 神衆圖 조성(『韓國의 佛畵 8 - 直指寺(上)』)[118] 수화승 錦華機炯
- 1887년 서울 彌陀寺 極樂殿 甘露圖 조성(『韓國의 佛畵 36 - 曹溪寺(下)』) 수화승 鶴虛石雲
  1887년 서울 彌陀寺 大雄殿 七星圖 조성(『서울전통사찰불화』와 『韓國佛畵畵記集』 및 『韓國의 佛畵 36 - 曹溪寺(下)』) 수화승 鶴虛石雲
  1887년 서울 慶國寺 八相圖(雪山修道, 樹下降魔, 鹿苑轉法, 雙林涅槃) 조성(『韓國의 佛畵 35 - 曹溪寺(中)』) 畵師 수화승
  1887년 蓬萊庵 神衆圖 조성(東國大學校 博物館 所藏, 『韓國의 佛畵 18 - 大學博物館(Ⅰ)』)[119] 수화승 蕙山竺衍
  1887년 경기 화성 鳳林寺 七星圖 조성(『韓國의 佛畵 29 - 龍珠寺(下)』) 수화승 蕙山竺衍
- 1888년 인천 강화 白蓮寺 神衆圖 조성(『畿內寺院誌』와 『韓國佛畵畵記集』 및 『韓國의 佛畵 35 - 曹溪寺(中)』) 수화승 尼峯仲獜
  1888년 인천 강화 白蓮寺 七星圖 조성(『畿內寺院誌』와 『韓國佛畵畵記集』 및 『韓國의 佛畵 36 - 曹溪寺(下)』)[120] 수화승 尼峯仲獜
- 1890년 서울 興天寺 大房 神衆圖 조성(『서울전통사찰불화』와 『韓國佛畵畵記集』) 模像 수화승 亘照
  1890년 서울 興天寺 大房 阿彌陀後佛圖 조성(『서울전통사찰불화』와 『韓國佛畵畵記集』)[121] 수화승 亘照

ㄱ

긍법, 팔상도 녹원전법상,
1887년, 경국사

긍법, 팔상도 설산수도상, 1887년,
경국사

긍법, 팔상도 쌍림열반상, 1887년, 경국사

긍법, 팔상도 비람강생상, 1887년, 경국사

긍법, 팔상도 유성출가상, 1887년, 경국사

誦呪比丘慧聰
持殿比丘奉奎
畵師比丘亘法
比丘宗現
供司比丘義直
鍾頭比丘永碩

긍법, 팔상도 화기, 1887년, 경국사

긍법, 팔상도(1~4상), 1887년, 경국사

긍법, 팔상도(5~8상), 1887년, 경국사

1890년 경기 남양주 南楊州 佛巖寺 地藏菩薩圖 조성(『畿內寺院誌』와 『韓國佛畵畵記集』 및 『韓國의 佛畵 33 - 奉先寺』) 片手 수화승 玩松宗顯

1890년 경기 남양주 佛巖寺 甘露王圖 조성(『韓國佛畵記集』과 『韓國의 佛畵 33 - 奉先寺』) 片手 수화승

◦1892년 경기 남양주 興國寺 靈山殿 釋迦牟尼後佛圖 조성(『韓國의 佛畵 33 - 奉先寺』) 수화승 金谷永煥[122]

1892년 경기 남양주 興國寺 滿月寶殿 阿彌陀後佛圖 조성(『韓國의 佛畵 33 - 奉先寺』) 수화승 慶船應釋

◦1894년 강원 평창 上院寺 中臺 神衆圖 조성(『韓國의 佛畵 10 - 月精寺』) 沙彌 수화승 梵化潤益

1894년 강원 평창 上院寺 中臺 釋迦牟尼後佛圖 조성(『韓國의 佛畵 10 - 月精寺』) 金魚 수화승

◦1897년 서울 彌陀寺 七星殿 阿彌陀後佛圖 조성(『韓國의 佛畵 34 - 曹溪寺(上)』) 金魚片手 수화승

1897년 서울 彌陀寺 七星閣 七星圖 조성(『韓國의 佛畵 36 - 曹溪寺(下)』) 金魚片手 수화승

1897년 경기 남양주 佛巖寺 十六羅漢圖 조성(『畿內寺院誌』와 『韓國佛畵畵記集』 및 『韓國의 佛畵 33 - 奉先寺』) 片手 수화승 慶船應釋

◦1898년 경기 파주 普光寺 大雄殿 三藏圖 조성(『畿內寺院誌』와 『韓國佛畵畵記集』 및 『韓國의 佛畵 33 - 奉先寺』) 수화승 慶船應釋

◦1899년 서울 彌陀寺 七星殿 神衆圖 조성(『韓國의 佛畵 35 - 曹溪寺(中)』) 金魚 수화승

1899년 서울 彌陀寺 七星殿 現王圖 조성(『韓國의 佛畵 36 - 曹溪寺(下)』) 金魚 수화승

◦1900년 서울 彌陀寺 無量壽殿 現王圖 조성(韓國의 佛畵 36 - 曹溪寺(下)』) 金魚 수화승 淸菴雲照

1900년 서울 彌陀寺 無量壽殿 神衆圖 조성(『韓國의 佛畵 35 - 曹溪寺(中)』) 金魚 수화승

◦1901년 서울 蓮華寺 掛佛圖 조성(『韓國의 佛畵 35 - 曹溪寺(中)』) 수화승 大恩頓喜

1901년 서울 蓮華寺 神衆圖 조성(『韓國의 佛畵 35 - 曹溪寺(中)』) 수화승 漢峰應作[123]

1901년 서울 奉元寺 掛佛圖 조성(『서울전통사찰불화』와 『韓國佛畵畵記集』)[124] 수화승 韓峰應作

1901년 경기 남양주 佛巖寺 獨聖圖 조성(『畿內寺院誌』와 『韓國佛畵畵記集』 및 『韓國의 佛畵 33 - 奉先寺』) 金魚片手 수화승

◦1902년 경기 고양 興國寺 掛佛圖 조성(『畿內寺院誌』와 『韓國佛畵畵記集』 및 『韓國의 佛畵 35 - 曹溪寺(中)』) 수화승 慶船應釋

◦1905년 서울 奉元寺 大雄殿 三藏菩薩圖 조성(『서울전통사찰불화』와 『韓國佛畵畵記集』) 수화승 慧杲奉鑑

1905년 서울 奉元寺 大雄殿 極樂九品圖 조성(『서울전통사찰불화』와 『韓國佛畵畵記集』) 金魚[125] 수화승

◦1906년 서울 地藏寺 藥師殿 藥師後佛圖 조성(『韓國의 佛畵 34 - 曹溪寺(上)』) 수화승 惠杲奉鑑[126]

1906년 서울 地藏寺 能仁寶殿 神衆圖 조성(『韓國의 佛畵 35 - 曹溪寺(中)』) 수화승 奉鑑

1906년 서울 地藏寺 山神閣 七星圖 조성(『서울전통사찰불화』와 『韓國佛畵畵記集』 및 『韓國의 佛畵 36 - 曹溪寺(下)』) 金魚片手 수화승[127]

◦1907년 경기 남양주 佛巖寺 大雄殿 阿彌陀後佛圖 조성(『韓國의 佛畵 33 - 奉先寺』) 片手 수화승

1907년 경기 남양주 佛巖寺 神衆圖 조성(『畿內寺院誌』와 『韓國佛畵畵記集』 및 『韓國의 佛畵 33 - 奉先寺』)[128] 片手 수화승

1907년 서울 普門寺 觀音菩薩圖 조성(『서울전통사찰불화』와 『韓國佛畵畵記集』) 片手[129] 수화승

1907년 서울 守國寺 阿彌陀後佛圖 조성(『서울전통사찰불화』와 『韓國佛畵畵記集』 및

『韓國의 佛畫 34 - 曹溪寺(上)』[130] 片手 수화승
1907년 서울 守國寺 九品圖 조성(『韓國의 佛畫 34 - 曹溪寺(上)』) 片手 수화승
1907년 서울 守國寺 神衆圖 조성(『서울전통사찰불화』와 『韓國佛畫畫記集』 및 『韓國의 佛畫 35 - 曹溪寺(中)』) 片手 수화승
1907년 서울 守國寺 十六羅漢圖 조성(『서울전통사찰불화』와 『韓國佛畫畫記集』 및 『韓國의 佛畫 35 - 曹溪寺(中)』) 片手 金魚 수화승
1907년 서울 守國寺 現王圖 조성(『서울전통사찰불화』와 『韓國佛畫畫記集』 및 『韓國의 佛畫 36 - 曹溪寺(下)』) 片手 수화승
1907년 圓通菴 阿彌陀後佛圖 조성(江華 靑蓮寺 所藏, 『韓國의 佛畫 34 - 曹溪寺(上)』) 金魚 수화승 雪湖在悟[131]
1907년 인천 강화 圓通庵 獨聖圖 조성(『韓國의 佛畫 36 - 曹溪寺(下)』) 金魚 수화승
· 연대미상 경북 김천 直指寺 山神圖 조성(『韓國의 佛畫 9 - 直指寺(下)』) 수화승 聖周
연대미상 十六羅漢圖 조성(國立中央博物館 所藏, 『韓國의 佛畫 39 - 國·公立博物館』) 金魚 수화승 德月應崙

긍보(亘普 : -1897-) 19세기 후반에 활동한 불화승이다. 1897년에 수화승 정연과 충북 보은 법주사 원통보전 관음도를 조성하였다.
· 1897년 충북 보은 法住寺 圓通寶殿 觀音圖 조성(『韓國의 佛畫 17 - 法住寺』) 수화승 定鍊

긍섭(肯涉, 肯攝 : -1853-1868-) 기월당(箕月堂) 19세기 중반에 활동한 불화승이다. 1853년에 수화승 응성환익과 경기 남양주 봉영사 아미타후불도를, 1855년에 수화승 퇴운주경과 경기 남양주 불암사 칠성도를, 1856년에 수화승 경성긍준과 강원 삼척 영은사 괘불도(평창 월정사 소장)를, 1868년에 수화승 원명긍우와 전남 구례 화엄사 안양암 지장도와 신중도(고성 화암사 소장)를 조성하였다.
· 1853년 경기 남양주 奉永寺 阿彌陀後佛圖 조성(『韓國의 佛畫 33 - 奉先寺』) 수화승 應惺幻翼
· 1855년 경기 남양주 佛巖寺 七星圖 조성(『韓國의 佛畫 33 - 奉先寺』) 수화승 退雲周景
· 1856년 강원 삼척 靈隱寺 掛佛圖 조성(平昌 月精寺 所藏, 『韓國의 佛畫 10 - 月精寺』) 수화승 璟惺肯濬
· 1868년 강원 고성 華嚴寺 安養庵 地藏圖 조성(高城 禾巖寺 所藏, 『한국의 사찰문화재-강원도』와 『韓國의 佛畫 37 - 新興寺』) 수화승 圓明亘祐
1868년 강원 고성 華嚴寺 安養庵 神衆圖 조성(高城 禾巖寺 所藏, 『한국의 사찰문화재-강원도』와 『韓國의 佛畫 37 - 新興寺』) 수화승 圓明亘祐

긍순(亘巡, 亘順, 亘淳, 肯巡 : -1886-1906-)* 허곡당(虛谷堂) 19세기 후반에 활동한 불화승이다. 1886년에 수화승으로 서울 화계사 괘불도를, 1887년에 수화승 연하계창과 경기 의정부 망월사 괘불도를, 수화승 학허석운과 서울 미타사 극락전 감로도, 수화승 혜산축연과 서울 경국사 신중도를, 1888년에 금곡영환과 경기 안성 칠장사 명부전 지장도와 1892년에 경기 남양주 흥국사 영산전 석가모니후불도 등을, 수화승 한봉창엽과 서울 봉은사 대웅전 감로왕도를, 1893년에 금호약효와 서울 지장사 대웅전 지장보살도를, 1895년에 수화승 금곡영환과 기형 등과 서울 봉은사 영산전 나한도를, 1898년에 수화승 경선응석과 경기 파주 보광사 대웅전 삼장도를, 1901년에 수화승으로 전남

나주 다보사 칠성도(순천 선암사 소장)와 전남 순천 선암사 약사회상도를, 수화승 관하종인과 전남 해남 대흥사 응진전 십육나한도와 독성도 및 산신도를 조성하였다. 1902년에 수화승 경선응석 등과 경기 고양 흥국사 괘불도를, 1906년에 수화승으로 경기 여주 신륵사 신중도와 시왕도 등을 그렸다.

- 1886년 서울 華溪寺 掛佛圖 조성(『韓國의 佛畵 35 – 曹溪寺(中)』) 金魚 수화승
- 1887년 경기 議政府 望月寺 掛佛圖 조성(『掛佛調査報告書』와 『韓國佛畵畵記集』)[132] 수화승 淵荷啓昌
  1887년 서울 彌陀寺 極樂殿 甘露圖 조성(『韓國의 佛畵 36 – 曹溪寺(下)』) 수화승 鶴虛石雲
  1887년 서울 慶國寺 神衆圖 조성(『韓國의 佛畵 35 – 曹溪寺(中)』) 수화승 惠山竺衍
- 1888년 경기 안성 七長寺 冥府殿 地藏圖 조성(『韓國의 佛畵 28 – 龍珠寺(上)』) 수화승 金谷永煥
- 1892년 경기 남양주 興國寺 靈山殿 釋迦牟尼後佛圖 조성(『韓國의 佛畵 33 – 奉先寺』) 수화승 金谷永煥
  1892년 경기 남양주 興國寺 大房 神衆圖 조성(『韓國의 佛畵 33 – 奉先寺』) 수화승 □□□□
  1892년 서울 奉恩寺 大雄殿 甘露王圖 조성(『서울전통사찰불화』와 『韓國佛畵畵記集』) 수화승 漢峰瑲曄
- 1893년 서울 地藏寺 大雄殿 地藏菩薩圖 조성(『서울전통사찰불화』와 『韓國佛畵畵記集』 및 『韓國의 佛畵 34 – 曹溪寺(上)』)[133] 수화승 錦湖若效
  1893년 서울 地藏寺 九品圖 조성(『韓國의 佛畵 34 – 曹溪寺(上)』) 수화승 錦湖若效
- 1895년 서울 奉恩寺 靈山殿 羅漢圖 조성(『서울전통사찰불화』와 『韓國佛畵畵記集』)[134] 수화승 金谷永煥
- 1898년 경기 파주 普光寺 大雄殿 三藏圖 조성(『畿內寺院誌』와 『韓國佛畵畵記集』 및 『韓國의 佛畵 33 – 奉先寺』) 수화승 慶船應釋
- 1901년 서울 地藏寺 掛佛圖 조성(『韓國의 佛畵 35 – 曹溪寺(中)』) 수화승 永明天機
  1901년 전남 나주 多寶寺 七星圖 조성(順天 仙巖寺 소장, 『韓國의 佛畵 12 – 仙巖寺』) 金魚 수화승
  1901년 전남 나주 多寶寺 大雄殿 阿彌陀後佛圖 조성(『韓國의 佛畵 37 – 白羊寺・新興寺』) 金魚 수화승
  1901년 전남 해남 大芚寺 三世後佛圖(釋迦牟尼佛) 조성(『韓國의 佛畵 31 – 大興寺』) 수화승 石翁喆侑
  1901년 전남 해남 大興寺 釋迦牟尼後佛圖 조성(『韓國의 佛畵 31 – 大興寺』) 수화승 石翁喆侑
  1901년 전남 해남 大興寺 十六羅漢圖 조성(『韓國의 佛畵 31 – 大興寺』) 수화승 石翁喆侑
  1901년 전남 해남 大興寺 山神閣 獨聖圖 조성(『全南의 寺刹』과 『韓國의 佛畵 31 – 大興寺』) 수화승 石翁喆侑
  1901년 전남 해남 大興寺 山神閣 獨聖圖 조성(『全南의 寺刹』과 『韓國의 佛畵 31 – 大興寺』) 수화승 石翁喆侑
  1901년 전남 순천 仙巖寺 藥師會上圖 조성(『韓國佛畵畵記集』) 金魚 수화승
- 1902년 경기 고양 興國寺 掛佛圖 조성(『畿內寺院誌』와 『韓國佛畵畵記集』 및 『韓國의 佛畵 35 – 曹溪寺(中)』)[135] 수화승 慶船應釋
- 1906년 경기 여주 神勒寺 神衆圖 조성(『韓國의 佛畵 28 – 龍珠寺(上)』) 畵師 수화승
  1906년 경기 여주 神勒寺 十王圖(1・3・5) 조성(『韓國의 佛畵 29 – 龍珠寺(下)』) 畵師 수화승
  1906년 경기 여주 神勒寺 十王圖(2・4・6) 조성(『韓國의 佛畵 29 – 龍珠寺(下)』) 畵師 수화승

1906년 경기 여주 神勒寺 十王各部圖(使者, 將軍) 조성(『韓國의 佛畵 29 – 龍珠寺(下)』)
수화승 大雲奉河

긍엽 1(亘曄, 亘爆, 亘葉 : -1877-1900-)* 19세기 후반부터 20세기 전반까지 활
동한 불화승이다. 1877년에 수화승 만파정탁, 대허체훈과 경기 파주 보광사
십육나한도와 수월도장공화불사水月道場空花佛事를, 1892년에 수화승 민규와
경남 진주 청곡사 시왕도(삼라천자)와 경남 창원 성주사 신중도를, 1893년에
수화승으로 경남 합천 해인사 길상암 십육나한도(지축산중제십육주다반탁가
존자)를, 1894년에 수화승 소연과 경북 의성 지장사 극락전 아미타후불도와
1896년에 대구 동화사 삼성암 아미타후불도(양산 통도사 소장)를, 수화승 봉
화와 대구 동화사 삼성암 아미타후불도를, 수화승 봉화와 전북 고창 선운사
도솔암 현왕도를, 1897년에 수화승 영운봉수와 경북 영천 은해사 백흥암 영
산전 석가모니후불도와 백흥암 심검당 아미타후불도 및 대법당 신중도 등을,
수화승 영운봉수와 영천 은해사 산신도를, 1897년에 수화승 연호봉의와 경남
남해 용문사 대웅전 석가모니후불도와 신중도를, 1900년에 수화승 환명용화
와 경기 여주 신륵사 극락보전 석가모니후불도와 수화승 금화기경과 감로도
및 아미타회상도를, 수화승 긍엽과 경북 영천 영지사 명부전 지장도와 수화
승으로 신중도(영천 영지사 소장)를, 수화승 영운봉수와 영천 죽림사 극락전
지장도와 칠성도를 조성하였다.

 ▫ 1877년 경기 파주 普光寺 十六羅漢圖(2·4·6·8尊者) 조성(『韓國佛畵畵記集』과 『韓國의
   佛畵 33 – 奉先寺』)136) 수화승 大虛體訓
   1877년 경기 파주 普光寺 十六羅漢圖(9·11·13·15尊者) 조성(『韓國佛畵畵記集』과 『韓
   國의 佛畵 33 – 奉先寺』)137) 수화승 大虛體訓
   1877년 경기 파주 普光寺 水月道場空花佛事(『韓國佛畵畵記集』) 수화승 大虛體訓
 ▫ 1892년 경남 진주 靑谷寺 十王圖(森羅天子) 조성(『韓國의 佛畵 5 – 海印寺(下)』) 수화승
   玟奎
   1892년 경남 창원 聖住寺 神衆圖 조성(『韓國의 佛畵 32 – 梵魚寺』) 수화승 玟奎
 ▫ 1893년 경남 합천 海印寺 吉祥庵 十六羅漢圖(持軸山中第十六注茶半託伽尊者) 조성(『韓
   國의 佛畵 5 – 海印寺(下)』) 金魚 수화승
 ▫ 1894년 경북 의성 地藏寺 極樂殿 阿彌陀後佛圖 조성(『韓國의 佛畵 23 – 孤雲寺(上)』) 수
   화승 所賢
 ▫ 1896년 대구 桐華寺 三聖菴 阿彌陀後佛圖 조성(梁山 通度寺 所藏, 『韓國의 佛畵 1 – 通
   度寺(上)』) 수화승 奉華
   1896년 전북 고창 禪雲寺 兜率菴 現王圖 조성(『韓國의 佛畵 14 – 禪雲寺』) 수화승 奉華
 ▫ 1897년 경북 상주 南長寺 觀音庵 神衆圖 조성(『韓國의 佛畵 8 – 直指寺(上)』) 수화승 影
   雲奉秀
   1897년 경북 영천 銀海寺 百興菴 靈山殿 釋迦牟尼後佛圖 조성(『韓國의 佛畵 30 – 銀
   海寺』) 수화승 永雲奉洙
   1897년 경북 영천 銀海寺 百興菴 尋劍堂 阿彌陀後佛圖 조성(『韓國의 佛畵 30 – 銀海
   寺』) 수화승 永雲奉秀
   1897년 경북 영천 銀海寺 百興菴 大法堂 神衆圖 조성(『韓國의 佛畵 30 – 銀海寺』)
   수화승 永雲奉秀
   1897년 경북 영천 銀海寺 山神圖 조성(『韓國의 佛畵 30 – 銀海寺』) 수화승 永雲奉秀
   1897년 경남 남해 龍門寺 大雄殿 釋迦牟尼後佛圖 조성(『韓國의 佛畵 25 – 雙磎寺(上)』)

수화승 蓮湖奉宜
　1897년 경남 남해 龍門寺 大雄殿 神衆圖 조성(『韓國의 佛畵 25 – 雙磎寺(上)』) 수화승
蓮湖奉宜
∘1900년 경기 여주 神勒寺 極樂寶殿 釋迦牟尼後佛圖 조성(『韓國의 佛畵 28 – 龍珠寺(上)』)
수화승 幻溟龍化
　1900년 경기 여주 神勒寺 甘露圖 조성(『韓國의 佛畵 29 – 龍珠寺(下)』)[138] 수화승 錦
華機烱
　1900년 경기 여주 神勒寺 阿彌陀會上圖 조성(『韓國佛畵畵記集』) 수화승 錦華機炯
　1900년 경북 영천 靈芝寺 冥府殿 地藏圖 조성(永川 靈地寺 所藏, 『韓國의 佛畵 30 –
銀海寺』) 金魚 片手 수화승 亘燁
　1900년 경북 영천 靈芝寺 大雄殿 神衆圖 조성(永川 靈地寺 所藏, 『韓國의 佛畵 30 –
銀海寺』) 片手 수화승
　1900년 竹林寺 極樂殿 地藏圖 조성(永川 銀海寺 所藏, 『韓國의 佛畵 30 – 銀海寺』)
片手 수화승 影雲奉秀
　1900년 竹林寺 七星圖 조성(永川 銀海寺 所藏, 『韓國의 佛畵 30 – 銀海寺』) 片手 수
화승 影雲奉秀
∘연대미상 경북 예천 龍門寺 華藏刹海圖 조성(『韓國의 佛畵 9 – 直指寺(下)』) 수화승 奉華
　※ 긍엽 1–3는 동일인으로 추정된다.

긍엽 2(兢嘩, 兢燁 : -1873-1878-) 취련당(就鍊堂) 19세기 후반에 활동한 불화
승이다. 1873년에 수화승 등삼과 운수암 아미타후불도와 현왕도(안성 운수암
소장)를, 1878년에 수화승 한담천신과 경기 안성 청룡사 대웅전 삼세후불도
를 조성하였다.
∘1873년 雲峀庵 阿彌陀後佛圖 조성(安城 雲水庵 所藏, 『韓國의 佛畵 28 – 龍珠寺(上)』)
수화승 等森
　1873년 雲峀菴 現王圖 조성(安城 雲水庵 所藏, 『韓國의 佛畵 29 – 龍珠寺(下)』) 수화
승 等森
∘1878년 경기 안성 靑龍寺 大雄殿 三世後佛圖 조성(『韓國의 佛畵 28 龍珠寺(上)』) 수화승
漢潭天娠

긍엽 3(亘燁 : -1905-) 경월당(景月堂) 20세기 전반에 활동한 불화승이다.
1905년에 수화승 경선응석과 충북 보은 법주사 팔금강변八金剛幡(白淨水金剛)
을 조성하였다.
∘1905년 충북 보은 法住寺 八金剛幡(白淨水金剛) 조성(『韓國의 佛畵 17 – 法住寺』) 수화
승 慶船應釋

긍영(肯英 : -1749-) 18세기 중반에 활동한 불화승이다. 1749년에 수화승 순
혜와 전남 해남 대흥사 영산회상도(국립중앙박물관 소장)를 조성하였다.
∘1749년 전남 해남 大興寺 靈山會上圖 조성(國立中央博物館 所藏, 『영혼의 여로 – 조선시
대 불교회화와의 만남』과 『韓國의 佛畵 39 – 國·公立博物館』) 수화승 順慧

긍원(肯圓 : -1772-)* 18세기 후반에 활동한 불화승이다. 1772년에 수화승으
로 화장사 시왕도와 신중도를 조성하였다.
∘1772년 華藏寺 十王圖와 神衆圖 조성(『楡岾寺本末寺誌(華藏寺)』) 수화승

긍오(亘悟 : -1775-) 18세기 후반에 활동한 불화승이다. 1775년에 수화승 포
관과 경남 양산 통도사 약사전 약사후불도를 조성하였다.

▫1775년 경남 양산 通度寺 藥師殿 藥師如來後佛圖 조성(『韓國의 佛畵 1 – 通度寺(上)』)
수화승 □冠

긍우(亘祐 : -1868-1870-)* 원명당(圓明堂) 19세기 중반에 활동한 불화승이다.
수화승으로 1868년에 고성 화엄사 안양암에 지장시왕도, 신중도, 칠성도(고
성 화암사 소장)를, 1870년에 관악산 화장사 아미타후불도를 조성하였다.

▫1868년 강원 고성 華嚴寺 安養庵 地藏圖 조성(高城 禾巖寺 所藏, 『한국의 사찰문화재–
강원도』와 『韓國의 佛畵 37 – 新興寺』) 金魚 수화승
1868년 강원 고성 華嚴寺 安養庵 神衆圖 조성(高城 禾巖寺 所藏, 『한국의 사찰문화재
–강원도』와 『韓國의 佛畵 37 – 新興寺』) 金魚 수화승
1868년 강원 고성 華嚴寺 彌陀菴 七星圖 조성(高城 禾巖寺 所藏, 『한국의 사찰문화재
–강원도』와 『韓國의 佛畵 37 – 新興寺』) 金魚 수화승
▫1870년 冠岳山 華藏寺 阿彌陀後佛圖 조성(서울 地藏寺 所藏, 『韓國의 佛畵 34 – 曹溪寺
(上)』) 金魚 수화승

긍윤(亘允 : -1869-) 19세기 중반에 활동한 불화승이다. 1869년에 수화승 경
선응석과 경기 남양주 흥국사 팔상도(녹원전법상)를 조성하였다.

▫1869년 경기 남양주 興國寺 八相圖(鹿苑轉法相) 조성(『韓國의 佛畵 33 – 奉先寺』) 수화
승 慶船應釋

긍인(亘仁 : -1870-1873-) 19세기 후반에 활동한 불화승이다. 수화승 경선응
석과 1870년에 서울 개운사 대웅전 신중도와 1873년에 서울 미타사 신중도
를 조성하였다.

▫1870년 서울 開運寺 大雄殿 神衆圖 조성(『韓國의 佛畵 35 – 曹溪寺(中)』) 수화승 慶船應釋
▫1873년 서울 彌陀寺 神衆圖 조성(『韓國의 佛畵 35 – 曹溪寺(中)』) 수화승 慶船應釋

긍조(肯照, 亘照 : -1886-1892-)* 19세기 후반에 활동한 불화승이다. 1886년에
수화승으로 서울 봉은사 괘불도를, 1888년에 수화승 이봉중린과 인천 강화 백
련사 신중도를, 1890년에 수화승으로 서울 흥천사 대방 신중도와 제석도 및
경북 의성 봉국사 신중도(의성 봉림사 소장)를, 1892년에 수화승 취암승의와
경기 수원 청련암 극락보전 아미타후불도와 신중도 및 칠성도를 조성하였다.

▫1886년 서울 奉恩寺 掛佛圖 조성(『서울전통사찰불화』와 『韓國佛畵畵記集』) 金魚[139] 수
화승 影明天機
1886년 서울 奉恩寺 掛佛圖 조성(『서울전통사찰불화』와 『韓國佛畵畵記集』 및 『韓國
의 佛畵 35 – 曹溪寺(中)』) 수화승 影明天機
▫1888년 인천 강화 白蓮寺 神衆圖 조성(『畿內寺院誌』와 『韓國佛畵畵記集』 및 『韓國의 佛
畵 35 – 曹溪寺(中)』) 수화승 尼峯仲璘
▫1890년 서울 興天寺 大房 阿彌陀後佛圖 조성(『서울전통사찰불화』와 『韓國佛畵畵記集』)[140]
金魚 都片手 수화승
1890년 서울 興天寺 大房 神衆圖 조성(『서울전통사찰불화』와 『韓國佛畵畵記集』) 金
魚 都片手 수화승
1890년 서울 興天寺 大房 帝釋圖 조성(『서울전통사찰불화』와 『韓國佛畵畵記集』) 金
魚 都片手 수화승
1890년 경북 의성 奉國寺 神衆圖 조성(義城 奉林寺 所藏, 『韓國의 佛畵 23 – 孤雲寺
(上)』) 金魚 都片手 수화승
▫1892년 서울 奉恩寺 大雄殿 三藏圖 조성(『韓國의 佛畵 34 – 曹溪寺(上)』) 수화승 永明天機
1892년 경기 남양주 興國寺 靈山殿 釋迦牟尼後佛圖 조성(『韓國의 佛畵 33 – 奉先寺』)

수화승 金谷永煥
1892년 경기 남양주 興國寺 靈山殿 十六羅漢圖(1·3·5·7尊者) 조성(『韓國佛畵畵記集』
과 『韓國의 佛畵 33 - 奉先寺』) 수화승 慶船應釋
1892년 경기 수원 靑蓮庵 極樂寶殿 阿彌陀後佛圖 조성(『韓國의 佛畵 28 - 龍珠寺(上)』)
수화승 翠庵勝宜
1892년 경기 수원 靑蓮庵 神衆圖 조성(『韓國의 佛畵 28 - 龍珠寺(上)』) 片手 수화승
翠庵勝宜
1892년 경기 수원 靑蓮庵 七星圖 조성(김정희,「水原 靑蓮庵 佛畵考」) 수화승 翠庵勝宜

긍준(肯濬 : -1856-)* 경성당(璟惺堂) 19세기 중반에 활동한 불화승이다. 1856
년에 수화승으로 강원 삼척 영은사 괘불도(평창 월정사 소장)를 조성하였다.

　◦1856년 강원 삼척 靈隱寺 掛佛圖 조성(平昌 月精寺 所藏,『韓國의 佛畵 10 - 月精寺』)
金魚 수화승

긍척(亘陟 : -1723-1741-)* 18세기 중반에 활동한 불화승이다. 1723년에 수화
승 의겸과 전남 여수 흥국사 관음전 관음도와 영산회상도 및 십육나한도 등
을, 1725년에 수화승 □□와 전남 순천 송광사 오십전 오십삼불도五十三佛圖
(7위)를, 수화승 붕안과 전남 순천 송광사 영산전 팔상도(녹원전법상)와 응진
전 십육나한도(11·13·15존자)를, 1730년에 수화승으로 전남 순천 선암사 칠
전七殿 현왕도와 1739년에 전남 곡성 태안사 성기암 지장보살도 및 칠성도
(호암미술관 소장)를, 1741년에 전남 여수 흥국사 팔상전 석가모니후불도와
대웅전 삼장도 및 감로도 등을 조성하였다.

　◦1723년 전남 여수 興國寺 觀音殿 觀音圖 조성(『韓國의 佛畵 11 - 華嚴寺』)[141] 수화승 義謙
1723년 전남 여수 興國寺 靈山會上圖 조성(『韓國佛畵畵記集』) 수화승 義謙
1723년 전남 여수 興國寺 應眞殿 十六羅漢圖(1·3·5尊者) 조성(『韓國의 佛畵 11 - 華嚴
寺』) 수화승 義兼
1723년 전남 여수 興國寺 應眞殿 十六羅漢圖(2·4·6尊者) 조성(『韓國의 佛畵 11 - 華
嚴寺』) 수화승 香悟
1723년 전남 여수 興國寺 應眞殿 十六羅漢圖(7·9·11·13尊者) 조성(『韓國의 佛畵 11 -
華嚴寺』) 수화승 義兼
1723년 전남 영수 興國寺 應眞殿 十六羅漢圖(8·10·12·14尊者) 조성(『韓國의 佛畵 11
- 華嚴寺』) 수화승 義謙
　◦1725년 전남 순천 松廣寺 五十殿 五十三佛圖(七位) 조성(『韓國의 佛畵 7 - 松廣寺』) 수화
승 □□
1725년 전남 순천 松廣寺 靈山殿 八相圖(鹿苑轉法相) 조성(『韓國의 佛畵 7 - 松廣寺』)[142]
수화승 鵬眼
1725년 전남 순천 松廣寺 應眞殿 十六羅漢圖(11·13·15尊者) 조성(『韓國의 佛畵 7 - 松
廣寺』) 수화승 鵬眼
1725년 전남 순천 송광사「三十三祖師幀」조성(『曹溪山松廣寺史庫』)[143]
　◦1730년 전남 순천 仙巖寺 七殿 現王圖 조성(『韓國의 佛畵 12 - 仙巖寺』) 金魚 수화승
　◦1739년 전남 곡성 泰安寺 聖祈庵 地藏菩薩圖와 七星圖 조성(湖巖美術館 所藏,『泰安寺誌』)
金魚 수화승
　◦1741년 전남 여수 興國寺 八相殿 釋迦牟尼後佛圖 조성(『韓國의 佛畵 11 - 華嚴寺』) 金魚
首 수화승
1741년 전남 여수 興國寺 大雄殿 三藏圖(天藏·持地菩薩) 조성(『韓國의 佛畵 11 - 華
嚴寺』)[144] 金魚 首 수화승

긍척(추정), 팔상도(유성출가상), 18세기 전반,
용인 호암미술관 소장

긍척(추정)팔상도(녹원전법상), 18세기 전반,
용인 호암미술관 소장

긍척, 삼장보살도(지장), 1741년, 여수 흥국사

긍척, 삼장보살도(천장·지지), 1741년, 여수 흥국사

1741년 전남 여수 興國寺 大雄殿 三藏圖(地藏菩薩) 조성(『韓國의 佛畵 11 - 華嚴寺』) 金魚 수화승
1741년 전남 여수 興國寺 帝釋圖 조성(『韓國의 佛畵 11 - 華嚴寺』) 金魚[145] 수화승
1741년 전남 여수 興國寺 天龍圖 조성(『韓國의 佛畵 11 - 華嚴寺』) 金魚 수화승
1741년 전남 여수 興國寺 甘露圖 조성(『韓國佛畵畵記集』) 金魚 수화승

긍협(亘俠 : -1871-) 19세기 후반에 활동한 불화승이다. 1871년에 수화승 금암천여와 경남 함양 한송사 신중도를 조성하였다.
　◦1871년 경남 함양 碧松寺 神衆圖 조성(『韓國의 佛畵 4 - 海印寺(上)』) 수화승 錦岩天如

긍화(亘華, 亘和 : -1868-1910-)* 학산당(鶴山堂) 19세기 후반까지 20세기 전반가지 활동한 불화승이다. 1868년에 수화승 금곡영환과 서울 백련사 괘불도를, 1894년에 수화승 법임과 경북 문경 김용사 양진암 석가모니후불도를, 1897년에 수화승 금호약효와 충북 보은 법주사 팔상전 팔상도(사문유관상)를, 1910년에 수화승으로 서울 진관사 신중도를 조성하였다.
　◦1868년 서울 白蓮寺 掛佛圖 조성(『掛佛調査報告書 Ⅱ』) 수화승 金谷永環
　◦1894년 경북 문경 金龍寺 養眞庵 釋迦牟尼後佛圖 조성(『韓國의 佛畵 8 - 直指寺(上)』) 수화승 法任
　◦1897년 충북 보은 法住寺 捌相殿 八相圖(四門遊觀相) 조성(『韓國의 佛畵 17 - 法住寺』) 수화승 錦湖若效
　◦1910년 서울 津寬寺 神衆圖 조성(『韓國의 佛畵 35 - 曹溪寺(中)』) 金魚 수화승

기국(其國 : -1850-) 19세기 중반에 활동한 불화승이다. 1850년에 수화승 익찬과 전남 순천 송광사 신중도를 조성하였다.
　◦1850년 전남 순천 松廣寺 神衆圖 조성(『韓國佛畵畵記集』) 수화승 益贊

기규(基珪 : -1878-) 서허당(庶虛堂) 19세기 후반에 활동한 불화승이다. 1878년에 수화승 한담천신과 경기 안성 청룡사 대웅전 삼세후불도를 조성하였다.
　◦1878년 경기 안성 靑龍寺 大雄殿 三世後佛圖 조성(『韓國의 佛畵 28 - 龍珠寺(上)』) 수화승 漢潭天娠

기경(機燗 : -1886-1900-)* 금화당(錦華堂) 19세기 후반부터 20세기 전반까지 활동한 불화승이다. 1886년에 수화승 허곡긍순과 서울 화계사 괘불도를, 1887년에 수화승 혜산축연과 서울 경국사 신중도(동국대학교 박물관 소장)를, 1900년에 수화승으로 경기 여주 신륵사 감로도와 현왕도를 조성하였다.
　◦1886년 서울 華溪寺 掛佛圖 조성(『韓國의 佛畵 35 - 曹溪寺(中)』) 수화승 虛谷亘巡
　◦1887년 서울 慶國寺 神衆圖 조성(東國大學校 博物館 所藏, 『韓國의 佛畵 18 - 大學博物館(Ⅰ)』) 수화승 蕙山竺衍
　◦1900년 경기 여주 神勒寺 甘露圖 조성(『韓國의 佛畵 29 - 龍珠寺(下)』) 片手 수화승
　1900년 경기 여주 神勒寺 現王圖 조성(『韓國의 佛畵 29 - 龍珠寺(下)』) 片手 수화승
　※ 기경은 기형과 동일인으로 추정된다.

기상(岐祥, 祺祥, 旗翔 : -1862-1882-)* 하은당(霞隱堂) 19세기 후반에 활동한 불화승이다. 1862년에 수화승으로 경북 김천 청암사 수도암 독성도를, 수화승 자우와 경북 영천 은해사 운부암 아미타후불묵도阿彌陀後佛墨圖를, 1863년

에 수화승으로 신중도(국립중앙박물관 소장)를, 1882년에 수화승 연호봉의와 전북 남원 실상사 약사전 약사후불도와 신중도를 조성하였다.

> 1862년 경북 김천 靑巖寺 修道庵 獨聖圖 조성(『韓國의 佛畵 9 – 直指寺(下)』) 金魚 片手 수화승
> 1862년 경북 영천 銀海寺 雲浮庵 阿彌陀後佛墨圖 조성(『韓國의 佛畵 30 – 銀海寺』) 수화승 意雲慈友
> 1863년 神衆圖(帝釋) 조성(國立中央博物館 所藏, 『韓國의 佛畵 39 – 國·公立博物館』) 金魚 수화승
> 1882년 전북 남원 實相寺 藥師殿 藥師後佛圖 조성(『韓國의 佛畵 13 – 金山寺』) 수화승 蓮湖瑃毅
> 1882년 전북 남원 實相寺 藥師殿 神衆圖 조성(『韓國의 佛畵 13 – 金山寺』) 수화승 蓮湖瑃毅
> ※ 기상은 위상과 동일인으로 추정된다.

기성(奇性) 19세기 후반에 활동한 불화승이다. 제작연대를 알 수 없는 전남 여수 은적사 산신도를 수화승 금암천여와 조성하였다.

> 연대미상 전남 여수 隱寂寺 山神圖 조성(『韓國의 佛畵 11 – 華嚴寺』) 수화승 錦庵天如

기연 1(錡衍, 奇演, 琦演, 錡衍, 奇衍, 琪演 : -1847-1879-)* 용완당(龍浣堂) 용원당(龍院堂) 19세기에 중·후반에 활동한 불화승이다. 수화승 금암천여와 1847년에 전남 고흥 금탑사 극락전 아미타후불도와 1849년에 전남 순천 선암사 대웅전 삼장도와 지장도를 그렸다. 수화승으로 1851년에 전남 순천 송광사 천자암 지장시왕도 등을 그렸고, 수화승 금암천여와 1855년에 경남 남해 화방사 지장도와 시왕도(염라대왕)를, 1856년에 부산 장안사 대웅전 석가모니후불도와 명부전 지장도를, 선조암 아미타후불홍도阿彌陀後佛紅圖와 산신도(순천 선암사 소장)를, 1860년에 순천 선암사 청련암 아미타홍도와 신중도를 조성하였다. 수화승으로 1860년에 전남 고흥 능가사 수도암 칠성도를, 1865년에 해남 청□암 아미타후불도를 그리고, 전남 완도 신흥사 목조약사불좌상을 개금하였다. 1866년에 수화승 금암천여와 구례 화엄사 구층암 아미타삼존도와 수화승으로 해남 대흥사 진불암 지장시왕도를 그렸다. 수화승으로 1867년에 전남 순천 송광사 자정암 칠성홍도七星紅圖를, 1868년에 해남 대흥사 청신암 신중도(도선암 조성)를, 1879년에 수화승 운파취선와 순천 송광사 광원암 지장시왕도를, 1886년에 수화승 원문과 해남 대흥사 대웅보전 지장시왕도를 조성하였다. 그는 천여의 계보에 속하는 불화승으로 호남과 영남에 많은 작품을 남겨놓았다.

> 1847년 전남 고흥 金塔寺 極樂殿 阿彌陀後佛圖 조성(『韓國의 佛畵 6 – 松廣寺(上)』) 수화승 錦菴天如
> 1849년 전남 순천 仙巖寺 大雄殿 三藏圖 조성(『韓國의 佛畵 12 – 仙巖寺』) 수화승 錦庵天如
> 1849년 전남 순천 仙巖寺 地藏殿 地藏圖 조성(『韓國의 佛畵 12 – 仙巖寺』) 수화승 金庵天如
> 1851년 전남 순천 松廣寺 天子庵 地藏十王圖 조성(『韓國의 佛畵 6 – 松廣寺(上)』)¹⁴⁶) 金

魚 수화승
∘ 1855년 전남 여수 興國寺 極樂庵 七星圖 조성(『韓國佛畵畵記集』) 金魚 수화승
1855년 경남 남해 花芳寺 地藏圖 조성(『韓國의 佛畵 25 – 雙磎寺(上)』) 出草 수화승
錦庵天如
1855년 경남 남해 花芳寺 十王圖(閻羅大王) 조성(『韓國의 佛畵 26 – 雙磎寺(下)』) 片
手 수화승 錦菴天如
∘ 1856년 부산 長安寺 大雄殿 釋迦牟尼後佛圖 조성(『韓國의 佛畵 32 – 梵魚寺』) 片手 수
화승 錦庵天如
1856년 부산 長安寺 冥府殿 地藏圖 조성(『韓國의 佛畵 32 – 梵魚寺』) 片手 수화승
錦庵天如
1856년 禪助庵 阿彌陀後佛紅圖 조성(順天 仙巖寺 所藏, 『韓國의 佛畵 12 – 仙巖寺』)[147]
수화승 錦庵天如
1856년 禪助庵 山神圖 조성(順天 仙巖寺 所藏, 『韓國의 佛畵 12 – 仙巖寺』) 수화승
錦庵天如
∘ 1860년 전남 순천 仙巖寺 靑蓮庵 阿彌陀紅圖 조성(順天 仙巖寺 所藏, 『韓國의 佛畵 12
– 仙巖寺』) 수화승 錦庵天如
1860년 전남 순천 仙巖寺 靑蓮庵 神衆圖 조성(順天 仙巖寺 所藏, 『韓國의 佛畵 12 –
仙巖寺』) 수화승 錦庵天如
1860년 전남 고흥 楞伽寺 修道庵 七星圖 조성(順天 松廣寺 所藏, 『韓國의 佛畵 7 –
松廣寺(下)』) 金魚 片手 수화승
∘ 1865년 전남 해남 淸□庵 阿彌陀後佛圖 조성(『韓國의 佛畵 31 – 大興寺』) 金魚 수화승
∘ 1866년 전남 구례 華嚴寺 九層庵 阿彌陀三尊圖 조성(『韓國의 佛畵 11 – 華嚴寺』)[148] 수
화승 錦庵天如
1866년 전남 해남 大屯寺 眞佛庵 地藏十王圖 조성(海南 大興寺 所藏, 『韓國의 佛畵
31 – 大興寺』) 金魚 수화승
∘ 1867년 전남 순천 松廣寺 慈靜庵 七星紅圖 조성(『韓國의 佛畵 7 – 松廣寺(下)』) 金魚[149]
수화승
∘ 1868년 전남 해남 大興寺 淸神庵 神衆圖 조성(道仙庵 造成, 『全南의 寺刹』) 金魚 수화승
∘ 1879년 전남 순천 松廣寺 廣遠庵 地藏十王圖 조성(『韓國의 佛畵 6 – 松廣寺(上)』) 수화
승 雲坡就善
∘ 연대미상 대구 把溪寺 十六羅漢圖 조성(『韓國의 佛畵 22 – 桐華寺(下)』) 수화승 錦庵天如

기연 2(琪演 : -1881-) 19세기 후반에 활동한 불화승이다. 1881년에 수화승
성담인우와 전남 구례 천은사 아미타후불홍도阿彌陀後佛紅圖를 조성하였다.

∘ 1881년 전남 구례 泉隱寺 阿彌陀後佛紅圖 조성(『韓國의 佛畵 11 – 華嚴寺』) 수화승 性潭
仁宇

기예(箕藝) 19세기 중반에 활동한 불화승이다. 수화승 선률과 충남 공주 마
곡사 대광보전 칠성도를 조성하였다.

∘ 연대미상 충남 공주 麻谷寺 大光寶殿 七星圖 조성(『韓國의 佛畵 16 – 麻谷寺(下)』) 수화
승 善律[150]

기일 1(企一 : -1684-) 17세기 후반에 활동한 불화승이다. 1684년에 지영智英
등과 명성왕후明聖王后 숭릉崇陵 조성소 화승畵僧으로 참여하였다.

∘ 1684년 『明聖王后崇陵山陵都監儀軌』 造成所 畵僧(奎章閣 14832호, 朴廷蕙, 「儀軌를 통
해서 본 朝鮮時代의 畵員」 자료1)

기일 2(杏一 : -1909-1911-)* 20세기 전반에 활동한 불화승이다. 1909년에 수
화승 명조와 경북 김천 청암사 아미타후불도와 수화승으로 독성도와 산신도

를, 수화승 설오세홍과 경남 고성 옥천사 백련암 칠성도를, 1910년에 수화승으로 도솔암 극락전 산신도(통영 법륜사 소장)를, 1911년에 수화승 한명한형과 경남 합천 해인사 삼선암 신중도를 조성하였다.

  ▫ 1909년 경북 김천 靑巖寺 阿彌陀後佛圖 조성(『韓國의 佛畵 8 – 直指寺(上)』) 수화승 明照
    1909년 경북 김천 靑巖寺 獨聖圖 조성(『韓國의 佛畵 9 – 直指寺(下)』) 金魚 수화승
    1909년 경북 김천 靑巖寺 山神圖 조성(『韓國의 佛畵 9 – 直指寺(下)』) 金魚 수화승
    1909년 경남 고성 玉泉寺 白蓮庵 七星圖 조성(『韓國의 佛畵 26 – 雙磎寺(下)』) 수화승 雪嶠世弘
  ▫ 1910년 兜率庵 極樂殿 山神圖 조성(統營 法輪寺 所藏, 『韓國의 佛畵 26 – 雙磎寺(下)』) 金魚 수화승
  ▫ 1911년 경남 합천 海印寺 三仙庵 神衆圖 조성(『韓國의 佛畵 4 – 海印寺(上)』) 수화승 漢溟漢炯

기전(琪銓 : -1863-1887-)* 수룡당(繡龍堂, 水龍堂) 19세기 후반에 경상도에서 활동한 불화승이다. 1863년에 수화승 경운과 경북 울산 석남사 산신도를, 수화승으로 1877년에 경남 진주 청곡사 칠성도와 1879년에 대구 동구 동화사 염불암 아미타후불도 등을, 1880년에 수화승 하은응선과 경북 문경 김용사 금선암 아미타후불도, 양진암 신중도, 금선암 신중도, 사천왕도(지국천왕)와 수화승으로 독성도와 목아불교박물관 소장 석가모니후불도 및 경북 안동 연미사 신중도를, 1881년에 수화승 관허의관과 경남 합천 해인사 관음전 아미타후불도와 궁현당 아미타후불도 및 경남 거창 심우사 신중도 등을, 1882년에 수화승으로 부산 범어사 대웅전 석가모니후불도, 관음도, 삼장보살도, 신중도와 부산 장안사 나한전 석가모니후불도를, 1885년

수룡기전, 제석도, 1882년, 동래 범어사 대웅전

에 수화승으로 경남 밀양 표충사 대광전 아미타삼존도, 경남 합천 해인사 대적광전 삼신도(비로자나불, 석가모니불)와 삼장도, 국일암 구품도와 신중도를 그리고, 법보전 본존을 개금하였다. 1887년에 수화승으로 대구 대광명사 아미타후불도와 석가이십육보살도釋迦二十六菩薩圖 및 극락전 아미타후불도를 조성하였다.

  ▫ 1863년 울산 石南寺 山神圖 조성(『韓國의 佛畵 3 – 通度寺(下)』) 수화승 璟雲
  ▫ 1877년 경남 진주 靑谷寺 七星圖 조성(『韓國의 佛畵 5 – 海印寺(下)』) 良工 수화승
  ▫ 1879년 대구 桐華寺 念佛庵 阿彌陀後佛圖 조성(『韓國의 佛畵 21 – 桐華寺(上)』) 金魚 수화승
  ▫ 1880년 경북 문경 金龍寺 金仙庵 阿彌陀後佛圖 조성(『韓國의 佛畵 8 – 直指寺(上)』) 수화승 霞隱應禪
    1880년 경북 문경 金龍寺 養眞庵 神衆圖 조성(『韓國의 佛畵 8 – 直指寺(上)』) 수화승 霞隱應祥
    1880년 경북 문경 金龍寺 金仙庵 神衆圖 조성(『韓國의 佛畵 8 – 直指寺(上)』) 수화승 霞隱應祥
    1880년 경북 문경 金龍寺 四天王圖(持國天王) 조성(『韓國의 佛畵 8 – 直指寺(上)』) 수

화승 霞隱應祥

1880년 경북 문경 金龍寺 獨聖圖 조성(『韓國의 佛畵 9 - 直指寺(下)』) 金魚 수화승

1880년 釋迦牟尼後佛圖 조성(木芽佛敎博物館 所藏, 『韓國의 佛畵 20 - 私立博物館』)[151] 金魚 수화승

1880년 경북 안동 燕尾寺 神衆圖 조성(『韓國의 佛畵 23 - 孤雲寺(上)』) 金魚 수화승

◦1881년 경남 합천 海印寺 觀音殿 阿彌陀後佛圖 조성(『韓國의 佛畵 4 - 海印寺(上)』) 수화승 冠虛宜官

1881년 경남 합천 海印寺 窮玄堂 阿彌陀後佛圖 조성(『韓國의 佛畵 4 - 海印寺(上)』) 수화승 冠虛宜官

1881년 경남 거창 尋牛寺 神衆圖 조성(『韓國의 佛畵 4 - 海印寺(上)』) 수화승 冠虛宜官

1881년 경남 거창 尋牛寺 神衆圖 三藏圖 조성(「거창··창녕 포교당 성보조사기」)

◦1882년 부산 梵魚寺 大雄殿 釋迦牟尼後佛圖 조성(『梵魚寺聖寶博物館 名品圖錄』과 『韓國의 佛畵 32 - 梵魚寺』) 金魚片手 수화승

1882년 부산 梵魚寺 觀音圖 조성(『梵魚寺聖寶博物館 名品圖錄』과 『韓國佛畵畵記集』 및 『韓國의 佛畵 32 - 梵魚寺』) 金魚 수화승

1882년 부산 梵魚寺 三藏菩薩圖 조성(『梵魚寺聖寶博物館 名品圖錄』과 『韓國佛畵畵記集』 및 『韓國의 佛畵 32 - 梵魚寺』) 金魚片手 수화승

1882년 부산 梵魚寺 神衆圖 조성(『梵魚寺聖寶博物館 名品圖錄』과 『韓國佛畵畵記集』 및 『韓國의 佛畵 32 - 梵魚寺』) 金魚片手 수화승

1882년 부산 長安寺 羅漢殿 釋迦牟尼後佛圖 조성(『韓國의 佛畵 32 - 梵魚寺』) 金魚 수화승

◦1885년 경남 밀양 表忠寺 大光殿 阿彌陀三尊圖 조성(『韓國의 佛畵 3 - 通度寺(下)』) 良工 수화승

1885년 경남 합천 海印寺 大寂光殿 三身圖(毘盧遮那佛) 조성(『韓國의 佛畵 4 - 海印寺(上)』) 金魚 出艸 수화승

1885년 경남 합천 해인사 大寂光殿 三身圖(釋迦牟尼佛) 조성(『韓國의 佛畵 4 - 海印寺(上)』) 金魚 수화승

1885년 경남 합천 海印寺 大寂光殿 三藏圖 조성(『韓國의 佛畵 4 - 海印寺(上)』) 金魚 수화승

1885년 경남 합천 海印寺 國一庵 九品圖 조성(『韓國의 佛畵 4 - 海印寺(上)』) 金魚 수화승

1885년 경남 합천 海印寺 國一庵 神衆圖 조성(『韓國의 佛畵 4 - 海印寺(上)』) 金魚 수화승

◦1887년 대구 大光明寺 阿彌陀後佛圖 조성(『韓國의 佛畵 4 - 海印寺(上)』) 金魚 겸 化主 수화승

1887년 부산 梵魚寺 釋迦二十六菩薩圖 조성(『梵魚寺聖寶博物館 名品圖錄』) 金魚 수화승

1887년 부산 梵魚寺 極樂殿 阿彌陀圖 조성(『韓國의 佛畵 32 - 梵魚寺』) 金魚 수화승

◦연대미상 경남 양산 通度寺 翠雲庵 九品圖 조성(『韓國의 佛畵 1 - 通度寺(上)』) 金魚 수화승

※ 수룡기전과 수룡대전은 동일인으로 추정된다.

기정(琦淀, 琪淀, 琦琔 : -1907-1922-) 호운당(湖運堂) 20세기 전반에 활동한 불화승이다. 1907년에 수화승 보암긍법과 서울 수국사 감로도와 구품도를, 1915년에 수화승 범화정운과 서울 미타사 괘불도를, 1920년에 수화승 보경보현과 부산 다솔사 괘불도와 수화승 금성성전과 지장도와 현왕도 및 칠성도를, 1922년에 수화승 초암세복과 서울 화계사 삼성각 독성도를, 수화승 보현보경과 진관사 포교당 아미타후불도(서울 극락선원 소장)를 조성하였다.

◦1907년 서울 守國寺 甘露圖 조성(『韓國의 佛畵 36 - 曹溪寺(下)』) 수화승 寶菴肯法

1907년 서울 守國寺 九品圖 조성(『韓國의 佛畵 34 – 曹溪寺(上)』) 수화승 普庵肯法
◦1915년 서울 彌陀寺 掛佛圖 조성(『韓國의 佛畵 35 – 曹溪寺(中)』) 수화승 梵華禎雲
◦1920년 부산 多率寺 掛佛圖 조성(『韓國의 佛畵 32 – 梵魚寺』) 수화승 寶鏡普現
1920년 부산 多率寺 地藏圖 조성(『韓國의 佛畵 32 – 梵魚寺』) 수화승 錦城性典
1920년 부산 多率寺 現王圖 조성(『韓國의 佛畵 32 – 梵魚寺』) 수화승 錦城性典
1920년 부산 多率寺 七星圖 조성(『韓國의 佛畵 32 – 梵魚寺』) 수화승 錦城性典
◦1922년 서울 華溪寺 三聖閣 獨聖圖 조성(『韓國의 佛畵 36 – 曹溪寺(下)』)[152] 수화승 草庵世復
1922년 津寬寺 布敎堂 阿彌陀後佛圖 조성(서울 極樂禪院 所藏, 『韓國의 佛畵 40 – 補遺』) 수화승 普現寶鏡

기종(奇宗: -1847-1849-) 19세기 중반에 활동한 불화승이다. 수화승 금암천여와 1847년에 전남 고흥 금탑사 극락전 아미타후불도를, 1849년에 전남 순천 선암사 대웅전 삼장도와 지장전 지장도를 조성하였다.

◦1847년 전남 고흥 金塔寺 極樂殿 阿彌陀後佛圖 조성(『韓國의 佛畵 6 – 松廣寺(上)』) 수화승 錦菴天如
◦1849년 전남 순천 仙巖寺 大雄殿 三藏圖 조성(『韓國의 佛畵 12 – 仙巖寺』) 수화승 錦庵天如
1849년 전남 순천 仙巖寺 地藏殿 地藏圖 조성(『韓國의 佛畵 12 – 仙巖寺』) 수화승 金庵天如

기철(錤喆 : -1895-1898-) 19세기 후반에 활동한 불화승이다. 1895년에 수화승 경성두삼과 전남 순천 선암사 삼성각 칠성도를, 1898년에 수화승 향호묘영과 대승암 삼세후불도(순천 선암사 소장)를 조성하였다.

◦1895년 전남 순천 仙巖寺 三聖閣 七星圖 조성(『韓國의 佛畵 12 – 仙巖寺』) 수화승 景星斗三
◦1898년 大乘庵 三世後佛圖 조성(順天 仙巖寺 所藏, 『韓國의 佛畵 12 仙巖寺』) 수화승 香湖妙永

기현(琦玹 : -1895-) 19세기 후반에 활동한 불화승이다. 1895년에 수화승 인수와 강원 홍천 수타사 신중도와 칠성도를 조성하였다.

◦1895년 강원 홍천 壽陀寺 神衆圖 조성(『韓國의 佛畵 10 – 月精寺』) 수화승 仁秀
1895년 강원 홍천 壽陀寺 七星圖 조성(『韓國의 佛畵 10 – 月精寺』) 수화승 仁秀

기형(機炯, 機烱 : -1876-1901-)* 금화당(錦華堂) 19세기 후반에 활동한 불화승이다. 1876년에 수화승 위상과 경북 문경 대승사 지장도와 신중도를, 1878년에 수화승 화산재근과 삼각산 화계사 명부전 지장도(서울 화계사 소장)와 수화승으로 경기 남양주시 견성암 현왕도를, 1883년에 수화승 대허체훈과 경기 화성 봉림사 신중도를, 1884년에 수화승 축연과 서울 진관사 영산전 제석도(사자, 장군), 수화승 혜과엽계와 경북 예천 용문사 칠성도와 수화승으로 시왕도(1·3·5대왕)와 신중도, 1887년에 수화승 학허석운과 서울 미타사 극락전 지장도를, 1892년에 수화승 금곡영환과 경기 남양주 흥국사 영산전 석가모니후불도를, 1893년에 수화승 금호약효와 서울 지장사 대웅전 지장보살도와 현왕도를, 1895년에 수화승 상규와 서울 봉은사 영산전 나한도를, 1898년에 수화승으로 서울 봉국사 명부전 시왕도(일직사자, 월직사자, 건영대장군)와 수화승 예운상규와 경기 파주 보광사 대웅전 영산회상도와 수화승 경선응석과 칠성도와 삼장도 및 감로도 등을, 1900년에 수화승 환명용화와 경기 여주 신륵사 극락보전 석가모니후불도와 수화승으로 아미타회상도를, 1901년에 수화승 한봉응작과 서울 봉원사 괘불도를 조성하였다.

◦ 1876년 경북 문경 大乘寺 地藏圖 조성(『韓國의 佛畵 8 – 直指寺(上)』) 수화승 霞隱偉相

1876년 경북 문경 大乘寺 神衆圖 조성(『韓國의 佛畵 8 – 直指寺(上)』) 수화승 霞隱偉相

◦ 1878년 三角山 華溪寺 冥府殿 地藏圖 조성(서울 華溪寺 所藏, 『韓國의 佛畵 34 – 曹溪寺(上)』) 수화승 華山在根

◦ 1882년 경기 南楊州市 見聖庵 現王圖 조성(『韓國佛畵畵記集』) 金魚片手 수화승

◦ 1883년 경기 화성 鳳林寺 神衆圖 조성(『韓國의 佛畵 28 – 龍珠寺(上)』) 수화승 大虛體訓

◦ 1884년 서울 津寬寺 靈山殿 帝釋圖(使者, 將軍) 조성(『韓國의 佛畵 35 – 曹溪寺(中)』) 金魚 수화승 竺衍

1884년 경북 예천 龍門寺 十王圖(1·3·5大王) 조성(『韓國의 佛畵 9 – 直指寺(下)』)[153] 金魚 片手 수화승

1884년 경북 예천 龍門寺 神衆圖 조성(『韓國의 佛畵 8 – 直指寺(上)』) 수화승 片首 수화승

1884년 경북 예천 龍門寺 神衆圖 조성(『韓國의 佛畵 8 – 直指寺(上)』) 金魚片手[154] 수화승

1884년 경북 예천 龍門寺 七星圖 조성(『韓國의 佛畵 9 – 直指寺(下)』) 片手 수화승 慧果燁桂

1884년 인천 강화 傳燈寺 藥師殿 藥師後佛圖 조성(『韓國佛畵畵記集』과 『韓國의 佛畵 34 – 曹溪寺(上)』) 수화승 慧高燁□

◦ 1887년 서울 彌陀寺 極樂殿 地藏圖 조성(『韓國의 佛畵 34 – 曹溪寺(上)』) 수화승 鶴虛石雲

◦ 1892년 경기 남양주 興國寺 靈山殿 釋迦牟尼後佛圖 조성(『韓國의 佛畵 33 – 奉先寺』) 수화승 金谷永煥

◦ 1893년 서울 地藏寺 大雄殿 地藏菩薩圖 조성(『서울전통사찰불화』와 『韓國佛畵畵記集』 및 『韓國의 佛畵 34 – 曹溪寺(上)』) 수화승 錦湖若效

1893년 서울 地藏寺 大雄殿 現王圖 조성(『서울전통사찰불화』와 『韓國佛畵畵記集』 및 『韓國의 佛畵 36 – 曹溪寺(下)』) 수화승 錦湖若效

◦ 1895년 서울 奉恩寺 靈山殿 十六羅漢圖 조성(『韓國佛畵畵記集』과 『韓國의 佛畵 35 – 曹溪寺(中)』) 金魚 수화승 尙奎

◦ 1898년 서울 奉國寺 冥府殿 十王圖(日直使者, 月直使者, 建靈大將軍) 조성(『韓國의 佛畵 35 – 曹溪寺(中)』) 片手 수화승

1898년 경기 파주 普光寺 大雄殿 靈山會上圖 조성(『畿內寺院誌』와 『韓國佛畵畵記集』 및 『韓國의 佛畵 33 – 奉先寺』) 수화승 禮芸尙奎

1898년 경기 파주 普光寺 大雄殿 七星圖 조성(『畿內寺院誌』와 『韓國佛畵畵記集』 및 『韓國의 佛畵 33 – 奉先寺』) 수화승 慶船應釋

1898년 경기 파주 普光寺 大雄殿 三藏圖 조성(『畿內寺院誌』와 『韓國佛畵畵記集』 및 『韓國의 佛畵 33 – 奉先寺』) 수화승 慶船應釋

1898년 경기 파주 普光寺 甘露圖 조성(『韓國佛畵畵記集』과 『韓國의 佛畵 33 – 奉先寺』) 수화승 慶船應釋

1898년 경기 파주 普光寺 現王圖 조성(『韓國佛畵畵記集』과 『韓國의 佛畵 33 – 奉先寺』) 수화승 慶船應釋

◦ 1900년 경기 여주 神勒寺 極樂寶殿 釋迦牟尼後佛圖 조성(『韓國의 佛畵 28 – 龍珠寺(上)』) 片手 수화승 幻溟龍化

1900년 경기 여주 神勒寺 阿彌陀會上圖 조성(『韓國佛畵畵記集』) 片手 수화승

◦ 1901년 서울 奉元寺 掛佛圖 조성(『서울전통사찰불화』와 『韓國佛畵畵記集』)[155] 수화승 韓峰應作

▫ 연대미상 경기 남양주 興國寺 大雄寶殿 現王圖 조성(『韓國의 佛畫 33 – 奉先寺』) 수화승[156]

기화(琪華 : -1900-) 20세기 전반에 활동한 불화승이다. 1900년에 수화승 동호진철과 경남 양산 통도사 금강계단 감로도를 조성하였다.

▫ 1900년 경남 양산 通度寺 金剛戒壇 甘露圖 조성(『韓國의 佛畫 2 – 通度寺(中)』) 수화승
東湖震徹

[주]

1) 洪潤植 編, 『韓國佛畫畫記集』, 가람사연구소, 1995, pp.60-61에 覺□로 읽었다.

2) 洪潤植 編, 앞의 책, p.208에 寬仁으로 읽었다.

3) 『韓國의 佛畫 26 - 雙磎寺(下)』, 성보문화재연구원, 2002, p.227 圖33에 覺元으로, 洪潤植 編, 위의 책, pp.99-100에 覺□로 읽었다.

4) 『韓國의 佛畫 15 - 麻谷寺(上)』, p.217 圖2에 畫員 義謙 幸宗 日敏 覺天 策闊로, 願文에 畫員 儀謙 幸宗 覺天 德敏으로 나와 있다.

5) 『韓國의 佛畫 12 - 仙巖寺』, p.237 圖49에 □□로 읽었지만, 洪潤植 編, 위의 책, p.107에 覺天으로 읽었다.

6) 『掛佛調査報告書』, 문화재관리국 문화재연구소, 1992, p.82에 都畫員을 學聰으로 읽었다.

7) 洪潤植 編, 위의 책, pp.97-99에 處祥으로 읽었다.

8) 『靈光 母岳山 佛甲寺』, 동국대학교 박물관, 2001, p.68에 講三으로 읽었지만, 쾌윤과 같이 활동한 불화승은 講云이다.

9) 『靈光 母岳山 佛甲寺』, pp.69-70에 講三으로 읽었지만, 쾌윤과 같이 활동한 불화승은 講云이다.

10) 『韓國의 佛畫 18 - 大學博物館(Ⅰ)』, p.216 圖34에 수화승이 墇峯으로 나와 있다.

11) 『韓國의 佛畫 11 - 華嚴寺』, p.236 圖8에 見各으로 읽었다.

12) 洪潤植 編, 위의 책, pp.112-114에 見各으로 읽었다.

13) 『韓國의 佛畫 34 - 曹溪寺(上)』, p.213 圖54에 景洽으로 읽었다.

14) 洪潤植 編, 위의 책, pp.371-372에 阿彌陀會上圖로 읽었다.

15) 『韓國의 佛畫 2 - 通度寺(中)』, p.282 圖51에 近代로, 洪潤植 編, 위의 책, p.373에 1904년으로 언급하였다.

16) 『韓國의 佛畫 32 - 梵魚寺』, p.208 圖20에 阿彌陀後佛圖로, 『梵魚寺聖寶博物館 名品圖錄』에 敬竺으로 읽었다.

17) 『서울전통사찰불화』, 서울특별시, 1996, pp.122-123과 洪潤植 編, 위의 책, p.251에 1847년으로 보았다.

18) 洪潤植 編, 위의 책, pp.267-268에 敬□로 읽었다.

19) 『掛佛調査報告書』, 문화재관리국 문화재연구소, 1992, 圖8과 洪潤植 編, 위의 책, p.33에 印宝와 敬凡 대신에 敬允이라는 불화승이 언급되어 있다.

20) 洪潤植 編, 위의 책, pp.218-219에 彌勒佛圖로 보고, 불화승에 璟甫는 언급하지 않았다.

21) 東國大學校 慶州캠퍼스 博物館에 소장된 1799에 경북 경주 祇林寺 十王殿 地藏圖와 같이 제작한 것으로 추정된다.

22) 東國大學校 慶州캠퍼스 博物館에 소장된 1799에 경북 경주 祇林寺 十王殿 地藏圖와 같이 제작한 것으로 추정된다.

23) 『韓國의 佛畫 12 - 仙巖寺』, p.232 圖23에 敬□으로 읽었으나, 같이 조성된 삼세후불도를 근거로 경붕으로 추정된다.

24) 洪潤植 編, 위의 책, pp.234-237에 敬明으로 읽었다.

25) 洪潤植 編, 위의 책, p.70에 敏尙으로 읽었다.

26) 『北漢山의 佛敎遺蹟』, 대한불교조계종 총무원 불교문화재발굴조사단, 1999, 圖145-147에 □尙으로, 『영혼의 여로 - 조선시대 불교회화와의 만남』, 국립중앙박물관, 2003, p.184 圖34에 慶尙으로 읽었다.

27) 『韓國의 佛畫 8 - 直指寺(上)』, p.270 圖66과 洪潤植 編, 위의 책, p.274에 璟□으로 나와 있지만, 같이 조성된 불화를 근거로 경석임을 알 수 있다.

28) 『韓國의 佛畫 22 - 桐華寺(下)』, p.199 圖5에 19세기 초로 추정하였지만, 그의 활동시기를 근거로 19세기 후반에 조성된 것으로 보인다.

29) 『韓國의 佛畫 8 - 直指寺(上)』, p.270 圖66과 洪潤植 編, 위의 책, p.274에 敬□으로 나와 있지만, 같은 연도에 제작된 불화를 보면 경수임을 알 수 있다.

30) 『韓國의 佛畫 8 - 直指寺(上)』, p.268 圖46에 수화승을 航海 斗帆으로 읽었다.

31) 洪潤植 編, 위의 책, pp.359-361에 尙祚 敬秀로 나와 있지만, 尙祚와 敬秀는 별개의 스님으로 보인다.

32) 『서울전통사찰불화』, pp.122-123과 洪潤植 編, 위의 책, p.251에 1847년에 조성된 것으로 보았다.

33) 洪潤植 編, 위의 책, pp.219-221에 敬崔로 읽었다.

34) 『韓國의 佛畫 30 - 銀海寺』, p.218 圖17에 畫만 적혀 있다.

35) 畫記에 경오가 언급되었지만, 『韓國의 佛畫 40 - 補遺』, p.217 圖38에 언급되어 있지 않다.

36) 東國大學校 慶州캠퍼스 博物館에 소장된 1799년 경북 경주 祇林寺 十王殿 地藏圖와 같이 제작된 것으로 추정된다.

37) 東國大學校 慶州캠퍼스 博物館에 소장된 1799년 경북 경주 祇林寺 十王殿 地藏圖와 같이 제작된 것으로 추정된다.

38) 유마리, 「朝鮮朝 阿彌陀佛畫의 硏究」, 『朝鮮朝 佛畫의 硏究-三佛會圖』, 정신문화연구원, p.43에 廣郁으로 읽었다.

39) 『韓國의 佛畫 3 - 通度寺(下)』, p.259 圖68에 璟雲琪全으로 붙여 놓았지만, 별개의 불화승으로 보는 것이 바람직할 것이다.

40) 蓮澤 敬仁으로 읽었다.

41) 『韓國의 佛畫 8 - 直指寺(上)』, p.268 圖46에 수화승을 航海斗帆으로 읽었다.

42) 『韓國의 佛畫 35 - 曹溪寺(中)』, p.211 圖29에 漢峰應□로 읽었다.

43) 『韓國의 佛畫 34 - 曹溪寺(上)』, p.206 圖8에 수화승을 惠果奉鑑으로 읽었다.

44) 『韓國의 佛畫 29 - 龍珠寺(下)』, p.200 圖16에 康熙三十一年 壬戌로. 洪潤植 編, 위의 책, p.45에 康熙二十一年 壬戌로 적혀 있다.

45) 洪潤植 編, 위의 책, p.55에 景□으로 읽었다.

46) 洪潤植 編, 위의 책, pp.371-372에 阿彌陀會上圖로 보았다.

47) 『韓國의 佛畫 2 - 通度寺(中)』, p.282 圖51에 近代로, 洪潤植 編, 위의 책, p.373에 1904년으로 보았다.

48) 『韓國의 佛畫 32 - 梵魚寺』, p.208 圖20에 阿彌陀後佛圖로 보았다.

49) 『韓國의 佛畫 1 - 通度寺(上)』圖57에 敬□로 나와 있지만, 1904년 梁山 通度寺 毘盧庵 九品圖(『韓國의 佛畫 1 - 通度寺(上)』, p.267 圖21) 조성 시 수화승 尙休와 같이 활동한 승려이다.

50) 현재 경환의 이름은 없어졌지만, 동시에 용봉경환이 관허설훈과 청동지장보살좌상을 조성하였다.

51) 洪潤植 編, 위의 책, pp.229-230에 불화는 인천 강화도 정수사 현왕도로, 증명은 龍峯放□로 읽었다.

52) 『韓國의 佛畫 28 - 龍珠寺(上)』, p.198 圖8에 1900년 驪州 神勒寺 極樂寶殿 釋迦牟尼後佛圖로 나와 있다.

53) 『韓國의 佛畫 36 - 曹溪寺(下)』, p.209 圖18에 景洽으로 읽었다.

54) 洪潤植 編, 위의 책, pp.345-346에 편수, 금어가 언급되고 다시 金魚秩에 여러 명의 불화승이 적혀 있지만, 『서울전통사찰불화』, pp.145-146에 언급되어 있지 않다.

55) 『韓國의 佛畫 29 - 龍珠寺(下)』, p.200 圖17에 緣化秩 다음에 璟洽으로, 洪潤植 編, 위의 책, p.358에 불화승과 같이 적어놓았다.

56) 『韓國의 佛畫 28 - 龍珠寺(上)』, p.198 圖8에 증명 다음에 언급되었지만, 불화승으로 보는 것이 바람직하다.

57) 『韓國의 佛畫 38 - 佛國寺』, p.234 圖94에 大雄殿三尊改金時新畫成靈山會部幀奉安으로 나와 있고, 塗金良工比丘大德 尙淨 碩峯 淸益 宇學 抱冠 德仁 定安 脫閏 藏榮 報恩 圓敏 最善 桂寬 □欣 有誠 都畫師 智□ 次全 幼禪 哲印 富一 大演 宥祥으로 적혀 있다. 따라서 불화의 조성에 수화승은 智□일 것으로 추정된다.

58) 洪潤植 編, 위의 책, p.208에 戒寬 앞에 1명의 불화승 이름을 언급되어 있다.

59) 畫記에 金魚가 4번 나오고 있다.

60) 『서울전통사찰불화』, pp.122-123과 洪潤植 編, 위의 책, p.251에 1847년에 조성된 것으로 보았다.

61) 洪潤植 編, 위의 책, pp.68-69에 □淳으로 읽었지만, 같은 해에서 그려진 천불도를 근거로 戒淳으로 추정한다.

62) 洪潤植 編, 위의 책, pp.75-76에 戒心을 來往 진숙비구 다음에 언급하고 있다.

63) 洪潤植 編, 위의 책, pp.390-391에 靈山會上圖로 언급되어 있다.

64) 康熙10年 壬子(연호 1671년, 간지 1672년)로, 계오에게 채색을 할 때 山中 나무 五十과 白米 한 말(斗)을 주었다고 한다.

65) 洪潤植 編, 위의 책, pp.179-180에 참여한 인물이 많이 다른데, 그 가운데 戒禹는 언급되어 있지 않다.

66) 洪潤植 編, 위의 책, p.273에 慶隱成允으로 읽었다.

67) 鄭于澤, 「韓國 近代 佛畫草本考」, 『한국 근대의 백묘화』, 홍익대학교 박물관, 2001, pp.105-109의 삽도 5에 경은이 출초한 지장 시왕도가 있다. "壬戌 四月 十七日 古堂山 守口庵 中壇幀 出草 慶銀也"으로 읽었다. 임술은 1802년과 1862년 중에서 경은의 활동시기를 근거로 후자임을 알 수 있다.

68) 『韓國의 佛畫 1 - 通度寺(上)』, p.270 圖44·45에 戒直으로, 洪潤植 編, 위의 책, p.231에 戒宜로 읽었다.

69) 『韓國의 佛畫 1 - 通度寺(上)』, p.270 圖46에 戒直으로 읽고, 洪潤植 編, 위의 책, pp.230-231에 就暉과 戒宜가 없지만, 就宜라는 승려가 언급되어 있다.

70) 畫記를 통하여 1812년에 慶北 慶州 佛國寺 極樂殿 佛畫도 그렸음을 알 수 있다.

71) 『韓國의 佛畫 8 - 直指寺(上)』, p.268 圖52에 盡만 쓰여 있다. 洪潤植 編, 위의 책, p.202에 畫□로 읽었다.

72) 『韓國의 佛畫 16 - 麻谷寺(下)』, p.222 圖38에 수화승을 春禪奉恩으로 읽었다.

73) 『韓國의 佛畫 16 - 麻谷寺(下)』, p.222 圖38에 수화승을 春禪奉恩으로 읽었다.

74) 『畿內寺院誌』, p.431에 이름 뒤에 물음표(?)를 찍어 놓았고, 『韓國의 佛畫 33 - 奉先寺』, p.219 圖13에 啓銀으로 읽었다.

75) 『韓國의 佛畫 15 - 麻谷寺(上)』, p.229 圖61에 普應金桂昌으로 적혀 있다.

76) 『韓國의 佛畫 8 - 直指寺(上)』圖13과 洪潤植 編, 위의 책, pp.223-234에 戒□으로 읽었다.

77) 『韓國의 佛畫 9 - 直指寺(下)』 圖100과 洪潤植 編, 위의 책, p.227에 戒□으로 읽었다.

78) 金玲珠, 『朝鮮時代佛畫研究』, 지식산업사, 1986, p.58에 戌卓으로 읽었다.

79) 金玲珠, 앞의 책, p.58에 戌卓으로 읽었다.

80) 『仙巖寺』, 남도불교문화연구회, 1992, p.176에 成坦으로, 洪潤植 編, 위의 책, pp.140-144에 成坦으로 읽었다.

81) 『韓國의 佛畫 11 - 華嚴寺』, p.235 圖5에 畫記를 잘못 읽었다.

82) 『韓國의 佛畫 2 - 通度寺(中)』, p.278 圖8에 戒□로 나와 있지만, 다른 팔상도 조성에 戒弘이 참여하였다.

83) 洪潤植 編, 위의 책, pp.112-114에 合今으로 읽었다.

84) 『韓國의 佛畫 8 - 直指寺(上)』, p.261 圖13과 洪潤植 編, 위의 책, pp.223-234에 寬□으로 읽었다.

85) 『韓國의 佛畫 8 - 直指寺(上)』, p.263 圖20 雪荷□幸과 洪潤植 編, 위의 책, p.265에 說荷□幸으로 읽었다.

86) 『한국의 사찰문화재-강원도』, p.508 圖474에 수화승을 格夏으로 읽었다.

87) 『한국의 사찰문화재-강원도』, p.508 圖475에 □曄으로 읽었다.

88) 『韓國의 佛畫 19 - 大學博物館(Ⅱ)』, p.216 圖35에 大谷□로 나와 있다.

89) 유마리, 위의 논문, p.36에 국립중앙박물관 소장번호만 언급하고, 그리고 『영혼의 여로 -조선시대 불교회화와의 만남』, p.183 圖25에 □遠로 읽었다.

90) 五十三佛圖, 八相圖, 十六羅漢圖를 같이 조성하였다.

91) 『韓國의 佛畫 12 - 仙巖寺』, p.232 圖23에 敎□로 읽었지만, 같이 조성된 삼세후불도를 근거로 교환으로 추정된다.

92) 洪潤植 編, 위의 책, pp.234-237에 敎恒으로 읽었다.

93) 洪潤植 編, 위의 책, pp.60-61에 雕利畫員으로 읽었다.

94) 『韓國의 佛畫 19 - 大學博物館(Ⅱ)』, p.215 圖28에 공양주 다음에 國禪으로 나와 있다.

95) 洪潤植 編, 위의 책, p.211의 畫記에 同助良工으로 참여한 불화승이 언급되지 않았다.

96) 洪潤植 編, 위의 책, pp.210-211에 旺成으로 읽었다. 그러나 국성은 당시 수화승으로 여러 곳에 작품을 남긴 불화승으로 畫記 중간에 언급된 것으로 미루어 同名異人일 가능성도 높다.

97) 東國大 慶州캠퍼스 博物館에 소장된 1799년 경북 경주 祇林寺 十王殿 地藏圖와 같이 조성되었다.

98) 東國大 慶州캠퍼스 博物館에 소장된 1799년 경북 경주 祇林寺 十王殿 地藏圖와 같이 조성되었다.

99) 『韓國의 佛畫 25 - 雙磎寺(上)』, p.223 圖23에 旺演으로, 김정희, 「雙磎寺의 佛畫」, 『聖寶』 5, 대한불교조계종 성보보존위원회, 2003, pp.51-52에 旺演으로 읽었다.

100) 『韓國의 佛畫 25 - 雙磎寺(上)』, p.223 圖25에 旺演으로, 김정희, 앞의 논문, pp.51-52에 旺演으로 읽었다.

101) 『韓國의 佛畫 25 - 雙磎寺(上)』, p.224 圖30에 國演으로, 김정희, 앞의 논문, pp.51-52에 旺演으로 읽었다.

102) 『韓國의 佛畫 25 - 雙磎寺(上)』, p.223 圖23에 旺仁으로, 김정희, 위의 논문, pp.51-52에 旺仁으로 읽었다.

103) 『韓國의 佛畫 25 - 雙磎寺(上)』, p.223 圖24에 旺仁으로, 김정희, 위의 논문, pp.51-52에 旺仁으로 읽었다.

104) 『韓國의 佛畫 25 - 雙磎寺(上)』, p.223 圖25에 旺仁으로, 김정희, 위의 논문, pp.51-52에 언급되어 있지 않다.

105) 『韓國의 佛畫 25 - 雙磎寺(上)』, p.224 圖30에 國仁으로, 김정희, 위의 논문, pp.51-52에 旺仁으로 읽었다.

106) 畫記에 ...山□門寺로 나와 있다.

107) 이 불화는 1984년 靑蓮寺와 圓通庵은 합해지면서 청련사 원통전에 봉안되었다.

108) 『韓國의 佛畫 18 - 大學博物館(Ⅰ)』, p.213 圖17에 18세기로 추정하였지만, 1718년에 수화승 천오가 경주 기림사 대적광전 三身佛會圖를 조성하여 같이 제작된 것으로 추정된다.

109) 『韓國의 佛畫 12 - 仙巖寺』, p.232 圖23에 錦□으로 나와 있으나, 같은 해 조성된 삼세후불도를 근거로 錦心으로 추정된다.

110) 『韓國의 佛畫 30 - 銀海寺』, p.221 圖31에 19세기 후기에 제작된 것으로 보았다.

111) 『韓國의 佛畫 9 - 直指寺(下)』, p.271 圖104에 언급되어 있지 않다.

112) 『仙巖寺』, pp.181-182에 錦蘭으로 읽었다.

113) 洪潤植 編, 위의 책, pp.206-207에 錦□으로 읽었다.

114) 『韓國의 佛畫 9 - 直指寺(下)』, p.270 圖92와 洪潤植 編, 위의 책, pp.312-313에 錦雲□律로 읽었다.

115) 『韓國의 佛畫 4 - 海印寺(上)』, p.232 圖43에 錦雲肯□로 읽었다.

116) 金漁라 읽었다.

117) 畫記에 金魚가 4번 나오고 있다.

118) 『韓國의 佛畫 8 - 直指寺(上)』, p.271 圖70에 靑法으로, 洪潤植 編, 위의 책, pp.313-314에 肯法으로 읽었다.

119) 洪潤植 編, 위의 책, pp.319-320에 蓮華庵 神衆圖로 나와 있다.

120) 『畿內寺院誌』, 경기도, 1988, pp.796-767와 洪潤植 編, 위의 책, p.324에 普□肯□로 읽었다.

121) 『서울전통사찰불화』, pp.122-123과 洪潤植 編, 위의 책, p.251에 1847년으로 읽었다.

122) 『韓國의 佛畫 33 - 奉先寺』, p.218 圖6에 善庵肯法으로 읽었다.

123) 『韓國의 佛畫 35 - 曹溪寺(中)』, p.211 圖29에 漢峰應□로 읽었다.

124) 洪潤植 編, 위의 책, pp.362-363에 普庵堂宣法으로 읽었다.

125) 서울전통사찰불화』, pp.153-154과 洪潤植 編, 위의 책, p.377에 慧庵肯法으로 읽었다.

126) 『韓國의 佛畫 34 - 曹溪寺(上)』, p.206 圖8에 수화승을 惠果奉鑑으로 읽었다.

127) 『韓國의 佛畫 36 - 曹溪寺(下)』, p.213 圖46에 삼성각에 봉안된 것으로 적혀 있다.

128) 洪潤植 編, 위의 책, pp.383-384에 普庵肯注로 읽었다.

129) 『서울전통사찰불화』, pp.155-156에 普庵貴法으로 읽었다.

130) 『서울전통사찰불화』, pp.156-157과 洪潤植 編, 위의 책, pp.386-387에 靈山會上圖로 보았다.

131) 『韓國의 佛畫 34 - 曹溪寺(上)』, p.208 圖17에 雲湖在悟로 읽었다.

132) 『掛佛調査報告書』 圖3에 虛谷堂瓦淳으로 읽었다.

133) 畫記에 虛谷전巡으로, 洪潤植 編, 위의 책, pp.340-341에 虛谷□巡으로 적혀 있다.

134) 畫記에 片手, 金魚가 언급되고 다시 金魚秩에 여러 명의 불화승이 적혀 있다.

135) 『掛佛調査報告書』 圖6와 洪潤植 編, 위의 책, p.368에 虛谷堂 瓦淳으로 읽었다.

136) 『韓國의 佛畫 33 - 奉先寺』, p.224 圖40에 亘瞳로 읽었다.

137) 『韓國의 佛畫 33 - 奉先寺』, p.224 圖40에 亘瞳로 읽었다.

138) 『韓國의 佛畫 29 - 龍珠寺(下)』, p.200 圖17에 綠化秩 다음에 언급되고, 洪潤植 編, 위의 책, p.358에 불화승과 같이 적혀 있다.

139) 『서울전통사찰불화』, p.131에 亘照目頁照로, 洪潤植 編, 위의 책, p.316에 亘照頓照로 읽었다.

140) 『서울전통사찰불화』, pp.122-123과 洪潤植 編, 위의 책, p.251에 1847년으로 읽었다.

141) 『朝鮮後期佛畫』, 전라남도옥과미술관, 1997, 圖4에 陟만 읽었다.

142) 崔淳雨・鄭良謨, 위의 책, p.49와 59, 洪潤植 編, 위의 책, pp.88-89에 亘涉으로 읽었다.

143) 五十三佛圖, 八相圖, 十六羅漢圖를 같이 조성하였다.

144) 『韓國의 佛畫 11 - 華嚴寺』 圖28에 持地藏菩薩로 읽었다.

145) 다라니에 긍척이 內外別座 大師로 나온다(洪潤植 編, 위의 책, p.115).

146) 崔淳雨・鄭良謨, 위의 책, p.82에 金魚 錡衍이 언급되지 않았지만, p.83에 錡衍을 誦呪로 보았다. 또한 『韓國의 佛畫 6 - 松廣寺(上)』, p.231 圖22에 錡衍을 金魚로, 洪潤植 編, 위의 책, pp.252-253에 道閑을 수화승으로 적어놓았다.

147) 示奇□로 읽었으나 같은 해 그린 신중도 중에 기연이 언급되어 있다.

148) 『朝鮮後期佛畫』 圖1에 목포대학교박물관에서 간행한 보고서(『구례군 문화유적』, 1994, p.184)를 근거로 龍浣만 읽었다.

149) 崔淳雨・鄭良謨, 위의 책, p.75에 龍院堂奇衍으로, p.76에 龍院堂奇行으로 읽었다. 『韓國의 佛畫 7 - 松廣寺(下)』 圖70에 龍院堂奇衍으로, 洪潤植 編, 위의 책, pp.271-272에 龍院堂奇行으로 읽었다.

150) 『韓國의 佛畫 16 - 麻谷寺(下)』, p.222 圖41에 19세기 후반 작으로 추정하였다.

151) 洪潤植 編, 위의 책, p.299에 繡龍 琪鍾으로 읽었다.

152) 『韓國의 佛畫 36 - 曹溪寺(下)』, p.215 圖62에 錦□運濟로 읽었다.

153) 畫記에 금어질이 4번 나와 있고, 금화당기형이 모두 수화승으로 언급되어 있다.

154) 洪潤植 編, 위의 책, p.314에 금화□□로 읽었다.

155) 洪潤植 編, 위의 책, p.353에 錦華堂機□로 읽었다.

156) 畫記의 일부가 망실되었는지 금화기형 앞에 화원을 나타내는 단어가 없다.

ㄴ

나묵(懶默 : -1659-1695-)* 17세기 중·후반에 활동한 불화승이다. 1659년에 효종빈전孝宗殯殿을 단청丹靑하고, 수화승으로 1666년에 전남 장흥 보림사 고법당古法堂 단청을, 1671년에 보림사 고법당 상제석도上帝釋圖와 도의대사·원감국사·송계당진영을 그렸고, 1673년에 보림사 선당禪堂 단청丹靑과 바라伐鑼를 주성하였다. 1674년에 보림사 나한전 재주실齋廚室 단청하고, 1675년에 보림사 승당僧堂 중창 시 화수畵手로 참여하였다. 1693년에 보림사 신법당新法堂 단청丹靑과 1695년에 고법당 불상 개금 시 복장을 시주하였다.

- ◦ 1659년 『孝宗殯殿都監儀軌』 魂殿二房, 丹靑 畵僧(奎章閣 13528호, 朴廷蕙, 「儀軌를 통해서 본 朝鮮時代의 畵員」 자료1)
- ◦ 1666년 전남 장흥 寶林寺 古法堂 丹靑(『譯註 寶林寺重創記』) 畵手 通政 수화승
- ◦ 1671년 전남 장흥 寶林寺 古法堂 上帝釋圖, 道義大師·圓鑑國師·松溪堂 진영 조성(『譯註 寶林寺重創記』) 畵手 通政 수화승
- ◦ 1673년 전남 장흥 寶林寺 禪堂 丹靑과 바라(伐鑼) 鑄成(『譯註 寶林寺重創記』) 畵手 通政 수화승
- ◦ 1674년 전남 장흥 寶林寺 羅漢殿 齋廚室 丹靑(『譯註 寶林寺重創記』) 畵手 通政 수화승
- ◦ 1675년 전남 장흥 寶林寺 僧堂 중창(『譯註 寶林寺重創記』) 畵手 通政 수화승
- ◦ 1693년 전남 장흥 寶林寺 新法堂 丹靑(『譯註 寶林寺重創記』) 畵手 通政 수화승
- ◦ 1695년 전남 장흥 고법당 불상 개금 시 복장시주(『譯註 寶林寺重創記』)

나협(懶冾 : -1653-) 17세기 중반에 활동한 불화승이다. 1653년에 수화승 지영과 전남 구례 화엄사 괘불도를 조성하였다.

- ◦ 1653년 전남 구례 華嚴寺 掛佛圖 조성(『韓國의 佛畵 11 – 華嚴寺』)[1] 수화승 智英

낙보(樂寶, 樂宝 : -1764-1768-) 18세기 중반에 활동한 불화승이다. 1764년에 수화승 치삭과 경북 의성 대곡사 지장도와 원광대학교 박물관 소장 감로도를, 1768년에 수화승 정일과 경북 봉화 축서사 괘불도를 조성하였다.

- ◦ 1764년 경북 의성 大谷寺 地藏圖 조성(『韓國의 佛畵 23 – 孤雲寺(上)』) 수화승 稚朔
  1764년 甘露圖 조성(圓光大學校 博物館 所藏, 『韓國의 佛畵 19 – 大學博物館(Ⅱ)』)[2] 수화승 雉翔
- ◦ 1768년 경북 봉화 鷲棲寺 掛佛圖 조성(『韓國의 佛畵 24 – 孤雲寺(下)』) 수화승 定一

낙선(樂先, 樂禪 : -1764-1781-) 18세기 중반에 활동한 불화승이다. 1764년에 수화승 치삭과 경북 의성 대곡사 지장도와 원광대학교 박물관 소장 감로도

를, 수화승 취월정일과 1768년에 경북 봉화 축서사 괘불도를, 1781년에 경
북 문경 혜국사 신중도를 조성하였다.

- 1764년 경북 의성 大谷寺 地藏圖 조성(『韓國의 佛畵 23 – 孤雲寺(上)』) 수화승 稚朔
  1764년 甘露圖(圓光大學校 博物館 所藏,『韓國의 佛畵 19 – 大學博物館(Ⅱ)』)3) 수화
  승 雉翔
- 1768년 경북 봉화 鷲棲寺 掛佛圖 조성(『韓國의 佛畵 24 – 孤雲寺(下)』) 수화승 定一
- 1781년 경북 문경 惠國寺 神衆圖 조성(『韓國의 佛畵 8 – 直指寺(上)』) 수화승 醉月定一

낙암당(樂庵堂) 승의(勝宜) 참조

난익(鸞翼 : -1700-) 18세기 전반에 활동한 불화승이다. 1700년에 수화승 천
신과 전북 부안 내소사 괘불도를 조성하였다.

- 1700년 전북 부안 來蘇寺 掛佛圖 조성(『韓國의 佛畵 14 – 禪雲寺』)4) 수화승 天信

낙현(洛現 : -1914-1927-)* 완호당(玩虎堂), 속성 양梁씨, 20세기 전반에 활동
한 불화승이다. 1883년에 수화승 대허체훈과 서울 개운사 대웅전 감로도를,
수화승으로 1914년에 경남 통영 용화사 괘불도를, 1917년에 경북 경주 불국
사 대웅전 신중도를, 경남 양산 통도사 사명암 석가모니후불도를, 1919년에
통도사 지장도와 울산 월봉사 신중도 및 부산 안적사 지장도를, 1920년에
통도사 사명암 지장도와 현왕도 및 자장암 석가모니후불도를, 1921년에 통
도사 옥련암 독성도와 경남 통영 장의사 감로왕도를, 1925년 양산 포교당
신중도를, 1927년에 경남 밀양 무봉사 아미타후불도를 조성하였다.

- 1883년 서울 開運寺 大雄殿 甘露圖 조성(『韓國의 佛畵 36 – 曹溪寺(下)』) 수화승 大虛
  體訓
- 1914년 경남 통영 龍華寺 掛佛圖 조성(『韓國의 佛畵 26 – 雙磎寺(下)』) 金魚 수화승
- 1917년 경북 경주 佛國寺 大雄殿 神衆圖 조성(『韓國의 佛畵 38 – 佛國寺』) 金魚 수화승
  1917년 경남 양산 通度寺 泗溟庵 釋迦牟尼後佛圖 조성(『韓國의 佛畵 1 – 通度寺(上)』)
  金魚 수화승
- 1919년 경남 양산 通度寺 地藏圖 조성(『韓國의 佛畵 1 – 通度寺(上)』) 金魚 수화승
  1919년 울산 月峯寺 神衆圖 조성(『韓國의 佛畵 3 – 通度寺(下)』) 金魚 수화승
  1919년 부산 安寂寺 地藏圖 조성(『韓國의 佛畵 32 – 梵魚寺』) 金魚 수화승
- 1920년 경남 양산 通度寺 泗溟庵 地藏圖 조성(『韓國의 佛畵 1 – 通度寺(上)』) 金魚 수화승
  1920년 경남 양산 通度寺 泗溟庵 現王圖 조성(『韓國佛畵畵記集』) 金魚 수화승
  1920년 경남 양산 通度寺 慈藏庵 釋迦牟尼後佛圖 조성(『韓國의 佛畵 3 – 通度寺(下)』)
  金魚 수화승
- 1921년 경남 양산 通度寺 玉蓮庵 獨聖圖 조성(『韓國의 佛畵 2 – 通度寺(中)』) 金魚 수화승
  1921년 경남 통영 藏義寺 甘露王圖 조성(『韓國의 佛畵 26 – 雙磎寺(下)』) 金魚 수화승
  1921년 경북 경주 祇林寺 山神圖 조성(『韓國의 佛畵 38 – 佛國寺』) 金魚 수화승
- 1924년 부산 燃燈寺 釋迦牟尼後佛圖 조성(『韓國의 佛畵 32 – 梵魚寺』) 金魚 수화승
- 1925년 경남 양산 布教堂 神衆圖 조성(『韓國의 佛畵 3 – 通度寺(下)』) 金魚 수화승
- 1927년 경남 밀양 舞鳳寺 阿彌陀後佛圖 조성(『韓國의 佛畵 3 – 通度寺(下)』) 金魚 수화승

남곡당(南谷堂) 세섭(世燮) 참조

남곡당(南谷堂) 창섭(彰燮, 昌燮) 참조

남곡당(南谷堂) 형범(亨範) 참조

남활(覽濶, 覽活 : -1777-1780-) 18세기 후반에 활동한 불화승이다. 수화승 비현과 1777년에 전남 곡성 태안사 대웅전 석가여래도, 신중도, 삼장도와 명적암 신중도를, 1778년 전남 고흥 금탑사 괘불도를, 1780년에 전남 순천 선암사 팔상전 화엄도華嚴圖를 조성하였다.

- 1777년 전남 곡성 泰安寺 大雄殿 釋迦如來圖, 神衆圖, 三藏圖와 明寂庵 神衆圖 조성(『泰安寺誌』) 수화승 조賢
- 1778년 전남 고흥 금탑사 掛佛圖 조성(『韓國의 佛畵 6 - 松廣寺』) 수화승 조賢
- 1780년 전남 순천 선암사 八相殿 華嚴圖 조성(『韓國의 佛畵 12 - 仙巖寺』) 수화승 조賢

낭감(郎鑑, 朗鑑 : -1757-1762-) 18세기 중반에 활동한 불화승이다. 1757년에 정성왕후貞聖王后 홍릉弘陵과 1762년에 장조莊祖 영우원永祐園 조성소 화승畵僧으로 참여하였다.

- 1757년 『貞聖王后弘陵山陵都監儀軌』 造成所 畵僧(奎章閣 13591호, 朴廷蕙, 「儀軌를 통해서 본 朝鮮時代의 畵員」 자료1)
- 1762년 『莊祖永祐園園所都監儀軌』 造成所 畵僧(奎章閣 13607호, 朴廷蕙, 「儀軌를 통해서 본 朝鮮時代의 畵員」 자료1)

낭심(朗心 : -1765-1769-) 18세기 후반에 활동한 불화승이다. 1765년에 수화승 □□와 전남 순천 해천사 삼세후불도(석가모니불, 순천 선암사 소장)를, 1769년에 수화승 쾌윤과 경남 남해 용문사 괘불도를 조성하였다.

- 1765년 전남 순천 海川寺 三世後佛圖(釋迦牟尼佛) 조성(順天 仙巖寺 所藏, 『韓國의 佛畵 12 - 仙巖寺』) 수화승 □□
- 1769년 경남 남해 龍門寺 掛佛圖 조성(『韓國의 佛畵 26 - 雙磎寺(下)』) 수화승 快玧

내감(內監 : -1775-) 18세기 후반에 활동한 불화승이다. 1775년에 경남 양산 통도사 「팔상기문八相記文」에 화원畵員으로 언급되어 있다.

- 1775년 경남 양산 通度寺 「八相記文」에 언급(安貴淑, 「조선후기 佛畵僧의 계보와 義謙 比丘에 대한 연구(상)」)

내관(來寬 : -1753-1759-) 18세기 중반에 활동한 불화승이다. 1753년에 전남 순천 선암사 삼십삼조사도三十三祖師圖 조성 시 화사化士로 참여하고, 1759년에 수화승 비현과 전남 여수 흥국사 괘불도를 조성하였다.

- 1753년 전남 순천 仙巖寺 三十三祖師圖에 化士로 나옴(『韓國의 佛畵 12 - 仙巖寺』)
- 1759년 전남 여수 興國寺 掛佛圖 조성(『韓國의 佛畵 11 - 華嚴寺』) 수화승 조賢

내숙(來淑 : -1764-1776-) 18세기 후반에 활동한 불화승이다. 1764년에 수화승 색민과 전남 해남 대흥사 괘불도를, 1776년에 수화승 신암화연과 전남 구례 천은사 극락보전 삼장도를, 수화승 민휘와 전남 구례 천은사 신중도(범천·제석도)를 조성하였다.

- 1764년 전남 해남 大興寺 掛佛圖 조성(『韓國의 佛畵 31 - 大興寺』) 수화승 色旻
- 1776년 전남 구례 泉隱寺 極樂寶殿 三藏圖 조성(『韓國의 佛畵 11 - 華嚴寺』)5) 수화승 信庵華連
  1776년 전남 구례 泉隱寺 神衆圖(梵天·帝釋圖) 조성(順天 松廣寺 所藏, 『韓國의 佛畵 6 - 松廣寺』) 수화승 敏徽

내순(來淳 : -1753-) 18세기 중반에 활동한 불화승이다. 1753년에 수화승 은기와 전남 순천 선암사 삼십삼조사도三十三祖師圖(석가모니불과 1·2조사)를, 수화승 치한과 선암사 괘불도를 조성하였다.

◦ 1753년 전남 순천 仙巖寺 三十三祖師圖(釋迦牟尼佛, 1·2祖師) 조성(『韓國의 佛畵 12 – 仙巖寺』)6) 수화승 隱奇
1753년 전남 순천 仙巖寺 掛佛圖 조성(『韓國의 佛畵 12 – 仙巖寺』) 수화승 致閑

내원(乃元, 乃圓, 乃原 : -1819-1858-)* 원담당(圓潭堂) 19세기 전반부터 중반까지 활동한 불화승으로 회운會雲의 제자이다. 1819년에 준일俊日과 한국불교미술박물관 소장 신중도를, 수화승으로 1830년에 전북 완주 화암사 명부전 지장도를, 1831년에 광주 원효사 단청을, 1833년에 전남 구례 천은사 극락보전 신중도를, 1835년에 전남 순천 선암사 원통전 아미타후불홍도를, 1840년에 전북 고창 선운사 대웅보전 아미타후불벽화, 1845년에 전남 해남 대둔사 칠성도를, 1847년에 전남 순천 송광사 관음전 아미타삼존후불도를, 1854년에 구례 화엄사 나한전 석가모니후불도(하동 한산사 소장)를 조성하였다.

◦ 1819년 神衆圖 조성(韓國佛敎美術博物館 所藏, 『衆生의 念願』)
◦ 1826년 전남 해남 大興寺 釋迦牟尼後佛圖 조성(『韓國의 佛畵 31 – 大興寺』) 片手 수화승 楓溪舜靜
◦ 1830년 전북 완주 花巖寺 冥府殿 地藏圖 조성(『韓國의 佛畵 13 – 金山寺』) 수화승 誠修
◦ 1831년 會雲대사의 제자 乃圓, 議寬이 광주 원효사를 재중수하고 단청 불사함(『전통사찰총서 7 – 전남의 전통사찰Ⅱ』)
◦ 1833년 전남 구례 泉隱寺 極樂寶殿 神衆圖 조성(『韓國의 佛畵 11 – 華嚴寺』)7) 수화승 錦庵天如
◦ 1835년 전남 순천 仙巖寺 圓通殿 阿彌陀後佛紅圖 조성(『韓國의 佛畵 12 – 仙巖寺』) 金魚 수화승
◦ 1840년 전북 고창 禪雲寺 大雄寶殿 阿彌陀後佛壁畵 조성(『韓國의 佛畵 14 – 禪雲寺』) 畵員 수화승
◦ 1845년 전남 해남 大興寺 大寂光殿 法身中圍會三十七尊圖 조성(『韓國의 佛畵 31 – 大興寺』) 金魚 수화승
1845년 전남 해남 大興寺 大寂光殿 七星圖 조성(『韓國佛畵畵記集』과 『全南의 寺刹』 및 『韓國의 佛畵 31 – 大興寺』) 金魚 수화승
◦ 1847년 전남 순천 松廣寺 觀音殿 阿彌陀三尊後佛圖 조성(『韓國의 佛畵 6 – 松廣寺(上)』) 金魚 수화승
◦ 1854년 전남 구례 華嚴寺 羅漢殿 釋迦牟尼後佛圖 조성(河東 寒山寺 所藏, 『韓國의 佛畵 25 – 雙磎寺(上)』) 金魚 片手 수화승
◦ 연대미상 전남 구례 연곡사 神衆圖 조성(『전통사찰총서 6 – 전남의 전통사찰Ⅱ』)

녹관(祿寬 : -1841-) 19세기 중반에 활동한 불화승이다. 1841년에 수화승 용하천여와 순천 선암사 대승암 지장시왕도와 운수암 신중도를 조성하였다.

◦ 1841년 전남 순천 仙巖寺 大乘庵 地藏十王圖 조성(『韓國의 佛畵 12 – 仙巖寺』)8) 수화승 龍河天如
1841년 雲水庵 神衆圖 조성(『韓國의 佛畵 12 – 仙巖寺』) 수화승 龍河天如

뇌옥(雷玉 : -1745-) 18세기 중반에 활동한 불화승이다. 1745년에 수화승 서기와 경북 영주 부석사 괘불도를 조성할 때 가선대부嘉善大夫로 적혀있다.

▫ 1745년 경북 영주 浮石寺 掛佛圖 조성(『韓國의 佛畵 24 – 孤雲寺(下)』) 嘉善[9] 수화승
瑞氣

뇌현(雷現 : -1742-)* 18세기 중반에 활동한 불화승이다. 1742년에 수화승으
로 경북 포항 보경사 적광전 비로자나후불홍도毘盧遮那後佛紅圖를 조성하였다.

▫ 1742년 경북 포항 寶鏡寺 寂光殿 毘盧遮那後佛紅圖 조성(『韓國의 佛畵 38 – 佛國寺』)
畵員 수화승

능민(能旻 : -1882-)* 19세기 후반에 활동한 불화승이다. 1882년에 수화승으
로 전남 장성 정토사 청류암 관음전 신중도(담양 용화사 소장)를 조성하였다.

▫ 1882년 전남 장성 淨土寺 淸流庵 觀音殿암 神衆圖 조성(潭陽 龍華寺 所藏, 『韓國의 佛
畵 40 – 補遺』) 金魚 수화승

능범(能範 : -1897-) 19세기 후반에 활동한 불화승이다. 1897년에 수화승 정
연과 충북 보은 법주사 원통보전 관음도와 수화승 금호약효와 팔상도(녹원
전법상)를 조성하였다.

▫ 1897년 충북 보은 法住寺 圓通寶殿 觀音圖 조성(『韓國의 佛畵 17 – 法住寺』) 수화승 定鍊
1897년 충북 보은 法住寺 捌相殿 八相圖(鹿苑轉法相) 조성(『韓國의 佛畵 17 – 法住寺』)
수화승 錦湖若效

능성(能聖 : -1673-) 17세기 후반에 활동한 불화승이다. 1673년에 수화승 경
심과 전남 구례 천은사 괘불도를 조성하였다.

▫ 1673년 전남 구례 泉隱寺 掛佛圖 조성(『韓國의 佛畵 11 – 華嚴寺』) 수화승 敬心

능인(能忍 : -1788-) 18세기 후반에 경북 문경 대승사를 중심으로 활동한 불
화승이다. 1788년에 상겸과 경북 상주 남장사 불사에 참여하여 『불사성공록
佛事成功錄』에 대승양공大乘良工으로 적혀있다.

▫ 1788년 남장사 불사에 참여한 화승을 적은 『佛事成功錄』에 大乘良工으로 언급(이용윤,
「『佛事成功錄』을 통해 본 남장사 괘불」) 수화승 尙謙

능찬(能讚, 能贊 : -1764-) 18세기 중반에 활동한 불화승이다. 1764년에 수화
승 치삭과 경북 의성 대곡사 지장도와 원광대학교 박물관 소장 감로도를 조
성하였다.

▫ 1764년 경북 의성 大谷寺 地藏圖 조성(『韓國의 佛畵 23 – 孤雲寺(上)』) 수화승 稚朔
1764년 甘露圖 조성(圓光大學校 博物館 所藏, 『韓國의 佛畵 19 – 大學博物館(Ⅱ)』)[10]
수화승 雉翔

능파당(能波堂) 충현(忠賢) 참조

능필(楞弼 : -1884-) 19세기 후반에 활동한 불화승이다. 1884년에 수화승 하
은응상과 경북 예천 용문사 아미타후불도(문경 김용사 소장)과 십육나한도
를 조성하였다.

▫ 1884년 경북 예천 龍門寺 阿彌陀後佛圖 조성(聞慶 金龍寺 所藏, 『韓國의 佛畵 8 – 直指
寺(上)』)[11] 수화승 霞隱應祥
1884년 경북 예천 龍門寺 十六羅漢圖 조성(『韓國의 佛畵 9 – 直指寺(下)』) 수화승
霞隱應祥

능학 1(能學 : -1655-1687-)* 17세기 중반에 마곡사를 중심으로 활동한 불화 승이다. 1655년에 수화승 혜희가 충북 보은 법주사 목조관음보살좌상을 제 작할 때 산중 노덕으로 언급되고, 1687년에 수화승으로 충남 공주 마곡사 괘불도를 조성하였다.

- 1655년 충북 보은 법주사 목조관음보살좌상 제작 시 산중 노덕으로 언급(發願文) 수화 승 惠熙
- 1687년 충남 공주 麻谷寺 掛佛圖 조성(『韓國의 佛畵 16 – 麻谷寺(下)』) 畵師 수화승 ※ 능학 1은 두 명일 가능성이 있다.

능학 2(能學 : -1744-) 18세기 중반에 활동한 불화승이다. 1744년에 수화승 효안과 경남 고성 옥천사 영산회상도와 명부전 지장도를 조성하였다.

- 1744년 경남 고성 玉泉寺 靈山會上圖 조성(『韓國佛畵畵記集』) 수화승 曉岸
  1744년 경남 고성 玉泉寺 冥府殿 地藏圖 조성(『韓國의 佛畵 25 – 雙磎寺(上)』) 수화 승 曉岸

능현(能現 : -1723-) 18세기 전반에 활동한 불화승이다. 1723년에 경북 안동 부석사 안양문 중수 시 참여하였다.

- 1723년 경북 안동 浮石寺 「安養門重修記」에 언급(「浮石寺資料」, 『佛敎美術』 3)

능협(能洽 : -1781-) 18세기 후반에 활동한 불화승이다. 1781년에 수화승 승 윤과 경남 하동 쌍계사 삼세불도(석가모니불)와 삼장도를 조성하였다.

- 1781년 경남 하동 쌍계사 三世佛圖(釋迦牟尼佛) 조성(『韓國의 佛畵 25 – 雙磎寺(上)』) 수화승 勝允
  1781년 경남 하동 쌍계사 三藏圖 조성(『韓國의 佛畵 25 – 雙磎寺(上)』) 수화승 勝允

능호(能昊, 能浩 : -1878-1893-)* 대우당(大愚堂) 19세기 후반에 활동한 불화승 이다. 1878년에 수화승 천기와 경기 수원 봉령사 석가모니후불도와 칠성도 를, 1882년에 수화승 혜과봉간과 경기 남양주 견성암 시왕도를, 1884년에 수화승 금호약효와 칠갑산 정혜사 극락전 칠성도(공주 마곡사 소장)를, 1885 년에 수화승 수룡기전과 경남 합천 해인사 대적광전 삼장도를, 1887년에 수 화승 상옥과 충남 서산 개심사 칠성도와 수화승 법융과 충남 공주 갑사 신흥 암 신중도 및 공주 신원사 영원전 신중도를 그렸다. 1890년에 수화승으로 전남 나주 다보사 십육나한도를, 1892년에 수화승 연하계창과 전북 익산 심 곡사 아미타후불도와 수화승 금호약효와 문수사 신장도(예산 수덕사 소장) 를, 1893년에 보덕사 관음전 아미타후불도(예산 수덕사 소장), 서울 지장사 대웅전 지장보살도와 감로왕도, 전북 진안 천황사 대웅전 신중도를 조성하 였다.

- 1878년 경기 수원 奉寧寺 七星圖 조성(『韓國의 佛畵 29 – 龍珠寺(下)』) 수화승 天基
  1878년 경기 수원 奉寧寺 釋迦牟尼後佛圖 조성(『韓國의 佛畵 28 – 龍珠寺(上)』) 수화 승 天基
- 1882년 경기 남양주 見聖庵 十王圖 조성(『韓國佛畵畵記集』) 수화승 慧果奉侃
- 1884년 칠갑산 定慧寺 極樂殿 七星圖 조성(公州 麻谷寺 所藏, 『韓國의 佛畵 16 – 麻谷

寺(下)』) 수화승 錦湖若效
◦ 1885년 경남 합천 海印寺 大寂光殿 三藏圖 조성(『韓國의 佛畵 4 – 海印寺(上)』) 出艸
수화승 繡龍琪銓
◦ 1887년 충남 서산 開心寺 七星圖 조성(『韓國의 佛畵 27 – 修德寺』) 出草 수화승 祥玉
1887년 충남 공주 甲寺 新興庵 神衆圖 조성(『韓國의 佛畵 15 – 麻谷寺(上)』) 出草 沙
彌 수화승 法□12)
1887년 충남 공주 新元寺 靈源殿 神衆圖 조성(『韓國의 佛畵 15 – 麻谷寺(上)』) 沙彌
수화승 法融
◦ 1889년 충남 공주 麻谷寺 尋劍堂 現王圖 조성(佛敎中央博物館 所藏, 『韓國의 佛畵 40
– 補遺』) 沙彌 畵師 수화승
◦ 1890년 전남 나주 多寶寺 十六羅漢圖 조성(『羅州市의 文化遺蹟』) 金魚13) 수화승
◦ 1892년 전북 익산 深谷寺 阿彌陀後佛圖 조성(『韓國의 佛畵 13 – 金山寺』) 수화승 蓮河
啓昌
1892년 文殊寺 神將圖 조성(禮山 修德寺 所藏, 『韓國의 佛畵 27 – 修德寺』) 出草 수
화승 錦湖若效
◦ 1893년 報德寺 觀音殿 阿彌陀後佛圖 조성(禮山 修德寺 所藏, 『韓國의 佛畵 27 – 修德寺』)
出草 수화승 錦湖若效
1893년 서울 地藏寺 大雄殿 地藏菩薩圖 조성(『서울전통사찰불화』와 『韓國佛畵畵記
集』 및 『韓國의 佛畵 34 – 曹溪寺(上)』) 수화승 錦湖若效
1893년 서울 地藏寺 大雄殿 甘露王圖 조성(『서울전통사찰불화』와 『韓國佛畵畵記集』)
수화승 錦湖若効
1893년 전북 진안 天皇寺 大雄殿 神衆圖 조성(『韓國의 佛畵 13 – 金山寺』) 수화승
錦湖若效

능화(陵花 : -1800-) 19세기 전반에 활동한 불화승이다. 1800년에 수화승 신
겸과 경북 청송 대전사 주왕암 나한전 석가모니후불도를 조성하였다.
◦ 1800년 경북 청송 大典寺 周王庵 羅漢殿 釋迦牟尼後佛圖 조성(『韓國의 佛畵 30 – 銀海
寺』) 수화승 信謙

[주]

1) 『掛佛調査報告書 Ⅱ』, 국립문화재연구소, 2000, pp.126-127에 懶洽으로 읽었다.
2) 『韓國의 佛畵 19 - 大學博物館(Ⅱ)』, 성보문화재연구원, 1999, p.216 圖35에 大谷□로 나와 있다.
3) 『韓國의 佛畵 19 - 大學博物館(Ⅱ)』, p.216 圖35에 大谷□로 나와 있다.
4) 洪潤植 編, 『韓國佛畵畵記集』, 가람사연구소, 1995, pp.60-61에 □翼으로 읽었다.
5) 洪潤植 編, 앞의 책, pp.190-191에 불화승이 언급되어 있지 않았다.
6) 『仙巖寺』, 남도불교문화연구회, 1992, pp.185-186에 釆淳으로 나와 있다.
7) 洪潤植 編, 위의 책, p.246에 圓賈乃至로 읽었다.
8) 洪潤植 編, 위의 책, p.246에 祿寶로 읽었다.
9) 洪潤植 編, 위의 책, p.133에 □玉로 읽었다.
10) 『韓國의 佛畵 19 - 大學博物館(Ⅱ)』, p.216 圖35에 大谷□로 나와 있다.
11) 洪潤植 編, 위의 책, pp.310-311에 靈山會上圖로 명명하였다.
12) 『韓國의 佛畵 15 - 麻谷寺(上)』, p.227 圖46에 수화승을 法□로 읽었지만, 같이 그려진 공주 신원사 영원전 신중도를 보면 法融으로 추정할 수 있다.
13) 『羅州市의 文化遺蹟』, 국립목포대학교박물관, 1989, p.250에 大愚能困으로 읽었다.

단회(端誨 : -1781-) 18세기 후반에 활동한 불화승이다. 수화승 승윤과 1781 년에 경남 하동 쌍계사 삼세불도(석가모니불)과 삼장도를 조성하였다.

> ◦ 1781년 경남 하동 雙溪寺 三世佛圖(釋迦牟尼佛) 조성(『韓國의 佛畵 25 − 雙磎寺(上)』)[1) 수화승 勝允
> 1781년 경남 하동 雙溪寺 三藏圖 조성(『韓國의 佛畵 25 − 雙磎寺(上)』)[2) 수화승 勝允

달계(怛桂 : -1757-) 18세기 중반에 활동한 불화승이다. 1757년에 정성왕후貞 聖王后 홍릉弘陵 조성소 화승畵僧으로 참여하였다.

> ◦ 1757년 『貞聖王后弘陵山陵都監儀軌』 造成所 畵僧(奎章閣 13591호, 朴廷蕙, 「儀軌를 통 해서 본 朝鮮時代의 畵員」 자료1)
> ※ 달계는 탄계와 동일인으로 추정된다.

달민(達敏, 達玟 : -1898-1904-) 19세기 후반부터 20세기 전반까지 활동한 불 화승이다. 1898년에 수화승 봉호와 경북 의성 수정암 대광전 신중도를, 1900 년에 수화승 긍엽과 경북 영천 영지사 명부전 지장도(영천 영지사 소장)를, 1903년에 수화승 월연관혜와 경북 경주 기림사 칠성도와 각부도各部圖를, 1904년에 수화승 환월상휴와 경남 양산 통도사 비로암 구품도九品圖와 칠성 도 및 아미타후불도(부산 청송암 소장)를 조성하였다.

> ◦ 1898년 경북 의성 水淨庵 大光殿 神衆圖 조성(『韓國의 佛畵 23 − 孤雲寺(上)』) 수화승 奉旲
> ◦ 1900년 경북 영천 靈芝寺 冥府殿 地藏圖 조성(永川 靈地寺 所藏, 『韓國의 佛畵 − 30 − 銀海寺』) 수화승 亘燁
> ◦ 1903년 경북 경주 祇林寺 七星圖 조성(『韓國의 佛畵 38 − 佛國寺』) 수화승 月淵貫惠
> 1903년 경북 경주 祇林寺 七星各部圖 조성(『韓國의 佛畵 38 − 佛國寺』) 수화승 貫惠
> ◦ 1904년 경남 양산 通度寺 毘盧庵 九品圖 조성(『韓國의 佛畵 1 − 通度寺(上)』)[3) 수화승 煥月尙休
> 1904년 경남 양산 通度寺 毘盧庵 七星圖 조성(『韓國의 佛畵 2 − 通度寺(中)』)[4) 수화 승 煥月尙休
> 1904년 경남 양산 通度寺 阿彌陀後佛圖 조성(釜山 靑松庵 所藏, 『韓國의 佛畵 3 − 通 度寺(下)』) 수화승 煥月尙休

달순(達順, 達淳 : -1900-) 20세기 전반에 활동한 불화승이다. 수화승 긍엽과 1900년에 경북 영천 영지사 명부전 지장도와 대웅전 신중도를, 제작연대를

알 수 없는 경북 영천 은해사 백흥암 극락전 지장도를 수화승 벽산찬규와 조
성하였다.

· 1900년 경북 영천 靈芝寺 冥府殿 地藏圖 조성(永川 靈地寺 所藏, 『韓國의 佛畵 30 – 銀
海寺』) 수화승 亘燁
1900년 경북 영천 靈芝寺 大雄殿 神衆圖 조성(永川 靈地寺 所藏, 『韓國의 佛畵 30 –
銀海寺』) 수화승 亘燁
· 연대미상 경북 영천 銀海寺 百興庵 極樂殿 地藏圖 조성(『韓國의 佛畵 30 – 銀海寺』) 수
화승 碧山璨奎

달연(達連, 達蓮 : -1765-1787-) 18세기 후반에 활동한 불화승이다. 1765년에
수화승 자인과 경북 안동 봉정사 감로왕도를, 1787년에 수화승 계심과 전북
고창 선운사 불상을 개금하였다.

· 1765년 경북 안동 鳳停寺 甘露王圖 조성(『韓國佛畵畵記集』) 수화승 自仁
· 1787년 전북 고창 선운사 불상 개금(『한국의 사찰문화재–전라북도·제주도』) 수화승
戒心

달오(達悟 : -1849-1856-) 19세기 중반에 활동한 불화승이다. 수화승 금암천
여와 1849년에 전남 순천 선암사 대웅전 삼장도와 지장전 지장도를, 1855년
에 경남 남해 화방사 지장도와 여수 흥국사 극락암 칠성도를, 1856년에 선조
암 아미타후불홍도阿彌陀後佛紅圖와 신장도(순천 선암사 소장)를 조성하였다.

· 1849년 전남 순천 仙巖寺 大雄殿 三藏圖 조성(『韓國의 佛畵 12 – 仙巖寺』) 수화승 錦庵
天如
1849년 전남 순천 仙巖寺 地藏殿 地藏圖 조성(『韓國의 佛畵 12 – 仙巖寺』) 수화승 金
庵天如
· 1855년 경남 남해 花芳寺 地藏圖 조성(『韓國의 佛畵 25 – 雙磎寺(上)』) 수화승 錦庵天如
1855년 전남 여수 興國寺 極樂殿 七星圖 조성(『韓國佛畵畵記集』) 수화승 錡衍
· 1856년 禪助庵 阿彌陀後佛紅圖 조성(順天 仙巖寺 所藏, 『韓國의 佛畵 12 – 仙巖寺』)[5]
수화승 錦庵天如
1856년 禪助庵 山神圖 조성(順天 仙巖寺 所藏, 『韓國의 佛畵 12 – 仙巖寺』) 수화승
錦庵天如

달인(達仁 : -1803-1811-) 19세기 전반에 활동한 불화승이다. 1803년에 수화
승 홍안과 경북 문경 김용사 석가모니후불도, 응진전 후불도, 신중도를, 수화
승 수연과 경북 의성 성적암 지장도(의성 지장사 소장)를 그렸다. 1804년에
수화승 홍안과 경북 문경 혜국사 석가모니후불도와 수화승 신겸과 신중도를,
1811년에 수화승 수연과 경북 문경 운암사 영산회상도를 조성하였다.

· 1803년 경북 문경 金龍寺 釋迦牟尼後佛圖 조성(『韓國의 佛畵 8 – 直指寺(上)』)[6] 수화승
弘眼
1803년 경북 문경 金龍寺 應眞殿 後佛圖 조성(『韓國의 佛畵 8 – 直指寺(上)』) 수화승
弘眼
1803년 경북 문경 金龍寺 神衆圖 조성(『韓國의 佛畵 8 – 直指寺(上)』) 수화승 弘眼
1803년 경북 의성 性寂庵 地藏圖 조성(義城 地藏寺 所藏, 『韓國의 佛畵 23 – 孤雲寺
(上)』) 수화승 守衍
· 1804년 경북 문경 惠國寺 釋迦牟尼後佛圖 조성(『韓國의 佛畵 8 – 直指寺(上)』) 수화승
弘眼
1804년 경북 문경 惠國寺 神衆圖 조성(『韓國의 佛畵 8 – 直指寺(上)』) 수화승 愼謙

▫ 1811년 경북 문경 雲巖寺 靈山會上圖 조성(『韓國佛畵畵記集』)7) 수화승 守衍

달천(達天 : -1826-) 19세기 전반에 활동한 불화승이다. 1826년에 수화승 풍계순정과 전남 해남 대흥사 석가모니후불도를 조성하였다.

▫ 1826년 전남 해남 大興寺 釋迦牟尼後佛圖 조성(『韓國의 佛畵 31 - 大興寺』) 수화승 楓溪 舜靜

달행(達行 : -1792-) 18세기 후반에 활동한 불화승이다. 1792년에 수화승 임평과 연호사 신중도(양산 통도사 소장)를 조성하였다.

▫ 1792년 煙湖寺 神衆圖 조성(梁山 通度寺 所藏, 『韓國의 佛畵 1 - 通度寺(上)』) 수화승 任平

달현(達賢, 達玄 : -1898-1910-) 설저당(雪渚堂) 19세기 후반부터 20세기 전반까지 활동한 불화승이다. 1898년에 수화승 현웅봉호와 경북 의성 수정암 대광전 신중도를, 1900년에 수화승 긍엽과 경북 영천 영지사 명부전 지장도와 신중도(영천 영지사 소장)를, 1901년에 수화승 벽산찬규와 대구 달성 소재사 대웅전 석가모니후불도와 신중도를 조성하였다. 1905년에 수화승 초암세한과 대구 동화사 석가모니후불도와 십육나한도를, 1910년에 벽산찬규와 동화사 금당 수마제전 아미타후불도를 조성하였다.

▫ 1898년 경북 의성 水淨庵 大光殿 神衆圖 조성(『韓國의 佛畵 23 - 孤雲寺(上)』) 수화승 奉昊
▫ 1900년 경북 영천 靈芝寺 冥府殿 地藏圖 조성(永川 靈地寺 所藏, 『韓國의 佛畵 30 - 銀海寺』) 수화승 亘燁
1900년 경북 영천 靈芝寺 大雄殿 神衆圖 조성(永川 靈地寺 所藏, 『韓國의 佛畵 30 - 銀海寺』) 수화승 亘燁
▫ 1901년 대구 달성 消災寺 大雄殿 釋迦牟尼後佛圖 조성(『韓國의 佛畵 21 - 桐華寺(上)』) 수화승 碧山 粲奎
1901년 대구 달성 消災寺 神衆圖 조성(『韓國의 佛畵 21 - 桐華寺(上)』) 수화승 碧山 粲圭
▫ 1905년 대구 桐華寺 釋迦牟尼後佛圖 조성(『韓國의 佛畵 21 - 桐華寺(上)』) 수화승 草庵 世閑
1905년 대구 桐華寺 靈山殿 十六羅漢圖 조성(『韓國의 佛畵 22 - 桐華寺(下)』) 수화승 慧山竺衍
1905년 대구 桐華寺 靈山殿 十六羅漢圖 조성(『韓國의 佛畵 22 - 桐華寺(下)』) 수화승 允一
1905년 대구 桐華寺 靈山殿 十六羅漢圖 조성(『韓國의 佛畵 22 - 桐華寺(下)』) 수화승 草庵 世閑
▫ 1910년 대구 桐華寺 金塘 須摩提殿 阿彌陀後佛圖 조성(『韓國의 佛畵 21 - 桐華寺(上)』) 수화원 居士 碧山
▫ 연대미상 대구 달성 瑜伽寺 神衆圖 조성(『韓國의 佛畵 21 - 桐華寺(上)』) 수화승 碧山

달홍(達洪 : -1803-) 19세기 전반에 활동한 불화승이다. 1803년에 수화승 홍안과 경북 문경 김용사 응진전 후불도와 신중도를 조성하였다.

▫ 1803년 경북 문경 金龍寺 應眞殿 後佛圖 조성(『韓國의 佛畵 8 - 直指寺(上)』) 수화승 弘眼
1803년 경북 문경 金龍寺 神衆圖 조성(『韓國의 佛畵 8 - 直指寺(上)』) 수화승 弘眼

담성(曇成, 曇星 : -1863-) 19세기 중반에 활동한 불화승이다. 1863년에 수화승 설하관행과 경남 양산 통도사 수도암 석가모니후불홍도釋迦牟尼後佛紅圖

를, 수화승 의운자우와 경북 영천 묘각사 아미타후불도를 조성하였다.

  □ 1863년 경남 양산 通度寺 修道庵 釋迦牟尼後佛紅圖 조성(『韓國의 佛畵 3 – 通度寺(下)』)
  수화승 雪荷瓘幸
  1863년 경북 영천 妙覺寺 阿彌陀後佛圖 조성(『韓國의 佛畵 30 – 銀海寺』) 수화승 義
  雲慈雨

담숙(潭淑 : -1766-) 18세기 중반에 활동한 불화승이다. 1766년에 수화승 화
월두훈과 충북 보은 법주사 괘불도를 조성하였다.

  □ 1766년 충북 보은 法住寺 掛佛圖 조성(『韓國의 佛畵 17 – 法住寺』) 수화승 華月枓訓

담징(曇澄 : -1730-) 18세기 전반에 활동한 불화승이다. 1730년에 수화승 의
겸과 경남 고성 운흥사 괘불도, 감로도, 삼세불도(아미타불)를 조성하였다.

  □ 1730년 경남 고성 雲興寺 掛佛圖 조성(『韓國의 佛畵 26 – 雙磎寺(下)』) 수화승 義謙
  1730년 경남 고성 雲興寺 甘露圖 조성(『韓國의 佛畵 26 – 雙磎寺(下)』) 수화승 義謙
  1730년 경남 고성 雲興寺 三世佛圖(阿彌陀佛) 조성(『韓國의 佛畵 25 – 雙磎寺(上)』)[8]
  수화승 義謙

담혜(曇惠, 曇慧 : -1762-1764-) 18세기 중반에 활동한 불화승이다. 1762년에
수화승 진찰과 강원 홍천 수타사 석가모니후불도를, 1764년에 수화승 치삭과
경북 의성 대곡사 지장도를 조성하였다.

  □ 1762년 강원 洪川 壽陁寺 釋迦牟尼後佛圖 조성(『韓國의 佛畵 10 – 月精寺』) 수화승 震刹
  □ 1764년 경북 의성 大谷寺 地藏圖 조성(『韓國의 佛畵 23 – 孤雲寺(上)』) 수화승 稚朔
  1764년 甘露圖 조성(圓光大學校 博物館 所藏, 『韓國의 佛畵 19 – 大學博物館(Ⅱ)』)[9]
  수화승 雉翔

대관(大寬 : -1890-1898-) 19세기 후반에 활동한 불화승이다. 1890년에 수화
승 서암전기와 경남 합천 해인사 경학원經學院 아미타후불도를, 1898년에 수
화승 경선응석과 경기 파주 보광사 대웅전 칠성도를 조성하였다.

  □ 1890년 경남 합천 海印寺 經學院 阿彌陀後佛圖 조성(『韓國의 佛畵 4 – 海印寺(上)』) 수
  화승 瑞巖典琪
  □ 1898년 경기 파주 普光寺 大雄殿 七星圖 조성(『畿內寺院誌』와 『韓國佛畵畵記集』 및 『韓
  國의 佛畵 33 – 奉先寺』) 수화승 慶船應釋

대규(大奎 : -1891-) 19세기 후반에 활동한 불화승이다. 1891년에 수화승 축
연과 경기 안성 청원사 대웅전 아미타후불도를 조성하였다.

  □ 1891년 경기 안성 淸源寺 大雄殿 阿彌陀後佛圖 조성(『韓國의 佛畵 28 – 龍珠寺(上)』) 수
  화승 竺衍

대명당(大溟堂) 취일(取一) 참조

대범(大凡 : -1901-) 20세기 전반에 활동한 불화승이다. 1901년에 수화승 한
봉응작과 서울 연화사 천수천안관음도와 신중도를, 수화승 재겸과 서울 학도
사 신중도를 조성하였다.

  □ 1901년 서울 蓮華寺 千手千眼觀音圖 조성(『韓國의 佛畵 34 – 曹溪寺(上)』) 수화승 漢峰
  應作
  1901년 서울 蓮華寺 神衆圖 조성(『韓國의 佛畵 35 – 曹溪寺(中)』) 수화승 漢峰應作[10]
  1901년 서울 鶴到寺 神衆圖 조성(『서울전통사찰불화』와 『韓國佛畵畵記集』)[11] 수화승

在謙

대봉(大奉 : -1775-) 18세기 후반에 활동한 불화승이다. 1775년에 수화승 포관과 경남 양산 통도사 영산전 팔상도(도솔내의상)를 조성하였다.

　◦1775년 경남 양산 通度寺 靈山殿 八相圖(兜率來儀相) 조성(『韓國의 佛畵 2 – 通度寺(中)』) 수화승 抱冠

대성(大性 : -1770-) 18세기 후반에 활동한 불화승이다. 1770년에 수화승 화연과 광주 무등산 안심사에서 화엄도를 조성하여 전남 순천 송광사 화엄전에 봉안하였다.

　◦1770년 광주 無等山 安心寺에서 華嚴圖를 조성하여 순천 松廣寺 華嚴殿 봉안(『曹溪山松廣寺史庫』와 『韓國의 佛畵 6 – 松廣寺』)[12] 수화승 華蓮
　※ 대성은 육성일 가능성이 있다.

대송당(大凇堂) 성준(成俊) 참조

대심(大心 : -1905-) 20세기 전반에 활동한 불화승이다. 1905년에 수화승 계은봉법과 경기 여주 흥왕사 칠성도를 조성하였다.

　◦1905년 경기 여주 興旺寺 七星圖 조성(『韓國의 佛畵 29 – 龍珠寺(下)』) 수화승 啓恩奉法

대연(大演 : -1769-) 18세기 중반에 활동한 불화승이다. 1769년에 수화승 지□과 경북 경주 불국사 석가모니후불도를 조성하였다.

　◦1769년 경북 경주 佛國寺 釋迦牟尼後佛圖 조성(『韓國의 佛畵 38 – 佛國寺』) 수화승 智□[13]

대열(大悅 : -1757-) 18세기 중반에 활동한 불화승이다. 1757년에 정성왕후貞聖王后 홍릉弘陵 조성소 화승畵僧으로 참여하였다.

　◦1757년 『貞聖王后弘陵山陵都監儀軌』 造成所 畵僧(奎章閣 13591호, 朴廷蕙, 「儀軌를 통해서 본 朝鮮時代의 畵員」 자료1)

대우(大友 : -1905-) 20세기 전반에 활동한 불화승이다. 1905년에 수화승 초암세한과 대구 동화사 석가모니후불도와 십육나한도를, 수화승 혜산축연 및 윤일과 십육나한도를 조성하였다.

　◦1905년 대구 桐華寺 釋迦牟尼後佛圖 조성(『韓國의 佛畵 21 – 桐華寺(上)』) 수화승 草庵世閑
　1905년 대구 桐華寺 靈山殿 十六羅漢圖 조성(『韓國의 佛畵 22 – 桐華寺(下)』) 수화승 草庵世閑
　1905년 대구 桐華寺 靈山殿 十六羅漢圖 조성(『韓國의 佛畵 22 – 桐華寺(下)』) 수화승 慧山竺衍
　1905년 대구 桐華寺 靈山殿 十六羅漢圖 조성(『韓國의 佛畵 22 – 桐華寺(下)』) 수화승 允一

대우당(大愚堂) 봉민(奉珉, 奉玟) 참조

대우당(大愚堂) 봉하(奉河) 참조

대우당(大愚堂) 능호(能昊) 참조

대운(大云 : -1794-) 18세기 후반에 활동한 불화승이다. 1794년에 수화승 승초와 충남 공주 마곡사 백련정사 신중도(아산 세심사 소장)를 조성하였다.

- 1794년 충남 공주 麻谷寺 白蓮精舍 神衆圖 조성(牙山 洗心寺 所藏,『韓國의 佛畵 15 – 麻谷寺(上)』) 수화승 勝初

대운당(大雲堂) 봉하(奉河) 참조

※ 대우봉하와 동일인으로 추정된다.

대원(大園, 大遠 : -1844-1863-)* 송암당(松岩堂, 松巖堂) 19세기 중반에 활동한 불화승이다. 1844년에 수화승으로 서울 봉은사 명부전 현왕도와 수화승 인원 체정과 대웅전 신중도를 그렸다. 1856년에 수화승 인원체정과 서울 도선사 목조아미타삼존불좌상을 개금하고, 1863년에 수화승으로 강원 고성 화암사 지장시왕도를 제작하였다.

- 1844년 서울 奉恩寺 冥府殿 現王圖(『서울전통사찰불화』와 『韓國佛畵畵記集』) 金魚 수화승
  1844년 서울 奉恩寺 大雄殿 神衆圖 조성(『서울전통사찰불화』와 『韓國의 佛畵 35 – 曹溪寺(中)』)14) 수화승 仁源体定
- 1856년 서울 道詵寺 木造阿彌陀三尊佛坐像 개금(文明大,「印性派 木佛像의 조성과 道詵寺 木阿彌陀三尊像의 고찰」) 수화승 仁原體定
- 1863년 華嚴寺 地藏圖 조성(高城 禾巖寺 所藏,『한국의 사찰문화재–강원도』와 『韓國의 佛畵 37 – 新興寺』) 金魚 수화승

대유(大有 : -1904-) 20세기 전반에 활동한 불화승이다. 1904년에 수화승 동호진철과 경남 합천 해인사 홍제암弘濟庵 아미타삼존묵도阿彌陀三尊墨圖과 경북 문경 봉암사 구품도九品圖를 조성하였다.

- 1904년 경남 합천 海印寺 弘濟庵 阿彌陀三尊墨圖 조성(『韓國의 佛畵 4 – 海印寺(上)』) 수화승 東昊震爀
  1904년 경북 문경 鳳巖寺 九品圖 조성(『韓國의 佛畵 9 – 直指寺(下)』) 수화승 東昊震爀

대윤(大允 : -1794-1796-) 18세기 후반에 경기 양주를 중심으로 활동한 불화승이다. 1794년부터 1796년까지 화성 건립에 참여하여 1801년에 작성된 『화성성역의궤華城城役儀軌』에 양주목楊州牧 승려로 언급되어 있다.

- 1794년–1796년 화성 건립에 화원으로 참여(1801년 작성된 『華城城役儀軌』 卷4 工匠 畵工 條) 楊州牧

대은(大隱 : -1722-) 18세기 전반에 활동한 불화승이다. 1722년에 수화승 의겸과 경남 진주 청곡사 괘불도를 조성하였다.

- 1722년 경남 진주 靑谷寺 掛佛圖 조성(『韓國의 佛畵 5 – 海印寺(下)』)15) 수화승 義謙

대의(大義, 大儀 : -1791-1796-) 18세기 후반에 활동한 불화승이다. 1791년에 수화승 연홍과 경기 화성 장의사 지장도(화성 만의사 소장)를 조성하였다. 1794년부터 1796년까지 화성 건립에 참여하여 1801년에 작성된 『화성성역의궤華城城役儀軌』에 양주목楊州牧 승려로 언급되어 있다.

- 1791년 경기 화성 莊儀寺 地藏圖 조성(華城 萬儀寺 所藏,『韓國의 佛畵 28 – 龍珠寺(上)』) 수화승 演泓

　□ 1794년–1796년 화성 건립에 화원으로 참여(1801년 작성된『華城城役儀軌』 卷4 工匠 畵工 條) 楊州牧

대익(大益 : -1821-) 19세기 전반에 활동한 불화승이다. 1821년에 수화승 한암의은과 강원 양양 영혈사 아미타후불도를 조성하였다.
　□ 1821년 강원 양양 靈穴寺 阿彌陀後佛圖 조성(『韓國의 佛畵 37 – 新興寺』) 수화승 漢菴義銀

대인 1(大仁 : -1817-) 19세기 전반에 활동한 불화승이다. 1817년에 수화승 운곡언보와 경북 청도 병사餠寺 석가모니후불홍도釋迦牟尼後佛紅圖를 조성하였다.
　□ 1817년 경북 청도 餠寺 釋迦牟尼後佛紅圖 조성(淸道 德寺 所藏,『韓國의 佛畵 21 – 桐華寺(上)』) 수화승 雲谷言輔

대인 2(大仁 : -1898-1903-) 재희당(在喜堂) 19세기 후반부터 20세기 전반까지 활동한 불화승이다. 1898년에 수화승 한곡돈법과 경기 광주 명성암 칠성도를, 1902년에 수화승 벽산찬규와 경북 경주 분황사 보광전 약사후불도를, 1903년에 수화승 월연관혜과 경북 경주 기림사 칠성도를 조성하였다.
　□ 1898년 경기 광주 明性庵 七星圖 조성(『畿內寺院誌』와 『韓國佛畵畵記集』, 및『韓國의 佛畵 36 – 曹溪寺(下)』) 沙彌 수화승 漢谷頓法
　□ 1902년 경북 경주 芬皇寺 普光殿 藥師後佛圖 조성(『韓國의 佛畵 38 – 佛國寺』) 수화승 碧山璨圭
　□ 1903년 경북 경주 祇林寺 七星圖 조성(『韓國의 佛畵 38 – 佛國寺』) 수화승 月淵貫惠

대일 1(大一 : -1788-) 18세기 후반에 경북 문경 대승사를 중심으로 활동한 불화승이다. 1788년에 상겸과 경북 상주 남장사 불사에 참여하여『불사성공록佛事成功錄』에 대승양공大乘良工으로 적혀있다.
　□ 1788년 남장사 불사에 참여한 화승을 적은『佛事成功錄』에 大乘良工으로 언급(이용윤,「『佛事成功錄』을 통해 본 남장사 괘불」) 수화승 尙謙
　※ 대일 1은 태일 1과 동일인으로 추정된다.

대일 2(大一 : -1896-) 19세기 후반에 활동한 불화승이다. 1896년에 수화승 덕산묘화와 대구 동화사 사천왕도(지국천왕과 다문천왕)를 조성하였다.
　□ 1896년 대구 동화사 四天王圖(持國天王) 조성(『韓國의 佛畵 21 – 桐華寺(上)』) 수화승 德山妙華
　1896년 대구 桐華寺 四天王圖(多聞天王) 조성(『韓國의 佛畵 21 – 桐華寺(上)』) 수화승 友松爽洙

대전(大電 : -1876-1879-)* 수룡당(繡龍堂, 水龍堂) 19세기 중·후반에 활동한 불화승이다. 수화승으로 1876년에 경남 합천 해인사 관음전 수월관음도(동국대학교 박물관 소장)와 대구 동화사 내원암 칠성도(치성광여래)를, 1879년에 전북 완주 위봉사 태조암 석가모니후불도를 조성하였다.
　□ 1876년 경남 합천 海印寺 觀音殿 水月觀音圖 조성(東國大學校 博物館 所藏,『韓國의 佛畵 18 – 大學博物館(Ⅰ)』) 良工 수화승
　1876년 대구 桐華寺 內院庵 七星圖(熾盛光如來) 조성(『韓國의 佛畵 22 – 桐華寺(下)』) 金魚 수화승
　□ 1879년 전북 완주 威鳳寺 太祖庵 釋迦牟尼後佛圖 조성(『韓國의 佛畵 13 – 金山寺』) 金魚

片手 수화승
※ 수룡대전과 수룡기전은 동일인으로 추정된다.

대진(大眞 : -1907-1910-) 20세기 전반에 활동한 불화승이다. 1907년에 수화승 보응문성과 충남 공주 신원사 대웅전 석가모니후불도와 신중도 및 칠성도를, 1910년에 수화승 융파법융과 충남 공주 갑사 팔상전 석가모니후불도와 수화승 금호약효와 대웅전 신중도를 조성하였다.

> ∘ 1907년 충남 공주 新元寺 大雄殿 釋迦牟尼後佛圖 조성(『韓國의 佛畵 15 – 麻谷寺(上)』) 沙彌 수화승 普應文性
> 1907년 충남 공주 新元寺 大雄殿 神衆圖 조성(『韓國의 佛畵 15 – 麻谷寺(上)』) 沙彌 수화승 普應文性
> 1907년 충남 공주 新元寺 七星圖 조성(『韓國의 佛畵 16 – 麻谷寺(下)』) 수화승 普應文性
> ∘ 1910년 충남 공주 甲寺 八相殿 釋迦牟尼後佛圖 조성(『韓國의 佛畵15 – 麻谷寺(上)』) 수화승 隆坡法融
> 1910년 충남 공주 甲寺 大雄殿 神衆圖 조성(『韓國의 佛畵 15 – 麻谷寺(上)』) 수화승 錦湖若效

대징(大澄 : -1781-)* 18세기 후반에 활동한 불화승이다. 1781년에 수화승으로 경북 선산 수다사 현왕도(예천 용문사 소장)를 조성하였다.

> ∘ 1781년 경북 선산 水多寺 現王圖 조성(醴泉 龍門寺 所藏, 『韓國의 佛畵 9 – 直指寺(下)』) 畵工 수화승

대한(對閑, 帶閑 : -1759-1765-) 18세기 중반에 활동한 불화승이다. 1759년에 수화승 비현과 전남 여수 흥국사 괘불도를, 1765년에 수화승 □□와 전남 순천 해천사 삼세후불도(석가모니불, 순천 선암사 소장)를 조성하였다.

> ∘ 1759년 전남 여수 興國寺 掛佛圖 조성(『韓國의 佛畵 11 – 華嚴寺』) 수화승 丕賢
> ∘ 1765년 전남 순천 海川寺 三世後佛圖(釋迦牟尼佛) 조성(順天 仙巖寺 所藏, 『韓國의 佛畵 12 – 仙巖寺』) 수화승 □□

대허당(大虛堂) 체훈(體訓) 참조

대현(大玄 : -1726-) 18세기 전반에 활동한 불화승이다. 1726년에 수화승 의겸과 전북 남원 실상사 지장도(동국대학교 박물관 소장)를 조성하였다.

> ∘ 1726년 전북 남원 實相寺 地藏圖 조성(東國大學校 博物館 所藏, 『韓國의 佛畵 18 – 大學博物館(Ⅰ)』) 수화승 義謙

대형(大炯, 大亨 : -1905-1907-) 20세기 전반에 활동한 불화승이다. 1905년에 수화승 금호약효와 충남 공주 마곡사 대웅보전 삼세불도(석가모니불과 약사불)와 삼장도를, 수화승 보응문성과 부산 범어사 팔상전 영산회상도와 수화승 수화승 금호약효와 괘불도를 조성하였다. 1907년에 수화승 금호약효와 충남 공주 갑사 대적전 삼세후불도와 신향각 사천왕도와 수화승 융파법융과 대적전 사천왕도, 수화승 금호약효와 충북 영동 영국사 석가모니후불도와 전북 무주 원통사 원통보전 칠성도 및 충남 금산 신안사 석가모니후불도를 그렸다.

> ∘ 1905년 충남 공주 麻谷寺 大雄寶殿 三世佛圖(釋迦牟尼佛) 조성(『韓國의 佛畵 15 –麻谷寺(上)』) 수화승 錦湖若效

　1905년 충남 공주 麻谷寺 大雄寶殿 三世佛圖(藥師佛) 조성(『韓國의 佛畵 15 - 麻谷寺(上)』) 수화승 普應文性
　1905년 충남 공주 甲寺 大雄殿 三藏圖 조성(『韓國의 佛畵 15 - 麻谷寺(上)』) 수화승 錦湖若效
　1905년 부산 梵魚寺 捌相殿 靈山會上圖 조성(『梵魚寺聖寶博物館 名品圖錄』과 『韓國의 佛畵 32 - 梵魚寺』)16) 수화승 普應文性
　1905년 부산 梵魚寺 羅漢殿 靈山會上圖 조성(『梵魚寺聖寶博物館 名品圖錄』과 『韓國의 佛畵 32 - 梵魚寺』) 수화승 普應文性
　1905년 부산 梵魚寺 掛佛圖 조성(『梵魚寺聖寶博物館 名品圖錄』과 『韓國의 佛畵 32 - 梵魚寺』) 수화승 錦湖若效
　◦1907년 충남 공주 岬寺 新香閣 四天王圖 조성(『韓國의 佛畵 15 - 麻谷寺(上)』) 수화승 錦湖若效
　1907년 충남 공주 甲寺 大寂殿 三世後佛圖 조성(『韓國의 佛畵 15 - 麻谷寺(上)』) 수화승 錦湖若效
　1907년 충남 공주 甲寺 大寂殿 四天王圖 조성(『韓國의 佛畵 15 - 麻谷寺(上)』) 수화승 隆坡法融
　1907년 충북 영동 寧國寺 釋迦牟尼後佛圖 조성(『韓國의 佛畵 17 - 法住寺』) 수화승 錦湖若效
　1907년 전북 무주 圓通寺 圓通寶殿 七星圖 조성(『韓國의 佛畵 13 - 金山寺』) 수화승 錦湖若效
　1907년 충남 금산 身安寺 釋迦牟尼後佛圖 조성(『韓國의 佛畵 15 - 麻谷寺(上)』) 수화승 錦湖若效

대호(大護 : -1903-) 20세기 전반에 활동한 불화승이다. 1903년에 수화승 금호약효와 대법산 원흥사 독성도(남양주 봉선사 소장)를 조성하였다.
　◦1903년 大法山 元興寺 獨聖圖 조성(南楊州 奉先寺 所藏, 『韓國의 佛畵 33 - 奉先寺』) 수화승 金浩若效

대홍(大洪 : -1883-1893-) 19세기 후반에 활동한 불화승이다. 1883년에 수화승 금운긍률과 경북 청도 운문사 구품도를, 1892년에 수화승 서암전기와 경남 합천 해인사 괘불도와 대적광전 팔상도(유성출가상)를, 1893년에 수화승 봉의와 경남 고성 옥천사 연대암 칠성도를 조성하였다.
　◦1883년 경북 淸道 雲門寺 九品圖 조성(『韓國의 佛畵 21 - 桐華寺(上)』) 수화승 肯律
　◦1892년 경남 합천 海印寺 掛佛圖 조성(『韓國의 佛畵 - 5 海印寺(下)』)17) 수화승 瑞庵典琪
　1892년 경남 합천 海印寺 大寂光殿 八相圖(踰城出家相) 조성(『韓國의 佛畵 5 - 海印寺(下)』) 수화승 瑞巖典琪
　◦1893년 경남 고성 玉泉寺 蓮臺庵 七星圖 조성(『韓國의 佛畵 26 - 雙磎寺(下)』) 수화승 奉宜

대흥(大興 : -1907-1917-) 속성 황黃씨, 20세기 전반에 충남 공주 동학사東鶴寺에 거주하며 활동한 불화승이다. 1907년에 수화승 금호약효와 전북 무주 원통사 원통보전 칠성도, 충남 공주 갑사 대적전 삼세후불도, 충남 금산 신안사 석가모니후불도, 충북 영동 영국사 석가모니후불도를, 수화승 보응문성과 공주 신원사 대웅전 석가모니후불도와 신중도 등을 그렸다. 1910년에 수화승 봉주와 마곡사 대웅보전 신중도를, 수화승 금호약효와 마곡사 천왕문 중수에 참여하였다. 1911년에 수화승 혜산축연과 충남 금산 보석사 대웅전 석가모니

후불도를, 1912년에 수화승 문고산과 보석사 대웅전 신중도와 수화승 금호약
효와 마곡사 영은암 신중도를, 1913년에 수화승 정연과 전북 익산 숭림사 보
광전 삼세후불도를, 수화승 화삼과 1916년에 전북 전주 학소암 자음전 칠성
도와 독성도, 1917년에 전북 완주 화암사 괘불도와 극락전 칠성도를 그렸다.

　▫1907년 전북 무주 圓通寺 圓通寶殿 七星圖 조성(『韓國의 佛畫 13 - 金山寺』) 수화승 錦
　　湖若效
　　1907년 충남 공주 甲寺 大寂殿 三世後佛圖 조성(『韓國의 佛畫 15 - 麻谷寺(上)』) 수화
　　승 錦湖若效
　　1907년 충남 금산 身安寺 釋迦牟尼後佛圖 조성(『韓國의 佛畫 15 - 麻谷寺(上)』) 수화
　　승 錦湖若效
　　1907년 충남 공주 新元寺 大雄殿 釋迦牟尼後佛圖 조성(『韓國의 佛畫 15 - 麻谷寺(上)』)
　　수화승 普應文性
　　1907년 충남 공주 新元寺 大雄殿 神衆圖 조성(『韓國의 佛畫 15 - 麻谷寺(上)』) 수화승
　　普應文性
　　1907년 충남 공주 新元寺 七星圖 조성(『韓國의 佛畫 16 - 麻谷寺(下)』) 수화승 普應文性
　　1907년 충북 영동 寧國寺 釋迦牟尼後佛圖 조성(『韓國의 佛畫 17 - 法住寺』) 수화승
　　錦湖若效
　▫1910년 충남 공주 麻谷寺 大雄寶殿 神衆圖 조성(『韓國의 佛畫 15 - 麻谷寺(上)』) 수화승
　　奉珠
　　1910년 충남 공주 麻谷寺 天王門 重修(「泰華山麻谷寺天王門重修記」) 수화승 錦湖若效
　▫1911년 충남 금산 寶石寺 大雄殿 釋迦牟尼後佛圖 조성(『韓國의 佛畫 15 - 麻谷寺(上)』)
　　東鶴寺 수화승 惠山竺衍
　▫1912년 충남 금산 寶石寺 大雄殿 神衆圖 조성(『韓國의 佛畫 15 - 麻谷寺(上)』) 수화승
　　文古山
　　1912년 충남 공주 麻谷寺 灵隱庵 神衆圖 조성(『韓國의 佛畫 15 - 麻谷寺(上)』) 수화승
　　錦湖若效
　▫1913년 전북 익산 崇林寺 普光殿 三世後佛圖 조성(『韓國의 佛畫 13 - 金山寺』) 수화승
　　定淵
　▫1916년 전북 전주 鶴巢菴 慈蔭殿 七星圖 조성(『韓國의 佛畫 13 - 金山寺』) 수화승 化三
　　1916년 전북 전주 鶴巢菴 慈蔭殿 獨聖圖 조성(『韓國의 佛畫 13 - 金山寺』) 수화승 化三
　▫1917년 전북 완주 花岩寺 掛佛圖 조성(『韓國의 佛畫 13 - 金山寺』) 수화승 化三
　　1917년 전북 완주 花巖寺 極樂殿 七星圖 조성(『韓國의 佛畫 13 - 金山寺』) 수화승 化三

덕름(德凜 : -1690-) 17세기 후반에 활동한 불화승이다. 1690년에 수화승 해
숙과 충남 홍성 용봉사 괘불도를 조성하였다.

　▫1690년 충남 홍성 龍鳳寺 掛佛圖 조성(1725년 重修, 『韓國의 佛畫 27 - 修德寺』) 수화승
　　海淑

덕림(德林 : -1890-1893-) 19세기 후반에 활동한 불화승이다. 1890년에 수화
승 서암전기와 경남 합천 해인사 경학원經學院 아미타후불도를, 1891년에 수
화승 □규와 부산 범어사 극락암 칠성도를, 1893년에 수화승 해규와 경남 양
산 통도사 극락보전 신중도를 조성하였다.

　▫1890년 경남 합천 海印寺 經學院 阿彌陀後佛圖 조성(『韓國의 佛畫 4 - 海印寺(上)』) 수
　　화승 瑞巖典琪
　▫1891년 부산 梵魚寺 極樂菴 七星圖 조성(『梵魚寺聖寶博物館 名品圖錄』과 『韓國의 佛畫
　　32 - 梵魚寺』) 수화승 □奎

◦ 1893년 경남 양산 通度寺 極樂寶殿 神衆圖 조성(『韓國의 佛畵 1 – 通度寺(上)』) 수화승
海珪

덕문(德文 : -1803-) 19세기 전반에 활동한 불화승이다. 1803년에 수화승 제
한과 경북 김천 직지사 괘불도를 조성하였다.

◦ 1803년 경북 김천 直指寺 掛佛圖 조성(『韓國의 佛畵 9 – 直指寺(下)』) 수화승 濟閑

덕민 1(德敏 : -1730-) 17세기 전반에 활동한 불화승이다. 1730년에 수화승
의겸과 충남 공주 갑사 대웅전 삼세불도(석가모니불)를 조성하였다.

◦ 1730년 충남 공주 甲寺 大雄殿 三世佛圖(釋迦牟尼佛) 조성(『韓國의 佛畵 15 – 麻谷寺(上)』)[18]
수화승 義謙

덕민 2(德旻, 德敏 : -1788-1798-) 18세기 후반에 활동한 불화승이다. 1788년
에 수화승 용봉경환과 경북 상주 남장사 괘불도를, 1794년에 수화승 설훈과
경남 산청 대원사 신중도를, 1798년에 수화승 보훈과 백운산 불지암 신중도
(국립중앙박물관 소장)와 고령산 불지암 현왕도(국립중앙박물관 소장)를 조성
하였다. 1788년에 상겸 등과 남장사 불사 참여 시 경성양공京城良工으로,
1798년에 고령산 불지암 현왕도 조성 시 산인山人으로 언급되어 있다.

◦ 1788년 경북 상주 南長寺 掛佛圖 조성(『韓國의 佛畵 9 – 直指寺(下)』)[19] 수화승 龍峰敬還
1788년 남장사 불사에 참여한 화승을 적은 『佛事成功錄』에 京城良工으로 언급(이용
윤, 「『佛事成功錄』을 통해 본 남장사 괘불」) 수화승 尙謙
◦ 1794년 경남 산청 大源寺 神衆圖 조성(『韓國의 佛畵 4 – 海印寺(上)』) 수화승 雪訓
◦ 1798년 白雲山 佛地庵 神衆圖 조성(國立中央博物館 所藏, 『韓國의 佛畵 39 – 國·公立
博物館』) 수화승 普訓
1798년 古靈山 佛地庵 現王圖 조성(國立中央博物館 所藏, 『韓國의 佛畵 39 – 國·公
立博物館』)[20] 山人 都片手 수화승 普訓

덕산당(德山堂) 묘화(妙華) 참조

덕선(德先 : -1803-) 19세기 전반에 활동한 불화승이다. 1803년에 수화승 제
한과 경북 김천 직지사 괘불도를 조성하였다.

◦ 1803년 경북 김천 直指寺 掛佛圖 조성(『韓國의 佛畵 9 – 直指寺(下)』) 수화승 濟閑

덕성(德性 : -1870-) 19세기 후반에 활동한 불화승이다. 1870년에 수화승 금
암천여와 경남 남해 용문사 괘불도를 개조改造하였다.

◦ 1870년 경남 남해 龍門寺 掛佛圖 改造(『韓國의 佛畵 26 – 雙磎寺(下)』) 수화승 錦岩天如

덕송당(德松堂) 치형(侈亨) 참조

덕순 1(德淳 : -1739-) 18세기 중반에 활동한 불화승이다. 1739년에 수화승
초흠과 서울 학림사 괘불도를 조성하였다.

◦ 1739년 서울 鶴林寺 掛佛圖 造成 추정(박도화, 「鶴林寺 毘盧遮那三身掛佛幀畵」와 『韓國
의 佛畵 35 – 曹溪寺(中)』)[21] 수화승 楚欽

덕순 2(德順, 德淳 : -1860-) 19세기 중반에 활동한 불화승이다. 수화승 해운
익찬과 1860년에 경남 하동 쌍계사 명부전 지장도와 1862년에 전남 구례 화

엄사 명부전 지장도를, 1874년에 수화승 한봉창엽과 경기 안성 청룡사 명부
전 지장도를, 수화승 화산재근과 1875년에 서울 화계사 아미타후불도와
1876년에 화계사 명부전 시왕도를, 수화승 보훈과 전북 부안 칠성암 지장도
(원광대학교 박물관 소장)를, 1878년에 수화승 화산재근과 화계사 명부전 지
장도를 조성하였다.

- 1860년 경남 하동 雙磎寺 冥府殿 地藏圖 조성(『韓國의 佛畵 25 – 雙磎寺(上)』) 수화승
  海雲益讚
- 1862년 전남 구례 華嚴寺 冥府殿 地藏圖 조성(『韓國의 佛畵 11 – 華嚴寺』) 수화승 海雲
  益讚
- 1874년 경기 안성 靑龍寺 冥府殿 地藏圖 조성(『韓國의 佛畵 28 – 龍珠寺(上)』) 수화승
  漢峰瑲燁
- 1875년 三角山 華溪寺 阿彌陀後佛圖 조성(서울 華溪寺 所藏, 『韓國의 佛畵 34 – 曹溪寺
  (上)』) 수화승 華山在根
- 1876년 서울 華溪寺 冥府殿 十王圖 조성(『韓國의 佛畵 35 – 曹溪寺(中)』) 수화승 華山在根
  1876년 전북 부안 七星菴 地藏圖 조성(圓光大學校 博物館 所藏, 『韓國의 佛畵 19 –
  大學博物館(Ⅱ)』) 수화승 普薰
- 1878년 三角山 華溪寺 冥府殿 地藏圖 조성(서울 華溪寺 所藏, 『韓國의 佛畵 34 – 曹溪寺
  (上)』) 수화승 華山在根

덕연(德連 : -1760-) 18세기 중반에 활동한 불화승이다. 1760년에 수화승 해
천과 경북 울진 불영사 이포외여래번離怖畏如來幡(양산 통도사 소장)을 조성
하였다.

- 1760년 경북 울진 佛影寺 離怖畏如來幡 조성(梁山 通度寺 所藏, 『韓國의 佛畵 2 – 通度
  寺(中)』) 수화승 海天

덕영(德英 : -1825-) 19세기 전반에 활동한 불화승이다. 1825년에 수화승 퇴
운신겸과 지보암 신중도(동국대학교 경주캠퍼스 소장)를 조성하였다.

- 1825년 持寶菴 神衆圖 조성(東國大學校 慶州캠퍼스 所藏, 『韓國의 佛畵 18 – 大學博物
  館(Ⅰ) 東國大』) 수화승 退雲愼謙

덕옹당(德翁堂) 창현(昌賢) 참조

덕운(德云 : -1865-) 19세기 중반에 활동한 불화승이다. 1865년에 수화승 용
완기연과 전남 해남 청□암 아미타후불도를 조성하였다.

- 1865년 전남 해남 淸□庵 阿彌陀後佛圖 조성(『韓國의 佛畵 31 – 大興寺』) 수화승 龍浣騎衍

덕운당(德雲堂) 영운(永芸) 참조

덕원(德元, 德源 : -1897-1920-) 19세기 후반부터 20세기 전반까지 충남 공주
신원사新元寺를 중심으로 활동한 불화승이다. 1897년에 수화승 완해용준과
전북 완주 위봉사 보광명전 삼세불도(석가모니불)를 조성할 때 사미沙彌로 참
여하고, 수화승 정연과 1898년에 충남 공주 동학사 약사후불도, 아미타후불
도, 신중도, 현왕도를 조성하였다. 1907년에 수화승 보응문성과 공주 신원사
대웅전 석가모니후불도, 신중도, 칠성도를, 1909년에 수화승 정연과 전북 익산

백운암 칠성도를, 1911년에 수화승 혜산축연과 충남 금산 보석사 대웅전 석가
모니후불도를, 1920년에 수화승 화삼과 전북 전주 남고사 괘불도를 그렸다.

- 1897년 전북 완주 威鳳寺 普光明殿 三世佛圖(釋迦牟尼佛) 조성(『韓國의 佛畫 13 – 金山
  寺』) 沙彌 수화승 玩海龍俊
- 1898년 충남 공주 東鶴寺 藥師如來後佛圖 조성(『韓國의 佛畫 15 – 麻谷寺(上)』) 수화승
  定鍊
  1898년 충남 공주 東鶴寺 阿彌陀後佛圖 조성(『韓國의 佛畫 15 – 麻谷寺(上)』) 수화승
  定鍊
  1898년 충남 공주 東鶴寺 神衆圖 조성(『韓國의 佛畫 15 –麻谷寺(上)』) 수화승 定鍊
  1898년 충남 공주 東鶴寺 現王圖 조성(『韓國의 佛畫 16 – 麻谷寺(下)』) 수화승 定鍊22)
- 1907년 충남 공주 新元寺 大雄殿 釋迦牟尼後佛圖 조성(『韓國의 佛畫 15 – 麻谷寺(上)』)
  수화승 普應文性
  1907년 충남 공주 新元寺 大雄殿 神衆圖 조성(『韓國의 佛畫 15 – 麻谷寺(上)』) 수화승
  普應文性
  1907년 충남 공주 新元寺 七星圖 조성(『韓國의 佛畫 16 – 麻谷寺(下)』) 수화승 普應文性
- 1909년 전북 익산 白雲庵 七星圖 조성(『韓國의 佛畫 13 – 金山寺』) 沙彌 수화승 定練
- 1911년 충남 금산 寶石寺 大雄殿 釋迦牟尼後佛圖 조성(『韓國의 佛畫 15 – 麻谷寺(上)』)
  新元寺 수화승 惠山竺衍
- 1920년 전북 전주 南固寺 掛佛圖 조성(『韓國의 佛畫 13 – 金山寺』) 수화승 化三

덕월당(德月堂) 응륜(應崙) 참조

덕유(德裕 : -1857-1866-) 보화당(寶華堂) 19세기 중반에 활동한 불화승이다.
수화승 응상과 1857년에 대구 동화사 칠성도를, 수화승 하은위상과 1861년
에 경남 양산 통도사 서운암 칠성도와 1866년에 통도사 안양암 북극전 칠성
도를 조성하였다.

- 1857년 대구 桐華寺 七星圖 조성(『韓國의 佛畫 22 – 桐華寺(下)』) 수화승 應相
- 1861년 경남 양산 通度寺 瑞雲庵 七星圖 조성(『韓國의 佛畫 2 – 通度寺(中)』) 수화승 霞
  隱偉相
- 1866년 경남 양산 通度寺 安養庵 北極殿 七星圖 조성(『韓國의 佛畫 2 – 通度寺(中)』) 수
  화승 霞隱偉祥

덕인 1(德印, 德仁 : -1748-1769-)* 18세기 중반에 활동한 불화승이다. 1748년
에 수화승 법현과 충남 청양 장곡사 석가모니후불도(동국대학교 박물관 소
장)를, 1750년에 수화승으로 감로도(원광대학교 박물관 소장)를, 1769년에 수
화승 상정과 경북 경주 불국사 불사佛事에 참여하였다.

- 1748년 충남 청양 長谷寺 釋迦牟尼後佛圖 조성(東國大學校 博物館 所藏, 『韓國의 佛畫
  18 – 大學博物館(Ⅰ)』)23) 수화승 法玄
- 1750년 甘露圖 조성(圓光大學校 博物館 所藏, 『韓國의 佛畫 19 – 大學博物館(Ⅱ)』) 金魚
  수화승
- 1769년 경북 경주 佛國寺 佛事에 참여(『韓國의 佛畫 38 – 佛國寺』) 수화승 尙淨24)

덕인 2(德仁, 德麟, 德粦 : -1856-1862-)* 풍곡당(豊谷堂) 19세기 중반에 활동한
불화승이다. 수화승 해운익찬과 1856년에 경북 성주 선석사 대웅전 석가모니
후불도를, 1860년에 전남 구례 화엄사 각황전 삼세불도(약사불)와 경남 하동
쌍계사 명부전 지장도를 조성하였다. 1861년에 수화승으로 전북 김제 금산사

명부전 지장도와 1862년에 수화승 해운익찬과 전남 구례 화엄사 명부전 지
장도를 그렸다.

- 1856년 경북 성주 禪石寺 大雄殿 釋迦牟尼後佛圖 조성(『韓國의 佛畫 21 - 桐華寺(上)』)
  수화승 益讚
- 1860년 전남 구례 華嚴寺 覺皇殿 三世佛圖(藥師佛) 조성(『韓國의 佛畫 11 - 華嚴寺』) 수
  화승 海雲益讚
  1860년 경남 하동 雙磎寺 冥府殿 地藏圖 조성(『韓國의 佛畫 25 - 雙磎寺(上)』) 수화
  승 海雲益讚
- 1861년 전북 김제 金山寺 冥府殿 地藏圖 조성(『韓國의 佛畫 13 - 金山寺』) 片手 수화승
- 1862년 전남 구례 華嚴寺 冥府殿 地藏圖 조성(『韓國의 佛畫 11 - 華嚴寺』) 수화승 海雲
  益讚

덕인 3(德仁 : -1905-) 20세기 전반에 활동한 불화승이다. 1905년에 수화승
관하종인과 전북 정읍 벽연암 신중도(광주 관음사 소장)를 조성하였다.

- 1905년 전북 정읍 碧蓮庵 神衆圖 조성(灵隱寺 조성, 光州 觀音寺 所藏, 『韓國의 佛畫 37
  - 白羊寺・新興寺』와 『한국의 사찰문화재 -광주광역시/전라남도 I 』) 金魚 수화승 觀河
  宗仁

덕잠(德岑, 德箴 : -1744-1776-) 18세기 중・후반에 활동한 불화승이다. 1744
년에 수화승 효안과 경남 고성 옥천사 영산회상도와 명부전 지장도를 그리
고, 1770년에 광주 무등산 안심사에서 수화승 화연과 화엄도를 조성하여 전
남 순천 송광사 화엄전에 봉안하였다. 1776년에 수화승 신암화연과 전남 구
례 천은사 극락보전 아미타후불도와 삼장도를 조성하였다.

- 1744년 경남 고성 玉泉寺 靈山會上圖 조성(『韓國佛畫畫記集』) 수화승 曉岸
  1744년 경남 고성 玉泉寺 冥府殿 地藏圖 조성(『韓國의 佛畫 25 - 雙磎寺(上)』) 수화승
  曉岸
- 1770년 광주 無等山 安心寺에서 華嚴圖를 조성하여 순천 松廣寺 華嚴殿 봉안(『曹溪山松
  廣寺史庫』와 『韓國의 佛畫 6 - 松廣寺』) 수화승 華蓮
- 1776년 전남 구례 泉隱寺 極樂寶殿 阿彌陀後佛圖 조성(『韓國의 佛畫 11 - 華嚴寺』) 수화
  승 信庵華連
  1776년 전남 구례 泉隱寺 極樂寶殿 三藏圖 조성(『韓國의 佛畫 11 - 華嚴寺』)25) 수화
  승 信庵華連
  ※ 덕잠은 두 명일 가능성이 있다.

덕종 1(德宗 : -1675-) 17세기 후반에 활동한 불화승이다. 1675년에 현종顯宗
빈전殯殿 조성소 화승畫僧으로 참여하였다.

- 1675년 『顯宗殯殿都監儀軌』 魂殿 造成所 畫僧(奎章閣 13540호, 朴廷蕙, 「儀軌를 통해서
  본 朝鮮時代의 畫員」 자료1)

덕종 2(德宗 : -1724-) 18세기 전반에 활동한 불화승이다. 1724년에 수화승
쾌민과 경북 영천 법화사 대웅전 석가모니후불도(영천 봉림사 소장)를 조성
하였다.

- 1724년 경북 영천 法華寺 大雄殿 釋迦牟尼後佛圖 조성(永川 鳳林寺 所藏, 『韓國의 佛畫
  30 - 銀海寺』) 수화승 快旻

덕종 3(德宗 : -1822-1825-) 19세기 전반에 활동한 불화승이다. 1822년에 수

화승 지연과 경북 영천 수도사 괘불도 개비조성改備造成에 참여하고, 1825년
에 수화승 퇴운신겸과 지보암 신중도(동국대학교 경주캠퍼스 소장), 석가모니
후불도, 지장도, 현왕도(영천 은해사 소장)를 조성하였다.

 ◦ 1822년 경북 영천 修道寺 掛佛圖 改備造成(『韓國의 佛畵 30 – 銀海寺』) 수화승 指演
 ◦ 1825년 持寶菴 神衆圖 조성(東國大 慶州캠퍼스 所藏, 『韓國의 佛畵 18 – 大學博物館(Ⅰ)
   東國大』) 수화승 退雲愼謙
   1825년 持寶菴 釋迦牟尼後佛圖 조성(永川 銀海寺 所藏, 『韓國의 佛畵 30 – 銀海寺』)
   수화승 退雲信謙
   1825년 地藏圖 조성(永川 銀海寺 所藏, 『韓國의 佛畵 30 – 銀海寺』) 수화승 退雲信謙
   1825년 持寶寺 現王圖 조성(永川 銀海寺 所藏, 『韓國의 佛畵 30 – 銀海寺』) 수화승
   退雲愼謙

덕준(德俊, 德峻 : -1863-1866-) 19세기 중반에 활동한 불화승이다. 수화승 하
은위상과 1863년에 경남 양산 통도사 백련암 석가모니후불홍도釋迦牟尼後佛
紅圖와 1866년에 안양암 북극전 칠성도를 조성하였다.

 ◦ 1863년 경남 양산 通度寺 白蓮庵 釋迦牟尼後佛紅圖(『韓國의 佛畵 3 通度寺(下)』) 수화승
   霞隱偉祥
 ◦ 1866년 경남 양산 通度寺 安養庵 北極殿 七星圖 조성(『韓國의 佛畵 2 – 通度寺(中)』) 수
   화승 霞隱偉祥

덕진(德眞 : -1899-1909-) 19세기 후반부터 20세기 전반까지 활동한 불화승이
다. 1899년에 수화승 금호약효와 고산사 석가모니후불도와 칠성도(예산 수덕
사 소장)를, 1909년에 수화승 정연과 전북 익산 백운암 칠성도를 조성하였다.

 ◦ 1899년 高山寺 釋迦牟尼後佛圖 조성(禮山 修德寺 所藏, 『韓國의 佛畵 27 – 修德寺』) 수
   화승 錦湖若效
   1899년 高山寺 七星圖 조성(禮山 修德寺 所藏, 『韓國의 佛畵 27 – 修德寺』) 수화승
   錦湖堂
 ◦ 1909년 전북 익산 白雲庵 七星圖 조성(『韓國의 佛畵 13 – 金山寺』) 沙彌 수화승 定練

덕찬 1(德贊 : -1758-) 18세기 중반에 활동한 불화승이다. 1758년에 수화승
각총과 경기 여주 신륵사 극락보전 삼장도를, 수화승 벽하와 설훈과 경남 의
성 고운사 사천왕도(광목천왕과 지국천왕, 홍익대학교 박물관 소장)를 조성하
였다.

 ◦ 1758년 경기 여주 신륵사 極樂寶殿 三藏圖 조성(『韓國의 佛畵 28 – 龍珠寺(上)』) 수화승
   贊聰
   1758년 경북 의성 高雲寺 四天王圖(廣目天王) 조성(弘益大學校 博物館 所藏, 『韓國의
   佛畵 19 – 大學博物館(Ⅱ)』) 수화승 碧河
   1758년 경북 의성 高雲寺 四天王圖(持國天王) 조성(弘益大學校 博物館 所藏, 『韓國의
   佛畵 19 – 大學博物館(Ⅱ)』)26) 수화승 雪訓

덕찬 2(德贊 : -1853-) 19세기 중반에 활동한 불화승이다. 1853년에 수화승
해운익찬과 전남 구례 천은사 삼일암 아미타후불도를 조성하였다.

 ◦ 1853년 전남 구례 泉隱寺 三日庵 阿彌陀後佛圖 조성(『韓國의 佛畵 11 – 華嚴寺』) 수화승
   海雲益讚

덕초(德楚 : -1792-) 18세기 후반에 활동한 불화승이다. 1792년에 수화승 상

훈과 경기 고양 흥국사 약사전 석가모니후불도를 조성하였다.

▫ 1792년 경기 고양 興國寺 藥師殿 釋迦牟尼後佛圖 조성(畵記, 『韓國의 佛畵 34 - 曹溪寺(上)』) 수화승 尙訓

덕추(德樞 : -1791-) 18세기 후반에 활동한 조각승이다. 1791년에 수화승 연홍과 경기 화성 장의사 지장도(화성 만의사 소장)를 조성하였다.

▫ 1791년 경기 화성 莊儀寺 地藏圖 조성(華城 萬儀寺 所藏, 『韓國의 佛畵 28 - 龍珠寺(上)』) 수화승 演泓

덕한(德閒 : -1840-) 19세기 중반에 활동한 불화승이다. 1840년에 수화승 원담내원과 전북 고창 선운사 대웅보전 아미타후불벽화를 조성하였다.

▫ 1840년 전북 고창 禪雲寺 大雄寶殿 阿彌陀後佛壁畵 조성(『韓國의 佛畵 14 - 禪雲寺』) 수화승 圓潭内元

덕해당(德海堂) 도의(道儀) 참조

덕행 1(德行 : -1764-) 18세기 중반에 활동한 불화승이다. 1764년에 수화승 색민과 전남 해남 대흥사 괘불도를 조성하였다.

▫ 1764년 전남 해남 大興寺 掛佛圖 조성(『韓國의 佛畵 31 - 大興寺』) 수화승 色旻

덕행 2(德幸 : -1867-) 18세기 중반에 활동한 불화승이다. 1867년에 수화승 해명산수와 봉곡사 석가모니후불도(서산 부석사 소장)를 조성하였다.

▫ 1867년 鳳谷寺 釋迦牟尼後佛圖 조성(瑞山 浮石寺 所藏, 『韓國의 佛畵 27 - 修德寺』) 수화승 海溟山水

덕향(惪香 : -1885-) 19세기 후반에 활동한 불화승이다. 1885년에 수화승 수룡기전과 경남 합천 해인사 대적광전 삼장도를 조성하였다.

▫ 1885년 경남 합천 海印寺 大寂光殿 三藏圖 조성(『韓國의 佛畵 4 - 海印寺(上)』) 수화승 繡龍琪銓

덕현 1(德賢 : -1879-) 19세기 후반에 활동한 불화승이다. 1879년에 수화승 운파취선과 전남 강진 무위사 칠성도를 조성하였다.

▫ 1879년 전남 강진 無爲寺 七星圖 조성(金玲珠, 『朝鮮時代佛畵研究』와 『韓國佛畵畵記集』) 수화승 雲波就善

덕현 2(德玄 : -1906-) 20세기 전반에 활동한 불화승이다. 1906년에 수화승 대우경연과 경북 울진 불영사 응진전 아미타후불도를 조성하였다.

▫ 1906년 경북 울진 佛影寺 應眞殿 阿彌陀後佛圖 조성(『韓國의 佛畵 38 - 佛國寺』) 수화승 大愚敬演

덕화(德花, 德和, 德華, 惪華, 德化 : -1861-1887-)* 19세기 중반에 활동한 불화승이다. 1861년에 수화승 관행과 경북 청도 운문사 아미타후불도와 수화승 성주와 관음전 신중도를, 1862년에 수화승 의운자우와 경북 영천 은해사 운부암 아미타후불묵도를, 1863년에 수화승 경담성규와 울산 석남사 신중도를, 수화승으로 경남 양산 통도사 백련암 석가모니후불홍도釋迦牟尼後佛紅圖를, 수화승 설하관행과 수도암 석가모니후불홍도를, 수화승 의운자우와 경북 영천 묘각사 아미타후불도를 그렸다. 1866년에 수화승 하은위상과 경남 양산 통도사 안양암 북극전 칠성도를, 1882년에 금운긍률과 경남 밀양 표충사 대홍원전 구품도와 수화승 수룡기전과 부산 범어사 영산회상도, 삼장보살도 등을 그렸다. 1884년에 수화승 하은응상과 경북 예천 용문사 아미타후불도(예천 용문사와 문경 김용사 소장)를, 1887년에 수화승 혜고지한과 대구 동화사 대웅전 신중도를 조성하였다.

- 1861년 경북 청도 雲門寺 阿彌陀後佛圖 조성(『韓國의 佛畵 21 – 桐華寺(上)』) 수화승 瓘幸
  1861년 경북 청도 雲門寺 觀音殿 神衆圖 조성(『韓國의 佛畵 21 – 桐華寺(上)』) 수화승 晟周
- 1862년 경북 영천 銀海寺 雲浮庵 阿彌陀後佛墨圖 조성(『韓國의 佛畵 30 – 銀海寺』) 수화승 意雲慈友
- 1863년 울산 石南寺 神衆圖 조성(『韓國의 佛畵 3 – 通度寺(下)』) 수화승 鏡潭性奎
  1863년 경남 양산 通度寺 白蓮庵 釋迦牟尼後佛紅圖 조성(『韓國의 佛畵 3 – 通度寺(下)』) 金魚 수화승
  1863년 경남 양산 通度寺 修道庵 釋迦牟尼後佛紅圖 조성(『韓國의 佛畵 3 – 通度寺(下)』) 수화승 雪荷瓘幸
  1863년 경북 영천 妙覺寺 阿彌陀後佛圖 조성(『韓國의 佛畵 30 – 銀海寺』) 수화승 義雲慈雨
- 1866년 경남 양산 通度寺 安養庵 北極殿 七星圖 조성(『韓國의 佛畵 2 – 通度寺(中)』) 수화승 霞隱偉祥
- 1882년 경남 밀양 表忠寺 大弘願殿 九品圖 조성(『韓國의 佛畵 3 – 通度寺(下)』) 수화승 肯律
  1882년 부산 梵魚寺 大雄殿 釋迦牟尼後佛圖 조성(『梵魚寺聖寶博物館 名品圖錄』과 『韓國의 佛畵 32 – 梵魚寺』) 수화승 琪銓
  1882년 부산 梵魚寺 三藏菩薩圖 조성(『梵魚寺聖寶博物館 名品圖錄』과 『韓國佛畵畵記集』 및 『韓國의 佛畵 32 – 梵魚寺』) 수화승 琪銓
  1882년 부산 梵魚寺 神衆圖 조성(『梵魚寺聖寶博物館 名品圖錄』과 『韓國佛畵畵記集』 및 『韓國의 佛畵 32 – 梵魚寺』) 수화승 琪銓
- 1884년 경북 예천 龍門寺 阿彌陀後佛圖 조성(聞慶 金龍寺 所藏, 『韓國의 佛畵 8 – 直指寺(上)』)[27] 수화승 霞隱應祥
  1884년 경북 예천 龍門寺 阿彌陀後佛圖 조성(『韓國의 佛畵 8 – 直指寺(上)』) 수화승 霞隱應祥
- 1887년 대구 동화사 大雄殿 神衆圖 조성(『韓國의 佛畵 21 – 桐華寺(上)』) 수화승 慧杲智澣

덕휘(德輝 : -1757-1776-) 18세기 중・후반에 활동한 불화승이다. 1757년에 정성왕후貞聖王后 홍릉弘陵과 1776년에 영조英祖 원능元陵 조성소 화승畵僧으로 참여하였다.

- 1757년 『貞聖王后弘陵山陵都監儀軌』 造成所 畵僧(奎章閣 13591호, 朴廷蕙, 「儀軌를 통해서 본 朝鮮時代의 畵員」 자료1)
- 1776년 『英祖元陵山陵都監儀軌』 造成所 畵僧(奎章閣 13586호, 朴廷蕙, 「儀軌를 통해서 본 朝鮮時代의 畵員」 자료1)

덕흔(德欣 : -1830-) 19세기 중반에 활동한 불화승이다. 1830년에 수화승 무경관주와 경북 안동 중대사 신중도(안동 대원사 소장)를 조성하였다.

- 1830년 경북 안동 中臺寺 神衆圖 조성(安東 大圓寺 所藏, 『韓國의 佛畵 23 – 孤雲寺(上)』) 수화승 無鏡觀周

덕희 1(德熙 : -1649-1659-) 17세기 중반에 활동한 불화승이다. 수화승 신겸과 1649년에 충북 청주 보살사 괘불도와 1652년에 충북 청원 안심사 괘불도 및 1657년 충남 연기 비암사 괘불도를 그리고, 1659년에 나묵 등과 효종孝宗 빈전殯殿을 단청丹青하였다.

- 1649년 충북 청주 菩薩寺 掛佛圖 조성(『韓國佛畵畵記集』과『韓國의 佛畵 17 - 法住寺』) 수화승 信謙
- 1652년 충북 청원 安心寺 掛佛圖 조성(『韓國의 佛畵 17 - 法住寺』) 수화승 信謙
- 1657년 충남 연기 卑岩寺 掛佛圖 조성(畵記) 수화승 信謙
- 1659년『孝宗殯殿都監儀軌』魂殿二房, 丹青 畵僧(奎章閣 13528호, 朴廷蕙,「儀軌를 통해서 본 朝鮮時代의 畵員」자료1)

덕희 2(德熙 : -1744-) 18세기 중반에 활동한 불화승이다. 1744년에 수화승 효안과 경남 고성 옥천사 영산회상도와 명부전 지장도를 조성하였다.

- 1744년 경남 고성 玉泉寺 靈山會上圖 조성(『韓國佛畵畵記集』) 수화승 曉岸
  1744년 경남 고성 玉泉寺 冥府殿 地藏圖 조성(『韓國의 佛畵 25 - 雙磎寺(上)』) 수화승 曉岸

도간(道間 : -1909-) 법운당(法雲堂) 20세기 전반에 활동한 불화승이다. 1909년에 수화승 명조와 경북 김천 청암사 아미타후불도를 조성하였다.

- 1909년 경북 김천 青巖寺 阿彌陀後佛圖 조성(『韓國의 佛畵 8 - 直指寺(上)』) 수화승 明照

도경(道敬 : -1754-) 18세기 중반에 활동한 불화승이다. 1754년에 수화승 사인과 전북 고창 선운사 천불도(동국대학교 박물관 소장)를 조성하였다.

- 1754년 전북 고창 禪雲寺 千佛圖 조성(東國大學校 博物館 所藏,『韓國의 佛畵 18 - 大學博物館(Ⅰ)』) 수화승 思仁

도균(道均 : -1752-1764-) 18세기 중반에 활동한 승장이다. 1752년에 수화승 진찰과 경북 안동 봉정사 목조관음보살좌상을 개금하고, 1764년에 수화승 치삭와 경북 의성 대곡사 지장시왕도와 감로도(원광대학교 박물관 소장)를 그렸다.

- 1752년 경북 안동 鳳停寺 木造觀音菩薩坐像 개금(「大雄殿觀音改金懸板」, 김창균,「安東鳳停寺 木造觀音菩薩坐像考」) 수화승 震察
- 1764년 경북 의성 大谷寺 地藏圖 조성(『韓國의 佛畵 23 - 孤雲寺(上)』) 수화승 稚朔
  1764년 甘露圖 조성(圓光大學校 博物館 所藏,『韓國의 佛畵 19 - 大學博物館(Ⅱ)』)[28] 수화승 雉翔

도문 1(道文 : -1709-1710-)* 18세기 전반에 활동한 불화승이다. 수화승으로 1709년에 경북 예천 용문사 천불도와 팔상도를, 1710년에 경북 안동 봉정사 괘불도를 조성하였다.

- 1709년 경북 예천 龍門寺 千佛圖 조성(『韓國의 佛畵 9 - 直指寺(下)』) 畵員 수화승
  1709년 경북 예천 龍門寺 八相圖 조성(『韓國佛畵畵記集』) 畵員 수화승
- 1710년 경북 안동 鳳停寺 掛佛圖 조성(『韓國의 佛畵 24 - 孤雲寺(下)』) 畵員 수화승

도문 2(道文 : -1832-) 19세기 중반에 활동한 불화승이다. 1832년에 수화승 신선과 삼각산 신흥사 괘불도(서울 흥천사 소장)를 조성하였다.

□ 1832년 三角山 新興寺 掛佛圖 조성(서울 興天寺 所藏, 『서울전통사찰불화』와 『掛佛調査 報告書 Ⅱ』 및 『韓國佛畫畫記集』) 수화승 愼善

도문 3(道文 : -1900-) 20세기 전반에 활동한 불화승이다. 1900년에 수화승 동호진철과 경남 양산 통도사 금강계단 감로도를 조성하였다.

□ 1900년 경남 양산 通度寺 金剛戒壇 甘露圖 조성(『韓國의 佛畫 2 - 通度寺(中)』) 수화승 東湖震徹

도법(道法 : -1874-) 19세기 후반에 활동한 불화승이다. 1874년에 수화승 한 봉창엽과 경기 안성 청룡사 명부전 지장도를 조성하였다.

□ 1874년 경기 안성 靑龍寺 冥府殿 地藏圖 조성(『韓國의 佛畫 28 - 龍珠寺(上)』) 수화승 漢峰瑲燁

도선 1(道善 : -1684-1698-) 17세기 후반에 활동한 불화승이다. 1698년에 백 기白基 등과 장릉莊陵 조성소 화승畫僧으로 참여하였다.

□ 1698년 『莊陵封陵都監儀軌』 造成所 畫僧(奎章閣 14830호, 朴廷蕙, 「儀軌를 통해서 본 朝鮮時代의 畫員」 자료1)

도선 2(道善 : -1764-1771-) 18세기 후반에 활동한 불화승이다. 수화승 색민 과 1764년에 전남 해남 대흥사 괘불도를, 1766년에 전남 보성 대원사 명부전 지장보살 개금改金과 지장도를, 1771년에 수화승 화월두훈과 경북 선산 수다 사 시왕도(초강대왕)를, 수화승 정민과 시왕도(태산대왕)를 조성하였다.

□ 1764년 전남 해남 大興寺 掛佛圖 조성(『韓國의 佛畫 31 - 大興寺』) 수화승 色旻
□ 1766년 전남 보성 大原寺 冥府殿 地藏菩薩 改金과 地藏圖 조성(『韓國의 佛畫 6 - 松廣寺』) 수화승 色旻
□ 1771년 경북 선산 水多寺 十王圖(初江大王) 조성(『韓國의 佛畫 9 - 直指寺(下)』) 수화승 抖薰
1771년 경북 선산 水多寺 十王圖(泰山大王) 조성(『韓國의 佛畫 9 - 直指寺(下)』) 수화 승 定敏

도성 1(道成, 道性 : -1788-1800-) 18세기 후반부터 19세기 전반까지 경북 문 경 대승사를 중심으로 활동한 불화승이다. 1788년에 상겸과 경북 상주 남장 사 불사에 참여하여 『불사성공록佛事成功錄』에 대승양공大乘良工으로 적혀있 고, 1800년에 수화승 신겸과 경북 청송 대전사 주왕암 나한전 석가모니후불 도를 조성하였다.

□ 1788년 남장사 불사에 참여한 화승을 적은 『佛事成功錄』에 大乘良工으로 언급(이용윤, 『『佛事成功錄』을 통해 본 남장사 괘불』) 수화승 尙謙
□ 1800년 경북 청송 大典寺 周王庵 羅漢殿 釋迦牟尼後佛圖 조성(『韓國의 佛畫 30 - 銀海 寺』) 수화승 信謙

도성 2(道成 : -1855-1863-) 19세기 중반에 활동한 불화승이다. 1855년에 수 화승 선화와 울산 문수사 칠성도를, 1859년에 수화승 응석과 경북 문경 대승 사 신중도를, 1863년에 수화승 의운자우와 경북 영천 묘각사 아미타후불도를 조성하였다.

□ 1855년 울산 文殊寺 七星圖 조성(『韓國의 佛畫 3 - 通度寺(下)』) 수화승 善和

□ 1859년 경북 문경 大乘寺 神衆圖 조성(『韓國의 佛畵 8 − 直指寺(上)』) 沙彌 수화승 應碩
□ 1863년 경북 영천 妙覺寺 阿彌陀後佛圖 조성(『韓國의 佛畵 30 − 銀海寺』) 수화승 義雲
慈雨

도순 1(道順, 道詢, 道淳 : -1840-1860-)* 서운당(瑞雲堂) 19세기 중반에 활동한
불화승이다. 수화승 원담내원과 1840년에 전북 고창 선운사 대웅보전 아미타
후불벽화阿彌陀後佛壁畵와 1847년에 전남 순천 송광사 관음전 아미타삼존후
불도를, 수화승 익찬과 전남 해남 대흥사 대양문 대범왕도와 제석도를, 수화
승 금암천여와 1849년에 전남 순천 선암사 대웅전 삼장도와 지장전 지장도
등을, 1854년에 수화승 해운익찬과 전남 순천 선암사 대승난야大乘蘭若 칠성
도와 수화승 원담내원과 전남 구례 화엄사 나한전 석가모니후불도(하동 한산
사 소장)를, 1858년에 수화승으로 순천 송광사 대법당大法堂 산신도와 수화승
도순과 송광사 대장법당大藏法堂 신중도(홍익대학교 박물관 소장)를, 1860년
에 수화승 해운익찬과 구례 화엄사 각황전 삼세불도(약사불)와 명부전 지장
도를 조성하였다.

□ 1840년 전북 고창 禪雲寺 大雄寶殿 阿彌陀後佛壁畵 조성(『韓國의 佛畵 14 − 禪雲寺』)
수화승 圓潭內元
□ 1847년 전남 순천 松廣寺 觀音殿 阿彌陀三尊後佛圖 조성(『韓國의 佛畵 6 − 松廣寺(上)』)
수화승 圓潭乃圓
1847년 전남 해남 大興寺 大陽門 大梵王圖 조성(『韓國의 佛畵 31 − 大興寺』) 수화승
益讚
1847년 전남 해남 大興寺 大陽門 帝釋圖 조성(『韓國의 佛畵 31 − 大興寺』) 수화승 益讚
□ 1849년 전남 순천 仙巖寺 大雄殿 三藏圖 조성(『韓國의 佛畵 12 − 仙巖寺』) 수화승 錦庵
天如
1849년 전남 순천 仙巖寺 地藏殿 地藏圖 조성(『韓國의 佛畵 12 − 仙巖寺』) 수화승 金
庵天如
□ 1854년 전남 순천 仙巖寺 大乘蘭若 七星圖 조성(『韓國의 佛畵 12 − 仙巖寺』) 수화승 海
雲益讚
1854년 전남 구례 華嚴寺 羅漢殿 釋迦牟尼後佛圖 조성(河東 寒山寺 所藏, 『韓國의 佛
畵 25 − 雙磎寺(上)』) 수화승 圓潭乃圓
□ 1858년 전남 순천 松廣寺 大法堂 山神圖 조성(『韓國의 佛畵 7 − 松廣寺(下)』)29) 金魚 수
화승
1858년 전남 순천 松廣寺 大藏法堂 神衆圖 조성(弘益大學校 博物館 所藏, 『韓國의 佛
畵 19 − 大學博物館(Ⅱ)』) 金魚 수화승 道詢
□ 1860년 전남 구례 華嚴寺 覺皇殿 三世佛圖(藥師佛) 조성(『韓國의 佛畵 11 − 華嚴寺』)30)
수화승 海雲益讚
1860년 경남 하동 雙磎寺 冥府殿 地藏圖 조성(『韓國의 佛畵 25 − 雙磎寺(上)』) 수화
승 海雲益讚

도순 2(道順, 嶋順, 道淳 : -1901-1912-) 월현당(月現堂) 20세기 전반에 활동한
불화승이다. 1901년에 벽산찬규와 경북 경산 환성사 명부전 지장도를, 1907
년에 수화승 금호약효와 충남 공주 갑사 대적전 삼세후불도와 신향각 사천왕
도를, 수화승 융파법융과 대적전 사천왕도를, 1912년에 금호약효와 공주 마
곡사 영은암 신중도를 조성하였다.

- 1901년 경북 경산 環城寺 冥府殿 地藏圖 조성(『韓國의 佛畵 30 – 銀海寺』) 수화승 璨圭
- 1907년 충남 공주 甲寺 大寂殿 三世後佛圖 조성(『韓國의 佛畵 15 – 麻谷寺(上)』) 수화승 錦湖若效
  1907년 충남 공주 岬寺 新香閣 四天王圖 조성(『韓國의 佛畵 15 – 麻谷寺(上)』) 수화승 錦湖若效
  1907년 충남 공주 甲寺 大寂殿 四天王圖 조성(『韓國의 佛畵 15 – 麻谷寺(上)』) 수화승 隆坡法融
- 1912년 충남 공주 麻谷寺 灵隱庵 神衆圖 조성(『韓國의 佛畵 15 – 麻谷寺(上)』) 수화승 錦湖若效

도안(道岸 : -1879-) 19세기 후반에 활동한 불화승이다. 1879년에 수화승 하은응상과 경북 포항 보경사 서운암 아미타후불홍도阿彌陀後佛紅圖와 신중도를 조성하였다.

- 1879년 경북 포항 寶鏡寺 瑞雲菴 阿彌陀後佛紅圖 조성(『韓國의 佛畵 38 – 佛國寺』) 수화승 霞隱應相[31]
  1879년 경북 포항 寶鏡寺 瑞雲菴 神衆圖 조성(『韓國의 佛畵 38 – 佛國寺』) 수화승 霞隱應相[32]

도연 1(嶋演 : -1803-) 19세기 전반에 활동한 불화승이다. 1803년에 수화승 제한과 경북 김천 직지사 괘불도를 조성하였다.

- 1803년 경북 김천 直指寺 掛佛圖 조성(『韓國의 佛畵 9 – 直指寺(下)』) 수화승 濟閑

도연 2(道延 : -1855-) 19세기 중반에 활동한 불화승이다. 1855년에 수화승 금암천여와 경남 남해 화방사 지장도를 조성하였다.

- 1855년 경남 남해 花芳寺 地藏圖 조성(『韓國의 佛畵 25 – 雙磎寺(上)』) 수화승 錦庵天如

도엽(度燁, 道燁 : -1906-1908-) 20세기 전반에 활동한 불화승이다. 1906년에 수화승 허곡긍순과 경기 여주 신륵사 신중도와 수화승 대운봉하와 시왕각부도十王各部圖(사자·장군)를 조성하고, 1908년에 수화승 호봉성욱과 강원 평창 상원사 중대 사자암 목조비로자나불좌상을 개금하였다.

- 1906년 경기 여주 神勒寺 神衆圖 조성(『韓國의 佛畵 28 – 龍珠寺(上)』) 수화승 虛谷亘巡
  1906년 경기 여주 神勒寺 十王各部圖(使者, 將軍) 조성(『韓國의 佛畵 29 – 龍珠寺(下)』) 수화승 大雲奉河
- 1908년 강원 평창 상원사 중대 사자암 목조비로자나불좌상 개금(發願文) 수화승 虎峯性煜

도영(道英 : -1802-) 19세기 전반에 활동한 불화승이다. 1802년에 송계쾌윤과 전남 순천 선암사 나한전 삼세후불도와 신중도를 조성하였다.

- 1802년 전남 순천 선암사 羅漢殿 三世後佛圖 조성(『韓國의 佛畵 12 – 仙巖寺』) 수화승 快玧
  1802년 전남 순천 선암사 羅漢殿 神衆圖 조성(『韓國의 佛畵 12 – 仙巖寺』) 수화승 快玧

도옥(道玉 : -1778-1783-) 18세기 후반에 활동한 불화승이다. 수화승 비현과 1778년에 전남 고흥 금탑사 괘불도와 1780년에 전남 순천 선암사 팔상전 화엄도 및 1783년에 전남 화순 만연사 괘불도(순천 송광사 소장)를 조성하였다.

- 1778년 전남 고흥 金塔寺 掛佛圖 조성(『韓國의 佛畵 6 – 松廣寺』) 수화승 丕賢
- 1780년 전남 순천 仙巖寺 八相殿 華嚴圖 조성(『韓國의 佛畵 12 – 仙巖寺』) 수화승 丕賢
- 1783년 전남 화순 萬淵寺 掛佛圖 조성(順天 松廣寺 所藏, 『韓國의 佛畵 6 – 松廣寺』) 수

화승 조賢

도왕(道旺 : -1796-) 18세기 후반에 활동한 불화승이다. 1796년에 송계쾌윤
과 전남 순천 운수난야雲水蘭若 지장시왕도와 운수암 신중도(순천 선암사 소
장)를 조성하였다.

- 1796년 전남 순천 雲水蘭若 地藏十王圖 조성(順天 仙巖寺 所藏,『韓國의 佛畵 12 – 仙巖
  寺』) 수화승 快玧
  1796년 전남 순천 순천 雲水庵 神衆圖 조성(順天 仙巖寺 所藏,『韓國의 佛畵 12 – 仙
  巖寺』) 수화승 快玧

도우 1(道祐, 道雨 : -1633-1664-)* 17세기 중반에 활동한 조각승이다. 수화승
무염과 1633년에 전북 고창 선운사 대웅보전 목조삼신불좌상과 1635년에 전
남 영광 불갑사 대웅전 목조삼세불좌상 및 1651년에 강원 속초 신흥사 목조
아미타삼존불좌상, 목조지장보살좌상과 시왕상을 제작하였다. 1653년에 수
화승 지영과 전남 구례 화엄사 괘불도를 조성한 후, 수화승으로 1655년에 경
북 칠곡 송림사 석조아미타삼존불좌상과 석조삼장보살좌상을, 1657년에 경
북 칠곡 송림사 대웅전 목조삼존불좌상을, 1664년에 전남 나주 죽림사 목조
삼세불좌상을 제작하였다.

- 1633년 전북 고창 禪雲寺 大雄寶殿 木造三身佛坐像 제작(이기선,「高敞 禪雲寺에서 새
  로 발견된 造像 資料」 자료 1, 2) 수화승 無染
- 1635년 전남 영광 佛甲寺 大雄殿 木造三世佛坐像 제작(『靈光 母岳山 佛甲寺』) 수화승 無染
- 1651년 강원 속초 新興寺 木造阿彌陀三尊佛坐像, 木造地藏菩薩坐像과 十王像 제작(文明
  大,「無染派 목불상의 제작과 설악산 新興寺 목아미타삼존불상」) 수화승 無染
- 1653년 전남 구례 華嚴寺 掛佛圖 조성(『韓國의 佛畵 11 – 華嚴寺』)33) 수화승 知英
- 1655년 경북 칠곡 松林寺 石造阿彌陀三尊佛坐像 제작(문명대,「조각승 無染, 道祐派 불
  상조각의 연구」) 畵員 수화승
  1655년 경북 칠곡 松林寺 石造三藏菩薩坐像과 十王像 제작(문명대,「조각승 無染, 道
  祐派 불상조각의 연구」) 畵員 수화승
- 1657년 경북 칠곡 松林寺 大雄殿 木造三尊佛坐像 제작(문명대,「조각승 無染, 道祐派 불
  상조각의 연구」) 畵員 수화승
- 1664년 전남 나주 竹林寺 木造三世佛坐像 제작(송은석,「17세기 朝鮮王朝의 彫刻僧과 佛
  像」) 畵員 수화승

도우 2(到雨 : -1879-1886-) 경하당(慶霞堂, 慶椴堂) 19세기 후반에 활동한 불화
승이다. 수화승 하은응상과 1879년에 경북 포항 보경사 서운암 아미타후불홍
도阿彌陀後佛紅圖와 신중도를, 1880년에 경북 문경 김용사 금선암 아미타후불
도와 신중도 및 사천왕도(지국천왕)를, 1884년에 경북 예천 용문사 아미타후
불도와 십육나한도를, 1886년에 경북 안동 광흥사 영산암 아미타후불도를 조
성하였다.

- 1879년 경북 포항 寶鏡寺 瑞雲菴 阿彌陀後佛紅圖 조성(『韓國의 佛畵 38 – 佛國寺』) 수
  화승 霞隱應相34)
  1879년 경북 포항 寶鏡寺 瑞雲菴 神衆圖 조성(『韓國의 佛畵 38 – 佛國寺』) 수화승 霞
  隱應相35)
- 1880년 경북 문경 金龍寺 金仙庵 阿彌陀後佛圖 조성(『韓國의 佛畵 8 – 直指寺(上)』)36)

수화승 霞隱應禪
1880년 경북 문경 金龍寺 金仙庵 神衆圖 조성(『韓國의 佛畵 8 - 直指寺(上)』)[37] 수화
승 霞隱應祥
1880년 경북 문경 金龍寺 四天王圖(持國天王) 조성(『韓國의 佛畵 8 - 直指寺(上)』) 수
화승 霞隱應祥
◦1884년 경북 예천 龍門寺 阿彌陀後佛圖 조성(聞慶 金龍寺 所藏, 『韓國의 佛畵 8 - 直指
寺(上)』)[38] 수화승 霞隱應祥
1884년 경북 예천 龍門寺 十六羅漢圖 조성(『韓國의 佛畵 9 - 直指寺(下)』) 수화승 霞
隱應祥
◦1886년 경북 안동 廣興寺 靈山庵 阿彌陀後佛圖 조성(『韓國의 佛畵 23 - 孤雲寺(上)』) 수
화승 霞隱應祥

도운(道云 : -1831-)* 19세기 전반에 활동한 불화승이다. 1831년에 수화승으
로 경북 영천 은해사 안양전 신중도를 조성하였다.

◦1831년 경북 영천 銀海寺 安養殿 神衆圖 조성(『韓國의 佛畵 30 - 銀海寺』) 畵事 수화승

도원(道元 : -1650-) 17세기 중반에 활동한 불화승이다. 1650년에 수화승 경
잠과 충남 공주 갑사 괘불도를 조성하였다.

◦1650년 충남 공주 甲寺 掛佛圖 조성(『韓國佛畵畵記集』과 『韓國의 佛畵 16 - 麻谷寺(下)』)
수화승 敬岑

도윤 1(道允 : -1730-) 18세기 전반에 활동한 불화승이다. 1730년에 수화승
의겸과 경남 고성 운흥사 괘불도와 삼세불도(아미타불)를 조성하였다.

◦1730년 경남 고성 雲興寺 掛佛圖 조성(『韓國의 佛畵 26 - 雙磎寺(下)』) 수화승 義謙
1730년 경남 고성 雲興寺 三世佛圖(阿彌陀佛) 조성(『韓國의 佛畵 25 - 雙磎寺(上)』)[39]
수화승 義謙

도윤 2(道允 : -1821-) 19세기 전반에 활동한 불화승이다. 1821년에 수화승
한암의은과 강원 양양 영혈사 아미타후불도를 조성하였다.

◦1821년 강원 양양 靈穴寺 阿彌陀後佛圖 조성(『韓國의 佛畵 37 - 新興寺』) 수화승 漢菴義銀

도윤 3(道允, 度允 : -1900-1920-) 20세기 전반에 활동한 불화승이다. 1900년
에 수화승 동호진철과 경남 양산 통도사 금강계단金剛戒壇 감로도를, 1904년
에 수화승 환월상휴와 경남 양산 통도사 비로암 구품도와 칠성도를, 수화승
한형과 울산 신흥사 석가모니후불도를 조성하였다. 수화승 보응문성과 1905
년에 부산 범어사 팔상전 영산회상도와 나한전 영산회상도 및 나한도를, 수
화승 금호약효와 부산 범어사 괘불도를 그렸다. 1906년에 수화승 한동과 경
북 경주 기림사 대적광전 신중도를, 1920년에 수화승 환월상휴와 양산 통도
사 사명암 감로도를 조성하였다.

◦1900년 경남 양산 通度寺 金剛戒壇 甘露圖 조성(『韓國의 佛畵 2 - 通度寺(中)』) 수화승
東湖震徹
◦1904년 경남 양산 通度寺 毘盧庵 九品圖 조성(『韓國의 佛畵 1 - 通度寺(上)』)[40] 수화승
煥月尙休
1904년 경남 양산 通度寺 毘盧庵 七星圖 조성(『韓國의 佛畵 2 - 通度寺(中)』)[41] 수화
승 煥月尙休
1904년 울산 新興寺 釋迦牟尼後佛圖 조성(『韓國의 佛畵 3 - 通度寺(下)』) 수화승 漢炯

◦1905년 부산 梵魚寺 捌相殿 靈山會上圖 조성(『梵魚寺聖寶博物館 名品圖錄』과 『韓國의 佛畵 32 - 梵魚寺』)⁴²⁾ 수화승 普應文性

1905년 부산 梵魚寺 羅漢殿 靈山會上圖 조성(『梵魚寺聖寶博物館 名品圖錄』과 『韓國의 佛畵 32 - 梵魚寺』) 수화승 普應文性

1905년 부산 梵魚寺 羅漢殿 羅漢圖 조성(『梵魚寺聖寶博物館 名品圖錄』과 『韓國의 佛畵 32 - 梵魚寺』) 수화승 普應文性

1905년 부산 梵魚寺 掛佛圖 조성(『梵魚寺聖寶博物館 名品圖錄』과 『韓國의 佛畵 32 - 梵魚寺』) 수화승 錦湖若效

◦1906년 경북 경주 祇林寺 大寂光殿 神衆圖 조성(『韓國의 佛畵 38 - 佛國寺』) 수화승 漢炯

◦1920년 경남 양산 通度寺 泗溟庵 甘露圖 조성(『韓國의 佛畵 2 - 通度寺(中)』) 수화승 煥月尚休

도의 1(道衣 : -1855-) 19세기 중반에 활동한 불화승이다. 1855년에 수화승 인원체정과 신중도(국립중앙박물관 소장)를 조성하였다.

◦1855년 神衆圖 조성(國立中央博物館 所藏, 『영혼의 여로 - 조선시대 불교회화와의 만남』 와 『韓國의 佛畵 39 - 國·公立博物館』) 수화승 仁源體定

도의 2(道儀 : -1878-) 덕해당(德海堂) 19세기 후반에 활동한 불화승이다. 1878년에 수화승 한담천신과 경기 안성 청룡사 대웅전 삼세후불도를, 1879년에 수화승 경선응석과 서울 개운사 괘불도를 조성하였다.

◦1878년 경기 안성 靑龍寺 大雄殿 三世後佛圖 조성(『韓國의 佛畵 28 - 龍珠寺(上)』) 수화승 漢潭天娠

◦1879년 서울 開運寺 掛佛圖 조성(『韓國의 佛畵 35 - 曹溪寺(中)』) 수화승 慶船應釋

도익(道益 : -1713-1731-)* 18세기 전반에 활동한 불화승이다. 수화승으로 1713년에 경북 안동 봉정사 아미타후불도를, 1731년에 경북 선산 수다사 석가모니후불도와 지장도를 조성하였다.

◦1713년 경북 안동 鳳停寺 阿彌陀後佛圖 조성(『韓國의 佛畵 23 - 孤雲寺(上)』) 畵員 수화승

◦1731년 경북 선산 水多寺 釋迦牟尼後佛圖 조성(『韓國의 佛畵 8 - 直指寺(上)』) 畵員 수화승

1731년 경북 선산 水多寺 地藏圖 조성(『韓國의 佛畵 8 - 直指寺(上)』) 畵員 수화승

도일(道日, 度鎰, 道鎰, 度日 : -1801-1828-)* 19세기 전반에 활동한 불화승이다. 1801년에 수화승으로 전남 순천 선암사 선조암禪助庵 신중도(화순 운주사 소장)를 그리고, 대각국사영정과 도선국사영정을 중수하였다. 1802년에 송계쾌윤과 순천 선암사 나한전 삼세후불도와 신중도를, 1806년에 수화승으로 전남 순천 송광사 사천왕상을 개채하였다. 1808년에 수화승 화악평삼과 강원도 고성 옥천사 괘불도를, 수화승으로 1812년에 수도암 삼세후불홍도와 신중도(순천 선암사 소장)를. 1823년에 순천 송광사 광원암 삼세후불도를, 1828년에 순천 송광사 부도전 신중도를 조성하였다.

◦1801년 전남 순천 仙巖寺 禪助庵 神衆圖 조성(順天 松廣寺 所藏, 『韓國의 佛畵 6 - 松廣寺(上)』) 金魚 수화승

1801년 전남 순천 仙巖寺 大覺國師影幀과 道先國師影幀 重修(『仙巖寺』)

1801년 전남 화순 雲舟寺 神衆圖 조성(順天松廣寺天子庵造成移安于仙岩寺禪助庵, 『朝鮮後期佛畵』) 金魚 수화승

◦1802년 전남 순천 仙巖寺 羅漢殿 三世後佛圖 조성(『韓國의 佛畵 12 - 仙巖寺』) 수화승

快玬
1802년 전남 순천 仙巖寺 羅漢殿 神衆圖 조성(『韓國의 佛畵 12 - 仙巖寺』) 수화승 快玬
◦ 1805년 전남 순천 仙巖寺 道詵國師眞影 중수(『韓國의 佛畵 12 - 仙巖寺』) 畵師 수화승
1805년 전남 순천 仙巖寺 大覺國師 眞影 중수(『朝鮮後期佛畵』과 『韓國의 佛畵 12 - 仙巖寺』) 畵師 수화승
◦ 1806년 전남 순천 松廣寺 四天王像 개채(『曹溪山 松廣寺誌』) 수화승 度溢
◦ 1808년 경남 고성 玉泉寺 掛佛圖 조성(『韓國의 佛畵 26 - 雙磎寺(下)』) 수화승 華岳評三
◦ 1812년 修道庵 三世後佛紅圖 조성(順天 仙巖寺 所藏, 『韓國의 佛畵 12 - 仙巖寺』) 金魚 수화승
1812년 修道庵 神衆圖 조성(順天 仙巖寺 所藏, 『韓國의 佛畵 12 - 仙巖寺』) 金魚 수화승
◦ 1823년 전남 순천 松廣寺 廣遠庵 三世後佛圖 조성(『韓國의 佛畵 6 - 松廣寺(上)』) 金魚 수화승
◦ 1828년 전남 순천 松廣寺 浮屠殿 神衆圖(帝釋·童眞菩薩) 조성(『韓國의 佛畵 6 - 松廣寺(上)』) 金魚 수화승

도정 1(道淨, 到淨 : -1788-1796-) 18세기 후반에 활동한 불화승이다. 1788년에 수화승 용봉경환과 경북 상주 남장사 괘불도를 조성하고, 1788년에 상겸과 남장사 불사에 참여하여 기록한 『불사성공록佛事成功錄』에 대승양공大乘良工으로 언급되어 있다. 1789년에 장조莊祖 현릉원顯隆園 조성소 화승畵僧으로 참여하고, 1794년부터 1796년까지 화성 건립에 참여하여 1801년에 작성된 『화성성역의궤華城城役儀軌』에 양주목楊州牧 승려로 나와 있다.

◦ 1788년 경북 상주 南長寺 掛佛圖 조성(『韓國의 佛畵 9 - 直指寺(下)』) 수화승 龍峰 敬還
1788년 남장사 불사에 참여한 화승을 적은 『佛事成功錄』에 京城良工으로 언급(이용윤, 「『佛事成功錄』을 통해 본 남장사 괘불」) 수화승 尙謙
1788년 충남 서산 觀音寺 阿彌陀佛後佛圖 조성(瑞山 天藏寺 所藏, 『韓國의 佛畵 27 - 修德寺』) 수화승 尙謙
◦ 1789년 『莊祖顯隆園園所都監儀軌』 造成所 畵僧(奎章閣 13627호, 朴廷蕙, 「儀軌를 통해서 본 朝鮮時代의 畵員」 자료1)
◦ 1794년-1796년 화성 건립에 화원으로 참여(1801년 작성된 『華城城役儀軌』 卷4 工匠 畵工 條) 楊州牧

도정 2(道正 : -1803-) 19세기 전반에 활동한 불화승이다. 1803년에 수화승 홍안과 경북 문경 김용사 신중도를 조성하였다.

◦ 1803년 경북 문경 金龍寺 神衆圖 조성(『韓國의 佛畵 8 - 直指寺(上)』) 수화승 弘眼

도준 1(道俊, 途俊 : -1776-1777-) 18세기 후반에 활동한 불화승이다. 1776년에 영조英祖 원능元陵 조성소 화원畵僧으로 참여하고, 1777년에 수화승 □영□穎과 서울 봉은사 시왕도를 조성하였다.

◦ 1776년 『英祖元陵山陵都監儀軌』 造成所 畵僧(奎章閣 13586호, 朴廷蕙, 「儀軌를 통해서 본 朝鮮時代의 畵員」 자료1)
◦ 1777년 서울 奉恩寺 十王圖 조성(東國大學校 博物館 所藏, 『韓國佛畵畵記集』) 수화승 □영□穎

도준 2(度遵 : -1863-) 해봉당(海峰堂) 19세기 중반에 활동한 불화승이다. 1863년에 수화승 하은위상과 경남 양산 통도사 백련암 석가모니후불홍도釋迦牟尼後佛紅圖를 조성하였다.

◦ 1863년 경남 양산 通度寺 白蓮庵 釋迦牟尼後佛紅圖 조성(『韓國의 佛畫 3 – 通度寺(下)』) 수화승 霞隱偉相
※ 기존 알려진 불화 畫記를 보면 해봉도준인지 해봉과 도준인지 알 수 없다.

도진(道進: -1718-) 18세기 전반에 활동한 불화승이다. 1718년에 민회빈愍懷嬪 봉묘封墓 조성소 화승畫僧으로 참여하였다.

◦ 1718년 『愍懷嬪封墓都監儀軌』造成所 畫僧(奎章閣 14837호, 朴廷蕙,「儀軌를 통해서 본 朝鮮時代의 畫員」 자료1)

도징(道澄: -1828-1832-) 환송당(煥松堂) 19세기 전반에 활동한 불화승이다. 수화승 화담신선과 1828년에 경기 남양주 봉영사 지장도를, 1832년에 삼각산 신흥사 괘불도(서울 흥천사 소장)를 조성하였다.

◦ 1828년 경기 남양주 奉永寺 地藏圖 조성(『韓國의 佛畫 33 – 奉先寺』) 片手 수화승 華潭愼善43)
◦ 1832년 三角山 新興寺 掛佛圖 조성(서울 興天寺 所藏, 『서울전통사찰불화』와 『掛佛調査報告書 Ⅱ』 및 『韓國佛畫畫記集』) 수화승 愼善44)

도청 1(島淸 : -1741-) 18세기 중반에 활동한 불화승이다. 1741년에 수화승 긍척과 전남 여수 흥국사 팔상전 석가모니후불도와 대웅전 삼장도를 조성하였다.

◦ 1741년 전남 여수 興國寺 八相殿 釋迦牟尼後佛圖 조성(『韓國의 佛畫 11 – 華嚴寺』) 수화승 亘陟
1741년 전남 여수 興國寺 大雄殿 三藏圖(天藏·持地藏菩薩) 조성(『韓國의 佛畫 11 – 華嚴寺』) 수화승 亘陟
1741년 전남 여수 興國寺 大雄殿 三藏圖(地藏菩薩) 조성(『韓國의 佛畫 11 – 華嚴寺』) 수화승 亘陟

도청 2(道淸 : -1778-) 18세기 후반에 활동한 불화승이다. 1778년에 수화승 혜화와 경북 포항 보경사 삼장보살도를 조성하였다.

◦ 1778년 경북 포항 寶鏡寺 三藏菩薩圖 조성(『韓國佛畫畫記集』) 수화승 惠和

도한 1(道閑 : -1724-) 18세기 전반에 활동한 불화승이다. 1724년에 수화승 □□와 전남 강진 정수사 조계암 지장시왕도(여수 한산사 소장) 조성에 참여하였다.

◦ 1724년 전남 강진 淨水寺 曹溪菴 地藏十王圖 조성(麗水 寒山寺 所藏, 『韓國의 佛畫 11 – 華嚴寺』)45) 수화승 □□

도한 2(道閑 : -1776-1777-) 18세기 후반에 활동한 불화승이다. 1776년에 수화승 취증과 경북 영천 영지사 대웅전 석가모니후불도를, 1777년에 수화승 정총과 용연사 석가모니후불도(동국대학교 박물관 소장)를 조성하였다.

◦ 1776년 경북 영천 靈芝寺 大雄殿 釋迦牟尼後佛圖 조성(『韓國의 佛畫 30 – 銀海寺』) 수화승 取證
◦ 1777년 龍淵寺 釋迦牟尼後佛圖 조성(東國大學校 博物館 所藏, 『韓國의 佛畫 18 – 大學博物館(Ⅰ)』) 수화승 定聰

도한 3(道閑 : -1826-) 18세기 전반에 활동한 불화승이다. 1826년에 수화승 풍계순정과 전남 해남 대흥사 석가모니후불도를 조성하였다.

　◦1826년 전남 해남 大興寺 釋迦牟尼後佛圖 조성(『韓國의 佛畵 31 - 大興寺』) 수화승 楓溪
　　舜靜

도한 4(道閑 : -1851-) 18세기 중반에 활동한 불화승이다. 1851년에 수화승
기연과 전남 순천 송광사 천자암 지장시왕도를 조성하였다.

　◦1851년 전남 순천 松廣寺 天子庵 地藏十王圖 조성(『韓國의 佛畵 6 - 松廣寺(上)』) 수화승
　　錡衍

도해(斗解 : -1759-) 18세기 중반에 활동한 불화승이다. 1759년에 수화승 비
현과 전남 여수 흥국사 괘불도를 조성하였다.

　◦1759년 전남 여수 興國寺 掛佛圖 조성(『韓國의 佛畵 11 - 華嚴寺』)46) 수화승 丕賢
　　1759년 전남 여수 興國寺 帝釋天龍圖 조성(『韓國佛畵畵記集』)47) 수화승 丕賢

도현(道玄 : -1726-1741-) 18세기 중반에 활동한 불화승이다. 수화승 의겸과
1726년에 전북 남원 실상사 지장도(동국대학교 박물관 소장)와 1729년 경남
합천 해인사 대적광전 석가모니불도를 그렸다. 1741년에 수화승 성철과 충남
청양 장곡사 삼세불도(노사나불, 석가모니불)를 조성하였다.

　◦1726년 전북 남원 實相寺 地藏圖 조성(東國大學校 博物館 所藏, 『韓國의 佛畵 18 - 大學
　　博物館(Ⅰ)』) 수화승 義謙
　◦1729년 경남 합천 海印寺 大寂光殿 釋迦牟尼佛圖 조성(『韓國의 佛畵 4 - 海印寺(上)』)
　　수화승 義謙
　◦1741년 충남 청양 長谷寺 三世佛圖(盧舍那佛) 조성(東國大學校 博物館 所藏, 『韓國의 佛
　　畵 18 - 大學博物館(Ⅰ)』) 都畵員 수화승 性哲
　　1741년 충남 청양 長谷寺 三世佛圖(釋迦牟尼佛) 조성(東國大學校 博物館 所藏, 『韓國
　　의 佛畵 18 - 大學博物館(Ⅰ)』) 수화승 性哲

도환(道環 : -1757-) 18세기 중반에 활동한 불화승이다. 1757년에 수화승 정
인과 전남 구례 화엄사 대웅전 삼신도(비로자나불)를 조성하였다.

　◦1757년 전남 구례 華嚴寺 大雄殿 三身圖(毘盧遮那佛) 조성(『韓國의 佛畵 11 - 華嚴寺』)
　　수화승 定印 『海東湖南道智異山大華嚴寺事蹟』 언급

도훈(道訓 : -1795-) 18세기 후반에 활동한 불화승이다. 1795년에 수화승 신
겸과 충북 보은 법주사 대웅보전 신중도(복천암 소장)를 조성하였다.

　◦1795년 충북 보은 法住寺 大雄寶殿 神衆圖 조성(福泉庵 所藏, 『韓國의 佛畵 17 - 法住寺』)
　　수화승 信謙

도홍 1(道弘 : -1824-) 19세기 전반에 활동한 불화승이다. 1824년에 수화승
부첨과 경북 성주 선석사 대웅전 신중도를 조성하였다.

　◦1824년 경북 성주 禪石寺 大雄殿 神衆圖 조성(『韓國의 佛畵 21 - 桐華寺(上)』) 수화승
　　富添

도홍 2(道洪 : -1876-) 19세기 후반에 활동한 불화승이다. 1876년에 수화승
하은위상과 경북 선산 도리사 석가모니후불도를 조성하였다.

　◦1876년 경북 선산 桃李寺 釋迦牟尼後佛圖 조성(『韓國의 佛畵 8 - 直指寺(上)』) 수화승
　　霞隱偉相48)

도희 1(道希 : -1854-) 19세기 중반에 활동한 불화승이다. 1854년에 수화승 원담내원과 전남 구례 화엄사 나한전 석가모니후불도(하동 한산사 소장)를 조성하였다.

 ◦1854년 전남 구례 華嚴寺 羅漢殿 釋迦牟尼後佛圖 조성(河東 寒山寺 所藏, 『韓國의 佛畵 25 – 雙磎寺(上)』) 수화승 圓潭乃圓

도희 2(道喜 : -1901-) 20세기 전반에 활동한 불화승이다. 1901년에 벽산찬규와 경북 경산 환성사 명부전 지장도를 조성하였다.

 ◦1901년 경북 경산 環城寺 冥府殿 地藏圖 조성(『韓國의 佛畵 30 – 銀海寺』) 수화승 璨圭

돈감(頓鑑 : -1863-) 19세기 중반에 활동한 불화승이다. 1863년에 수화승 하은위상과 경남 양산 통도사 백련암 석가모니후불홍도釋迦牟尼後佛紅圖를 조성하였다.

 ◦1863년 경남 양산 通度寺 白蓮庵 釋迦牟尼後佛紅圖 조성(『韓國의 佛畵 3 – 通度寺(下)』) 수화승 霞隱偉相

돈기(頓機 : -1702-) 18세기 전반에 활동한 불화승이다. 1702년에 수화승 윤탄과 금강산 장안사 대웅전 중수에 참여하였다.

 ◦1702년 금강산 장안사 대웅전 중수(「金剛山長安寺大雄殿重修上樑文」, 安貴淑, 「조선후기 佛畵僧의 계보와 義謙比丘에 대한 연구(상)」) 수화승 允坦

돈명(頓明 : -1784-1788-) 18세기 후반에 전라도에서 활동한 승장이다. 1784년에 수화승 유성과 경북 김천 직지사 천불전 불상을 제작하고, 1788년에 상겸과 경북 상주 남장사 불사에 참여하여 기록한 『불사성공록佛事成功錄』에 호남양공湖南良工으로 언급되었다.

 ◦1784년 경북 김천 직지사 천불전 불상 제작(發願文) 수화승 有誠
 ◦1788년 남장사 불사에 참여한 화승을 적은 『佛事成功錄』에 湖南良工으로 언급(이용윤, 「『佛事成功錄』을 통해 본 남장사 괘불」) 수화승 尙謙

돈법 1(頓法, 敦法 : -1882-1914-)* 한곡당(漢谷堂), 속성 홍洪씨, 19세기 후반부터 20세기 전반까지 활동한 불화승이다. 1882년에 수화승 축연과 강원 통천 용공사 십육나한을 개채하고, 1893년에 수화승으로 서울 지장사 팔상도를, 수화승 추산천성과 서울 봉국사 명부전 시왕도(6·8·10대왕)를, 수화승으로 1898년에 경기 광주 명성암 지장시왕도, 칠성도, 현왕도를, 1900년에 수화승 금화기경과 경기 여주 신륵사 감로도와 아미타회상도, 수화승 환명용화와 극락보전 석가모니후불도를, 1901년에 수화승으로 충북 보은 법주사 여적암 신중도를, 수화승 대은돈희와 서울 연화사 괘불도, 수화승 한봉응작과 신중도, 수화승으로 금당金堂 칠성도를 그린 후, 수화승으로 충북 보은 법주사 여적암 신중도를 조성하였다. 1905년에 수화승으로 서울 봉원사 대웅전 신중도, 삼장보살도, 현왕도, 감로도, 만월전 산왕도를, 1908년에 수화승 대원원각과 인천 강화 백련사 아미타후불도를, 수화승 혜고봉감과 1909년 삼성산

사자암 괘불도를, 1910년에 인천 옹진 용궁사 지장보살도를, 1914년에 수화
승 혜고봉감과 경북 김천 청암사 석가모니후불도와 신중도를 조성하였다.

- 1882년 강원 통천 龍貢寺 十六羅漢 改彩 新畵成 各具尊像 奉安(『榆岾寺本末寺誌(龍貢寺)』) 수화승 竺衍
- 1893년 서울 地藏寺 八相圖 조성(『韓國의 佛畵 35 – 曹溪寺(中)』) 金魚片手 수화승
- 1898년 서울 奉國寺 冥府殿 十王圖(6·8·10大王) 조성(『韓國의 佛畵 35 – 曹溪寺(中)』) 片手 수화승 秋山天性
  1898년 廣州 明性庵 地藏十王圖 조성(『畿內寺院誌』와 『韓國佛畵畵記集』 및 『韓國의 佛畵 36 – 曹溪寺(下)』) 畵師 수화승
  1898년 경기 광주 明性庵 七星圖 조성(『畿內寺院誌』와 『韓國佛畵畵記集』 및 『韓國의 佛畵 36 – 曹溪寺(下)』) 片手 수화승
  1898년 경기 광주 明性庵 現王圖 조성(『韓國佛畵畵記集』) 畵師 수화승
- 1900년 경기 여주 神勒寺 甘露圖 조성(『韓國의 佛畵 29 – 龍珠寺(下)』) 수화승 錦華機烱
  1900년 경기 여주 神勒寺 阿彌陀會上圖 조성(『韓國佛畵畵記集』) 수화승 錦華機烱
  1900년 경기 여주 神勒寺 極樂寶殿 釋迦牟尼後佛圖 조성(『韓國의 佛畵 28 – 龍珠寺(上)』) 沙彌 수화승 幻溟龍化
- 1901년 서울 蓮華寺 掛佛圖 조성(『韓國의 佛畵 35 – 曹溪寺(中)』) 수화승 大恩頓喜
  1901년 서울 蓮華寺 神衆圖 조성(『韓國의 佛畵 35 – 曹溪寺(中)』) 수화승 漢峰應作[49]
  1901년 충북 보은 法住寺 汝寂庵 神衆圖 조성(『韓國의 佛畵 17 – 法住寺』) 金魚 出草 수화승
  1901년 서울 蓮華寺 金堂 七星圖 조성(『서울전통사찰불화』와 『韓國佛畵畵記集』 및 『韓國의 佛畵 36 – 曹溪寺(下)』) 金魚 수화승
- 1905년 서울 奉元寺 大雄殿 神衆圖 조성(『서울전통사찰불화』와 『韓國佛畵畵記集』) 金魚 수화승
  1905년 서울 奉元寺 大雄殿 三藏菩薩圖 조성(『서울전통사찰불화』와 『韓國佛畵畵記集』) 수화승 慧杲奉鑑
  1905년 서울 奉元寺 大雄殿 現王圖 조성(『서울전통사찰불화』와 『韓國佛畵畵記集』) 수화승 慧果保鑑[50]
  1905년 서울 奉元寺 滿月殿 山神圖 조성(『서울전통사찰불화』와 『韓國佛畵畵記集』)[51] 수화승 慧杲奉鑑
  1905년 서울 奉元寺 大雄殿 甘露王圖 조성(『서울전통사찰불화』와 『韓國佛畵畵記集』) 수화승 慧杲奉鑑
- 1908년 인천 강화 白蓮寺 阿彌陀後佛圖 조성(『畿內寺院誌』와 『韓國佛畵畵記集』 및 『韓國의 佛畵 34 – 曹溪寺(上)』) 出草[52] 수화승 大圓圓覺
- 1909년 三聖山 獅子庵 掛佛圖 조성(『韓國의 佛畵 35 – 曹溪寺(中)』) 수화승 惠杲奉鑑
- 1910년 인천 옹진 龍宮寺 地藏菩薩圖 조성(『畿內寺院誌』와 『韓國佛畵畵記集』) 수화승 慧杲奉鑑
- 1914년 경북 김천 靑巖寺 釋迦牟尼後佛圖 조성(『韓國의 佛畵 8 – 直指寺(上)』)[53] 수화승 慧杲奉鑑
  1914년 경북 김천 靑巖寺 神衆圖 조성(『韓國의 佛畵 8 – 直指寺(上)』)[54] 수화승 李慧杲奉鑑

돈석(頓碩, 頓錫, 頓奭 : -1854-1868-) 19세기 중반에 활동한 불화승이다. 1854년에 수화승 성천과 무염암 아미타후불도(홍성 석련사 소장)를, 1857년에 수화승 선률과 서울 봉은사 판전 신중도를 조성하고, 1861년에 수화승 월하세원과 대전 비래사 비로자나불좌상을 개금하였다. 1868년에 수화승 의운자우와 강원 영월 보덕사 석가모니후불도를 조성하였다.

- 1854년 無染庵 阿彌陀後佛圖 조성(洪城 石蓮寺 所藏, 『韓國의 佛畵 27 – 修德寺』) 수화

　　승 性天
　◦1857년 서울 奉恩寺 版殿 神衆圖 조성(『韓國의 佛畵 35 - 曹溪寺(中)』) 出草 수화승 善律
　◦1861년 대전 비래사 비로자나불좌상 개금(『한국의 사찰문화재-충청남도·대전광역시』)
　　수화승 月霞世元
　◦1868년 강원 영월 報德寺 釋迦牟尼後佛圖 조성(『韓國의 佛畵 10 -月精寺』) 수화승 意雲
　　慈雨[55]

돈성(頓性 : -1777-1788-) 18세기 후반에 경북 문경 대승사를 중심으로 활동
한 불화승이다. 1777년에 수화승 정총과 용연사 석가모니후불도(동국대학교
박물관 소장)를 조성하였다. 1788년에 상겸과 경북 상주 남장사 불사에 참여
하여 『불사성공록佛事成功錄』에 대승양공大乘良工으로 적혀있다.
　◦1777년 龍淵寺 釋迦牟尼後佛圖 조성(東國大學校 博物館 所藏,『韓國의 佛畵 18 - 大學博
　　物館(Ⅰ)』) 수화승 定聰
　◦1788년 남장사 불사에 참여한 화승을 적은『佛事成功錄』에 大乘良工으로 언급(이용윤,
　　「『佛事成功錄』을 통해 본 남장사 괘불」) 수화승 尙謙

돈영(頓暎 : -1754-) 18세기 중반에 활동한 불화승이다. 1754년에 수화승 사
인과 전북 고창 선운사 천불도(동국대학교 박물관 소장)를 조성하였다
　◦1754년 전북 고창 禪雲寺 千佛圖 조성(東國大學校 博物館 所藏,『韓國의 佛畵 18 - 大學
　　博物館(Ⅰ)』) 수화승 思仁

돈조(頓照 : -1868-1891-)* 만파당(萬波堂) 19세기 중·후반에 활동한 불화승
이다. 1868년에 수화승 금곡영환과 경기 남양주 흥국사 대웅보전 지장도를,
1869년에 수화승 경선응석과 경기 남양주 흥국사 팔상도(비람강생상)를,
1872년에 수화승 방우진호와 경기 파주 보광사 명부전 지장도와 사자도(사
자·장군)를, 1873년에 수화승 경선응석과 서울 미타사 신중도를, 1874년에
수화승으로 적석사 원통전 신중도 조성(강화 청련사 소장), 1879년에 수화승
경선응석과 서울 개운사 괘불도를, 1885년에 수화승 금곡영환과 서울 봉국사
명부전 지장도를, 1886년에 수화승 영명천기와 서울 봉은사 괘불도를, 1887
년에 수화승 혜산축연과 서울 경국사 감로왕도를, 1888년에 수화승 금곡영환
과 경기 안성 칠장사 명부전 지장도를, 1891년에 수화승 현조와 경기 수원
봉령사 신중도를 조성하였다.
　◦1868년 경기 남양주 興國寺 大雄寶殿 地藏圖 조성(『韓國佛畵畵記集』과『韓國의 佛畵 33
　　- 奉先寺』)[56] 수화승 金谷永煥
　◦1869년 경기 남양주 興國寺 八相圖(毘藍降生相) 조성(『韓國의 佛畵 33 - 奉先寺』) 수화
　　승 慶船應釋
　◦1872년 경기 파주 普光寺 冥府殿 地藏圖 조성(『韓國의 佛畵 33 - 奉先寺』) 副 수화승
　　放牛珍昊
　　1872년 경기 파주 普光寺 使者圖(使者·將軍) 조성(『韓國佛畵畵記集』과『韓國의 佛畵
　　33 - 奉先寺』) 수화승 放牛珍昊
　◦1873년 서울 彌陀寺 神衆圖 조성(『韓國의 佛畵 35 - 曹溪寺(中)』) 수화승 慶船應釋
　◦1874년 積石寺 圓通殿 神衆圖 조성(江華 靑連寺 所藏,『畿內寺院誌』와『韓國佛畵畵記集』
　　및『韓國의 佛畵 35 - 曹溪寺(中)』)[57] 金魚 수화승
　◦1879년 서울 開運寺 掛佛圖 조성(『韓國의 佛畵 35 - 曹溪寺(中)』) 수화승 慶船應釋

- 1885년 서울 奉國寺 冥府殿 地藏圖 조성(『韓國의 佛畵 34 – 曹溪寺(上)』) 수화승 金谷永煥
- 1886년 서울 奉恩寺 掛佛圖 조성(『서울전통사찰불화』와 『韓國佛畵畵記集』 및 『韓國의 佛畵 35 – 曹溪寺(中)』) 수화승 影明天機
- 1887년 서울 慶國寺 甘露王圖 조성(『韓國佛畵畵記集』)[58] 수화승 蕙山竺衍
- 1888년 경기 안성 七長寺 冥府殿 地藏圖 조성(『韓國의 佛畵 28 – 龍珠寺(上)』) 수화승 金谷永煥
- 1891년 경기 수원 奉寧寺 神衆圖 조성(『韓國의 佛畵 28 – 龍珠寺(上)』)[59] 수화승 現照

돈직(頓直 : -1865-) 19세기 중반에 활동한 불화승이다. 1856년에 수화승 영희와 강원 평창 월정사 아미타후불도를 조성하였다.

- 1856년 강원 평창 月精寺 阿彌陀後佛圖 조성(『韓國의 佛畵 10 – 月精寺』) 수화승 永熙

돈진(敦珎 : -1788-) 18세기 후반에 활동한 불화승이다. 1788년에 수화승 연홍과 충남 공주 마곡사 대적광전 석가모니후불도를 조성하였다.

- 1788년 충남 공주 麻谷寺 大寂光殿 釋迦牟尼後佛圖 조성(『韓國의 佛畵 15 – 麻谷寺(上)』) 수화승 鍊弘

돈청(敦淸 : -1794-1796-) 18세기 후반에 경기 양주를 중심으로 활동한 불화승이다. 1794년부터 1796년까지 화성 건립에 참여하여 1801년 작성된 『화성성역의궤華城城役儀軌』에 양주목楊州牧 승려로 언급되어 있다.

- 1794년–1796년 화성 건립에 화원으로 참여(1801년 작성된 『華城城役儀軌』 卷4 工匠 畵工 條) 楊州牧

돈평(頓平 : -1777-1790-) 18세기 후반에 활동한 불화승이다. 1777년에 수화승 영인과 서울 봉은사 시왕도(안양 삼막사 소장)를, 1790년에 수화승 민관과 경기 화성 용주사 대웅보전 삼장도를 조성하였다.

- 1777년 서울 奉恩寺 十王圖 조성(安養 三幕寺 所藏, 『韓國佛畵畵記集』) 수화승 永印
- 1790년 경기 화성 龍珠寺 大雄寶殿 三藏圖 조성(『韓國의 佛畵 28 – 龍珠寺(上)』)[60] 수화승 旻官

돈하(頓荷, 頓夏 : -1888-1898-) 석주당(石洲堂) 19세기 후반에 활동한 불화승이다. 1888년에 수화승 금곡영환과 경기 안성 칠장사 명부전 지장도를, 1898년에 수화승 한곡돈법과 경기 광주 명성암 칠성도를 조성하였다.

- 1888년 경기 안성 七長寺 冥府殿 地藏圖 조성(『韓國의 佛畵 28 – 龍珠寺(上)』) 수화승 金谷永煥
- 1898년 경기 광주 明性庵 七星圖 조성(『韓國의 佛畵 36 – 曹溪寺(下)』)[61] 金魚 수화승 漢谷頓法

돈활(頓活 : -1792-) 18세기 후반에 활동한 불화승이다. 1792년에 수화승 지연과 경남 양산 통도사 괘불도와 삼장도 및 신중도(원적산 금봉암 소장)를, 수화승 瑞峯와 경북 영천 은해사 백흥암 극락전 감로도를 조성하였다.

- 1792년 경남 양산 通度寺 掛佛圖 조성(『韓國의 佛畵 2 – 通度寺(中)』) 수화승 指演
  1792년 경남 양산 通度寺 三藏圖 조성(『韓國의 佛畵 1 – 通度寺(上)』) 수화승 指演
  1792년 경남 양산 通度寺 神衆圖(圓寂山 金鳳庵 奉安) 조성(『韓國의 佛畵 1 – 通度寺(上)』) 수화승 福贊
  1792년 경북 영천 銀海寺 百興庵 極樂殿 甘露圖 조성(『韓國의 佛畵 30 – 銀海寺』) 수화승 瑞峯

돈희(頓喜 : -1901-)* 대은당(大恩堂) 20세기 전반에 활동한 불화승이다. 1901
년에 수화승으로 서울 연화사 괘불도를, 수화승 한봉응작과 신중도를 조성하
였다.

> ▫ 1901년 서울 蓮華寺 掛佛圖 조성(『韓國의 佛畵 35 – 曹溪寺(中)』) 金魚片手 수화승
> 1901년 서울 蓮華寺 神衆圖 조성(『韓國의 佛畵 35 – 曹溪寺(中)』) 수화승 漢峰應作[62]

동산당(東山堂) 병호(秉鎬, 秉皓) 참조

동섭(桐燮, 東燮 : -1898-) 19세기 후반에 활동한 불화승이다. 1898년에 수화
승 정연과 충남 공주 동학사 약사후불도, 아미타후불도, 신중도, 현왕도를 조
성하였다.

> ▫ 1898년 충남 공주 東鶴寺 藥師如來後佛圖 조성(『韓國의 佛畵 15 – 麻谷寺(上)』) 수화승
> 定鍊
> 1898년 충남 공주 東鶴寺 阿彌陀後佛圖 조성(『韓國의 佛畵 15 – 麻谷寺(上)』) 수화승
> 定鍊
> 1898년 충남 공주 東鶴寺 神衆圖 조성(『韓國의 佛畵 15 –麻谷寺(上)』) 수화승 定鍊
> 1898년 충남 공주 東鶴寺 現王圖 조성(『韓國의 佛畵 16 – 麻谷寺(下)』) 수화승 定鍊[63]

동성당(東星堂) 정연(定淵) 참조

동수 1(童守, 東守, 童首 : -1894-1896-) 19세기 후반에 활동한 불화승이다.
1893년에 수화승 금호약효와 전북 진안 천황사 대웅전 삼세후불도를, 1894
년에 수화승 두명과 경남 함양 영원사 신중도를, 1896년에 수화승 경호와 경
북 성주 선석사 아미타후불도를, 수화승 범해두안과 경북 김천 봉곡사 지장
도를, 수화승 덕산묘화와 대구 동화사 사천왕도(지국천왕)를 조성하였다.

> ▫ 1893년 전북 진안 天皇寺 大雄殿 三世後佛圖 조성(『韓國의 佛畵 13 – 金山寺』) 수화승
> 錦湖若效
> ▫ 1894년 경남 함양 靈源寺 神衆圖 조성(『韓國의 佛畵 4 –海印寺(上)』) 수화승 斗明
> ▫ 1896년 경북 성주 禪石寺 阿彌陀後佛圖 조성(『韓國의 佛畵 21 – 桐華寺(上)』) 수화승 璟鎬
> 1896년 경북 김천 鳳谷寺 地藏圖 조성(『韓國의 佛畵 8 – 直指寺(上)』) 수화승 帆海斗岸[64]
> 1896년 대구 동화사 四天王圖(持國天王) 조성(『韓國의 佛畵 21 – 桐華寺(上)』) 片掌
> 수화승 德山妙華

동신(東信 : -1873-1877-) 19세기 후반에 활동한 불화승이다. 1873년에 수화
승 위상과 경남 합천 해인사 법보전 비로자나후불도를, 1877년에 수화승 수
룡기전과 경남 진주 청곡사 칠성도를 조성하였다.

> ▫ 1873년 경남 합천 海印寺 法寶殿 毘盧遮那後佛圖 조성(『韓國의 佛畵 4 – 海印寺(上)』)
> 수화승 偉相
> ▫ 1877년 경남 진주 靑谷寺 七星圖 조성(『韓國의 佛畵 5 – 海印寺(下)』) 수화승 繡龍琪銓

동운당(東雲堂) 규현(奎鉉) 참조

동운당(東雲堂) 취선(就善) 참조

동호당(東昊堂, 東湖堂) 진철(震徹, 震哲, 震徹) 참조

두관(斗貫 : -1781-) 18세기 후반에 활동한 불화승이다. 수화승 승윤과 1781
년에 경남 하동 쌍계사 삼세불도(석가모니불)와 삼장도를 조성하였다.

> 1781년 경남 하동 쌍계사 三世佛圖(釋迦牟尼佛) 조성(『韓國의 佛畵 25 - 雙磎寺(上)』) 수
> 화승 勝允
> 1781년 경남 하동 쌍계사 三藏圖 조성(『韓國의 佛畵 25 - 雙磎寺(上)』) 수화승 勝允

두동(斗炯 : -1900-) 20세기 전반에 활동한 불화승이다. 1900년에 수화승 동
호진철과 경남 양산 통도사 금강계단 감로도를 조성하였다.

> 1900년 경남 양산 通度寺 金剛戒壇 甘露圖 조성(『韓國의 佛畵 2 - 通度寺(中)』)[65] 수화
> 승 東湖震徹

두명(斗明 : -1884-1894-)* 19세기 후반에 활동한 불화승이다. 1884년에 수화
승 정규와 경남 진주 응석사 석가모니후불도를, 1885년에 수화승 수룡기전과
경남 합천 해인사 대적광전 삼신도(비로자나불)와 국일암 구품도 및 신중도를,
1888년에 수화승 우송상수와 경북 김천 직지사 삼성암 신중도와 칠성도를,
1892년에 수화승 연하계창과 전북 익산 심곡사 대웅전 석가모니후불도와 아
미타후불도를, 수화승으로 경북 김천 고방사 산신도를, 수화승 서암전기와 경
남 합천 해인사 괘불도와 대적광전 팔상도(유성출가상)를, 수화승 우송상수와
해인사 경학원 조사도와 대구 대광명사 독성도 및 1893년에 경남 합천 해인
사 길상암 지장도를, 수화승 동호진철과 해인사 길상암 신중도를, 수화승 봉
화와 해인사 길상암 십육나한도(취봉산중제십오아씨다존자鷲峯山中第十五阿氏
多尊者)를, 1894년에 수화승으로 경남 함양 영원사 신중도를 조성하였다.

> 1884년 경남 진주 凝石寺 釋迦牟尼後佛圖 조성(『韓國의 佛畵 4 - 海印寺(上)』) 수화승
> 廷奎
> 1885년 경남 합천 海印寺 大寂光殿 三身圖(毘盧遮那佛) 조성(『韓國의 佛畵 4 - 海印寺
> (上)』) 수화승 水龍琪銓
> 1885년 경남 합천 海印寺 國一庵 九品圖 조성(『韓國의 佛畵 4 - 海印寺(上)』) 수화승
> 水龍琪銓
> 1885년 경남 합천 海印寺 國一庵 神衆圖 조성(『韓國의 佛畵 4 - 海印寺(上)』) 수화승
> 水龍琪銓
> 1888년 경북 김천 直指寺 三聖庵 神衆圖 조성(『韓國의 佛畵 8 - 直指寺(上)』) 수화승 友
> 松爽洙
> 1888년 경북 김천 直指寺 三聖庵 七星圖 조성(『韓國의 佛畵 9 - 直指寺(下)』) 수화승
> 友松爽洙
> 1892년 전북 익산 深谷寺 大雄殿 釋迦牟尼後佛圖 조성(『韓國의 佛畵 13 - 金山寺』) 出抄
> 수화승 蓮河啓昌
> 1892년 전북 익산 深谷寺 阿彌陀後佛圖 조성(『韓國의 佛畵 13 - 金山寺』) 수화승 蓮
> 河啓昌
> 1892년 경북 김천 高方寺 山神圖 조성(『韓國의 佛畵 9 - 直指寺(下)』) 金魚 수화승
> 1892년 경남 합천 海印寺 掛佛圖 조성(『韓國의 佛畵 - 5 海印寺(下)』) 出草 片手 沙彌
> 수화승 瑞庵典琪
> 1892년 경남 합천 海印寺 經學院 祖師圖 조성(『韓國의 佛畵 5 - 海印寺(下)』) 出草
> 金魚 友松爽洙
> 1892년 경남 합천 海印寺 大寂光殿 八相圖(踰城出家相) 조성(『韓國의 佛畵 5 - 海印

寺(下)』) 수화승 瑞巖典琪

1892년 대구 大光明寺 獨聖圖 조성(『韓國의 佛畵 5 − 海印寺(下)』) 出草 수화승 友松
爽洙

◦ 1893년 경남 합천 海印寺 吉祥庵 地藏圖 조성(『韓國의 佛畵 4 − 海印寺(上)』) 수화승 友
松尚守

1893년 경남 합천 海印寺 吉祥庵 神衆圖 조성(『韓國의 佛畵 4 − 海印寺(上)』) 片手
수화승 東昊震徹

1893년 경남 합천 海印寺 吉祥庵 十六羅漢圖(鷲峯山中第十五阿氏多尊者) 조성(『韓國
의 佛畵 5 − 海印寺(下)』) 片手 수화승 奉華

◦ 1894년 경남 함양 靈源寺 神衆圖 조성(『韓國의 佛畵 4 −海印寺(上)』) 片手 수화승

◦ 연대미상 경남 양산 通度寺 翠雲庵 九品圖 조성(『韓國의 佛畵 1 − 通度寺(上)』) 수화승
水龍琪佺

두삼(斗三 : -1868-1912-)* 경성당(景星堂) 19세기 후반에 전라도 순천 선암사
에서 활동한 불화승이다. 수화승 금곡영환과 1868년에 서울 백련사 괘불도를,
1868년에 경기 남양주 흥국사 대웅전 칠성도를, 1869년에 수화승 경선응석과
경기 남양주 흥국사 팔상도(비람강생상)를, 1871년에 수화승 금암천여와 경남
함양 벽송사 신중도를, 1873년에 수화승 운파취선과 전남 순천 향림사 지장시
왕도와 신중도를, 1874년에 수화승 경선과 운대암 지장도를, 1875년에 수화
승 금암천여와 통영 용화사 관음암 신중도와 칠성도를 조성하였다. 수화승 향
호묘영과 1879년에 전남 낙안 금강암 지장도와 염불암 신중도를 그린 후,
1891년에 전남 순천 송광사 사천왕상을 개채하였다. 1898년에 수화승 향호묘
영과 대승암 삼세후불도(순천 선암사 소장)를, 1901년에 수화승 한곡돈법과
서울 연화사 금당金堂 칠성도와 수화승 한봉응작과 신중도를, 1902년에 수화
승으로 전남 순천 선암사 심검당 아미타홍도阿彌陀紅圖를, 1903년에 수화승
향호묘영과 경남 통영 용화사 석가모니후불도를, 1904년에 수화승으로 순천
선암사 삼화상진영도(지공・나옹・무학)를 조성하였다. 1907년에 순천 선암
사 천불도 조성 시 화주化主와 본방질本房秩에 언급되어 있고, 1912년에 수화
승으로 운수암 아미타후불도(순천 선암사 소장)를 그렸다.

◦ 1868년 서울 白蓮寺 掛佛圖 조성(『掛佛調查報告書 II』) 수화승 金谷永煥

1868년 경기 남양주 興國寺 大雄殿 七星圖 조성(『韓國의 佛畵 33 − 奉先寺』) 수화승
金谷永煥

◦ 1869년 경기 남양주 興國寺 八相圖(毘藍降生相) 조성(『韓國의 佛畵 33 − 奉先寺』) 수화
승 慶船應釋

◦ 1871년 경남 함양 碧松寺 神衆圖 조성(『韓國의 佛畵 4 − 海印寺(上)』) 수화승 錦岩天如

◦ 1873년 地藏圖 조성(國立中央博物館 所藏, 『韓國의 佛畵 39 − 國・公立博物館』) 수화승
錦庵天如

◦ 1874년 雲臺菴 地藏圖 조성(河東 雙磎寺 所藏, 『韓國의 佛畵 25 − 雙磎寺(上)』) 金魚 수
화승

1874년 전남 순천 香林寺 地藏十王圖 조성(金玲珠, 『朝鮮時代佛畵硏究』와 『韓國佛畵
畵記集』)66) 수화승 雲波就善

1874년 전남 순천 香林寺 神衆圖 조성(金玲珠, 『朝鮮時代佛畵硏究』와 『韓國佛畵畵記
集』) 수화승 雲波就善

◦ 1875년 경남 통영 龍華寺 觀音庵 神衆圖 조성(『韓國의 佛畵 25 − 雙磎寺(上)』) 수화승

錦巖天如
1875년 경남 통영 龍華寺 觀音庵 七星圖 조성(『韓國의 佛畵 26 – 雙磎寺(下)』) 수화승 錦岩天如
◦1879년 전남 순천 松廣寺 廣遠庵 地藏十王圖 조성(『韓國의 佛畵 6 – 松廣寺(上)』) 수화승 雲坡就善
1879년 전남 순천 仙巖寺 念佛庵 神衆圖 조성(順天 仙巖寺 所藏, 『韓國의 佛畵 12 – 仙巖寺』) 수화승 香湖妙寧
1879년 전남 순천 仙巖寺 獨聖圖 조성(『韓國佛畵畵記集』) 兼 化主 수화승 香湖妙寧
1879년 전남 순천 樂安 金剛庵 地藏圖 조성(圓光大學校 所藏, 『韓國의 佛畵19 – 大學博物館(Ⅱ)』)67) 수화승 香湖妙寧
1879년 전남 강진 無爲寺 七星圖 조성(金玲珠, 『朝鮮時代佛畵硏究』와 『韓國佛畵畵記集』) 수화승 雲波就善
◦1895년 전남 순천 仙巖寺 三聖閣 七星圖 조성(『韓國의 佛畵 12 – 仙巖寺』) 毘首 수화승
◦1898년 大乘庵 三世後佛圖 조성(順天 仙巖寺 所藏, 『韓國의 佛畵 12 仙巖寺』)68) 片手 수화승 香湖妙永
◦1901년 서울 蓮華寺 金堂 七星圖 조성(『서울전통사찰불화』와 『韓國佛畵畵記集』 및 『韓國의 佛畵 36 – 曹溪寺(下)』) 수화승 漢谷頓法
1901년 서울 蓮華寺 神衆圖 조성(『韓國의 佛畵 35 – 曹溪寺(中)』) 수화승 漢峰應作69)
◦1902년 전남 순천 仙巖寺 尋劍堂 阿彌陀紅圖 조성(『韓國의 佛畵 12 – 仙巖寺』) 毘首 수화승
◦1903년 경남 통영 龍華寺 釋迦牟尼後佛圖 조성(『韓國의 佛畵 25 – 雙磎寺(上)』) 수화승 香湖妙英
◦1904년 전남 순천 仙巖寺 三和尙眞影圖(指空·懶翁·無學) 조성(『韓國의 佛畵 12 – 仙巖寺』) 毘首 수화승
◦1907년 전남 순천 仙巖寺 千佛圖 조성 시 化主와 本房秩에 언급됨(『韓國의 佛畵 12 – 仙巖寺』)
◦1912년 雲水庵 阿彌陀後佛圖 조성(順天 仙巖寺 所藏, 『韓國의 佛畵 12 – 仙巖寺』) 金魚 수화승

두선(斗善 : -1880-) 19세기 후반에서 활동한 불화승이다. 1880년에 수화승 환봉준성과 전북 완주 위봉사 보광명전 삼세불도(약사불도)를 조성하였다.

◦1880년 전북 완주 威鳳寺 普光明殿 三世佛圖(藥師佛) 조성(『韓國의 佛畵 13 – 金山寺』) 수화승 幻峯準性

두성 1(斗成 : -1849-) 19세기 중반에 활동한 불화승이다. 1849년에 수화승 금암천여와 경남 양산 용화사 아미타후불도를 조성하였다.

◦1849년 경남 양산 龍華寺 阿彌陀後佛圖 조성(『韓國의 佛畵 3 – 通度寺(下)』) 수화승 錦庵天如

두성 2(斗性 : -1908-) 20세기 전반에 활동한 불화승이다. 1908년에 수화승 함식과 경남 함양 용추사 산신도를 조성하였다.

◦1908년 경남 함양 龍湫寺 山神圖 조성(『韓國의 佛畵 5 – 海印寺(下)』) 수화승 咸湜

두심(斗心 : -1707-)* 18세기 전반에 활동한 승장이다. 1707년에 수화승으로 전남 장흥 보림사 불화를 개조하였다.

◦1707년 전남 장흥 寶林寺 불탱 3축을 개조하여 완성(『譯註 寶林寺重創記』) 畵 工師 수화승

두안 1(斗眼 : -1775-) 18세기 후반에 활동한 불화승이다. 1775년에 수화승 포관과 경남 양산 통도사 영산전 팔상도(도솔내의상)를 조성하였다.

　·1775년 경남 양산 通度寺 靈山殿 八相圖 중 第一兜率來儀相 조성(『韓國의 佛畵 2 – 通度寺(中)』) 수화승 抱冠

두안 2(斗岸 : -1895-1901-)* 범해당(梵海堂, 帆海堂) 19세기 후반부터 20세기 전반까지 활동한 불화승이다. 1895년에 수화승으로 대구 달성 유가사 도성암 석가모니후불도를, 1896년에 수화승 덕산묘화와 대구 동화사 사천왕도(지국천왕)와 우송상수와 사천왕도(다문천왕)를, 수화승으로 경북 양산 통도사 반야용선도般若龍船圖와 경북 김천 봉곡사 지장도를, 1897년에 수화승 연호봉의와 경남 남해 용문사 대웅전 석가모니후불도와 신중도를, 수화승 영운봉수와 경북 영천 은해사 백홍암 영산전 석가모니후불도와 심검당 아미타후불도 및 대법당 신중도 등을 조성하였다. 1899년에 수화승 주화와 경남 양산 통도사 비로암 석가모니후불도와 백련암 지장보살도를, 수화승 동호진철과 경남 양산 통도사 황화각 화장찰해도를, 수화승 주화와 통도사 백련암 지장보살도를, 수화승으로 1901년에 경남 고성 옥천사 청연암 석가모니후불도와 안정사 원효암 삼세불도(통영 용화사 소장)를 조성하였다.

　·1895년 대구 달성 瑜伽寺 道成庵 釋迦牟尼後佛圖 조성(『韓國의 佛畵 21 – 桐華寺(上)』) 金魚 수화승
　·1896년 대구 동화사 四天王圖(持國天王) 조성(『韓國의 佛畵 21 – 桐華寺(上)』) 수화승 德山妙華
　　1896년 대구 桐華寺 四天王圖(多聞天王) 조성(『韓國의 佛畵 21 – 桐華寺(上)』) 片堂 수화승 友松爽洙
　　1896년 경남 양산 通度寺 般若龍船圖 조성(『韓國의 佛畵 2 – 通度寺(中)』) 金魚 수화승
　　1896년 경북 김천 鳳谷寺 地藏圖 조성(『韓國의 佛畵 8 – 直指寺(上)』) 金魚 수화승70)
　·1897년 경남 창녕 昌寧布敎堂 山神圖 조성(『韓國의 佛畵 3 – 通度寺(下)』) 出草 수화승 太一
　　1897년 경남 남해 龍門寺 大雄殿 釋迦牟尼後佛圖 조성(『韓國의 佛畵 25 – 雙磎寺(上)』) 수화승 蓮湖奉宜
　　1897년 경남 남해 龍門寺 大雄殿 神衆圖 조성(『韓國의 佛畵 25 – 雙磎寺(上)』) 수화승 蓮湖奉宜
　　1897년 경북 영천 銀海寺 百興菴 靈山殿 釋迦牟尼後佛圖 조성(『韓國의 佛畵 30 – 銀海寺』) 수화승 永雲奉洙
　　1897년 경북 영천 銀海寺 百興菴 尋劍堂 阿彌陀後佛圖 조성(『韓國의 佛畵 30 – 銀海寺』) 수화승 永雲奉秀
　　1897년 경북 영천 銀海寺 百興菴 大法堂 神衆圖 조성(『韓國의 佛畵 30 – 銀海寺』) 수화승 永雲奉秀
　·1899년 경남 양산 通度寺 毘盧庵 釋迦牟尼後佛圖 조성(『韓國의 佛畵 1 – 通度寺(上)』) 片手 수화승 周華
　　1899년 경남 양산 通度寺 皇華閣 華藏刹海圖 조성(『韓國의 佛畵 1 – 通度寺(上)』) 수화승 東昊震徹
　　1899년 경남 양산 通度寺 白蓮庵 地藏菩薩圖 조성(『韓國佛畵畵記集』) 수화승 周華
　·1901년 경남 고성 玉泉寺 靑蓮庵 釋迦牟尼後佛圖 조성(『韓國의 佛畵 25 – 雙磎寺(上)』) 金魚 片手71) 수화승
　　1901년 安靜寺 元曉庵 三世佛圖 조성(統營 龍華寺 所藏, 『韓國의 佛畵 25 – 雙磎寺(上)』) 金魚 片手 수화승
　·연대미상 경남 합천 海印寺 弘濟庵 山神圖 조성(『韓國의 佛畵 5 – 海印寺(下)』) 片手 수화승

두연(斗演 : -1890-1898-) 19세기 후반에 활동한 불화승이다. 1890년에 수화승 봉수와 경북 상주 남장사 신중도를, 1898년에 수화승 용담규상와 서울 봉국사 명부전 시왕도(5·7·9대왕)를 조성하였다.

- 1890년 경북 상주 南長寺 神衆圖 조성(『韓國의 佛畵 8 – 直指寺(上)』) 수화승 奉秀
- 1898년 서울 奉國寺 冥府殿 十王圖(5·7·9大王) 조성(『韓國의 佛畵 35 – 曹溪寺(中)』) 수화승 龍潭奎祥

두열(頭烈 : -1885-1887-) 석암당(石菴堂) 19세기 후반에 활동한 불화승이다. 1885년에 수화승 만파정탁과 경기 남양주 내원암 괘불도를, 1887년에 수화승 금곡영환과 서울 미타사 대웅전 극락전 아미타후불도를 조성하였다.

- 1885년 경기 남양주 內院庵 掛佛圖 조성(畵記, 『韓國의 佛畵 33 – 奉先寺』)[72] 수화승 萬波定濯
- 1887년 서울 彌陀寺 大雄殿 極樂殿 阿彌陀後佛圖 조성(『韓國의 佛畵 34 – 曹溪寺(上)』) 수화승 金谷永煥

두엽(斗燁 : -1861-1892-) 19세기 후반에 활동한 불화승이다. 1861년에 수화승 경욱과 충남 공주 마곡사 청련암 석가모니후불도를, 1892년에 수화승 연하계창과 전북 익산 심곡사 아미타후불도를 조성하였다.

- 1861년 충남 공주 麻谷寺 淸蓮庵 釋迦牟尼後佛圖 조성(『韓國의 佛畵 15 – 麻谷寺(上)』) 수화승 敬郁
- 1892년 전북 익산 深谷寺 阿彌陀後佛圖 조성(『韓國의 佛畵 13 – 金山寺』) 수화승 蓮河啓昌

두영(斗英 : -1740-1759-) 18세기 중반에 활동한 불화승이다. 수화승 임한과 1740년에 경남 양산 통도사 극락보전 아미타후불도와 1759년에 통도사 대광명전 석가모니후불도를 조성하였다.

- 1740년 경남 양산 通度寺 極樂寶殿 阿彌陀後佛圖 조성(『韓國의 佛畵 1 – 通度寺(上)』) 수화승 任閑
- 1759년 경남 양산 通度寺 大光明殿 釋迦牟尼後佛圖 조성(『韓國의 佛畵 1 – 通度寺(上)』) 수화승 任閑
  1759년 己酉年改金幀畵丹艧事施主記(安貴淑,「조선후기 佛畵僧의 계보와 義謙比丘에 대한 연구(상)」)
  ※ 두영은 두 명일 가능성이 있다.

두인(斗印 : -1788-) 18세기 후반에 경북 문경 대승사를 중심으로 활동한 불화승이다. 1788년에 상겸과 경북 상주 남장사 불사에 참여하여 『불사성공록 佛事成功錄』에 대승양공大乘良工으로 적혀있다.

- 1788년 남장사 불사에 참여한 화승을 적은 『佛事成功錄』에 大乘良工으로 언급(이용윤, 「『佛事成功錄』을 통해 본 남장사 괘불」) 수화승 尙謙

두일(斗一 : -1832-) 19세기 전반에 활동한 불화승이다. 1832년에 수화승 신선과 삼각산 신흥사 괘불도(서울 흥천사 소장)를 조성하였다.

- 1832년 三角山 新興寺 掛佛圖 조성(서울 興天寺 所藏, 『서울전통사찰불화』와 『掛佛調査報告書 II』 및 『韓國佛畵畵記集』) 수화승 愼善[73]

두전(斗典 : -1900-) 20세기 전반에 활동한 불화승이다. 1900년에 수화승 동호진철과 경남 양산 통도사 금강계단 감로도를 조성하였다.

　　◦1900년 경남 양산 通度寺 金剛戒壇 甘露圖 조성(『韓國의 佛畵 2 – 通度寺(中)』) 수화승
　　　東湖震徹

두정 1(斗定 : -1790-) 18세기 후반에 활동한 불화승이다. 1790년에 수화승
상겸과 경기 화성 용주사 감로도를 조성하였다.

　　◦1790년 경기 화성 龍珠寺 甘露圖 조성(『韓國佛畵畵記集』) 수화승 尙兼

두정 2(斗正, 斗定 : -1872-1930-) 19세기 후반부터 20세기 전반까지 활동한
불화승이다. 1872년에 수화승 방우진호와 경기 파주 보광사 시왕도(3·7·9대
왕)과 사자도(사자·장군)를, 1878년에 수화승 한담천신과 경기 안성 청룡사
대웅전 삼세후불도를, 1900년에 수화승 동호진철과 경남 양산 통도사 금강계
단 감로도를, 수화승 금화기경과 경기 여주 신륵사 감로도와 수화승 환명용화
와 극락보전 석가모니후불도를, 1930년에 수화승 보응문성과 서울 개운사 대
웅전 아미타후불도와 충남 공주 갑사 대성암 석가모니후불도를 조성하였다.

　　◦1872년 경기 파주 普光寺 十王圖(3·7·9大王) 조성(『韓國의 佛畵 33 – 奉先寺』) 수화승
　　　放牛珎昊
　　　1872년 경기 파주 普光寺 使者圖(使者·將軍) 조성(『韓國佛畵畵記集』과 『韓國의 佛畵
　　　33 – 奉先寺』) 수화승 放牛珎昊
　　◦1878년 경기 안성 靑龍寺 大雄殿 三世後佛圖 조성(『韓國의 佛畵 28 – 龍珠寺(上)』) 수화
　　　승 漢潭天娠
　　◦1900년 경남 양산 通度寺 金剛戒壇 甘露圖 조성(『韓國의 佛畵 2 – 通度寺(中)』) 수화승
　　　東湖震徹
　　　1900년 경기 여주 神勒寺 甘露圖 조성(『韓國의 佛畵 29 – 龍珠寺(下)』) 沙彌 수화승
　　　錦華機烱
　　　1900년 경기 여주 神勒寺 極樂寶殿 釋迦牟尼後佛圖 조성(『韓國의 佛畵 28 – 龍珠寺
　　　(上)』) 沙彌 수화승 幻溟龍化
　　　1900년 경기 여주 神勒寺 阿彌陀會上圖 조성(『韓國佛畵畵記集』) 沙彌 수화승 錦華機烱
　　◦1930년 서울 開運寺 大雄殿 阿彌陀後佛圖 조성(『韓國의 佛畵 34 – 曹溪寺(上)』) 수화승
　　　文性
　　　1930년 충남 공주 甲寺 大聖庵 釋迦牟尼後佛圖 조성(『韓國의 佛畵 15 – 麻谷寺(上)』)
　　　수화승 普應文性
　　　※ 두정 그는 두 명일 가능성이 있다.

두찬(斗贊 : -1792-1821-) 18세기 후반에 활동한 불화승이다. 1792년에 수화
승 瑭峯과 경북 영천 은해사 백흥암 극락전 감로도를, 1803년에 수화승 홍안
과 경북 문경 김용사 석가모니후불도, 신중도, 현왕도를, 1804년에 수화승 홍
안과 경북 문경 혜국사 석가모니후불도를, 수화승 수연과 경북 문경 혜국사
지장도, 수화승 신겸과 신중도를, 1813년에 수화승 퇴운신겸과 경북 예천 용
문사 지장도와 온양민속박물관에 소장된 석가모니후불도와 지장도를 조성하
였다.

　　◦1792년 경북 영천 銀海寺 百興庵 極樂殿 甘露圖 조성(『韓國의 佛畵 30 – 銀海寺』) 수화
　　　승 瑭峯
　　◦1803년 경북 문경 金龍寺 釋迦牟尼後佛圖 조성(『韓國의 佛畵 8 – 直指寺(上)』) 수화승

弘眼
　1803년 경북 문경 金龍寺 神衆圖 조성(『韓國의 佛畵 8 － 直指寺(上)』) 수화승 弘眼
　1803년 경북 문경 金龍寺 現王圖 조성(『韓國의 佛畵 9 － 直指寺(下)』)[74] 수화승 弘眼
◦1804년 경북 문경 惠國寺 釋迦牟尼後佛圖 조성(『韓國의 佛畵 8 － 直指寺(上)』) 수화승
弘眼
　1804년 경북 문경 惠國寺 地藏圖 조성(『韓國의 佛畵 8 － 直指寺(上)』) 수화승 守衍
　1804년 경북 문경 惠國寺 神衆圖 조성(『韓國의 佛畵 8 － 直指寺(上)』) 수화승 愼謙
◦1813년 경북 예천 龍門寺 地藏圖 조성(『韓國의 佛畵 8 － 直指寺(上)』) 수화승 退雲愼兼[75]
◦1821년 釋迦牟尼後佛圖 조성(溫陽民俗博物館 所藏, 『韓國의 佛畵 20 － 私立博物館』) 수
화승 退雲信謙
　1821년 地藏圖 조성(溫陽民俗博物館 所藏, 『韓國의 佛畵 20 － 私立博物館』) 수화승
退雲信謙

두찰(斗察 : -1753-) 18세기 중반에 경기를 중심으로 활동한 불화승이다.
1753년에 북한승北漢僧으로 숙빈상시淑嬪上諡 봉원封園 조성소 화승畵僧으로
참여하였다.
　◦1753년 『淑嬪上諡封園都監儀軌』 (北漢僧) 造成所 畵僧(奎章閣 14925호, 朴廷蕙, 「儀軌를
　　통해서 본 朝鮮時代의 畵員」 자료1)

두천(斗天 : -1804-1824-) 19세기 전반에 활동한 불화승이다. 수화승 지연과
1804년에 대구 동화사 양진암 신중도와 1822년에 경북 영천 수도사 괘불도
개비조성改備造成을, 1824년에 수화승 체균과 대구 파계사 아미타후불묵도阿
彌陀後佛墨圖, 수화승 관보와 신중도를 조성하였다.
　◦1804년 대구 桐華寺 養眞庵 神衆圖 조성(『韓國의 佛畵 21 － 桐華寺(上)』) 수화승 指演
　◦1822년 경북 영천 修道寺 掛佛圖 改備造成(『韓國의 佛畵 30 － 銀海寺』) 수화승 指演
　◦1824년 대구 把溪寺 阿彌陀後佛墨圖 조성(『韓國의 佛畵 21 － 桐華寺(上)』) 수화승 体均
　　1824년 대구 把溪寺 神衆圖 조성(『韓國의 佛畵 21 － 桐華寺(上)』) 수화승 琯普

두해 1(斗奚 : -1735-) 18세기 전·중반에 활동한 불화승이다. 1735년에 수
화승 각총과 경기 남양주 봉선사 괘불도를 조성하였다.
　◦1735년 경기 남양주 奉先寺 掛佛圖 조성(『掛佛調査報告書』와 『韓國佛畵畵記集』 및 『韓
　　國의 佛畵 33 － 奉先寺』)[76] 수화승 覺聰

두해 2(斗海 : -1860-1861-) 19세기 중반에 활동한 불화승이다. 1860년에 수
화승 해운익찬과 전남 구례 화엄사 각황전 삼세불도(약사불)를, 경남 하동 쌍
계사 명부전 지장도를, 1861년에 수화승 경욱과 충남 공주 마곡사 청련암 석
가모니후불도를 제작하였다.
　◦1860년 전남 구례 華嚴寺 覺皇殿 三世佛圖(藥師佛) 조성(『韓國의 佛畵 11 － 華嚴寺』) 수
　　화승 海雲益讚
　　1860년 경남 하동 雙磎寺 冥府殿 地藏圖 조성(『韓國의 佛畵 25 － 雙磎寺(上)』) 수화
　　승 海雲益讚
　◦1861년 충남 공주 麻谷寺 淸蓮庵 釋迦牟尼後佛圖 조성(『韓國의 佛畵 15 － 麻谷寺(上)』)
　　수화승 敬郁
　◦연대미상 麻谷寺三祖師影堂重建助緣文(『麻谷寺 實測調査報告書』) 畵工

두행(斗幸 : -1892-1894-) 19세기 후반에 활동한 불화승이다. 수화승 민규와
1892년에 경남 진주 청곡사 시왕도(삼라천자)와 경남 창원 성주사 신중도를,

1893년에 수화승 해규와 경남 양산 통도사 극락보전 신중도를, 수화승 봉화와 경남 합천 해인사 길상암 십육나한도(취봉산중제십오아씨다존자鷲峯山中第十五阿氏多尊者)를, 1894년에 수화승 경호와 경남 함양 영원사 신중도를 조성하였다.

> ◦1892년 경남 진주 靑谷寺 十王圖(森羅天子) 조성(『韓國의 佛畵 5 – 海印寺(下)』) 수화승 玟奎
> 1892년 경남 창원 聖住寺 神衆圖 조성(『韓國의 佛畵 32 – 梵魚寺』) 수화승 玟奎
> ◦1893년 경남 양산 通度寺 極樂寶殿 神衆圖 조성(『韓國의 佛畵 1 – 通度寺(上)』)[77] 수화승 海珪
> 1893년 경남 합천 海印寺 吉祥庵 十六羅漢圖(鷲峯山中第十五阿氏多尊者) 조성(『韓國의 佛畵 5 – 海印寺(下)』) 수화승 奉華
> ◦1894년 경남 함양 靈源寺 神衆圖 조성(『韓國의 佛畵 4 –海印寺(上)』) 수화승 斗明

두헌(斗憲 : -1718-) 18세기 전반에 활동한 불화승이다. 1718년에 민회빈愍懷嬪 봉묘封墓 조성소 화승畵僧으로 참여하였다.

> ◦1718년 『愍懷嬪封墓都監儀軌』造成所 畵僧(奎章閣 14837호, 朴廷蕙, 「儀軌를 통해서 본 朝鮮時代의 畵員」 자료1)

두현(斗現 : -1894-1907-) 19세기 후반부터 20세기 전반까지 활동한 불화승이다. 1894년에 수화승 두명과 경남 함양 영원사 신중도를, 1907년에 수화승 벽운유봉과 전남 순천 선암사 천불도를 조성하였다.

> ◦1894년 경남 함양 靈源寺 神衆圖 조성(『韓國의 佛畵 4 – 海印寺(上)』) 수화승 斗明
> ◦1907년 전남 순천 仙巖寺 千佛圖 조성(『韓國의 佛畵 12 – 仙巖寺』) 수화승 碧雲有琫

두협(斗洽 : -1901-) 20세기 전반에 활동한 불화승이다. 1901년에 찬규와 경북 경산 환성사 명부전 지장도를 조성하였다.

> ◦1901년 경북 경산 環城寺 冥府殿 地藏圖 조성(『韓國의 佛畵 30 – 銀海寺』) 수화승 璨圭

두호(斗昊, 斗浩 : -1892-) 19세기 후반에 활동한 불화승이다. 1892년에 수화승 민규와 경남 진주 청곡사 시왕도(삼라천자)와 경남 창원 성주사 신중도를 조성하였다.

> ◦1892년 경남 진주 靑谷寺 十王圖(森羅天子) 조성(『韓國의 佛畵 5 – 海印寺(下)』) 수화승 玟奎
> 1892년 경남 창원 聖住寺 神衆圖 조성(『韓國의 佛畵 32 – 梵魚寺』) 수화승 玟奎

두화(斗化, 斗和 : -1882-1903-) 19세기 후반에 활동한 불화승이다. 1882년에 수화승 기전과 부산 범어사 영산회상도, 삼장보살도, 신중도를, 1903년에 수화승 월연관혜와 경북 경주 기림사 칠성도를 조성하였다.

> ◦1882년 부산 梵魚寺 大雄殿 釋迦牟尼後佛圖 조성(『梵魚寺聖寶博物館 名品圖錄』과 『韓國의 佛畵 32 – 梵魚寺』) 수화승 琪銓
> 1882년 부산 梵魚寺 三藏菩薩圖 조성(『梵魚寺聖寶博物館 名品圖錄』과 『韓國佛畵畵記集』 및 『韓國의 佛畵 32 – 梵魚寺』) 수화승 琪銓
> 1882년 부산 梵魚寺 神衆圖 조성(『梵魚寺聖寶博物館 名品圖錄』과 『韓國佛畵畵記集』 및 『韓國의 佛畵 32 – 梵魚寺』) 수화승 琪銓
> ◦1903년 경북 경주 祇林寺 七星圖 조성(『韓國의 佛畵 38 – 佛國寺』) 수화승 月淵貫惠

두환 1(斗還 : -1742-) 18세기 중반에 활동한 불화승이다. 1742년에 수화승 민휘와 부산 범어사 지장보살도를 조성하였다.

　▫1742년 부산 범어사 지장보살도 조성(김정희, 『조선시대 지장시왕도 연구』) 수화승 敏輝

두환 2(斗煥 : -1890-) 19세기 후반에 활동한 불화승이다. 1890년에 수화승 금주와 경북 안동 석수사 무량수전 지장도를 조성하였다.

　▫1890년 경북 안동 石水寺 無量壽殿 地藏圖 조성(『韓國의 佛畵 23 – 孤雲寺(上)』) 수화승 金珠

두훈(枓訓, 枓薰, 抖薰, 斗熏 : -1755-1775-)* 화월당(華月堂) 18세기 중·후반에 영덕 장육사에서 활동한 불화승이다. 1755년에 수화승 휴봉과 강원 고성 건봉사에서 감로도를 제작하여 광주 국청사에 봉안(프랑스 기메박물관 소장)하고, 1764년에 수화승으로 경북 영덕 장육사 대웅전 석가모니후불도와 수화승 전수와 지장도를, 1765년에 수화승 성총과 경북 청도 대적사 신중도를 제작하였다. 수화승으로 1766년에 충북 보은 법주사 괘불도와 1767년에 경남 양산 통도사 괘불도를 조성하였다. 1771년에 경북 선산 수다사 시왕도와 사자도를 조성한 후, 수화승 상정과 경북 김천 직지사 불상을 개금하였다. 1775년에 수화승으로 양산 통도사 영산전 팔상도(도솔내의상)를 조성하였다.

화월두훈, 석가여래괘불도 부분, 1767년, 양산 통도사

　▫1755년 경기 광주 國淸寺 甘露圖 조성(乾鳳寺 제작, 프랑스 국립기메박물관 소장, 『韓國佛畵畵記集』과 『프랑스 국립기메박물관 소장 한국문화재』)[78] 수화승 携鳳
　▫1759년 己酉年改金帳畵丹艧事施主施記(安貴淑, 「조선후기 佛畵僧의 계보와 義謙比丘에 대한 연구(상)」)
　▫1764년 경북 영덕 莊陸寺 大雄殿 釋迦牟尼後佛圖 조성(『韓國의 佛畵 38 – 佛國寺』) 山人 金魚 수화승
　　1764년 경북 영덕 莊陸寺 大雄殿 地藏圖 조성(『韓國의 佛畵 38 – 佛國寺』) 수화승 典秀
　▫1765년 경북 청도 大寂寺 神衆圖 조성(國立中央博物館 所藏, 『영혼의 여로 – 조선시대 불교회화와의 만남』과 『韓國의 佛畵 39 – 國·公立博物館』) 수화승 性聰
　▫1766년 충북 보은 法住寺 掛佛圖 조성(『韓國의 佛畵 17 – 法住寺』) 金魚 수화승
　▫1767년 경남 양산 通度寺 掛佛圖 조성(『韓國의 佛畵 2 – 通度寺(中)』) 敬畵 수화승
　▫1771년 경북 선산 水多寺 十王圖(秦廣大王) 조성(『韓國의 佛畵 9 – 直指寺(下)』) 良主[79] 수화승
　　1771년 경북 선산 水多寺 十王圖(宋帝大王) 조성(『韓國의 佛畵 9 – 直指寺(下)』) 良工[80] 수화승
　　1771년 경북 선산 水多寺 十王圖(初江大王) 조성(『韓國의 佛畵 9 – 直指寺(下)』) 良工[81] 수화승
　　1771년 경북 선산 水多寺 시왕도(五官大王) 조성(『韓國의 佛畵 9 – 直指寺(下)』) 良工[82] 수화승
　　1771년 경북 선산 水多寺 十王圖(閻羅大王) 조성(『韓國의 佛畵 9 – 直指寺(下)』) 良工[83] 수화승
　　1771년 경북 선산 水多寺 使者圖1 조성(『韓國의 佛畵 9 – 直指寺(下)』) 畵員[84] 수화승
　　1771년 경북 김천 直指寺 「佛像改金施主秩」 언급(『直指寺誌』)

◦ 1775년 경남 양산 通度寺 靈山殿 八相圖(兜率來儀相) 조성(『韓國의 佛畵 2 – 通度寺(中)』)[85]
    敬畵 수화승 抱冠
    1775년 경남 양산 通度寺「八相記文」언급(安貴淑,「조선후기 佛畵僧의 계보와 義謙
    比丘에 대한 연구(상)」)

두흠(斗欽 : -1869-1922-)＊ 화암당(華庵堂) 19세기 후반부터 20세기 전반까지 활동한 불화승이다. 1869년에 수화승 경선응석과 경기 남양주 흥국사 팔상도 (쌍림열반상)를, 1871년에 수화승 용계서익과 경기 양주 만수사 신중도를, 1873년에 수화승 경선응석과 서울 미타사 신중도를, 1898년에 수화승 경선 응석과 경기 파주 보광사 대웅전 칠성도를, 1900년에 수화승 동호진철과 경 남 양산 통도사 금강계단 감로도를 조성하였다. 1901년에 수화승 석옹철유와 전남 해남 대둔사 삼세후불도(석가모니불), 수화승 경선응석과 삼세후불도(약 사불), 수화승 경선응석과 명부전 지장시왕도를, 수화승 석옹철유와 석가모니 후불도, 십육나한도, 산신각 독성도 등을, 1902년에 수화승 경선응석과 경기 고양 흥국사 괘불도와 수화승 서울 청룡사 산신각 산신도를, 1906년에 수화 승 허곡긍순과 경기 여주 신륵사 신중도, 시왕도(1·3·5대왕, 2·4·6대왕)를, 수화승 대운봉하와 시왕각부도十王各部圖(사자·장군)를 그렸다. 1907년에 수 화승으로 서울 보문사 관음보살도를, 수화승 보암긍법과 서울 수국사 아미타 후불도, 구품도, 신중도, 십육나한도, 현왕도, 감로도와 경기 남양주 불암사 신중도를, 수화승으로 강화 청련사 원통암 감로도와 산신도(강화 청련사 소 장)를, 수화승 석옹철유와 1908년에 서울 수국사 괘불도와 서울 삼성암 칠성 각 산신도를, 1909년에 수화승 경선응석과 서울 삼성암 칠성각 칠성도를, 수 화승으로 1911년에 강원 원주 구룡사 신중도와 1912년에 구룡사 석가모니후 불도를, 1913년에 강원 횡성 봉복사 석가모니후불도(월정사박물관 소장)와 독성도를, 1922년에 수화승 초암세복와 서울 화계사 삼성각 독성도를 조성하 였다.

◦ 1869년 경기 남양주 興國寺 八相圖(雙林涅槃相) 조성(『韓國의 佛畵 33 – 奉先寺』) 수화 승 慶船應釋
◦ 1871년 경기 양주 萬壽寺 神衆圖 조성(서울 淸凉寺 所藏,『서울전통사찰불화』와『韓國佛 畵畵記集』및『韓國의 佛畵 35 – 曹溪寺(中)』) 수화승 龍溪瑞翊
◦ 1873년 서울 彌陀寺 神衆圖 조성(『韓國의 佛畵 35 – 曹溪寺(中)』) 수화승 慶船應釋
◦ 1898년 경기 파주 普光寺 大雄殿 七星圖 조성(『畿內寺院誌』와『韓國佛畵畵記集』및『韓 國의 佛畵 33 – 奉先寺』) 수화승 慶船應釋
◦ 1900년 경남 양산 通度寺 金剛戒壇 甘露圖 조성(『韓國의 佛畵 2 – 通度寺(中)』) 수화승 東湖震徹
◦ 1901년 전남 해남 大興寺 三世後佛圖(釋迦牟尼佛) 조성(『韓國의 佛畵 31 – 大興寺』)[86] 수화승 石翁喆侑
    1901년 전남 해남 大興寺 三世後佛圖(藥師佛) 조성(『全南의 寺刹』과『韓國의 佛畵 31 – 大興寺』) 수화승 慶船應釋
    1901년 전남 해남 大興寺 冥府殿 地藏十王圖 조성(『韓國의 佛畵 31 – 大興寺』) 수화 승 慶船應釋

1901년 전남 해남 大興寺 釋迦牟尼後佛圖 조성(『韓國의 佛畫 31 – 大興寺』)[87] 수화승 石翁喆侑

1901년 전남 해남 大興寺 十六羅漢圖 조성(『韓國의 佛畫 31 – 大興寺』)[88] 수화승 石翁喆侑

1901년 전남 해남 大興寺 山神閣 獨聖圖 조성(『全南의 寺刹』과 『韓國의 佛畫 31 – 大興寺』)[89] 수화승 石翁喆侑

1901년 전남 해남 大興寺 山神閣 獨聖圖 조성(『全南의 寺刹』과 『韓國의 佛畫 31 – 大興寺』)[90] 수화승 石翁喆侑

◦ 1902년 경기 고양 興國寺 掛佛圖 조성(『畿內寺院誌』와 『韓國佛畫畫記集』 및 『韓國의 佛畫 35 – 曹溪寺(中)』) 수화승 慶船應釋

1902년 서울 靑龍寺 山神閣 山神圖 조성(『서울전통사찰불화』와 『韓國佛畫畫記集』 및 『韓國의 佛畫 36 – 曹溪寺(下)』) 金魚 수화승

◦ 1906년 경기 여주 神勒寺 神衆圖 조성(『韓國의 佛畫 28 – 龍珠寺(上)』) 수화승 虛谷亘巡

1906년 경기 여주 神勒寺 十王各部圖(一, 三, 五) 조성(『韓國의 佛畫 29 – 龍珠寺(下)』) 수화승 虛谷亘巡

1906년 경기 여주 神勒寺 十王各部圖(二, 四, 六) 조성(『韓國의 佛畫 29 – 龍珠寺(下)』) 수화승 虛谷亘巡

1906년 경기 여주 神勒寺 十王各部圖(使者, 將軍) 조성(『韓國의 佛畫 29 – 龍珠寺(下)』) 수화승 大雲奉河

◦ 1907년 서울 普門寺 觀音菩薩圖 조성(『서울전통사찰불화』와 『韓國佛畫畫記集』) 金魚 수화승 普菴肯法

1907년 서울 守國寺 阿彌陀後佛圖 조성(『서울전통사찰불화』와 『韓國佛畫畫記集』 및 『韓國의 佛畫 34 – 曹溪寺(上)』)[91] 片手 수화승 普菴肯法

1907년 서울 守國寺 九品圖 조성(『韓國의 佛畫 34 – 曹溪寺(上)』) 片手 金魚 수화승 普庵肯法

1907년 서울 守國寺 神衆圖 조성(『서울전통사찰불화』와 『韓國佛畫畫記集』 및 『韓國의 佛畫 35 – 曹溪寺(中)』) 片手 수화승 普庵肯法

1907년 서울 守國寺 十六羅漢圖 조성(『서울전통사찰불화』와 『韓國佛畫畫記集』 및 『韓國의 佛畫 35 – 曹溪寺(中)』) 片手 수화승 普庵肯法

1907년 서울 守國寺 現王圖 조성(『서울전통사찰불화』와 『韓國佛畫畫記集』 및 『韓國의 佛畫 36 – 曹溪寺(下)』) 片手 수화승 普庵肯法

1907년 서울 守國寺 甘露圖 조성(『韓國의 佛畫 36 – 曹溪寺(下)』) 片手 수화승 寶菴肯法

1907년 경기 남양주 佛巖寺 神衆圖 조성(『畿內寺院誌』와 『韓國佛畫畫記集』 및 『韓國의 佛畫 33 – 奉先寺』)[92] 수화승 普庵肯法

1907년 圓通菴 甘露圖 조성(仁川 江華 靑蓮寺 所藏, 『畿內寺院誌』와 『韓國佛畫畫記集』) 金魚[93] 수화승

1907년 인천 강화 靑蓮寺 圓通殿 山神圖 조성(『畿內寺院誌』와 『韓國佛畫畫記集』 및 『韓國의 佛畫 36 – 曹溪寺(下)』) 金魚[94] 수화승

◦ 1908년 서울 守國寺 掛佛圖 조성(『韓國의 佛畫 35 – 曹溪寺(中)』) 수화승 石翁喆裕

1908년 서울 三聖庵 七星閣 山神圖 조성(『서울전통사찰불화』와 『韓國佛畫畫記集』 및 『韓國의 佛畫 36 – 曹溪寺(下)』) 片手 수화승 石翁喆裕

◦ 1909년 서울 三聖庵 七星閣 七星圖 조성(『韓國의 佛畫 36 – 曹溪寺(下)』) 수화승 敬船應碩

◦ 1911년 강원 원주 龜龍寺 神衆圖 조성(『韓國의 佛畫 10 – 月精寺』) 金魚 片手 수화승

◦ 1912년 강원 원주 龜龍寺 釋迦牟尼後佛圖 조성(『韓國의 佛畫 10 – 月精寺』) 金魚 片手 수화승

◦ 1913년 강원 횡성 鳳腹寺 釋迦牟尼後佛圖 조성(月精寺博物館 所藏, 『한국의 사찰문화재 –강원도』) 金魚 片手 수화승

1913년 강원 횡성 鳳腹寺 獨聖圖 조성(『韓國의 佛畫 10 – 月精寺』) 金魚 片手[95] 수화승

◦ 1922년 서울 華溪寺 三聖閣 獨聖圖 조성(『韓國의 佛畫 36 – 曹溪寺(下)』)[96] 수화승 草庵世復

◦ 연대미상 경북 김천 直指寺 山神圖 조성(『韓國의 佛畫 9 – 直指寺(下)』) 수화승 聖周

득균(得均 : -1768-) 18세기 중반에 활동한 불화승이다. 1768년에 수화승 유행과 충남 부여 오덕사 괘불도를 조성하였다.

　◦ 1768년 충남 부여 五德寺 掛佛圖 조성(『掛佛調査報告書 Ⅱ』와 『韓國佛畵畵記集』) 수화승 有幸

득눌(得訥 : -1882-) 19세기 후반에 활동한 불화승이다. 1882년에 수화승 석옹철유와 강원 강릉 보현사 십육나한도(월정사와 보현사 소장)를 조성하였다.

　◦ 1882년 강원 강릉 普賢寺 十六羅漢圖 조성(平昌 月精寺 所藏, 『韓國의 佛畵 10 – 月精寺』)[97] 沙彌 수화승 石翁喆有
　1882년 강원 강릉 普賢寺 十六羅漢圖 조성(『韓國의 佛畵 10 – 月精寺』) 沙彌 수화승 石翁喆有

득복(得福 : -1789-) 18세기 후반에 활동한 불화승이다. 1789년에 장조莊祖 현릉원顯隆園 조성소 화승畵僧으로 참여하였다.

　◦ 1789년 『莊祖顯隆園園所都監儀軌』 造成所 畵僧(奎章閣 13627호, 朴廷蕙, 「儀軌를 통해서 본 朝鮮時代의 畵員」 자료1)

득삼(得三 : -1906-) 20세기 전반에 활동한 불화승이다. 1906년에 수화승 봉감과 서울 지장사 능인보전 신중도를 조성하였다.

　◦ 1906년 서울 地藏寺 能仁寶殿 神衆圖 조성(『韓國의 佛畵 35 – 曹溪寺(中)』) 수화승 奉鑑

득선(得善 : -1753-1757-) 18세기 중반에 경기 북한산을 중심으로 활동한 불화승이다. 1753년에 숙빈淑嬪 상시봉원上諡封園 조성소 화승畵僧으로 참여한 후, 수화승 체붕과 불성사 지장시왕도(일본 후쿠오카 복취사 소장)를 그리고, 1757년에 정성왕후貞聖王后 홍릉弘陵 조성소 화승畵僧으로 활동하였다.

　◦ 1753년 『淑嬪上諡封園都監儀軌』(北漢僧) 造成所 畵僧(奎章閣 14925호, 朴廷蕙, 「儀軌를 통해서 본 朝鮮時代의 畵員」 자료1)
　1753년 佛聖寺 地藏十王圖 조성(日本 福岡 福聚寺 所藏, 中野照男, 『閻羅・十王像』) 수화승 體鵬
　◦ 1757년 『貞聖王后弘陵山陵都監儀軌』 造成所 畵僧(奎章閣 13591호, 朴廷蕙, 「儀軌를 통해서 본 朝鮮時代의 畵員」 자료1)

득수(淂守 : -1910-) 20세기 전반에 활동한 불화승이다. 1910년에 수화승 곽운경천과 강원 강릉 백운사 독성도를 조성하였다.

　◦ 1910년 강원 강릉 白雲寺 獨聖圖 조성(『韓國의 佛畵 10 – 月精寺』) 沙彌 수화승 廓雲敬天

득인(淂仁 : -1765-1769-) 18세기 후반에 활동한 불화승이다. 1765년에 수화승 □□와 전남 순천 해천사 삼세후불도(석가모니불, 순천 선암사 소장)를, 1769년에 수화승 쾌윤과 경남 남해 용문사 괘불도를 조성하였다.

　◦ 1765년 전남 순천 海川寺 三世後佛圖(釋迦牟尼佛) 조성(順天 仙巖寺 所藏, 『韓國의 佛畵 12 – 仙巖寺』)[98] 수화승 □□
　◦ 1769년 경남 남해 龍門寺 掛佛圖 조성(『韓國의 佛畵 26 – 雙磎寺(下)』) 수화승 快玧

득총(得聰 : -1723-) 18세기 전반에 활동한 불화승이다. 1723년에 수화승 심감과 경남 합천 해인사 감로도를 조성하였다.

◦ 1723년 경남 합천 海印寺 甘露圖 조성(『韓國의 佛畵 5 – 海印寺(下)』) 수화승 心鑑

득추(得樞 : -1737-) 18세기 중반에 활동한 불화승이다. 1737년에 수화승 우난과 경남 진주 백천사 도솔암 지장도(고성 옥천사 연대암 소장)를 개화改畵하였다.

◦ 1737년 경남 진주 百泉寺 兜率庵 地藏圖 改畵(固城 玉泉寺 蓮臺庵 所藏,『韓國의 佛畵 25 – 雙磎寺(上)』) 수화승 雨蘭

득혜(得惠 : -1775-) 18세기 후반에 활동한 불화승이다. 1775년에 수화승 포관과 경남 양산 통도사 약사전 약사후불도를 조성하였다.

◦ 1775년 慶南 梁山 通度寺 藥師殿 藥師後佛圖 조성(『韓國의 佛畵 1 – 通度寺(上)』) 수화승 □冠

등삼 1(等森 : -1858-) 기봉당(奇峯堂) 19세기 중반에 활동한 불화승이다. 1858년에 수화승 성운영희와 경기 남양주 흥국사 괘불도를 조성하였다.

◦ 1858년 경기 남양주 興國寺 掛佛圖 조성(『掛佛調査報告書』와 『韓國佛畵畵記集』 및 『韓國의 佛畵 33 – 奉先寺』) 수화승 惺雲永羲

등삼 2(等森 : -1873-1874-)* 19세기 후반에 활동한 불화승이다. 1873년에 수화승으로 경기 안성 운수암 아미타후불도와 현왕도를, 1874년에 수화승 한봉창엽과 경기 안성 청룡사 명부전 지장도를 조성하였다.

◦ 1873년 경기 안성 雲岫庵 阿彌陀後佛圖 조성(安城 雲水庵 所藏,『韓國의 佛畵 28 – 龍珠寺(上)』) 金魚 수화승
1873년 경기 안성 雲岫菴 現王圖 조성(安城 雲水庵 所藏,『韓國의 佛畵 29 – 龍珠寺(下)』) 金魚 수화승
◦ 1874년 경기 안성 靑龍寺 冥府殿 地藏圖 조성(『韓國의 佛畵 28 – 龍珠寺(上)』) 수화승 漢峰瑲燁

등우(登宇, 等宇 : -1764-1768-) 18세기 중반에 활동한 불화승이다. 1764년에 수화승 치삭과 경북 의성 대곡사 지장도를, 1768년에 수화승 정일과 경북 봉화 축서사 괘불도를 조성하였다.

◦ 1764년 경북 의성 大谷寺 地藏圖 조성(『韓國의 佛畵 23 – 孤雲寺(上)』) 수화승 稚朔
◦ 1768년 경북 봉화 鷲棲寺 掛佛圖 조성(『韓國의 佛畵 24 – 孤雲寺(下)』) 수화승 定一

등운(等云 : -1791-) 18세기 후반에 활동한 조각승이다. 1791년에 수화승 연홍과 경기 화성 장의사 지장도(화성 만의사 소장)를 조성하였다.

◦ 1791년 경기 화성 莊儀寺 地藏圖 조성(華城 萬儀寺 所藏,『韓國의 佛畵 28 – 龍珠寺(上)』)[99] 수화승 演泓

등학(等學) 조선후기에 활동한 불화승이다. 제작연대를 알 수 없는 경남 진주 삼장사 현왕도를 수화승 거붕과 조성하였다.

◦ 연대미상 경남 진주 三藏寺 現王圖 조성(國立中央博物館 所藏,『韓國의 佛畵 39 – 國·公立博物館』) 수화승 巨鵬

등한(等閑 : -1888-1890-) 19세기 후반에 활동한 불화승이다. 1888년에 수화승 금곡영환과 경기 안성 칠장사 명부전 지장도를, 1890년에 수화승 긍조와

서울 흥천사 대방 아미타후불도와 신중도를, 수화승 완송종현과 경기 남양주
불암사 지장보살도를, 수화승 보암긍법과 감로왕도를 조성하였다.

　□ 1888년 경기 안성 七長寺 冥府殿 地藏圖 조성(『韓國의 佛畵 28 – 龍珠寺(上)』) 수화승
　　金谷永煥
　□ 1890년 서울 興天寺 大房 阿彌陀後佛圖 조성(『서울전통사찰불화』와 『韓國佛畵畵記集』)[100]
　　수화승 亘照
　　1890년 서울 興天寺 大房 神衆圖 조성(『서울전통사찰불화』와 『韓國佛畵畵記集』) 수
　　화승 亘照
　　1890년 경기 남양주 佛巖寺 地藏菩薩圖 조성(『畿內寺院誌』와 『韓國佛畵畵記集』 및
　　『韓國의 佛畵 33 – 奉先寺』)[101] 수화승 玩松宗顯
　　1890년 경기 남양주 佛巖寺 甘露王圖 조성(『韓國佛畵畵記集』과 『韓國의 佛畵 33 –
　　奉先寺』) 沙彌 수화승 普庵肯法

[주]

1) 김정희, 「雙磎寺의 佛畵」, 『聖寶』 5, 대한불교조계종 성보보존위원회, 2003, pp.51-52에 端海로 읽었다.

2) 김정희, 앞의 논문, pp.51-52로 端海로 읽었다.

3) 洪潤植 編, 『韓國佛畵畵記集』, 가람사연구소, 1995, pp.371-372에 阿彌陀會上圖로 보았다.

4) 『韓國의 佛畵 2 - 通度寺(中)』, 성보문화재연구원, 1996, pp.282-283 圖51에 근대로, 洪潤植 編, 앞의 책, p.373에 1904년으로 언급하였다.

5) 『韓國의 佛畵 12 - 仙巖寺』, p.228 圖7에 □悟로 읽었지만, 1856년 禪助庵 山神圖(『韓國의 佛畵 12 - 仙巖寺』)를 참조하면 달오로 추정한다.

6) 『韓國의 佛畵 8 - 直指寺(上)』, p.261 圖13과 洪潤植 編, 위의 책, pp.223-234에 達□로 읽었다.

7) 洪潤植 編, 위의 책, p.238에 守衍, 有審, 禪峻, 定敏, 達仁, 奉玉, 順定, 定曄, 永玉, 道曄이 持殿으로 나와 있다.

8) 1730년에 조성된 경남 고성 운흥사 삼세불도(藥師如來, 『韓國의 佛畵 25 - 雙磎寺』, p.223 圖22)에 畵員의 이름이 적혀있지 않다.

9) 畵記에 大谷□로 나와 있다.

10) 『韓國의 佛畵 35 - 曹溪寺(中)』, p.211 圖29에 漢峰應□로 읽었다.

11) 『서울전통사찰불화』, 서울특별시, 1996, pp.148-149에 大丸으로 읽었다.

12) 崔淳雨・鄭良謨, 『韓國의 佛敎繪畵 - 松廣寺』, 국립중앙박물관, 1970, p.33과 35, 洪潤植 編, 위의 책, pp.168-169에 六性으로 읽었다.

13) 『韓國의 佛畵 38 - 佛國寺』, p.234 圖94에 大雄殿三尊改金時新畵成靈山會部幀奉安으로 나와 있고, 塗金良工比丘大德 尙淨 碩峯 淸益 宇學 抱冠 德仁 定安 脫閏 藏榮 報恩 圓敏 最善 桂觀 □欣 有誠 都畵師 智□ 次全 幼禪 哲印 富一 大演 宥祥으로 적혀 있다. 따라서 불화 조성에 수화승은 智□일 것으로 추정된다.

14) 『서울전통사찰불화』, pp.121-122에 松巖堂大□로, 洪潤植 編, 위의 책, p.248에 松巖堂大園으로 읽었다.

15) 洪潤植 編, 위의 책, pp.70-73에 大隱이 언급되지 않았다.

16) 『韓國의 佛畵 32 - 梵魚寺』, p.208 圖20에 阿彌陀後佛圖로 보았다.

17) 洪潤植 編, 위의 책, pp.338-339에 大洪으로 읽었다.

18) 『韓國의 佛畵 15 - 麻谷寺(上)』, p.217 畵記에 義謙, 採仁, 幸宗, 晶寬, 智元으로 나와 있으나, 원문에 畵員 儀謙, 幸宗, 採仁, 德敏이 제작한 것으로 적혀있다.

19) 畵記에 德旻과 德敏으로 두 번 언급되어 있다.

20) 神衆圖와 現王圖가 같이 제작된 불화이지만, 白雲山과 古靈山으로 다르게 나온다.

21) 박도화는 불화의 하단 畵記가 좌우로 나뉘어 있는 가운데 왼쪽 畵記는 조성에 관련된 것으로 보았다. 또한 괘불함의 안쪽에 「楊州 水落山內院菴掛佛幀 己未年造成三補定欽留鎭于寺」라는 묵서를 근거로 1739년에 제작된 것으로 추정하였다.

22) 『韓國의 佛畵 16 - 麻谷寺(下)』, p.220 圖27에 수화승 定鍊으로 읽었다.

23) 洪潤植 編, 위의 책, pp.133-134에 德市로 읽었다.

24) 『韓國의 佛畵 38 - 佛國寺』, p.234 圖94에 大雄殿三尊改金時新畵成靈山會部幀奉安으로 나와 있고, 塗金良工比丘大德 尙淨 碩峯 淸益 宇學 抱冠 德仁 定安 脫閏 藏榮 報恩 圓敏 最善 桂觀 □欣 有誠 都畵師 智□ 次全 幼禪 哲印 富一 大演 宥祥으로 적혀 있다. 따라서 불화의 조성에 수화승은 智□일 것으로 추정된다.

25) 洪潤植 編, 위의 책, pp.190-191에 불화승이 언급되어 있지 않다.

26) 畵記에 供養主 다음에 나와 있다.

27) 洪潤植 編, 위의 책, pp.310-311에 靈山會上圖로 명명하였다.

28) 畵記에 大谷□로 나와 있다.

29) 崔淳雨・鄭良謨, 위의 책, p.78에 관음전 북벽 동측에 걸렸던 산신도에 "全羅道順天松廣寺淸眞庵山神影幀..... 金魚 道詢 咸豊 八年戊午五月"이라는 畵記를 근거로 같은 해 다른 불화가 있었던 것으로 추정하였다.

30) 『韓國의 佛畵 11 - 華嚴寺』, p.235 圖5에 畵記가 잘못 정리되어 있다.

31) 『韓國의 佛畵 38 - 佛國寺』, p.222 圖8에 수화승 霞隱應祖로 읽었다.

32) 『韓國의 佛畵 38 - 佛國寺』, p.226 圖26에 수화승 霞隱應祖로 읽었다.

33) 洪潤植 編, 위의 책, pp.37-38에 道佑로 읽었다.

34) 『韓國의 佛畵 38 - 佛國寺』, p.222 圖8에 수화승 霞隱應祖로 읽었다.

35) 『韓國의 佛畵 38 - 佛國寺』, p.226 圖26에 수화승 霞隱應祖로 읽었다.

36) 『韓國의 佛畵 8 - 直指寺(上)』, p.263 圖24과 洪潤植 編, 위의 책, p.297에 慶霞到兩으로 나와 있다.

37) 洪潤植 編, 위의 책, pp.298-299에 慶□ 到雨로 읽었다.

38) 洪潤植 編, 위의 책, pp.310-311에 靈山會上圖로 명명하였다.

39) 1730년에 조성된 경남 고성 雲興寺 三世佛圖(藥師如來,『韓國의 佛畵 25 - 雙磎寺』, p.223)에 畵員의 이름이 적혀있지 않다.

40) 洪潤植 編, 위의 책, pp.371-372에 阿彌陀會上圖로 보았다.

41) 『韓國의 佛畵 2 - 通度寺(中)』, p.282 圖51에 근대로, 洪潤植 編, 위의 책, p.373에 1904년으로 언급되어 있다.

42) 『韓國의 佛畵 32 - 梵魚寺』, p.208 圖20에 阿彌陀後佛圖로 보았다.

43) 『韓國의 佛畵 33 - 奉先寺』, p.219 圖17에 華潭堂□□와 煥松堂道□로 읽었다.

44) 洪潤植 編, 위의 책, pp.245-246에 □松 直澄으로,『掛佛調査報告書 Ⅱ』, 국립문화재연구소, 2000, 圖17에 煥松道澄으로 읽었다.

45) 畵記에 天蓋山 淨水寺 曹溪菴으로 나와 있다.

46) 『掛佛調査報告書』圖20과 洪潤植 編, 위의 책, pp.150-156에 本解로 읽었다.

47) 洪潤植 編, 위의 책, p.150에 本解로 읽었다.

48) 『韓國의 佛畵 8 - 直指寺(上)』, p.263 圖22에 수화승을 露隱偉相으로 읽었다.

49) 『韓國의 佛畵 35 - 曹溪寺(中)』, p.211 圖29에 漢峰應□로 읽었다.

50) 洪潤植 編, 위의 책, p.377에 수화승으로 慧果 保鑑으로 읽었지만, 같이 제작된 불화에 慧果奉鑑으로 읽었다.

51) 洪潤植 編, 위의 책, p.377에 1905년 서울 奉元寺 滿月殿 山神圖로 나와 있다.

52) 『畿內寺院誌』, 경기도, 1988, pp.790-791에 偉□堂 敦法으로, 洪潤植 編, 위의 책, pp.391-392으로 漢□堂으로 읽었다.

53) 『韓國의 佛畵 8 - 直指寺(上)』圖33에 漢谷谷頁法으로 읽었다. (* 谷頁이 한자이다)

54) 洪漢谷頓法으로 읽었다.

55) 『韓國의 佛畵 10 -月精寺』, p.245 圖4에 수화승을 意雲慈頭로 읽었다.

56) 畵記에 金魚가 두 번 언급되어 있다.

57) 1984년 靑蓮寺와 圓通庵은 합해져서 이 불화는 청련사 원통전에 봉안되어 있다.

58) 『韓國의 佛畵 36 - 曹溪寺(下)』, p.207 圖2에 頭照로 읽었다

59) 洪潤植 編, 위의 책, p.335에 照만 읽었다.

60) 洪潤植 編, 위의 책, p.208에 □平으로 읽었다.

61) 『畿內寺院誌』, p.488과 洪潤植 編, 위의 책, pp.349-350에 石洲現夏으로 읽었다.

62) 『韓國의 佛畵 35 - 曹溪寺(中)』, p.211 圖29에 漢峰應□과 大恩頓□로 읽었다.

63) 『韓國의 佛畵 16 - 麻谷寺(下)』, p.220 圖27에 수화승을 定鍊으로 읽었다.

64) 『韓國의 佛畵 8 - 直指寺(上)』, p.268 圖46에 수화승을 航海斗帆으로 읽었다.

65) 洪潤植 編, 위의 책, pp.359-361로 斗烔으로 읽었다.

66) 畵記에 중단도(中壇圖)로 나와 있다.

67) 『韓國의 佛畵19 - 大學博物館(Ⅱ)』圖19에 景星□□로 읽었지만, 수화승 향호묘영과 같이 활동한 인물은 경성두삼이다.

68) 『韓國의 佛畵 12 - 仙巖寺』圖4에 景星□三으로 읽었다.

69) 『韓國의 佛畵 35 - 曹溪寺(中)』, p.211 圖29에 漢峰應□로 읽었다.

70) 『韓國의 佛畵 8 - 直指寺(上)』, p.268 圖46에 航海斗帆으로 읽었다.

71) 洪潤植 編, 위의 책, pp.364-365에 1901년 固城 玉泉寺 靑蓮庵 阿彌陀會上圖로 부르고, 梵海□岸으로 읽었다.

72) 『韓國의 佛畵 33 - 奉先寺』, p.217 圖3에 石菴斗別로 읽었다.

73) 洪潤植 編, 위의 책, pp.245-246에 □松直澄으로,『掛佛調査報告書 Ⅱ』圖17에 煥松道澄으로 읽었다.

74) 『韓國의 佛畵 9 - 直指寺(下)』圖100과 洪潤植 編, 위의 책, p.227에 斗□로 읽었다.

75) 『韓國의 佛畵 8 - 直指寺(上)』, p.267 圖42에 退雲愼言으로 읽었다.

76) 『전통사찰총서 5 - 인천・경기도의 전통사찰Ⅱ』, p.201에 斗溪로,『韓國의 佛畵 33 - 奉先寺』, p.217 圖1에 斗策으로 읽었다.

77) 洪潤植 編, 위의 책, pp.342-343에 斗皐으로 읽었다.

78) 『프랑스 국립기메박물관 소장 한국문화재』회화류 圖1에 斗割로 읽었다.

79) 『韓國의 佛畵 9 - 直指寺(下)』圖86에 良主로 나와 있고, 洪潤植 編, 위의 책, pp.169-170에 □薰으로 읽었다.

80) 洪潤植 編, 위의 책, p.170에 □薰으로 읽었다.

81) 洪潤植 編, 위의 책, pp.170-171에 □薰으로 읽었다.

82) 洪潤植 編, 위의 책, p.171에 □薰으로 읽었다.

83) 洪潤植 編, 위의 책, p.172에 □薰으로 읽었다.

84) 洪潤植 編, 위의 책, p.174에 □薰으로 읽었다.

85) 『韓國의 佛畵 2 - 通度寺(中)』, p.276 圖3에 華月□□으로 읽었다.

86) 『韓國의 佛畵 31 - 大興寺』, p.212 圖10에 斗洽으로 읽었다.

87) 『韓國의 佛畵 31 - 大興寺』, p.211 圖4에 斗洽으로 읽었다.

88) 『全南의 寺刹』, 목포대학교박물관, 1990, pp.283-284에 斗洽으로, 『韓國의 佛畵 31 - 大興寺』, p.217 圖41에 斗洽으로 읽었다.

89) 『全南의 寺刹』, pp.286에 斗洽으로, 『韓國의 佛畵 31 - 大興寺』, p.219 圖57에 斗洽으로 읽었다.

90) 『全南의 寺刹』, p.287에 斗洽으로, 『韓國의 佛畵 31 - 大興寺』, p.220 圖61에 斗洽으로 읽었다.

91) 『서울전통사찰불화』, pp.156-157과 洪潤植 編, 위의 책, pp.386-387에 靈山會上圖로 보았다.

92) 『畿內寺院誌』, pp.217-218에 斗殿으로 읽었다.

93) 1984년 靑蓮寺와 圓通庵은 합해지면서 이 불화는 청련사 원통전에 봉안되어 있다.

94) 1984년 靑蓮寺와 圓通庵은 합해지면서 이 불화는 청련사 원통전에 봉안되어 있다.

95) 『한국의 사찰문화재-강원도』, p.518 圖1002에 華□斗欽으로 읽었다.

96) 『韓國의 佛畵 36 - 曹溪寺(下)』, p.215 圖62에 □庵斗欽로 읽었다.

97) 畵記에 大雄殿 三尊聖像 灵山殿 十六尊像 兩帝釋과 各部 改圖 및 現王圖 點眼으로 나와 있다.

98) 『美術史學誌』 2, 한국고고미술연구소, 1997에 得仁으로 읽었다.

99) 『畿內寺院誌』, p.359와 洪潤植 編, 위의 책, p.209는 華云으로 읽었다.

100) 『서울전통사찰불화』, pp.122-123과 洪潤植 編, 위의 책, p.251에 1847년으로 잘못 읽었다.

101) 『畿內寺院誌』, pp.222-224에 竿閑으로 읽었다.

ㄷ

ㅁ

막심(幕審 : -1781-) 18세기 후반에 활동한 불화승이다. 1781년에 수화승 임 담과 경남 고성 옥천사 봉향전奉香殿 신중도를 조성하였다.

> ◦1781년 경남 고성 玉泉寺 奉香殿 神衆圖 조성(『韓國의 佛畵 25 - 雙磎寺(上)』) 수화승 任潭

만겸(萬謙 : -1789-1792-)* 18세기 후반에 활동한 불화승이다. 1789년에 수 화승 영린과 경북 김천 직지사 신중도를, 1792년에 수화승으로 부산 마하사 현왕도를 조성하였다.

> ◦1789년 경북 김천 直指寺 神衆圖 조성(『韓國의 佛畵 8 - 直指寺(上)』) 수화승 永璘
> ◦1792년 부산 摩訶寺 現王圖 조성(『韓國의 佛畵 32 - 梵魚寺』) 良工 수화승

만규(萬奎 : -1871-) 19세기 후반에 활동한 불화승이다. 1871년에 수화승 덕 운영운과 경북 청도 운문사 비로전 신중도를 조성하였다.

> ◦1871년 경북 청도 雲門寺 毘盧殿 神衆圖 조성(『韓國의 佛畵 21 - 桐華寺(上)』)¹⁾ 수화승 德雲永芸

만선(萬善 : -1901-) 20세기 전반에 활동한 불화승이다. 1901년에 수화승 보 응문성과 전북 남원 실상사 백장암 신중도 조성 시 출초로 참여하였다.

> ◦1901년 전북 남원 實相寺 百丈庵 神衆圖 조성(『韓國의 佛畵 13 - 金山寺』) 出草 수화승 普應文性

만수(萬壽 : -1888-1896-) 19세기 후반에 활동한 불화승이다. 1888년에 수화 승 우송상수과 경북 김천 직지사 삼성암 신중도와 칠성도를, 1890년에 수화 승 동운취선과 경남 합천 해인사 홍제암 석가모니후불도를, 1892년에 수화 승 서암전기와 경남 합천 해인사 괘불도와 대적광전 팔상도(유성출가상, 쌍 림열반상)를, 1894년에 수화승 경호와 경남 함양 영원사 신중도를, 1895년 범해두안과 대구 달성 유가사 도성암 석가모니후불도를, 1896년에 수화승 경호와 경북 성주 선석사 아미타후불도를 조성하였다.

> ◦1888년 경북 김천 直指寺 三聖庵 神衆圖 조성(『韓國의 佛畵 8 - 直指寺(上)』) 수화승 友松爽洙
> 1888년 경북 김천 直指寺 三聖庵 七星圖 조성(『韓國의 佛畵 9 - 直指寺(下)』) 수화승 友松爽洙

◦1890년 경남 합천 海印寺 弘濟庵 釋迦牟尼後佛圖 조성(『韓國의 佛畫 4 – 海印寺(上)』) 수화승 東雲就善
◦1892년 경남 합천 海印寺 掛佛圖 조성(『韓國의 佛畫 – 5 海印寺(下)』) 수화승 瑞庵典琪
1892년 경남 합천 海印寺 大寂光殿 八相圖(踰城出家相) 조성(『韓國의 佛畫 5 – 海印寺(下)』) 수화승 瑞巖典琪
1892년 경남 합천 海印寺 大寂光殿 八相圖(雙林涅槃相) 조성(『韓國의 佛畫 5 – 海印寺(下)』) 수화승 瑞庵典琪
◦1894년 경남 함양 靈源寺 神衆圖 조성(『韓國의 佛畫 4 – 海印寺(上)』) 수화승 斗明
◦1895년 대구 달성 瑜伽寺 道成庵 釋迦牟尼後佛圖 조성(『韓國의 佛畫 21 – 桐華寺(上)』) 수화승 斗岸
◦1896년 경북 성주 禪石寺 阿彌陀後佛圖 조성(『韓國의 佛畫 21 – 桐華寺(上)』) 金魚 수화승 璟鎬
◦연대미상 경남 합천 海印寺 弘濟庵 神衆圖 조성(『韓國의 佛畫 4 – 海印寺(上)』) 수화승 東雲就善

만식 1(萬湜 : -1771-) 18세기 후반에 활동한 불화승이다. 1777년에 수화승 유성과 경북 영천 은해사 기기암 신중도를 조성하였다.
◦1777년 경북 영천 銀海寺 寄寄庵 神衆圖 조성(『韓國의 佛畫 30 – 銀海寺』) 수화승 有誠

만식 2(萬植 : -1862-) 19세기 후반에 활동한 불화승이다. 1862년에 수화승 덕운영운과 경남 합천 해인사 대적광전 124위 신중도를 조성하였다.
◦1862년 경남 합천 海印寺 大寂光殿 124位 神衆圖 조성(『韓國의 佛畫 4 – 海印寺(上)』) 수화승 德芸

만연(萬演, 萬連 : -1725-1729-) 18세기 전반에 활동한 불화승이다. 1725년에 전남 순천 송광사 오십전 오십삼불도(7위) 조성에 참여하고, 수화승 회안과 영산전 팔상도(비람강생상, 사문유관상)와 응진전 십육나한도(2, 4, 6존자와 12. 14. 16존자) 및 삼십삼조사도를, 1729년에 수화승 의겸과 경남 합천 해인사 대적광전 석가모니불도를 조성하였다.
◦1725년 전남 순천 松廣寺 五十殿 五十三佛圖(七位) 조성(『韓國의 佛畫 7 – 松廣寺』)[2] 수화승 □□
1725년 전남 순천 松廣寺 靈山殿 八相圖(毘藍降生相) 조성(『韓國의 佛畫 7 – 松廣寺』) 수화승 回眼
1725년 전남 순천 松廣寺 靈山殿 八相圖(四門遊觀相) 조성(『韓國의 佛畫 7 – 松廣寺』) 수화승 回眼
1725년 전남 순천 松廣寺 應眞殿 十六羅漢圖(2, 4, 6尊者) 조성(『韓國의 佛畫 7 – 松廣寺』) 수화승 回眼
1725년 전남 순천 松廣寺 應眞殿 十六羅漢圖(12. 14. 16尊者) 조성(『韓國의 佛畫 7 – 松廣寺』) 수화승 回眼
1725년 전남 순천 松廣寺 三十三祖師圖 조성(『曹溪山松廣寺史庫』)[3] 수화승 義謙
◦1729년 경남 합천 海印寺 大寂光殿 釋迦牟尼佛圖 조성(『韓國의 佛畫 4 – 海印寺(上)』) 수화승 義謙

만정(萬定, 萬正 : -1860-) 19세기 중반에 활동한 불화승이다. 수화승 해운익찬과 1860년에 전남 구례 화엄사 각황전 삼세불도(약사불)와 경남 하동 쌍계사 명부전 지장도를 조성하였다.
◦1860년 전남 구례 華嚴寺 覺皇殿 三世佛圖(藥師佛) 조성(『韓國의 佛畫 11 – 華嚴寺』)[4]

　수화승 海雲益讚
　◦1860년 경남 하동 雙磎寺 冥府殿 地藏圖 조성(『韓國의 佛畵 25 – 雙磎寺(上)』) 수화승
　海雲益讚

만징(萬澄 : -1755-) 18세기 중반에 활동한 불화승이다. 1755년에 수화승 임한과 경북 청도 운문사 비로전 삼신불도와 온양민속박물관 소장 삼장도를 조성하였다.

　◦1755년 경북 청도 雲門寺 毘盧殿 三身佛圖 조성(『韓國의 佛畵 21 – 桐華寺(上)』) 수화승
　任閑
　1755년 三藏圖 조성(溫陽民俗博物館 所藏, 『韓國의 佛畵 20 – 私立博物館』)5) 수화승
　任閑

만총(万聰, 萬聰 : -1893-1929-)* 춘화당(春花堂) 19세기 후반부터 20세기 전반까지 활동한 불화승이다. 1893년에 수화승 보응문성과 대둔산 석천사 아미타극락회상도(경희대학교 박물관 소장)를, 수화승 금호약효와 전북 진안 천황사 대웅전 삼세후불도와 1895년에 충남 공주 갑사 대자암 십육성중도와 대성암 신중도를, 수화승 완해용준과 1896년에 전북 완주 위봉사 보광명전 신중도와 1897년에 위봉사 보광명전 삼세불도(석가모니불)를, 1898년에 수화승 정연과 충남 공주 동학사 약사후불도, 아미타후불도, 신중도, 현왕도를, 1901년에 수화승으로 전북 전주 정혜암 신중도(보령 중대암 소장)를, 1907년에 수화승 보응문성과 충남 공주 신원사 대웅전 석가모니후불도, 신중도, 칠성도를, 1913년에 수화승 정연과 전북 익산 숭림사 보광전 삼세후불도를, 1917년에 수화승으로 전북 남원 선원사 법당 비로자나후불도, 명부전 지장도, 대웅전 신중도를, 1923년에 수화승 호은정연과 충남 논산 쌍계사 대웅전 삼세불도와 신중도를, 1929년에 수화승으로 전북 정읍 옥천사 대법당 지장도, 법당 신중도와 현왕도를 조성하였다.

　◦1893년 大芚山 石泉寺 阿彌陀極樂會上圖(慶熙大學校 博物館 所藏) 조성(『韓國佛畵畵記集』) 出抄 沙彌 수화승 文性□□
　1893년 전북 진안 天皇寺 大雄殿 三世後佛圖 조성(『韓國의 佛畵 13 – 金山寺』) 수화승 錦湖若效
　◦1895년 충남 공주 甲寺 大慈庵 十六聖衆圖 조성(『韓國의 佛畵 15 – 麻谷寺(上)』) 片手 出草 沙彌 수화승 錦湖若效
　1895년 충남 공주 甲寺 大聖庵 神衆圖 조성(『韓國의 佛畵 15 – 麻谷寺(上)』) 片手 出草 沙彌 수화승 錦湖若效
　◦1896년 전북 완주 威鳳寺 普光明殿 神衆圖 조성(『韓國의 佛畵 13 – 金山寺』) 수화승 玩海龍俊
　◦1897년 전북 완주 威鳳寺 普光明殿 三世佛圖(釋迦牟尼佛) 조성(『韓國의 佛畵 13 – 金山寺』) 出抄 수화승 玩海龍俊
　◦1898년 충남 공주 東鶴寺 藥師後佛圖 조성(『韓國의 佛畵 15 – 麻谷寺(上)』) 수화승 定鍊
　1898년 충남 공주 東鶴寺 阿彌陀後佛圖 조성(『韓國의 佛畵 15 – 麻谷寺(上)』) 수화승 定鍊
　1898년 충남 공주 東鶴寺 神衆圖 조성(『韓國의 佛畵 15 –麻谷寺(上)』) 出草 수화승 定鍊
　1898년 충남 공주 東鶴寺 現王圖 조성(『韓國의 佛畵 16 – 麻谷寺(下)』) 수화승 定鍊6)

▫ 1901년 전북 전주 定惠庵 神衆圖 조성(保寧 中臺庵 所藏,『韓國의 佛畵 15 – 麻谷寺(上)』)
金魚 수화승
▫ 1907년 충남 공주 新元寺 大雄殿 釋迦牟尼後佛圖 조성(『韓國의 佛畵 15 – 麻谷寺(上)』)
信士 수화승 普應文性
1907년 충남 공주 新元寺 大雄殿 神衆圖 조성(『韓國의 佛畵 15 – 麻谷寺(上)』) 出抄
수화승 普應文性
1907년 충남 공주 新元寺 七星圖 조성(『韓國의 佛畵 16 – 麻谷寺(下)』) 수화승 普應
文性
▫ 1913년 전북 익산 崇林寺 普光殿 三世後佛圖 조성(『韓國의 佛畵 13 – 金山寺』) 수화승
定淵
▫ 1917년 전북 남원 禪院寺 法堂 毘盧遮那後佛圖 조성(『韓國의 佛畵 13 – 金山寺』) 金魚
片手 수화승
1917년 전북 남원 禪院寺 冥府殿 地藏圖 조성(『韓國의 佛畵 13 – 金山寺』) 金魚 片手
수화승
1917년 전북 남원 禪院寺 大雄殿 神衆圖 조성(『韓國의 佛畵 13 – 金山寺』) 金魚 片手
수화승
▫ 1923년 충남 논산 雙溪寺 大雄殿 三世佛圖(釋迦牟尼佛) 조성(『韓國의 佛畵 15 – 麻谷寺
(上)』) 出草 수화승 湖隱定淵
1923년 충남 논산 雙溪寺 大雄殿 三世佛圖(藥師佛) 조성(『韓國의 佛畵 15 – 麻谷寺
(上)』) 수화승 湖隱定淵
1923년 충남 논산 雙溪寺 大雄殿 三世佛圖(阿彌陀佛) 조성(『韓國의 佛畵 15 – 麻谷寺
(上)』) 수화승 湖隱定淵
1923년 충남 논산 雙溪寺 大雄殿 神衆圖 조성(『韓國의 佛畵 15 – 麻谷寺(上)』) 出草
수화승 湖隱 定淵
▫ 1929년 전북 정읍 玉泉寺 大法堂 地藏圖 조성(『韓國의 佛畵 14 – 禪雲寺』) 金魚 수화승
1929년 전북 정읍 玉泉寺 法堂 神衆圖 조성(『韓國의 佛畵 14 – 禪雲寺』) 金魚 수화승
1929년 전북 정읍 玉泉寺 法堂 現王圖 조성(『韓國의 佛畵 14 – 禪雲寺』) 金魚 수화승
▫ 연대미상7) 石泉庵 神衆圖 조성(東國大學校 博物館 所藏,『韓國의 佛畵 18 – 大學博物館
(Ⅰ)』) □□沙彌 수화승 文性

만파당(萬波堂) 정익(正翼) 참조

만허당(滿虛堂) 태화(泰華) 참조

만형(萬亨, 滿泂 : -1730-1737-)* 18세기 중반에 활동한 불화승이다. 1730년
에 수화승으로 전남 고흥 능가사 제석도(순천 송광사 소장)를, 1737년에 수
화승 우난과 경남 진주 백천사 도솔암 지장도(고성 옥천사 연대암 소장)를
개화改畵하였다.
▫ 1730년 전남 고흥 楞伽寺 帝釋圖 조성(順天 松廣寺 所藏,『韓國의 佛畵 6 – 松廣寺』)
金魚 수화승
▫ 1737년 경남 진주 百泉寺 兜率庵 地藏圖 改畵(固城 玉泉寺 蓮臺庵 所藏,『韓國의 佛畵
25 – 雙磎寺(上)』) 수화승 雨蘭

만휘(萬輝 : -1781-) 18세기 후반에 활동한 불화승이다. 1781년에 수화승 승
윤과 경남 하동 쌍계사 삼세불도(석가모니불)와 삼장도를 조성하였다.
▫ 1781년 경남 하동 雙溪寺 三世佛圖(釋迦牟尼佛) 조성(『韓國의 佛畵 25 – 雙磎寺(上)』)
수화승 勝允
1781년 경남 하동 雙溪寺 三藏圖 조성(『韓國의 佛畵 25 – 雙磎寺(上)』) 수화승 勝允

만희(萬喜 : -1661-)* 성월당(性月堂) 17세기 중반에 활동한 불화승이다.

1661년에 수화승으로 프랑스 기메미술관 소장된 감로왕도를 조성하였다.

　•1661년 프랑스 기메미술관 소장 甘露王圖(『韓國佛畵畵記集』) 畵師 수화승

말준(末俊 : -1900-) 20세기 전반에 활동한 불화승이다. 1900년에 수화승 긍엽과 경북 영천 영지사 명부전 지장도와 대웅전 신중도(영천 영지사 소장)를 조성하였다.

　•1900년 경북 영천 靈芝寺 冥府殿 地藏圖 조성(永川 靈地寺 所藏,『韓國의 佛畵 30 －
　　銀海寺』) 수화승 亘燁
　　1900년 경북 영천 靈芝寺 大雄殿 神衆圖 조성(永川 靈地寺 所藏,『韓國의 佛畵 30
　　－ 銀海寺』) 수화승 亘燁

맹섭(孟攝 : -1854-) 19세기 중반에 활동한 불화승이다. 1854년에 수화승 찬종과 경기 파주 금단사 아미타후불도를 조성하였다.

　•1854년 경기 파주 黔丹寺 阿彌陀後佛圖 조성(畵記,『韓國佛畵畵記集』과『韓國의 佛畵
　　33 － 奉先寺』) 수화승 讚宗

맹찬(孟贊 : -1759-)* 18세기 중반에 활동한 불화승이다. 1759년에 수화승으로 청곡사 남암南庵 아미타후불홍도阿彌陀後佛紅圖(동국대학교 경주캠퍼스 박물관 소장)를 조성하였다.

　•1759년 靑谷寺 南庵 阿彌陀後佛紅圖 조성(東國大學校 慶州캠퍼스 博物館 所藏,『韓國의
　　佛畵 18 － 大學博物館(Ⅰ)』) 金魚 수화승

맹학(孟學 : -1759-) 18세기 중반에 활동한 불화승이다. 1759년에 수화승 임한과 경남 양산 통도사 대광명전 비로자나후불도와 석가모니후불도를 조성하였다.

　•1759년 경남 양산 通度寺 大光明殿 毘盧遮那後佛圖 조성(『韓國의 佛畵 1 － 通度寺(上)』)
　　수화승 任閑
　　1759년 경남 양산 通度寺 大光明殿 釋迦牟尼後佛圖 조성(『韓國의 佛畵 1 － 通度寺
　　(上)』) 수화승 任閑

맹한(孟閑 : -1749-) 18세기 중반에 활동한 불화승이다. 1749년에 수화승 순혜와 전남 해남 대흥사 영산회상도(국립중앙박물관 소장)를 조성하였다.

　•1749년 전남 해남 大興寺 靈山會上圖 조성(國立中央博物館 所藏,『영혼의 여로 － 조선
　　시대 불교회화와의 만남』과『韓國의 佛畵 39 － 國・公立博物館』) 수화승 順慧

면순(勉淳, 勉詢 : -1812-1822-) 19세기 전반에 활동한 불화승이다. 1812년에 수화승 도일과 수도암 삼세후불홍도와 신중도(순천 선암사 소장)를, 1822년에 수화승 □□와 전남 여수 흥국사 신중도를, 1823년에 수화승 도일과 전남 순천 송광사 광원암 삼세후불도를 조성하였다.

　•1812년 修道庵 三世後佛紅圖 조성(順天 仙巖寺 所藏,『韓國의 佛畵 12 － 仙巖寺』) 수화
　　승 度鎰
　　1812년 修道庵 神衆圖 조성(順天 仙巖寺 所藏,『韓國의 佛畵 12 － 仙巖寺』)8) 수화승
　　度鎰
　•1822년 전남 여수 興國寺 神衆圖 조성(『韓國佛畵畵記集』) 수화승 □□
　•1823년 전남 순천 松廣寺 廣遠庵 三世後佛圖 조성(『韓國의 佛畵 6 － 松廣寺(上)』) 片手
　　수화승 度鎰

명계(明戒 : -1652-) 17세기 중반에 활동한 불화승이다. 1652년에 수화승 신겸과 충북 청원 안심사 괘불도를 조성하였다.

    ◦ 1652년 충북 청원 安心寺 掛佛圖 조성(『韓國의 佛畵 17 – 法住寺』) 수화승 信謙

명규(明奎 : -1892-) 동운당(東芸堂) 19세기 후반에 활동한 불화승이다. 1892년에 수화승 금곡영환과 경기 남양주 흥국사 영산전 석가모니후불도와 대방 신중도를 조성하였다.

    ◦ 1892년 경기 남양주 興國寺 靈山殿 釋迦牟尼後佛圖 조성(『韓國의 佛畵 33 – 奉先寺』) 수화승 金谷永煥
      1892년 경기 남양주 興國寺 大房 神衆圖 조성(『韓國의 佛畵 33 – 奉先寺』) 수화승 □□

명선(明善, 明性 : -1730-1736-) 18세기 전반에 활동한 불화승이다. 수화승 의겸과 1730년에 경남 고성 운흥사 괘불도와 감로도를, 1736년에 전남 순천 선암사 서부도전 감로도를, 1741년에 수화승 긍척과 전남 여수 흥국사 감로도를 조성하였다.

    ◦ 1730년 경남 고성 雲興寺 掛佛圖 조성(『韓國의 佛畵 26 – 雙磎寺(下)』) 수화승 義謙
      1730년 경남 고성 雲興寺 甘露圖 조성(『韓國의 佛畵 26 – 雙磎寺(下)』) 수화승 義謙
    ◦ 1736년 전남 순천 仙巖寺 西浮屠殿 甘露圖 조성(『韓國의 佛畵 12 – 仙巖寺』) 수화승 義謙
    ◦ 1741년 전남 여수 興國寺 甘露圖 조성(『韓國佛畵畵記集』) 수화승 亘陟
    ◦ 연대미상 地藏圖 조성(東國大學校 博物館 所藏, 『韓國의 佛畵 18 – 大學博物館(Ⅰ)』) 수화승 探仁

명성 2(明性 : -1906-) 20세기 전반에 활동한 불화승이다. 1906년에 수화승 동호진철과 부산 마하사 석가모니후불도를 조성하였다.

    ◦ 1906년 부산 摩訶寺 釋迦牟尼後佛圖 조성(『韓國의 佛畵 32 – 梵魚寺』) 수화승 東昊震㸁

명수(明秀, 明洙 : -1900-1911-) 20세기 전반에 활동한 불화승이다. 1900년에 수화승 영운봉수와 죽림사 극락전 지장도와 칠성도(영천 은해사 소장)를, 1911년에 수화승 환월상휴와 경기 안성 법계사 화장찰해도를 조성하였다.

    ◦ 1900년 竹林寺 極樂殿 地藏圖 조성(永川 銀海寺 所藏, 『韓國의 佛畵 30 – 銀海寺』) 수화승 影雲奉秀
      1900년 竹林寺 七星圖 조성(永川 銀海寺 所藏, 『韓國의 佛畵 30 – 銀海寺』) 수화승 影雲奉秀
    ◦ 1911년 경기 안성 靑龍寺 內院庵 華藏刹海圖 조성(安城 法界寺 所藏, 畵記와 『韓國의 佛畵 40 – 補遺』) 수화승 煥月尙休

명습(明習 : -1725-) 18세기 전반에 활동한 불화승이다. 1725년에 수화승 즉심과 전남 순천 송광사 영산전 팔상도(수하항마상) 등을 조성하였다.

    ◦ 1725년 전남 순천 松廣寺 靈山殿 八相圖(樹下降魔相) 조성(『韓國의 佛畵 7 – 松廣寺』) 수화승 卽心
      1725년 전남 순천 松廣寺 三十三祖師圖 조성(『曹溪山松廣寺史庫』)[9] 수화승 義謙

명식(明識 : -1718-) 18세기 전반에 활동한 불화승이다. 1718년에 민회빈愍懷嬪 봉묘封墓 조성소 화승畵僧으로 참여하였다.

▫ 1718년『愍懷嬪封墓都監儀軌』造成所 畵僧(奎章閣 14837호, 朴廷蕙,「儀軌를 통해서 본 朝鮮時代의 畵員」 자료1)

명안(明眼 : -1725-) 18세기 전반에 활동한 불화승이다. 1725년에 수화승 의겸과 전남 순천 송광사 삼십삼조사도를 조성하였다.

▫ 1725년 전남 순천 松廣寺 三十三祖師圖 조성(『曹溪山松廣寺史庫』)10) 수화승 義謙

명열(明悅 : -1729-1734-)* 18세기 전반에 활동한 불화승이다. 수화승으로 1729년에 경남 산청 율곡사 괘불도와 1734년에 경남 진주 청곡사 석가모니후불도를 중수하였다.

▫ 1729년 경남 산청 栗谷寺 掛佛圖 重修(『韓國의 佛畵 5 – 海印寺(下)』) 畵員 수화승
▫ 1734년 경남 진주 靑谷寺 釋迦牟尼後佛圖 重修(『韓國의 佛畵 4 – 海印寺(上)』) 畵員 수화승

명옥(明玉 : -1653-1658-)* 17세기 중반에 활동한 불화승이다. 1653년에 수화승으로 충북 진천 영수사 괘불도를, 1658년에 사과司果 박난朴蘭을 수화원으로 경기 안성 청룡사 괘불도를 조성하였다.

▫ 1653년 충북 진천 靈水寺 掛佛圖 조성(『韓國의 佛畵 17 – 法住寺』) 畵員11) 수화승
▫ 1658년 경기 안성 靑龍寺 掛佛圖 조성(『韓國의 佛畵 29 – 龍珠寺(下)』) 수화원 朴蘭

명옥, 영산회괘불도, 1653년, 진천 영수사

명옥, 영산회괘불도 부분, 1653년, 진천 영수사

명옥, 영산회괘불도 부분(사천왕), 1653년, 진천 영수사

명욱(命旭 : -1847-1849-) 19세기 중반에 활동한 불화승이다. 수화승 금암천여와 1847년에 전남 고흥 금탑사 극락전 아미타후불도를, 1849년에 전남 순천 선암사 대웅전 삼장도와 지장전 지장도를 조성하였다.

▫ 1847년 전남 고흥 金塔寺 極樂殿 阿彌陀後佛圖 조성(『韓國의 佛畵 6 – 松廣寺(上)』) 수

화승 錦菴天如

◦1849년 전남 순천 仙巖寺 大雄殿 三藏圖 조성(『韓國의 佛畵 12 – 仙巖寺』) 수화승 錦庵天如

1849년 전남 순천 仙巖寺 地藏殿 地藏圖 조성(『韓國의 佛畵 12 – 仙巖寺』) 수화승 金庵天如

명원(明遠 : -1682-)* 17세기 후반에 활동한 불화승이다. 1682년에 수화승으로 전북 진안 금당사 괘불도를 조성하였다.

◦1682년 전북 진안 金塘寺 掛佛圖 조성(金堂寺 銘, 『韓國의 佛畵 13 – 金山寺』) 畵員[12] 수화승

명응당(明應堂) 윤감(允鑑) 참조

명응당(明應堂) 환감(幻鑑) 참조

명의(明義 : -1888-) 19세기 후반에 활동한 불화승이다. 1888년에 수화승 하은응상과 경북 문경 김용사 독성도를 조성하였다.

◦1888년 경북 문경 金龍寺 獨聖圖 조성(『韓國의 佛畵 9 – 直指寺(下)』) 수화승 霞隱應祥

명정(明淨 : -1728-)* 18세기 전반에 활동한 불화승이다. 1728년에 수화승 일선과 경남 하동 쌍계사 팔상도와 수화승으로 감로도를 조성하였다.

◦1728년 경남 하동 雙溪寺 八相圖(兜率來儀相, 毘藍降生相, 四門遊觀相, 踰城出家相, 雪山修道相, 樹下降魔相, 鹿苑轉法相, 雙林涅槃相) 조성(『韓國의 佛畵 26 – 雙磎寺(下)』) 수화승 一禪

1728년 경남 하동 雙溪寺 甘露圖 조성(『韓國의 佛畵 26 – 雙磎寺(下)』) 金魚 수화승

명정, 감로도, 1728년, 하동 쌍계사 대웅전

명조(明照 : -1901-1910-)* 20세기 전반에 활동한 불화승이다. 1901년에 수화승 경선응석과 전남 해남 대흥사 삼세후불도(약사불)와 명부전 지장시왕도를, 수화승 경연과 강원 속초 신흥사 칠성도를, 1906년에 수화승 허곡긍순과 경기 여주 신륵사 신중도와 시왕각부도+王各部圖를, 수화승 대우봉하와 경북 김천 청암사 아미타후불도와 수화승 대우경연과 경북 울진 불영사 응진전 아미타후불도를, 1908년에 수화승 계은봉법과 신륵사 대방 지장도를, 수화승으로 1909년에 경북 김천 청암사 아미타후불도를, 1910년에 경북 통영 용화사 아미타후불도, 부산 마하사 응진전 석가모니후불도와 십육나한도를 조성하였다.

◦1901년 전남 해남 大興寺 三世後佛圖(藥師佛) 조성(『全南의 寺刹』과 『韓國의 佛畵 31 – 大興寺』) 수화승 慶船應釋

1901년 전남 해남 大興寺 冥府殿 地藏十王圖 조성(『韓國의 佛畵 31 – 大興寺』) 수화승 慶船應釋

1901년 강원 속초 神興寺 七星圖 조성(『한국의 사찰문화재 – 강원도』와 『韓國의 佛畵 37 – 新興寺』) 수화승 慶演

◦ 1906년 경기 여주 神勒寺 神衆圖 조성(『韓國의 佛畵 28 – 龍珠寺(上)』) 沙彌 수화승 虛谷亘巡
1906년 경기 여주 神勒寺 十王各部圖(七, 九) 조성(『韓國의 佛畵 29 – 龍珠寺(下)』) 沙彌 수화승 大雲奉河
1906년 경기 여주 神勒寺 十王各部圖(八, 十) 조성(『韓國의 佛畵 29 – 龍珠寺(下)』) 수화승 大雲奉河
1906년 경기 여주 神勒寺 十王各部圖(使者, 將軍) 조성(『韓國의 佛畵 29 – 龍珠寺(下)』) 沙彌 수화승 大雲奉河
1906년 경북 김천 靑巖寺 阿彌陀後佛圖 조성(『韓國의 佛畵 8 – 直指寺(上)』) 出草 수화승 大愚奉河
1906년 경북 울진 佛影寺 應眞殿 阿彌陀後佛圖 조성(『韓國의 佛畵 38 – 佛國寺』) 出草片手 수화승 大愚敬演
◦ 1908년 경기 여주 神勒寺 大房 地藏圖 조성(『韓國의 佛畵 28 – 龍珠寺(上)』) 수화승 繼恩鳳法
◦ 1909년 경북 김천 靑巖寺 阿彌陀後佛圖 조성(『韓國의 佛畵 8 – 直指寺(上)』) 金魚 수화승
◦ 1910년 경북 통영 龍華寺 阿彌陀後佛圖 조성(『韓國의 佛畵 25 – 雙磎(上)』) 金魚 片手 수화승
1910년 부산 摩訶寺 應眞殿 釋迦牟尼後佛圖 조성(『韓國의 佛畵 32 – 梵魚寺』) 金魚 片手 수화승
1910년 부산 摩訶寺 應眞殿 十六羅漢圖 조성(『韓國의 佛畵 32 – 梵魚寺』) 金魚片手 수화승

명준(明俊 : -1735-) 18세기 전반에 활동한 불화승이다. 1735년에 수화승 수탄과 경북 울진 불영사 대웅보전 석가모니후불도를 조성하였다.

◦ 1735년 경북 울진 佛影寺 大雄寶殿 釋迦牟尼後佛圖 조성(『韓國의 佛畵 38 – 佛國寺』) 수화승 冢遠

명찰(明察 : -1794-) 18세기 후반에 활동한 불화승이다. 1794년에 수화승 지언과 천불전 사천왕도를 조성하였다.

◦ 1794년 千佛殿 四天王圖 조성(海南 大興寺 所藏, 『韓國의 佛畵 31 – 大興寺』) 수화승 智彦

명철(明喆, 明哲 : -1812-1813-) 19세기 전반에 활동한 불화승이다. 1812년에 수화승 □□와 경북 예천 용문사 석가모니후불도를 그리고, 1813년에 수화승 퇴운신겸과 용문사 지장도를 조성하였다.

◦ 1812년 경북 예천 龍門寺 釋迦牟尼後佛圖 조성(『韓國의 佛畵 8 – 直指寺(上)』) 수화승 □□[13]
◦ 1813년 경북 예천 龍門寺 地藏圖 조성(『韓國의 佛畵 8 – 直指寺(上)』) 수화승 退雲愼兼[14]

명호(明浩 : -1892-) 19세기 후반에 활동한 불화승이다. 1892년에 수화승 민규와 경남 진주 청곡사 시왕도(삼라천자)를 조성하였다.

◦ 1892년 경남 진주 靑谷寺 十王圖(森羅天子) 조성(『韓國의 佛畵 5 – 海印寺(下)』) 수화승 玟奎

명현(明現 : -1727-) 18세기 전반에 활동한 불화승이다. 1727년에 수화승 탁행과 전남 해남 미황사 괘불도를 조성하였다.

◦ 1727년 전남 해남 美黃寺 掛佛圖 조성(『掛佛調査報告書 II』과 『韓國의 佛畵 31 – 大興寺』)

수화승 琢行

모영(慕英, 慕暎, 慕玲 : -1753-1759-) 18세기 중반에 활동한 불화승이다. 1753년에 수화승 치한과 전남 순천 선암사 괘불도와 수화승 은기와 삼십삼조사도(석가모니불과 1·2조사), 1759년에 수화승 비현과 전남 여수 흥국사 괘불도를 조성하였다.

  ▫1753년 전남 순천 仙巖寺 掛佛圖 조성(『韓國의 佛畵 12 – 仙巖寺』) 수화승 致閑
    1753년 전남 순천 仙巖寺 三十三祖師圖 조성(釋迦牟尼佛, 1·2祖師) 조성(『韓國의 佛畵 12 – 仙巖寺』) 수화승 隱奇
  ▫1759년 전남 여수 興國寺 掛佛圖 조성(『韓國의 佛畵 11 – 華嚴寺』)15) 수화승 朝賢

모중(慕重 : -1753-) 18세기 중반에 활동한 불화승이다. 1753년에 수화승 월인과 충북 영동 반야사 지장보살도를 조성하였다.

  ▫1753년 충북 영동 般若寺 地藏菩薩圖 조성(『韓國佛畵畵記集』) 수화승 月印
  ※ 모중은 모훈 1과 동일인으로 추정된다.

모진(慕珍 : -1741-) 18세기 중반에 활동한 불화승이다. 1741년에 수화승 긍척과 전남 여수 흥국사 감로도를 조성하였다.

  ▫1741년 전남 여수 興國寺 甘露圖 조성(『韓國佛畵畵記集』) 수화승 亘陟

모훈 1(慕熏 : -1758-) 18세기 중반에 활동한 불화승이다. 1758년에 수화승 월인과 전북 무주 안국사 감로도를 조성하였다.

  ▫1758년 전북 무주 安國寺 甘露圖 조성(『韓國佛畵畵記集』) 수화승 月印

모훈 2(慕訓 : -1808-) 19세기 전반에 활동한 불화승이다. 1808년에 수화승 화악평삼과 경남 고성 옥천사 괘불도를 조성하였다.

  ▫1808년 경남 고성 玉泉寺 掛佛圖 조성(『韓國의 佛畵 26 – 雙磎寺(下)』) 수화승 華岳評三

목우(牧雨 : -1899-1936-)* 청응당(淸應堂), 속성 박朴씨, 19세기 후반부터 20세기 전반까지 활동한 불화승이다. 1899년에 수화승 금호약효와 고산사 석가모니후불도를, 1902년에 수화승 월암응탄과 보살사 상운암 아미타후불도(동국대학교 박물관 소장)를, 수화승 금호약효와 1905년에 충남 공주 마곡사 대웅보전 삼세불도(석가모니불)와 갑사 대웅전 삼장도 및 문수사 대웅전 칠성도(예산 수덕사 소장)를, 1908년에 충남 예산 수덕사 대웅전 삼세후불도를, 1909년에 충북 보은 법주사 복천암 독성도를 조성하였다. 1910년에 수화승 융파법융과 갑사 팔상전 석가모니후불도를, 수화승 금호약효와 갑사 대웅전 신중도를 그리고 마곡사 천왕문을 중수하였다. 수화승으로 1918년에 충남 예산 화엄사 현왕도를, 1920년에 충남 부여 무량사 이층전 현왕도와 태조암 신중도 등을, 1921년에 충남 부여 무량사 태조암 석가모니후불도를, 1922년에 충남 예산 대연사 칠성도를, 1924년에 수화승 금호약효와 충남 공주 마곡사 심검당 석가모니후불도와 신중도 및 대광보전 신중도를, 충남 예산 향천사 괘불도를, 충남 서산 부석사 칠성도와 신중도를 그렸다. 수화승으로 충남

예산 대연사 극락전 산신도를, 1932년에 충남 부여 무량사 칠성도를, 1936년
충남 대덕 중암사 신중도(대전 중암사 소장)를 조성하였다.

▫ 1899년 高山寺 釋迦牟尼後佛圖 조성(禮山 修德寺 所藏, 『韓國의 佛畵 27 - 修德寺』) 수
  화승 錦湖若效
▫ 1902년 菩薩寺 祥雲庵 阿彌陀後佛圖 조성(東國大學校 博物館 所藏, 『韓國의 佛畵 18 -
  大學博物館(Ⅰ)』)16) 수화승 月庵應坦17)
▫ 1905년 충남 공주 麻谷寺 大雄寶殿 三世佛圖(釋迦牟尼佛) 조성(『韓國의 佛畵 15 -麻谷
  寺(上)』) 수화승 錦湖若效
  1905년 충남 공주 甲寺 大雄殿 三藏圖 조성(『韓國의 佛畵 15 - 麻谷寺(上)』) 出草18)
  수화승 錦湖若效
  1905년 文殊寺 大雄殿 七星圖 조성(禮山 修德寺 所藏, 『韓國의 佛畵 27 - 修德寺』)
  金魚 수화승
▫ 1908년 충남 예산 修德寺 大雄殿 三世後佛圖 조성(『韓國의 佛畵 27 - 修德寺』) 수화승
  錦湖若效
▫ 1909년 충북 보은 法住寺 福泉庵 獨聖圖 조성(『韓國의 佛畵 17 - 法住寺』) 수화승 錦湖
  若效
▫ 1910년 충남 공주 甲寺 八相殿 釋迦牟尼後佛圖 조성(『韓國의 佛畵15 - 麻谷寺(上)』) 수
  화승 隆坡法融
  1910년 충남 공주 甲寺 大雄殿 神衆圖 조성(『韓國의 佛畵 15 - 麻谷寺(上)』) 수화승
  錦湖若效
  1910년 충남 공주 麻谷寺 靈山殿 神衆圖 조성(『韓國의 佛畵 15 - 麻谷寺(上)』) 수화승
  定淵
  1910년 충남 공주 麻谷寺 天王門 重修(「泰華山麻谷寺天王門重修記」) 수화승 錦湖若效
▫ 1918년 충남 예산 華嚴寺 現王圖 조성(禮山 修德寺 所藏, 『韓國의 佛畵 27 - 修德寺』)
  畵師 수화승
▫ 1920년 충남 부여 無量寺 二層殿 現王圖 조성(『韓國의 佛畵 16 - 麻谷寺(下)』) 畵師 수화
  승
  1920년 충남 부여 無量寺 太祖庵 神衆圖 조성(『韓國의 佛畵 15 - 麻谷寺(上)』) 金魚
  수화승
  1920년 충남 부여 無量寺 山神圖 조성(『韓國의 佛畵 16 - 麻谷寺(下)』) 金魚 수화승
▫ 1921년 충남 부여 無量寺 太祖菴 釋迦牟尼後佛圖 조성(『韓國의 佛畵 15 - 麻谷寺(上)』)
  畵員 수화승
▫ 1922년 충남 예산 大蓮寺 七星圖 조성(『韓國의 佛畵 27 - 修德寺』) 畵員 수화승
▫ 1924년 충남 공주 麻谷寺 尋劒堂 釋迦牟尼後佛圖 조성(『韓國의 佛畵 15 - 麻谷寺(上)』)
  出草 수화승 錦湖若效
  1924년 충남 공주 麻谷寺 尋劒堂 神衆圖 조성(『韓國의 佛畵 15 - 麻谷寺(上)』) 수화승
  錦湖若效
  1924년 충남 공주 麻谷寺 大光寶殿 神衆圖 조성(『韓國의 佛畵 15 - 麻谷寺(上)』) 수화
  승 錦湖若效
  1924년 충남 예산 香泉寺 掛佛圖 조성(『韓國의 佛畵 27 - 修德寺』) 수화승 錦湖若效
  1924년 충남 서산 浮石寺 七星圖 조성(『韓國의 佛畵 27 - 修德寺』) 수화승 錦湖若效
  1924년 충남 서산 浮石寺 神衆圖 조성(『韓國의 佛畵 40 - 補遺』) 수화승 錦湖若效
  1924년 충남 예산 大蓮寺 極樂殿 山神圖 조성(『韓國의 佛畵 27 - 修德寺』) 畵員 수화승
▫ 1932년 충남 부여 無量寺 七星圖 조성(『韓國의 佛畵 16 - 麻谷寺(下)』) 畵員 수화승
▫ 1936년 충남 대덕 中菴寺 神衆圖 조성(大田 中庵寺 소장, 『韓國의 佛畵 15 - 麻谷寺(上)』)
  金魚 수화승

목지(木智 : -1781-) 18세기 후반에 활동한 불화승이다. 1781년에 수화승 유
봉과 경북 김천 청암사 신중도를 조성하였다.

▫ 1781년 경북 김천 靑巖寺 神衆圖 조성(『韓國의 佛畵 8 - 直指寺(上)』) 수화승 有奉

몽찬(夢讚 : -1897-1900-) 19세기 후반부터 20세기 전반까지 활동한 불화승이다. 1897년에 수화승 영운봉수와 경북 상주 남장사 관음암 신중도를, 수화승 정연과 충북 보은 법주사 원통보전 관음도를, 수화승 봉화와 대웅보전 104위 신중도를, 수화승 금호약효와 팔상전 팔상도(도솔내의상)를 그렸다. 1900년에 수화승 향호묘영과 전남 순천 송광사 은적암에서 지장시왕도를 조성하여 청진암에 봉안하였다.

> ▫ 1897년 경북 상주 南長寺 觀音庵 神衆圖 조성(『韓國의 佛畵 8 – 直指寺(上)』) 수화승 影雲奉秀
> 1897년 충북 보은 法住寺 圓通寶殿 觀音圖 조성(『韓國의 佛畵 17 – 法住寺』) 수화승 定鍊
> 1897년 충북 보은 法住寺 大雄寶殿 104位 神衆圖 조성(『韓國의 佛畵 17 – 法住寺』) 수화승 奉化
> 1897년 충북 보은 法住寺 捌相殿 八相圖(兜率來儀相) 조성(『韓國의 佛畵 17 – 法住寺』) 수화승 錦湖若效
> ▫ 1900년 전남 순천 松廣寺 隱寂菴에서 地藏十王圖를 조성하여 淸眞庵에 봉안(『韓國의 佛畵 6 – 松廣寺(上)』) 수화승 香湖妙英

몽화(夢華, 夢化 : -1904-1943-)* 영성당(永惺堂, 永醒堂, 影成堂, 永星堂), 속성 한韓씨, 20세기 전반에 충남 공주 마곡사麻谷寺를 중심으로 활동한 불화승이다. 수화승 금호약효와 1904년에 충남 온양 용운암 칠성도(진천 영수사 소장), 1905년에 충남 공주 마곡사 대웅보전 삼세불도(석가모니불)와 충남 공주 갑사 대웅전 삼장도를, 수화승 보응문성과 부산 범어사 팔상전과 나한전 영산회상도를, 수화승 금호약효와 괘불도를 그렸다. 수화승 금호약효와 1906년에 금선대 칠성도(예산 정혜사 소장), 1907년에 충북 영동 영국사 석가모니후불도, 전북 무주 원통사 원통보전 칠성도, 갑사 대적전 삼세후불도, 충남 금산 신안사 석가모니후불도를, 수화승 보응문성과 충남 공주 신원사 대웅전 석가모니후불도와 신중도 등을 그렸다. 1909년에 수화승 금호약효와 마곡사 은적암 신중도를, 수화승 보응문성과 경남 합천 해인사 백련암 독성도를, 1910년에 수화승 융파법융과 갑사 팔상전 석가모니후불도를, 수화승 금호약효와 갑사 대웅전 신중도와 마곡사 천왕문을 중수하였다. 1911년에 수화승 동성정연과 전북 전주 서고사 나한전 독성도와 수화승 혜산축연과 충남 금산 보석사 대웅전 석가모니후불도를, 1912년에 수화승 금호약효와 충남 공주 마곡사 영은암 신중도를, 1913년에 수화승 퇴경상노와 경북 문경 김용사 대성암 아미타후불도와 삼장도를, 수화승 보응계창과 경기 여주 고달사 산신도를, 1916년에 수화승 동성정연과 충남 예산 정혜암 금선대 신중도, 수화승 보응문성과 충북 보은 법주사 대웅보전 비로자나후불도를, 수화승 정연과 1917년 충남 부여 무량사 도솔암 아미타후불도, 1919년에 문수사 현왕도(예산 수덕사 소장), 충남 예산 보덕사 석가모니후불도, 충남 당진 영낭사 석가

모니후불도(예산 수덕사 소장)와 신중도(양산 통도사 소장)를, 수화승 보응계
창과 충남 청양 정혜사 남암 아미타후불도(공주 마곡사 소장)와 신중도(공주
갑사 소장) 및 현왕도를, 1923년에 수화승 호은정연과 충남 논산 쌍계사 대
웅전 삼세불도와 신중도를, 1924년에 수화승 금호약효와 마곡사 심검당 석
가모니후불도와 신중도, 충남 예산 향천사 괘불도, 충남 서산 부석사 칠성도
와 신중도를, 1925년에 수화승 호은정연과 충남 예산 정혜사 석가모니후불
도를, 1931년에 수화승으로 마곡사 영은암 지장도와 충남 예산 정혜사 견성
암 칠성도를, 1933년에 수화승 보응문성과 충남 예산 수덕사 조인정사 아미
타후불도를, 1938년에 수화승으로 마곡사 명부전 창건 시 참여하고, 1939년
에 수화승 호은정연과 정혜사 견성암 아미타후불도를, 1943년에 수화승으로
정혜사 관음전 노사나불도를 조성하였다.

- 1904년 충남 온양 龍雲庵 七星圖 조성(鎭川 靈水寺 所藏, 『韓國의 佛畵 17 – 法住寺』)
  沙彌 수화승 錦湖若效
- 1905년 충남 공주 麻谷寺 大雄寶殿 三世佛圖(釋迦牟尼佛) 조성(『韓國의 佛畵 15 –麻谷
  寺(上)』) 수화승 錦湖若效
  1905년 충남 공주 甲寺 大雄殿 三藏圖 조성(『韓國의 佛畵 15 – 麻谷寺(上)』)[19] 수화
  승 錦湖若效
  1905년 부산 梵魚寺 捌相殿 靈山會上圖 조성(『梵魚寺聖寶博物館 名品圖錄』과 『韓國
  의 佛畵 32 – 梵魚寺』)[20] 수화승 普應文性
  1905년 부산 梵魚寺 羅漢殿 靈山會上圖 조성(『梵魚寺聖寶博物館 名品圖錄』과 『韓國
  의 佛畵 32 – 梵魚寺』) 수화승 普應文性
  1905년 부산 梵魚寺 羅漢殿 羅漢圖 조성(『梵魚寺聖寶博物館 名品圖錄』과 『韓國의 佛
  畵 32 – 梵魚寺』) 수화승 普應文性
  1905년 부산 梵魚寺 掛佛圖 조성(『梵魚寺聖寶博物館 名品圖錄』과 『韓國의 佛畵 32
  – 梵魚寺』) 수화승 錦湖若效
- 1906년 金仙臺 七星圖 조성(禮山 定慧寺 所藏, 『韓國의 佛畵 27 – 修德寺』) 수화승 錦湖
  若效
- 1907년 충북 영동 寧國寺 釋迦牟尼後佛圖 조성(『韓國의 佛畵 17 – 法住寺』) 수화승 錦湖
  若效
  1907년 충북 영동 寧國寺 獨聖圖 조성(『韓國佛畵畵記集』) 수화승 錦湖若效
  1907년 전북 무주 圓通寺 圓通寶殿 七星圖 조성(『韓國의 佛畵 13 – 金山寺』) 수화승
  錦湖若效
  1907년 충남 공주 甲寺 大寂殿 三世後佛圖 조성(『韓國의 佛畵 15 – 麻谷寺(上)』) 수화
  승 錦湖若效
  1907년 충남 금산 身安寺 釋迦牟尼後佛圖 조성(『韓國의 佛畵 15 – 麻谷寺(上)』) 수화
  승 錦湖若效
  1907년 충남 공주 新元寺 大雄殿 釋迦牟尼後佛圖 조성(『韓國의 佛畵 15 – 麻谷寺(上)』)
  수화승 普應文性
  1907년 충남 공주 新元寺 大雄殿 神衆圖 조성(『韓國의 佛畵 15 – 麻谷寺(上)』) 수화승
  普應文性
  1907년 충남 공주 新元寺 七星圖 조성(『韓國의 佛畵 16 – 麻谷寺(下)』) 수화승 普應
  文性
- 1909년 충남 공주 麻谷寺 隱寂庵 神衆圖 조성(『韓國의 佛畵 15 – 麻谷寺(上)』) 수화승
  錦湖若效
  1909년 경남 합천 海印寺 白蓮庵 獨聖圖 조성(『韓國의 佛畵 5 – 海印寺(下)』) 수화승
  普應文性

◦ 1910년 충남 공주 甲寺 八相殿 釋迦牟尼後佛圖 조성(『韓國의 佛畵15 – 麻谷寺(上)』) 수
화승 隆坡法融
1910년 충남 공주 甲寺 大雄殿 神衆圖 조성(『韓國의 佛畵 15 – 麻谷寺(上)』) 수화승
錦湖若效
1910년 충남 공주 麻谷寺 天王門 重修(「泰華山麻谷寺天王門重修記」) 수화승 錦湖若效
◦ 1911년 전북 전주 西固寺 羅漢殿 獨聖圖 조성(『韓國의 佛畵 13 – 金山寺』) 수화승 東星
定淵
1911년 충남 금산 寶石寺 大雄殿 釋迦牟尼後佛圖 조성(『韓國의 佛畵 15 – 麻谷寺(上)』)
麻谷寺 수화승 惠山竺衍
◦ 1912년 충남 공주 麻谷寺 灵隱庵 神衆圖 조성(『韓國의 佛畵 15 – 麻谷寺(上)』) 수화승
錦湖若效
1913년 경북 문경 金龍寺 大成庵 阿彌陀後佛圖 조성(『韓國의 佛畵 8 – 直指寺(上)』)
수화승 退耕相老
1913년 경북 문경 金龍寺 三藏圖 조성(『韓國의 佛畵 8 – 直指寺(上)』) 수화승 退耕
相老
1913년 경기 여주 高達寺 山神圖 조성(『韓國의 佛畵 29 – 龍珠寺(下)』) 수화승 普應
桂昌
◦ 1916년 충남 예산 定慧庵 金仙臺 神衆圖 조성(『韓國의 佛畵 27 – 修德寺』) 수화승 東星
定淵
◦ 1917년 충북 보은 法住寺 大雄寶殿 毘盧遮那後佛圖 조성(『韓國의 佛畵 17 – 法住寺』) 수
화승 普應文性
1917년 충남 부여 無量寺 兜率菴 阿彌陀後佛圖 조성(『韓國의 佛畵 15 – 麻谷寺(上)』)
수화승 東星定淵
◦ 1919년 文殊寺 現王圖 조성(禮山 修德寺 所藏, 『韓國의 佛畵 27 – 修德寺』) 수화승 定鍊
1919년 충남 예산 報德寺 釋迦牟尼後佛圖 조성(『韓國의 佛畵 27 – 修德寺』) 수화승
湖隱定淵
1919년 충남 당진 影浪寺 釋迦牟尼後佛圖 조성(禮山 修德寺 所藏, 『韓國의 佛畵 27
– 修德寺』) 수화승 湖隱
1919년 충남 당진 影浪寺 神衆圖 조성(梁山 通度寺 소장, 『韓國의 佛畵 1 – 通度寺
(上)』)[21] 수화승 湖隱
1919년 충남 청양 定慧寺 南庵 阿彌陀後佛圖 조성(公州 麻谷寺 所藏, 『韓國의 佛畵
15 – 麻谷寺(上)』) 수화승 金普應
1919년 충남 청양 定慧寺 南庵 現王圖 조성(『韓國의 佛畵 16 – 麻谷寺(下)』) 수화승
金普應
1919년 충남 청양 定慧庵 南庵 神衆圖 조성(公州 甲寺 所藏, 『韓國의 佛畵 15 – 麻谷
寺(上)』)[22] 수화승 普應金桂昌
◦ 1923년 충남 논산 雙溪寺 大雄殿 三世佛圖(釋迦牟尼佛) 조성(『韓國의 佛畵 15 – 麻谷寺
(上)』) 수화승 湖隱定淵
1923년 충남 논산 雙溪寺 大雄殿 三世佛圖(藥師佛) 조성(『韓國의 佛畵 15 – 麻谷寺
(上)』) 수화승 湖隱定淵
1923년 충남 논산 雙溪寺 大雄殿 三世佛圖(阿彌陀佛) 조성(『韓國의 佛畵 15 – 麻谷寺
(上)』) 수화승 湖隱定淵
1923년 충남 논산 雙溪寺 大雄殿 神衆圖 조성(『韓國의 佛畵 15 – 麻谷寺(上)』) 수화승
湖隱 定淵
◦ 1924년 충남 공주 麻谷寺 尋劍堂 釋迦牟尼後佛圖 조성(『韓國의 佛畵 15 – 麻谷寺(上)』)
수화승 錦湖若效
1924년 충남 공주 麻谷寺 尋劍堂 神衆圖 조성(『韓國의 佛畵 15 – 麻谷寺(上)』) 出草
수화승 錦湖若效
1924년 충남 공주 麻谷寺 大光寶殿 神衆圖 조성(『韓國의 佛畵 15 – 麻谷寺(上)』) 수화
승 錦湖若效
1924년 충남 예산 香泉寺 掛佛圖 조성(『韓國의 佛畵 27 – 修德寺』) 수화승 錦湖若效

1924년 충남 서산 浮石寺 七星圖 조성(『韓國의 佛畵 27 – 修德寺』) 수화승 錦湖若效
1924년 충남 서산 浮石寺 神衆圖 조성(『韓國의 佛畵 40 – 補遺』) 수화승 錦湖若效
▫ 1925년 충남 예산 定慧寺 釋迦牟尼後佛圖 조성(『韓國의 佛畵 27 – 修德寺』) 수화승 湖隱定淵
▫ 1931년 충남 공주 麻谷寺 靈隱菴 地藏圖 조성(『韓國의 佛畵 15 – 麻谷寺(上)』) 金魚 수화승
1931년 충남 예산 定慧寺 見性菴 七星圖 조성(『韓國의 佛畵 27 – 修德寺』) 金魚 수화승
▫ 1933년 충남 예산 修德寺 祖印精舍 阿彌陀後佛圖 조성(『韓國의 佛畵 27 – 修德寺』) 수화승 普應文性
▫ 1938년 충남 공주 麻谷寺 冥府殿 創建(「忠淸南道公州郡泰華山麻谷寺冥府殿創建記」) 緣化 수화승
▫ 1939년 충남 예산 定慧寺 見性菴 阿彌陀後佛圖 조성(『韓國의 佛畵 27 – 修德寺』) 수화승 湖隱定淵
▫ 1943년 충남 예산 定慧寺 觀音殿 盧舍那佛圖 조성(『韓國의 佛畵 27 – 修德寺』) 金魚 수화승

묘관(妙寬 : -1888-) 19세기 후반에 활동한 불화승이다. 1888년에 수화승 금곡영환과 경기 안성 칠장사 명부전 지장도를 조성하였다.

▫ 1888년 경기 안성 七長寺 冥府殿 地藏圖 조성(『韓國의 佛畵 28 – 龍珠寺(上)』) 수화승 金谷永煥

묘련(妙蓮 : -1887-1918-) 19세기 후반에 활동한 불화승이다. 1887년에 수화승 상옥과 충남 서산 개심사 칠성도를, 1889년에 수화승 능호와 충남 공주 마곡사 심검당 현왕도(불교중앙박물관 소장), 1891년에 수화승 금호약효와 전남 장흥 천관사 응진전 석가모니후불도(순천 송광사 소장) 조성 시 출초出草로 참여하였다. 1918년에 수화승 벽월창오와 전남 순천 선암사 응진당 십육나한도를 조성하였다.

▫ 1887년 충남 서산 開心寺 七星圖 조성(『韓國의 佛畵 27 – 修德寺』) 수화승 祥玉
▫ 1889년 충남 공주 麻谷寺 尋劍堂 現王圖 조성(佛敎中央博物館 所藏, 『韓國의 佛畵 40 – 補遺』) 수화승 能昊
▫ 1891년 전남 장흥 天冠寺 應眞殿 釋迦牟尼後佛圖 조성(順天 松廣寺 所藏, 『韓國의 佛畵 6 – 松廣寺(上)』) 出草 沙彌 수화승 錦湖若效
▫ 1918년 전남 순천 선암사 應眞堂 十六羅漢圖 조성(『韓國의 佛畵 12 – 仙巖寺』) 수화승 碧月昌旿

묘성(妙性, 玅性 : -1893-) 19세기 후반에 활동한 불화승이다. 1893년에 금호약효와 서울 지장사 대웅전 지장보살도와 신중도를 조성하였다.

▫ 1893년 서울 地藏寺 大雄殿 地藏菩薩圖 조성(『서울전통사찰불화』와 『韓國佛畵畵記集』 및 『韓國의 佛畵 34 – 曹溪寺(上)』) 수화승 錦湖若效
1893년 서울 地藏寺 大雄殿 神衆圖 조성(『서울전통사찰불화』와 『韓國佛畵畵記集』 및 『韓國의 佛畵 35 – 曹溪寺(中)』) 수화승 錦湖若效

묘순(妙淳 : -1741-) 18세기 중반에 활동한 불화승이다. 1741년에 수화승 성철과 충남 청양 장곡사 삼세불도(노사나불, 석가모니불)를 조성하였다.

▫ 1741년 충남 청양 長谷寺 三世佛圖(盧舍那佛) 조성(東國大學校 博物館 所藏, 『韓國의 佛畵 18 – 大學博物館(Ⅰ)』) 수화승 性哲
1741년 충남 청양 長谷寺 三世佛圖(釋迦牟尼佛) 조성(東國大學校 博物館 所藏, 『韓國의 佛畵 18 – 大學博物館(Ⅰ)』) 수화승 性哲

묘심 1(妙心 : -1755-1762-) 18세기 중・후반에 활동한 불화승이다. 1755년에 순회세자順懷世子 상시봉원上諡封園 비석소碑石所와 1757년에 정성왕후貞聖王后 홍릉弘陵 조성소 화승畫僧으로 참여하였다. 1758년에 수화승 각총과 경기 여주 신륵사 극락보전 삼장도를, 1759년에 수화승 오관과 강원 원주鵠鷚寺 비로자나후불도(평창 월정사 소장)를 조성한 후, 1762년에 수화승 최백과 인천 강화 전등사 대웅전 목조삼세불좌상을 개금하였다.

  ◦ 1755년 『順懷世子上諡封園都監儀軌』 碑石所 畫僧(奎章閣 13493호, 朴廷蕙, 「儀軌를 통해서 본 朝鮮時代의 畫員」 자료1)
  ◦ 1757년 『貞聖王后弘陵山陵都監儀軌』 造成所 畫僧(奎章閣 13591호, 朴廷蕙, 「儀軌를 통해서 본 朝鮮時代의 畫員」 자료1)
  ◦ 1758년 경기 여주 神勒寺 極樂寶殿 三藏圖 조성(『韓國의 佛畫 28 – 龍珠寺(上)』) 수화승 覺聰
  ◦ 1759년 강원 원주 稚岳山 鵠鷚寺 毘盧遮那後佛圖 조성(平昌 月精寺 소장, 『韓國의 佛畫 10 – 月精寺』) 수화승 悟寬
  ◦ 1762년 인천 강화 傳燈寺 大雄殿 木造三世佛坐像 개금(發願文) 수화승 最白

묘심 2(妙諶 : -1858-) 19세기 중반에 활동한 불화승이다. 1858년에 수화승 성운영희와 경기 남양주 흥국사 괘불도를 조성하였다.

  ◦ 1858년 경기 남양주 興國寺 掛佛圖 조성(『掛佛調査報告書』와 『韓國佛畫畫記集』 및 『韓國의 佛畫 33 – 奉先寺』) 수화승 惺雲永羲

묘언 1(妙彦 : -1764-) 18세기 중반에 활동한 불화승이다. 1764년에 수화승 색민과 전남 해남 대흥사 괘불도를 조성하였다.

  ◦ 1764년 전남 해남 大興寺 掛佛圖 조성(『韓國의 佛畫 31 – 大興寺』) 수화승 色旻

묘언 2(妙彦 : -1853-) 정월당(淨月堂) 19세기 중반에 활동한 불화승이다. 1853년에 수화승 응성환익과 경기 남양주 봉영사 아미타후불도를 조성하였다.

  ◦ 1853년 경기 남양주 奉永寺 阿彌陀後佛圖 조성(『韓國의 佛畫 33 – 奉先寺』) 片手 수화승 應惺幻翼

묘영(妙英, 妙永, 妙永, 妙英, 妙暎, 妙寧, 妙寧 : -1866-1907-)* 향호당(香湖堂) 19세기 중반부터 20세기 전반까지 활동한 불화승이다. 1866년에 수화승 금암천여와 전남 구례 화엄사 구층암九層庵 아미타삼존도를, 수화승 기연과 전남 해남 대흥사 진불암 지장시왕도를, 수화승 용원기연과 1867년에 전남 순천 송광사 자정암 칠성홍도七星紅圖와, 1868년에 대흥사 청신암 신중도(도선암 조성)를, 1869년에 수화승 취선과 전남 순천 선암사 비로암 지장시왕도(순천 송광사 소장)와 비로자나후불홍도毘盧遮那後佛紅圖(순천 선암사 소장)를, 수화승 금암천여와 1870년에 경남 남해 용문사 괘불도를 개조改造하고, 전남 해남 대둔사 무량전 아미타후불도와 청신암 아미타후불도를, 1871년에 경남 함양 벽송사 신중도를, 1873년에 지장도(국립중앙박물관 소장)를 그렸다. 1874년에 수화승 경선과 운대암 지장도를, 1875년에 수화승 금암천여와 경남 통영 용화사 관음암 신중도와 칠성도를, 1879년에 수화승으로 전남 순천 선암사 염불암 신중도(순천 선암사 소장)와 전남 낙안 금강암 지장도 및 경남 하동 쌍계사 국사암 칠성도를, 수화승 운파취선과 전남 순천 송광사 광원암 지장시왕도를, 1882년에 수화승 수룡기전과 부산 범어사 영산회상도, 삼장보살도, 신중도, 관음도를, 1885년에 경남 합천 해인사 대적광전 삼신도(비로자나불)를 그렸다. 수화승으로 1888년에 경북 하동 쌍계사 승당 아미타후불홍도阿彌陀後佛紅圖, 국사암 독성도를, 1891년에 전남 순천 송광사 사천왕상 개채하였다. 1893년에 수화승 증언과 전남 장성 백양사 극락보전 신중도와 관유암觀流庵 관음전 삼세후불도를, 1895년에 수화승으로 경남 진주 미륵암에 봉안되었던 목조보살좌상을 중수・개금하였다. 수화승으로 1897년에 전남 순천 송광사 산신각 산신도를, 1898년에 대승암 삼세후불도(순천 선암사 소장)를, 1900년에 순천 송광사 은적암에서 지장시왕도를 조성하여 청진암에 봉안하고, 1903년에 경남 통영 용화사 석가모니후불도를, 1904년에 순천 송광사 감로암 석가모니후불도를, 1907년에 전남 여수 흥국사 보광전 아미타후불도를 조성하였다.

- 1866년 전남 구례 華嚴寺 九層庵 阿彌陀三尊圖 조성(『韓國의 佛畵 11 - 華嚴寺』) 수화승 錦庵天如
  1866년 전남 해남 大興寺 眞佛庵 地藏十王圖 조성(海南 大興寺 所藏, 『韓國의 佛畵 31 - 大興寺』) 수화승 錡衍
- 1867년 전남 순천 松廣寺 慈靜庵 七星紅圖 조성(『韓國의 佛畵 7 - 松廣寺(下)』) 수화승 龍院 奇衍
- 1868년 전남 해남 大興寺 淸神庵 神衆圖 조성(道仙庵 造成, 『全南의 寺刹』) 수화승 龍琓 錡衍23)
- 1869년 전남 순천 仙巖寺 毘盧庵 地藏十王圖 조성(順天 松廣寺 所藏, 『韓國의 佛畵 - 松廣寺(上)』) 수화승 就善
  1869년 毘盧庵 毘盧遮那後佛紅圖 조성(順天 仙巖寺 所藏, 『韓國의 佛畵 12 - 仙巖寺』) 수화승 就善
- 1870년 경남 남해 龍門寺 掛佛圖 改造(『韓國의 佛畵 26 - 雙磎寺(下)』) 수화승 錦岩天如
  1870년 전남 해남 大興寺 無量殿 阿彌陀後佛圖 조성(『韓國의 佛畵 31 - 大興寺』) 수화승 天如
  1870년 전남 해남 大興寺 淸神庵 阿彌陀後佛圖 조성(『全南의 寺刹』) 수화승 天如
- 1871년 경남 함양 碧松寺 神衆圖 조성(『韓國의 佛畵 4 - 海印寺(上)』) 수화승 錦岩天如
- 1873년 地藏圖 조성(國立中央博物館 所藏, 『韓國의 佛畵 39 - 國・公立博物館』) 수화승 錦庵天如
- 1874년 雲臺菴 地藏圖 조성(河東 雙磎寺 所藏, 『韓國의 佛畵 25 - 雙磎寺(上)』) 金魚 수화승
- 1875년 경남 통영 龍華寺 觀音庵 神衆圖 조성(『韓國의 佛畵 25 - 雙磎寺(上)』) 수화승 錦巖天如
  1875년 경남 통영 龍華寺 觀音庵 七星圖 조성(『韓國의 佛畵 26 - 雙磎寺(下)』) 수화승 錦岩天如
- 1879년 경남 하동 雙溪寺 國師庵 七星圖 조성(『韓國의 佛畵 26 - 雙磎寺(下)』) 金魚 수화승
  1879년 전남 순천 松廣寺 廣遠庵 地藏十王圖 조성(『韓國의 佛畵 6 - 松廣寺(上)』) 수화승 雲坡就善
  1879년 전남 순천 仙巖寺 念佛庵 神衆圖 조성(順天 仙巖寺 所藏, 『韓國의 佛畵 12 -

仙巖寺』) 毘首 수화승

1879년 전남 순천 仙巖寺 獨聖圖 조성(『韓國佛畫畫記集』) 毘首 수화승

1879년 전남 순천 樂安 金剛庵 地藏圖 조성(圓光大學校 所藏, 『韓國의 佛畫19 – 大學博物館(Ⅱ)』) 毘首 수화승

1879년 전남 강진 無爲寺 七星圖 조성(金玲珠, 『朝鮮時代佛畫研究』와 『韓國佛畫畫記集』) 수화승 雲波就善

◦ 1882년 부산 梵魚寺 大雄殿 釋迦牟尼後佛圖 조성(『梵魚寺聖寶博物館 名品圖錄』과 『韓國의 佛畫 32 – 梵魚寺』) 수화승 琪銓

1882년 부산 梵魚寺 三藏菩薩圖 조성(『梵魚寺聖寶博物館 名品圖錄』과 『韓國佛畫畫記集』 및 『韓國의 佛畫 32 – 梵魚寺』) 수화승 琪銓

1882년 부산 梵魚寺 神衆圖 조성(『梵魚寺聖寶博物館 名品圖錄』과 『韓國佛畫畫記集』 및 『韓國의 佛畫 32 – 梵魚寺』) 수화승 琪銓

1882년 부산 梵魚寺 觀音圖 조성(『梵魚寺聖寶博物館 名品圖錄』과 『韓國佛畫畫記集』 및 『韓國의 佛畫 32 – 梵魚寺』) 수화승 琪銓

◦ 1885년 경남 합천 海印寺 大寂光殿 三身圖(毘盧遮那佛) 조성(『韓國의 佛畫 4 – 海印寺(上)』) 수화승 水龍琪銓

◦ 1888년 경북 하동 雙溪寺 僧堂 阿彌陀後佛紅圖 조성(『韓國의 佛畫 25 – 雙磎寺(上)』) 金魚 수화승

◦ 1890년 경남 하동 雙溪寺 國師庵 獨聖圖 조성(『韓國의 佛畫 26 – 雙磎寺(下)』) 金魚 수화승

1890년 경남 하동 雙溪寺 獨聖圖 조성(『韓國의 佛畫 26 – 雙磎寺(下)』) 毫仙 수화승

◦ 1891년 전남 순천 松廣寺 四天王像 개채(『松廣寺誌』) 수화승

◦ 1893년 전남 장성 白羊寺 觀流庵 觀音殿 三世後佛圖 조성(『韓國의 佛畫 37 – 白羊寺·新興寺』) 수화승 證彦

1893년 전남 장성 白羊寺 極樂寶殿 神衆圖 조성(『韓國의 佛畫 37 – 白羊寺·新興寺』) 수화승 證彦

◦ 1895년 경남 진주 彌勒庵 木造菩薩坐像 중수·개금(부천 석왕사 소장, 發願文) 金魚 수화승

◦ 1897년 전남 순천 松廣寺 山神閣 山神圖 조성(『韓國의 佛畫 7 – 松廣寺(下)』)24) 金魚 수화승

◦ 1898년 大乘庵 三世後佛圖 조성(順天 仙巖寺 소장, 『韓國의 佛畫 12 – 仙巖寺』) 毘首 수화승

◦ 1900년 전남 순천 松廣寺 隱寂菴에서 地藏十王圖를 조성하여 淸眞庵에 봉안(『韓國의 佛畫 6 – 松廣寺(上)』) 金魚 수화승

◦ 1903년 경남 통영 龍華寺 釋迦牟尼後佛圖 조성(『韓國의 佛畫 25 – 雙磎寺(上)』)25) 수화승

◦ 1904년 전남 순천 松廣寺 甘露庵 釋迦牟尼後佛圖 조성(『韓國의 佛畫 6 – 松廣寺(上)』) 金魚 수화승

◦ 1907년 전남 여수 興國寺 普光殿 阿彌陀後佛圖 조성(『韓國의 佛畫 11 – 華嚴寺』) 金魚26) 수화승

◦ 연대미상 전남 순천 松廣寺 天子庵 삼세후불도 조성(『韓國의 佛畫 6 – 松廣寺(上)』) 片手 수화승27)

연대미상 대구 把溪寺 十六羅漢圖 조성(『韓國의 佛畫 22 – 桐華寺(下)』) 수화승 錦庵天如

묘운(妙雲, 妙云 : -1882-1884-) 19세기 후반에 활동한 불화승이다. 1882년에 수화승 축연과 강원 통천 용공사 십육나한을 개채하고, 1884년에 수화승 혜과엽계와 경북 예천 용문사 칠성도를 조성하였다.

◦ 1882년 강원 통천 龍貢寺 十六羅漢 改彩 新畫成 各具尊像 奉安(『楡岾寺本末寺誌(龍貢寺)』) 수화승 竺衍

○ 1884년 경북 예천 龍門寺 七星圖 조성(『韓國의 佛畵 9 - 直指寺(下)』) 수화승 慧果燁桂

묘윤(妙允 : -1856-) 19세기 중반에 활동한 불화승이다. 1856년에 수화승 금
암천여와 부산 장안사 대웅전 석가모니후불도와 명부전 지장도를, 선조암 아
미타후불홍도阿彌陀後佛紅圖와 산신도(순천 선암사 소장)를 조성하였다.

○ 1856년 부산 長安寺 大雄殿 釋迦牟尼後佛圖 조성(『韓國의 佛畵 32 - 梵魚寺』) 수화승
錦庵天如
1856년 부산 長安寺 冥府殿 地藏圖 조성(『韓國의 佛畵 32 - 梵魚寺』) 수화승 錦庵天
如
1856년 禪助庵 山神圖 조성(順天 仙巖寺 所藏, 『韓國의 佛畵 12 - 仙巖寺』) 수화승
錦庵天如
1856년 禪助庵 阿彌陀後佛紅圖 조성(順天 仙巖寺 所藏, 『韓國의 佛畵 12 - 仙巖寺』)28)
수화승 錦庵天如

묘정(妙定 : -1769-1796-) 18세기 후반에 경기도를 중심으로 활동한 불화승이
다. 1769년에 수화승 쾌윤과 경남 남해 용문사 괘불도를 조성하였다. 1794년
부터 1796년까지 화성 건립에 참여하여 1801년 작성된 『화성성역의궤華城城
役儀軌』에 양주목楊州牧 승려로 언급되어 있다.

○ 1769년 경남 남해 龍門寺 掛佛圖 조성(『韓國의 佛畵 26 - 雙磎寺(下)』) 수화승 快玧
○ 1794년-1796년 화성 건립에 화원으로 참여(1801년 작성된 『華城城役儀軌』卷4 工匠 畵
工 條) 楊州牧

묘진(妙進 : -1649-1659-) 17세기 중반에 활동한 불화승이다. 1649년에 인조
仁祖 빈전殯殿 조성소 화승畵僧으로 참여하고, 1659년에 나묵 등과 효종빈전
孝宗殯殿을 단청丹靑하였다.

○ 1649년 『仁祖殯殿都監儀軌』魂殿二房 造成所 畵僧(奎章閣 14855호, 朴廷蕙, 「儀軌를 통
해서 본 朝鮮時代의 畵員」 자료1)
○ 1659년 『孝宗殯殿都監儀軌』魂殿二房, 丹靑 畵僧(奎章閣 13528호, 朴廷蕙, 「儀軌를 통
해서 본 朝鮮時代의 畵員」 자료1)

묘총(妙摠 : -1753-) 18세기 중반에 활동한 불화승이다. 1753년에 불성사 지
장시왕도(일본 후쿠오카 복취사 소장)를 조성하였다.

○ 1753년 佛聖寺 地藏十王圖 조성(日本 福岡 福聚寺 所藏, 中野照男, 『閻羅・十王像』) 수
화승 體鵬

묘해(妙解 : -1699-) 17세기 후반에 활동한 불화승이다. 1699년에 수화승 의
균과 대구 동화사 아미타후불도를 조성하였다.

○ 1699년 대구 桐華寺 阿彌陀後佛圖 조성(『韓國의 佛畵 21 - 桐華寺(上)』) 수화승 義均

묘현(妙玄 : -1755-1758-) 18세기 중반에 활동한 불화승이다. 1755년에 순회
세자順懷世子 상시봉원上諡封園 비석소碑石所 화승으로 참여하고, 1758년에
수화승 각총과 경기 여주 신륵사 극락보전 삼장도를 조성하였다.

○ 1755년 『順懷世子上諡封園都監儀軌』碑石所 畵僧(奎章閣 13493호, 朴廷蕙, 「儀軌를 통
해서 본 朝鮮時代의 畵員」 자료1)
○ 1758년 경기 여주 신륵사 極樂寶殿 三藏圖 조성(『韓國의 佛畵 28 - 龍珠寺(上)』) 수화승
覺聰

묘협(妙冾 : -1884-1888-) 화암당(華菴堂) 19세기 후반에 활동한 불화승이다. 1884년에 수화승 축연과 서울 진관사 영산전 제석도(사자·장군)를, 1885년에 수화승 만파정익과 경기 남양주 내원암 괘불도를, 1887년에 수화승 금곡영환과 서울 미타사 대웅전 극락전 아미타후불도를, 1888년에 금곡영환과 경기 안성 칠장사 명부전 지장도를 조성하였다.

- 1884년 서울 津寬寺 靈山殿 帝釋圖(使者, 將軍) 조성(『韓國의 佛畵 35 - 曹溪寺(中)』) 金魚 수화승 竺衍
- 1885년 경기 남양주 內院庵 掛佛圖 조성(畵記, 『韓國의 佛畵 33 - 奉先寺』) 수화승 萬波定翼
- 1887년 서울 彌陀寺 大雄殿 極樂殿 阿彌陀後佛圖 조성(『韓國의 佛畵 34 - 曹溪寺(上)』) 수화승 金谷永煥
  1887년 서울 彌陀寺 極樂殿 神衆圖 조성(『서울전통사찰불화』와 『韓國佛畵畵記集』 및 『韓國의 佛畵 35 - 曹溪寺(中)』)[29] 수화승 金谷永煥
- 1888년 경기 안성 七長寺 冥府殿 地藏圖 조성(『韓國의 佛畵 28 - 龍珠寺(上)』) 수화승 金谷永煥
  ※ 묘협은 묘흡과 관련 있을 것으로 보인다.

묘혜(妙慧 : -1868-) 19세기 중반에 활동한 불화승이다. 1868년에 수화승 원명긍우와 강원 고성 화엄사 미타암 칠성도(고성 화암사 소장)를 조성하였다.

- 1868년 강원 고성 華嚴寺 彌陀菴 七星圖 조성(高城 禾巖寺 所藏, 『한국의 사찰문화재-강원도』와 『韓國의 佛畵 37 - 新興寺』) 수화승 圓明亘祐

묘화(妙華 : -1858-1896-)* 덕산당(德山堂) 19세기 후반에 활동한 불화승이다. 1858년에 수화승 해연성념과 전북 완주 화암사 의상암 신중도를, 수화승 해운익찬과 1860년에 전남 구례 화엄사 각황전 삼세불도와 1862년에 화엄사 명부전 지장도를, 1888년에 수화승 혜산축연과 강원 평창 상원사 십육나한도를 그렸다. 1896년에 수화승으로 대구 동구 동화사 사천왕도를 조성하고, 목조석가삼세불좌상을 개금하였다. 1901년에 수화승 영명천기와 서울 지장사 괘불도를 조성하였다.

- 1858년 전북 완주 花巖寺 義相菴 神衆圖 조성(『韓國의 佛畵 13 - 金山寺』) 수화승 海演聖念
- 1860년 전남 구례 華嚴寺 覺皇殿 三世佛圖(藥師佛) 조성(『韓國의 佛畵 11 - 華嚴寺』)[30] 수화승 海雲益讚
- 1862년 전남 구례 華嚴寺 冥府殿 地藏圖 조성(『韓國의 佛畵 11 - 華嚴寺』) 수화승 海雲益讚
- 1888년 강원 평창 上院寺 十六羅漢圖 조성(『韓國의 佛畵 10 - 月精寺』) 수화승 蕙山竺衍
- 1896년 대구 동화사 四天王圖(持國天王) 조성(『韓國의 佛畵 21 - 桐華寺(上)』) 金魚 수화승
  1896년 대구 동화사 木造釋迦三世佛坐像 제작(『한국의 사찰문화재 - 대구·경북 I 자료집』) 金魚 수화승
- 1901년 서울 地藏寺 掛佛圖 조성(『韓國의 佛畵 35 - 曹溪寺(中)』)[31] 수화승 永明天機

묘흡(妙洽, 竗洽 : -1881-1887-)* 19세기 후반에 활동한 불화승이다. 1881년에 수화승 대허체훈과 인천 강화 청련사 삼장보살도를, 1884년에 수화승 기

형과 경북 예천 용문사 시왕도(1·3·5대왕)와 신중도를, 수화승 혜과엽계와
칠성도를, 1887년에 수화승으로 경기 수원 청련암 칠성도를 조성하였다.

> ▫ 1881년 인천 강화 靑蓮寺 三藏菩薩圖 조성(『畿內寺院誌』와 『韓國佛畵畵記集』 및 『韓國
> 의 佛畵 34 – 曹溪寺(上)』)32) 수화승 大虛軆訓
> ▫ 1884년 경북 예천 龍門寺 十王圖(1·3·5大王) 조성(『韓國의 佛畵 9 – 直指寺(下)』)33) 수
> 화승 錦華機炯
> 1884년 경북 예천 龍門寺 神衆圖 조성(『韓國의 佛畵 8 – 直指寺(上)』) 수화승 錦華機炯
> 1884년 경북 예천 龍門寺 七星圖 조성(『韓國의 佛畵 9 – 直指寺(下)』) 수화승 慧果燁桂
> ▫ 1887년 경기 수원 靑蓮庵 七星圖 조성(『韓國의 佛畵 29 – 龍珠寺(下)』) 金魚 片手 수화승
> ※ 묘흡은 묘협과 관련이 있을 것으로 추정된다.

묘흥(妙興 : -1858-) 경암당(慶菴堂) 19세기 후반에 활동한 불화승이다. 1858
년에 수화승 해연성념과 전북 완주 화암사 의상암 십육성중도와 신중도를
조성하였다.

> ▫ 1858년 전북 완주 花巖寺 義相菴 十六聖衆圖 조성(『韓國의 佛畵 13 – 金山寺』)34) 수화
> 승 海演聖念
> 1858년 전북 완주 花巖寺 義相菴 神衆圖 조성(『韓國의 佛畵 13 – 金山寺』) 수화승
> 海演聖念

묘희(妙熙 : -1759-) 18세기 중반에 활동한 불화승이다. 1759년에 수화승 오
관과 강원 원주 鵠鶹寺 비로자나후불도(평창 월정사 소장)를 조성하였다.

> ▫ 1759년 강원 원주 稚岳山 鵠鶹寺 毘盧遮那後佛圖 조성(平昌 月精寺 所藏, 『韓國의 佛畵
> 10 – 月精寺』) 수화승 悟寬

무경당(無鏡) 관주(觀周) 참조

문석(文石 : -1909-) 20세기 전반에 활동한 불화승이다. 1909년에 수화원 학
권과 대구 동화사 승당 아미타후불도를 조성하였다.

> ▫ 1909년 대구 桐華寺 僧堂 阿彌陀後佛圖 조성(『韓國의 佛畵 21 – 桐華寺(上)』) 수화원 處
> 士 鶴權

문선(文仙, 文善 : -1901-) 20세기 전반에 활동한 불화승이다. 1901년에 수화
승 석옹철유와 전남 해남 대흥사 석가모니후불도와 대웅전 삼세후불도(석가
모니불), 산신각 독성도를 조성하였다.

> ▫ 1901년 전남 해남 大興寺 釋迦牟尼後佛圖 조성(『韓國의 佛畵 31 – 大興寺』) 수화승 石翁
> 喆侑
> 1901년 전남 해남 大芚寺 三世後佛圖(釋迦牟尼佛) 조성(『韓國의 佛畵 31 – 大興寺』)
> 수화승 石翁喆侑
> 1901년 전남 해남 大興寺 山神閣 獨聖圖 조성(『全南의 寺刹』과 『韓國의 佛畵 31 –
> 大興寺』) 수화승 石翁喆侑

문성 1(文晟 : -1753-1757-) 18세기 중반에 경기도를 중심으로 활동한 불화승
이다. 1753년에 북한승北漢僧으로 숙빈淑嬪 상시봉원上諡封園 조성소 화승畵
僧으로, 1757년에 문성文晟, 윤행允幸 등과 인원왕후仁元王后 산릉山陵과 정성
왕후貞聖王后 홍릉弘陵 조성소 화승畵僧으로 참여하였다.

> ▫ 1753년 『淑嬪上諡封園都監儀軌』(北漢僧) 造成所 畵僧(奎章閣 14925호, 朴廷蕙, 「儀軌

를 통해서 본 朝鮮時代의 畵員」자료1)
- 1757년 『仁元王后山陵都監儀軌』造成所 畵僧(奎章閣 13560호, 朴廷蕙, 「儀軌를 통해서 본 朝鮮時代의 畵員」자료1)
1757년 『貞聖王后弘陵山陵都監儀軌』造成所 畵僧(奎章閣 13591호, 朴廷蕙, 「儀軌를 통해서 본 朝鮮時代의 畵員」자료1)

문성 2(文性, 文成 : -1882-1939-)* 보응당(普應堂), 속성 김金씨. 19세기 후반부터 20세기 전반에 활동한 불화승이다. 1891년에 수화승 봉의와 경남 산청 정취암 칠성도를, 수화승 서암전기와 1892년에 경남 합천 해인사 괘불도와 대적광전 팔상도(유성출가상, 쌍림열반상), 경북 고령 관음사 칠성도, 수화승으로 대둔산 석천사 아미타극락회상도(경희대학교 박물관 소장)를, 수화승 금호약효와 1893년에 서울 지장사 대웅전 지장보살도와 감로도, 전북 진안 천황사 대웅전 삼세후불도를, 1895년에 충남 공주 갑사 대자암 십육성중도와 대성암 신중도를, 1897년에 수화승 연파화인과 전남 구례 천은사 도계암 신중도와 수화승으로 독성도 및 산신도를, 수화승 연호봉의와 경남 남해 용문사 대웅전 석가모니후불도, 삼장도, 신중도 등을, 1898년에 수화승 약효와 천장암 지장도와 현왕도(서산 천장사 소장), 수화승 정연과 충남 공주 동학사 약사여래후불도, 아미타후불도, 신중도, 현왕도를, 수화승 탄형과 전북 남원 영원암 산신도를, 1900년에 수화승 향호묘영과 전남 순천 송광사 은적암에서 지장시왕도를 조성하여 청진암에 봉안하고, 수화승으로 순천 송광사 신중도(조계산 송광사 은적암 조성)를, 1901년에 수화승으로 전북 남원 실상사 백장암 신중도, 전북 고창 선운사 아미타후불도와 팔상전 팔상도(사문유관상) 등을, 1903년에 전남 나주 다보사 영산회상도를, 1905년에 수화승 금호약효와 충남 공주 마곡사 대응보전 삼세불도(석가모니불)와 수화승으로 삼세불도(약사불), 수화승 금호약효와 충남 공주 갑사 대웅전 삼장도, 수화승으로 부산 범어사 팔상전과 나한전 영산회상도 등을 수화승 금호약효와 괘불도를, 1907년에 수화승 금호약효와 전북 무주 원통사 원통보전 칠성도, 충남 공주 갑사 대적전 삼세후불도, 충남 금산 신안사 석가모니후불도를, 수화승으로 충남 공주 신원사 대웅전 석가모니후불도, 신중도, 칠성도를, 수화승 금호약효와 충북 영동 영국사 석가모니후불도, 칠성도, 산신도, 독성도를, 1909년에 수화승으로 경남 합천 해인사 백련암 독성도를, 1910년에 수화승 융파법융과 공주 갑사 팔상전 석가모니후불도를, 수화승 금호약효와 1911년에 청양 정혜사 칠성도와 1912년에 공주 마곡사 영은암 신중도를, 수화승으로 1917년에 충북 보은 법주사 대웅보전 비로자나후불도와 1919년에 충남 청양 정혜사 남암 아미타후불도 및 현왕도(공주 마곡사 소장)를, 1923년에 수화승 호은정연과 충남 논산 쌍계사 대웅전 삼세불도와 신중도를, 1924년에 수화승 대우봉민과 대구 동화사 괘불도, 수화승 보응문성과 경남 합천 해인사 약수암 지장도, 수화승으로 칠성도와 조왕도를, 수화승으로 1929년에 경남 통영 용화사 대웅전 석가모니후불도, 신중도, 독성도를, 1930년에 서울 개운사 대웅전 아미타후불도, 경남 밀양 표충사 관음전 천수천안도千手千眼圖, 공주 갑사 대성암 석가모니후불도를, 1932년에 경남 진주 호국사 괘불도를, 1933년에 충남 예산 수덕사 조인정사 아미타후불도를, 1939년에 서울 흥천사 감로왕도를, 1943년에 예산 정혜사 관음전 노사나불도를 조성하였다.

◦ 1891년 경남 산청 淨趣庵 七星圖 조성(『韓國의 佛畵 5 – 海印寺(下)』) 證明 수화승 奉議
◦ 1892년 경남 합천 海印寺 掛佛圖 조성(『韓國의 佛畵 5 – 海印寺(下)』) 수화승 瑞庵典琪
  1892년 경남 합천 海印寺 大寂光殿 八相圖(踰城出家相) 조성(『韓國의 佛畵 5 – 海印寺(下)』) 수화승 瑞巖典琪
  1892년 경남 합천 海印寺 大寂光殿 八相圖(雙林涅槃相) 조성(『韓國의 佛畵 5 – 海印寺(下)』) 左片丈 수화승 瑞庵典琪
  1892년 경북 고령 觀音寺 七星圖 조성(『韓國의 佛畵 22 – 桐華寺(下)』) 수화승 捿庵典琪
◦ 1893년 大芚山 石泉寺 阿彌陀極樂會上圖 조성(慶熙大學校 博物館 所藏, 유마리, 「朝鮮朝 阿彌陀佛畵의 硏究」와 『韓國佛畵畵記集』) 金魚 片手 수화승
  1893년 서울 地藏寺 大雄殿 地藏菩薩圖 조성(『서울전통사찰불화』와 『韓國佛畵畵記集』 및 『韓國의 佛畵 34 – 曹溪寺(上)』) 수화승 錦湖若效
  1893년 서울 地藏寺 大雄殿 甘露王圖 조성(『서울전통사찰불화』와 『韓國佛畵畵記集』) 沙彌 수화승 錦湖若效
  1893년 전북 진안 天皇寺 大雄殿 三世後佛圖 조성(『韓國의 佛畵 13 – 金山寺』) 出草 수화승 錦湖若效
◦ 1895년 충남 공주 甲寺 大慈庵 十六聖衆圖 조성(『韓國의 佛畵 15 – 麻谷寺(上)』) 수화승 錦湖若效
  1895년 충남 공주 甲寺 大聖庵 神衆圖 조성(『韓國의 佛畵 15 – 麻谷寺(上)』) 수화승 錦湖若效
◦ 1897년 전남 구례 泉隱寺 道界庵 神衆圖 조성(『韓國의 佛畵 11 – 華嚴寺』) 수화승 蓮波華印
  1897년 전남 구례 華嚴寺 圓通殿 獨聖圖 조성(『韓國의 佛畵 11 – 華嚴寺』) 金魚 出草 수화승
  1897년 전남 구례 華嚴寺 圓通殿 山神圖 조성(『韓國의 佛畵 11 –華嚴寺』) 金魚 出草 수화승
  1897년 경남 남해 龍門寺 大雄殿 釋迦牟尼後佛圖 조성(『韓國의 佛畵 25 – 雙磎寺(上)』) 出草 수화승 蓮湖奉宜
  1897년 경남 남해 龍門寺 大雄殿 三藏圖 조성(『韓國의 佛畵 25 – 雙磎寺(上)』) 出草 수화승 蓮湖奉宜
  1897년 경남 남해 龍門寺 大雄殿 神衆圖 조성(『韓國의 佛畵 25 – 雙磎寺(上)』) 수화승 蓮湖奉宜
  1897년 경남 남해 龍門寺 獨聖圖 조성(『韓國의 佛畵 26 – 雙磎寺(下)』) 出草 수화승 蓮湖奉宜
◦ 1898년 天藏菴 地藏圖 조성(瑞山 天藏寺 所藏, 『韓國의 佛畵 27 – 修德寺』) 수화승 若孝
  1898년 天藏菴 現王圖 조성(瑞山 天藏寺 所藏, 『韓國의 佛畵 27 – 修德寺』) 수화승 若孝
  1898년 충남 공주 東鶴寺 藥師如來後佛圖 조성(『韓國의 佛畵 15 – 麻谷寺(上)』) 片手 수화승 定鍊
  1898년 충남 공주 東鶴寺 阿彌陀後佛圖 조성(『韓國의 佛畵 15 – 麻谷寺(上)』) 片手 수화승 定鍊
  1898년 충남 공주 東鶴寺 神衆圖 조성(『韓國의 佛畵 15 –麻谷寺(上)』) 片手 수화승 定鍊
  1898년 충남 공주 東鶴寺 現王圖 조성(『韓國의 佛畵 16 – 麻谷寺(下)』) 수화승 定鍊[35]

1898년 전북 남원 靈源庵 山神圖 조성(『韓國의 佛畫 13 – 金山寺』) 수화승 坦炯
◦1900년 전남 순천 松廣寺 隱寂菴에서 地藏十王圖를 조성하여 淸眞庵에 봉안(『韓國의
佛畫 6 – 松廣寺(上)』) 수화승 香湖玅英
　1900년 전남 순천 松廣寺 神衆圖 조성(曹溪山 松廣寺 隱寂庵 造成, 崔淳雨·鄭良謨,
『韓國의 佛敎繪畫 – 松廣寺』와『韓國佛畫畫記集』) 金魚
◦1901년 전북 남원 實相寺 百丈庵 神衆圖 조성(『韓國의 佛畫 13 – 金山寺』) 金魚 수화승
　1901년 전북 고창 禪雲寺 阿彌陀後佛圖 조성(『韓國의 佛畫 14 – 禪雲寺』) 片手 수화승
　1901년 전북 고창 禪雲寺 八相殿 八相圖(四門遊觀相) 조성(『韓國의 佛畫 14 – 禪雲寺』)
片手 수화승
　1901년 전북 고창 禪雲寺 八相殿 八相圖(踰城出家相) 조성(『韓國의 佛畫 14 – 禪雲寺』)
片手 수화승 普應文性
　1901년 전남 순천 香林寺 山神圖 조성(『韓國佛畫畫記集』)[36] 수화승
◦1903년 전남 나주 多寶寺 靈山會上圖 조성(『羅州市의 文化遺蹟』) 片手 수화승
◦1905년 충남 공주 麻谷寺 大雄寶殿 三世佛圖(釋迦牟尼佛) 조성(『韓國의 佛畫 15 –麻谷
寺(上)』) 수화승 錦湖若效
　1905년 충남 공주 麻谷寺 大雄寶殿 三世佛圖(藥師佛) 조성(『韓國의 佛畫 15 – 麻谷寺
(上)』) 金魚 수화승
　1905년 충남 공주 甲寺 大雄殿 三藏圖 조성(『韓國의 佛畫 15 – 麻谷寺(上)』)[37] 片手
수화승 錦湖若效
　1905년 부산 梵魚寺 捌相殿 靈山會上圖 조성(『梵魚寺聖寶博物館 名品圖錄』과『韓國
의 佛畫 32 – 梵魚寺』)[38] 片手 수화승
　1905년 부산 梵魚寺 羅漢殿 靈山會上圖 조성(『梵魚寺聖寶博物館 名品圖錄』과『韓國
의 佛畫 32 – 梵魚寺』) 出草 수화승
　1905년 부산 梵魚寺 羅漢殿 羅漢圖 조성(『梵魚寺聖寶博物館 名品圖錄』과『韓國의 佛
畫 32 – 梵魚寺』) 片手 수화승
　1905년 부산 梵魚寺 掛佛圖 조성(『梵魚寺聖寶博物館 名品圖錄』과『韓國의 佛畫 32
– 梵魚寺』) 都片平[39]수화승 錦湖若效
◦1907년 전북 무주 圓通寺 圓通寶殿 七星圖 조성(『韓國의 佛畫 13 – 金山寺』) 片手 수화
승 錦湖若效
　1907년 충남 공주 甲寺 大寂殿 三世後佛圖 조성(『韓國의 佛畫 15 – 麻谷寺(上)』) 수화
승 錦湖若效
　1907년 충남 금산 身安寺 釋迦牟尼後佛圖 조성(『韓國의 佛畫 15 – 麻谷寺(上)』) 片手
兼 出草 수화승 錦湖若效
　1907년 충남 공주 新元寺 大雄殿 釋迦牟尼後佛圖 조성(『韓國의 佛畫 15 – 麻谷寺(上)』)
片手 수화승
　1907년 충남 공주 新元寺 大雄殿 神衆圖 조성(『韓國의 佛畫 15 – 麻谷寺(上)』) 片手
수화승
　1907년 충남 공주 新元寺 七星圖 조성(『韓國의 佛畫 16 – 麻谷寺(下)』) 片手 수화승
　1907년 충북 영동 寧國寺 釋迦牟尼後佛圖 조성(『韓國의 佛畫 17 – 法住寺』) 片手 수
화승 錦湖若效
　1907년 충북 영동 寧國寺 七星圖 조성(『韓國의 佛畫 17 – 法住寺』) 수화승 錦湖若效
　1907년 충북 영동 寧國寺 山神圖 조성(『韓國의 佛畫 17 – 法住寺』) 片手 수화승 錦湖
若效
　1907년 충북 영동 寧國寺 獨聖圖(『韓國佛畫畫記集』) 片手 수화승 錦湖若效
◦1909년 경남 합천 海印寺 白蓮庵 獨聖圖 조성(『韓國의 佛畫 5 – 海印寺(下)』) 金魚 수화승
◦1910년 충남 공주 甲寺 八相殿 釋迦牟尼後佛圖 조성(『韓國의 佛畫15 – 麻谷寺(上)』) 수
화승 隆坡法融
◦1911년 충남 청양 定慧寺 七星圖 조성(『韓國의 佛畫 16 – 麻谷寺(下)』) 수화승 錦湖若效
◦1912년 충남 공주 麻谷寺 灵隱庵 神衆圖 조성(『韓國의 佛畫 15 – 麻谷寺(上)』) 片手 수화승
◦1917년 충북 보은 法住寺 大雄寶殿 毗盧遮那後佛圖 조성(『韓國의 佛畫 17 – 法住寺』) 金
魚 수화승

◦ 1919년 충남 청양 定慧寺 南庵 阿彌陀後佛圖 조성(公州 麻谷寺 所藏,『韓國의 佛畵 15
– 麻谷寺(上)』) 金魚 수화승

1919년 충남 청양 定慧寺 南庵 現王圖 조성(『韓國의 佛畵 16 – 麻谷寺(下)』) 金魚 수화승
◦ 1923년 충남 논산 雙溪寺 大雄殿 三世佛圖(釋迦牟尼佛) 조성(『韓國의 佛畵 15 – 麻谷寺
(上)』) 수화승 湖隱定淵

1923년 충남 논산 雙溪寺 大雄殿 三世佛圖(藥師佛) 조성(『韓國의 佛畵 15 – 麻谷寺
(上)』) 수화승 湖隱定淵

1923년 충남 논산 雙溪寺 大雄殿 三世佛圖(阿彌陀佛) 조성(『韓國의 佛畵 15 – 麻谷寺
(上)』) 수화승 湖隱定淵

1923년 충남 논산 雙溪寺 大雄殿 神衆圖 조성(『韓國의 佛畵 15 – 麻谷寺(上)』) 수화승
湖隱定淵

1923년 서울 蓮花寺 山神圖 조성(『韓國의 佛畵 36 – 曹溪寺(下)』) 證明
◦ 1924년 대구 桐華寺 掛佛圖 조성(『韓國의 佛畵 22 – 桐華寺(下)』) 수화승 大愚奉珉
◦ 1925년 경남 합천 海印寺 藥水庵 地藏圖 조성(『韓國의 佛畵 4 – 海印寺(上)』) 수화승
普應文性

1925년 경남 합천 海印寺 七星圖 조성(『韓國의 佛畵 5 – 海印寺(下)』) 金魚 出艸 수
화승

1925년 경남 합천 海印寺 藥水庵 竈王圖 조성(『韓國의 佛畵 5 – 海印寺(下)』) 金魚
出艸 수화승
◦ 1929년 경남 통영 龍華寺 大雄殿 釋迦牟尼後佛圖 조성(『韓國의 佛畵 25 – 雙磎寺(上)』)
金魚 片手 수화승

1929년 경남 통영 龍華寺 大雄殿 神衆圖 조성(『韓國의 佛畵 25 – 雙磎寺(上)』) 金魚
수화승

1929년 경남 통영 龍華寺 獨聖圖 조성(『韓國의 佛畵 26 – 雙磎寺(下)』) 金魚 片手 수
화승
◦ 1930년 서울 開運寺 大雄殿 阿彌陀後佛圖 조성(『韓國의 佛畵 34 – 曹溪寺(上)』) 金魚
수화승

1930년 경남 밀양 表忠寺 觀音殿 千手千眼圖 조성(『韓國의 佛畵 3 – 通度寺(下)』) 金
魚 수화승

1930년 충남 공주 甲寺 大聖庵 釋迦牟尼後佛圖 조성(『韓國의 佛畵 15 – 麻谷寺(上)』)
金魚 수화승
◦ 1932년 경남 진주 護國寺 掛佛圖 조성(『韓國의 佛畵 5 海印寺篇(下)』) 金魚 수화승
◦ 1933년 충남 예산 修德寺 祖印精舍 阿彌陀後佛圖 조성(『韓國의 佛畵 27 – 修德寺』) 金
魚 수화승
◦ 1939년 서울 興天寺 甘露王圖 조성(『韓國佛畵畵記集』) 畵師 片手 수화승
◦ 1943년 충남 예산 定慧寺 觀音殿 盧舍那佛圖 조성(『韓國의 佛畵 27 – 修德寺』) 金魚 수
화승
◦ 연대미상[40] 石泉庵 神衆圖 조성(東國大學校 所藏,『韓國의 佛畵 18 – 大學博物館(Ⅰ)』)
金魚 片手 수화승

연대미상 七星圖 조성(東國大學校 所藏,『韓國의 佛畵 18 – 大學博物館(Ⅰ)』)[41] 金魚
片手 수화승

문옥(文玉 : -1789-1791-) 18세기 후반에 활동한 불화승이다. 1789년에 장조
莊祖 현릉원顯隆園 조성소 화승畵僧으로 참여하고, 1791년에 수화승 연홍과
경기 화성 장의사 지장도(화성 만의사 소장)를 조성하였다.

◦ 1789년『莊祖顯隆園園所都監儀軌』造成所 畵僧(奎章閣 13627호, 朴廷蕙,「儀軌를 통해
서 본 朝鮮時代의 畵員」자료1)
◦ 1791년 경기 화성 莊儀寺 地藏圖 조성(華城 萬儀寺 所藏,『韓國의 佛畵 28 – 龍珠寺(上)』)
片手 수화승 演泓

문우(文宇 : -1870-1879-) 충운당(忠雲堂) 19세기 후반에 활동한 불화승이다. 1870년에 수화승 월허준언과 전남 곡성 도림사 신덕암 아미타후불도와 지장시왕도(순천 선암사 소장)를, 1879년에 수화승 춘담봉은과 원적암 지장시왕도(무안 원갑사 소장)를 조성하였다.

> ◦ 1870년 전남 곡성 道林寺 神德庵 阿彌陀後佛圖 조성(『韓國의 佛畵 11 – 華嚴寺』) 수화승 月虛俊彦
> 1870년 전남 곡성 道林寺 神德庵 地藏十王圖 조성(順天 仙巖寺 所藏,『谷城郡의 佛敎遺蹟』) 수화승 月虛俊彦
> ◦ 1879년 圓寂菴 地藏十王圖 조성(務安 圓甲寺 所藏,『韓國의 佛畵 31 – 大興寺』) 수화승 春潭奉恩

문주(文注 : -1881-1885-) 19세기 후반에 활동한 불화승이다. 1881년에 수화승 관허의관과 경남 합천 해인사 관음전 아미타후불도와 경남 거창 심우사 신중도를, 1885년에 수화승 수룡기전과 경남 합천 해인사 대적광전 삼신도(비로자나불)를 조성하였다.

> ◦ 1881년 경남 합천 海印寺 觀音殿 阿彌陀後佛圖 조성(『韓國의 佛畵 4 – 海印寺(上)』) 수화승 冠虛宜官
> 1881년 경남 거창 尋牛寺 神衆圖 조성(『韓國의 佛畵 4 – 海印寺(上)』) 수화승 冠虛宜官
> ◦ 1885년 경남 합천 海印寺 大寂光殿 三身圖(毘盧遮那佛) 조성(『韓國의 佛畵 4 – 海印寺(上)』) 수화승 水龍琪銓

문준(文準 : -1860-) 19세기 중반에 활동한 불화승이다. 수화승 해운익찬과 1860년에 전남 구례 화엄사 각황전 삼세불도(약사불)와 경남 하동 쌍계사 명부전 지장도를 조성하였다.

> ◦ 1860년 전남 구례 華嚴寺 覺皇殿 三世佛圖(藥師佛) 조성(『韓國의 佛畵 11 – 華嚴寺』)[42] 수화승 海雲益讚
> 1860년 경남 하동 雙磎寺 冥府殿 地藏圖 조성(『韓國의 佛畵 25 – 雙磎寺(上)』) 수화승 海雲益讚

문찬(文贊 : -1844-) 19세기 중반에 활동한 불화승이다. 1844년에 수화승 태원과 전남 여수 흥국사 오십전五十殿 산신도를 조성하였다.

> ◦ 1844년 전남 여수 興國寺 五十殿 山神圖 조성(『韓國의 佛畵 11 – 華嚴寺』) 수화승 太原

문화(門和, 紋華, 文華 : -1869-1874-) 19세기 후반에 활동한 불화승이다. 1869년에 수화승 취선과 비로암 비로자나후불홍도毘盧遮那後佛紅圖(순천 선암사 소장)와 지장시왕도(순천 송광사 소장)를, 1870년에 수화승 금암천여와 전남 해남 대흥사 청신암 아미타후불도와 경남 남해 용문사 괘불도를 개조改造하고, 아미타후불홍도阿彌陀後佛紅圖를 그렸다. 1873년에 수화승 금암천여와 지장도(국립중앙박물관 소장)를, 1874년에 수화승 운파취선과 전남 순천 향림사 지장시왕도와 신중도를, 수화승 경선과 운대암 지장도(하동 쌍계사 소장)를 조성하였다.

> ◦ 1869년 전남 순천 仙巖寺 毘盧庵 毘盧遮那後佛紅圖 조성(順天 仙巖寺 所藏,『韓國의 佛

畵 12 – 仙巖寺』) 수화승 就善
1869년 전남 순천 仙巖寺 毘盧庵 地藏十王圖 조성(順天 松廣寺 所藏, 『韓國의 佛畵 – 松廣寺(上)』) 수화승 就善
◦1870년 전남 해남 大興寺 無量殿 阿彌陀後佛圖 조성(『韓國의 佛畵 31 – 大興寺』) 수화승 天如
1870년 전남 해남 大興寺 淸神庵 阿彌陀後佛圖 조성(『全南의 寺刹』) 수화승 天如
1870년 경남 남해 龍門寺 掛佛圖 改造(『韓國의 佛畵 26 – 雙磎寺(下)』) 수화승 錦岩天如
1870년 경남 남해 龍門寺 阿彌陀後佛紅圖 조성(『韓國의 佛畵 25 – 雙磎寺(上)』) 수화승 錦巖天如
◦1873년 地藏圖 조성(國立中央博物館 所藏, 『韓國의 佛畵 39 – 國·公立博物館』) 수화승 錦庵天如
◦1874년 전남 순천 香林寺 地藏十王圖 조성(金玲珠, 『朝鮮時代佛畵研究』와 『韓國佛畵畵記集』)43) 수화승 雲波就善
1874년 전남 순천 香林寺 神衆圖 조성(金玲珠, 『朝鮮時代佛畵研究』와 『韓國佛畵畵記集』) 수화승 雲波就善
1874년 雲臺菴 地藏圖 조성(河東 雙磎寺 所藏, 『韓國의 佛畵 25 – 雙磎寺(上)』) 수화승 敬善44)

문형(文烱 : -1896-1898-)* 19세기 후반에 활동한 불화승이다. 1896년에 수화승 완해용준과 전북 완주 위봉사 보광명전 신중도를, 수화승 정연과 천장암 신중도(서산 천장사 소장)와 충남 당진 영탑사 신중도를 그렸다. 1897년에 수화승 연파화인과 전남 구례 천은사 도계암 신중도를, 수화승으로 전남 구례 화엄사 원통전 칠성도를, 수화승 문성과 화엄사 원통전 독성도와 산신도를, 수화승 연호봉의와 경남 남해 용문사 대웅전 석가모니후불도와 삼장도 및 산왕도를, 1898년에 수화승으로 전남 순천 송광사 청진암 산신도를 조성하였다.

◦1896년 전북 완주 威鳳寺 普光明殿 神衆圖 조성(『韓國의 佛畵 13 – 金山寺』) 수화승 玩海龍俊
1896년 天藏菴 神衆圖 조성(瑞山 天藏寺 所藏, 『韓國의 佛畵 27 – 修德寺』) 수화승 定鍊
1896년 충남 당진 靈塔寺 神衆圖 조성(『韓國의 佛畵 27 – 修德寺』) 수화승 定鍊
◦1897년 전남 구례 泉隱寺 道界庵 神衆圖 조성(『韓國의 佛畵 11 – 華嚴寺』) 片手 수화승 蓮波華印
1897년 전남 구례 華嚴寺 圓通殿 七星圖 조성(『韓國의 佛畵 11 – 華嚴寺』) 金魚 片手 수화승
1897년 전남 구례 華嚴寺 圓通殿 獨聖圖 조성(『韓國의 佛畵 11 – 華嚴寺』) 片手 수화승 文性
1897년 전남 구례 華嚴寺 圓通殿 山神圖 조성(『韓國의 佛畵 11 –華嚴寺』) 片手 수화승 文性
1897년 경남 남해 龍門寺 大雄殿 釋迦牟尼後佛圖 조성(『韓國의 佛畵 25 – 雙磎寺(上)』) 수화승 蓮湖奉宜
1897년 경남 남해 龍門寺 大雄殿 神衆圖 조성(『韓國의 佛畵 25 – 雙磎寺(上)』) 出草 수화승 蓮湖奉宜
1897년 경남 남해 龍門寺 山王圖 조성(『韓國의 佛畵 26 – 雙磎寺(下)』) 出草 수화승 蓮湖奉宜
◦1898년 전남 순천 松廣寺 淸眞庵 山神圖 조성(『韓國의 佛畵 7 – 松廣寺(下)』) 金魚 片手 수화승

민경(敏敬 : -1661-) 17세기 후반에 활동한 불화승이다. 1661년에 수화승 만희와 프랑스 기메미술관 소장 감로왕도를 조성하였다.

  ◦ 1661년 프랑스 기메미술관 소장 甘露王圖 조성(『韓國佛畫畫記集』) 수화승 萬喜

민관 1(敏瓘, 敏寬, 旻官, 旻寬 : -1786-1806-)* 18세기 후반에 경기도 양주를 중심으로 활동한 불화승이다. 1786년 문효세자文孝世子 묘소墓所 조성소 화승畫僧으로 참여한 후, 1790년에 수화승으로 경기 화성 용주사 대웅보전 삼장도를 그리고 대웅전을 단청하였다. 1794년부터 1796년까지 화성 건립에 참여하여 1801년 작성된 『화성성역의궤華城城役儀軌』에 양주목楊州牧 승려로 언급되어 있다. 1806년에 수화승으로 서울 원통사 괘불도를 조성하였다.

  ◦ 1786년 『文孝世子墓所都監儀軌』造成所 畫僧(奎章閣 13925호, 朴廷蕙, 「儀軌를 통해서 본 朝鮮時代의 畫員」 자료1)
  ◦ 1790년 경기 화성 龍珠寺 大雄寶殿 三藏圖 조성(『韓國의 佛畫 28 – 龍珠寺(上)』과 「本寺諸般書畫造作等諸人芳啣」) 畫師 수화승
    1790년 경기 화성 龍珠寺 大雄殿 丹靑(「本寺諸般書畫造作等諸人芳啣」) 都片手 嘉善 수화승
  ◦ 1794년-1796년 화성 건립에 화원으로 참여(1801년 작성된 『華城城役儀軌』 卷4 工匠 畫工 條) 楊州牧
  ◦ 1806년 서울 圓通寺 掛佛圖 조성(『韓國의 佛畫 35 – 曹溪寺(中)』) 金魚 수화승

민관 2(敏瓘 : -1868-1871-) 19세기 후반에 활동한 불화승이다. 1868년에 수화승 금암천여와 경남 하동 쌍계사 지장도와 경남 양산 통도사 안적암 아미타후불홍도阿彌陀後佛紅圖를, 1869년에 수화승 원선과 부산 범어사 사천왕도를, 1870년에 수화승 금암천여와 경남 남해 용문사 괘불도를 개조改造하고, 1871년에 수화승 덕운영운과 경북 청도 운문사 비로전 신중도와 청도 적천사 백련암 아미타후불도를 조성하였다.

  ◦ 1868년 경남 하동 雙磎寺 地藏圖 조성(『韓國의 佛畫 25 – 雙磎寺(上)』) 수화승 錦庵天如
    1868년 경남 양산 通度寺 安寂庵 阿彌陀後佛紅圖 조성(『韓國의 佛畫 3 – 通度寺(下)』) 수화승 錦庵天如
  ◦ 1869년 부산 梵魚寺 四天王圖 조성(『梵魚寺聖寶博物館 名品圖錄』과 『韓國의 佛畫 32 – 梵魚寺』) 수화승 元善
  ◦ 1870년 경남 남해 龍門寺 掛佛圖 改造(『韓國의 佛畫 26 – 雙磎寺(下)』) 수화승 錦岩天如
  ◦ 1871년 경북 청도 雲門寺 毘盧殿 神衆圖 조성(『韓國의 佛畫 21 – 桐華寺(上)』)[45] 수화승 德雲永芸
    1871년 경북 청도 磧川寺 白蓮庵 阿彌陀後佛圖 조성(『韓國의 佛畫 21 – 桐華寺(上)』) 수화승 德雲永芸

민관, 삼장보살도, 1790년, 용주사 대웅전

민관, 삼장보살도, 1790년, 용주사 대웅전

민관, 삼장보살도, 1790년, 용주사 대웅전

민관, 삼장보살도, 1790년, 용주사 대웅전

민관, 삼장보살도, 1790년, 용주사 대웅전

민관, 삼장보살도, 1790년, 용주사 대웅전

민관, 삼장보살도, 1790년, 용주사 대웅전

민관, 삼장보살도, 1790년, 용주사 대웅전

민규(玟奎 : -1892-)* 19세기 후반에 활동한 불화승이다. 1892년에 수화승으로 경남 진주 청곡사 시왕도 중 삼라천자도森羅天子圖와 경남 창원 성주사 신중도를 조성하였다.

  ▫1892년 경남 진주 靑谷寺 十王圖(森羅天子) 조성(『韓國의 佛畵 5 - 海印寺(下)』) 金魚 수화승
  1892년 경남 창원 聖住寺 神衆圖 조성(『韓國의 佛畵 32 - 梵魚寺』) 金魚 수화승

민기 1(敏機 : -1709-) 18세기 전반에 활동한 불화승이다. 1709년에 수화승 인문과 영국사 석가모니후불도(불교중앙박물관 소장)를 조성하였다.

  ▫1709년 寧國寺 釋迦牟尼後佛圖 조성(佛敎中央博物館 所藏, 『韓國의 佛畵 40 - 補遺』) 수화승 印文

민기 2(敏期 : -1797-) 18세기 후반에 활동한 불화승이다. 1797년에 수화승 위전과 경북 김천 직지사 신중도를 조성하였다.

  ▫1797년 경북 김천 直指寺 神衆圖 조성(『韓國의 佛畵 8 - 直指寺(上)』) 수화승 偉傳

민민(玟旻 : -1900-) 20세기 전반에 활동한 불화승이다. 1900년에 수화승 예운상규와 강원 홍천 수타사 산신도를 조성하였다.

  ▫1900년 강원 홍천 壽陀寺 山神圖 조성(『한국의 사찰문화재–강원도』) 沙彌 수화승 禮雲尙奎

민보(敏普 : -1788-) 18세기 후반에 전라도를 중심으로 활동한 불화승이다. 1788년에 상겸 등과 남장사 불사에 참여하여 기록한 『불사성공록佛事成功錄』에 호남양공湖南良工으로 언급되어 있다.

  ▫1788년 남장사 불사에 참여한 화승을 적은 『佛事成功錄』에 湖南良工으로 언급(이용윤, 『『佛事成功錄』을 통해 본 남장사 괘불」) 수화승 尙謙

민선(敏詵 : -1807-1819-) 19세기 전반에 활동한 불화승이다. 1807년에 수화승 오봉과 전북 고창 선운사 대웅보전 신중도를, 1819년에 수화승 풍계현정과 전남 해남 대흥사 천불전 신중도를 조성하였다.

  ▫1807년 전북 고창 禪雲寺 大雄寶殿 神衆圖 조성(『韓國의 佛畵 14 - 禪雲寺』) 수화승 鰲峯
  ▫1819년 전남 해남 大屯寺 千佛殿 神衆圖 조성(大興寺 所藏, 『韓國의 佛畵 31 - 大興寺』) 片手 수화승 楓溪賢正

민성(旻晟 : -1858-) 19세기 중반에 활동한 불화승이다. 1854년에 수화승 찬종과 경기 파주 금단사 아미타후불도를 조성하였다.

  ▫1854년 경기 파주 黔丹寺 阿彌陀後佛圖 조성(畵記, 『韓國佛畵畵記集』와 『韓國의 佛畵 33 - 奉先寺』) 수화승 讚宗

민수(旼修, 玟修 : -1855-1872-) 남허당(南虛堂) 19세기 중반에 활동한 불화승이다. 1855년에 수화승 퇴운주경과 경기 남양주 불암사 칠성도를, 1872년에 수화승 방우진호와 경기 파주 보광사 시왕도(3·7·9대왕)와 사자도(사자·장군)를 조성하였다.

  ▫1855년 경기 남양주 佛巖寺 七星圖 조성(『韓國의 佛畵 33 - 奉先寺』) 수화승 退雲周景

◦ 1872년 경기 파주 普光寺 十王圖(3·7·9大王) 조성(『韓國의 佛畵 33 - 奉先寺』) 副 수화
승 放牛珎昊
1872년 경기 파주 普光寺 使者圖(使者·將軍) 조성(『韓國佛畵畵記集』과 『韓國의 佛
畵 33 - 奉先寺』) 수화승 放牛珎昊

민순(敏順 : -1755-)* 18세기 중반에 활동한 불화승이다. 1755년에 수화승으
로 경북 울진 불영사 관음전을 단청하였다.

◦ 1755년 경북 울진 佛影寺 觀音殿 丹靑(「天竺山佛影寺始創記」와 『佛國寺誌(外)』) 畵工[46]
수화승

민오(敏悟 : -1759-) 18세기 중반에 활동한 불화승이다. 1759년에 수화승 오
관과 경기 가평 현등사 극락전 아미타후불도를 조성하면서 목조아미타불좌
상을 개금하였다.

◦ 1759년 경기 가평 懸燈寺 極樂殿 阿彌陀後佛圖 조성(畵記, 『韓國의 佛畵 40 - 補遺』)
수화승 悟寬
1759년 경기 가평 懸燈寺 木造阿彌陀佛坐像 改金(發願文) 수화승 悟寬

민우(敏禹 : -1879-1880-) 19세기 후반에 활동한 불화승이다. 수화승 운파취
선과 1879년에 전남 순천 송광사 자정암 지장시왕도와 청진암 신중도(제
석·동진보살)를, 1880년에 송광사 청진암 아미타후불도를 조성하였다.

◦ 1879년 전남 순천 松廣寺 慈靜庵 地藏十王圖 조성(『韓國의 佛畵 6 - 松廣寺(上)』) 수화
승 雲坡就善
1879년 전남 순천 松廣寺 淸眞菴 神衆圖(帝釋·童眞菩薩) 조성(『韓國의 佛畵 6 - 松
廣寺(上)』) 수화승 雲坡就善
◦ 1880년 전남 순천 松廣寺 淸眞庵 阿彌陀後佛圖 조성(『韓國의 佛畵 6 - 松廣寺(上)』) 수
화승 雲波就善

민원(敏圓 : -1688-)* 17세기 후반에 활동한 불화승이다. 1688년에 수화승으
로 경북 김천 고방사 아미타회상도를 조성하였다.

◦ 1688년 경북 김천 高方寺 阿彌陀後佛圖 조성(『韓國佛畵畵記集』과 『韓國의 佛畵 8 - 直
指寺(上)』) 畵員 수화승

민윤(敏允 : -1682-) 17세기 후반에 활동한 불화승이다. 1682년에 수화승 법
능과 경기 안성 청룡사 감로도를 조성하였다.

◦ 1682년 경기 안성 靑龍寺 甘露圖 조성(『韓國의 佛畵 29 - 龍珠寺(下)』)[47] 수화승 法能

민정(珉淨, 泯淨 : -1876-1884-)* 설해당(雪海堂, 說海堂) 19세기 후반에 활동한
불화승이다. 수화승 하은위상과 1876년에 경북 문경 대승사 지장도와 신중
도, 1879년에 경북 포항 보경사 서운암 아미타후불홍도阿彌陀後佛紅圖와 신중
도, 1880년에 경북 문경 김용사 금선암 아미타후불도와 양진암 신중도 및
금선암 신중도 등을 조성하였다. 수화승으로 경북 의성 지장사 현왕도를,
1881년에 수화승 하은응상과 경북 선산 도리사 칠성도를, 1883년에 수화승
으로 경북 영풍 성혈암 아미타후불도를, 1884년에 수화승 하은응상과 경북
예천 용문사 아미타후불도(예천 용문사와 문경 김용사 소장)를, 수화승으로

십육나한도를 조성하였다.

◦1876년 경북 문경 大乘寺 地藏圖 조성(『韓國의 佛畵 8 – 直指寺(上)』) 수화승 霞隱偉相
　1876년 경북 문경 大乘寺 神衆圖 조성(『韓國의 佛畵 8 – 直指寺(上)』) 수화승 霞隱偉相
◦1879년 경북 포항 寶鏡寺 瑞雲菴 阿彌陀後佛紅圖 조성(『韓國의 佛畵 38 – 佛國寺』) 수화승 霞隱應相48)
　1879년 경북 포항 寶鏡寺 瑞雲菴 神衆圖 조성(『韓國의 佛畵 38 – 佛國寺』) 수화승 霞隱應相49)
◦1880년 경북 문경 金龍寺 金仙庵 阿彌陀後佛圖 조성(『韓國의 佛畵 8 – 直指寺(上)』) 수화승 霞隱應禪
　1880년 경북 문경 金龍寺 養眞庵 神衆圖 조성(『韓國의 佛畵 8 – 直指寺(上)』) 수화승 霞隱應祥
　1880년 경북 문경 金龍寺 金仙庵 神衆圖 조성(『韓國의 佛畵 8 – 直指寺(上)』) 수화승 霞隱應祥
　1880년 경북 문경 金龍寺 四天王圖(持國天王) 조성(『韓國의 佛畵 8 – 直指寺(上)』) 수화승 霞隱應祥
　1880년 경북 의성 地藏寺 現王圖 조성(『韓國의 佛畵 24 – 孤雲寺(下)』) 金魚 수화승
◦1881년 경북 선산 桃李寺 七星圖 조성(『韓國의 佛畵 9 – 直指寺(下)』)50) 수화승 霞隱應祥
◦1883년 경북 영풍 聖穴庵 阿彌陀後佛圖 조성(『韓國의 佛畵 23 – 孤雲寺(上)』) 金魚 수화승
◦1884년 경북 예천 龍門寺 阿彌陀後佛圖 조성(『韓國의 佛畵 8 – 直指寺(上)』) 片手 수화승 霞隱應祥
　1884년 경북 예천 龍門寺 阿彌陀後佛圖 조성(聞慶 金龍寺 所藏, 『韓國의 佛畵 8 – 直指寺(上)』)51) 片手 수화승 霞隱應祥
　1884년 경북 예천 龍門寺 十六羅漢圖 조성(『韓國의 佛畵 9 – 直指寺(下)』) 片手 수화승

민초(旻初 : -1767-) 18세기 중반에 활동한 불화승이다. 1767년에 수화승 화월두훈과 경남 양산 통도사 괘불도를 조성하였다.

◦1767년 경남 양산 通度寺 掛佛圖 조성(『韓國의 佛畵 2 – 通度寺(中)』) 수화승 枓薫

민행(敏行 : -1703-) 18세기 전반에 활동한 불화승이다. 1703년에 수화승 수원과 경북 문경 김용사 괘불도를 조성하였다.

◦1703년 경북 문경 金龍寺 掛佛圖 조성(『韓國의 佛畵 9 – 直指寺(下)』) 수화승 守源

민현(敏鉉 : -1826-) 19세기 전반에 활동한 불화승이다. 1826년에 수화승 풍계순정과 전남 해남 대흥사 석가모니후불도를 조성하였다.

◦1826년 전남 해남 大興寺 釋迦牟尼後佛圖 조성(『韓國의 佛畵 31 – 大興寺』) 수화승 楓溪舜靜

민호 1(旻浩 : -1802-) 19세기 전반에 활동한 불화승이다. 1802년에 송계쾌윤과 순천 선암사 나한전 삼세후불도와 신중도를 제작하였다.

◦1802년 전남 순천 仙巖寺 羅漢殿 三世後佛圖 조성(『韓國의 佛畵 12 – 仙巖寺』) 수화승 快玧
　1802년 전남 순천 仙巖寺 羅漢殿 神衆圖 조성(『韓國의 佛畵 12 – 仙巖寺』)52) 수화승 快玧

민호 2(玟昊 : -1898-1901-) 19세기 후반부터 20세기 전반까지 활동한 불화승이다. 1898년에 수화승 금곡영환과 서울 봉국사 명부전 시왕도(2·4대왕)를, 수화승 예운상규와 경기 파주 보광사 대웅전 영산회상도를, 1900년에 수화승 예운상규와 강원 홍천 수타사 독성도, 수화승 금화기형과 경기 여주 신

륵사 감로도와 아미타회상도, 수화승 환명용화와 극락보전 석가모니후불도
를, 1901년에 수화승 예운상규와 전남 해남 대흥사 삼세후불도(아미타불)를,
수화승 명응환감과 대웅보전 삼장도, 신중도, 감로왕도, 칠성도를 조성하였
다.

- 1898년 서울 奉國寺 冥府殿 十王圖(2·4大王) 조성(『韓國의 佛畵 35 – 曹溪寺(中)』) 수화
  승 金谷永煥
  1898년 경기 파주 普光寺 大雄殿 靈山會上圖 조성(『畿內寺院誌』와 『韓國佛畵畵記集
  』 및 『韓國의 佛畵 33 – 奉先寺』) 沙彌 수화승 禮芸尙奎
- 1900년 강원 홍천 壽陀寺 獨聖圖 조성(『韓國의 佛畵 10 – 月精寺』) 수화승 禮雲尙奎
  1900년 경기 여주 神勒寺 甘露圖 조성(『韓國의 佛畵 29 – 龍珠寺(下)』) 수화승 錦華
  機炯
  1900년 경기 여주 神勒寺 阿彌陀會上圖 조성(『韓國佛畵畵記集』) 수화승 錦華機炯
  1900년 경기 여주 神勒寺 極樂寶殿 釋迦牟尼後佛圖 조성(『韓國의 佛畵 28 – 龍珠寺
  (上)』) 수화승 幻溟龍化
- 1901년 전남 해남 大興寺 三世後佛圖(阿彌陀佛) 조성(『全南의 寺刹』와 『韓國의 佛畵 31
  – 大興寺』) 수화승 禮芸尙奎
  1901년 전남 해남 大興寺 大雄寶殿 三藏圖 조성(『全南의 寺刹』과 『韓國의 佛畵 31 –
  大興寺』) 수화승 明應幻鑑
  1901년 전남 해남 大興寺 大雄寶殿 神衆圖 조성(『全南의 寺刹』과 『韓國의 佛畵 31 –
  大興寺』) 수화승 明應幻鑑
  1901년 전남 해남 大興寺 大雄寶殿 甘露王圖 조성(『韓國佛畵畵記集』와 『全南의 寺刹』
  및 『韓國의 佛畵 31 – 大興寺』)53) 수화승 明應幻鑑
  1901년 전남 해남 大興寺 大雄寶殿 七星圖 조성(『全南의 寺刹』과 『韓國의 佛畵 31 –
  大興寺』)54) 수화승 明應幻鑑

민활(敏活 : -1817-)* 19세기 전반에 활동한 불화승이다. 1817년에 수화승으
로 부산 범어사 신중도(제석·천룡)를 조성하였다.

- 1817년 부산 梵魚寺 神衆圖(帝釋·天龍) 조성(『梵魚寺聖寶博物館 名品圖錄』과 『韓國의
  佛畵 32 – 梵魚寺』) 良工 수화승

민훈(旻訓, 敏訓 : -1830-1831-) 19세기 중반에 활동한 불화승이다. 1830년에
수화승 성수와 전북 완주 화암사 명부전 지장도를, 1831년에 수화승 장순과
전북 무주 북고사 용화전 신중도를 조성하였다.

- 1830년 전북 완주 花巖寺 冥府殿 地藏圖 조성(『韓國의 佛畵 13 – 金山寺』) 수화승 誠修
- 1831년 전북 무주 北固寺 龍花殿 神衆圖 조성(『韓國의 佛畵 13 – 金山寺』) 수화승 壯旬

민휘 1(敏輝 : -1727-1742-)* 18세기 전반에 활동한 불화승이다. 1727년에 수
화승 탁행과 전남 해남 미황사 괘불도를, 1728년에 수화승 의겸과 전북 무주
안국사 괘불도를, 1734년에 수화승 임한과 경남 양산 통도사 영산전 석가모
니후불도와 1736년에 수화승 임한과 울산 석남사 석가여래후불도를, 1742년
에 수화승으로 부산 범어사 지장보살도를 조성하였다.

- 1727년 전남 해남 美黃寺 掛佛圖 조성(『掛佛調査報告書 II』와 『韓國의 佛畵 31 – 大興寺』)
  수화승 琢行
- 1728년 전북 무주 安國寺 掛佛圖 조성(『韓國의 佛畵 13 – 金山寺』) 수화승 義謙
- 1734년 경남 양산 通度寺 靈山殿 釋迦牟尼後佛圖 조성(『韓國의 佛畵 1 – 通度寺(上)』)
  嘉善55) 수화승 任閑

◦ 1736년 울산 石南寺 釋迦如來後佛圖 조성(畵記에 碩南寺, 『韓國의
佛畵 3 – 通度寺(下)』) 수화승 任閑
◦ 1742년 부산 梵魚寺 地藏菩薩圖 조성(김정희, 『조선시대 지장시왕
도 연구』) 良工 수화승

민휘 2(敏徽 : -1776-)* 18세기 후반에 활동한 불화승이다.
1776년에 수화승 신암화연과 전남 구례 천은사 극락보전
아미타후불도와 삼장도를, 수화승으로 신중도를 그렸다.

◦ 1776년 전남 구례 泉隱寺 極樂寶殿 阿彌陀後佛圖 조성(『韓國의 佛
畵 11 – 華嚴寺』) 수화승 信庵華連
1776년 전남 구례 泉隱寺 極樂寶殿 三藏圖 조성(『韓國의 佛畵
11 – 華嚴寺』)56) 수화승 信庵華連
1776년 전남 구례 泉隱寺 神衆圖(梵天・帝釋圖) 조성(順天 松廣
寺 所藏, 『韓國의 佛畵 6 – 松廣寺』) 金魚57) 수화승

민휘, 신중도, 1776년, 구례 천은사 극락보전

민희(敏熙, 敏熙 : -1722-1749-) 18세기 중반에 활동한 불화
승이다. 수화승 의겸과 1722년에 경남 진주 청곡사 괘불도,
1723년에 전남 여수 흥국사 관음전 관음도와 십육나한도
(15존자), 1724년에 전남 순천 송광사 응진당 석가모니후불
도, 1725년에 송광사 영산전 석가모니후불도를, 순천 송광사 오십전 오십삼
불도(7위)를, 수화승 채인과 영산전 팔상도(유성출가상)를 그렸다. 수화승 의
겸과 1726년에 전북 남원 실상사 지장도(동국대학교 박물관 소장), 1729년에
경남 합천 해인사 대적광전 석가모니불도, 1736년에 전남 순천 선암사 서부
도전 감로도, 1749년에 전북 부안 개암사 괘불도(부안 내소사 소장)를 조성
하였다.

◦ 1722년 경남 진주 靑谷寺 掛佛圖 조성(『韓國의 佛畵 5 – 海印寺(下)』) 수화승 義謙
◦ 1723년 전남 여수 興國寺 觀音殿 觀音圖 조성(『韓國의 佛畵 11 – 華嚴寺』) 수화승 義謙
1723년 전남 여수 興國寺 應眞殿 十六羅漢圖(15尊者) 조성(『韓國의 佛畵 11 – 華嚴寺』)
수화승 義兼
◦ 1724년 전남 순천 松廣寺 應眞堂 釋迦牟尼後佛圖 조성(『韓國의 佛畵 6 – 松廣寺』) 수화
승 義謙
◦ 1725년 전남 순천 松廣寺 靈山殿 釋迦牟尼後佛圖 조성(『韓國의 佛畵 6 – 松廣寺』) 수화
승 義謙
1725년 전남 순천 松廣寺 五十殿 五十三佛圖(七位) 조성(『韓國의 佛畵 7 – 松廣寺』)
수화승 □□
1725년 전남 순천 松廣寺 靈山殿 八相圖(踰城出家相) 조성(『韓國의 佛畵 7 – 松廣寺』)
수화승 採仁
1725년 전남 순천 松廣寺 三十三祖師圖 조성(『曹溪山松廣寺史庫』)58) 수화승 義謙
◦ 1726년 전북 남원 實相寺 地藏圖 조성(東國大學校 博物館 所藏, 『韓國의 佛畵 18 – 大學
博物館(Ⅰ)』) 수화승 義謙
◦ 1729년 경남 합천 海印寺 大寂光殿 釋迦牟尼佛圖 조성(『韓國의 佛畵 4 – 海印寺(上)』)
수화승 義謙
◦ 1736년 전남 순천 仙巖寺 西浮屠殿 甘露圖 조성(『韓國의 佛畵 12 – 仙巖寺』) 수화승 義謙
◦ 1749년 전북 부안 開巖寺 掛佛圖 조성(扶安 來蘇寺 所藏, 『韓國의 佛畵 14 – 禪雲寺』)
수화승 義兼

밀기(密機 : -1731-1744-)* 18세기 중반에 경북 영주 운부사를 중심으로 활동한 불화승이다. 수화승으로 1731년에 경북 상주 정수사 석가모니후불도(의성 고운사 소장)와 지장도를, 1739년에 경북 울진 불영사 삼장도(경주 불국사 소장)를, 1740년에 수화승 혜식과 대구 동구 파계사 건칠관음보살좌상을 중수하였다. 1742년에 수화승 뇌현과 경북 포항 보경사 적광전 비로자나후불홍도毘盧遮那後佛紅圖를, 1744년에 수화승 세관과 경북 김천 직지사 석가모니후불도, 약사여래후불도, 시왕도(변성대왕)를 조성하였다.

- 1731년 경북 상주 淨水寺 釋迦牟尼後佛圖 조성(義城 孤雲寺 所藏, 『韓國의 佛畵 23 – 孤雲寺(上)』) 畵員 수화승

  1731년 경북 상주 淨水寺 地藏圖 조성(義城 孤雲寺 所藏, 『韓國의 佛畵 23 – 孤雲寺(上)』) 畵員 수화승

- 1739년 경북 울진 佛影寺 三藏圖 조성(慶州 佛國寺 所藏, 『韓國의 佛畵 38 – 佛國寺』) 畵員 수화승

- 1740년 대구 동구 파계사 乾漆觀音菩薩坐像 중수(『한국의 사찰문화재–대구광역시·경상북도Ⅰ 자료집』)59) 수화승 慧湜

- 1742년 경북 포항 寶鏡寺 寂光殿 毘盧遮那後佛紅圖 조성(『韓國의 佛畵 38 – 佛國寺』) 수화승 雷現

- 1744년 경북 김천 直指寺 釋迦牟尼後佛圖 조성(『韓國의 佛畵 8 – 直指寺(上)』) 在永州 雲浮寺 수화승 世冠

  1744년 경북 김천 直指寺 藥師如來後佛圖 조성(『韓國의 佛畵 8 – 直指寺(上)』) 畵員 수화승 世冠

  1744년 경북 김천 直指寺 十王圖(變成大王) 조성(『韓國의 佛畵 9 – 直指寺(下)』) 수화승 世冠

- 연대미상 大□寺 釋迦牟尼後佛圖 조성(永川 銀海寺 所藏, 『韓國의 佛畵 30 – 銀海寺』) 上畵 수화승

[주]

1) 『韓國의 佛畫 21 - 桐華寺(上)』, 성보문화재연구원, 2001, p.246 圖50에 1775년에 제작된 것으로 나와 있지만, 同治十年辛未는 1871년이다.
2) 崔淳雨・鄭良謨, 『韓國의 佛教繪畫 - 松廣寺』, 국립중앙박물관, 1970, p.26과 30, 洪潤植 編, 『韓國佛畫畫記集』, 가람사연구소, 1995, pp.82-85에 萬運으로 읽었다.
3) 동시에 五十三佛圖, 八相圖, 十六羅漢圖를 조성하였다.
4) 『韓國의 佛畫 11 - 華嚴寺』, p.235 圖5에 畫記가 잘못 정리되어 있다.
5) 畫記에 ...山□門寺로 나와 있다.
6) 『韓國의 佛畫 16 - 麻谷寺(下)』, p.220 圖27에 수화승을 정동(定鍊)으로 읽었다.
7) 『韓國의 佛畫 18 - 大學博物館(Ⅰ)』, p.215 圖27에 20세기 초기로 보았으나, 慶熙大學校 博物館에 所藏된 1893년 大芚山 石泉寺 阿彌陀極樂會上圖와 관련이 있을 것으로 추정된다.
8) 畫記에 □□로 나와 있다.
9) 동시에 五十三佛圖, 八相圖, 十六羅漢圖를 조성하였다.
10) 동시에 五十三佛圖, 八相圖, 十六羅漢圖를 조성하였다.
11) 『전통사찰총서 10 - 충북의 전통사찰 Ⅰ』, 사찰문화연구소, 1998, p.320에 明王으로 읽었다.
12) 『韓國의 佛畫 13 - 金山寺』圖33에 康熙二十一年壬申으로, 洪潤植 編, 위의 책, pp.44-45에 제작연대가 康熙二十一年壬戌로 나와 있는데, 康熙21년은 壬戌년으로 1682년에 해당한다.
13) 『韓國의 佛畫 8 - 直指寺(上)』, p.262 圖17에 金魚都比丘 比丘有心□□ ……으로 읽었다.
14) 『韓國의 佛畫 8 - 直指寺(上)』, p.267 圖42에 退雲愼豈으로 읽었다.
15) 『韓國의 佛畫 11 - 華嚴寺』圖25에 幕玲으로 언급되어 있지만, 『掛佛調査報告書 Ⅱ』, 국립문화재연구소, pp.152-160 圖20에 慕玲으로 읽었다.
16) 『韓國의 佛畫 18 - 大學博物館(Ⅰ)』, p.213 圖12에 月庵應垣으로 읽었다.
17) 『韓國의 佛畫 18 - 大學博物館(Ⅰ)』, p.213 圖12에 淸應牧丙으로 읽었다.
18) 洪潤植 編, 위의 책, pp.375-376에 普應文性이 出草로 나와 있다.
19) 洪潤植 編, 위의 책, pp.375-376에 □華로 읽었다.
20) 『韓國의 佛畫 32 - 梵魚寺』, p.208 圖20에 阿彌陀後佛圖로 보았다.
21) 도록에 永皷로 읽었지만 같이 제작된 불화를 참조로 영성으로 추정된다.
22) 『韓國의 佛畫 15 - 麻谷寺(上)』, p.229 圖61에 永醒韓夢□으로 적혀 있다.
23) 『全南의 寺刹』, 목포대학교박물관, 1989, pp.296-297에 妙水로 읽었다.
24) 崔淳雨・鄭良謨, 위의 책, p.81에 1899년(光武3, 光緒25)으로, 洪潤植 編, 위의 책에 1896년에 제작된 것으로 나와 있다.
25) 도록에 香湖 妙□으로 나와 있다.
26) 洪潤植 編, 위의 책, pp.390-391에 靈山會上圖로 언급되어 있다.
27) 『韓國의 佛畫 6 - 松廣寺(上)』, p.228 圖14에 片手 香湖妙□ 出草金魚 □□로 읽었다.
28) 『韓國의 佛畫 12 - 仙巖寺』, p.228 圖7에 妓允으로 읽었다.
29) 『韓國의 佛畫 35 - 曹溪寺(中)』, p.209 圖22에 華庵妙洽으로 읽었다.
30) 『韓國의 佛畫 11 - 華嚴寺』, p.235 圖5에 畫記가 잘못 정리되어 있다.
31) 『韓國의 佛畫 35 - 曹溪寺(中)』, p.206 圖6에 德山□□로 읽었다.
32) 『韓國의 佛畫 34 - 曹溪寺(上)』, p.211 圖41에 妙만 읽었다.
33) 畫記에 金魚가 4번 나오고 있다.
34) 도록에 □菴妙典으로 읽었다.
35) 『韓國의 佛畫 16 - 麻谷寺(下)』, p.220 圖27에 수화승을 定鍊으로 읽었다.
36) 洪潤植 編, 위의 책, p.366에 普應文□으로 읽었다.
37) 洪潤植 編, 위의 책, pp.375-376에 普應文性이 출초로 나와 있다
38) 『韓國의 佛畫 32 - 梵魚寺』, p.208 圖20에 阿彌陀後佛圖로 보았다.

39) 都片平은 처음으로 보는 단어로 都片手를 잘못 읽은 것으로 보인다.

40) 『韓國의 佛畵 18 - 大學博物館(Ⅰ)』, p.215 圖27에 20세기 초기로 보았으나, 慶熙大學校 博物館에 所藏된 1893년 大芚山 石泉寺 阿彌陀極樂會上圖와 관련이 있을 것으로 추정된다

41) 石泉庵 神衆圖(東國大學校 경주캠퍼스 所藏)에 언급된 인물들과 동일하다.

42) 『韓國의 佛畵 11 - 華嚴寺』, p.235 圖5에 畵記가 잘못 정리되어 있다.

43) 畵記에 중단도(中壇圖)로 나와 있다.

44) 취선일 가능성이 있다.

45) 『韓國의 佛畵 21 - 桐華寺(上)』, p.246 圖50에 1775년에 제작된 것으로 나와 있지만, 同治十年辛未는 1871년이다.

46) 관음전은 1755년에 全智, 哲智 등이 중수하고, 기와와 단청공사, 탱화를 같이 조성하였는데, 畵工은 敏順이다(『佛影寺 大雄寶殿 實測調査報告書』, 文化財廳, 2000.8. p.71).

47) 『韓國의 佛畵 29 - 龍珠寺(下)』에 康熙三十一年 壬戌로 적혀 있는데, 洪潤植 編, 위의 책, p.45에 康熙二十一年 壬戌로 적혀 있다. 洪潤植 編, 위의 책, p.45에 敏□로 읽었다.

48) 『韓國의 佛畵 38 - 佛國寺』, p.222 圖8에 수화승 霞隱應祖로 읽었다.

49) 『韓國의 佛畵 38 - 佛國寺』, p.226 圖26에 수화승 霞隱應祖로 읽었다.

50) 洪潤植 編, 위의 책, p.301에 玫淨으로 읽었다.

51) 洪潤植 編, 위의 책, pp.310-311에 靈山會上圖로 명명하였다.

52) 畵記에 昊活로 나와 있으나 같이 조성된 삼세후불도를 근거로 昊浩로 적혀 있다.

53) 『全南의 寺刹』, p.281에 玫만 읽었다.

54) 『全南의 寺刹』, pp.277-278에 민□로 읽었다. 그런데 같이 제작된 불화를 참조하면 玫昊임을 알 수 있다.

55) 洪潤植 編, 위의 책, p.104에 嘉善 대신에 喜心으로 적어 놓았다.

56) 洪潤植 編, 위의 책, pp.190-191에 불화승이 언급되어 있지 않다.

57) 『朝鮮後期佛畵』, p.41에 敏徵으로 읽었다.

58) 동시에 五十三佛圖, 八相圖, 十六羅漢圖를 조성하였다.

ㅂ

박겸(迫謙 : -1723-) 18세기 전반에 활동한 불화승이다. 1723년에 경북 안동 부석사 안양문 중수에 참여하였다.

　。1723년 경북 안동 浮石寺 安養門 重修(「浮石寺資料」, 『佛敎美術』 3)

박난(朴蘭 : -1658-) 17세기 중반에 활동한 사장私匠이다. 1658년에 수화원으로 경기 안성 청룡사 괘불도를 조성할 때 관직이 사과司果이다.

　。1658년 경기 안성 靑龍寺 掛佛圖 조성(『韓國의 佛畵 29 - 龍珠寺(下)』) 畵員 司果 수화원

백기(白基, 白起, 自己 : -1698-1730-)* 17세기 후반부터 18세기 전반까지 활동한 승장이다. 1698년에 장릉莊陵 봉릉封陵과 1718년에 민회빈愍懷嬪 봉묘封墓 조성소 화승畵僧으로 참여하고, 수화승으로 1727년에 강원 원주 구룡사 삼장도를 그리고, 1730년에 경기 고양 상운암 목조아미타삼존불좌상을 개금하였다.

　。1698년 『莊陵封陵都監儀軌』 造成所 畵僧(奎章閣 14830호, 朴廷蕙, 「儀軌를 통해서 본 朝鮮時代의 畵員」 자료1)
　。1718년 『愍懷嬪封墓都監儀軌』 造成所 畵僧(奎章閣 14837호, 朴廷蕙, 「儀軌를 통해서 본 朝鮮時代의 畵員」 자료1)
　。1727년 강원 원주 龜龍寺 三藏圖 조성(月精寺博物館 所藏, 『韓國의 佛畵 10 - 月精寺』) 畵員 수화승
　。1730년 경기 고양 祥雲寺 木造阿彌陀如來坐像 改金(發願文) 畵員 수화승

백봉(百奉 : -1775-) 18세기 후반에 활동한 불화승이다. 1775년에 경남 양산 통도사 팔상도 조성에 참여하였다.

　。1775년 경남 양산 通度寺 「八相記文」 언급(安貴淑, 「조선후기 佛畵僧의 계보와 義謙比丘에 대한 연구(상)」)

백월당(白月堂) 색민(色敏) 참조

백인당(百忍堂) 태영(泰榮) 참조

백화(白花 : -1840-) 19세기 중반에 활동한 불화승이다. 1840년에 수화승 원담내원과 전북 고창 선운사 대웅보전 아미타후불벽화를 조성하였다.

　。1840년 전북 고창 禪雲寺 大雄寶殿 阿彌陀後佛壁畵 조성(『韓國의 佛畵 14 - 禪雲寺』) 수화승 圓潭內元

범연(帆演 : -1780-) 18세기 후반에 활동한 불화승이다. 1780년에 수화승 비현과 전남 순천 선암사 팔상전 화엄도를 조성하였다.

　　◦1780년 전남 순천 仙巖寺 八相殿 華嚴圖 조성(『韓國의 佛畵 12 – 仙巖寺』) 수화승 釣賢

범징(帆澄 : -1780-) 18세기 후반에 활동한 불화승이다. 1780년에 수화승 비현과 전남 순천 선암사 팔상전 화엄도를 조성하였다.

　　◦1780년 전남 순천 仙巖寺 八相殿 華嚴圖 조성(『韓國의 佛畵 12 – 仙巖寺』) 수화승 釣賢

범천(梵天 : -1901-1910-)* 20세기 전반에 활동한 불화승이다. 1901년에 수화승 한봉응작과 서울 연화사 신중도를, 1901년에 수화승 보암긍법과 경기 남양주 불암사 독성도를, 1906년에 수화승 혜고봉감과 서울 지장사 약사전 약사후불도와 능인보전 신중도를, 1907년에 수화승 보암긍법과 경기 남양주 불암사 신중도, 서울 수국사 아미타후불도와 감로도를, 1910년에 수화승으로 서울 진관사 칠성각 칠성도를 조성하였다.

　　◦1901년 서울 蓮華寺 神衆圖 조성(『韓國의 佛畵 35 – 曹溪寺(中)』) 수화승 漢峰應作[1]
　　1901년 경기 남양주 佛巖寺 獨聖圖 조성(『畿內寺院誌』와 『韓國佛畵畵記集』 및 『韓國의 佛畵 33 – 奉先寺』) 수화승 普庵亘法
　　◦1906년 서울 地藏寺 藥師殿 藥師後佛圖 조성(『韓國의 佛畵 34 – 曹溪寺(上)』) 수화승 惠杲奉鑑[2]
　　1906년 서울 地藏寺 能仁寶殿 神衆圖 조성(『韓國의 佛畵 35 – 曹溪寺(中)』) 수화승 奉鑑
　　◦1907년 경기 남양주 佛巖寺 神衆圖 조성(『畿內寺院誌』와 『韓國佛畵畵記集』 및 『韓國의 佛畵 33 – 奉先寺』) 수화승 普庵肯法
　　1907년 서울 守國寺 阿彌陀後佛圖 조성(『서울전통사찰불화』와 『韓國佛畵畵記集』 및 『韓國의 佛畵 34 – 曹溪寺(上)』) 수화승 普菴肯法
　　1907년 서울 守國寺 甘露圖 조성(『韓國의 佛畵 36 – 曹溪寺(下)』) 수화승 寶菴肯法
　　◦1910년 서울 津寬寺 七星閣 七星圖 조성(『韓國의 佛畵 36 – 曹溪寺(下)』) 金魚 수화승[3]

범해당(帆海堂, 梵海堂) 두안(斗岸) 참조

범해당(梵海堂) 재명(再明) 참조

범화당(梵化堂, 梵華堂) 윤익(潤益) 참조

법경(法冏 : -1627-)* 17세기 전반에 활동한 불화승이다. 1627년에 수화승으로 충남 부여 무량사 괘불도를 조성하였다.

　　◦1627년 충남 부여 無量寺 掛佛圖 조성(『韓國의 佛畵 16 – 麻谷寺(下)』) 畵員 수화승

법관(法官 : -1781-) 18세기 후반에 활동한 불화승이다. 1781년에 수화승 대징과 경북 선산 수다사 현왕도(예천 용문사 소장)를 조성하였다.

　　◦1781년 경북 선산 水多寺 現王圖 조성(醴泉 龍門寺 所藏, 『韓國의 佛畵 9 – 直指寺(下)』) 수화승 大澄

법경, 오불회괘불도 부분, 1628년, 안성 칠장사

법균(法均 : -1828-) 19세기 전반에 활동한 불화승이다. 1828년에 수화승 퇴운신겸과 목아불교박물관 소장 시왕도(초강대왕)를 조성하였다.

  ▫ 1828년 十王圖(初江大王) 조성(木芽佛敎博物館 所藏, 『韓國의 佛畵 20 – 私立博物館』) 수화승 退雲信謙

법난(法蘭 : -1688-) 17세기 후반에 활동한 불화승이다. 1688년에 수화승 학능과 경북 상주 북장사 괘불도를 조성하였다.

  ▫ 1688년 경북 상주 北長寺 掛佛圖 조성(『韓國의 佛畵 9 – 直指寺(下)』) 수화승 學能

법능 1(法能 : -1649-1682-)* 17세기 중·후반 활동한 불화승이다. 1649년에 인조仁祖 장릉長陵 조성소 화승畵僧으로 활동하고, 1653년에 수화승 명옥과 충북 진천 영수사 괘불도를, 1658년에 수화원 사과司果 박난朴蘭과 경기 안성 청룡사 괘불도를, 1659년에 나묵 등과 효종孝宗 빈전殯殿을 단청丹靑하였다. 1682년에 수화승으로 경기 안성 청룡사 감로도를 그렸다.

  ▫ 1649년 『仁祖殯殿都監儀軌』魂殿二房 造成所 畵僧(奎章閣 14855호, 朴廷蕙, 「儀軌를 통해서 본 朝鮮時代의 畵員」 자료1)
  1649년 『仁祖長陵山陵都監儀軌』 造成所 畵僧(奎章閣 15074호, 朴廷蕙, 「儀軌를 통해서 본 朝鮮時代의 畵員」 자료1)
  ▫ 1653년 충북 진천 靈水寺 掛佛圖 조성(『韓國의 佛畵 17 – 法住寺』) 수화승 明玉
  ▫ 1658년 경기 안성 靑龍寺 掛佛圖 조성(『韓國의 佛畵 29 – 龍珠寺(下)』) 수화원 朴蘭
  ▫ 1659년 『孝宗殯殿都監儀軌』魂殿二房, 丹靑 畵僧(奎章閣 13528호, 朴廷蕙, 「儀軌를 통해서 본 朝鮮時代의 畵員」 자료1)
  ▫ 1682년 경기 안성 靑龍寺 甘露圖 조성(『韓國의 佛畵 29 – 龍珠寺(下)』)4) 畵員 수화승

법경, 오불회괘불도, 1628년, 안성 칠장사

법능 2(法能) 18세기 중엽에 활동한 불화승이다. 수화승 밀기와 대□사 석가모니후불도(영천 은해사 소장)를 조성하였다.

  ▫ 연대미상 大□寺 釋迦牟尼後佛圖 조성(永川 銀海寺 所藏, 『韓國의 佛畵 30 – 銀海寺』) 수화승 密機

법능 3(法能 : -1901-) 20세기 전반에 활동한 불화승이다. 1901년에 수화승 한봉응작과 서울 연화사 신중도를 조성하였다.

  ▫ 1901년 서울 蓮華寺 神衆圖 조성(『韓國의 佛畵 35 – 曹溪寺(中)』) 수화승 漢峰應作5)

법률(法律 : -1789-) 18세기 후반에 활동한 불화승이다. 1789년에 장조莊祖 현릉원顯隆園 조성소 화승畵僧으로 참여하였다.

  ▫ 1789년 『莊祖顯隆園園所都監儀軌』 造成所 畵僧(奎章閣 13627호, 朴廷蕙, 「儀軌를 통해서 본 朝鮮時代의 畵員」 자료1)

법능, 감로도 아귀부분, 1682년, 안성 청룡사

법림(法琳 : -1684-)* 17세기 후반에 활동한 불화승이다. 1684년에 수화승으로 경남 산청 율곡사 괘불도를 조성하였다.

  ▫ 1684년 경남 산청 栗谷寺 掛佛圖 조성(『韓國의 佛畵 5 – 海印寺(下)』) 畵員 수화승

법명(法明 : -1905-) 20세기 전반에 활동한 불화승이다. 1905년에 수화승 경선응석과 충북 보은 법주사 팔금강번八金剛幡(백정수금강)을 조성하였다.

◦ 1905년 충북 보은 法住寺 八金剛幡(白淨水金剛) 조성(『韓國의 佛畵 17 – 法住寺』) 수화 승 慶船應釋

법밀(法密 : -1698-) 17세기 후반에 활동한 불화승이다. 1698년에 백기 등과 장릉莊陵 봉릉封陵 조성소 화승畵僧으로 참여하였다.

◦ 1698년 『莊陵封陵都監儀軌』 造成所 畵僧(奎章閣 14830호, 朴廷蕙, 「儀軌를 통해서 본 朝鮮時代의 畵員」 자료1)

법상(法常 : -1879-) 19세기 후반에 활동한 불화승이다. 1879년에 수화승 경 선응석과 서울 개운사 괘불도를 조성하였다.

◦ 1879년 서울 開運寺 掛佛圖 조성(『韓國의 佛畵 35 – 曹溪寺(中)』) 수화승 慶船應釋

법선(法禪 : -1864-) 19세기 중반에 활동한 불화승이다. 1864년에 수화승 봉 의와 경남 남해 용문사 탐진당探眞堂 장신도將神圖를 조성하였다.

◦ 1864년 경남 남해 龍門寺 探眞堂 將神圖 조성(『韓國의 佛畵 25 – 雙磎寺(上)』) 수화승 琫儀

법성(法成 : -1755-1790-) 18세기 중·후반에 경기도에서 활동한 불화승이다. 1755년에 수화승 상오와 경북 영천 은해사 대웅전 삼장도를, 1786년에 수화 승 상겸과 경북 상주 황령사 아미타후불도와 신중도를, 1788년에 수화승 용 봉경환과 경북 상주 남장사 괘불도와 수화승 상겸과 충남 서산 관음사 아미 타후불도(서산 천장사 소장)를 조성하였다. 1789년에 장조莊祖 현릉원顯隆園 조성소 화승畵僧으로 참여하고, 1790년에 수화승 상겸과 경기 화성 용주사 감로도를 조성하였다. 1788년에 상겸 등과 남장사 불사에 참여하여 기록한 『불사성공록佛事成功錄』에 경성양공京城良工으로 언급되어 있다.

◦ 1755년 경북 영천 銀海寺 大雄殿 三藏圖 조성(『韓國의 佛畵 30 – 銀海寺』) 수화승 常悟
◦ 1786년 경북 상주 黃嶺寺 阿彌陀後佛圖 조성(『韓國의 佛畵 8 – 直指寺(上)』) 수화승 尙謙
  1786년 경북 상주 黃嶺寺 神衆圖 조성(『韓國의 佛畵 8 – 直指寺(上)』) 수화승 尙謙
◦ 1788년 경북 상주 南長寺 掛佛圖 조성(『韓國의 佛畵 9 – 直指寺(下)』) 수화승 龍峰 敬還
  1788년 남장사 불사에 참여한 화승을 적은 『佛事成功錄』에 京城良工으로 언급(이용 윤, 「『佛事成功錄』을 통해 본 남장사 괘불」) 수화승 尙謙
  1788년 충남 서산 觀音寺 阿彌陀後佛圖 조성(瑞山 天藏寺 所藏, 『韓國의 佛畵 27 – 修德寺』) 수화승 尙謙
◦ 1789년 『莊祖顯隆園園所都監儀軌』 造成所 畵僧(奎章閣 13627호, 朴廷蕙, 「儀軌를 통해 서 본 朝鮮時代의 畵員」 자료1)
◦ 1790년 경기 화성 龍珠寺 甘露圖 조성(『韓國佛畵畵記集』) 수화승 尙兼
  1790년 경북 상주 南長寺 十六羅漢圖2 조성(『韓國의 佛畵 9 – 直指寺(下)』) 수화승 戒寬

법순 1(法順 : -1830-) 19세기 중반에 활동한 불화승이다. 1830년에 수화승 성수와 전북 완주 화암사 명부전 지장도를 조성하였다.

◦ 1830년 전북 완주 花巖寺 冥府殿 地藏圖 조성(『韓國의 佛畵 13 – 金山寺』) 수화승 誠修

법순 2(法順 : -1884-) 19세기 후반에 활동한 불화승이다. 1884년에 수화승 축연과 서울 진관사 영산전 제석도(사자·장군)를 조성하였다.

◦ 1884년 서울 津寬寺 靈山殿 帝釋圖(使者, 將軍) 조성(『韓國의 佛畵 35 – 曹溪寺(中)』) 金

魚 수화승 竺衍

법심(法心 : -1853-) 19세기 중반에 활동한 불화승이다. 1853년에 수화승 응성환익과 경기 남양주 봉영사 아미타후불도를 조성하였다.

　◦ 1853년 경기 남양주 奉永寺 阿彌陀後佛圖 조성(『韓國의 佛畵 33 － 奉先寺』) 수화승 應惺幻翼

법연 1(法衍 : -1684-) 17세기 후반에 활동한 불화승이다. 1684년에 지영智英 등과 명성왕후明聖王后 숭릉崇陵 조성소 화승畵僧으로 참여하였다.

　◦ 1684년 『明聖王后崇陵山陵都監儀軌』 造成所 畵僧(奎章閣 14832호, 朴廷蕙,「儀軌를 통해서 본 朝鮮時代의 畵員」 자료1)

법연 2(法連, 法橡, 法演 : -1764-1796-) 18세기 후반에 경북 문경과 경기 양주를 중심으로 활동한 불화승이다. 1764년에 건원릉健元陵 정자각丁字閣 중수와 1776년에 영조英祖 원릉元陵 조성소 화승畵僧으로 참여하였다. 1781년에 수화승 취월정일과 경북 문경 혜국사 신중도를, 1788년에 상겸과 경북 상주 남장사 불사에 참여하여 『불사성공록佛事成功錄』에 대승양공大乘良工으로 적혀 있다. 1794년부터 1796년까지 화성 건립에 참여하여 1801년 작성된 『화성성역의궤華城城役儀軌』에 양주목楊州牧 승려로 언급되어 있다.

　◦ 1764년 전남 해남 大興寺 掛佛圖 조성(『韓國의 佛畵 31 － 大興寺』) 수화승 色旻
　　1764년 『健元陵丁字閣重修都監儀軌』 畵僧(奎章閣 13500호, 朴廷蕙,「儀軌를 통해서 본 朝鮮時代의 畵員」 자료1)
　◦ 1776년 『英祖元陵山陵都監儀軌』 造成所 畵僧(奎章閣 13586호, 朴廷蕙,「儀軌를 통해서 본 朝鮮時代의 畵員」 자료1)
　◦ 1781년 경북 문경 惠國寺 神衆圖 조성(『韓國의 佛畵 8 － 直指寺(上)』) 수화승 醉月定一
　◦ 1788년 남장사 불사에 참여한 화승을 적은 『佛事成功錄』에 大乘良工으로 언급(이용윤,「『佛事成功錄』을 통해 본 남장사 괘불」) 수화승 尙謙
　◦ 1794년－1796년 화성 건립에 화원으로 참여(1801년 작성된 『華城城役儀軌』 卷4 工匠 畵工 條) 楊州牧

법연 3(法演 : -1873-) 19세기 후반에 활동한 불화승이다. 1873년에 수화승 위상과 경남 합천 해인사 법보전 비로자나후불도를 조성하였다.

　◦ 1873년 경남 합천 海印寺 法寶殿 毘盧遮那後佛圖 조성(『韓國의 佛畵 4 － 海印寺(上)』) 수화승 偉相

법연 4(法筵, 法延, 法演, 法沿 : -1905-1907-) 20세기 전반에 활동한 불화승이다. 1905년에 수화승 보응문성과 부산 범어사 팔상전 영산회상도와 나한전 영산회상도 등을, 수화승 금호약효와 괘불도를 조성하였다. 보암긍법과 1907년에 수화승 경기 남양주 불암사 대웅전 아미타후불도와 신중도, 서울 수국사 아미타후불도와 감로도를 그렸다.

　◦ 1905년 부산 梵魚寺 捌相殿 靈山會上圖 조성(『梵魚寺聖寶博物館 名品圖錄』과 『韓國의 佛畵 32 － 梵魚寺』)6) 수화승 普應文性
　　1905년 부산 梵魚寺 羅漢殿 靈山會上圖 조성(『梵魚寺聖寶博物館 名品圖錄』과 『韓國의 佛畵 32 － 梵魚寺』)7) 수화승 普應文性
　　1905년 부산 梵魚寺 羅漢殿 羅漢圖 조성(『梵魚寺聖寶博物館 名品圖錄』과 『韓國의 佛

畵 32 – 梵魚寺』)[8] 수화승 普應文性
1905년 부산 梵魚寺 掛佛圖 조성(『梵魚寺聖寶博物館 名品圖錄』과『韓國의 佛畵 32
– 梵魚寺』) 수화승 錦湖若效
◦1907년 경기 남양주 佛巖寺 大雄殿 阿彌陀後佛圖 조성(『韓國의 佛畵 33 – 奉先寺』) 수
화승 普庵肯法
1907년 경기 남양주 佛巖寺 神衆圖 조성(『畿內寺院誌』와『韓國佛畵畵記集』및『韓國
의 佛畵 33 – 奉先寺』) 수화승 普庵肯法
1907년 서울 守國寺 阿彌陀後佛圖 조성(『서울전통사찰불화』와『韓國佛畵畵記集』및
『韓國의 佛畵 34 – 曹溪寺(上)』) 수화승 普菴肯法
1907년 서울 守國寺 甘露圖 조성(『韓國의 佛畵 36 – 曹溪寺(下)』) 수화승 寶菴肯法

법오(法悟 : -1881-)* 19세기 후반에 활동한 불화승이다. 1881년에 수화승으
로 인천 강화 청련사 독성도를 조성하였다.

◦1881년 인천 강화 靑蓮寺 獨聖圖 조성(『韓國佛畵畵記集』) 金魚 수화승

법와(法蝸) 18세기 후반에 활동한 불화승이다. 연대미상의 충남 서산 부석사
신중도를 수화승 춘담봉은과 조성하였다.

◦연대미상 충남 서산 浮石寺 神衆圖 조성(『韓國의 佛畵 27 – 修德寺』) 수화승 春潭奉恩

법완(法完 : -1854-) 19세기 중반에 활동한 불화승이다. 1854년에 수화승 찬
종과 경기 파주 금단사 아미타후불도를 조성하였다.

◦1854년 경기 파주 黔丹寺 阿彌陀後佛圖 조성(畵記,『韓國佛畵畵記集』와『韓國의 佛畵
33 – 奉先寺』) 수화승 讚宗

십육국사진영도(제8세조사 자각국사),
1780년, 송광사 국사전(도난)

십육국사진영도, 1780년,
송광사 국사전(도난)

법운당(法雲堂) 도간(道間) 참조

법운당(法雲堂) 도한(道閑) 참조

법유(法宥 : -1857-) 19세기 중반에 활동한 불화승이다. 1857년에 수화승 선률과 서울 봉은사 판전 신중도를 조성하였다.

> ◦ 1857년 서울 奉恩寺 版殿 神衆圖 조성(『韓國의 佛畵 35 – 曹溪寺(中)』) 수화승 善律

법융(法融 : -1869-1910-)* 융파당(融波堂, 隆坡堂) 19세기 후반부터 20세기 전반까지 활동한 불화승이다. 1869년에 수화승 춘담봉은과 충남 서천 은적암 칠성도(부여 무량사 소장)를, 수화승 금호약효와 1883년에 충남 공주 갑사 대비암 독성도(공주 갑사 대자암 소장), 1884년에 칠갑산 정혜사 극락전 칠성도(공주 마곡사 소장), 1885년에 공주 갑사 대비암 칠성도와 신중도(공주 갑사 대자암 소장)를, 1887년에 수화승으로 공주 신원사 영원전 신중도 조성하였다. 1890년에 전남 나주 다보사 십육나한도를, 수화승 금호약효와 1893년에 전북 진안 천황사 대웅전 삼세후불도, 1905년에 갑사 대웅전 삼장도, 1907년에 갑사 대적전 삼세후불도와 신향각 사천왕도를, 수화승으로 갑사 대적전 사천왕도를 그렸다. 1910년에 수화승 금호약효와 갑사 대웅전 신중도와 마곡사 천왕문를 중수重修하고, 수화승으로 갑사 팔상전 석가모니후불도, 팔상전 신중도, 대성암 독성도를 조성하였다.

> ◦ 1869년 충남 서천 隱寂菴 七星圖 조성(扶餘 無量寺 所藏, 『韓國의 佛畵 16 – 麻谷寺(下)』) 수화승 春潭奉恩9)
> ◦ 1883년 충남 공주 甲寺 大悲庵 獨聖圖 조성(公州 甲寺 大慈庵 所藏, 『韓國의 佛畵 16 – 麻谷寺(下)』) 수화승 錦湖若效
> ◦ 1884년 칠갑산 定慧寺 極樂殿 七星圖 조성(公州 麻谷寺 所藏, 『韓國의 佛畵 16 – 麻谷寺(下)』) 수화승 錦湖若效
> ◦ 1885년 충남 공주 岬寺 大悲庵 七星圖 조성(公州 甲寺 大慈庵 所藏, 『韓國의 佛畵 16 – 麻谷寺(下)』) 片手 수화승 錦湖若效
> 1885년 충남 공주 岬寺 大悲庵 神衆圖 조성(甲寺 大慈庵 所藏, 『韓國의 佛畵15 麻谷寺(上)』) 片手 수화승 錦湖若效
> ◦ 1887년 충남 공주 新元寺 靈源殿 神衆圖 조성(『韓國의 佛畵 15 – 麻谷寺(上)』) 金魚 片手 수화승
> ◦ 1890년 전남 나주 多寶寺 十六羅漢圖 조성(『羅州市의 文化遺蹟』)
> ◦ 1893년 전북 진안 天皇寺 大雄殿 三世後佛圖 조성(『韓國의 佛畵 13 – 金山寺』) 수화승 錦湖若效
> ◦ 1905년 충남 공주 甲寺 大雄殿 三藏圖 조성(『韓國의 佛畵 15 – 麻谷寺(上)』) 수화승 錦湖若效
> ◦ 1907년 충남 공주 甲寺 大寂殿 三世後佛圖 조성(『韓國의 佛畵 15 – 麻谷寺(上)』) 片手10) 수화승 錦湖若效
> 1907년 충남 공주 岬寺 新香閣 四天王圖 조성(『韓國의 佛畵 15 – 麻谷寺(上)』) 片手 수화승 錦湖若效
> 1907년 충남 공주 甲寺 大寂殿 四天王圖 조성(『韓國의 佛畵 15 – 麻谷寺(上)』) 片手 수화승
> ◦ 1910년 충남 공주 甲寺 八相殿 釋迦牟尼後佛圖 조성(『韓國의 佛畵15 – 麻谷寺(上)』) 片

手 수화승
1910년 충남 공주 甲寺 大雄殿 神衆圖 조성(『韓國의 佛畵 15 – 麻谷寺(上)』) 片手 수
화승 錦湖若效
1910년 충남 공주 甲寺 八相殿 神衆圖 조성(『韓國의 佛畵 15 – 麻谷寺(上)』) 金魚 수
화승
1910년 충남 공주 甲寺 大聖庵 獨聖圖 조성(『韓國의 佛畵 16 – 麻谷寺(下)』) 片手 수
화승
1910년 충남 공주 麻谷寺 天王門 重修(「泰華山麻谷寺天王門重修記」)¹¹⁾ 수화승 錦湖若效

법인 1(法仁 : -1757-1758-) 18세기 중반에 활동한 승장이다. 1757년에 정성
왕후貞聖王后 홍릉弘陵 조성소 화승畵僧으로 활동하고, 1758년에 수화승 두□
와 경기 고양 흥국사 설법전 목조아미타불좌상을 개금하였다.

  ◦ 1757년 『貞聖王后弘陵山陵都監儀軌』造成所 畵僧(奎章閣 13591호, 朴廷蕙, 「儀軌를 통
    해서 본 朝鮮時代의 畵員」 자료1)
  ◦ 1758년 경기 고양 興國寺 說法殿 木造阿彌陀如來坐像 改金(佛畵 畵記) 수화승 斗□

법인 2(法仁, 法印, 法忍 : -1854-1893-) 19세기 중·후반에 활동한 불화승이
다. 1854년에 수화승 성천과 무염암 아미타후불도를, 1855년에 금암천여와
경남 남해 화방사 지장도를, 1856년에 선조암 산신도와 아미타후불홍도阿彌
陀後佛紅圖(순천 선암사 소장)를 그렸다. 수화승 인원체정과 서울 도선사 목조
아미타삼존불좌상을 개금하고, 1860년에 용완기연과 전남 고흥 능가사 수도
암 칠성도(순천 송광사 소장)를, 해운익찬과 전남 구례 화엄사 각황전 삼세불
도(약사불)와 경남 하동 쌍계사 명부전 지장도를, 1861년에 수화승 월하세원
과 대전 비래사 비로자나불좌상을 개금하고, 수화승 영담선종과 경북 밀양
표충사 서래각西來閣 아미타후불도를, 1863년에 수화승 송암대원과 강원 고
성 화암사 지장시왕도를, 1887년에 수화승 연하계창과 의정부 망월사 괘불도
를, 수화승 혜산축연과 서울 경국사 신중도(동국대학교 박물관 소장), 1891년
에 수화승 금호약효와 전남 장흥 천관사 응진전 석가모니후불도(순천 송광사
소장)를, 1893년에 보응문성과 대둔산 석천사 아미타극락회상도(경희대학교
박물관 소장)를 조성하였다.

  ◦ 1854년 無染庵 阿彌陀後佛圖 조성(洪城 石蓮寺 所藏, 『韓國의 佛畵 27 – 修德寺』) 수화
    승 性天
  ◦ 1855년 경기 남양주 佛巖寺 七星圖 조성(『韓國의 佛畵 33 – 奉先寺』) 수화승 退雲周景
    1855년 경남 남해 花芳寺 地藏圖 조성(『韓國의 佛畵 25 – 雙磎寺(上)』) 수화승 錦庵天如
  ◦ 1856년 禪助庵 阿彌陀後佛紅圖 조성(順天 仙巖寺 所藏, 『韓國의 佛畵 12 – 仙巖寺』)¹²⁾
    수화승 錦庵天如
    1856년 禪助庵 山神圖 조성(順天 仙巖寺 所藏, 『韓國의 佛畵 12 – 仙巖寺』) 수화승
    錦庵天如
    1856년 부산 長安寺 大雄殿 釋迦牟尼後佛圖 조성(『韓國의 佛畵 32 – 梵魚寺』) 수화
    승 錦庵天如
    1856년 부산 長安寺 冥府殿 地藏圖 조성(『韓國의 佛畵 32 – 梵魚寺』) 수화승 錦庵天如
    1856년 서울 道詵寺 木造阿彌陀三尊佛坐像 개금(文明大, 「印性派 木佛像의 조성과
    道詵寺 木阿彌陀三尊佛像의 고찰」) 수화승 仁原體定
  ◦ 1857년 서울 奉恩寺 版殿 神衆圖 조성(『韓國의 佛畵 35 – 曹溪寺(中)』) 수화승 善律

◦ 1860년 전남 고흥 楞伽寺 修道庵 七星圖 조성(順天 松廣寺 所藏, 『韓國의 佛畵 7 - 松廣寺(下)』) 수화승 錡衍

1860년 전남 구례 華嚴寺 覺皇殿 三世佛圖(藥師佛) 조성(『韓國의 佛畵 11 - 華嚴寺』)[13] 수화승 海雲益讚

1860년 경남 하동 雙磎寺 冥府殿 地藏圖 조성(『韓國의 佛畵 25 - 雙磎寺(上)』) 수화승 海雲益讚

◦ 1861년 경남 밀양 表忠寺 西來閣 阿彌陀後佛圖 조성(『韓國의 佛畵 3 - 通度寺(下)』) 수화승 影潭善宗

◦ 1863년 華嚴寺 地藏圖 조성(高城 禾巖寺 所藏, 『한국의 사찰문화재-강원도』와 『韓國의 佛畵 37 - 新興寺』) 수화승 松岩大遠

◦ 1886년 서울 華溪寺 掛佛圖 조성(『韓國의 佛畵 35 - 曹溪寺(中)』) 수화승 虛谷亘巡

◦ 1887년 경기 議政府 望月寺 掛佛圖 조성(『掛佛調査報告書』와 『韓國佛畵畵記集』) 수화승 淵荷啓昌

1887년 서울 慶國寺 神衆圖 조성(東國大學校 博物館 所藏, 『韓國의 佛畵 18 - 大學博物館(Ⅰ)』)[14] 수화승 蕙山竺衍

◦ 1891년 전남 장흥 天冠寺 應眞殿 釋迦牟尼後佛圖 조성(順天 松廣寺 所藏, 『韓國의 佛畵 6 - 松廣寺(上)』) 수화승 錦湖若效

◦ 1893년 大芚山 石泉寺 阿彌陀極樂會上圖 조성(慶熙大學校 博物館 所藏, 『韓國佛畵畵記集』) 수화승 文性

◦ 연대미상[15] 石泉庵 神衆圖 조성(東國大學校 博物館 所藏, 『韓國의 佛畵 18 - 大學博物館(Ⅰ)』) 수화승 文性

연대미상 七星圖 조성(東國大學校 博物館 所藏, 『韓國의 佛畵 18 - 大學博物館(Ⅰ)』)[16] 수화승 文性

법인당(法仁堂) 석월(石月) 참조

법임(法任, 法林 : -1879-1897-)* 19세기 후반에 활동하던 불화승이다. 수화승 하은응상과 1879년에 경북 포항 보경사 서운암 아미타후불홍도阿彌陀後佛紅圖를, 1880년에 경북 문경 김용사 금선암 아미타후불도와 신중도, 양진암 신중도, 사천왕도(지국천왕)를, 1881년에 경북 선산 도리사 칠성도를, 1884년에 경북 예천 용문사 아미타후불도(문경 김용사 소장)를, 1886년에 경북 안동 광흥사 영산암 아미타후불도를, 1887년에 대구 파계사 금당암 석가모니후불도와 신중도 및 칠성도, 경북 의성 고운사 쌍수암 대법당 아미타후불도를, 수화승 서휘와 백운산 보현사 칠성도와 산신도(보은 법주사 소장)를, 1888년에 수화승 하은응상과 경북 안동 봉정사 대웅전 지장도와 문경 김용사 독성도, 수화승 서휘와 충북 중원 태고사 칠성도와 독성도 및 산신도를, 1890년에 수화승 하은응상과 경북 문경 대승사 묘적암 신중도를, 1894년에 수화승으로 김용사 양진암 석가모니후불도를, 1897년에 정연과 충북 보은 법주사 원통보전 관음도와 수화승 금호약효와 팔상전 팔상도(설산수도상)를 조성하였다.

◦ 1879년 경북 포항 寶鏡寺 瑞雲菴 阿彌陀後佛紅圖 조성(『韓國의 佛畵 38 - 佛國寺』) 沙彌 수화승 霞隱應相[17]

◦ 1880년 경북 문경 金龍寺 金仙庵 阿彌陀後佛圖 조성(『韓國의 佛畵 8 - 直指寺(上)』) 수화승 霞隱應禪

1880년 경북 문경 金龍寺 金仙庵 神衆圖 조성(『韓國의 佛畵 8 - 直指寺(上)』) 수화승 霞隱應祥

1880년 경북 문경 金龍寺 養眞庵 神衆圖 조성(『韓國의 佛畵 8 - 直指寺(上)』) 수화승 霞隱應祥

1880년 경북 문경 金龍寺 四天王圖(持國天王) 조성(『韓國의 佛畵 8 - 直指寺(上)』) 수화승 霞隱應祥

◦1881년 경북 선산 桃李寺 七星圖 조성(『韓國의 佛畵 9 - 直指寺(下)』) 沙彌 수화승 霞隱應祥

◦1884년 경북 예천 龍門寺 阿彌陀後佛圖 조성(聞慶 金龍寺 所藏, 『韓國의 佛畵 8 - 直指寺(上)』)[18] 수화승 霞隱應祥

◦1886년 경북 안동 廣興庵 靈山庵 阿彌陀後佛圖 조성(『韓國의 佛畵 23 - 孤雲寺(上)』)[19] 수화승 霞隱應祥

◦1887년 대구 把溪寺 金堂庵 釋迦牟尼後佛圖 조성(『韓國의 佛畵 21 - 桐華寺(上)』) 수화승 霞隱應祥

1887년 대구 把溪寺 金堂庵 神衆圖 조성(『韓國의 佛畵 21 - 桐華寺(上)』) 수화승 霞隱應祥

1887년 대구 把溪寺 金庵 七星圖 조성(『韓國의 佛畵 22 - 桐華寺(下)』) 수화승 霞隱應祥

1887년 경북 의성 孤雲寺 雙修庵 大法堂 阿彌陀後佛圖 조성(『韓國의 佛畵 23 - 孤雲寺(上)』) 수화승 霞隱應祥

1887년 白雲山 普賢寺 七星圖 조성(報恩 法住寺 所藏, 『韓國의 佛畵 17 - 法住寺』) 수화승 瑞輝

1887년 普賢寺 山神圖 조성(報恩 法住寺 所藏, 『韓國의 佛畵 17 - 法住寺』) 수화승 瑞輝

◦1888년 경북 안동 鳳停寺 大雄殿 地藏圖 조성(『韓國의 佛畵 23 - 孤雲寺(上)』) 수화승 霞隱應祥

1888년 경북 문경 金龍寺 獨聖圖 조성(『韓國의 佛畵 9 - 直指寺(下)』) 수화승 霞隱應祥

1888년 충북 중원 太古寺 七星圖 조성(『韓國佛畵畵記集』) 수화승 瑞輝

1888년 충북 중원 太古寺 獨聖圖 조성(『韓國佛畵畵記集』) 수화승 瑞輝

1888년 충북 중원 太古寺 山神圖 조성(『韓國佛畵畵記集』) 수화승 瑞輝

◦1890년 경북 문경 大乘寺 妙寂庵 神衆圖 조성(『韓國의 佛畵 8 - 直指寺(上)』) 수화승 霞隱應祥

◦1894년 경북 문경 金龍寺 養眞庵 釋迦牟尼後佛圖 조성(『韓國의 佛畵 8 - 直指寺(上)』) 金魚 수화승

◦1897년 충북 보은 法住寺 圓通寶殿 觀音圖 조성(『韓國의 佛畵 17 - 法住寺』) 수화승 定鍊

1897년 충북 보은 法住寺 捌相殿 八相圖(雪山修道相) 조성(『韓國의 佛畵 17 - 法住寺』) 수화승 錦湖若效

법재(法載 : -1675-) 17세기 후반에 활동한 불화승이다. 1675년에 현종顯宗 빈전殯殿 조성소 화승畵僧으로 참여하였다.

◦1675년 『顯宗殯殿都監儀軌』 魂殿 造成所 畵僧(奎章閣 13540호, 朴廷蕙, 「儀軌를 통해서 본 朝鮮時代의 畵員」 자료1)

법전(法筌 : -1772-) 18세기 전반에 활동한 불화승이다. 1772년에 수화승 유성과 충남 서산 개심사 괘불도를 조성하였다.

◦1772년 충남 서산 開心寺 掛佛圖 조성(『韓國의 佛畵 27 - 修德寺』) 수화승 有誠

법조 1(法照 : -1766-) 18세기 중반에 활동한 불화승이다. 1766년에 수화승 화월두훈과 충북 보은 법주사 괘불도를 조성하였다.

◦1766년 충북 보은 法住寺 掛佛圖 조성(『韓國의 佛畵 17 - 法住寺』) 수화승 華月枓訓

법조 2(法照 : -1884-) 19세기 후반에 활동한 불화승이다. 1884년에 수화승 혜과엽계과 경북 예천 용문사 칠성도를 조성하였다.

　　◦1884년 경북 예천 龍門寺 七星圖 조성(『韓國의 佛畵 9 - 直指寺(下)』) 수화승 慧果燁桂

법조 3(法照 : -1908-) 청하당(淸河堂) 20세기 전반에 활동한 불화승이다. 1908년에 수화승 석옹철유와 서울 수국사 괘불도를 조성하였다.

　　◦1908년 서울 守國寺 掛佛圖 조성(『韓國의 佛畵 35 - 曹溪寺(中)』) 수화승 石翁喆裕

법준 1(法俊 : -1708-) 18세기 전반에 활동한 불화승이다. 1708년에 수화승 인문과 충남 청양 장곡사 아미타후불도(동국대학교 박물관 소장)를 조성하였다.

　　◦1708년 충남 청양 長谷寺 阿彌陀後佛圖 조성(東國大學校 博物館 所藏, 『韓國의 佛畵 18 - 大學博物館(Ⅰ)』) 수화승 印文

법준 2(法俊 : -1847-)* 19세기 중반에 활동한 불화승이다. 1847년에 수화승으로 경북 포항 보경사 마흘조사원각대사진영을 개채改彩하였다.

　　◦1847년 경북 포항 寶鏡寺 摩屹祖師圓覺大師之眞影 改彩(『韓國의 佛畵 38 - 佛國寺』) 金魚 수화승

법준 3(法俊 : -1903-) 20세기 전반에 활동한 불화승이다. 1903년에 수화승 향호묘영과 경남 통영 용화사 석가모니후불도를 조성하였다.

　　◦1903년 경남 통영 龍華寺 釋迦牟尼後佛圖 조성(『韓國의 佛畵 25 - 雙磎寺(上)』) 수화승 香湖妙英

법징 1(法澄 : -1728-) 18세기 전반에 활동한 불화승이다. 1728년에 수화승 쾌민과 대구 동화사 지장도를 조성하였다.

　　◦1728년 대구 桐華寺 地藏圖 조성(『韓國의 佛畵 21 - 桐華寺(上)』) 수화승 快旻

법징 2(法澄 : -1768-1771-) 18세기 중반에 활동한 불화승이다. 1768년에 수화승 유행와 충남 부여 오덕사 괘불도를 조성하고, 1771년에 수화승 쾌성과 충남 공주 갑사 괘불도를 중수重修하였다.

　　◦1768년 충남 부여 五德寺 掛佛圖 조성(『掛佛調査報告書 Ⅱ』와 『韓國佛畵畵記集』)[20] 수화승 有幸
　　◦1771년 충남 공주 甲寺 掛佛圖 重修(『韓國의 佛畵 16 - 麻谷寺(下)』) 수화승 快性

법찬 1(法贊 : -1766-) 18세기 중반에 활동한 불화승이다. 1766년에 수화승 화월두훈과 충북 보은 법주사 괘불도를 조성하였다.

　　◦1766년 충북 보은 法住寺 掛佛圖 조성(『韓國의 佛畵 17 - 法住寺』) 수화승 華月枓訓

법찬 2(法讚 : -1904-) 20세기 전반까지 활동한 불화승이다. 1904년에 수화승 환월상휴과 경남 양산 통도사 비로암 구품도와 칠성도를 조성하였다.

　　◦1904년 경남 양산 通度寺 毘盧庵 九品圖 조성(『韓國의 佛畵 1 - 通度寺(上)』)[21] 수화승 煥月尙休
　　◦1904년 경남 양산 通度寺 毘盧庵 七星圖 조성(『韓國의 佛畵 2 - 通度寺(中)』)[22] 수화승 尙休

법해(法海 : -1693-1702-) 1693년에 경북 김천 직지사 관음전 단청에 참여하고, 1702년에 수화승 탁휘와 경북 성주 선석사 괘불도를 조성하고, 직지사 천불전 중창에 참여하였다.

◦ 1693년 경북 김천 直指寺 觀音殿 丹靑(『直指寺誌』) 수화승 卓輝
◦ 1702년 경북 성주 禪石寺 掛佛圖 조성(『韓國의 佛畵 22 – 桐華寺(下)』) 수화승 卓輝
1702년 경북 김천 直指寺 千佛殿 重創(『直指寺誌』)
◦ 연대미상 경북 김천 直指寺 「千佛殿重創刱上樑文」(『直指寺誌』)[23]

법해당(法海堂) 만계(萬戒) 참조

법해당(法海堂) 재명(再明) 참조

법현 1(法玄 : -1748-)* 18세기 중반에 활동한 불화승이다. 1748년에 수화승으로 충남 청양 장곡사 석가모니후불도(동국대학교 박물관 소장)를 조성하였다.

◦ 1748년 충남 청양 長谷寺 釋迦牟尼後佛圖 조성(東國大學校 博物館 所藏, 『韓國의 佛畵 18 – 大學博物館(Ⅰ)』) 大畵善首[24] 수화승

법현 2(法鉉, 法賢 : -1890-1895-) 19세기 후반에 활동한 불화승이다. 1890년에 수화승 서휘와 경북 예천 명봉사 산신도를, 1894년에 수화승 법임과 경북 문경 김용사 양진암 석가모니후불도와 수화승 소현과 경북 의성 지장사 극락전 아미타후불도를, 1895년에 수화승 봉화와 의성 지장사 영산전 석가모니후불도를, 제작연대를 알 수 없는 경북 예천 용문사 화장찰해도를 수화승 봉화와 조성하였다.

◦ 1890년 경북 예천 鳴鳳寺 山神圖 조성(『韓國의 佛畵 9 – 直指寺(下)』와 『韓國佛畵畵記集』) 수화승 瑞輝
◦ 1894년 경북 문경 金龍寺 養眞庵 釋迦牟尼後佛圖 조성(『韓國의 佛畵 8 – 直指寺(上)』) 수화승 法任
1894년 경북 의성 地藏寺 極樂殿 阿彌陀後佛圖 조성(『韓國의 佛畵 23 – 孤雲寺(上)』) 수화승 所賢
◦ 1895년 경북 의성 地藏寺 靈山殿 釋迦牟尼後佛圖 조성(『韓國의 佛畵 23 – 孤雲寺(上)』) 수화승 奉華
◦ 연대미상 경북 예천 龍門寺 華藏刹海圖 조성(『韓國의 佛畵 9 – 直指寺(下)』) 片手 수화승 奉華

법형(法泂 : -1628-)* 17세기 전반에 활동한 불화승이다. 1628년에 수화승으로 경기 안성 칠장사 괘불도五佛會를 조성하였다.

◦ 1628년 경기 안성 七長寺 掛佛圖(五佛會) 조성(『韓國佛畵畵記集』과 『韓國의 佛畵 29 – 龍珠寺(下)』) 畵員[25] 수화승

벽산당(碧山堂) 찬규(粲奎, 璨圭, 璨奎) 참조

벽운당(碧雲堂) 봉민(奉珉) 참조

벽월당(碧月堂) 창오(昌旿) 참조

벽하(碧河, 碧荷 : -1755-1758-)* 18세기 중반에 활동한 불화승이다. 1755년에 순회세자順懷世子 상시봉원上諡封園 비석소碑石所 화승畵僧으로 참여하고, 1758년에 수화승 설훈과 경북 의성 고운사 사천왕도(지국천왕)와 수화승으로 사천왕도(광목천왕, 홍익대학교 박물관 소장)를, 1758년에 수화승 각총과 경기 여주 신륵사 극락보전 삼장도를, 1768년에 수화승 상계와 강원 속초 신흥

사 감로도를 조성하였다.

· 1755년『順懷世子上諡封園都監儀軌』碑石所 畵僧(奎章閣 13493호, 朴廷蕙,「儀軌를 통해서 본 朝鮮時代의 畵員」자료1)
· 1758년 경북 의성 高雲寺 四天王圖(持國天王) 조성(弘益大學校 博物館 所藏,『韓國의 佛畵 19 - 大學博物館(Ⅱ)』) 수화승 雪訓
1758년 경북 의성 高雲寺 四天王圖(廣目天王) 조성(弘益大學校 博物館 所藏,『韓國의 佛畵 19 - 大學博物館(Ⅱ)』) 都片手 수화승
1758년 경기 여주 神勒寺 極樂寶殿 三藏圖 조성(『韓國의 佛畵 28 - 龍珠寺(上)』) 수화승 覺聰
· 1768년 강원 속초 神興寺 甘露圖 조성(『韓國佛畵畵記集』) 수화승 尙戒

벽해(碧海 : -1764-) 18세기 중반에 활동한 불화승이다. 1764년에 건원릉健元陵 정자각丁字閣 중수에 화승畵僧으로 참여하였다.

· 1764년『健元陵丁字閣重修都監儀軌』畵僧(奎章閣 13500호, 朴廷蕙,「儀軌를 통해서 본 朝鮮時代의 畵員」자료1)

변권(卞權 : -1715-)* 18세기 전반에 활동한 불화승이다. 1715년에 전남 장흥 보림사 고법당 중창 시 단청에 참여하고, 수화승으로 조사도를 조성하였다.

· 1715년 전남 장흥 寶林寺 古法堂 重創 丹靑(『譯註 寶林寺重創記』) 畵手 수화승
1715년 전남 장흥 寶林寺에서 8월 7일 祖師圖를 시작하여 9월 8일까지 봉안(『譯註 寶林寺重創記』) 邊手 수화승

병규(炳奎, 丙圭 : -1892-1897-)* 연허당(蓮虛堂) 19세기 후반에 활동한 불화승이다. 수화승으로 1892년에 상사霜寺 독성도(여주 흥왕사 소장)와 1897년에 경기 용인 장경암 산신도를 조성하였다.

· 1892년 霜寺 獨聖圖 조성(驪州 興旺寺 所藏,『韓國의 佛畵 29 - 龍珠寺(下)』) 金魚 수화승
· 1897년 경기 용인 長庚菴 山神圖 조성(『韓國의 佛畵 29 - 龍珠寺(下)』) 金魚 수화승

병민(秉玟, 秉敏, 秉旼, 秉玫 : 1896-1901) 설재당(雪齋堂, 雪霽堂) 19세기 후반부터 20세기 전반까지 활동한 불화승이다. 1896년에 수화승 덕산묘화와 대구 동구 동화사 사천왕도(지국천왕)를 그리고, 목조석가삼세불좌상을 개금하였다. 1899년에 수화승 주화와 경남 양산 통도사 비로암 석가모니후불도와 백련암 지장보살도, 수화승 벽산찬규와 상원암 신중도(군위 신흥사 소장)를, 1900년에 수화승 동호진철과 양산 통도사 감로도를, 1901년에 수화승 벽산찬규와 대구 달성 소재사 대웅전 석가모니후불도와 신중도를 조성하였다.

· 1896년 대구 동화사 四天王圖(持國天王) 조성(『韓國의 佛畵 21 - 桐華寺(上)』)26) 수화승 德山妙華
1896년 대구 桐華寺 四天王圖(多聞天王) 조성(『韓國의 佛畵 21 - 桐華寺(上)』)27) 수화승 友松爽洙
· 1899년 慶南 梁山 通度寺 毘盧庵 釋迦牟尼後佛圖 조성(『韓國의 佛畵 1 - 通度寺(上)』) 出草 수화승 周華
1899년 上元庵 神衆圖(軍威 新興寺 所藏,『韓國의 佛畵 30 - 銀海寺』) 수화승 粲圭
1899년 경남 양산 通度寺 白蓮庵 地藏菩薩圖 조성(『韓國佛畵畵記集』) 수화승 周華
· 1900년 경남 양산 通度寺 金剛戒壇 甘露圖 조성(『韓國의 佛畵 2 - 通度寺(中)』) 수화승 東湖震徹
· 1901년 대구 달성 消災寺 大雄殿 釋迦牟尼後佛圖 조성(『韓國의 佛畵 21 - 桐華寺(上)』)

수화승 碧山 粲奎
1901년 대구 달성 消災寺 神衆圖 조성(『韓國의 佛畵 21 – 桐華寺(上)』) 수화승 碧山
粲圭
◦ 연대미상 경북 영천 銀海寺 百興庵 極樂殿 地藏圖 조성(『韓國의 佛畵 30 – 銀海寺』) 수
화승 碧山璨奎

병연(炳淵 : -1908-) 금담당(錦潭堂) 20세기 전반에 활동한 불화승이다. 1908
년에 수화승 관하종인과 전남 화순 만연사 선정암禪定庵 석가모니후불도를
조성하였다.
◦ 1908년 전남 화순 萬淵寺 禪定庵 釋迦牟尼後佛圖 조성(『韓國의 佛畵 6 – 松廣寺(上)』)
수화승 觀河宗仁

병종(秉鍾 : -1903-) 20세기 전반에 활동한 불화승이다. 1903년에 수화승 향
호묘영과 경남 통영 용화사 석가모니후불도를 조성하였다.
◦ 1903년 경남 통영 龍華寺 釋迦牟尼後佛圖 조성(『韓國의 佛畵 25 – 雙磎寺(上)』) 수화승
香湖妙英

병혁(炳赫 : -1904-1920-) 19세기 후반부터 20세기 전반까지 활동한 불화승이
다. 1904년에 수화승 환월상휴와 경남 양산 통도사 비로암 구품도九品圖를,
1905년에 수화승 보응문성과 부산 범어사 팔상전 영산회상도와 나한전 영산
회상도 등을, 수화승 금호약효와 괘불도를, 1920년에 수화승 환월상휴와 경
남 양산 통도사 사명암 감로도를 조성하였다.
◦ 1904년 경남 양산 通度寺 毘盧庵 九品圖 조성(『韓國의 佛畵 1 – 通度寺(上)』)[28] 수화승
煥月尚休
◦ 1905년 부산 梵魚寺 捌相殿 靈山會上圖 조성(『梵魚寺聖寶博物館 名品圖錄』과 『韓國의
佛畵 32 – 梵魚寺』)[29] 수화승 普應文性
1905년 부산 梵魚寺 羅漢殿 靈山會上圖 조성(『梵魚寺聖寶博物館 名品圖錄』과 『韓國
의 佛畵 32 – 梵魚寺』) 수화승 普應文性
1905년 부산 梵魚寺 羅漢殿 羅漢圖 조성(『梵魚寺聖寶博物館 名品圖錄』과 『韓國의 佛
畵 32 – 梵魚寺』) 金魚 수화승 普應文性
1905년 부산 梵魚寺 掛佛圖 조성(『梵魚寺聖寶博物館 名品圖錄』과 『韓國의 佛畵 32
– 梵魚寺』) 수화승 錦湖若效
◦ 1920년 경남 양산 通度寺 泗溟庵 甘露圖 조성(『韓國의 佛畵 2 – 通度寺(中)』) 수화승 煥
月尚休
◦ 연대미상 경남 양산 通度寺 毘盧庵 神衆圖 조성(『韓國의 佛畵 1 – 通度寺(上)』)[30] 수화
승 尚休
※ 병혁은 두 명일 가능성이 있다.

병호(秉鎬, 秉皓 : -1907-1918-) 동산당(東山堂) 20세기 전반에 활동한 불화승
이다. 1907년에 수화승 벽운유봉과 전남 순천 선암사 천불도를, 1918년에 수
화승 벽월창오와 순천 선암사 응진당 십육나한도와 삼성각 독성도를 조성하
였다.
◦ 1907년 전남 순천 仙巖寺 千佛圖 조성(『韓國의 佛畵 12 – 仙巖寺』) 수화승 碧雲有琫
◦ 1918년 전남 순천 仙巖寺 應眞堂 十六羅漢圖 조성(『韓國의 佛畵 12 – 仙巖寺』) 수화승
碧月昌旿
1918년 전남 순천 仙巖寺 三聖閣 獨星圖 조성(『韓國의 佛畵 12 – 仙巖寺』) 수화승 碧

月昌昈

병홍(炳弘, 炳洪 : -1884-1885-) 19세기 후반에 활동한 불화승이다. 1884년에 수화승 정규와 응석사 석가모니후불도를, 1885년에 수룡기전과 경남 합천 해인사 국일암 구품도九品圖와 신중도를 조성하였다.

- 1884년 경남 진주 凝石寺 釋迦牟尼後佛圖 조성(『韓國의 佛畫 4 – 海印寺(上)』) 수화승 廷奎
- 1885년 경남 합천 海印寺 國一庵 九品圖 조성(『韓國의 佛畫 4 – 海印寺(上)』) 수화승 水龍琪銓
  1885년 경남 합천 海印寺 國一庵 神衆圖 조성(『韓國의 佛畫 4 – 海印寺(上)』)31) 수화승 水龍琪銓

보감(寶鑑 : -1858-) 19세기 중반에 활동한 불화승이다. 1858년에 수화승 성운영희와 경기 남양주 흥국사 괘불도를 조성하였다.

- 1858년 경기 남양주 興國寺 掛佛圖 조성(『掛佛調査報告書』와 『韓國佛畫畫記集』 및 『韓國의 佛畫 33 – 奉先寺』) 수화승 惺雲永羲

보겸(普謙 : -1762-) 18세기 중반에 활동한 불화승이다. 1762년에 장조莊祖 영우원永祐園 조성소 화승畫僧으로 참여하였다.

- 1762년 『莊祖永祐園園所都監儀軌』 造成所 畫僧(奎章閣 13607호, 朴廷蕙, 「儀軌를 통해서 본 朝鮮時代의 畫員」 자료1)

보관(普寬, 普管, 普觀, 普官 : -1755-1798-) 18세기 중반에 활동한 불화승이다. 수화승 임한과 1755년에 온양민속박물관 소장 삼장도를, 1759년에 경남 양산 통도사 대광명전 비로자나후불도와 석가모니후불도를, 1767년에 수화승 하윤과 경북 경주 불국사 대웅전 단청을, 1798년에 수화승 신겸과 충북 보은 대법주사 여적암 신중도(괴산 채운암 소장)를 조성하였다.

- 1755년 三藏圖 조성(溫陽民俗博物館 所藏, 『韓國의 佛畫 20 – 私立博物館』)32) 수화승 任閑
- 1759년 경북 양산 通度寺 大光明殿 毘盧遮那後佛圖 조성(『韓國의 佛畫 1 – 通度寺(上)』) 수화승 任閑
  1759년 경북 양산 通度寺 大光明殿 釋迦牟尼後佛圖 조성(『韓國의 佛畫 1 – 通度寺(上)』) 수화승 任閑
  1759년 己酉年改金幀畫丹艧事施主記(安貴淑, 「조선후기 佛畫僧의 계보와 義謙比丘에 대한 연구(상)」)
- 1767년 경북 경주 佛國寺 大雄殿 丹艧(「佛國寺古今創記」, 『佛國寺誌』) 수화승 夏閏
- 1798년 충북 보은 大法住寺 汝寂庵 神衆圖 조성(槐山 彩雲庵 所藏, 『韓國佛畫畫記集』) 수화승 信謙
- 연대미상 阿彌陀後佛圖 조성(梁山 通度寺 所藏, 『韓國의 佛畫 3 – 通度寺(下)』) 수화승 □演

보명당(普明堂) 상오(尙悟) 참조

보상(保相 : -1868-)* 19세기 중반에 활동한 불화승이다. 1868년에 수화승으로 경북 청도 운문사 관음전 관음도를 조성하였다.

- 1868년 경북 청도 雲門寺 觀音殿 觀音圖 조성(『韓國의 佛畫 21 – 桐華寺(上)』) 畫士 수화승

보성(普性 : -1817-) 19세기 전반에 활동한 불화승이다. 1817년에 수화승 운곡 언보와 경북 청도 병사餅寺 석가모니후불홍도釋迦牟尼後佛紅圖를 조성하였다.

  ◦1817년 경북 청도 餅寺 釋迦牟尼後佛紅圖 조성(淸道 德寺 所藏,『韓國의 佛畵 21 – 桐華 寺(上)』) 수화승 雲谷言輔

보순(普淳 : -1788-) 18세기 후반에 경북 문경 대승사를 중심으로 활동한 불 화승이다. 1788년에 상겸과 경북 상주 남장사 불사에 참여하여『불사성공록 佛事成功錄』에 대승양공大乘良工으로 적혀있다.

  ◦1788년 남장사 불사에 참여한 화승을 적은『佛事成功錄』에 大乘良工으로 언급(이용윤, 「『佛事成功錄』을 통해 본 남장사 괘불」) 수화승 尙謙

보신(普信 : -1781-) 18세기 후반에 활동한 불화승이다. 1781년에 수화승 승 윤과 경남 하동 쌍계사 삼세불도(석가모니불)와 삼장도를 조성하였다.

  ◦1781년 경남 하동 쌍계사 三世佛圖(釋迦牟尼佛) 조성(『韓國의 佛畵 25 – 雙磎寺(上)』) 수 화승 勝允
   1781년 경남 하동 쌍계사 三藏圖 조성(『韓國의 佛畵 25 – 雙磎寺(上)』) 수화승 勝允

보심(普心 : -1755-1794-) 18세기 중・후반에 활동한 불화승이다. 1755년에 수화승 상정과 용화암 목조보살좌상(부천 석왕사 소장)을 제작하고, 1759년 에 수화승 화연과 전남 곡성 태안사 봉서암 감로왕도(호암미술관 소장)를, 1759년에 수화승 맹찬과 경남 진주 청곡사 남암 아미타후불홍도(동국대학교 경주캠퍼스박물관 소장)를, 1761년에 수화승 화연과 전남 곡성 태안사 봉서 암 신중도를 그렸다. 수화승 지연과 1792년에 경남 양산 통도사 괘불도와 삼 장도를, 1792년에 수화승 璡峯과 경북 영천 은해사 백홍암 극락전 감로도를, 1794년에 수화승 승초와 충남 공주 마곡사 백련정사 신중도(아산 세심사 소 장)를 제작하였다.

  ◦1759년 전남 곡성 泰安寺 鳳瑞庵 甘露王圖 조성(湖巖美術館 所藏,『韓國佛畵畵記集』) 수 화승 華演
   1759년 靑谷寺 南庵 조성(東國大 慶州캠퍼스 博物館 所藏,『韓國의 佛畵 18 – 大學博 物館(阿彌陀後佛紅圖 Ⅰ)』) 수화승 孟贊
  ◦1761년 전남 곡성 泰安寺 鳳瑞庵 神衆圖 조성(『泰安寺誌』) 수화승 華演
  ◦1792년 경남 양산 通度寺 掛佛圖 조성(『韓國의 佛畵 2 – 通度寺(中)』) 수화승 指演
   1792년 경남 양산 通度寺 三藏圖 조성(『韓國의 佛畵 1 – 通度寺(上)』) 수화승 指演
   1792년 경북 영천 銀海寺 百興庵 極樂殿 甘露圖 조성(『韓國의 佛畵 30 – 銀海寺』) 수 화승 璡峯
  ◦1794년 충남 공주 麻谷寺 白蓮精舍 神衆圖 조성(牙山 洗心寺 소장,『韓國의 佛畵 15 – 麻谷寺(上)』) 수화승 勝初
   ※ 보심은 두 명일 가능성이 있다.

보암당(普庵堂) 상월(上月) 참조

보암당(普庵堂) 긍법(肯法) 참조

보연 1(普演 : -1759-) 18세기 중반에 활동한 불화승이다. 1759년에 불상 개금과 불화 조성 및 단청을 하였다.

　◦ 1759년 己酉年改金幀畫丹艧事施主記(安貴淑,「조선후기 佛畫僧의 계보와 義謙比丘에 대한 연구(상)」)

보연 2(普演 : -1806-) 19세기 전반에 활동한 불화승이다. 1806년에 수화승 민관과 서울 원통사 괘불도를 조성하였다.

　◦ 1806년 서울 圓通寺 掛佛圖 조성(『韓國의 佛畫 35 - 曹溪寺(中)』) 수화승 旻官

보영(寶英 : -1825-) 18세기 전반에 활동한 불화승이다. 1825년에 수화승 퇴운신겸과 영천 은해사에 소장된 지보암 석가모니후불도와 지장도 및 현왕도를 조성하였다.

　◦ 1825년 持寶菴 釋迦牟尼後佛圖 조성(永川 銀海寺 所藏,『韓國의 佛畫 30 - 銀海寺』) 수화승 退雲信謙
　　1825년 地藏圖 조성(永川 銀海寺 所藏,『韓國의 佛畫 30 - 銀海寺』) 수화승 退雲信謙
　　1825년 持寶寺 現王圖 조성(永川 銀海寺 所藏,『韓國의 佛畫 30 - 銀海寺』) 수화승 退雲愼謙

보원(普元, 普源, 普遠 : -1776-1804-) 18세기 후반부터 19세기 전반까지 경기를 중심으로 활동한 불화승이다. 1776년에 영조英祖 원릉元陵과 1786년에 문효세자文孝世子 묘소墓所 및 1789년에 장조莊祖 현륭원顯隆園 조성소 화승畫僧으로 참여하였다. 1794년부터 1796년까지 화성 건립에 참여하여 1801년에 작성된 『화성성역의궤華城城役儀軌』에 양주목楊州牧 승려로 언급되어 있다. 1804년에 수화승 홍안과 경북 문경 혜국사 석가모니후불도를, 수화승 신겸과 신중도를 조성하였다.

　◦ 1776년 『英祖元陵山陵都監儀軌』 造成所 畫僧(奎章閣 13586호, 朴廷蕙,「儀軌를 통해서 본 朝鮮時代의 畫員」 자료1)
　◦ 1786년 『文孝世子墓所都監儀軌』 造成所 畫僧(奎章閣 13925호, 朴廷蕙,「儀軌를 통해서 본 朝鮮時代의 畫員」 자료1)
　◦ 1789년 『莊祖顯隆園園所都監儀軌』 造成所 畫僧(奎章閣 13627호, 朴廷蕙,「儀軌를 통해서 본 朝鮮時代의 畫員」 자료1)
　◦ 1794년-1796년 화성 건립에 화원으로 참여(1801년 작성된 『華城城役儀軌』 卷4 工匠 畫工 條) 楊州牧
　◦ 1804년 경북 문경 惠國寺 釋迦牟尼後佛圖 조성(『韓國의 佛畫 8 - 直指寺(上)』)[33] 수화승 弘眼
　　1804년 경북 문경 惠國寺 神衆圖 조성(『韓國의 佛畫 8 - 直指寺(上)』) 수화승 愼謙

보월(寶月 : -1807-) 19세기 전반에 활동한 불화승이다. 1807년에 수화승 오봉과 전북 고창 선운사 대웅보전 신중도를 조성하였다.

　◦ 1807년 전북 고창 禪雲寺 大雄寶殿 神衆圖 조성(『韓國의 佛畫 14 - 禪雲寺』) 수화승 鰲峯

보윤(普允 : -1897-) 19세기 후반에 활동한 불화승이다. 1897년에 수화승 봉화와 충북 보은 법주사 대웅보전 아미타후불도를 조성하였다.

　◦ 1897년 충북 보은 法住寺 大雄寶殿 阿彌陀後佛圖 조성(『韓國의 佛畫 17 - 法住寺』) 수화승 奉華

보은(普訔, 報恩 : -1769-1777-) 18세기 중반에 활동한 불화승이다. 1769년에

수화승 상정과 경북 경주 불국사 불사佛事에 참여하고, 1772년에 수화승 유성과 충남 서산 개심사 괘불도를, 1777년에 수화승 정총과 용연사 석가모니후불도(동국대학교 박물관 소장)를 조성하였다.

   ◦ 1769년 경북 경주 佛國寺 佛事에 참여(『韓國의 佛畵 38 – 佛國寺』) 수화승 尙淨[34]
   ◦ 1772년 충남 서산 開心寺 掛佛圖 조성(『韓國의 佛畵 27 – 修德寺』) 수화승 有誠
   ◦ 1777년 龍淵寺 釋迦牟尼後佛圖 조성(東國大學校 博物館 所藏, 『韓國의 佛畵 18 – 大學博物館(Ⅰ)』)[35] 수화승 定聰

보응당(普應堂) 문성(文性) 참조

보응당(普應堂) 계창(桂昌) 참조

보익(普益 : -1874-) 19세기 후반에 활동한 불화승이다. 1874년에 수화승 덕운영운와 부산 안적사 대웅전 아미타후불도를 조성하였다.

   ◦ 1874년 부산 安寂寺 大雄殿 阿彌陀後佛圖 조성(『韓國의 佛畵 32 – 梵魚寺』) 수화승 德雲永芸

보인(普仁 : -1784-1785-)* 18세기 후반에 활동한 조각승이다. 1784년에 수화승 유성과 경북 김천 직지사 천불전 불상을, 1785년에 수화승으로 부도암 신중도(영천 은해사 소장)를 조성하였다.

   ◦ 1784년에 경북 김천 직지사 천불전 불상 조성(發願文) 수화승 有誠
   ◦ 1785년 경북 김천 直指寺 「乾隆五十年緣化秩」 언급(『直指寺誌』)
     1785년 浮屠菴 神衆圖 조성(永川 銀海寺 所藏, 『韓國의 佛畵 30 – 銀海寺』) 畵士 수화승

보일 1(宝一 : -1757-) 18세기 중반에 활동한 불화승이다. 1757년에 수화승 색민과 전남 구례 화엄사 대웅전 삼신도(석가모니불)를 조성하였다.

   ◦ 1757년 전남 구례 華嚴寺 大雄殿 三身圖(釋迦牟尼佛) 조성(『韓國의 佛畵 11 – 華嚴寺』) 수화승 嗇旻

보일 2(普一, 補一 : -1841-) 19세기 중반에 활동한 불화승이다. 1841년에 수화승 용하천여와 전남 순천 선암사 대승암 지장시왕도와 운수암 신중도를 조성하였다.

   ◦ 1841년 전남 순천 仙巖寺 大乘庵 地藏十王圖 조성(『韓國의 佛畵 12 – 仙巖寺』)[36] 수화승 龍河天如
     1841년 雲水庵 神衆圖 조성(『韓國의 佛畵 12 – 仙巖寺』) 수화승 龍河天如

보잠(普岑 : -1776-) 18세기 후반에 활동한 불화승이다. 1776년에 수화승 신암화연과 전남 구례 천은사 극락보전 아미타후불도와 삼장도를 조성하였다.

   ◦ 1776년 전남 구례 泉隱寺 極樂寶殿 阿彌陀後佛圖 조성(『韓國의 佛畵 11 – 華嚴寺』) 수화승 信庵華連
     1776년 전남 구례 泉隱寺 極樂寶殿 三藏圖 조성(『韓國의 佛畵 11 – 華嚴寺』)[37] 수화승 信庵華連

보찬(普贊, 甫贊 : -1803-1821-) 19세기 전반에 활동한 불화승이다. 수화승 홍안과 1803년에 경북 문경 김용사 석가모니후불도와 응진전 후불도 및 신중도를, 1808년에 경북 안동 부석사 서전 단청을, 1821년에 수화승 퇴운신겸과

온양민속박물관 소장된 석가모니후불도와 신중도를 조성하였다.

- 1803년 경북 문경 金龍寺 釋迦牟尼後佛圖 조성(『韓國의 佛畵 8 - 直指寺(上)』)[38] 수화승 弘眼
  1803년 경북 문경 金龍寺 應眞殿 後佛圖 조성(『韓國의 佛畵 8 - 直指寺(上)』) 수화승 弘眼
  1803년 경북 문경 金龍寺 神衆圖 조성(『韓國의 佛畵 8 - 直指寺(上)』) 수화승 弘眼
- 1808년 경북 안동 浮石寺 西寶殿 丹艧 重修(「浮石寺資料」, 『佛敎美術』 3)
- 1821년 釋迦牟尼後佛圖 조성(溫陽民俗博物館 所藏, 『韓國의 佛畵 20 - 私立博物館』) 수화승 退雲信謙
  1821년 地藏圖 조성(溫陽民俗博物館 所藏, 『韓國의 佛畵 20 - 私立博物館』) 수화승 退雲信謙

보찰(普察 : -1884-) 19세기 후반에 활동한 불화승이다. 1884년에 수화승 축연과 서울 진관사 영산전 제석도(사자·장군)를 조성하였다.

- 1884년 서울 津寬寺 靈山殿 帝釋圖(使者, 將軍) 조성(『韓國의 佛畵 35 - 曹溪寺(中)』) 金魚 수화승 竺衍

보총(普摠 : -1704-1742-)* 18세기 전·중반에 활동한 불화승이다. 1704년에 수화승으로 경북 영천 은해사 괘불도를, 1742년에 수화승 혜식과 덕유산 영축사 영산회상도(국립중앙박물관 소장)를 조성하였다.

- 1704년 경북 영천 銀海寺 掛佛圖 조성(『韓國의 佛畵 30 - 銀海寺』) 畵員 수화승
- 1742년 德裕山 靈鷲寺 靈山會上圖 조성(國立中央博物館 所藏, 『영혼의 여로 - 조선시대 불교회화와의 만남』과 『韓國의 佛畵 39 - 國·公立博物館』)[39] 山人 수화승 慧式

보학(普學, 宝學 : -1762-1782-) 18세기 중반에 활동한 불화승이다. 1762년에 수화승 진찰과 강원 홍천 수타사 석가모니후불도를, 1764년에 수화승 치삭과 경북 의성 대곡사 지장도와 원광대박물관 소장 감로도를, 1782년에 수화승 수인과 경북 의성 대곡사 삼화상진영, 청허당대선사진영, 사명당대선사진영을 조성하였다.

- 1762년 강원 홍천 壽陁寺 釋迦牟尼後佛圖 조성(『韓國의 佛畵 10 - 月精寺』) 수화승 震刹
- 1764년 경북 의성 大谷寺 地藏圖 조성(『韓國의 佛畵 23 - 孤雲寺(上)』) 수화승 稚朔
  1764년 甘露圖 조성(圓光大學校 博物館 所藏, 『韓國의 佛畵 19 - 大學博物館(Ⅱ)』)[40] 수화승 雉翔
- 1782년 경북 의성 大谷寺 三和尙眞影 조성(『韓國의 佛畵 24 - 孤雲寺(下)』) 수화승 守印
  1782년 경북 의성 大谷寺 淸虛堂大禪師眞影 조성(『韓國의 佛畵 24 - 孤雲寺(下)』) 수화승 守印
  1782년 경북 의성 大谷寺 四溟堂大禪師眞影 조성(『韓國의 佛畵 24 - 孤雲寺(下)』) 수화승 守印

보행(普行 : -1774-) 18세기 후반에 활동한 불화승이다. 1774년에 수화승 처징과 서울 학림사 괘불도를 중수하였다.

- 1774년 서울 鶴林寺 掛佛圖 重修(박도화, 「鶴林寺 毘盧遮那삼신괘불탱화」과 『韓國의 佛畵 35 - 曹溪寺(中)』) 수화승 處澄·

보협(寶洽 : -1878-) 19세기 후반에 활동한 불화승이다. 1878년에 수화승 한담천신과 경기 안성 청룡사 대웅전 삼세후불도를 조성하였다.

◦ 1878년 경기 안성 靑龍寺 大雄殿 三世後佛圖 조성(『韓國의 佛畵 28 – 龍珠寺(上)』) 수화 승 漢潭天娠

보형(普炯 : -1872-) 19세기 후반에 활동한 불화승이다. 1872년에 수화승 방우 진호와 경기 파주 보광사 명부전 지장도와 사자도(사자・장군)를 조성하였다.

◦ 1872년 경기 파주 普光寺 冥府殿 地藏圖 조성(『韓國의 佛畵 33 – 奉先寺』) 수화승 放牛 珎昊
　 1872년 경기 파주 普光寺 使者圖(使者・將軍) 조성(『韓國佛畵畵記集』와 『韓國의 佛畵 33 – 奉先寺』) 수화승 放牛 珎昊

보화(普化 : -1876-1879-) 19세기 후반에 활동한 불화승이다. 수화승 수룡기 전과 1876년에 대구 동화사 내원암 칠성도(치성광여래)와 1879년에 전북 완 주 위봉사 태조암 석가모니후불도를 조성하였다.

◦ 1876년 대구 桐華寺 內院庵 七星圖(熾盛光如來) 조성(『韓國의 佛畵 22 – 桐華寺(下)』) 수 화승 水龍 大電
◦ 1879년 전북 완주 威鳳寺 太祖庵 釋迦牟尼後佛圖 조성(『韓國의 佛畵 13 – 金山寺』) 수화 승 繡龍大電

보화당(寶華堂) 덕유(德裕) 참조

보훈 1(普訓 : -1798-)* 18세기 후반에 활동한 불화승이다. 1798년에 수화승 으로 국립중앙박물관 소장된 백운산 불지암 신중도와 고령산 불지암 현왕도 를 조성하였다.

◦ 1798년 白雲山 佛地庵 神衆圖 조성(國立中央博物館 所藏, 『韓國의 佛畵 39 – 國・公立 博物館』) 山人 金魚 수화승
　 1798년 古靈山 佛地庵 現王圖 조성(國立中央博物館 所藏, 『韓國의 佛畵 39 – 國・公 立博物館』) 山人 金魚 수화승41)

보훈 2(輔勳, 普焄, 普薰 : -1876-1885-)* 하택당(霞澤堂) 19세기 후반에 활동한 불화승이다. 1876년에 수화승으로 전북 부안 칠성암 지장도를, 1879년에 수 화승 수룡기전과 전북 완주 위봉사 태조암 석가모니후불도를, 1880년에 수화 승 환봉준성과 전북 완주 위봉사 보광명전 삼세불도(약사불도)를, 1885년에 수화승 수룡기전과 경남 합천 해인사 대적광전 삼신도(석가모니불)를 조성하 였다.

◦ 1876년 전북 부안 七星菴 地藏圖 조성(圓光大學校 所藏, 『韓國의 佛畵 19 – 大學博物館 (Ⅱ)』) 金魚 수화승
◦ 1879년 전북 완주 威鳳寺 太祖庵 釋迦牟尼後佛圖 조성(『韓國의 佛畵 13 – 金山寺』) 수화 승 繡龍大電
◦ 1880년 전북 완주 威鳳寺 普光明殿 三世佛圖(藥師佛) 조성(『韓國의 佛畵 13 – 金山寺』) 수화승 幻峯準性
◦ 1885년 경남 합천 해인사 大寂光殿 三身圖(釋迦牟尼佛) 조성(『韓國의 佛畵 4 – 海印寺 (上)』) 수화승 水龍琪銓

보휘(普輝 : -1762-) 18세기 중반에 활동한 불화승이다. 1762년에 장조莊祖 영우원永祐園 조성소 화승畵僧으로 참여하였다.

◦ 1762년 『莊祖永祐園園所都監儀軌』 造成所 畵僧(奎章閣 13607호, 朴廷蕙, 「儀軌를 통해

서 본 朝鮮時代의 畵員」 자료1)

보희 1(普希 : -1874-) 19세기 후반에 활동한 불화승이다. 1874년에 수화승 한봉창엽과 경기 안성 청룡사 명부전 지장도를 조성하였다.

　◦ 1874년 경기 안성 靑龍寺 冥府殿 地藏圖 조성(『韓國의 佛畵 28 – 龍珠寺(上)』) 수화승 漢峰瑲燁

보희 2(普喜 : -1909-) 20세기 전반에 활동한 불화승이다. 1909년에 수화승 명조와 경북 김천 청암사 아미타후불도를 조성하였다.

　◦ 1909년 경북 김천 靑巖寺 阿彌陀後佛圖 조성(『韓國의 佛畵 8 – 直指寺(上)』) 수화승 明照

복순(福順 : -1807-) 19세기 전반에 활동한 불화승이다. 1807년에 수화승 오봉과 전북 고창 선운사 대웅보전 신중도를 조성하였다.

　◦ 1807년 전북 고창 禪雲寺 大雄寶殿 神衆圖 조성(『韓國의 佛畵 14 – 禪雲寺』) 수화승 鰲峯

복엽(復燁 : -1879-) 19세기 후반에 활동한 불화승이다. 1879년에 수화승 경선응석과 서울 개운사 괘불도를 조성하였다.

　◦ 1879년 서울 開運寺 掛佛圖 조성(『韓國의 佛畵 35 – 曹溪寺(中)』) 수화승 慶船應釋

복영(福英 : -1775-1799-) 18세기 후반에 활동한 불화승이다. 1775년에 수화승 경보와 경남 양산 통도사 명부전 시왕도(염라대왕)를, 수화승 지연과 1792년에 통도사 괘불도와 삼장도를, 1798년에 통도사 명부전 지장도를, 1799년에 경북 경주 기림사 시왕전 지장도를 조성하였다.

　◦ 1775년 경남 양산 通度寺 冥府殿 十王圖(閻羅大王) 조성(『韓國의 佛畵 2 – 通度寺(中)』) 수화승 景甫
　◦ 1792년 경남 양산 通度寺 掛佛圖 조성(『韓國의 佛畵 2 – 通度寺(中)』)[42] 수화승 指演
　　1792년 경남 양산 通度寺 三藏圖 조성(『韓國의 佛畵 1 – 通度寺(上)』) 수화승 指演
　◦ 1798년 경남 양산 通度寺 冥府殿 地藏圖 조성(『韓國의 佛畵 1 – 通度寺(上)』) 수화승 指演
　◦ 1799년 경북 경주 祇林寺 十王殿 地藏圖 조성(東國大 慶州캠퍼스 博物館 所藏, 『韓國의 佛畵 18 – 大學博物館(Ⅰ)』) 수화승 慈雲□演

복주(福住 : -1898-1902-) 보산당(寶山堂) 19세기 후반부터 20세기까지 활동한 불화승이다. 1898년에 수화승 경선응석과 경기 파주 보광사 현왕도를, 수화승 한봉응작과 1901년에 서울 연화사 천수천안관음도千手天眼觀音圖와 신중도를, 1902년에 서울 청룡사 심검당 가사도袈裟圖를 조성하였다.

　◦ 1898년 경기 파주 普光寺 現王圖 조성(『韓國佛畵畵記集』과 『韓國의 佛畵 33 – 奉先寺』)[43] 수화승 慶船應釋
　◦ 1901년 서울 蓮華寺 千手天眼觀音圖 조성(『韓國의 佛畵 34 – 曹溪寺(上)』) 수화승 漢峰應作
　　1901년 서울 蓮華寺 神衆圖 조성(『韓國의 佛畵 35 – 曹溪寺(中)』) 수화승 漢峰應作[44]
　◦ 1902년 서울 靑龍寺 尋劒堂 袈裟圖 조성(『서울전통사찰불화』와 『韓國佛畵畵記集』 및 『韓國의 佛畵 34 – 曹溪寺(上)』) 수화승 漢峰應作

복찬(福贊, 福粲 : -1769-1798-) 18세기 후반에 전라도를 중심으로 활동한 불화승이다. 1765년에 수화승 □□와 전남 순천 해천사 삼세후불도(석가모니불, 순천 선암사 소장)를, 1769년에 수화승 쾌윤과 경남 남해 용문사 괘불도

를 조성하였다. 수화승 비현과 1777년에 전남 영광 불갑사 팔상전 영산회상
도와 지장전 지장시왕도를, 전남 곡성 태안사 대웅전 석가여래도와 신중도
등을, 1778년에 전남 고흥 금탑사 괘불도를, 1780년에 전남 순천 선암사 팔
상전 화엄도를, 같은 해 수화승 송계쾌윤과 전북 남원 현국사 대웅전 삼세후
불도를, 1792년에 수화승 지연과 경남 양산 통도사 삼장도를 조성하였다.
1788년에 상겸 등과 경북 상주 남장사 불사에 참여하여『불사성공록佛事成功
錄』에 호남양공湖南良工으로 언급되었다.

- 1765년 전남 순천 海川寺 三世後佛圖(釋迦牟尼佛) 조성(順天 仙巖寺 所藏,『韓國의 佛畵
  12 - 仙巖寺』) 수화승 □□
- 1769년 경남 남해 龍門寺 掛佛圖 조성(『韓國의 佛畵 26 - 雙磎寺(下)』) 수화승 快玧
- 1777년 전남 영광 佛甲寺 八相殿 靈山會上圖 조성(『靈光 母岳山 佛甲寺』와『韓國의 佛畵
  37 - 白羊寺・新興寺』) 수화승 丕賢
  1777년 전남 영광 佛甲寺 地藏殿 地藏十王圖 조성(『靈光 母岳山 佛甲寺』와『韓國의
  佛畵 37 - 白羊寺・新興寺』) 수화승 丕賢
  1777년 전남 영광 佛甲寺 大雄殿 神衆圖 조성(소재불명,『靈光 母岳山 佛甲寺』)[45] 수
  화승 丕賢
  1777년 전남 곡성 泰安寺 大雄殿 釋迦如來圖, 神衆圖, 三藏圖와 明寂庵 神衆圖 조성
  (『泰安寺誌』) 수화승 丕賢
- 1778년 전남 고흥 金塔寺 掛佛圖 조성(『韓國의 佛畵 6 - 松廣寺』) 수화승 丕賢
- 1780년 전남 순천 仙巖寺 八相殿 華嚴圖 조성(『韓國의 佛畵 12 - 仙巖寺』) 수화승 丕賢
  1780년 전북 남원 賢國寺 大雄殿 三世後佛圖 조성(順天 松廣寺 造成, 南原 善國寺 所
  藏,『韓國의 佛畵 13 - 金山寺』) 수화승 快玧
  1780년 전남 순천 松廣寺 國師殿 普照國師眞影 조성(『韓國의 佛畵 7 - 松廣寺』) 수화
  승 快玧
  1780년 전남 순천 松廣寺 十六國師圖幀 조성(『曹溪山松廣寺史庫』)[46]
- 1788년 남장사 불사에 참여한 화승을 적은『佛事成功錄』에 湖南良工으로 언급(이용윤,
  「『佛事成功錄』을 통해 본 남장사 괘불」) 수화승 尙謙
- 1792년 경남 양산 通度寺 掛佛圖 조성(『韓國의 佛畵 2 - 通度寺(中)』) 수화승 指演
  1792년 경남 양산 通度寺 三藏圖 조성(『韓國의 佛畵 1 - 通度寺(上)』) 수화승 指演
  1792년 경남 양산 通度寺 神衆圖(圓寂山 金鳳庵 奉安) 조성(『韓國의 佛畵 1 - 通度寺
  (上)』) 良工 수화승
  1792년 경북 영천 銀海寺 百興庵 極樂殿 甘露圖 조성(『韓國의 佛畵 30 - 銀海寺』) 수
  화승 瑍峯
- 1798년 전남 순천 松廣寺「臨鏡堂三淸閣四次重建記」(『曹溪山松廣寺史庫』) 金魚 수화승

복혜(福惠 : -1755-) 18세기 중반에 활동한 불화승이다. 1755년에 순회세자順
懷世子 상시봉원上諡封園 비석소碑石所 화승畵僧으로 참여하였다.

- 1755년『順懷世子上諡封園都監儀軌』碑石所 畵僧(奎章閣 13493호, 朴廷蕙,「儀軌를 통
  해서 본 朝鮮時代의 畵員」 자료1)

봉각(奉覺 : -1713-)* 18세기 전반에 활동한 불화승이다. 1713년에 수화승으로
전남 장흥 보림사 팔상도와 후불도를, 제작연대를 알 수 없는 전남 곡성 도림
사 석가모니후불도(동국대학교 박물관 소장)를 수화승 정□와 조성하였다.

- 1713년 전남 장흥 寶林寺 八相圖, 後佛圖를 7월 18일 시작하여 9월 30일 마침(『譯註 寶
  林寺重創記』) 畵員 수화승
- 연대미상 전남 곡성 道林寺 釋迦牟尼後佛圖 조성(東國大學校 博物館 所藏,『韓國의 佛畵

18 - 大學博物館(Ⅰ)』) 수화승 定□

봉간(奉侃 : -1874-1886-)* 혜과당(慧果堂) 19세기 후반에 활동한 불화승이다. 수화승 경선응석과 1874년에 서울 미타사 삼성각 칠성도와 1875년에 내원암 관음도(안성 청룡사 소장)를, 1876년에 수화승 화산재근과 서울 화계사 명부전 시왕도를, 수화승으로 1878년에 인천 강화 정수사 법당 칠성도를, 1882년에 경기 남양주 견성암 아미타후불도, 영산회상도, 독성도, 시왕도를, 1886년에 경북 김천 직지사 신중도를 조성하였다.

　◦ 1874년 서울 彌陀寺 三聖閣 七星圖 조성(『韓國의 佛畵 36 - 曹溪寺(下)』) 수화승 慶船應釋
　◦ 1875년 內院庵 觀音圖 조성(安城 靑龍寺 所藏,『韓國의 佛畵 28 - 龍珠寺(上)』) 수화승 慶船應釋
　◦ 1876년 서울 華溪寺 冥府殿 十王圖 조성(『韓國의 佛畵 35 - 曹溪寺(中)』) 수화승 華山在根
　◦ 1878년 인천 강화 淨水寺 法堂 七星圖 조성(『畿內寺院誌』와『韓國佛畵畵記集』및『韓國의 佛畵 36 - 曹溪寺(下)』)47) 金魚 수화승
　◦ 1882년 경기 남양주 見聖庵 阿彌陀後佛圖 조성(『韓國佛畵畵記集』) 金魚 수화승
　　1882년 경기 남양주 南楊州 見聖庵 靈山會上圖 조성(『畿內寺院誌』와『韓國佛畵畵記集』) 金魚片手 수화승
　　1882년 경기 남양주 見聖庵 獨聖圖 조성(『畿內寺院誌』와『韓國佛畵畵記集』) 金魚片手 수화승
　　1882년 경기 남양주 見聖庵 十王圖 조성(『韓國佛畵畵記集』) 金魚片手 수화승
　◦ 1886년 경북 김천 直指寺 神衆圖 조성(『韓國佛畵畵記集』) 金魚48) 수화승

봉감 1(奉鑑 : -1858-1914-)* 혜고당(慧杲堂, 慧高堂) 속성 이李씨 19세기 후반부터 20세기 전반에 활동한 불화승이다. 1858년에 수화승 성운영희와 경기 남양주 흥국사 괘불도를, 1868년에 수화승 금곡영환과 서울 백련사 괘불도를, 수화승 경은계윤과 경북 예천 용문사 아미타후불도와 신중도를, 수화승 의운자우와 강원 영월 보덕사 석가모니후불도를 조성하였다. 수화승 경선응석과 1869년에 경기 남양주 흥국사 팔상도(사문유관상)를, 1870년에 서울 개운사 대웅전 지장도를 그렸다. 수화승으로 1884년에 인천 강화 전등사 명부전 지장시왕도를, 1905년에 서울 봉원사 대웅전 산신도, 삼장보살도, 현왕도, 감로왕도, 만월전 산신도를, 1906년에 서울 지장사 약사전 약사후불도, 능인보전 신중도, 조왕도를, 1907년에 수화승 보암긍법과 서울 수국사 아미타후불도, 감로도, 경기 남양주 불암사 신중도를, 1908년에 수화승 대원원각과 인천 강화 백련사 아미타후불도를, 1909년에 수화승으로 삼성산 사자암 괘불도를, 수화승으로 1910년에 인천 옹진 용궁사 지장보살도를, 1914년에 경북 김천 청암사 석가모니후불도와 신중도를 조성하였다.

　◦ 1858년 경기 남양주 興國寺 掛佛圖 조성(『掛佛調査報告書』와『韓國佛畵畵記集』및『韓國의 佛畵 33 - 奉先寺』) 수화승 惺雲永羲
　◦ 1868년 서울 白蓮寺 掛佛圖 조성(『掛佛調査報告書 Ⅱ』) 수화승 金谷永環
　　1868년 강원 영월 報德寺 釋迦牟尼後佛圖 조성(『韓國의 佛畵 10 - 月精寺』) 수화승 意雲慈雨49)

1868년 경북 예천 용문사 阿彌陀後佛圖 조성(『韓國의 佛畵8 - 直指寺(上)』)50) 出草 수화승 慶隱戒允
1868년 경북 예천 용문사 神衆圖 조성(『韓國의 佛畵8 - 直指寺(上)』)51) 수화승 慶隱戒允
◦1869년 경기 남양주 興國寺 八相圖(四門遊觀相) 조성(『韓國의 佛畵 33 - 奉先寺』) 수화승 慶船應釋
◦1870년 서울 開運寺 大雄殿 地藏圖 조성(『韓國의 佛畵 34 - 曹溪寺(上)』) 수화승 慶船應釋
◦1884년 仁川 江華 傳燈寺 冥府殿 地藏十王圖 조성(「傳燈寺地藏改金十王各部幀畵佛事記」, 『傳燈寺本末寺誌』)
◦1905년 서울 奉元寺 大雄殿 山神圖 조성(『서울전통사찰불화』와 『韓國佛畵畵記集』) 金魚52) 수화승
1905년 서울 奉元寺 大雄殿 三藏菩薩圖 조성(『서울전통사찰불화』와 『韓國佛畵畵記集』) 金魚53) 수화승
1905년 서울 奉元寺 大雄殿 現王圖 조성(『서울전통사찰불화』와 『韓國佛畵畵記集』) 金魚54) 수화승
1905년 서울 奉元寺 滿月殿 山神圖 조성(『서울전통사찰불화』와 『韓國佛畵畵記集』) 金魚55) 수화승
1905년 서울 奉元寺 大雄殿 甘露王圖 조성(『서울전통사찰불화』와 『韓國佛畵畵記集』) 金魚56) 수화승
◦1906년 서울 地藏寺 藥師殿 藥師後佛圖 조성(『韓國의 佛畵 34 - 曹溪寺(上)』) 金魚片手 수화승57)
1906년 서울 地藏寺 能仁寶殿 神衆圖 조성(『韓國의 佛畵 35 - 曹溪寺(中)』) 金魚 수화승
1906년 서울 地藏寺 竈王圖 조성(『韓國의 佛畵 36 - 曹溪寺(下)』) 金魚片手 수화승
◦1907년 서울 守國寺 阿彌陀後佛圖 조성(『서울전통사찰불화』와 『韓國佛畵畵記集』 및 『韓國의 佛畵 34 - 曹溪寺(上)』)58) 金魚 수화승 普菴肯法
1907년 서울 守國寺 甘露圖 조성(『韓國의 佛畵 36 - 曹溪寺(下)』)59) 金魚 수화승 寶菴肯法
1907년 경기 남양주 佛巖寺 神衆圖 조성(『畿內寺院誌』와 『韓國佛畵畵記集』 및 『韓國의 佛畵 33 - 奉先寺』)60) 金魚 수화승 普庵肯法
◦1908년 인천 강화 白蓮寺 阿彌陀後佛圖 조성(『畿內寺院誌』와 『韓國佛畵畵記集』 및 『韓國의 佛畵 34 - 曹溪寺(上)』) 金魚61) 수화승 大圓圓覺
◦1909년 三聖山 獅子庵 掛佛圖 조성(『韓國의 佛畵 35 - 曹溪寺(中)』) 金魚 수화승62)
◦1910년 仁川 甕津 龍宮寺 地藏菩薩圖 조성(『畿內寺院誌』와 『韓國佛畵畵記集』) 金魚63) 수화승
◦1914년 경북 김천 靑巖寺 釋迦尼後佛圖 조성(『韓國의 佛畵 8 - 直指寺(上)』) 片手 수화승
1914년 경북 김천 靑巖寺 神衆圖 조성(『韓國의 佛畵 8 - 直指寺(上)』) 金魚64) 수화승

봉계(奉季 : -1876-) 19세기 후반에 활동한 불화승이다. 1876년에 수화승 하은위상과 경북 문경 대승사 지장도와 신중도를 조성하였다.
◦1876년 경북 문경 大乘寺 地藏圖 조성(『韓國의 佛畵 8 - 直指寺(上)』) 수화승 霞隱偉相
1876년 경북 문경 大乘寺 神衆圖 조성(『韓國의 佛畵 8 - 直指寺(上)』) 수화승 霞隱偉相

봉규 1(奉圭 : -1769-) 18세기 후반에 활동한 불화승이다. 1769년에 수화승 쾌윤과 경남 남해 용문사 괘불도를 조성하였다.
◦1769년 경남 남해 龍門寺 掛佛圖 조성(『韓國의 佛畵 26 - 雙磎寺(下)』) 수화승 快玧

봉규 2(奉奎, 鳳奎, 奉圭 : -1887-1890-)* 19세기 후반에 활동한 불화승이다. 1887년에 수화승 연하계창과 경기 의정부 망월사 괘불도를, 수화승 혜산축연과 봉래암 신중도(동국대학교 박물관 소장)를, 수화승 고산축연과 경기 화성

봉림사 칠성도를, 1888년에 수화승 이봉중린과 인천 강화 백련사 지장도와
신중도를, 1889년에 수화승으로 울산 석남사 독성도를, 1890년에 수화승 서
암전기와 경남 합천 해인사 경학원 아미타후불도를 조성하였다.

> ◦ 1887년 경기 議政府 望月寺 掛佛圖 조성(『掛佛調査報告書』와 『韓國佛畵畵記集』) 수화승
> 淵荷啓昌
> 1887년 蓬萊庵 神衆圖 조성(東國大學校 所藏,『韓國의 佛畵 18 – 大學博物館(Ⅰ)』)[65]
> 수화승 蕙山竺衍
> 1887년 경기 화성 鳳林寺 七星圖 조성(『韓國의 佛畵 29 – 龍珠寺(下)』) 수화승 蕙山竺衍
> ◦ 1888년 인천 강화 白蓮寺 神衆圖 조성(『畿內寺院誌』와 『韓國佛畵畵記集』 및 『韓國의 佛
> 畵 35 – 曹溪寺(中)』) 수화승 尼峯仲璘
> 1888년 인천 강화 白蓮寺 地藏圖 조성(『畿內寺院誌』와 『韓國佛畵畵記集』 및 『韓國의
> 佛畵 34 – 曹溪寺(上)』)[66] 수화승 尼峯仲璘
> ◦ 1889년 울산 石南寺 獨聖圖 조성(『韓國의 佛畵 3 – 通度寺(下)』) 金魚 수화승
> ◦ 1890년 경남 합천 海印寺 經學院 阿彌陀後佛圖 조성(『韓國의 佛畵 4 – 海印寺(上)』) 수
> 화승 瑞巖典琪

봉기(奉琪, 琫琪, 奉淇, 琫淇, 奉俱 : -1880-1890-)* 19세기 후반에 활동한 불화
승이다. 수화승 하은응선과 1880년에 경북 문경 김용사 금선암 아미타후불도
와 신중도 및 사천왕도(지국천왕) 등을 그렸다. 수화승 하은응선과 1881년에
경북 선산 도리사 칠성도와 수화승으로 독성도, 1884년에 경북 예천 용문사
아미타후불도(문경 김용사와 예천 용문사 소장)와 십육나한도를, 1890년에
경북 의성 봉림사 석가모니후불도를 조성하였다.

> ◦ 1880년 경북 문경 金龍寺 金仙庵 阿彌陀後佛圖 조성(『韓國의 佛畵 8 – 直指寺(上)』) 수
> 화승 霞隱應禪
> 1880년 경북 문경 金龍寺 金仙庵 神衆圖 조성(『韓國의 佛畵 8 – 直指寺(上)』) 수화승
> 霞隱應祥
> 1880년 경북 문경 金龍寺 四天王圖(持國天王) 조성(『韓國의 佛畵 8 – 直指寺(上)』) 수
> 화승 霞隱應祥
> 1880년 경북 문경 金龍寺 養眞庵 神衆圖 조성(『韓國의 佛畵 8 – 直指寺(上)』) 수화승
> 霞隱應祥
> ◦ 1881년 경북 선산 桃李寺 七星圖 조성(『韓國의 佛畵 9 – 直指寺(下)』) 수화승 霞隱應祥
> 1881년 경북 선산 桃李寺 獨聖圖 조성(『韓國의 佛畵 9 – 直指寺(下)』) 金魚 수화승
> ◦ 1884년 경북 예천 龍門寺 阿彌陀後佛圖 조성(聞慶 金龍寺 所藏,『韓國의 佛畵 8 – 直指
> 寺(上)』)[67] 수화승 霞隱應祥
> 1884년 경북 예천 龍門寺 阿彌陀後佛圖 조성(『韓國의 佛畵 8 – 直指寺(上)』) 수화승
> 霞隱應祥
> 1884년 경북 예천 龍門寺 十六羅漢圖 조성(『韓國의 佛畵 9 – 直指寺(下)』) 수화승 霞
> 隱應祥
> ◦ 1890년 경북 의성 鳳林寺 釋迦牟尼後佛圖 조성(『韓國의 佛畵 23 – 孤雲寺(上)』) 수화승
> 霞隱應祥

봉다당(奉茶堂) 한조(漢祚) 참조

봉련(琫璉, 琫蓮 : -1862-1864-) 19세기 중반에 활동한 불화승이다. 수화승 의
운자우와 1862년에 경북 영천 은해사 운부암 아미타후불묵도阿彌陀後佛墨圖
를, 1863년에 경북 영천 묘각사 아미타후불도를, 수화승 하은위상과 경남 양

산 통도사 백련암 석가모니후불홍도釋迦牟尼後佛紅圖를, 수화승 하은기상과 국립중앙박물관 소장 신중도(제석)를, 1864년에 수화승 하은위상과 경북 양산 통도사 현왕도와 백련암 신중도 및 경북 김천 청암사 수도암 산신도를 조성하였다.

  ◦ 1862년 경북 영천 銀海寺 雲浮庵 阿彌陀後佛墨圖 조성(『韓國의 佛畵 30 - 銀海寺』) 수화승 意雲慈友
  ◦ 1863년 경북 영천 妙覺寺 阿彌陀後佛圖 조성(『韓國의 佛畵 30 - 銀海寺』) 수화승 義雲慈雨
    1863년 경남 양산 通度寺 白蓮庵 釋迦牟尼後佛紅圖 조성(『韓國의 佛畵 3 - 通度寺(下)』) 수화승 霞隱偉相
    1863년 神衆圖(帝釋) 조성(國立中央博物館 所藏, 『韓國의 佛畵 39 - 國·公立博物館』) 수화승 霞隱旗翔
  ◦ 1864년 경남 양산 通度寺 白蓮庵 神衆圖 조성(『韓國의 佛畵 1 - 通度寺(上)』) 수화승 霞隱偉相
    1864년 경남 양산 通度寺 現王圖 조성(『韓國의 佛畵 2 - 通度寺(中)』)[68] 수화승 霞隱偉相
    1864년 경북 김천 靑巖寺 修道庵 山神圖 조성(『韓國의 佛畵 9 - 直指寺(下)』) 수화승 霞隱偉相

봉린(鳳麟 : -1906-1925-)* 20세기 전반에 활동한 불화승이다. 1906년에 수화승 대우경연과 경북 울진 불영사 응진전 아미타후불도를, 수화승으로 1918년에 전남 여수 은적사 아미타삼존홍도阿彌陀三尊紅圖와 1925년에 전남 순천 송광사 성산각 칠성도를 조성하였다.

  ◦ 1906년 경북 울진 佛影寺 應眞殿 阿彌陀後佛圖 조성(『韓國의 佛畵 38 - 佛國寺』) 수화승 大愚敬演
  ◦ 1918년 전남 여수 隱寂寺 阿彌陀三尊紅圖 조성(『韓國의 佛畵 11 - 華嚴寺』) 金魚 수화승
  ◦ 1925년 전남 순천 松廣寺 星山閣 七星圖 조성(『韓國의 佛畵 7 - 松廣寺(下)』) 金魚 수화승

봉민 1(奉旻 : -1794-1796-) 18세기 후반에 경기를 중심으로 활동한 불화승이다. 1794년부터 1796년까지 화성 건립에 참여하여 1801년에 작성된 『화성성역의궤華城城役儀軌』에 양주목楊州牧 승려로 언급되어 있다.

  ◦ 1794년-1796년 화성 건립에 화원으로 참여(1801년 작성된 『華城城役儀軌』 卷4 工匠 畵工 條) 楊州牧

봉민 2(奉玟, 璻玟, 奉珉 : -1881-1923-)* 벽운당(碧雲堂) 또는 대우당(大愚堂), 속성 장張씨, 19세기 후반부터 20세기 전반까지 활동한 불화승이다. 수화승 관허의관과 1881년에 경남 합천 해인사 관음전 아미타후불도와 궁현당 아미타후불도, 경남 거창 심우사 신중도를, 1902년에 수화승 경성두삼과 전남 순천 선암사 심검당 아미타후불홍도를, 1903년에 수화승 향호묘영과 경남 통영 용화사 석가모니후불도를, 1904년에 수화승 경성두삼과 전남 순천 선암사 삼화상진영도(지공·나옹·무학)를, 수화승으로 1923년에 경남 양산 통도사 독성도와 송암사 칠성도(양산 통도사 소장) 및 경남 양산 내원사 칠성도를, 1924년에 대구 동화사 괘불도를 그렸다.

- 1881년 경남 합천 海印寺 觀音殿 阿彌陀後佛圖 조성(『韓國의 佛畵 4 – 海印寺(上)』) 수화승 冠虛宜官
  1881년 경남 합천 海印寺 窮玄堂 阿彌陀後佛圖 조성(『韓國의 佛畵 4 – 海印寺(上)』) 수화승 冠虛宜官
  1881년 경남 거창 尋牛寺 神衆圖 조성(『韓國의 佛畵 4 – 海印寺(上)』) 수화승 冠虛宜官
- 1902년 전남 순천 仙巖寺 尋劒堂 阿彌陀紅圖 조성(『韓國의 佛畵 12 – 仙巖寺』) 수화승 景星斗三
- 1903년 경남 통영 龍華寺 釋迦牟尼後佛圖 조성(『韓國의 佛畵 25 – 雙磎寺(上)』) 수화승 香湖妙英
- 1904년 전남 순천 仙巖寺 三和尙眞影圖(指空·懶翁·無學) 조성(『韓國의 佛畵 12 – 仙巖寺』) 수화승 景星斗三
- 1923년 경남 양산 通度寺 獨聖圖 조성(『韓國의 佛畵 2 – 通度寺(中)』) 金魚 수화승
  1923년 松巖寺 七星圖 조성(梁山 通度寺 所藏, 『韓國의 佛畵 2 – 通度寺(中)』) 金魚 수화승
  1923년 경남 양산 內院寺 七星圖 조성(『韓國의 佛畵 3 – 通度寺(下)』) 金魚 수화승
- 1924년 대구 桐華寺 掛佛圖 조성(『韓國의 佛畵 22 – 桐華寺(下)』) 金魚 수화승

봉법 1(奉法, 鳳法 : -1866-1920-)* 계은당(繼恩堂, 桂隱堂, 啓恩堂) 속성 김金씨 19세기 후반부터 20세기 전반까지 활동한 불화승이다. 1866년에 수화승 덕월응륜과 금보암 신중도(목아불교박물관 소장)를, 1879년에 수화승 경선응석과 서울 개운사 괘불도를, 1881년에 수화승 대허체훈과 인천 강화 청련사 삼장보살도를, 1882년에 수화승 혜과봉간과 경기 남양주 견성암 아미타후불도를, 1883년에 수화승 대허체훈과 경기 화성 봉림사 신중도를, 1886년에 수화승 혜과봉간과 경북 김천 직지사 신중도를, 1887년에 수화승 금곡영환과 경기 안성 운수암 아미타후불도를, 수화승 묘흡과 경기 수원 청련암 칠성도를, 1888년에 금곡영환과 경기 안성 칠장사 명부전 지장도를, 1898년에 수화승 한봉창엽과 서울 봉국사 명부전 시왕도(1·3대왕)를, 1901년에 수화승 대은돈희와 서울 연화사 괘불도와 수화승 한봉응작과 신중도를, 1902년에 수화승 한봉응작과 서울 청룡사 심검당 가사도를, 1903년에 수화승 금호약효와 대법산 원흥사 독성도를, 1905년에 수화승 혜고봉감과 서울 봉원사 대웅전 삼장보살도를, 1905년에 수화승으로 경기 여주 흥왕사 칠성도를, 1906년에 수화승 허곡긍순과 경기 여주 신륵사 지장도와 시왕도 일부 및 신중도를, 1907년에 수화승 보암긍법과 서울 수국사 신중도와 감로도 및 경기 남양주 불암사 신중도를, 수화승으로 1908년에 경기 여주 신륵사 대방 지장도와 1910년에 서울 진관사 신중도 및 1914년에 서울 약수사 대웅전 지장보살도를, 수화승 혜고봉감과 경북 김천 청암사 석가모니후불도와 신중도를, 1920년에 수화승 보경보현과 부산 다솔사 괘불도를, 수화승 금성성전과 지장도와 현왕도 및 칠성도를 조성하였다.

- 1866년 金寶菴 神衆圖 조성(木芽佛敎博物館 所藏, 『韓國의 佛畵 20 – 私立博物館』) 수화승 德月應崙
- 1879년 서울 開運寺 掛佛圖 조성(『韓國의 佛畵 35 – 曹溪寺(中)』) 수화승 慶船應釋

- 1881년 인천 강화 靑蓮寺 三藏菩薩圖 조성(『畿内寺院誌』와 『韓國佛畵畵記集』 및 『韓國의 佛畵 34 - 曹溪寺(上)』) 수화승 大虛體訓
- 1882년 경기 남양주 見聖庵 阿彌陀後佛圖 조성(『韓國佛畵畵記集』) 수화승 慧果奉侃
- 1883년 경기 화성 鳳林寺 神衆圖 조성(『韓國의 佛畵 28 - 龍珠寺(上)』) 수화승 大虛體訓
- 1886년 경북 김천 直指寺 神衆圖 조성(『韓國佛畵畵記集』)[69] 수화승 慧果奉侃
- 1887년 경기 안성 雲水庵 阿彌陀後佛圖 조성(『韓國의 佛畵 28 - 龍珠寺(上)』) 수화승 金谷永煥
  1887년 경기 수원 靑蓮庵 七星圖 조성(『韓國의 佛畵 29 - 龍珠寺(下)』) 수화승 妙洽
- 1888년 경기 안성 七長寺 冥府殿 地藏圖 조성(『韓國의 佛畵 28 - 龍珠寺(上)』) 수화승 金谷永煥
- 1898년 서울 奉國寺 冥府殿 十王圖(1·3大王) 조성(『韓國의 佛畵 35 - 曹溪寺(中)』) 수화승 漢峰璄曄
- 1901년 서울 蓮華寺 掛佛圖 조성(『韓國의 佛畵 35 - 曹溪寺(中)』) 수화승 大恩頓喜
  1901년 서울 蓮華寺 神衆圖 조성(『韓國의 佛畵 35 - 曹溪寺(中)』) 수화승 漢峰應作[70]
- 1902년 서울 靑龍寺 尋劒堂 袈裟圖 조성(『서울전통사찰불화』와 『韓國佛畵畵記集』 및 『韓國의 佛畵 34 - 曹溪寺(上)』)[71] 수화승 漢峰應作
- 1903년 大法山 元興寺 獨聖圖 조성(南楊州 奉先寺 所藏, 『韓國의 佛畵 33 - 奉先寺』) 수화승 金浩若效
- 1905년 서울 奉元寺 大雄殿 三藏菩薩圖 조성(『서울전통사찰불화』와 『韓國佛畵畵記集』)[72] 수화승 慧杲奉鑑
  1905년 경기 여주 興旺寺 七星圖 조성(『韓國의 佛畵 29 - 龍珠寺(下)』) 金魚 수화승
- 1906년 경기 여주 神勒寺 地藏圖 조성(『韓國의 佛畵 28 - 龍珠寺(上)』) 수화승 大雲奉河
  1906년 경기 여주 神勒寺 神衆圖 조성(『韓國의 佛畵 28 - 龍珠寺(上)』)[73] 수화승 虛谷亘巡
  1906년 경기 여주 神勒寺 十王各部圖(使者, 將軍) 조성(『韓國의 佛畵 29 - 龍珠寺(下)』) 수화승 大雲奉河
- 1907년 서울 守國寺 神衆圖 조성(『서울전통사찰불화』와 『韓國佛畵畵記集』 및 『韓國의 佛畵 35 - 曹溪寺(中)』) 金魚 수화승 普庵肯法
  1907년 서울 守國寺 甘露圖 조성(『韓國의 佛畵 36 - 曹溪寺(下)』) 수화승 寶菴肯法
  1907년 경기 남양주 佛巖寺 神衆圖 조성(『畿内寺院誌』와 『韓國佛畵畵記集』 및 『韓國의 佛畵 33 - 奉先寺』) 수화승 普庵肯法
- 1908년 경기 여주 神勒寺 大房 地藏圖 조성(『韓國의 佛畵 28 - 龍珠寺(上)』) 金魚 수화승
- 1910년 서울 津寬寺 神衆圖 조성(『韓國의 佛畵 35 - 曹溪寺(中)』) 金魚 수화승
- 1914년 서울 藥水寺 大雄殿 地藏菩薩圖 조성(『韓國의 佛畵 34 - 曹溪寺(上)』) 金魚 수화승
  1914년 경북 김천 靑巖寺 釋迦牟尼後佛圖 조성(『韓國의 佛畵 8 - 直指寺(上)』) 金魚 수화승 慧杲奉鑑
  1914년 경북 김천 靑巖寺 神衆圖 조성(『韓國의 佛畵 8 - 直指寺(上)』) 수화승 李慧杲奉鑑
- 1920년 부산 多率寺 掛佛圖 조성(『韓國의 佛畵 32 - 梵魚寺』) 金魚 수화승 寶鏡普現
  1920년 부산 多率寺 地藏圖 조성(『韓國의 佛畵 32 - 梵魚寺』) 수화승 錦城性典
  1920년 부산 多率寺 現王圖 조성(『韓國의 佛畵 32 - 梵魚寺』) 수화승 錦城性典
  1920년 부산 多率寺 七星圖 조성(『韓國의 佛畵 32 - 梵魚寺』) 수화승 錦城性典

봉석(奉奭, 奉碩 : -1876-1888-) 19세기 후반에 활동한 불화승이다. 수화승 1876년에 하은위상과 경북 선산 도리사 석가모니후불도를, 경북 문경 대승사 지장도와 신중도를, 1888년에 수화승 금곡영환과 경기 안성 칠장사 명부전 지장도를 조성하였다.

- 1876년 경북 선산 桃李寺 釋迦牟尼後佛圖 조성(『韓國의 佛畵 8 - 直指寺(上)』) 수화승 霞隱偉相[74]
  1876년 경북 문경 大乘寺 地藏圖 조성(『韓國의 佛畵 8 - 直指寺(上)』) 수화승 霞隱偉相

1876년 경북 문경 大乘寺 神衆圖 조성(『韓國의 佛畵 8 – 直指寺(上)』) 수화승 霞隱偉相
◦1888년 경기 안성 七長寺 冥府殿 地藏圖 조성(『韓國의 佛畵 28 – 龍珠寺(上)』) 수화승 金谷永煥

봉선 1(奉善 : -1831-)* 19세기 전반에 활동한 불화승이다. 1831년에 수화승으로 경북 영천 은해사 안양전 신중도를 조성하였다.

◦1831년 경북 영천 銀海寺 安養殿 神衆圖 조성(『韓國의 佛畵 30 – 銀海寺』) 畵事 수화승

봉선 2(奉先 : -1871-) 19세기 후반에 활동한 불화승이다. 1871년에 수화승 춘담봉은과 전북 완주 화암사 극락전 현왕도를 조성하였다.

◦1871년 전북 완주 花巖寺 極樂殿 現王圖 조성(『韓國의 佛畵 13 – 金山寺』) 수화승 春潭奉恩

봉수(奉秀, 奉洙 : -1868-1905-)* 영운당(影雲堂, 英雲堂, 暎雲堂, 永雲堂) 19세기 중반에 활동한 불화승이다. 1868년에 수화승 경은계윤과 경북 예천 용문사 아미타후불도와 신중도를, 1878년에 수화승 한담천신과 경기 안성 청룡사 대웅전 삼세후불도를, 1880년에 수화승 서봉응순과 경북 울진 불영사 명부전 지장도를, 1884년에 수화승 혜과엽계와 용문사 칠성도를, 1890년에 수화승으로 경북 상주 남장사 신중도를, 1891년에 수화승 쌍명수인과 강원 영월 금몽암 석가모니후불도를, 1892년에 수화승 동호진철과 경북 의성 고운사 쌍수암 칠성도를, 1893년에 수화승 우송상수와 경남 합천 해인사 신중도와 길상암 지장도를, 1896년에 수화승 덕산묘화와 대구 동화사 사천왕도(지국천왕)를 그리고, 대구 동구 동화사 목조석가삼세불좌상을 개금하였다. 1897년에 수화승으로 경북 상주 남장사 관음암 신중도를, 수화승 정연과 충북 보은 법주사 원통보전 관음도를, 수화승 봉화와 법주사 대웅보전 104위 신중도를, 수화승 금호약효와 법주사 팔상전 팔상도(설산수도상)를, 수화승 영운봉수와 경북 영천 은해사 백흥암 영산전 석가모니후불도와 백흥암 심검당 아미타후불도 및 대법당 신중도 등을, 1898년에 수화승으로 경북 상주 남장사 칠성도를, 1900년에 수화승 영운봉수와 죽림사 극락전 지장도와 칠성도를, 수화승으로 충북 제천 정방사 칠성도와 독성도를, 1905년에 수화승 경선응석과 충북 보은 법주사 팔금강번(백정수금강)를 조성하였다.

◦1868년 경북 예천 용문사 阿彌陀後佛圖 조성(『韓國의 佛畵8 – 直指寺(上)』)[75] 수화승 慶隱戒允
1868년 경북 예천 용문사 神衆圖 조성(『韓國의 佛畵8 – 直指寺(上)』)[76] 수화승 慶隱戒允
◦1878년 경기 안성 靑龍寺 大雄殿 三世後佛圖 조성(『韓國의 佛畵 28 – 龍珠寺(上)』) 수화승 漢潭天娠
◦1880년 경북 울진 佛影寺 冥府殿 地藏圖 조성(『韓國의 佛畵 38 – 佛國寺』) 수화승 西峯應淳
◦1884년 경북 예천 龍門寺 七星圖 조성(『韓國의 佛畵 9 – 直指寺(下)』) 수화승 慧果燁桂
◦1890년 경북 상주 南長寺 神衆圖 조성(『韓國의 佛畵 8 – 直指寺(上)』) 金魚 수화승
◦1891년 강원 영월 禁夢庵 釋迦牟尼後佛圖 조성(『韓國의 佛畵 10 – 月精寺』) 수화승 雙明修仁

- 1892년 경북 의성 孤雲寺 雙修庵 七星圖 조성(『韓國의 佛畵 24 – 孤雲寺(下)』) 수화승 東昊震徹
- 1893년 경남 합천 海印寺 吉祥庵 地藏圖 조성(『韓國의 佛畵 4 – 海印寺(上)』) 수화승 友松尙守
 1893년 경남 합천 海印寺 神衆圖 조성(『韓國의 佛畵 4 – 海印寺(上)』)⁷⁷) 수화승 友松尙守
- 1896년 대구 桐華寺 四天王圖(持國天王) 조성(『韓國의 佛畵 21 – 桐華寺(上)』) 수화승 德山妙華
 1896년 대구 桐華寺 木造三世佛坐像 개금(發願文) 수화승 德山妙華
- 1897년 경북 상주 南長寺 觀音庵 神衆圖 조성(『韓國의 佛畵 8 – 直指寺(上)』) 金魚 수화승
 1897년 충북 보은 法住寺 圓通寶殿 觀音圖 조성(『韓國의 佛畵 17 – 法住寺』) 수화승 定鍊
 1897년 충북 보은 法住寺 大雄寶殿 104位 神衆圖 조성(『韓國의 佛畵 17 – 法住寺』) 수화승 奉化
 1897년 충북 보은 法住寺 捌相殿 八相圖(雪山修道相) 조성(『韓國의 佛畵 17 – 法住寺』) 수화승 錦湖若效
 1897년 경북 영천 銀海寺 百興菴 靈山殿 釋迦牟尼後佛圖 조성(『韓國의 佛畵 30 – 銀海寺』) 金魚 수화승
 1897년 경북 영천 銀海寺 百興菴 尋劒堂 阿彌陀後佛圖 조성(『韓國의 佛畵 30 – 銀海寺』) 金魚 수화승
 1897년 경북 영천 銀海寺 百興菴 大法堂 神衆圖 조성(『韓國의 佛畵 30 – 銀海寺』) 金魚 수화승
 1897년 경북 영천 銀海寺 山神圖 조성(『韓國의 佛畵 30 – 銀海寺』) 金魚 수화승
- 1898년 경북 상주 南長寺 七星圖 조성(『韓國의 佛畵 9 – 直指寺(下)』) 良工 수화승
- 1900년 충북 제천 淨芳寺 七星圖 조성(『전통사찰전서 10 – 충북의 전통사찰Ⅰ』) 金魚 수화승
 1900년 충북 제천 淨芳寺 羅漢圖 조성(『전통사찰전서 10 – 충북의 전통사찰Ⅰ』) 金魚 수화승
 1900년 竹林寺 極樂殿 地藏圖 조성(永川 銀海寺 所藏,『韓國의 佛畵 30 – 銀海寺』) 金魚 수화승
 1900년 竹林寺 七星圖 조성(永川 銀海寺 所藏,『韓國의 佛畵 30 – 銀海寺』) 金魚 수화승
- 1905년 충북 보은 法住寺 八金剛幡(白淨水金剛) 조성(『韓國의 佛畵 17 – 法住寺』) 수화승 慶船應釋

봉순(奉順, 奉淳: -1882-1898-) 19세기 후반에 활동한 불화승이다. 1882년에 수화승 수룡기전과 부산 범어사 영산회상도와 삼장보살도 및 신중도를, 수화승 연호봉의와 전북 남원 실상사 약사전 약사후불도와 신중도를, 수화승 금곡영환과 1886년에 경기 안성 칠장사 대웅전 석가모니후불도와 신중도 및 원통전 석가모니후불도, 1888년에 명부전 지장도를, 1898년에 수화승 향호묘영과 대승암 삼세후불도(순천 선암사 소장)를 조성하였다.

- 1882년 부산 梵魚寺 大雄殿 釋迦牟尼後佛圖 조성(『梵魚寺聖寶博物館 名品圖錄』과 『韓國의 佛畵 32 – 梵魚寺』) 수화승 琪銓
 1882년 부산 梵魚寺 三藏菩薩圖 조성(『梵魚寺聖寶博物館 名品圖錄』과 『韓國佛畵畵記集』 및 『韓國의 佛畵 32 – 梵魚寺』) 수화승 琪銓
 1882년 부산 梵魚寺 神衆圖 조성(『梵魚寺聖寶博物館 名品圖錄』과 『韓國佛畵畵記集』 및 『韓國의 佛畵 32 – 梵魚寺』) 수화승 琪銓
 1882년 전북 남원 實相寺 藥師殿 藥師後佛圖 조성(『韓國의 佛畵 13 – 金山寺』) 수화승 蓮湖瑞毅

1882년 전북 남원 實相寺 藥師殿 神衆圖 조성(『韓國의 佛畵 13 – 金山寺』) 수화승 蓮湖瑢毅

◦ 1886년 경기 안성 七長寺 大雄殿 釋迦牟尼後佛圖 조성(『韓國의 佛畵 28 – 龍珠寺(上)』) 수화승 金谷永環

1886년 경기 안성 七長寺 圓通殿 釋迦牟尼後佛圖 조성(『韓國의 佛畵 28 – 龍珠寺(上)』) 수화승 金谷永環

1886년 경기 안성 七長寺 大雄殿 神衆圖 조성(『韓國의 佛畵 28 – 龍珠寺(上)』)[78] 수화승 金谷永環

◦ 1888년 경기 안성 七長寺 冥府殿 地藏圖 조성(『韓國의 佛畵 28 – 龍珠寺(上)』) 수화승 金谷永煥

◦ 1898년 大乘庵 三世後佛圖 조성(順天 仙巖寺 所藏, 『韓國의 佛畵 12 – 仙巖寺』) 수화승 香湖玅永

봉심(奉沁 : -1771-) 18세기 후반에 활동한 불화승이다. 1771년에 수화승 두훈과 경북 선산 수다사 시왕도(오관대왕과 염라대왕)를 조성하였다.

◦ 1771년 경북 선산 水多寺 十王圖(五官大王) 조성(『韓國의 佛畵 9 – 直指寺(下)』) 수화승 抖薰

1771년 경북 선산 水多寺 十王圖(閻羅大王) 조성(『韓國의 佛畵 9 – 直指寺(下)』) 수화승 抖薰

봉안(奉眼, 奉安 : -1884-1898-) 19세기 후반에 활동한 불화승이다. 1884년에 수화승 혜과엽계와 경북 예천 용문사 칠성도와 수화승 금화기형과 시왕도(1·3·5대왕)를, 1885년에 수화승 만파정익과 경기 남양주 내원암 괘불도를, 1892년에 수화승 금곡영환과 경기 남양주 흥국사 영산전 석가모니후불도를, 1897년에 수화승 경선응석과 경기 남양주 불암사 십육나한도를, 1898년에 수화승 예운상규와 경기 파주 보광사 대웅전 영산회상도를 조성하였다.

◦ 1884년 경북 예천 龍門寺 七星圖 조성(『韓國의 佛畵 9 – 直指寺(下)』) 수화승 慧果燁桂

1884년 경북 예천 龍門寺 十王圖(1·3·5大王) 조성(『韓國의 佛畵 9 – 直指寺(下)』)[79] 수화승 錦華機炯

◦ 1885년 경기 남양주 內院庵 掛佛圖 조성(畵記, 『韓國의 佛畵 33 – 奉先寺』) 수화승 萬波定翼

◦ 1892년 경기 남양주 興國寺 靈山殿 釋迦牟尼後佛圖 조성(『韓國의 佛畵 33 – 奉先寺』) 沙彌 수화승 金谷永煥

◦ 1897년 경기 남양주 佛巖寺 十六羅漢圖 조성(『畿內寺院誌』와 『韓國佛畵畵記集』 및 『韓國의 佛畵 33 – 奉先寺』) 수화승 慶船應釋

◦ 1898년 경기 파주 普光寺 大雄殿 靈山會上圖 조성(『畿內寺院誌』와 『韓國佛畵畵記集』 및 『韓國의 佛畵 33 – 奉先寺』) 수화승 禮芸尚奎

봉업(奉業 : -1879-) 19세기 후반에 활동한 불화승이다. 1879년에 수화승 경선응석과 서울 개운사 괘불도를 조성하였다.

◦ 1879년 서울 開運寺 掛佛圖 조성(『韓國의 佛畵 35 – 曹溪寺(中)』) 수화승 慶船應釋

봉연(奉衍 : -1661-) 17세기 후반에 활동한 불화승이다. 1661년에 수화승 만희와 프랑스 기메박물관 소장 감로왕도를 조성하였다.

◦ 1661년 프랑스 기메미술관 소장 甘露王圖 조성(『韓國佛畵畵記集』) 수화승 萬喜

봉영 1(奉靈 : -1749-) 18세기 중반에 활동한 불화승이다. 1749년에 수화승 의겸과 전북 부안 개암사 괘불도(부안 내소사 소장)를 조성하였다.

  ◦ 1749년 전북 부안 開巖寺 掛佛圖 조성(扶安 來蘇寺 所藏, 『韓國의 佛畵 14 – 禪雲寺』)
    수화승 義兼

봉영 2(瑒榮, 瑲榮, 奉榮 : -1900-1937-)* 석초당(石樵堂, 石蕉堂) 또는 응파당(應坡堂), 속성 박朴씨, 수화승으로 1900년에 전북 고창 선운사 참당암 대웅전 아미타후불도와 전남 장성 정토사 지장암 아미타후불도(정읍 옥천사 소장)를, 1901년에 충남 부안 개암사 대웅보전 석가모니후불도를, 1904년에 수화승 우담 선진과 전남 영광 불갑사 사천왕도를, 1915년에 전북 고창 선운사 산신각 양대화상도兩大和尙圖(검단・의운선사)를, 1917년에 전남 장성 백양사 괘불도를 그렸다. 1918년에 수화승 벽월창오와 전남 순천 선암사 응진당 십육나한도와 사자도 등을, 수화승으로 1919년에 전북 고창 선운사 동운암 칠성도를, 1920년에 전남 장성 정이암 칠성도(원광대학교 박물관 소장)를 조성하였다. 수화승 선진과 전남 장흥 천관사 아미타후불홍도阿彌陀後佛紅圖(보성 불광사 소장)를, 수화승으로 전남 목포 포교당 독성도를, 수화승 종인과 전남 완도 신흥사 지장시왕도(목포 달성사 조성)를, 1921년에 수화승 정순과 전남 나주 다보사 명부전 지장도를, 수화승으로 전북 부안 개암사 현왕도를, 1921년에 전북 부안 개암사 사천왕도를, 1922년에 전남 장성 백양사 석가모니후불도를, 1922년에 백양사 신중도를, 1926년에 백양사 대웅전 독성도를 그렸다. 1928년에 수화승 호은정연과 충남 논산 정토종 포교당 지장도(공주 마곡사 소장)를, 수화승으로 1928년 충남 논산 정토종 포교당 시왕도(주광대왕과 전륜대왕, 공주 마곡사 소장)를, 수화승으로 1933년에 전북 고창 선운사 동운암 지장도, 전남 곡성 수도암 독성도, 전북 고창 선운사 시왕전 지장도를, 1934년에 전북 순창 대모암 아미타후불도를, 1936년에 전남 장흥 보림사 칠성도(홍관사 조성)과 산신도를, 1937년에 전남 해남 대흥사 청신암 지장시왕도와 산신도를, 1939년에 전북 고창 禪雲寺 十王殿 十王圖(秦廣大王, 宋帝大王, 五官大王)를 조성하였다.

  ◦ 1900년 전북 고창 禪雲寺 懺堂庵 大雄殿 阿彌陀後佛圖 조성(『韓國의 佛畵 14 – 禪雲寺』)
    金魚 片手 수화승
    1900년 전남 장성 淨土寺 地藏庵 阿彌陀後佛圖 조성(井邑 玉泉寺 所藏, 『韓國의 佛畵
    14 – 禪雲寺』) 出抄 수화승
  ◦ 1901년 충남 扶安 開巖寺 大雄寶殿 釋迦牟尼後佛圖 조성(『韓國의 佛畵 14 – 禪雲寺』) 片
    手 수화승
  ◦ 1904년 전남 영광 佛甲寺 四天王圖 조성(『靈光 母岳山 佛甲寺』와 『韓國의 佛畵 37 – 白
    羊寺・新興寺』) 龍眼 수화승 雨曇善珠
  ◦ 1915년 전북 고창 禪雲寺 山神閣 兩大和尙圖(黔丹・義雲禪師) 조성(『韓國의 佛畵 14 –
    禪雲寺』) 畵員 수화승
  ◦ 1917년 전남 장성 白羊寺 掛佛圖 조성(『掛佛調査報告書 II』와 『韓國의 佛畵 37 – 白羊
    寺・新興寺』) 金魚 片手 수화승
  ◦ 1918년 전남 순천 선암사 應眞堂 十六羅漢圖 조성(『韓國의 佛畵 12 – 仙巖寺』) 수화승

碧月昌旿

1918년 전남 순천 仙巖寺 應眞堂 十六羅漢圖 조성(『韓國의 佛畵 12 – 仙巖寺』) 金魚 수화승 碧月昌旿

1918년 전남 순천 仙巖寺 應眞堂 使者圖 조성(『韓國의 佛畵 12 – 仙巖寺』) 金魚 수화승 碧月昌旿

1918년 전남 순천 仙巖寺 山神閣 山神圖 조성(『韓國의 佛畵 12 – 仙巖寺』) 金魚 수화승 碧月昌旿

◦ 1919년 전북 고창 禪雲寺 東雲庵 七星圖 조성(『韓國의 佛畵 14 – 禪雲寺』) 金魚 수화승

◦ 1920년 전남 장성 鄭李菴 七星圖 조성(圓光大學校 博物館 所藏, 『韓國의 佛畵 19 – 大學博物館(Ⅱ)』) 金魚 片手 수화승

1920년 전남 장흥 天冠寺 阿彌陀後佛紅圖 조성(寶城 佛光寺 所藏, 『韓國의 佛畵 37 – 白羊寺 · 新興寺』) 金魚 수화승 善珎

1920년 전남 목포 布敎堂 獨聖圖 조성(『韓國의 佛畵 37 – 白羊寺 · 新興寺』) 金魚 수화승

1920년 전남 완도 新興寺 地藏十王圖 조성(木浦 達聖寺 造成, 『全南의 寺刹』) 수화승 宗仁

◦ 1921년 전남 나주 多寶寺 冥府殿 地藏圖 조성(『韓國의 佛畵 37 – 白羊寺 · 新興寺』) 수화승 正順

1921년 전북 부안 開岩寺 現王圖 조성(『韓國의 佛畵 14 – 禪雲寺』) 金魚 出草 수화승

1921년 전북 부안 開巖寺 四天王圖 조성(『韓國의 佛畵 14 – 禪雲寺』) 片手 수화승

◦ 1922년 전남 장성 白羊寺 釋迦牟尼後佛圖 조성(『韓國의 佛畵 37 – 白羊寺 · 新興寺』) 金魚 수화승

1922년 전남 장성 白羊寺 神衆圖 조성(『韓國의 佛畵 37 – 白羊寺 · 新興寺』) 金魚 수화승

◦ 1926년 전남 장성 白羊寺 大雄殿 獨聖圖 조성(『韓國의 佛畵 37 – 白羊寺 · 新興寺』) 金魚 수화승

◦ 1928년 충남 논산 淨土宗 布敎堂 地藏圖 조성(公州 麻谷寺 所藏, 『韓國의 佛畵 15 – 麻谷寺(上)』) 수화승 湖隱 定淵

1928년 충남 논산 淨土宗 布敎堂 十王圖(秦廣大王) 조성(公州 麻谷寺 所藏, 『韓國의 佛畵 16 – 麻谷寺(下)』) 金魚 수화승

1928년 충남 논산 淨土宗 布敎堂 十王圖(轉輪大王) 조성(公州 麻谷寺 所藏, 『韓國의 佛畵 16 – 麻谷寺(下)』) 金魚 수화승

◦ 1933년 전북 고창 禪雲寺 東雲庵 地藏圖 조성(『韓國의 佛畵 14 – 禪雲寺』) 金魚 수화승

1933년 전남 곡성 修道庵 獨聖圖 조성(『韓國의 佛畵 11 – 華嚴寺』) 金魚 수화승

1933년 전북 고창 禪雲寺 十王殿 地藏圖 조성(『韓國의 佛畵 14 – 禪雲寺』) 金魚 수화승80)

◦ 1934년 전북 순창 大母庵 阿彌陀後佛圖 조성(『韓國의 佛畵 14 – 禪雲寺』) 金魚 수화승

◦ 1936년 전남 長興 寶林寺 七星圖 조성(弘觀寺 造成, 『全南의 寺刹』) 畵員 수화승

1936년 전남 長興 寶林寺 山神圖 조성(『全南의 寺刹』) 畵員 수화승

◦ 1937년 전남 해남 大興寺 淸神菴 地藏十王圖 조성(『韓國의 佛畵 31 – 大興寺』) 金魚 수화승

1937년 전남 海南 大芚寺 淸神庵 山神圖 조성(『全南의 寺刹』) 金魚 수화승

◦ 1939년 전북 고창 禪雲寺 十王殿 十王圖(秦廣大王) 조성(『韓國의 佛畵 14 – 禪雲寺』) 金魚 수화승

1939년 전북 고창 禪雲寺 十王殿 十王圖(宋帝大王) 조성(『韓國의 佛畵 14 – 禪雲寺』) 金魚 수화승

1939년 전북 고창 禪雲寺 十王殿 十王圖(五官大王) 조성(『韓國의 佛畵 14 – 禪雲寺』) 金魚 수화승

◦ 20세기 초반 神衆圖 조성(木芽佛敎博物館 所藏, 『韓國의 佛畵 20 – 私立博物館』) 金魚 수화승

봉오(奉悟, 琫悟 : -1876-1879-) 19세기 후반에 활동한 불화승이다. 수화승 하

은위상과 1876년에 경북 선산 도리사 석가모니후불도를, 경북 문경 대승사 지장도와 신중도를, 1879년에 경북 포항 보경사 서운암 아미타후불홍도阿彌陀後佛紅圖를 조성하였다.

- 1876년 경북 선산 桃李寺 釋迦牟尼後佛圖 조성(『韓國의 佛畵 8 – 直指寺(上)』) 수화승 霞隱偉相[81]
  1876년 경북 문경 大乘寺 地藏圖 조성(『韓國의 佛畵 8 – 直指寺(上)』) 수화승 霞隱偉相
  1876년 경북 문경 大乘寺 神衆圖 조성(『韓國의 佛畵 8 – 直指寺(上)』) 수화승 霞隱偉相
- 1879년 경북 포항 寶鏡寺 瑞雲菴 阿彌陀後佛紅圖 조성(『韓國의 佛畵 38 – 佛國寺』) 수화승 霞隱應相[82]

봉완(奉完 : -1898-) 1898년에 수화승 추산천성과 서울 봉국사 명부전 시왕도(6·8·10대왕)를 조성하였다.

- 1898년 서울 奉國寺 冥府殿 十王圖(6·8·10大王) 조성(『韓國의 佛畵 35 – 曹溪寺(中)』) 수화승 秋山天性

봉운 1(奉云 : -1854-) 19세기 중반에 활동한 불화승이다. 1854년에 수화승 원담내원과 전남 구례 화엄사 나한전 석가모니후불도를 조성하였다.

- 1854년 전남 구례 華嚴寺 羅漢殿 釋迦牟尼後佛圖 조성(河東 寒山寺 所藏, 『韓國의 佛畵 25 – 雙磎寺(上)』) 수화승 圓潭乃圓

봉운 2(奉雲 : -1898-) 19세기 중반에 활동한 불화승이다. 1898년에 수화승 금화기경과 서울 봉국사 명부전 시왕도(일직사자, 월직사자, 건영대장군)를 조성하였다.

- 1898년 서울 奉國寺 冥府殿 十王圖(日直使者, 月直使者, 建靈大將軍) 조성(『韓國의 佛畵 35 – 曹溪寺(中)』) 수화승 錦華機炯

봉월당(鳳月堂) 후은(厚銀) 참조

봉은(奉恩, 奉銀 : -1854-)* 춘담당(春潭堂) 19세기 중반에 활동한 불화승이다. 1854년에 수화승 원담내원과 전남 구례 화엄사 나한전 석가모니후불도를, 수화승 해운익찬과 현왕도(호림박물관 소장)와 전남 해남 대둔사 대광명전 지장시왕도를, 1855년에 수화승 경욱과 대둔사 신중도(동국대학교 박물관 소장)를, 1858년에 수화승 도순과 전남 순천 송광사 대장법당 신중도(홍익대학교 박물관 소장)를, 1860년에 수화승 해명산수와 충북 영동 성주사 괘불도를, 1861년에 수화승 경욱과 충남 공주 마곡사 청련암 석가모니후불도를 그렸다. 수화승으로 1861년에 충남 공주 마곡사 부용암 아미타후불도(천안 은석사 소장)를, 1862년에 수화승 해운익찬과 전남 구례 화엄사 명부전 지장도를, 1867년에 수화승 해명산수와 봉곡사 지장도(온양민속박물관 소장)와 석가모니후불도(서산 부석사 소장)를

춘담봉은, 신중도, 19세기 후반, 서산 부석사

조성하였다. 수화승으로 1868년에 태조암 구품도(구례 화엄사 소장), 1869년
에 충남 서천 은적암 칠성도(부여 무량사 소장), 1869년에 □화사 아미타후
불도(예산 수덕사 소장), 1870년에 운수암 칠성도와 독성도(안성 운수암 소
장) 등을, 1871년에 전북 완주 화암사 극락전 현왕도를, 1872년에 충남 공주
마곡사 독성도(불교중앙박물관 소장)를 그렸다. 1879년에 수화승 수룡기전과
전북 완주 위봉사 태조암 석가모니후불도를, 수화승으로 백양산 운문암 독성
도(담양 용화사 소장)를, 원적암 지장시왕도(무안 원갑사 소장)를, 연대미상
충남 서산 부석사 신중도를 조성하였다.

- 1854년 전남 구례 華嚴寺 羅漢殿 釋迦牟尼後佛圖 조성(河東 寒山寺 所藏, 『韓國의 佛畫
  25 – 雙磎寺(上)』) 수화승 圓潭乃圓
  1854년 現王圖 조성(湖林博物館 所藏, 『韓國의 佛畫 20 – 私立博物館』) 수화승 益讚
  1854년 전남 해남 大芚寺 大光明殿 地藏十王圖 조성(大興寺 所藏, 『全南의 寺刹』과
  『韓國의 佛畫 31 – 大興寺』) 수화승 益讚
- 1855년 전남 해남 大屯寺 神衆圖 조성(東國大學校 博物館 所藏, 『韓國의 佛畫 18 – 大學
  博物館(Ⅰ)東國大』) 수화승 敬旭
- 1858년 전남 순천 松廣寺 大藏法堂 神衆圖 조성(弘益大學校 所藏, 『韓國의 佛畫 19 –
  大學博物館(Ⅱ)』)83) 수화승 道詢
- 1860년 충북 영동 聖住寺 掛佛圖 조성(『韓國佛畫畫記集』) 수화승 海溟山水
- 1861년 충남 공주 麻谷寺 淸蓮庵 釋迦牟尼後佛圖 조성(『韓國의 佛畫 15 – 麻谷寺(上)』)
  片手 수화승 敬郁
  1861년 충남 공주 麻谷寺 芙蓉庵 阿彌陀後佛圖 조성(天安 銀石寺 所藏, 『韓國의 佛畫
  15 – 麻谷寺(上)』) 金魚 수화승
- 1862년 전남 구례 華嚴寺 冥府殿 地藏圖 조성(『韓國의 佛畫 11 – 華嚴寺』) 수화승 海雲
  益讚
- 1867년 鳳谷寺 地藏圖 조성(溫陽民俗博物館 所藏, 『韓國의 佛畫 20 – 私立博物館』)84)
  수화승 海溟山水85)
  1867년 鳳谷寺 釋迦牟尼後佛圖 조성(瑞山 浮石寺 所藏, 『韓國의 佛畫 27 – 修德寺』)
  수화승 海溟山水
- 1868년 太祖庵 九品圖 조성(求禮 華嚴寺 所藏, 『韓國의 佛畫 11 – 華嚴寺』) 金魚 수화승
- 1869년 충남 서천 隱寂菴 七星圖 조성(扶餘 無量寺 所藏, 『韓國의 佛畫 16 – 麻谷寺(下)』)
  畫員86) 수화승
  1869년 □華寺 阿彌陀後佛圖 조성(禮山 修德寺 所藏, 『韓國의 佛畫 27 – 修德寺』) 畫
  員 수화승
- 1870년 雲峀菴 七星圖 조성(安城 雲水庵 所藏, 『韓國의 佛畫 29 – 龍珠寺(下)』) 金魚 수
  화승
  1870년 雲峀菴 獨聖圖 조성(安城 雲水庵 所藏, 『韓國의 佛畫 29 – 龍珠寺(下)』) 金魚
  수화승
  1870년 雲峀菴 山神圖 조성(安城 雲水庵 所藏, 『韓國의 佛畫 29 – 龍珠寺(下)』) 金魚
  수화승
- 1871년 전북 완주 花巖寺 極樂殿 現王圖 조성(『韓國의 佛畫 13 – 金山寺』) 金魚 수화승
- 1872년 충남 공주 麻谷寺 獨聖圖 조성(佛敎中央博物館 所藏, 『韓國의 佛畫 40 – 補遺』)
  良工 수화승
- 1879년 전북 완주 威鳳寺 太祖庵 釋迦牟尼後佛圖 조성(『韓國의 佛畫 13 – 金山寺』) 수화
  승 繡龍大電
  1879년 白羊山 雲門庵 獨聖圖 조성(潭陽 龍華寺 所藏, 『韓國의 佛畫 40 – 補遺』) 金魚
  수화승
  1879년 圓寂菴 地藏十王圖 조성(務安 圓甲寺 所藏, 『韓國의 佛畫 31 – 大興寺』) 金魚

　수화승
　◦ 연대미상 충남 서산 浮石寺 神衆圖 조성(『韓國의 佛畵 27 – 修德寺』) 良工 수화승

봉의 1(奉毅 : -1661-) 17세기 중반에 활동한 불화승이다. 1661년에 수화승 만희와 감로왕도(프랑스 기메미술관 소장)를 조성하였다.

　◦ 1661년 甘露王圖 조성(프랑스 기메미술관 所藏,『韓國佛畵畵記集』) 수화승 萬喜

봉의 2(琫儀, 奉誼, 奉宜, 琫醫, 琫毅, 奉儀 : -1860-1897-)* 연호당(蓮湖堂) 19세기 중반에 활동한 불화승이다. 1860년에 수화승 기연과 전남 고흥 능가사 수도암 칠성도(순천 송광사 소장)를, 1864년에 수화승으로 경남 남해 용문사 탐진당 장신도將神圖를, 1865년에 수화승 영담선완과 경남 고성 운흥사 삼세불도와 신장도를, 1866년에 수화승 하은위상과 경남 양산 통도사 안양암 북극전 칠성도를 조성하였다. 1870년에 수화승 금암천여와 경남 남해 용문사 괘불도를 개조改造하고 아미타후불홍도阿彌陀後佛紅圖를, 수화승으로 1873년에 경남 진주 청곡사 지장도와 삼장도를, 1882년에 전북 남원 실상사 약사전 약사후불도와 신중도를, 1891년에 경남 산청 정취암 칠성도를, 벽송사 신중도(함양 보림사 소장)를, 1893년에 경남 고성 옥천사 연대암 칠성도를, 1897년에 남해 용문사 대웅전 석가모니후불도와 삼장도 및 신중도를, 함양 벽송사 아미타후불도를 조성하였다.

　◦ 1860년 전남 고흥 楞伽寺 修道庵 七星圖 조성(順天 松廣寺 所藏,『韓國의 佛畵 7 – 松廣寺(下)』) 수화승 錡衍
　◦ 1864년 경남 남해 龍門寺 探眞堂 將神圖 조성(『韓國의 佛畵 25 – 雙磎寺(上)』) 金魚 片手 수화승
　◦ 1865년 경남 고성 雲興寺 三世佛圖 조성(『韓國의 佛畵 25 – 雙磎寺(上)』) 수화승 暎潭善完
　　1865년 경남 고성 雲興寺 神衆圖 조성(『韓國의 佛畵 25 – 雙磎寺(上)』) 수화승 瑛潭善完
　◦ 1866년 경남 양산 通度寺 安養庵 北極殿 七星圖 조성(『韓國의 佛畵 2 – 通度寺(中)』) 수화승 霞隱 偉祥
　◦ 1870년 경남 남해 龍門寺 掛佛圖 改造(『韓國의 佛畵 26 – 雙磎寺(下)』) 수화승 錦岩天如
　　1870년 경남 남해 龍門寺 阿彌陀後佛紅圖 조성(『韓國의 佛畵 25 – 雙磎寺(上)』) 수화승 錦巖天如
　◦ 1873년 경남 진주 靑谷寺 地藏圖 조성(『韓國의 佛畵 4 – 海印寺(上)』) 金魚 수화승
　　1873년 경남 진주 靑谷寺 三藏圖 조성(『韓國의 佛畵 4 – 海印寺(上)』) 金魚 수화승
　◦ 1882년 전북 남원 實相寺 藥師殿 藥師後佛圖 조성(『韓國의 佛畵 13 – 金山寺』) 畵員 수화승
　　1882년 전북 남원 實相寺 藥師殿 神衆圖 조성(『韓國의 佛畵 13 – 金山寺』) 畵員 수화승
　◦ 1891년 경남 산청 淨趣庵 七星圖 조성(『韓國의 佛畵 5 – 海印寺(下)』) 羿底[87] 수화승
　　1891년 碧松寺 神衆圖 조성(咸陽 寶林寺 소장,『韓國의 佛畵 40 – 補遺』) 羿底 수화승
　◦ 1893년 경남 고성 玉泉寺 蓮臺庵 七星圖 조성(『韓國의 佛畵 26 –

연호봉의, 신중도, 1877년, 남해 용문사 대웅전

雙磎寺(下)』) 金魚 수화승
◦1897년 경남 남해 龍門寺 大雄殿 釋迦牟尼後佛圖 조성
(『韓國의 佛畵 25 – 雙磎寺(上)』) 片手 수화승
1897년 경남 남해 龍門寺 大雄殿 三藏圖 조성(『韓國
의 佛畵 25 – 雙磎寺(上)』) 金魚 수화승
1897년 경남 남해 龍門寺 大雄殿 神衆圖 조성(『韓國
의 佛畵 25 – 雙磎寺(上)』) 片手 수화승
1897년 경남 남해 龍門寺 獨聖圖 조성(『韓國의 佛畵
26 – 雙磎寺(下)』) 金魚 수화승
1897년 경남 남해 龍門寺 現王圖 조성(『韓國의 佛畵
26 – 雙磎寺(下)』) 金魚 수화승
1897년 경남 남해 龍門寺 山王圖 조성(『韓國의 佛畵
26 – 雙磎寺(下)』) 金魚 수화승
1897년 경남 咸陽 碧松寺 阿彌陀後佛圖 조성(『韓國의
佛畵 4 – 海印寺(上)』)88) 金魚 片手 수화승

연호봉의, 삼장보살도, 1897년, 남해 용문사 대웅전

봉익(奉益 : -1873-) 19세기 후반에 활동한 불화승
이다. 1873년에 수화승 위상과 경남 합천 해인사 법보전 비로자나후불도를
조성하였다.

◦1873년 경남 합천 海印寺 法寶殿 毘盧遮那後佛圖 조성(『韓國의 佛畵 4 – 海印寺(上)』)
수화승 偉相

봉인(奉仁, 鳳仁 : -1910-1941-)* 응하당(應霞堂) 1910년에 수화승 명조와 부산
마하사 응진전 석가모니후불도와 십육나한도를, 1913년에 수화승 정연과 전
북 익산 숭림사 보광전 삼세후불도를, 1917년에 수화승 만총과 전북 남원 선
원사 법당 비로자나후불도와 명부전 지장도 및 대웅전 신중도를, 1918년에 수
화승 벽월창오와 전남 순천 선암사 응진당 십육나한도와 사자도를, 1922년에
수화승으로 전남 순천 금강암 칠성도(원광대학교 소장)를, 1929년에 전북 남
원 선국사 대웅전 신중도를 그렸다. 1935년에 수화승 법상과 전북 임실 죽림
암 신중도를, 1941년에 수화승으로 전북 진안 용흥사 괘불도를 조성하였다.

◦1910년 부산 摩訶寺 應眞殿 釋迦牟尼後佛圖 조성(『韓國의 佛畵 32 – 梵魚寺』) 수화승
明照
1910년 부산 摩訶寺 應眞殿 十六羅漢圖 조성(『韓國의 佛畵 32 – 梵魚寺』) 수화승 明照
◦1913년 전북 익산 崇林寺 普光殿 三世後佛圖 조성(『韓國의 佛畵 13 – 金山寺』) 수화승
定淵
◦1917년 전북 남원 禪院寺 法堂 毘盧遮那後佛圖 조성(『韓國의 佛畵 13 – 金山寺』) 수화승
萬聰
1917년 전북 남원 禪院寺 冥府殿 地藏圖 조성(『韓國의 佛畵 13 – 金山寺』) 수화승 萬聰
1917년 전북 남원 禪院寺 大雄殿 神衆圖 조성(『韓國의 佛畵 13 – 金山寺』) 수화승 萬聰
◦1918년 전남 순천 선암사 應眞堂 十六羅漢圖 조성(『韓國의 佛畵 12 – 仙巖寺』) 수화승
碧月昌旿
1918년 전남 순천 仙巖寺 應眞堂 十六羅漢圖 조성(『韓國의 佛畵 12 – 仙巖寺』) 수화승
碧月昌旿
1918년 전남 순천 仙巖寺 應眞堂 使者圖 조성(『韓國의 佛畵 12 – 仙巖寺』) 수화승 碧
月昌旿
◦1922년 전남 순천 金剛庵 七星圖 조성(圓光大學校 所藏, 『韓國의 佛畵 19 – 大學博物館
(Ⅱ)』) 畵員 수화승

◦1929년 전북 남원 善國寺 大雄殿 神衆圖 조성(『韓國의 佛畵 13 – 金山寺』) 金魚 수화승
◦1935년 전북 임실 竹林菴 神衆圖 조성(『韓國의 佛畵 14 – 禪雲寺』) 수화승 法尙
◦1941년 전북 진안 龍興寺 掛佛圖 조성(『韓國의 佛畵 13 – 金山寺』) 金魚 수화승

봉일 1(奉日 : -1764-) 18세기 중반에 활동한 불화승이다. 1764년에 수화승 색민과 전남 해남 대흥사 괘불도를 조성하였다.

◦1764년 전남 해남 大興寺 掛佛圖 조성(『韓國의 佛畵 31 – 大興寺』) 수화승 色旻

봉일 2(奉日 : -1818-) 19세기 전반에 활동한 불화승이다. 1818년에 수화승 지한과 경남 양산 통도사 극락암 신중도를 조성하였다.

◦1818년 경남 양산 通度寺 極樂庵 神衆圖 조성(『韓國의 佛畵 3 – 通度寺(下)』) 수화승 志閑

봉임(奉任 : -1881-) 19세기 후반에 활동한 불화승이다. 1881년에 수화승 하은응상과 경북 선산 도리사 칠성도를 조성하였다.

◦1881년 경북 선산 桃李寺 七星圖 조성(『韓國의 佛畵 9 – 直指寺(下)』) 沙彌 수화승 霞隱應祥

봉전(奉典 : -1871-) 19세기 후반에 활동한 불화승이다. 1871년에 수화승 덕운영운과 경북 청도 운문사 비로전 신중도를 조성하였다.

◦1871년 경북 청도 雲門寺 毘盧殿 神衆圖 조성(『韓國의 佛畵 21 – 桐華寺(上)』)[89] 수화승 德雲永芸
◦1901년 서울 蓮華寺 千手天眼觀音圖 조성(『韓國의 佛畵 34 – 曹溪寺(上)』) 수화승 漢峰應作
1901년 서울 蓮華寺 神衆圖 조성(『韓國의 佛畵 35 – 曹溪寺(中)』) 수화승 漢峰應作[90]

봉정(奉正 : -1767-) 18세기 중반에 활동한 불화승이다. 1767년에 수화승 화월두훈과 경남 양산 통도사 괘불도를 조성하였다.

◦1767년 경남 양산 通度寺 掛佛圖 조성(『韓國의 佛畵 2 – 通度寺(中)』) 수화승 枓薰

봉재 1(奉齋 : -1775-) 18세기 후반에 활동한 불화승이다. 1775년에 수화승 포관과 경남 양산 통도사 약사전 약사후불도와 수화승 유성 등과 팔상도 일부를 조성하거나 지전으로 참여하였다.

◦1775년 경남 양산 通度寺 藥師殿 藥師如來後佛圖 조성(『韓國의 佛畵 1 – 通度寺(上)』)[91] 수화승 □冠
1775년 경남 양산 通度寺 靈山殿 八相圖 중 第二毘籃降生相 조성(『韓國의 佛畵 2 – 通度寺(中)』) 수화승 抱冠
1775년 경남 양산 通度寺 靈山殿 八相圖 중 第四踰城出家相 조성(『韓國의 佛畵 2 – 通度寺(中)』)[92] 수화승 有誠
1775년 梁山 通度寺 靈山殿 八相圖 중 第五雪山修道相(『韓國의 佛畵 2 – 通度寺(中)』) 知殿으로 참여
1775년 경남 양산 通度寺 靈山殿 八相圖 중 第六樹下降魔相 조성(『韓國의 佛畵 2 – 通度寺(中)』)[93]
1775년 경남 양산 通度寺 靈山殿 八相圖 중 第七鹿苑轉法相(『韓國의 佛畵 2 – 通度寺(中)』)[94]

봉재 2(奉齋 : -1890-1897-) 19세기 후반에 활동한 불화승이다. 1890년에 수화승 금주와 경북 안동 석수사 무량수전 지장도를, 1897년에 수화승 봉화와

충북 보은 법주사 대웅보전 아미타후불도를 조성하였다.

- 1890년 경북 안동 石水寺 無量壽殿 地藏圖 조성(『韓國의 佛畵 23 – 孤雲寺(上)』) 수화승 金珠
- 1897년 충북 보은 法住寺 大雄寶殿 阿彌陀後佛圖 조성(『韓國의 佛畵 17 – 法住寺』) 수화승 奉華

봉제(奉齊 : -1888-) 19세기 후반에 활동한 불화승이다. 1888년에 수화승 하은응상과 경북 안동 봉정사 대웅전 지장도를 조성하였다.

- 1888년 경북 안동 鳳停寺 大雄殿 地藏圖 조성(『韓國의 佛畵 23 – 孤雲寺(上)』) 수화승 霞隱應祥
- ※ 봉제는 봉재와 관련이 있을 것으로 추정된다.

봉조(奉照, 奉祚 : -1878-1883-) 19세기 후반에 활동한 불화승이다. 1878년에 수화승 대허체훈과 인천 강화 정수사 법당 지장도를, 1882년에 수화승 혜과 봉간과 경기 남양주 견성암 시왕도를, 1883년에 경선응석과 경기 남양주 흥국사 신중도(의정부 회룡사 소장)를, 수화승 진호와 서울 미타사 무량수전 칠성도를 조성하였다.

- 1878년 인천 강화 淨水寺 法堂 地藏圖 조성(『畿內寺院誌』와 『韓國佛畵畵記集』 및 『韓國의 佛畵 34 – 曹溪寺(上)』) 沙彌 수화승 大虛體訓
- 1882년 경기 남양주 見聖庵 十王圖 조성(『韓國佛畵畵記集』) 수화승 慧果 奉侃
- 1883년 경기 남양주 興國寺 神衆圖 조성(議政府 回龍寺 所藏, 畵記, 『畿內寺院誌』와 『韓國佛畵畵記集』 및 『韓國의 佛畵 33 – 奉先寺』) 片手 수화승 應碩
  1883년 서울 彌陀寺 無量壽殿 七星圖 조성(『韓國의 佛畵 36 – 曹溪寺(下)』) 수화승 進浩

봉종(奉宗 : -1898-1910-) 월선당(月仙堂, 月船堂) 19세기후반부터 20세기 전반까지 활동한 불화승이다. 1898년에 수화승 한봉창엽과 서울 봉국사 명부전 시왕도(1·3대왕)를, 1900년에 수화승 보암긍법과 서울 미타사 무량수전 신중도와 수화승 보암 상월과 목아불교박물관 소장 아미타후불도를, 1907년에 수화승 금호약효와 충남 공주 갑사 대적전 삼세후불도를, 수화승 보응문성과 충남 공주 신원사 대웅전 석가모니후불도와 신중도 및 칠성도를, 1910년에 수화승 봉주와 충남 공주 마곡사 대웅보전 신중도를 조성하였다.

- 1898년 서울 奉國寺 冥府殿 十王圖(1·3大王) 조성(『韓國의 佛畵 35 – 曹溪寺(中)』) 수화승 漢峰瑲曄
- 1900년 서울 彌陀寺 無量壽殿 神衆圖 조성(『韓國의 佛畵 35 – 曹溪寺(中)』) 수화승 普庵肯法
  1900년 阿彌陀後佛圖 조성(木芽佛敎博物館 所藏, 『韓國의 佛畵 20 – 私立博物館』)[95] 수화승 普庵上月
- 1907년 충남 공주 甲寺 大寂殿 三世後佛圖 조성(『韓國의 佛畵 15 – 麻谷寺(上)』) 수화승 錦湖若效
  1907년 충남 공주 新元寺 大雄殿 釋迦牟尼後佛圖 조성(『韓國의 佛畵 15 – 麻谷寺(上)』) 수화승 普應文性
  1907년 충남 공주 新元寺 大雄殿 神衆圖 조성(『韓國의 佛畵 15 – 麻谷寺(上)』) 수화승 普應文性
  1907년 충남 공주 新元寺 七星圖 조성(『韓國의 佛畵 16 – 麻谷寺(下)』) 수화승 普應文性

◦1910년 충남 공주 麻谷寺 大雄寶殿 神衆圖 조성(『韓國의 佛畵 15 – 麻谷寺(上)』) 수화승
奉珠

봉주(奉珠, 奉周 : -1874-1928-)* 19세기 후반부터 20세기 전반까지 활동한 불
화승이다. 1874년에 수화승 한봉창엽과 경기 안성 청룡사 명부전 지장도를,
수화승 금곡영환과 원통암 지장도(강화 청련사 소장)를, 1905년에 수화승 목
우와 문수사 대웅전 칠성도(예산 수덕사 소장)를, 1908년에 수화승 금호약효
와 충남 예산 수덕사 대웅전 삼세후불도를, 1910년에 수화승 융파법융과 충
남 공주 갑사 팔상전 석가모니후불도, 수화승 금호약효와 대웅전 신중도를,
수화승으로 대웅보전 신중도를 그렸다. 또한 수화승 금호약효와 충남 공주
마곡사 천왕문을 중수重修하고, 1924년에 수화승으로 전북 김제 망해사 신중
도를, 1928년에 수화승 호은 정연과 충남 논산 정토종 포교당 지장도와 시왕
도(송제대왕과 도시대왕, 공주 마곡사 소장)를, 1928년에 수화승 시찬과 경남
통영 용화사 관음암 지장도를 조성하였다.

◦1874년 경기 안성 靑龍寺 冥府殿 地藏圖 조성(『韓國의 佛畵 28 – 龍珠寺(上)』) 수화승
漢峰瑲燁
1874년 圓通庵 地藏圖 조성(江華 靑蓮寺 소장, 『韓國의 佛畵 34 – 曹溪寺(上)』) 수화
승 金谷永煥
◦1905년 文殊寺 大雄殿 七星圖 조성(禮山 修德寺 所藏, 『韓國의 佛畵 27 – 修德寺』) 수화
승 牧雨
◦1908년 충남 예산 修德寺 大雄殿 三世後佛圖 조성(『韓國의 佛畵 27 – 修德寺』) 수화승
錦湖若效
◦1910년 충남 공주 甲寺 八相殿 釋迦牟尼後佛圖 조성(『韓國의 佛畵15 – 麻谷寺(上)』) 수
화승 隆坡法融
1910년 충남 공주 甲寺 大雄殿 神衆圖 조성(『韓國의 佛畵 15 – 麻谷寺(上)』) 수화승
錦湖若效
1910년 충남 공주 麻谷寺 大雄寶殿 神衆圖 조성(『韓國의 佛畵 15 – 麻谷寺(上)』) 畵員
出草 수화승
1910년 충남 공주 麻谷寺 天王門 重修(「泰華山麻谷寺天王門重修記」) 수화승 錦湖若效
◦1924년 전북 김제 望海寺 神衆圖 조성(『韓國의 佛畵 13 – 金山寺』) 金魚 수화승
◦1928년 충남 논산 淨土宗 布敎堂 地藏圖 조성(公州 麻谷寺 所藏, 『韓國의 佛畵 15 – 麻
谷寺(上)』) 수화승 湖隱 定淵
1928년 충남 논산 淨土宗 布敎堂 十王圖(宋帝大王) 조성(公州 麻谷寺 所藏, 『韓國의
佛畵 16 – 麻谷寺(下)』) 出草 수화승 湖隱
1928년 충남 논산 淨土宗 布敎堂 十王圖(都市大王) 조성(公州 麻谷寺 所藏, 『韓國의
佛畵 16 – 麻谷寺(下)』) 畵師 수화승 湖隱
1928년 경남 통영 龍華寺 觀音庵 地藏圖 조성(『韓國의 佛畵 25 – 雙磎寺(上)』) 수화승
施讚

봉준(奉俊 : -1893-) 농월당(弄月堂) 19세기 후반에 활동한 불화승이다. 1893
년에 수화승 증언과 전남 장성 백양사 관유암 관음전 삼세후불도와 극락보전
신중도를 조성하였다.

◦1893년 전남 장성 白羊寺 觀流庵 觀音殿 三世後佛圖 조성(『韓國의 佛畵 37 – 白羊寺 ·
新興寺』) 수화승 證彦
1893년 전남 장성 白羊寺 極樂寶殿 神衆圖 조성(『韓國의 佛畵 37 – 白羊寺 · 新興寺』)
수화승 證彦

봉찰(鳳察 : -1753-) 18세기 중반에 활동한 불화승이다. 1753년에 수화승 은기와 전남 순천 선암사 삼십삼조사도(석가모니불, 1·2조사)와 수화승 치한과 괘불도를 조성하였다.

  ▫ 1753년 전남 순천 仙巖寺 三十三祖師圖(釋迦牟尼佛, 1·2祖師) 조성(『韓國의 佛畵 12 –
    仙巖寺』) 수화승 隱奇
    1753년 전남 순천 仙巖寺 掛佛圖 조성(『韓國의 佛畵 12 – 仙巖寺』) 수화승 致閑

봉하 1(奉河 : -1906-)* 대운당(大雲堂) 또는 대우당(大愚堂) 20세기 전반에 활동한 불화승이다. 1906년에 수화승 대운봉하와 경기 여주 신륵사 지장도, 수화승 허곡긍순과 신중도, 수화승으로 시왕도 등을, 수화승으로 경북 김천 청암사 아미타후불도를 조성하였다.

  ▫ 1906년 경기 여주 神勒寺 地藏圖 조성(『韓國의 佛畵 28 – 龍珠寺(上)』) 大畵士 수화승
    大雲奉河
    1906년 경기 여주 神勒寺 神衆圖 조성(『韓國의 佛畵 28 – 龍珠寺(上)』)[96] 수화승 虛
    谷亘巡
    1906년 경기 여주 神勒寺 十王各部圖(七, 九) 조성(『韓國의 佛畵 29 – 龍珠寺(下)』)
    首畵士 수화승
    1906년 경기 여주 神勒寺 十王各部圖(八, 十) 조성(『韓國의 佛畵 29 – 龍珠寺(下)』)
    首畵士 수화승
    1906년 경기 여주 神勒寺 十王各部圖(使者, 將軍) 조성(『韓國의 佛畵 29 – 龍珠寺(下)』)
    首畵士 수화승
    1906년 경기 여주 神勒寺 十王各部圖(使者, 將軍) 조성(『韓國의 佛畵 29 – 龍珠寺(下)』)
    首畵士 수화승
    1906년 경북 김천 靑巖寺 阿彌陀後佛圖 조성(『韓國의 佛畵 8 – 直指寺(上)』) 金魚 수
    화승

봉향(奉香 : -1890-) 19세기 후반에 활동한 불화승이다. 1890년에 수화승 봉수와 경북 상주 남장사 신중도를 조성하였다.

  ▫ 1890년 경북 상주 南長寺 神衆圖 조성(『韓國의 佛畵 8 – 直指寺(上)』) 수화승 奉秀

봉호(奉扈, 奉昊 : -1875-1910-)* 현옹당(玄翁堂) 19세기 후반부터 20세기 전반까지 활동한 불화승이다. 1875년에 수화승 덕운영운과 아미타후불도(국민대학교 박물관 소장)를, 1897년에 영운봉수와 경북 영천 은해사 백흥암 심검당 아미타후불도와 대법당 신중도 및 백흥암 영산전 석가모니후불도를, 1898년에 수화승으로 경북 의성 수정암 대광전 신중도를 그렸다. 1903년에 수화승 월연관혜와 경북 경주 기림사 칠성도를 조성하였다. 1910년에 수화승 금호약효와 충남 공주 마곡사 천왕문을 중수重修하였다.

  ▫ 1875년 阿彌陀後佛圖 조성(國民大學校 博物館 所藏, 『韓國의 佛畵 19 – 大學博物館(Ⅱ)』)
    수화승 德雲永芸
  ▫ 1897년 경북 영천 銀海寺 百興菴 尋劍堂 阿彌陀後佛圖 조성(『韓國의 佛畵 30 – 銀海寺』)
    수화승 永雲奉秀
    1897년 경북 영천 銀海寺 百興菴 大法堂 神衆圖 조성(『韓國의 佛畵 30 – 銀海寺』)
    수화승 永雲奉秀
    1897년 경북 영천 銀海寺 百興菴 靈山殿 釋迦牟尼後佛圖 조성(『韓國의 佛畵 30 – 銀
    海寺』) 수화승 永雲奉洙

◦ 1898년 경북 의성 水淨庵 大光殿 神衆圖 조성(『韓國의 佛畵 23 - 孤雲寺(上)』) 金魚 수
    화승
◦ 1903년 경북 경주 祇林寺 七星圖 조성(『韓國의 佛畵 38 - 佛國寺』) 수화승 月淵 貫惠
◦ 1910년 충남 공주 麻谷寺 天王門 重修(「泰華山麻谷寺天王門重修記」) 수화승 錦湖若效

봉화 1(奉和 : -1777-) 18세기 후반에 활동한 불화승이다. 1777년에 수화승
정총과 용연사 석가모니후불도(동국대학교 박물관 소장)를 조성하였다.

◦ 1777년 龍淵寺 釋迦牟尼後佛圖 조성(東國大學校 博物館 所藏, 『韓國의 佛畵 18 - 大學博
    物館(Ⅰ)』) 수화승 定聰

봉화 2(奉和 : -1854-) 19세기 중반에 활동한 불화승이다. 1854년에 해운익
찬과 전남 해남 대흥사 대광명전 지장시왕도를 조성하였다.

◦ 1854년 전남 해남 大芚寺 大光明殿 地藏十王圖 조성(大興寺 所藏, 『全南의 寺刹』과 『韓
    國의 佛畵 31 - 大興寺』) 수화승 益讚

봉화 3(奉華, 奉化 : -1884-1897-)* 금주당(金珠堂) 19세기 후반에 활동한 불화
승이다. 수화승 하은응상과 1884년에 경북 예천 룡문사 아미타후불도(문경
김용사 소장)를, 1886년에 경북 안동 광흥사 영산암 아미타후불도를, 1887년
에 경북 의성 고운사 쌍수암 대법당 아미타후불도를, 대구 파계사 금당암 석
가모니후불도와 신중도 및 칠성도를 그렸다. 같은 해 수화승 서휘와 백운산
보현사 독성도와 칠성도(보은 법주사 소장)를, 1888년에 수화승 하은응상과
경북 문경 김용사 독성도와 경북 안동 봉정사 대웅전 지장도를, 수화승 서휘
와 충북 중원 태고사 칠성도를, 1889년에 수화승 한규와 경북 청도 운문사
명부전 지장도를, 1890년에 수화승 하은응상과 경북 문경 대승사 묘적암 신
중도와 경남 양산 통도사 자장암 신중도를, 수화승 하은응상과 경북 예천 명
봉사 현왕도와 수화승 서휘와 산신도를, 1892년에 수화승 영명천기와 서울
봉은사 대웅전 삼불회도를, 1893년에 수화승 금호약효와 서울 지장사 대웅전
지장보살도와 구품도를, 수화승 우송상수와 경남 합천 해인사 길상암 지장도
와 수화승으로 십육나한도 등을, 1894년에 수화승으로 경북 문경 김용사 산
신도와 수화승 법임과 양진암 석가모니후불도를, 수화승 소현과 경북 의성
지장사 극락전 아미타후불도 등을, 수화승으로 영산전 석가모니후불도를 그
렸다. 1896년에 수화승 동호진철과 경남 양산 통도사 취운암 지장도를, 수화
승으로 전북 고창 선운사 도솔암 현왕도와 독성도를, 대구 동화사 삼성암 아
미타후불도(양산 통도사 소장)와 종각 감로도를, 수화승 동호진철과 대웅전
석가모니후불도를, 수화승 덕산묘화과 사천왕도(지국천왕)와 수화승 소현과
사천왕도(증장천왕)를 조성하였다. 1897년에 수화승으로 충북 보은 법주사
대웅보전 아미타후불도와 104位 신중도 및 사천왕도(향좌)를, 수화승 금호약
효와 팔상전 팔상도(사문유관상)를, 수화승 정연과 원통보전 관음도를 그렸
다. 수화승으로 경북 밀양 표충사 신중도를, 수화승 영운봉수과 경북 상주 남

장사 관음암 신중도와 경북 영천 은해사 백흥암 영산전 석가모니후불도와 백
흥암 심검당 아미타후불도 및 대법당 신중도 등을, 수화승 벽산찬규와 백흥
암 극락전 지장도를 조성하였다.

- 1884년 경북 예천 龍門寺 阿彌陀後佛圖 조성(聞慶 金龍寺 所藏, 『韓國의 佛畵 8 – 直指
  寺(上)』)[97] 수화승 霞隱應祥
- 1886년 경북 안동 廣興寺 靈山庵 阿彌陀後佛圖 조성(『韓國의 佛畵 23 – 孤雲寺(上)』) 수
  화승 霞隱應祥
- 1887년 경북 의성 孤雲寺 雙修庵 大法堂 阿彌陀後佛圖 조성(『韓國의 佛畵 23 – 孤雲寺
  (上)』) 수화승 霞隱應祥
  1887년 대구 把溪寺 金堂庵 釋迦牟尼後佛圖 조성(『韓國의 佛畵 21 – 桐華寺(上)』)[98]
  수화승 霞隱應祥
  1887년 대구 把溪寺 金堂庵 神衆圖 조성(『韓國의 佛畵 21 – 桐華寺(上)』) 수화승 霞隱
  應祥
  1887년 대구 把溪寺 金庵 七星圖 조성(『韓國의 佛畵 22 – 桐華寺(下)』) 수화승 霞隱應祥
  1887년 白雲山 普賢寺 獨聖圖 조성(報恩 法住寺 所藏, 『韓國의 佛畵 17 – 法住寺』)
  수화승 瑞輝
  1887년 白雲山 普賢寺 七星圖 조성(報恩 法住寺 所藏, 『韓國의 佛畵 17 – 法住寺』)
  沙彌 수화승 瑞輝
- 1888년 경북 문경 金龍寺 獨聖圖 조성(『韓國의 佛畵 9 – 直指寺(下)』) 수화승 霞隱應祥
  1888년 경북 안동 鳳停寺 大雄殿 地藏圖 조성(『韓國의 佛畵 23 – 孤雲寺(上)』) 수화
  승 霞隱應祥
  1888년 충북 중원 太古寺 七星圖 조성(『韓國佛畵畵記集』) 沙彌 수화승 瑞輝
- 1889년 경북 청도 雲門寺 冥府殿 地藏圖 조성(『韓國의 佛畵 21 – 桐華寺(上)』) 수화승
  翰奎
- 1890년 경북 문경 大乘寺 妙寂庵 神衆圖 조성(『韓國의 佛畵 8 – 直指寺(上)』) 수화승 霞
  隱應祥
  1890년 경남 양산 通度寺 慈藏庵 神衆圖 조성(『韓國의 佛畵 3 – 通度寺(下)』) 수화승
  霞隱應祥
  1890년 경북 예천 鳴鳳寺 山神圖 조성(『韓國佛畵畵記集』와 『韓國의 佛畵 9 – 直指
  寺(下)』) 수화승 瑞輝
  1890년 경북 예천 鳴鳳寺 現王圖 조성(『韓國佛畵畵記集』과 『韓國의 佛畵 9 – 直指寺
  (下)』) 수화승 霞隱應祥
- 1892년 서울 奉恩寺 大雄殿 三佛會圖 조성(『韓國의 佛畵 34 – 曹溪寺(上)』) 수화승 永明
  天機
- 1893년 경남 합천 海印寺 吉祥庵 山神圖 조성(『韓國의 佛畵 5 – 海印寺(下)』) 金魚 수화승
  1893년 경남 합천 海印寺 吉祥庵 地藏圖 조성(『韓國의 佛畵 4 – 海印寺(上)』) 出草
  수화승 友松 尙守
  1893년 경남 합천 海印寺 吉祥庵 十六羅漢圖(鷲峯山中第十五阿氏多尊者) 조성(『韓國
  의 佛畵 5 – 海印寺(下)』) 金魚 수화승
  1893년 경남 합천 海印寺 吉祥庵 十六羅漢圖(持軸山中第十六注茶半託伽尊者) 조성
  (『韓國의 佛畵 5 – 海印寺(下)』) 金魚 수화승
  1893년 서울 地藏寺 大雄殿 地藏菩薩圖 조성(『서울전통사찰불화』와 『韓國佛畵畵記
  集』 및 『韓國의 佛畵 34 – 曹溪寺(上)』) 수화승 錦湖若效
  1893년 서울 地藏寺 九品圖 조성(『韓國의 佛畵 34 – 曹溪寺(上)』) 수화승 錦湖若效
- 1894년 경북 문경 金龍寺 山神圖 조성(『韓國의 佛畵 9 – 直指寺(下)』) 良工 수화승
  1894년 경북 문경 金龍寺 養眞庵 釋迦牟尼後佛圖 조성(『韓國의 佛畵 8 – 直指寺(上)』)
  片手 수화승 法任
  1894년 경북 의성 地藏寺 極樂殿 阿彌陀後佛圖 조성(『韓國의 佛畵 23 – 孤雲寺(上)』)
  片手 수화승 所賢

◦ 1895년 경북 의성 地藏寺 靈山殿 釋迦牟尼後佛圖 조성(『韓國의 佛畵 23 – 孤雲寺(上)』)
金魚片手 수화승
1895년 경북 의성 地藏寺 神衆圖 조성(『韓國의 佛畵 23 – 孤雲寺(上)』) 片手 수화승
所賢
◦ 1896년 경남 양산 通度寺 翠雲庵 地藏圖 조성(『韓國의 佛畵 1 – 通度寺(上)』) 出草99) 수
화승 東昊震徹
1896년 전북 고창 禪雲寺 兜率菴 現王圖 조성(『韓國의 佛畵 14 – 禪雲寺』) 金魚 수화승
1896년 전북 고창 禪雲寺 兜率菴 獨聖圖 조성(『韓國의 佛畵 14 – 禪雲寺』) 金魚 수화승
1896년 대구 桐華寺 三聖菴 阿彌陀後佛圖 조성(梁山 通度寺 봉안,『韓國의 佛畵 1 –
通度寺(上)』) 金魚 수화승
1896년 대구 桐華寺 大雄殿 釋迦牟尼後佛圖 조성(『韓國의 佛畵 21 – 桐華寺(上)』) 片
手 수화승 東昊震徹
1896년 대구 桐華寺 四天王圖(持國天王) 조성(『韓國의 佛畵 21 – 桐華寺(上)』) 片手
수화승 德山妙華
1896년 대구 桐華寺 四天王圖(增長天王) 조성(『韓國의 佛畵 21 – 桐華寺(上)』) 片手
수화승 所賢
1896년 대구 桐華寺 鐘閣 甘露圖 조성(『韓國의 佛畵 22 – 桐華寺(下)』) 龍眼 수화승
◦ 1897년 충북 보은 法住寺 大雄寶殿 阿彌陀後佛圖 조성(『韓國의 佛畵 17 – 法住寺』) 片手
出草 수화승
1897년 충북 보은 法住寺 大雄寶殿 104位 神衆圖 조성(『韓國의 佛畵 17 – 法住寺』)
片手 수화승
1897년 충북 보은 法住寺 捌相殿 八相圖(四門遊觀相) 조성(『韓國의 佛畵 17 – 法住寺』)
수화승 錦湖若效
1897년 충북 보은 法住寺 大雄寶殿 四天王圖(向左) 조성(『韓國의 佛畵 17 – 法住寺』)
片手 수화승
1897년 충북 보은 法住寺 圓通寶殿 觀音圖 조성(『韓國의 佛畵 17 – 法住寺』) 수화승
定鍊
1897년 경북 밀양 表忠寺 神衆圖 조성(『韓國의 佛畵 3 – 通度寺(下)』) 金魚 수화승
1897년 경북 상주 南長寺 觀音庵 神衆圖 조성(『韓國의 佛畵 8 – 直指寺(上)』) 片手
수화승 影雲奉秀
1897년 경북 영천 銀海寺 百興菴 靈山殿 釋迦牟尼後佛圖 조성(『韓國의 佛畵 30 – 銀
海寺』) 片手 수화승 永雲奉洙
1897년 경북 영천 銀海寺 百興菴 尋劍堂 阿彌陀後佛圖 조성(『韓國의 佛畵 30 – 銀海
寺』) 片手 수화승 永雲奉秀
1897년 경북 영천 銀海寺 百興菴 大法堂 神衆圖 조성(『韓國의 佛畵 30 – 銀海寺』)
片手 수화승 永雲奉秀
1897년 경북 영천 銀海寺 山神圖 조성(『韓國의 佛畵 30 – 銀海寺』) 片手 수화승 永雲
奉秀
◦ 연대미상 경북 예천 龍門寺 華藏刹海圖 조성(『韓國의 佛畵 9 – 直指寺(下)』) 金魚 수화승
연대미상 경북 영천 銀海寺 百興庵 極樂殿 地藏圖 조성(『韓國의 佛畵 30 – 銀海寺』)
수화승 碧山璨奎

봉희(奉喜 : -1872-) 19세기 후반에 활동한 불화승이다. 1872년에 수화승 방
우진호와 경기 파주 보광사 시왕도(1·5대왕)와 사자도(사자·장군)를 조성하
였다.

◦ 1872년 경기 파주 普光寺 十王圖(1·5大王) 조성(『韓國佛畵畵記集』과 『韓國의 佛畵 33 –
奉先寺』) 수화승 放牛珎昊
1872년 경기 파주 普光寺 使者圖(使者·將軍) 조성(『韓國佛畵畵記集』과 『韓國의 佛畵
33 – 奉先寺』) 수화승 放牛珎昊

부봉(富奉 : -1881-) 19세기 후반에 활동한 불화승이다. 1881년에 수화승 용담 우진과 청련사 현왕도(강화 전등사 소장)를 조성하였다.

　◦1881년 靑蓮寺 現王圖 조성(江華 傳燈寺 所藏, 『韓國의 佛畵 36 - 曹溪寺(下)』) 수화승 龍潭 雨珍

부상(富祥 : -1874-) 정곡당(定谷堂) 19세기 후반에 활동한 불화승이다. 1874년에 수화승 한봉창엽과 경기 안성 청룡사 명부전 지장도를 조성하였다.

　◦1874년 경기 안성 靑龍寺 冥府殿 地藏圖 조성(『韓國의 佛畵 28 - 龍珠寺(上)』) 수화승 漢峰瑲燁

부영(赴榮 : -1768-) 18세기 중반에 활동한 불화승이다. 1768년에 수화승 정일과 경북 봉화 축서사 괘불도를 조성하였다.

　◦1768년 경북 봉화 鷲棲寺 掛佛圖 조성(『韓國의 佛畵 24 - 孤雲寺(下)』) 수화승 定一

부일 1(富一, 富日 : -1767-1775-)* 18세기 중·후반에 활동한 불화승이다. 1767년에 수화승 상정과 경북 영주 부석사 무량수전 미타존상을 개금하였다. 1769년에 수화승 지□와 경북 경주 불국사 석가모니후불도를, 1770년에 수화승으로 경북 예천 서악사 석가모니후불도를, 1772년에 수화승 유성과 충남 서산 개심사 괘불도를 조성하였다. 1775년에 수화승 정총과 경남 양산 통도사 응진전 석가모니후불도를, 수화승 포관과 영산전 팔상도(사문유관상)를 그렸다. 제작연대를 알 수 없는 통도사 신중도를 수화승으로, 경북 포항 보경사 팔상도(녹원전법상)를 수화승 성명과 조성하였다.

　◦1767년 경북 榮州 浮石寺 無量壽殿彌陀尊像 개금(「浮石寺資料」, 『佛敎美術』 3) 수화승 尙淨
　◦1769년 경북 경주 佛國寺 釋迦牟尼後佛圖 조성(『韓國의 佛畵 38 - 佛國寺』) 수화승 智□100)
　◦1770년 경북 예천 西岳寺 釋迦牟尼後佛圖 조성(『韓國의 佛畵 8 - 直指寺(上)』) 金魚 수화승
　◦1772년 충남 서산 開心寺 掛佛圖 조성(『韓國의 佛畵 27 - 修德寺』) 수화승 有誠
　◦1775년 경남 양산 通度寺 應眞殿 釋迦牟尼後佛圖 조성(『韓國의 佛畵 1 - 通度寺(上)』) 수화승 定聰
　1775년 경남 양산 通度寺 靈山殿 八相圖 중 第三四門遊觀相 조성(『韓國의 佛畵 2 - 通度寺(中)』) 수화승 抱冠
　◦연대미상 경북 포항 寶鏡寺 八相圖(鹿苑轉法相) 조성(『韓國의 佛畵 38 - 佛國寺』) 수화승 聖明

부일 2(富一 : -1887-1888-)* 호운당(浩雲堂, 湖雲堂) 19세기 후반에 활동한 불화승이다. 1886년에 수화승 허곡긍순과 서울 화계사 괘불도, 수화승 혜과봉간과 경북 김천 신중도를, 1887년에 수화승으로 대구 동화사 금당 아미타후불도와 수화승 혜고지한과 대웅전 신중도를, 수화승 연하계창과 경기 의정부 망월사 괘불도를, 1888년에 수화승 이봉중린과 인천 강화 백련사 신중도를 조성하였다.

　◦1886년 서울 華溪寺 掛佛圖 조성(『韓國의 佛畵 35 - 曹溪寺(中)』) 片手 수화승 虛谷亘巡

1886년 경북 김천 直指寺 神衆圖 조성(『韓國佛畵畵記集』) 수화승 慧果奉侃
◦1887년 대구 桐華寺 金堂 阿彌陀後佛圖 조성(『韓國의 佛畵 21 - 桐華寺(上)』) 金魚 片手 수화승
1887년 대구 桐華寺 大雄殿 神衆圖 조성(『韓國의 佛畵 21 - 桐華寺(上)』) 片手 수화승 慧果 智瀚
1887년 경기 議政府 望月寺 掛佛圖 조성(『掛佛調査報告書』와 『韓國佛畵畵記集』) 수화승 淵荷 啓昌
◦1888년 인천 강화 白蓮寺 神衆圖 조성(『畿內寺院誌』와 『韓國佛畵畵記集』 및 『韓國의 佛畵 35 - 曹溪寺(中)』) 수화승 尼峯 仲獜

부첨(富添, 富沾 : -1795-1830-)* 18세기 후반에 활동한 불화승이다. 1795년에 수화승 신겸과 충북 보은 법주사 대웅보전 신중도(복천암 소장)를, 1803년에 수화승 제한과 경북 김천 직지사 괘불도를, 수화승으로 1809년에 경북 김천 계림사 괘불도와 1818년에 경북 김천 봉곡사 아미타후불홍도阿彌陀後佛紅圖를, 1821년에 수화승 퇴운신겸과 석가모니후불도와 지장도(온양민속박물관 소장)를, 1824년에 수화승으로 경북 성주 선석사 대웅전 신중도를, 1830년에 수화승 무경 관주와 경북 안동 중대사 신중도(안동 대원사 소장)를 조성하였다.

◦1795년 충북 보은 法住寺 大雄寶殿 神衆圖 조성(福泉庵 所藏, 『韓國의 佛畵 17 - 法住寺』) 수화승 信謙
◦1803년 경북 김천 直指寺 掛佛圖 조성(『韓國의 佛畵 9 - 直指寺(下)』) 수화승 濟閑
◦1809년 경북 김천 鷄林寺 掛佛圖 조성(『韓國의 佛畵 9 - 直指寺(下)』) 龍眼 수화승
◦1818년 경북 김천 鳳谷寺 阿彌陀後佛紅圖 조성(『韓國의 佛畵 8 - 直指寺(上)』) 金魚 수화승
◦1821년 釋迦牟尼後佛圖 조성(溫陽民俗博物館 所藏, 『韓國의 佛畵 20 - 私立博物館』) 수화승 退雲信謙
1821년 地藏圖 조성(溫陽民俗博物館 所藏, 『韓國의 佛畵 20 - 私立博物館』) 수화승 退雲信謙
◦1824년 경북 성주 禪石寺 大雄殿 神衆圖 조성(『韓國의 佛畵 21 - 桐華寺(上)』) 金魚 수화승
◦1830년 경북 안동 中臺寺 神衆圖 조성(安東 大圓寺 所藏, 『韓國의 佛畵 23 - 孤雲寺篇(上)』) 수화승 無鏡觀周

불천(佛天 : -1798-) 18세기 후반에 활동한 불화승이다. 1798년에 수화승 지연과 경남 양산 통도사 명부전 지장도를 조성하였다.

◦1798년 경남 양산 通度寺 冥府殿 地藏圖 조성(『韓國의 佛畵 1 - 通度寺(上)』) 수화승 指演

붕안(朋眼, 鵬眼 : -1725-1741-)* 18세기 전반에 활동한 불화승이다. 1725년에 수화승으로 전남 순천 송광사 영산전 팔상도(녹원전법상, 쌍림열반상)와 십육나한도(1, 3, 5존자와 11. 13. 15존자) 및 사자도를, 1741년에 수화승 영안과 전남 곡성 도림사 신덕암 지장시왕도(순천 선암사 소장)를 조성하였다.

◦1725년 전남 순천 松廣寺 靈山殿 八相圖(鹿苑轉法相) 조성(『韓國의 佛畵 7 - 松廣寺』) 敬畵 수화승
1725년 전남 순천 松廣寺 靈山殿 八相圖(雙林涅槃相) 조성(『韓國의 佛畵 7 - 松廣寺』) 敬畵 수화승
1725년 전남 순천 松廣寺 應眞殿 十六羅漢圖(1. 3. 5尊者) 조성(『韓國의 佛畵 7 - 松廣寺』) 金魚 수화승
1725년 전남 순천 松廣寺 應眞殿 十六羅漢圖(11. 13. 15尊者) 조성(『韓國의 佛畵 7 -

松廣寺』) 敬畵 수화승

1725년 전남 순천 松廣寺 應眞殿 使者圖 조성(『韓國의 佛畵 7 – 松廣寺』) 敬畵[101] 수화승

▫ 1741년 전남 곡성 道林寺 神德庵 地藏十王圖 조성(順天 仙巖寺 所藏, 『韓國의 佛畵 12 – 仙巖寺』)[102] 수화승 穎案

붕연(鵬演 : -1755-) 18세기 중반에 활동한 불화승이다. 1755년에 수화승 임한과 경북 청도 운문사 비로전 삼신불도와 온양민속박물관 소장 삼장도를 조성하였다.

▫ 1755년 경북 청도 雲門寺 毘盧殿 三身佛圖 조성(『韓國의 佛畵 21 – 桐華寺 (上)』) 수화승 任閑

1755년 三藏圖 조성(溫陽民俗博物館 所藏, 『韓國의 佛畵 20 – 私立博物館』)[103] 수화승 任閑

붕우(鵬友 : -1741-)* 18세기 중반에 활동한 불화승이다. 1741년에 수화승으로 충남 천안 광덕사 대웅전 삼세불도(석가모니불과 아미타불)를 조성하였다.

▫ 1741년 충남 천안 廣德寺 大雄殿 三世佛圖(釋迦牟尼佛) 조성(『韓國의 佛畵 15 – 麻谷寺 (上)』) 畵員 掌司主 수화승

1741년 충남 천안 廣德寺 大雄殿 三世佛圖(阿彌陀佛) 조성(『韓國의 佛畵 15 – 麻谷寺 (上)』) 畵員 掌司畵 수화승

붕찰(朋察 : -1770-) 18세기 후반에 활동한 불화승이다. 1770년에 광주 무등산 안심사에서 수화승 화연과 화엄도를 조성하여 전남 순천 송광사 화엄전에 봉안하였다.

▫ 1770년 광주 無等山 安心寺에서 華嚴圖를 조성하여 순천 松廣寺 華嚴殿 봉안(『曹溪山松廣寺史庫』와 『韓國의 佛畵 6 – 松廣寺』)[104] 수화승 華蓮

붕탄(鵬坦 : -1758-) 18세기 중반에 활동한 불화승이다. 1758년에 수화승 각총과 경기 여주 신륵사 극락보전 삼장도를 조성하였다. 1759년에 수화승 오관과 경기 가평 현등사 극락전 목조아미타불좌상을 개금하면서 영산회상도를 그렸다.

▫ 1758년 경기 여주 신륵사 極樂寶殿 三藏圖 조성(『韓國의 佛畵 28 – 龍珠寺(上)』) 수화승 覺聰

▫ 1759년 경기 가평 懸燈寺 極樂殿 阿彌陀後佛圖 조성(畵記, 『韓國의 佛畵 40 – 補遺』) 수화승 悟寬

1759년 경기 가평 懸燈寺 木造阿彌陀如來坐像 改金(佛畵 畵記) 수화승 悟寬

비현(丕賢, 丕玹 : -1751-1783-)* 18세기 중·후반에 활동한 불화승이다. 1751년에 전남 순천 선암사 아미타후불도를, 1753년에 삼십삼조사도(석가모니불, 1·2조사)와 제석도 조성 시 화주로 참여하였다. 수화승으로 1759년에 전남 여수 흥국사 괘불도를, 1777년에 전남 영광 불갑사 팔상전 영산회상도와 지장전 지장시왕도, 전남 곡성 태안사 대웅전 석가여래도, 신중도, 삼장도와 명적암 신중도를 조성하였다. 1778년에 수화승으로 전남 고흥 금탑사 괘불도를, 1780년에 순천 선암사 팔상전 화엄도와 팔상도(녹원전법상)를, 1783년에

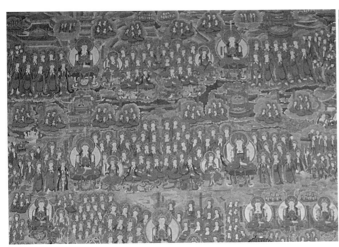

비현, 화엄도, 1780년, 선암사 대웅전(도난)

비현, 화엄도 부분, 1780년, 선암사 대웅전

전남 화순 만연사 괘불도를 조성하였다.

- 1751년 전남 순천 仙巖寺 阿彌陀後佛圖 조성(『仙巖寺』)
- 1753년 전남 순천 仙巖寺 三十三祖師圖(釋迦牟尼佛, 1·2 祖師) 조성 시 化士로 참여(『韓國의 佛畵 12 – 仙巖寺』)
  1753년 전남 순천 仙巖寺 大法堂 帝釋圖 조성 시 화주로 참여(『韓國의 佛畵 12 – 仙巖寺』)
- 1759년 전남 여수 興國寺 掛佛圖 조성(『韓國의 佛畵 11 – 華嚴寺』) 金魚 수화승
- 1777년 전남 영광 佛甲寺 八相殿 靈山會上圖 조성(『靈光 母岳山 佛甲寺』와 『韓國의 佛畵 37 – 白羊寺·新興寺』) 金魚 수화승
  1777년 전남 영광 佛甲寺 地藏殿 地藏十王圖 조성(『靈光 母岳山 佛甲寺』와 『韓國의 佛畵 37 – 白羊寺·新興寺』) 金魚 수화승
  1777년 전남 영광 佛甲寺 八相殿 靈山會上圖 조성(『靈光 母岳山 佛甲寺』) 金魚 수화승
  1777년 전남 영광 佛甲寺 大雄殿 神衆圖 조성(소재불명, 『靈光 母岳山 佛甲寺』)[105] 金魚 수화승
  1777년 전남 곡성 泰安寺 大雄殿 釋迦如來圖, 神衆圖, 三藏圖와 明寂庵 神衆圖 조성 (『泰安寺誌』) 金魚 수화승

비현, 화엄도 부분, 1780년, 선암사 대웅전(도난)

- 1778년 전남 고흥 금탑사 掛佛圖 조성(『韓國의 佛畵 6 – 松廣寺』) 金魚 수화승
- 1780년 전남 순천 선암사 八相殿 華嚴圖 조성(『韓國의 佛畵 12 – 仙巖寺』) 金魚 수화승
  1780년 順天 仙巖寺 八相圖(鹿苑轉法相) 조성(『韓國佛畵畵記集』) 施主秩에 언급됨
- 1783년 전남 화순 萬淵寺 掛佛圖 조성(順天 松廣寺 所藏, 『韓國의 佛畵 6 – 松廣寺』) 金魚 수화승
- 연대미상 八相圖 조성(호암미술관 소장, 安貴淑, 「조선후기 佛畵僧의 계보와 義謙比丘에 대한 연구(상)」)

[주]

1) 『韓國의 佛畵 35 - 曹溪寺(中)』, 성보문화재연구원, p.211 圖29에 漢峰應□로 읽었다.

2) 『韓國의 佛畵 34 - 曹溪寺(上)』, p.206 圖8에 수화승을 惠果奉鑑으로 읽었다.

3) 『韓國의 佛畵 36 - 曹溪寺(下)』, p.213 圖47에 春潭梵天으로 읽었다.

4) 『韓國의 佛畵 29 - 龍珠寺(下)』의 畵記에 康熙三十一年 壬戌로, 洪潤植 編, 『韓國佛畵畵記集』, 가람사연구소, 1996, p.45에 康熙二十一年 壬戌로 적혀 있다.

5) 『韓國의 佛畵 35 - 曹溪寺(中)』, p.211 圖29에 漢峰應□로 읽었다.

6) 『韓國의 佛畵 32 - 梵魚寺』, p.208 圖20에 阿彌陀後佛圖로 보았다.

7) 『梵魚寺聖寶博物館 名品圖錄』, 경성대학교 부설 한국학연구소, 2002, 圖12에 法延으로 읽었다.

8) 『梵魚寺聖寶博物館 名品圖錄』圖12-1에 法廷으로 적어놓았다.

9) 『韓國의 佛畵 16 - 麻谷寺(下)』, p.222 圖38에 수화승을 春禪 奉恩으로 읽었다.

10) 『韓國의 佛畵 15 - 麻谷寺(上)』, p.219 圖8에 法融融波로 적혀 있다.

11) 중창기에 融波 法□로 읽었다.

12) □□로 읽었으나 같이 그린 신중도를 근거로 법인임을 알 수 있다.

13) 『韓國의 佛畵 11 - 華嚴寺』, p.235 圖5에 畵記가 잘못 정리되어 있다.

14) 洪潤植 編, 위의 책, p.319에 法愍으로 읽었다.

15) 『韓國의 佛畵 18 - 大學博物館(Ⅰ)』, p.215 圖27에 20세기 초로 보았으나, 慶熙大學校 博物館에 소장된 1893년 大芚山 石泉寺 阿彌陀極樂會上圖와 같이 조성된 것으로 추정된다.

16) 石泉庵 神衆圖(東國大學校 경주캠퍼스 所藏)에 언급된 인물들이 동일하다.

17) 『韓國의 佛畵 38 - 佛國寺』, p.222 圖8에 수화승을 霞隱 應祖로 읽었다.

18) 洪潤植 編, 위의 책, pp.310-311에 靈山會上圖로 명명하였다.

19) 불화승 法性은 조선후기 한번 밖에 나오지 않고, 하은응상과 같이 활동한 인물 중에 법임이 있다.

20) 洪潤植 編, 위의 책, pp.166-168에 泫澄으로 읽었다.

21) 洪潤植 編, 위의 책, pp.371-372에 阿彌陀會上圖로 보았다.

22) 『韓國의 佛畵 2 - 通度寺(中)』p.282 圖50에 法□으로 나와 있다.

23) 상량문은 1642년에 쓰여졌는데, 단청화원과 관련된 내용은 맨 뒤 부분이 필치가 달라 이후에 첨가된 것으로 추정된다. 왜냐하면 上片手로 등장하는 탁휘와 법해 등은 17세기 후반에서 18세기 전반까지 활동한 불화승이기 때문이다.

24) 洪潤植 編, 위의 책, pp.133-134에 大畵善道로 읽었다.

25) 洪潤植 編, 위의 책, pp.31-32에 法泂으로 읽었다.

26) 『韓國의 佛畵 21 - 桐華寺(上)』, p.247 圖58에 雪齋秉玟로 읽었다.

27) 『韓國의 佛畵 21 - 桐華寺(上)』, p.248 圖61에 雪齋秉玟로 읽었다.

28) 洪潤植 編, 위의 책, pp.371-372에 阿彌陀會上圖로 보았다.

29) 『韓國의 佛畵 32 - 梵魚寺』, p.208 圖20에 阿彌陀後佛圖로 보았다.

30) 『韓國의 佛畵 1 - 通度寺(上)』圖57에 炳□로 읽었지만, 1904년 양산 통도사 비로암 구품도(『韓國의 佛畵 1 - 通度寺(上)』圖21)와 같이 그려진 것으로 추정된다.

31) 도록에 炳□으로 적혀 있으나, 같이 조성된 國一庵 九品圖에 炳洪으로 적혀 있다.

32) 畵記에 ...山□門寺로 나와 있다.

33) 『韓國의 佛畵 8 - 直指寺(上)』圖15와 洪潤植 編, 위의 책, pp.232-233에 普□로 읽었다.

34) 『韓國의 佛畵 38 - 佛國寺』, p.234 圖94에 大雄殿三尊改金時新畵成靈山會部幀奉安으로 나와 있고, 塗金良工比丘大德 尙淨 碩峯 淸益 宇學 抱冠 德仁 定安 脫聞 藏榮 報恩 圓敏 最善 桂觀 □欣 有誠 都畵師 智□ 次全 幼禪 哲印 富一 大演 有祥으로 적혀 있다. 따라서 불화의 조성에 수화승은 智□일 것으로 추정한다.

35) 洪潤植 編, 위의 책, pp.191-193에 普□로 읽었다.

36) 補□로 읽었다.

37) 洪潤植 編, 위의 책, pp.190-191에 불화승이 언급되어 있지 않다.

38) 『韓國의 佛畫 8 - 直指寺(上)』 圖13과 洪潤植 編, 위의 책, pp.223-234에 普□로 읽었다.

39) 『영혼의 여로 - 조선시대 불교회화와의 만남』, 국립중앙박물관, 2003, p.185 圖35에 普□로 읽었다.

40) 畫記에 大谷□로 나와 있다.

41) 神衆圖와 現王圖가 같이 제작된 불화이지만, 白雲山과 古靈山으로 다르게 적혀있다.

42) 洪潤植 編, 위의 책, pp.211-213에 福永으로 읽었다.

43) 洪潤植 編, 위의 책, p.355에 實山福住로 읽었다.

44) 『韓國의 佛畫 35 - 曹溪寺(中)』, p.211 圖29에 漢峰應□로 읽었다.

45) 『靈光 母岳山 佛甲寺』, 동국대학교 박물관, 2001, p.71에 제작연대를 1766년으로 적어놓았지만, 건륭 42년은 1777년이다.

46) 洪潤植 編, 위의 책, p.196에 畫記가 나온다.

47) 『畿內寺院誌』, 경기도, 1988, p.775와 洪潤植 編, 위의 책, p.292 및 『韓國의 佛畫 36 - 曹溪寺(下)』, p.211 圖30에 奉祝慧□堂 으로 읽었다.

48) 洪潤植 編, 위의 책, pp.317-318에 慧果智衿으로 읽었다.

49) 『韓國의 佛畫 10 -月精寺』, p.245 圖4에 수화승을 意雲慈頭로 읽었다.

50) 畫記에 예천을 醴川으로 적어놓았다.

51) 『韓國의 佛畫8 - 直指寺(上)』 圖66과 洪潤植 編, 위의 책, p.274에 奉□으로 읽었다.

52) 『서울전통사찰불화』, p.153과 洪潤植 編, 위의 책, p.376에 慧果奉鑑으로 읽었다.

53) 洪潤植 編, 위의 책, pp.376-377에 慧果奉鑑으로 읽었다.

54) 『서울전통사찰불화』, p.154와 洪潤植 編, 위의 책, p.377에 慧果保鑑으로 읽었다.

55) 洪潤植 編, 위의 책, p.377에 1905년 서울 奉元寺 滿月殿 山神圖 2로 나와 있고, 慧果奉鑑으로 읽었다.

56) 洪潤植 編, 위의 책, pp.377-378에 慧果奉鑑으로 읽었다.

57) 『韓國의 佛畫 34 - 曹溪寺(上)』, p.206 圖8에 惠果奉鑑으로 읽었다.

58) 『서울전통사찰불화』, pp.156-157에 慧旱奉鑑으로, 洪潤植 編, 위의 책, pp.386-387과 『韓國의 佛畫 36 - 曹溪寺(下)』, p.208 圖 18에 慧果奉鑑으로 읽었다.

59) 『韓國의 佛畫 36 - 曹溪寺(下)』, p.208 圖7에 慧果奉鑑으로 읽었다.

60) 『畿內寺院誌』, pp.217-218에 慧果奉□으로, 洪潤植 編, 위의 책, pp.383-384에 慧果奉鑑으로 읽었다.

61) 『畿內寺院誌』, pp.790-791에 奉監으로, 『韓國의 佛畫 34 - 曹溪寺(上)』, p.208 圖19에 慧果奉鑑으로 읽었다.

62) 『韓國의 佛畫 35 - 曹溪寺(中)』, p.207 圖10에 奉鑑惠果堂으로 읽었다.

63) 洪潤植 編, 위의 책, p.397에 慧果奉鑑으로 읽었다.

64) 도록에 이혜경봉감(李慧景奉鑑)라고 적혀 있다.

65) 洪潤植 編, 위의 책, pp.319-320에 蓮華庵 神衆圖로 나와 있다.

66) 『畿內寺院誌』, p.794에 언급되어 있지 않다.

67) 洪潤植 編, 위의 책, pp.310-311에 靈山會上圖로 명명하였다.

68) 洪潤植 編, 위의 책, pp.265-266에 捧璉으로 읽었다.

69) 洪潤植 編, 위의 책, pp.317-318에 계은만 언급되어 있다.

70) 『韓國의 佛畫 35 - 曹溪寺(中)』, p.211 圖29에 漢峰應□와 啓恩奉□로 읽었다.

71) 洪潤植 編, 위의 책, p.367과 김정희, 「서울 靑龍寺의 佛畫」, 『聖寶』5, 대한불교조계종 성보보존위원회, 2003, pp.22-23에 啓思 奉法으로 읽었다.

72) 洪潤植 編, 위의 책, pp.376-377에 柱隱奉法으로 읽었다.

73) 洪潤植 編, 위의 책, pp.378-379에 桂隱奉德으로 읽었다.

74) 『韓國의 佛畫 8 - 直指寺(上)』, p.263 圖22에 수화승을 露隱偉相으로 읽었다.

75) 畫記에 예천을 醴川으로 적어놓았다.

76) 洪潤植 編, 위의 책, p.274에 奉□으로 읽었다.

77) 도록에 影雲 奉□로 적혀 있다.

78) 洪潤植 編, 위의 책, p.318에 □□로 읽었다.

79) 畫記에 금어가 4번 나오고 있다.

80) 『韓國의 佛畫 14 - 禪雲寺』, p.203 圖16에 應坡弘善으로 읽었지만, 응파와 홍선은 다른 승려들이다.

81) 『韓國의 佛畫 8 - 直指寺(上)』, p.263 圖22에 수화승을 露隱偉相으로 읽었다.

ㅂ

82) 『韓國의 佛畵 38 - 佛國寺』, p.222 圖8에 수화승 霞隱應祖로 읽었다.

83) 洪潤植 編, 위의 책, p.259에 奉思로 읽었다.

84) 『韓國의 佛畵 20 - 私立博物館』, p.226 圖14에 春潭□□로 읽었다.

85) 『韓國의 佛畵 20 - 私立博物館』, p.226 圖14에 수화승을 海溟□□로 읽었다.

86) 『韓國의 佛畵 16 - 麻谷寺(下)』, p.222 圖38에 수화승을 春禪奉恩으로 읽었다.

87) 『韓國의 佛畵 5 - 海印寺(下)』, p.261 圖93에 불화승을 나타내는 명칭이 없고, 羯底比丘 奉議, 典基, 善往, 致觀, 尙允 等으로 나와 있는데, 이 가운데 몇 명은 19세기 후반에 활동한 불화승들이다.

88) 『韓國의 佛畵 4 海印寺篇(上)』, p.228 圖18에 蓮湖表宜로 읽었다.

89) 『韓國의 佛畵 21 - 桐華寺(上)』, p.246 圖50에 1775년에 제작된 것으로 나와 있지만, 同治十年辛未는 1871년이다.

90) 『韓國의 佛畵 35 - 曹溪寺(中)』, p.211 圖29에 漢峰應□로 읽었다.

91) 『韓國의 佛畵 1 - 通度寺(上)』, p.267 圖22에 奉齊로 읽었다.

92) 『韓國의 佛畵 2 - 通度寺(中)』, p.277 圖6에 奉齊로 읽었다.

93) 『韓國의 佛畵 2 - 通度寺(中)』, p.278 圖8에 良工이나 畵員 등을 나타내는 단어가 없다.

94) 『韓國의 佛畵 2 - 通度寺(中)』, p.278 圖9에 奉齊로 읽고, 良工이나 畵員 등을 단어가 없이 持殿 다음에 언급되어 있다.

95) 『韓國의 佛畵 20 - 私立博物館』, p.225 圖6에 月仙堂奉□으로 읽었다.

96) 洪潤植 編, 위의 책, pp.378-379에 對雲奉□로 읽었다.

97) 洪潤植 編, 위의 책, pp.310-311에 靈山會上圖로 명명하였다.

98) 도록에 奉□로 읽었다.

99) 洪潤植 編, 위의 책, p.350에 出草를 山草라고 적어놓았다.

100) 『韓國의 佛畵 38 - 佛國寺』, p.234 圖94에 大雄殿三尊改金時新畵成靈山會部幀奉安으로 나와 있고, 塗金良工比丘大德 尙淨 碩峯 淸益 宇學 抱冠 德仁 定安 脫閏 藏榮 報恩 圓敏 最善 桂觀 □欣 有誠 都畵師 智□ 次全 幼禪 哲印 富一 大演 宥祥으로 적혀 있다. 따라서 불화의 조성에 수화승은 智□일 것으로 추정한다.

101) 崔淳雨・鄭良謨, 『韓國의 佛敎繪畵 - 松廣寺』, 국립중앙박물관, 1970, p.71과 洪潤植 編, 위의 책, pp.91-92에 帝釋圖로 명명하였다.

102) 『谷城郡의 佛敎遺蹟』, 국립광주박물관, 2003에 明眼으로 읽었다.

103) 畵記에 ...山□門寺로 나와 있다.

104) 사적기에 明察로 나와 있다.

105) 『靈光 母岳山 佛甲寺』, p.71에 제작연대를 1766년으로 보았지만, 건륭 42년은 1777년이다.

사계(師戒 : -1758-1759-) 18세기 중반에 활동한 승장이다. 1758년에 수화승 각총과 경기 여주 신륵사 극락보전 삼장도를, 1759년에 수화승 오관과 경기 가평 현등사 극락전 목조아미타불좌상을 개금하면서 영산회상도를 조성하였다.

- 1758년 경기 여주 神勒寺 極樂寶殿 三藏圖 조성(『韓國의 佛畵 28 - 龍珠寺(上)』) 수화승 覺聰
- 1759년 경기 가평 懸燈寺 極樂殿 阿彌陀後佛圖 조성(畵記,『韓國의 佛畵 40 - 補遺』) 수화승 悟寬
  1759년 경기 가평 懸燈寺 木造阿彌陀如來坐像 改金(佛畵 畵記) 수화승 悟寬

사눌(似訥 : -1885-1892-) 19세기 후반에 활동한 불화승이다. 1885년에 수화승 금호약효와 충남 공주 갑사 대비암 신중도와 칠성도(갑사 대자암 소장)를, 1887년에 수화승 법융과 충남 공주 신원사 영원전 신중도를, 1892년에 수화승 금호약효와 문수사 신장도(예산 수덕사 소장)를 조성하였다.

- 1885년 충남 공주 岬寺 大悲庵 神衆圖 조성(甲寺 大慈庵 所藏,『韓國의 佛畵15 麻谷寺(上)』) 수화승 錦湖若效
  1885년 충남 공주 岬寺 大悲庵 七星圖 조성(公州 甲寺 大慈庵 所藏,『韓國의 佛畵 16 - 麻谷寺(下)』) 수화승 錦湖若效
- 1887년 충남 공주 新元寺 靈源殿 神衆圖 조성(『韓國의 佛畵 15 - 麻谷寺(上)』) 수화승 法融
- 1892년 文殊寺 神將圖 조성(禮山 修德寺 所藏,『韓國의 佛畵 27 - 修德寺』) 沙彌 수화승 錦湖若效

사률 1(思律 : -1840-) 19세기 후반에 활동한 불화승이다. 1840년에 수화승 대송성준과 경북 의성 수정암 삼세불묵도三世佛墨圖를 조성하였다.

- 1840년 경북 의성 水淨庵 三世佛墨圖 조성(『韓國의 佛畵 23 - 孤雲寺(上)』) 수화승 大凇成俊

사률 2(士律 : -1895-1896-) 19세기 후반에 활동한 불화승이다. 1895년에 수화승 금호약효와 충남 공주 갑사 대자암 십육성중도와 대성암 신중도를, 1896년에 수화승 완해용준과 전북 완주 위봉사 보광명전 신중도, 수화승 정연과 1898년에 충남 공주 동학사 약사여래후불도, 아미타후불도, 신중도, 현왕도를 조성하였다.

◦1895년 충남 공주 甲寺 大慈庵 十六聖衆圖 조성(『韓國의 佛畵 15 - 麻谷寺(上)』) 수화승 錦湖若效
1895년 충남 공주 甲寺 大聖庵 神衆圖 조성(『韓國의 佛畵 15 - 麻谷寺(上)』) 수화승 錦湖若效
◦1896년 전북 완주 威鳳寺 普光明殿 神衆圖 조성(『韓國의 佛畵 13 - 金山寺』) 수화승 玩海龍俊
◦1898년 충남 공주 東鶴寺 藥師如來後佛圖 조성(『韓國의 佛畵 15 - 麻谷寺(上)』) 수화승 定鍊
1898년 충남 공주 東鶴寺 阿彌陀後佛圖 조성(『韓國의 佛畵 15 - 麻谷寺(上)』) 수화승 定鍊
1898년 충남 공주 東鶴寺 神衆圖 조성(『韓國의 佛畵 15 -麻谷寺(上)』) 수화승 定鍊
1898년 충남 공주 東鶴寺 現王圖 조성(『韓國의 佛畵 16 - 麻谷寺(下)』) 수화승 定鍊[1]

사성(土星, 四星 : -1871-1874-) 19세기 후반에 활동한 불화승이다. 수화승 덕운영운과 1871년에 경북 청도 운문사 비로전 신중도와 경북 청도 적천사 백련암 아미타후불도를, 1874년에 부산 안적사 대웅전 아미타후불도를 조성하였다.

◦1871년 경북 청도 雲門寺 毘盧殿 神衆圖 조성(『韓國의 佛畵 21 - 桐華寺(上)』)[2] 수화승 德雲永芸
1871년 경북 청도 磧川寺 白蓮庵 阿彌陀後佛圖(『韓國의 佛畵 21 - 桐華寺(上)』) 수화승 德雲永芸
◦1874년 부산 安寂寺 大雄殿 阿彌陀後佛圖 조성(『韓國의 佛畵 32 - 梵魚寺』) 수화승 德雲永芸

사순(思順 : -1624-1655-) 17세기 전・중반에 활동한 조각승이다. 1624년에 수화승 응원과 전남 순천 송광사 광원암 목조아미타불좌상을 제작하고, 1653년에 수화승 지영과 전남 구례 화엄사 괘불도를 그렸다. 1655년에 수화승 인균과 전남 여수 흥국사 응진당 목조석가불좌상과 십육나한상을 만들었다.

◦1624년 전남 순천 松廣寺 광원암 木造阿彌陀佛坐像 제작(發願文) 수화승 應元
◦1653년 전남 구례 華嚴寺 掛佛圖 조성(『韓國의 佛畵 11 - 華嚴寺』) 수화승 智英
◦1655년 전남 여수 興國寺 應眞堂 木造釋迦佛坐像과 十六羅漢像 제작(손영문, 「조각승 인균파 불상조각의 연구」) 수화승 印均

사신 1(思信 : -1702-)* 18세기 전반에 활동한 불화승이다. 1702년에 수화승으로 전남 순천 선암사 불조전 오십삼후불도(8위와 11위)를 조성하였다.

◦1702년 전남 순천 仙巖寺 七佛圖 조성(『美術史學誌』 2집과 『韓國佛畵畵記集』) 大畵仙
1702년 전남 순천 仙巖寺 佛祖殿 五十三後佛圖 조성(『韓國의 佛畵 12 - 仙巖寺』) 大畵仚 수화승
1702년 전남 순천 仙巖寺 佛祖殿 五十三後佛圖(11위) 조성(『韓國의 佛畵 12 - 仙巖寺』) 畵員[3] 수화승
1702년 전남 순천 仙巖寺 佛祖殿 五十三後佛圖(8위) 조성(『韓國의 佛畵 12 - 仙巖寺』) 大畵仚 수화승

사신, 칠불도 부분, 1702년, 선암사 불조전

1702년 전남 순천 仙巖寺 佛祖殿 五十三後佛圖(8위) 조성(『韓國의 佛畫 12 仙巖寺篇』) 畵員 수화승

사신 2(思信 : -1741-) 18세기 중반에 활동한 불화승이다. 1741년에 수화승 긍척과 전남 여수 흥국사 팔상전 석가모니후불도, 대웅전 삼장도, 감로도를 조성하였다.

  ◦ 1741년 전남 여수 興國寺 八相殿 釋迦牟尼後佛圖 조성(『韓國의 佛畫 11 - 華嚴寺』) 수화 승 亘陟
    1741년 전남 여수 興國寺 大雄殿 三藏圖(天藏 · 持地藏菩薩) 조성(『韓國의 佛畫 11 - 華嚴寺』) 수화승 亘陟
    1741년 전남 여수 興國寺 大雄殿 三藏圖(地藏菩薩) 조성(『韓國의 佛畫 11 - 華嚴寺』) 수화승 亘陟
    1741년 전남 여수 興國寺 甘露圖 조성(『韓國佛畫畫記集』) 수화승 亘陟

사옥(思玉 : -1748-1759-) 18세기 중반에 활동한 조각승이다. 1748년에 수화 승 인성과 강원 인제 백담사 목조아미타삼존불좌상을 제작하고, 1759년에 불 상 개금과 불화 등을 조성하였다.

  ◦ 1748년 강원 인제 백담사 목조아미타삼존불좌상 제작(文明大, 「백담사목아미타삼존불」) 수화승 印性
  ◦ 1759년 己酉年改金幀畫丹艧事施主記(安貴淑, 「조선후기 佛畫僧의 계보와 義謙比丘에 대 한 연구(상)」)

사인(思仁 : -1754-)* 18세기 중반에 활동한 불화승이다. 1754년에 수화승으 로 전북 고창 선운사 천불도(동국대학교 박물관 소장)를 조성하였다

  ◦ 1754년 전북 고창 禪雲寺 千佛圖 조성(東國大學校 博物館 所藏, 『韓國의 佛畫 18 - 大學博物館(Ⅰ)』) 金魚 수화승

사일(思一 : -1785-) 18세기 후반에 활동한 불화승이다. 1785년에 수화승 계 인과 경북 김천 봉곡사 신중도를 조성하였다.

  ◦ 1785년 경북 김천 鳳谷寺 神衆圖 조성(『韓國의 佛畫 8 - 直指寺(上)』) 수화승 戒仁

사정(師定, 思正, 斯定 : -1755-) 18세기 중반에 활동한 불화승이다. 1755년에 수화승 백월색민과 전남 장성 백양사 극락보전 아미타후불도와 제작연대를 알 수 없는 전남 영광 불갑사 칠성도(원광대학교 박물관 소장), 수화승 유한 과 전북 고창 선운사 시왕전 시왕도(초강대왕)를 조성하였다.

  ◦ 1755년 전남 장성 白羊寺 極樂寶殿 阿彌陀後佛圖 조성(『韓國의 佛畫 37 - 白羊寺 · 新興寺』) 수화승 嗇旻
  ◦ 연대미상 전남 영광 佛岬寺 七星圖 조성(圓光大學校 博物館 所藏, 『韓國의 佛畫 19 - 大學博物館(Ⅱ)』) 수화승 白月色敏
    연대미상 전북 고창 禪雲寺 十王殿 十王圖(初江大王) 조성(『韓國의 佛畫 14 - 禪雲寺』) 수화승 宥閑

사징(思澄 : -1702-) 18세기 전반에 활동한 불화승이다. 1702년에 수화승 윤 탄과 강원 금강산 장안사 대웅전 중수에 참여하였다.

  ◦ 1702년 금강산 장안사 대웅전 중수(「金剛山長安寺大雄殿重修上樑文」, 安貴淑, 「조선후 기 佛畫僧의 계보와 義謙比丘에 대한 연구(상)」) 수화승 允坦

사혜(思惠, 思慧 : -1741-1750-)* 18세기 중반에 활동한 불화승이다. 1741년에 수화승 붕우와 충남 천안 광덕사 대웅전 삼세불도(아미타불)를, 1749년에 수화승으로 충남 천안 광덕사 괘불도, 수화승 순혜와 전남 해남 대흥사 영산회상도(국립중앙박물관 소장)를, 1750년에 수화승 축명과 충남 예산 대련사 괘불도를, 제작연대를 알 수 없는 전남 나주 죽림사 극락보전 석가모니후불도를 수화승 필영과 조성하였다.

- 1741년 충남 천안 廣德寺 大雄殿 三世佛圖(阿彌陀佛) 조성(『韓國의 佛畵 15 − 麻谷寺(上)』) 副邊手 수화승 鵬友
- 1749년 충남 천안 廣德寺 掛佛圖 조성(『韓國의 佛畵 16 − 麻谷寺(下)』) 畵師 수화승
  1749년 전남 해남 大興寺 靈山會上圖 조성(國立中央博物館 所藏, 『영혼의 여로 − 조선시대 불교회화와의 만남』과 『韓國의 佛畵 39 − 國·公立博物館』) 수화승 順慧
- 1750년 충남 예산 大蓮寺 掛佛圖 조성(『韓國의 佛畵 27 − 修德寺』) 畵員 수화승 竺明
- 연대미상 전남 나주 竹林寺 極樂寶殿 釋迦牟尼後佛圖 조성(『韓國의 佛畵 37 − 白羊寺·新興寺』) 수화승 弼英

산수(山水 : -1860-1867-)* 해명당(海冥堂, 海溟堂) 19세기 중반에 활동한 불화승이다. 수화승으로 1857년에 전북 완주 송광사 산신도와 1860년에 충북 영동 성주사 괘불도를, 수화승 해운익찬과 전남 구례 화엄사 각황전 삼세불도(약사불)와 1862년에 전남 구례 화엄사 명부전 지장도를, 1865년에 수화승으로 전남 해남 은적사 지장시왕도(해남 대흥사 소장)를, 1867년에 수화승으로 봉곡사 지장도(온양민속박물관 소장)와 석가모니후불도(서산 부석사 소장)를 조성하였다.

- 1857년 전북 완주 松廣寺 山神圖 조성(金玲珠, 『朝鮮時代佛畵研究』와 『韓國佛畵畵記集』) 金魚⁴⁾ 수화승
- 1860년 충북 영동 聖住寺 掛佛圖 조성(『韓國佛畵畵記集』) 金魚片手 수화승
  1860년 전남 구례 華嚴寺 覺皇殿 三世佛圖(藥師佛) 조성(『韓國의 佛畵 11 − 華嚴寺』)⁵⁾ 수화승 海雲益讚
- 1862년 전남 구례 華嚴寺 冥府殿 地藏圖 조성(『韓國의 佛畵 11 − 華嚴寺』) 수화승 海雲益讚
- 1865년 전남 해남 隱跡寺 地藏十王圖 조성(해남 大興寺 所藏, 『全南의 寺刹』과 『韓國의 佛畵 31 − 大興寺』)⁶⁾ 金魚 수화승
- 1867년 鳳谷寺 地藏圖 조성(溫陽民俗博物館 所藏, 『韓國의 佛畵 20 − 私立博物館』) 金魚⁷⁾ 수화승
  1867년 鳳谷寺 釋迦牟尼後佛圖 조성(瑞山 浮石寺 所藏, 『韓國의 佛畵 27 − 修德寺』) 金魚 수화승

삼민(三民 : -1698-) 17세기 후반에 활동한 불화승이다. 1698년에 백기 등과 장릉莊陵 봉릉封陵 조성소 화승畵僧으로 참여하였다.

- 1698년 『莊陵封陵都監儀軌』造成所 畵僧(奎章閣 14830호, 朴廷蕙, 「儀軌를 통해서 본 朝鮮時代의 畵員」 자료1)

삼수 1(三洙 : -1649-) 17세기 중반에 활동한 불화승이다. 1649년에 인조仁祖 빈전殯殿 조성소 화승畵僧으로 참여하였다.

- 1649년 『仁祖殯殿都監儀軌』 魂殿二房 造成所 畵僧(奎章閣 14855호, 朴廷蕙, 「儀軌를 통

해서 본 朝鮮時代의 畫員」 자료1)

삼수 2(三修 : -1749-) 18세기 중반에 활동한 불화승이다. 1749년에 수화승 사혜와 충남 천안 광덕사 괘불도를 조성하였다.

  ◦1749년 충남 천안 廣德寺 掛佛圖 조성(『韓國의 佛畵 16 – 麻谷寺(下)』) 수화승 思惠

삼안(三眼 : -1678-1740-) 17세기 후반에 활동한 조각승이다. 1678년에 수화승 경림과 전남 강진 백련사 목조아미타삼존불좌상(목포 달성사 소장)을, 1680년에 수화승 운혜와 전남 곡성 도림사 목조관음・대세지보살좌상을, 1683년에 수화승 계오와 곡성 도림사 괘불도를, 1740년에 수화승 인성과 서울 도선사 목조아미타삼존불좌상을 제작하였다.

  ◦1678년 전남 강진 白蓮寺 木造阿彌陀三尊佛坐像 제작(목포 달성사 봉안, 發願文) 수화승 敬琳
  ◦1680년 전남 곡성 道林寺 木造觀音・大勢至菩薩坐像 제작(發願文) 수화승 雲惠
  ◦1683년 전남 곡성 道林寺 掛佛圖 조성(『韓國의 佛畵 11 – 華嚴寺』) 수화승 戒悟
  ◦1740년 서울 도선사 木造阿彌陀三尊佛坐像 제작(文明大,「인성파 목불상의 제작과 도선사 목아미타삼존불상의 고찰」) 수화승 印性삼여(三如 : -1863-) 19세기 중반에 활동한 불화승이다. 1863년에 수화승 송암대원과 화엄사 지장도(고성 화암사 소장)를 조성하였다.

삼오 1(三悟 : -1856-) 19세기 중・후반에 활동한 불화승이다. 1856년에 수화승 금암천여와 선조암 아미타후불홍도阿彌陀後佛紅圖(순천 선암사 소장)를 조성하였다.

  ◦1856년 禪助庵 阿彌陀後佛紅圖 조성(順天 仙巖寺 所藏,『韓國의 佛畵 12 – 仙巖寺』) 수화승 錦庵天如

삼오 2(三五 : -1890-) 19세기 후반에 활동한 불화승이다. 1890년에 수화승 명응환감과 장경사 신중도(광주 명성암 소장)를 조성하였다.

  ◦1890년 長慶寺 神衆圖 조성(廣州 明性庵 所藏,『韓國의 佛畵 35 – 曹溪寺(中)』) 수화승 明應幻鑑

삼옥(三玉 : -1741-1744) 18세기 중반에 경북 김천 직지사 부도암을 중심으로 활동한 불화승이다. 수화승 세관과 1741년에 경북 상주 남장사 아미타후불도와 삼장도를, 1744년에 경북 김천 직지사 석가모니후불도와 약사후불도 및 시왕도(변성대왕)를 조성하였다.

  ◦1741년 경북 상주 南長寺 阿彌陀後佛圖 1 조성(『韓國의 佛畵 8 – 直指寺(上)』) 本寺 浮屠 수화승 世冠
  1741년 경북 상주 南長寺 阿彌陀後佛圖 2 조성(『韓國의 佛畵 8 – 直指寺(上)』) 수화승 世冠
  1741년 경북 상주 南長寺 三藏圖 조성(『韓國의 佛畵 8 – 直指寺(上)』) 수화승 世冠
  ◦1744년 경북 김천 直指寺 釋迦牟尼後佛圖 조성(『韓國의 佛畵 8 – 直指寺(上)』) 本山 浮屠 수화승 世冠
  1744년 경북 김천 直指寺 藥師如來後佛圖 조성(『韓國의 佛畵 8 – 直指寺(上)』) 助彩 수화승 世冠
  1744년 경북 김천 直指寺 十王圖(變成大王) 조성(『韓國의 佛畵 9 – 直指寺(下)』) 수화승 世冠

삼유(三柔 : -1788-) 18세기 후반에 활동한 불화승이다. 1788년에 수화승 연홍과 충남 공주 마곡사 대적광전 석가모니후불도와 삼장도를 조성하였다.

> 1788년 충남 공주 麻谷寺 大寂光殿 釋迦牟尼後佛圖 조성(『韓國의 佛畵 15 – 麻谷寺(上)』) 수화승 鍊弘
> 1788년 충남 공주 麻谷寺 三藏圖 조성(『韓國의 佛畵 40 – 補遺』) 수화승 鍊弘

삼익(三益 : -1702-)* 18세기 전반에 활동한 불화승이다. 1702년에 수화승으로 경북 김천 직지사 천불전 중창에 참여하였다.

> 1702년 경북 김천 直指寺 「千佛殿重創記」(『直指寺誌』) 畵員 수화승
> 연대미상 경북 김천 直指寺 「千佛殿重創刱上樑文」(『直指寺誌』)[8] 上片手 수화승

삼인 1(三印, 三忍 : -1628-1659-)* 17세기 전·중반에 활동한 조각승이다. 1628년에 수화승 응원과 전남 순천 송광사 사천왕상을, 1652년에 수화승 신겸과 충북 청원 안심사 괘불도를, 1655년에 수화승 인균과 전남 여수 홍국사 응진당 목조석가삼존불좌상과 나한상을, 1659년에 수화승으로 전남 고흥 금탑사 목조지장보살좌상과 시왕상을 제작하였다.

> 1628년 전남 순천 松廣寺 四天王像 제작(『曹溪山 松廣寺誌』) 수화승 應圓
> 1652년 충북 청원 安心寺 掛佛圖 조성(『韓國의 佛畵 17 – 法住寺』) 수화승 信謙
> 1655년 전남 여수 興國寺 應眞堂 木造釋迦三尊佛坐像과 羅漢像 제작(손영문, 「조각승 인균파 불상조각의 연구」) 수화승 印均
> 1659년 전남 고흥 金塔寺 木造地藏菩薩坐像과 十王像 제작(發願文) 畵工 수화승

삼인 2(三印 : -1693-) 17세기 후반에 활동한 불화승이다. 1693년에 수화승 홍언과 경북 김천 직지사 관음전 단청에 참여하였다.

> 1693년 경북 김천 直指寺 「觀音殿丹靑」 언급(『直指寺誌』) 수화승 弘彦

삼인 3(三仁 : -1887-1888-)* 19세기 후반에 활동한 불화승이다. 1887년에 수화승 수룡기전과 대구 대광명사 아미타후불도와 부산 범어사 극락전 아미타후불도 및 수화승으로 석가십육보살도를, 1888년에 수화승 우송상수와 경북 김천 직지사 삼성암 신중도와 칠성도를 조성하였다.

> 1887년 대구 大光明寺 阿彌陀後佛圖 조성(『韓國의 佛畵 4 – 海印寺(上)』) 수화승 水龍琪銓
> 1887년 부산 梵魚寺 極樂殿 阿彌陀後佛圖 조성(『韓國의 佛畵 32 – 梵魚寺』) 수화승 水龍琪銓
> 1887년 부산 梵魚寺 釋迦二十六菩薩圖 조성(『梵魚寺聖寶博物館 名品圖錄』) 수화승 水龍琪銓
> 1888년 경북 김천 直指寺 三聖庵 神衆圖 조성(『韓國의 佛畵 8 – 直指寺(上)』) 수화승 友松爽洙
> 1888년 경북 김천 直指寺 三聖庵 七星圖 조성(『韓國의 佛畵 9 – 直指寺(下)』) 수화승 友松爽洙

삼일 1(三日 : -1715-) 18세기 전반에 활동한 불화승이다. 1715년에 수화승 변권과 전남 장흥 보림사 조사도를 조성하였다.

> 1715년 전남 장흥 寶林寺에서 8월 7일 祖師圖를 시작하여 9월 8일까지 봉안(『譯註 寶林寺重創記』) 수화승 卞權

삼일 2(三日 : -1872-) 19세기 후반에 활동한 불화승이다. 1872년에 수화승 방우진호와 경기 파주 보광사 사자도(사자·장군)를 조성하였다.

　◦1872년 경기 파주 普光寺 使者圖(使者·將軍) 조성(『韓國佛畵畵記集』과 『韓國의 佛畵 33 − 奉先寺』) 수화승 放牛珎昊

삼자(三自 : -1868-) 19세기 중반에 활동한 불화승이다. 1868년에 수화승 의운자우와 강원 영월 보덕사 석가모니후불도를 조성하였다.

　◦1868년 강원 영월 報德寺 釋迦牟尼後佛圖 조성(『韓國의 佛畵 10 −月精寺』) 수화승 意雲 慈雨9)

삼정(三定, 三正 : -1860-) 19세기 중반에 활동한 불화승이다. 1860년에 수화승 금암천여와 전남 순천 선암사 청련암 아미타후불홍도阿彌陀後佛紅圖와 청련암 신중도, 수화승 기연과 전남 고흥 능가사 수도암 칠성도를 조성하였다.

　◦1860년 전남 순천 仙巖寺 靑蓮庵 阿彌陀後佛紅圖 조성(順天 仙巖寺 所藏, 『韓國의 佛畵 12 − 仙巖寺』) 수화승 錦庵天如
　1860년 전남 순천 仙巖寺 靑蓮庵 神衆圖 조성(順天 仙巖寺 所藏, 『韓國의 佛畵 12 − 仙巖寺』)10) 수화승 錦庵天如
　1860년 전남 고흥 楞伽寺 修道庵 七星圖 조성(順天 松廣寺 所藏, 『韓國의 佛畵 7 − 松廣寺(下)』) 수화승 錡衍

삼학(三學 : -1707-) 18세기 전반에 활동한 불화승이다. 수화승 의균과 1707년에 대구 파계사 원통전 석가모니후불도와 1708년 경북 포항 보경사 괘불도를 조성하였다.

　◦1707년 대구 把溪寺 圓通殿 釋迦牟尼後佛圖 조성(『韓國의 佛畵 21 − 桐華寺 本末寺(上)』) 수화승 義均
　1708년 경북 포항 寶鏡寺 掛佛圖 조성(『韓國의 佛畵 38 − 佛國寺』) 수화승 義均

상겸(尙謙, 尙兼 : -1780-1790-)* 18세기 후반에 활동한 불화승이다. 1780년에 수화승 설훈과 경기 양주 봉선사 대웅전 불상 중수·개금하고, 1782년에 충남 예산 향천사 지장보살도를 그린 후, 1786년에 문효세자文孝世子 묘소墓所 조성소 화승畵僧으로 참여하였다. 수화승으로 경북 상주 황령사 아미타후불도와 신중도와 1788년에 수화승 용봉경환과 경북 상주 남장사 괘불도를 조성할 때 도화사都畵師로 참여하여 『불사성공록佛事成功錄』에 경성양공京城良工으로 언급되어 있다. 수화승으로 충남 서산 관음사 아미타불후불도(서산 천장사 소장)를, 1789년에 장조莊祖 영우원永祐園 삼물소三物所와 장조莊祖 현륭원顯隆園 조성소 화승畵僧으로 참여하고, 1790년에 수화승으로 경기 화성 용주사 감로도(소재불명)를 조성하였다.

상겸, 지장시왕도, 1782년, 예산 향천사(소재불명)

◦ 1780년 경기 남양주 奉先寺 大雄殿 佛像 重修·改金(「有明朝鮮國京畿右道楊州牧地雲岳山奉先寺大雄殿佛像重修改金願文」, 『奉先寺本末寺誌(奉先寺)』) 수화승 雪訓
◦ 1782년 충남 예산 香泉寺 地藏菩薩圖 조성
◦ 1786년 『文孝世子墓所都監儀軌』 造成所 畵僧(奎章閣 13925호, 朴廷蕙, 「儀軌를 통해서 본 朝鮮時代의 畵員」 자료1)
1786년 경북 상주 黃嶺寺 阿彌陀後佛圖 조성(『韓國의 佛畵 8 – 直指寺(上)』) 龍眼 수화승
1786년 경북 상주 黃嶺寺 神衆圖 조성(『韓國의 佛畵 8 – 直指寺(上)』) 龍眼 수화승
◦ 1788년 경북 상주 南長寺 掛佛圖 조성(『韓國의 佛畵 9 – 直指寺(下)』) 都畵師 수화승 龍峰敬還
1788년 남장사 불사에 참여한 화승을 적은 『佛事成功錄』에 京城良工으로 언급(이용윤, 「『佛事成功錄』을 통해 본 남장사 괘불」) 수화승
1788년 충남 서산 觀音寺 阿彌陀佛後佛圖 조성(瑞山 天藏寺 所藏, 『韓國의 佛畵 27 – 修德寺』) 良工 수화승
◦ 1789년 『莊祖永祐園遷園都監儀軌』 三物所 畵僧(奎章閣 13629호, 朴廷蕙, 「儀軌를 통해서 본 朝鮮時代의 畵員」 자료1)
1789년 『莊祖顯隆園園所都監儀軌』 造成所 畵員(奎章閣 13627호, 朴廷蕙, 「儀軌를 통해서 본 朝鮮時代의 畵員」 자료1)[11]
◦ 1790년 경기 화성 龍珠寺 甘露圖 조성(『韓國佛畵畵記集』)[12] 畵師 수화승

상계(尙桂, 尙戒 : -1768-1790-)* 18세기 후반에 강원 간성 건봉사를 중심으로 활동한 조각승이다. 1768년에 수화승으로 강원 속초 신흥사 감로도를 조성하고, 1790년에 정조가 발원한 경기 화성 용주사 대웅전 목조석가삼존불좌상 중 약사불을 제작하였다. 용주사 대웅전 불상에서 발견된 원문에 강원도 간성 건봉사 통정대부通政大夫로 나와 있다.

◦ 1768년 강원 속초 神興寺 甘露圖 조성(『韓國佛畵畵記集』) 良工 수화승
◦ 1790년 경기 화성 용주사 대웅전 목조석가삼존불좌상 중 약사불 제작(「本寺諸般書畵造作等諸人芳啣」) 彫刻畵員 강원도 간성 乾鳳寺 通政大夫

상경(尙景 : -1890-) 19세기 후반에 활동한 불화승이다. 1890년에 수화승 봉수와 경북 상주 남장사 신중도를 조성하였다.

◦ 1890년 경북 상주 南長寺 神衆圖 조성(『韓國의 佛畵 8 – 直指寺(上)』) 수화승 奉秀

상규 1(尙奎 : -1844-) 19세기 중반에 활동한 불화승이다. 1844년에 수화승 중봉세호와 경기 의왕 청계사 극락보전 신중도를 조성하였다.

◦ 1844년 경기 의왕 淸溪寺 極樂寶殿 神衆圖 조성(『韓國의 佛畵 28 – 龍珠寺(上)』) 수화승 中峰勢晧

상규 2(尙奎, 祥奎 : -1887-1930-)* 예운당(禮雲堂, 禮芸堂), 속성 김金씨, 19세기 후반에 활동한 불화승이다. 수화승 수룡기전과 1887년에 부산 범어사 극락전 아미타도와 석가십육보살도, 대구 대광명사 아미타후불도, 수화승 혜고 지한과 대구 동화사 대웅전 신중도를, 수화승 금곡영환과 1888년에 경기 안성 칠장사 명부전 지장도를, 1892년에 경기 남양

예운상규, 산신도, 1903년, 수원 봉녕사

주 흥국사 영산전 석가모니후불도와 대방 신중도를, 수화승 취암승 의와 경기 수원 청련암 극락보전 아미타후불도와 신중도 및 칠성도를, 1895년에 수화승 덕월응륜과 서울 봉은사 영산전 석가모니후불도, 수화승으로 영산전 나한도와 사자도 및 신중도를, 1898년에 수화승 금곡영환과 서울 봉국사 명부전 시왕도(2·4대왕)를, 수화승으로 경기 파주 보광사 대웅전 영산회상도를, 1900년에 수화승으로 강원 홍천 수타사 독성도와 산신도를, 수화승 금화기경과 경기 여주 신륵사 감로도를, 수화승 환명용화와 극락보전 석가모니후불도 등을, 1901년에 수화승으로 전남 해남 대흥사 삼세후불도(아미타불)를, 수화승 명응환감과 대웅보전 삼장도와 감로왕도 및 칠성도 등을, 1902년에 수화승 한봉응작과 서울 청룡사 심검당 가사도袈裟圖를, 수화승으로 1903년에 삼각산三角山 원흥사 칠성도와 산신도(남양주 봉선사 소장)를, 1918년에 경기 안산 쌍계사 지장보살도와 경기 안성 칠장사 칠성도를, 1927년에 수화승 범화정운과 강원 인제 청룡사 오백나한도를, 1930년에 수화승으로 경남 밀양 표충사 삼세불도(아미타불과 약사불)를 조성하였다.

예운상규, 산신도 부분, 1903년, 수원 봉녕사

◦1887년 부산 梵魚寺 極樂殿 阿彌陀圖 조성(『韓國의 佛畵 32 – 梵魚寺』) 수화승 水龍琪銓

1887년 부산 梵魚寺 釋迦二十六菩薩圖 조성(『梵魚寺聖寶博物館 名品圖錄』) 수화승 水龍琪銓

1887년 대구 大光明寺 阿彌陀後佛圖 조성(『韓國의 佛畵 4 – 海印寺(上)』) 수화승 水龍琪銓

1887년 대구 동화사 大雄殿 神衆圖 조성(『韓國의 佛畵 21 – 桐華寺(上)』) 수화승 慧杲智瀚

◦1888년 경기 안성 七長寺 冥府殿 地藏圖 조성(『韓國의 佛畵 28 – 龍珠寺(上)』) 수화승 金谷永煥

◦1892년 경기 남양주 興國寺 靈山殿 釋迦牟尼後佛圖 조성(『韓國의 佛畵 33 – 奉先寺』) 수화승 金谷永煥

1892년 경기 남양주 興國寺 大房 神衆圖 조성(『韓國의 佛畵 33 – 奉先寺』) 수화승 □□□□

1892년 경기 수원 靑蓮庵 極樂寶殿 阿彌陀後佛圖 조성(『韓國의 佛畵 28 – 龍珠寺(上)』)[13] 수화승 翠庵勝宜

1892년 경기 수원 靑蓮庵 神衆圖 조성(『韓國의 佛畵 28 – 龍珠寺(上)』) 수화승 翠庵勝宜

1892년 경기 수원 靑蓮庵 七星圖 조성(김정희, 「水原 靑蓮庵 佛畵考」) 수화승 翠庵勝宜

◦1895년 서울 奉恩寺 靈山殿 釋迦牟尼後佛圖 조성(『서울전통사찰불화』와 『韓國佛畵畵記集』 및 『韓國의 佛畵 34 – 曹溪寺(上)』) 片手 수화승 德月應崙

1895년 서울 奉恩寺 靈山殿 使者圖 조성(『서울전통사찰불화』와 『韓國佛畵畵記集』 및 『韓國의 佛畵 35 – 曹溪寺(中)』)[14] 金魚 片手 수화승

1895년 서울 奉恩寺 靈山殿 十六羅漢圖 조성(『韓國의 佛畵 35 – 曹溪寺(中)』) 金魚片手 수화승

1895년 서울 奉恩寺 靈山殿 十六羅漢圖 조성(『韓國의 佛畵 35 – 曹溪寺(中)』) 金魚片手 수화승

1895년 서울 奉恩寺 靈山殿 十六羅漢圖 조성(『韓國의 佛畵 35 – 曹溪寺(中)』) 片手 수화승

1895년 서울 奉恩寺 靈山殿 神衆圖 조성(『서울전통사찰불화』와 『韓國佛畵畵記集』 및 『韓國의 佛畵 35 - 曹溪寺(中)』) 片手 수화승
- 1898년 서울 奉國寺 冥府殿 十王圖(2·4大王) 조성(『韓國의 佛畵 35 - 曹溪寺(中)』) 수화승 金谷永煥
1898년 경기 파주 普光寺 大雄殿 靈山會上圖 조성(『畿內寺院誌』와 『韓國佛畵畵記集』 및 『韓國의 佛畵 33 - 奉先寺』) 金魚 수화승
- 1900년 강원 홍천 壽陀寺 獨聖圖 조성(『韓國의 佛畵 10 - 月精寺』) 金魚 수화승
1900년 강원 홍천 壽陀寺 山神圖 조성(『한국의 사찰문화재-강원도』) 出抄 수화승
1900년 경기 여주 神勒寺 甘露圖 조성(『韓國의 佛畵 29 - 龍珠寺(下)』) 수화승 錦華機炯
1900년 경기 여주 神勒寺 極樂寶殿 釋迦牟尼後佛圖 조성(『韓國의 佛畵 28 - 龍珠寺(上)』)[15] 수화승 幻溟龍化
1900년 경기 여주 神勒寺 阿彌陀會上圖 조성(『韓國佛畵畵記集』) 수화승 錦華機炯
- 1901년 전남 해남 大興寺 三世後佛圖(阿彌陀佛) 조성(『全南의 寺刹』과 『韓國의 佛畵 31 - 大興寺』)[16] 金魚片手 수화승
1901년 전남 해남 大興寺 大雄寶殿 三藏圖 조성(『全南의 寺刹』과 『韓國의 佛畵 31 - 大興寺』)[17] 片手 수화승 明應幻鑑
1901년 전남 해남 大興寺 大雄寶殿 甘露王圖 조성(『韓國佛畵畵記集』과 『全南의 寺刹』 및 『韓國의 佛畵 31 - 大興寺』) 片手 수화승 明應幻鑑
1901년 전남 해남 大興寺 大雄寶殿 七星圖 조성(『全南의 寺刹』과 『韓國의 佛畵 31 - 大興寺』) 片手出草[18] 수화승 明應幻鑑
1901년 전남 해남 大興寺 大雄寶殿 神衆圖 조성(『全南의 寺刹』과 『韓國의 佛畵 31 - 大興寺』)[19] 片手 수화승 明應幻鑑
- 1902년 서울 靑龍寺 尋劍堂 袈裟圖 조성(『서울전통사찰불화』와 『韓國佛畵畵記集』 및 『韓國의 佛畵 34 - 曹溪寺(上)』) 수화승 漢峰應作
- 1903년 三角山 元興寺 七星圖 조성(南楊州 奉先寺 所藏, 『韓國의 佛畵 33 - 奉先寺』) 畵師片手 수화승
1903년 大法山 元興寺 山神圖 조성((南楊州 奉先寺 所藏, 『韓國의 佛畵 33 - 奉先寺』) 金魚出草 수화승
- 1918년 경기 안산 雙溪寺 地藏菩薩圖 조성(『韓國의 佛畵 34 - 曹溪寺(上)』) 金魚 수화승
1918년 경기 안성 七長寺 七星圖 조성(『韓國의 佛畵 29 - 龍珠寺(下)』) 金魚 片手 수화승
- 1927년 강원 인제 靑龍寺 五百羅漢圖 조성(麟啼 百潭寺 所藏, 『한국의 사찰문화재-강원도』와 『韓國의 佛畵 37 - 新興寺』) 수화승 梵華禎雲
- 1930년 경남 밀양 表忠寺 三世佛圖(阿彌陀) 조성(『韓國의 佛畵 3 - 通度寺(下)』) 金魚 出草 수화승
1930년 경남 밀양 表忠寺 三世佛圖(藥師) 조성(『韓國의 佛畵 3 - 通度寺(下)』) 金魚 出[20] 수화승
- 연대미상 강원 횡성 鳳腹寺 七星圖 조성(『한국의 사찰문화재-강원도』) 金魚 수화승

상근(尙根 : -1895-1913-) 운성당(雲城堂) 19세기 후반에 활동한 불화승이다. 1895년에 수화승 인수와 강원 홍천 수타사 신중도와 칠성도를, 1900년에 수화승 예운상규와 산신도를, 1913년에 수화승 퇴경상노와 경북 문경 김용사 대성암 아미타후불도와 삼장도를 조성하였다.

- 1895년 강원 홍천 壽陀寺 神衆圖 조성(『韓國의 佛畵 10 - 月精寺』) 수화승 仁秀
1895년 강원 홍천 壽陀寺 七星圖 조성(『韓國의 佛畵 10 - 月精寺』) 수화승 仁秀
- 1900년 강원 홍천 壽陀寺 山神圖 조성(『한국의 사찰문화재-강원도』) 수화승 禮雲尙奎
- 1913년 경북 문경 金龍寺 大成庵 阿彌陀後佛圖 조성(『韓國의 佛畵 8 - 直指寺(上)』) 수화승 退耕相老
1913년 경북 문경 金龍寺 三藏圖 조성(『韓國의 佛畵 8 - 直指寺(上)』) 수화승 退耕相老

상기(庠基, 尙祈 : -1881-1896-) 19세기 후반에 활동한 불화승이다. 1881년에 수화승 대허체훈과 인천 강화 청련사 삼장보살도를, 1893년에 수화승 우송상 수와 경남 합천 해인사 길상암 지장도와 수화승 동호진철과 신중도를, 1896 년에 수화승 덕산묘화와 대구 동화사 사천왕도(지국천왕)를 조성하였다.

- 1881년 인천 강화 靑蓮寺 三藏菩薩圖 조성(『畿內寺院誌』와 『韓國佛畵畵記集』 및 『韓國 의 佛畵 34 – 曹溪寺(上)』) 수화승 大虛體訓
- 1893년 경남 합천 海印寺 吉祥庵 地藏圖 조성(『韓國의 佛畵 4 – 海印寺(上)』) 수화승 友 松 尙守
  1893년 경남 합천 海印寺 吉祥庵 神衆圖 조성(『韓國의 佛畵 4 – 海印寺(上)』) 수화승 東昊 震徹
- 1896년 대구 동화사 四天王圖(持國天王) 조성(『韓國의 佛畵 21 – 桐華寺(上)』) 수화승 德 山妙華

상능(祥能 : -1794-1796-) 18세기 후반에 경기 양주를 중심으로 활동한 불화 승이다. 1794년부터 1796년까지 화성 건립에 참여하여 1801년 작성된 『화성 성역의궤華城城役儀軌』에 양주목楊州牧 승려로 언급되어 있다.

- 1794년–1796년 화성 건립에 화원으로 참여(1801년 작성된 『華城城役儀軌』 卷4 工匠 畵 工 條) 楊州牧

상륜(尙倫 : -1882-) 19세기 후반에 활동한 불화승이다. 1882년에 수화승 승 오와 전남 구례 사성암 산신도(광양 백운사 소장)를 조성하였다.

- 1882년 전남 구례 四星庵 山神圖 조성(光陽 白雲寺 所藏, 『韓國의 佛畵 11 – 華嚴寺』) 수화승 昇昕

상름(尙凜 : -1684-) 17세기 후반에 활동한 불화승이다. 1684년에 지영智英 등과 명성왕후明聖王后 숭릉崇陵 조성소 화승畵僧으로 참여하였다.

- 1684년 『明聖王后崇陵山陵都監儀軌』 造成所 畵僧(奎章閣 14832호, 朴廷蕙, 「儀軌를 통 해서 본 朝鮮時代의 畵員」 자료1)

상린(尙璘 : -1695-)* 17세기 후반에 활동한 불화승이다. 1695년에 수화승으 로 경북 청도 적천사 괘불도를 조성하였다.

- 1695년 경북 淸道 磧川寺 掛佛圖 조성(『韓國의 佛畵 22 – 桐華寺(下)』) 畵員 수화승

상명 1(尙明 : -1665-1699-) 17세기 중반에 활동한 조각승이다. 1665년에 수 화승 승일과 경북 칠곡 송림사 명부전 석조삼장보살좌상과 시왕상을 제작하 고, 1695년에 수화승 상린과 경북 청도 적천사 괘불도와 1699년에 수화승 의균과 대구 동화사 아미타후불도를 조성하였다.

- 1665년 경북 칠곡 송림사 명부전 석조삼장보살좌상과 시왕상 제작(문명대, 「조각승 無 染, 道祐派 불상조각의 연구」) 수화승 勝一
- 1695년 경북 淸道 磧川寺 掛佛圖 조성(『韓國의 佛畵 22 – 桐華寺(下)』) 수화승 尙璘
- 1699년 대구 桐華寺 阿彌陀後佛圖 조성(『韓國의 佛畵 21 – 桐華寺 本末寺(上)』) 수화승 義均
  ※ 상명 1은 두 명일 가능성이 있다.

상명 2(尙明 : -1892-) 19세기 후반에 활동한 불화승이다. 1892년에 수화승

연하계창과 전북 익산 심곡사 아미타후불도를 조성하였다.

- 1892년 전북 익산 深谷寺 阿彌陀後佛圖 조성(『韓國의 佛畵 13 - 金山寺』) 수화승 蓮河啓昌

상민(祥玟 : -1868-) 19세기 중반에 활동한 불화승이다. 1868년에 수화승 원명긍우와 강원 고성 화엄사 안양암에 지장도와 신중도(고성 화암사 소장)를 제작하였다.

- 1868년 강원 고성 華嚴寺 安養庵 地藏圖 조성(高城 禾巖寺 所藏,『한국의 사찰문화재-강원도』와 『韓國의 佛畵 37 - 新興寺』) 수화승 圓明亘祐
  1868년 강원 고성 華嚴寺 安養庵 神衆圖 조성(高城 禾巖寺 所藏,『한국의 사찰문화재-강원도』와 『韓國의 佛畵 37 - 新興寺』) 수화승 圓明亘祐

상법(尙法 : -1904-) 20세기 전반에 활동한 불화승이다. 1904년에 수화승 환월상휴과 경남 양산 통도사 비로암 구품도九品圖와 칠성도를 조성하였다.

- 1904년 경남 양산 通度寺 毘盧庵 九品圖 조성(『韓國의 佛畵 1 - 通度寺(上)』)21) 수화승 煥月尙休
  1904년 경남 양산 通度寺 毘盧庵 七星圖 조성(『韓國의 佛畵 2 - 通度寺(中)』)22) 수화승 煥月尙休
- 연대미상 경남 양산 通度寺 獨聖圖 조성(『韓國의 佛畵 2 - 通度寺(中)』) 수화승 煥月尙休

상봉(祥鳳 : -1871-) 19세기 후반에 활동한 불화승이다. 1871년에 수화승 덕운영운과 경북 청도 운문사 비로전 신중도를 조성하였다.

- 1871년 경북 청도 雲門寺 毘盧殿 神衆圖 조성(『韓國의 佛畵 21 - 桐華寺(上)』)23) 수화승 德雲永芸

상선(尙先, 尙仙, 尙宣 : -1895-1900-)* 19세기 후반부터 20세기 전반까지 활동한 불화승이다. 1895년에 수화승 영화와 경기 남양주 불암사 괘불도와 수화승으로 서울 봉은사 영산전 신중도를, 1900년에 수화승 동호진철과 태암 아미타후불도(안동 봉정사 소장)를 조성하였다.

- 1895년 경기 남양주 佛巖寺 掛佛圖 조성(『掛佛調査報告書』와 『韓國佛畵畵記集』 및 『韓國의 佛畵 33 - 奉先寺』) 수화승 金谷永煥
  1895년 서울 奉恩寺 靈山殿 神衆圖 조성(『서울전통사찰불화』와 『韓國佛畵畵記集』 및 『韓國의 佛畵 35 - 曹溪寺(中)』) 片手 수화승
- 1900년 太庵 阿彌陀後佛圖 조성(安東 鳳停寺 所藏,『韓國의 佛畵 23 - 孤雲寺(上)』) 수화승 東昊震徹

상수(爽洙, 尙守 : -1888-1911-)* 우송당(友松堂) 19세기 후반부터 20세기 전반까지 경상 지예知禮를 중심으로 활동한 불화승이다. 1888년에 수화승으로 경북 김천 직지사 삼성암 신중도와 칠성도를, 1890년에 수화승 동운취선과 경남 합천 해인사 홍제암 석가모니후불도와 수화승 서암전기와 경학원 아미타후불도를, 1892년에 수화승 서암전기와 해인사 괘불도와 대적광전 팔상도(유성출가상, 쌍림열반상)를, 수화승으로 경학원 조사도와 대구 대광명사 독성도를 그리고, 경북 김천 고방사 산신도 조성 시에 증명證明으로 참여하였다. 1893년에 수화승으로 해인사 길상암 지장도와 신중도를, 1896년에 수화승 덕산묘화와 대구 동화사 사천왕도(지국천왕, 다문천왕)를, 수화승으로 1899

년에 전북 무주 북고사 칠성각 칠성도와 봉곡사 극락암 칠성도(무주 안국사 소장) 및 1911년에 해인사 삼선암 칠성도를 조성하였다.

- 1888년 경북 김천 直指寺 三聖庵 神衆圖 조성(『韓國의 佛畵 8 - 直指寺(上)』) 金魚 수화승
  1888년 경북 김천 直指寺 三聖庵 七星圖 조성(『韓國의 佛畵 9 - 直指寺(下)』) 金魚 수화승
- 1890년 경남 합천 海印寺 弘濟庵 釋迦牟尼後佛圖 조성(『韓國의 佛畵 4 - 海印寺(上)』) 片手 수화승 東雲就善
  1890년 경남 합천 海印寺 經學院 阿彌陀後佛圖 조성(『韓國의 佛畵 4 - 海印寺(上)』) 수화승 瑞巖典琪
- 1892년 경남 합천 海印寺 掛佛圖 조성(『韓國의 佛畵 - 5 海印寺(下)』)[24] 수화승 瑞庵典琪
  1892년 경남 합천 海印寺 大寂光殿 八相圖(踰城出家相) 조성(『韓國의 佛畵 5 - 海印寺(下)』) 片手 수화승 瑞巖典琪
  1892년 경남 합천 海印寺 大寂光殿 八相圖(雙林涅槃相) 조성(『韓國의 佛畵 5 - 海印寺(下)』) 片手 수화승 瑞庵典琪
  1892년 대구 大光明寺 獨聖圖 조성(『韓國의 佛畵 5 - 海印寺(下)』) 金魚 片手수화승
  1892년 경남 합천 海印寺 經學院 祖師圖 조성(『韓國의 佛畵 5 - 海印寺(下)』) 金魚 수화승
  1892년 경북 김천 高方寺 山神圖 조성 시 證明으로 나옴(『韓國의 佛畵 9 - 直指寺(下)』)
- 1893년 경남 합천 海印寺 吉祥庵 地藏圖 조성(『韓國의 佛畵 4 - 海印寺(上)』) 金魚 수화승
  1893년 경남 합천 海印寺 神衆圖 조성(『韓國의 佛畵 4 - 海印寺(上)』)[25] 金魚 수화승
- 1896년 대구 동화사 四天王圖(持國天王) 조성(『韓國의 佛畵 21 - 桐華寺(上)』) 수화승 德山妙華
  1896년 대구 桐華寺 四天王圖(多聞天王) 조성(『韓國의 佛畵 21 - 桐華寺(上)』) 金魚 수화승
- 1899년 전북 무주 北固寺 七星閣 七星圖 조성(『韓國의 佛畵 13 - 金山寺』) 金魚 수화승
  1899년 鳳谷寺 極樂庵 七星圖 조성(茂朱 安國寺 所藏, 『韓國의 佛畵13 - 金山寺』) 金魚 수화승 慶尙知禮
- 1911년 경남 합천 海印寺 三仙庵 七星圖 조성(『韓國의 佛畵 5 - 海印寺(下)』) 金魚 수화승
- 연대미상 경남 합천 海印寺 弘濟庵 神衆圖 조성(『韓國의 佛畵 4 - 海印寺(上)』) 수화승 東雲就善

상순 1(尙淳 : -1749-) 18세기 중반에 활동한 불화승이다. 1749년에 수화승 사혜와 충남 천안 광덕사 괘불도를 조성하였다.

- 1749년 충남 천안 廣德寺 掛佛圖 조성(『韓國의 佛畵 16 - 麻谷寺(下)』) 수화승 思惠

상순 2(祥順 : -1887-)* 19세기 후반에 활동한 불화승이다. 1887년에 수화승으로 강원 원주 구룡사 관음전 아미타후불도를 조성하였다.

- 1887년 原州 龜龍寺 觀音殿 阿彌陀後佛圖 조성(『한국의 사찰문화재-강화도』) 金魚

상심(尙心 : -1759-) 18세기 중반에 활동한 불화승이다. 1759년에 수화승 임한과 경남 양산 통도사 대광명전 비로자나후불도와 석가모니후불도를 조성하였다.

- 1759년 경남 양산 通度寺 大光明殿 毘盧遮那後佛圖 조성(『韓國의 佛畵 1 - 通度寺(上)』) 수화승 任閑
  1759년 경남 양산 通度寺 大光明殿 釋迦牟尼後佛圖 조성(『韓國의 佛畵 1 - 通度寺(上)』) 수화승 任閑
  1759년 己卯年改金幀畵丹艧事施主記(安貴淑, 「조선후기 佛畵僧의 계보와 義謙比丘에 대한 연구(상)」)

상연(尙衍 : -1904-) 19세기 후반부터 20세기 전반까지 활동한 불화승이다. 1904년에 수화승 환월상휴와 경남 양산 통도사 비로암 구품도九品圖와 칠성도를 조성하였다.

- 1904년 경남 양산 通度寺 毘盧庵 九品圖 조성(『韓國의 佛畵 1 – 通度寺(上)』)26) 수화승 煥月尙休
  1904년 경남 양산 通度寺 毘盧庵 七星圖 조성(『韓國의 佛畵 2 – 通度寺(中)』)27) 수화승 煥月尙休

상언(尙言, 相言, 祥言 : -1775-1798-) 18세기 후반에 활동한 불화승이다. 1775년에 수화승 경옥과 경남 양산 통도사 명부전 시왕도(변성대왕)를, 수화승 지연과 1792년에 통도사 괘불도와 삼장도를, 1797년에 경북 안동 운대사 아미타후불도를, 1798년에 통도사 명부전 지장도를 조성하였다.

- 1775년 경남 양산 通度寺 冥府殿 十王圖(變成大王) 조성(『韓國의 佛畵 2 – 通度寺(中)』) 수화승 璟玉
- 1792년 경남 양산 通度寺 掛佛圖 조성(『韓國의 佛畵 2 – 通度寺(中)』) 수화승 指演
  1792년 경남 양산 通度寺 三藏圖 조성(『韓國의 佛畵 1 – 通度寺(上)』) 수화승 指演
- 1797년 경북 안동 雲臺寺 阿彌陀後佛圖 조성(安東 西岳寺 所藏, 『韓國의 佛畵 23 – 孤雲寺(上)』) 수화승 指涓
- 1798년 경남 양산 通度寺 冥府殿 地藏圖 조성(『韓國의 佛畵 1 – 通度寺(上)』) 수화승 指演

상연(祥演 : -1762-) 18세기 중반에 활동한 불화승이다. 1762년에 장조莊祖 영우원永祐園 조성소 화승畵僧으로 참여하였다.

- 1762년 『莊祖永祐園園所都監儀軌』造成所 畵僧(奎章閣 13607호, 朴廷蕙, 「儀軌를 통해서 본 朝鮮時代의 畵員」 자료1)

상열(尙烈, 尙悅 : -1868-1871-) 자은당(慈隱堂) 19세기 중·후반에 활동한 불화승이다. 수화승 춘담봉은과 1868년에 태조암 구품도(구례 화엄사 소장)를, 충남 서천 은적암 칠성도(부여 무량사 소장)를, 수화승 춘담봉은과 1869년 □화사 아미타후불도와 1871년에 전북 완주 화암사 극락전 현왕도를 조성하였다.

- 1868년 太祖庵 九品圖(求禮 華嚴寺 所藏, 『韓國의 佛畵 11 – 華嚴寺』) 수화승 春潭奉恩
- 1869년 충남 서천 隱寂菴 七星圖 조성(扶餘 無量寺 所藏, 『韓國의 佛畵 16 – 麻谷寺(下)』) 수화승 春潭奉恩28)
  1869년 □華寺 阿彌陀後佛圖 조성(禮山 修德寺 所藏, 『韓國의 佛畵 27 – 修德寺』) 수화승 春潭奉恩
- 1871년 전북 완주 花巖寺 極樂殿 現王圖 조성(『韓國의 佛畵 13 – 金山寺』) 수화승 春潭奉恩
- 연대미상 충남 서산 浮石寺 神衆圖 조성(『韓國의 佛畵 27 – 修德寺』) 수화승 春潭奉恩
  연대미상 충남 공주 麻谷寺 大光寶殿 七星圖 조성(『韓國의 佛畵 16 – 麻谷寺(下)』) 수화승 善律29)

상엽 1(尙曄, 尙葉 : -1775-1798-) 18세기 후반에 활동한 불화승이다. 1775년에 수화승 경보와 경남 양산 통도사 명부전 시왕도(평등대왕)를, 1798년에 수화승 지연과 통도사 명부전 지장도를, 1804년에 수화승 계한과 경남 양산 통도사 해장보월海藏寶閣 자장율사진영慈藏律師眞影을 조성하였다.

- 1775년 경남 양산 通度寺 冥府殿 十王圖(平等大王) 조성(『韓國의 佛畵 2 – 通度寺(中)』) 수화승 璟甫
- 1798년 경남 양산 通度寺 冥府殿 地藏圖 조성(『韓國의 佛畵 1 – 通度寺(上)』) 수화승 指演
- 1804년 경남 양산 通度寺 海藏寶閣 慈藏律師眞影 조성(『韓國의 佛畵 2 – 通度寺(中)』) 수화승 戒閑

상엽 2(尙燁 : -1910-) 20세기 전반에 활동한 불화승이다. 1910년에 수화승 융파법융과 충남 공주 갑사 팔상전 석가모니후불도와 수화승 금호약효와 대웅전 신중도를 조성하였다.

- 1910년 충남 공주 甲寺 八相殿 釋迦牟尼後佛圖 조성(『韓國의 佛畵15 – 麻谷寺(上)』) 수화승 隆坡法融
  1910년 충남 공주 甲寺 大雄殿 神衆圖 조성(『韓國의 佛畵 15 – 麻谷寺(上)』) 수화승 錦湖若效

상오 1(尙悟, 常悟 : -1744-1775-)* 18세기 후반에 활동한 불화승이다. 1744년에 수화승 효안과 경남 고성 옥천사 영산회상도와 명부전 지장도 등을, 1755년에 수화승으로 경북 영천 은해사 대웅전 삼장도를, 1775년에 수화승 포관과 경남 양산 통도사 영산전 팔상도(도솔내의상)를 조성하였다.

- 1744년 경남 고성 玉泉寺 靈山會上圖 조성(『韓國佛畵畵記集』) 수화승 曉岸
  1744년 경남 고성 玉泉寺 冥府殿 地藏圖 조성(『韓國의 佛畵 25 – 雙磎寺(上)』) 수화승 曉岸
  1744년 경남 고성 玉泉寺 冥府殿 十王圖(泰山大王) 조성(『韓國의 佛畵 26 – 雙磎寺(下)』) 수화승 曉岸
- 1755년 경북 영천 銀海寺 大雄殿 三藏圖 조성(『韓國의 佛畵 30 – 銀海寺』) 畵員 수화승
  1775년 경남 양산 通度寺 靈山殿 八相圖(兜率來儀相) 조성(『韓國의 佛畵 2 – 通度寺(中)』) 수화승 抱冠

상오 2(尙悟, 尙昨 : -1876-1935) 보명당(普明堂) 진기당(震奇堂) 진엄당(震广堂) 진음당(震音堂), 속성 김(金)씨, 19세기 후반부터 20세기 전반까지 활동한 불화승이다. 1876년에 수화승 화산재근과 서울 화계사 명부전 시왕도, 수화승 하은위상과 경북 문경 대승사 지장도와 신중도를, 1890년에 수화승 용준과 전북 김제 금산사 미륵전 신중도를, 1892년에 수화승 서암전기와 경남 합천 해인사 패불도와 대적광전 팔상도(유성출가상과 쌍림열반상) 및 경북 고령 관음사 칠성도를, 1893년에 수화승 금호약효와 전북 진안 천황사 대웅전 삼세후불도를, 수화승 완해용준과 1896년에 전북 완주 위봉사 보광명전 신중도와 1897년에 삼세불도(석가모니불) 및 1899년에 전북 전주 학소암 자음전 아미타삼존도를, 1901년에 수화승 보응문성과 전북 고창 선운사 아미타후불도, 수화승 예운상규와 전남 해남 대흥사 삼세후불도(아미타불), 수화승 명응환감과 삼장도와 신중도 및 감로왕도 등을, 1905년에 수화승 금호약효와 충남 공주 마곡사 대웅보전 삼세불도(석가모니불)와 삼장도, 수화승 보응문성과 삼세불도(약사불)를, 1906년에 수화승 허곡긍순과 경기 여주 신륵사 신중도, 수화승 대운봉하와 십왕각부도十王各部圖를, 수화승 보암긍법과 1907년에 경기

남양주 불암사 신중도, 서울 수국사 신중도와 감로도, 서울 보문사 관음보살
도 등을, 1908년에 수화승 석옹철유와 서울 수국사 괘불도와 서울 삼성암 칠
성각 산신도, 수화승으로 전북 전주 남고사 지장도를, 1912년 수화승 금호약
효와 충남 공주 마곡사 영은암 신중도를, 1913년에 수화승 정연과 전북 익산
숭림사 보광전 삼세후불도, 수화승 화암두흠과 강원 횡성 봉복사 석가모니후
불도(월정사박물관 소장)와 독성도, 수화승 보응계창과 경기 여주 고달사 산
신도를, 1916년에 수화승으로 전북 임실 신흥사 대웅전 아미타후불도와 신장
도를, 1917년에 수화승 남곡세섭과 전남 여수 한산사 칠성도와 전남 여수 흥
국사 팔상도, 수화승 만총과 전북 남원 선원사 법당 비로자나후불도와 지장
도 등을, 1918년에 수화승 벽월창오와 전남 순천 선암사 응진당 십육나한도
와 독성도, 수화승 고산축연과 경북 성주 선석사 명부전 지장도, 수화승 남곡
세섭과 전남 화순 운주사 칠성도(선암사 무우전 조성 후 순천 송광사 소장)
를, 1919년에 수화승 남곡세섭과 전남 여수 홍국사 원통전 신중도와 수화승
으로 강원 원주 구룡사 칠성도(월정사박물관 소장)를, 1922년에 수화승 초암
세복과 서울 화계사 삼성각 독성도, 수화승으로 전북 군산 상주사 아미타후
불도와 1923년에 전북 완주 정수사 극락전 신중도를, 1925년에 수화승 종인
과 전북 완주 송광사 대웅전 104위 신중도와 수화승으로 전북 전주 학소암
극락전 아미타후불도와 극락전 신중도를, 1929년에 수화승 보응과 경남 통영
용화사 대웅전 석가모니후불도와 신중도 및 독성도를, 1932년에 수화승 진월
천호와 전북 익산 문수암 아미타후불도를, 1935년에 수화승으로 전남 영암
도갑사 산신도를 조성하였다.

- 1876년 서울 華溪寺 冥府殿 十王圖 조성(『韓國의 佛畵 35 - 曹溪寺(中)』) 수화승 華山在根
  1876년 경북 문경 大乘寺 地藏圖 조성(『韓國의 佛畵 8 - 直指寺(上)』) 수화승 霞隱偉相
  1876년 경북 문경 大乘寺 神衆圖 조성(『韓國의 佛畵 8 - 直指寺(上)』) 수화승 霞隱偉相
- 1890년 전북 김제 金山寺 彌勒殿 神衆圖 조성(『韓國의 佛畵 13 - 金山寺』 3) 수화승 嶲俊
- 1892년 경남 합천 海印寺 掛佛圖 조성(『韓國의 佛畵 - 5 海印寺(下)』) 수화승 瑞庵典琪
  1892년 경남 합천 海印寺 大寂光殿 八相圖(踰城出家相) 조성(『韓國의 佛畵 5 - 海印
  寺(下)』) 수화승 瑞巖典琪
  1892년 경남 합천 海印寺 大寂光殿 八相圖(雙林涅槃相) 조성(『韓國의 佛畵 5 - 海印
  寺(下)』) 수화승 瑞庵典琪
  1892년 경북 고령 觀音寺 七星圖 조성(『韓國의 佛畵 22 - 桐華寺(下)』) 수화승 捷庵典琪
- 1893년 전북 진안 天皇寺 大雄殿 三世後佛圖 조성(『韓國의 佛畵 13 - 金山寺』) 수화승
  錦湖若效
- 1896년 전북 완주 威鳳寺 普光明殿 神衆圖 조성(『韓國의 佛畵 13 - 金山寺』) 수화승 玩
  海龍俊
- 1897년 전북 완주 威鳳寺 普光明殿 三世佛圖(釋迦牟尼佛) 조성(『韓國의 佛畵 13 - 金山
  寺』) 수화승 玩海龍俊
- 1899년 전북 전주 鶴巢庵 慈蔭殿 阿彌陀三尊圖 조성(『韓國의 佛畵 13 - 金山寺』) 수화승
  玩海龍俊
- 1901년 전북 고창 禪雲寺 阿彌陀後佛圖 조성(『韓國의 佛畵 14 - 禪雲寺』) 수화승 出草
  普應文性

1901년 전남 해남 大興寺 三世後佛圖(阿彌陀佛) 조성(『韓國의 佛畫 31 - 大興寺』) 수화승 禮芸尙奎

1901년 전남 해남 大興寺 大雄寶殿 三藏圖 조성(『全南의 寺刹』과 『韓國의 佛畫 31 - 大興寺』)30) 수화승 明應幻鑑

1901년 전남 해남 大興寺 大雄寶殿 神衆圖 조성(『全南의 寺刹』과 『韓國의 佛畫 31 - 大興寺』) 수화승 明應幻鑑

1901년 전남 해남 大興寺 大雄寶殿 甘露王圖 조성(『韓國佛畫畫記集』과 『全南의 寺刹』 및 『韓國의 佛畫 31 - 大興寺』)31) 수화승 明應幻鑑

1901년 전남 해남 大興寺 大雄寶殿 七星圖 조성(『全南의 寺刹』과 『韓國의 佛畫 31 - 大興寺』)32) 수화승 明應幻鑑

◦ 1905년 충남 공주 麻谷寺 大雄寶殿 三世佛圖(釋迦牟尼佛) 조성(『韓國의 佛畫 15 - 麻谷寺(上)』) 수화승 錦湖若效

1905년 충남 공주 麻谷寺 大雄寶殿 三世佛圖(藥師佛) 조성(『韓國의 佛畫 15 - 麻谷寺(上)』) 수화승 普應文性

1905년 충남 공주 甲寺 大雄殿 三藏圖 조성(『韓國의 佛畫 15 - 麻谷寺(上)』) 수화승 錦湖若效

◦ 1906년 경기 여주 神勒寺 神衆圖 조성(『韓國의 佛畫 28 - 龍珠寺(上)』) 沙彌 수화승 虛谷亘巡

1906년 경기 여주 神勒寺 十王各部圖(七, 九) 조성(『韓國의 佛畫 29 - 龍珠寺(下)』) 沙彌 수화승 大雲奉河

1906년 경기 여주 神勒寺 十王各部圖(八, 十) 조성(『韓國의 佛畫 29 - 龍珠寺(下)』) 수화승 大雲奉河

1906년 경기 여주 神勒寺 十王各部圖(使者, 將軍) 조성(『韓國의 佛畫 29 - 龍珠寺(下)』) 沙彌 수화승 大雲奉河

◦ 1907년 경기 남양주 佛巖寺 神衆圖 조성(『畿內寺院誌』와 『韓國佛畫畫記集』 및 『韓國의 佛畫 33 - 奉先寺』)33) 수화승 普庵肯法

1907년 서울 守國寺 神衆圖 조성(『서울전통사찰불화』와 『韓國佛畫畫記集』 및 『韓國의 佛畫 35 - 曹溪寺(中)』) 수화승 普庵肯法

1907년 서울 守國寺 甘露圖 조성(『韓國의 佛畫 36 - 曹溪寺(下)』) 수화승 寶菴肯法

1907년 圓通菴 甘露圖 조성(江華 靑蓮寺 소장, 『畿內寺院誌』와 『韓國佛畫畫記集』)34) 수화승 斗欽

1907년 서울 普門寺 觀音菩薩圖 조성(『서울전통사찰불화』와 『韓國佛畫畫記集』) 수화승 普庵肯法

◦ 1908년 서울 守國寺 掛佛圖 조성(『韓國의 佛畫 35 - 曹溪寺(中)』) 수화승 石翁喆裕

1908년 서울 三聖庵 七星閣 山神圖 조성(『서울전통사찰불화』와 『韓國佛畫畫記集』 및 『韓國의 佛畫 36 - 曹溪寺(下)』) 수화승 石翁喆裕

1908년 전북 전주 南固寺 地藏圖 조성(『韓國의 佛畫 13 - 金山寺』) 金魚 수화승

◦ 1912년 충남 공주 麻谷寺 靈隱庵 神衆圖 수화승 金湖若效(『韓國의 佛畫 15 - 麻谷寺(上)』)

◦ 1913년 전북 익산 崇林寺 普光殿 三世後佛圖 조성(『韓國의 佛畫 13 - 金山寺』) 수화승 定淵

1913년 강원 횡성 鳳腹寺 釋迦牟尼後佛圖(月精寺博物館 所藏) 조성(『한국의 사찰문화재-강원도』)

1913년 강원 횡성 鳳腹寺 獨聖圖 조성(『韓國의 佛畫 10 - 月精寺』) 수화승 華庵斗欽

1913년 경기 여주 高達寺 山神圖 조성(『韓國의 佛畫 29 - 龍珠寺(下)』) 수화승 普應桂昌

◦ 1916년 전북 임실 新興寺 大雄殿 阿彌陀後佛圖 조성(『韓國의 佛畫 14 - 禪雲寺』) 金魚 수화승

1916년 전북 임실 新興寺 大雄堂 神將圖 조성(『韓國의 佛畫 14 - 禪雲寺』) 金魚 수화승

◦ 1917년 전남 여수 寒山寺 七星圖 조성(『韓國의 佛畫 11 - 華嚴寺』) 수화승 南谷世燮

1917년 전남 여수 興國寺 八相圖 조성(『韓國佛畫畫記集』) 수화승 南谷世燮35)

1917년 전북 남원 禪院寺 法堂 毘盧遮那後佛圖 조성(『韓國의 佛畫 13 - 金山寺』) 수화승 萬聰

　　1917년 전북 남원 禪院寺 冥府殿 地藏圖 조성(『韓國의 佛畵 13 – 金山寺』) 수화승 萬聰
　　1917년 전북 남원 禪院寺 大雄殿 神衆圖 조성(『韓國의 佛畵 13 – 金山寺』) 수화승 萬聰
　◦1918년 전남 순천 선암사 應眞堂 十六羅漢圖 조성(『韓國의 佛畵 12 – 仙巖寺』) 수화승 碧月昌昕
　　1918년 전남 순천 仙巖寺 三聖閣 獨星圖 조성(『韓國의 佛畵 12 – 仙巖寺』) 수화승 碧月昌昕
　　1918년 경북 성주 禪石寺 冥府殿 地藏圖 조성(『韓國의 佛畵 21 – 桐華寺(上)』) 수화승 古山竺衍
　　1918년 강원 원주 石逕寺 阿彌陀後佛圖 조성(『한국의 사찰문화재–강원도』)
　　1918년 전남 화순 雲住寺 七星圖 조성(仙巖寺 無憂殿 造成, 順天 松廣寺 所藏, 『韓國의 佛畵 7 – 松廣寺(下)』) 出草 수화승 南谷世燮
　◦1919년 전남 여수 興國寺 圓通殿 神衆圖 조성(『韓國의 佛畵 11 – 華嚴寺』) 수화승 南谷世燮
　　1919년 강원 원주 龜龍寺 七星圖 조성(月精寺博物館 所藏, 『한국의 사찰문화재–강원도』) 金魚 수화승
　◦1922년 서울 華溪寺 三聖閣 獨聖圖 조성(『韓國의 佛畵 36 – 曹溪寺(下)』) 片手 수화승 草庵世復
　　1922년 전북 군산 上柱寺 阿彌陀後佛圖 조성(『韓國의 佛畵 13 – 金山寺』) 金魚 수화승
　◦1923년 전북 완주 淨水寺 極樂殿 神衆圖 조성(『韓國의 佛畵 13 – 金山寺』) 片手 수화승
　◦1925년 전북 완주 松廣寺 大雄殿 104位 神衆圖 조성(『韓國의 佛畵 13 – 金山寺』) 수화승 宗仁
　　1925년 전북 전주 鶴巢庵 極樂殿 阿彌陀後佛圖 조성(『韓國의 佛畵 13 – 金山寺』) 金魚 수화승
　　1925년 전북 전주 鶴巢寺 極樂殿 神衆圖 조성(『韓國의 佛畵 13 – 金山寺』) 金魚 수화승
　◦1929년 경남 통영 龍華寺 大雄殿 釋迦牟尼後佛圖 조성(『韓國의 佛畵 25 – 雙磎寺(上)』) 수화승 普應
　　1929년 경남 통영 龍華寺 大雄殿 神衆圖 조성(『韓國의 佛畵 25 – 雙磎寺(上)』) 수화승 普應
　　1929년 경남 통영 龍華寺 獨聖圖 조성(『韓國의 佛畵 26 – 雙磎寺(下)』) 수화승 普應
　◦1932년 전북 익산 文殊庵 阿彌陀後佛圖 조성(『韓國의 佛畵 13 – 金山寺』) 수화승 振月天湖
　◦1935년 전남 영암 道岬寺 山神圖 조성(『全南의 寺刹』) 金魚 수화승
　※ 상오 2는 두 명일 가능성이 있다.

상옥(祥玉: –1887-1910–)* 예암당(睿庵堂) 19세기 후반부터 20세기 전반까지 활동한 불화승이다. 1887년에 수화승으로 충남 서산 개심사 칠성도를, 수화승 금호약효와 1888년에 충남 공주 영은사 석가모니후불도를, 1892년에 문수사 신장도(예산 수덕사 소장)를, 1893년에 전북 진안 천황사 대웅전 삼세후불도를 조성하였다. 1910년에 수화승 융파법융과 충남 공주 갑사 팔상전 석가모니후불도와 수화승 금호약효와 대웅전 신중도를 그렸다.

　◦1887년 충남 서산 開心寺 七星圖 조성(『韓國의 佛畵 27 – 修德寺』) 金魚 수화승
　◦1888년 충남 공주 靈隱寺 釋迦牟尼後佛圖 조성(『韓國의 佛畵 15 – 麻谷寺(上)』) 수화승 錦湖若效
　◦1892년 文殊寺 神將圖 조성(禮山 修德寺 所藏, 『韓國의 佛畵 27 – 修德寺』) 수화승 錦湖若效
　◦1893년 전북 진안 天皇寺 大雄殿 三世後佛圖 조성(『韓國의 佛畵 13 – 金山寺』) 수화승 錦湖若效
　◦1910년 충남 공주 甲寺 八相殿 釋迦牟尼後佛圖 조성(『韓國의 佛畵15 – 麻谷寺(上)』) 수화승 隆坡法融
　　1910년 충남 공주 甲寺 大雄殿 神衆圖 조성(『韓國의 佛畵 15 – 麻谷寺(上)』)[36] 수화승 錦湖若效

상우(尙祐, 尙愚, 尙友 : -1884-1903-) 19세기 후반부터 20세기 전반까지 활동한 불화승이다. 1884년에 수화승 하은응상과 경북 예천 용문사 아미타후불도를, 1886년에 수화승 용선과 전북 남원 실상사 보광전 아미타후불홍도阿彌陀後佛紅圖와 수화승 전기와 천룡도를, 1903년에 수화승 월연관혜와 경북 경주 기림사 칠성도 등을 조성하였다.

- 1884년 경북 예천 龍門寺 阿彌陀後佛圖 조성(聞慶 金龍寺 所藏,『韓國의 佛畵 8 – 直指寺(上)』)[37] 수화승 霞隱應祥
- 1886년 전북 남원 實相寺 普光殿 阿彌陀後佛紅圖 조성(『韓國의 佛畵 13 – 金山寺』) 수화승 容善
  1886년 전북 남원 實相寺 普光殿 天龍圖 조성(『韓國의 佛畵 13 – 金山寺』) 수화승 典基
- 1903년 경북 경주 祇林寺 七星圖 조성(『韓國의 佛畵 38 – 佛國寺』) 수화승 月淵貫惠
  1903년 경북 경주 祇林寺 七星各部圖 조성(『韓國의 佛畵 38 – 佛國寺』) 수화승 貫惠

상운(尙云 : -1861-) 19세기 중반에 활동한 불화승이다. 1861년에 수화승 경욱과 충남 공주 마곡사 청련암 석가모니후불도를 조성하였다.

- 1861년 충남 공주 麻谷寺 淸蓮庵 釋迦牟尼後佛圖 조성(『韓國의 佛畵 15 – 麻谷寺(上)』) 수화승 敬郁

상월(上月 : -1900-)* 보암당(普庵堂) 20세기 전반에 활동한 불화승이다. 1900년에 수화승으로 아미타후불도(목아불교박물관 소장)를 조성하였다.

- 1900년 阿彌陀後佛圖 조성(木芽佛敎博物館 所藏,『韓國의 佛畵 20 – 私立博物館』) 金魚 수화승

상윤 1(尙允 : -1682-) 17세기 후반에 활동한 불화승이다. 1682년에 수화승 법능과 경기 안성 청룡사 감로도를 조성하였다.

- 1682년 경기 안성 靑龍寺 甘露圖 조성(『韓國의 佛畵 29 – 龍珠寺(下)』)[38] 수화승 法能

상윤 2(尙允 : -1745-) 18세기 중반에 활동한 불화승이다. 1745년에 수화승 서기, 가선嘉善 뇌옥雷玉 등과 경북 영주 부석사 괘불도를 조성하였다.

- 1745년 경북 영주 浮石寺 掛佛圖 조성(『韓國의 佛畵 24 – 孤雲寺 本末寺(下)』) 수화승 瑞氣

상윤 3(尙允 : -1879-1891-) 19세기 후반에 활동한 불화승이다. 1879년에 수화승 수룡기전과 전북 완주 위봉사 태조암 석가모니후불도를, 1891년에 수화승 봉의와 경남 산청 정취암 칠성도를 조성하였다.

- 1879년 전북 완주 威鳳寺 太祖庵 釋迦牟尼後佛圖 조성(『韓國의 佛畵 13 – 金山寺』) 수화승 繡龍大電
- 1891년 경남 산청 淨趣庵 七星圖 조성(『韓國의 佛畵 5 – 海印寺(下)』) 수화승 奉議

상은 1(尙恩 : -1675-) 17세기 후반에 활동한 불화승이다. 1675년에 현종顯宗 빈전殯殿 조성소 화승畵僧으로 참여하였다.

- 1675년『顯宗殯殿都監儀軌』魂殿 造成所 畵僧(奎章閣 13540호, 朴廷蕙,「儀軌를 통해서 본 朝鮮時代의 畵員」자료1)

상은 2(尙恩 : -1861-) 19세기 중반에 활동한 불화승이다. 1861년에 수화승

경욱과 충남 공주 마곡사 청련암 석가모니후불도를 제작하였다.

　◦ 1861년 충남 공주 麻谷寺 淸蓮庵 釋迦牟尼後佛圖 조성(『韓國의 佛畵 15 – 麻谷寺(上)』)
　　수화승 敬郁

상은 3(尙恩, 尙隱 : -1907-1915-) 의운당(義雲堂) 20세기 전반에 활동한 불화
승이다. 수화승 보암긍법과 1907년에 경기 남양주 불암사 신중도, 서울 보문
사 관음보살도, 서울 수국사 구품도와 감로도를, 1908년에 수화승 석옹철유
와 수국사 괘불도와 서울 삼성암 칠성각 산신도를, 화암두흠과 1912년에 수
화승 강원 원주 구룡사 석가모니후불도를, 1913년에 강원 횡성 봉복사 석가
모니후불도(월정사박물관 소장)와 독성도를, 1915년에 수화승 범화정운과 서
울 미타사 괘불도를 조성하였다.

　◦ 1907년 경기 남양주 佛巖寺 神衆圖 조성(『畿內寺院誌』와 『韓國佛畵畵記集』 및 『韓國의
　　佛畵 33 – 奉先寺』)[39] 수화승 普庵肯法
　　1907년 서울 普門寺 觀音菩薩圖 조성(『서울전통사찰불화』와 『韓國佛畵畵記集』) 수화
　　승 普庵肯法
　　1907년 서울 守國寺 九品圖 조성(『韓國의 佛畵 34 – 曹溪寺(上)』) 수화승 普庵肯法
　　1907년 서울 守國寺 甘露圖 조성(『韓國의 佛畵 36 – 曹溪寺(下)』) 수화승 寶菴肯法
　◦ 1908년 서울 守國寺 掛佛圖 조성(『韓國의 佛畵 35 – 曹溪寺(中)』) 수화승 石翁喆裕
　　1908년 서울 三聖庵 七星閣 山神圖 조성(『서울전통사찰불화』와 『韓國佛畵畵記集』 및
　　『韓國의 佛畵 36 – 曹溪寺(下)』)[40] 수화승 石翁喆裕
　◦ 1912년 강원 원주 龜龍寺 釋迦牟尼後佛圖 조성(『韓國의 佛畵 10 – 月精寺』) 수화승 華庵
　　斗欽
　◦ 1913년 강원 횡성 鳳腹寺 釋迦牟尼後佛圖 조성(月精寺博物館 所藏, 『한국의 사찰문화재
　　–강원도』) 수화승 華庵斗欽
　　1913년 강원 횡성 鳳腹寺 獨聖圖 조성(『韓國의 佛畵 10 – 月精寺』) 수화승 華庵斗欽
　◦ 1915년 서울 彌陀寺 掛佛圖 조성(『韓國의 佛畵 35 – 曹溪寺(中)』) 수화승 梵華禎雲

상의(尙義, 尙意, 尙宜, 祥義 : -1880-1895-) 19세기 후반에 활동한 불화승이다.
1880년에 수화승 하은 선과 경북 문경 김용사 금선암 아미타후불도와 신중
도 및 양진암 신중도 등을, 1882년에 수화승 수룡기전과 부산 범어사 영산회
상도, 삼장보살도, 신중도를, 1884년에 수화승 하은응상과 경북 예천 용문사
아미타후불도(문경 금룡사 소장), 1893년에 수화승 우송상수와 경남 합천 해
인사 길상암 지장도와 수화승 동호진철과 길상암 신중도를, 1895년 범해두안
과 대구 달성 유가사 도성암 석가모니후불도를 조성하였다.

　◦ 1880년 경북 문경 金龍寺 金仙庵 阿彌陀後佛圖 조성(『韓國의 佛畵 8 – 直指寺(上)』) 수
　　화승 霞隱應禪
　　1880년 경북 문경 金龍寺 金仙庵 神衆圖 조성(『韓國의 佛畵 8 – 直指寺(上)』) 수화승
　　霞隱應祥
　　1880년 경북 문경 金龍寺 養眞庵 神衆圖 조성(『韓國의 佛畵 8 – 直指寺(上)』) 수화승
　　霞隱應祥
　　1880년 경북 문경 金龍寺 四天王圖(持國天王) 조성(『韓國의 佛畵 8 – 直指寺(上)』) 수
　　화승 霞隱應祥
　◦ 1882년 부산 梵魚寺 大雄殿 釋迦牟尼後佛圖 조성(『梵魚寺聖寶博物館 名品圖錄』과 『韓
　　國의 佛畵 32 – 梵魚寺』) 수화승 琪銓
　　1882년 부산 梵魚寺 三藏菩薩圖 조성(『梵魚寺聖寶博物館 名品圖錄』과 『韓國佛畵畵

記集』 및 『韓國의 佛畵 32 – 梵魚寺』) 수화승 琪銓

1882년 부산 梵魚寺 神衆圖 조성(『梵魚寺聖寶博物館 名品圖錄』과 『韓國佛畵畵記集』 및 『韓國의 佛畵 32 – 梵魚寺』) 수화승 琪銓

◦ 1884년 경북 예천 龍門寺 阿彌陀後佛圖 조성(聞慶 金龍寺 所藏, 『韓國의 佛畵 8 – 直指寺(上)』)[41] 수화승 霞隱應祥

◦ 1893년 경남 합천 海印寺 吉祥庵 地藏圖 조성(『韓國의 佛畵 4 – 海印寺(上)』) 수화승 友松尚守

1893년 경남 합천 海印寺 吉祥庵 神衆圖 조성(『韓國의 佛畵 4 – 海印寺(上)』) 수화승 東昊震徹

◦ 1895년 대구 달성 瑜伽寺 道成庵 釋迦牟尼後佛圖 조성(『韓國의 佛畵 21 – 桐華寺(上)』) 수화승 斗岸

상일 1(尙一 : -1753-) 18세기 중반에 활동한 불화승이다. 1753년에 수화승 체붕과 불성사 지장시왕도(일본 후쿠오카 복취사 소장)를 조성하였다.

◦ 1753년 佛聖寺 地藏十王圖 조성(日本 福岡 福聚寺 所藏, 中野照男, 『閻羅 · 十王像』) 수화승 體鵬

상일 2(祥一 : -1903-) 20세기 전반에 활동한 불화승이다. 1903년에 수화승 향호묘영과 경남 통영 용화사 석가모니후불도를 조성하였다.

◦ 1903년 경남 통영 龍華寺 釋迦牟尼後佛圖 조성(『韓國의 佛畵 25 – 雙磎寺(上)』) 수화승 香湖妙英

상임(尙稔 : -1677-) 17세기 후반에 활동한 불화승이다. 1677년에 전남 순천 송광사 괘불도를 조성하였다.

◦ 1677년 전남 순천 松廣寺 掛佛圖 조성(『曹溪山松廣寺史庫』)

상전(尙典 : -1876-) 화은당(華隱堂) 19세기 후반에 활동한 불화승이다. 1876년에 인천 강화 전등사 대웅전과 약사전을 단청하였다.

◦ 1876년 인천 강화 전등사 대웅전 · 약사전 단청(「傳燈寺大雄殿藥師殿改瓦重修記」, 『傳燈寺』)

상전당(尙全堂) 혜운(惠雲, 慧雲) 참조

상정(祥正 : -1907-1914-)* 혜암당(慧庵堂) 20세기 전반에 활동한 불화승이다. 1907년에 수화승 관하세겸과 전북 전주 남고사 관음전 신중도를, 1914년에 수화승으로 전북 진안 금당사 칠성도를 조성하였다.

◦ 1907년 전북 전주 南固寺 觀音殿 神衆圖 조성(『韓國의 佛畵 13 – 金山寺』) 수화승 觀河世兼

◦ 1914년 전북 진안 金塘寺 七星圖 조성(『韓國의 佛畵 13 – 金山寺』) 金魚 수화승

상조(尙照, 尙祚 : -1891-1905-) 환월당(幻月堂) 19세기 후반부터 20세기 전반까지 활동한 불화승이다. 1891년에 수화승 쌍명수인과 강원 영월 금몽암 석가모니후불도를, 수화승 동호진철과 1892년에 경북 의성 고운사 쌍수암 칠성도와 1896년 대구 동화사 대웅전 석가모니후불도를, 수화승 연호봉의와 1897년에 경남 함양 벽송사 아미타후불도와 경남 남해 용문사 대웅전 석가모니후불도와 신중도를, 수화승 영운봉수와 경북 영천 은해사 산신도와 백홍

암 영산전 석가모니후불도를, 수화승 정연과 충북 보은 법주사 원통보전 관음도를, 수화승 금호약효와 원통보전 신중도와 팔상전 팔상도(설산수도상)를, 수화승 영운봉수와 1897년에 경북 상주 남장사 관음암 신중도와 1898년에 칠성도를, 1900년에 수화승 동호진철과 경남 양산 통도사 금강계단 감로도를, 수화승 동호진철과 태암 아미타후불도(안동 봉정사 소장)를, 1901년에 한곡돈법과 충북 보은 법주사 여적암 신중도를, 1905년에 수화승 경선응석과 충북 보은 법주사 팔금강번八金剛幡(백정수금강)을 조성하였다.

- 1891년 강원 영월 禁夢庵 釋迦牟尼後佛圖 조성(『韓國의 佛畵 10 - 月精寺』) 수화승 雙明修仁
- 1892년 경북 의성 孤雲寺 雙修庵 七星圖 조성(『韓國의 佛畵 24 - 孤雲寺(下)』) 수화승 東昊震徹
- 1896년 대구 桐華寺 大雄殿 釋迦牟尼後佛圖 조성(『韓國의 佛畵 21 - 桐華寺(上)』) 수화승 東昊震徹
- 1897년 경남 咸陽 碧松寺 阿彌陀後佛圖 조성(『韓國의 佛畵 4 - 海印寺(上)』) 出草 수화승 蓮湖奉宜
  1897년 경남 남해 龍門寺 大雄殿 釋迦牟尼後佛圖 조성(『韓國의 佛畵 25 - 雙磎寺(上)』) 수화승 蓮湖奉宜
  1897년 경남 남해 龍門寺 大雄殿 神衆圖 조성(『韓國의 佛畵 25 - 雙磎寺(上)』) 수화승 蓮湖奉宜
  1897년 경북 영천 銀海寺 百興菴 靈山殿 釋迦牟尼後佛圖 조성(『韓國의 佛畵 30 - 銀海寺』) 수화승 永雲奉洙
  1897년 경북 영천 銀海寺 山神圖 조성(『韓國의 佛畵 30 - 銀海寺』) 수화승 永雲奉秀
  1897년 충북 보은 法住寺 圓通寶殿 觀音圖 조성(『韓國의 佛畵 17 - 法住寺』) 수화승 定鍊
  1897년 충북 보은 法住寺 圓通寶殿 神衆圖 조성(『韓國의 佛畵 17 - 法住寺』) 수화승 錦湖若效
  1897년 충북 보은 法住寺 捌相殿 八相圖(雪山修道相) 조성(『韓國의 佛畵 17 - 法住寺』) 수화승 錦湖若效
  1897년 경북 상주 南長寺 觀音庵 神衆圖 조성(『韓國의 佛畵 8 - 直指寺(上)』) 수화승 影雲奉秀
- 1898년 경북 상주 南長寺 七星圖 조성(『韓國의 佛畵 9 - 直指寺(下)』) 수화승 影雲奉秀
- 1900년 경남 양산 通度寺 金剛戒壇 甘露圖 조성(『韓國의 佛畵 2 - 通度寺(中)』) 出草 수화승 東湖震徹
  1900년 太庵 阿彌陀後佛圖 조성(安東 鳳停寺 所藏, 『韓國의 佛畵 23 - 孤雲寺(上)』) 片手 수화승 東昊震徹
- 1901년 충북 보은 法住寺 汝寂庵 神衆圖 조성(『韓國의 佛畵 17 - 法住寺』) 수화승 漢谷頓法
- 1905년 충북 보은 法住寺 八金剛幡(白淨水金剛) 조성(『韓國의 佛畵 17 - 法住寺』) 수화승 慶船應釋

상준(祥俊 : -1792-) 18세기 후반에 활동한 불화승이다. 1792년에 수화승 瑞峯과 경북 영천 은해사 백흥암 극락전 감로도를 조성하였다.

- 1792년 경북 영천 銀海寺 百興庵 極樂殿 甘露圖 조성(『韓國의 佛畵 30 - 銀海寺』) 수화승 瑞峯

상찬(尙贊 : -1649-) 17세기 중반에 활동한 불화승이다. 1649년에 인조仁祖 장릉長陵 조성소 화승畵僧으로 활동하였다.

▫ 1649년 『仁祖長陵山陵都監儀軌』 造成所 畫僧(奎章閣 15074호, 朴廷蕙, 「儀軌를 통해서 본 朝鮮時代의 畫員」 자료1)

상현 1(相玄 : -1780-)* 18세기 후반에 활동한 불화승이다. 1780년에 수화승으로 경북 안동 부석사 감로왕도와 달마사 등을 그렸다.

▫ 1780년 경북 안동 浮石寺 「甘露會達摩師及梵鍾閣尋劍堂記」(「浮石寺資料」, 『佛敎美術』 3) 良工 수화승

상현 2(尙玄 : -1905-) 20세기 전반에 활동한 불화승이다. 1905년에 수화승 금호약효와 충남 공주 마곡사 대웅보전 삼세불도(석가모니불)와 삼장도를, 수화승 천연정연과 삼세불도(아미타불)를 조성하였다.

▫ 1905년 충남 공주 麻谷寺 大雄寶殿 三世佛圖(釋迦牟尼佛) 조성(『韓國의 佛畵 15 –麻谷寺(上)』) 수화승 錦湖若效
1905년 충남 공주 麻谷寺 大雄寶殿 三世佛圖(阿彌陀佛) 조성(『韓國의 佛畵 15 –麻谷寺(上)』) 수화승 天然定淵
1905년 충남 공주 甲寺 大雄殿 三藏圖 조성(『韓國의 佛畵 15 – 麻谷寺(上)』) 수화승 錦湖若效

상혜(尙惠 : -1757-) 18세기 중반에 활동한 불화승이다. 1757년에 정성왕후貞聖王后 홍릉弘陵 조성소 화승畫僧으로 참여하였다.

▫ 1757년 『貞聖王后弘陵山陵都監儀軌』 造成所 畫僧(奎章閣 13591호, 朴廷蕙, 「儀軌를 통해서 본 朝鮮時代의 畫員」 자료1)

상활(尙活 : -1788-) 18세기 후반에 경북 문경 대승사를 중심으로 활동한 불화승이다. 1788년에 상겸과 경북 상주 남장사 불사에 참여하여 『불사성공록佛事成功錄』에 대승양공大乘良工으로 적혀있다.

▫ 1788년 남장사 불사에 참여한 화승을 적은 『佛事成功錄』에 大乘良工으로 언급(이용윤, 「『佛事成功錄』을 통해 본 남장사 괘불」) 수화승 尙謙

상훈(尙訓 : -1777-1792-)* 18세기 후반에 활동한 불화승이다. 1777년에 수화승 수밀과 서울 봉은사 시왕도(동국대학교 박물관 소장)를 그리고, 1786년에 문효세자文孝世子 묘소墓所 조성소 화승畫僧으로 참여하였다. 1788년에 수화승 연홍과 충남 공주 마곡사 대적광전 석가모니후불도와 삼장도를 그리고, 1789년 장조莊祖 현릉원顯隆園 조성소 화승畫僧으로 참여한 후, 1792년에 수화승으로 경기 고양 흥국사 약사전 후불도를 조성하였다.

▫ 1777년 서울 奉恩寺 十王圖 조성(東國大學校 博物館 所藏, 『韓國佛畵畵記集』) 수화승 □영□穎
▫ 1786년 『文孝世子墓所都監儀軌』 造成所 畫僧(奎章閣 13925호, 朴廷蕙, 「儀軌를 통해서 본 朝鮮時代의 畫員」 자료1)
▫ 1788년 충남 공주 麻谷寺 大寂光殿 釋迦牟尼後佛圖 조성(『韓國의 佛畵 15 – 麻谷寺(上)』) 수화승 錬弘
1788년 충남 공주 麻谷寺 三藏圖 조성(『韓國의 佛畵 40 – 補遺』) 수화승 錬弘
▫ 1789년 『莊祖顯隆園園所都監儀軌』 造成所 畫僧(奎章閣 13627호, 朴廷蕙, 「儀軌를 통해서 본 朝鮮時代의 畫員」 자료1)
1792년 경기 고양 興國寺 藥師殿 釋迦牟尼後佛圖 조성(畫記, 『韓國의 佛畵 34 – 曹溪寺(上)』) 金魚 수화승

入

상휴(尙休 : -1904-1920-)* 환월당(煥月堂, 幻月堂), 속성 김金씨, 20세기 전반 활동한 불화승이다. 수화승 동호진철과 1904년에 경북 문경 봉암사 구품도와 경남 합천 해인사 홍제암 아미타삼존묵도阿彌陀三尊墨圖를, 수화승으로 경남 양산 통도사 비로암 구품도와 산신도 등을, 수화승 동호진철과 1905년에 경북 김천 직지사 삼장도와 1906년에 부산 마하사 석가모니후불도를 그렸다. 수화승으로 상주 북장사 산신도를, 수화승 동호진철과 경북 문경 대승사 석가모니후불도와 신중도를, 수화승으로 1910년에 충북 보은 탈골암 삼성전 칠성도와 중사자암 신중도 및 은적암 산신도(상주 미타사 소장)

상휴, 화엄찰해도 부분, 안성 법계사

를, 1911년에 경북 김천 직지사 칠성도와 경기 안성 청룡사 내원암 화장찰해도(안성 법계사 소장)를, 1920년에 통도사 사명암 감로도를 조성하였다.

◦ 1904년 경북 문경 鳳巖寺 九品圖 조성(『韓國의 佛畵 9 - 直指寺(下)』) 수화승 東昊震爀
　1904년 경남 양산 通度寺 毘盧庵 九品圖 조성(『韓國의 佛畵 1 - 通度寺(上)』)[42] 金魚 수화승
　1904년 경남 양산 通度寺 毘盧庵 七星圖 조성(『韓國의 佛畵 2 - 通度寺(中)』)[43] 金魚 수화승
　1904년 경북 양산 通度寺 毘盧庵 山神圖 조성(『韓國佛畵畵記集』) 金魚
　1904년 毘盧庵 七星圖 조성(木芽佛敎博物館 所藏, 『韓國의 佛畵 20 - 私立博物館』) 金魚 수화승
　1904년 경북 양산 通度寺 七星圖 조성(『韓國의 佛畵 2 - 通度寺(中)』)[44] 金魚 수화승
　1904년 경남 양산 通度寺 阿彌陀後佛圖 조성(부산 靑松庵 봉안, 『韓國의 佛畵 3 - 通度寺(下)』) 金魚 수화승
　1904년 경남 합천 海印寺 弘濟庵 阿彌陀三尊墨圖 조성(『韓國의 佛畵 4 - 海印寺(上)』) 수화승 東昊震爀
◦ 1905년 경북 김천 直指寺 三藏圖 조성(『韓國의 佛畵 8 - 直指寺(上)』) 수화승 東昊震爀
◦ 1906년 부산 摩訶寺 釋迦牟尼後佛圖 조성(『韓國의 佛畵 32 - 梵魚寺』) 수화승 東昊震爀
　1906년 경북 상주 北長寺 山神圖 조성(『韓國佛畵畵記集』) 金魚 수화승
　1906년 경북 문경 大乘寺 釋迦牟尼後佛圖 조성(『韓國의 佛畵 8 - 直指寺(上)』) 수화승 東昊震爀
　1906년 경북 문경 大乘寺 神衆圖 조성(『韓國의 佛畵 8 - 直指寺(上)』) 수화승 東昊震爀
◦ 1910년 충북 보은 脫骨庵 三聖殿 七星圖 조성(『韓國의 佛畵 17 - 法住寺』) 金魚 수화승
　1910년 충북 보은 法住寺 中獅子庵 神衆圖 조성(『韓國의 佛畵 17 - 法住寺』) 良工 수화승
　1910년 隱寂庵 山神圖 조성(尙州 彌陀寺 所藏, 『韓國의 佛畵 17 - 法住寺』) 畵師 수화승
◦ 1911년 경북 김천 直指寺 七星圖 조성(『韓國의 佛畵 9 - 直指寺(下)』) 金魚 수화승[45]
　1911년 경기 안성 靑龍寺 內院庵 華藏刹海圖 조성(安城 法界寺 所藏, 畵記, 『韓國의 佛畵 40 - 補遺』) 金魚 수화승
◦ 1920년 경남 양산 通度寺 泗溟庵 甘露圖 조성(『韓國의 佛畵 2 - 通度寺(中)』) 金魚[46] 수화승
◦ 연대미상 경남 양산 通度寺 毘盧庵 神衆圖 조성(『韓國의 佛畵 1 - 通度寺(上)』) 金魚 수화승

    연대미상 경남 양산 通度寺 獨聖圖 조성(『韓國의 佛畵 2 - 通度寺(中)』) 金魚 수화승
    연대미상 경남 양산 通度寺 山神圖 조성(『韓國의 佛畵 2 - 通度寺(中)』) 金魚 수화승

상흠(尙欽 : -1772-) 18세기 전반에 활동한 불화승이다. 1772년에 수화승 유성과 충남 서산 개심사 괘불도를 조성하였다.

    ◦ 1772년 충남 서산 開心寺 掛佛圖 조성(『韓國의 佛畵 27 - 修德寺』) 수화승 有誠

상희(尙喜 : -1812-) 19세기 전반에 활동한 불화승이다. 1812년에 수화승 도일과 수도암 삼세후불홍도와 신중도(순천 선암사 소장)를 조성하였다.

    ◦ 1812년 修道庵 三世後佛紅圖 조성(順天 仙巖寺 所藏,『韓國의 佛畵 12 - 仙巖寺』) 수화승 度鎰
    1812년 修道庵 神衆圖 조성(順天 仙巖寺 所藏,『韓國의 佛畵 12 - 仙巖寺』) 수화승 度鎰

쌍명당(雙明堂) 수인(修仁) 참조

쌍운당(雙雲堂) 희□(熙□) 참조

새붕(璽鵬 : -1728-) 18세기 전반에 활동한 불화승이다. 1728년에 수화승 쾌민과 대구 동화사 지장도를 조성하였다.

    ◦ 1728년 대구 桐華寺 地藏圖 조성(『韓國의 佛畵 21 - 桐華寺(上)』) 수화승 快旻

새안(璽安 : -1808-) 19세기 전반에 활동한 불화승이다. 1808년에 수화승 화악평삼과 경남 고성 옥천사 괘불도를 조성하였다.

    ◦ 1808년 경남 고성 玉泉寺 掛佛圖 조성(『韓國의 佛畵 26 - 雙磎寺(下)』)[47] 수화승 華岳評三

새정(璽淨 : -1724-1740-) 18세기 전반에 활동한 불화승이다. 수화승 쾌민과 1724년에 경북 영천 법화사 대웅전 석가모니후불도(영천 봉림사 소장)와 1728년에 대구 동화사 지장도를 조성하였다. 수화승 임한과 1736년에 울산 석남사 석가여래후불도를, 1740년에 경남 양산 통도사 극락보전 아미타후불도를 조성하였다.

    ◦ 1724년 경북 영천 法華寺 大雄殿 釋迦牟尼後佛圖 조성(永川 鳳林寺 所藏,『韓國의 佛畵 30 - 銀海寺』) 수화승 快旻
    ◦ 1728년 대구 桐華寺 地藏圖 조성(『韓國의 佛畵 21 - 桐華寺(上)』) 수화승 快旻
    ◦ 1736년 울산 石南寺 釋迦如來後佛圖 조성(畵記에 碩南寺,『韓國의 佛畵 3 - 通度寺(下)』) 수화승 任閑
    ◦ 1740년 경남 양산 通度寺 極樂寶殿 阿彌陀後佛圖 조성(『韓國의 佛畵 1 - 通度寺(上)』)[48] 수화승 任閑

새형(璽泂 : -1700-) 18세기 전반에 활동한 불화승이다. 1700년에 수화승 천신과 전북 부안 내소사 괘불도를 조성하였다.

    ◦ 1700년 전북 부안 來蘇寺 掛佛圖 조성(『韓國의 佛畵 14 - 禪雲寺』)[49] 수화승 天信

색민(色敏, 色旻, 嗇旻 : -1741-1772-)* 18세기 중반에 활동한 불화승이다. 호는 백월당(白月堂). 수화승 영안과 1741년에 전남 곡성 도림사 신덕암 지장시왕도(순천 선암사 소장)를, 수화승 의겸과 1745년에 전남 나주 다보사 괘불도를 조성하였다. 1747년에 수화승 회밀과 충남 부여 무량사 극락전 아미타회

상도와 삼장보살도를 그리고, 수화승 의겸과 1749
년에 전남 구례 천은사 용학암 칠성도를, 전북 부
안 개암사 괘불도를, 수화승으로 1750년에 □천사
□泉寺 현왕도를(동국대박물관 소장), 1755년에 상
정과 용화암 목조보살좌상(부천 석왕사 소장)을 제
작하였다. 같은 해 순회세자順懷世子 상시봉원上諡
封園 비석소碑石所 화승畵僧으로 참여하였다. 1757
년에 화엄사 대웅전 후불도 삼축을, 1759년에 수
화승으로 전남 장흥 보림사 대제석도와 1761년에
전남 장흥 보림사 신법당 단청을 하였다. 1762년
에 수화승으로 전남 구례 천은사 지장보살도를 제
작하였다. 수화승으로 1766년에 전남 보성 대원사

색민, 지장보살도, 1762년, 구례 천은사 명부전

아미타삼존도(일본 개인 소장)와 명부전 지장도와
시왕도 일부를, 전남 나주 불회사 칠성암 제석도(순천 송광사 소장)를, 1772
년에 충북 영동 영국사 삼장보살도 등을 조성하였다.

- 1741년 전남 곡성 道林寺 神德庵 地藏十王圖 조성(順天 仙巖寺 所藏, 『韓國의 佛畵 12
  – 仙巖寺』) 수화승 穎案
- 1745년 전남 나주 多寶寺 掛佛圖 조성(畵記, 『掛佛調査報告書 II』과 『韓國의 佛畵 37 –
  白羊寺・新興寺』) 수화승 義兼
- 1747년 충남 부여 無量寺 極樂殿 阿彌陀會上圖 조성(『全國寺刹所藏佛畵調査(1)』) 수화승
  廻密
  1747년 충남 부여 無量寺 極樂殿 三藏菩薩圖 조성(『全國寺刹所藏佛畵調査(1)』) 수화
  승 廻密
- 1749년 전남 구례 泉隱寺 龍鶴庵 七星圖 조성(金玲珠, 『朝鮮時代佛畵研究』와 安貴淑, 「조
  선후기 佛畵僧의 계보와 義謙比丘에 대한 연구(상)」 및 『韓國佛畵畵記集』) 수화승 義兼
  1749년 전북 부안 開巖寺 掛佛圖 조성(扶安 來蘇寺 所藏, 『韓國의 佛畵 14 – 禪雲寺』)
  수화승 義兼
- 1750년 □泉寺 現王圖 조성(東國大學校 博物館 所藏, 『韓國의 佛畵 18 – 大學博物館(Ⅰ)』)
  良工 수화승
- 1755년 『順懷世子上諡封園都監儀軌』 碑石所 畵僧(奎章閣 13493호, 朴廷蕙, 「儀軌를 통
  해서 본 朝鮮時代의 畵員」 자료1)
  1755년 전남 장성 白羊寺 極樂寶殿 阿彌陀後佛圖 조성(『韓國의 佛畵 37 – 白羊寺・新興
  寺』) 白明大禪師 金魚 수화승
- 1757년 전남 구례 華嚴寺 大雄殿 三身圖(釋迦牟尼佛) 조성(『韓國의 佛畵 11 – 華嚴寺』)
  畵工 片手 수화승
- 1759년 전남 장흥 寶林寺 大帝釋圖 조성(『譯註 寶林寺重創記』) 首畵員 수화승
- 1761년 전남 장흥 寶林寺 新法堂 丹靑(『譯註 寶林寺重創記』) 都畵員 수화승
- 1762년 전남 구례 泉隱寺 地藏菩薩圖 조성(김정희, 『조선시대 지장시왕도 연구』) 金魚
  수화승
- 1764년 전남 해남 大興寺 掛佛圖 조성(『韓國의 佛畵 31 – 大興寺』) 金魚 수화승
- 1766년 전남 보성 大原寺 阿彌陀三尊圖 조성(日本 小倉 所藏, 『韓國佛畵畵記集』) 金魚
  수화승
  1766년 전남 보성 大原寺 冥府殿 地藏菩薩 改金과 地藏圖 조성(『韓國의 佛畵 6 – 松
  廣寺』) 金魚 수화승

1766년 전남 보성 大原寺 冥府殿 十王圖(1, 2, 5, 6, 8-10과 使者) 조성(『韓國의 佛畵 7 - 松廣寺』) 金魚 수화승
1766년 전남 나주 佛會寺 七星庵 帝釋圖 조성(順天 松廣寺 所藏, 『韓國의 佛畵 6 - 松廣寺』) 金魚 수화승
◦ 1772년 충북 영동 寧國寺 三藏菩薩圖 조성(『한국민족문화대백과사전』 사이트)
◦ 연대미상 전남 영광 佛岬寺 七星圖 조성(圓光大學校 博物館 所藏, 『韓國의 佛畵 19 大學博物館(Ⅱ)』) 金魚 수화승

색윤(色潤 : -1784-1785-) 18세기 후반에 활동한 불화승이다. 1784년에 수화승 유성과 경북 김천 직지사 천불전 불상을, 1785년에 수화승 계인과 경북 김천 봉곡사 신중도를 조성하였다.
◦ 1784년 경북 김천 直指寺 千佛殿 佛像 제작(發願文) 수화승 有誠
◦ 1785년 경북 김천 鳳谷寺 神衆圖 조성(『韓國의 佛畵 8 - 直指寺(上)』) 수화승 戒仁

색일(色一 : -1775-) 18세기 후반에 활동한 불화승이다. 1775년에 수화승 정총과 경남 양산 통도사 응진전 석가모니후불도를 조성하였다.
◦ 1775년 경남 양산 通度寺 應眞殿 釋迦牟尼後佛圖 조성(『韓國의 佛畵 1 - 通度寺(上)』) 수화승 定聰

서규(瑞圭 : -1794-1801-) 19세기 전반에 활동한 불화승이다. 1794년에 수화승 지언과 천불전 사천왕도(해남 대흥사 소장)를, 1801년에 수화승 태영과 경남 진주 백천사 운대암 감로왕도(의정부 망월사 소장)를 조성하였다.
◦ 1794년 千佛殿 四天王圖 조성(海南 大興寺 所藏, 『韓國의 佛畵 31 - 大興寺』) 수화승 智彦
◦ 1801년 경남 진주 百泉寺 雲臺庵 甘露王圖 조성(議政府 望月寺 소장, 『韓國佛畵畵記集』) 수화승 泰榮

서기(瑞氣 : -1745-)* 18세기 중반에 활동한 불화승이다. 1745년에 수화승으로 가선嘉善 뇌옥雷玉 등과 경북 영주 부석사 괘불도를 조성하고, 수화승으로 월악산 신륵사 괘불도(국립중앙박물관 소장)를 중수하였다.
◦ 1745년 경북 영주 浮石寺 掛佛圖 조성(『韓國의 佛畵 24 - 孤雲寺 本末寺(下)』) 良工引勸謙 수화승
1745년 月岳山 神勒寺 掛佛 중수(國立中央博物館 所藏, 『韓國의 佛畵 39 - 國·公立博物館』)50) 良工 수화승

서눌(瑞訥 : -1887-) 19세기 후반에 활동한 불화승이다. 1887년에 수화승 법융과 충남 공주 갑사 신흥암 신중도를 조성하였다.
◦ 1887년 충남 공주 甲寺 新興庵 神衆圖 조성(『韓國의 佛畵 15 - 麻谷寺(上)』) 出草 沙彌 수화승 法□51)

서봉(瑞封 : -1766-) 18세기 중반에 활동한 불화승이다. 1766년에 수화승 색민과 전남 보성 대원사 명부전 지장보살 개금改金하면서 지장도를 조성하였다.
◦ 1766년 전남 보성 大原寺 冥府殿 地藏菩薩 改金과 地藏圖 조성(『韓國의 佛畵 6 - 松廣寺』) 수화승 色旻

서봉당(西峰堂, 西峯堂) 응순(應淳) 참조

서암당(瑞庵堂) 예린(禮獜) 참조

서암당(瑞庵堂, 瑞巖堂, 捿庵堂) 전기(典基, 典琪) 참조

서우(瑞雨 : -1785-)* 18세기 후반에 활동한 불화승이다. 1785년에 수화승으로 경남 함양 금대암 신중도와 수화승 계인과 경북 김천 봉곡사 신중도를 조성하였다.

　□ 1785년 경남 함양 金臺庵 神衆圖 조성(『韓國의 佛畵 4 – 海印寺(上)』) 良工 수화승
　　1785년 경북 김천 鳳谷寺 神衆圖 조성(『韓國의 佛畵 8 – 直指寺(上)』) 수화승 戒仁

서운당(瑞雲堂) 도순(道詢) 참조

서원(瑞源 : -1868-) 19세기 중반에 활동한 불화승이다. 1868년에 수화승 경은계윤과 경북 예천 용문사 아미타후불도를, 수화승 의운자우와 강원 영월 보덕사 석가모니후불도를 조성하였다.

　□ 1868년 경북 예천 용문사 阿彌陀後佛圖 조성(『韓國의 佛畵8 – 直指寺(上)』)52) 수화승 慶隱戒允
　　1868년 강원 영월 報德寺 釋迦牟尼後佛圖 조성(『韓國의 佛畵 10 –月精寺』) 수화승 意雲慈雨53)

서응당(西應堂) 응헌(應憲) 참조

서익(瑞翊, 瑞益 : -1868-1878-)* 용계당(龍溪堂) 19세기 중·후반에 활동한 불화승이다. 1868년에 수화승 금곡영환과 경기 남양주 흥국사 대웅보전 신중도와 수화승 금곡영환과 서울 백련사 괘불도를, 1869년에 수화승 경선응석과 경기 남양주 흥국사 팔상도(쌍림열반상)를, 1871년에 수화승으로 경기 양주 만수사 신중도를, 수화승 경선응석과 1873년 서울 미타사 신중도와 1874년에 서울 미타사 삼성각 칠성도를, 1878년에 수화승으로 인천 강화 정수사 아미타후불도를 조성하였다.

　□ 1868년 경기 남양주 興國寺 大雄寶殿 神衆圖 조성(『韓國의 佛畵 33 – 奉先寺』) 수화승 金谷永煥
　　1868년 서울 白蓮寺 掛佛圖 조성(『掛佛調査報告書 II』) 수화승 金谷永環
　□ 1869년 경기 남양주 興國寺 八相圖(雙林涅槃相) 조성(『韓國의 佛畵 33 – 奉先寺』) 수화승 慶船應釋
　□ 1871년 경기 양주 萬壽寺 神衆圖 조성(서울 淸凉寺 所藏, 『韓國의 佛畵 35 – 曹溪寺(中)』) 金魚 수화승
　□ 1873년 서울 彌陀寺 神衆圖 조성(『韓國의 佛畵 35 – 曹溪寺(中)』) 采畵 수화승 慶船應釋
　□ 1874년 서울 彌陀寺 三聖閣 七星圖 조성(『韓國의 佛畵 36 – 曹溪寺(下)』) 수화승 慶船應釋
　□ 1878년 인천 강화 淨水寺 阿彌陀後佛圖 조성(『畿內寺院誌』와 『韓國佛畵畵記集』 및 『韓國의 佛畵 34 – 曹溪寺(上)』) 金魚 수화승

서주(瑞珠 : -1801-) 19세기 전반에 활동한 불화승이다. 1801년에 수화승 백인태영과 운대암 신중도(하동 쌍계사 소장)를 조성하였다.

　□ 1801년 雲臺菴 神衆圖 조성(河東 雙磎寺 所藏, 『韓國의 佛畵 25 – 雙磎寺(上)』) 수화승 百忍 泰榮

서준(瑞俊 : -1856-1860-) 19세기 중반에 활동한 불화승이다. 1856년에 수화

승 해운익찬과 경북 성주 선석사 대웅전 석가모니후불도, 1860년에 전남 구
례 화엄사 각황전 삼세불도(약사불), 경남 하동 쌍계사 명부전 지장도를 조성
하였다.

◦1856년 경북 성주 禪石寺 大雄殿 釋迦牟尼後佛圖 조성(『韓國의 佛畵 21 – 桐華寺(上)』)
    수화승 益讚
  ◦1860년 전남 구례 華嚴寺 覺皇殿 三世佛圖(藥師佛) 조성(『韓國의 佛畵 11 – 華嚴寺』)[54]
    수화승 海雲益讚
    1860년 경남 하동 雙磎寺 冥府殿 地藏圖 조성(『韓國의 佛畵 25 – 雙磎寺(上)』) 수화
    승 海雲益讚

서징(瑞澄 : -1739-1775-) 18세기 후반에 대구 동화사를 중심으로 활동한 불
화승이다. 1739년에 수화승 밀기와 경북 울진 불영사 삼장도(경주 불국사 소
장)를, 수화승 세관과 1741년에 경북 상주 남장사 아미타후불도와 삼장도를,
1744년에 경북 김천 직지사 석가모니후불도와 약사여래후불도 및 시왕도(변
성대왕)를, 1775년에 수화승 포관과 경남 양산 통도사 약사전 약사여래후불
도와 영산전 팔상도(비람강생상)를, 수화승 유성과 팔상도(유성출가상) 등을
조성하였다.

  ◦1739년 경북 울진 佛影寺 三藏圖 조성(慶州 佛國寺 所藏, 『韓國의 佛畵 38 – 佛國寺』)
    수화승 密機
  ◦1741년 경북 상주 南長寺 阿彌陀後佛圖 1 조성(『韓國의 佛畵 8 – 直指寺(上)』) 수화승
    世冠
    1741년 경북 상주 南長寺 阿彌陀後佛圖 2 조성(『韓國의 佛畵 8 – 直指寺(上)』) 수화승
    世冠
    1741년 경북 상주 南長寺 三藏圖 조성(『韓國의 佛畵 8 – 直指寺(上)』) 수화승 世冠
  ◦1744년 경북 김천 直指寺 釋迦牟尼後佛圖 조성(『韓國의 佛畵 8 – 直指寺(上)』) 大丘 桐
    華 수화승 世冠
    1744년 경북 김천 直指寺 藥師如來後佛圖 조성(『韓國의 佛畵 8 – 直指寺(上)』) 수화
    승 世冠
    1744년 경북 김천 直指寺 十王圖(變成大王) 조성(『韓國의 佛畵 9 – 直指寺(下)』) 수화
    승 世冠
  ◦1775년 경남 양산 通度寺 藥師殿 藥師如來後佛圖 조성(『韓國의 佛畵 1 – 通度寺(上)』)
    수화승 □冠
    1775년 경남 양산 通度寺 靈山殿 八相圖(毘藍降生相) 조성(『韓國의 佛畵 2 – 通度寺
    (中)』) 수화승 抱冠
    1775년 경남 양산 通度寺 靈山殿 八相圖(踰城出家相) 조성(『韓國의 佛畵 2 – 通度寺
    (中)』)[55] 수화승 有誠
    1775년 경남 양산 通度寺 靈山殿 八相圖(鹿苑轉法相) 조성(『韓國의 佛畵 2 – 通度寺
    (中)』) 持殿[56]
    ※ 서징은 두 명일 가능성이 있다.

서청(瑞淸 : -1725-)* 18세기 전반에 태백산을 중심으로 활동한 불화승이다.
1725년에 수화승으로 서광암 관음도(국립중앙박물관 소장)를 조성하였다.

  ◦1725년 瑞光庵 觀音圖 조성(國立中央博物館 所藏, 『영혼의 여로 –조선시대 불교회화와
    의 만남』과 『韓國의 佛畵 39 – 國 · 公立博物館』) 龍眼 太白山人 수화승

서총(黍聰 : -1747-) 18세기 중반에 활동한 불화승이다. 1747년에 수화승 회

밀과 충남 부여 무량사 극락전 아미타회상도와 삼장보살도를 조성하였다.

◦ 1747년 충남 부여 無量寺 極樂殿 阿彌陀會上圖 조성(『全國寺刹所藏佛畵調査(1)』) 수화승 廻密

1747년 충남 부여 無量寺 極樂殿 三藏菩薩圖 조성(『全國寺刹所藏佛畵調査(1)』)[57] 수화승 廻密

서홍(瑞洪 : -1780-1789-) 18세기 후반에 경기에서 활동한 불화승이다. 1780년에 수화승 설훈과 경기 양주 봉선사 대웅전 불상을 중수·개금하고, 1788년에 수화승 용봉경환과 경북 상주 남장사 괘불도를 조성하였다. 1789년에 수화승 영린과 경북 김천 직지사 신중도를 조성하였다. 1788년에 상겸 등과 남장사 불사에 참여하여 기록된 『불사성공록佛事成功錄』에 경성양공京城良工으로 언급되어 있다.

◦ 1780년 경기 남양주 奉先寺 大雄殿 佛像 重修·改金(「有明朝鮮國京畿右道楊州牧地雲岳山奉先寺大雄殿佛像重修改金願文」, 『奉先寺本末寺誌(奉先寺)』) 수화승 雪訓
◦ 1788년 경북 상주 南長寺 掛佛圖 조성(『韓國의 佛畵 9 – 直指寺(下)』) 수화승 龍峰 敬還

1788년 남장사 불사에 참여한 화승을 적은 『佛事成功錄』에 京城良工으로 언급(이용윤, 「『佛事成功錄』을 통해 본 남장사 괘불」) 수화승 尙謙
◦ 1789년 경북 김천 直指寺 神衆圖 조성(『韓國의 佛畵 8 – 直指寺(上)』) 수화승 永璘

서학(瑞學 : -1896-) 19세기 후반에 활동한 불화승이다. 1896년에 수화승 덕산묘화와 대구 동화사 사천왕도(지국천왕)를 조성하였다.

◦ 1896년 대구 桐華寺 四天王圖(持國天王) 조성(『韓國의 佛畵 21 – 桐華寺(上)』) 수화승 德山妙華

서허당(庶虛堂) 기규(基珪) 참조

서휘(瑞暉, 瑞輝, 棲暉, 捿輝, 捿輝 : -1880-1890-)* 19세기 후반에 활동한 불화승이다. 1880년에 수화승 하은응상과 경북 문경 김용사 사천왕도(지국천왕)와 금선암 아미타후불도 및 양진암 신중도를, 수화승 설해민정과 경북 의성 지장사 현왕도를, 1881년에 수화승 하은응상과 경북 선산 도리사 칠성도를, 1883년에 수화승 설해민정과 경북 영풍 성혈암 아미타후불도를, 1884년에 수화승 하은응상과 경북 예천 용문사 아미타후불도(문경 김용사 소장)와 십육나한도를, 1886년에 수화승 하은응상과 경북 안동 광흥사 영산암 아미타후불도를, 1887년에 수화승 하은응상과 대구 파계사 금당암 석가모니후불도와 신중도 및 금암 칠성도를, 1887년에 수화승으로 백운산 보현사 칠성도와 독성도 및 산신도(보은 법주사 소장)를, 수화승 하은응상과 경북 의성 고운사 쌍수암 대법당 아미타후불도를, 1888년에 수화승 하은응상과 경북 안동 봉정사 대웅전 지장도와 경북 문경 김용사 독성도를, 수화승으로 충북 중원 태고사 칠성도와 독성도 등을, 충주 백운암 삼성각 칠성도(보현암 칠성각 조성)를, 1889년에 수화승 한규와 경북 청도 운문사 명부전 지장도를, 1890년에 수화승 봉수와 경북 상주 남장사 신중도를, 수화승 서휘와 경북 예천 명봉사 산신도를 조성하였다.

∘ 1880년 경북 문경 金龍寺 四天王圖(持國天王) 조성(『韓國의 佛畵 8 – 直指寺(上)』) 수화승 霞隱應祥
  1880년 경북 문경 金龍寺 金仙庵 阿彌陀後佛圖 조성(『韓國의 佛畵 8 – 直指寺(上)』) 수화승 霞隱應禪
  1880년 경북 문경 金龍寺 養眞庵 神衆圖 조성(『韓國의 佛畵 8 – 直指寺(上)』) 수화승 霞隱應祥
  1880년 경북 의성 地藏寺 現王圖 조성(『韓國의 佛畵 24 – 孤雲寺(下)』) 수화승 雪海珉淨
∘ 1881년 경북 선산 桃李寺 七星圖 조성(『韓國의 佛畵 9 – 直指寺(下)』) 沙彌 수화승 霞隱應祥
∘ 1883년 경북 영풍 聖穴庵 阿彌陀後佛圖 조성(『韓國의 佛畵 23 – 孤雲寺(上)』) 수화승 說海珉淨
∘ 1884년 경북 예천 龍門寺 阿彌陀後佛圖 조성(聞慶 金龍寺 所藏, 『韓國의 佛畵 8 – 直指寺(上)』)58) 수화승 霞隱應祥
  1884년 경북 예천 龍門寺 十六羅漢圖 조성(『韓國의 佛畵 9 – 直指寺(下)』) 수화승 霞隱應祥
∘ 1886년 경북 안동 廣興寺 靈山庵 阿彌陀後佛圖 조성(『韓國의 佛畵 23 – 孤雲寺(上)』) 수화승 霞隱應祥
∘ 1887년 대구 把溪寺 金堂庵 釋迦牟尼後佛圖 조성(『韓國의 佛畵 21 – 桐華寺(上)』)59) 수화승 霞隱應祥
  1887년 대구 把溪寺 金堂庵 神衆圖 조성(『韓國의 佛畵 21 – 桐華寺(上)』) 수화승 霞隱應祥
  1887년 대구 把溪寺 金庵 七星圖 조성(『韓國의 佛畵 22 – 桐華寺(下)』) 수화승 霞隱應祥
  1887년 白雲山 普賢寺 七星圖 조성(報恩 法住寺 所藏, 『韓國의 佛畵 17 – 法住寺』) 片手 수화승
  1887년 白雲山 普賢寺 獨聖圖 조성(報恩 法住寺 所藏, 『韓國의 佛畵 17 – 法住寺』) 片手 수화승
  1887년 普賢寺 山神圖 조성(報恩 法住寺 所藏, 『韓國의 佛畵 17 – 法住寺』) 金魚 수화승
  1887년 경북 의성 孤雲寺 雙修庵 大法堂 阿彌陀後佛圖 조성(『韓國의 佛畵 23 – 孤雲寺(上)』) 수화승 霞隱應祥
∘ 1888년 경북 안동 鳳停寺 大雄殿 地藏圖 조성(『韓國의 佛畵 23 – 孤雲寺(上)』) 수화승 霞隱應祥
  1888년 경북 문경 金龍寺 獨聖圖 조성(『韓國의 佛畵 9 – 直指寺(下)』) 수화승 霞隱應祥
  1888년 충북 중원 太古寺 七星圖 조성(『韓國佛畵畵記集』) 片手 수화승
  1888년 충북 중원 太古寺 獨聖圖 조성(『韓國佛畵畵記集』) 金魚
  1888년 충북 중원 太古寺 山神圖 조성(『韓國佛畵畵記集』) 金魚
  1888년 충북 충주 白雲庵 三聖閣 七星圖 조성(普賢庵 七星閣 造成, 『전통사찰전서 10 – 충북의 전통사찰 I』) 金魚
∘ 1889년 경북 청도 雲門寺 冥府殿 地藏圖 조성(『韓國의 佛畵 21 – 桐華寺(上)』) 수화승 翰奎
∘ 1890년 경북 상주 南長寺 神衆圖 조성(『韓國의 佛畵 8 – 直指寺(上)』) 片手 수화승 奉秀
  1890년 경북 예천 鳴鳳寺 山神圖 조성(『韓國의 佛畵 9 – 直指寺(下)』와 『韓國佛畵畵記集』)60) 수화승 瑞輝

석규(錫奎 : -1808-) 19세기 전반에 활동한 불화승이다. 1808년에 수화승 화악평삼과 경남 고성 옥천사 괘불도를 조성하였다.

∘ 1808년 경남 고성 玉泉寺 掛佛圖 조성(『韓國의 佛畵 26 – 雙磎寺(下)』) 수화승 華岳評三

석기(釋機 : -1705-) 18세기 전반에 활동한 불화승이다. 1705년에 수화승 성

징과 경북 예천 용문사 괘불도를 조성하였다.

◦ 1705년 경북 예천 龍門寺 掛佛圖 조성(『韓國의 佛畵 9 – 直指寺(下)』) 수화승 性澄

석눌(錫訥 : -1857-) 19세기 중반에 활동한 불화승이다. 1857년에 수화승 선
률과 서울 봉은사 판전 신중도를 조성하였다.

◦ 1857년 서울 奉恩寺 版殿 神衆圖 조성(『韓國의 佛畵 35 – 曹溪寺(中)』) 수화승 善律

석능(釋能 : -1664-1673-) 17세기 후반에 활동한 불화승이다. 수화승 응열과
1664년에 충남 공주 신원사 괘불도와 1673년에 충남 예산 수덕사 괘불도를
조성하였다.

◦ 1664년 충남 공주 新元寺 掛佛圖 조성(『韓國佛畵畵記集』과 『韓國의 佛畵 16 – 麻谷寺
(下)』)61) 수화승 應悅
◦ 1673년 충남 예산 修德寺 掛佛圖 조성(『韓國의 佛畵 27 – 修德寺』) 수화승 應悅

석름(釋凜 : -1768-) 18세기 후반에 활동한 불화승이다. 1768년에 수화승 유
행과 충남 부여 오덕사 괘불도를 조성하였다.

◦ 1768년 충남 부여 五德寺 掛佛圖 조성(『掛佛調査報告書 II』와 『韓國佛畵畵記集』) 수화
승 有幸

석민(碩敏 : -1707-1725-)* 18세기 전반에 활동한 불화승이다. 수화승 의균과
1707년에 대구 파계사 원통전 석가모니후불도와 1708년에 경북 포항 보경사
괘불도를, 1725년에 북지장사 지장시왕도성(국립중앙박물관 소장)을 조성하
였다.

◦ 1707년 대구 把溪寺 圓通殿 釋迦牟尼後佛圖 조성(『韓國의 佛畵 21 – 桐華寺 本末寺(上)』)
수화승 義均
◦ 1708년 경북 포항 寶鏡寺 掛佛圖 조성(『韓國의 佛畵 38 – 佛寺』) 畵員 수화승 義均
◦ 1725년 北地藏寺 地藏十王圖 조성(國立中央博物館 所藏, 김정희, 『조선시대 지장시왕도
연구』와 유마리, 「朝鮮朝 阿彌陀佛畵의 硏究」 및 『韓國의 佛畵 39 – 國·公立博物館』)
畵員 수화승

석연 1(石連 : -1684-) 17세기 후반에 활동한 불화승이다. 1684년에 지영智英
등과 명성왕후明聖王后 숭릉崇陵 조성소 화승畵僧으로 참여하였다.

◦ 1684년 『明聖王后崇陵山陵都監儀軌』 造成所 畵僧(奎章閣 14832호, 朴廷蕙, 「儀軌를 통
해서 본 朝鮮時代의 畵員」 자료1)

석연 2(釋演 : -1730-)* 18세기 전반의 불화승으로, 1730년에 수화승 의겸과
경남 고성 운흥사 괘불도를, 수화승으로 제작연대를 알 수 없는 시왕도(오관
대왕, 온양민속박물관 소장)을 수화승으로 조성하였다.

◦ 1730년 경남 고성 雲興寺 掛佛圖 조성(『韓國의 佛畵 26 – 雙磎寺(下)』) 수화승 義謙
◦ 연대미상 十王圖(五官大王) 조성(溫陽民俗博物館 所藏, 『韓國의 佛畵 20 – 私立博物館』)62)
畵員 수화승

석연 3(石連 : -1904-) 20세기 전반에 활동한 불화승이다. 1904년에 수화승
한형과 경남 합천 해인사 국일암 지장도를 조성하였다.

◦ 1904년 경남 합천 海印寺 國一庵 地藏圖 조성(『韓國의 佛畵 4 – 海印寺(上)』) 수화승 漢炯

석윤(碩允 : -1802-) 19세기 전반에 활동한 불화승이다. 1802년에 수화승 경욱과 경기 양주 수□암 지장도(파주 보광사 소장)를 조성하였다.

　◦ 1802년 경기 양주 守□庵 地藏圖 조성(坡州 普光寺 所藏, 『韓國의 佛畵 33 – 奉先寺』) 수화승 慶郁

석인(釋仁 : -1730-) 18세기 전반에 활동한 불화승이다. 1730년에 수화승 의겸과 수월관음도(한국불교미술박물관 소장)를 조성하였다.

　◦ 1730년 水月觀音圖 조성(韓國佛敎美術博物館 所藏, 『衆生의 念願』) 수화승 義謙

석옹당(石翁堂) 철유(喆侑, 喆有) 참조

석운(石雲 : -1878-1887-)* 학허당(鶴虛堂) 19세기 후반에 활동한 불화승이다. 1878년에 수화승 화산재근과 삼각산 화계사 명부전 지장도(서울 화계사 소장)를, 1885년에 수화승 만파정익과 경기 남양주 내원암 괘불도를, 1885년에 수화승 대허체훈과 서울 흥천사 극락보전 극락구품도를, 1887년에 수화승 연하계창과 경기 의정부 망월사 괘불도를, 수화승으로 서울 미타사 극락전 감로도와 지장도 등을, 수화승 금곡영환과 극락전 신중도를 조성하였다.

　◦ 1878년 三角山 華溪寺 冥府殿 地藏圖 조성(서울 華溪寺 所藏, 『韓國의 佛畵 34 – 曹溪寺 (上)』) 수화승 華山在根
　◦ 1885년 경기 남양주 內院庵 掛佛圖 조성(畵記, 『韓國의 佛畵 33 – 奉先寺』) 수화승 萬波 定翼
　　1885년 서울 興天寺 極樂寶殿 極樂九品圖 조성(『서울전통사찰불화』와 『韓國佛畵畵 記集』) 수화승 大虛體訓
　◦ 1887년 경기 議政府 望月寺 掛佛圖 조성(『掛佛調査報告書』와 『韓國佛畵畵記集』) 수화승 淵荷啓昌
　　1887년 서울 彌陀寺 極樂殿 甘露圖 조성(『韓國의 佛畵 36 – 曹溪寺(下)』) 金魚 수화승
　　1887년 서울 彌陀寺 極樂殿 地藏圖 조성(『韓國의 佛畵 34 – 曹溪寺(上)』) 金魚片手 수화승
　　1887년 서울 彌陀寺 大雄殿 七星圖 조성(『서울전통사찰불화』와 『韓國佛畵畵記集』 및 『韓國의 佛畵 36 – 曹溪寺(下)』) 金魚 수화승
　　1887년 서울 彌陀寺 極樂殿 神衆圖 조성(『서울전통사찰불화』와 『韓國佛畵畵記集』 및 『韓國의 佛畵 35 – 曹溪寺(中)』) 片手 수화승 金谷永煥

석웅(碩雄, 釋雄 : -1792-) 18세기 후반에 활동한 불화승이다. 1792년에 수화승 지연과 경남 양산 통도사 괘불도와 삼장도를, 수화승 복찬과 신중도를 그렸다. 1792년에 수화승 瑭峯으로 경북 영천 은해사 백흥암 극락전 감로도를 조성하였다.

　◦ 1792년 경남 양산 通度寺 掛佛圖 조성(『韓國의 佛畵 2 – 通度寺(中)』) 수화승 指演
　　1792년 경남 양산 通度寺 三藏圖 조성(『韓國의 佛畵 1 – 通度寺(上)』) 수화승 指演
　　1792년 경남 양산 通度寺 神衆圖(圓寂山 金鳳庵 奉安) 조성(『韓國의 佛畵 1 – 通度寺 (上)』) 수화승 福贊
　　1792년 경북 영천 銀海寺 百興庵 極樂殿 甘露圖 조성(『韓國의 佛畵 30 – 銀海寺』) 수화승 瑭峯

석원당(釋苑堂) 춘장(春莊) 참조

석월(石月 : -1865-) 법인당(法仁堂) 19세기 중반에 활동한 불화승이다. 1865 년에 수화승 경훈영파와 충남 예산 보덕사 지장도를 조성하였다.

　　▫ 1865년 충남 예산 報德寺 地藏圖 조성(『韓國의 佛畵 27 - 修德寺』) 수화승 敬君 影波

석잠(碩岑 : -1742-1764-) 18세기 중반에 활동한 불화승이다. 1742년에 수화 승 뇌현과 경북 포항 보경사 적광전寂光殿 비로자나후불홍도毘盧遮那後佛紅圖 를, 1764년에 수화승 수성과 경북 경주 금정암 지장도(소재불명)와 한국불교 미술박물관 소장 은선묘아미타도銀線描阿彌陀圖를 조성하였다.

　　▫ 1742년 경북 포항 寶鏡寺 寂光殿 毘盧遮那後佛紅圖 조성(『韓國의 佛畵 38 - 佛國寺』) 수화승 雷現
　　▫ 1764년 경북 경주 金井庵 地藏圖 조성(소재불명, 『韓國의 佛畵 38 - 佛國寺』) 수화승 守性
　　1764년 銀線描阿彌陀圖(韓國佛敎美術博物館 所藏, 『제1회 조선불화특별전』)

석정(石汀 : -1907-) 20세기 전반에 활동한 불화승이다. 1907년에 수화승 보 응문성과 충남 공주 신원사 대웅전 석가모니후불도와 신중도 및 칠성도를 조 성하였다.

　　▫ 1907년 충남 공주 新元寺 大雄殿 釋迦牟尼後佛圖 조성(『韓國의 佛畵 15 - 麻谷寺(上)』) 수화승 普應文性
　　1907년 충남 공주 新元寺 大雄殿 神衆圖 조성(『韓國의 佛畵 15 - 麻谷寺(上)』) 수화승 普應文性
　　1907년 충남 공주 新元寺 七星圖 조성(『韓國의 佛畵 16 - 麻谷寺(下)』) 수화승 普應文性

석조(奭照 : -1884-) 19세기 후반에 활동한 불화승이다. 1884년에 수화승 혜 과엽계와 경북 예천 용문사 칠성도를 조성하였다.

　　▫ 1884년 경북 예천 龍門寺 七星圖 조성(『韓國의 佛畵 9 - 直指寺(下)』) 수화승 慧果燁桂

석조(奭照 : -1891-) 해명당(海溟堂) 19세기 후반에 활동한 불화승이다. 1891 년에 수화승 영명천기와 영랑사 칠성도(예산 수덕사 소장)를 조성하였다.

　　▫ 1891년 影浪寺 七星圖(禮山 修德寺 所藏, 『韓國의 佛畵 27 - 修德寺』) 수화승 影明天機

석찰(釋察, 石察 : -1762-1764-) 18세기 중반에 활동한 불화승이다. 1762년에 장조莊祖 영우원永祐園 원소園所와 1764년에 건원릉健元陵 정자각丁字閣 중수 에 화승畵僧으로 참여하였다.

　　▫ 1762년 『莊祖永祐園園所都監儀軌』 造成所 畵僧(奎章閣 13607호, 朴廷蕙, 「儀軌를 통해 서 본 朝鮮時代의 畵員」 자료1)
　　▫ 1764년 『健元陵丁字閣重修都監儀軌』 畵僧(奎章閣 13500호, 朴廷蕙, 「儀軌를 통해서 본 朝鮮時代의 畵員」 자료1)

석첨(碩瞻 : -1768-) 18세기 중반에 활동한 불화승이다. 1768년에 수화승 유 행와 충남 부여 오덕사 괘불도를 조성하였다.

　　▫ 1768년 충남 부여 五德寺 掛佛圖 조성(『掛佛調査報告書 Ⅱ』와 『韓國佛畵畵記集』) 수화 승 有幸

석초(石初 : -1910-) 20세기 전반에 활동한 불화승이다. 1910년에 수화승 명 조와 부산 마하사 응진전 석가모니후불도와 십육나한도를 조성하였다.

◦ 1910년 부산 摩訶寺 應眞殿 釋迦牟尼後佛圖 조성(『韓國의 佛畵 32 – 梵魚寺』) 수화승
明照
1910년 부산 摩訶寺 應眞殿 十六羅漢圖 조성(『韓國의 佛畵 32 – 梵魚寺』) 金魚 수화
승 明照

석초당(石樵堂) 봉영(琫榮) 참조

석한(釋閑 : -1764-) 18세기 중반에 활동한 불화승이다. 1764년에 수화승 색
민과 전남 해남 대흥사 괘불도를 조성하였다.

◦ 1764년 전남 해남 大興寺 掛佛圖 조성(『韓國의 佛畵 31 – 大興寺』) 수화승 色旻

석홍(錫洪 : -1890-) 19세기 후반에 활동한 불화승이다. 1890년에 수화승 서
암전기와 경남 합천 해인사 경학원 아미타후불도와 수화승 동운취선과 홍제
암 석가모니후불도를 조성하였다.

◦ 1890년 경남 합천 海印寺 經學院 阿彌陀後佛圖 조성(『韓國의 佛畵 4 – 海印寺(上)』) 수
화승 瑞巖典琪
1890년 경남 합천 海印寺 弘濟庵 釋迦牟尼後佛圖 조성(『韓國의 佛畵 4 – 海印寺(上)』)
수화승 東雲就善
◦ 연대미상 경남 합천 海印寺 弘濟庵 神衆圖 조성(『韓國의 佛畵 4 – 海印寺(上)』) 수화승
東雲就善

석화당(石化堂) 시찬(施讚) 참조

석훈(奭訓 : -1887-) 19세기 후반에 활동한 불화승이다. 1887년에 수화승 석
옹철유와 서울 경국사 현왕도(동국대학교 박물관 소장)를 조성하였다.

◦ 1887년 서울 慶國寺 現王圖 조성(東國大學校 博物館 所藏, 『韓國의 佛畵 18 – 大學博物
館(Ⅰ)』) 수화승 石翁喆侑

석희(石熙 : -1884-) 19세기 후반에 활동한 불화승이다. 1884년에 수화승 혜
고엽□과 인천 강화 전등사 약사전 약사후불도를 조성하였다.

◦ 1884년 인천 강화 傳燈寺 藥師殿 藥師後佛圖 조성(『韓國佛畵畵記集』와 『韓國의 佛畵 34
– 曹溪寺(上)』) 수화승 慧高燁□

선각(禪覺 : -1693-) 17세기 후반에 활동한 불화승이다. 1693년에 수화승 홍
언과 경북 김천 직지사 관음전 단청에 참여하였다.

◦ 1693년 경북 김천 直指寺 觀音殿 丹靑(『直指寺誌』) 수화승 弘彦
◦ 연대미상 경북 김천 直指寺 「千佛殿重創刱上樑文」(『直指寺誌』)[63]

선경(善經 : -1891-) 19세기 후반에 활동한 불화승이다. 1891년에 수화승 봉
의와 벽송사 신중도(함양 보림사 소장)를 조성하였다.

◦ 1891년 碧松寺 神衆圖 조성(咸陽 寶林寺 所藏, 『韓國의 佛畵 40 – 補遺』) 수화승 奉儀

선근(善根 : -1868-1907-) 연구당(蓮藕堂) 19세기 중반부터 후반까지 활동한
불화승이다. 수화승 원명긍우와 1868년에 강원 고성 화엄사 안양암에 지장시
왕도와 신중도 및 칠성도(고성 화암사 소장)를, 1870년에 관악산 화장사 아미
타후불도(서울 지장사 소장)를, 1907년에 수화승 향호묘영과 전남 여수 흥국
사 보광전 아미타후불도를 조성하였다.

▫ 1868년 강원 고성 華嚴寺 安養庵 地藏圖 조성(高城 禾巖寺 所藏, 『한국의 사찰문화재−
강원도』와 『韓國의 佛畫 37 − 新興寺』) 수화승 圓明亘祐
1868년 강원 고성 華嚴寺 安養庵 神衆圖 조성(高城 禾巖寺 所藏, 『한국의 사찰문화재
−강원도』와 『韓國의 佛畫 37 − 新興寺』) 수화승 圓明亘祐
1868년 강원 고성 華嚴寺 彌陀菴 七星圖 조성(高城 禾巖寺 所藏, 『한국의 사찰문화재
−강원도』와 『韓國의 佛畫 37 − 新興寺』) 수화승 圓明亘祐
▫ 1870년 冠岳山 華藏寺 阿彌陀後佛圖 조성(서울 地藏寺 所藏, 『韓國의 佛畫 34 − 曹溪寺
(上)』) 片手 수화승 圓明肯祐
▫ 1907년 전남 여수 興國寺 普光殿 阿彌陀後佛圖 조성(『韓國의 佛畫 11 − 華嚴寺』)64) 수화
승 香湖妙英

선기 1(仙己 : -1808-) 19세기 전반에 활동한 불화승이다. 1808년에 수화승
화악평삼과 경남 고성 옥천사 괘불도를 조성하였다.

▫ 1808년 경남 고성 玉泉寺 掛佛圖 조성(『韓國의 佛畫 26 − 雙磎寺(下)』) 수화승 華岳評三

선기 2(善基 : -1907-) 20세기 전반에 활동한 불화승이다. 1907년에 수화승
한형과 전북 무주 원통사 석가모니후불도를 조성하였다.

▫ 1907년 전북 무주 圓通寺 釋迦牟尼後佛圖 조성(『韓國의 佛畫 13 − 金山寺』) 수화승 漢炯

선률(善律 : -1856-1872-)* 태호당(太湖堂) 19세기 중·후반에 활동한 불화승
이다. 1856년에 수화승 인원체정과 서울 도선사 목조아미타삼존불좌상을 개
금하고, 1857년에 수화승으로 서울 봉은사 판전 신중도를 그렸으며, 1861년
에 수화승 월하세원과 대전 비래사 비로자나불좌상을 개금하였다. 1872년에
수화승 철우진호와 경기 파주 보광사 시왕도 등을, 제작연대를 알 수 없는
충남 공주 마곡사 대광보전 칠성도를 수화승으로 조성하였다.

▫ 1856년 서울 道詵寺 木造阿彌陀三尊佛坐像 개금(文明大, 「印性派 木佛像의 조성과 道詵
寺 木阿彌陀三尊佛像의 고찰」)
▫ 1857년 서울 奉恩寺 版殿 神衆圖 조성(『韓國의 佛畫 35 − 曹溪寺(中)』) 金魚 수화승
▫ 1861년 대전 비래사 비로자나불좌상 개금(發願文) 수화승 월하세원
▫ 1872년 경기 파주 普光寺 十王圖(2·4大王) 조성(『韓國의 佛畫 33 − 奉先寺』) 수화승 放
牛珎昊
1872년 경기 파주 普光寺 使者圖(使者·將軍) 조성(『韓國佛畫畫記集』과 『韓國의 佛畫
33 − 奉先寺』) 수화승 放牛珎昊
▫ 연대미상 충남 공주 麻谷寺 大光寶殿 七星圖 조성(『韓國의 佛畫 16 − 麻谷寺(下)』) 金魚
수화승 善律65)

선명(善明 : -1895-1898-) 선하당(禪夏堂) 19세기 후반에 활동한 불화승이다.
1895년에 수화승 덕월응륜과 서울 봉은사 영산전 석가모니후불도를, 수화승
금곡영환과 서울 봉은사 영산전 나한도와 경기 남양주 불암사 괘불도를,
1898년에 수화승 용담규상과 서울 봉국사 명부전 시왕도(5·7·9대왕)를 조성
하였다.

▫ 1895년 서울 奉恩寺 靈山殿 釋迦牟尼後佛圖 조성(『서울전통사찰불화』와 『韓國佛畫畫記
集』 및 『韓國의 佛畫 34 − 曹溪寺(上)』) 片手 수화승 德月應崙
1895년 서울 奉恩寺 靈山殿 羅漢圖 조성(『서울전통사찰불화』와 『韓國佛畫畫記集』)66)
수화승 金谷永煥
1895년 경기 남양주 佛巖寺 掛佛圖 조성(『掛佛調査報告書』와 『韓國佛畫畫記集』 및

『韓國의 佛畵 33 – 奉先寺』) 수화승 金谷永煥
 ◦1898년 서울 奉國寺 冥府殿 十王圖(5·7·9大王) 조성(『韓國의 佛畵 35 – 曹溪寺(中)』) 수
  화승 龍潭奎祥

선민(仙敏 : -1808-) 19세기 전반에 활동한 불화승이다. 1808년에 수화승 화악평삼과 경남 고성 옥천사 괘불도를 조성하였다.
 ◦1808년 경남 고성 玉泉寺 掛佛圖 조성(『韓國의 佛畵 26 – 雙磎寺(下)』) 수화승 華岳評三

선법(善法 : -1910-) 설제당(雪霽堂) 19세기 후반부터 20세기 전반까지 활동한 불화승이다. 1910년에 수화승 융파법융과 충남 공주 갑사 팔상전 석가모니후불도와 수화승 금호약효와 대웅전 신중도를 조성하였다.
 ◦1910년 충남 공주 甲寺 八相殿 釋迦牟尼後佛圖 조성(『韓國의 佛畵15 – 麻谷寺(上)』) 수
  화승 隆坡法融
   1910년 충남 공주 甲寺 大雄殿 神衆圖 조성(『韓國의 佛畵 15 – 麻谷寺(上)』)[67] 수화승
   錦湖若效

선안(善眼 : -1742-) 18세기 중반에 활동한 불화승이다. 1742년에 수화승 민휘와 부산 범어사 지장보살도를 조성하였다.
 ◦1742년 부산 범어사 지장보살도 조성(김정희, 『조선시대 지장시왕도 연구』) 수화승 敏輝

선오(善悟 : -1766-) 18세기 중반에 활동한 불화승이다. 1766년에 수화승 화월두훈과 충북 보은 법주사 괘불도를 조성하였다.
 ◦1766년 충북 보은 法住寺 掛佛圖 조성(『韓國의 佛畵 17 – 法住寺』) 수화승 華月枓訓

선완(善完 : -1865-)* 영담당(暎潭堂) 19세기 중반에 활동한 불화승이다. 1865년에 수화승으로 경남 고성 운흥사 삼세불도와 신중도를 조성하였다.
 ◦1865년 경남 固城 雲興寺 三世佛圖 조성(『韓國의 佛畵 25 – 雙磎寺(上)』) 金魚 수화승
   1865년 경남 고성 雲興寺 神衆圖 조성(『韓國의 佛畵 25 – 雙磎寺(上)』) 金魚 수화승

선우 1(琁祐, 璇祐 : -1775-1817-) 18세기 후반부터 19세기 전반까지 활동한 불화승이다. 1775년에 수화승 환일과 경남 양산 통도사 현왕도를, 1814년에 수화승 환일과 통도사 아미타후불홍도阿彌陀後佛紅圖를, 1817년에 수화승 언보와 경북 청도 병사餠寺 석가모니후불홍도釋迦牟尼後佛紅圖를 조성하였다.
 ◦1775년 경남 양산 通度寺 現王圖 조성(『韓國佛畵畵記集』) 수화승 幻一
 ◦1814년 경남 양산 通度寺 阿彌陀後佛紅圖 조성(『韓國의 佛畵 1 – 通度寺(上)』)[68] 수화승
  幻一
 ◦1817년 경북 청도 餠寺 釋迦牟尼後佛紅圖 조성(淸道 德寺 所藏, 『韓國의 佛畵 21 – 桐華
  寺(上)』) 수화승 雲谷言輔

선우 2(善雨 : -1871-) 19세기 후반에 활동한 불화승이다. 1871년에 수화승 덕운영운과 경북 청도 운문사 비로전 신중도를 조성하였다.
 ◦1871년 경북 청도 雲門寺 毘盧殿 神衆圖 조성(『韓國의 佛畵 21 – 桐華寺(上)』)[69] 수화승
  德雲永芸

선월(禪月 : -1724-) 18세기 전반에 활동한 불화승이다. 1724년에 수화승 쾌민과 경북 영천 법화사 대웅전 석가모니후불도(영천 봉림사 소장)를 조성하

였다.

- 1724년 경북 영천 法華寺 大雄殿 釋迦牟尼後佛圖 조성(永川 鳳林寺 所藏, 『韓國의 佛畫 30 – 銀海寺』) 수화승 快旻

선의(善儀 : -1862-) 19세기 중반에 활동한 불화승이다. 수화승 의운자우와 1860년에 경북 울진 불영사 대웅보전 신중도를, 1862년에 경북 영천 은해사 운부암 아미타후불묵도阿彌陀後佛墨圖를 조성하였다.

- 1860년 경북 울진 佛影寺 大雄寶殿 神衆圖 조성(『韓國의 佛畫 38 – 佛國寺』) 수화승 意雲慈友
- 1862년 경북 영천 銀海寺 雲浮庵 阿彌陀後佛墨圖 조성(『韓國의 佛畫 30 – 銀海寺』) 수화승 意雲慈友

선익 1(善益 : -1762-) 18세기 중반에 활동한 불화승이다. 1762년에 수화승 진찰과 강원 홍천 수타사 석가모니후불도를 조성하였다.

- 1762년 강원 홍천 壽陁寺 釋迦牟尼後佛圖 조성(『韓國의 佛畫 10 – 月精寺』) 수화승 震刹

선익 2(善益 : -1875-) 19세기 후반에 활동한 불화승이다. 1875년에 수화승 덕운영운과 아미타후불도(국민대학교 박물관 소장)를 조성하였다.

- 1875년 阿彌陀後佛圖 조성(國民大學校 博物館 所藏, 『韓國의 佛畫 19 – 大學博物館(Ⅱ)』) 수화승 德雲永芸

선일(先一) 조선후기에 활동한 불화승이다. 제작연대를 알 수 없는 경남 양산 통도사 아미타후불도를 수화승 □연과 조성하였다.

- 연대미상 阿彌陀後佛圖 조성(梁山 通度寺 所藏, 『韓國의 佛畫 3 – 通度寺(下)』) 수화승 □演

선정 1(善定 : -1764-) 18세기 중반에 활동한 불화승이다. 1764년에 수화승 수성과 경북 경주 금정암 지장도(소재불명)과 은선묘아미타도銀線描阿彌陀圖 (한국불교미술박물관 소장)를 조성하였다.

- 1764년 경북 경주 金井庵 地藏圖 조성(소재불명, 『韓國의 佛畫 38 – 佛國寺』) 수화승 守性
  1764년 銀線描阿彌陀圖(韓國佛敎美術博物館 所藏, 『제1회 조선불화특별전』)

선정 2(善正, 善定 : -1907-) 20세기 전반에 활동한 불화승이다. 1907년에 수화승 관하세겸과 전북 전주 남고사 자음전 아미타후불도와 수화승 금호약효와 충남 공주 갑사 대적전 삼세후불도를 조성하였다.

- 1907년 전북 전주 南固寺 慈蔭殿 阿彌陀後佛圖 조성(『韓國의 佛畫 13 – 金山寺』) 수화승 觀河世兼
  1907년 충남 공주 甲寺 大寂殿 三世後佛圖 조성(『韓國의 佛畫 15 – 麻谷寺(上)』) 수화승 錦湖若效

선종(善琮, 善宗 : -1849-1866-)* 영담당(影潭堂, 暎潭堂) 19세기 중반에 활동한 불화승이다. 수화승 금암천여와 1849년에 경남 고성 옥천사 연대암 아미타후불홍도와 전남 순천 선암사 대웅전 삼장도 및 지장전 지장도를, 1856년 선조암 아미타후불홍도阿彌陀後佛紅圖와 산신도(순천 선암사 소장)를, 1860년에 수화승 기연과 전남 고흥 능가사 수도암 칠성도(순천 송광사 소장)를, 수화승 쌍

운희□와 경남 남해 운흥사 금선암 아미타후불도와 신중도(남해 화방사 소장)
를, 1861년에 수화승으로 경남 밀양 표충사 서래각 아미타후불도를, 1866년
에 수화승 하은위상과 경남 양산 통도사 안양암 북극전 칠성도를 조성하였다.

　∘1849년 경남 고성 玉泉寺 蓮臺庵 阿彌陀後佛紅圖 조성(『韓國의 佛畵 25 − 雙磎寺(上)』)
　　수화승 錦庵天如
　　1849년 전남 순천 仙巖寺 大雄殿 三藏圖 조성(『韓國의 佛畵 12 − 仙巖寺』) 수화승 錦
　　庵天如
　　1849년 전남 순천 仙巖寺 地藏殿 地藏圖 조성(『韓國의 佛畵 12 − 仙巖寺』) 수화승 金
　　庵天如
　∘1856년 禪助庵 阿彌陀後佛紅圖 조성(順天 仙巖寺 所藏, 『韓國의 佛畵 12 − 仙巖寺』) 수
　　화승 錦庵天如
　　1856년 禪助庵 山神圖 조성(順天 仙巖寺 所藏, 『韓國의 佛畵 12 − 仙巖寺』) 수화승
　　錦庵天如
　∘1860년 전남 고흥 楞伽寺 修道庵 七星圖 조성(順天 松廣寺 所藏, 『韓國의 佛畵 7 − 松廣
　　寺(下)』) 수화승 錡衍
　　1860년 경남 남해 雲興寺 金仙庵 阿彌陀後佛圖 조성(南海 花芳寺 所藏, 『韓國의 佛畵
　　25 − 雙磎寺(上)』) 수화승 雙雲凞□
　　1860년 경남 고성 雲興寺 金仙庵 神衆圖 조성(南海 花芳寺 所藏, 『韓國의 佛畵 25 −
　　雙磎寺(上)』)70) 수화승 雙雲堂
　∘1861년 경남 밀양 表忠寺 西來閣 阿彌陀後佛圖 조성(『韓國의 佛畵 3 − 通度寺(下)』)71)
　　片手 수화승
　∘1866년 경남 양산 通度寺 安養庵 北極殿 七星圖 조성(『韓國의 佛畵 2 − 通度寺(中)』) 수
　　화승 霞隱偉祥

선준(禪俊 : −1810-1828−) 학송당(鶴松堂) 19세기 전반에 활동한 불화승이다.
1810년에 수화승 정민과 대전사 운수암 지장도(영천 은해사 소장)를, 1811년
에 수화승 수연과 경북 문경 운암사 영산회상도를, 1812년에 수화승 □□와
경북 예천 용문사 석가모니후불도와 수화승 타민과 현왕도를, 1819년에 수화
승 퇴은신겸과 경북 의성 주월암 대웅전 삼세후불도와 1821년에 온양민속박
물관에 소장된 석가모니후불도 및 지장도를, 경북 의성 수정사 지장도를,
1825년에 지보암 석가모니후불도(영천 은해사 소장)와 지보암 신중도(동국대
학교 경주캠퍼스 박물관 소장) 및 지장도 등(영천 은해사 소장)을, 1828년에
경기 고양 중흥사 약사회상도와 아미타회상도(국립중앙박물관 소장)를 조성하
였다.

　∘1810년 大典寺 雲水庵 地藏圖 조성(永川 銀海寺 所藏, 『韓國의 佛畵 30 − 銀海寺』) 수화
　　승 定敏
　∘1811년 경북 문경 雲巖寺 靈山會上圖 조성(『韓國佛畵畵記集』)72) 수화승 守衍
　∘1812년 경북 예천 龍門寺 釋迦牟尼後佛圖 조성(『韓國의 佛畵 8 − 直指寺(上)』) 수화승
　　□□73)
　　1812년 경북 예천 龍門寺 現王圖 조성(『韓國의 佛畵 9 − 直指寺(下)』) 수화승 㠁敏
　∘1819년 경북 의성 住月庵 大雄殿 三世後佛圖 조성(『韓國의 佛畵 23 − 孤雲寺(上)』) 副
　　수화승 退隱愼謙
　∘1821년 釋迦牟尼後佛圖 조성(溫陽民俗博物館 所藏, 『韓國의 佛畵 20 − 私立博物館』) 수
　　화승 退雲信謙
　　1821년 地藏圖 조성(溫陽民俗博物館 所藏, 『韓國의 佛畵 20 − 私立博物館』) 수화승

退雲信謙
　　1821년 경북 의성 水淨寺 地藏圖 조성(『韓國의 佛畵 23 – 孤雲寺(上)』) 수화승 退雲信謙
　◦1825년 持寶菴 釋迦牟尼後佛圖 조성(永川 銀海寺 所藏, 『韓國의 佛畵 30 – 銀海寺』)
　　수화승 退雲信謙
　　1825년 持寶菴 神衆圖 조성(東國大學校 慶州캠퍼스 博物館 所藏, 『韓國의 佛畵 18 –
　　大學博物館(Ⅰ) 東國大』) 수화승 退雲愼謙
　　1825년 地藏圖 조성(永川 銀海寺 所藏, 『韓國의 佛畵 30 – 銀海寺』) 수화승 退雲愼謙
　　1825년 持寶寺 現王圖 조성(永川 銀海寺 所藏, 『韓國의 佛畵 30 – 銀海寺』) 수화승
　　退雲愼謙
　◦1828년 경기 고양 中興寺 藥師會上圖 조성(國立中央博物館 所藏, 『北漢山의 佛敎遺蹟』
　　과 『영혼의 여로 – 조선시대 불교회화와의 만남』 및 『韓國의 佛畵 39 – 國·公立博物館』)[74]
　　수화승 退雲信謙
　　1828년 경기 고양 中興寺 阿彌陀會上圖 조성(國立中央博物館 所藏, 『北漢山의 佛敎
　　遺蹟』과 『영혼의 여로 – 조선시대 불교회화와의 만남』 및 『韓國의 佛畵 39 – 國·公
　　立博物館』) 수화승 信謙

선즙(禪楫 : -1684-) 17세기 후반에 활동한 불화승이다. 1684년에 수화승 인
규와 경북 상주 용흥사 괘불도를 조성하고, 1698년에 백기 등과 장릉莊陵 봉
릉封陵 조성소 화승畵僧으로 참여하였다.

　◦1684년 경북 상주 龍興寺 掛佛圖 조성(『韓國의 佛畵 9 – 直指寺(下)』) 수화승 印圭
　◦1698년 『莊陵封陵都監儀軌』 造成所 畵僧(奎章閣 14830호, 朴廷蕙, 「儀軌를 통해서 본
　　朝鮮時代의 畵員」 자료1)

선진(善珎, 善眞 : -1885-1921-)* 우운당(雨雲堂, 優雲堂) 19세기 후반에 활동한
불화승이다. 1885년에 수화승 수룡기전과 경남 합천 해인사 대적광전 삼신
도(석가모니불)를, 1890년에 수화승 용준과 전북 김제 금산사 미륵전 신중
도를, 1892년에 수화승 연하계창과 전북 익산 심곡사 대웅전 석가모니후불
도와 아미타후불도를, 1901년에 수화승 봉영과 충남 부안 개암사 대웅보전
석가모니후불도를, 수화승 보응문성과 전북 고창 선운사 아미타후불도와 팔
상전 팔상도(사문유관상, 유성출가상)를, 1904년에 수화승으로 전남 영광 불
갑사 사천왕도를, 1917년에 수화승 남곡세섭과 전남 여수 흥국사 팔상도를,
1920년에 수화승으로 전남 장흥 천관사 아미타후불홍도阿彌陀後佛紅圖(보성
불광사 소장)를, 1921년에 수화승 정순과 전남 나주 다보사 명부전 지장도
를 조성하였다.

　◦1885년 경남 합천 해인사 大寂光殿 三身圖(釋迦牟尼佛) 조성(『韓國의 佛畵 4 – 海印寺
　　(上)』) 수화승 水龍琪銓
　◦1890년 전북 김제 金山寺 彌勒殿 神衆圖 조성(『韓國의 佛畵 13 – 金山寺』) 수화승 聳俊
　◦1892년 전북 익산 深谷寺 大雄殿 釋迦牟尼後佛圖 조성(『韓國의 佛畵 13 – 金山寺』) 수화
　　승 蓮河啓昌
　　1892년 전북 익산 深谷寺 阿彌陀後佛圖 조성(『韓國의 佛畵 13 – 金山寺』) 수화승 蓮
　　河啓昌
　◦1901년 충남 扶安 開巖寺 大雄寶殿 釋迦牟尼後佛圖 조성(『韓國의 佛畵 14 – 禪雲寺』) 수
　　화승 琫榮
　　1901년 전북 고창 禪雲寺 阿彌陀後佛圖 조성(『韓國의 佛畵 14 – 禪雲寺』) 수화승 普
　　應文性

1901년 전북 고창 禪雲寺 八相殿 八相圖(四門遊觀相) 조성(『韓國의 佛畵 14 - 禪雲寺』)
수화승 普應文性
1901년 전북 고창 禪雲寺 八相殿 八相圖(踰城出家相) 조성(『韓國의 佛畵 14 - 禪雲寺』)
수화승 普應文性
▫1904년 전남 영광 佛甲寺 四天王圖 조성(『靈光 母岳山 佛甲寺』와 『韓國의 佛畵 37 - 白
羊寺 · 新興寺』) 金魚 수화승
▫1917년 전남 여수 興國寺 八相圖 조성(『韓國佛畵畵記集』) 수화승 南谷世燮[75]
▫1920년 전남 장흥 天冠寺 阿彌陀後佛紅圖 조성(寶城 佛光寺 所藏, 『韓國의 佛畵 37 -
白羊寺 · 新興寺』) 片手 수화승
▫1921년 전남 나주 多寶寺 冥府殿 地藏圖 조성(『韓國의 佛畵 37 - 白羊寺 · 新興寺』) 金魚
수화승 正順

선찰(善察 : -1832-) 19세기 전반에 활동한 불화승이다. 1832년에 수화승 희
원과 서울 수국사 감로도(프랑스 국립기메박물관 소장)를 조성하였다.

▫1832년 서울 守國寺 甘露圖 조성(프랑스 국립기메박물관 소장, 『韓國佛畵畵記集』과 『프
랑스 국립기메박물관 소장 한국문화재』)[76] 수화승 熙圓

선행(善行 : -1659-1688-) 17세기 중반에 활동한 불화승이다. 1659년에 나묵
등과 효종빈전孝宗殯殿을 단청丹靑하고, 孝宗 寧陵 조성소 화승畵僧으로 참여
하였다. 1688년에 수화승 학능과 경북 상주 북장사 괘불도를 조성하였다.

▫1659년 『孝宗殯殿都監儀軌』 魂殿二房, 丹靑 畵僧(奎章閣 13528호, 朴廷蕙, 「儀軌를 통해
서 본 朝鮮時代의 畵員」 자료1)
1659년 『孝宗寧陵山陵都監儀軌』(奎章閣 15075호, 朴廷蕙, 「儀軌를 통해서 본 朝鮮時
代의 畵員」 자료1)
▫1688년 경북 상주 北長寺 掛佛圖 조성(『韓國의 佛畵 9 - 直指寺(下)』) 수화승 學能

선혜(善惠 : -1725-)* 18세기 전반에 활동한 불화승이다. 1725년에 수화승으
로 경북 포항 보경사 괘불도를 중수하였다.

▫1725년 경북 포항 寶鏡寺 掛佛圖 중수(『韓國의 佛畵 38 - 佛國寺』) 畵員 수화승

선홍(善弘 : -1774-) 18세기 후반에 활동한 불화승이다. 1774년에 수화승 수
해와 충남 예산 문수사 청연암 지장도를 조성하였다.

▫1774년 충남 예산 文殊寺 淸蓮庵 地藏圖 조성(『韓國의 佛畵 27 - 修德寺』) 畵圓 수화승
守海

선화(善和, 善花 : -1849-1855-)* 응월당(應月堂) 19세기 중 · 후반에 활동한 불
화승이다. 1849년에 수화승 금암천여와 경남 양산 용화사 아미타후불도를,
1855년에 수화승으로 울산 문수사 칠성도를 그렸다. 1874년에 수화승 한봉
창엽과 경기 안성 청룡사 신중도(안성 법계사 소장)를, 수화승 덕운영운과 부
산 안적사 대웅전 아미타후불도를 조성하였다.

▫1849년 경남 양산 龍華寺 阿彌陀後佛圖 조성(『韓國의 佛畵 3 - 通度寺(下)』) 수화승 錦
庵天如
▫1855년 울산 文殊寺 七星圖 조성(『韓國의 佛畵 3 - 通度寺(下)』) 金魚 수화승
▫1874년 경기 안성 靑龍寺 神衆圖 조성(安城 法界寺 所藏, 畵記, 『韓國의 佛畵 40 - 補遺』)
수화승 漢峰瑲燁
1874년 부산 安寂寺 大雄殿 阿彌陀後佛圖 조성(『韓國의 佛畵 32 - 梵魚寺』) 수화승
德雲永芸

설도당(雪嶋堂) 세홍(世弘) 참조

설매(雪梅 : -1626-1653-) 17세기 전반에 활동한 조각승이다. 1626년에 수화 승 현진과 충북 보은 법주사 소조삼신불좌상을 제작하고, 1653년에 경북 경 주 불국사 극락전 후불도를 조성하며, 상련上輦, 삼전위패三殿位牌, 삼단위패 三壇位牌를 제작하였다.

- 1626년 충북 보은 법주사 소조삼신불좌상 제작(『문화재위원회 회의』) 수화승 玄眞
- 1653년 경북 경주 佛國寺 極樂殿 後佛圖 造成(「佛國寺古今創記」, 『佛國寺誌』)
  1653년 경북 경주 佛國寺 上輦, 三殿位牌, 三壇位牌 造成 (「佛國寺古今創記」, 『佛國 寺誌』)

설봉(雪峯 : -1709-) 18세기 전반에 활동한 불화승이다. 1709년에 수화승 도 문과 경북 예천 용문사 천불도와 팔상도를 조성하였다.

- 1709년 경북 예천 龍門寺 千佛圖 조성(『韓國의 佛畵 9 – 直指寺(下)』) 수화승 道文
  1709년 경북 예천 龍門寺 八相圖 조성(『韓國佛畵畵記集』)[77] 수화승 道文

설순(雪淳 : -1788-1791-) 18세기 후반에 활동한 불화승이다. 1788년에 수화 승 연홍과 충남 공주 마곡사 대적광전 석가모니후불도를 조성하고, 1790년에 정조가 발원한 화성 용주사 불화 제작에 경옥과 같이 참여하였다. 1791년에 수화승 연홍과 경기 화성 장의사 지장도(화성 만의사 소장)를 조성하였다.

- 1788년 충남 공주 麻谷寺 大寂光殿 釋迦牟尼後佛圖 조성(『韓國의 佛畵 15 – 麻谷寺(上)』) 수화승 鍊弘
- 1790년 경기 화성 龍珠寺 七星閣七星如來四方七星幀 조성(「本寺諸般畵畵造作等諸人 芳啣」)
- 1791년 경기 화성 莊儀寺 地藏圖 조성(華城 萬儀寺 所藏, 『韓國의 佛畵 28 – 龍珠寺(上)』) 都畵師[78] 수화승 演泓

설심(雪心 : -1727-1754-)* 18세기 전반에 활동한 불화승이다. 1727년에 수화 승 탁행과 전남 해남 미황사 괘불도를, 1754년에 수화승 성옥과 수화승으로 전북 고창 선운사 천불도(동국대학교 박물관 소장)를 조성하였다.

- 1727년 전남 해남 美黃寺 掛佛圖 조성(『掛佛調査報告書 Ⅱ』와 『韓國의 佛畵 31 – 大興寺』) 수화승 琢行
- 1754년 전북 고창 禪雲寺 千佛圖 조성(東國大學校 博物館 所藏, 『韓國의 佛畵 18 – 大學博物館(Ⅰ)』) 수화승 性玉
  1754년 전북 고창 禪雲寺 千佛圖 조성(東國大學校 博物館 所藏, 『韓國의 佛畵 18 – 大學博物館(Ⅰ)』) 金魚 수화승

설악당(雪岳堂) 세홍(世弘) 참조

설운(雪云 : -1753-) 18세기 중반에 활동한 불화승이다. 1753년에 숙빈淑嬪 상시上諡 봉원封園 조성소 화승畵僧으로 참여하였다.

- 1753년 『淑嬪上諡封園都監儀軌』(南漢僧) 造成所 畵僧(奎章閣 14925호, 朴廷蕙, 「儀軌를 통해서 본 朝鮮時代의 畵員」 자료1)

설은(雪誾 : -1684-) 17세기 후반에 활동한 불화승이다. 1684년에 지영智英

등과 명성왕후明聖王后 숭릉崇陵 조성소 화승畵僧으로 참여하였다.

  ◦ 1684년 『明聖王后崇陵山陵都監儀軌』 造成所 畵僧(奎章閣 14832호, 朴廷蕙, 「儀軌를 통해서 본 朝鮮時代의 畵員」 자료1)

설잠(雪岑 : -1693-1710-) 17세기 후반부터 18세기 전반까지 활동한 불화승이다. 1693년에 수화승 홍언과 경북 김천 직지사 관음전을 단청하고, 수화승 탁휘와 1701년에 경북 상주 남장사 감로도를, 1702년 경북 성주 선석사 괘불도를, 1710년에 수화승 도문과 경북 안동 봉정사 괘불도를 조성하였다.

  ◦ 1693년 경북 김천 直指寺 「觀音殿丹靑」 언급(『直指寺誌』) 수화승 弘彦
  ◦ 1701년 경북 상주 南長寺 甘露圖 조성(『韓國의 佛畵 9 – 直指寺(下)』) 수화승 卓輝
  ◦ 1702년 경북 성주 禪石寺 掛佛圖 조성(『韓國의 佛畵 22 – 桐華寺(下)』) 수화승 卓輝
  ◦ 1710년 경북 안동 鳳停寺 掛佛圖 조성(『韓國의 佛畵 24 – 孤雲寺(下)』) 수화승 道文

설재당(雪齋堂) 병민(秉玟, 秉敏) 참조

설저당(雪渚堂) 달현(達玄) 참조

설제당(雪霽堂) 선법(善法) 참조

설초(雪楚 : -1708-) 18세기 전반에 활동한 불화승이다. 1708년에 수화승 인문과 충남 청양 장곡사 아미타후불도를 조성하였다.

  ◦ 1708년 충남 청양 長谷寺 阿彌陀後佛圖 조성(東國大學校 博物館 所藏, 『韓國의 佛畵 18 – 大學博物館(Ⅰ)』)[79] 수화승 印文

설탄(雪坦 : -1781-) 18세기 후반에 활동한 불화승이다. 1781년에 수화승 취월정일과 경북 문경 혜국사 신중도를 조성하였다.

  ◦ 1781년 경북 문경 惠國寺 神衆圖 조성(『韓國의 佛畵 8 – 直指寺(上)』) 수화승 醉月定一

설하당(雪荷堂, 雪夏堂) 관행(瓘幸) 참조

설학당(雪鶴堂) 세홍(世洪) 참조

설해당(雪海堂, 說海堂) 민정(珉淨) 참조

설현(雪玄 : -1686-1692-)* 17세기 후반에 활동한 불화승이다. 1686년에 수화승으로 전남 장흥 보림사 정문, 종각, 식당, 사천왕문, 금강문, 서삼전을 단청丹靑하고, 1688년에 보림사 폭포대 창건 후 단청하였다. 그는 1692년에 신법당 중창 기록에 가선嘉善으로 쌍계사에 거주한 것으로 적혀 있다.

  ◦ 1686년 전남 장흥 寶林寺 正門, 鐘閣, 食堂, 四天王門, 金剛門, 西三殿 丹靑(『譯註 寶林寺重創記』) 畵手
  ◦ 1688년 전남 장흥 寶林寺 瀑布臺 창건 후 丹靑(『譯註 寶林寺重創記』) 畵手
  ◦ 1692년 신법당 중창 기록에 嘉善으로 쌍계사 거주로 적음(『譯註 寶林寺重創記』)

설훈(雪訓 : -1758-1794-)* 관허당(觀虛堂, 寬虛堂) 18세기 중·후반에 경기와 충청을 중심으로 활동한 불화승이다. 1758년에 벽하와 경북 의성 고운사 사천왕도(지국천왕와 광목천왕, 홍익대학교 박물관 소장)를, 1758년에 수화승 각총과 경기 여주 신륵사 극락보전 삼장도를 조성하였다. 1765년에 수화승 궁유와 서울 봉은사 대웅전 목조삼세불좌상과 1773년에 수화승으로 경남 합천 해인사 법보전 본존불을 개금하였다. 1774년에 수화승으로 문수사 청련암 지장시왕도를, 1780년에 수화승으로 경기 남양주 봉선사 대웅전 불상 개금을, 1784년에 수화승 유성과 경북 김천 직지사 천불전 불상을 제작하였다. 1785년에 수화승 유성과 직지사 불사에 참여하고, 1790년에 수화승으로 경기 가평 현등사 지장전 청동지장보살좌상과 경기 화성 용주사 대웅전 관음보살상을 제작하였다. 1774년에 편지글에 태안 홍주사에 거주한 것으로 나와 있다.

　　◦ 1758년 경북 의성 高雲寺 四天王圖(持國天王) 조성(弘益大學校 博物館 所藏, 『韓國의 佛畵 19 - 大學博物館(Ⅱ)』) 畵員 수화승
　　　1758년 경북 의성 高雲寺 四天王圖(廣目天王) 조성(弘益大學校 博物館 所藏, 『韓國의 佛畵 19 - 大學博物館(Ⅱ)』)[80] 수화승 碧河
　　　1758년 경기 여주 神勒寺 極樂寶殿 三藏圖 조성(『韓國의 佛畵 28 - 龍珠寺(上)』) 수화승 覺聰
　　◦ 1776년 강원 홍천 壽陁寺 地藏菩薩圖 조성(『韓國의 佛畵 10 - 月精寺』) 畵員 수화승
　　◦ 1780년 경기 남양주 奉先寺 大雄殿 佛像 重修·改金(「有明朝鮮國京畿右道楊州牧地雲岳山奉先寺大雄殿佛像重修改金願文」, 『奉先寺本末寺誌(奉先寺)』) 金魚 수화승
　　◦ 1783년 경기 양주 佛巖寺 鐘 修補(「佛巖寺重修記」) 證師
　　◦ 1785년 함남 福興寺 新佛像三尊與靈山會佛幀甘露神衆圖(「萬德山福興寺事蹟記」, 『朝鮮寺刹史料』 下) 良工
　　　1785년 경북 김천 直指寺 「乾隆五十年緣化秩」 언급(『直指寺誌』)
　　◦ 1788년 함경도 福興寺 大佛像三尊與靈山會佛幀甘露神幀 手良工
　　◦ 1790년 경기 화성 龍珠寺 觀音菩薩造成 彫刻畵員(「本寺諸般畵造作等諸人芳啣」)
　　　1790년 경기 가평 懸燈寺 神衆圖 조성(畵記, 『韓國의 佛畵 33 - 奉先寺』) 畵師[81] 수화승
　　　1790년 경기 가평 懸燈寺 靑銅地藏菩薩坐像 제작(造像記) 塑像[82] 수화승
　　◦ 1794년 경남 산청 大源寺 神衆圖 조성(『韓國의 佛畵 4 - 海印寺(上)』) 畵師 수화승
　　◦ 연대미상 경기 의왕 淸溪寺 極樂寶殿 阿彌陀後佛圖 조성(『韓國의 佛畵 28 - 龍珠寺(上)』) 良工 수화승

설휘(雪徽 : -1770-) 18세기 후반에 활동한 불화승이다. 1770년에 광주 무등산 안심사安心寺에서 수화승 화연과 화엄도를 조성하여 전남 순천 송광사 화엄전에 봉안하였다.

　　◦ 1770년 광주 無等山 安心寺에서 華嚴圖를 조성하여 순천 松廣寺 華嚴殿 봉안(『曹溪山松廣寺史庫』와 『韓國의 佛畵 6 - 松廣寺』)[83] 수화승 華蓮

섭난(攝蘭 : -1780-1788-) 18세기 후반에 활동한 불화승이다. 1780년에 수화승 비현과 전남 순천 선암사 팔상전 화엄도를 조성하고, 1788년에 상겸 등과 경북 남장사 불사에 참여하여 『불사성공록佛事成功錄』에 호남양공湖南良工으로 적혀있다.

　　◦ 1780년 전남 순천 선암사 八相殿 華嚴圖 조성(『韓國의 佛畵 12 - 仙巖寺』)[84] 수화승 琉賢
　　◦ 1788년 남장사 불사에 참여한 화승을 적은 『佛事成功錄』에 湖南良工으로 언급(이용윤, 「『佛事成功錄』을 통해 본 남장사 괘불」) 수화승 尙謙

섭화(涉華 : -1803-) 19세기 전반에 활동한 불화승이다. 1803년에 수화승 수

연과 경북 의성 성적암 지장도(의성 지장사 소장)를 조성하였다.

  ◦1803년 경북 의성 性寂庵 地藏圖 조성(義城 地藏寺 所藏,『韓國의 佛畵 23 – 孤雲寺(上)』)
  수화승 守衍

성감(惺鑑 : -1776-) 18세기 후반에 활동한 불화승이다. 1776년에 수화승 신암화연과 전남 구례 천은사 극락보전 아미타후불도와 삼장도를 조성하였다.

  ◦1776년 전남 구례 泉隱寺 極樂寶殿 阿彌陀後佛圖 조성(『韓國의 佛畵 11 – 華嚴寺』) 수화
  승 信庵華連
  1776년 전남 구례 泉隱寺 極樂寶殿 三藏圖 조성(『韓國의 佛畵 11 – 華嚴寺』)85) 수화
  승 信庵華連

성공당(性空堂) 법상(法尙) 참조

성관 1(性寬 : -1821-) 19세기 전반에 활동한 불화승이다. 1821년에 수화승 퇴운신겸과 경북 의성 수정사 지장도를 조성하였다.

  ◦1821년 경북 의성 水淨寺 地藏圖 조성(『韓國의 佛畵 23 – 孤雲寺(上)』) 수화승 退雲信謙

성관 2(性寬, 性觀 : -1862-1873-) 19세기 후반에 활동한 불화승이다. 1862년에 수화승 덕운영운과 경남 합천 해인사 대적광전 124위 신중도를, 1873년에 수화승 하은위상과 경남 합천 해인사 법보전 비로자나후불도를 조성하였다.

  ◦1862년 경남 합천 해인사 大寂光殿 124位 神衆圖 조성(『韓國의 佛畵 4 – 海印寺(上)』)
  수화승 德芸
  ◦1873년 경남 합천 海印寺 法寶殿 毘盧遮那後佛圖 조성(『韓國의 佛畵 4 – 海印寺(上)』)
  수화승 霞隱偉相

성규 1(性奎 : -1862-1863-)* 경담당(鏡潭堂, 璟曇堂) 19세기 후반에 활동한 불화승이다. 1862년에 수화승 덕운영운과 경남 합천 해인사 대적광전 124위 신중도를, 1863년에 수화승으로 경남 창녕 청련사 석가모니후불도와 울산 석남사 신중도를 조성하였다.

  ◦1862년 경남 합천 해인사 大寂光殿 124位 神衆圖 조성(『韓國의 佛畵 4 – 海印寺(上)』)
  片手 수화승 德芸
  ◦1863년 경남 창녕 靑蓮寺 釋迦牟尼後佛圖 조성(『韓國의 佛畵 3 – 通度寺(下)』) 金魚 수
  화승
  1863년 울산 石南寺 神衆圖 조성(『韓國의 佛畵 3 – 通度寺(下)』) 金魚 수화승

성규 2(聖奎 : -1901-1902-) 20세기 전반에 활동한 불화승이다. 수화승 경선응석과 1901년에 전남 해남 대둔사 삼세후불도(약사불)와 명부전 지장시왕도를, 1902년에 경기 고양 흥국사 괘불도를 조성하였다.

  ◦1901년 전남 해남 大興寺 三世後佛圖(藥師佛) 조성(『全南의 寺刹』과 『韓國의 佛畵 31 –
  大興寺』) 수화승 慶船應釋
  1901년 전남 해남 大興寺 冥府殿 地藏十王圖 조성(『韓國의 佛畵 31 – 大興寺』) 수화
  승 慶船應釋
  ◦1902년 경기 고양 興國寺 掛佛圖 조성(『畿內寺院誌』와 『韓國佛畵畵記集』 및 『韓國의 佛
  畵 35 – 曹溪寺(中)』) 수화승 慶船應釋

성념(聖念 : -1856-1858-)* 해연당(海演堂) 19세기 중반에 활동한 불화승이다.

1856년에 수화승 해운익찬과 해연 성념 등과 경
북 성주 선석사 대웅전 석가모니후불도를, 1858
년에 수화승으로 전북 완주 화암사 의상암 십육
성중도와 신중도를 조성하였다.

○1856년 경북 성주 禪石寺 大雄殿 釋迦牟尼後佛圖 조
성(『韓國의 佛畵 21 - 桐華寺(上)』) 畵員 수화승 益讚
○1858년 전북 완주 花巖寺 義相菴 十六聖衆圖 조성(『韓
國의 佛畵 13 - 金山寺』) 金魚[86] 수화승
1858년 전북 완주 花巖寺 義相菴 神衆圖 조성(『韓國
의 佛畵 13 - 金山寺』) 金魚 수화승

해연성념, 신중도, 1858년, 완주 화암사

성능(性能 : -1890-) 총성당(聰城堂) 19세기 후반
에 활동한 불화승이다. 1890년에 수화승 긍조와
경북 의성 봉국사 신중도(의성 봉림사 소장)를 조성할 때 모상模像으로 참여
하였다.

○1890년 경북 의성 奉國寺 神衆圖 조성(義城 奉林寺 所藏, 『韓國의 佛畵 23 - 孤雲寺(上)』)
模像 수화승 亘照

성담(性曇 : -1794-1796-) 18세기 후반에 활동한 불화승이다. 1794년부터
1796년까지 화성 건립에 참여하여 1801년 작성된 『華城城役儀軌』에 광주부廣
州府 승려로 나와 있다.

○1794년-1796년 화성 건립에 화원으로 참여(1801년 작성된 『華城城役儀軌』卷4 工匠 畵
工 條) 廣州府

성담당(性潭堂) 인우(仁宇) 참조

성대(性大 : -1803-) 19세기 전반에 활동한 불화승이다. 1803년에 수화승 지
연과 울산 석남사 지장도를 조성하였다.

○1803년 울산 石南寺 地藏圖 조성(『韓國의 佛畵 3 - 通度寺(下)』) 수화승 指涓

성렴(性斂 : -1684-) 17세기 후반에 활동한 불화승이다. 1684년에 지영智英
등과 명성왕후明聖王后 숭릉崇陵 조성소 화승畵僧으로 참여하였다.

○1684년 『明聖王后崇陵山陵都監儀軌』 造成所 畵僧(奎章閣 14832호, 朴廷蕙, 「儀軌를 통
해서 본 朝鮮時代의 畵員」 자료1)

성륵(性勒 : -1675-) 17세기 후반에 활동한 불화승이다. 1675년에 현종顯宗
빈전殯殿 조성소 화승畵僧으로 참여하였다.

○1675년 『顯宗殯殿都監儀軌』 魂殿 造成所 畵僧(奎章閣 13540호, 朴廷蕙, 「儀軌를 통해서
본 朝鮮時代의 畵員」 자료1)

성맹(成孟 : -1759-) 18세기 중반에 활동한 불화승이다. 1759년 불상 개금과
불화 및 단청을 조성하였다.

○1759년 己酉年改金幀畵丹雘事施主記(安貴淑, 「조선후기 佛畵僧의 계보와 義謙比丘에 대
한 연구(상)」)

성명(聖明)* 18세기 후반에 활동한 불화승이다. 연대미상 경북 포항 보경사

팔상도(도솔내의상, 사문유관상, 설산수도상, 녹원전법상)를 수화승으로 조성
하였다.

　◦연대미상 경북 포항 寶鏡寺 八相圖(兜率來儀相) 조성(『韓國의 佛畵 38 – 佛國寺』) 良工
　　수화승[87]
　　연대미상 경북 포항 寶鏡寺 八相圖(四門遊觀相) 조성(『韓國의 佛畵 38 – 佛國寺』) 良
　　工 수화승
　　연대미상 경북 포항 寶鏡寺 八相圖(雪山修道相) 조성(『韓國의 佛畵 38 – 佛國寺』) 良
　　工 수화승
　　연대미상 경북 포항 寶鏡寺 八相圖(鹿苑轉法相) 조성(『韓國의 佛畵 38 – 佛國寺』) 良
　　工 수화승

성민 1(性敏, 聖民, 省敏 : -1634-1649-) 17세기 중반에 활동한 조각승이다. 수
화승 수연과 1634년에 전북 옥구 보천사 목조지장보살좌상과 시왕상(익산 숭
림사 영원전 소장)을, 1639년에 전북 남원 풍국사 목조삼세불좌상(예산 수덕
사 소장)을 제작하였다. 1649년에 인조仁祖 장릉長陵 조성소 화승畵僧으로 활
동하였다.

　◦1634년 전북 옥구 보천사 木造地藏菩薩坐像과 十王像 제작(익산 숭림사 영원전 소장,
　　『숭림사 보광전 수리보고서』) 수화승 守衍
　◦1639년 전북 남원 풍국사 木造三世佛坐像 제작(예산 수덕사 소장, 發願文) 수화승 守衍
　◦1649년 『仁祖長陵山陵都監儀軌』 造成所 畵僧(奎章閣 15074호, 朴廷蕙, 「儀軌를 통해서
　　본 朝鮮時代의 畵員」 자료1)

성민 2(性旻 : -1817-1822-) 19세기 전반에 활동한 불화승이다. 1817년에 수
화승 운곡언보와 경북 청도 병사餠寺 석가모니후불홍도釋迦牟尼後佛紅圖를,
1818년에 수화승 부첨과 경북 김천 봉곡사 아미타후불홍도阿彌陀後佛紅圖를,
수화승 퇴운신겸과 1821년에 석가모니후불도와 지장도(온양민속박물관 소
장) 및 1822년에 경북 문경 김용사 화장암 석가모니후불도, 신장도를 그렸다.
1828년에 수화승 금겸과 황산사 제석도(영덕 덕흥사 소장)를 조성하였다.

　◦1817년 경북 청도 餠寺 釋迦牟尼後佛紅圖 조성(淸道 德寺 所藏, 『韓國의 佛畵 21 – 桐華
　　寺(上)』) 수화승 雲谷言輔
　◦1818년 경북 김천 鳳谷寺 阿彌陀後佛紅圖 조성(『韓國의 佛畵 8 – 直指寺(上)』) 수화승
　　富添
　◦1821년 釋迦牟尼後佛圖 조성(溫陽民俗博物館 所藏, 『韓國의 佛畵 20 – 私立博物館』) 수
　　화승 退雲信謙
　　1821년 地藏圖 조성(溫陽民俗博物館 所藏, 『韓國의 佛畵 20 – 私立博物館』) 수화승
　　退雲信謙
　◦1822년 경북 문경 金龍寺 華藏庵 釋迦牟尼後佛圖 조성(『韓國의 佛畵 8 – 直指寺(上)』)
　　수화승 退雲信謙
　　1822년 경북 문경 金龍寺 神衆圖 조성(『韓國의 佛畵 8 – 直指寺(上)』) 수화승 退雲信謙
　◦1828년 黃山寺 帝釋圖 조성(盈德 德興寺 所藏, 『韓國의 佛畵 38 – 佛國寺』) 수화승 錦謙

성민 3(性敏 : -1876-1895-) 19세기 후반에 활동한 불화승이다. 1876년에 수
화승 보훈과 전북 부안 칠성암 지장도(원광대학교 박물관 소장)를, 1894년에
수화승 범화윤익과 강원 평창 상원사 중대 신중도를 그렸다. 1895년에 수화
승 보암긍법과 강원 평창 상원사 중대 사자암 목조비로자나불좌상을 개금하

였다.

- 1876년 전북 부안 七星菴 地藏圖 조성(圓光大學校 博物館 所藏,『韓國의 佛畵 19 - 大學博物館(Ⅱ)』) 수화승 普薰
- 1894년 강원 평창 上院寺 中臺 神衆圖 조성(『韓國의 佛畵 10 - 月精寺』) 沙彌 수화승 梵化 潤益
- 1895년 강원 평창 上院寺 中臺 사자암 목조비로자나불좌상 개금(發願文) 沙彌 수화승 普庵肯法

성백(晟伯 : -1757-) 18세기 중반에 활동한 불화승이다. 1757년에 정성왕후貞聖王后 홍릉弘陵 조성소造成所 화승畵僧으로 참여하였다.

- 1757년 『貞聖王后弘陵山陵都監儀軌』 造成所 畵僧(奎章閣 13591호, 朴廷蕙,「儀軌를 통해서 본 朝鮮時代의 畵員」 자료1)

성법(性法 : -1905-1913-) 20세기 전반에 활동한 불화승이다. 1905년에 수화승 경선응석과 충북 보은 법주사 팔금강번(백정수금강)을, 수화승 동호진철과 1906년에 경북 문경 대승사 석가모니후불도와 신중도를, 수화승 퇴경상노와 1913년에 경북 문경 김용사 대성암 아미타후불도와 삼장도를 조성하였다.

- 1905년 충북 보은 法住寺 八金剛幡(白淨水金剛) 조성(『韓國의 佛畵 17 - 法住寺』) 수화승 慶船應釋
- 1906년 경북 문경 大乘寺 釋迦牟尼後佛圖 조성(『韓國의 佛畵 8 - 直指寺(上)』) 수화승 東昊震爀
  1906년 경북 문경 大乘寺 神衆圖 조성(『韓國의 佛畵 8 - 直指寺(上)』) 수화승 東昊震爀
- 1913년 경북 문경 金龍寺 大成庵 阿彌陀後佛圖 조성(『韓國의 佛畵 8 - 直指寺(上)』) 수화승 退耕相老
  1913년 경북 문경 金龍寺 三藏圖 조성(『韓國의 佛畵 8 - 直指寺(上)』) 수화승 退耕相老

성수 1(性修, 性守 : -1742-1749-) 18세기 중반에 활동한 불화승이다. 1742년에 수화승 혜식과 덕유산 영축사 영산회상도(국립중앙박물관 소장)를, 1749년에 수화승 순혜와 전남 해남 대흥사 영산회상도(국립중앙박물관 소장)를 조성하였다.

- 1742년 德裕山 靈鷲寺 靈山會上圖 조성(國立中央博物館 所藏,『영혼의 여로 - 조선시대 불교회화와의 만남』과 『韓國의 佛畵 39 - 國·公立博物館』) 山人 수화승 慧式
- 1749년 전남 해남 大興寺 靈山會上圖 조성(國立中央博物館 所藏,『영혼의 여로 - 조선시대 불교회화와의 만남』과 『韓國의 佛畵 39 - 國·公立博物館』) 수화승 順慧

성수 2(性守, 誠修 : -1801-1803-) 19세기 전반에 활동한 불화승이다. 수화승 옥인과 1801년에 경남 양산 내원사 노전 석가모니후불도와 지장도를, 수화승 백인태영과 1801년에 운대암 신중도(하동 쌍계사 소장)와 경남 진주 백천사 운대암 감로왕도(의정부 망월사 소장)를, 1803년에 수화승 홍안과 경북 문경 김용사 석가모니후불도와 응진전 후불도 및 신중도를, 수화승 수연과 경북 의성 성적암 지장도(의성 지장사 소장)를 조성하였다.

- 1801년 경남 양산 內院寺 爐殿 釋迦牟尼後佛圖 조성(『韓國의 佛畵 3 - 通度寺(下)』) 수화승 玉仁
  1801년 경남 양산 內院寺 爐殿 地藏圖 조성(『韓國의 佛畵 3 - 通度寺(下)』) 수화승 玉仁

1801년 雲臺菴 神衆圖 조성(河東 雙磎寺 所藏, 『韓國의 佛畵 25 – 雙磎寺(上)』) 수화
승 百忍 泰榮
1801년 경남 진주 百泉寺 雲臺庵 甘露王圖 조성(議政府 望月寺 소장, 『韓國佛畵畵記
集』) 수화승 泰榮
◦1803년 경북 문경 金龍寺 釋迦牟尼後佛圖 조성(『韓國의 佛畵 8 – 直指寺(上)』)88) 수화
승 弘眼
1803년 경북 문경 金龍寺 應眞殿 後佛圖 조성(『韓國의 佛畵 8 – 直指寺(上)』) 수화승
弘眼
1803년 경북 문경 金龍寺 神衆圖 조성(『韓國의 佛畵 8 – 直指寺(上)』) 수화승 弘眼
1803년 경북 문경 金龍寺 神衆圖 조성(『韓國의 佛畵 8 – 直指寺(上)』) 수화승 弘眼
1803년 경북 의성 性寂庵 地藏圖 조성(義城 地藏寺 所藏, 『韓國의 佛畵 23 – 孤雲寺
(上)』) 수화승 守衍

성수 3(誠修 : -1830-) 19세기 중반에 활동한 불화승이다. 1830년에 수화승
성수와 전북 완주 화암사 명부전 지장도를 조성하였다.

◦1830년 전북 완주 花巖寺 冥府殿 地藏圖 조성(『韓國의 佛畵 13 – 金山寺』) 金魚 수화승

성수 4(性守, 聖秀 : -1891-1907-) 춘산당(春山堂) 19세기 후반부터 20세기 전
반까지 활동한 불화승이다. 1891년에 수화승 금호약효와 전남 장흥 천관사
응진전 석가모니후불도(순천 송광사 소장)를, 1907년에 수화승 관하세겸과
전북 전주 남고사 관음전 신중도를 조성하였다.

◦1891년 전남 장흥 天冠寺 應眞殿 釋迦牟尼後佛圖 조성(順天 松廣寺 所藏, 『韓國의 佛畵
6 – 松廣寺(上)』) 수화승 錦湖若效
◦1907년 전북 전주 南固寺 觀音殿 神衆圖 조성(『韓國의 佛畵 13 – 金山寺』) 수화승 觀河
世兼

성심(晟心 : -1757-) 18세기 중반에 활동한 불화승이다. 1757년에 정성왕후貞
聖王后 홍릉弘陵 조성소 화승畵僧으로 참여하였다.

◦1757년 『貞聖王后弘陵山陵都監儀軌』 造成所 畵僧(奎章閣 13591호, 朴廷蕙, 「儀軌를 통
해서 본 朝鮮時代의 畵員」 자료1)

성암당(性庵堂) 승의(勝宜) 참조

성언(性彦 : -1866-1893-) 19세기 후반에 활동한 불화승이다. 1866년에 수화
승 금암천여와 전남 구례 화엄사 구층암 아미타삼존도를, 1893년에 수화승
금호약효와 서울 지장사 대웅전 지장보살도와 감로왕도 및 전북 진안 천황사
대웅전 신중도를 조성하였다.

◦1866년 전남 구례 華嚴寺 九層庵 阿彌陀三尊圖 조성(『韓國의 佛畵 11 – 華嚴寺』) 수화승
錦庵天如
◦1893년 서울 地藏寺 大雄殿 地藏菩薩圖 조성(『서울전통사찰불화』와 『韓國佛畵畵記集』
및 『韓國의 佛畵 34 – 曹溪寺(上)』) 수화승 錦湖若效
1893년 서울 地藏寺 大雄殿 甘露王圖 조성(『서울전통사찰불화』와 『韓國佛畵畵記集』)
수화승 錦湖若效
1893년 전북 진안 天皇寺 大雄殿 神衆圖 조성(『韓國의 佛畵 13 – 金山寺』) 沙彌 수화
승 錦湖若效
※ 성언은 두 명일 가능성이 있다.

성여(性如 : -1860-)* 19세기 중반에 활동한 불화승이다. 1860년에 수화승으

로 전북 완주 송광사 칠성도를 조성하였다.

　　。1860년 전북 완주 松廣寺 七星圖 조성(『韓國佛畵畵記集』) 金魚 수화승

성연 1(盛演 : -1821-) 성파당(聖波堂) 19세기 전반에 활동한 불화승이다. 1821년에 수화승 한암의은과 강원 양양 영혈사 아미타후불도를 조성하였다.

　　。1821년 강원 양양 靈穴寺 阿彌陀後佛圖 조성(『한국의 사찰문화재-강원도』와 『韓國의 佛 畵 37 - 新興寺』) 수화승 漢菴義銀

성연 2(性演, 性衍, 性連, 性㻱, 性蓮 : -1882-1903-) 완허당(玩虛堂) 19세기 후반부터 20세기 전반까지 활동한 불화승이다. 1882년에 수화승 승오와 전남 구례 사성암 산신도(광양 백운사 소장)를, 1896년에 수화승 동호진철과 대구 동화사 대웅전 석가모니후불도와 수화승 덕산묘화와 대구 동화사 사천왕도(지국천왕)를, 수화승 벽산찬규와 1901년에 대구 달성 소재사 대웅전 석가모니후불도와 신중도, 경산 환성사 명부전 지장도를, 1903년에 수화승 월연관혜와 경북 경주 기림사 칠성도 등을 조성하였다.

　　。1882년 전남 구례 四星庵 山神圖 조성(光陽 白雲寺 所藏, 『韓國의 佛畵 11 - 華嚴寺』) 수화승 昇昕
　　。1896년 대구 桐華寺 大雄殿 釋迦牟尼後佛圖 조성(『韓國의 佛畵 21 - 桐華寺(上)』) 수화승 東昊震徹
　　　1896년 대구 동화사 四天王圖(持國天王) 조성(『韓國의 佛畵 21 - 桐華寺(上)』) 수화승 德山妙華
　　。1901년 대구 달성 消災寺 大雄殿 釋迦牟尼後佛圖 조성(『韓國의 佛畵 21 - 桐華寺(上)』) 수화승 碧山粲奎
　　　1901년 대구 달성 消災寺 神衆圖 조성(『韓國의 佛畵 21 - 桐華寺(上)』) 수화승 碧山粲圭
　　　1901년 경북 경산 環城寺 冥府殿 地藏圖 조성(『韓國의 佛畵 30 - 銀海寺』) 수화승 璨圭
　　。1903년 경북 경주 祇林寺 七星圖 조성(『韓國의 佛畵 38 - 佛國寺』) 수화승 月淵貫惠
　　　1903년 경북 경주 祇林寺 七星各部圖 조성(『韓國의 佛畵 38 - 佛國寺』) 수화승 貫惠
　　　1903년 경북 경주 祇林寺 七星各部圖 조성(『韓國의 佛畵 38 - 佛國寺』) 수화승 貫惠
　　。연대미상 경북 영천 銀海寺 百興庵 極樂殿 地藏圖 조성(『韓國의 佛畵 30 - 銀海寺』) 수화승 碧山璨奎

성엽 1(性曄 : -1868-1869-) 19세기 후반에 활동한 불화승이다. 1868년에 수화승 금암천여와 경남 양산 통도사 안적암安寂庵 아미타후불홍도阿彌陀後佛紅圖를, 1869년에 수화승 원선과 부산 범어사 사천왕도를 조성하였다.

　　。1868년 경남 양산 通度寺 安寂庵 阿彌陀後佛紅圖 조성(『韓國의 佛畵 3 - 通度寺(下)』) 수화승 錦庵天如
　　。1869년 부산 梵魚寺 四天王圖 조성(『梵魚寺聖寶博物館 名品圖錄』와 『韓國의 佛畵 32 - 梵魚寺』) 수화승 元善

성엽 2(性曄, 性燁, 性葉 : -1905-1937-) 향암당(香庵堂, 香菴堂), 속성 이李씨, 20세기 전반에 활동한 불화승이다. 1905년에 수화승 금호약효와 충남 공주 마곡사 대웅보전 삼세불도(석가모니불)와 수화승 천연정연과 삼세불도(아미타불)를, 수화승 금호약효와 1906년에 금선대 칠성도(예산 정혜사 소장), 1907년에 충북 영동 영국사 석가모니후불도와 칠성도 등, 전북 무주 원통사 원통

보전 칠성도, 공주 갑사 대적전 삼세후불도, 충남 금산 신안사 석가모니후불
도를, 수화승 보응문성과 신원사 대웅전 석가모니후불도와 신중도 및 칠성도
를, 1909년에 수화승 금호약효와 마곡사 은적암 신중도를 조성하였다. 1910
년에 수화승 정연과 마곡사 영산전 신중도를 그리고, 수화승 금호약효와 마
곡사 천왕문을 중수하였다. 1911년 수화승 혜산축연과 금산 보석사 대웅전
석가모니후불도를, 수화승 금호약효와 1912년에 마곡사 영은암 신중도와 청
련암 독성도 및 칠성도를, 1914년에 마곡사 백련암 칠성도를, 1916년에 수화
승으로 충남 예산 보덕사 조왕도(예산 수덕사 소장)를, 수화승 금호약효와
1918년에 마곡사 영은암 칠성도와 1919년에 서울 극락선원 괘불도, 수화승
으로 충남 부여 금지사 칠성도, 아미타후불도, 칠성도를, 1929년 수화승 보응
과 경남 통영 용화사 대웅전 석가모니후불도와 신중도, 수화승 화삼과 산신
도를, 1935년에 수화승으로 경북 예천 서악사 칠성도와 독성도를, 1936년에
마곡사 대원암 석가모니후불도와 신중도를, 1937년에 수화승 이용해와 충남
아산 인췌사 신중도를 조성하였다.

- 1905년 충남 공주 麻谷寺 大雄寶殿 三世佛圖(釋迦牟尼佛) 조성(『韓國의 佛畵 15 –麻谷寺(上)』) 수화승 錦湖若效
  1905년 충남 공주 麻谷寺 大雄寶殿 三世佛圖(阿彌陀佛) 조성(『韓國의 佛畵 15 –麻谷寺(上)』) 수화승 天然定淵
- 1906년 金仙臺 七星圖 조성(禮山 定慧寺 所藏,『韓國의 佛畵 27 – 修德寺』) 수화승 錦湖若效
- 1907년 충북 영동 寧國寺 釋迦牟尼後佛圖 조성(『韓國의 佛畵 17 – 法住寺』) 수화승 錦湖若效
  1907년 충북 영동 寧國寺 七星圖 조성(『韓國의 佛畵 17 – 法住寺』) 수화승 錦湖若效
  1907년 충북 영동 寧國寺 山神圖 조성(『韓國의 佛畵 17 – 法住寺』) 수화승 錦湖若效
  1907년 전북 무주 圓通寺 圓通寶殿 七星圖 조성(『韓國의 佛畵 13 – 金山寺』) 수화승 錦湖若效
  1907년 충남 공주 甲寺 大寂殿 三世後佛圖 조성(『韓國의 佛畵 15 – 麻谷寺(上)』) 수화승 錦湖若效
  1907년 충남 금산 身安寺 釋迦牟尼後佛圖 조성(『韓國의 佛畵 15 – 麻谷寺(上)』) 수화승 錦湖若效
  1907년 충남 공주 新元寺 大雄殿 釋迦牟尼後佛圖 조성(『韓國의 佛畵 15 – 麻谷寺(上)』) 수화승 普應文性
  1907년 충남 공주 新元寺 大雄殿 神衆圖 조성(『韓國의 佛畵 15 – 麻谷寺(上)』) 수화승 普應文性
  1907년 충남 공주 新元寺 七星圖 조성(『韓國의 佛畵 16 – 麻谷寺(下)』) 수화승 普應文性
- 1909년 충남 공주 麻谷寺 隱寂庵 神衆圖 조성(『韓國의 佛畵 15 – 麻谷寺(上)』) 수화승 錦湖若效
- 1910년 충남 공주 麻谷寺 靈山殿 神衆圖 조성(『韓國의 佛畵 15 – 麻谷寺(上)』) 수화승 定淵
  1910년 충남 공주 麻谷寺 天王門 重修(「泰華山麻谷寺天王門重修記」) 수화승 錦湖若效
- 1911년 충남 금산 寶石寺 大雄殿 釋迦牟尼後佛圖 조성(『韓國의 佛畵 15 – 麻谷寺(上)』) 麻谷寺 수화승 惠山竺衍
- 1912년 충남 공주 麻谷寺 灵隱庵 神衆圖 조성(『韓國의 佛畵 15 – 麻谷寺(上)』)
  1912년 충남 공주 麻谷寺 靑蓮菴 七星圖 조성(『韓國의 佛畵 16 – 麻谷寺(下)』) 수화승

錦湖若效

1912년 충남 공주 麻谷寺 靑蓮菴 獨聖圖 조성(『韓國의 佛畵 16 – 麻谷寺(下)』)
◦ 1914년 충남 공주 麻谷寺 白蓮菴 七星圖 조성(『韓國의 佛畵 16 – 麻谷寺(下)』) 수화승
金錦湖若效
◦ 1916년 충남 예산 報德寺 竈王圖 조성(禮山 修德寺 所藏, 『韓國의 佛畵 27 – 修德寺』)
片手 수화승
◦ 1918년 충남 공주 麻谷寺 靈隱庵 七星圖 조성(『韓國의 佛畵 16 – 麻谷寺(下)』) 수화승
金錦湖
◦ 1919년 서울 極樂禪院 掛佛圖 조성(『韓國의 佛畵 40 – 補遺』) 金魚 수화승 錦湖若效
1919년 충남 부여 金池寺 七星圖 조성(『韓國의 佛畵 16 – 麻谷寺(下)』) 金魚 片手 수화승
1919년 충남 부여 金池寺 阿彌陀後佛圖 조성(『韓國의 佛畵 15 – 麻谷寺(上)』) 片手 出
草 수화승
1919년 충남 부여 金池寺 七星圖 조성(『韓國의 佛畵 16 – 麻谷寺(下)』) 片手 수화승
◦ 1929년 경남 통영 龍華寺 大雄殿 釋迦牟尼後佛圖 조성(『韓國의 佛畵 25 – 雙磎寺(上)』)
수화승 普應
1929년 경남 통영 龍華寺 大雄殿 神衆圖 조성(『韓國의 佛畵 25 – 雙磎寺(上)』) 수화승
普應
1929년 경남 통영 龍華寺 山神圖 조성(『韓國의 佛畵 26 – 雙磎寺(下)』) 수화승 化三
◦ 1935년 경북 예천 西岳寺 七星圖 조성(『韓國佛畵畵記集』) 金魚 수화승
1935년 경북 예천 西岳寺 獨聖圖 조성(『韓國佛畵畵記集』) 金魚 수화승
◦ 1936년 충남 공주 麻谷寺 大院庵 釋迦牟尼後佛圖 조성(『韓國의 佛畵 15 – 麻谷寺(上)』)
金魚 수화승
1936년 충남 공주 麻谷寺 大院庵 七星圖 조성(『韓國의 佛畵 16 – 麻谷寺(下)』) 金魚
수화승
◦ 1937년 충남 아산 仁萃寺 神衆圖 조성(『韓國의 佛畵 15 – 麻谷寺(上)』) 수화승 李龍海

성영(省英 : -1677-) 17세기 후반에 활동한 불화승이다. 1677년에 순천 송광
사 괘불도를 조성하였다.

◦ 1677년 전남 순천 松廣寺 掛佛圖 조성(『曹溪山松廣寺史庫』)

성예(性藝 : -1788-) 18세기 후반에 활동한 불화승이다. 1788년에 수화승 연
홍과 공주 마곡사 대적광전 석가모니후불도를 조성하였다.

◦ 1788년 충남 공주 麻谷寺 大寂光殿 釋迦牟尼後佛圖 『韓國의 佛畵 15 – 麻谷寺(上)』 수
화승 연홍

성오 1(性悟 : 1736-1738) 18세기 전반에 활동한 불화승이다. 1736년에 수화
승 임한과 울산 석남사 석가여래후불도를, 1738년에 수화승 효흔과 경남 밀
양 표충사 감로도를 조성하였다.

◦ 1736년 울산 石南寺 釋迦如來後佛圖 조성(畵記에 碩南寺, 『韓國의 佛畵 3 – 通度寺(下)』)
수화승 任閑
◦ 1738년 경남 밀양 表忠寺 甘露圖 조성(『韓國의 佛畵 3 – 通度寺(下)』) 수화승 晶根

성오 2(性忤 : -1856-) 19세기 중반에 활동한 불화승이다. 1856년에 수화승
경성긍준과 강원 삼척 영은사 괘불도(평창 월정사 소장)를 조성하였다.

◦ 1856년 강원 삼척 靈隱寺 掛佛圖 조성(平昌 月精寺 所藏, 『韓國의 佛畵 10 – 月精寺』)[89]
수화승 璟惺肯濬

성오 3(成悟 : -1896-) 19세기 후반에 활동한 불화승이다. 1896년에 수화승
덕산묘화와 대구 동화사 사천왕도(지국천왕)를 조성하였다.

◦ 1896년 대구 桐華寺 四天王圖(持國天王) 조성(『韓國의 佛畵 21 – 桐華寺(上)』) 수화승 德山妙華

성옥 1(性玉 : -1754-1770-) 18세기 후반에 활동한 불화승이다. 1754년에 수화승 등으로 전북 고창 선운사 천불도 일부(동국대학교 박물관 소장)를, 1770년에 광주 무등산 안심사安心寺에서 수화승 화연과 화엄도를 조성하여 전남 순천 송광사 화엄전에 봉안하였다.

◦ 1754년 전북 고창 禪雲寺 千佛圖 조성(東國大學校 博物館 所藏, 『韓國의 佛畵 18 – 大學博物館(Ⅰ)』) 金魚90) 수화승
1754년 전북 고창 禪雲寺 千佛圖 조성(東國大學校 博物館 所藏, 『韓國의 佛畵 18 – 大學博物館(Ⅰ)』) 수화승 雪心
◦ 1770년 광주 無等山 安心寺에서 華嚴圖를 조성하여 순천 松廣寺 華嚴殿 봉안(『曹溪山松廣寺史庫』와 『韓國의 佛畵 6 – 松廣寺』) 수화승 華蓮

성옥 2(性沃 : -1887-)* 19세기 후반에 활동한 불화승이다. 1887년에 수화승으로 강원 원주 구룡사 아미타후불도를 조성하였다.

◦ 1887년 강원 원주 龜龍寺 阿彌陀後佛圖 조성(『韓國의 佛畵 10 – 月精寺』) 金魚 수화승
※ 성옥 2와 성옥 3은 동일인으로 추정된다.

성옥 3(性沃 : -1892-) 청오당(淸悟堂) 19세기 후반에 활동한 불화승이다. 1892년에 수화승 연허병규와 상사霜寺 독성도(여주 흥왕사 소장)를 조성하였다.

◦ 1892년 霜寺 獨聖圖 조성(驪州 興旺寺 所藏, 『韓國의 佛畵 29 – 龍珠寺(下)』) 수화승 蓮虛炳奎

성옥 4(成玉 : -1910-) 20세기 전반에 활동한 불화승이다. 1910년에 수화승 금호약효와 충남 공주 갑사 대웅전 신중도를 조성하였다.

◦ 1910년 충남 공주 甲寺 大雄殿 神衆圖 조성(『韓國의 佛畵 15 – 麻谷寺(上)』)91) 彩童 수화승 錦湖若效

성우 1(聖祐, 聖遇 : -1736-1737-) 18세기 전반에 활동한 불화승이다. 1736년에 수화승 의겸과 전남 순천 선암사 서부도전西浮屠殿 감로도를 조성하고, 1737년에 수화승 우난과 경남 진주 백천사 도솔암 지장도(고성 옥천사 연대암 소장)를 고쳐 그렸다.

◦ 1736년 전남 순천 仙巖寺 西浮屠殿 甘露圖 조성(『韓國의 佛畵 12 – 仙巖寺』) 수화승 義謙
◦ 1737년 경남 진주 百泉寺 兜率庵 地藏圖 改畵(固城 玉泉寺 蓮臺庵 所藏, 『韓國의 佛畵 25 – 雙磎寺(上)』) 수화승 雨蘭

성우 2(性禹 : -1794-1796-) 18세기 후반에 활동한 불화승이다. 1794년부터 1796년까지 화성 건립에 참여하여 1801년 작성된 『화성성역의궤華城城役儀軌』에 수원부水原府 승려로 적혀있다.

◦ 1794년-1796년 화성 건립에 화원으로 참여(1801년 작성된 『華城城役儀軌』 卷4 工匠 畵工 條) 水原府

성우 3(性愚 : -1905-) 20세기 전반에 활동한 불화승이다. 1905년에 수화승 경선응석과 충북 보은 법주사 팔금강번八金剛幡(백정수금강)을 조성하였다.

◦ 1905년 충북 보은 法住寺 八金剛幡(白淨水金剛) 조성(『韓國의 佛畵 17 – 法住寺』) 수화

승 慶船應釋

성운 1(性云 : -1739-) 18세기 중반에 활동한 불화승이다. 1739년에 수화승 초흠과 서울 학림사 괘불도를 조성한 것으로 추정된다.

> · 1739년 서울 鶴林寺 掛佛圖 造成 추정(박도화,「鶴林寺 毘盧遮那三身掛佛幀畵」과『韓國의 佛畵 35 – 曹溪寺(中)』)92) 수화승 楚欽

성운 2(性云, 性芸 : -1875-1888-) 19세기 후반에 활동한 불화승이다. 1875년에 수화승 용하와 강원 삼척 신흥사 아미타후불도와 신중도(평창 월정사 소장)를, 1888년에 수화승 금곡영환과 경기 안성 칠장사 명부전 지장도를 조성하였다.

> · 1875년 강원 평창 月精寺 阿彌陀後佛圖 조성(平昌 月精寺 所藏,『韓國의 佛畵 10 – 月精寺』와『한국의 사찰문화재–강원도』)93) 수화승 榕夏
> 1875년 강원 삼척 新興寺 神衆圖 조성(平昌 月精寺 所藏,『한국의 사찰문화재–강원도』) 수화승 □夏
> · 1888년 경기 안성 七長寺 冥府殿 地藏圖 조성(『韓國의 佛畵 28 – 龍珠寺(上)』) 수화승 金谷永煥

성원(性元, 性圓 : -1900-) 20세기 전반에 활동한 불화승이다. 1900년에 수화승 동호진철과 경남 양산 통도사 금강계단 감로도를, 수화승 긍엽과 경북 영천 영지사 명부전 지장도와 신중도를, 수화승 영운봉수와 죽림사 극락전 지장도와 칠성도를 조성하였다.

> · 1900년 경남 양산 通度寺 金剛戒壇 甘露圖 조성(『韓國의 佛畵 2 – 通度寺(中)』) 수화승 東湖震徹
> 1900년 경북 영천 靈芝寺 冥府殿 地藏圖 조성(永川 靈地寺 所藏,『韓國의 佛畵 30 – 銀海寺』) 수화승 亘燁
> 1900년 경북 영천 靈芝寺 大雄殿 神衆圖 조성(永川 靈地寺 所藏,『韓國의 佛畵 30 – 銀海寺』) 수화승 亘燁
> 1900년 竹林寺 極樂殿 地藏圖 조성(永川 銀海寺 所藏,『韓國의 佛畵 30 – 銀海寺』) 수화승 影雲奉秀
> 1900년 竹林寺 七星圖 조성(永川 銀海寺 所藏,『韓國의 佛畵 30 – 銀海寺』) 수화승 影雲奉秀

성월당(性月堂) 만희(萬喜) 참조

성월당(性月堂) 우희(宇希) 참조

성윤 1(性允, 性玧 : -1784-1790-) 18세기 후반에 경기도에서 활동한 불화승이다. 수화승 유성과 1784년에 경북 김천 직지사 천불전 불상을 제작하고 1785년 불사에 참여하였다. 1786년에 문효세자文孝世子 묘소墓所 조성소 화승畵僧으로 참여하고, 수화승 화악평삼과 경남 의령 수도사 감로도(양산 통도사 소장)를 조성하였다. 1786년에 수화승 상겸과 경북 상주 황령사 아미타후불도와 신중도 및 괘불도를, 1788년에 수화승 용봉경환과 경북 상주 남장사 불사에 참여하여 기록한『불사성공록佛事成功錄』에 경성양공京城良工으로 언급되어 있다. 또한 수화승 상겸과 1788년에 충남 서산 관음사 아미타불후불도(서

산 천장사 소장)와 1790년에 경기 화성 용주사 감로도를 그리고, 수화승 관
허 설훈과 경기 가평 현등사 지장전 청동지장보살좌상을 제작하였다.

  ◦ 1784년 경북 김천 직지사 천불전 불상 제작(發願文) 수화승 有誠
  ◦ 1785년 경북 김천 直指寺 「乾隆五十年緣化秩」 언급(『直指寺誌』)
  ◦ 1786년 『文孝世子墓所都監儀軌』 造成所 畵僧(奎章閣 13925호, 朴廷蕙, 「儀軌를 통해서
    본 朝鮮時代의 畵員」 자료1)
    1786년 경남 의령 修道寺 甘露圖 조성(梁山 通度寺 所藏, 『韓國의 佛畵 2 - 通度寺
    (中)』)94) 수화승 評三
    1786년 경북 상주 黃嶺寺 阿彌陀後佛圖 조성(『韓國의 佛畵 8 - 直指寺(上)』) 수화승
    尙謙
    1786년 경북 상주 黃嶺寺 神衆圖 조성(『韓國의 佛畵 8 - 直指寺(上)』) 수화승 尙謙
  ◦ 1788년 경북 상주 南長寺 掛佛圖 조성(『韓國의 佛畵 9 - 直指寺(下)』) 수화승 龍峰敬還
    1788년 남장사 불사에 참여한 화승을 적은 『佛事成功錄』에 京城良工에 언급(이용윤,
    「『佛事成功錄』을 통해 본 남장사 괘불」) 수화승 尙謙
    1788년 충남 서산 觀音寺 阿彌陀佛後佛圖 조성(瑞山 天藏寺 所藏, 『韓國의 佛畵 27
    - 修德寺』) 수화승 尙謙
  ◦ 1790년 경기 화성 龍珠寺 甘露圖 조성(『韓國佛畵畵記集』) 수화승 尙兼
    1790년 경기 가평 懸燈寺 靑銅地藏菩薩坐像 제작(造像記) 수화승 寬虛雪訓
  ◦ 연대미상 전북 고창 禪雲寺 十王殿 十王圖(初江大王) 조성(『韓國의 佛畵 14 - 禪雲寺』)
    수화승 宥閑

성윤 2(成閏 : -1788-) 18세기 후반에 전라도에서 활동한 불화승이다. 1788
년에 상겸과 남장사 불사에 참여하여 기록한 『불사성공록佛事成功錄』에 호남
양공으로 언급되어 있다.

  ◦ 1788년 남장사 불사에 참여한 화승을 적은 『佛事成功錄』에 湖南良工에 언급(이용윤,
    「『佛事成功錄』을 통해 본 남장사 괘불」) 수화승 尙謙

성윤 3(誠允 : -1860-) 19세기 중반에 활동한 불화승이다. 1860년에 수화승
익찬과 전남 구례 화엄사 각황전 삼세불도(약사불)를 조성하였다.

  ◦ 1860년 전남 구례 華嚴寺 覺皇殿 三世佛圖(藥師佛) 조성(『韓國의 佛畵 11 - 華嚴寺』)95)
    수화승 海雲益讚

성언(性彦 : -1792-) 18세기 후반에 활동한 불화승이다. 1792년에 수화승 지
연과 경남 양산 통도사 괘불도와 삼장도를, 수화승 瑞峯과 경북 영천 은해사
백흥암 극락전 감로도를 조성하였다.

  ◦ 1792년 경남 양산 通度寺 掛佛圖 조성(『韓國의 佛畵 2 - 通度寺(中)』) 수화승 指演
    1792년 경남 양산 通度寺 三藏圖 조성(『韓國의 佛畵 1 - 通度寺(上)』) 수화승 指演
    1792년 경북 영천 銀海寺 百興庵 極樂殿 甘露圖 조성(『韓國의 佛畵 30 - 銀海寺』)96)
    수화승 瑞峯

성은 1(聖㫼 : -1710-1723-) 18세기 전반에 활동한 불화승이다. 1710년에 수
화승 도문과 경북 안동 봉정사 괘불도를 그리고, 1723년에 경북 안동 부석사
「안양문중수기安養門重修記」에 불상 연화로 적혀있다.

  ◦ 1710년 경북 안동 鳳停寺 掛佛圖 조성(『韓國의 佛畵 24 - 孤雲寺(下)』) 수화승 道文
  ◦ 1723년 경북 안동 浮石寺 「安養門重修記」에 불상연화로 나옴(「浮石寺資料」, 『佛敎美術』 3)97)

성은 2(性隱 : -1805-) 19세기 전반에 활동한 불화승이다. 1805년에 수화승

순정과 전남 해남 명적암 지장도(해남 대흥사 소장)를 조성하였다.

- 1805년 전남 해남 明寂庵 地藏圖 조성(海南 大興寺 所藏, 『韓國의 佛畵 31 – 大興寺』) 수화승 舜靜

성은 3(性恩 : -1832-) 19세기 전반에 활동한 불화승이다. 1832년에 수화승 신선과 삼각산 신흥사 괘불도(서울 흥천사 소장)를 조성하였다.

- 1832년 三角山 新興寺 掛佛圖 조성(서울 興天寺 所藏, 『서울전통사찰불화』와 『掛佛調査報告書 II』 및 『韓國佛畵畵記集』) 수화승 愼善

성익 1(性益 : -1707-1708-) 18세기 전반에 활동한 불화승이다. 수화승 의균과 1707년에 대구 파계사 원통전 석가모니후불도를, 1708년에 경북 포항 보경사 괘불도를 조성하였다.

- 1707년 대구 把溪寺 圓通殿 釋迦牟尼後佛圖 조성(『韓國의 佛畵 21 – 桐華寺(上)』) 수화승 義均
- 1708년 경북 포항 寶鏡寺 掛佛圖 조성(『韓國의 佛畵 38 – 佛國寺』) 수화승 義均

성익 2(成益 : -1759-) 18세기 중반에 활동한 불화승이다. 1759년에 수화승 임한과 경남 양산 통도사 대광명전 비로자나후불도와 석가모니후불도를 조성하였다.

- 1759년 경남 양산 通度寺 大光明殿 毘盧遮那後佛圖 조성(『韓國의 佛畵 1 – 通度寺(上)』) 수화승 任閑
  1759년 경남 양산 通度寺 大光明殿 釋迦牟尼後佛圖 조성(『韓國의 佛畵 1 – 通度寺(上)』) 수화승 任閑

성인(聖印, 性仁 : -1789-1804-) 18세기 후반부터 19세기 전반까지 활동한 불화승이다. 수화승 영린과 1789년에 경북 김천 직지사 신중도를, 1791년에 부산 범어사 비로전 비로자나후불도를, 1804년에 수화승 계한과 경남 양산 통도사 대광명전 신중도(제석천룡도)와 신중도(금강도) 및 해장보월海藏寶閣 자장율사진영慈藏律師眞影을 조성하였다.

- 1789년 경북 김천 直指寺 神衆圖 조성(『韓國의 佛畵 8 – 直指寺(上)』) 수화승 永璘
- 1791년 부산 梵魚寺 毘盧殿 毘盧遮那後佛圖 조성(『韓國의 佛畵 32 – 梵魚寺』)98) 수화승 永璘
- 1804년 경남 양산 通度寺 大光明殿 神衆圖(帝釋天龍圖) 조성(『韓國의 佛畵 1 – 通度寺(上)』) 수화승 戒閑
  1804년 경남 양산 通度寺 大光明殿 神衆圖(金剛圖) 조성(『韓國의 佛畵 1 – 通度寺(上)』) 수화승 戒閑
  1804년 경남 양산 通度寺 海藏寶閣 慈藏律師眞影 조성(『韓國의 佛畵 2 – 通度寺(中)』) 畵員 수화승 戒閑

성일 1(性一, 性日, 聖一 : -1771-1790-) 18세기 후반에 경기도에서 활동한 불화승이다. 1771년 화월두훈과 경북 선산 수타사에 시왕도 일부와 1780년에 수화승 비현과 전남 순천 선암사 팔상전 화엄도華嚴圖를 제작하고, 1786년에 문효세자文孝世子 묘소墓所 조성소 화승畵僧으로 참여하였다. 1788년에 수화승 용봉 영환, 상겸 등과 경북 상주 남장사 괘불도를 제작하여 『불사성공록佛

事成功錄』에 경성양공으로 언급되어 있다. 1788년에 수화승 상겸과 충남 서산 관음사 아미타후불도를 그리고, 1790년에 수화승 관허설훈과 경기 가평 현등사 지장전 청동지장보살좌상을 제작하였다.

- 1771년 경북 선산 水多寺 十王圖(宋帝大王) 조성(『韓國의 佛畵 9 – 直指寺(下)』) 수화승 抖薰
  1771년 경북 선산 水多寺 十王圖(五官大王) 조성(『韓國의 佛畵 9 – 直指寺(下)』) 수화승 抖薰
- 1780년 전남 순천 仙巖寺 八相殿 華嚴圖 조성(『韓國의 佛畵 12 – 仙巖寺』) 수화승 丕賢
- 1786년 『文孝世子墓所都監儀軌』 造成所 畵僧(奎章閣 13925호, 朴廷蕙, 「儀軌를 통해서 본 朝鮮時代의 畵員」 자료1)
- 1788년 경북 상주 南長寺 掛佛圖 조성(『韓國의 佛畵 9 – 直指寺(下)』) 수화승 龍峰敬還
  1788년 남장사 불사에 참여한 화승을 적은 『佛事成功錄』에 京城良工으로 언급(이용윤, 「『佛事成功錄』을 통해 본 남장사 괘불」) 수화승 尙謙
  1788년 충남 서산 觀音寺 阿彌陀佛後佛圖 조성(瑞山 天藏寺 所藏, 『韓國의 佛畵 27 – 修德寺』) 수화승 尙謙
- 1790년 경기 가평 懸燈寺 靑銅地藏菩薩坐像 제작(造像記) 수화승 寬虛雪訓

성일 2(性一, 性日, 聖日 : -1888-1907-)* 월해당(月海堂) 19세기 후반에 활동한 불화승이다. 1897년에 수화승 연호봉의와 경남 남해 용문사 대웅전 석가모니후불도와 신중도를, 수화승 향호묘영과 1888년에 경남 하동 쌍계사 승당 아미타후불홍도阿彌陀後佛紅圖와 1890년에 경남 하동 쌍계사 국사암 독성도 등을, 1897년에 수화승 연호봉의와 경남 남해 용문사 대웅전 석가모니후불도와 신중도, 수화승 연파화인과 전남 구례 천은사 도계암 신중도를, 1900년에 수화승 봉영과 전북 고창 선운사 참당암 대웅전 아미타후불도를, 1903년에 수화승으로 대법산 원흥사 석가모니후불도(홍익대학교 박물관 소장)를, 1904년에 수화승 향호묘영과 전남 순천 송광사 감로암 석가모니후불도를, 1907년에 수화승으로 전남 여수 흥국사 보광전 아미타후불도, 여수 한산사 산신도, 순천 송광사 설법전 독성도를 조성하였다.

- 1888년 경남 하동 雙溪寺 僧堂 阿彌陀後佛紅圖 조성(『韓國의 佛畵 25 – 雙磎寺(上)』) 수화승 香湖妙英
- 1890년 경남 하동 雙溪寺 國師庵 獨聖圖 조성(『韓國의 佛畵 26 – 雙磎寺(下)』) 수화승 香湖妙英
  1890년 경남 하동 雙溪寺 獨聖圖 조성(『韓國의 佛畵 26 – 雙磎寺(下)』) 수화승 香湖妙英
- 1897년 경남 남해 龍門寺 大雄殿 釋迦牟尼後佛圖 조성(『韓國의 佛畵 25 – 雙磎寺(上)』) 수화승 蓮湖奉宜
  1897년 경남 남해 龍門寺 大雄殿 神衆圖 조성(『韓國의 佛畵 25 – 雙磎寺(上)』) 수화승 蓮湖奉宜
  1897년 전남 구례 泉隱寺 道界庵 神衆圖 조성(『韓國의 佛畵 11 – 華嚴寺』) 수화승 蓮波華印
- 1900년 전북 고창 禪雲寺 懺堂庵 大雄殿 阿彌陀後佛圖 조성(『韓國의 佛畵 14 – 禪雲寺』) 수화승 琫榮
- 1903년 大法山 元興寺 釋迦牟尼後佛圖 조성(弘益大學校 所藏, 『韓國의 佛畵 19 – 大學博物館(II)』) 金魚 出草 수화승
- 1904년 전남 순천 松廣寺 甘露庵 釋迦牟尼後佛圖 조성(『韓國의 佛畵 6 – 松廣寺(上)』)

出抄 수화승 香湖妙英

▫ 1907년 전남 여수 興國寺 普光殿 阿彌陀後佛圖 조성(『韓國의 佛畵 11 – 華嚴寺』)99) 片手 수화승

1907년 전남 여수 寒山寺 山神圖 조성(『韓國의 佛畵 11 – 華嚴寺』) 金魚 수화승

1907년 전남 순천 松廣寺 說法殿 獨聖圖 조성(崔淳雨・鄭良謨, 『韓國의 佛敎繪畵 – 松廣寺』와 『韓國의 佛畵 7 – 松廣寺(下)』)100) 金魚 수화승

성잠(聖岑, 性岑 : -1766-1780-) 18세기 중・후반에 활동한 불화승이다. 수화 승 화월두훈과 1766년에 충북 보은 법주사 괘불도와 1771년에 경북 선산 수 다사 시왕도(초강대왕과 도시대왕)를, 1776년에 수화승 행정과 전남 구례 천 은사 극락보전 아미타후불도와 수화승 신암화연과 삼장도 등을 그렸다. 수화 승 비현과 1777년에 전남 영광 불갑사 팔상전 영산회상도와 지장전 지장시 왕도를, 전남 곡성 태안사 대웅전 석가여래도, 신중도, 삼장도와 명적암 신중 도를, 1780년에 전남 순천 선암사 팔상전 화엄도를 조성하였다.

▫ 1766년 충북 보은 法住寺 掛佛圖 조성(『韓國의 佛畵 17 – 法住寺』) 수화승 華月枓訓
▫ 1771년 경북 선산 水多寺 十王圖(初江大王) 조성(『韓國의 佛畵 9 – 直指寺(下)』) 수화승 抖薰

1771년 경북 선산 水多寺 十王圖(都市大王) 조성(『韓國의 佛畵 9 – 直指寺(下)』) 수화 승 性聰

▫ 1776년 전남 구례 泉隱寺 應眞堂 靈山會上圖 조성(金玲珠, 『朝鮮時代佛畵硏究』와 『韓國 佛畵畵記集』) 수화승 幸正

1776년 전남 구례 泉隱寺 極樂寶殿 阿彌陀後佛圖 조성(『韓國의 佛畵 11 – 華嚴寺』) 수화승 信庵華連

1776년 전남 구례 泉隱寺 極樂寶殿 三藏圖 조성(『韓國의 佛畵 11 – 華嚴寺』)101) 수화 승 信庵華連

▫ 1777년 전남 영광 佛甲寺 八相殿 靈山會上圖 조성(『靈光 母岳山 佛甲寺』와 『韓國의 佛畵 37 – 白羊寺・新興寺』) 수화승 丕賢

1777년 전남 영광 佛甲寺 地藏殿 地藏十王圖 조성(『靈光 母岳山 佛甲寺』와 『韓國의 佛畵 37 – 白羊寺・新興寺』) 수화승 丕賢

1777년 전남 곡성 泰安寺 大雄殿 釋迦如來圖, 神衆圖, 三藏圖와 明寂庵 神衆圖 조성 (『泰安寺誌』) 수화승 丕賢

▫ 1780년 전남 순천 선암사 八相殿 華嚴圖 조성(『韓國의 佛畵 12 – 仙巖寺』) 수화승 丕賢

성전 1(性全 : -1788-) 18세기 후반에 활동한 불화승이다. 1788년에 수화승 용봉경환과 경북 상주 남장사 괘불도를 조성하였다.

▫ 1788년 경북 상주 南長寺 掛佛圖 조성(『韓國의 佛畵 9 – 直指寺(下)』) 수화승 龍峰 敬還

성전 2(性殿 : -1813-) 19세기 전반에 활동한 불화승이다. 1813년에 수화승 퇴운신겸과 경북 예천 용문사 지장도를 조성하였다.

▫ 1813년 경북 예천 龍門寺 地藏圖 조성(『韓國의 佛畵 8 – 直指寺(上)』) 수화승 退雲愼兼102)

성전 3(性典, 性詮 : -1868-1920-)* 금성당(錦城堂) 19세기 후반에 활동한 불화 승이다. 1868년에 수화승 원명긍우로 강원 고성 화엄사 안양암에 지장시왕도 와 신중도(고성 화암사 소장)를, 1882년에 수화승 축연과 통천 용공사 십육나 한상을 개채改彩하면서 불화를 조성하였다. 1885년에 수화승 대허체훈과 서 울 흥천사 극락보전 극락구품도를, 1886년에 수화승 금곡영환과 경기 안성

칠장사 대웅전 석가모니후불도와 신중도 및 원통전 석가모니후불도를, 1888
년에 수화승 이봉중린과 인천 강화 백련사 신중도와 수화승으로 독성도를,
1890년에 수화승 긍조와 서울 흥천사 대방 아미타후불도와 신중도 및 제석
도를, 1895년에 수화승 금곡영환과 서울 봉은사 영산전 나한도를, 수화승 영
화와 경기 남양주 불암사 괘불도를, 1915년에 수화승 범화 정운과 서울 미타
사 괘불도를, 1920년에 수화승 보경보현과 부산 다솔사 괘불도와 수화승으로
지장도, 현왕도, 칠성도를 조성하였다.

- 1868년 강원 고성 華嚴寺 安養庵 地藏圖 조성(高城 禾巖寺 所藏,『한국의 사찰문화재-
  강원도』와『韓國의 佛畵 37 - 新興寺』) 수화승 圓明亘祐
  1868년 강원 고성 華嚴寺 安養庵 神衆圖 조성(高城 禾巖寺 所藏,『한국의 사찰문화재
  -강원도』와『韓國의 佛畵 37 - 新興寺』) 수화승 圓明亘祐
- 1882년 강원 통천 龍貢寺 十六羅漢 改彩 新畵成 各具尊像 奉安(『榆岾寺本末寺誌(龍貢
  寺)』) 수화승 竺衍
- 1885년 서울 興天寺 極樂寶殿 極樂九品圖 조성(『서울전통사찰불화』와『韓國佛畵畵記集』)
  수화승 大虛體訓
- 1886년 경기 안성 七長寺 大雄殿 釋迦牟尼後佛圖 조성(『韓國의 佛畵 28 - 龍珠寺(上)』)
  수화승 金谷永環
  1886년 경기 안성 七長寺 圓通殿 釋迦牟尼後佛圖 조성(『韓國의 佛畵 28 - 龍珠寺(上)』)
  수화승 金谷永環
  1886년 경기 안성 七長寺 大雄殿 神衆圖 조성(『韓國의 佛畵 28 - 龍珠寺(上)』)[103] 수
  화승 金谷永環
- 1888년 인천 강화 白蓮寺 神衆圖 조성(『畿內寺院誌』와『韓國佛畵畵記集』및『韓國의 佛
  畵 35 - 曹溪寺(中)』) 수화승 尼峯仲獜
  1888년 인천 강화 白蓮寺 獨聖圖 조성(『畿內寺院誌』와『韓國佛畵畵記集』및『韓國의
  佛畵 36 - 曹溪寺(下)』) 片手 수화승
- 1890년 서울 興天寺 大房 阿彌陀後佛圖 조성(『서울전통사찰불화』와『韓國佛畵畵記集』)[104]
  수화승 亘照
  1890년 서울 興天寺 大房 神衆圖 조성(『서울전통사찰불화』와『韓國佛畵畵記集』) 수
  화승 亘照
  1890년 서울 興天寺 大房 帝釋圖 조성(『서울전통사찰불화』와『韓國佛畵畵記集』) 수
  화승 亘照
- 1895년 서울 奉恩寺 靈山殿 十六羅漢圖 조성(『韓國佛畵畵記集』과『韓國의 佛畵 35 - 曹
  溪寺(中)』) 수화승 尙奎
  1895년 경기 남양주 佛巖寺 掛佛圖 조성(『掛佛調査報告書』와『韓國佛畵畵記集』및
  『韓國의 佛畵 33 - 奉先寺』) 수화승 金谷永煥
- 1915년 서울 彌陀寺 掛佛圖 조성(『韓國의 佛畵 35 - 曹溪寺(中)』) 수화승 梵華禎雲
- 1920년 부산 多率寺 掛佛圖 조성(『韓國의 佛畵 32 - 梵魚寺』) 수화승 寶鏡普現
  1920년 부산 多率寺 地藏圖 조성(『韓國의 佛畵 32 - 梵魚寺』) 金魚 수화승
  1920년 부산 多率寺 現王圖 조성(『韓國의 佛畵 32 - 梵魚寺』) 金魚 수화승
  1920년 부산 多率寺 七星圖 조성(『韓國의 佛畵 32 - 梵魚寺』) 金魚 수화승

성정(性正 : -1759-) 18세기 중반에 활동한 불화승이다. 1759년에 수화승 화
연과 전남 곡성 태안사 봉서암 감로왕도(호암미술관 소장)를 조성하였다.

- 1759년 전남 곡성 泰安寺 鳳瑞庵 甘露王圖 조성(湖巖美術館 所藏,『韓國佛畵畵記集』) 수
  화승 華演

성종(聖宗 : -1695-) 17세기 후반에 활동한 불화승이다. 1695년에 수화승 상

린과 경북 청도 적천사 괘불도를 조성하였다.

　　◦1695년 경북 청도 磧川寺 掛佛圖 조성(『韓國의 佛畵 22 – 桐華寺(下)』) 수화승 尙璘

성주 1(聖注, 晟周, 聖周 : -1858-1863-)* 향암당(香庵堂) 19세기 중반에 활동한 불화승이다. 1858년에 수화승으로 경남 밀양 표충사 명부전 지장도를, 1861년에 수화승 관행과 경북 청도 운문사 아미타후불도와 수화승으로 운문사 관음전 신중도를, 수화승으로 경북 울주 언양 석남사 부도암 석가모니후불도(양산 통도사 소장)를, 1863년에 수화승 의운자우와 경북 영천 묘각사 아미타후불도를 조성하였다.

　　◦1858년 경남 밀양 表忠寺 冥府殿 地藏圖 조성(『韓國의 佛畵 3 – 通度寺(下)』) 良工 수화승
　　◦1861년 경북 淸道 雲門寺 阿彌陀後佛圖 조성(『韓國의 佛畵 21 – 桐華寺(上)』) 수화승 瓘幸
　　　1861년 경북 청도 雲門寺 觀音殿 神衆圖 조성(『韓國의 佛畵 21 – 桐華寺(上)』) 金魚 수화승
　　　1861년 경북 울주 彦陽 石南寺 浮屠庵 釋迦牟尼後佛圖 조성(梁山 通度寺 所藏, 『韓國의 佛畵 1 – 通度寺(上)』) 金魚 수화승[105]
　　◦1863년 경북 영천 妙覺寺 阿彌陀後佛圖 조성(『韓國의 佛畵 30 – 銀海寺』) 良工 수화승 義雲 慈雨
　　◦연대미상 경북 김천 直指寺 山神圖 조성(『韓國의 佛畵 9 – 直指寺(下)』) 金魚 수화승

성주 2(聖珠, 性周, 聖周, 聖柱 : -1901-1911-) 혼응당(渾應堂, 混應堂) 20세기 전반에 서울 개운사를 중심으로 활동한 불화승이다. 1901년에 수화승 한봉응작과 서울 봉원사 괘불도를, 1905년에 수화승 금호약효와 충남 공주 마곡사 대웅보전 삼세불도(석가모니불)와 수화승 천연 정연과 삼세불도(아미타불)를, 1910년에 수화승 봉주와 충남 공주 마곡사 대웅보전 신중도를, 1911년에 수화승 혜산축연과 충남 금산 보석사 대웅전 석가모니후불도를 조성하였다.

　　◦1901년 서울 奉元寺 掛佛圖 조성(『서울전통사찰불화』와 『韓國佛畵畵記集』) 수화승 韓峰 應作
　　◦1905년 충남 공주 麻谷寺 大雄寶殿 三世佛圖(釋迦牟尼佛) 조성(『韓國의 佛畵 15 –麻谷寺(上)』) 수화승 錦湖若效
　　　1905년 충남 공주 麻谷寺 大雄寶殿 三世佛圖(阿彌陀佛) 조성(『韓國의 佛畵 15 –麻谷寺(上)』) 수화승 天然定淵
　　◦1910년 충남 공주 麻谷寺 大雄寶殿 神衆圖 조성(『韓國의 佛畵 15 – 麻谷寺(上)』) 수화승 奉珠
　　◦1911년 충남 금산 寶石寺 大雄殿 釋迦牟尼後佛圖 조성(『韓國의 佛畵 15 – 麻谷寺(上)』) 京城 開雲寺 수화승 惠山竺衍

성준 1(成俊 : -1840-)* 대송당(大凇堂) 19세기 중반에 활동한 불화승이다. 1840년에 수화승으로 경북 의성 수정암 삼세불묵도三世佛墨圖와 신중도를 조성하였다.

　　◦1840년 경북 의성 水淨庵 三世佛墨圖 조성(『韓國의 佛畵 23 – 孤雲寺(上)』) 龍眼 수화승
　　　1840년 경북 의성 水淨庵 神衆圖 조성(『韓國의 佛畵 23 – 孤雲寺篇(上)』) 龍眼 수화승

성준 2(性俊 : -1880-) 19세기 후반에서 활동한 불화승이다. 1880년에 수화승 환봉준성과 전북 완주 위봉사 보광명전 삼세불도(약사불)를 조성하였다.

▫ 1880년 전북 완주 威鳳寺 普光明殿 三世佛圖(藥師佛) 조성(『韓國의 佛畫 13 – 金山寺』) 수화승 幻峯準性

성증(性證 : -1724-)* 18세기 전반에 활동한 불화승이다. 1724년에 수화승으로 경북 김천 직지사 감로왕도를 조성하였다.

▫ 1724년 경북 김천 直指寺 甘露王圖 조성(『韓國佛畫畫記集』) 畫員 수화승

성진(聲振 : -1892-) 19세기 후반에 활동한 불화승이다. 1892년에 수화승 연하계창과 전북 익산 심곡사 아미타후불도를 조성하였다.

▫ 1892년 전북 익산 深谷寺 阿彌陀後佛圖 조성(『韓國의 佛畫 13 – 金山寺』) 수화승 蓮河啓昌

성징 1(性澄 : -1688-1724-)* 18세기 전반에 활동한 불화승이다. 1688년에 수화승 지현과 경북 상주 북장사 명부전 목조지장보살좌상과 시왕상을, 수화승 탁휘와 1701년에 경북 상주 남장사 감로도와 1702년에 경북 성주 선석사 괘불도를, 수화승으로 1705년에 경북 예천 용문사 괘불도와 조성하였다. 1724년에 경남 합천 해인사 명부전 지장보살좌상 개금 시 대각등계서大覺登階書로 적혀있다. 1729년에 수화승으로 경남 창원 성주사 감로도를 그렸다.

▫ 1688년 경북 상주 北長寺 冥府殿 木造地藏菩薩坐像과 十王像 제작(發願文) 수화승 지현
▫ 1701년 경북 상주 南長寺 甘露圖 조성(『韓國의 佛畫 9 – 直指寺(下)』)106) 수화승 卓輝
▫ 1702년 경북 성주 禪石寺 掛佛圖 조성(『韓國의 佛畫 22 – 桐華寺(下)』) 수화승 卓輝
▫ 1705년 경북 예천 龍門寺 掛佛圖 조성(『韓國의 佛畫 9 – 直指寺(下)』) 畫員 수화승
▫ 1724년 경남 합천 海印寺 冥府殿 木造地藏菩薩坐像 개금(李智冠 編著, 『伽倻山 海印寺誌』) 大覺登階書 수화승
▫ 1729년 경남 창원 聖住寺 甘露圖 조성(『韓國의 佛畫 32 – 梵魚寺』) 指證龍眼 수화승

성징 2(性澄 : -1755-1767-) 18세기 중반에 활동한 불화승이다. 1755년에 수화승 상오와 경북 영천 은해사 대웅전 삼장도와 수화승 임한과 경북 청도 운문사 비로전 삼신불도三身佛圖와 온양민속박물관 소장 삼장도를 조성하였다. 1767년에 수화승 화월두훈과 경남 양산 통도사 괘불도를 그렸다.

▫ 1755년 경북 영천 銀海寺 大雄殿 三藏圖 조성(『韓國의 佛畫 30 – 銀海寺』) 수화승 常悟
1755년 경북 청도 雲門寺 毘盧殿 三身佛圖 조성(『韓國의 佛畫 21 – 桐華寺 (上)』) 수화승 任閑
1755년 三藏圖 조성(溫陽民俗博物館 所藏, 『韓國의 佛畫 20 – 私立博物館』)107) 수화승 任閑
▫ 1767년 경남 양산 通度寺 掛佛圖 조성(『韓國의 佛畫 2 – 通度寺(中)』)108) 수화승 枓薰

성찬(性贊, 性讚, 成粲, 性粲 : -1727-1777-) 18세기 전·중반에 활동한 불화승이다. 수화승 하천과 1727년에 대구 동구 동화사 대웅전 목조삼세불좌상과 1730년에 경남 창녕 포교원 목조석가불좌상을 제작하였다. 수화승 세관과 1744년에 경북 김천 직지사 석가모니후불도와 약사여래후불도 및 시왕도 일부를 그리고, 1747년에 수화승 묘경과 충북 보은 법주사 소조삼신불좌상을 개금하였다. 1755년에 수화승 상오와 경북 영천 은해사 대웅전 삼장도를, 수화승 임한과 경북 청도 운문사 비로전 삼신불도와 온양민속박물관 소장 삼장

도를 조성하였다. 1764년에 수화승 치상과 경북 의성 대곡사 지장도와 원광
대학교 박물관 소장 감로도를, 1777년에 수화승 비현, 쾌윤 등과 전남 곡성
태안사 대웅전 석가여래도, 신중도, 삼장도와 명적암 신중도를 그렸다.

- 1727년 대구 桐華寺 大雄殿 木造三世佛坐像 제작(發願文) 수화승 하천
- 1744년 경북 김천 直指寺 釋迦牟尼後佛圖 조성(『韓國의 佛畵 8 – 直指寺(上)』) 醴泉 大谷寺 수화승 世冠
  1744년 경북 김천 直指寺 藥師如來後佛圖 조성(『韓國의 佛畵 8 – 直指寺(上)』) 수화승 世冠
  1744년 경북 김천 直指寺 十王圖(秦廣大王) 조성(『韓國의 佛畵 9 – 直指寺(下)』) 수화승 世冠
  1744년 경북 김천 直指寺 十王圖(宋帝大王) 조성(『韓國의 佛畵 9 – 直指寺(下)』) 수화승 世冠
  1744년 경북 김천 直指寺 十王圖(閻羅大王) 조성(『韓國의 佛畵 9 – 直指寺(下)』) 수화승 世冠
  1744년 경북 김천 直指寺 十王圖(初江大王) 조성(『韓國의 佛畵 9 – 直指寺(下)』) 수화승 世冠
  1744년 경북 김천 直指寺 十王圖(五官大王) 조성(『韓國의 佛畵 9 – 直指寺(下)』) 수화승 世冠
  1744년 경북 김천 直指寺 十王圖(變成大王) 조성(『韓國의 佛畵 9 – 直指寺(下)』) 수화승 世冠
- 1747년 충북 보은 法住寺 塑造三身佛坐像 개금(發願文) 수화승 묘경
- 1755년 경북 영천 銀海寺 大雄殿 三藏圖 조성(『韓國의 佛畵 30 – 銀海寺』) 수화승 常悟
  1755년 경북 청도 雲門寺 毘盧殿 三身佛圖 조성(『韓國의 佛畵 21 – 桐華寺(上)』) 수화승 任閑
  1755년 三藏圖 조성(溫陽民俗博物館 所藏, 『韓國의 佛畵 20 – 私立博物館』)109) 수화승 任閑
- 1764년 경북 의성 大谷寺 地藏圖 조성(『韓國의 佛畵 23 – 孤雲寺(上)』) 수화승 稚朔
  1764년 甘露圖 조성(圓光大學校 博物館 所藏, 『韓國의 佛畵 19 – 大學博物館(Ⅱ)』)110) 수화승 雉翔
- 1777년 전남 곡성 泰安寺 大雄殿 釋迦如來圖, 神衆圖, 三藏圖와 明寂庵 神衆圖 조성(『泰安寺誌』) 수화승 丕賢

성찰(性察 : -1711-)* 18세기 전반에 활동한 조각승이다. 1711년에 수화승으로 용연사 지장도(양산 통도사 소장)를 조성하였다.

- 1711년 龍淵寺 地藏圖 조성(梁山 通度寺 所藏, 『韓國의 佛畵 1 – 通度寺(上)』) 畵員 수화승

성철(性哲 : -1741-)* 18세기 중반에 활동한 불화승이다. 1741년에 수화승으로 충남 청양 장곡사 삼세불도(노사나불와 석가모니불, 동국대학교 박물관 소장)를 조성하였다.

- 1741년 충남 청양 長谷寺 三世佛圖(盧舍那佛) 조성(東國大學校 博物館 所藏, 『韓國의 佛畵 18 – 大學博物館(Ⅰ)』) 畵士 수화승
  1741년 충남 청양 長谷寺 三世佛圖(釋迦牟尼佛) 조성(東國大學校 博物館 所藏, 『韓國의 佛畵 18 – 大學博物館(Ⅰ)』) 畵員 수화승

성천 1(性天 : -1846-1854-)* 19세기 중반에 활동한 불화승이다. 1846년에 수화승 양전과 시흥 삼성산 사자사 지장도(서울 사자사 소장)를, 1853년에 수화승 응성환익과 경기 남양주 봉영사 아미타후불도를, 1854년에 수화승으로 무

염암 아미타후불도(홍성 석련사 소장)를 조성하였다.

- 1846년 시흥 三聖山 獅子寺 地藏圖 조성(서울 獅子寺 所藏, 『韓國의 佛畵 34 – 曹溪寺 (上)』) 수화승 良典
- 1853년 경기 남양주 奉永寺 阿彌陀後佛圖 조성(『韓國의 佛畵 33 – 奉先寺』) 수화승 應惺幻翼
- 1854년 無染庵 阿彌陀後佛圖 조성(洪城 石蓮寺 所藏, 『韓國의 佛畵 27 – 修德寺』) 金魚 수화승

성천 2(性天) 19세기에 활동한 불화승이다. 광무光武 연간에 수화승 긍□와 □연암 아미타후불도(호림박물관 소장)를 조성하였다.

- 光武연간 □蓮庵 阿彌陀後佛圖 조성(湖林博物館 所藏, 『韓國의 佛畵 20 – 私立博物館』) 수화승 亘□

성첨(性沾 : -1812-) 19세기 전반에 활동한 불화승이다. 1812년에 수화승 계의와 경북 경주 불국사 극락전 후불도와 울산 오봉사 지장도(양산 통도사 소장)를 조성하였다.

- 1812년 울산 五峯寺 地藏圖 조성(梁山 通度寺 所藏, 『韓國의 佛畵 1 – 通度寺(上)』)[111] 수화승 戒誼

성청(性淸, 性聽 : -1740-1772-) 18세기 중·후반에 덕유산을 중심으로 활동한 불화승이다. 1740년에 수화승 혜식과 대구 동구 파계사 건칠관음보살좌상을 중수하고, 1742년에 수화승 혜식과 덕유산 영축사 영산회상도(국립중앙박물관 소장)를, 1755년에 수화승 상오와 경북 영천 은해사 대웅전 삼장도를, 수화승 임한과 경북 청도 운문사 비로전 삼신불도와 온양민속박물관 소장 삼장도를, 1772년에 수화승 유성과 충남 서산 개심사 괘불도를 조성하였다.

- 1740년 대구 동구 파계사 건칠관음보살좌상 중수(『한국의 사찰문화재–대구광역시·경상북도 I 자료집』) 수화승 慧湜
- 1742년 德裕山 靈鷲寺 靈山會上圖 조성(國立中央博物館 所藏, 『영혼의 여로 – 조선시대 불교회화와의 만남』과 『韓國의 佛畵 39 – 國·公立博物館』) 山人 수화승 慧式
- 1755년 경북 영천 銀海寺 大雄殿 三藏圖 조성(『韓國의 佛畵 30 – 銀海寺』) 수화승 常悟
  1755년 경북 청도 雲門寺 毘盧殿 三身佛圖 조성(『韓國의 佛畵 21 – 桐華寺 (上)』) 수화승 任閑
  1755년 三藏圖 조성(溫陽民俗博物館 所藏, 『韓國의 佛畵 20 – 私立博物館』)[112] 수화승 任閑
- 1772년 충남 서산 開心寺 掛佛圖 조성(『韓國의 佛畵 27 – 修德寺』) 수화승 有誠

성총(性聰, 聖摠 : -1755-1775-)* 18세기 후반에 활동한 불화승이다. 1755년에 수화승 휴봉과 경기 광주 국청사 감로도(프랑스 국립기메박물관 소장)를, 1764년에 수화승 전수와 경북 영덕 장육사 대웅전 지장도를, 1765년에 수화승으로 대구 동구 동화사 천룡도와 경북 청도 대적사 신중도(국립중앙박물관 소장)를, 1771년에 수화승 두훈과 경북 구미 수다사 시왕도(진광대왕과 염라대왕)와 수화승으로 시왕도(변성대왕과 도시대왕) 등을 그렸다. 1775년에 수화승 시보와 경북 영천 묘각사 석조아미타불좌상을 도금하였다.

- 1755년 경기 廣州 國淸寺 甘露圖 조성(乾鳳寺 제작, 프랑스 국립기메박물관 소장, 『韓國

佛畫畫記集』과『프랑스 국립기메박물관 소장 한국문화재』) 수화승 携鳳
- 1764년 경북 영덕 莊陸寺 大雄殿 地藏圖 조성(『韓國의 佛畫 38 – 佛國寺』) 수화승 典秀
- 1765년 대구 桐華寺 天龍圖 조성(『韓國의 佛畫 21 – 桐華寺(上)』) 良工 수화승
  1765년 경북 청도 大寂寺 神衆圖 조성(國立中央博物館 所藏,『영혼의 여로 – 조선시대 불교회화와의 만남』과『韓國의 佛畫 39 – 國・公立博物館』) 良工 수화승
- 1771년 경북 선산 水多寺 十王圖(秦廣大王) 조성(『韓國의 佛畫 9 – 直指寺(下)』)[113] 수화승 抖薰
  1771년 경북 선산 水多寺 十王圖(閻羅大王) 조성(『韓國의 佛畫 9 – 直指寺(下)』) 수화승 抖薰
  1771년 경북 선산 水多寺 十王圖(變成大王) 조성(『韓國의 佛畫 9 – 直指寺(下)』) 良工 수화승
  1771년 경북 선산 水多寺 十王圖(都市大王) 조성(『韓國의 佛畫 9 – 直指寺(下)』) 良工 수화승
  1771년 경북 선산 水多寺 十王圖(五道轉輪大王) 조성(『韓國의 佛畫 9 – 直指寺(下)』) 수화승 允幸
  1771년 경북 선산 水多寺 使者圖 조성(『韓國의 佛畫 9 – 直指寺(下)』) 良工 수화승
- 1775년 경북 영천 묘각사 석조아미타불좌상 도금(『한국의 사찰문화재 – 대구광역시・경상북도 I 자료집』) 수화승 侍普

성탄 1(省坦 : -1702-) 18세기 전반에 활동한 불화승이다. 1702년에 수화승 태철과 전남 장흥 제석도를 중수하였다.
- 1702년 전남 장흥 寶林寺 帝釋圖 2위 중수(『譯註 寶林寺重創記』) 수화승 太澈

성탄 2(性綻 : -1768-) 18세기 중반에 활동한 불화승이다. 1768년에 수화승 유행과 충남 부여 오덕사 괘불도를 조성하였다.
- 1768년 충남 부여 五德寺 掛佛圖 조성(『掛佛調查報告書 II』와『韓國佛畫畫記集』) 수화승 有幸

성탄 3(性坦 : -1892-) 19세기 후반에 활동한 불화승이다. 1892년에 수화승 금곡영환과 경기 남양주 흥국사 영산전 석가모니후불도와 수화승 경선응석과 만월보전 아미타후불도를 조성하였다.
- 1892년 경기 남양주 興國寺 靈山殿 釋迦牟尼後佛圖 조성(『韓國의 佛畫 33 – 奉先寺』) 수화승 金谷永煥
  1892년 경기 남양주 興國寺 滿月寶殿 阿彌陀後佛圖 조성(『韓國의 佛畫 33 – 奉先寺』) 수화승 慶船應釋

성택(性澤 : -1905-1907-) 20세기 전반에 활동한 불화승이다. 수화승 금호약효와 1905년에 충남 공주 갑사 대웅전 삼장도와 1907년에 갑사 대적전 삼세후불도와 신향각 사천왕도를, 수화승 융파법융와 대적전 사천왕도를 조성하였다.
- 1905년 충남 공주 甲寺 大雄殿 三藏圖 조성(『韓國의 佛畫 15 – 麻谷寺(上)』) 수화승 錦湖若效
- 1907년 충남 공주 甲寺 大寂殿 三世後佛圖 조성(『韓國의 佛畫 15 – 麻谷寺(上)』) 수화승 錦湖若效
  1907년 충남 공주 岬寺 新香閣 四天王圖 조성(『韓國의 佛畫 15 – 麻谷寺(上)』) 수화승 錦湖若效
  1907년 충남 공주 甲寺 大寂殿 四天王圖 조성(『韓國의 佛畫 15 – 麻谷寺(上)』) 수화승 隆坡法融

성평(性平 : -1764-1770-) 18세기 후반에 활동한 불화승이다. 1764년에 수화승 색민과 전남 해남 대홍사 괘불도를, 1770년에 광주 무등산 안심사安心寺에서 수화승 화연과 화엄도를 조성하여 전남 순천 송광사 화엄전에 봉안하였다.

> ▫ 1764년 전남 해남 大興寺 掛佛圖 조성(『韓國의 佛畵 31 – 大興寺』) 수화승 色旻
> ▫ 1770년 광주 無等山 安心寺에서 華嚴圖를 조성하여 순천 松廣寺 華嚴殿 봉안(『曹溪山松廣寺史庫』와 『韓國의 佛畵 6 – 松廣寺』) 수화승 華蓮

성해(聖海 : -1861-) 19세기 중반에 활동한 불화승이다. 1861년에 수화승 성주와 경북 울주 언양 석남사 부도암 석가모니후불도(양산 통도사 소장)를 조성하였다.

> ▫ 1861년 경북 울주 彦陽 石南寺 浮屠庵 釋迦牟尼後佛圖 조성(梁山 通度寺 봉안, 『韓國의 佛畵 1 – 通度寺(上)』) 수화승 晟□[114]

성헌(聖軒 : -1693-) 17세기 후반에 활동한 불화승이다. 1693년에 수화승 홍언과 경북 김천 직지사 관음전 단청에 참여하였다.

> ▫ 1693년 경북 김천 直指寺 觀音殿 丹靑(「觀音殿丹靑」, 『直指寺誌』) 수화승 弘彦

성호(性浩, 性昊, 成浩 : -1885-1900-) 19세기 후반에 활동한 불화승이다. 1885년에 수화승 수룡기전과 경남 합천 해인사 대적광전 삼신도(비로자나불)를, 1890년에 수화승 동운취선과 합천 해인사 홍제암 석가모니후불도를, 1892년에 수화승 서암전기와 합천 해인사 괘불도와 대적광전 팔상도(유성출가상)를, 1899년에 수화승 주화와 경남 양산 통도사 비로암 석가모니후불도와 백련암 지장보살도를, 1900년에 수화승 동호진철과 양산 통도사 감로도를 조성하였다.

> ▫ 1885년 경남 합천 海印寺 大寂光殿 三身圖(毘盧遮那佛) 조성(『韓國의 佛畵 4 – 海印寺(上)』) 수화승 水龍琪銓
> ▫ 1890년 경남 합천 海印寺 弘濟庵 釋迦牟尼後佛圖 조성(『韓國의 佛畵 4 – 海印寺(上)』) 수화승 東雲就善
> ▫ 1892년 경남 합천 海印寺 掛佛圖 조성(『韓國의 佛畵 – 5 海印寺(下)』) 수화승 瑞庵典琪
> 1892년 경남 합천 海印寺 大寂光殿 八相圖(踰城出家相) 조성(『韓國의 佛畵 5 – 海印寺(下)』) 수화승 瑞巖典琪
> ▫ 1899년 경남 양산 通度寺 毘盧庵 釋迦牟尼後佛圖 조성(『韓國의 佛畵 1 – 通度寺(上)』) 수화승 周華
> 1899년 경남 양산 通度寺 白蓮庵 地藏菩薩圖 조성(『韓國佛畵畵記集』) 수화승 周華
> ▫ 1900년 경남 양산 通度寺 金剛戒壇 甘露圖 조성(『韓國의 佛畵 2 – 通度寺(中)』) 수화승 東湖震徹
> ▫ 연대미상 경남 합천 海印寺 弘濟庵 神衆圖 조성(『韓國의 佛畵 4 – 海印寺(上)』) 수화승 東雲就善

성환 1(性桓 : -1825-) 19세기 전반에 활동한 불화승이다. 1825년에 수화승 퇴운신겸과 지보암 석가모니후불도, 지장도, 현왕도(영천 은해사 소장), 신중도(동국대학교 경주캠퍼스 소장)를 조성하였다.

> ▫ 1825년 持寶菴 釋迦牟尼後佛圖 조성(永川 銀海寺 所藏, 『韓國의 佛畵 30 – 銀海寺』) 수화승 退雲信謙
> 1825년 地藏圖 조성(永川 銀海寺 所藏, 『韓國의 佛畵 30 – 銀海寺』) 수화승 退雲信謙
> 1825년 持寶寺 現王圖 조성(永川 銀海寺 所藏, 『韓國의 佛畵 30 – 銀海寺』) 수화승

退雲愼謙
1825년 持寶菴 神衆圖 조성(東國大 慶州캠퍼스 所藏, 『韓國의 佛畵 18 - 大學博物館
(I) 東國大』) 수화승 退雲愼謙

성환 2(性還, 性煥 : -1900-1920-)* 19세기 후반에서 20세기 전반까지 활동한
불화승이다. 1900년에 수화승 영운봉수와 죽림사 극락전 지장도와 칠성도를
(영천 은해사 소장)를, 수화승 동호진철과 경남 양산 통도사 감로도를, 1901
년 한곡돈법과 보은 법주사 여적암 신중도를 그렸다. 1904년에 수화승 환월
상휴과 경남 양산 통도사 비로암 구품도와 칠성도 및 수화승으로 조왕도를,
수화승 한형과 울산 신흥사 석가모니후불도를, 1905년에 수화승 동호진철과
경북 김천 직지사 삼장도를, 수화승 경선응석과 충북 보은 법주사 팔금강번
(백정수금강)을, 1920년에 수화승 환월상휴와 경남 양산 통도사 사명암 감로
도를 조성하였다.
◦ 1900년 竹林寺 極樂殿 地藏圖 조성(永川 銀海寺 所藏, 『韓國의 佛畵 30 - 銀海寺』) 수화
승 影雲奉秀
1900년 竹林寺 七星圖 조성(永川 銀海寺 所藏, 『韓國의 佛畵 30 - 銀海寺』) 수화승
影雲奉秀
1900년 경남 양산 通度寺 金剛戒壇 甘露圖 조성(『韓國의 佛畵 2 - 通度寺(中)』) 수화
승 東湖震徹
◦ 1901년 충북 보은 法住寺 汝寂庵 神衆圖 조성(『韓國의 佛畵 17 - 法住寺』) 沙彌 수화승
漢谷頓法
◦ 1904년 경남 양산 通度寺 毘盧庵 九品圖 조성(『韓國의 佛畵 1 - 通度寺(上)』)[115] 수화승
煥月尙休
1904년 경남 양산 通度寺 毘盧庵 竈王圖 조성(『韓國의 佛畵 2 - 通度寺(中)』) 金魚
수화승
1904년 경남 양산 通度寺 毘盧庵 七星圖 조성(『韓國의 佛畵 2 - 通度寺(中)』)[116] 수화
승 尙休
1904년 울산 新興寺 釋迦牟尼後佛圖 조성(『韓國의 佛畵 3 - 通度寺(下)』) 수화승 漢炯
◦ 1905년 경북 김천 直指寺 三藏圖 조성(『韓國의 佛畵 8 - 直指寺(上)』) 수화승 東昊 震爀
1905년 충북 보은 法住寺 八金剛幡(白淨水金剛) 조성(『韓國의 佛畵 17 - 法住寺』) 수
화승 慶船應釋
◦ 1920년 경남 양산 通度寺 泗溟庵 甘露圖 조성(『韓國의 佛畵 2 - 通度寺(中)』) 수화승 煥
月尙休
◦ 연대미상 경남 양산 通度寺 毘盧庵 神衆圖 조성(『韓國의 佛畵 1 - 通度寺(上)』)[117] 수화
승 尙休

성활(性闊 : -1776-1777-) 18세기 후반에 활동한 불화승이다. 1776년에 수화
승 신암화연과 전남 구례 천은사 극락보전 아미타후불도와 삼장도를, 1777년
에 수화승 비현과 전남 곡성 태안사 대웅전 석가여래도, 신중도, 삼장도와 명
적암 신중도를 조성하였다.
◦ 1776년 전남 구례 泉隱寺 極樂寶殿 阿彌陀後佛圖 조성(『韓國의 佛畵 11 - 華嚴寺』) 수화
승 信庵華連
1776년 전남 구례 泉隱寺 極樂寶殿 三藏圖 조성(『韓國의 佛畵 11 - 華嚴寺』)[118] 수화
승 信庵華連
◦ 1777년 전남 곡성 泰安寺 大雄殿 釋迦如來圖, 神衆圖, 三藏圖와 明寂庵 神衆圖 조성(『泰
安寺誌』) 수화승 조賢

성휘 1(性暉, 性輝 : -1758-) 18세기 중반에 활동한 불화승이다. 1755년에 순회세자順懷世子 상시봉원上諡封園 비석소碑石所 화승畵僧으로 참여하고, 1758년에 수화승 각총과 경기 여주 신륵사 극락보전 삼장도를 조성하였다. 1762년에 장조莊祖 영우원永祐園과 1764년에 건원릉健元陵 정자각丁字閣 중수에 화승畵僧으로 참여하였다.

- 1755년『順懷世子上諡封園都監儀軌』 碑石所 畵僧(奎章閣 13493호, 朴廷蕙,「儀軌를 통해서 본 朝鮮時代의 畵員」자료1)
- 1758년 경기 여주 신륵사 極樂寶殿 三藏圖 조성(『韓國의 佛畵 28 – 龍珠寺(上)』) 수화승 覺聰
- 1762년『莊祖永祐園園所都監儀軌』 造成所 畵僧(奎章閣 13607호, 朴廷蕙,「儀軌를 통해서 본 朝鮮時代의 畵員」자료1)
- 1764년『健元陵丁字閣重修都監儀軌』 畵僧(奎章閣 13500호, 朴廷蕙,「儀軌를 통해서 본 朝鮮時代의 畵員」자료1)

성휘 2(性輝 : -1855-1865-) 19세기 중반에 활동한 불화승이다. 1855년에 수화승 금암천여와 경남 남해 화방사 지장도를, 1865년에 수화승 용완기연과 전남 해남 청□암 아미타후불도를 조성하였다.

- 1855년 경남 남해 花芳寺 地藏圖 조성(『韓國의 佛畵 25 – 雙磎寺(上)』) 수화승 錦庵天如
- 1865년 전남 해남 淸□庵 阿彌陀後佛圖 조성(『韓國의 佛畵 31 – 大興寺』) 수화승 龍浣騎衍

성흔(性炘 : -1864-)* 19세기 중반에 활동한 불화승이다. 1864년에 수화승으로 경북 고령 반룡사 보광전 칠성도(대구 동화사 소장)를 조성하였다.

- 1864년 경북 고령 盤龍寺 普光殿 七星圖 조성(大邱 桐華寺 所藏,『韓國의 佛畵 22 – 桐華寺(下)』) 金魚 수화승

성희 1(性喜 : -1797-) 18세기 후반에 활동한 불화승이다. 1797년에 수화승 지연과 경북 안동 운대사 아미타후불도(안동 서악사 소장)를 조성하였다.

- 1797년 경북 안동 雲臺寺 阿彌陀後佛圖 조성(安東 西岳寺 所藏,『韓國의 佛畵 23 – 孤雲寺(上)』) 수화승 指涓

성희 2(性喜, 性希, 性希 : -1890-1898-) 월연당(月蓮堂) 19세기 후반에 활동한 불화승이다. 1890년에 수화승 서암전기와 경남 합천 해인사 경학원經學院 아미타후불도를, 1892년에 수화승 서암전기와 경남 합천 해인사 괘불도와 대적광전 팔상도(유성출가상)를, 1896년에 수화승 덕산묘화와 대구 동화사 사천왕도(지국천왕과 다문천왕)를, 1898년에 수화승 벽산찬규와 경남 영천 은해사 극락전 구품도九品圖를 조성하였다.

- 1890년 경남 합천 海印寺 經學院 阿彌陀後佛圖 조성(『韓國의 佛畵 4 – 海印寺(上)』) 수화승 瑞巖典琪
- 1892년 경남 합천 海印寺 掛佛圖 조성(『韓國의 佛畵 5 – 海印寺(下)』) 수화승 瑞庵典琪
  1892년 경남 합천 海印寺 大寂光殿 八相圖(踰城出家相) 조성(『韓國의 佛畵 5 – 海印寺(下)』) 수화승 瑞巖典琪
- 1896년 대구 동화사 四天王圖(持國天王) 조성(『韓國의 佛畵 21 – 桐華寺(上)』) 수화승 德山妙華
  1896년 대구 桐華寺 四天王圖(多聞天王) 조성(『韓國의 佛畵 21 – 桐華寺(上)』) 수화승

友松爽洙
◦ 1898년 경남 영천 銀海寺 極樂殿 九品圖 조성(『韓國의 佛畵 30 - 銀海寺』) 수화승 碧山璨奎

세간(世間, 世聞 : -1905-) 초암당(草庵堂) 20세기 전반에 활동한 불화승이다. 1905년에 수화승 보응문성과 부산 범어사 팔상전 영산회상도와 나한전 영산회상도 등을, 수화승 금호약효와 괘불도를 조성하였다.

◦ 1905년 부산 梵魚寺 捌相殿 靈山會上圖 조성(『梵魚寺聖寶博物館 名品圖錄』과 『韓國의 佛畵 32 - 梵魚寺』)[119] 수화승 普應文性
1905년 부산 梵魚寺 羅漢殿 靈山會上圖 조성(『梵魚寺聖寶博物館 名品圖錄』과 『韓國의 佛畵 32 - 梵魚寺』)[120] 수화승 普應文性
1905년 부산 梵魚寺 羅漢殿 羅漢圖 조성(『梵魚寺聖寶博物館 名品圖錄』과 『韓國의 佛畵 32 - 梵魚寺』)[121] 金魚 수화승 普應文性
1905년 부산 梵魚寺 掛佛圖 조성(『梵魚寺聖寶博物館 名品圖錄』과 『韓國의 佛畵 32 - 梵魚寺』) 수화승 錦湖若效
※ 세간은 세복과 동일인으로 추정된다.

세겸(世兼 : -1907-)* 관하당(觀河堂) 20세기 전반에 활동한 불화승이다. 1907년에 수화승으로 전북 전주 남고사 자음전慈蔭殿 아미타후불도와 관음전 신중도를 조성하였다.

◦ 1907년 전북 전주 南固寺 慈蔭殿 阿彌陀後佛圖 조성(『韓國의 佛畵 13 - 金山寺』) 片手 수화승
1907년 전북 전주 南固寺 觀音殿 神衆圖 조성(『韓國의 佛畵 13 - 金山寺』) 金魚所 片手 出草 수화승 * 수화승 관하 세겸이 생소하다.

세관(世冠 : -1681-1747-)* 17세기 후반부터 18세기 중반까지 경북 김천 직지사에서 활동한 불화승으로, 1681년에 건립된 경북 김천 직지사 사적비 후면後面 본사질本寺秩에 언급되어 있다. 1724년에 수화승 성징과 경남 합천 해인사 명부전 지장보살좌상과 김천 직지사 감로왕도를 그리고, 1735년에 경북 김천 직지사 법당 시주질에 판사判事로 나와 있다. 1741년에 수화승으로 경북 상주 남장사 아미타후불도와 삼장도를, 1744년에 김천 직지사 석가모니, 약사, 아미타후불도, 시왕도 일부를 그리고, 1747년에 수화승으로 충북 보은 법주사 소조삼신불좌상을 개금하였다. 그는 1680년경부터 김천 직지사에 거주하면서 1740년대 전반부터 수화승으로 활동하였다. 1747년에 보은 법주사 불상을 개금 시 산인山人으로 언급되어 말년에 보은 법주사에 거주했음을 알 수 있다.

◦ 1681년 金山黃岳山直指寺事蹟碑 後面 本寺秩에 언급되어 있음(『直指寺本末寺誌』)
◦ 1724년 경남 합천 해인사 명부전 지장보살좌상 개금(李智冠 編著, 『伽倻山 海印寺誌』) 수화승 性澄
1724년 경북 김천 直指寺 甘露王圖 조성(『韓國佛畵畵記集』) 수화승 성징
◦ 1729년 경남 창원 聖住寺 甘露圖 조성(『韓國의 佛畵 32 - 梵魚寺』) 畵員 수화승 性澄
◦ 1735년 金泉 直指寺 「法堂重創施主秩」(『直指寺誌』) 判事
◦ 1741년 경북 상주 南長寺 阿彌陀後佛圖 1 조성(『韓國의 佛畵 8 - 直指寺(上)』) 敎證 龍眼 在直指寺, 施主兼 수화승

　　1741년 경북 상주 南長寺 阿彌陀後佛圖 2 조성(『韓國의 佛畵 8 - 直指寺(上)』) 龍眼
　　請直指 수화승
　　1741년 경북 상주 南長寺 三藏圖 조성(『韓國의 佛畵 8 - 直指寺(上)』) 龍眼 請直指 수
　　화승
　。1744년 경북 김천 直指寺 釋迦牟尼後佛圖 조성(『韓國의 佛畵 8 - 直指寺(上)』) 龍眼 在
　　本寺 수화승
　　1744년 경북 김천 直指寺 藥師如來後佛圖 조성(『韓國의 佛畵 8 - 直指寺(上)』) 證見
　　畵員 函丈 수화승
　　1744년 경북 김천 直指寺 阿彌陀後佛圖 조성(『韓國의 佛畵 8 - 直指寺(上)』) 證看 龍
　　眼 수화승
　　1744년 경북 김천 直指寺 十王圖(秦廣大王) 조성(『韓國의 佛畵 9 - 直指寺(下)』) 畵員
　　수화승
　　1744년 경북 김천 直指寺 十王圖(宋帝大王) 조성(『韓國의 佛畵 9 - 直指寺(下)』) 畵員
　　수화승
　　1744년 경북 김천 直指寺 十王圖(閻羅大王) 조성(『韓國의 佛畵 9 - 直指寺(下)』) 畵員
　　在本寺 수화승
　　1744년 경북 김천 直指寺 十王圖(初江大王) 조성(『韓國의 佛畵 9 - 直指寺(下)』) 畵員
　　山人 수화승
　　1744년 경북 김천 直指寺 十王圖(五官大王) 조성(『韓國의 佛畵 9 - 直指寺(下)』) 畵員
　　수화승
　　1744년 경북 김천 直指寺 十王圖(變成大王) 조성(『韓國의 佛畵 9 - 直指寺(下)』) 畵員
　　수화승
　。1747년 충북 보은 법주사 소조삼신불좌상 개금(發願文) 首畵員 山人 수화승

세복(世復, 世福 : -1906-1931-)* 초암당(草庵堂) 20세기 전반에 활동한 불화승
이다. 1906년에 수화승 허곡긍순과 경기 여주 신륵사 신중도와 시왕도 등을,
수화승으로 1912년에 정혜선원 칠성도(서산 천장사 소장)와 1914년에 경기
안성 청룡사 팔상도를, 1915년에 수화승으로 서울 미타사 삼성각 독성도와
수화승 초암 세복과 삼성각 산신도를, 1916년에 수화승 남곡 창섭과 전남 화
순 만연사 선정암 독성도를, 수화승으로 관음암 관음후불도(이천 영원사 소
장)를, 1917년에 수화승 남곡세섭과 전남 여수 한산사 아미타후불도와 전남
여수 흥국사 팔상도를, 1918년에 수화승 고산축연과 서울 미타사 감로왕도와
수화승 벽월창오와 전남 순천 선암사 응진당 십육나한도 및 수화승으로 전북
완주 대원사 대웅전 신중도를, 수화승 고산축연과 경북 성주 선석사 명부전
지장도와 사자도(감재사자)를, 수화승으로 경북 성주 선석사 칠성도를, 1921
년에 수화승 학송 학눌과 경남 거창 심우사 일심삼관문도─心三關門圖를,
1922년에 수화승으로 서울 화계사 삼성각 독성도와 1931년 서울 미타사 대
웅전 현왕도를 조성하였다.

　。1906년 경기 여주 神勒寺 神衆圖 조성(『韓國의 佛畵 28 - 龍珠寺(上)』) 수화승 虛谷亘巡
　　1906년 경기 여주 神勒寺 十王各部圖(一, 三, 五) 조성(『韓國의 佛畵 29 - 龍珠寺(下)』)
　　수화승 虛谷亘巡
　　1906년 경기 여주 神勒寺 十王各部圖(二, 四, 六) 조성(『韓國의 佛畵 29 - 龍珠寺(下)』)
　　수화승 虛谷亘巡
　　1906년 경기 여주 神勒寺 十王各部圖(使者, 將軍) 조성(『韓國의 佛畵 29 - 龍珠寺(下)』)
　　수화승 大雲奉河

◦ 1912년 定慧禪院 七星圖 조성(瑞山 天藏寺 所藏, 『韓國의 佛畵 27 – 修德寺』) 金魚 수화승
◦ 1914년 경기 안성 靑龍寺 八相圖 조성(『韓國의 佛畵 29 – 龍珠寺(下)』) 金魚 수화승
◦ 1915년 서울 彌陀寺 三聖閣 獨聖圖 조성(『韓國의 佛畵 36 – 曹溪寺(下)』) 金魚 수화승
　 1915년 서울 彌陀寺 三聖閣 山神圖 조성(『韓國의 佛畵 36 – 曹溪寺(下)』) 수화승 草庵
世復
◦ 1916년 전남 화순 萬淵寺 禪定庵 獨聖圖 조성(『韓國의 佛畵 7 – 松廣寺(下)』) 金魚 수화
승 南谷昌燮
　 1916년 觀音庵 觀音後佛圖 조성(利川 靈源寺 所藏, 『韓國의 佛畵 28 – 龍珠寺(上)』)
金魚 수화승
◦ 1917년 전남 여수 寒山寺 阿彌陀後佛圖 조성(『韓國의 佛畵 11 – 華嚴寺』) 金魚 수화승
南谷世燮
　 1917년 전남 여수 興國寺 八相圖 조성(『韓國佛畵畵記集』) 수화승 南谷世燮[122]
◦ 1918년 서울 彌陀寺 甘露王圖 조성(『韓國의 佛畵 36 – 曹溪寺(下)』) 수화승 古山竺衍
　 1918년 전남 순천 선암사 應眞堂 十六羅漢圖 조성(『韓國의 佛畵 12 – 仙巖寺』) 수화승
碧月昌昕
　 1918년 전남 순천 仙巖寺 應眞堂 十六羅漢圖 조성(『韓國의 佛畵 12 – 仙巖寺』) 金魚
수화승 碧月昌昕
　 1918년 전북 완주 大院寺 大雄殿 神衆圖 조성(『韓國의 佛畵 13 – 金山寺』) 金魚 수화승
　 1918년 경북 성주 禪石寺 冥府殿 地藏圖 조성(『韓國의 佛畵 21 – 桐華寺(上)』) 片手
수화승 古山竺衍
　 1918년 경북 성주 禪石寺 冥府殿 使者圖(監齋使者) 조성(『韓國의 佛畵 22 – 桐華寺
(下)』) 片手 수화승 古山竺衍
　 1918년 경북 성주 禪石寺 七星圖1 조성(『韓國의 佛畵 22 – 桐華寺(下)』) 片手 수화승
　 1918년 경북 성주 禪石寺 七星圖2 조성(『韓國의 佛畵 22 – 桐華寺(下)』) 片手 수화승
◦ 1921년 경남 거창 尋牛寺 一心三關門圖 조성(『韓國의 佛畵 5 – 海印寺(下)』) 수화승 鶴松
學訥
◦ 1922년 서울 華溪寺 三聖閣 獨聖圖 조성(『韓國의 佛畵 36 – 曹溪寺(下)』) 金魚 수화승
◦ 1931년 서울 彌陀寺 大雄殿 現王圖 조성(『韓國의 佛畵 36 – 曹溪寺(下)』) 金魚 수화승
※ 세관과 세한은 세복과 관련이 있을 것으로 추정된다.

세영(世英 : -1790-) 18세기 후반에 활동한 불화승이다. 1790년에 수화승 민
관과 경기 화성 용주사 대웅보전 삼장도를 조성하였다.

◦ 1790년 경기 화성 龍珠寺 大雄寶殿 三藏圖 조성(『韓國의 佛畵 28 – 龍珠寺(上)』) 수화승
旻官

세원(世元, 世圓 : -1832-1861-)* 월하당(月霞堂) 19세기 중반에 활동한 불화승
이다. 편수로 1832년에 서울 수국사 감로도(프랑스 기메박물관 소장)와 1844
년에 서울 봉은사 신중도를 그리고, 1856년에 수화승 인원체정과 서울 도선
사 목조아미타삼존불좌상을 개금한 후, 수화승으로 1857년에 경남 양산 통도
사 현왕도와 양산 내원사 아미타삼존도와 1858년에 경남 양산 통도사 관음
전 후불도 및 1858년에 경북 문경 김룡사 지장도를 조성하였다. 1861년에
수화승으로 대전 비래사 비로자나불좌상을 개금하고, 서울 화계사 극락보전
아미타후불도(예산 수덕사 소장)와 경기 가평 현등사 칠성도를 그렸다.

◦ 1831년 內院庵 阿彌陀極樂會上圖 조성(國立中央博物館 所藏, 『韓國의 佛畵 39 – 國・公
立博物館』) 片手 수화승 慶郁
◦ 1832년 서울 수국사 감로도 조성(프랑스 기메박물관 소장, 『韓國佛畵畵記集』와 『프랑스
국립기메박물관 소장 한국문화재』) 片手 수화승 熙圓

　　　◦ 1844년 서울 奉恩寺 大雄殿 神衆圖 조성(『서울전통사찰불화』와 『韓國佛畵畵記集』 및
　　　　『韓國의 佛畵 35 - 曹溪寺(中)』) 片手 수화승 仁源体定
　　　◦ 1856년 서울 道詵寺 木造阿彌陀三尊佛坐像 개금(文明大, 「인성파 목불상의 제작과 도선
　　　　사 목아미타삼존불상의 고찰」) 수화승 仁原體定
　　　◦ 1857년 경남 양산 通度寺 現王圖 조성(『韓國의 佛畵 2-通度寺(中)』) 都畵師 수화승
　　　　1857년 경남 양산 内院寺 阿彌陀三尊圖 조성(『韓國의 佛畵 3-通度寺(下)』) 都畵師
　　　　수화승
　　　◦ 1858년 경남 양산 通度寺 觀音殿 後佛圖 조성(『韓國의 佛畵 1-通度寺(上)』) 畵士 수화승
　　　　1858년 경북 문경 金龍寺 地藏圖 조성(『韓國의 佛畵 8-直指寺(上)』) 金魚 수화승
　　　◦ 1861년 대전 비래사 비로자나불좌상 개금(『한국의 사찰문화재-충청남도・대전광역시』)
　　　　畵師 수화승
　　　　1861년 華溪寺 極樂寶殿 阿彌陀後佛圖 조성(禮山 修德寺 所藏, 『韓國의 佛畵 27 - 修
　　　　德寺』) 金魚 수화승
　　　　1861년 서울 華溪寺 七星圖 조성(加平 懸燈寺 所藏, 畵記와 『韓國佛畵畵記集』 및 『韓
　　　　國의 佛畵 33 - 奉先寺』) 수화승 河雲宥景

세인(世仁 : -1888-) 19세기 후반에 활동한 불화승이다. 1888년에 수화승 혜
산축연과 강원 평창 상원사 십육나한도를 조성하였다.
　　　◦ 1888년 강원 평창 上院寺 十六羅漢圖 조성(『韓國의 佛畵 10 - 月精寺』) 수화승 蕙山 竺衍

세일(世一 : -1897-) 19세기 후반에 활동한 불화승이다. 1897년에 수화승 정
연과 충북 보은 법주사 원통보전 관음도와 수화승 봉화와 대웅보전 아미타후
불도를 조성하였다.
　　　◦ 1897년 충북 보은 法住寺 圓通寶殿 觀音圖 조성(『韓國의 佛畵 17 - 法住寺』) 수화승 定鍊
　　　　1897년 충북 보은 法住寺 大雄寶殿 阿彌陀後佛圖 조성(『韓國의 佛畵 17 - 法住寺』)
　　　　沙彌 수화승 奉華

세정 1(洗淨 : -1709-) 18세기 전반에 활동한 불화승이다. 1709년에 수화승
인문과 영국사 석가모니후불도(불교중앙박물관 소장)를 조성하였다.
　　　◦ 1709년 寧國寺 釋迦牟尼後佛圖 조성(佛敎中央博物館 所藏, 『韓國의 佛畵 40 - 補遺』)
　　　　수화승 印文

세정 2(世貞 : -1764-) 18세기 중반에 활동한 불화승이다. 1764년에 건원릉健
元陵 정자각丁字閣 중수에 화원으로 참여하였다.
　　　◦ 1764년 『健元陵丁字閣重修都監儀軌』 畵僧(奎章閣 13500호, 朴廷蕙, 「儀軌를 통해서 본
　　　　朝鮮時代의 畵員」 자료1)

세한(世閑, 世閒 : -1905-)* 초암당(草庵) 20세기 전반에 활동한 불화승이다.
1905년에 수화승으로 대구 동화사 석가모니후불도와 십육나한도 및 독성도
를 조성하였다.
　　　◦ 1905년 대구 桐華寺 釋迦牟尼後佛圖 조성(『韓國의 佛畵 21 - 桐華寺(上)』) 金魚 수화승
　　　　1905년 대구 桐華寺 靈山殿 十六羅漢圖 조성(『韓國의 佛畵 22 - 桐華寺(下)』) 수화승
　　　　慧山 竺衍
　　　　1905년 대구 桐華寺 靈山殿 十六羅漢圖 조성(『韓國의 佛畵 22 - 桐華寺(下)』) 金魚
　　　　수화승
　　　　1905년 대구 桐華寺 靈山殿 十六羅漢圖 조성(『韓國의 佛畵 22 - 桐華寺(下)』) 金魚
　　　　수화승
　　　　1905년 대구 桐華寺 獨聖圖 조성(『韓國의 佛畵 22 - 桐華寺(下)』) 수화승 允一

※ 세한은 세복과 관련이 있을 것으로 추정된다.

세호(勢晧 : -1844-)* 중봉당(中峰堂) 19세기 중반에 활동한 불화승이다. 1844년에 수화승으로 경기 의왕 청계사 극락보전 신중도를 조성하였다.

﹒1844년 경기 의왕 淸溪寺 極樂寶殿 神衆圖 조성(『韓國의 佛畵 28 − 龍珠寺(上)』) 金魚 수화승

세홍 1(世弘 : -1901-) 설악당(雪岳堂) 20세기 전반에 활동한 불화승이다. 수화승 범해두안과 1901년에 경남 고성 옥천사 청연암 석가모니후불도와 안정사 원효암 삼세불도(통영 용화사 소장)를 조성하였다.

﹒1901년 경남 고성 玉泉寺 靑蓮庵 釋迦牟尼後佛圖 조성(『韓國의 佛畵 25 − 雙磎寺(上)』)[123] 수화승 梵海斗岸
1901년 安靜寺 元曉庵 三世佛圖 조성(統營 龍華寺 所藏,『韓國의 佛畵 25 − 雙磎寺(上)』) 수화승 梵海斗岸

세홍 2(世弘 : -1909-)* 설오당(雪嶋堂) 20세기 전반에 활동한 불화승이다. 1909년에 수화승으로 경남 고성 옥천사 백련암 칠성도를 조성하였다.

﹒1909년 경남 고성 玉泉寺 白蓮庵 七星圖 조성(『韓國의 佛畵 26 − 雙磎寺(下)』) 金魚[124] 수화승

세홍 3(世弘, 世洪 : -1903-1922-)* 설학당(雪鶴堂, 雪鶴堂) 20세기 전반에 활동한 불화승이다. 1903년에 수화승 향호묘영과 경남 통영 용화사 석가모니후불도를, 1922년에 수화승으로 경남 진주 두방사杜芳寺 독성도를 조성하였다.

﹒1903년 경남 통영 龍華寺 釋迦牟尼後佛圖 조성(『韓國의 佛畵 25 − 雙磎寺(上)』) 수화승 香湖妙英
﹒1922년 경남 진주 杜芳寺 獨聖圖 조성(『韓國의 佛畵 5 海印寺篇(下)』) 金魚 수화승
※ 세홍 1-3은 동일인으로 추정된다.

세화(世和 : -1788-) 18세기 후반에 활동한 불화승이다. 1788년에 수화승 연홍과 충남 공주 마곡사 대적광전 석가모니후불도와 삼장도를 조성하였다.

﹒1788년 충남 공주 麻谷寺 大寂光殿 釋迦牟尼後佛圖 조성(『韓國의 佛畵 15 − 麻谷寺(上)』) 수화승 鍊弘
1788년 충남 공주 麻谷寺 三藏圖 조성(『韓國의 佛畵 40 − 補遺』) 수화승 鍊弘

소관(所寬 : -1890-) 19세기 후반에 활동한 불화승이다. 1890년에 수화승 하은응상과 경남 양산 통도사 자장암 신중도를 조성하였다.

﹒1890년 경남 양산 通度寺 慈藏庵 神衆圖 조성(『韓國의 佛畵 3 − 通度寺(下)』) 수화승 霞隱應祥

소즙(少楫 : -1653-) 17세기 중반에 활동한 불화승이다. 1653년에 수화승 명옥과 충북 진천 영수사 괘불도를 조성하였다.

﹒1653년 충북 진천 靈水寺 掛佛圖 조성(『韓國의 佛畵 17 − 法住寺』)[125] 수화승 明玉

소총(所叢 : -1688-) 17세기 후반에 활동한 불화승이다. 1688년에 수화승 민원과 경북 김천 고방사 아미타회상도를 조성하였다.

﹒1688년 경북 김천 高方寺 阿彌陀會上圖 조성(『韓國佛畵畵記集』) 수화승 敏圓

소현(所賢 : -1887-1897-)* 19세기 후반에 활동한 불화승이다. 수화승 하은응 상과 1887년에 경북 의성 고운사 쌍수암 대법당 아미타후불도와 1888년에 경북 문경 김용사 독성도와 경북 안동 봉정사 대웅전 지장도를, 1890년에 수화승 서휘와 경북 예천 명봉사 산신도를, 1892년에 수화승 영명천기와 서울 봉은사 대웅전 삼장도를, 수화승 동호진철과 경북 의성 고운사 쌍수암 칠성 도를, 수화승 연하계창과 전북 익산 심곡사 아미타후불도를, 1893년에 금호 약효와 서울 지장사 대웅전 지장보살도와 구품도를, 1894년에 수화승 법임과 경북 문경 김용사 양진암 석가모니후불도를, 수화승으로 경북 의성 지장사 극락전 아미타후불도를, 1895년에 수화승으로 의성 지장사 신중도를, 1896 년에 수화승 봉화와 전북 고창 선운사 도솔암 현왕도를, 수화승 덕산묘화와 소현과 대구 동화사 사천왕도(지국천왕)를, 1897년에 수화승 영운봉수와 경 북 상주 남장사 관음암 신중도를, 수화승 정연과 충북 보은 법주사 원통보전 관음도를, 수화승 봉화와 대웅보전 104위 신중도를, 수화승 금호약효와 팔상 전 팔상도(도솔내의상)를, 수화승 영운봉수와 경북 영천 은해사 백흥암 영산 전 석가모니후불도와 백흥암 심검당 아미타후불도 및 대법당 신중도 등을 조 성하였다.

- 1887년 경북 의성 孤雲寺 雙修庵 大法堂 阿彌陀後佛圖 조성(『韓國의 佛畵 23 - 孤雲寺 (上)』) 수화승 霞隱應祥
- 1888년 경북 문경 金龍寺 獨聖圖 조성(『韓國의 佛畵 9 - 直指寺(下)』) 수화승 霞隱應祥
  1888년 경북 안동 鳳停寺 大雄殿 地藏圖 조성(『韓國의 佛畵 23 - 孤雲寺(上)』) 수화 승 霞隱應祥
- 1890년 경북 예천 鳴鳳寺 山神圖 조성(『韓國의 佛畵 9 - 直指寺(下)』와 『韓國佛畵畵記 集』) 수화승 瑞輝
- 1892년 서울 奉恩寺 大雄殿 三藏圖 조성(『韓國의 佛畵 34 - 曹溪寺(上)』) 수화승 永明 天機
  1892년 경북 의성 孤雲寺 雙修庵 七星圖 조성(『韓國의 佛畵 24 - 孤雲寺(下)』) 수화승 東昊震徹
  1892년 전북 익산 深谷寺 阿彌陀後佛圖 조성(『韓國의 佛畵 13 - 金山寺』) 수화승 蓮 河啓昌
- 1893년 서울 地藏寺 大雄殿 地藏菩薩圖 조성(『서울전통사찰불화』와 『韓國佛畵畵記集』 및 『韓國의 佛畵 34 - 曹溪寺(上)』) 수화승 錦湖若效
  1893년 서울 地藏寺 九品圖 조성(『韓國의 佛畵 34 - 曹溪寺(上)』)[126] 수화승 錦湖若效
- 1894년 경북 문경 金龍寺 養眞庵 釋迦牟尼後佛圖 조성(『韓國의 佛畵 8 - 直指寺(上)』) 수화승 法任
  1894년 경북 의성 地藏寺 極樂殿 阿彌陀後佛圖 조성(『韓國의 佛畵 23 - 孤雲寺(上)』) 金魚 수화승
- 1895년 경북 의성 地藏寺 神衆圖 조성(『韓國의 佛畵 23 - 孤雲寺(上)』) 金魚 수화승
- 1896년 전북 고창 禪雲寺 兜率菴 現王圖 조성(『韓國의 佛畵 14 - 禪雲寺』) 수화승 奉華
  1896년 대구 동화사 四天王圖(持國天王) 조성(『韓國의 佛畵 21 - 桐華寺(上)』) 수화승 德山妙華
  1896년 대구 동화사 四天王圖(增長天王) 조성(『韓國의 佛畵 21 - 桐華寺(上)』) 龍眼 수화승 所賢
- 1897년 경북 상주 南長寺 觀音庵 神衆圖 조성(『韓國의 佛畵 8 - 直指寺(上)』) 수화승 影

雲奉秀
1897년 충북 보은 法住寺 圓通寶殿 觀音圖 조성(『韓國의 佛畵 17 - 法住寺』) 수화승
定鍊
1897년 충북 보은 法住寺 大雄寶殿 104位 神衆圖 조성(『韓國의 佛畵 17 - 法住寺』)
수화승 奉化
1897년 충북 보은 法住寺 捌相殿 八相圖(兜率來儀相) 조성(『韓國의 佛畵 17 - 法住寺』)
수화승 錦湖若效
1897년 경북 영천 銀海寺 百興菴 靈山殿 釋迦牟尼後佛圖 조성(『韓國의 佛畵 30 - 銀
海寺』) 수화승 永雲奉洙
1897년 경북 영천 銀海寺 百興菴 尋劍堂 阿彌陀後佛圖 조성(『韓國의 佛畵 30 - 銀海
寺』) 수화승 永雲奉秀
1897년 경북 영천 銀海寺 百興菴 大法堂 神衆圖 조성(『韓國의 佛畵 30 - 銀海寺』)
수화승 永雲奉秀
1897년 경북 영천 銀海寺 山神圖 조성(『韓國의 佛畵 30 - 銀海寺』) 수화승 永雲奉秀
· 연대미상 경북 영천 銀海寺 百興庵 極樂殿 地藏圖 조성(『韓國의 佛畵 30 - 銀海寺』) 수
화승 碧山璨奎

송식(松湜 : -1759-) 18세기 중반에 활동한 승장이다. 1759년에 수화승 오관
과 경기 가평 현등사 극락전 아미타후불도와 목조아미타불좌상을 개금하였다.
· 1759년 경기 가평 懸燈寺 極樂殿 阿彌陀後佛圖 조성(畵記, 『韓國의 佛畵 40 - 補遺』)
수화승 悟寬
1759년 경기 가평 懸燈寺 木造阿彌陀如來坐像 改金(佛畵 畵記) 수화승 悟寬

송안(宋安 : -1775-) 18세기 후반에 활동한 불화승이다. 1775년에 수화승 환
일과 경남 양산 통도사 현왕도를 조성하였다.
· 1775년 경남 양산 通度寺 現王圖(『韓國佛畵畵記集』) 수화승 幻一

송파당(松坡堂) 정순(淨順) 참조

수경(守瓊 : -1674-) 17세기 후반에 불화승이다. 1674년에 수화승 나묵과 전
남 장흥 보림사 나한전 재주실을 단청하였다.
· 1674년 전남 장흥 寶林寺 羅漢殿 齋廚室 丹靑(『譯註 寶林寺重創記』) 수화승 懶黙

수경당(繡璟堂) 승호(承琥) 참조

수기(須機 : -1742-)* 18세기 중반에 활동한 불화승이다. 1742년에 수화승으
로 부산 범어사 지장보살도를 조성하였다.
· 1742년 부산 범어사 지장보살도(김정희, 『조선시대 지장시왕도 연구』) 良工 수화승

수룡당(繡龍堂, 水龍堂) 기전(琪銓) 참조

수룡당(繡龍堂, 水龍堂) 대전(大電) 참조
※ 수룡대전은 수룡기전과 관련이 있을 것으로 추정된다.

수문(修文, 守文 : -1860-1862-) 19세기 중반에 활동한 불화승이다. 수화승 해
운익찬과 1860년에 전남 구례 화엄사 각황전 삼세불도(약사불)와 경남 하동
쌍계사 명부전 지장도를, 1862년에 전남 구례 화엄사 명부전 지장도를 조성
하였다.

◦ 1860년 전남 구례 華嚴寺 覺皇殿 三世佛圖(藥師佛) 조성(『韓國의 佛畵 11 – 華嚴寺』)[127] 수화승 海雲益讚
1860년 경남 하동 雙磎寺 冥府殿 地藏圖 조성(『韓國의 佛畵 25 – 雙磎寺(上)』) 수화승 海雲益讚
◦ 1862년 전남 구례 華嚴寺 冥府殿 地藏圖 조성(『韓國의 佛畵 11 – 華嚴寺』) 수화승 海雲益讚

수민(守旻, 守敏 : -1775-1778-) 18세기 후반에 활동한 불화승이다. 1775년에 수화승 포관과 경남 양산 통도사 영산전 팔상도(도솔내의상)를, 1778년에 수화승 혜화와 경북 포항 보경사 삼장보살도를 조성하였다.

◦ 1775년 경남 양산 通度寺 靈山殿 八相圖(兜率來儀相) 조성(『韓國의 佛畵 2 – 通度寺(中)』) 수화승 抱冠
◦ 1778년 경북 포항 寶鏡寺 三藏菩薩圖 조성(『韓國佛畵畵記集』) 수화승 惠和

수밀(守謐, 守蜜, 守密 : 1765-1777) 18세기 중·후반에 활동한 불화승이다. 1765년에 수화승 긍유와 서울 봉은사 대웅전 목조삼세불좌상을 개금하고, 1776년에 영조英祖 원능元陵 조성소 화승畵僧으로 참여한 후, 1777년에 수화승 □영□穎과 서울 봉은사 시왕도(동국대학교 박물관 소장)를 제작하였다.

◦ 1765년 서울 봉은사 대웅전 목조삼세불좌상 개금(이분희, 「奉恩寺 三世佛像의 研究」) 수화승 肯柔
◦ 1776년 『英祖元陵山陵都監儀軌』 造成所 畵僧(奎章閣 13586호, 朴廷蕙, 「儀軌를 통해서 본 朝鮮時代의 畵員」) 자료1)
◦ 1777년 서울 奉恩寺 十王圖 조성(東國大學校 博物館 所藏, 『韓國佛畵畵記集』) 片手 수화승 □穎

수법(修法 : -1884-) 19세기 후반에 활동한 불화승이다. 1884년에 수화승 축연과 서울 진관사 영산전 제석도(사자·장군)를 조성하였다.

◦ 1884년 서울 津寬寺 靈山殿 帝釋圖(使者, 將軍) 조성(『韓國의 佛畵 35 – 曹溪寺(中)』) 金魚 수화승 竺衍

수불(守佛 : -1775-) 18세기 후반에 활동한 불화승이다. 1775년에 수화승 포관과 경남 양산 통도사 영산전 팔상도(도솔내의상)를 조성하였다.

◦ 1775년 경남 양산 通度寺 靈山殿 八相圖(兜率來儀相) 조성(『韓國의 佛畵 2 – 通度寺(中)』) 수화승 抱冠

수설(水雪 : -1781-) 18세기 후반에 활동한 불화승이다. 1781년에 수화승 유봉과 경북 김천 청암사 신중도를 조성하였다.

◦ 1781년 경북 김천 靑巖寺 神衆圖 조성(『韓國의 佛畵 8 – 直指寺(上)』) 수화승 有奉

수성(守性 : -1759-1767-)* 18세기 중반에 활동한 불화승이다. 1759년에 수화승 임한과 경남 양산 통도사 대광명전 비로자나후불도를, 1759년에 불상을 개금하고 불화를 그렸다. 1764년에 수화승으로 경북 경주 금정암 지장도(소재불명), 한국불교미술박물관 소장 은선묘아미타도銀線描阿彌陀圖를, 1767년에 수화승 화월두훈과 경남 양산 통도사 괘불도를, 수화승 하윤과 경북 경주 불국사 대웅전을 단청하였다.

∘ 1759년 경남 양산 通度寺 大光明殿 毘盧遮那後佛圖 조성(『韓國의 佛書 1 - 通度寺(上)』)
　수화승 任閑
　1759년 己酉年改金幀畵丹艧事施主記(安貴淑,「조선후기 佛畵僧의 계보와 義謙比丘에
　대한 연구(상)」)
∘ 1764년 경북 경주 金井庵 地藏圖 조성(소재불명,『韓國의 佛書 38 - 佛國寺』) 畵工 수화승
　1764년 銀線描阿彌陀圖(韓國佛敎美術博物館 所藏,『제1회 조선불화특별전』)
∘ 1767년 경남 양산 通度寺 掛佛圖 조성(『韓國의 佛書 2 - 通度寺(中)』) 수화승 枓薰
　1767년 경북 경주 佛國寺 大雄殿 丹艧(「佛國寺古今創記」,『佛國寺誌』) 수화승 夏閏

수연 1(守衍, 修演, 守演 : -1803-1828-)＊ 19세기 전반에 활동한 불화승이다.
1803년에 수화승 홍안과 경북 문경 김용사 석가모니후불도와 신중도 등을,
수화승으로 경북 의성 성적암 지장도를, 1804년에 수화승 홍안과 경북 문경
혜국사 석가모니후불도와 수화승으로 지장도 및 수화승 신겸과 신중도를,
1811년에 수화승으로 경북 문경 운암사 영산회상도를, 1819년에 수화승 퇴
은 신겸과 경북 의성 주월암 대웅전 삼세후불도를, 1822년에 수화승 퇴운신
겸과 경북 문경 김용사 신중도를, 1825년에 수화승 퇴운신겸과 지보암 신중
도(동국대학교 경주캠퍼스 소장)와 지보암 석가모니후불도 및 지장도(영천
은해사 소장)를, 1828년에 수화승 금겸과 황산사 제석도(영덕 덕흥사 소장)와
수화승 퇴운신겸과 경기 고양 중흥사 약사회상도와 아미타회상도(국립중앙
박물관 소장)를 조성하였다.

∘ 1803년 경북 문경 金龍寺 釋迦牟尼後佛圖 조성(『韓國의 佛書 8 - 直指寺(上)』)[128] 수화
　승 弘眼
　1803년 경북 문경 金龍寺 應眞殿 後佛圖 조성(『韓國의 佛書 8 - 直指寺(上)』) 都畵
　수화승 弘眼
　1803년 경북 문경 金龍寺 神衆圖 조성(『韓國의 佛書 8 - 直指寺(上)』) 수화승 弘眼
　1803년 경북 문경 金龍寺 神衆圖 조성(『韓國의 佛書 8 - 直指寺(上)』)[129] 수화승 弘眼
　1803년 경북 문경 金龍寺 現王圖 조성(『韓國의 佛書 9 - 直指寺(下)』) 수화승 弘眼
　1803년 경북 의성 性寂庵 地藏圖 조성(義城 地藏寺 所藏,『韓國의 佛書 23 - 孤雲寺
　(上)』) 良工 수화승
∘ 1804년 경북 문경 惠國寺 釋迦牟尼後佛圖 조성(『韓國의 佛書 8 - 直指寺(上)』) 片手 수
　화승 弘眼
　1804년 경북 문경 惠國寺 地藏圖 조성(『韓國의 佛書 8 - 直指寺(上)』) 龍眼 片手 수화승
　1804년 경북 문경 惠國寺 神衆圖 조성(『韓國의 佛書 8 - 直指寺(上)』) 수화승 愼謙
∘ 1811년 경북 문경 雲巖寺 靈山會上圖 조성(『韓國佛畫畵記集』)[130] 수화승
∘ 1819년 경북 의성 住月庵 大雄殿 三世後佛圖 조성(『韓國의 佛書 23 - 孤雲寺(上)』) 수화
　승 退隱 愼謙
∘ 1822년 경북 문경 金龍寺 神衆圖 조성(『韓國의 佛書 8 - 直指寺(上)』) 수화승 退雲信謙
∘ 1825년 持寶菴 神衆圖 조성(東國大學校 慶州캠퍼스 所藏,『韓國의 佛書 18 - 大學博物
　館(Ⅰ) 東國大』) 수화승 退雲愼謙
　1825년 持寶菴 釋迦牟尼後佛圖 조성(永川 銀海寺 所藏,『韓國의 佛書 30 - 銀海寺』)
　수화승 退雲信謙
　1825년 地藏圖 조성(永川 銀海寺 所藏,『韓國의 佛書 30 - 銀海寺』) 수화승 退雲信謙
　1825년 持寶寺 現王圖 조성(永川 銀海寺 所藏,『韓國의 佛書 30 - 銀海寺』) 수화승
　退雲愼謙
∘ 1828년 黃山寺 帝釋圖 조성(盈德 德興寺 所藏,『韓國의 佛書 38 - 佛國寺』) 수화승 錦謙
　1828년 경기 고양 中興寺 藥師會上圖 조성(國立中央博物館 所藏,『北漢山의 佛敎遺

蹟』과『영혼의 여로 – 조선시대 불교회화와의 만남』및『韓國의 佛畵 39 – 國・公立
博物館』) 수화승 退雲信謙

1828년 경기 고양 中興寺 阿彌陀會上圖 조성(國立中央博物館 所藏,『北漢山의 佛敎
遺蹟』과『영혼의 여로 – 조선시대 불교회화와의 만남』및『韓國의 佛畵 39 – 國・公
立博物館』) 수화승 信謙

수연 2(秀衍 : -1870-) 19세기 후반에 활동한 불화승이다. 1870년에 수화승
원명긍우와 관악산 화장사 아미타후불도(서울 지장사 소장)를 조성하였다.

◦ 1870년 冠岳山 華藏寺 阿彌陀後佛圖 조성(서울 地藏寺 所藏,『韓國의 佛畵 34 – 曹溪寺
(上)』) 沙彌 수화승 圓明肯祐

수엽(守曄 : -1775-) 18세기 후반에 활동한 불화승이다. 1775년에 수화승 포
관과 경남 양산 통도사 약사전 약사여래후불도를 조성하였다.

◦ 1775년 경남 양산 通度寺 藥師殿 藥師如來後佛圖 조성(『韓國의 佛畵 1 – 通度寺(上)』)[131]
수화승 □冠

수오(守悟, 秀悟 : -1752-1764-) 18세기 중반에 활동한 조각승이다. 수화승 진
찰과 1752년에 경북 안동 봉정사 목조관음보살좌상을 개금하고, 1762년에
강원 홍천 수타사 석가모니후불도를 그렸다. 1764년에 수화승 치삭과 경북
의성 대곡사 지장도와 원광대학교 박물관 소장 감로도를 조성하였다.

◦ 1752년 경북 안동 鳳停寺 木造觀音菩薩坐像 改金(大雄殿觀音改金懸板, 김창균,「安東 鳳
停寺 木造觀音菩薩坐像考」)
◦ 1762년 강원 洪川 壽陁寺 釋迦牟尼後佛圖 조성(『韓國의 佛畵 10 – 月精寺』) 수화승 震刹
◦ 1764년 경북 의성 大谷寺 地藏圖 조성(『韓國의 佛畵 23 – 孤雲寺(上)』) 수화승 稚朔
1764년 甘露圖 조성(圓光大學校 博物館 所藏,『韓國의 佛畵 19 – 大學博物館(Ⅱ)』)[132]
수화승 雉翔

수옥(守玉 : -1764-) 18세기 중반에 활동한 불화승이다. 1764년에 수화승 색
민과 전남 해남 대흥사 괘불도를 조성하였다.

◦ 1764년 전남 해남 大興寺 掛佛圖 조성(『韓國의 佛畵 31 – 大興寺』) 수화승 色旻

수원(守源 : -1703-)* 18세기 전반에 활동한 불화승이다. 1703년에 수화승으
로 경북 문경 김용사 괘불도를 조성하였다.

◦ 1703년 경북 문경 金龍寺 掛佛圖 조성(『韓國의 佛畵 9 – 直指寺(下)』) 畵員 수화승

수운(秀雲, 睟雲, 守雲 : -1755-) 18세기 중반에 활동한 불화승이다. 1755년에
수화승 임한과 경북 청도 운문사 비로전 삼신불도와 온양민속박물관 소장 삼
장도를 조성하고, 1759년에 불상을 개금하면서 불화를 그렸다.

◦ 1755년 경북 청도 雲門寺 毘盧殿 三身佛圖 조성(『韓國의 佛畵 21 – 桐華寺 (上)』) 수화승
任閑
1755년 三藏圖 조성(溫陽民俗博物館 所藏,『韓國의 佛畵 20 – 私立博物館』)[133] 수화
승 任閑
◦ 1759년 己酉年改金幀畫丹艧事施主記(安貴淑,「조선후기 佛畵僧의 계보와 義謙比丘에 대
한 연구(상)」)

수익(守益 : -1898-) 송곡당(松谷堂) 19세기 후반에 활동한 불화승이다. 1898
년에 수화승 한곡돈법과 경기 광주 명성암 칠성도를 조성하였다.

□ 1898년 경기 광주 明性庵 七星圖 조성(『畿內寺院誌』와 『韓國佛畫畫記集』 및 『韓國의 佛 畫 36 - 曹溪寺(下)』)[134] 수화승 漢谷頓法

수인 1(首印 : -1622-)* 17세기 전반에 활동한 불화승이다. 1622년에 수화승 으로 전남 나주 죽림사 괘불도를 조성하였다.

□ 1622년 전남 나주 竹林寺 掛佛圖 조성(『掛佛調査報告書 Ⅱ』와 『韓國佛畫畫記集』 및 『韓 國의 佛畫 37 - 白羊寺・新興寺』) 畫士[135] 수화승

수인 2(守仁, 守印 : -1772-1782-)* 18세기 전반에 활동한 불화승이다. 1772년 에 수화승 유성과 충남 서산 개심사 괘불도를, 1775년에 수화승 정총과 경남 양산 통도사 응진전 석가모니후불도를, 1782년에 수화승으로 경북 의성 대곡 사 삼화상진영三和尙眞影과 청허당대선사진영 및 사명당대선사진영를 조성하 였다.

□ 1772년 충남 서산 開心寺 掛佛圖 조성(『韓國의 佛畫 27 - 修德寺』) 수화승 有誠
□ 1775년 경남 양산 通度寺 應眞殿 釋迦牟尼後佛圖 조성(『韓國의 佛畫 1 - 通度寺(上)』) 수화승 定聰
□ 1782년 경북 의성 大谷寺 三和尙眞影 조성(『韓國의 佛畫 24 - 孤雲寺(下)』) 畫員 수화승
　1782년 경북 의성 大谷寺 淸虛堂大禪師眞影 조성(『韓國의 佛畫 24 - 孤雲寺(下)』) 畫 員 수화승
　1782년 경북 의성 大谷寺 四溟堂大禪師眞影 조성(『韓國의 佛畫 24 - 孤雲寺(下)』) 畫 員 수화승

수인 3(守仁 : -1813-) 19세기 전반에 활동한 불화승이다. 1813년에 수화승 퇴운신겸과 경북 예천 용문사 지장도를 조성하였다.

□ 1813년 경북 예천 龍門寺 地藏圖 조성(『韓國의 佛畫 8 - 直指寺(上)』) 수화승 退雲 愼兼[136]

수인 4(修仁, 守仁 : -1884-1901-) 쌍명당(雙明堂) 19세기 후반부터 20세기 전 반까지 활동한 불화승이다. 1884년에 수화승 우송정규와 경남 진주 응석사 석가모니후불도를, 1885년에 수룡기전과 경남 합천 해인사 대적광전 삼신도 (석가모니불), 국일암 구품도와 신중도를, 1888년에 수화승 혜산축연과 강원 평창 상원사 십육나한도를, 1891년에 수화승 강원 영월 금몽암 석가모니후불 도를, 1901년에 수화승 보응문성과 전북 남원 실상사 백장암 신중도를, 제작 연대를 알 수 없는 경북 영천 은해사 백흥암 극락전 지장도를 수화승 벽산찬 규와 조성하였다.

□ 1882년 강원 고성 유점사 흥성암 산신도, 독성도 조성(『楡岾寺本末寺誌(楡岾寺)』)
□ 1884년 경남 진주 凝石寺 釋迦牟尼後佛圖 조성(『韓國의 佛畫 4 - 海印寺(上)』) 수화승 廷奎
□ 1885년 경남 합천 海印寺 國一庵 九品圖 조성(『韓國의 佛畫 4 - 海印寺(上)』) 수화승 水 龍琪銓
　1885년 경남 합천 海印寺 國一庵 神衆圖 조성(『韓國의 佛畫 4 - 海印寺(上)』)[137] 수화 승 水龍琪銓
□ 1888년 강원 평창 上院寺 十六羅漢圖 조성(『韓國의 佛畫 10 - 月精寺』) 수화승 蕙山 竺衍
□ 1891년 강원 영월 禁夢庵 釋迦牟尼後佛圖 조성(『韓國의 佛畫 10 - 月精寺』) 金魚 片手 수화승
□ 1901년 전북 남원 實相寺 百丈庵 神衆圖 조성(『韓國의 佛畫 13 - 金山寺』) 수화승 普應

文性
- 연대미상 경북 영천 銀海寺 百興庵 極樂殿 地藏圖 조성(『韓國의 佛畵 30 – 銀海寺』) 수화승 碧山璨奎

수일 1(守日, 守一 : -1759-1780-) 18세기 중반에 활동한 불화승이다. 1759년에 수화승 임한과 경남 양산 통도사 대광명전 비로자나후불도와 석가모니후불도 및 괘불도를, 1767년에 수화승 화월두훈과 경남 양산 통도사 괘불도를, 1780년에 수화승 설훈과 경기 양주 봉선사 대웅전 불상을 중수 · 개금하였다.

- 1759년 경남 양산 通度寺 大光明殿 毘盧遮那後佛圖 조성(『韓國의 佛畵 1 – 通度寺(上)』) 수화승 任閑
  1759년 경남 양산 通度寺 大光明殿 釋迦牟尼後佛圖 조성(『韓國의 佛畵 1 – 通度寺篇(上)』) 수화승 任閑[138]
- 1767년 경남 양산 通度寺 掛佛圖 조성(『韓國의 佛畵 2 – 通度寺(中)』) 수화승 枓薰
  1767년 부산 梵魚寺 義湘大師眞影 조성(『梵魚寺聖寶博物館 名品圖錄』과 『韓國의 佛畵 32 – 梵魚寺』) 良工 수화승
- 1780년 경기 남양주 奉先寺 大雄殿 佛像 重修 · 改金(「有明朝鮮國京畿右道楊州牧地雲岳山奉先寺大雄殿佛像重修改金願文」, 『奉先寺本末寺誌(奉先寺)』) 수화승 雪訓

수일 2(守一, 守日 : -1872-1895-) 19세기 후반에 활동한 불화승이다. 1872년에 수화승 방우진호와 경기 파주 보광사 시왕도(1·5대왕)와 사자도(사자 · 장군)를, 1882년에 수화승 봉간과 경기 남양주 견성암 독성도를 그리고, 1883년에 수화승 대허체훈과 서울 개운사 대웅전 감로도와 홍익대학교 박물관 소장 신중도 및 경기 화성 봉림사 지장도 등을, 1884년에 수화승 축연과 서울 진관사 영산전 제석도(사자 · 장군)를, 수화승 혜과엽계와 경북 예천 용문사 칠성도를, 수화승 기형과 예천 용문사 시왕도(1·3·5대왕)를 조성하였다. 1885년에 수화승 수룡기전과 경남 합천 해인사 대적광전 삼신도(비로자나불)를, 1888년에 수화승 향호묘영과 경북 하동 쌍계사 승당僧堂 아미타후불홍도 阿彌陀後佛紅圖를, 1895년에 수화승 경성두삼과 전남 순천 선암사 삼성각 칠성도를 조성하였다.

- 1872년 경기 파주 普光寺 十王圖(1·5大王) 조성(『韓國佛畵畵記集』과 『韓國의 佛畵 33 – 奉先寺』) 수화승 放牛珍昊
  1872년 경기 파주 普光寺 使者圖(使者 · 將軍) 조성(『韓國佛畵畵記集』과 『韓國의 佛畵 33 – 奉先寺』) 수화승 放牛珍昊
- 1882년 경기 남양주 見聖庵 獨聖圖 2 조성(『韓國佛畵畵記集』) 수화승 奉侃
- 1883년 서울 開運寺 大雄殿 甘露圖 조성(『韓國의 佛畵 36 – 曹溪寺(下)』) 수화승 大虛體訓
  1883년 神衆圖 조성(弘益大學校 博物館 所藏, 『韓國의 佛畵 19 – 大學博物館(Ⅱ)』) 수화승 大虛體訓
  1883년 경기 화성 鳳林寺 地藏圖 조성(『韓國의 佛畵 28 – 龍珠寺(上)』) 수화승 大虛體訓
  1883년 경기 화성 鳳林寺 神衆圖 조성(『韓國의 佛畵 28 – 龍珠寺(上)』) 수화승 大虛體訓
- 1884년 서울 津寬寺 靈山殿 帝釋圖(使者, 將軍) 조성(『韓國의 佛畵 35 – 曹溪寺(中)』) 金魚 수화승 竺衍
  1884년 경북 예천 龍門寺 七星圖 조성(『韓國의 佛畵 9 – 直指寺(下)』) 수화승 慧果燁桂
  1884년 경북 예천 龍門寺 十王圖(1·3·5大王) 조성(『韓國의 佛畵 9 – 直指寺(下)』)[139]

片手 수화승 錦華機炯
◦1885년 경남 합천 海印寺 大寂光殿 三身圖(毘盧遮那佛) 조성(『韓國의 佛畵 4 – 海印寺 (上)』) 수화승 水龍琪銓
◦1888년 경북 하동 雙溪寺 僧堂 阿彌陀後佛紅圖 조성(『韓國의 佛畵 25 – 雙磎寺(上)』) 수화승 香湖妙英
◦1895년 전남 순천 仙巖寺 三聖閣 七星圖 조성(『韓國의 佛畵 12 – 仙巖寺』) 수화승 景星 斗三
◦연대미상 경기 남양주 興國寺 大雄寶殿 現王圖 조성(『韓國의 佛畵 33 – 奉先寺』) 수화승 錦華 機炯140)

수정 1(守定 : -1768-) 18세기 중반에 활동한 불화승이다. 1768년에 수화승 정일과 경북 봉화 축서사 괘불도를 조성하였다.

◦1768년 경북 봉화 鷲棲寺 掛佛圖 조성(『韓國의 佛畵 24 – 孤雲寺(下)』) 수화승 定一

수정 2(水正 : -1868-) 19세기 중반에 활동한 불화승이다. 1868년에 수화승 원명긍우와 강원 고성 화엄사 미타암 칠성도(고성 화암사 소장)를 조성하였다.

◦1868년 강원 고성 華嚴寺 彌陀菴 七星圖 조성(高城 禾巖寺 所藏, 『한국의 사찰문화재– 강원도』와 『韓國의 佛畵 37 – 新興寺』) 수화승 圓明亘祐

수징(守澄 : -1742-) 18세기 중반에 활동한 불화승이다. 1742년에 수화승 민휘와 부산 범어사 지장보살도를 조성하였다.

◦1742년 부산 범어사 지장보살도 조성(김정희, 『조선시대 지장시왕도 연구』) 수화승 敏輝

수천(水天 : -1868-) 19세기 중반에 활동한 불화승이다. 1868년에 수화승 원명긍우와 강원 고성 화엄사 미타암 칠성도(고성 화암사 소장)를 조성하였다.

◦1868년 강원 고성 華嚴寺 彌陀菴 七星圖 조성(高城 禾巖寺 所藏, 『한국의 사찰문화재– 강원도』와 『韓國의 佛畵 37 – 新興寺』) 수화승 圓明亘祐

수탁(守卓 : -1690-) 17세기 후반에 활동한 불화승이다. 1690년에 수화승 해숙과 충남 홍성 용봉사 괘불도를 조성하였다.

◦1690년 충남 홍성 龍鳳寺 掛佛圖 조성(1725년 重修, 『韓國의 佛畵 27 – 修德寺』) 수화승 海淑

수탄(秀坦 : -1727-1735-) 18세기 전반에 활동한 불화승이다. 1727년에 수화승 체준과 강원 원주 구룡사 감로도(동국대학교 박물관 소장)를, 1735년에 수화승 총원과 경북 울진 불영사 대웅보전 석가모니후불도를 조성하였다.

◦1727년 강원 원주 龜龍寺 甘露圖 조성(東國大學校 博物館 所藏, 『韓國의 佛畵 18 – 大學 博物館(Ⅰ)』)141) 수화승 体峻
◦1735년 경북 울진 佛影寺 大雄寶殿 釋迦牟尼後佛圖 조성(『韓國의 佛畵 38 – 佛國寺』) 수화승 冢遠

수평(守平 : -1762-1764-) 18세기 중반에 활동한 불화승이다. 수화승 색민과 1762년에 전남 구례 천은사 지장보살도를, 1764년에 전남 해남 대흥사 괘불도를 조성하였다.

◦1762년 전남 구례 泉隱寺 地藏菩薩圖 조성(김정희, 『조선시대 지장시왕도 연구』) 수화승 色旻
◦1764년 전남 해남 大興寺 掛佛圖 조성(『韓國의 佛畵 31 – 大興寺』) 수화승 色旻

수해(守海 : -1762-1774-)* 18세기 중·후반에 활동한 불화승이다. 1762년에 수화승 색민과 전남 구례 천은사 지장보살도를, 1774년에 수화승으로 충남 예산 문수사 청연암 지장도를 조성하였다.

  ◦1762년 전남 구례 泉隱寺 地藏菩薩圖 조성(김정희, 『조선시대 지장시왕도 연구』) 수화승 色旻
  ◦1774년 충남 예산 文殊寺 淸蓮庵 地藏圖 조성(『韓國의 佛畵 27 – 修德寺』) 畵圓 수화승

수현(守玄, 粹絢 : -1650-1690-) 17세기 후반에 활동한 승장이다. 1650년에 수화승 경잠과 충남 공주 갑사 괘불도를, 1690년에 수화승 충옥과 전남 곡성 도림사 목조지장보살좌상과 시왕상을 제작하였다.

  ◦1650년 충남 공주 甲寺 掛佛圖 조성(『韓國佛畵畵記集』과 『韓國의 佛畵 16 – 麻谷寺(下)』)[142] 수화승 敬岑
  ◦1690년 전남 곡성 도림사 목조지장보살좌상과 시왕상 제작(發願文) 수화승 忠玉

수홍(守洪 : -1775-) 18세기 후반에 활동한 불화승이다. 1775년에 수화승 포관과 경남 양산 통도사 약사전 약사여래후불도를 조성하였다.

  ◦1775년 경남 양산 通度寺 藥師殿 藥師如來後佛圖 조성(『韓國의 佛畵 1 – 通度寺(上)』)[143] 수화승 □冠

수화(守和 : -1775-1798-) 18세기 후반에 활동한 불화승이다. 1775년에 수화승 경보와 경남 양산 통도사 명부전 시왕도(염라대왕)를, 1798년에 수화승 지연과 통도사 명부전 지장도를 조성하였다.

  ◦1775년 경남 양산 通度寺 冥府殿 十王圖(閻羅大王) 조성(『韓國의 佛畵 2 – 通度寺(中)』) 수화승 景甫
  ◦1798년 경남 양산 通度寺 冥府殿 地藏圖 조성(『韓國의 佛畵 1 – 通度寺(上)』)[144] 수화승 指演

수활(守闊 : -1757-) 18세기 중반에 활동한 불화승이다. 1757년에 수화승 색민과 전남 구례 화엄사 대웅전 삼신도(석가모니불)를 조성하였다.

  ◦1757년 전남 구례 華嚴寺 大雄殿 三身圖(釋迦牟尼佛) 조성(『韓國의 佛畵 11 – 華嚴寺』)[145] 수화승 嗇旻

숙연(叔演, 淑連 : -1684-1729-) 17세기 후반부터 18세기 전반까지 활동한 불화승이다. 1684년에 수화승 법림과 경남 산청 율곡사 괘불도를, 1729년에 수화승 의겸과 경남 합천 해인사 대적광전 석가모니불도를 조성하였다.

  ◦1684년 경남 산청 栗谷寺 掛佛圖 조성(『韓國의 佛畵 5 – 海印寺(下)』) 수화승 法琳
  ◦1729년 경남 합천 海印寺 大寂光殿 釋迦牟尼佛圖 조성(『韓國의 佛畵 4 – 海印寺(上)』) 수화승 義謙
  ※ 숙연은 두 명일 가능성이 있다.

숙천(淑泉 : -1879-) 19세기 후반에 활동한 승장이다. 1879년에 수화승 석옹철유와 강원 통천 은적사 용흥암 불상을 개금하고 불화를 조성하였다.

  ◦1879년 龍興庵改金幀畵佛事時及重創錄에 金魚秩로에 언급됨(『楡岾寺本末寺誌(隱跡寺)』) 수화승 石翁喆侑

순간(舜侃 : -1741-1744-) 18세기 중반에 황악산 능여사能如寺를 중심으로 활동한 불화승이다. 수화승 세관과 1741년에 경북 상주 남장사 아미타후불도와 삼장도를, 1744년에 경북 김천 직지사直指寺 석가모니후불도와 약사여래후불도 및 시왕도(오관대왕)를 조성하였다.

> ˚ 1741년 경북 상주 南長寺 阿彌陀後佛圖 1 조성(『韓國의 佛畵 8 – 直指寺(上)』) 수화승 世冠
> 1741년 경북 상주 南長寺 阿彌陀後佛圖 2 조성(『韓國의 佛畵 8 – 直指寺(上)』) 수화승 世冠
> 1741년 경북 상주 南長寺 三藏圖 조성(『韓國의 佛畵 8 – 直指寺(上)』) 수화승 世冠
> ˚ 1744년 경북 김천 直指寺 釋迦牟尼後佛圖 조성(『韓國의 佛畵 8 – 直指寺(上)』) 本山 能如寺 수화승 世冠
> 1744년 경북 김천 直指寺 藥師如來後佛圖 조성(『韓國의 佛畵 8 – 直指寺(上)』) 수화승 世冠
> 1744년 경북 김천 直指寺 十王圖(五官大王) 조성(『韓國의 佛畵 9 – 直指寺(下)』) 수화승 世冠

순경(順敬 : -1739-) 18세기 중반에 활동한 불화승이다. 1739년에 수화승 초흠과 서울 학림사 괘불도를 조성한 것으로 추정된다.

> ˚ 1739년 서울 鶴林寺 掛佛圖 造成 추정(박도화, 「鶴林寺 毘盧遮那三身掛佛幀畵」과 『韓國의 佛畵 35 – 曹溪寺(中)』146) 수화승 楚欽

순민(洵玟 : -1887-)* 금운당(錦雲堂) 19세기 후반에 활동한 불화승이다. 1885년에 경남 합천 해인사 삼장도를, 1887년에 수화승 연하계창과 경기 의정부 망월사 괘불도를, 수화승 혜산축연과 서울 경국사 감로왕도와 수화승으로 팔상도(도솔내의상, 비람강생상, 사문유관상, 유성출가상)를 조성하였다.

> ˚ 1885년 경남 합천 海印寺 三藏圖 조성(李智冠 編著, 『伽倻山 海印寺誌』)
> ˚ 1887년 경기 의정부 望月寺 掛佛圖 조성(『掛佛調査報告書』와 『韓國佛畵畵記集』) 수화승 淵荷啓昌
> 1887년 서울 慶國寺 甘露王圖 조성(『韓國佛畵畵記集』) 수화승 蕙山竺衍
> 1887년 서울 慶國寺 八相圖(兜率來儀相, 毘藍降生相, 四門遊觀相, 踰城出家相) 조성(『韓國의 佛畵 35 – 曹溪寺(中)』) 金魚 수화승

순백(舜白 : -1734-1736-) 18세기 전반에 활동한 불화승이다. 수화승 임한과 1734년에 경남 양산 통도사 영산전 석가모니후불도와 1736년에 울산 석남사 석가여래후불도를 조성하였다.

> ˚ 1734년 경남 양산 通度寺 靈山殿 釋迦牟尼後佛圖 조성(『韓國의 佛畵 1 – 通度寺(上)』) 수화승 任閑
> ˚ 1736년 울산 石南寺 釋迦如來後佛圖 조성(畵記는 碩南寺, 『韓國의 佛畵 3 – 通度寺(下)』) 수화승 任閑

순원(舜遠 : -1779-) 18세기 후반에 활동한 불화승이다. 1779년에 전남 곡성 태안사 대웅전 중창기에 화공畵工으로 언급되어 있다.

> ˚ 1779년 전남 곡성 泰安寺 大雄殿重創記 중 畵工(「大雄殿重創記」, 『泰安寺誌』) 수화승

순우(順宇 : -1766-) 18세기 중반에 활동한 불화승이다. 1766년에 수화승 화

월두훈과 축북 보은 법주사 괘불도를 조성하였다.

▫ 1766년 충북 보은 法住寺 掛佛圖 조성(『韓國의 佛畵 17 – 法住寺』) 수화승 華月抖訓

순의(順義 : -1745-) 18세기 중반에 활동한 불화승이다. 1745년에 수화승 서기, 가선嘉善 뇌옥雷玉 등과 경북 영주 부석사 괘불도를 조성하였다.

▫ 1745년 경북 영주 浮石寺 掛佛圖 조성(『韓國의 佛畵 24 – 孤雲寺(下)』) 수화승 瑞氣

순일(淳日 : -1735-) 18세기 전반에 활동한 불화승이다. 1735년에 수화승 수탄과 경북 울진 불영사 대웅보전 석가모니후불도를 조성하였다.

▫ 1735년 경북 울진 佛影寺 大雄寶殿 釋迦牟尼後佛圖 조성(『韓國의 佛畵 38 – 佛國寺』) 수화승 冡遠

순정(舜靜 : -1797-1826-) 또는 현정(賢正) 풍계당(楓溪堂) 19세기 전반에 활동한 불화승이다. 수화승으로 1797년에 전남 고흥 금탑사 극락보전 불상을, 1804년에 환봉경민 등과 전남 해남 서동사 목조삼세불좌상을 개금하고, 1805년에 수화승으로 전남 해남 명적암 지장도(해남 대흥사 소장)를, 1817년에 수화승으로 전남 해남 대흥사 천불전 불상을 경주에서 제작하였다.[147] 1826년에 수화승으로 전남 해남 대흥사 석가모니후불도를 조성하였다.

▫ 1797년 전남 고흥 金塔寺 極樂寶殿 佛像 개금(發願文)
▫ 1804년 전남 해남 서동사 木造三世佛坐像 개금(發願文) 金魚片手 수화승
▫ 1805년 전남 해남 明寂庵 地藏圖 조성(海南 大興寺 所藏, 『韓國의 佛畵 31 – 大興寺』) 金魚 수화승
▫ 1817년 전남 해남 大興寺 千佛殿 佛像 제작(『大屯寺誌』와 『漂海錄』) 수화승
▫ 1819년 전남 해남 大興寺 千佛殿 神衆圖 조성(『韓國의 佛畵 31 – 大興寺』) 金魚 수화승
▫ 1826년 전남 해남 大興寺 釋迦牟尼後佛圖 조성(『韓國의 佛畵 31 – 大興寺』) 金魚 수화승

순호(順乎 : -1777-) 18세기 후반에 활동한 불화승이다. 1777년에 수화승 □영□穎과 서울 봉은사 시왕도(동국대학교 박물관 소장)를 조성하였다.

▫ 1777년 서울 奉恩寺 十王圖 조성(東國大學校 博物館 所藏, 『韓國佛畵畵記集』) 수화승 □穎

순혜(順惠, 順慧 : -1749-)* 18세기 중반에 활동한 불화승이다. 수화승으로 1748년에 전남 장흥 보림사 관음상을, 1749년에 전남 해남 대흥사 영산회상도(국립중앙박물관 소장)를, 제작연대를 알 수 없는 전남 나주 죽림사 극락보전 석가모니후불도를 수화승 필영과 조성하였다.

▫ 1748년 전남 장흥 寶林寺 觀音聖像 畵成(『譯註 寶林寺重創記』) 片手 수화승
▫ 1749년 전남 해남 大興寺 靈山會上圖 조성(國立中央博物館 所藏, 『영혼의 여로 – 조선시대 불교회화와의 만남』과 『韓國의 佛畵 39 – 國·公立博物館』) 金魚片手 수화승
▫ 연대미상 전남 나주 竹林寺 極樂寶殿 釋迦牟尼後佛圖 조성(『韓國의 佛畵 37 – 白羊寺·新興寺』) 수화승 弼英

승문(勝文 : -1781-) 18세기 후반에 활동한 불화승이다. 1781년에 수화승 승윤과 경남 하동 쌍계사 삼세불도(석가모니불)와 삼장도를 조성하였다.

▫ 1781년 경남 하동 雙溪寺 三世佛圖(釋迦牟尼佛) 조성(『韓國의 佛畵 25 – 雙磎寺(上)』) 수화승 勝允
1781년 경남 하동 雙溪寺 三藏圖 조성(『韓國의 佛畵 25 – 雙磎寺(上)』) 수화승 勝允

승보(勝甫 : -1777-1779-) 18세기 후반에 활동한 불화승이다. 수화승 비현과 1777년에 전남 영광 불갑사 팔상전 영산회상도와 지장전 지장시왕도를, 전남

곡성 태안사 대웅전 석가여래도와 삼장도 및 명적암 신중도를 조성하였다. 1778년에 전남 고흥 금탑사 괘불도를 조성하였다. 1779년에 전남 곡성 태안사 대웅전 중창기에 화공畫工으로 언급되어 있다.

　· 1777년 전남 영광 佛甲寺 八相殿 靈山會上圖 조성(『靈光 母岳山 佛甲寺』와 『韓國의 佛畵 37 - 白羊寺·新興寺』) 수화승 조현畃賢
　　1777년 전남 영광 佛甲寺 地藏殿 地藏十王圖 조성(『靈光 母岳山 佛甲寺』와 『韓國의 佛畵 37 - 白羊寺·新興寺』) 수화승 畃賢
　　1777년 전남 곡성 泰安寺 大雄殿 釋迦如來圖, 神衆圖, 三藏圖와 明寂庵 神衆圖 조성(『泰安寺誌』) 수화승 畃賢
　· 1778년 전남 고흥 금탑사 掛佛圖 조성(『韓國의 佛畵 6 - 松廣寺』) 수화승 畃賢
　· 1779년 전남 곡성 泰安寺 大雄殿重創記 중 畫工(「大雄殿重創記」, 『泰安寺誌』)

승선 1(承善 : -1649-) 17세기 중반에 활동한 불화승이다. 1649년에 인조仁祖 장릉長陵 조성소 화승畫僧으로 활동하였다.

　· 1649년 『仁祖殯殿都監儀軌』 魂殿二房 造成所 畫僧(奎章閣 14855호, 朴廷蕙, 「儀軌를 통해서 본 朝鮮時代의 畫員」 자료1)

승선 2(勝先 : -1700-) 18세기 전반에 활동한 불화승이다. 1700년에 수화승 천신과 전북 부안 내소사 괘불도를 조성하였다.

　· 1700년 전북 부안 來蘇寺 掛佛圖 조성(『韓國의 佛畵 14 - 禪雲寺』) 수화승 天信

승순(勝淳 : -1710-) 18세기 전반에 활동한 불화승이다. 1710년에 수화승 도문과 경북 안동 봉정사 괘불도를 조성하였다.

　· 1710년 경북 안동 鳳停寺 掛佛圖 조성(『韓國의 佛畵 24 - 孤雲寺(下)』) 수화승 道文

승오(昇旿 : -1882-)* 19세기 후반에 활동한 불화승이다. 1882년에 수화승으로 전남 구례 사성암 산신도(광양 백운사 소장)를 조성하였다.

　· 1882년 전남 구례 四星庵 山神圖 조성(光陽 白雲寺 所藏, 『韓國의 佛畵 11 - 華嚴寺』) 金魚 수화승

승운(勝雲 : -1832-) 19세기 전반에 활동한 불화승이다. 1832년에 수화승 신선와 삼각산 신흥사 괘불도(서울 흥천사 소장)를 조성하였다.

　· 1832년 三角山 新興寺 掛佛圖 조성(서울 興天寺 所藏, 『서울전통사찰불화』와 『掛佛調査報告書 II』 및 『韓國佛畵畵記集』) 수화승 愼善

승윤(勝允, 勝玧 : -1781-1790-) 18세기 후반에 활동한 불화승이다. 1781년에 수화승 승윤과 경남 하동 쌍계사 삼세불도(석가모니불)와 삼장도를 조성하고, 1789년에 장조莊祖 현륭원顯隆園 조성소 화승畫僧으로 참여하였다. 1790년에 수화승 상겸과 경기 화성 용주사 감로도를 그렸다.

　· 1781년 경남 하동 쌍계사 三世佛圖(釋迦牟尼佛) 조성(『韓國의 佛畵 25 - 雙磎寺(上)』) 金魚 수화승
　　1781년 경남 하동 쌍계사 三藏圖 조성(『韓國의 佛畵 25 - 雙磎寺(上)』) 金魚 수화승 勝允

승윤, 삼세불도(약사), 쌍계사 대웅전

◦ 1789년 『莊祖顯隆園園所都監儀軌』 造成所 畫僧(奎章閣 13627호, 朴廷蕙, 「儀軌를 통해서 본 朝鮮時代의 畫員」 자료1)
◦ 1790년 경기 화성 龍珠寺 甘露圖 조성(『韓國佛畫畫記集』) 수화승 尙兼

승윤, 삼장보살도, 1781년, 하동 쌍계사 대웅전

승의(勝宜 : -1874-1892-)* 낙암당(樂庵堂) 성암당(性庵堂) 취암당(翠庵堂), 19세기 후반에 활동한 불화승이다. 1868년에 수화승으로 서울 청룡사 대웅전 현왕도와 수화승 응륜과 칠성도를, 1868년에 수화승 금곡영환과 경기 남양주 흥국사 대웅보전 지장도를, 1874년에 수화승 한봉창엽과 경기 안성 청룡사 명부전 지장도를, 1876년에 수화승과 서울 화계사 명부전 시왕도(2·4대왕)를, 1878년에 수화승 대허체훈과 인천 강화 정수사 법당 지장도를, 수화승 한담천신과 경기 안성 청룡사 대웅전 삼세후불도를, 1888년에 수화승 금곡영환과 경기 안성 칠장사 명부전 지장도를, 1892년에 수화승으로 경기 수원 청련암 극락보전 아미타후불도와 신중도 및 칠성도를 조성하였다.

◦ 1868년 서울 靑龍寺 大雄殿 現王圖 조성(『서울전통사찰불화』와 『韓國佛畫畫記集』 및 『韓國의 佛畫 36 – 曹溪寺(下)』) 金魚 수화승
1868년 서울 靑龍寺 大雄殿 七星圖 조성(『서울전통사찰불화』와 『韓國佛畫畫記集』 및 『韓國의 佛畫 36 – 曹溪寺(下)』) 수화승 應崙
1868년 경기 남양주 興國寺 大雄寶殿 地藏圖 조성(『韓國佛畫畫記集』과 『韓國의 佛畫 33 – 奉先寺』)148) 수화승 金谷永煥
◦ 1874년 경기 안성 靑龍寺 冥府殿 地藏圖 조성(『韓國의 佛畫 28 – 龍珠寺(上)』) 수화승 漢峰瑲燁
◦ 1876년 서울 華溪寺 冥府殿 十王圖(2·4大王) 조성(『韓國의 佛畫 35 – 曹溪寺(中)』) 金魚 수화승
◦ 1878년 인천 강화 淨水寺 法堂 地藏圖 조성(『畿內寺院誌』와 『韓國佛畫畫記集』 및 『韓國의 佛畫 34 – 曹溪寺(上)』) 수화승 大虛軆訓
1878년 경기 안성 靑龍寺 大雄殿 三世後佛圖 조성(『韓國의 佛畫 28 – 龍珠寺(上)』) 수화승 漢潭天娠
◦ 1888년 경기 안성 七長寺 冥府殿 地藏圖 조성(『韓國의 佛畫 28 – 龍珠寺(上)』) 수화승 金谷永煥
◦ 1892년 경기 수원 靑蓮庵 極樂寶殿 阿彌陀後佛圖 조성(『韓國의 佛畫 28 – 龍珠寺(上)』) 金魚149) 수화승
1892년 경기 수원 靑蓮庵 神衆圖 조성(『韓國의 佛畫 28 – 龍珠寺(上)』 金魚150) 수화승
1892년 경기 수원 靑蓮庵 七星圖 조성(김정희, 「水原 靑蓮庵 佛畫考」) 金魚 수화승

승익(勝翼, 承益 : -1774-1788-) 18세기 후반에 활동한 불화승이다. 1774년에 수화승 수해와 충남 예산 문수사 청연암 지장도를, 1788년에 수화승 연홍과 충남 공주 마곡사 대적광전 석가모니후불도를 조성하였다.

◦ 1774년 충남 예산 文殊寺 淸蓮庵 地藏圖 조성(『韓國의 佛畫 27 – 修德寺』) 수화승 守海

▫1788년 충남 공주 麻谷寺 大寂光殿 釋迦牟尼後佛圖 조성(『韓國의 佛畵 15 – 麻谷寺(上)』)
수화승 鍊弘
1788년 충남 공주 麻谷寺 三藏圖 조성(『韓國의 佛畵 40 – 補遺』) 수화승 鍊弘

승일(勝日 : -1684-) 17세기 후반에 활동한 불화승이다. 1684년에 지영智英
등과 명성왕후明聖王后 숭릉崇陵 조성소 화승畵僧에 참여하였다.

▫1684년 『明聖王后崇陵山陵都監儀軌』 造成所 畵僧(奎章閣 14832호, 朴廷惠, 「儀軌를 통
해서 본 朝鮮時代의 畵員」 자료1)

승장(勝藏 : -1710-)* 18세기 전반에 활동한 불화승이다. 1710년에 수화승으
로 경기 안성 칠장사 괘불도를 조성하였다.

▫1710년 경기 안성 七長寺 掛佛圖(三佛會掛佛) 조성(『韓國의 佛畵 29 – 龍珠寺 本末寺(下)』)
大畵士 수화승

승정(勝淨 : -1794-1796-) 18세기 후반에 활동한 불화승이다. 1794년부터
1796년까지 화성 건립에 참여하여 1801년에 작성된 『화성성역의궤華城城役
儀軌』에 양주목楊州牧 승려로 언급되어 있다.

▫1794년-1796년 화성 건립에 畵員으로 참여(1801년 작성된 『華城城役儀軌』 卷4 工匠 畵
工 條 楊州牧)

승초(勝初 : -1794-) 18세기 후반에 활동한 불화승이다. 1794년에 수화승 승
초와 충남 공주 마곡사 백련정사 신중도(아산 세심사 소장)를 조성하였다.

▫1794년 충남 공주 麻谷寺 白蓮精舍 神衆圖 조성(牙山 洗心寺 소장, 『韓國의 佛畵 15 –
麻谷寺(上)』) 金魚 수화승

승택(勝擇 : -1774-) 18세기 후반에 활동한 불화승이다. 1774년에 수화승 수
해와 충남 예산 문수사 청연암 지장도를 조성하였다.

▫1774년 충남 예산 文殊寺 淸蓮庵 地藏圖 조성(『韓國의 佛畵 27 – 修德寺』) 畵圓 수화승
守海

승한 1(勝閑 : -1755-) 18세기 중반에 활동한 불화승이다. 1755년에 수화승
상오와 경북 영천 은해사 대웅전 삼장도를 조성하였다.

▫1755년 경북 영천 銀海寺 大雄殿 三藏圖 조성(『韓國의 佛畵 30 – 銀海寺』) 수화승 常悟

승한 2(勝閒 : -1866-) 19세기 중반에 활동한 불화승이다. 1866년에 수화승
기연과 전남 해남 대둔사 진불암 지장시왕도(해남 대흥사 소장)를 조성하였다.

▫1866년 전남 해남 大興寺 眞佛庵 地藏十王圖 조성(海南 大興寺 소장, 『韓國의 佛畵 31
– 大興寺』) 수화승 錡衍

승호 1(勝湖 : -1702-1707-) 18세기 전반에 활동한 불화승이다. 1702년에 수
화승 태철과 전남 장흥 보림사 제석도를 중수하고, 1707년에 수화승 두심과
장흥 보림사 불화를 개조하여 완성하였다.

▫1702년 전남 장흥 寶林寺 제석도 2위 중수(『譯註 寶林寺重創記』) 수화승 太澈
▫1707년 전남 장흥 寶林寺 불탱 3축을 개조하여 완성(『譯註 寶林寺重創記』) 수화승 斗心

승호 2(昇晧 : -1856-) 19세기 중반에 활동한 불화승이다. 1856년에 수화승
경성긍준과 강원 삼척 영은사 괘불도(평창 월정사 소장)를 조성하였다.

　□1856년 강원 삼척 靈隱寺 掛佛圖 조성(平昌 月精寺 所藏, 『韓國의 佛畵 10 – 月精寺』)
　　수화승 璟惺肯瀅

승호 3(承琥 : -1900-)* 수경당(繡璟堂) 19세기 후반에 활동한 불화승이다.
1900년에 수화승 금화기경과 경기 여주 신륵사 감로도를, 수화승으로 아미타
회상도를, 수화승 환명용화와 극락보전 석가모니후불도를 조성하였다.

　□1900년 경기 여주 神勒寺 甘露圖 조성(『韓國의 佛畵 29 – 龍珠寺(下)』) 金魚 수화승 錦
　　華機烱
　　1900년 경기 여주 神勒寺 阿彌陀會上圖 조성(『韓國佛畵畵記集』) 金魚 수화승 錦華機烱
　　1900년 경기 여주 神勒寺 極樂寶殿 釋迦牟尼後佛圖 조성(『韓國의 佛畵 28 – 龍珠寺
　　(上)』) 金魚 수화승 幻溟龍化

승홍(勝洪 : -1775-) 18세기 후반에 활동한 불화승이다. 1775년에 수화승 포
관과 경남 양산 통도사 약사전 약사여래후불도를 조성하였다.

　□1775년 경남 양산 通度寺 藥師殿 藥師如來後佛圖 조성(『韓國의 佛畵 1 – 通度寺(上)』)[151]
　　수화승 □冠

승활(勝活, 勝闊 : -1775-1803-)* 18세기 후반에 활동한 불화승이다. 1775년에
수화승 우홍과 경남 양산 통도사 명부전 시왕도(도시대왕)를, 1797년에 수화
승 지연과 안동 운대사 아미타후불도를, 1798년에 수화승 옥인과 양산 통도
사 용화전 후불도와 명부전 지장도를, 수화승으로 양산 내원사 노전 신중도
를, 1801년에 수화승 옥인과 내원사 노전 석가모니후불도를, 수화승 지연과
양산 통도사 백운암 지장도를 제작하였다.

　□1775년 경남 양산 通度寺 冥府殿 十王圖(都市大王) 조성(『韓國의 佛畵 2 – 通度寺(中)』)
　　수화승 宇洪
　□1797년 경북 안동 雲臺寺 阿彌陀後佛圖 조성(安東 西岳寺 所藏, 『韓國의 佛畵 23 孤雲寺
　　(上)』) 수화승 指涓
　□1798년 경남 양산 通度寺 龍華殿 後佛圖 조성(『韓國의 佛畵 1 – 通度寺(上)』)[152] 수화승
　　玉仁
　　1798년 경남 양산 通度寺 冥府殿 地藏圖 조성(『韓國의 佛畵 1 – 通度寺(上)』) 수화승
　　指演
　　1798년 경남 양산 內院寺 爐殿 神衆圖 조성(『韓國의 佛畵 3 – 通度寺(下)』) 良工 수화승
　□1801년 경남 양산 內院寺 爐殿 釋迦牟尼後佛圖 조성(『韓國의 佛畵 3 – 通度寺(下)』) 수
　　화승 玉仁
　　1801년 경남 양산 通度寺 白雲庵 地藏圖 조성(『韓國의 佛畵 3 – 通度寺(下)』) 수화승
　　指演
　　1801년 경남 양산 內院寺 爐殿 地藏圖 조성(『韓國의 佛畵 3 – 通度寺(下)』) 수화승 玉仁
　□1803년 울산 石南寺 地藏圖 조성(『韓國의 佛畵 3 – 通度寺(下)』) 수화승 指涓

시명(是明 : -1739-) 18세기 중반에 활동한 불화승이다. 1739년에 수화승 초
흠과 서울 학림사 괘불도를 조성한 것으로 추정된다.

　□1739년 서울 鶴林寺 掛佛圖 造成 추정(박도화, 「鶴林寺 毘盧遮那三身掛佛幀畵」과 『韓國
　　의 佛畵 35 – 曹溪寺(中)』)[153] 수화승 楚欽

시영(時榮 : -1818-) 19세기 전반에 활동한 불화승이다. 1818년에 수화승 지
한과 통도사 극락암 신중도를 조성하였다.

◦ 1818년 경남 양산 通度寺 極樂庵 神衆圖 조성(『韓國의 佛畵 3 - 通度寺(下)』) 수화승 志閑

시인(施仁 : -1919-1920-) 20세기 전반에 활동한 불화승이다. 수화승 완호낙현과 1919년에 경북 양산 통도사 지장도를, 1920년에 통도사 사명암 지장도와 자장암 석가모니후불도를 조성하였다.

◦ 1919년 울산 月峯寺 神衆圖 조성(『韓國의 佛畵 3 - 通度寺(下)』) 수화승 玩虎 洛現
1919년 경남 양산 通度寺 地藏圖 조성(『韓國의 佛畵 1 - 通度寺(上)』) 수화승 玩虎洛現
◦ 1920년 경남 양산 通度寺 泗溟庵 地藏圖 조성(『韓國의 佛畵 1 - 通度寺(上)』) 수화승 玩虎
1920년 경남 양산 通度寺 慈藏庵 釋迦牟尼後佛圖 조성(『韓國의 佛畵 3 - 通度寺(下)』) 수화승 玩虎

시환(是還 : -1749-) 18세기 중반에 활동한 불화승이다. 1749년에 수화승 순혜와 전남 해남 대흥사 영산회상도(국립중앙박물관 소장)를, 1761년에 수화승 색민과 전남 장흥 보림사 신법당을 부화원副畵員으로 조성하였다.

◦ 1749년 전남 해남 大興寺 靈山會上圖 조성(國立中央博物館 所藏, 『영혼의 여로 - 조선시대 불교회화와의 만남』과 『韓國의 佛畵 39 - 國・公立博物館』) 改金片手 수화승 順慧
◦ 1761년 전남 장흥 寶林寺 新法堂 丹靑(『譯註 寶林寺重創記』) 副畵員 수화승 色旻

식연(寔演, 湜演, 湜煙 : -1744-1747-) 18세기 중반에 경북 김천 직지사 서전西殿에 거주하던 불화승이다. 수화승 세관과 1744년에 경북 김천 직지사 석가모니후불도와 아미타후불도 및 시왕상(송제대왕과 초강대왕)을 조성하고, 1747년에 충북 보은 법주사 소조삼신불좌상을 개금하였다.

◦ 1744년 경북 김천 直指寺 釋迦牟尼後佛圖 조성(『韓國의 佛畵 8 - 直指寺(上)』) 本山 西殿 수화승 世冠
1744년 경북 김천 直指寺 阿彌陀後佛圖 조성(『韓國의 佛畵 8 - 直指寺(上)』) 수화승 世冠
1744년 경북 김천 直指寺 十王圖(宋帝大王) 조성(『韓國의 佛畵 9 - 直指寺(下)』)[154] 수화승 世冠
1744년 경북 김천 直指寺 十王圖(初江大王) 조성(『韓國의 佛畵 9 - 直指寺(下)』) 수화승 世冠
◦ 1747년 충북 보은 法住寺 塑造三身佛坐像 개금(發願文) 수화승 世冠

신각(神覺 : -1744-) 18세기 중반에 직지사에서 활동한 불화승이다. 1744년에 수화승 세관과 경북 김천 직지사 석가모니후불도와 아미타후불도 및 시왕도(변성대왕)를 조성하였다.

◦ 1744년 경북 김천 直指寺 釋迦牟尼後佛圖 조성(『韓國의 佛畵 8 - 直指寺(上)』) 本山 수화승 世冠
1744년 경북 김천 直指寺 阿彌陀後佛圖 조성(『韓國의 佛畵 8 - 直指寺(上)』) 수화승 世冠
1744년 경북 김천 直指寺 十王圖(變成大王) 조성(『韓國의 佛畵 9 - 直指寺(下)』) 수화승 世冠

신감 1(神鑑 : -1677-) 17세기 후반에 활동한 불화승이다. 1677년에 전남 순천 송광사 괘불도를 조성하였다.

◦ 1677년 전남 순천 松廣寺 掛佛圖 조성(『曹溪山松廣寺史庫』)

신감 2(信甘, 信鑑 : -1723-1736-) 18세기 전반에 활동한 불화승이다. 수화승 의겸과 1723년에 전남 여수 흥국사 관음전 관음도와 영산회상도 및 응진전 십육나한도(1·3·5존자)를, 1724년에 전남 순천 송광사 응진당 석가모니후불 도를, 1725년에 순천 송광사 삼십삼조사도를, 1726년에 전북 남원 실상사 지 장도(동국대학교 박물관 소장)를 조성하였다. 1730년에 경남 고성 운흥사 삼 장보살도를, 1736년에 전남 순천 선암사 서부도전 감로도를 조성하였다.

‥ 1723년 전남 여수 興國寺 觀音殿 觀音圖 조성(『韓國의 佛畵 11 − 華嚴寺』) 수화승 義謙
  1723년 전남 여수 興國寺 靈山會上圖2 조성(『韓國佛畵畵記集』) 수화승 義謙
  1723년 전남 여수 興國寺 應眞殿 十六羅漢圖(1·3·5尊者) 조성(『韓國의 佛畵 11 − 華嚴 寺』) 수화승 義兼
‥ 1724년 전남 순천 송광사 應眞堂 釋迦牟尼後佛圖 조성(『韓國의 佛畵 6 − 松廣寺』) 수화 승 義謙
‥ 1725년 전남 순천 송광사 「三十三祖師幀」 조성(『曹溪山松廣寺史庫』)[155] 수화승 義謙
‥ 1726년 전북 남원 實相寺 地藏圖 조성(東國大學校 博物館 所藏, 『韓國의 佛畵 18 − 大學 博物館(Ⅰ)』) 수화승 義謙
‥ 1730년 경남 고성 雲興寺 三藏菩薩圖 조성(安貴淑,「조선후기 佛畵僧의 계보와 義謙比 丘에 대한 연구(상)」) 수화승 義謙
‥ 1736년 전남 순천 仙巖寺 西浮屠殿 甘露圖 조성(『韓國의 佛畵 12 − 仙巖寺』)[156] 수화승 義謙

신관(信觀 : -1675-) 17세기 후반에 활동한 불화승이다. 1675년에 현종顯宗 빈전殯殿 조성소 화승畵僧으로 참여하였다.

‥ 1675년 『顯宗殯殿都監儀軌』 魂殿 造成所 畵僧(奎章閣 13540호, 朴廷蕙,「儀軌를 통해서 본 朝鮮時代의 畵員」자료1)

신겸 1(信謙 : 1649-1657)* 17세기 중반에 활동한 불화승이다. 1649년에 인조 仁祖 장릉長陵 조성소 화승畵僧으로 활동하고, 수화승으로 충북 청주 보살사 괘불도를, 1652년에 충북 청원 안심사 괘불도를 1657년 충남 연기 비암사 괘불도를 조성하였다.

‥ 1649년 『仁祖殯殿都監儀軌』 魂殿二房 造成所 畵僧(奎章閣 14855호, 朴廷蕙,「儀軌를 통 해서 본 朝鮮時代의 畵員」자료1)
  1649년 『仁祖長陵山陵都監儀軌』 造成所 畵僧(奎章閣 15074호, 朴廷蕙,「儀軌를 통해 서 본 朝鮮時代의 畵員」자료1)
  1649년 충북 청주 菩薩寺 掛佛圖 조성(『韓國佛畵畵記集』과 『韓國의 佛畵 17 − 法住寺』) 畵員 수화승
‥ 1652년 충북 청원 安心寺 掛佛圖 조성(『韓國의 佛畵 17 − 法住寺』) 畵員[157] 수화승
‥ 1657년 충남 연기 卑岩寺 掛佛圖 조성(畵記) □□ 수화승

신겸 2(信謙, 信兼, 信謙, 愼謙, 愼兼 : -1788-1828-)* 퇴운당(退雲堂) 18세기 후반 부터 19세기 전반까지 경북 문경 대승사에서 활동한 불화승으로 1820년에 고운사 백련사 조실祖室로 나와 있다. 1788년에 수화승 상겸과 경북 상주 남 장사 불사에 참여한 화승을 적은 『불사성공록佛事成功錄』에 대승양공大乘良工 으로 적혀 있으며, 1790년에 수화승으로 운수암雲水菴 관음변상묵도(평창 월 정사 소장)를 그리고, 1791년에 수화승 성암 홍안과 강원 삼척 운흥사 목조 아미타불좌상을 개금하였다. 수화승으로 1793년에 경북 의성 대곡사 포허당

人

담수대선사진영抱虛堂曇秀大禪師眞影을, 1795년에 충북 보은 법주사 대웅보전
신중도(복천암 소장)를 그린 후, 1796년에 경북 영주 부석사 영산전 불상 개
금과 아미타 불화를 조성하고, 1797년에 수화승 위전과 경북 김천 직지사 신
중도를 그렸다. 수화승으로 1798년에 괴산 채운암 신중도(속리산 대법주사
여적암 제작)를, 1800년에 경북 청송 대전사 주왕암 나한전 석가모니후불도
를, 1803년에 경북 문경 김룡사 석가모니후불도와 응진전 후불도 등을, 수화
승 홍안과 1804년에 경북 문경 혜국사 석가모니후불도와 신중도를 그렸다.
1806년에 경북 문경 김룡사 대성암 신중도를, 1813년에 경북 예천 용문사
지장도를, 1816년에 대구 동구 동화사 지장도를, 1819년에 경북 의성 주월암
대웅전 삼세후불도를 그렸다. 1820년에 경북 의성 고운사 백련암 산신도 제
작 시 백련암白蓮庵 조실祖室로 나와 있다. 수화승으로 1821년에 석가모니후
불도와 지장도(온양민속박물관 소장)를 조성할 때 증명의 소임을 맡았다. 동
년 의성 수정사 지장도를 제작하였다. 수화승으로 1822년에 문경 김용사 화
장암 석가모니후불도와 신중도를, 1823년에 경북 안동 선찰암 삼세불묵도에
증사證師 퇴운退雲 □□로 나와 있다. 1825년에 지보사 현왕도(영천 은해사
소장), 신중도(동국대 경주캠퍼스 소장), 석가모니후불도(영천 은해사 소장),
지장도(영천 은해사 소장)를 제작하였다. 1828년에 시왕도(初江大王, 목아불교
박물관 소장)와 경기 고양 중흥사 약사회상도(국립중앙박물관 소장) 등을 그
렸다. 그는 경상북도 문경과 김천 등을 중심으로 활발하게 활동하였다. 그의
진영이 대성암大成庵에 남아있다.158)

- 1788년 남장사 불사에 참여한 화승을 적은 『佛事成功錄』에 大乘良工으로 언급(이용윤,
  「『佛事成功錄』을 통해 본 남장사 괘불」) 수화승 尙謙
- 1790년 雲水菴 觀音變相墨圖 조성(平昌 月精寺 소장, 『韓國의 佛畵 10 - 月精寺』) 良工
  수화승
- 1793년 경북 의성 大谷寺 抱虛堂曇秀大禪師眞影 조성(『韓國의 佛畵 24 - 孤雲寺(下)』)
  良工 수화승
- 1795년 충북 보은 法住寺 大雄寶殿 神衆圖 조성(福泉庵 所藏, 『韓國의 佛畵 17 - 法住寺』)
  良工 수화승
- 1796년 「慶尙左道順興太白山浮石寺靈山殿阿彌陀後佛幀彌陀觀音改金記」(「浮石寺資料」,
  『佛敎美術』 3) 金魚 - 내용 가운데 상주(尙州)에서 초대한 것으로 나와 있다. '尙州信謙
  亦三人'
- 1797년 경북 김천 直指寺 神衆圖 조성(『韓國의 佛畵 8 - 直指寺(上)』) 수화승 偉傳
- 1798년 충북 보은 大法住寺 汝寂庵 神衆圖 조성(槐山 彩雲庵 所藏, 『韓國佛畵畵記集』)
  良工 수화승
- 1800년 경북 청송 大典寺 周王庵 羅漢殿 釋迦牟尼後佛圖 조성(『韓國의 佛畵 30 - 銀海
  寺』) 良工 수화승
- 1803년 경북 문경 金龍寺 釋迦牟尼後佛圖 조성(『韓國의 佛畵 8 - 直指寺(上)』) 都畵 수
  화승 弘眼
  1803년 경북 문경 金龍寺 應眞殿 後佛圖 조성(『韓國의 佛畵 8 - 直指寺(上)』) 수화승
  弘眼

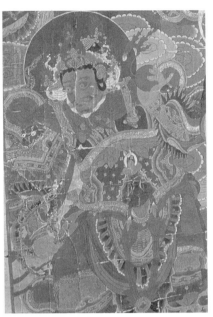

신겸 1, 영산회괘불도, 1652년, 청원 안심사   신겸 1, 영산회괘불도 부분(사천왕),
                                                   1652년, 청원 안심사

신겸 1, 괘불도 부분, 1649년,   신겸 1, 괘불도 세부, 1649년, 청주 보살사
청주 보살사

퇴운신겸, 조사도, 문경 대승사

퇴운신겸, 신중도, 영수사

퇴운신겸, 지장시왕도, 1816년, 대구 동화사

퇴운신겸, 지장시왕도 부분, 1816년, 대구 동화사

1803년 경북 문경 金龍寺 神衆圖 조성(『韓國의 佛畵 8 - 直指寺(上)』) 都盡 수화승
弘眼
1803년 경북 문경 金龍寺 神衆圖 조성(『韓國의 佛畵 8 - 直指寺(上)』) 수화승 弘眼
1803년 경북 문경 金龍寺 現王圖 조성(『韓國의 佛畵 9 - 直指寺(下)』) 都[159]수화승
弘眼
▫ 1804년 경북 문경 惠國寺 釋迦牟尼後佛圖 조성(『韓國의 佛畵 8 - 直指寺(上)』) 수화승
弘眼
1804년 경북 문경 惠國寺 地藏圖 조성(『韓國의 佛畵 8 - 直指寺(上)』) 수화승 守衍
1804년 경북 문경 惠國寺 神衆圖 조성(『韓國의 佛畵 8 - 直指寺(上)』) 龍眼 수화승
▫ 1806년 경북 문경 金龍寺 大成庵 神衆圖 조성(『韓國의 佛畵 8 - 直指寺(上)』)[160] 龍眼
수화승
▫ 1813년 경북 예천 龍門寺 地藏圖 조성(『韓國의 佛畵 8 - 直指寺(上)』) 龍眼 수화승 退雲
愼兼[161]
▫ 1816년 대구 桐華寺 地藏圖 조성(『韓國의 佛畵 21 - 桐華寺(上)』) 畵士 수화승
1816년 대구 桐華寺 地藏圖(『韓國의 佛畵 21 - 桐華寺(上)』) 畵士
▫ 1819년 경북 의성 住月庵 大雄殿 三世後佛圖 조성(『韓國의 佛畵 23 - 孤雲寺(上)』) 良工
수화승
▫ 1820년 경북 의성 孤雲寺 白蓮庵 山神圖에 白蓮庵 祖室로 나옴(『韓國의 佛畵 24 - 孤雲
寺(下)』)
▫ 1821년 釋迦牟尼後佛圖 조성(溫陽民俗博物館 所藏, 『韓國의 佛畵 20 - 私立博物館』) 良
工 都畵師 수화승
1821년 地藏圖 조성(溫陽民俗博物館 所藏, 『韓國의 佛畵 20 - 私立博物館』) 良工 都
畵師 兼 證明 수화승
1821년 경북 의성 水淨寺 地藏圖 조성(『韓國의 佛畵 23 - 孤雲寺(上)』) 良工 수화승
退雲信謙
▫ 1822년 경북 문경 金龍寺 華藏庵 釋迦牟尼後佛圖 조성(『韓國의 佛畵 8 - 直指寺(上)』)
金魚 수화승
1822년 경북 문경 金龍寺 神衆圖 조성(『韓國의 佛畵 8 - 直指寺(上)』) 金魚 수화승
▫ 1823년 경북 안동 仙刹庵 三世佛墨圖 조성(『韓國의 佛畵 23 - 孤雲寺(上)』) 證師 退雲□□
▫ 1825년 持寶菴 釋迦牟尼後佛圖 조성(永川 銀海寺 所藏, 『韓國의 佛畵 30 - 銀海寺』) 良
工 수화승
1825년 持寶寺 現王圖 조성(永川 銀海寺 所藏, 『韓國의 佛畵 30 - 銀海寺』) 良工 수
화승
1825년 持寶菴 神衆圖 조성(東國大 慶州캠퍼스 所藏, 『韓國의 佛畵 18 - 大學博物館
(Ⅰ) 東國大』) 良工 수화승
1825년 地藏圖 조성(永川 銀海寺 所藏, 『韓國의 佛畵 30 - 銀海寺』) 良工과 證明 수
화승
▫ 1828년 十王圖(初江大王) 조성(木芽佛敎博物館 所藏, 『韓國의 佛畵 20 - 私立博物館』)
金魚 수화승
1828년 경기 고양 中興寺 藥師會上圖 조성(國立中央博物館 所藏, 『北漢山의 佛敎遺
蹟』과 『영혼의 여로 - 조선시대 불교회화와의 만남』 및 『韓國의 佛畵 39 - 國·公立
博物館』) 金魚 수화승
1828년 경기 고양 中興寺 阿彌陀會上圖 조성(國立中央博物館 所藏, 『北漢山의 佛敎
遺蹟』과 『영혼의 여로 - 조선시대 불교회화와의 만남』 및 『韓國의 佛畵 39 - 國·公
立博物館』) 金魚 수화승
▫ 연대미상 義城 住月菴 阿彌陀如來說法圖 草本(鄭于澤, 「韓國 近代 佛畵草本考」)

신균(信均 : -1683-) 17세기 후반에 활동한 불화승이다. 1683년에 수화승 계
오와 전남 곡성 도림사 괘불도를 조성하였다.

▫ 1683년 전남 곡성 道林寺 掛佛圖 조성(『韓國의 佛畵 11 - 華嚴寺』) 수화승 戒悟

신률(信律 : -1652-) 17세기 중반에 활동한 불화승이다. 1652년에 수화승 신겸과 충북 청원 안심사 괘불도를 조성하였다.

　◦1652년 충북 청원 安心寺 掛佛圖 조성(『韓國의 佛畵 17 – 法住寺』) 수화승 信謙

신민(信敏 : -1715-) 18세기 전반에 활동한 불화승이다. 1715년에 수화승 인종과 전남 장흥 보림사 남암을 단청하였다.

　◦1715년 전남 長興 寶林寺 南庵 丹靑(『譯註 寶林寺重創記』) 수화승 印宗

신밀(信密 : -1673-) 17세기 후반에 활동한 불화승이다. 1673년에 수화승 철학과 충남 청양 장곡사 괘불도를 조성하였다.

　◦1673년 충남 청양 長谷寺 掛佛圖 조성(『韓國의 佛畵 16 – 麻谷寺(下)』) 수화승 哲學

신선(愼善 : -1828-1832-)* 화담당(華潭堂) 19세기 전반에 활동한 불화승이다. 1828년에 수화승으로 경기 남양주 봉영사 지장도를, 1832년에 수화승으로 삼각산 신흥사 괘불도(서울 흥천사조성)를 조성하였다.

　◦1828년 경기 남양주 奉永寺 地藏圖 조성(『韓國의 佛畵 33 – 奉先寺』) 金魚 都片手 수화승162)
　◦1832년 三角山 新興寺 掛佛圖 造成(서울 興天寺 所藏,『서울전통사찰불화』와『掛佛調査報告書 II』및『韓國佛畵畵記集』) 金魚 수화승

신암당(信庵堂) 화련(華連) 참조

신영(信英, 信暎 : 1728-1729) 18세기 전반에 활동한 불화승이다. 1728년에 수화승 일선과 경남 하동 쌍계사 팔상도(도솔내의상, 비람강생상, 사문유관상, 유성출가상, 설산수도상, 수하항마상, 녹원전법상)와 수화승 명정과 감로도를, 1729년에 수화승 명열과 경남 산청 율곡사 괘불도를 중수重修하였다.

　◦1728년 경남 하동 雙溪寺 八相圖(兜率來儀相, 毘藍降生相, 四門遊觀相, 踰城出家相, 雪山修道相, 樹下降魔相, 鹿苑轉法相) 조성(『韓國의 佛畵 26 – 雙磎寺(下)』) 수화승 一禪
　　1728년 경남 하동 雙溪寺 甘露圖 조성(『韓國의 佛畵 26 – 雙磎寺(下)』) 수화승 明淨
　◦1729년 경남 산청 栗谷寺 掛佛圖 重修(1684년 조성,『韓國의 佛畵 5 – 海印寺(下)』) 수화승 明悅

신오 1(信悟 : -1723-) 18세기 전반에 활동한 불화승이다. 1723년에 수화승 심감과 경남 합천 해인사 감로도를 조성하였다.

　◦1723년 경남 합천 海印寺 甘露圖 조성(『韓國의 佛畵 5 – 海印寺(下)』) 수화승 心鑑

신오 2(新晤, 信悟 : -1776-1782-) 18세기 후반에 활동한 불화승이다. 1776년에 영조英祖 원릉元陵 조성소 화승畵僧으로 참여하고, 1782년에 수화승 수인과 경북 의성 대곡사 삼화상三和尙, 청허당, 사명당의 진영을 조성하였다.

　◦1776년『英祖元陵山陵都監儀軌』造成所 畵僧(奎章閣 13586호, 朴廷蕙,「儀軌를 통해서 본 朝鮮時代의 畵員」자료1)
　◦1782년 경북 의성 大谷寺 三和尙眞影 조성(『韓國의 佛畵 24 – 孤雲寺(下)』) 수화승 守印
　　1782년 경북 의성 大谷寺 淸虛堂大禪師眞影 조성(『韓國의 佛畵 24 – 孤雲寺(下)』) 수화승 守印
　　1782년 경북 의성 大谷寺 四溟堂大禪師眞影 조성(『韓國의 佛畵 24 – 孤雲寺(下)』) 수

화승 守印

신오 3(信悟 : -1892-) 19세기 후반에 활동한 불화승이다. 1892년에 수화승 취암승의와 경기 수원 청련암 극락보전 아미타후불도와 신중도 및 칠성도를 조성하였다.

> □1892년 경기 수원 靑蓮庵 極樂寶殿 阿彌陀後佛圖 조성(『韓國의 佛畵 28 – 龍珠寺(上)』)163)
> 수화승 翠庵勝宜
> 1892년 경기 수원 靑蓮庵 神衆圖 조성(『韓國의 佛畵 28 – 龍珠寺(上)』) 수화승 翠庵勝宜
> 1892년 경기 수원 靑蓮庵 七星圖 조성(김정희, 「水原 靑蓮庵 佛畵考」) 수화승 翠庵勝宜

신원(伸元 : -1870-) 19세기 후반에 활동한 불화승이다. 수화승 월허준언과 1870년에 전남 곡성 도림사 신덕암 아미타후불도와 지장시왕도(순천 선암사 소장)를 조성하였다.

> □1870년 전남 곡성 道林寺 神德庵 阿彌陀後佛圖 조성(『韓國의 佛畵 11 – 華嚴寺』) 수화승
> 月虛俊彦
> 1870년 전남 곡성 道林寺 神德庵 地藏十王圖 조성(順天 仙巖寺 所藏, 『谷城郡의 佛敎
> 遺蹟』) 수화승 月虛俊彦

신일(信日 : -1772-) 18세기 후반에 활동한 불화승이다. 1772년에 수화승 유성과 충남 서산 개심사 괘불도를 조성하였다.

> □1772년 충남 서산 開心寺 掛佛圖 조성(『韓國의 佛畵 27 – 修德寺』) 수화승 有誠

신정(愼淨 : -1705-1729-) 18세기 전반에 활동한 불화승이다. 수화승 성징과 1705년에 경북 예천 용문사 괘불도를, 1729년에 경남 창원 성주사 감로도를 조성하였다.

> □1705년 경북 예천 龍門寺 掛佛圖 조성(『韓國의 佛畵 9 – 直指寺(下)』) 畵員 수화승 性澄
> □1729년 경남 창원 聖住寺 甘露圖 조성(『韓國의 佛畵 32 – 梵魚寺』) 通政 수화승 性澄

신종당(信鍾堂) 주원(周元) 참조

신주(信呪 : -1650-) 17세기 중반에 활동한 불화승이다. 1650년에 수화승 경 잠과 충남 공주 갑사 괘불도를 조성하였다.

> □1650년 충남 공주 甲寺 掛佛圖 조성(『韓國佛畵畵記集』과 『韓國의 佛畵 16 – 麻谷寺(下)』)164)
> 수화승 敬岑

신준(幸準 : -1880-) 19세기 후반에서 활동한 불화승이다. 1880년에 수화승 환봉준성과 전북 완주 위봉사 보광명전 삼세불도(약사불)를 조성하였다.

> □1880년 전북 완주 威鳳寺 普光明殿 三世佛圖(藥師佛) 조성(『韓國의 佛畵 13 – 金山寺』)
> 片手 수화승 幻峯準性

신찬(信贊 : -1659-) 17세기 중반에 활동한 불화승이다. 1659년에 나묵 등과 효종빈전孝宗殯殿을 단청丹靑하였다.

> □1659년 魂殿二房, 丹靑 畵僧 『孝宗殯殿都監儀軌』(奎章閣 13528호, 朴廷蕙, 「儀軌를 통해
> 서 본 朝鮮時代의 畵員」 자료1)

신초(信初 : -1731-) 18세기 전반에 활동한 불화승이다. 1731년에 수화승 도 익과 경북 선산 수다사 석가모니후불도와 지장도를, 수화승 혜학과 삼장도

(홍익대학교 박물관 소장)를 조성하였다.

> 1731년 경북 선산 水多寺 釋迦牟尼後佛圖 조성(『韓國의 佛畵 8 - 直指寺(上)』) 수화승 道益
1731년 경북 선산 水多寺 地藏圖 조성(『韓國의 佛畵 8 - 直指寺(上)』) 수화승 道益
1731년 경북 선산 水多寺 三藏圖 조성(弘益大學校 博物館 所藏, 『韓國의 佛畵 19 - 大學博物館(Ⅱ)』)165) 수화승 慧學

신행(信行 : -1748-) 18세기 중반에 활동한 불화승이다. 1748년에 수화승 법현과 충남 청양 장곡사 석가모니후불도(동국대학교 박물관 소장)를 조성하였다.

> 1748년 충남 청양 長谷寺 釋迦牟尼後佛圖 조성(東國大學校 博物館 所藏, 『韓國의 佛畵 18 - 大學博物館(Ⅰ)』) 수화승 法玄

신헌(信軒 : -1622-) 17세기 전반에 활동한 불화승이다. 1622년에 수화승 수인과 전남 나주 죽림사 괘불도를 조성하였다.

> 1622년 전남 나주 竹林寺 掛佛圖 조성(『掛佛調査報告書 Ⅱ』와 『韓國佛畵畵記集』 및 『韓國의 佛畵 37 - 白羊寺·新興寺』) 수화승 首印

신현(信玄 : -1748-1755-) 18세기 중반에 활동한 조각승이다. 1748년에 수화승 인성과 강원 인제 백담사 목조아미타삼존불좌상을 제작하고, 1755년에 순회세자順懷世子 상시봉원上諡封園 비석소碑石所 화승畵僧으로 참여하였다.

> 1748년 강원 인제 백담사 목조아미타삼존불좌상 제작(文明大, 「백담사목아미타삼존불」) 수화승 印性
> 1755년 『順懷世子上諡封園都監儀軌』 碑石所 畵僧(奎章閣 13493호, 朴廷蕙, 「儀軌를 통해서 본 朝鮮時代의 畵員」 자료1)

신화 1(信和 : -1831-) 19세기 전반에 활동한 불화승이다. 1831년에 수화승 경욱과 내원암 아미타회상도(국립중앙박물관 소장)를 조성하였다.

> 1831년 內院庵 阿彌陀會上圖 조성(國立中央博物館 所藏, 『韓國의 佛畵 39 - 國·公立博物館』) 수화승 慶郁

신화 2(信和 : -1803-) 19세기 전반에 활동한 불화승이다. 1803년에 수화승 제한과 경북 김천 직지사 괘불도를 조성하였다.

> 1803년 경북 김천 直指寺 掛佛圖 조성(『韓國의 佛畵 9 - 直指寺(下)』) 수화승 濟閑

심감(心鑑 : -1723-)* 18세기 전반에 활동한 불화승이다. 1723년에 수화승으로 경남 합천 해인사 감로도를 조성하였다.

> 1723년 경남 합천 海印寺 甘露圖 조성(『韓國의 佛畵 5 - 海印寺(下)』) 畵員 수화승

심일(心日 : -1705-) 18세기 전반에 활동한 불화승이다. 1705년에 수화승 성징과 경북 예천 용문사 괘불도를 조성하였다.

> 1705년 경북 예천 龍門寺 掛佛圖 조성(『韓國의 佛畵 9 - 直指寺(下)』) 수화승 性澄

심정(心正, 心淨 : -1741-)* 18세기 중반에 활동한 불화승이다. 1741년에 수화승 긍척과 전남 여수 흥국사 팔상전 석가모니후불도와 대웅전 삼장도 및 감로도 등을, 수화승으로 오십전五十殿 천룡도(양산 통도사 소장)를 조성하였다.

◦ 1741년 전남 여수 興國寺 八相殿 釋迦牟尼後佛圖 조성(『韓國의 佛畵 11 – 華嚴寺』) 수화승 亘陟

1741년 전남 여수 興國寺 大雄殿 三藏圖(天藏·持地藏菩薩) 조성(『韓國의 佛畵 11 – 華嚴寺』) 수화승 亘陟

1741년 전남 여수 興國寺 大雄殿 三藏圖(地藏菩薩) 조성(『韓國의 佛畵 11 – 華嚴寺』) 수화승 亘陟

1741년 전남 여수 興國寺 天龍圖 조성(『韓國의 佛畵 11 – 華嚴寺』) 수화승 亘陟

1741년 전남 여수 興國寺 甘露圖 조성(『韓國佛畵畵記集』) 수화승 亘陟

1741년 靈鷲山 興國寺 五十殿 天龍圖 조성(梁山 通度寺 神衆圖,『韓國의 佛畵 1 – 通度寺(上)』) 金魚 수화승

심특(心特 : -1690-) 17세기 후반에 활동한 불화승이다. 1690년에 수화승 해숙과 충남 홍성 용봉사 괘불도를 조성하였다.

◦ 1690년 충남 홍성 龍鳳寺 掛佛圖 조성(1725년 重修,『韓國의 佛畵 27 – 修德寺』) 수화승 海淑

쌍회(雙會 : -1705-) 18세기 전반에 활동한 불화승이다. 1705년에 수화승 성징과 경북 예천 용문사 괘불도를 조성하였다.

◦ 1705년 경북 예천 龍門寺 掛佛圖 조성(『韓國의 佛畵 9 – 直指寺(下)』) 수화승 性澄

人

[주]

1) 『韓國의 佛畵 16 - 麻谷寺(下)』, 성보문화재연구소, p.220 圖27에 수화승을 定鍊으로 읽었다.

2) 『韓國의 佛畵 21 - 桐華寺(上)』, p.246 圖50에 1775년에 제작된 것으로 나와 있지만, 同治十年辛未는 1871년이다.

3) 以下 불화승은 □□로 처리하였는데, 동시에 제작된 五十三後佛圖(8위, 『韓國의 佛畵 12 - 仙巖寺』 圖32)를 통하여 若訥, 致祥, 就性, 義侃이 참여하였음을 추정해 볼 수 있다.

4) 金玲珠, 『朝鮮時代佛畵硏究』, 지식산업사, 1986, p.48에도 全州府東南山松廣寺大雄殿咸豊七年丁□□月初六日.. 山神幀 金魚比丘 山水□□로 나와 있다.

5) 『韓國의 佛畵 11 - 華嚴寺』, p.235 圖5에 畵記가 잘못 정리되어 있다.

6) 『全南의 寺刹 Ⅰ』, 목포대학교박물관, 1990, pp.379-380과 『韓國의 佛畵 31 - 大興寺』, p.214 圖21에 海溟堂 … 金魚堂…으로 읽었다.

7) 『韓國의 佛畵 20 - 私立博物館』, p.226 圖14에 수화승을 海溟□□로 읽었다.

8) 상량문은 1642년에 쓰여졌는데, 단청화원과 관련된 내용은 맨 뒤 부분이 필치가 달라 이후에 첨가된 것으로 추정된다, 왜냐하면 上片手로 등장하는 탁휘와 법해 등은 17세기 후반에서 18세기 전반까지 활동한 불화승이기 때문이다.

9) 『韓國의 佛畵 10 -月精寺』, p.245 圖4에 수화승을 意雲慈頭로 읽었다.

10) 金玲珠, 위의 책, p.59에 二定으로 읽었다.

11) 尙鎌 等 20名(三物所 畵僧, 3等)

12) 「本寺諸般書畵造作等諸人芳啣」에 下壇幀畵와 甘露圖을 조성한 것으로 나와 있다.

13) 『韓國의 佛畵 28 - 龍珠寺(上)』 圖14에 일부의 불화승을 화원 다음의 시주질을 언급한 후에 적어놓았다.

14) 『서울전통사찰불화』, 서울특별시, 1996, pp.120-121에 1844년에 제작된 것으로 보았다.

15) 『韓國의 佛畵 28 - 龍珠寺(上)』 圖8에 증명 다음에 언급되었지만, 불화승으로 보는 것이 바람직하다.

16) 『全南의 寺刹』, p.274에 禮藝尙奎로 읽었다.

17) 『全南의 寺刹』, p.276-277에 禮藝尙奎로 읽었다.

18) 『全南의 寺刹』, pp.277-278에 禮藝尙奎로 읽었다.

19) 『全南의 寺刹』, p.280에 禮藝尙奎로 읽었다.

20) 出草를 잘못 쓴 것으로 보인다.

21) 洪潤植 編, 『韓國佛畵畵記集』, 가람사연구소, 1995, pp.371-372에 阿彌陀會上圖로 보았다.

22) 『韓國의 佛畵 2 - 通度寺(中)』 圖51에 연대 미상으로, 洪潤植 編, 앞의 책, p.373에 1904년으로 언급하였다.

23) 『韓國의 佛畵 21 - 桐華寺(上)』, p.246 圖50에 1775년에 제작된 것으로 나와 있지만, 同治十年辛未는 1871년이다.

24) 洪潤植 編, 위의 책, pp.338-339에서는 友松 來□로 읽었다. 畵記 中 山中大德에도 언급되어 있다.

25) 도록에 우송 상□((友松 尙□)로 나와 있다.

26) 洪潤植 編, 위의 책, 가람사연구소, 1995, pp.371-372에 阿彌陀會上圖로 보았다.

27) 『韓國의 佛畵 2 - 通度寺(中)』 圖51에 연대 미상으로, 洪潤植 編, 앞의 책, p.373에 1904년으로 언급되어 있다.

28) 『韓國의 佛畵 16 - 麻谷寺(下)』, p.222 圖38에 수화승을 春禪 奉恩으로 읽었다.

29) 『韓國의 佛畵 16 - 麻谷寺(下)』, p.222 圖41에 19세기 후반 작으로 추정하였다.

30) 『全南의 寺刹』, pp.276-277에 尙昕으로 읽었다.

31) 『全南의 寺刹』, p.281에 尙昕으로 읽었다.

32) 『全南의 寺刹』, pp.277-278에 尙昕으로 읽었다.

33) 『畿內寺院誌』, pp.217-218에 尙急으로 읽었다.

34) 1984년 靑蓮寺와 圓通庵은 합해지면서 이 불화는 청련사 원통전에 봉안되어 있다.

35) 洪潤植 編, 위의 책, pp.405-406에 수화승을 南谷世燮으로 읽었다.

36) 洪潤植 編, 위의 책, pp.396-397에 祥玉이 없고, 普應文性과 空網이 들어가 있다.

37) 洪潤植 編, 위의 책, pp.310-311에 靈山會上圖로 명명하였다

38) 『韓國의 佛畵 29 - 龍珠寺(下)』의 畵記에 康熙三十一年 壬戌로, 洪潤植 編, 위의 책, p.45에 康熙二十一年 壬戌로 적혀 있다.

39) 『畿內寺院誌』, pp.217-218에 尙□로 읽었다.

40) 『서울전통사찰불화』, pp.161-162와 洪潤植 編, 위의 책, p.392에 尙息으로 읽었다.

41) 洪潤植 編, 위의 책, pp.310-311에 靈山會上圖로 명명하였다.

42) 洪潤植 編, 위의 책, pp.371-372에 阿彌陀會上圖로 보았다.

43) 『韓國의 佛畵 2 - 通度寺(中)』圖51에 연대 미상으로, 洪潤植 編, 위의 책, p.373에 1904년으로 언급되어 있다.

44) 『韓國의 佛畵 2 - 通度寺(中)』圖50에 尙□로 읽었다.

45) 洪潤植 編, 위의 책, pp.397-398에 金煥 尙休로 읽었다.

46) 『韓國의 佛畵 2 - 通度寺(中)』, p.281 圖43에 煥丹尙休로, 洪潤植 編, 위의 책, p.408에 煥丹尙休로 읽었다.

47) 洪潤植 編, 위의 책, pp.234-237에 불화승 새안이 언급되어 있지 않다.

48) 洪潤植 編, 위의 책, pp.108-109에 靈淨으로 읽었다.

49) 『韓國의 佛畵 14 - 禪雲寺』에 璽□로 읽었으나, 『掛佛調査報告書 Ⅱ』에 璽潤으로, 洪潤植 編, 위의 책, pp.60-61에 □□으로 읽었다.

50) 1684년에 조성된 부석사 괘불(국립중앙박물관 소장)의 畵記에 조성 시 불화승을 알 수 없고, 1745년에 중수되어 충청남도 청풍 월악산 신륵사에 移安한 것으로 적혀있다. 그런데 洪潤植 編, 『韓國佛畵畵記集』, pp.47-49에 단안(端案)과 자인(自仁)이 중수한 것으로 적혀있다.

51) 『韓國의 佛畵 15 - 麻谷寺(上)』, p.227 圖46에 수화승을 法□로 읽었지만, 同年 같은 불화승들이 공주 신원사 영원전 신중도를 보면 法融일 것으로 추정된다.

52) 畵記에 예천을 醴川으로 적어놓았다.

53) 『韓國의 佛畵 10 -月精寺』, p.245 圖4에 수화승을 意雲慈頭로 읽었다.

54) 『韓國의 佛畵 11 - 華嚴寺』, p.235 圖5에 畵記가 잘못 정리되어 있다.

55) 도록에 瑞證으로 읽었다.

56) 瑞澄은 持殿에 나오고 있다.

57) 悉聰으로 본 조사보고서(『韓國의 古建築』 22)도 있다.

58) 洪潤植 編, 위의 책, pp.310-311에 靈山會上圖로 명명하였다.

59) 도록에 瑞□로 읽었다.

60) 『韓國의 佛畵 9 - 直指寺(下)』 圖67에 金魚가 하은응상 뒤에 있지만, 洪潤植 編, 위의 책, p.331에 하은응상 앞에 있다.

61) 洪潤植 編, 위의 책, p.32에 1644년(甲申)에 제작된 것으로 보았다.

62) 畵記에 太元의 이름이 보인다.

63) 상량문은 1642년에 쓰여졌는데, 단청화원과 관련된 내용은 맨 뒤 부분이 필치가 달라 이후에 첨가된 것으로 추정된다, 왜냐하면 上片手로 등장하는 탁휘와 법해 등은 17세기 후반에서 18세기 전반까지 활동한 불화승이기 때문이다.

64) 洪潤植 編, 위의 책, pp.390-391에 靈山會上圖로 언급되어 있다.

65) 『韓國의 佛畵 16 - 麻谷寺(下)』, p.222 圖41에 19세기 후반 작으로 추정하였다.

66) 畵記에 편수, 금어가 언급되고 다시 金魚秩에 여러 명의 불화승이 적혀 있다.

67) 洪潤植 編, 위의 책, pp.396-397에 雪□善法으로 읽었다.

68) 洪潤植 編, 위의 책, p.241에 성우가 언급되어 있지 않다.

69) 『韓國의 佛畵 21 - 桐華寺(上)』, p.246 圖50에 1775년에 제작된 것으로 나와 있지만, 同治十年辛未는 1871년이다.

70) 당호만 언급되어 있다.

71) 도록에 影潭 善□으로 읽었다.

72) 洪潤植 編, 위의 책, p.238에 持殿 守衍 有審 禪峻 定敏 達仁 奉玉 順定 定暐 永玉 道暐으로 나와 있고, 불화를 그린 불화승이 언급되어 있지 않다. 그런데 지전으로 언급된 인물들이 대부분 불화를 그린 승려들이다.

73) 『韓國의 佛畵 8 - 直指寺(上)』, p.262 圖17에 金魚都比丘 比丘有心□□ ……으로 읽었다.

74) 『영혼의 여로 - 조선시대 불교회화와의 만남』, p.184 圖34과 『韓國의 佛畵 39 - 國·公立博物館』 圖4에 嶋松으로 읽었다.

75) 洪潤植 編, 위의 책, pp.405-406에 수화승 南谷世變으로 읽었다.

76) 洪潤植 編, 위의 책, pp.244-245에 서울 수국사에 소장되어 있고, 金□寮가 제작한 것으로 보았다.

77) 洪潤植 編, 위의 책, pp.68-69에 □쑥으로 읽었다.

78) 『畿內寺院誌』, p.359와 洪潤植 編, 위의 책, p.209에 虛淳으로 읽었다.

79) 洪潤植 編, 위의 책, p.68에 靈楚로 읽었다.

80) 虛訓으로 보았으나, 같이 제작된 동방 지국천왕에 雪訓으로 나와 있다.

81) 설훈의 이름은 망실되었지만, 같은 해 현등사에 청동지장보살좌상을 관허설훈이 조성하였다.

82) 李殷希, 「懸燈寺의 佛像과 佛畫」, 『聖寶』 3, 대한불교조계종 성보존위원회, pp.83-85에서 寬雪川□으로 읽었다.

83) 洪潤植 編, 위의 책, pp.168-169에 □徹로, 事蹟記에 雪徹로 읽었다.

84) 『仙巖寺』, pp.181-182에 □蘭으로 읽었다.

85) 洪潤植 編, 위의 책, pp.190-191에 불화승이 언급되어 있지 않다.

86) 도록에 聖念□溟으로 읽었다.

87) 『韓國의 佛畫 38 - 佛國寺』, p.227 圖31에 聖朋으로 읽었다.

88) 『韓國의 佛畫 8 - 直指寺(上)』 圖13과 洪潤植 編, 위의 책, pp.223-234에 性□로 읽었다.

89) 『掛佛調査報告書』 圖7과 洪潤植 編, 위의 책, pp.254-256에 性衿으로 읽었다.

90) 洪潤植 編, 위의 책, pp.145-146에 金魚 性玉 雪心만 언급되어 있다.

91) 洪潤植 編, 위의 책, pp.396-397에 成玉이 없고, 普應文性과 空網이 들어가 있다.

92) 박도화는 이 불화의 하단 畫記가 좌우로 나뉘어 있는 가운데 왼쪽 畫記는 조성에 관련된 것으로 보았다. 또한 괘불함의 안쪽에 「楊州水落山內院菴掛佛幀 己未年造成三補定欽留鎭于寺」라는 묵서를 근거로 1739년에 제작된 것으로 추정하였다.

93) 『한국의 사찰문화재-강원도』, 문화재청·문화유산발굴조사단, 2002, p.508 圖475에 수화승을 格夏로 읽었다.

94) 洪潤植 編, 위의 책, p.203에 推允으로 읽었다.

95) 『韓國의 佛畫 11 - 華嚴寺』, p.235 圖5에 畫記가 잘못 정리되어 있다.

96) 洪潤植 編, 위의 책, pp.210-211에 成彦으로 읽었다.

97) 서은으로 읽었다(「無量壽殿佛像改金記」, pp.61-62 참조).

98) 『梵魚寺聖寶博物館 名品圖錄』 圖20에 연대미상으로 나와 있다.

99) 洪潤植 編, 위의 책, pp.390-391에 靈山會上圖로 언급되어 있다.

100) 崔淳雨·鄭良謨, 『韓國의 佛敎繪畫 - 松廣寺』, p.80에 1906년 조성된 것으로 나와 있다.

101) 洪潤植 編, 위의 책, pp.190-191에 불화승이 언급되어 있지 않다.

102) 『韓國의 佛畫 8 - 直指寺(上)』, p.267 圖42에 退雲 愼豈로 읽었다.

103) 洪潤植 編, 위의 책, p.318에 □□로 읽었다.

104) 조성시기를 『서울전통사찰불화』, pp.122-123과 洪潤植 編, 위의 책, p.251에 1847년으로 보았다.

105) 『韓國의 佛畫 1 - 通度寺(上)』, p.265에 수화승을 晟□로 읽었다.

106) 洪潤植 編, 위의 책, pp.62-63에 性登으로 읽었다.

107) 畫記에 …山□門寺로 나와 있다.

108) 洪潤植 編, 위의 책, pp.163-165에 性澄이 나와 있지 않다.

109) 畫記에 …山□門寺로 나와 있다.

110) 畫記에 大谷□로 나와 있다.

111) 畫記를 통하여 1812년에 慶北 慶州 佛國寺 極樂殿 불화도 그려졌음을 알 수 있다.

112) 畫記에 …山□門寺로 나와 있다.

113) 洪潤植 編, 위의 책, pp.342-343에 □□로 읽었다.

114) 『韓國의 佛畫 1 - 通度寺(上)』, p.265에 수화승을 晟□로 읽었다.

115) 洪潤植 編, 위의 책, pp.371-372에 阿彌陀會上圖로, 性煥을 性熄으로 읽었다.

116) 도록에 性□로 나와 있다.

117) 도록에 性□로 나와 있다.

118) 洪潤植 編, 위의 책, pp.190-191에 불화승이 언급되어 있지 않다.

119) 『韓國의 佛畫 32 - 梵魚寺』, p.208 圖20에 阿彌陀後佛圖로 보았다.

120) 『韓國의 佛畫 32 - 梵魚寺』, p.206 圖5에 世閑으로 읽었다.

121) 『梵魚寺聖寶博物館 名品圖錄』 圖12-1과 『韓國의 佛畫 32 - 梵魚寺』 圖53에 世閑으로 적어놓았다.

122) 洪潤植 編, 위의 책, pp.405-406에 수화승 南谷世變으로 읽었다.

123) 洪潤植 編, 위의 책, pp.364-365에 1901년 固城 玉泉寺 靑蓮庵 阿彌陀會上圖로 명명하고, 雪民世弘으로 읽었다.

124) 洪潤植 編, 위의 책, pp.392-393에 雪□世弘으로 읽었다.

125) 洪潤植 編, 위의 책, pp.38-39에 少揖으로 읽었다.

126) 『韓國의 佛畫 34 - 曹溪寺(上)』, p.209 圖27에 □□□賢으로 읽었다.

127) 『韓國의 佛畫 11 - 華嚴寺』, p.235 圖5에 畫記가 잘못 정리되어 있다.

128) 『韓國의 佛畫 8 - 直指寺(上)』 圖13과 洪潤植 編, 위의 책, pp.223-234에 守□로 읽었다.

129) 도록에 □衍으로 읽었다.

130) 洪潤植 編, 위의 책, p.238에 持殿 守衍 有審 禪峻 定敏 達仁 奉玉 順定 定曄 永玉 道曄으로 나와 있고, 불화를 그린 불화승이 언급되어 있지 않다. 그런데 지전으로 언급된 인물들이 대부분 불화를 그린 승려들이다.

131) 洪潤植 編, 위의 책, pp.179-180에 언급되지 않았다.

132) 畫記에 大谷□로 나와 있다.

133) 畫記에 ...山□門寺로 나와 있다.

134) 洪潤植 編, 위의 책, pp.349-350에 松各守苗로 읽었다.

135) 『羅州市의 文化遺蹟』, 목포대학박물관, p.251에 士畫首仁 信軒으로 읽었다.

136) 『韓國의 佛畫 8 - 直指寺(上)』, p.267 圖42에 退雲愼豊로 읽었다.

137) 도록에 修□으로 읽었다.

138) 洪潤植 編, 위의 책, pp.149-150에 守日이 언급되어 있지 않다.

139) 畫記에 금어가 4번 나오고 있다.

140) 畫記의 일부가 망실되었는지 금화기형 앞에 화원의 이름을 알 수 없다.

141) 洪潤植 編, 위의 책, p.92에 秀□로 읽었다.

142) 『掛佛調査報告書』, 문화재관리국 문화재연구소, 1992, p.128과 洪潤植 編, 위의 책, pp.33-35에 畫員으로 守玄이 언급되어 있지 않다.

143) 洪潤植 編, 위의 책, pp.179-180에 언급되어 있지 않다.

144) 洪潤植 編, 위의 책, pp.219-221에 有和로 읽었다.

145) 洪潤植 編, 위의 책, p.146에 宇闊로 읽었다.

146) 박도화는 이 불화의 하단 畫記가 좌우로 나뉘어 있는 가운데 왼쪽 畫記는 조성에 관련된 것으로 보았다. 또한 괘불함의 안쪽에 「楊州水落山內院菴掛佛幀 己未年造成三補定欽留鎭于寺」라는 묵서를 근거로 1739년에 제작된 것으로 추정하였다.

147) 吳世昌 편저자・洪贊裕 감수・東洋古典學會, 『국역 근역서화징』 下, 시공사, 1998, pp.810-811에 "楓溪堂 賢正은 광주 원효사 승려로, 전남 해남 대흥사 천불전 불상을 제작하였다"라고 적고 있다.

148) 洪潤植 編, 위의 책, p.276에 檪庵勝寫로, 『韓國의 佛畫 33 - 奉先寺』, p.220 圖19에 檪庵勝宜로 읽었다.

149) 김정희, 「水原 靑蓮庵 佛畫考」, pp.51-52에 翠庵勝宜으로 읽었다.

150) 김정희, 앞의 논문, pp.54-55에 翠庵勝宜으로 읽었다.

151) 洪潤植 編, 위의 책, pp.179-180에 승명勝溟으로 읽었다.

152) 洪潤植 編, 위의 책, pp.218-219에 彌勒佛圖로 보고 불화승 勝活은 언급하지 않았다.

153) 박도화는 이 불화의 하단 畫記가 좌우로 나뉘어 있는 가운데 왼쪽 畫記는 조성에 관련된 것으로 보았다. 또한 괘불함의 안쪽에 「楊州水落山內院菴掛佛幀 己未年造成三補定欽留鎭于寺」라는 묵서를 근거로 1739년에 제작된 것으로 추정하였다. 그리고 『韓國의 佛畫 35 - 曹溪寺(中)』 圖1에 足明으로 읽었다.

154) 『韓國의 佛畫 9 - 直指寺(下)』 圖74과 洪潤植 編, 위의 책, pp.131-132에 湜溟으로 읽었으나, 다른 畫記에 湜煙으로 읽었다.

155) 동시에 五十三佛圖, 八相圖, 十六羅漢圖를 조성하였다.

156) 『韓國의 佛畫 12 - 仙巖寺』 圖49로 信鎰로 읽었지만, 洪潤植 編, 위의 책, p.107에 信鑑으로 읽었다.

157) 『掛佛調査報告書』에 □□具秩로 읽었다.

158) 『직지사』 말사편, 1994, p.174.

159) 『韓國의 佛畫 9 - 直指寺(下)』 圖100과 洪潤植 編, 위의 책, p.227에 愼無로 읽었다.

160) 시주질에 退雲愼兼이 언급되어 있고, 龍眼 退雲堂□□로 읽었다.

161) 『韓國의 佛畫 8 - 直指寺(上)』, p.267 圖42에 退雲 愼豊로, 洪潤植 編, 위의 책, p.240에 退雲堂□□로 읽었다.

162) 『韓國의 佛畫 33 - 奉先寺』, p.219 圖17에 華潭堂 □□로 읽었다.

163) 『韓國의 佛畫 28 - 龍珠寺(上)』 圖14에 일부 불화승을 화원 다음의 시주질을 언급하였다.

164) 『韓國의 佛畫 16 - 麻谷寺(下)』, p.216 圖2에 信嚴으로 읽었다.

165) 洪潤植 編, 위의 책, pp.102-104에 信□로 읽었다.

人

안봉(安奉 : -1775-) 18세기 후반에 활동한 불화승이다. 1775년에 수화승 포관과 경남 양산 통도사 약사전 약사여래후불도를 조성하였다.

  ▫1775년 경남 양산 通度寺 藥師殿 藥師如來後佛圖 조성(『韓國의 佛畵 1 – 通度寺(上)』)[1] 수화승 □冠

안성(安性 : -1770-) 18세기 후반에 활동한 불화승이다. 1770년에 광주 무등산 안심사에서 수화승 화연과 화엄도를 조성하여 전남 순천 송광사 화엄전에 봉안하였다.

  ▫1770년 광주 無等山 安心寺에서 華嚴圖를 조성하여 순천 松廣寺 華嚴殿 봉안(『曹溪山松廣寺史庫』와 『韓國의 佛畵 6 – 松廣寺』) 수화승 華蓮

애찬(愛粲 : -1769-) 18세기 후반에 활동한 불화승이다. 1769년에 수화승 쾌윤과 경남 남해 용문사 괘불도를 조성하였다.

  ▫1769년 경남 남해 龍門寺 掛佛圖 조성(『韓國의 佛畵 26 – 雙磎寺(下)』) 수화승 快玧

약눌(若訥 : -1702-) 18세기 전반에 활동한 불화승이다. 1702년에 수화승 사신과 전남 순천 선암사 불조전 오십삼후불도를 조성하였다.

  ▫1702년 전남 순천 仙巖寺 佛祖殿 五十三後佛圖(8위) 조성(『韓國의 佛畵 12 – 仙巖寺』) 수화승 思信
  1702년 전남 순천 仙巖寺 佛祖殿 五十三後佛圖(8위) 조성(『韓國의 佛畵 12 – 仙巖寺』) 수화승 思信

약붕(若朋, 若鵬 : -1755-1770-) 18세기 중반에 활동한 불화승이다. 1755년에 수화승 임한과 경북 청도 운문사 비로전 삼신불도와 온양민속박물관 소장 삼장도를, 1759년에 수화승 임한과 경남 양산 통도사 대광명전 비로자나후불도와 석가모니후불도를, 1767년에 수화승 하윤과 경북 경주 불국사 대웅전 단청을, 1770년경 수화승 유성과 경북 안동 모운사 지장도를 조성하였다.

  ▫1755년 경북 청도 雲門寺 毘盧殿 三身佛圖 조성(『韓國의 佛畵 21 – 桐華寺 (上)』) 수화승 任閑
  1755년 三藏圖 조성(溫陽民俗博物館 所藏, 『韓國의 佛畵 20 – 私立博物館』)[2] 수화승 任閑
  ▫1759년 경남 양산 通度寺 大光明殿 毘盧遮那後佛圖 조성(『韓國의 佛畵 1 – 通度寺(上)』) 수화승 任閑[3]

1759년 경남 양산 通度寺 大光明殿 釋迦牟尼後佛圖 조성(『韓國의 佛畵 1 – 通度寺(上)』) 수화승 任閑
◦1767년 경북 경주 佛國寺 大雄殿 丹艧(「佛國寺古今創記」,『佛國寺誌』) 都畵員 수화승 夏閏
◦1770년경 경북 안동 暮雲寺 地藏圖 조성(『韓國의 佛畵 23 – 孤雲寺(上)』) 수화승 有誠

약선(若善 : -1775-) 18세기 후반에 활동한 불화승이다. 1775년에 수화승 포관과 경남 양산 통도사 영산전 팔상도(도솔내의상)를 조성하였다.

◦1775년 경남 양산 通度寺 靈山殿 八相圖(兜率來儀相) 조성(『韓國의 佛畵 2 – 通度寺(中)』) 수화승 抱冠

약효(若效, 若孝 : -1878-1927-)* 금호당(錦湖堂), 속성 김金씨, 19세기 후반부터 20세기 전반까지 충남 공주 마곡사를 중심으로 활동한 대표적인 불화승이다. 1878년에 수화승 천기와 경기 수원 봉령사 석가모니후불도와 칠성도를, 1882년에 수화승 영호 중예와 경기 화성 용주사 오여래번(감로왕여래)과 팔금강번(대신력금강)을, 수화승 혜과봉간과 경기 남양주 견성암 독성도를, 수화승으로 1883년에 공주 갑사 대비암 독성도(공주 갑사 대자암 소장)를, 1884년 칠갑산 정혜사 극락전 칠성도(공주 마곡사 소장)를, 1885년에 갑사 대비암 신중도와 칠성도(공주 갑사 대자암 소장)를 그렸다. 1885년에 수화승 수룡기전과 경남 합천 해인사 대적광전 삼신도(석가모니불)를, 1887년에 수화승 법음과 충남 공주 신원사 영원전 신중도를, 1888년에 수화승으로 충

금호약효, 칠성도, 1888년, 공주 영은사

남 공주 영은사 석가모니후불도를, 1891년 전남 장흥 천관사 응진전 석가모니후불도(순천 송광사 소장)를, 1892년에 수화승 연하계창과 전북 익산 심곡사 아미타후불도와 삼성각 독성도를, 수화승으로 문수사 신장도(예산 수덕사 소장)와 1893년 서울 지장사 대웅전 지장보살도와 신중도 및 구품도 등을, 전북 진안 천황사 대웅전 삼세후불도와 신중도를, 보덕사 관음전 아미타후불도(예산 수덕사 소장)를 조성하였다. 수화승으로 1894년에 보덕사 관음암 칠성도(예산 수덕사 소장)를, 1895년에 충남 서산 개심사 신장도를, 갑사 대자암 십육성중도와 신중도 등을, 1897년에 수화승 정연과 충북 보은 법주사 원통보전 관음도를, 수화승으로 원통보전 신중도와 팔상전 팔상도(도솔내의상, 사문유관상, 설산수도상, 녹원전법상)를, 충북 청원 월리사 아미타후불도를, 1898년에 천장암 지장도와 현왕도(서산 천장사 소장)를, 1899년 고산사 석가모니후불도와 칠성도(예산 수덕사 소장) 및 충남 예산 향천사 산신도(예산 수덕사 소장)를, 1903년 대법산 원흥사 독성도(남양주 봉선사 소장)를, 1904년에 충남 온양 용운암 칠성도(진천 영수사 소장)를, 1905년에 마곡사 대웅보전 삼세불도(석가모니불)와 갑사 대웅전 삼장도를 그렸다. 같은 해 수화승 보응

문성과 부산 범어사 팔상전 영산회상도, 나한전 영산회상도와 나한도를, 수
화승으로 범어사 괘불도를, 1906년 충남 아산 오봉암 현왕도를, 금선대 칠성
도(예산 정혜사 소장)를, 1907년에 충북 영동 영국사 석가모니후불도와 산신
도 및 칠성도 등을, 전북 무주 원통사 원통보전 칠성도를, 갑사 대적전 삼세
후불도를, 충남 금산 신안사 석가모니후불도를, 갑사 신향각 사천왕도를,
1908년에 충남 예산 수덕사 대웅전 삼세후불도를, 1909년에 보은 법주사 복
천암 독성도를, 마곡사 은적암 신중도를 그리고, 마곡사 심검당 공요公寮 번
와鱗瓦에 80냥을 시주하였다. 1910년에 수화승 융파법융과 갑사 팔상전 석가
모니후불도와 대성암 독성도를, 수화승으로 갑사 대웅전 신중도와 현왕도를,
마곡사 천왕문을 중수하였다. 수화승으로 1911년에 충남 청양 정혜사 칠성도
를, 1912년 마곡사 영은암 신중도를, 마곡사 청련암 칠성도와 독성도를,
1914년에 마곡사 백련암 칠성도를, 1918년에 마곡사 영은암 칠성도와 독성
도 및 산신도를, 1919년에 서울 극락선원 괘불도를, 1924년에 마곡사 심검당
석가모니후불도와 신중도 및 대광보전 신중도를, 예산 향천사 괘불도를, 충
남 서산 부석사 칠성도와 신중도를 조성하였다. 1927년에 마곡사에 토지를
施主하였고, 1935년에 그려진 진영이 마곡사에 봉안되어 있다.

- 1878년 경기 수원 奉寧寺 釋迦牟尼後佛圖 조성(『韓國의 佛畵 28 – 龍珠寺(上)』) 수화승
  天基
  1878년 경기 수원 奉寧寺 七星圖 조성(『韓國의 佛畵 29 – 龍珠寺(下)』) 수화승 天基
- 1882년 경기 화성 龍珠寺 五如來幡(甘露王如來) 조성(『韓國의 佛畵 29 – 龍珠寺(下)』)
  片手 수화승 影湖衆藝
  1882년 경기 화성 龍珠寺 八金剛幡(大神力金剛) 조성(『韓國의 佛畵 29 – 龍珠寺(下)』)
  片手 수화승 影湖衆藝
  1882년 경기 南楊州 見聖庵 獨聖圖 조성(『畿內寺院誌』와 『韓國佛畵畵記集』) 수화승
  慧果奉侃
- 1883년 충남 공주 甲寺 大悲庵 獨聖圖 조성(公州 甲寺 大慈庵 所藏, 『韓國의 佛畵 16 –
  麻谷寺(下)』) 金魚 수화승
- 1884년 칠갑산 定慧寺 極樂殿 七星圖 조성(公州 麻谷寺 所藏, 『韓國의 佛畵 16 – 麻谷寺
  (下)』) 金魚 수화승
- 1885년 충남 공주 岬寺 大悲庵 神衆圖 조성(公州 甲寺 大慈庵 所藏, 『韓國의 佛畵15 麻
  谷寺(上)』) 金魚 出草 수화승
  1885년 충남 공주 岬寺 大悲庵 七星圖 조성(公州 甲寺 大慈庵 所藏, 『韓國의 佛畵 16
  – 麻谷寺(下)』) 金魚 수화승
  1885년 경남 합천 해인사 大寂光殿 三身圖(釋迦牟尼佛) 조성(『韓國의 佛畵 4 – 海印
  寺(上)』) 出草 수화승 水龍琪銓
- 1887년 충남 공주 新元寺 靈源殿 神衆圖 조성(『韓國의 佛畵 15 – 麻谷寺(上)』) 出草 수화
  승 法融
- 1888년 충남 공주 靈隱寺 釋迦牟尼後佛圖 조성(『韓國의 佛畵 15 – 麻谷寺(上)』) 金魚 수
  화승
- 1891년 전남 장흥 天冠寺 應眞殿 釋迦牟尼後佛圖 조성(順天 松廣寺 所藏, 『韓國의 佛畵
  6 – 松廣寺(上)』) 金魚 수화승
- 1892년 전북 익산 深谷寺 阿彌陀後佛圖 조성(『韓國의 佛畵 13 – 金山寺』) 수화승 蓮河
  啓昌

1892년 전북 익산 深谷寺 三聖閣 獨聖圖 조성(『韓國의 佛畵 13 – 金山寺』) 出草 수화
승 蓮河 啓昌
1892년 文殊寺 神將圖 조성(禮山 修德寺 所藏,『韓國의 佛畵 27 – 修德寺』) 金魚 수화승
◦1893년 서울 地藏寺 大雄殿 地藏菩薩圖 조성(『서울전통사찰불화』와 『韓國佛畵畵記集』)
및 『韓國의 佛畵 34 – 曹溪寺(上)』) 金魚 수화승
1893년 서울 地藏寺 大雄殿 神衆圖 조성(『서울전통사찰불화』와 『韓國佛畵畵記集』) 및
『韓國의 佛畵 36 – 曹溪寺(下)』) 金魚 수화승
1893년 서울 地藏寺 大雄殿 神衆圖 조성(『韓國의 佛畵 35 – 曹溪寺(中)』) 金魚 수화승
1893년 서울 地藏寺 九品圖 조성(『韓國의 佛畵 34 – 曹溪寺(上)』) 수화승 錦湖若效
1893년 서울 地藏寺 大雄殿 現王圖 조성(서울 護國地藏寺 所藏,『서울전통사찰불화』
와 『韓國佛畵畵記集』 및 『韓國의 佛畵 36 – 曹溪寺(下)』) 金魚 수화승
1893년 서울 地藏寺 大雄殿 甘露王圖 조성(『서울전통사찰불화』와 『韓國佛畵畵記集』)
金魚 수화승
1893년 서울 地藏寺 三聖閣 獨聖圖 조성(『韓國의 佛畵 36 – 曹溪寺(下)』) 金魚 수화승
1893년 전북 진안 天皇寺 大雄殿 三世後佛圖 조성(『韓國의 佛畵 13 – 金山寺』) 金魚
수화승
1893년 전북 진안 天皇寺 大雄殿 神衆圖 조성(『韓國의 佛畵 13 – 金山寺』) 金魚 수화승
1893년 報德寺 觀音殿 阿彌陀後佛圖 조성(禮山 修德寺 所藏,『韓國의 佛畵 27 – 修德
寺』) 金魚 수화승
◦1894년 報德寺 觀音菴 七星圖 조성(禮山 修德寺 所藏,『韓國의 佛畵 27 – 修德寺』) 金魚
수화승
◦1895년 충남 서산 開心寺 神將圖 조성(『韓國의 佛畵 27 – 修德寺』) 金魚 수화승
1895년 충남 공주 甲寺 大慈庵 十六聖衆圖 조성(『韓國의 佛畵 15 – 麻谷寺(上)』) 金魚
수화승
1895년 충남 공주 甲寺 大聖庵 神衆圖 조성(『韓國의 佛畵 15 – 麻谷寺(上)』) 金魚 수
화승
◦1897년 충북 보은 法住寺 圓通寶殿 觀音圖 조성(『韓國의 佛畵 17 – 法住寺』) 수화승 定鍊
1897년 충북 보은 法住寺 圓通寶殿 神衆圖 조성(『韓國의 佛畵 17 – 法住寺』) 金魚 수
화승
1897년 충북 보은 法住寺 捌相殿 八相圖(兜率來儀相) 조성(『韓國의 佛畵 17 – 法住寺』)
片手 수화승
1897년 충북 보은 法住寺 捌相殿 八相圖(四門遊觀相) 조성(『韓國의 佛畵 17 – 法住寺』)
金魚 片手 수화승
1897년 충북 보은 法住寺 捌相殿 八相圖(雪山修道相) 조성(『韓國의 佛畵 17 – 法住寺』)
金魚 片手 수화승
1897년 충북 보은 法住寺 捌相殿 八相圖(鹿苑轉法相) 조성(『韓國의 佛畵 17 – 法住寺』)
片手 수화승
1897년 충북 청원 月裡寺 阿彌陀後佛圖(『전통사찰전서 11 – 충북의 전통사찰 II』) 금어
◦1898년 天藏菴 地藏圖 조성(瑞山 天藏寺 所藏,『韓國의 佛畵 27 – 修德寺』) 金魚 수화승
1898년 天藏菴 現王圖 조성(瑞山 天藏寺 所藏,『韓國의 佛畵 27 – 修德寺』) 金魚 수화승
◦1899년 高山寺 七星圖 조성(禮山 修德寺 所藏,『韓國의 佛畵 27 – 修德寺』) 片手 出草
수화승
1899년 高山寺 釋迦牟尼後佛圖 조성(禮山 修德寺 所藏,『韓國의 佛畵 27 – 修德寺』)
片手金魚 수화승
1899년 충남 예산 香泉寺 山神圖 조성(禮山 修德寺 所藏,『韓國의 佛畵 27 – 修德寺』)
金魚 수화승
◦1903년 大法山 元興寺 獨聖圖 조성(南楊州 奉先寺 所藏,『韓國의 佛畵 33 – 奉先寺』)
金魚出草 수화승4)
◦1904년 충남 온양 龍雲庵 七星圖 조성(鎭川 靈水寺 所藏,『韓國의 佛畵 17 – 法住寺』)
金魚 수화승
◦1905년 충남 공주 麻谷寺 大雄寶殿 三世佛圖(釋迦牟尼佛) 조성(『韓國의 佛畵 15 –麻谷

寺(上)』) 金魚 수화승

1905년 충남 공주 甲寺 大雄殿 三藏圖 조성(『韓國의 佛畵 15 - 麻谷寺(上)』) 金魚 수화승

1905년 부산 梵魚寺 捌相殿 靈山會上圖 조성(『梵魚寺聖寶博物館 名品圖錄』과 『韓國의 佛畵 32 - 梵魚寺』)5) 金魚 수화승 普應文性

1905년 부산 梵魚寺 羅漢殿 靈山會上圖 조성(『梵魚寺聖寶博物館 名品圖錄』과 『韓國의 佛畵 32 - 梵魚寺』) 金魚 수화승 普應文性

1905년 부산 梵魚寺 羅漢殿 羅漢圖 조성(『梵魚寺聖寶博物館 名品圖錄』과 『韓國의 佛畵 32 - 梵魚寺』) 金魚 수화승 普應文性

1905년 부산 梵魚寺 掛佛圖 조성(『梵魚寺聖寶博物館 名品圖錄』과 『韓國의 佛畵 32 - 梵魚寺』) 金魚 수화승

◦1906년 충남 아산 五峯菴 現王圖 조성(『韓國의 佛畵 16 - 麻谷寺(下)』) 金魚6) 수화승

1906년 金仙臺 七星圖 조성(禮山 定慧寺 所藏, 『韓國의 佛畵 27 - 修德寺』) 金魚 수화승

◦1907년 충북 영동 寧國寺 釋迦牟尼後佛圖 조성(『韓國의 佛畵 17 - 法住寺』) 金魚 수화승

1907년 충북 영동 寧國寺 山神圖 조성(『韓國의 佛畵 17 - 法住寺』) 出草 수화승

1907년 충북 영동 寧國寺 七星圖 조성(『韓國의 佛畵 17 - 法住寺』) 金魚 수화승

1907년 永同 寧國寺 神衆圖(『韓國佛畵畵記集』) 金魚

1907년 永同 寧國寺 獨聖圖(『韓國佛畵畵記集』) 金魚

1907년 전북 무주 圓通寺 圓通寶殿 七星圖 조성(『韓國의 佛畵 13 - 金山寺』) 出草 수화승

1907년 충남 공주 甲寺 大寂殿 三世後佛圖 조성(『韓國의 佛畵 15 - 麻谷寺(上)』) 出草 수화승

1907년 충남 금산 身安寺 釋迦牟尼後佛圖 조성(『韓國의 佛畵 15 - 麻谷寺(上)』) 金魚 수화승

1907년 충남 공주 岬寺 新香閣 四天王圖 조성(『韓國의 佛畵 15 - 麻谷寺(上)』) 金魚 수화승

◦1908년 충남 예산 修德寺 大雄殿 三世後佛圖 조성(『韓國의 佛畵 27 - 修德寺』) 金魚 수화승

◦1909년 충북 보은 法住寺 福泉庵 獨聖圖 조성(『韓國의 佛畵 17 - 法住寺』) 金魚 片手 수화승

1909년 충남 공주 麻谷寺 隱寂庵 神衆圖 조성(『韓國의 佛畵 15 - 麻谷寺(上)』) 金魚 수화승

1909년 충남 공주 麻谷寺 尋劍堂 公寮 飜瓦 시주(「公州郡泰華山麻谷寺尋劍堂公寮飜瓦記」, 『麻谷寺 實測調查報告書』)7) 80냥

◦1910년 충남 공주 甲寺 八相殿 釋迦牟尼後佛圖 조성(『韓國의 佛畵15 - 麻谷寺(上)』) 出草 수화승 隆坡法融

1910년 충남 공주 甲寺 大雄殿 神衆圖 조성(『韓國의 佛畵 15 - 麻谷寺(上)』) 金魚 수화승

1910년 충남 공주 甲寺 大雄殿 現王圖 조성(『韓國의 佛畵 16 - 麻谷寺(下)』) 金魚 수화승

1910년 충남 공주 甲寺 大聖庵 獨聖圖 조성(『韓國의 佛畵 16 - 麻谷寺(下)』) 出草 수화승 隆坡法融

1910년 충남 공주 麻谷寺 天王門 重修(「泰華山麻谷寺天王門重修記」) 金魚8) 수화승

◦1911년 충남 청양 定慧寺 七星圖 조성(『韓國의 佛畵 16 - 麻谷寺(下)』) 金魚 수화승

◦1912년 충남 공주 麻谷寺 灵隱庵 神衆圖 조성(『韓國의 佛畵 15 -麻谷寺(上)』) 金魚 수화승

1912년 충남 공주 麻谷寺 靑蓮菴 七星圖 조성(『韓國의 佛畵 16 - 麻谷寺(下)』) 片手 수화승

1912년 公州 麻谷寺 靑蓮菴 獨聖圖(『韓國의 佛畵 16 - 麻谷寺(下)』) 片手

◦1914년 충남 공주 麻谷寺 白蓮菴 七星圖 조성(『韓國의 佛畵 16 - 麻谷寺(下)』) 金魚 수화승

◦1918년 충남 공주 麻谷寺 靈隱庵 七星圖 조성(『韓國의 佛畵 16 - 麻谷寺(下)』) 金魚 片手 수화승

　　1918년 충남 공주 麻谷寺 靈隱菴 獨聖圖 조성(『韓國의 佛畵 16 – 麻谷寺(下)』) 金魚
　　수화승
　　1918년 충남 공주 麻谷寺 靈隱庵 山神圖 조성(『韓國의 佛畵 16 – 麻谷寺(下)』) 金魚
　　수화승
　◦1919년 서울 極樂禪院 掛佛圖 조성(『韓國의 佛畵 40 – 補遺』) 片手 수화승
　◦1924년 충남 공주 麻谷寺 尋劍堂 釋迦牟尼後佛圖 조성(『韓國의 佛畵 15 – 麻谷寺(上)』)
　　金魚 수화승
　　1924년 충남 공주 麻谷寺 尋劍堂 神衆圖 조성(『韓國의 佛畵 15 – 麻谷寺(上)』) 金魚
　　수화승
　　1924년 충남 공주 麻谷寺 大光寶殿 神衆圖 조성(『韓國의 佛畵 15 – 麻谷寺(上)』) 金魚
　　수화승
　　1924년 충남 예산 香泉寺 掛佛圖 조성(『韓國의 佛畵 27 – 修德寺』) 金魚 수화승
　　1924년 충남 서산 浮石寺 七星圖 조성(『韓國의 佛畵 27 – 修德寺』) 金魚 수화승
　　1924년 충남 서산 浮石寺 神衆圖 조성(『韓國의 佛畵 40 – 補遺』) 金魚 수화승
　◦1927년 충남 공주 麻谷寺 土地 施主(「麻谷寺錦湖和尙獻畓記」)[9]
　◦연대미상 충남 공주 麻谷寺 大光寶殿 七星圖 조성(『韓國의 佛畵 16 – 麻谷寺(下)』) 수화
　　승 善律[10]

약흘(若屹 : -1872-) 19세기 후반에 활동한 불화승이다. 1872년에 수화승 방
우진호와 경기 파주 보광사 시왕도(2·4대왕)와 사자도(사자·장군)를 조성하
였다.

　◦1872년 경기 파주 普光寺 十王圖(2·4大王) 조성(『韓國의 佛畵 33 – 奉先寺』) 수화승 放
　　牛珍昊
　　1872년 경기 파주 普光寺 使者圖(使者·將軍) 조성(『韓國佛畵畵記集』과 『韓國의 佛畵
　　33 – 奉先寺』) 수화승 放牛珍昊
　◦연대미상 충남 서산 浮石寺 神衆圖 조성(『韓國의 佛畵 27 – 修德寺』) 수화승 春潭奉恩

양언(良彦 : -1866-) 취운당(翠雲堂) 19세기 중반에 활동한 불화승이다. 1866년
에 수화승 하은위상과 경남 양산 통도사 안양암 북극전 칠성도를 조성하였다.

　◦1866년 경남 양산 通度寺 安養庵 北極殿 七星圖 조성(『韓國의 佛畵 2 – 通度寺(中)』) 수
　　화승 霞隱 偉祥

양오(良悟 : -1715-1725-) 18세기 전반에 활동한 불화승이다. 1715년에 수화
승 변권과 전남 장흥 보림사에서 조사도를 8월 7일부터 시작하여 9월 8일
봉안하고, 1725년에 전남 순천 송광사 오십전 오십삼불도五十三佛圖(7위)와
수화승 붕안과 영산전 팔상도(녹원전법상)와 응진전 십육나한도(11. 13. 15존
자) 등을 조성하였다.

　◦1715년 전남 장흥 寶林寺에서 8월 7일 祖師圖를 시작하여 9월 8일까지 봉안(『譯註 寶林
　　寺重創記』) 수화승 卞權
　◦1725년 전남 순천 松廣寺 五十殿 五十三佛圖(七位) 조성(『韓國의 佛畵 7 – 松廣寺』)[11]
　　수화승 □□
　　1725년 전남 순천 松廣寺 靈山殿 八相圖(鹿苑轉法相) 조성(『韓國의 佛畵 7 – 松廣寺』)
　　수화승 鵬眼
　　1725년 전남 순천 松廣寺 應眞殿 十六羅漢圖(11. 13. 15尊者) 조성(『韓國의 佛畵 7 –
　　松廣寺』) 수화승 鵬眼
　　1725년 전남 순천 松廣寺 三十三祖師圖 조성(『曹溪山松廣寺史庫』)[12] 수화승 義謙

양완당(梁玩堂) 낙현(洛現) 참조

양운(良運, 良云 : -1722-1730-) 18세기 전반에 활동한 불화승이다. 수화승 의겸과 1722년에 경남 진주 청곡사 괘불도와 전남 여수 흥국사 관음전 관음도 및 영산회상도를, 1724년에 전남 순천 송광사 응진당 석가모니후불도를, 1725년 송광사 영산전 석가모니후불도와 오십전 오십삼불도(7위) 및 영산전 팔상도(설산수도상) 등을, 1730년에 경남 고성 운흥사 삼장보살도를 조성하였다.

- 1722년 경남 진주 靑谷寺 掛佛圖 조성(『韓國의 佛畵 5 - 海印寺(下)』) 수화승 義謙
- 1723년 전남 여수 興國寺 觀音殿 觀音圖 조성(『韓國의 佛畵 11 - 華嚴寺』) 수화승 義謙
  1723년 전남 여수 興國寺 靈山會上圖 2 조성(『韓國佛畵畵記集』)
- 1724년 전남 순천 송광사 應眞堂 釋迦牟尼後佛圖 조성(『韓國의 佛畵 6 - 松廣寺』) 수화승 義謙
- 1725년 전남 순천 松廣寺 靈山殿 釋迦牟尼後佛圖 조성(『韓國의 佛畵 6 - 松廣寺』) 수화승 義謙
  1725년 전남 순천 松廣寺 五十殿 五十三佛圖(七位) 조성(『韓國의 佛畵 7 - 松廣寺』) 수화승 □□
  1725년 전남 순천 松廣寺 靈山殿 八相圖(雪山修道相) 조성(『韓國의 佛畵 7 - 松廣寺』) 金魚 수화승
  1725년 전남 순천 松廣寺 三十三祖師圖 조성(『曹溪山松廣寺史庫』)[13] 수화승 義謙
- 1730년 固城 雲興寺 三藏菩薩圖(安貴淑, 「조선후기 佛畵僧의 계보와 義謙比丘에 대한 연구(上)」)

양전(兩典, 良典 : -1844-1846-)* 19세기 중반에 활동한 불화승이다. 1844년에 수화승으로 서울 봉은사 명부전 현왕도와 1846년에 시흥 삼성산 사자사 지장도(서울 사자사 소장)를 조성하였다.

- 1844년 서울 奉恩寺 冥府殿 現王圖 조성(『서울전통사찰불화』, 『韓國佛畵畵記集』) 片手
- 1846년 시흥 三聖山 獅子寺 地藏圖 조성(서울 獅子寺 所藏, 『韓國의 佛畵 34 - 曹溪寺(上)』) 金魚 수화승

양찬(良贊 : -1728-1742-) 18세기 전・중반에 덕유산을 중심으로 활동한 불화승이다. 1728년에 수화승 의겸과 전북 무주 안국사 괘불도를, 1730년에 경남 고성 운흥사 삼장보살도를, 1742년에 수화승 혜식과 덕유산 영축사 영산회상도(국립중앙박물관 소장)를 조성하였다.

- 1728년 전북 무주 安國寺 掛佛圖 조성(『韓國의 佛畵 13 - 金山寺』) 수화승 義謙
- 1730년 固城 雲興寺 三藏菩薩圖(安貴淑, 「조선후기 佛畵僧의 계보와 義謙比丘에 대한 연구(上)」)
- 1742년 德裕山 靈鷲寺 靈山會上圖 조성(國立中央博物館 所藏, 『영혼의 여로 - 조선시대 불교회화와의 만남』과 『韓國의 佛畵 39 - 國・公立博物館』) 山人 수화승 慧式

양책(良策 : -1798-1806-) 18세기 후반부터 19세기 전반까지 활동한 불화승이다. 1798년의 수화승 복찬과 전남 순천 송광사 임경당과 삼청각의 중건에 참여하였다. 1802년에 수화승 송계쾌윤과 순천 선암사 나한전 삼세후불도와 신중도를 조성하고, 1806년에 수화승 도일과 순천 송광사 사천왕상을 개채하였다.

- 1798년 順天 松廣寺 「臨鏡堂三淸閣四次重建記」(『曹溪山松廣寺史庫』)
- 1802년 전남 순천 선암사 羅漢殿 三世後佛圖 조성(『韓國의 佛畵 12 - 仙巖寺』) 수화승

快玭
1802년 전남 순천 선암사 羅漢殿 神衆圖 조성(『韓國의 佛畫 12 – 仙巖寺』)[14] 수화승
快玭
◦ 1806년 전남 순천 송광사 사천왕상 개채(『曹溪山 松廣寺誌』) 수화승 度溢

양활(良活 : -1765-) 18세기 중반에 활동한 불화승이다. 1765년에 수화승 □
□와 전남 순천 해천사 삼세후불도(순천 선암사 소장)를 조성하였다.

◦ 1765년 전남 순천 海川寺 三世後佛圖(釋迦牟尼佛) 조성(順天 仙巖寺 所藏, 『韓國의 佛畫
12 – 仙巖寺』) 수화승 □□

어현(語玄 : -1759-) 18세기 중반에 활동한 불화승이다. 1759년에 수화승 비
현과 전남 여수 흥국사 괘불도를 조성하였다.

◦ 1759년 전남 여수 興國寺 掛佛圖 조성(『韓國의 佛畫 11 – 華嚴寺』) 수화승 조賢

언보(言輔 : -1794-1817-) 운곡당(雲谷堂) 19세기 전반부터 19세기 후반까지
활동한 불화승이다. 1794년에 수화승 설훈과 경남 산청 대원사 신중도를,
1816년에 수화승 퇴운신겸과 대구 동화사 지장도를, 1817년에 수화승 언보
와 경북 청도 병사餠寺 석가모니후불홍도釋迦牟尼後佛紅圖를 조성하였다.

◦ 1794년 경남 산청 大源寺 神衆圖 조성(『韓國의 佛畫 4 – 海印寺(上)』) 수화승 雪訓
◦ 1816년 대구 桐華寺 地藏圖 조성(『韓國의 佛畫 21 – 桐華寺(上)』) 都 수화승 退雲信謙
◦ 1817년 경북 청도 餠寺 釋迦牟尼後佛紅圖 조성(淸道 德寺 所藏, 『韓國의 佛畫 21 – 桐華
寺(上)』) 良工 수화승 언보

엄석(嚴奭 : -1888-) 영성당(影惺堂) 19세기 후반에 활동한 불화승이다. 1888
년에 수화승 금곡영환과 경기 안성 칠장사 명부전 지장도를 조성하였다.

◦ 1888년 경기 안성 七長寺 冥府殿 地藏圖 조성(『韓國의 佛畫 28 – 龍珠寺(上)』) 수화승
金谷永煥

엄혁(嚴爀 : -1887-) 영성당(影惺堂) 19세기 후반에 활동한 불화승이다. 1887
년에 수화승 금곡영환과 서울 미타사 대웅전 극락전 아미타후불도를 조성하
였다.

◦ 1887년 서울 彌陀寺 大雄殿 極樂殿 阿彌陀後佛圖 조성(『韓國의 佛畫 34 – 曹溪(上)』)
수화승 金谷永煥

여관(如寬 : -1684-) 17세기 후반에 활동한 불화승이다. 1684년에 지영智英
등과 명성왕후明聖王后 숭릉산릉崇陵山陵 조성소에 참여하였다.

◦ 1684년 『明聖王后崇陵山陵都監儀軌』 造成所 畵僧(奎章閣 14832호, 朴廷蕙, 「儀軌를 통
해서 본 朝鮮時代의 畵員」 자료1)

여성 1(汝性 : -1729-) 18세기 전반에 활동한 불화승이다. 1729년에 수화승
의겸과 경남 합천 해인사 대적광전 석가모니불도를 조성하였다.

◦ 1729년 경남 합천 海印寺 大寂光殿 釋迦牟尼佛圖 조성(『韓國의 佛畫 4 – 海印寺(上)』)
수화승 義謙

여성 2(如性 : -1775-1804-) 18세기 후반에 활동한 불화승이다. 1775년에 수
화승 경보와 경남 양산 통도사 명부전 시왕도(염라대왕)를, 1797년에 수화승

지연과 경북 안동 운대사 아미타후불도를, 1798년에 수화승 옥인과 양산 통
도사 명부전 지장도를, 수화승 자운지연과 1799년에 경북 경주 기림사 시왕
전 지장도를, 1803년에 울산 석남사 지장도를, 1804년에 대구 동화사 양진암
신중도를 조성하였다.

- 1775년 경남 양산 通度寺 冥府殿 十王圖(閻羅大王) 조성(『韓國의 佛畵 2 – 通度寺(中)』)
  수화승 景甫
- 1797년 경북 안동 雲臺寺 阿彌陀後佛圖 조성(安東 西岳寺 所藏, 『韓國의 佛畵 23 – 孤雲
  寺(上)』) 수화승 指涓
- 1798년 경남 양산 通度寺 冥府殿 地藏圖 조성(『韓國의 佛畵 1 – 通度寺(上)』) 수화승 指演
- 1799년 경북 경주 祇林寺 十王殿 地藏圖 조성(東國大 慶州캠퍼스 博物館 所藏, 『韓國의
  佛畵 18 – 大學博物館(Ⅰ)』) 수화승 慈雲□演
- 1801년 경남 양산 內院寺 爐殿 釋迦牟尼後佛圖 조성(『韓國의 佛畵 3 – 通度寺(下)』) 수
  화승 玉仁
- 1803년 울산 石南寺 地藏圖 조성(『韓國의 佛畵 3 – 通度寺(下)』) 수화승 指涓
- 1804년 대구 桐華寺 養眞庵 神衆圖 조성(『韓國의 佛畵 21 – 桐華寺(上)』) 수화승 指演

여안(汝安, 如安 : -1860-1862-) 19세기 중반에 활동한 불화승이다. 수화승 해
운익찬과 1860년에 전남 구례 화엄사 각황전 삼세불도를, 1860년에 경남 하
동 쌍계사 명부전 지장도를, 1862년에 구례 화엄사 명부전 지장도를 조성하
였다.

- 1860년 전남 구례 華嚴寺 覺皇殿 三世佛圖(藥師佛) 조성(『韓國의 佛畵 11 – 華嚴寺』)[15]
  수화승 海雲益讚
  1860년 경남 하동 雙磎寺 冥府殿 地藏圖 조성(『韓國의 佛畵 25 – 雙磎寺(上)』) 수화
  승 海雲益讚
- 1862년 전남 구례 華嚴寺 冥府殿 地藏圖 조성(『韓國의 佛畵 11 – 華嚴寺』) 수화승 海雲
  益讚

여영(如咏 : -1742-) 18세기 중반에 활동한 불화승이다. 1742년에 수화승 혜
식과 덕유산 영축사 영산회상도(국립중앙박물관 소장)를 조성하였다.

- 1742년 德裕山 靈鷲寺 靈山會上圖 조성(國立中央博物館 所藏, 『영혼의 여로 – 조선시대
  불교회화와의 만남』과 『韓國의 佛畵 39 – 國·公立博物館』) 山人 수화승 慧式

여윤(如允 : -1809-) 19세기 전반에 활동한 불화승이다. 1809년에 수화승 부
첨과 경북 김천 계림사 괘불도를 조성하였다.

- 1809년 경북 김천 鷄林寺 掛佛圖 조성(『韓國의 佛畵 9 – 直指寺(下)』) 龍眼 수화승

여인(汝仁 : -1788-) 18세기 후반에 경북 문경 대승사를 중심으로 활동한 불
화승이다. 1788년에 상겸과 경북 상주 남장사 불사에 참여하여 『불사성공록
佛事成功錄』에 대승양공大乘良工으로 적혀있다.

- 1788년 남장사 불사에 참여한 화승을 적은 『佛事成功錄』에 大乘良工으로 언급(이용윤,
  「『佛事成功錄』을 통해 본 남장사 괘불」) 수화승 尙謙

여준(如俊 : -1684-) 17세기 후반에 활동한 불화승이다. 1684년에 지영智英
등과 명성왕후明聖王后 숭릉산릉崇陵山陵 조성소에 참여하였다.

- 1684년 『明聖王后崇陵山陵都監儀軌』造成所 畵僧(奎章閣 14832호, 朴廷蕙, 「儀軌를 통
  해서 본 朝鮮時代의 畵員」 자료1)

여찬(麗贊, 呂燦 : 1708-1729)* 18세기 전반에 활동한 승장이다. 수화승 인문과 1708년에 충남 청양 장곡사 아미타후불도(동국대 박물관 소장)를 그리고, 1726년에 수화승으로 강원 삼척 삼화사 목조지장보살좌상을 제작하였다. 1729년에 수화승으로 강원 고성 유점사 대종 개주에 화원으로 참여하였다.

· ◦1708년 충남 청양 長谷寺 阿彌陀後佛圖 조성(東國大學校 博物館 所藏,『韓國의 佛畵 18 – 大學博物館(Ⅰ)』) 造像畵員 수화승 印文
 ◦1726년 강원 삼척 삼화사 목조지장보살좌상 제작(정영호,「三和寺의 塔像」) 畵員 수화승
 ◦1729년 강원 고성 유점사 대종 개주(『楡岾寺本末寺誌(楡岾寺)』) 畵員 수화승

여청(麗淸 : -1713-) 18세기 전반에 활동한 불화승이다. 1713년에 수화승 도익과 경북 안동 봉정사 아미타후불도를 조성하였다.

· ◦1713년 경북 안동 鳳停寺 阿彌陀後佛圖 조성(『韓國의 佛畵 23 – 孤雲寺(上)』) 수화승 道益

여행(如幸 : -1861-) 19세기 중반에 활동한 불화승이다. 1861년에 수화승 하은위상과 경남 양산 통도사 서운암 칠성도를 조성하였다.

· ◦1861년 경남 양산 通度寺 瑞雲庵 七星圖 조성(『韓國의 佛畵 2 – 通度寺(中)』) 수화승 霞隱偉相

여훈(如訓, 呂訓 : -1803-1804-) 19세기 전반에 활동한 불화승이다. 1803년에 수화승 홍안과 경북 문경 김용사 석가모니후불도와 응진전 후불도 및 신중도를, 수화승 수연과 경북 의성 성적암 지장도(의성 지장사 소장)를, 1804년에 수화승 홍안과 경북 문경 혜국사 석가모니후불도와 수화승 신겸과 신중도를 조성하였다.

· ◦1803년 경북 문경 金龍寺 釋迦牟尼後佛圖 조성(『韓國의 佛畵 8 – 直指寺(上)』) 수화승 弘眼
 1803년 경북 문경 金龍寺 應眞殿 後佛圖 조성(『韓國의 佛畵 8 – 直指寺(上)』) 수화승 弘眼
 1803년 경북 문경 金龍寺 神衆圖 조성(『韓國의 佛畵 8 – 直指寺(上)』) 수화승 弘眼
 1803년 경북 문경 金龍寺 神衆圖 조성(『韓國의 佛畵 8 – 直指寺(上)』) 수화승 弘眼
 1803년 경북 의성 性寂庵 地藏圖 조성(義城 地藏寺 所藏,『韓國의 佛畵 23 – 孤雲寺(上)』) 수화승 守衍
 ◦1804년 경북 문경 惠國寺 釋迦牟尼後佛圖 조성(『韓國의 佛畵 8 – 直指寺(上)』) 수화승 弘眼
 1804년 경북 문경 惠國寺 神衆圖 조성(『韓國의 佛畵 8 – 直指寺(上)』) 수화승 愼謙

연경(淵鏡 : -1920-) 속성 서徐씨, 20세기 전반에 활동한 불화승이다. 1920년에 수화승 청응 목우와 충남 부여 무량사 이층전 현왕도를 조성하였다.

· ◦1920년 충남 부여 無量寺 二層殿 現王圖 조성(『韓國의 佛畵 16 – 麻谷寺(下)』) 수화승 淸應 牧雨

연민(演旻 : -1759-) 18세기 중반에 활동한 불화승이다. 1759년에 수화승 비현과 전남 여수 흥국사 괘불도를 조성하였다.

· ◦1759년 전남 여수 興國寺 掛佛圖 조성(『韓國의 佛畵 11 – 華嚴寺』) 수화승 조賢

연상(演尙, 衍常, 演賞, 演常, 衍賞 : -1765-1796-) 18세기 중반부터 19세기 전반

까지 경기도에서 활동한 불화승이다. 1765년에 수화승 긍유와 서울 봉은사 대웅전 목조삼세불좌상을 개금하고, 1786년에 문효세자文孝世子 묘소墓所 조성소 화승畵僧으로 참여한 후, 1788년에 수화승 연홍과 충남 공주 마곡사 삼장도를 그렸다. 1789년에 장조 현륭원 원소 조성소 화승으로 참여하고, 1794년부터 1796년까지 화성 건립에 참여하여 1801년에 작성된 『화성성역의궤華城城役儀軌』에 수원부水原府 승려로 언급되어 있다.

- 1765년 서울 봉은사 대웅전 목조삼세불좌상 개금(이분희, 「奉恩寺 三世佛像의 硏究」) 수화승 肯柔
- 1786년 『文孝世子墓所都監儀軌』造成所 畵僧(奎章閣 13925호, 朴廷蕙, 「儀軌를 통해서 본 朝鮮時代의 畵員」) 자료1)
- 1788년 충남 공주 麻谷寺 三藏圖 조성(『韓國의 佛畵 40 - 補遺』) 수화승 鍊弘
- 1789년 『莊祖顯隆園園所都監儀軌』造成所 畵僧(奎章閣 13627호, 朴廷蕙, 「儀軌를 통해서 본 朝鮮時代의 畵員」) 자료1)
- 1794년-1796년 화성 건립에 화원으로 참여(1801년 작성된 『華城城役儀軌』卷4 工匠 畵工 條) 水原府

연암당(蓮庵堂) 경인(敬仁) 참조

연우당(蓮藕堂) 원근(元根) 참조

연일(演日 : -1808-) 19세기 전반에 활동한 불화승이다. 1808년에 수화승 화악평삼과 경남 고성 옥천사 괘불도를 조성하였다.

- 1808년 경남 고성 玉泉寺 掛佛圖 조성(『韓國의 佛畵 26 - 雙磎寺(下)』) 수화승 華岳評三

연직(演直 : -1828-) 19세기 전반에 활동한 불화승이다. 1828년에 수화승 퇴운신겸과 경가 고양 중흥사 약사회상도와 아미타회상도(국립중앙박물관 소장)를 조성하였다.

- 1828년 경기 고양 中興寺 藥師會上圖 조성(國立中央博物館 所藏, 『北漢山의 佛敎遺蹟』과 『영혼의 여로 - 조선시대 불교회화와의 만남』및 『韓國의 佛畵 39 - 國·公立博物館』) 수화승 退雲信謙
  1828년 경기 고양 中興寺 阿彌陀會上圖 조성(國立中央博物館 所藏, 『北漢山의 佛敎遺蹟』과 『영혼의 여로 - 조선시대 불교회화와의 만남』및 『韓國의 佛畵 39 - 國·公立博物館』) 수화승 信謙

연총(蓮聰 : -1903-)* 20세기 전반에 활동한 불화승이다. 1903년에 수화승으로 충남 공주 마곡사 대웅전 독성도(불교중앙박물관 소장)를 조성하였다.

- 1903년 충남 공주 麻谷寺 大雄殿 獨聖圖 조성(佛敎中央博物館 所藏, 『韓國의 佛畵 40 - 補遺』) 金魚 수화승

연파당(蓮波堂, 蓮坡堂) 화인(華印, 和印) 참조

연하당(蓮河堂) 계창(啓昌) 참조

연허당(蓮虛堂, 蓮虛堂) 병규(炳奎, 丙圭) 참조

연현(連玄 : -1901-) 20세기 전반에 활동한 불화승이다. 1901년에 벽산찬규와 경북 경산 환성사 명부전 지장도를 조성하였다.

◦1901년 경북 경산 環城寺 冥府殿 地藏圖 조성(『韓國의 佛畵 30 - 銀海寺』) 수화승 璨圭

연호당(蓮湖堂) 봉의(琫毅, 奉宜) 참조

연호당(蓮湖堂) 표의(表宜) 참조

연홍(演洪, 演弘, 衍洪, 演泓, 練弘 : -1775-1791-)* 18세기 후반에 경기도 남양주 흥국사에서 활동한 불화승이다. 1775년에 수화승 국성과 경남 양산 통도사 명부전 시왕도(초강대왕)를, 1777년에 수화승 □영□潁과 서울 봉은사 시왕도를, 1788년에 수화승으로 충남 공주 마곡사 대적광전 석가모니후불도와 삼장도를, 1789년에 장조 현륭원 원소 조성소 화승畵僧으로 참여하고, 1790년에 정조가 발원한 경기 화성 용주사 칠성각 칠성여래 등을 조성하였다. 1791년에 수화승으로 경기 화성 장의사 지장도(화성 만의사 소장)를, 1792년에 경기 남양주 흥국사 지장보살도와 시왕도를, 1794년 9월 11일에 『화성성역의궤華城城役儀軌』에 "本州 德寺 畵僧 演弘을 都畵僧으로 差帖하여 송부하니"라는 기록을 근거로 흥국사에 거주했음을 알 수 있다. 1798년에 수화승 지연과 경남 양산 통도사 명부전 지장도를, 1791년에 수화승 영린과 부산 범어사 비로전 비로자나불회도를 조성하였다. 1794년부터 1796년까지 화성 건립에 참여하여 1801년 작성된 『화성성역의궤華城城役儀軌』에 양주목楊州牧 승려로 언급되어 있다.

◦1775년 경남 양산 通度寺 冥府殿 十王圖(初江大王) 조성(『韓國의 佛畵 2 - 通度寺(中)』) 수화승 國成
◦1777년 서울 奉恩寺 十王圖 조성(東國大學校 博物館 所藏, 『韓國佛畵畵記集』) 수화승 □潁
　1777년 三幕寺 十王圖(동국대학교 박물관 소장, 安貴淑, 「조선후기 佛畵僧의 계보와 義謙比丘에 대한 연구(上)」)
◦1788년 충남 공주 麻谷寺 大寂光殿 釋迦牟尼後佛圖 조성(『韓國의 佛畵 15 - 麻谷寺(上)』) 畵士 都片手 수화승
　1788년 충남 공주 麻谷寺 三藏圖 조성(『韓國의 佛畵 40 - 補遺』) 畵師 수화승
◦1789년 『莊祖顯隆園園所都監儀軌』 造成所 畵僧(奎章閣 13627호, 朴廷惠, 「儀軌를 통해서 본 朝鮮時代의 畵員」 자료1)
◦1790년 경기 화성 龍珠寺 七星閣 七星如來四方七星幀 조성(「本寺諸般書畵造作等諸人芳啣」)
◦1791년 경기 화성 莊儀寺 地藏圖 조성(華城 萬儀寺 所藏, 『韓國의 佛畵 28 - 龍珠寺(上)』) 畵師 수화승
◦1792년 남양주 흥국사 地藏菩薩圖와 十王圖(安貴淑, 「조선후기 佛畵僧의 계보와 義謙比丘에 대한 연구(上)」)
◦1794년 9월 11일 『華城城役儀軌』 卷三 移文 중 "本州 德寺 畵僧 演弘을 都畵僧으로 差帖하여 송부하니"
　1794년-1796년 화성 건립에 화원으로 참여(1801년 작성된 『華城城役儀軌』 卷4 工匠 畵工 條) 楊州牧
◦1798년 경남 양산 通度寺 冥府殿 地藏圖 조성(『韓國의 佛畵 1 - 通度寺(上)』) 수화승 指演
◦1791년 부산 梵魚寺 毘盧殿 毘盧遮那後佛圖 조성(『韓國의 佛畵 32 - 梵魚寺』)16) 수화승 永璘

열행(悅幸 : -1767-) 18세기 중반에 활동한 불화승이다. 1767년에 수화승 화월두훈과 경남 양산 통도사 괘불도를 조성하였다.

▫1767년 경남 양산 通度寺 掛佛圖 조성(『韓國의 佛畫 2 - 通度寺(中)』)[17] 수화승 枓薰

염령(念令 : -1741-) 18세기 중반에 활동한 불화승이다. 1741년에 수화승 긍척과 전남 여수 흥국사 대웅전 삼장도를 조성하였다.

▫1741년 전남 여수 흥국사 大雄殿 三藏圖(地藏菩薩) 조성(『韓國의 佛畫 11 - 華嚴寺』)[18] 수화승 亘陟
1741년 전남 여수 흥국사 大雄殿 三藏圖(天藏 · 持地藏菩薩) 조성(『韓國의 佛畫 11 - 華嚴寺』)[19] 수화승 亘陟

엽계(燁桂 : -1884-)* 혜과당(慧果堂) 19세기 후반에 활동한 불화승이다. 1884년에 수화승으로 예천 용문사 칠성도를 조성하였다.

▫1884년 경북 예천 龍門寺 七星圖 조성(『韓國의 佛畫 9 - 直指寺(下)』) 金魚 수화승

엽주(燁柱 : -1884-)* 혜보당(慧保堂) 또는 혜고당(慧高堂) 19세기 후반에 활동한 불화승이다. 1884년에 수화승 기형과 경북 예천 용문사 시왕도(1·3·4대왕)를, 수화승으로 인천 강화 전등사 명부전 지장시왕도와 약사전 약사후불도를 조성하였다.

▫1884년 경북 예천 龍門寺 十王圖(1·3·5大王) 조성(『韓國의 佛畫 9 - 直指寺(下)』)[20] 수화승 錦華機炯
1884년 인천 강화 傳燈寺 冥府殿 地藏十王圖(『傳燈寺本末寺誌』, 「傳燈寺地藏改金十王各部幀畫佛事記」) 金魚 수화승[21]
1884년 인천 강화 傳燈寺 藥師殿 藥師後佛圖 조성(『韓國佛畫畫記集』과 『韓國의 佛畫 34 - 曹溪寺(上)』)[22] 金魚 수화승

영겸(暎謙 : -1798-) 18세기 후반에 백운산을 중심으로 활동한 불화승이다. 1798년에 수화승 보훈과 백운산 불지암 신중도와 현왕도(국립중앙박물관 소장)를 조성하였다.

▫1798년 白雲山 佛地庵 神衆圖 조성(國立中央博物館 所藏, 『韓國의 佛畫 39 - 國·公立博物館』) 山人 片手 수화승 普訓
1798년 古靈山 佛地庵 現王圖 조성(國立中央博物館 所藏, 『韓國의 佛畫 39 - 國·公立博物館』)[23] 山人 都片手 수화승 普訓

영규(榮珪 : -1880-) 19세기 후반에 활동한 불화승이다. 1880년에 수화승 하은응상과 경북 문경 김용사 사천왕도와 금선암 아미타후불도 및 양진암 신중도 등을 조성하였다.

▫1880년 경북 문경 金龍寺 四天王圖(持國天王) 조성(『韓國의 佛畫 8 - 直指寺(上)』) 수화승 霞隱應祥
1880년 경북 문경 金龍寺 金仙庵 阿彌陀後佛圖 조성(『韓國의 佛畫 8 - 直指寺(上)』)[24] 수화승 霞隱應禪
1880년 경북 문경 金龍寺 金仙庵 神衆圖 조성(『韓國의 佛畫 8 - 直指寺(上)』) 수화승 霞隱應祥
1880년 경북 문경 金龍寺 養眞庵 神衆圖 조성(『韓國의 佛畫 8 - 直指寺(上)』) 수화승 霞隱應祥

영기(英驥 : -1871-) 19세기 후반에 활동한 불화승이다. 1871년에 수화승 덕운영운과 경북 청도 운문사 비로전 신중도를 조성하였다.

▫1871년 경북 청도 雲門寺 毘盧殿 神衆圖 조성(『韓國의 佛畫 21 - 桐華寺(上)』)[25] 수화승

德雲永芸

영담당(暎潭堂) 선완(善完) 참조

영담당(影潭堂, 暎潭堂) 선종(善琮, 善宗) 참조

영린(永璘 : -1789-1791-)* 18세기 후반에 활동한 불화승이다. 수화승으로 1789년에 경북 김천 직지사 신중도를, 1791년에 부산 범어사 비로전 비로자나후불도를 조성하였다.

　　◦1789년 경북 김천 直指寺 神衆圖 조성(『韓國의 佛畵 8 – 直指寺(上)』) 良工 수화승
　　◦1791년 부산 梵魚寺 毘盧殿 毘盧遮那後佛圖 조성(『韓國의 佛畵 32 – 梵魚寺』)26) 片手
　　　수화승

영명당(影明堂) 천기(天機) 참조

영봉(靈捧 : -1732-) 18세기 전반에 활동한 불화승이다. 1732년에 수화승 굉원과 강원 고성 건봉사 지장시왕도(경북대학교 박물관 소장)를 조성하였다.

　　◦1732년 강원 고성 乾鳳寺 地藏十王圖 조성(慶北大學校 博物館 所藏, 김정희, 『조선시대
　　　지장시왕도 연구』)

영삼(永三 : -1903-1905-) 19세기 후반에서 20세기 전반까지 활동한 불화승이다. 1903년에 수화승 향호묘영과 경남 통영 용화사 석가모니후불도를, 1904년에 수화승 금호약효와 충남 온양 용운암 칠성도(진천 영수사 소장)를, 수화승 환월상휴와 경남 양산 통도사 비로암 구품도九品圖와 양산 통도사 비로암 칠성도를, 1905년에 수화승 경선응석과 충북 보은 법주사 팔금강번(백정수금강)을 조성하였다.

　　◦1903년 경남 통영 龍華寺 釋迦牟尼後佛圖 조성(『韓國의 佛畵 25 – 雙磎寺(上)』) 수화승
　　　香湖妙英
　　◦1904년 충남 온양 龍雲庵 七星圖 조성(鎭川 靈水寺 所藏, 『韓國의 佛畵 17 – 法住寺』)
　　　沙彌 수화승 錦湖若效
　　　1904년 경남 양산 通度寺 毘盧庵 九品圖 조성(『韓國의 佛畵 1 – 通度寺(上)』)27) 수화
　　　승 煥月尙休
　　　1904년 경남 양산 通度寺 毘盧庵 七星圖 조성(『韓國의 佛畵 2 – 通度寺(中)』)28) 수화
　　　승 煥月尙休
　　◦1905년 충북 보은 法住寺 八金剛幡(白淨水金剛) 조성(『韓國의 佛畵 17 – 法住寺』) 수화
　　　승 경선응석

영선(映宣, 映善, 永宣 : -1876-1881-)* 경담당(鏡潭堂) 19세기 후반에 활동한 불화승이다. 1876년에 수화승 수룡기전과 대구 동화사 내원암 칠성도(치성광여래)를, 1877년에 수화승 수룡기전과 경남 진주 청곡사 칠성도를, 1880년에 수화승 수룡기전과 목아불교박물관에 소장된 석가모니후불도와 수화승으로 경북 안동 연미사 신중도를, 1881년에 수화승 관허의관과 경남 합천 해인사 관음전 아미타후불도와 궁현당 아미타후불도, 경남 거창 심우사 신중도를 조성하였다.

　　◦1876년 대구 桐華寺 內院庵 七星圖(熾盛光如來) 조성(『韓國의 佛畵 22 – 桐華寺(下)』) 수

화승 水龍大電
◦1877년 경남 진주 靑谷寺 七星圖 조성(『韓國의 佛畵 5 – 海印寺(下)』) 수화승 繡龍琪銓
◦1880년 釋迦牟尼後佛圖 조성(木芽佛敎博物館 所藏, 『韓國의 佛畵 20 – 私立博物館』) 수화승 繡龍琪銓
1880년 安東 燕尾寺 神衆圖(『韓國의 佛畵 23 孤雲寺篇(上)』) 金魚
◦1881년 경남 합천 海印寺 觀音殿 阿彌陀後佛圖 조성(『韓國의 佛畵 4 – 海印寺(上)』)29) 수화승 冠虛宜官
1881년 경남 합천 海印寺 窮玄堂 阿彌陀後佛圖 조성(『韓國의 佛畵 4 – 海印寺(上)』) 수화승 冠虛宜官
1881년 경남 거창 尋牛寺 神衆圖 조성(『韓國의 佛畵 4 – 海印寺(上)』)30) 수화승 冠虛宜官

영성(靈星 : -1902-) 동운당(東雲堂) 20세기 전반에 활동한 불화승이다. 1902년에 수화승 경선응석과 경기 고양 흥국사 괘불도를 조성하였다.
◦1902년 경기 고양 興國寺 掛佛圖 조성(『畿內寺院誌』와 『韓國佛畵畵記集』 및 『韓國의 佛畵 35 – 曹溪寺(中)』)31) 수화승 慶船應釋

영성당(永惺堂, 永醒堂, 影成堂) 몽화(夢華) 참조

영성당(影惺堂) 엄석(嚴奭) 참조

영수 1(影守, 影修, 永守, 檺修 : -1785-1795-)* 18세기 후반에 경북 문경 대승사를 중심으로 활동한 불화승이다. 1785년에 수화승 유성과 경북 김천 직지사 불사에 참여하고, 수화승으로 대구 동화사 부도암 신중도를, 1788년에 상겸과 경북 상주 남장사 불사에 참여하여 『불사성공록佛事成功錄』에 대승양공大乘良工으로 적혀있다. 1790년에 수화승으로 상주 남장사 십육나한도를, 1791년에 수화승 환암현규와 경북 의성 옥련사 극락전 석가모니후불도를, 수화승 영린과 부산 범어사 비로전 비로자나불회도를, 1792년에 수화승 복찬과 경남 양산 통도사 신중도(원적산 금봉암 소장)를, 1795년에 수화승 신겸과 충북 보은 법주사 대웅보전 신중도(복천암 소장)를 조성하였다.
◦1785년 경북 김천 直指寺 「乾隆五十年緣化秩」 언급(『直指寺誌』)
1785년 대구 桐華寺 浮屠庵 神衆圖 조성(『韓國의 佛畵 21 – 桐華寺(上)』) 畵士 수화승
◦1788년 남장사 불사에 참여한 화승을 적은 『佛事成功錄』에 大乘良工으로 언급(이용윤, 「『佛事成功錄』을 통해 본 남장사 괘불」) 수화승 尙謙
◦1790년 경북 상주 南長寺 十六羅漢圖1 조성(『韓國의 佛畵 9 – 直指寺(下)』) 金魚 수화승
◦1791년 경북 의성 玉蓮寺 極樂殿 釋迦牟尼後佛圖 조성(『韓國의 佛畵 23 – 孤雲寺(上)』) 수화승 幻庵玄奎
1791년 부산 梵魚寺 毘盧殿 毘盧遮那後佛圖 조성(『韓國의 佛畵 32 – 梵魚寺』)32) 수화승 永璘
◦1792년 경남 양산 通度寺 神衆圖(圓寂山 金鳳庵 奉安) 조성(『韓國의 佛畵 1 – 通度寺(上)』) 수화승 福贊
◦1795년 충북 보은 法住寺 大雄寶殿 神衆圖 조성(福泉庵 所藏, 『韓國의 佛畵 17 – 法住寺』) 수화승 信謙

영수 2(永秀, 玲受, 玲洙 : -1868-1885-) 19세기 후반에 활동한 불화승이다. 1868년에 수화승 의운자우와 강원 영월 보덕사 석가모니후불도와 수화승 금

암천여와 경남 하동 쌍계사 지장도를, 1879년에 향호묘영과 전남 순천 선암사
염불암 신중도를, 수화승 운파취선과 순천 송광사 광원암 지장시왕도를, 1885
년에 수화승 수룡기전과 경남 합천 해인사 대적광전 삼신도를 조성하였다.

- 1868년 강원 영월 報德寺 釋迦牟尼後佛圖 조성(『韓國의 佛畵 10 – 月精寺』) 수화승 意雲
  慈雨33)
  1868년 경남 하동 雙磎寺 地藏圖 조성(『韓國의 佛畵 25 – 雙磎寺(上)』) 수화승 錦庵
  天如
- 1879년 전남 순천 선암사 念佛庵 神衆圖 조성(順天 仙巖寺 所藏, 『韓國의 佛畵 12 – 仙巖
  寺』) 수화승 香湖妙寧
  1879년 전남 순천 松廣寺 廣遠庵 地藏十王圖 조성(『韓國의 佛畵 6 – 松廣寺(上)』)34)
  수화승 雲坡就善
- 1885년 경남 합천 海印寺 大寂光殿 三身圖(毘盧遮那佛) 조성(『韓國의 佛畵 4 – 海印寺
  (上)』) 수화승 水龍琪銓

영순 1(靈詢 : -1698-) 17세기 후반에 활동한 불화승이다. 1698년에 사릉思陵
봉릉封陵 조성소 화승畵僧으로 참여하였다.

- 1698년 『思陵封陵都監儀軌』造成所 畵僧(奎章閣 14821호, 朴廷蕙, 「儀軌를 통해서 본 朝
  鮮時代의 畵員」 자료1)

영순 2(永淳 : -1801-1803-) 19세기 전반에 활동한 불화승이다. 1801년에 수
화승 옥인과 경남 양산 내원사 노전 석가모니후불도와 지장도를, 1803년에
수화승 지연과 울산 석남사 지장도를, 1804년에 수화승 계한과 양산 통도사
대광명전 신중도를 조성하였다.

- 1801년 경남 양산 內院寺 爐殿 釋迦牟尼後佛圖 조성(『韓國의 佛畵 3 – 通度寺(下)』) 수
  화승 玉仁
  1801년 경남 양산 內院寺 爐殿 地藏圖 조성(『韓國의 佛畵 3 – 通度寺(下)』) 수화승 玉仁
- 1803년 울산 石南寺 地藏圖 조성(『韓國의 佛畵 3 – 通度寺(下)』) 수화승 指涓
- 1804년 경남 양산 通度寺 大光明殿 神衆圖(帝釋天龍圖) 조성(『韓國의 佛畵 1 – 通度寺
  (上)』)35) 수화승 戒閑
  1804년 경남 양산 通度寺 大光明殿 神衆圖(金剛圖) 조성(『韓國의 佛畵 1 – 通度寺(上)』)
  수화승 戒閑
- 연대미상 경남 양산 通度寺 寶勝如來幡 조성(『韓國의 佛畵 2 – 通度寺(中)』) 良工 수화승

영식(永植 : -1869-)* 19세기 후반에 활동한 불화승이다. 1869년에 수화승으
로 성주산 백운사 산신도를 조성하였다.

- 1869년 聖住山 白雲寺 山神圖 조성(公州 麻谷寺 所藏, 『韓國의 佛畵 16 – 麻谷寺(下)』)
  畵員 수화승

영심(永心 : -1905-) 20세기 전반에 활동한 불화승이다. 1905년에 수화승 보
암긍법과 서울 봉원사 대웅전 극락구품도를 조성하였다.

- 1905년 서울 奉元寺 大雄殿 極樂九品圖(『서울전통사찰불화』와 『韓國佛畵畵記集』) 수화
  승 보암긍법

영안 1(玲眼, 穎眼, 永眼, 穎案 : -1710-1749-)* 18세기 전・중반 활동한 불화승
이다. 1710년에 수화승 승장과 경기 안성 칠장사 괘불도를, 1726년에 수화승
의겸과 전북 남원 실상사 지장도 (동국대학교 박물관 소장)를, 1741년에 수화

승으로 전남 곡성 도림사 신덕암 지장시왕도(순천 선암사 소장)를, 수화승 의 겸과 1745년에 전남 나주 다보사 괘불도와 1749년에 전북 부안 개암사 괘불 도(부안 내소사 소장)를 조성하였다.

- 1710년 경기 안성 七長寺 掛佛圖(三佛會掛佛) 조성(『韓國의 佛畵 29 – 龍珠寺 本末寺(下)』) 수화승 勝藏
- 1726년 전북 남원 實相寺 地藏圖 조성(東國大學校 博物館 所藏,『韓國의 佛畵 18 – 大學 博物館(Ⅰ)』) 수화승 義謙
- 1741년 전남 곡성 道林寺 神德庵 地藏十王圖 조성(順天 仙巖寺 所藏,『韓國의 佛畵 12 – 仙巖寺』) 金魚 수화승
- 1745년 전남 나주 多寶寺 掛佛圖 조성(畵記,『掛佛調査報告書 Ⅱ』와 『韓國의 佛畵 37 – 白羊寺・新興寺』) 수화승 義兼
- 1749년 전북 부안 開巖寺 掛佛圖 조성(扶安 來蘇寺 所藏,『韓國의 佛畵 14 – 禪雲寺』) 수화승 義兼

영안 2(永安 : -1814-) 19세기 전반에 활동한 불화승이다. 1814년에 수화승 환일과 경남 양산 통도사 아미타후불홍도阿彌陀後佛紅圖를 조성하였다.

- 1814년 경남 양산 通度寺 阿彌陀後佛紅圖 조성(『韓國의 佛畵 1 – 通度寺(上)』) 수화승 幻一

영안 3(永安 : -1860-1870-) 19세기 중반에 활동한 불화승이다. 1860년에 수화승 익□과 전남 고흥 수도암 대웅전 지장시왕도(순천 송광사 소장)를, 수화승 기연과 고흥 능가사 수도암 칠성도(순천 송광사 소장)를, 1865년에 수화승 영담선완과 경남 고성 운흥사 신중도와 고성 운흥사 삼세불도를, 1866년에 수화승 하은위상과 경남 양산 통도사 안양암 북극전 칠성도를, 1870년에 수화승 금암천여와 경남 남해 용문사 아미타후불홍도를 조성하고, 괘불도를 개조改造하였다.

- 1860년 전남 고흥 修道庵 大雄殿 地藏十王圖 조성(順天 松廣寺 所藏,『韓國의 佛畵 6 – 松廣寺(上)』) 수화승 益□
  1860년 전남 고흥 楞伽寺 修道庵 七星圖 조성(順天 松廣寺 所藏,『韓國의 佛畵 7 – 松廣寺(下)』) 수화승 錡衍
- 1865년 경남 고성 雲興寺 神衆圖 조성(『韓國의 佛畵 25 – 雙磎寺(上)』) 수화승 瑛潭善完
  1865년 경남 固城 雲興寺 三世佛圖 조성(『韓國의 佛畵 25 – 雙磎寺(上)』) 수화승 暎潭善完
- 1866년 경남 양산 通度寺 安養庵 北極殿 七星圖 조성(『韓國의 佛畵 2 – 通度寺(中)』) 수화승 霞隱 偉祥
- 1870년 경남 남해 龍門寺 掛佛圖 改造(『韓國의 佛畵 26 – 雙磎寺(下)』) 수화승 錦岩天如
  1870년 경남 남해 龍門寺 阿彌陀後佛紅圖 조성(『韓國의 佛畵 25 – 雙磎寺(上)』) 수화승 錦巖天如

영열(永悅 : -1749-) 18세기 중반에 활동한 불화승이다. 1749년에 수화승 순혜와 전남 해남 대흥사 영산회상도(국립중앙박물관 소장)를 조성하였다.

- 1749년 전남 해남 大興寺 靈山會上圖 조성(國立中央博物館 所藏,『영혼의 여로 – 조선시대 불교회화와의 만남』과 『韓國의 佛畵 39 – 國・公立博物館』) 수화승 順慧

영오(永悟 : -1800-1805-) 19세기 전반에 활동한 불화승이다. 1800년에 수화승 퇴운신겸과 경북 청송 대전사 주왕암 나한전 석가모니후불도를 조성하고,

1805년에 수화승 지성과 전남 장흥 보림사 지장시왕을 개금·중채하였다.

　◦1800년 경북 청송 大典寺 周王庵 羅漢殿 釋迦牟尼後佛圖 조성(『韓國의 佛畵 30 – 銀海
　　寺』) 수화승 信謙
　◦1805년 전남 장흥 보림사 지장시왕 개금·중채(『譯註 寶林寺重創記』) 수화승 支性

영옥(永玉 : -1788-1811-) 18세기 후반부터 19세기 전반까지 전라도에서 활동
한 불화승이다. 1788년에 상겸 등과 남장사 불사에 참여하여 기록한 『불사성
공록佛事成功錄』에 호남양공湖南良工으로 적혀 있다. 1811년에 수화승 수연과
경북 문경 운암사 영산회상도를 조성하였다.

　◦1788년 남장사 불사에 참여한 화승을 적은 『佛事成功錄』에 湖南良工으로 언급(이용윤,
　　「『佛事成功錄』을 통해 본 남장사 괘불」) 수화승 尙謙
　◦1811년 경북 문경 雲巖寺 靈山會上圖 조성(『韓國佛畵畵記集』)36) 수화승 守衍

영우(永佑, 永宇 : -1776-1798-) 18세기 후반에 활동한 불화승이다. 1776년에
수화승 설훈과 강원 홍천 수타사 지장보살도를 조성하고, 영조英祖 원릉元陵
조성소造成所 화승畵僧으로 참여하였다. 1780년에 수화승 설훈과 남양주 봉
선사 대웅전 불상 중수·개금을, 1792년에 수화승 지연과 경남 양산 통도사
괘불도와 삼장도를 그렸다. 수화승 신겸과 1795년에 충북 보은 법주사 대웅
보전 신중도와 1798년에 충북 보은 법주사 여적암 신중도(괴산 채운암 소장)
를 조성하였다.

　◦1776년 강원 홍천 壽陁寺 地藏菩薩圖 조성(『韓國의 佛畵 10 – 月精寺』) 수화승 雪訓
　　1776년 『英祖元陵山陵都監儀軌』造成所 畵僧(奎章閣 13586호, 朴廷蕙, 「儀軌를 통해
　　서 본 朝鮮時代의 畵員」 자료1)
　◦1780년 경기 남양주 奉先寺 大雄殿 佛像 重修·改金(「有明朝鮮國京畿右道楊州牧地雲岳
　　山奉先寺大雄殿佛像重修改金願文」, 『奉先寺本末寺誌(奉先寺)』) 수화승 雪訓
　◦1792년 경남 양산 通度寺 掛佛圖 조성(『韓國의 佛畵 2 – 通度寺(中)』) 수화승 指演
　　1792년 경남 양산 通度寺 三藏圖 조성(『韓國의 佛畵 1 – 通度寺(上)』) 수화승 指演
　◦1795년 충북 보은 法住寺 大雄寶殿 神衆圖 조성(福泉庵 所藏, 『韓國의 佛畵 17 – 法住寺』)
　　수화승 信謙
　◦1798년 충북 보은 大法住寺 汝寂庵 神衆圖 조성(槐山 彩雲庵 소장, 『韓國佛畵畵記集』)
　　수화승 信謙

영욱(靈昱, 靈旭 : -1892-1929-) 동운당(東雲堂), 속성 한韓씨, 19세기 후반부터
20세기 전반까지 활동한 불화승이다. 수화승 금곡영환과 1892년에 경기 남
양주 흥국사 영산전 석가모니후불도와 1898년 서울 봉국사 명부전 시왕도(2
·4대왕)를, 1898년에 수화승 예운상규와 경기 파주 보광사 대웅전 영산회상
도를, 1900년에 수화승 금화기형과 경기 여주 신륵사 감로도와 아미타회상도
를 및 수화승 환명용화와 극락보전 석가모니후불도를, 수화승 경선응석과
1901년 전남 해남 대둔사 삼세후불도(약사불)와 명부전 지장시왕도를, 수화
승 허곡긍순과 전남 나주 다보사 대웅전 아미타후불도와 칠성도(순천 선암사
소장)를, 수화승 허곡긍순과 전남 순천 선암사 약사회상도를, 1905년에 수화
승 한곡돈법과 서울 봉원사 대웅전 신중도와 수화승 혜과보감과 현왕도를,

1929년에 수화승 보경보현과 경기 과천 연주암 괘불도와 금륜보전 독성도를 조성하였다.

- 1892년 경기 남양주 興國寺 靈山殿 釋迦牟尼後佛圖 조성(『韓國의 佛畵 33 - 奉先寺』) 沙彌 수화승 金谷永煥
- 1898년 서울 奉國寺 冥府殿 十王圖(2·4大王) 조성(『韓國의 佛畵 35 - 曹溪寺(中)』) 수화승 金谷永煥
  1898년 경기 파주 普光寺 大雄殿 靈山會上圖 조성(『畿內寺院誌』와 『韓國佛畵畵記集』 및 『韓國의 佛畵 33 - 奉先寺』) 수화승 禮芸尙奎
- 1900년 경기 여주 神勒寺 甘露圖 조성(『韓國의 佛畵 29 - 龍珠寺(下)』)[37] 수화승 錦華機炯
  1900년 경기 여주 神勒寺 阿彌陀會上圖 조성(『韓國佛畵畵記集』) 수화승 錦華機炯
  1900년 경기 여주 神勒寺 極樂寶殿 釋迦牟尼後佛圖 조성(『韓國의 佛畵 28 - 龍珠寺(上)』) 수화승 幻溟 龍化
- 1901년 전남 해남 大芚寺 三世後佛圖(藥師佛) 조성(『全南의 寺刹』와 『韓國의 佛畵 31 - 大興寺』) 수화승 慶船應釋
  1901년 전남 해남 大興寺 冥府殿 地藏十王圖 조성(『韓國의 佛畵 31 - 大興寺』)[38] 수화승 慶船應釋
  1901년 전남 나주 多寶寺 七星圖 조성(順天 仙巖寺 소장, 『韓國의 佛畵 12 - 仙巖寺』) 수화승 虛谷亘巡
  1901년 전남 나주 多寶寺 大雄殿 阿彌陀後佛圖 조성(『韓國의 佛畵 37 - 白羊寺·新興寺』) 수화승 虛谷亘巡
  1901년 전남 순천 仙巖寺 藥師會上圖 조성(『韓國佛畵畵記集』) 수화승 虛谷亘巡
- 1905년 서울 奉元寺 大雄殿 神衆圖 조성(『서울전통사찰불화』와 『韓國佛畵畵記集』) 수화승 漢谷頓法
  1905년 서울 奉元寺 大雄殿 現王圖 조성(『서울전통사찰불화』와 『韓國佛畵畵記集』)[39] 片手 수화승 慧果保鑑[40]
- 1929년 경기 과천 戀主庵 掛佛圖 조성(『韓國의 佛畵 29 - 龍珠寺(下)』) 수화승 金寶鏡寶現
  1929년 경기 과천 戀主庵 金輪寶殿 獨聖圖 조성(『韓國의 佛畵 29 - 龍珠寺(下)』) 수화승 寶現寶鏡

영운(永芸, 永雲, 永云 : -1840-1879-)* 경허당(慶虛堂, 擎虛堂) 또는 덕운당(德雲堂, 德芸堂) 19세기 중·후반에 활동한 불화승이다. 1840년에 수화승 대송성준과 경북 의성 수정암水淨庵 삼세불묵도三世佛墨圖를, 1849년에 수화승 금암천여와 전남 순천 선암사 대웅전 삼장도와 지장전 지장도를, 1858년에 수화승 성주와 경남 밀양 표충사 명부전 지장도를, 1862년에 수화승으로 경남 합천 해인사 대적광전 124위 신중도를 조성하였다. 1863년에 수화승 경담성규와 경남 창녕 청련사 석가모니후불도를, 1864년에 수화승 성흔과 반룡사 보광전 칠성도(대구 동화사 소장) 제작 시 출초로 참여하였다. 1868년에 수화승 금암천여와 경남 양산 안적암 아미타후불홍도를, 수화승 금암천여와 경남 하동 쌍계사 지장도를 그리고, 수화승으로 1871년에 경북 청도 적천사 도솔암 석가모니후불홍도와 적천사 백련암 아미타후불도 및 경북 청도 운문사 비로전 신중도를 조성하고, 경남 청도 운문사 나한상을 중수한 후, 1874년에 수화승 운파취선과 전남 순천 향림사 지장시왕도와 신중도를, 1875년에 수화승으로 아미타후불도(국민대학교 박물관 소장)를 그렸다. 1878년에 수화승 천기와 경기 수원 봉령사 석가모니후불도와 칠성도를, 수화승으로 1878년에 양산 통도사 아미타후불홍도와 울산 백양사 아미타삼존홍도와 신중도를, 1879년에 울산 동축사 신중도를 조성하였다.

- 1840년 경북 의성 水淨庵 三世佛墨圖 조성(『韓國의 佛畵 23 – 孤雲寺(上)』) 수화승 大淞成俊
- 1849년 전남 순천 仙巖寺 大雄殿 三藏圖 조성(『韓國의 佛畵 12 – 仙巖寺』) 수화승 錦庵天如
  1849년 전남 순천 仙巖寺 地藏殿 地藏圖 조성(『韓國의 佛畵 12 – 仙巖寺』) 수화승 金庵天如
- 1858년 경남 밀양 表忠寺 冥府殿 地藏圖 조성(『韓國의 佛畵 3 – 通度寺(下)』) 수화승 聖注
- 1862년 경남 합천 해인사 大寂光殿 124位 神衆圖 조성(『韓國의 佛畵 4 – 海印寺(上)』) 金魚 수화승
- 1863년 경남 창녕 靑蓮寺 釋迦牟尼後佛圖 조성(『韓國의 佛畵 3 – 通度寺(下)』) 수화승 環曇性奎
- 1864년 경북 고령 盤龍寺 普光殿 七星圖 조성(大邱 桐華寺 所藏, 『韓國의 佛畵 22 – 桐華寺(下)』) 出草 수화승 性炘
- 1868년 경남 양산 通度寺 安寂庵 阿彌陀後佛紅圖 조성(『韓國의 佛畵 3 – 通度寺(下)』) 수화승 錦庵天如
  1868년 경남 하동 雙磎寺 地藏圖 조성(『韓國의 佛畵 25 – 雙磎寺(上)』) 수화승 錦庵天如
- 1871년 경북 청도 雲門寺 毘盧殿 神衆圖 조성(『韓國의 佛畵 21 – 桐華寺(上)』)41) 金魚 수화승
  1871년 경북 청도 磧川寺 兜率庵 釋迦牟尼後佛紅圖 조성(『韓國의 佛畵 21 – 桐華寺(上)』) 金魚 수화승
  1871년 경북 청도 磧川寺 白蓮庵 阿彌陀後佛圖 조성(『韓國의 佛畵 21 – 桐華寺(上)』) 金魚 수화승
- 1873년 地藏圖 조성(國立中央博物館 所藏, 『韓國의 佛畵 39 – 國·公立博物館』) 수화승 錦庵天如
- 1874년 부산 安寂寺 大雄殿 阿彌陀後佛圖 조성(『韓國의 佛畵 32 – 梵魚寺』) 金魚 수화승
  1874년 전남 순천 香林寺 地藏十王圖 조성(金玲珠, 『朝鮮時代佛畵研究』와 『韓國佛畵畵記集』)42) 수화승 雲波就善
  1874년 전남 순천 香林寺 神衆圖 조성(金玲珠, 『朝鮮時代佛畵研究』와 『韓國佛畵畵記集』) 수화승 雲波就善
- 1875년 阿彌陀後佛圖 조성(國民大學校 博物館 所藏, 『韓國의 佛畵 19 – 大學博物館(Ⅱ)』) 繪事 수화승
- 1878년 경북 양산 通度寺 阿彌陀後佛紅圖 조성(『韓國의 佛畵 1 – 通度寺(上)』) 金魚 수화승
  1878년 울산 白楊寺 阿彌陀三尊紅圖 조성(『韓國의 佛畵 3 – 通度寺(下)』) 金魚 수화승
  1878년 울산 白楊寺 神衆圖 조성(『韓國의 佛畵 3 – 通度寺(下)』) 金魚 수화승
  1878년 경기 수원 奉寧寺 釋迦牟尼後佛圖 조성(『韓國의 佛畵 28 – 龍珠寺(上)』) 수화승 天基
  1878년 경기 수원 奉寧寺 七星圖 조성(『韓國의 佛畵 29 – 龍珠寺(下)』) 수화승 天基
- 1879년 울산 東竺寺 神衆圖 조성(梁山 通度寺 소장, 『韓國의 佛畵 1 – 通度寺(上)』) 畵師 수화승

영운당(影雲堂, 英雲堂, 暎雲堂, 永雲堂) 봉수(奉秀, 奉洙, 奉秀) 참조

영운당(影雲堂) 창률(敞律) 참조

영원 1(靈源 : -1745-1748-) 18세기 중반에 활동한 승장이다. 1745년에 수화

승 의겸과 전남 나주 다보사 괘불도를, 1748년에 수화승 인성과 강원 인제
백담사 목조아미타삼존불좌상을 제작하였다.

- 1745년 전남 나주 多寶寺 掛佛圖 조성(畵記,『掛佛調査報告書 Ⅱ』과『韓國의 佛畵 37 -
  白羊寺·新興寺』) 수화승 義兼
- 1748년 강원 인제 백담사 목조아미타삼존불좌상 제작(文明大,「백담사목아미타삼존불」)
  수화승 印性

영원 2(英源) 19세기 중·후반에 활동한 불화승이다. 제작연대를 알 수 없는
대구 파계사 십육나한도를 수화승 금암천여와 조성하였다.

- 연대미상 대구 把溪寺 十六羅漢圖 조성(『韓國의 佛畵 22 - 桐華寺(下)』) 수화승 錦庵天如

영원 3(英元 : -1892-) 19세기 후반에 활동한 불화승이다. 1892년에 수화승
서암전기와 경남 합천 해인사 괘불도와 대적광전 팔상도(유성출가상)를 조성
하였다.

- 1892년 경남 합천 海印寺 掛佛圖 조성(『韓國의 佛畵 - 5 海印寺(下)』) 수화승 瑞庵典琪
  1892년 경남 합천 海印寺 大寂光殿 八相圖(踰城出家相) 조성(『韓國의 佛畵 5 - 海印
  寺(下)』) 수화승 瑞巖典琪

영유 1(永裕 : -1867-) 19세기 중반에 활동한 불화승이다. 1867년에 수화승
해명산수와 봉곡사 석가모니후불도(서산 부석사 소장)를, 제작연대를 알 수
없는 충남 서산 부석사 신중도를 수화승 춘담봉은과 조성하였다.

- 1867년 鳳谷寺 釋迦牟尼後佛圖 조성(瑞山 浮石寺 所藏,『韓國의 佛畵 27 - 修德寺』) 수
  화승 海溟山水
- 연대미상 충남 서산 浮石寺 神衆圖 조성(『韓國의 佛畵 27 - 修德寺』) 수화승 春潭奉恩

영유 2(永有 : -1879-) 19세기 후반에 활동한 불화승이다. 1879년에 수화승
수룡기전과 전북 완주 위봉사 태조암 석가모니후불도를 조성하였다.

- 1879년 전북 완주 威鳳寺 太祖庵 釋迦牟尼後佛圖 조성(『韓國의 佛畵 13 - 金山寺』) 수화
  승 繡龍大電
  ※ 영유 2는 영유 1과 동일인으로 추정된다.

영의 1(永宜 : -1770-) 18세기 후반에 활동한 불화승이다. 1770년에 광주 무
등산 안심사安心寺에서 수화승 화연과 화엄도를 조성하여 전남 순천 송광사
화엄전에 봉안하였다.

- 1770년 광주 無等山 安心寺에서 華嚴圖를 조성하여 순천 松廣寺 華嚴殿 봉안(『曹溪山松
  廣寺史庫』와『韓國의 佛畵 6 - 松廣寺』) 수화승 華蓮

영의 2(領義 : -1855-) 성운당(性雲堂) 19세기 중반에 활동한 불화승이다.
1855년에 수화승 인원체정과 국립중앙박물관 소장된 신중도를 조성하였다.

- 1855년 神衆圖 조성(國立中央博物館 所藏,『영혼의 여로 - 조선시대 불교회화와의 만남』
  과『韓國의 佛畵 39 - 國·公立博物館』) 수화승 仁源體定

영인(靈仁, 永印, 靈印 : 1774-1780)* 18세기 후반에 활동한 불화승이다. 1774
년에 수화승으로 충남 예산 문수사 청연암 지장도를 제작하고, 1776년에 영
祖英祖 원릉元陵 조성소 화승畵僧으로 참여하였다. 1777년에 수화승 □영□

穎과 서울 봉은사 시왕도 등(동국대학교 박물관 소장)을 조성하고, 1780년에 수화승 설훈과 경기 남양주 봉선사 대웅전 불상을 중수·개금하였으며, 수화승 칭숙과 전남 장흥 보림사 천왕, 금강, 문수, 보현을 중창하였다.

　◦ 1774년 충남 예산 文殊寺 淸蓮庵 地藏圖 조성(『韓國의 佛畵 27 – 修德寺』) 畵圓 수화승 守海
　◦ 1776년 『英祖元陵山陵都監儀軌』 造成所 畵僧(奎章閣 13586호, 朴廷惠, 「儀軌를 통해서 본 朝鮮時代의 畵員」 자료1)
　◦ 1777년 서울 奉恩寺 十王圖 조성(東國大學校 博物館 所藏, 『韓國佛畵畵記集』) 수화승 □穎
　　1777년 서울 奉恩寺 十王圖 조성(安養 三幕寺 所藏, 『韓國佛畵畵記集』) 良工 수화승
　◦ 1780년 경기 남양주 奉先寺 大雄殿 佛像 重修·改金(「有明朝鮮國京畿右道楊州牧地雲岳山奉先寺大雄殿佛像重修改金願文」, 『奉先寺本末寺誌(奉先寺)』) 수화승 雪訓

영잠(靈岑 : -1702-)* 18세기 전반에 활동한 불화승이다. 1702년에 수화승으로 경북 김천 직지사 천불전 중창에 참여하였다.

　◦ 1702년 金泉 直指寺 「千佛殿重創記」(『直指寺誌』)

영조(英照 : -1788-) 18세기 후반에 활동한 불화승이다. 1788년에 수화승 연홍과 충남 공주 마곡사 대적광전 석가모니후불도와 삼장도를 조성하였다.

　◦ 1788년 충남 공주 麻谷寺 大寂光殿 釋迦牟尼後佛圖 조성(『韓國의 佛畵 15 – 麻谷寺(上)』) 수화승 鍊弘
　　1788년 충남 공주 麻谷寺 三藏圖 조성(『韓國의 佛畵 40 – 補遺』) 수화승 鍊弘

영종(永宗 : -1786-1792-) 18세기 후반에 활동한 불화승이다. 1786년에 수화승 평삼과 경남 의령 수도사 감로도(양산 통도사 소장)를, 1792년에 수화승 지연과 경남 양산 통도사 괘불도와 삼장도를 조성하였다.

　◦ 1786년 경남 의령 修道寺 甘露圖 조성(梁山 通度寺 所藏, 『韓國의 佛畵 2 – 通度寺(中)』) 수화승 評三
　◦ 1792년 경남 양산 通度寺 掛佛圖 조성(『韓國의 佛畵 2 – 通度寺(中)』) 수화승 指演
　　1792년 경남 양산 通度寺 三藏圖 조성(『韓國의 佛畵 1 – 通度寺(上)』) 수화승 指演

영주(永柱, 永周, 英柱 : -1897-1927-) 19세기 후반부터 20세기 전반까지 활동한 불화승이다. 1897년에 수화승 연호봉의와 경남 남해 용문사 대웅전 석가모니후불도와 신중도 및 경남 함양 벽송사 아미타후불도를, 1927년에 수화승 완호와 경남 밀양 무봉사 아미타후불도를 조성하였다.

　◦ 1897년 경남 남해 龍門寺 大雄殿 釋迦牟尼後佛圖 조성(『韓國의 佛畵 25 – 雙磎寺(上)』) 수화승 蓮湖奉宜
　　1897년 경남 남해 龍門寺 大雄殿 神衆圖 조성(『韓國의 佛畵 25 – 雙磎寺(上)』) 수화승 蓮湖奉宜
　　1897년 경남 咸陽 碧松寺 阿彌陀後佛圖 조성(『韓國의 佛畵 4 – 海印寺(上)』) 수화승 蓮湖奉宜
　◦ 1927년 경남 밀양 舞鳳寺 阿彌陀後佛圖 조성(『韓國의 佛畵 3 – 通度寺(下)』) 수화승 玩虎

영조(永照 : -1819-) 19세기 전반에 활동한 불화승이다. 1819년에 수화승 퇴운신겸과 경북 의성 주월암 대웅전 삼세후불도를 조성하였다.

　◦ 1819년 경북 의성 住月庵 大雄殿 三世後佛圖 조성(『韓國의 佛畵 23 – 孤雲寺(上)』) 수화승 退隱 愼謙

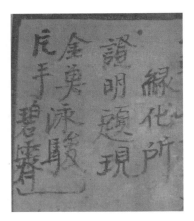

벽제영준, 신중도 세부, 1910년,
김포 금정사

벽제영준, 신중도 위태천,
1910년, 김포 금정사

벽제영준, 신중도 화기, 1910년,
김포 금정사

벽제영준, 아미타극락회도
사천왕, 1910년, 김포 금정사

벽제영준, 아미타극락회도,
1910년, 김포 금정사

벽제영준, 아미타극락회도 화기,
1910년, 김포 금정사

벽제영준, 신중도 부분, 1910년, 김포 금정사

벽제영준, 아미타극락회도 부분, 1910년, 김포 금정사

영준(永俊 : -1882-1910-) 19세기 후반에 활동한 불화승이다. 1882년에 수화승 수룡기전과 부산 범어사 영산회상도, 삼장보살도, 신중도를, 1910년에 수화승으로 경기 김포 금정사 아미타극락회도와 신중도 등을 조성하였다.

  ◦ 1882년 부산 梵魚寺 大雄殿 釋迦牟尼後佛圖 조성(『梵魚寺聖寶博物館 名品圖錄』과 『韓國의 佛畵 32 - 梵魚寺』) 수화승 琪銓
    1882년 부산 梵魚寺 三藏菩薩圖 조성(『梵魚寺聖寶博物館 名品圖錄』과 『韓國佛畵畵記集』 및 『韓國의 佛畵 32 - 梵魚寺』) 수화승 琪銓
    1882년 부산 梵魚寺 神衆圖 조성(『梵魚寺聖寶博物館 名品圖錄』과 『韓國佛畵畵記集』 및 『韓國의 佛畵 32 - 梵魚寺』) 수화승 琪銓
  ◦ 1910년 경기 김포 금정사 아미타극락회도 조성(畵記) 금어편수 수화승
    1910년 경기 김포 금정사 신중도 조성(畵記) 금어편수 수화승

영진(永眞, 永珎 : -1858-1860-) 19세기 중반에 활동한 불화승이다. 1858년에 수화승 도순과 전남 순천 송광사 대장법당 신중도를, 1860년에 수화승 해운익찬과 전남 구례 화엄사 각황전 삼세불도(약사불)와 경남 하동 쌍계사 명부전 지장도를 조성하였다.

  ◦ 1858년 전남 순천 松廣寺 大藏法堂 神衆圖 조성(弘益大學校 所藏, 『韓國의 佛畵 19 - 大學博物館(Ⅱ)』) 수화승 道詢
  ◦ 1860년 전남 구례 華嚴寺 覺皇殿 三世佛圖(藥師佛) 조성(『韓國의 佛畵 11 - 華嚴寺』)[43] 수화승 海雲益讚
    1860년 경남 하동 雙磎寺 冥府殿 地藏圖 조성(『韓國의 佛畵 25 - 雙磎寺(上)』)[44] 수화승 海雲益讚

영찰(永察, 映察 : -1879-1884-) 19세기 후반에 활동한 불화승이다. 1879년에 수화승 기전과 대구 동화사 염불암 아미타후불도를, 수화승 하은응상과 1880년에 경북 문경 김용사 금선암 아미타후불도와 신중도, 양진암 신중도, 사천왕도(지국천왕)를, 수화승 수룡기전과 경북 안동 연미사 신중도와 목아불교박물관 소장 석가모니후불도를, 수화승 관허의관과 1881년에 경남 합천 해인사 관음전 아미타후불도와 궁현당 아미타후불도 및 경남 거창 심우사 신중도를, 수화승 수룡기전과 1882년에 부산 범어사 영산회상도, 삼장보살도, 신중도를, 1884년에 수화승 우송정규와 경남 진주 응석사 석가모니후불도를 조성하였다.

  ◦ 1879년 대구 桐華寺 念佛庵 阿彌陀後佛圖 조성(『韓國의 佛畵 21 - 桐華寺(上)』) 수화승 琪銓
  ◦ 1880년 경북 문경 金龍寺 金仙庵 阿彌陀後佛圖 조성(『韓國의 佛畵 8 - 直指寺(上)』) 수화승 霞隱應禪[45]
    1880년 경북 문경 金龍寺 金仙庵 神衆圖 조성(『韓國의 佛畵 8 - 直指寺(上)』) 수화승 霞隱應祥
    1880년 경북 문경 金龍寺 養眞庵 神衆圖 조성(『韓國의 佛畵 8 - 直指寺(上)』) 수화승 霞隱應祥
    1880년 경북 문경 金龍寺 四天王圖(持國天王) 조성(『韓國의 佛畵 8 - 直指寺(上)』) 수화승 霞隱應祥
    1880년 釋迦牟尼後佛圖 조성(木芽佛敎博物館 所藏, 『韓國의 佛畵 20 - 私立博物館』) 수화승 繡龍琪銓

1880년 경북 안동 燕尾寺 神衆圖 조성(『韓國의 佛畵 23 – 孤雲寺(上)』) 수화승 繡龍琪銓

◦1881년 경남 합천 海印寺 觀音殿 阿彌陀後佛圖 조성(『韓國의 佛畵 4 – 海印寺(上)』) 수화승 冠虛宜官

1881년 경남 합천 海印寺 窮玄堂 阿彌陀後佛圖 조성(『韓國의 佛畵 4 – 海印寺(上)』) 수화승 冠虛宜官

1881년 경남 거창 尋牛寺 神衆圖 조성(『韓國의 佛畵 4 – 海印寺(上)』) 수화승 冠虛宜官

◦1882년 부산 梵魚寺 大雄殿 釋迦牟尼後佛圖 조성(『梵魚寺聖寶博物館 名品圖錄』과 『韓國의 佛畵 32 – 梵魚寺』) 수화승 琪銓

1882년 부산 梵魚寺 三藏菩薩圖 조성(『梵魚寺聖寶博物館 名品圖錄』과 『韓國佛畵畵記集』 및 『韓國의 佛畵 32 – 梵魚寺』) 수화승 琪銓

1882년 부산 梵魚寺 神衆圖 조성(『梵魚寺聖寶博物館 名品圖錄』과 『韓國佛畵畵記集』 및 『韓國의 佛畵 32 – 梵魚寺』) 수화승 琪銓

◦1884년 경남 진주 凝石寺 釋迦牟尼後佛圖 조성(『韓國의 佛畵 4 – 海印寺(上)』) 수화승 廷奎

영첨(永沾, 永瞻 : -1801-1803-) 19세기 전반에 활동한 불화승이다. 수화승 옥인과 1801년에 경남 양산 내원사 노전 석가모니후불도와 지장도를, 1803년에 수화승 지연과 울산 석남사 지장도와 1804년에 대구 동화사 양진암 신중도를 조성하였다.

◦1801년 경남 양산 內院寺 爐殿 釋迦牟尼後佛圖 조성(『韓國의 佛畵 3 – 通度寺(下)』)[46] 수화승 玉仁

1801년 경남 양산 內院寺 爐殿 地藏圖 조성(『韓國의 佛畵 3 – 通度寺(下)』)[47] 수화승 玉仁

◦1803년 울산 石南寺 地藏圖 조성(『韓國의 佛畵 3 – 通度寺(下)』) 수화승 指涓

◦1804년 대구 桐華寺 養眞庵 神衆圖 조성(『韓國의 佛畵 21 – 桐華寺(上)』) 수화승 指演

영침(永沈 : -1856-) 19세기 중반에 활동한 불화승이다. 1856년에 수화승 경성긍준과 강원 삼척 영은사 괘불도를 조성하였다.

◦1856년 강원 삼척 靈隱寺 掛佛圖 조성(平昌 月精寺 所藏, 『韓國의 佛畵 10 – 月精寺』) 수화승 璟惺肯濬

영탄(英坦, 永坦 : -1790-1806-) 18세기 후반에 활동한 불화승이다. 수화승 민관과 1790년에 경기 화성 용주사 대웅보전 삼장도를, 1806년에 서울 원통사 괘불도를 조성하였다.

◦1790년 경기 화성 龍珠寺 大雄寶殿 三藏圖 조성(『韓國의 佛畵 28 – 龍珠寺(上)』)[48] 수화승 旻官

◦1806년 서울 圓通寺 掛佛圖 조성(『韓國의 佛畵 35 – 曹溪寺(中)』) 수화승 旻官

영파(影波 : -1865-)* 경훈당(敬焄堂) 19세기 중반에 활동한 불화승이다. 1865년에 수화승으로 충남 예산 보덕사 지장도를 조성하였다.

◦1865년 충남 예산 報德寺 地藏圖 조성(『韓國의 佛畵 27 – 修德寺』) 金魚 수화승

영학(永鶴 : -1868-) 19세기 중반에 활동한 불화승이다. 1868년에 수화승 금암천여와 경남 양산 통도사 안적암安寂庵 아미타후불홍도阿彌陀後佛紅圖를 조성하였다.

◦1868년 경남 양산 通度寺 安寂庵 阿彌陀後佛紅圖 조성(『韓國의 佛畵 3 – 通度寺(下)』)

수화승 錦庵天如

영한(永閒, 永漢 : -1780-1786-) 18세기 후반에 활동한 불화승이다. 1780년에 설훈과 경기 남양주 봉선사 대웅전 불상을 중수·개금하고, 1786년에 문효세자文孝世子 묘소 조성소造成所 화승畵僧으로 참여하였다.

- 1780년 경기 남양주 奉先寺 大雄殿 佛像 重修·改金(「有明朝鮮國京畿右道楊州牧地雲岳山奉先寺大雄殿佛像重修改金願文」, 『奉先寺本末寺誌(奉先寺)』) 수화승 雪訓
- 1786년 『文孝世子墓所都監儀軌』 造成所 畵僧(奎章閣 13925호, 朴廷蕙, 「儀軌를 통해서 본 朝鮮時代의 畵員」 자료1)

영함(影舍 : -1908-) 20세기 전반에 활동한 불화승이다. 1908년에 수화승 대원원각과 인천 강화 백련사 아미타후불도를 조성하였다.

- 1908년 인천 강화 白蓮寺 阿彌陀後佛圖 조성(『畿內寺院誌』와 『韓國佛畵畵記集』 및 『韓國의 佛畵 34 – 曹溪寺(上)』) 수화승 大圓 圓覺

영현 1(灵玄 : -1681-) 17세기 후반에 활동한 불화승이다. 1681년에 수화승 철현과 감로도(우학문화재단 소장)를 조성하였다.

- 1681년 甘露圖 조성(宇鶴文化財團 所藏, 『韓國의 佛畵 40 – 補遺』) 수화승 哲玄

영현 2(穎賢, 永玄 : -1725-) 18세기 전반에 활동한 불화승이다. 1725년에 수화승 의겸과 전남 순천 송광사 영산전 석가모니후불도를 그리고, 오십전 오십삼불도(7위)를, 수화승 붕안과 영산전 팔상도(쌍림열반상)와 응진전 십육나한도(1, 3, 5존자) 등을 조성하였다.

- 1725년 전남 순천 松廣寺 靈山殿 釋迦牟尼後佛圖 조성(『韓國의 佛畵 6 – 松廣寺』) 수화승 義謙
  1725년 전남 순천 松廣寺 五十殿 五十三佛圖(七位) 조성(『韓國의 佛畵 7 – 松廣寺』) 수화승 □□
  1725년 전남 순천 松廣寺 靈山殿 八相圖(雙林涅槃相) 조성(『韓國의 佛畵 7 – 松廣寺』)49) 수화승 鵬眼
  1725년 전남 순천 松廣寺 應眞殿 十六羅漢圖(1, 3, 5尊者) 조성(『韓國의 佛畵 7 – 松廣寺』) 수화승 鵬眼
  1725년 전남 순천 松廣寺 三十三祖師圖 조성(『曹溪山松廣寺史庫』)50) 수화승 義謙

영협(影俠 : -1899-) 19세기 후반에 활동한 불화승이다. 1899년에 수화승 주화와 경남 양산 통도사 비로암 석가모니후불도를 조성하였다.

- 1899년 경남 양산 通度寺 毘盧庵 釋迦牟尼後佛圖 조성(『韓國의 佛畵 1 – 通度寺(上)』) 수화승 周華

영혜(永慧 : -1792-) 18세기 후반에 활동한 불화승이다. 1792년에 수화승 지연과 경남 양산 통도사 괘불도와 삼장도를 조성하였다.

- 1792년 경남 양산 通度寺 掛佛圖 조성(『韓國의 佛畵 2 – 通度寺(中)』) 수화승 指演
  1792년 경남 양산 通度寺 三藏圖 조성(『韓國의 佛畵 1 – 通度寺(上)』) 수화승 指演

영호(永浩 : -1728-) 18세기 전반에 활동한 불화승이다. 1728년에 수화승 일선과 경남 하동 쌍계사 팔상도(도솔내의상, 비람강생상, 사문유관상, 유성출가상, 설산수도상, 수하항마상, 녹원전법상)과 수화승 명정과 감로도를 조성하였다.

> ∘1728년 경남 하동 雙溪寺 八相圖(兜率來儀相, 毘藍降生相, 四門遊觀相, 踰城出家相, 雪山修道相, 樹下降魔相, 鹿苑轉法相) 조성(『韓國의 佛畵 26 – 雙磎寺(下)』) 수화승 一禪
> 1728년 경남 하동 雙溪寺 甘露圖 조성(『韓國의 佛畵 26 – 雙磎寺(下)』) 수화승 明淨

영호당(影湖堂) 중예(衆藝) 참조

영홍(永洪 : -1892-) 19세기 후반에 활동한 불화승이다. 1892년에 수화승 서암전기와 경남 합천 해인사 대적광전 팔상도를 조성하였다.

> ∘1892년 경남 합천 海印寺 大寂光殿 八相圖(踰城出家相) 조성(『韓國의 佛畵 5 – 海印寺(下)』) 수화승 瑞巖典琪

영화 1(永華 : -1776-) 18세기 후반에 활동한 불화승이다. 1776년에 수화승 설훈과 강원 홍천 수타사 지장보살도를 조성하였다.

> ∘1776년 강원 홍천 壽陀寺 地藏菩薩圖 조성(『韓國의 佛畵 10 – 月精寺』) 수화승 雪訓

영화 2(永和 : -1850-) 19세기 중반에 활동한 불화승이다. 1850년에 수화승 성월우희와 대구 동화사 칠성도(1-7)를 조성하였다.

> ∘1850년 대구 桐華寺 七星圖(運意通證如來) 조성(『韓國의 佛畵 22 – 桐華寺(下)』) 수화승 性月宇希
> 1850년 대구 桐華寺 七星圖(光音自在如來) 조성(『韓國의 佛畵 22 – 桐華寺(下)』) 수화승 性月宇希 龍眼
> 1850년 대구 桐華寺 七星圖(金色成就如來) 조성(『韓國의 佛畵 22 – 桐華寺(下)』) 수화승 性月宇希
> 1850년 대구 桐華寺 七星圖(最勝吉祥如來) 조성(『韓國의 佛畵 22 – 桐華寺(下)』) 수화승 性月宇希
> 1850년 대구 桐華寺 七星圖(廣達智辨如來) 조성(『韓國의 佛畵 22 – 桐華寺(下)』) 수화승 性月宇希
> 1850년 대구 桐華寺 七星圖(法海遊戲如來) 조성(『韓國의 佛畵 22 – 桐華寺(下)』) 수화승 性月宇希
> 1850년 대구 桐華寺 七星圖(藥師琉光如來) 조성(『韓國의 佛畵 22 – 桐華寺(下)』) 수화승 性月宇希

영환(永煥, 永環, 永幻 : -1856-1895-)* 금곡당(金谷堂) 19세기 후반을 대표적으로 활동한 불화승이다. 1856년에 수화승 해운익찬, 해연성념 등과 경북 성주 선석사 대웅전 석가모니후불도를 제작하였다. 1858년에 수화승 성운영희와 경기 남양주 흥국사 괘불도를, 수화승으로 1868년에 서울 백련사 괘불도를, 남양주 흥국사 감로왕도를, 서울 청룡사 강당 신중도를, 1873년에 경기 양주 석굴암 석조지장보살과 나반존자상을 제작하였다. 같은 해에 수화승 등삼과 운수암雲岫庵 아미타후불도와 현왕도(안성 운수암 소장)를 제작하였다. 또한 수화승으로 1874년에 인천 강화 청련사 삼성각 지장보살도를, 1877년에 경기 파주 보광사 일부 십육나한도와 수월도량공화불사水月道場空花佛事를, 1878년에 경기 안성 청룡사 대웅전 삼세후불도를, 1886년에 안성 칠장사 대웅전과 원통전 석가모니후불도 및 신중도를, 1887년에 안성 운수암 아미타후불도와 서울 미타사 대웅전 신중도와 칠성도를, 1888년에 안성 칠장사 명부전 지장도와 원통전 신중도를 그렸다. 1892년에 수화승 영명천기와 서울 봉은사 대웅전 삼불회도와 영산전 나한도를 제작하였다. 수화승으로 1895년에 기형 등과 봉은사 영산전 나한도와 남양주 불암사 괘불도를 제작하였다.

- 1856년 경북 성주 禪石寺 大雄殿 釋迦牟尼後佛圖 조성(『韓國의 佛畵 21 – 桐華寺(上)』) 수화승 益讚
- 1858년 경기 남양주 興國寺 掛佛圖 조성(『掛佛調査報告書』와 『韓國佛畵畵記集』 및 『韓國의 佛畵 33 – 奉先寺』)[51] 改金片手 수화승 惺雲永羲
- 1868년 서울 白蓮寺 掛佛圖 조성(『掛佛調査報告書 Ⅱ』) 金魚 수화승

  1868년 경기 남양주 興國寺 大雄寶殿 地藏圖 조성(『韓國佛畵畵記集』과 『韓國의 佛畵 33 – 奉先寺』) 金魚 片手[52] 수화승 金谷永煥

  1868년 경기 남양주 興國寺 大雄寶殿 神衆圖 조성(『韓國의 佛畵 33 – 奉先寺』) 金魚 片手 수화승

  1868년 경기 남양주 興國寺 大雄寶殿 甘露王圖 조성(『畿內寺院誌』와 『韓國佛畵畵記集』 및 『韓國의 佛畵 33 – 奉先寺』)[53] 金魚片手 수화승

  1868년 경기 남양주 興國寺 大雄殿 七星圖 조성(『韓國의 佛畵 33 – 奉先寺』) 수화승 金谷永煥

  1868년 서울 靑龍寺 講堂 神衆圖 조성(『서울전통사찰불화』와 『韓國佛畵畵記集』 및 『韓國의 佛畵 35 – 曹溪寺(中)』) 金魚 수화승
- 1869년 경기 남양주 興國寺 八相圖(雙林涅槃相) 조성(『韓國의 佛畵 33 – 奉先寺』) 수화승 慶船應釋
- 1873년 雲岀庵 阿彌陀後佛圖 조성(安城 雲水庵 所藏, 『韓國의 佛畵 28 – 龍珠寺(上)』) 수화승 等森

  1873년 雲岀菴 現王圖 조성(安城 雲水庵 所藏, 『韓國의 佛畵 29 – 龍珠寺(下)』) 수화승 等森

  1873년 楊州 石窟庵 石造地藏菩薩坐像과 石造那般尊者 造成(「石窟庵新彫石像地藏菩薩那般尊者二尊像緣化錄序」)
- 1874년 圓通庵 地藏圖 조성(江華 靑蓮寺 소장, 『畿內寺院誌』와 『韓國佛畵畵記集』 및 『韓國의 佛畵 34 – 曹溪寺(上)』) 金魚[54] 수화승
- 1877년 경기 파주 普光寺 十六羅漢圖(1·3·5·7尊者) 조성(『韓國佛畵畵記集』과 『韓國의 佛畵 33 – 奉先寺』) 金魚 수화승 大虛體訓

  1877년 경기 파주 普光寺 十六羅漢圖(9·11·13·15尊者) 조성(『韓國佛畵畵記集』과 『韓國의 佛畵 33 – 奉先寺』) 金魚 수화승 大虛體訓

  1877년 경기 파주 普光寺 十六羅漢圖(10·12·14·16尊者) 조성(『韓國의 佛畵 33 – 奉先寺』) 金魚 수화승

  1877년 坡州 普光寺 水月道場空花佛事(『韓國佛畵畵記集』) 金魚
- 1878년 경기 안성 靑龍寺 大雄殿 三世後佛圖 조성(『韓國의 佛畵 28 – 龍珠寺(上)』) 수화승 漢潭天娠
- 1883년 서울 開運寺 大雄殿 八相圖 조성(『韓國의 佛畵 35 – 曹溪寺(中)』) 수화승 大虛體訓
- 1885년 서울 奉國寺 冥府殿 地藏圖 조성(『韓國의 佛畵 34 – 曹溪寺(上)』) 金魚 수화승
- 1886년 경기 안성 七長寺 大雄殿 釋迦牟尼後佛圖 조성(『韓國의 佛畵 28 – 龍珠寺(上)』) 金魚 수화승

  1886년 경기 안성 七長寺 圓通殿 釋迦牟尼後佛圖 조성(『韓國의 佛畵 28 – 龍珠寺(上)』) 金魚 수화승

  1886년 경기 안성 七長寺 大雄殿 神衆圖 조성(『韓國의 佛畵 28 – 龍珠寺(上)』) 金魚 수화승
- 1887년 경기 안성 雲水庵 阿彌陀後佛圖 조성(『韓國의 佛畵 28 – 龍珠寺(上)』) 金魚 수화승

  1887년 서울 彌陀寺 大雄殿 極樂殿 阿彌陀後佛圖 조성(『韓國의 佛畵 34 – 曹溪寺(上)』) 改金 수화승

1887년 서울 彌陀寺 極樂殿 神衆圖 조성(『서울전통사찰불화』와 『韓國佛畵畵記集』 및 『韓國의 佛畵 35 - 曹溪寺(中)』) 金魚55) 수화승
- 1888년 경기 안성 七長寺 大雄殿 七星圖 조성(『韓國의 佛畵 29 - 龍珠寺(下)』) 金魚 수화승
  1888년 경기 안성 七長寺 大雄殿 地藏圖 조성(『韓國의 佛畵 28 - 龍珠寺(上)』) 金魚 수화승
  1888년 경기 안성 七長寺 冥府殿 地藏圖 조성(『韓國의 佛畵 28 - 龍珠寺(上)』) 金魚 수화승
  1888년 경기 안성 七長寺 圓通殿 神衆圖 조성(『韓國의 佛畵 28 - 龍珠寺(上)』) 金魚 수화승
- 1892년 경기 남양주 興國寺 靈山殿 釋迦牟尼後佛圖 조성(『韓國의 佛畵 33 - 奉先寺』) 金魚 수화승
  1892년 서울 奉恩寺 大雄殿 三佛會圖 조성(『서울전통사찰불화』와 『韓國佛畵畵記集』 및 『韓國의 佛畵 34 - 曹溪寺(上)』)56) 수화승 永明天機
  1892년 서울 奉恩寺 大雄殿 三藏圖 조성(『韓國의 佛畵 34 - 曹溪寺(上)』) 수화승 永明天機
- 1895년 서울 奉恩寺 靈山殿 羅漢圖 조성(『서울전통사찰불화』와 『韓國佛畵畵記集』)57) 金魚 수화승
  1895년 경기 남양주 佛巖寺 掛佛圖 조성(『掛佛調査報告書』와 『韓國佛畵畵記集』 및 『韓國의 佛畵 33 - 奉先寺』)58) 金魚 수화승
- 1898년 서울 奉國寺 冥府殿 十王圖(2·4大王) 조성(『韓國의 佛畵 35 - 曹溪寺(中)』) 金魚 수화승

영활(榮濶 : -1730-) 18세기 전반에 활동한 불화승이다. 1730년에 수화승 의겸과 경남 고성 운흥사 괘불도를 조성하였다.
- 1730년 경남 고성 雲興寺 掛佛圖 조성(『韓國의 佛畵 26 - 雙磎寺(下)』)59) 수화승 義謙

영휘 1(暎輝 : -1727-) 18세기 전반에 활동한 불화승이다. 1727년에 수화승 백기와 강원 원주 구룡사 삼장도를 조성하였다.
- 1727년 강원 원주 龜龍寺 三藏圖 조성(月精寺博物館 所藏, 『韓國의 佛畵 10 - 月精寺』) 수화승 백기

영휘 2(影輝, 永輝 : -1786-1788-) 18세기 후반에 경기도에서 활동한 불화승이다. 1786년에 수화승 평삼과 경남 의령 수도사 감로도(양산 통도사 소장)를, 1788년에 수화승 용봉경환과 경북 상주 남장사 괘불도를 그리고, 상겸 등과 남장사 불사에 참여하여 『불사성공록佛事成功錄』에 경성양공으로 언급되었다.
- 1786년 경남 의령 修道寺 甘露圖 조성(梁山 通度寺 所藏, 『韓國의 佛畵 2 - 通度寺(中)』) 수화승 評三
- 1788년 경북 상주 南長寺 掛佛圖 조성(『韓國의 佛畵 9 - 直指寺(下)』) 수화승 龍峰 敬還
  1788년 남장사 불사에 참여한 화승을 적은 『佛事成功錄』에 京城良工으로 언급(이용윤, 「『佛事成功錄』을 통해 본 남장사 괘불」) 수화승 尙謙

영희(永熙, 永羲 : -1821-1858-)* 성운당(惺雲堂) 19세기 중반에 활동한 불화승이다. 1821년에 수화승 퇴운신겸과 경북 의성 수정사 지장도를, 수화승으로 1856년에 강원 평창 월정사 아미타후불도와 1858년에 경기 남양주 흥국사 괘불도를 조성하였다.
- 1821년 경북 의성 水淨寺 地藏圖 조성(『韓國의 佛畵 23 - 孤雲寺(上)』) 수화승 退雲信謙

▫1856년 강원 평창 月精寺 阿彌陀後佛圖 조성(『韓國의 佛畵 10 – 月精寺』) 金魚 수화승
▫1858년 경기 남양주 興國寺 掛佛圖 조성(『掛佛調査報告書』와 『韓國佛畵畵記集』 및 『韓國의 佛畵 33 – 奉先寺』) 金魚 수화승

예린(禮獜 : -1860-1897-) 서암당(瑞庵堂) 19세기 중반에 활동한 불화승이다. 1860년에 수화승 해운익찬과 전남 구례 화엄사 각황전 삼세불도(약사불)를 그린 후, 수화승 연호봉의와 1897년에 경남 남해 용문사 대웅전 석가모니후불도, 삼장도, 신중도, 산왕도와 경남 함양 벽송사 아미타후불도를 조성하였다.

▫1860년 전남 구례 華嚴寺 覺皇殿 三世佛圖(藥師佛) 조성(『韓國의 佛畵 11 – 華嚴寺』)[60] 수화승 海雲益讚
▫1897년 경남 남해 龍門寺 大雄殿 釋迦牟尼後佛圖 조성(『韓國의 佛畵 25 – 雙磎寺(上)』) 수화승 蓮湖奉宜
1897년 경남 南海 龍門寺 大雄殿 三藏圖 조성(『韓國의 佛畵 25 – 雙磎寺(上)』)[61] 수화승 蓮湖奉宜
1897년 경남 남해 龍門寺 大雄殿 神衆圖 조성(『韓國의 佛畵 25 – 雙磎寺(上)』) 수화승 蓮湖奉宜
1897년 경남 남해 龍門寺 山王圖 조성(『韓國의 佛畵 26 雙磎寺(下)』) 수화승 蓮湖奉宜
1897년 경남 咸陽 碧松寺 阿彌陀後佛圖 조성(『韓國의 佛畵 4 – 海印寺(上)』)[62] 수화승 蓮湖奉宜

예암당(睿庵堂) 상옥(祥玉) 참조

예운당(禮雲堂, 禮芸堂) 상규(尙奎) 참조

예조(芸祚 : -1895-) 19세기 후반에 활동한 불화승이다. 1895년에 수화승 영화와 경기 남양주 불암사 괘불도를 조성하였다.

▫1895년 경기 남양주 佛巖寺 掛佛圖 조성(『掛佛調査報告書』와 『韓國佛畵畵記集』 및 『韓國의 佛畵 33 – 奉先寺』) 沙彌 수화승 金谷永煥

예준 1(禮俊 : -1777-) 18세기 후반에 활동한 불화승이다. 1777년에 수화승 비현과 전남 영광 불갑사 팔상전 영산회상도와 지장전 지장시왕도를 조성하였다.

▫1777년 전남 영광 佛甲寺 八相殿 靈山會上圖 조성(『靈光 母岳山 佛甲寺』와 『韓國의 佛畵 37 – 白羊寺·新興寺』) 수화승 丕賢
1777년 전남 영광 佛甲寺 地藏殿 地藏十王圖 조성(『靈光 母岳山 佛甲寺』와 『韓國의 佛畵 37 – 白羊寺·新興寺』) 수화승 丕賢

예준 2(禮遵 : -1847-) 침허당(枕虛堂) 19세기 중반에 활동한 불화승이다. 1847년에 수화승 금암천여와 전남 고흥 금탑사 극락전 아미타후불도를 조성하였다.

▫1847년 전남 고흥 金塔寺 極樂殿 阿彌陀後佛圖 조성(『韓國의 佛畵 6 – 松廣寺(上)』) 수화승 錦菴天如

오관(悟寬 : -1758-1759-)* 18세기 중반에 활동한 불화승이다. 1758년에 수화승 각총과 경기 여주 신륵사 극락보전 삼장도를 조성하였다. 수화승으로 1759년에 경기 가평 현등사 극락전 목조아미타불좌상을 개금하고 아미타회

상도를 그렸다. 강원 원주 치악산 영명사鴒鵂寺 비로자나후불도와 감로도(평창 월정사 소장)를 조성하였다.

- 1758년 경기 여주 신륵사 極樂寶殿 三藏圖 조성(『韓國의 佛畵 28 – 龍珠寺(上)』) 수화승 賷聰
- 1759년 경기 가평 懸燈寺 極樂殿 阿彌陀後佛圖 조성(畵記) 畵員 수화승
  1759년 경기 가평 懸燈寺 木造阿彌陀如來坐像 改金(佛畵 畵記) 金魚 수화승
  1759년 강원 원주 稚岳山 鴒鵂寺 毘盧遮那後佛圖 조성(平昌 月精寺 所藏,『韓國의 佛畵 10 – 月精寺』) 金魚 수화승
  1759년 강원 원주 稚岳山 鴒鵂寺 甘露圖 조성(平昌 月精寺 所藏,『韓國의 佛畵 10 – 月精寺』) 畵員 수화승

오미(五未 : -1902-) 20세기 전반에 활동한 불화승이다. 1902년에 수화승 경선응석과 경기 고양 흥국사 괘불도를 조성하였다.

- 1902년 경기 고양 興國寺 掛佛圖 조성(『畿內寺院誌』와 『韓國佛畵畵記集』 및 『韓國의 佛畵 35 – 曹溪寺(中)』)[63] 수화승 慶船應釋

오봉(鰲峯 : -1807-)* 19세기 전반에 활동한 불화승이다. 1807년에 수화승으로 전북 고창 선운사 대웅보전 신중도를 조성하였다.

- 1807년 전북 고창 禪雲寺 大雄寶殿 神衆圖 조성(『韓國의 佛畵 14 – 禪雲寺』) 金畵 수화승

오성 1(悟聖 : -1661-) 17세기 중반에 활동한 불화승이다. 1661년에 수화승 만희와 감로왕도(프랑스 기메미술관 소장)를 조성하였다.

- 1661년 프랑스 기메미술관 소장 甘露王圖(『韓國佛畵畵記集』) 수화승 만희

오성 2(悟惺, 五性, 悟性 : -1885-1890-)* 19세기 후반에 활동한 불화승이다. 1885년에 수화승 금호약효와 충남 공주 갑사 대비암 신중도와 칠성도를, 1887년에 수화승 법융과 충남 공주 신원사 영원전 신중도와 수화승 상옥과 충남 서산 개심사 칠성도를, 1889년에 수화승으로 충남 공주 마곡사 청련암 신중도를, 1890년에 수화승 용준과 전북 김제 금산사 미륵전 신중도를 조성하였다.

- 1885년 충남 공주 岬寺 大悲庵 神衆圖 조성(甲寺 大慈庵 所藏,『韓國의 佛畵 15 – 麻谷寺(上)』) 수화승 錦湖若效
  1885년 충남 공주 岬寺 大悲庵 七星圖 조성(公州 甲寺 大慈庵 所藏,『韓國의 佛畵 16 – 麻谷寺(下)』) 수화승 錦湖若效
- 1887년 충남 공주 新元寺 靈源殿 神衆圖 조성(『韓國의 佛畵 15 – 麻谷寺(上)』) 수화승 法融
  1887년 충남 서산 開心寺 七星圖 조성(『韓國의 佛畵 27 – 修德寺』) 수화승 祥玉
- 1889년 충남 공주 麻谷寺 靑蓮菴 神衆圖 조성(『韓國의 佛畵 15 – 麻谷寺(上)』) 出草 畵員 수화승[64]
- 1890년 전북 김제 金山寺 彌勒殿 神衆圖 조성(『韓國의 佛畵 13 – 金山寺』) 出草 수화승 嶲俊

오수(悟守 : -1775-) 18세기 후반에 활동한 불화승이다. 1775년에 수화승 포관과 경남 양산 통도사 영산전 팔상도(도솔내의상)를 조성하였다.

- 1775년 경남 양산 通度寺 靈山殿 八相圖(兜率來儀相) 조성(『韓國의 佛畵 2 – 通度寺(中)』) 수화승 抱冠

오연(悟演 : -1858-) 19세기 중반에 활동한 불화승이다. 1858년에 수화승 성주와 경남 밀양 표충사 명부전 지장도를 조성하였다.

　　◦1858년 경남 밀양 表忠寺 冥府殿 地藏圖 조성(『韓國의 佛畵 3 – 通度寺(下)』) 수화승 聖注

오종(午從 : -1890-) 19세기 후반에 활동한 불화승이다. 1890년에 수화승 용준과 전북 김제 금산사 미륵전 신중도를 조성하였다.

　　◦1890년 전북 김제 金山寺 彌勒殿 神衆圖 조성(『韓國의 佛畵 13 – 金山寺』) 수화승 聳俊

오준(五俊 : -1841-) 19세기 중반에 활동한 불화승이다. 1841년에 수화승 용하천여와 순천 선암사 대승암 지장시왕도와 운수암 신중도를 조성하였다.

　　◦1841년 전남 순천 仙巖寺 大乘庵 地藏十王圖 조성(『韓國의 佛畵 12 – 仙巖寺』) 수화승 龍河天如
　　　1841년 雲水庵 神衆圖 조성(『韓國의 佛畵 12 – 仙巖寺』) 수화승 龍河天如

오징(悟澄, 梧澄 : -1758-1759-) 18세기 중반에 활동한 불화승이다. 1758년에 수화승 각총과 경기 여주 신륵사 극락보전 삼장도를 그리고, 1759년에 수화승 오관과 경기 가평 현등사 극락전 목조아미타불좌상을 개금하면서 아미타회상도를 조성하였다.

　　◦1758년 경기 여주 신륵사 極樂寶殿 三藏圖 조성(『韓國의 佛畵 28 – 龍珠寺(上)』) 수화승 覺聰
　　◦1759년 경기 가평 懸燈寺 極樂殿 阿彌陀後佛圖 조성(畵記) 수화승 悟寬
　　　1759년 경기 가평 懸燈寺 木造阿彌陀如來坐像 改金(佛畵 畵記) 수화승 悟寬

옥령(玉靈 : -1657-) 17세기 중반에 활동한 불화승이다. 1657년에 수화승 신겸과 충남 연기 비암사 괘불도를 조성하였다.

　　◦1657년 충남 연기 卑岩寺 掛佛圖 조성(畵記) 수화승 信謙

옥상(玉尙 : -1759-) 18세기 중반에 활동한 불화승이다. 1759년에 수화승 임한과 경남 양산 통도사 대광명전 비로자나후불도와 석가모니후불도를 조성하였다.

　　◦1759년 慶南 梁山 通度寺 大光明殿 毘盧遮那後佛圖 조성(『韓國의 佛畵 1 – 通度寺(上)』) 수화승 任閑
　　　1759년 慶南 梁山 通度寺 大光明殿 釋迦牟尼後佛圖 조성(『韓國의 佛畵 1 – 通度寺(上)』) 수화승 任閑
　　　1759년 己酉年改金幀畵丹艧事施主記(安貴淑, 「조선후기 佛畵僧의 계보와 義謙比丘에 대한 연구(상)」) 단청, 불화 화원 2곳에 언급됨
　　◦연대미상 阿彌陀後佛圖 조성(梁山 通度寺 所藏, 『韓國의 佛畵 3 – 通度寺(下)』) 수화승 □演

옥인(玉仁 : -1775-1801-)* 18세기 후반에 활동한 불화승이다. 1775년에 수화승으로 경남 양산 통도사 명부전 시왕도(오관대왕)와 사자도를, 1797년에 수화승 지연과 안동 운대사 아미타후불도를, 1798년에 수화승으로 양산 통도사 용화전 후불도와 명부전 지장도를, 1799년에 수화승 자운지연과 경북 경주 기림사 시왕전 지장도를, 1801년에 수화승으로 양산 내원사 노전 석가모니후

불도와 지장도 및 제석도를 조성하였다.

◦ 1775년 경남 양산 通度寺 冥府殿 十王圖(五官大王) 조성(『韓國의 佛畵 2 - 通度寺(中)』) 良工 수화승
1775년 경남 양산 通度寺 冥府殿 使者圖(直府使者) 조성(『韓國의 佛畵 2 - 通度寺(中)』) 良工 수화승
◦ 1797년 경북 안동 雲臺寺 阿彌陀後佛圖 조성(安東 西岳寺 所藏,『韓國의 佛畵 23 - 孤雲寺(上)』) 수화승 指涓
◦ 1798년 경남 양산 通度寺 冥府殿 地藏圖 조성(『韓國의 佛畵 1 - 通度寺(上)』) 수화승 指演
1798년 경남 양산 通度寺 龍華殿 後佛圖 조성(『韓國의 佛畵 1 - 通度寺(上)』)65) 良工 수화승
◦ 1799년 경북 경주 祇林寺 十王殿 地藏圖 조성(東國大學校 慶州캠퍼스 博物館 所藏,『韓國의 佛畵 18 - 大學博物館(Ⅰ)』) 수화승 慈雲 □演
◦ 1801년 경남 양산 內院寺 爐殿 釋迦牟尼後佛圖 조성(『韓國의 佛畵 3 - 通度寺(下)』) 良工 수화승
1801년 경남 양산 內院寺 爐殿 地藏圖 조성(『韓國의 佛畵 3 - 通度寺(下)』) 良工 수화승
1801년 경남 양산 通度寺 白蓮庵 帝釋圖 조성(義城 鳳林寺 所藏,『韓國의 佛畵 23 - 孤雲寺(上)』) 良工 수화승

옥준(玉俊 : -1673-) 17세기 후반에 활동한 불화승이다. 1673년에 수화승 응열과 충남 예산 수덕사 괘불도를 조성하였다.

◦ 1673년 충남 예산 修德寺 掛佛圖 조성(『韓國의 佛畵 27 - 修德寺』) 수화승 應悅

완근(玩根 : -1895-) 19세기 후반에 활동한 불화승이다. 1895년에 수화승 덕월 응륜과 서울 봉은사 영산전 석가모니후불도를 조성하였다.

◦ 1895년 서울 奉恩寺 靈山殿 釋迦牟尼後佛圖 조성(『서울전통사찰불화』와 『韓國佛畵畵記集』 및 『韓國의 佛畵 34 - 曹溪寺(上)』) 片手 수화승 德月 應崙

완기(玩玘. 玩杞 : -1849-1851-) 19세기 중반에 활동한 불화승이다. 1849년에 수화승 금암천여와 경남 양산 용화사 아미타후불도를, 1851년에 수화승 기연과 전남 순천 송광사 천자암 지장시왕도를 조성하였다.

◦ 1849년 경남 양산 龍華寺 阿彌陀後佛圖 조성(『韓國의 佛畵 3 - 通度寺(下)』) 수화승 錦庵天如
◦ 1851년 전남 순천 松廣寺 天子庵 地藏十王圖 조성(『韓國의 佛畵 6 - 松廣寺(上)』) 수화승 錡衍

완담당(琓潭堂) 천은(天恩) 참조 * 완성당으로 추정된다.

완선(完善. 先先 : -1870-1878-)* 19세기 후반에 활동한 불화승이다. 1870년에 수화승 봉은과 경기 안성 운수암 칠성도, 독성도, 산신도를, 1878년에 수화승 천기와 경기 수원 봉령사 석가모니후불도와 칠성도를, 수화승으로 현왕도를 조성하였다.

◦ 1870년 雲岫菴 七星圖 조성(安城 雲水庵 所藏,『韓國의 佛畵 29 - 龍珠寺(下)』) 수화승 奉恩
1870년 雲岫菴 獨聖圖 조성(安城 雲水庵 所藏,『韓國의 佛畵 29 - 龍珠寺(下)』) 수화승 奉恩
1870년 雲岫菴 山神圖 조성(安城 雲水庵 所藏,『韓國의 佛畵 29 - 龍珠寺(下)』) 수화승 奉恩

완선, 현왕도, 1878년, 수원 봉녕사

◦1878년 경기 수원 奉寧寺 釋迦牟尼後佛圖 조성(『韓國의 佛畵 28 – 龍珠寺(上)』) 수화승
天基
1878년 경기 수원 奉寧寺 七星圖 조성(『韓國의 佛畵 29 – 龍珠寺(下)』) 수화승 天基
1878년 경기 수원 奉寧寺 現王圖 조성(『韓國의 佛畵 29 – 龍珠寺(下)』) 金魚 수화승

완성당(完惺堂) 천은(天恩) 참조

완심(完心 : -1713-) 18세기 전반에 활동한 불화승이다. 1713년에 수화승 도
익과 경북 안동 봉정사 아미타후불도를 조성하였다.
◦1713년 경북 안동 鳳停寺 阿彌陀後佛圖 조성(『韓國의 佛畵 23 – 孤雲寺(上)』) 수화승 道益

완오(翫悟, 玩悟, 玩晤 : -1885-1886-) 19세기 후반에 활동한 불화승이다. 1885
년에 수화승 대허체훈과 서울 흥천사 극락보전 극락구품도를, 1886년에 수화
승 금곡영환과 경기 안성 칠장사 대웅전 석가모니후불도와 신중도 및 원통전
석가모니후불도를 조성하였다.
◦1885년 서울 興天寺 極樂寶殿 極樂九品圖 조성(『서울전통사찰불화』와 『韓國佛畵畵記集』)
수화승 大虛體訓
◦1886년 경기 안성 七長寺 大雄殿 釋迦牟尼後佛圖 조성(『韓國의 佛畵 28 – 龍珠寺(上)』)
沙彌 수화승 金谷永環
1886년 경기 안성 七長寺 大雄殿 神衆圖 조성(『韓國의 佛畵 28 – 龍珠寺(上)』) 片
手66) 수화승 金谷永環
1886년 경기 안성 七長寺 圓通殿 釋迦牟尼後佛圖 조성(『韓國의 佛畵 28 – 龍珠寺(上)』)
沙彌 수화승 金谷永環

완완(琓玩 : -1901-) 20세기 전반에 활동한 불화승이다. 1901년에 수화승 한
봉응작과 서울 봉원사 괘불도를 조성하였다.
◦1901년 서울 奉元寺 掛佛圖 조성(『서울전통사찰불화』와 『韓國佛畵畵記集』) 수화승 韓峰
應作

완월(玩月 : -1807-) 19세기 전반에 활동한 불화승이다. 1807년에 수화승 오
봉과 전북 고창 선운사 대웅보전 신중도를 조성하였다.
◦1807년 전북 고창 禪雲寺 大雄寶殿 神衆圖 조성(『韓國의 佛畵 14 – 禪雲寺』) 수화승 鰲峯

완인(完印 : -1749-) 18세기 중반에 활동한 불화승이다. 1749년에 수화승 의
겸과 전남 구례 천은사 용학암 칠성도를 조성하였다.
◦1749년 전남 구례 泉隱寺 龍鶴庵 七星圖 조성(金玲珠, 『朝鮮時代佛畵硏究』와 安貴淑 「조
선후기 佛畵僧의 계보와 義謙比丘에 대한 연구(상)」 및 『韓國佛畵畵記集』) 수화승 義兼

완해당(玩海堂) 용준(龍俊) 참조

완형(玩炯, 完亨 : -1882-1887-) 19세기 후반에 활동한 불화승이다. 1882년에
수화승 석옹철유와 강원 강릉 보현사 십육나한도(평창 월정사 소장)와 1884
년에 수화승 축연과 서울 진관사 영산전 제석도(사자·장군)를, 1887년에 수
화승 연하계창과 경기 의정부 망월사 괘불도를 조성하였다.
◦1882년 강원 강릉 普賢寺 十六羅漢圖 조성(平昌 月精寺 所藏, 『韓國의 佛畵 10 – 月精寺』)67)
수화승 石翁喆有
1882년 강원 강릉 普賢寺 十六羅漢圖 조성(『韓國의 佛畵 10 – 月精寺』) 수화승 石翁

喆有
◦ 1884년 서울 津寬寺 靈山殿 帝釋圖(使者, 將軍) 조성(『韓國의 佛畫 35 - 曹溪寺(中)』) 金魚 수화승 竺衍
◦ 1887년 경기 議政府 望月寺 掛佛圖 조성(『掛佛調查報告書』와 『韓國佛畫畫記集』) 수화승 淵荷啓昌
◦ 연대미상 경기 남양주 興國寺 大雄寶殿 現王圖 조성(『韓國의 佛畫 33 - 奉先寺』) 수화승 錦華機烱68)

완호당(玩虎堂) 낙현(洛現) 참조

완호당(玩虎堂) 정희(正熙) 참조

요의(了儀 : -1762-) 18세기 중반에 활동한 불화승이다. 1762년에 장조莊祖 영우원永祐園 원소園所 조성소 화승畫僧으로 참여하였다.
◦ 1762년 『莊祖永祐園園所都監儀軌』 造成所 畫僧(奎章閣 13607호, 朴廷蕙, 「儀軌를 통해서 본 朝鮮時代의 畫員」 자료1)

용규(容奎 : -1791-) 18세기 후반에 활동한 불화승이다. 1791년에 수화승 환암현규와 경북 의성 옥련사 극락전 석가모니후불도를 조성하였다.
◦ 1791년 경북 의성 玉蓮寺 極樂殿 釋迦牟尼後佛圖 조성(『韓國의 佛畫 23 - 孤雲寺(上)』) 수화승 幻庵玄奎

용봉당(龍峰堂) 경환(敬還) 참조

용선(容善, 龍船 : -1879-1886-)* 19세기 후반에 활동한 불화승이다. 1879년에 수화승 묘영과 경남 하동 쌍계사 국사암 칠성도를, 수화승 수룡기전과 1882년에 부산 범어사 영산회상도, 삼장보살도, 신중도를, 1885년에 경남 합천 해인사 대적광전 삼신도(비로자나불)를, 1886년에 수화승으로 전북 남원 실상사 보광전 아미타후불홍도阿彌陀後佛紅圖를, 수화승 전기와 전북 남원 실상사 보광전 천룡도를 조성하였다.
◦ 1879년 경남 하동 雙溪寺 國師庵 七星圖 조성(『韓國의 佛畫 26 - 雙磎寺(下)』) 수화승 玅英
◦ 1882년 부산 梵魚寺 大雄殿 釋迦牟尼後佛圖 조성(『梵魚寺聖寶博物館 名品圖錄』과 『韓國의 佛畫 32 - 梵魚寺』)69) 수화승 琪銓
1882년 부산 梵魚寺 三藏菩薩圖 조성(『梵魚寺聖寶博物館 名品圖錄』과 『韓國佛畫畫記集』 및 『韓國의 佛畫 32 - 梵魚寺』)70) 수화승 琪銓
1882년 부산 梵魚寺 神衆圖 조성(『梵魚寺聖寶博物館 名品圖錄』과 『韓國佛畫畫記集』 및 『韓國의 佛畫 32 - 梵魚寺』)71) 수화승 琪銓
◦ 1885년 경남 합천 海印寺 大寂光殿 三身圖(毘盧遮那佛) 조성(『韓國의 佛畫 4 - 海印寺(上)』) 수화승 水龍琪銓
◦ 1886년 전북 남원 實相寺 普光殿 阿彌陀後佛紅圖 조성(『韓國의 佛畫 13 - 金山寺』) 都畫師 수화승
1886년 전북 남원 實相寺 普光殿 天龍圖 조성(『韓國의 佛畫 13 - 金山寺』) 都畫師 수화승 典基

용선당(龍船堂) 천희(天禧) 참조

용순(龍順 : -1899-)* 속성 김金씨, 19세기 후반에 활동한 불화승이다. 1899

년에 수화승으로 전북 남원 선원사 약사전 현왕도를 조성하였다.
- 1899년 전북 남원 禪院寺 藥師殿 現王圖 조성(『韓國의 佛畵 13 – 金山寺』) 畵員 수화승

용완당(龍浣堂) 기연(琦演) 참조

용원당(龍院堂) 기연(奇衍) 참조

용주(用周, 龍珠 : -1894-1897-) 19세기 후반에 활동한 불화승이다. 1894년에 수화승 경호와 경남 함양 영원사 신중도를, 1895년에 범해두안과 대구 달성 유가사 도성암 석가모니후불도를, 1896년에 수화승 동호진철과 대구 동화사 대웅전 석가모니후불도를, 수화승 덕산묘화와 대구 동화사 사천왕도(지국천왕)를, 1897년에 수화승 태일과 경남 창녕 포교당 산신도를 조성하였다.
- 1894년 경남 함양 靈源寺 神衆圖 조성(『韓國의 佛畵 4 – 海印寺(上)』) 수화승 斗明 * 금어는 景昊이다.
- 1895년 대구 달성 瑜伽寺 道成庵 釋迦牟尼後佛圖 조성(『韓國의 佛畵 21 – 桐華寺(上)』) 수화승 斗岸
- 1896년 대구 桐華寺 大雄殿 釋迦牟尼後佛圖 조성(『韓國의 佛畵 21 – 桐華寺(上)』) 수화승 東昊 震徹
  1896년 대구 동화사 四天王圖(持國天王) 조성(『韓國의 佛畵 21 – 桐華寺(上)』) 수화승 德山妙華
- 1897년 경남 창녕 布敎堂 山神圖 조성(『韓國의 佛畵 3 – 通度寺(下)』) 出草 수화승 太一

용준(龍俊, 聳俊 : -1890-1899-)* 완해당(玩海堂) 19세기 후반에 활동한 불화승이다. 1890년에 수화승 용준과 전북 김제 금산사 미륵전 신중도를, 1893년에 수화승 금호약효와 전북 진안 천황사 대웅전 신중도를, 수화승으로 1896년에 전북 완주 위봉사 보광명전 신중도와 1897년에 완주 위봉사 보광명전 삼세불도(석가모니불) 및 1899년에 전북 전주 학소암 자음전慈蔭殿 아미타삼존도를 조성하였다.
- 1890년 전북 김제 金山寺 彌勒殿 神衆圖 조성(『韓國의 佛畵 13 – 金山寺』) 金魚 수화승
- 1893년 전북 진안 天皇寺 大雄殿 神衆圖 조성(『韓國의 佛畵 13 – 金山寺』) 수화승 錦湖若效
- 1896년 전북 완주 威鳳寺 普光明殿 神衆圖 조성(『韓國의 佛畵 13 – 金山寺』) 金魚 수화승
- 1897년 전북 완주 威鳳寺 普光明殿 三世佛圖(釋迦牟尼佛) 조성(『韓國의 佛畵 13 – 金山寺』) 片手 수화승
- 1899년 전북 전주 鶴巢庵 慈蔭殿 阿彌陀三尊圖 조성(『韓國의 佛畵 13 – 金山寺』) 金魚 수화승

용하(榕夏 : -1868-1884-)* 19세기 중반에 활동한 불화승이다. 1868년에 수화승 원명긍우으로 강원 고성 화엄사 안양암 지장시왕도, 신중도, 칠성도(고성 화엄사 소장)를, 1875년에 수화승으로 강원 평창 월정사 아미타후불도와 강원 삼척 신흥사 아미타후불도와 신중도를 조성하였다. 1884년에 금강산 건봉사 중창에 참여하였다.
- 1868년 강원 고성 華嚴寺 安養庵 地藏圖 조성(高城 禾巖寺 所藏, 『한국의 사찰문화재-강원도』와 『韓國의 佛畵 37 – 新興寺』) 수화승 圓明亘祐
  1868년 강원 고성 華嚴寺 安養庵 神衆圖 조성(高城 禾巖寺 所藏, 『한국의 사찰문화재

　　-강원도』와 『韓國의 佛畵 37 - 新興寺』) 수화승 圓明亘祐
　　1868년 강원 고성 華嚴寺 彌陀菴 七星圖 조성(高城 禾巖寺 所藏, 『한국의 사찰문화재
　　-강원도』와 『韓國의 佛畵 37 - 新興寺』) 수화승 圓明亘祐
　▫1875년 강원 평창 月精寺 阿彌陀後佛圖 조성(平昌 月精寺 所藏, 『韓國의 佛畵 10 - 月精
　　寺』와 『한국의 사찰문화재-강원도』)72) 金魚 수화승
　　1875년 강원 삼척 新興寺 神衆圖(『한국의 사찰문화재-강원도』)73) 金魚 수화승
　▫1884년 「金剛山乾鳳寺事蹟及重創曠章總譜」(『江原道鄕校書院寺刹誌』)

용화(龍化 : -1900-)* 환명당(幻溟堂) 19세기 후반에 활동한 불화승이다. 1900
년에 수화승으로 경기 여주 신륵사 극락보전 석가모니후불도를 조성하였다.

　▫1900년 경기 여주 神勒寺 極樂寶殿 釋迦牟尼後佛圖 조성(『韓國의 佛畵 28 - 龍珠寺(上)』)
　　良工 수화승

우겸(宇兼, 宇謙 : -1770경-1776-) 18세기 후반에 활동한 불화승이다. 1770년
경에 수화승 유성과 경북 안동 모운사 지장도와 수화승 유상과 제석도를,
1776년에 수화승 설훈과 강원 홍천 수타사 지장보살도를 조성하고, 영조英祖
원릉元陵 조성소造成所 화원畵僧으로 참여하였다.

　▫1770년경 경북 안동 暮雲寺 地藏圖 조성(『韓國의 佛畵 23 - 孤雲寺 本末寺(上)』) 수화승
　　有誠
　　1770년경 경북 안동 暮雲寺 帝釋圖 조성(『韓國의 佛畵 23 - 孤雲寺 本末寺(上)』)74)
　　수화승 有祥
　▫1776년 강원 홍천 壽陁寺 地藏菩薩圖 조성(『韓國의 佛畵 10 - 月精寺』) 수화승 雪訓
　　1776년 『英祖元陵山陵都監儀軌』 造成所 畵僧(奎章閣 13586호, 朴廷蕙, 「儀軌를 통해
　　서 본 朝鮮時代의 畵員」 자료1)

우관(宇寬 : -1777-1778-) 18세기 후반에 활동한 불화승이다. 1777년에 수화
승 비현과 전남 영광 불갑사 팔상전 영산회상도와 지장전 지장시왕도를,
1778년에 전남 고흥 금탑사 괘불도를 제작하였다.

　▫1777년 전남 영광 佛甲寺 八相殿 靈山會上圖 조성(『靈光 母岳山 佛甲寺』과 『韓國의 佛畵
　　37 - 白羊寺・新興寺』) 수화승 丕賢
　　1777년 전남 영광 佛甲寺 地藏殿 地藏十王圖 조성(『靈光 母岳山 佛甲寺』과 『韓國의
　　佛畵 37 - 白羊寺・新興寺』) 수화승 丕賢
　▫1778년 전남 고흥 금탑사 掛佛圖 조성(『韓國의 佛畵 6 - 松廣寺』) 수화승 丕賢

우난(雨蘭 : -1737-)* 18세기 전반에 활동한 불화승이다. 1737년에 수화승으
로 경남 진주 백천사 도솔암 지장도(고성 옥천사 연대암 소장)를 고쳐 그렸다.

　▫1737년 경남 진주 百泉寺 兜率庵 地藏圖 改畵(固城 玉泉寺 蓮臺庵 所藏, 『韓國의 佛畵
　　25 - 雙磎寺(上)』) 金魚 수화승

우념(佑念, 宇念 : -1775-1798-) 18세기 후반에 활동한 불화승이다. 1775년에
수화승 경보와 경남 양산 통도사 명부전 시왕도 일부와 1798년에 수화승 옥
인과 통도사 명부전 지장도를 조성하였다.

　▫1775년 경남 양산 通度寺 冥府殿 十王圖(閻羅大王) 조성(『韓國의 佛畵 2 - 通度寺(中)』)
　　수화승 景甫
　▫1798년 경남 양산 通度寺 冥府殿 地藏圖 조성(『韓國의 佛畵 1 - 通度寺(上)』) 수화승 指演

우담(優曇, 雨曇 : -1901-1937-)* 속성 서(徐) 20세기 전반에 활동한 불화승이

다. 1901년에 수화승 보응문성과 전북 고창 선운사 팔상전 팔상도(사문유관
상과 유성출가상)를, 1910년에 수화승으로 선운사 참당암 현왕도를, 1922년
에 수화승 봉영과 전남 장성 백양사 석가모니후불도를, 1937년에 수화승 박
석초와 전남 해남 대흥사 청신암 지장시왕도를 조성하였다.

- 1901년 전북 고창 禪雲寺 八相殿 八相圖(四門遊觀相) 조성(『韓國의 佛畵 14 - 禪雲寺』)
  수화승 普應文性
  1901년 전북 고창 禪雲寺 八相殿 八相圖(踰城出家相) 조성(『韓國의 佛畵 14 - 禪雲寺』)
  수화승 普應文性
  1910년 전북 고창 仙云寺(禪雲寺) 懺堂庵 現王圖 조성(『韓國의 佛畵 14 - 禪雲寺』) 片
  手 수화승
- 1922년 전남 장성 白羊寺 釋迦牟尼後佛圖 조성(『韓國의 佛畵 37 - 白羊寺·新興寺』) 수
  화승 琫榮
- 1937년 전남 해남 大興寺 淸神菴 地藏十王圖 조성(『韓國의 佛畵 31 - 大興寺』) 수화승
  朴石蕉

우명(宇明 : -1775-) 18세기 후반에 활동한 불화승이다. 1775년 경남 양산 통
도사 「팔상기문八相記文」에 화원으로 언급되어 있다.

- 1775년 경남 양산 通度寺 「八相記文」 언급(安貴淑, 「조선후기 佛畵僧의 계보와 義謙比丘
  에 대한 연구(상)」)

우백(宇伯, 宇白 : -1775-1798-) 18세기 후반에 활동한 불화승이다. 1775년에
수화승 경옥과 경남 양산 통도사 명부전 시왕도(송제대왕)를, 1798년에 수화
승 지연과 통도사 명부전 지장도를 조성하였다.

- 1775년 경남 양산 通度寺 冥府殿 十王圖(宋帝大王) 조성(『韓國의 佛畵 2 - 通度寺(中)』)
  수화승 璟玉
- 1798년 경남 양산 通度寺 冥府殿 地藏圖 조성(『韓國의 佛畵 1 - 通度寺(上)』) 수화승 指演

우선(雨漩 : -1887-) 19세기 후반에 활동한 불화승이다. 1887년에 수화승 혜
산축연과 봉래암 신중도(동국대학교 박물관 소장)를 조성하였다.

- 1887년 蓬萊庵 神衆圖 조성(東國大學校 博物館 所藏, 『韓國의 佛畵 18 - 大學博物館(Ⅰ)』)[75]
  수화승 蕙山 竺衍

우성(祐成, 佑成 : -1897-1906-) 19세기 후반부터 20세기 전반까지 활동한 불
화승이다. 1897년에 수화승 정련과 충북 보은 법주사 원통보전 관음도와 수
화승 봉화와 대웅보전 104위 신중도를, 수화승 금호약효와 팔상전 팔상도(도
솔내의상)를, 수화승 영운봉수와 1897년에 경북 상주 남장사 관음암 신중도
를, 경북 영천 은해사 백흥암 영산전 석가모니후불도와 백흥암 심검당 아미
타후불도 및 대법당 신중도 등을, 1906년에 수화승 동호진철과 경북 문경 대
승사 석가모니후불도와 신중도를 조성하였다. 제작연대를 알 수 없는 경북
영천 은해사 백흥암 극락전 지장도를 수화승 벽산찬규와 그렸다.

- 1897년 충북 보은 法住寺 圓通寶殿 觀音圖 조성(『韓國의 佛畵 17 - 法住寺』) 수화승 定鍊
  1897년 충북 보은 法住寺 大雄寶殿 104位 神衆圖 조성(『韓國의 佛畵 17 - 法住寺』)
  수화승 奉化
  1897년 충북 보은 法住寺 捌相殿 八相圖(兜率來儀相) 조성(『韓國의 佛畵 17 - 法住寺』)

수화승 錦湖若效

1897년 경북 상주 南長寺 觀音庵 神衆圖 조성(『韓國의 佛畵 8 – 直指寺(上)』) 수화승 影雲奉秀

1897년 경북 영천 銀海寺 百興菴 靈山殿 釋迦牟尼後佛圖 조성(『韓國의 佛畵 30 – 銀海寺』) 수화승 永雲奉洙

1897년 경북 영천 銀海寺 百興菴 尋劒堂 阿彌陀後佛圖 조성(『韓國의 佛畵 30 – 銀海寺』) 수화승 永雲奉秀

1897년 경북 영천 銀海寺 百興菴 大法堂 神衆圖 조성(『韓國의 佛畵 30 – 銀海寺』) 수화승 永雲奉秀

1897년 경북 영천 銀海寺 山神圖 조성(『韓國의 佛畵 30 – 銀海寺』) 수화승 永雲奉秀

◦1906년 경북 문경 大乘寺 釋迦牟尼後佛圖 조성(『韓國의 佛畵 8 – 直指寺(上)』) 수화승 東昊震爀

1906년 경북 문경 大乘寺 神衆圖 조성(『韓國의 佛畵 8 – 直指寺(上)』) 수화승 東昊震爀

◦연대미상 경북 영천 銀海寺 百興庵 極樂殿 地藏圖 조성(『韓國의 佛畵 30 – 銀海寺』) 수화승 碧山璨奎

우송당(友松堂) 상수(爽洙, 尙守) 참조

우송당(友松堂) 한규(翰奎) 참조

우송당(友松堂) 정규(珽奎) 참조

우심(佑心, 宇心, 友心 : -1786-1792-)* 18세기 후반에 전라도에서 활동한 불화승이다. 1764년에 수화승 색민과 전남 해남 대흥사 괘불도를, 1777년에 수화승으로 전남 해남 대흥사 대광명전 위태존천도(위태존천도)를, 1786년에 수화승 평삼과 경남 의령 수도사 감로도(양산 통도사 소장)를, 1792년에 수화승 지연과 경남 양산 통도사 괘불도와 삼장도 및 신중도를, 수화승 瑒峯과 경북 영천 은해사 백홍암 극락전 감로도를 조성하였다. 1788년에 상겸 등과 남장사 불사에 참여하여 기록한 『불사성공록佛事成功錄』에 호남양공으로 언급되어 있다.

◦1764년 전남 해남 大興寺 掛佛圖 조성(『韓國의 佛畵 31 – 大興寺』) 수화승 色旻

◦1777년 전남 해남 大興寺 大光明殿 韋馱尊天圖 조성(『韓國의 佛畵 31 – 大興寺』) 金魚 수화승

◦1786년 경남 의령 修道寺 甘露圖 조성(梁山 通度寺 所藏, 『韓國의 佛畵 2 – 通度寺(中)』) 수화승 評三

◦1788년 남장사 불사에 참여한 화승을 적은 『佛事成功錄』에 湖南良工으로 언급(이용윤, 「『佛事成功錄』을 통해 본 남장사 괘불」) 수화승 尙謙

◦1792년 경남 양산 通度寺 掛佛圖 조성(『韓國의 佛畵 2 – 通度寺(中)』) 수화승 指演

1792년 경남 양산 通度寺 三藏圖 조성(『韓國의 佛畵 1 – 通度寺(上)』) 수화승 指演

1792년 경남 양산 通度寺 神衆圖(圓寂山 金鳳庵 奉安) 조성(『韓國의 佛畵 1 – 通度寺(上)』) 수화승 福贊

1792년 경북 영천 銀海寺 百興庵 極樂殿 甘露圖 조성(『韓國의 佛畵 30 – 銀海寺』) 수화승 瑒峯

우열(宇悅 : -1790-) 18세기 후반에 활동한 불화승이다. 1790년에 수화승 계관과 경북 상주 남장사 십육나한도를 조성하였다.

◦ 1790년 경북 상주 南長寺 十六羅漢圖2 조성(『韓國의 佛畵 9 – 直指寺(下)』) 수화승 戒寬

우엽(右曄, 字燁 : -1775-1799-) 18세기 후반에 활동한 불화승이다. 1775년에 수화승 경보와 경남 양산 통도사 명부전 시왕도(염라대왕)를, 1780년에 경북 안동 부석사 감로도 등을, 1798년에 수화승 지연과 양산 통도사 명부전 지장도를, 1799년에 수화승 자운지연과 경북 경주 기림사 시왕전 지장도(동국대학교 경주캠퍼스 박물관 소장)를 조성하였다

◦ 1775년 경남 양산 通度寺 冥府殿 十王圖(閻羅大王) 조성(『韓國의 佛畵 2 – 通度寺(中)』) 수화승 景甫
◦ 1780년 경북 안동 浮石寺 「甘露會達摩師及梵鍾閣尋劍堂記」(「浮石寺資料」, 『佛敎美術』 3)
◦ 1798년 경남 양산 通度寺 冥府殿 地藏圖 조성(『韓國의 佛畵 1 – 通度寺(上)』) 수화승 指演
◦ 1799년 경북 경주 祇林寺 十王殿 地藏圖 조성(東國大學校 慶州캠퍼스 博物館 所藏, 『韓國의 佛畵 18 – 大學博物館(Ⅰ)』) 수화승 慈雲 □演

우영(右英 : -1828-) 19세기 전반에 활동한 불화승이다. 1828년에 수화승 금겸과 황산사 제석도(영덕 덕흥사 소장)를 조성하였다.

◦ 1828년 黃山寺 帝釋圖 조성(盈德 德興寺 所藏, 『韓國의 佛畵 38 – 佛國寺』) 수화승 錦謙

우운당(雨雲堂, 優雲堂) 선진(善珎) 참조

우윤(宇允, 字玧 : -1745-1780-) 18세기 중·후반에 활동한 승장이다. 1745년에 수화승 서기, 가선嘉善 뇌옥 등과 경북 영주 부석사 괘불도를 그리고, 1747년에 수화승 태원과 전남 영광 불갑사 대웅전 목조삼세불좌상과 1767년에 수화승 상정과 경북 영주 부석사 무량수전 미타존상을 개금하였다. 1780년에 수화승 칭숙과 전남 장흥 보림사 천왕, 금강, 문수, 보현을 중창하였다. 제작연대를 알 수 없는 대□사 석가모니후불도(영천 은해사 소장)를 수화승 밀기와 같이 조성하였다.

◦ 1745년 경북 영주 浮石寺 掛佛圖 조성(『韓國의 佛畵 24 – 孤雲寺(下)』) 수화승 瑞氣[76]
◦ 1747년 전남 영광 불갑사 대웅전 목조삼세불좌상 개금(發願文) 수화승 太元
◦ 1767년 경북 영주 浮石寺 無量壽殿彌陀尊像 개금(「浮石寺資料」, 『佛敎美術』 3)
◦ 연대미상 중엽 大□寺 釋迦牟尼後佛圖 조성(永川 銀海寺 所藏, 『韓國의 佛畵 30 – 銀海寺』) 수화승 密機

우은(宇恩, 祐븥, 祐隱, 佑븥 : -1749-1764-) 18세기 중반에 활동한 불화승이다. 1749년에 수화승 의겸과 전북 부안 개암사 괘불도(부안 내소사 소장)를, 수화승 색민과 1755년에 전남 장성 백양사 극락보전 아미타후불도를, 1757년에 전남 구례 화엄사 대웅전 삼신도(석가모니불)를, 1764년 전남 해남 대흥사 괘불도를 조성하였다.

◦ 1749년 전북 부안 開巖寺 掛佛圖 조성(扶安 來蘇寺 所藏, 『韓國의 佛畵 14 – 禪雲寺』) 수화승 義兼
◦ 1755년 전남 장성 白羊寺 極樂寶殿 阿彌陀後佛圖 조성(『韓國의 佛畵 37 – 白羊寺·新興寺』) 수화승 嗇旻
◦ 1757년 전남 구례 華嚴寺 大雄殿 三身圖(釋迦牟尼佛) 조성(『韓國의 佛畵 11 – 華嚴寺』) 수화승 嗇旻

◦ 1764년 전남 해남 大興寺 掛佛圖 조성(『韓國의 佛畵 31 – 大興寺』) 수화승 色旻

우익(祐益 : -1907-) 현응당(玄應堂) 20세기 전반에 활동한 불화승이다. 1907년
에 수화승 향호묘영과 전남 여수 흥국사 보광전 아미타후불도를 조성하였다.

◦ 1907년 전남 여수 興國寺 普光殿 阿彌陀後佛圖 조성(『韓國의 佛畵 11 – 華嚴寺』)77) 수화
승 香湖妙英

우일(宇日, 禹佾 : -1860-1888-) 19세기 중반에 활동한 불화승이다. 1860년에
수화승 해운익찬과 경남 하동 쌍계사 명부전 지장도를, 1888년에 수화승 하
은응상과 경북 안동 봉정사 대웅전 지장도를 조성하였다.

◦ 1860년 경남 하동 雙磎寺 冥府殿 地藏圖 조성(『韓國의 佛畵 25 – 雙磎寺(上)』) 수화승
海雲益讚
◦ 1888년 경북 안동 鳳停寺 大雄殿 地藏圖 조성(『韓國의 佛畵 23 – 孤雲寺(上)』) 수화승
霞隱應祥

우정 1(宇定 : -1792-) 18세기 후반에 활동한 불화승이다. 1792년에 수화승
지연과 경남 양산 통도사 괘불도와 삼장도를, 수화승 복찬과 신중도를 조성
하였다.

◦ 1792년 경남 양산 通度寺 掛佛圖 조성(『韓國의 佛畵 2 – 通度寺(中)』) 수화승 指演
1792년 경남 양산 通度寺 三藏圖 조성(『韓國의 佛畵 1 – 通度寺(上)』) 수화승 指演
1792년 경남 양산 通度寺 神衆圖(圓寂山 金鳳庵 奉安) 조성(『韓國의 佛畵 1 – 通度寺
(上)』) 수화승 福贊

우정 2(佑正 : -1813-) 19세기 전반에 활동한 불화승이다. 1813년에 수화승
운연과 동국대학교 박물관에 소장된 지장도를 조성하였다.

◦ 1813년 地藏圖 조성(東國大學校博物館 所藏, 『韓國의 佛畵 40 – 補遺』) 수화승 雲演

우정 3(雨淀 : -1887-) 19세기 후반에 활동한 불화승이다. 1887년에 수화승
고산축연과 경기 화성 봉림사 칠성도를 조성하였다.

◦ 1887년 경기 화성 鳳林寺 七星圖 조성(『韓國의 佛畵 29 – 龍珠寺(下)』) 수화승 蕙山 竺衍

우종(宇宗 : -1794-1796-) 18세기 후반에 경기도에서 활동한 불화승이다.
1794년부터 1796년까지 화성 건립에 참여하여 1801년에 작성된『화성성역
의궤華城城役儀軌』에 수원부 승려로 언급되어 있다.

◦ 1794년–1796년 화성 건립에 화원으로 참여(1801년 작성된『華城城役儀軌』卷4 工匠 畵
工 條) 水原府

우진(雨珍 : -1881-)* 용담당(龍潭堂) 19세기 후반에 활동한 불화승이다. 1881
년에 수화승으로 청련사 현왕도(강화 전등사 소장)를 조성하였다.

◦ 1881년 靑蓮寺 現王圖 조성(江華 傳燈寺 所藏, 『韓國의 佛畵 36 – 曹溪寺(下)』) 金魚 수
화승

우찬(禹讚, 禹贊 : -1830-1833-) 19세기 중반에 활동한 불화승이다. 1830년에
수화승 성수와 전북 완주 화암사 명부전 지장도를, 1833년에 수화승 금암천
여와 전남 구례 천은사 극락보전 신중도를 조성하였다.

◦ 1830년 전북 완주 花巖寺 冥府殿 地藏圖 조성(『韓國의 佛畵 13 – 金山寺』) 수화승 誠修

◦ 1833년 전남 구례 泉隱寺 極樂寶殿 神衆圖 조성(『韓國의 佛畵 11 – 華嚴寺』) 수화승 錦
  庵天如

우찰(宇察 : -1755-) 18세기 중반에 활동한 불화승이다. 1755년에 수화승 임
한과 경북 청도 운문사 비로전 삼신불도와 온양민속박물관 소장 삼장도를 조
성하였다.

◦ 1755년 경북 청도 雲門寺 毘盧殿 三身佛圖 조성(『韓國의 佛畵 21 – 桐華寺 (上)』) 수화승
  任閑
  1755년 三藏圖 조성(溫陽民俗博物館 所藏, 『韓國의 佛畵 20 – 私立博物館』)78) 수화
  승 任閑

우평(宇平 : -1741-1747-) 18세기 중반에 경북 김천 직지사에서 활동한 불화
승이다. 수화승 세관과 1741년에 경북 상주 남장사 아미타후불도, 석가모니
후불도, 삼장도를, 1744년에 경북 김천 직지사 아미타후불도, 석가모니후불
도, 시왕도(오관대왕)를 그리고, 1747년에 충북 보은 법주사 소조삼신불좌상
을 개금하였다. 그는 1741년에 김천 직지사 불화 제작 시 본사本寺 극락전極
樂殿에 거주한 것으로 나와 있다.

◦ 1741년 경북 상주 南長寺 阿彌陀後佛圖 1 조성(『韓國의 佛畵 8 – 直指寺(上)』) 수화승
  世冠
  1741년 경북 상주 南長寺 阿彌陀後佛圖 2 조성(『韓國의 佛畵 8 – 直指寺(上)』) 수화승
  世冠
  1741년 경북 상주 南長寺 三藏圖 조성(『韓國의 佛畵 8 – 直指寺(上)』) 수화승 世冠
◦ 1744년 경북 김천 直指寺 釋迦牟尼後佛圖 조성(『韓國의 佛畵 8 – 直指寺(上)』) 本寺 極
  樂殿 수화승 世冠
  1744년 경북 김천 直指寺 阿彌陀後佛圖 조성(『韓國의 佛畵 8 – 直指寺(上)』) 兼施主
  수화승 世冠
  1744년 경북 김천 直指寺 十王圖(五官大王) 조성(『韓國의 佛畵 9 – 直指寺(下)』) 수화
  승 世冠
◦ 1747년 충북 보은 법주사 소조삼신불좌상 개금(發願文) 수화승 世冠

우홍(宇洪, 宇弘 : -1775-1792-)* 18세기 후반에 활동한 불화승이다. 1775년에
수화승으로 경남 양산 통도사 명부전 시왕도(도시대왕, 오도전륜대왕)를,
1792년에 수화승 지연과 통도사 괘불도와 삼장도를 조성하였다. 1797년에
수화승 지연과 경북 안동 운대사 아미타후불도와 1798년에 통도사 명부전
지장도를, 1801년에 수화승 옥인과 경남 양산 내원사 노전 석가모니후불도와
지장도를 조성하였다.

◦ 1775년 경남 양산 通度寺 冥府殿 十王圖(都市大王) 조성(『韓國의 佛畵 2 – 通度寺(中)』)
  良工 수화승
  1775년 경남 양산 通度寺 冥府殿 十王圖(五道轉輪大王) 조성(『韓國의 佛畵 2 – 通度
  寺(中)』) 良工 수화승
◦ 1792년 경남 양산 通度寺 掛佛圖 조성(『韓國의 佛畵 2 – 通度寺(中)』) 수화승 指演
  1792년 경남 양산 通度寺 三藏圖 조성(『韓國의 佛畵 1 – 通度寺(上)』) 수화승 指演
◦ 1797년 경북 안동 雲臺寺 阿彌陀後佛圖 조성(安東 西岳寺 所藏, 『韓國의 佛畵 23 – 孤雲
  寺(上)』) 수화승 指涓
◦ 1798년 경남 양산 通度寺 冥府殿 地藏圖 조성(『韓國의 佛畵 1 – 通度寺(上)』) 수화승 指演

▫ 1801년 경남 양산 內院寺 爐殿 釋迦牟尼後佛圖 조성(『韓國의 佛畵 3 – 通度寺(下)』) 수화승 玉仁
1801년 경남 양산 內院寺 爐殿 地藏圖 조성(『韓國의 佛畵 3 – 通度寺(下)』) 수화승 玉仁
▫ 연대미상 경북 경주 祇林寺 十王圖(平等大王) 조성(『韓國의 佛畵 38 – 佛國寺』)[79] 良工 수화승

우화(佑花 : -1903-) 20세기 전반에 활동한 불화승이다. 1903년에 수화승 향호묘영과 경남 통영 용화사 석가모니후불도를 조성하였다.

▫ 1903년 경남 통영 龍華寺 釋迦牟尼後佛圖 조성(『韓國의 佛畵 25 – 雙磎寺(上)』) 수화승 香湖妙英

우희(宇希 : -1817-1850-)* 성월당(性月堂) 19세기 전·중반에 활동한 불화승이다. 1817년에 수화승 운곡언보와 경북 청도 병사餅寺 석가모니후불홍도釋迦牟尼後佛紅圖를 조성할 때 부화원으로 참여하고, 1828년에 수화승 화담 신선과 경기 남양주 봉영사 지장도를, 1850년에 수화승으로 대구 동화사 칠성도를 조성하였다.

▫ 1817년 경북 청도 餅寺 釋迦牟尼後佛紅圖 조성(淸道 德寺 所藏, 『韓國의 佛畵 21 – 桐華寺(上)』) 副手 수화승 雲谷言輔
▫ 1828년 경기 남양주 奉永寺 地藏圖 조성(『韓國의 佛畵 33 – 奉先寺』) 片手 수화승 華潭愼善[80]
▫ 1850년 대구 桐華寺 七星圖(運意通證如來) 조성(『韓國의 佛畵 22 – 桐華寺(下)』) 龍眼 수화승
1850년 대구 桐華寺 七星圖(光音自在如來) 조성(『韓國의 佛畵 22 – 桐華寺(下)』) 龍眼 수화승
1850년 대구 桐華寺 七星圖(金色成就如來) 조성(『韓國의 佛畵 22 – 桐華寺(下)』) 龍眼 수화승
1850년 대구 桐華寺 七星圖(最勝吉祥如來) 조성(『韓國의 佛畵 22 – 桐華寺(下)』) 龍眼 수화승
1850년 대구 桐華寺 七星圖(廣達智辨如來) 조성(『韓國의 佛畵 22 – 桐華寺(下)』) 龍眼 수화승
1850년 대구 桐華寺 七星圖(法海遊戱如來) 조성(『韓國의 佛畵 22 – 桐華寺(下)』) 龍眼 수화승
1850년 대구 桐華寺 七星圖(藥師琉光如來) 조성(『韓國의 佛畵 22 – 桐華寺(下)』) 龍眼 수화승

운곡당(雲谷堂) 언보(言輔) 참조

운도(雲嶋 : -1905-) 20세기 전반에 활동한 불화승이다. 1905년에 수화승 초암세한 등과 대구 동화사 석가모니후불도를 조성하였다.

▫ 1905년 대구 桐華寺 釋迦牟尼後佛圖 조성(『韓國의 佛畵 21 – 桐華寺(上)』) 수화승 草庵世閑

운성당(雲城堂) 상근(尙根) 참조

운식(雲湜 : -1688-) 17세기 후반에 활동한 불화승이다. 1688년에 수화승 학능과 경북 상주 북장사 괘불도를 조성하였다.

▫ 1688년 경북 상주 北長寺 掛佛圖 조성(『韓國의 佛畵 9 – 直指寺(下)』) 수화승 學能

운제(運齊 : -1885-1922-)* 금명당(錦冥堂, 錦溟堂, 錦明堂) 20세기 전반에 활동한 불화승이다. 1885년에 수화승 만파정익과 경기 남양주 내원암 괘불도를, 1914년에 수화승 초암세복과 경기 안성 청룡사 팔상도를, 1915년에 수화승 범화 정운과 서울 미타사 괘불도를, 수화승 초암세복과 서울 미타사 삼성각 독성도와 산신도를, 1916년에 관음암 관음후불도(이천 영원사 소장)를, 1918년에 수화승 고산축연과 경북 성주 선석사 명부전 지장도와 사자도(감재사자) 및 칠성도를, 수화승 벽월창오와 전남 순천 선암사 응진당 십육나한도를, 1920년에 수화승으로 경북 선산 대둔사 나한전 후불도를, 1922년에 수화승 초암세복과 서울 화계사 삼성각 독성도를 조성하였다.

- 1885년 경기 남양주 內院庵 掛佛圖 조성(畵記,『韓國의 佛畵 33 - 奉先寺』) 수화승 萬波定翼
- 1914년 경기 안성 靑龍寺 八相圖 조성(『韓國의 佛畵 29 - 龍珠寺(下)』) 수화승 草庵世復
- 1915년 서울 彌陀寺 掛佛圖 조성(『韓國의 佛畵 35 - 曹溪寺(中)』) 수화승 梵華禎雲
  1915년 서울 彌陀寺 三聖閣 獨聖圖 조성(『韓國의 佛畵 36 - 曹溪寺(下)』) 수화승 草庵世復
  1915년 서울 彌陀寺 三聖閣 山神圖 조성(『韓國의 佛畵 36 - 曹溪寺(下)』) 수화승 草庵世復
- 1916년 觀音庵 觀音後佛圖 조성(利川 靈源寺 所藏,『韓國의 佛畵 28 - 龍珠寺(上)』)[81] 수화승 尹草庵
- 1918년 경북 성주 禪石寺 冥府殿 地藏圖 조성(『韓國의 佛畵 21 - 桐華寺(上)』) 수화승 古山竺衍
  1918년 경북 성주 禪石寺 冥府殿 使者圖(監齋使者) 조성(『韓國의 佛畵 22 - 桐華寺(下)』) 수화승 古山竺衍
  1918년 경북 성주 禪石寺 七星圖1 조성(『韓國의 佛畵 22 - 桐華寺(下)』) 金魚 수화승 草庵世復
  1918년 경북 성주 禪石寺 七星圖2 조성(『韓國의 佛畵 22 - 桐華寺(下)』) 金魚 수화승 草庵世復
  1918년 전남 순천 선암사 應眞堂 十六羅漢圖 조성(『韓國의 佛畵 12 - 仙巖寺』) 수화승 碧月昌旿
  1918년 전남 순천 仙巖寺 應眞堂 十六羅漢圖 조성(『韓國의 佛畵 12 - 仙巖寺』) 수화승 碧月昌旿
- 1920년 경북 선산 大芚寺 羅漢殿 後佛圖 조성(『韓國의 佛畵 8 - 直指寺(上)』) 片手 수화승
- 1922년 서울 華溪寺 三聖閣 獨聖圖 조성(『韓國의 佛畵 36 - 曹溪寺(下)』)[82] 수화승 草庵世復

운조(雲照, 雲祚, 運照, 芸照 : -1894-1918-) 청암당(淸岩堂, 靑巖堂, 淸庵堂, 淸菴堂) 속성 김(金) 19세기 후반부터 20세기 전반까지 활동한 불화승이다. 1894년에 수화승 보암긍법과 강원 평창 상원사 중대 석가모니후불도를, 1895년에 수화승 금곡영환과 서울 봉은사 영산전 나한도와 신중도를, 수화승 영화와 경기 남양주 불암사 괘불도를, 수화승 보암긍법과 강원 평창 상원사 중대 사자암 목조비로자나불좌상을 개금하였다. 1900년에 수화승 금화기형과 경기 여주 신륵사 극락보전 석가모니후불도, 아미타회상도, 감로도, 현왕도를 제작하였다. 1900년에 아미타후불도(목아불교박물관 소장) 조성 시 편수片手로,

1901년에 수화승 한봉응작과 서울 봉원사 괘불도를, 1918년에 수화승 벽월 창오, 종인 등과 전남 순천 선암사 응진당 십육나한도를, 수화승 금호약효와 충남 공주 마곡사 영은암 칠성도와 독성도를 조성하였다. 1895년에 불화 제 작 시 사미沙彌로 나와 있지만, 1900년에 불화 제작 시 청암당淸岩堂이라는 호를 쓰고 있다.

- 1894년 강원 평창 上院寺 中臺 釋迦牟尼後佛圖 조성(『韓國의 佛畵 10 - 月精寺』) 수화승 普庵肯法
- 1895년 경기 남양주 佛巖寺 掛佛圖 조성(『掛佛調査報告書』와 『韓國佛畵畵記集』 및 『韓國의 佛畵 33 - 奉先寺』) 沙彌 수화승 金谷永煥
  1895년 서울 奉恩寺 靈山殿 十六羅漢圖 조성(『韓國의 佛畵 35 - 曹溪寺(中)』) 수화승 尙奎
  1895년 서울 奉恩寺 靈山殿 神衆圖 조성(『서울전통사찰불화』와 『韓國佛畵畵記集』, 및 『韓國의 佛畵 35 - 曹溪寺(中)』) 수화승 尙奎
- 1897년 서울 彌陀寺 七星殿 阿彌陀後佛圖 조성(『韓國의 佛畵 34 - 曹溪寺(上)』) 수화승 普庵肯法
  1897년 서울 彌陀寺 七星閣 七星圖 조성(『韓國의 佛畵 36 - 曹溪寺(下)』) 수화승 普庵 肯法
  1897년 경기 남양주 佛巖寺 十六羅漢圖 조성(『畿內寺院誌』와 『韓國佛畵畵記集』 및 『韓國의 佛畵 33 - 奉先寺』)[83] 수화승 慶船應釋
- 1898년 서울 奉恩寺 冥府殿 十王圖(6·8·10大王) 조성(『韓國의 佛畵 35 - 曹溪寺(中)』) 수화승 秋山天性
  1898년 경기 파주 普光寺 大雄殿 三藏圖 조성(『畿內寺院誌』와 『韓國佛畵畵記集』 및 『韓國의 佛畵 33 - 奉先寺』)[84] 수화승 慶船應釋
- 1900년 서울 彌陀寺 無量壽殿 神衆圖 조성(『韓國의 佛畵 35 - 曹溪寺(中)』) 片手 수화승 普庵肯法
  1900년 경기 여주 神勒寺 極樂寶殿 釋迦牟尼後佛圖 조성(『韓國의 佛畵 28 - 龍珠寺(上)』) 수화승 幻溟龍化
  1900년 경기 여주 神勒寺 阿彌陀會上圖 조성(『韓國佛畵畵記集』) 수화승 錦華機烱
  1900년 경기 여주 神勒寺 甘露圖 조성(『韓國의 佛畵 29 - 龍珠寺(下)』)[85] 수화승 錦華 機烱
  1900년 경기 여주 神勒寺 現王圖 조성(『韓國의 佛畵 29 - 龍珠寺(下)』) 模畵 수화승 錦華 機烱
  1900년 阿彌陀後佛圖 조성(木芽佛敎博物館 所藏, 『韓國의 佛畵 20 - 私立博物館』)[86] 片手 수화승 普庵 上月
  1900년 서울 彌陀寺 無量壽殿 現王圖 조성(韓國의 佛畵 36 - 曹溪寺(下)』) 片手 수화승
- 1901년 서울 蓮華寺 掛佛圖 조성(『韓國의 佛畵 35 - 曹溪寺(中)』) 수화승 大恩 頓喜
  1901년 서울 蓮華寺 神衆圖 조성(『韓國의 佛畵 35 - 曹溪寺(中)』) 수화승 漢峰應作[87]
  1901년 서울 奉元寺 掛佛圖 조성(『서울전통사찰불화』와 『韓國佛畵畵記集』) 수화승 韓峰應作
  1901년 서울 蓮華寺 千手天眼觀音圖 조성(『韓國의 佛畵 34 - 曹溪寺(上)』) 수화승 漢峰應作
- 1918년 전남 순천 선암사 應眞堂 十六羅漢圖 조성(『韓國의 佛畵 12 - 仙巖寺』) 수화승 碧月昌旿
- 1918년 충남 공주 麻谷寺 靈隱庵 七星圖 조성(『韓國의 佛畵 16 - 麻谷寺(下)』) 수화승 金錦湖
  1918년 충남 공주 麻谷寺 靈隱菴 獨聖圖 조성(『韓國의 佛畵 16 - 麻谷寺(下)』)

운철(雲哲 : -1787-1788-) 18세기 후반에 활동한 불화승이다. 1787년에 수화

승 등잠과 강원 통천 화장사 불상을 개금하고, 1788년에 수화승 연홍과 공주 마곡사 대적광전 석가모니후불도를 제작하였다.

◦ 1787년 강원 통천 화장사 불상 개금(「乾隆五十二年丁未十二月歙谷金剛山華藏寺阿彌陀佛觀世音大勢至三位尊像改金願文」,『楡岾寺本末寺誌(華藏寺誌)』) 수화승 等岑
◦ 1788년 충남 공주 麻谷寺 大寂光殿 釋迦牟尼後佛圖 조성(『韓國의 佛畵 15 – 麻谷寺(上)』) 수화승 鍊弘

운파당(雲波堂) 취선(就善) 참조

운학(雲鶴 : -1905-) 20세기 전반에 활동한 불화승이다. 1905년에 수화승 혜산축연이나 수화승 윤일 및 수화승 초암세한과 대구 동화사 영산전 십육나한도를 조성하였다.

◦ 1905년 대구 桐華寺 靈山殿 十六羅漢圖 조성(『韓國의 佛畵 22 – 桐華寺(下)』) 수화승 慧山竺衍
1905년 대구 桐華寺 靈山殿 十六羅漢圖 조성(『韓國의 佛畵 22 – 桐華寺(下)』) 수화승 允一
1905년 대구 桐華寺 靈山殿 十六羅漢圖 조성(『韓國의 佛畵 22 – 桐華寺(下)』) 수화승 草庵世閑

운혼(雲混 : -1693-) 17세기 후반에 활동한 불화승이다. 1693년에 수화승 홍언과 경북 김천 직지사 관음전 단청에 참여하였다.

◦ 1693년 경북 김천 直指寺 觀音殿 丹靑(『直指寺誌』) 수화승 弘彦

원각(圓覺 : -1725-)* 18세기 전반에 활동한 불화승이다. 1725년에 수화승으로 충남 홍성 용봉사 괘불을 중수하였다.

◦ 1725년 충남 홍성 龍鳳寺 掛佛 重修(1690년 作,『韓國의 佛畵 27 – 修德寺』) 畵員 수화승

원관(願官 : -1803-) 19세기 전반에 활동한 불화승이다. 1803년에 수화승 제한과 경북 김천 직지사 괘불도를 조성하였다.

◦ 1803년 경북 김천 直指寺 掛佛圖 조성(『韓國의 佛畵 9 – 直指寺(下)』) 수화승 濟閑

원규(元奎 : -1869-) 19세기 후반에 활동한 불화승이다. 1869년에 수화승 원선과 부산 범어사 사천왕도를 조성하였다.

◦ 1869년 부산 梵魚寺 四天王圖 조성(『梵魚寺聖寶博物館 名品圖錄』과『韓國의 佛畵 32 – 梵魚寺』) 수화승 元善

원근(元根 : -1868-) 연우당(蓮藕堂) 19세기 중반에 활동한 불화승이다. 1868년에 수화승 경은계윤과 경북 예천 용문사 아미타후불도와 신중도를 조성하였다.

◦ 1868년 경북 예천 용문사 阿彌陀後佛圖 조성(『韓國의 佛畵8 – 直指寺(上)』)88) 片手 수화승 慶隱戒允
1868년 경북 예천 용문사 神衆圖 조성(『韓國의 佛畵8 – 直指寺(上)』)89) 片手수화승 慶隱戒允

원기(圓奇 : -1788-) 18세기 후반에 활동한 불화승이다. 1788년에 수화승 연홍과 충남 공주 마곡사 대적광전 석가모니후불도와 삼장도를 조성하였다.

▫ 1788년 충남 공주 麻谷寺 大寂光殿 釋迦牟尼後佛圖 조성(『韓國의 佛畵 15 – 麻谷寺(上)』)
수화승 鍊弘
1788년 충남 공주 麻谷寺 三藏圖 조성(『韓國의 佛畵 40 – 補遺』) 수화승 鍊弘

원담당(圓潭堂) 내원(乃圓, 乃元) 참조

원밀(圓密) 조선후기 활동한 불화승이다. 제작연대를 알 수 없는 대구 파계
사 십육나한도를 수화승 錦庵天如와 조성하였다.

▫ 연대미상 대구 把溪寺 十六羅漢圖 조성(『韓國의 佛畵 22 – 桐華寺(下)』) 수화승 錦庵天如

원민(元敏 : -1728-) 18세기 전반에 활동한 불화승이다. 1728년에 수화승 일
선과 경남 하동 쌍계사 팔상도(도솔내의상, 비람강생상, 사문유관상, 유성출
가상, 설산수도상, 수하항마상, 녹원전법상)와 수화승 명정과 감로도를 조성
하였다.

▫ 1728년 경남 하동 雙溪寺 八相圖(兜率來儀相, 毘籃降生相, 四門遊觀相, 踰城出家相, 雪
山修道相, 樹下降魔相, 鹿苑轉法相) 조성(『韓國의 佛畵 26 – 雙磎寺(下)』) 수화승 一禪
1728년 경남 하동 雙溪寺 甘露圖 조성(『韓國의 佛畵 26 – 雙磎寺(下)』) 수화승 明淨

원상(元尙 : -1907-) 20세기 전반에 활동한 불화승이다. 1907년에 수화승 보
암긍법과 서울 수국사 신중도와 감로도를 조성하였다.

▫ 1907년 서울 守國寺 神衆圖 조성(『서울전통사찰불화』와 『韓國佛畵畵記集』 및 『韓國의
佛畵 35 – 曹溪寺(中)』) 수화승 普庵肯法
1907년 서울 守國寺 甘露圖 조성(『韓國의 佛畵 36 – 曹溪寺(下)』) 수화승 寶菴 肯法

원석(圓碩 : -1885-) 19세기 후반에 활동한 불화승이다. 1885년에 수화승 수
룡기전과 경남 합천 해인사 대적광전 삼신도를 조성하였다.

▫ 1885년 경남 합천 海印寺 大寂光殿 三身圖(釋迦牟尼佛) 조성(『韓國의 佛畵 4 – 海印寺
(上)』) 수화승 水龍琪銓

원선(元善 : -1868-1872-)* 19세기 중반에 활동한 불화승이다. 1868년에 수화
승 금암천여와 경남 양산 통도사 안적암 아미타후불홍도阿彌陀後佛紅圖를, 수
화승으로 1869년에 부산 범어사 사천왕도와 1872년에 부산 정수사 아미타후
불홍도阿彌陀後佛紅圖를 조성하였다.

▫ 1868년 경남 양산 通度寺 安寂庵 阿彌陀後佛紅圖 조성(『韓國의 佛畵 3 – 通度寺(下)』)
수화승 錦庵天如
▫ 1869년 부산 梵魚寺 四天王圖 조성(『梵魚寺聖寶博物館 名品圖錄』과 『韓國의 佛畵 32 –
梵魚寺』) 金魚 수화승
▫ 1872년 부산 淨水寺 阿彌陀後佛紅圖 조성(『韓國의 佛畵 32 – 梵魚寺』) 金魚 수화승

원식 1(元式 : -1723-)* 18세기 전반에 활동한 불화승이다. 1723년에 수화승
으로 경북 안동 부석사 안양문 중수에 참여하였다.

▫ 1723년 경북 안동 浮石寺 「安養門重修記」(「浮石寺資料」, 『佛敎美術』 3) 畵員 수화승

원식 2(願式 : -1781-) 18세기 후반에 활동한 불화승이다. 1781년에 수화승
유봉과 경북 김천 청암사 신중도를 조성하였다.

▫ 1781년 경북 김천 靑巖寺 神衆圖 조성(『韓國의 佛畵 8 – 直指寺(上)』) 수화승 有奉

원신(元信 : -1830-) 19세기 중반에 활동한 불화승이다. 1830년에 수화승 성수와 전북 완주 화암사 명부전 지장도를 조성하였다.

　　◦1830년 전북 완주 花巖寺 冥府殿 地藏圖 조성(『韓國의 佛畵 13 - 金山寺』) 수화승 誠修

원열(元悅 : -1867-) 19세기 중반에 활동한 불화승이다. 1867년에 수화승 해명산수와 봉곡사 석가모니후불도(서산 부석사 소장)를 조성하였다.

　　◦1867년 鳳谷寺 釋迦牟尼後佛圖 조성(瑞山 浮石寺 所藏, 『韓國의 佛畵 27 - 修德寺』) 수화승 海溟山水

원유(圓有, 圓宥 : -1774-1785-) 18세기 후반에 활동한 불화승이다. 1774년에 수화승 처징과 서울 학림사 괘불도를 중수하고, 1785년에 함경남도 복흥사 불상삼존과 영산회상도, 감로도, 신중도를 조성하였다.

　　◦1774년 서울 鶴林寺 掛佛圖 重修(박도화, 「鶴林寺 毘盧遮那三身掛佛幀화」와 『韓國의 佛畵 35 - 曹溪寺(中)』) 수화승 處澄
　　◦1785년 함남 福興寺 新佛像三尊與靈山會佛幀甘露神衆圖 조성(「萬德山福興寺事蹟記」, 『朝鮮寺刹史料』下)

원응당(圓應堂) 천일(天日) 참조

원의(元楦 : -1897-) 19세기 후반에 활동한 불화승이다. 1897년에 수화승 정연과 충북 보은 법주사 원통보전 관음도를 조성하였다.

　　◦1897년 충북 보은 法住寺 圓通寶殿 觀音圖 조성(『韓國의 佛畵 17 - 法住寺』) 수화승 定鍊

원인 1(圓認 : -1705-) 18세기 전반에 활동한 불화승이다. 1705년에 수화승 성징과 경북 예천 용문사 괘불도를 조성하였다.

　　◦1705년 경북 예천 龍門寺 掛佛圖 조성(『韓國의 佛畵 9 - 直指寺(下)』) 수화승 性澄

원인 2(元印 : -1785-)* 18세기 후반에 활동한 불화승이다. 1785년에 수화승으로 국립중앙박물관 소장 현왕도를 조성하였다.

　　◦1785년 現王圖 조성(國立中央博物館 所藏, 『영혼의 여로 -조선시대 불교회화와의 만남』과 『韓國의 佛畵 39 - 國·公立博物館』) 良工 수화승

원일 1(圓一 : -1884-) 19세기 후반에 활동한 불화승이다. 1884년에 수화승 하은응상과 경북 예천 용문사 아미타후불도(문경 금룡사 소장)를 조성하였다.

　　◦1884년 경북 예천 龍門寺 阿彌陀後佛圖 조성(聞慶 金龍寺 所藏, 『韓國의 佛畵 8 - 直指寺(上)』)90) 수화승 霞隱應祥

원일 2(圓日 : -1908-1924-)* 퇴운당(退雲堂) 20세기 전반에 활동한 불화승이다. 1908년에 수화승으로 경남 합천 해인사 백련암 아미타후불도와 신중도(고령 관음사 소장)를, 1924년에 수화승 대우봉민과 대구 동화사 괘불도를 조성하였다.

　　◦1908년 경남 합천 海印寺 白蓮庵 阿彌陀後佛圖 조성(高靈 觀音寺 所藏, 『韓國의 佛畵21 - 桐華寺(上)』) 金魚 수화승
　　1908년 경남 합천 海印寺 白蓮庵 神衆圖 조성(高靈 觀音寺 所藏, 『韓國의 佛畵 21 桐華寺(上)』) 金魚 수화승

　◦1924년 대구 桐華寺 掛佛圖 조성(『韓國의 佛畵 22 – 桐華寺(下)』) 片手 수화승 大愚 奉珉
　※ 원일 2는 원일 1과 동일인일 가능성이 있다.

원정(元正 : -1794-) 18세기 후반에 활동한 불화승이다. 1794년에 수화승 승
초와 충남 공주 마곡사 백련정사 신중도(아산 세심사 소장)를 조성하였다.

　◦1794년 충남 공주 麻谷寺 白蓮精舍 神衆圖 조성(牙山 洗心寺 所藏, 『韓國의 佛畵 15 –
　麻谷寺(上)』) 수화승 勝初

원종(圓宗 : -1862-) 19세기 중반에 활동한 불화승이다. 1862년에 수화승 해
운익찬과 전남 구례 화엄사 명부전 지장도를 조성하였다.

　◦1862년 전남 구례 華嚴寺 冥府殿 地藏圖 조성(『韓國의 佛畵 11 – 華嚴寺』) 수화승 海雲
　益讚

원찬(爰粲 : -1765-) 18세기 중반에 활동한 불화승이다. 1765년에 수화승 □
□와 전남 순천 해천사 삼세후불도(석가모니불, 순천 선암사 소장)를 조성하
였다.

　◦1765년 전남 순천 海川寺 三世後佛圖(釋迦牟尼佛) 조성(順天 仙巖寺 所藏, 『韓國의 佛畵
　12 – 仙巖寺』) 수화승 □□

원하(元荷, 元河 : -1896-1903-) 범선당(梵船堂) 19세기 후반부터 20세기 전반
까지 활동한 불화승이다. 1896년에 범해두안과 경북 김천 봉곡사 지장도와
수화승 덕산묘화와 대구 동화사 사천왕도(지국천왕)를, 1903년에 수화승 예
운상규와 삼각산 원흥사 칠성도(남양주 봉선사 소장)를 조성하였다.

　◦1896년 경북 김천 鳳谷寺 地藏圖 조성(『韓國의 佛畵 8 – 直指寺(上)』) 수화승 帆海 斗岸[91]
　1896년 대구 동화사 四天王圖(持國天王) 조성(『韓國의 佛畵 21 – 桐華寺(上)』) 수화승
　德山妙華
　◦1903년 三角山 元興寺 七星圖 조성(南楊州 奉先寺 所藏, 『韓國의 佛畵 33 – 奉先寺』)
　出草 수화승 禮雲 尙奎

원학(元學 : -1675-) 17세기 후반에 활동한 불화승이다. 1675년에 현종顯宗
빈전殯殿 조성소 화승畵僧으로 참여하였다.

　◦1675년 『顯宗殯殿都監儀軌』魂殿 造成所 畵僧(奎章閣 13540호, 朴廷蕙, 「儀軌를 통해서
　본 朝鮮時代의 畵員」 자료1)

원행(遠行 : -1770-)* 18세기 후반에 활동한 불화승이다. 1770년에 수화승으
로 경남 합천 해인사 신중도(동진보살)를 조성하였다.

　◦1770년 경남 합천 海印寺 神衆圖(童眞菩薩) 조성(『韓國의 佛畵 4 – 海印寺(上)』) 金魚 수
　화승

원혜(元慧 : -1770-) 18세기 후반에 활동한 불화승이다. 1770년에 광주 무등
산 안심사에서 수화승 화연과 화엄도를 조성하여 전남 순천 송광사 화엄전에
봉안하였다.

　◦1770년 광주 無等山 安心寺에서 華嚴圖를 조성하여 순천 松廣寺 華嚴殿 봉안(『曹溪山松
　廣寺史庫』와 『韓國의 佛畵 6 – 松廣寺』) 수화승 華蓮

원호(圓湖, 圓浩 : -1826-1830-) 19세기 중반에 활동한 불화승이다. 1826년에

수화승 풍계순정과 전남 해남 대흥사 석가모니후불도를, 1830년에 수화승 성수와 전북 완주 화암사 명부전 지장도를 조성하였다.

  ▫1826년 전남 해남 大興寺 釋迦牟尼後佛圖 조성(『韓國의 佛畵 31 – 大興寺』) 수화승 楓溪舜靜
  ▫1830년 전북 완주 花巖寺 冥府殿 地藏圖 조성(『韓國의 佛畵 13 – 金山寺』) 수화승 誠修

원화(元化 : -1905-) 범선당(範宣堂) 20세기 전반에 활동한 불화승이다. 1905년에 수화승 혜과봉감과 서울 봉원사 대웅전 현왕도를 조성하였다.

  ▫1905년 서울 奉元寺 大雄殿 現王圖 조성(『서울전통사찰불화』와 『韓國佛畵畵記集』) 수화승 慧果保鑑92)

월계(月桂 : -1753-) 18세기 중반에 활동한 불화승이다. 1753년에 수화승 은기와 전남 순천 선암사 삼십삼조사도(석가모니불, 1·2조사)를, 수화승 치한과 괘불도를 조성하였다.

  ▫1753년 전남 순천 仙巖寺 三十三祖師圖(釋迦牟尼佛, 1·2祖師) 조성(『韓國의 佛畵 12 – 仙巖寺』) 수화승 隱奇
  1753년 전남 순천 仙巖寺 掛佛圖 조성(『韓國의 佛畵 12 – 仙巖寺』) 수화승 致閑

월상(月尙 : -1762-) 18세기 중반에 활동한 불화승이다. 1762년에 수화승 진찰과 강원 홍천 수타사 석가모니후불도를 조성하였다.

  ▫1762년 강원 홍천 壽陁寺 釋迦牟尼後佛圖 조성(『韓國의 佛畵 10 – 月精寺』) 수화승 震刹

월선당(月仙堂) 봉종(奉宗) 참조

월암당(月庵堂) 응탄(應坦) 참조

월연당(月淵堂) 관혜(貫惠) 참조

월연당(月蓮堂) 성희(性希) 참조

월우당(月宇堂) 봉원(奉圓) 참조

월윤(月輪 : -1741-) 18세기 중반에 활동한 불화승이다. 1741년에 수화승 세관과 경북 상주 남장사 아미타후불도와 삼장도를 조성하였다.

  ▫1741년 경북 상주 南長寺 阿彌陀後佛圖 1 조성(『韓國의 佛畵 8 – 直指寺(上)』) 出草執務, 施主兼 수화승 世冠
  1741년 경북 상주 南長寺 阿彌陀後佛圖 2 조성(『韓國의 佛畵 8 – 直指寺(上)』) 수화승 世冠
  1741년 경북 상주 南長寺 三藏圖 조성(『韓國의 佛畵 8 – 直指寺(上)』) 수화승 世冠

월인(月印 : -1744-1758-)* 18세기 중반에 경북 김천 황악산에서 활동한 불화승이다. 1744년에 수화승 세관에 경북 김천 직지사 석가모니후불도, 약사여래후불도, 아미타후불도, 시왕도(변성대왕)를, 1753년에 수화승으로 충북 영동 반야사 지장보살도와 1758년에 전북 무주 안국사 감로도를 조성하였다.

  ▫1744년 경북 김천 直指寺 釋迦牟尼後佛圖 조성(『韓國의 佛畵 8 – 直指寺(上)』) 本山 수화승 世冠
  1744년 경북 김천 直指寺 藥師如來後佛圖 조성(『韓國의 佛畵 8 – 直指寺(上)』) 起草

弟子 수화승 世冠

1744년 경북 김천 直指寺 阿彌陀後佛圖 조성(『韓國의 佛畵 8 – 直指寺(上)』) 出草 수화승 世冠

1744년 경북 김천 直指寺 十王圖(變成大王) 조성(『韓國의 佛畵 9 – 直指寺(下)』) 수화승 世冠

◦1753년 충북 영동 般若寺 地藏菩薩圖 조성(『韓國佛畵畵記集』) 龍眼 수화승

◦1758년 전남 무주 安國寺 甘露圖 조성(『韓國佛畵畵記集』) 金魚 수화승

월정(月淨 : -1765-) 18세기 중반에 활동한 불화승이다. 1765년에 수화승 □□와 전남 순천 해천사 삼세후불도(석가모니불, 순천 선암사 소장)를 조성하였다.

◦1765년 전남 순천 海川寺 三世後佛圖(釋迦牟尼佛) 조성(順天 仙巖寺 所藏, 『韓國의 佛畵 12 – 仙巖寺』) 수화승 □□

월지(月遲 : -1765-) 18세기 중반에 활동한 불화승이다. 1765년에 수화승 자인과 경북 안동 봉정사 감로왕도를 조성하였다.

◦1765년 경북 안동 鳳停寺 甘露王圖 조성(『韓國佛畵畵記集』) 수화승 自仁

월파당(月波堂) 명진(明眞) 참조

월하당(月霞堂) 세원(世元, 世圓) 참조

월해당(月海堂) 성일(性一) 참조

월허당(月虛堂) 준언(俊彦) 참조

월헌(軏軒 : -1790-) 18세기 후반에 활동한 불화승이다. 1790년에 수화승 상겸과 경기 화성 용주사 감로도를 조성하였다.

◦1790년 경기 화성 龍珠寺 甘露圖 조성(『韓國佛畵畵記集』) 수화승 尙兼

월현(月賢 : -1781-) 18세기 후반에 활동한 불화승이다. 1781년에 수화승 승윤과 경남 하동 쌍계사 삼세불도(석가모니불)와 삼장도를 조성하였다.

◦1781년 경남 하동 쌍계사 三世佛圖(釋迦牟尼佛) 조성(『韓國의 佛畵 25 – 雙磎寺(上)』) 수화승 勝允

1781년 경남 하동 쌍계사 三藏圖 조성(『韓國의 佛畵 25 – 雙磎寺(上)』) 수화승 勝允

월현당(月現堂) 도순(道淳) 참조

위상(偉相, 偉祥 : -1861-1876-)* 하은당(霞隱堂) 19세기 중반에 활동한 불화승이다. 수화승으로 1861년 경남 양산 통도사 서운암 칠성도를, 1863년 경남 양산 통도사 백련암 석가모니후불홍도(釋迦牟尼後佛紅圖)를, 1864년에 통도사 백련암 신중도와 현왕도 및 경북 김천 청암사 수도암 산신도를, 1866년에 양산 통도사 안양암 북극전 칠성도를, 1871년에 경북 경주 분황사 보광전 신중도를, 1873년에 경남 합천 해인사 법보전 비로자나후불도를 그렸다. 1876년에 수화승 하은위상과 경북 선산 도리사 석가모니후불도를, 수화승으로 경북 문경 대승사 지장도와 신중도를 조성하였다.

- 1861년 경남 양산 通度寺 瑞雲庵 七星圖 조성(『韓國의 佛畵 2 – 通度寺(中)』)[93] 金魚 수화승
- 1863년 경남 양산 通度寺 白蓮庵 釋迦牟尼後佛紅圖 조성(『韓國의 佛畵 3 – 通度寺(下)』) 良工 수화승
- 1864년 경남 양산 通度寺 白蓮庵 神衆圖 조성(『韓國의 佛畵 1 – 通度寺(上)』) 金魚 수화승
  1864년 경남 양산 通度寺 現王圖 조성(『韓國의 佛畵 2 – 通度寺(中)』) 金魚 수화승
  1864년 경북 김천 靑巖寺 修道庵 山神圖 조성(『韓國의 佛畵 9 – 直指寺(下)』) 金魚 수화승
- 1866년 경남 양산 通度寺 安養庵 北極殿 七星圖 조성(『韓國의 佛畵 2 – 通度寺(中)』) 畫士 수화승
- 1871년 경북 경주 芬皇寺 普光殿 神衆圖 조성(『韓國의 佛畵 38 – 佛國寺』)[94] 金魚 수화승
- 1873년 경남 합천 海印寺 法寶殿 毘盧遮那後佛圖 조성(『韓國의 佛畵 4 – 海印寺(上)』) 金魚 수화승
- 1876년 경북 선산 桃李寺 釋迦牟尼後佛圖 조성(『韓國의 佛畵 8 – 直指寺(上)』) 金魚 수화승 霞隱偉相[95]
  1876년 경북 문경 大乘寺 地藏圖 조성(『韓國의 佛畵 8 – 直指寺(上)』) 金魚 수화승
  1876년 경북 문경 大乘寺 神衆圖 조성(『韓國의 佛畵 8 – 直指寺(上)』) 金魚 수화승
  ※ 하은위상과 하은응상은 동일인으로 보인다.

위성(偉性, 謂聖 : -1776-1795-) 18세기 후반에 활동한 불화승이다. 1776년에 영조英祖 원릉元陵 조성소造成所 화원畵僧으로 참여하고, 1795년에 수화승 신겸과 충북 보은 법주사 대웅보전 신중도(복천암 소장)를 조성하였다.

- 1776년 『英祖元陵山陵都監儀軌』 造成所 畵僧(奎章閣 13586호, 朴廷蕙, 「儀軌를 통해서 본 朝鮮時代의 畵員」 자료1)
- 1795년 충북 보은 法住寺 大雄寶殿 神衆圖 조성(福泉庵 所藏, 『韓國의 佛畵 17 – 法住寺』) 수화승 信謙

위순(偉順 : -1742-) 18세기 중반에 활동한 불화승이다. 1742년에 수화승 혜식과 덕유산 영축사 영산회상도(국립중앙박물관 소장)를 조성하였다.

- 1742년 德裕山 靈鷲寺 靈山會上圖 조성(國立中央博物館 所藏, 『영혼의 여로 – 조선시대 불교회화와의 만남』과 『韓國의 佛畵 39 – 國·公立博物館』) 山人 수화승 慧式

위잠(偉箴 : -1765-) 18세기 중반에 활동한 불화승이다. 1765년에 수화승 □□와 전남 순천 해천사 삼세후불도(석가모니불, 순천 선암사 소장)를 조성하였다.

- 1765년 전남 순천 海川寺 三世後佛圖(釋迦牟尼佛) 조성(順天 仙巖寺 所藏, 『韓國의 佛畵 12 – 仙巖寺』) 수화승 □□

위전(偉傳, 瑋全 : -1790-1803-)* 18세기 후반에 활동한 불화승이다. 1790년에 수화승 영수와 경북 상주 남장사 십육나한도를, 1795년에 수화승 신겸과 충북 보은 법주사 대웅보전 신중도(복천암 소장)를, 1797년에 수화승으로 경북 김천 직지사 신중도를, 1803년에 수화승 제한과 김천 직지사 괘불도를 조성하였다.

- 1790년 경북 상주 南長寺 十六羅漢圖1 조성(『韓國의 佛畵 9 – 直指寺(下)』) 수화승 影修
- 1795년 충북 보은 法住寺 大雄寶殿 神衆圖 조성(福泉庵 所藏, 『韓國의 佛畵 17 – 法住寺』) 수화승 信謙
- 1797년 경북 김천 直指寺 神衆圖 조성(『韓國의 佛畵 8 – 直指寺(上)』) 良工 수화승

▫1803년 경북 김천 直指寺 掛佛圖 조성(『韓國의 佛畵 9 – 直指寺(下)』) 수화승 濟閑

위진(威振, 威鎭 : -1856-1860-) 19세기 중반에 활동한 불화승이다. 1856년에 수화승 해운익찬과 경북 성주 선석사 대웅전 석가모니후불도를, 1858년에 수화승 정공 천축과 충남 공주 갑사 서운암 칠성도를, 1860년에 수화승 해운익찬과 전남 구례 화엄사 각황전 삼세불도(약사불)를 조성하였다.

▫1856년 경북 성주 禪石寺 大雄殿 釋迦牟尼後佛圖 조성(『韓國의 佛畵 21 – 桐華寺(上)』) 수화승 益讚
▫1858년 충남 공주 甲寺 瑞雲庵 七星圖 조성(公州 甲寺 大聖庵 所藏, 『韓國의 佛畵 16 – 麻谷寺(下)』) 수화승 靜供 天竺
▫1860년 전남 구례 華嚴寺 覺皇殿 三世佛圖(藥師佛) 조성(『韓國의 佛畵 11 – 華嚴寺』)96) 수화승 海雲益讚

위청(偉淸 : -1682-) 17세기 후반에 활동한 불화승이다. 1682년에 수화승 명원과 전북 진안 금당사 괘불도를 조성하였다.

▫1682년 전북 진안 金塘寺 掛佛圖 조성(金堂寺 銘, 『韓國의 佛畵 13 – 金山寺』)97) 수화승 明遠

유겸(宥謙 : -1831-) 19세기 전반에 활동한 불화승이다. 1831년에 국립중앙박물관 소장 내원암 아미타극락회상도를 수화승 경욱과 조성하였다.

▫1831년 內院庵 阿彌陀極樂會上圖 조성(國立中央博物館 所藏, 『韓國의 佛畵 39 – 國·公立博物館』) 片手 수화승 慶郁

유경(有璟 : -1861-)* 하운당(河雲堂) 19세기 중반에 활동한 불화승이다. 1861년에 수화승으로 서울 화계사 칠성도(가평 현등사 소장)를 조성하였다.

▫1861년 서울 華溪寺 七星圖 조성(加平 懸燈寺 所藏, 畵記, 『韓國佛畵畵記集』와 『韓國의 佛畵 33 – 奉先寺』) 金魚 수화승

유계(裕契 : -1788-) 18세기 후반에 전라도에서 활동한 불화승이다. 1788년에 상겸 등과 남장사 불사에 참여하여 기록한 『불사성공록佛事成功錄』에 호남양공으로 언급되어 있다.

▫1788년 남장사 불사에 참여한 화승을 적은 『佛事成功錄』에 湖南良工에 언급(이용윤, 「『佛事成功錄』을 통해 본 남장사 괘불」) 수화승 尙謙

유담(有淡 : -1794-1796-) 18세기 후반에 경기도에서 활동한 불화승이다. 1794년부터 1796년까지 화성 건립에 참여하여 1801년 작성된 『화성성역의궤華城城役儀軌』에 양주목楊州牧 승려로 언급되어 있다.

▫1794년-1796년 화성 건립에 화원으로 참여(1801년 작성된 『華城城役儀軌』 卷4 工匠 畵工 條) 楊州牧

유문(有文 : -1819-) 19세기 전반에 활동한 불화승이다. 1819년에 수화승 풍계현정과 전남 해남 대흥사 천불전 신중도를 조성하였다.

▫1819년 전남 해남 大屯寺 千佛殿 神衆圖 조성(海南 大興寺 所藏, 『韓國의 佛畵 31 – 大興

유경, 칠성도, 가평 현등사

寺』) 수화승 楓溪賢正

유백(有伯 : -1797-) 18세기 후반에 활동한 불화승이다. 1797년에 수화승 위전과 경북 김천 직지사 신중도를 조성하였다.

　◦1797년 경북 김천 直指寺 神衆圖 조성(『韓國의 佛畵 8 – 直指寺(上)』) 수화승 偉傳

유봉 1(有鳳, 有奉 : -1765-1796-)* 18세기 후반에 경기도에서 활동한 불화승이다. 1765년에 수화승 성총과 대구 동화사 천룡도를, 1771년 화월두훈과 선산 수다사 시왕도(송제대왕, 오관대왕, 염라대왕) 등을, 1781년에 수화승으로 경북 김천 청암사 신중도를, 1794년에 한국불교미술박물관 소장 제석·천룡도를 조성하였다. 1794년부터 1796년까지 화성 건립에 참여하여 1801년 작성된 『화성성역의궤華城城役儀軌』에 양주목楊州牧 승려로 언급되어 있다.

　◦1765년 대구 桐華寺 天龍圖 조성(『韓國의 佛畵 21 – 桐華寺(上)』) 수화승 性聰
　◦1771년 경북 선산 水多寺 十王圖(宋帝大王) 조성(『韓國의 佛畵 9 – 直指寺(下)』) 수화승 抖薰
　　1771년 경북 선산 水多寺 十王圖(五官大王) 조성(『韓國의 佛畵 9 – 直指寺(下)』) 수화승 抖薰
　　1771년 경북 선산 水多寺 十王圖(閻羅大王) 조성(『韓國의 佛畵 9 – 直指寺(下)』) 수화승 抖薰
　　1771년 경북 선산 水多寺 使者圖1 조성(『韓國의 佛畵 9 – 直指寺(下)』) 수화승 抖薰
　◦1781년 경북 김천 靑巖寺 神衆圖 조성(『韓國의 佛畵 8 – 直指寺(上)』 畵98) 수화승
　◦1794년 帝釋·天龍圖(韓國佛教美術博物館 所藏, 『제1회 조선불화특별전』)
　　1794년-1796년 화성 건립에 화원으로 참여(1801년 작성된 『華城城役儀軌』 卷4 工匠 畵工 條) 楊州牧

유봉 2(有琫 : -1907-)* 벽운당(碧雲堂) 20세기 전반에 활동한 불화승이다. 1907년에 수화승으로 전남 순천 선암사 천불도를 조성하였다.

　◦1907년 전남 순천 仙巖寺 千佛圖 조성(『韓國의 佛畵 12 – 仙巖寺』) 毘首 수화승

유상(有祥, 宥祥 : -1769-1770경-)* 18세기 후반에 활동한 불화승이다. 1769년에 수화승 지□와 경북 경주 불국사 석가모니후불도를, 1770년 경에 수화승 유성과 경북 안동 모운사 지장도와 수화승으로 제석도를 조성하였다.

　◦1769년 경북 경주 佛國寺 釋迦牟尼後佛圖 조성(『韓國의 佛畵 38 – 佛國寺』) 수화승 智□99)
　◦1770년경 경북 안동 暮雲寺 地藏圖 조성(『韓國의 佛畵 23 – 孤雲寺 本末寺(上)』) 수화승 有誠
　　1770년경 경북 안동 暮雲寺 帝釋圖 조성(『韓國의 佛畵 23 – 孤雲寺 本末寺(上)』) 良工 수화승

유선 1(有仙, 宥善, 幼禪 : -1769-1803-)* 18세기 후반에 경기도 수원에서 활동한 불화승이다. 1769년에 수화승 지□과 경북 경주 불국사 석가모니후불도를 그리고, 1794년부터 1796년까지 화성 건립에 참여한 후, 1803년에 수화승으로 경기 안산 쌍계사 현왕도(도성암 조성)를 조성하였다.

　◦1769년 경북 경주 佛國寺 釋迦牟尼後佛圖 조성(『韓國의 佛畵 38 – 佛國寺』) 수화승

智□100)

∘ 1794년–1796년 화성 건립에 화원으로 참여(1801년 작성된 『華城城役儀軌』 卷4 工匠 畵工 條) 水原府
∘ 1803년 道成庵 現王圖 조성(安山 雙磎寺 所藏, 畵記) 金魚101) 수화승

유선 2(有善 : -1855-) 19세기 중반에 활동한 불화승이다. 1855년에 수화승 금암천여와 경남 남해 화방사 지장도를 조성하였다.

∘ 1855년 경남 남해 花芳寺 地藏圖 조성(『韓國의 佛畵 25 – 雙磎寺(上)』) 수화승 錦庵天如

유섬(有暹 : -1857-1872-) 완파당(玩坡堂) 19세기 후반에 활동한 불화승이다. 1857년에 수화승 선률과 서울 봉은사 판전 신중도를, 1872년에 수화승 방우진호와 경기 파주 보광사 사자도(사자・장군)를 조성하였다.

∘ 1857년 서울 奉恩寺 版殿 神衆圖 조성(『韓國의 佛畵 35 – 曹溪寺(中)』) 수화승 善律
∘ 1872년 경기 파주 普光寺 使者圖(使者・將軍) 조성(『韓國佛畵畵記集』과 『韓國의 佛畵 33 – 奉先寺』)102) 수화승 放牛珎昊

유성 1(有誠, 惟性, 有成, 有性, 有戒, 宥聖 : -1755-1786-)* 18세기 후반에 경북 경주 불국사에서 활동한 불화승이다. 1755년에 수화승 임한과 경북 청도 운문사 비로전 삼신불도와 온양민속박물관 소장 삼장도를, 1765년에 수화승 자인과 경북 안동 봉정사 감로왕도, 영산암 환성당지안진영, 영월당응진진영, 포월당초민진영, 설봉당사욱진영, 청허당진영, 송운당진영을 그렸다. 1769년에 수화승 약붕과 경북 경주 불국사 대웅전 후불도・신중도를, 1770년에 수화승으로 경북 안동 모운사 지장도를, 수화승 부일과 경북 예천 서악사 석가모니후불도를, 1772년에 수화승으로 충남 서산 개심사 괘불도를 조성하였다. 1775년에 수화승 시보와 경북 영천 묘각사 석조아미타불좌상을 도금하고, 수화승으로 경북 양산 통도사 응진전 석가모니후불도와 팔상도 일부를, 1780년에 수화승 청숙과 전남 장흥 보림사 천왕, 금강, 문수, 보현을 중창하고, 1781년에 수화승 승윤과 경북 하동 쌍계사 삼세불도(석가모니불)와 삼장도를 그리고, 1784년에 수화승으로 경북 김천 직지사 천불전 불상을 제작하였다. 1785년에 김천 직지사 불사에 참여한 후, 1786년에 수화승 화악평삼과 경북 의령 수도사 감로도(양산 통도사 소장)를 조성하였다. 그는 1768년에 「불국사고금창기佛國寺古今創記」에 본사本寺에 거주한 승려로 언급되어 있다.

∘ 1755년 경북 청도 雲門寺 毘盧殿 三身佛圖 조성(『韓國의 佛畵 21 – 桐華寺 (上)』) 수화승 任閑
   1755년 三藏圖(溫陽民俗博物館 所藏, 『韓國의 佛畵 20 – 私立博物館』)103) 수화승 任閑
∘ 1765년 安東 鳳停寺 甘露王圖(『韓國佛畵畵記集』) 副居
∘ 1766년 경북 안동 鳳停寺 靈山庵 喚惺堂大禪師志安眞影 조성(『韓國의 佛畵 24 – 孤雲寺(下)』) 良工 수화승
   1766년 경북 안동 鳳停寺 靈山庵 影月堂大禪師應眞眞影 조성(『韓國의 佛畵 24 – 孤雲寺(下)』) 良工 수화승
   1766년 경북 안동 鳳停寺 抱月堂大禪師楚旻眞影 조성(『韓國의 佛畵 24 – 孤雲寺(下)』) 良工 수화승

1766년 경북 안동 鳳停寺 雪峯堂大禪師思旭眞影 조성(『韓國의 佛畵 24 - 孤雲寺(下)』)
良工 수화승

▫1768년 경북 안동 鳳停寺 靈山庵 淸虛堂大禪師眞影 조성(『韓國의 佛畵 24 - 孤雲寺(下)』)
良工 수화승

1768년 경북 안동 鳳停寺 靈山庵 松雲堂大禪師眞影 조성(『韓國의 佛畵 24 - 孤雲寺(下)』)
良工 수화승

▫1769년 경북 경주 佛國寺 佛事에 참여(『韓國의 佛畵 38 - 佛國寺』) 수화승 尙淨[104]

1769년 경북 경주 佛國寺 大雄殿 四天王壁畵(西方·北方) 조성(『韓國의 佛畵 38 - 佛
國寺』) 畵員 수화승 智□

1769년 경북 경주 佛國寺 大雄殿 後佛幀·神衆幀 조성(「佛國寺古今創記」,『佛國寺誌』)
本寺

▫1770년경 경북 안동 暮雲寺 地藏圖 조성(『韓國의 佛畵 23 - 孤雲寺(上)』) 良工 수화승

1770년 경북 예천 西岳寺 釋迦牟尼後佛圖 조성(『韓國의 佛畵 8 - 直指寺(上)』) 수화
승 富日

▫1772년 충남 서산 開心寺 掛佛圖 조성(『韓國의 佛畵 27 - 修德寺』) 畵師 수화승

▫1775년 경남 양산 通度寺 應眞殿 釋迦牟尼後佛圖 조성(『韓國의 佛畵 1 - 通度寺(上)』)
수화승 定聰

1775년 경남 양산 通度寺 靈山殿 八相圖(兜率來儀相) 조성(『韓國의 佛畵 2 - 通度寺
(中)』) 수화승 抱冠

1775년 경남 양산 通度寺 靈山殿 八相圖(毘藍降生相) 조성(『韓國의 佛畵 2 - 通度寺
(中)』) 수화승 抱冠

1775년 경남 양산 通度寺 靈山殿 八相圖(四門遊觀相) 조성(『韓國의 佛畵 2 - 通度寺
(中)』) 수화승 抱冠

1775년 경남 양산 通度寺 靈山殿 八相圖(踰城出家相) 조성(『韓國의 佛畵 2 - 通度寺
(中)』) 良工 有誠

1775년 경남 양산 通度寺 「八相記文」 언급(安貴淑,「조선후기 佛畵僧의 계보와 義謙
比丘에 대한 연구(상)」) 副畵師 수화승 抱冠

▫1777년 경북 영천 銀海寺 寄寄庵 神衆圖 조성(『韓國의 佛畵 30 - 銀海寺』) 良工 수화승

▫1781년 경남 하동 쌍계사 三世佛圖(釋迦牟尼佛) 조성(『韓國의 佛畵 25 - 雙磎寺(上)』) 수
화승 勝允

1781년 경남 하동 쌍계사 三藏圖 조성(『韓國의 佛畵 25 - 雙磎寺(上)』) 수화승 勝允

▫1785년 경북 김천 直指寺 「乾隆五十年緣化秩」 언급(『直指寺誌』) 都

▫1786년 경남 의령 修道寺 甘露圖 조성(梁山 通度寺 所藏,『韓國의 佛畵 2 - 通度寺(中)』)
수화승 評三

▫연대미상 경북 포항 寶鏡寺 八相圖(雪山修道相) 조성(『韓國의 佛畵 38 - 佛國寺』) 수화
승 聖明

유성 2(唯性 : -1808-) 19세기 전반에 활동한 불화승이다. 1808년에 수화승
화악평삼과 경남 고성 옥천사 괘불도를 조성하였다.

▫1808년 경남 고성 玉泉寺 掛佛圖 조성(『韓國의 佛畵 26 - 雙磎寺(下)』) 수화승 華岳評三

유성 3(惟性 : -1860-) 19세기 중반에 활동한 불화승이다. 1860년에 수화승
익찬과 전남 구례 화엄사 각황전 삼세불도(약사불)를 조성하였다.

▫1860년 전남 구례 華嚴寺 覺皇殿 三世佛圖(藥師佛) 조성(『韓國의 佛畵 11 - 華嚴寺』)[105]
수화승 海雲益讚

유순(唯順 : -1687-) 17세기 후반에 활동한 불화승이다. 1687년에 수화승 능
학과 충남 공주 마곡사 괘불도를 조성하였다.

▫1687년 충남 공주 麻谷寺 掛佛圖 조성(『韓國의 佛畵 16 - 麻谷寺(下)』)[106] 수화승 能學

유심(有心 : -1762-1812-) 18세기 후반에 활동한 불화승이다. 색민과 1762년에 전남 구례 천은사 지장보살도를, 1766년에 대원사 명부전 시왕도를, 수화승 퇴운신겸과 1795년에 충북 보은 법주사 대웅보전 신중도(복천암 소장)를 그리고, 1796년에 경북 영주 부석사 영산전 미타후불도와 미타·관음 개금하였다. 1803년에 수화승 신겸과 경북 문경 김룡사 석가모니후불도, 수화승 홍안과 응진전 후불도와 신중도 및 현왕도를, 1804년에 수화승 홍안과 경북 문경 혜국사 석가모니후불도, 지장도, 신중도를 그렸다. 1806년에 수화승 퇴운신겸과 문경 김룡사 대성암 신중도를, 1812년에 수화승 □□와 경북 예천 용문사 석가모니후불도를 조성하였다.

- 1762년 전남 구례 泉隱寺 地藏菩薩圖 조성(김정희, 『조선시대 지장시왕도 연구』) 수화승 色旻
- 1764년 전남 해남 大興寺 掛佛圖 조성(『韓國의 佛畵 31 – 大興寺』) 수화승 色旻
- 1766년 전남 보성 大原寺 冥府殿 十王圖(1, 2, 5, 6, 8-10과 使者) 조성(『韓國의 佛畵 7 – 松廣寺』) 수화승 色旻
- 1795년 충북 보은 法住寺 大雄寶殿 神衆圖 조성(福泉庵 所藏, 『韓國의 佛畵 17 – 法住寺』) 수화승 信謙
- 1796년 「慶尙左道順興太白山浮石寺靈山殿阿彌陀後佛幀彌陀觀音改金記」(「浮石寺資料」, 『佛敎美術』 3)
- 1803년 경북 문경 金龍寺 釋迦牟尼後佛圖 조성(『韓國의 佛畵 8 – 直指寺(上)』)[107] 수화승 弘眼
  1803년 경북 문경 金龍寺 應眞殿 後佛圖 조성(『韓國의 佛畵 8 – 直指寺(上)』) 수화승 弘眼
  1803년 경북 문경 金龍寺 神衆圖 조성(『韓國의 佛畵 8 – 直指寺(上)』) 수화승 弘眼
  1803년 경북 문경 金龍寺 現王圖 조성(『韓國의 佛畵 9 – 直指寺(下)』) 수화승 弘眼
- 1804년 경북 문경 惠國寺 釋迦牟尼後佛圖 조성(『韓國의 佛畵 8 – 直指寺(上)』) 수화승 弘眼
  1804년 경북 문경 惠國寺 地藏圖 조성(『韓國의 佛畵 8 – 直指寺(上)』) 수화승 守衍
  1804년 경북 문경 惠國寺 神衆圖 조성(『韓國의 佛畵 8 – 直指寺(上)』) 수화승 愼謙
- 1806년 경북 문경 金龍寺 大成庵 神衆圖 조성(『韓國의 佛畵 8 – 直指寺(上)』)[108] 수화승 退雲 愼兼
- 1812년 경북 예천 龍門寺 釋迦牟尼後佛圖 조성(『韓國의 佛畵 8 – 直指寺(上)』) 수화승 □□[109]

유안 1(有眼 : -1788-) 18세기 후반에 전라도에서 활동한 불화승이다. 1788년에 상겸 등과 남장사 불사에 참여하여 기록한 『불사성공록佛事成功錄』에 호남양공으로 언급되어 있다.

- 1788년 남장사 불사에 참여한 화승을 적은 『佛事成功錄』에 湖南良工으로 언급(이용윤, 「『佛事成功錄』을 통해 본 남장사 괘불」) 수화승 尙謙

유안 2(有安 : -1799-) 18세기 후반에 불화승이다. 1799년에 수화승 자운지연과 경북 경주 기림사 시왕전 지장도를 조성하였다.

- 1799년 경북 경주 祇林寺 十王殿 地藏圖 조성(東國大 慶州캠퍼스 博物館 所藏, 『韓國의 佛畵 18 – 大學博物館(Ⅰ)』) 수화승 慈雲 □演

유연(有淵 : -1905-) 20세기 전반에 활동한 불화승이다. 1905년에 수화승 금

호약효와 충남 공주 마곡사 대웅보전 삼세불도(석가모니불)를, 수화승 천연
정연과 삼세불도三世佛圖(아미타불)를 조성하였다.

> 1905년 충남 공주 麻谷寺 大雄寶殿 三世佛圖(釋迦牟尼佛) 조성(『韓國의 佛畵 15 -麻谷
> 寺(上)』) 수화승 錦湖若效
> 1905년 충남 공주 麻谷寺 大雄寶殿 三世佛圖(阿彌陀佛) 조성(『韓國의 佛畵 15 -麻谷
> 寺(上)』) 수화승 天然定淵

유열(唯悅 : -1649-) 17세기 중반에 활동한 불화승이다. 1649년에 수화승 신
겸과 충북 청주 보살사 괘불도를 조성하였다.

> 1649년 충북 청주 菩薩寺 掛佛圖 조성(『韓國佛畵畵記集』과 『韓國의 佛畵 17 - 法住寺』)
> 수화승 信謙

유옥(有玉 : -1803-1840-) 19세기 후반에 활동한 불화승이다. 1803년에 수화
승 지연과 울산 석남사 지장도를, 1840년에 수화승 대송성준과 경북 의성 수
정암 삼세불묵도三世佛墨圖를 조성하였다.

> 1803년 울산 石南寺 地藏圖 조성(『韓國의 佛畵 3 - 通度寺(下)』) 수화승 指涓
> 1840년 경북 의성 水淨庵 三世佛墨圖 조성(『韓國의 佛畵 23 - 孤雲寺(上)』) 수화승 大淞
> 成俊

유운(有云 : -1776-) 18세기 후반에 활동한 불화승이다. 1776년에 수화승 행
정과 전남 구례 천은사 응진당 영산회상도를, 수화승 신암화연과 극락보전
아미타후불도와 삼장도를 조성하였다.

> 1776년 전남 구례 泉隱寺 應眞堂 靈山會上圖 조성(金玲珠, 『朝鮮時代佛畵研究』와 『韓國
> 佛畵畵記集』) 수화승 幸正
> 1776년 전남 구례 泉隱寺 極樂寶殿 阿彌陀後佛圖 조성(『韓國의 佛畵 11 - 華嚴寺』)
> 수화승 信庵華連
> 1776년 전남 구례 泉隱寺 極樂寶殿 三藏圖 조성(『韓國의 佛畵 11 - 華嚴寺』)[110] 수화
> 승 信庵華連

유위(宥偉 : -1772-) 18세기 전반에 활동한 불화승이다. 1772년에 수화승 유
성과 충남 서산 개심사 괘불도를 조성하였다.

> 1772년 충남 서산 開心寺 掛佛圖 조성(『韓國의 佛畵 27 - 修德寺』) 수화승 有誠

유인 1(有仁 : -1775-) 18세기 후반에 활동한 불화승이다. 수화승 포관과
1775년에 경남 양산 통도사 약사전 약사여래후불도와 영산전 팔상도(도솔내
의상)를 조성하였다.

> 1775년 경남 양산 通度寺 藥師殿 藥師如來後佛圖 조성(『韓國의 佛畵 1 - 通度寺(上)』)
> 수화승 □冠
> 1775년 경남 양산 通度寺 靈山殿 八相圖 중 第一兜率來儀相 조성(『韓國의 佛畵 2 -
> 通度寺(中)』) 수화승 抱冠

유인 2(有仁 : -1844-) 퇴은당(退隱堂) 19세기 중반에 활동한 불화승이다.
1844년에 수화승 인원체정과 서울 봉은사 대웅전 신중도를 조성하였다.

> 1844년 서울 奉恩寺 大雄殿 神衆圖 조성(『서울전통사찰불화』와 『韓國佛畵畵記集』 및
> 『韓國의 佛畵 35 - 曹溪寺(中)』)[111] 수화승 仁源体定

유전(有佺 : -1898-) 동명당(桐鳴堂) 19세기 후반에 활동한 불화승이다. 1898 년에 수화승 봉호와 경북 의성 수정암 대광전 신중도를 조성하였다.

- 1898년 경북 의성 水淨庵 大光殿 神衆圖 조성(『韓國의 佛畵 23 – 孤雲寺(上)』) 수화승 奉昊

유정 1(有定 : -1823-1825-) 19세기 전반에 활동한 불화승이다. 1823년에 수 화승 도일과 전남 순천 송광사 광원암 삼세후불도를, 1825년에 수화승 퇴운 신겸과 지보암 석가모니후불도와 지장도 및 현왕도 등(영천 은해사 소장)을 조성하였다.

- 1823년 전남 순천 松廣寺 廣遠庵 三世後佛圖 조성(『韓國의 佛畵 6 – 松廣寺(上)』) 수화 승 度鎰
- 1825년 持寶菴 釋迦牟尼後佛圖 조성(永川 銀海寺 所藏, 『韓國의 佛畵 30 – 銀海寺』) 수 화승 退雲信謙
  1825년 地藏圖 조성(永川 銀海寺 所藏, 『韓國의 佛畵 30 – 銀海寺』) 수화승 退雲信謙
  1825년 持寶寺 現王圖 조성(永川 銀海寺 所藏, 『韓國의 佛畵 30 – 銀海寺』) 수화승 退雲愼謙
  1825년 持寶菴 神衆圖 조성(東國大 慶州캠퍼스 所藏, 『韓國의 佛畵 18 – 大學博物館 (Ⅰ) 東國大』) 수화승 退雲愼謙

유정 2(裕定 : -1870-) 19세기 후반에 활동한 불화승이다. 1870년에 수화승 월허준언과 전남 곡성 도림사 신덕암 아미타후불도와 지장시왕도(순천 선암 사 소장)를 조성하였다.

- 1870년 전남 곡성 道林寺 神德庵 阿彌陀後佛圖 조성(『韓國의 佛畵 11 – 華嚴寺』)112) 수 화승 月虛俊彦
  1870년 전남 곡성 道林寺 神德庵 地藏十王圖 조성(順天 仙巖寺 所藏, 『谷城郡의 佛敎 遺蹟』) 수화승 月虛俊彦

유준(有俊 : -1759-) 18세기 중반에 활동한 불화승이다. 1759년에 수화승 비 현과 전남 여수 흥국사 괘불도를 조성하였다.

- 1759년 전남 여수 興國寺 掛佛圖 조성(『韓國의 佛畵 11 – 華嚴寺』) 수화승 丕賢

유중(有衆 : -1789-) 18세기 후반에 활동한 불화승이다. 1789년 장조莊祖 현 릉원顯隆園 조성소 화승畵僧으로 참여하였다.

- 1789년 『莊祖顯隆園園所都監儀軌』 造成所 畵僧(奎章閣 13627호, 朴廷蕙, 「儀軌를 통해 서 본 朝鮮時代의 畵員」 자료1)

유진(有眞 : -1869-) 19세기 후반에 활동한 불화승이다. 1869년에 수화승 경 선응석과 경기 남양주 흥국사 팔상도(사문유관상)를 조성하였다.

- 1869년 경기 남양주 興國寺 八相圖(四門遊觀相) 조성(『韓國의 佛畵 33 – 奉先寺』) 수화 승 慶船應釋

유한(宥閑 : -1755-)* 18세기 중반에 활동한 불화승이다. 1755년에 수화승 색민과 전남 장성 백양사 극락보전 아미타후불도를, 제작 연대를 알 수 없는 전북 고창 선운사 십왕전 시왕도(초강대왕)를 수화승으로 조성하였다.

- 1755년 전남 장성 白羊寺 極樂寶殿 阿彌陀後佛圖 조성(『韓國의 佛畵 37 – 白羊寺・新興

寺』) 수화승 嗇旻
　◦연대미상 전북 고창 禪雲寺 十王殿 十王圖(初江大王) 조성(『韓國의 佛畵 14 - 禪雲寺』)
　金魚 수화승

유해(有海 : -1791-) 18세기 후반에 활동한 불화승이다. 1791년에 수화승 영
린과 부산 범어사 비로전 비로자나후불도를 조성하였다.
　◦1791년 부산 梵魚寺 毘盧殿 毘盧遮那後佛圖 조성(『韓國의 佛畵 32 - 梵魚寺』)[113] 수화승
　永璘

유행(有幸, 侑行 : -1765-1780-)* 18세기 중반에 활동한 조각승이다. 1765년에
수화승 상정과 경북 포항 오어사 목조삼세불좌상을 제작하고, 1768년에 수화
승으로 충남 부여 오덕사 괘불도를 조성하였다. 1780년에 수화승 설훈과 경
기 남양주 봉선사 대웅전 불상을 중수・개금에 참여하였다.
　◦1765년 경북 포항 오어사 목조삼세불좌상 제작(發願文) 수화승 尙淨
　◦1768년 충남 부여 五德寺 掛佛圖 조성(『掛佛調査報告書 II』와 『韓國佛畵畵記集』) 畵員
　수화승
　◦1780년 경기 남양주 奉先寺 大雄殿 佛像 重修・改金(「有明朝鮮國京畿右道楊州牧地雲岳
　山奉先寺大雄殿佛像重修改金願文」, 『奉先寺本末寺誌(奉先寺)』) 수화승 雪訓

유향(有香 : -1744-) 18세기 중반에 경남 하동 쌍계사를 중심으로 활동한 불
화승이다. 1744년에 수화승 세관과 경북 김천 직지사 석가모니후불도, 아미
타후불도, 시왕도(오관대왕)를 조성하였다.
　◦1744년 경북 김천 直指寺 釋迦牟尼後佛圖 조성(『韓國의 佛畵 8 - 直指寺(上)』) 雙溪寺
　수화승 世冠
　1744년 경북 김천 直指寺 阿彌陀後佛圖 조성(『韓國의 佛畵 8 - 直指寺(上)』) 수화승
　世冠
　1744년 경북 김천 直指寺 十王圖(五官大王) 조성(『韓國의 佛畵 9 - 直指寺(下)』) 수화
　승 世冠

유현(惟玄, 裕賢 : -1888-1891-) 19세기 후반에 활동한 불화승이다. 1888년에
수화승 혜산축연과 강원 평창 상원사 십육나한도를, 1891년에 수화승 쌍명
수인과 강원 영월 금몽암 석가모니후불도를 조성하였다.
　◦1888년 강원 평창 上院寺 十六羅漢圖 조성(『韓國의 佛畵 10 - 月精寺』) 수화승 蕙山 竺衍
　◦1891년 강원 영월 禁夢庵 釋迦牟尼後佛圖 조성(『韓國의 佛畵 10 - 月精寺』) 수화승 雙明
　修仁

유홍(有弘, 宥弘, 有洪 : -1770-1790-)* 18세기 후반에 경기도를 중심으로 활동
한 불화승이다. 1770년에 수화승으로 경남 합천 해인사 신중도(동진보살)를,
1781년에 수화승 임담과 경남 고성 옥천사 봉향전奉香殿 신중도를 조성하였
다. 1786년에 수화승 상겸과 경북 상주 황령사 아미타후불도와 신중도를,
1788년에 수화승 용봉경환과 경북 상주 남장사 괘불도를 그리고, 1790년에
수화승 상겸과 경기 화성 용주사 감로도를, 수화승 계관과 경북 상주 남장사
십육나한도를 조성하였다. 1788년에 상겸 등과 남장사 불사에 참여하여 기록
한 『불사성공록佛事成功錄』에 경성양공으로 언급되어 있다.

- 1770년 경남 합천 海印寺 神衆圖(童眞菩薩) 조성(『韓國의 佛畵 4 - 海印寺(上)』) 金魚 수화승
- 1781년 경남 고성 玉泉寺 奉香殿 神衆圖 조성(『韓國의 佛畵 25 - 雙磎寺(上)』) 수화승 任潭
- 1786년 경북 상주 黃嶺寺 阿彌陀後佛圖 조성(『韓國의 佛畵 8 - 直指寺(上)』) 수화승 尙謙
  1786년 경북 상주 黃嶺寺 神衆圖 조성(『韓國의 佛畵 8 - 直指寺(上)』) 수화승 尙謙
- 1788년 경북 상주 南長寺 掛佛圖 조성(『韓國의 佛畵 9 - 直指寺(下)』) 수화승 龍峰 敬還
  1788년 남장사 불사에 참여한 화승을 적은 『佛事成功錄』에 京城良工으로 언급(이용윤, 「『佛事成功錄』을 통해 본 남장사 괘불」) 수화승 尙謙
- 1790년 경기 화성 龍珠寺 甘露圖 조성(『韓國佛畵畵記集』) 수화승 尙兼
  1790년 경북 상주 南長寺 十六羅漢圖2 조성(『韓國의 佛畵 9 - 直指寺(下)』) 수화승 戒寬

유화(有化, 和和 : -1775-1798-) 18세기 후반에 활동한 불화승이다. 1775년에 수화승 우홍과 경남 양산 통도사 명부전 시왕도(도시대왕)를, 1798년에 수화승 지연과 통도사 명부전 지장도를 조성하였다.

- 1775년 경남 양산 通度寺 冥府殿 十王圖(都市大王) 조성(『韓國의 佛畵 2 - 通度寺(中)』) 수화승 宇洪
- 1798년 경남 양산 通度寺 冥府殿 地藏圖 조성(『韓國의 佛畵 1 - 通度寺(上)』) 수화승 指演

육원(六圓, 六源 : -1776-) 18세기 후반에 활동한 불화승이다. 1776년에 수화승 행정과 전남 구례 천은사 응진당 영산회상도를, 수화승 신암화연과 극락보전 아미타후불도와 삼장도를 조성하였다. 1782년에 수화승 봉현과 전북 남원 실상사 약수암 아미타후불목각도를 제작하고, 1785년에 전남 장흥 보림사 수동암 삼단도를 그렸다.

- 1776년 전남 구례 泉隱寺 應眞堂 靈山會上圖 조성(金玲珠, 『朝鮮時代佛畵硏究』와 『韓國佛畵畵記集』)114) 수화승 幸正
  1776년 전남 구례 泉隱寺 極樂寶殿 阿彌陀後佛圖 조성(『韓國의 佛畵 11 - 華嚴寺』) 수화승 信庵華連
  1776년 전남 구례 泉隱寺 極樂寶殿 三藏圖 조성(『韓國의 佛畵 11 - 華嚴寺』)115) 수화승 信庵華連
- 1782년 전북 남원 實相寺 藥水菴 阿彌陀後佛木刻圖 제작(『韓國의 佛畵 13 - 金山寺』) 수화승 封玹116)
- 1785년 전남 장흥 寶林寺 水東庵 三檀圖 조성(『譯註 寶林寺重創記』)

육종(六宗 : -1860-) 19세기 중반에 활동한 불화승이다. 1860년에 수화승 금암천여와 전남 순천 선암사 청련암 아미타홍도阿彌陀紅圖와 신중도(순천 선암사 소장)를, 1860년에 수화승 기연과 전남 고흥 능가사 수도암 칠성도를(순천 송광사 소장)를 조성하였다.

- 1860년 전남 순천 仙巖寺 靑蓮庵 阿彌陀紅圖 조성(順天 仙巖寺 所藏, 『韓國의 佛畵 12 - 仙巖寺』)117) 수화승 錦庵天如
  1860년 전남 순천 仙巖寺 靑蓮庵 神衆圖 조성(順天 仙巖寺 所藏, 『韓國의 佛畵 12 - 仙巖寺』) 수화승 錦庵天如
  1860년 전남 고흥 楞伽寺 修道庵 七星圖 조성(順天 松廣寺 所藏, 『韓國의 佛畵 7 - 松廣寺(下)』) 수화승 錡衍

육찰(六察 : -1860-1865-) 19세기 중반에 활동한 불화승이다. 수화승 용완 기

연과 1860년에 전남 고흥 능가사 수도암 칠성도(순천 송광사 소장)를, 1865
년 전남 해남 청신암 아미타후불도를 조성하였다.

　◦ 1860년 전남 고흥 楞伽寺 修道庵 七星圖 조성(順天 松廣寺 所藏, 『韓國의 佛畵 7 – 松廣
　　寺(下)』) 수화승 錡衍
　◦ 1865년 전남 해남 淸□庵 阿彌陀後佛圖 조성(『韓國의 佛畵 31 – 大興寺』) 수화승 龍浣騎衍

육탄(六坦 : -1675-) 17세기 후반에 활동한 불화승이다. 1675년에 현종顯宗
빈전殯殿 조성소造成所 화승畵僧으로 참여하였다.

　◦ 1675년 『顯宗殯殿都監儀軌』 魂殿 造成所 畵僧(奎章閣 13540호, 朴廷蕙,「儀軌를 통해서
　　본 朝鮮時代의 畵員」 자료1)

윤감(允鑑 : -1868-1902-) 명응당(明應堂) 19세기 후반부터 20세기 전반까지
활동한 불화승이다. 1868년에 수화승 금곡영환과 서울 백련사 괘불도를, 수
화승 금곡영환과 경기 남양주 흥국사 대웅전 칠성도를, 수화승 승의와 서울
청룡사 대웅전 현왕도와 수화승 금곡영환과 강당 신중도를, 1874년에 수화승
한봉창엽과 경기 안성 청룡사 아미타후불도를, 1874년에 수화승 금곡영환과
원통암 지장도(강화 청련사 소장)를, 1892년에 수화승 금곡영환과 남양주 흥
국사 영산전 석가모니후불도를, 수화승 경선응석과 남양주 흥국사 영산전 십
육나한도(9·11·13·15존자)를, 수화승 취암승의와 경기 수원 청련암 극락보
전 아미타후불도를, 1893년에 수화승 금호약효와 서울 지장사 대웅전 지장보
살도를, 수화승 경선응석과 1897년에 남양주 불암사 십육나한도와 1898년
경기 파주 보광사 현왕도를, 1902년에 수화승 한봉응작과 서울 청룡사 심검
당 가사도袈裟圖를 조성하였다.

　◦ 1868년 서울 白蓮寺 掛佛圖 조성(『掛佛調査報告書 II』) 수화승 金谷永瑍
　　1868년 경기 남양주 興國寺 大雄殿 七星圖 조성(『韓國의 佛畵 33 – 奉先寺』) 수화승
　　金谷永煥
　　1868년 서울 靑龍寺 大雄殿 現王圖 조성(『서울전통사찰불화』와 『韓國佛畵畵記集』)
　　수화승 勝宜
　　1868년 서울 靑龍寺 講堂 神衆圖 조성(『서울전통사찰불화』와 『韓國佛畵畵記集』 및
　　『韓國의 佛畵 35 – 曹溪寺(中)』)[118] 수화승 金谷永煥
　◦ 1874년 경기 안성 靑龍寺 阿彌陀後佛圖 조성(『韓國의 佛畵 28 – 龍珠寺(上)』) 수화승 漢
　　峰瑲燁
　　1874년 圓通庵 地藏圖 조성(江華 靑蓮寺 所藏, 『畿內寺院誌』와 『韓國佛畵畵記集』 및
　　『韓國의 佛畵 34 – 曹溪寺(上)』) 수화승 金谷永煥
　◦ 1892년 경기 남양주 興國寺 靈山殿 釋迦牟尼後佛圖 조성(『韓國의 佛畵 33 – 奉先寺』)
　　수화승 金谷永煥
　　1892년 경기 남양주 興國寺 靈山殿 十六羅漢圖(9·11·13·15尊者) 조성(『韓國의 佛畵
　　33 – 奉先寺』) 수화승 慶船應釋
　　1892년 경기 수원 靑蓮庵 極樂寶殿 阿彌陀後佛圖 조성(『韓國의 佛畵 28 – 龍珠寺(上)』)
　　수화승 翠庵勝宜
　◦ 1893년 서울 地藏寺 大雄殿 地藏菩薩圖 조성(『서울전통사찰불화』와 『韓國佛畵畵記集』
　　및 『韓國의 佛畵 34 – 曹溪寺(上)』) 수화승 錦湖若效
　◦ 1897년 경기 남양주 佛巖寺 十六羅漢圖 조성(『畿內寺院誌』와 『韓國佛畵畵記集』 및 『韓
　　國의 佛畵 33 – 奉先寺』)[119] 수화승 慶船應釋

▫1898년 경기 파주 普光寺 現王圖 조성(『韓國佛畵畵記集』과『韓國의 佛畵 33 - 奉先寺』)[120] 수화승 慶船應釋
▫1902년 서울 靑龍寺 尋劍堂 袈裟圖 조성(『서울전통사찰불화』와『韓國佛畵畵記集』 및 『韓國의 佛畵 34 - 曹溪寺(上)』) 수화승 漢峰應作
▫연대미상 서울 開運寺 冥府殿 現王圖 조성(『韓國의 佛畵 36 - 曹溪寺(下)』) 수화승 慶船應釋
※ 명응윤감은 명응환감과 관련이 있을 것으로 보인다.

윤관(允寬 : -1830-1831-) 19세기 중반에 활동한 불화승이다. 1830년에 수화승 성수와 전북 완주 화암사 명부전 지장도를, 1831년에 수화승 장순과 전북 무주 북고사 용화전 신중도를 조성하였다.
▫1830년 전북 완주 花巖寺 冥府殿 地藏圖 조성(『韓國의 佛畵 13 - 金山寺』) 片手 수화승 誠修
▫1831년 전북 무주 北固寺 龍花殿 神衆圖 조성(『韓國의 佛畵 13 - 金山寺』) 수화승 壯旬

윤기(允璣 : -1764-) 18세기 중반에 활동한 불화승이다. 1764년에 수화승 색민과 전남 해남 대흥사 괘불도를 조성하였다.
▫1764년 전남 해남 大興寺 掛佛圖 조성(『韓國의 佛畵 31 - 大興寺』) 수화승 色旻

윤보(潤甫 : -1788-) 18세기 후반에 전라도에서 활동한 불화승이다. 1788년에 상겸 등과 남장사 불사에 참여하여 기록한 『불사성공록佛事成功錄』에 호남양공으로 언급되어 있다.
▫1788년 남장사 불사에 참여한 화승을 적은『佛事成功錄』에 湖南良工으로 언급(이용윤, 「『佛事成功錄』을 통해 본 남장사 괘불」) 수화승 尙謙

윤삼(允參 : -1868-) 19세기 중반에 활동한 불화승이다. 1868년에 수화승 원명긍우와 강원 고성 화엄사 미타암 칠성도(고성 화암사 소장)를 조성하였다.
▫1868년 강원 고성 華嚴寺 彌陀菴 七星圖 조성(高城 禾巖寺 所藏,『한국의 사찰문화재-강원도』와『韓國의 佛畵 37 - 新興寺』) 수화승 圓明亘祐

윤식(允植 : -1893-1898-) 19세기 후반에 활동한 불화승이다. 1893년에 수화승 금호약효와 서울 지장사 대웅전 지장보살도와 신중도를, 1898년에 수화승 한곡돈법과 경기 광주 명성암 칠성도를 조성하였다.
▫1893년 서울 地藏寺 大雄殿 地藏菩薩圖 조성(『서울전통사찰불화』와『韓國佛畵畵記集』 및 『韓國의 佛畵 34 - 曹溪寺(上)』) 수화승 錦湖若效
1893년 서울 地藏寺 大雄殿 神衆圖 조성(『서울전통사찰불화』와『韓國佛畵畵記集』 및 『韓國의 佛畵 35 - 曹溪寺(中)』) 沙彌 수화승 錦湖若效
▫1898년 경기 광주 明性庵 七星圖 조성(『韓國의 佛畵 36 - 曹溪寺(下)』) 수화승 漢谷頓法

윤오(允旿 : -1908-) 20세기 전반에 활동한 불화승이다. 1908년에 수화승 석옹철유와 서울 삼성암 칠성각 산신도를 조성하였다.
▫1908년 서울 守國寺 掛佛圖 조성(『韓國의 佛畵 35 - 曹溪寺(中)』) 수화승 石翁喆裕
1908년 서울 三聖庵 七星閣 山神圖 조성(『서울전통사찰불화』와『韓國佛畵畵記集』 및 『韓國의 佛畵 36 - 曹溪寺(下)』) 수화승 石翁喆裕

윤옥(允玉 : -1901-) 20세기 전반에 활동한 불화승이다. 1901년에 수화승 벽산찬규와 대구 달성 소재사 대웅전 석가모니후불도와 신중도를 조성하였다.

▫ 1901년 대구 달성 消災寺 大雄殿 釋迦牟尼後佛圖 조성(『韓國의 佛畵 21 - 桐華寺(上)』)
수화승 碧山 粲奎
1901년 대구 달성 消災寺 神衆圖 조성(『韓國의 佛畵 21 - 桐華寺(上)』) 수화승 碧山
粲圭

윤우(允愚 : -1845-) 문하당(文河堂) 19세기 중반에 활동한 불화승이다. 1845
년에 수화승 무경관주와 충북 괴산 채운암 영산회상도를 조성하였다.

▫ 1845년 충북 괴산 彩雲庵 靈山會上圖 조성(『韓國佛畵畵記集』) 수화승 無鏡觀周

윤익(閏益, 潤益, 允益 : -1862-1905-)* 범화당(梵化堂, 梵華堂) 19세기 후반에 활
동한 불화승이다. 1862년에 수화승 화남 총선과 경기 의왕 청계사 괘불도를,
1883년에 인천 강화 전등사 노전 관음도와 정수사 산신도를, 1892년에 수화
승 경선응석과 경기 남양주 흥국사 나한도를, 1894년에 수화승으로 강원 평
창 상원사 중대 신중도를, 1895년에 수화승 금곡영환과 서울 봉은사 영산전
나한도와 수화승 상규와 신중도를 조성하고, 수화승 보암긍법과 평창 상원사
중대 사자암 목조비로자나불좌상을 개금하였다. 1897년에 수화승 경선응석
과 남양주 불암사 십육나한도를, 1900년에 수화승 보암 상월과 목아불교박물
관 소장 아미타후불도를, 1901년에 수화승 경선응석과 전남 해남 대흥사 대
웅보전 삼세불도(아미타불)와 같은 해 같은 사찰에서 편수片手로 대웅보전 삼
장도를, 모화模畵로 감로왕도, 칠성도, 신중도를, 수화승 한봉응작과 서울 봉
원사 괘불도를, 수화승으로 남양주 불암사 독성도를, 1902년에 수화승 경선
응석과 경기 고양 흥국사 괘불도를 조성하였다. 그의 마지막 기념명 불화는
1905년에 강화 전등사 삼성각 칠성도이다.

▫ 1862년 경기 의왕 淸溪寺 掛佛圖 조성(『韓國의 佛畵 29 - 龍珠寺(下)』) 수화승 化南 摠善
▫ 1883년 인천 강화 傳燈寺 爐殿 觀音圖 조성(『傳燈寺』)
1883년 인천 강화 淨水寺 山神圖 조성(『傳燈寺』)
▫ 1892년 경기 남양주 興國寺 靈山殿 釋迦牟尼後佛圖 조성(『韓國의 佛畵 33 - 奉先寺』)
수화승 金谷永煥
1892년 경기 남양주 興國寺 靈山殿 十六羅漢圖(1·3·5·7尊者) 조성(『韓國佛畵畵記集』
과 『韓國의 佛畵 33 - 奉先寺』) 수화승 慶船應釋
▫ 1894년 강원 평창 上院寺 中臺 神衆圖 조성(『韓國의 佛畵 10 - 月精寺』) 金魚 수화승
▫ 1895년 서울 奉恩寺 靈山殿 羅漢圖 조성(『서울전통사찰불화』와 『韓國佛畵畵記集』)[121]
수화승 金谷永煥
1895년 서울 奉恩寺 靈山殿 神衆圖 조성(『서울전통사찰불화』와 『韓國佛畵畵記集』 및
『韓國의 佛畵 35 - 曹溪寺(中)』)[122] 金魚 수화승 尙奎
▫ 1897년 서울 彌陀寺 七星殿 阿彌陀後佛圖 조성(『韓國의 佛畵 34 - 曹溪寺(上)』) 수화승
普庵肯法
1897년 서울 彌陀寺 七星閣 七星圖 조성(『韓國의 佛畵 36 - 曹溪寺(下)』) 수화승 普庵
肯法
1897년 경기 남양주 佛巖寺 十六羅漢圖 조성(『畿內寺院誌』와 『韓國佛畵畵記集』 및
『韓國의 佛畵 33 - 奉先寺』) 수화승 慶船應釋
▫ 1898년 경기 파주 普光寺 大雄殿 七星圖 조성(『畿內寺院誌』와 『韓國佛畵畵記集』 및 『韓
國의 佛畵 33 - 奉先寺』) 수화승 慶船應釋
▫ 1899년 서울 彌陀寺 七星殿 神衆圖 조성(『韓國의 佛畵 35 - 曹溪寺(中)』) 수화승 普庵肯法

◦1900년 서울 彌陀寺 無量壽殿 神衆圖 조성(『韓國의 佛畵 35 – 曹溪寺(中)』) 수화승 普庵
肯法
1900년 阿彌陀後佛圖 조성(木芽佛敎博物館 所藏, 『韓國의 佛畵 20 – 私立博物館』)[123]
수화승 普庵 上月
1900년 경기 남양주 見聖庵 藥師後佛圖 조성(『전통사찰총서 5– 인천·경기도의 전
통사찰 II』)
◦1901년 전남 해남 大興寺 三世後佛圖(阿彌陀佛) 조성(『全南의 寺刹』과 『韓國의 佛畵 31
– 大興寺』) 片手 수화승 禮芸尙奎
1901년 전남 해남 大興寺 大雄寶殿 三藏圖 조성(『全南의 寺刹』과 『韓國의 佛畵 31 –
大興寺』) 片手 수화승 明應幻鑑
1901년 전남 해남 大興寺 大雄寶殿 甘露王圖 조성(『韓國佛畵畵記集』과 『全南의 寺刹』
및 『韓國의 佛畵 31 – 大興寺』) 模畵 수화승 明應幻鑑
1901년 전남 해남 大興寺 大雄寶殿 七星圖 조성(『全南의 寺刹』과 『韓國의 佛畵 31 –
大興寺』) 模畵 수화승 明應幻鑑
1901년 전남 해남 大興寺 大雄寶殿 神衆圖 조성(『全南의 寺刹』과 『韓國의 佛畵 31 –
大興寺』) 模畵[124] 수화승 明應幻鑑
1901년 서울 奉元寺 掛佛圖 조성(『서울전통사찰불화』와 『韓國佛畵畵記集』) 수화승
韓峰應作
1901년 경기 남양주 佛巖寺 獨聖圖 조성(『畿內寺院誌』와 『韓國佛畵畵記集』 및 『韓國
의 佛畵 33 – 奉先寺』) 수화승 普庵亘法
◦1902년 경기 고양 興國寺 掛佛圖 조성(『畿內寺院誌』와 『韓國佛畵畵記集』 및 『韓國의 佛
畵 35 – 曹溪寺(中)』) 片手 수화승 慶船應釋
◦1905년 인천 강화 傳燈寺 三聖閣 七星圖(『傳燈寺』)

윤인(潤引 : -1792-)* 18세기 후반에 활동한 불화승이다. 1792년에 수화승으
로 경기 남양주 흥국사 사자도를 조성하였다.

◦1792년 경기 남양주 興國寺 使者圖 조성(『韓國佛畵畵記集』) 畵員 수화승

윤일(允一, 允日, 潤一 : -1900-1905-)* 20세기 전반에 활동한 불화승이다.
1900년에 수화승 긍엽과 경북 영천 영지사 명부전 지장도(영천 영지사 소장)
와 수화승으로 대웅전 신중도(영천 영지사 소장)를, 1901년에 수화승 벽산찬
규와 대구 달성 소재사 대웅전 석가모니후불도와 신중도를, 1903년에 수화승
월연관혜와 경북 경주 기림사 칠성도를, 1905년에 수화승 초암세한과 대구
동화사 석가모니후불도와 십육나한도 등을 조성하였다.

◦1900년 경북 영천 靈芝寺 冥府殿 地藏圖 조성(永川 靈地寺 所藏, 『韓國의 佛畵 30 – 銀
海寺』) 수화승 亘燁
1900년 경북 영천 靈芝寺 大雄殿 神衆圖 조성(永川 靈地寺 所藏, 『韓國의 佛畵 30 –
銀海寺』) 金魚 片手 수화승
◦1901년 대구 달성 消災寺 大雄殿 釋迦牟尼後佛圖 조성(『韓國의 佛畵 21 – 桐華寺(上)』)
수화승 碧山 粲奎
1901년 대구 달성 消災寺 神衆圖 조성(『韓國의 佛畵 21 – 桐華寺(上)』) 수화승 碧山
粲圭
◦1903년 경북 경주 祇林寺 七星圖 조성(『韓國의 佛畵 38 – 佛國寺』) 수화승 月淵 貫惠
1903년 경북 경주 祇林寺 七星各部圖 조성(『韓國의 佛畵 38 – 佛國寺』) 수화승 貫惠
◦1905년 대구 桐華寺 釋迦牟尼後佛圖 조성(『韓國의 佛畵 21 – 桐華寺(上)』) 片手 수화승
草庵 世閑
1905년 대구 桐華寺 靈山殿 十六羅漢圖 조성(『韓國의 佛畵 22 – 桐華寺(下)』) 片手
수화승 慧山 竺衍

1905년 대구 桐華寺 靈山殿 十六羅漢圖 조성(『韓國의 佛畫 22 – 桐華寺(下)』) 片手 수화승
1905년 대구 桐華寺 靈山殿 十六羅漢圖 조성(『韓國의 佛畫 22 – 桐華寺(下)』) 수화승 世閒
1905년 대구 桐華寺 靈山殿 十六羅漢圖 조성(『韓國의 佛畫 22 – 桐華寺(下)』) 片手 수화승 草庵 世閑
1905년 대구 桐華寺 獨聖圖 조성(『韓國의 佛畫 22 – 桐華寺(下)』) 片手 수화승
◦ 연대미상 대구 달성 瑜伽寺 神衆圖 조성(『韓國의 佛畫 21 桐華寺(上)』) 수화승 碧山

윤종(允宗 : -1869-) 동하당(東河堂) 19세기 후반에 활동한 불화승이다. 1869년에 수화승 원선과 부산 범어사 사천왕도를 조성하였다.
◦ 1869년 부산 梵魚寺 四天王圖 조성(『梵魚寺聖寶博物館 名品圖錄』과 『韓國의 佛畫 32 – 梵魚寺』) 良工 수화승 元善

윤찬(允贊 : -1780-1788-) 18세기 후반에 전라도에서 활동한 불화승이다. 1780년에 수화승 칭숙과 전남 장흥 보림사 천왕, 금강, 문수, 보현을 중창하고, 1788년에 상겸 등과 경북 상주 남장사 불사에 참여하여 『불사성공록佛事成功錄』에 호남양공湖南良工으로 언급되어 있다.
◦ 1780년 전남 장흥 보림사 천왕, 금강, 문수, 보현 중창(「寶林寺天王金剛重新功德記」와 『譯註 寶林寺重創記』) 수화승 稱淑
◦ 1788년 남장사 불사에 참여한 화승을 적은 『佛事成功錄』에 湖南良工으로 언급(이용윤, 「『佛事成功錄』을 통해 본 남장사 괘불」) 수화승 尙謙

윤탄(允坦 : -1702-1739-)* 18세기 전반에 활동한 불화승이다. 1702년에 수화승으로 금강산 장안사 대웅전 중수에 참여하고, 1739년에 수화승 혜식과 경남 합천 해인사 명부전 지장도를 조성하였다.
◦ 1702년 금강산 長安寺 大雄殿 중수(「金剛山長安寺大雄殿重修上樑文」, 安貴淑, 「조선후기 佛畫僧의 계보와 義謙比丘에 대한 연구(상)」) 首畫工 수화승
◦ 1739년 경남 합천 海印寺 冥府殿 地藏圖 조성(『韓國의 佛畫 4 – 海印寺(上)』) 수화승 慧湜

윤택(潤澤 : -1900-1901-) 20세기 초반에 활동한 불화승이다. 1900년에 수화승 금화기형과 경기 여주 신륵사 감로도와 아미타회상도를, 수화승 환명용화와 석가모니후불도를 그리고, 1901년에 수화승 한곡돈법과 충북 보은 법주사 여적암 신중도를 조성하였다.
◦ 1900년 경기 여주 神勒寺 甘露圖 조성(『韓國의 佛畫 29 – 龍珠寺(下)』) 수화승 錦華 機炯
1900년 경기 여주 神勒寺 阿彌陀會上圖 조성(『韓國佛畫畫記集』) 수화승 錦華 機炯
1900년 경기 여주 神勒寺 極樂寶殿 釋迦牟尼後佛圖 조성(『韓國의 佛畫 28 – 龍珠寺(上)』) 수화승 幻溟龍化
◦ 1901년 충북 보은 法住寺 汝寂庵 神衆圖 조성(『韓國의 佛畫 17 – 法住寺』) 수화승 漢谷 頓法

윤하(允河, 允夏 : -1898-1901-) 19세기 후반에 활동한 불화승이다. 1898년에 수화승 경선응석과 경기 파주 보광사 감로도를, 1900년에 수화승 금화기형과 경기 여주 신륵사 감로도와 아미타후불도를, 수화승 환명용화와 극락보전 석가모니후불도를, 1901년에 수화승 예운상규와 전남 해남 대흥사 삼세

후불도(아미타불), 수화승 명응환감과 삼장도와 감로왕도 및 칠성도 등을 조성하였다.

- 1898년 경기 파주 普光寺 甘露圖 조성(『韓國佛畵畵記集』과 『韓國의 佛畵 33 - 奉先寺』) 沙彌 수화승 慶船應釋
- 1900년 경기 여주 神勒寺 甘露圖 조성(『韓國의 佛畵 29 - 龍珠寺(下)』)[125] 수화승 錦華機炯
  1900년 경기 여주 神勒寺 極樂寶殿 釋迦牟尼後佛圖 조성(『韓國의 佛畵 28 - 龍珠寺(上)』)[126] 수화승 幻溟龍化
  1900년 경기 여주 神勒寺 阿彌陀會上圖 조성(『韓國佛畵畵記集』) 沙彌 수화승 錦華機炯
- 1901년 전남 해남 大興寺 三世後佛圖(阿彌陀佛) 조성(『全南의 寺刹』과 『韓國의 佛畵 31 - 大興寺』) 수화승 禮芸尚奎
  1901년 전남 해남 大興寺 大雄寶殿 三藏圖 조성(『全南의 寺刹』과 『韓國의 佛畵 31 - 大興寺』) 수화승 明應幻鑑
  1901년 전남 해남 大興寺 大雄寶殿 甘露王圖 조성(『韓國佛畵畵記集』과 『全南의 寺刹』 및 『韓國의 佛畵 31 - 大興寺』) 수화승 明應幻鑑
  1901년 전남 해남 大興寺 大雄寶殿 七星圖 조성(『全南의 寺刹』과 『韓國의 佛畵 31 - 大興寺』) 수화승 明應幻鑑
  1901년 전남 해남 大興寺 大雄寶殿 神衆圖 조성(『全南의 寺刹』과 『韓國의 佛畵 31 - 大興寺』) 수화승 明應幻鑑

윤행(允幸, 允行 : -1757-1771-)* 18세기 중·후반에 활동한 불화승이다. 문성文晟, 윤행允幸 등과 1757년에 인원왕후仁元王后 산릉山陵과 정성왕후貞聖王后 홍릉弘陵 조성소 화승畵僧으로 참여하고, 1766년에 수화승 화월두훈과 충북 보은 법주사 괘불도를, 1771년에 수화승으로 선산 수다사 일부 시왕도를 조성하였다. 수화승 상정과 경북 김천 직지사 불상을 개금하였다.

- 1757년 『仁元王后山陵都監儀軌』 造成所 畵僧(奎章閣 13560호, 朴廷蕙, 「儀軌를 통해서 본 朝鮮時代의 畵員」 자료1)
  1757년 『貞聖王后弘陵山陵都監儀軌』 造成所 畵僧(奎章閣 13591호, 朴廷蕙, 「儀軌를 통해서 본 朝鮮時代의 畵員」 자료1)
- 1766년 충북 보은 法住寺 掛佛圖 조성(『韓國의 佛畵 17 - 法住寺』) 수화승 華月枓訓
- 1771년 경북 선산 水多寺 시왕도(五道轉輪大王) 조성(『韓國의 佛畵 9 - 直指寺(下)』) 良工 수화승
  1771년 경북 김천 直指寺 「佛像改金施主秩」(『直指寺誌』) 수화승 상정

윤호(閏昊, 潤昊, 允浩 : -1788-1789-) 18세기 후반에 활동한 불화승이다. 1786년에 문효세자文孝世子 묘소墓所 조성소 화승畵僧으로 참여하고, 1788년에 수화승 연홍과 충남 공주 마곡사 대적광전 석가모니후불도를 그렸으며, 1789년에 장조莊祖 현륭원顯隆園 조성소 화승畵僧으로 참여하였다.

- 1786년 『文孝世子墓所都監儀軌』 造成所 畵僧(奎章閣 13925호, 朴廷蕙, 「儀軌를 통해서 본 朝鮮時代의 畵員」 자료1)
- 1788년 충남 공주 麻谷寺 大寂光殿 釋迦牟尼後佛圖 조성(『韓國의 佛畵 15 - 麻谷寺(上)』) 수화승 鍊弘
- 1789년 『莊祖顯隆園園所都監儀軌』 造成所 畵僧(奎章閣 13627호, 朴廷蕙, 「儀軌를 통해서 본 朝鮮時代의 畵員」 자료1)

융성(戎性 : -1855-) 19세기 중반에 활동한 불화승이다. 1855년에 수화승 인원체정과 국립중앙박물관 소장 신중도를 조성하였다.

◦ 1855년 神衆圖 조성(國立中央博物館 所藏,『영혼의 여로 – 조선시대 불교회화와의 만남』
과『韓國의 佛畵 39 – 國·公立博物館』) 수화승 仁源體定

융파당(融波堂) 법융(法融) 참조

은기(隱奇 : -1753-)* 18세기 중반에 활동한 불화승이다. 1753년에 수화승으
로 전남 순천 선암사 삼십삼조사도(석가모니불, 1·2조사)를 조성하였다.

◦ 1753년 전남 순천 仙巖寺 三十三祖師圖(釋迦牟尼佛, 1·2祖師) 조성(『韓國의 佛畵 12 –
仙巖寺』) 金魚 수화승

은옥(恩玉) 조선후기에 활동한 불화승이다. 수화승 □演과 제작연대를 알 수
없는 아미타후불도를 조성하였다.

◦ 연대미상 阿彌陀後佛圖 조성(梁山 通度寺 所藏,『韓國의 佛畵 3 – 通度寺(下)』) 수화승
□演

은화(銀華 : -1769-) 18세기 후반에 활동한 불화승이다. 1769년에 수화승 쾌
윤과 경남 남해 용문사 괘불도를 조성하였다.

◦ 1769년 경남 남해 龍門寺 掛佛圖 조성(『韓國의 佛畵 26 – 雙磎寺(下)』) 수화승 快玧

응기 1(應琦 : -1853-) 19세기 중반에 활동한 불화승이다. 1853년에 수화승
응성환익과 경기 남양주 봉영사 아미타후불도를 조성하였다.

◦ 1853년 경기 남양주 奉永寺 阿彌陀後佛圖 조성(『韓國의 佛畵 33 – 奉先寺』) 수화승 應
惺幻翼

응기 2(應基 : -1890-) 완명당(玩明堂) 19세기 후반에 활동한 불화승이다.
1890년에 수화승 긍조와 서울 흥천사 대방 아미타후불도와 신중도를 조성하
였다.

◦ 1890년 서울 興天寺 大房 阿彌陀後佛圖 조성(『서울전통사찰불화』와『韓國佛畵畵記集』)[127]
수화승 亘照
1890년 서울 興天寺 大房 神衆圖 조성(『서울전통사찰불화』와『韓國佛畵畵記集』) 수
화승 亘照

응륜(應崙 : -1866-1901-)* 덕월당(德月堂) 19세기 후반에 활동한 불화승이다.
1866년에 수화승과 증명으로 금보암 신중도(목아불교박물관 소장)를, 1868
년에 수화승으로 서울 청룡사 대웅전 지장도와 칠성도를, 수화승 승의와 현
왕도를, 수화승 금곡영환과 강당 신중도를 그리고, 수화승 금곡영환과 1868
년에 경기 남양주 흥국사 대웅보전 지장도를, 1871년에 수화승으로 서울 영
화사 삼성각 나한도를, 1874년에 수화승 한봉창엽과 경기 안성 청룡사 명부
전 지장도를, 1878년에 수화승 한담천신과 경기 안성 청룡사 대웅전 삼세후
불도를, 1880년에 수화승으로 서울 영화사 나한도를, 1884년에 수화승으로
서울 미타사 대승암 관음도를, 수화승 금곡영환과 1887년에 경기 안성 운수
암 아미타후불도와 1888년에 경기 안성 칠장사 명부전 지장도를, 1892년에
수화승 영명천기와 서울 봉은사 대웅전 삼불회도를, 1895년에 수화승 금곡영
환과 경기 남양주 불암사 괘불도를, 수화승으로 서울 봉은사 영산전 석가모

니후불도를, 수화승 금곡영환와 영산전 나한도를, 1898년에 수화승 추산천성과 서울 봉국사 명부전 시왕도(6·8·10대왕)를, 1901년에 수화승 한봉응작과 서울 연화사 신중도를, 수화승 한봉응작과 서울 봉원사 괘불도를 조성하였다.

- 1866년 金寶菴 神衆圖 조성(木芽佛敎博物館 所藏, 『韓國의 佛畵 20 – 私立博物館』) 證明과 金魚 수화승
- 1868년 서울 靑龍寺 大雄殿 地藏圖 조성(『서울전통사찰불화』와 『韓國佛畵畵記集』 및 『韓國의 佛畵 34 – 曹溪寺(上)』) 金魚[128] 수화승
  1868년 서울 靑龍寺 大雄殿 七星圖 조성(『서울전통사찰불화』와 『韓國佛畵畵記集』 및 『韓國의 佛畵 36 – 曹溪寺(下)』) 金魚片手 수화승
  1868년 서울 靑龍寺 大雄殿 現王圖 조성(『서울전통사찰불화』와 『韓國佛畵畵記集』) 片手[129] 수화승 勝宜
  1868년 서울 靑龍寺 講堂 神衆圖 조성(『서울전통사찰불화』와 『韓國佛畵畵記集』 및 『韓國의 佛畵 35 – 曹溪寺(中)』) 片手 수화승 金谷永煥
  1868년 경기 남양주 興國寺 大雄寶殿 地藏圖 조성(『韓國佛畵畵記集』과 『韓國의 佛畵 33 – 奉先寺』) 수화승 金谷永煥
- 1871년 서울 永華寺 三聖閣 羅漢圖 조성(『서울전통사찰불화』) 莊會 수화승
- 1874년 경기 안성 靑龍寺 冥府殿 地藏圖 조성(『韓國의 佛畵 28 – 龍珠寺(上)』) 수화승 漢峰瑲燁
- 1878년 경기 안성 靑龍寺 大雄殿 三世後佛圖 조성(『韓國의 佛畵 28 龍珠寺(上)』) 出草 수화승 漢潭天娠
- 1880년 서울 永華寺 羅漢圖 조성(『韓國佛畵畵記集』) 莊會 수화승
- 1884년 서울 彌陀寺 大乘庵 觀音圖 조성(『韓國의 佛畵 34 – 曹溪寺(上)』) 金魚 수화승
- 1887년 경기 안성 雲水庵 阿彌陀後佛圖 조성(『韓國의 佛畵 28 – 龍珠寺(上)』) 수화승 金谷永煥
- 1888년 경기 안성 七長寺 冥府殿 地藏圖 조성(『韓國의 佛畵 28 – 龍珠寺(上)』) 수화승 金谷永煥
- 1892년 서울 奉恩寺 大雄殿 三佛會圖 조성(『韓國의 佛畵 34 – 曹溪寺(上)』) 수화승 永明天機
- 1895년 경기 남양주 佛巖寺 掛佛圖 조성(『掛佛調査報告書』와 『韓國佛畵畵記集』 및 『韓國의 佛畵 33 – 奉先寺』) 수화승 金谷永煥
  1895년 서울 奉恩寺 靈山殿 釋迦牟尼後佛圖 조성(『서울전통사찰불화』와 『韓國佛畵畵記集』 및 『韓國의 佛畵 34 – 曹溪寺(上)』) 金魚 수화승
  1895년 서울 奉恩寺 靈山殿 羅漢圖 조성(『서울전통사찰불화』와 『韓國佛畵畵記集』)[130] 수화승 金谷永煥
- 1898년 서울 奉國寺 冥府殿 十王圖(6·8·10大王) 조성(『韓國의 佛畵 35 – 曹溪寺(中)』) 수화승 秋山天性
- 1901년 서울 蓮華寺 神衆圖 조성(『韓國의 佛畵 35 – 曹溪寺(中)』) 수화승 漢峰應作[131]
  1901년 서울 奉元寺 掛佛圖 조성(『서울전통사찰불화』와 『韓國佛畵畵記集』) 수화승 韓峰應作
- 연대미상 十六羅漢圖 조성(國立中央博物館 所藏, 『韓國의 佛畵 39 – 國·公立博物館』) 片手 수화승

응상 1(應尙 : -1657-1658-) 17세기 중반에 활동한 불화승이다. 1657년 수화승 신겸과 충남 연기 비암사 괘불도를, 1658년에 사과司果 박난朴蘭을 수화원首畵員으로 경기 안성 청룡사 괘불도를 조성하였다.

- 1657년 충남 연기 卑嵒寺 掛佛圖 조성(畵記) 수화승 信謙
- 1658년 경기 안성 靑龍寺 掛佛圖 조성(『韓國의 佛畵 29 – 龍珠寺(下)』) 수화원 朴蘭

응상 2(應祥 : -1855-1890-)* 하은당(霞隱堂) 19세기 후반에 활동한 불화승이

다. 수화승으로 1855년에 경북 영천 은해사 목조아미타불좌상을 중수하고, 1857년에 대구 동화사 칠성도를, 1880년에 경북 문경 김용사 금선암 아미타후불도와 신중도를, 김용사 양진암 신중도와 사천왕도(지국천왕)를, 1881년에 경북 선산 도계사 칠성도를 조성하였다. 1882년에 수화승 축연과 강원 통천 용공사 십육나한을 개채하고 존상을 봉안하였다. 수화승으로 1884년에 경북 예천 용문사 아미타후불도(문경 김룡사 소장)와 십육나한도를, 1886년에 경북 안동 광흥사 영산암 아미타후불도를, 1887년에 대구 파계사 금당암 석가모니후불도와 신중도 및 금암金庵 칠성도를, 경북 의성 고운사 쌍수암 대법당 아미타후불도를, 충북 괴산 채운암 칠성도를 그렸다. 1888년에 경북 문경 김용사 칠성도와 독성도를, 안동 봉정사 대웅전 지장도를, 1890년에 문경 대승사 묘적암 신중도를, 예천 명봉사 현왕도와 산신도를, 충북 영동 반야사 신중도와 칠성도(청주 보국사 소장)를, 경북 양산 통도사 자장암 신중도를, 경북 의성 봉림사 석가모니후불도를 조성하였다.

◦ 1855년 경북 영천 은해사 木造阿彌陀佛坐像 중수(發願文) 金魚 수화승
◦ 1857년 대구 桐華寺 七星圖 조성(『韓國의 佛畵 22 – 桐華寺(下)』) 金魚 수화승
◦ 1879년 경북 포항 寶鏡寺 瑞雲菴 阿彌陀後佛紅圖 조성(『韓國의 佛畵 38 – 佛國寺』) 金魚 수화승[132]
    1879년 경북 포항 寶鏡寺 瑞雲菴 神衆圖 조성(『韓國의 佛畵 38 – 佛國寺』) 金魚 수화승[133]
◦ 1880년 경북 문경 金龍寺 金仙庵 阿彌陀後佛圖 조성(『韓國의 佛畵 8 – 直指寺(上)』) 金魚[134] 수화승
    1880년 경북 문경 金龍寺 金仙庵 神衆圖 조성(『韓國의 佛畵 8 – 直指寺(上)』) 金魚 수화승
    1880년 경북 문경 金龍寺 養眞庵 神衆圖 조성(『韓國의 佛畵 8 – 直指寺(上)』) 金魚 수화승
    1880년 경북 문경 金龍寺 四天王圖(持國天王) 조성(『韓國의 佛畵 8 – 直指寺(上)』) 金魚 수화승
◦ 1881년 경북 선산 桃李寺 七星圖 조성(『韓國의 佛畵 9 – 直指寺(下)』) 金魚 수화승
◦ 1882년 龍貢寺 十六羅漢 改彩 新畵成 各具 尊像 奉安(『楡岾寺本末寺誌(龍貢寺)』)
◦ 1884년 경북 예천 龍門寺 阿彌陀後佛圖 조성(聞慶 金龍寺 所藏, 『韓國의 佛畵 8 – 直指寺(上)』) 金魚[135] 수화승
    1884년 경북 예천 龍門寺 阿彌陀後佛圖 조성(『韓國의 佛畵 8 – 直指寺(上)』) 金魚 수화승
    1884년 경북 예천 龍門寺 十六羅漢圖 조성(『韓國의 佛畵 9 – 直指寺(下)』) 金魚 수화승
◦ 1886년 경북 안동 廣興寺 靈山庵 阿彌陀後佛圖 조성(『韓國의 佛畵 23 – 孤雲寺(上)』) 金魚 수화승
◦ 1887년 대구 把溪寺 金堂庵 釋迦牟尼後佛圖 조성(『韓國의 佛畵 21 – 桐華寺(上)』) 金魚 수화승
    1887년 대구 把溪寺 金堂庵 神衆圖 조성(『韓國의 佛畵 21 – 桐華寺(上)』) 金魚 수화승
    1887년 대구 把溪寺 金庵 七星圖 조성(『韓國의 佛畵 22 – 桐華寺(下)』) 金魚 수화승
    1887년 경북 의성 孤雲寺 雙修庵 大法堂 阿彌陀後佛圖 조성(『韓國의 佛畵 23 – 孤雲寺(上)』) 金魚 수화승
    1887년 충북 괴산 彩雲庵 七星圖 조성(『韓國佛畵畵記集』) 金魚
◦ 1888년 경북 문경 金龍寺 七星圖 조성(『韓國의 佛畵 9 – 直指寺(下)』) 金魚 수화승
    1888년 경북 문경 金龍寺 獨聖圖 조성(『韓國의 佛畵 9 – 直指寺(下)』) 金魚 수화승

1888년 경북 안동 鳳停寺 大雄殿 地藏圖 조성(『韓國의 佛畵 23 - 孤雲寺(上)』) 金魚 수화승

◦ 1890년 경북 문경 大乘寺 妙寂庵 神衆圖 조성(『韓國의 佛畵 8 - 直指寺(上)』) 金魚 수화승

1890년 경북 예천 鳴鳳寺 現王圖 조성(『韓國의 佛畵 9 - 直指寺(下)』와 『韓國佛畵畵記集』) 金魚 수화승

1890년 경북 예천 鳴鳳寺 山神圖 조성(『韓國의 佛畵 9 - 直指寺(下)』와 『韓國佛畵畵記集』) 金魚[136] 수화승

1890년 충북 영동 般若寺 神衆圖 조성(淸州 輔國寺 奉安, 『韓國佛畵畵記集』) 金魚 수화승

1890년 충북 영동 般若寺 神衆圖 조성(淸州 輔國寺 奉安, 『韓國佛畵畵記集』) 金魚 수화승

1890년 충북 영동 般若寺 七星圖 조성(淸州 輔國寺 奉安, 『韓國佛畵畵記集』) 金魚 수화승

1890년 경남 양산 通度寺 慈藏庵 神衆圖 조성(『韓國의 佛畵 3 - 通度寺(下)』) 金魚 수화승

1890년 축북 청주 輔國寺 神衆圖 조성(永同 般若寺 所藏, 『韓國의 佛畵 17 - 法住寺』) 金魚[137] 수화승

1890년 경북 의성 鳳林寺 釋迦牟尼後佛圖 조성(『韓國의 佛畵 23 - 孤雲寺(上)』) 金魚 수화승

※ 하은응상과 하은위상은 동일인으로 보인다.

응석(應釋, 應碩 : -1853-1909-)* 경선당(慶船堂, 慶善堂)
19세기 후반에 활동한 불화승이다. 1853년에 수화승 응
성환익과 경기 남양주 봉영사 아미타후불도를, 1855년
에 수화승 인원체정과 국립중앙박물관 소장 신중도를,
1858년에 수화승 성운영희와 남양주 홍국사 괘불도를,
수화승으로 1859년에 경북 문경 대승사 신중도를, 1867
년에 서울 보문사 묘승전 중단도와 경북 예천 용문사 신
중도 및 강원 고성 유점사 수월사 신중도를, 1868년에
수화승 금곡영환과 남양주 홍국사 대웅보전 신중도를,
수화승 금곡영환과 서울 백련사 괘불도를, 수화승으로
1869년에 남양주 홍국사 팔상도(비람강생상, 사문유관
상, 녹원전법상, 쌍림열반상)를, 1870년에 서울 개운사

응석, 신중도, 의정부 회룡사

대웅전 지장도와 신중도를, 1871년에 수화승 용계 서익과 경기 양주 만수사
신중도(서울 청량사 소장)를, 수화승으로 고성 유점사 시왕전 후불도를, 수화
승으로 1873년에 서울 미타사 신중도를, 1874년에 서울 미타사 삼성각 칠성
도를, 1876년에 강원 영월 보덕사 칠성도를, 1879년에 서울 개운사 괘불도를
조성하고, 1880년에 서울 학림사 불화를 중수하였다. 1883년에 수화승으로
홍국사 신중도(의정부 회룡사 소장)를, 1884년에 「금강산건봉사사적급중중창
광장총보金剛山乾鳳寺事蹟及中重創曠章總譜」에 화원畵員으로, 충남 공주 마곡사
대시주 영세 불망기에 언급되어 있다. 1885년에 수화승으로 서울 봉은사 칠
성도와 북극락전 칠성도를, 1886년에 수화승 영명천기와 봉은사 판전 비로자

나후불도를, 1892년에 수화승 금곡영환과 남양주 흥국사 영
산전 석가모니후불도와 수화승으로 만월보전 아미타후불도
및 나한도를, 1895년에 수화승 금곡영환과 남양주 불암사 괘
불도를, 수화승 상규와 봉은사 영산전 십육나한도를, 1897년
에 수화승으로 남양주 불암사 십육나한도를, 1898년에 수화
승 예운상규와 파주 보광사 대웅전 영산회상도와 수화승으로
경기 파주 보광사 감로도와 삼장도 등을 그렸다. 수화승으로
1901년에 전남 해남 대흥사 삼세후불도(약사불)와 명부전 지
장시왕도를, 1902년에 경기 고양 흥국사 괘불도를, 1905년에
충북 보은 법주사 팔금강번八金剛幡(백정수금강)을, 1907년에
서울 진관사 독성도를, 1909년에 서울 삼성암 칠성각 칠성도
를 조성하였다.

경선응석, 십육나한도, 남양주 흥국사

- 1853년 경기 남양주 奉永寺 阿彌陀後佛圖 조성(『韓國의 佛畵 33 –
  奉先寺』) 수화승 應惺幻翼
- 1855년 神衆圖 조성(國立中央博物館 所藏, 『영혼의 여로 – 조선시대 불교회화와의 만남』
  과 『韓國의 佛畵 39 – 國・公立博物館』) 수화승 仁源軆定
- 1858년 경기 남양주 興國寺 掛佛圖 조성(『掛佛調査報告書』와 『韓國佛畵畵記集』 및 『韓
  國의 佛畵 33 – 奉先寺』) 幀片手 수화승 惺雲永羲
- 1859년 경북 문경 大乘寺 神衆圖 조성(『韓國의 佛畵 8 – 直指寺(上)』) 金魚 수화승
- 1867년 서울 普門寺 妙勝殿 中壇圖 조성(『서울전통사찰불화』와 『韓國佛畵畵記集』) 金
  魚138) 수화승
  1867년 경북 예천 龍門寺 神衆圖 조성(『韓國의 佛畵 8 – 直指寺(上)』) 金魚片手 수화승
  1867년 강원 榆岾寺 水月社 神衆圖 조성(『榆岾寺本末寺誌(榆岾寺)』)
- 1868년 경기 남양주 興國寺 大雄寶殿 神衆圖 조성(『韓國의 佛畵 33 – 奉先寺』) 수화승
  金谷永煥
  1868년 서울 白蓮寺 掛佛圖 조성(『掛佛調査報告書 II』) 片手139) 수화승 金谷永環
- 1869년 경기 남양주 興國寺 八相圖(毘藍降生相) 조성(『韓國의 佛畵 33 – 奉先寺』) 金魚
  片手 수화승
  1869년 경기 남양주 興國寺 八相圖(四門遊觀相) 조성(『韓國의 佛畵 33 – 奉先寺』) 金
  魚 片手 수화승
  1869년 경기 남양주 興國寺 八相圖(鹿苑轉法相) 조성(『韓國의 佛畵 33 – 奉先寺』) 金
  魚 片手 수화승
  1869년 경기 남양주 興國寺 八相圖(雙林涅槃相) 조성(『韓國의 佛畵 33 – 奉先寺』) 金
  魚 片手 수화승
- 1870년 서울 開運寺 大雄殿 地藏圖 조성(『韓國의 佛畵 34 – 曹溪寺(上)』) 金魚 수화승
  1870년 서울 開運寺 大雄殿 神衆圖 조성(『韓國의 佛畵 35 – 曹溪寺(中)』) 金魚片手
  수화승
- 1871년 경기 양주 萬壽寺 神衆圖 조성(서울 淸凉寺 所藏, 『서울전통사찰불화』와 『韓國佛
  畵畵記集』 및 『韓國의 佛畵 35 – 曹溪寺(中)』140) 수화승 龍溪瑞翊
  1871년 강원 고성 榆岾寺 十王殿 後佛圖 조성(『榆岾寺本末寺誌(榆岾寺)』) 수화승
- 1873년 서울 彌陀寺 神衆圖 조성(『韓國의 佛畵 35 – 曹溪寺(中)』) 金魚片手 出草 수화승
- 1874년 서울 彌陀寺 三聖閣 七星圖 조성(『韓國의 佛畵 36 – 曹溪寺(下)』) 金魚 수화승
- 1876년 강원 영월 報德寺 七星圖 조성(『한국의 사찰문화재-강원도』) 良工 수화승
- 1879년 서울 開運寺 掛佛圖 조성(『韓國의 佛畵 35 – 曹溪寺(中)』) 金魚片手 수화승
- 1880년 서울 鶴林寺 불화중수(「鶴林庵重修記」 내용 중, 박도화, 「鶴林寺 毘盧遮那삼신

괘불탱화」)

▫ 1883년 경기 남양주 興國寺 神衆圖 조성(議政府 回龍寺 소장, 畵記,『畿內寺院誌』와『韓國佛畵畵記集』및『韓國의 佛畵 33 – 奉先寺』) 金魚出草 수화승

▫ 1884년「金剛山乾鳳寺事蹟及中重創曠章總譜」(『江原道鄉校書院寺刹誌』) 畵師

1884년 충남 공주 麻谷寺 대시주 영세 불만기 언급(「大施主永世不忘記」)[141]

▫ 1885년 서울 奉恩寺 七星圖 조성(『서울전통사찰불화』)[142] 金魚 수화승

▫ 1886년 서울 奉恩寺 北極樂殿 七星圖 조성(『서울전통사찰불화』와『韓國佛畵畵記集』및『韓國의 佛畵 36 – 曹溪寺(下)』)[143] 金魚 수화승

1886년 서울 奉恩寺 版殿 毘盧遮那後佛圖 조성(『서울전통사찰불화』와『韓國佛畵畵記集』및『韓國의 佛畵 34 – 曹溪寺(上)』)[144] 出草片手 수화승 影明天機

▫ 1892년 경기 남양주 興國寺 靈山殿 釋迦牟尼後佛圖 조성(『韓國의 佛畵 33 – 奉先寺』) 片手 수화승 金谷永煥

1892년 경기 남양주 興國寺 大房 神衆圖 조성(『韓國의 佛畵 33 – 奉先寺』) 수화승 □□□□[145]

1892년 경기 남양주 興國寺 滿月寶殿 阿彌陀後佛圖 조성(『韓國의 佛畵 33 – 奉先寺』) 金魚片手 수화승

1892년 경기 남양주 興國寺 靈山殿 十六羅漢圖(1·3·5·7尊者) 조성(『畿內寺院誌』와『韓國佛畵畵記集』및『韓國의 佛畵 33 – 奉先寺』)[146] 金魚片手 수화승

1892년 경기 남양주 興國寺 靈山殿 十六羅漢圖(2·4·6·8尊者) 조성(『韓國의 佛畵 33 – 奉先寺』) 金魚片手 수화승

1892년 경기 남양주 興國寺 靈山殿 十六羅漢圖(9·11·13·15尊者) 조성(『韓國의 佛畵 33 – 奉先寺』) 金魚片手 수화승

1892년 경기 남양주 興國寺 靈山殿 十六羅漢圖(10·12·14·16尊者) 조성(『韓國의 佛畵 33 – 奉先寺』) 金魚片手 수화승

▫ 1895년 경기 남양주 佛巖寺 掛佛圖 조성(『掛佛調査報告書』와『韓國佛畵畵記集』및『韓國의 佛畵 33 – 奉先寺』) 수화승 金谷永煥

1895년 서울 奉恩寺 靈山殿 十六羅漢圖 조성(『韓國의 佛畵 35 – 曹溪寺(中)』) 수화승 尙奎

▫ 1897년 경기 남양주 佛巖寺 十六羅漢圖 조성(『畿內寺院誌』와『韓國佛畵畵記集』및『韓國의 佛畵 33 – 奉先寺』) 出草[147] 수화승

▫ 1898년 경기 파주 普光寺 大雄殿 靈山會上圖 조성(『畿內寺院誌』와『韓國佛畵畵記集』및『韓國의 佛畵 33 – 奉先寺』)[148] 片手 수화승 禮芸尙奎

1898년 경기 파주 普光寺 大雄殿 三藏圖 조성(『畿內寺院誌』와『韓國佛畵畵記集』및『韓國의 佛畵 33 – 奉先寺』)[149] 金魚片手 수화승

1898년 경기 파주 普光寺 甘露圖 조성(『韓國佛畵畵記集』와『韓國의 佛畵 33 – 奉先寺』) 金魚片手 수화승

1898년 경기 파주 普光寺 大雄殿 七星圖 조성(『畿內寺院誌』와『韓國佛畵畵記集』및『韓國의 佛畵 33 – 奉先寺』)[150] 金魚片手 수화승

1898년 경기 파주 普光寺 現王圖 조성(『韓國佛畵畵記集』과『韓國의 佛畵 33 – 奉先寺』) 金魚片手 수화승

1898년 경기 파주 普光寺 獨聖圖 조성(『韓國佛畵畵記集』과『韓國의 佛畵 33 – 奉先寺』) 金魚片手 수화승

1898년 서울 靑龍寺 大雄殿 甘露王圖 조성(『서울전통사찰불화』와『韓國佛畵畵記集』) 證明[151]

▫ 1901년 전남 해남 大興寺 三世後佛圖(藥師佛) 조성(『全南의 寺刹』과『韓國의 佛畵 31 – 大興寺』) 金魚出草片手 수화승

1901년 전남 해남 大興寺 冥府殿 地藏十王圖 조성(『韓國의 佛畵 31 – 大興寺』) 金魚出草 수화승

▫ 1902년 경기 고양 興國寺 掛佛圖 조성(『畿內寺院誌』와『韓國佛畵畵記集』및『韓國의 佛畵 35 – 曹溪寺(中)』) 金魚 수화승

▫ 1905년 충북 보은 法住寺 八金剛幡(白淨水金剛) 조성(『韓國의 佛畵 17 – 法住寺』) 畵師

片手 수화승

◦1907년 서울 津寬寺 獨聖圖 조성(『北漢山의 佛敎遺蹟』과 『韓國佛畵畵記集』 및 『韓國의 佛畵 36 – 曹溪寺(下)』) 片手[152] 수화승
◦1909년 서울 三聖庵 七星閣 七星圖 조성(『韓國의 佛畵 36 – 曹溪寺(下)』) 金魚片手 수화승
◦연대미상 서울 開運寺 冥府殿 現王圖 조성(『韓國의 佛畵 36 – 曹溪寺(下)』) 金魚 수화승

응선(應宣 : -1896-) 19세기 후반에 활동한 불화승이다. 1896년 에 수화승 범해두안과 경남 양산 통도사 반야용선도般若龍船圖를 조성하였다.

◦1896년 경남 양산 通度寺 般若龍船圖 조성(『韓國의 佛畵 2 – 通度寺(中)』) 수화승 帆海 斗岸

응섭(應涉 : -1884-) 19세기 후반에 활동한 불화승이다. 1884년에 수화승 축연과 서울 진관사 영산전 제석도(사자・장군)를 조성하였다.

◦1884년 서울 津寬寺 靈山殿 帝釋圖(使者, 將軍) 조성(『韓國의 佛畵 35 – 曹溪寺(中)』) 金魚 수화승 竺衍

응숙(應叔 : -1840-) 19세기 중반에 활동한 불화승이다. 1840년에 수화승 원담내원과 전북 고창 선운사 대웅보전 아미타후불벽화阿彌陀後佛壁畵를 조성하였다.

◦1840년 전북 고창 禪雲寺 大雄寶殿 阿彌陀後佛壁畵 조성(『韓國의 佛畵 14 – 禪雲寺』) 수화승 圓潭內元

응순(應淳 : -1874-1891-)* 서봉당(西峰堂, 西峯堂) 19세기 후반에 활동한 불화승이다. 1874년에 수화승 한봉창엽과 경기 안성 청룡사 명부전 지장도를, 1880년에 수화승으로 경북 울진 불영사 명부전 지장도를, 1891년에 수화승 한봉창엽과 충북 청원 안심사 대웅전 삼세후불도를 조성하였다.

◦1874년 경기 안성 靑龍寺 冥府殿 地藏圖 조성(『韓國의 佛畵 28 – 龍珠寺(上)』) 수화승 漢峰瑲燁
◦1880년 경북 울진 佛影寺 冥府殿 地藏圖 조성(『韓國의 佛畵 38 – 佛國寺』) 金魚 수화승
◦1891년 충북 청원 安心寺 大雄殿 三世後佛圖 조성(『韓國의 佛畵 17 – 法住寺』) 片手 수화승 漢峰瑲曄

응연(應淵 : -1869-) 19세기 후반에 활동한 불화승이다. 1869년에 수화승 경선응석과 경기 남양주 흥국사 팔상도(사문유관상)를 조성하였다.

◦1869년 경기 남양주 興國寺 八相圖(四門遊觀相) 조성(『韓國의 佛畵 33 – 奉先寺』) 수화승 慶船應釋

응열(應悅 : -1650-1673-)* 17세기 중반에 활동한 불화승이다. 1650년에 수화승 경잠과 충남 공주 갑사 괘불도를, 1657년 수화승 신겸과 충남 연기 비암사 괘불도를, 수화승으로 1664년에 충남 공주 신원사 괘불도와 1673년에 충남 예산 수덕사 괘불도를 조성하였다.

◦1650년 충남 공주 甲寺 掛佛圖 조성(『韓國佛畵畵記集』과 『韓國의 佛畵 16 – 麻谷寺(下)』) 수화승 敬岑
◦1657년 충남 연기 卑岩寺 掛佛圖 조성(畵記) 수화승 信謙
◦1664년 충남 공주 新元寺 掛佛圖 조성(『韓國佛畵畵記集』과 『韓國의 佛畵 16 – 麻谷寺(下)』)[153] 畵員 수화승

◦ 1673년 충남 예산 修德寺 掛佛圖 조성(『韓國의 佛畵 27 – 修德寺』) 畵員 수화승

응옥(應玉 : -1704-1716-)* 18세기 전반에 활동한 승장이다. 1704년에 상화원 上畵員 인문, 부화원副畵員 초경 등과 경북 영천 수도사 괘불도를, 1716년에 수화승으로 강원 양구 심곡사 목조아미타삼존불좌상 중 관음보살상을 제작하였다.

◦ 1704년 경북 영천 修道寺 掛佛圖 조성(『韓國의 佛畵 30 – 銀海寺』) 畵154) 수화승 印文
◦ 1716년 강원 양구 심곡사 목조아미타삼존불좌상 제작(『한국의 사찰문화재–강원도』) 畵工 관음보살

응완(應完, 應玩 : -1867-1869-) 19세기 중반에 활동한 불화승이다. 수화승 의운자우와 1867년에 서울 흥천사 극락보전 아미타후불도와 1868년에 강원 영월 보덕사 석가모니후불도를, 1869년에 수화승 경선응석과 경기 남양주 흥국사 팔상도(녹원전법상)를 조성하였다.

◦ 1867년 서울 興天寺 極樂寶殿 阿彌陀後佛圖 조성(『서울전통사찰불화』와 『韓國佛畵畵記集』) 수화승 義雲 慈雨
◦ 1868년 강원 영월 報德寺 釋迦牟尼後佛圖 조성(『韓國의 佛畵 10 –月精寺』) 수화승 意雲 慈雨155)
◦ 1869년 경기 남양주 興國寺 八相圖(鹿苑轉法相) 조성(『韓國의 佛畵 33 – 奉先寺』) 수화승 慶船應釋
◦ 1867년 경북 醴泉 普門寺 神衆圖 조성(『韓國佛畵畵記集』) 수화승 慶善應碩

응월당(應月堂) 선화(善和) 참조

응윤(應允 : -1853-1855-) 19세기 중반에 활동한 불화승이다. 1853년에 수화승 응성환익과 경기 남양주 봉영사 아미타후불도를, 1855년에 수화승 인원체정과 국립중앙박물관 소장 신중도를 조성하였다.

◦ 1853년 경기 남양주 奉永寺 阿彌陀後佛圖 조성(『韓國의 佛畵 33 – 奉先寺』) 수화승 應惺幻翼
◦ 1855년 神衆圖 조성(國立中央博物館 所藏, 『영혼의 여로 – 조선시대 불교회화와의 만남』과 『韓國의 佛畵 39 – 國·公立博物館』) 수화승 仁源 軆定

응인(應仁 : -1905-) 응암당(應菴堂) 20세기 전반에 활동한 불화승이다. 1905년에 수화승 관하종인과 전북 정읍 벽연암 신중도(령은사 조성, 광주 관음사 소장)를 조성하였다.

◦ 1905년 전북 정읍 碧蓮庵 神衆圖 조성(灵隱寺 조성, 光州 觀音寺 所藏, 『韓國의 佛畵 37 – 白羊寺·新興寺』와 『한국의 사찰문화재 –광주광역시/전라남도 I 』) 金魚 수화승 觀河宗仁

응작(應作 : -1901-1902-)* 한봉당(韓峰堂, 漢峰堂) 20세기 전반에 활동한 불화승이다. 1901년에 수화승 대은돈희와 서울 연화사 괘불도와 수화승으로 신중도 및 천수천안관음도를, 수화승으로 서울 봉원사 괘불도를, 1902년 서울 청룡사 심검당 가사도袈裟圖를 조성하였다.

한봉응작, 괘불도, 1901년, 서울 봉원사

한봉응작, 괘불도 부분(가섭),   한봉응작, 괘불도 부분(석가),   한봉응작, 괘불도 부분, 1901년,
1901년, 서울 봉원사   1901년, 서울 봉원사   서울 봉원사

▫ 1901년 서울 蓮華寺 掛佛圖 조성(『韓國의 佛畫 35 – 曹溪寺(中)』) 수화승 大恩頓喜
  1901년 서울 蓮華寺 神衆圖 조성(『韓國의 佛畫 35 – 曹溪寺(中)』) 緣化 수화승[156] 수
  화승
  1901년 서울 蓮華寺 千手天眼觀音圖 조성(『韓國의 佛畫 34 – 曹溪寺(上)』) 金魚出草
  수화승
  1901년 서울 奉元寺 掛佛圖 조성(『서울전통사찰불화』와 『韓國佛畫畫記集』) 金魚 수
  화승
▫ 1902년 서울 靑龍寺 尋劒堂 袈裟圖 조성(『서울전통사찰불화』와 『韓國佛畫畫記集』 및
  『韓國의 佛畫 34 – 曹溪寺(上)』) 金魚 수화승

응잠(應岑 : -1741-1744-) 18세기 중반에 경북 김천 직지사 내원을 중심으로
활동한 불화승이다. 수화승 세관과 1741년에 경북 상주 남장사 아미타후불도
와 삼장도를, 1744년에 경북 김천 직지사 석가모니후불도와 아미타후불도 및
시왕도(오관대왕)를 조성하였다.

　　▫ 1741년 경북 상주 南長寺 阿彌陀後佛圖 1 조성(『韓國의 佛畫 8 – 直指寺(上)』) 수화승
　　　世冠
　　　1741년 경북 상주 南長寺 阿彌陀後佛圖 2 조성(『韓國의 佛畫 8 – 直指寺(上)』) 수화승
　　　世冠
　　　1741년 경북 상주 南長寺 三藏圖 조성(『韓國의 佛畫 8 – 直指寺(上)』) 수화승 世冠
　　▫ 1744년 경북 김천 直指寺 釋迦牟尼後佛圖 조성(『韓國의 佛畫 8 – 直指寺(上)』) 本山 內
　　　院 수화승 世冠
　　　1744년 경북 김천 直指寺 阿彌陀後佛圖 조성(『韓國의 佛畫 8 – 直指寺(上)』) 兼施主
　　　수화승 世冠
　　　1744년 경북 김천 直指寺 十王圖(五官大王) 조성(『韓國의 佛畫 9 – 直指寺(下)』) 수화
　　　승 世冠

응준 1(應俊 : -1742-) 18세기 중반에 활동한 불화승이다. 1742년에 수화승
민휘와 부산 범어사 지장보살도를 조성하였다.

　　▫ 1742년 부산 범어사 지장보살도 조성(김정희, 『조선시대 지장시왕도 연구』) 수화승 敏輝

응준 2(應俊 : -1867-) 19세기 중반에 활동한 불화승이다. 1867년에 수화승 해명산수와 봉곡사 석가모니후불도(서산 부석사 소장)를 조성하였다.

> □ 1867년 鳳谷寺 釋迦牟尼後佛圖 조성(瑞山 浮石寺 所藏,『韓國의 佛畵 27 - 修德寺』) 片手 수화승 海溟山水

응진 1(應眞 : -1741-) 18세기 중반에 활동한 불화승이다. 1741년에 수화승 긍척과 전남 여수 흥국사 감로도를 조성하였다.

> □ 1741년 전남 여수 興國寺 甘露圖 조성(『韓國佛畵畵記集』) 수화승 亘陟

응천(應天 : -1650-) 17세기 중반에 활동한 불화승이다. 1650년에 수화승 경잠과 충남 공주 갑사 괘불도를 조성하였다.

> □ 1650년 충남 공주 甲寺 掛佛圖 조성(『韓國佛畵畵記集』과『韓國의 佛畵 16 - 麻谷寺(下)』) 末寺[157] 수화승 敬岑

응탄(應坦 : -1893-1933-)* 월암당(月庵堂) 19세기 후반부터 20세기 전반까지 활동한 불화승이다. 1893년에 수화승 금호약효와 보덕사 관음전 아미타후불도(예산 수덕사 소장)를, 1902년에 수화승으로 보살사 상운암 아미타후불도(동국대학교 박물관 소장)를, 1910년에 수화승 융파법융과 공주 갑사 팔상전 석가모니후불도와 수화승 금호약효와 대웅전 신중도를, 1933년에 수화승 응탄과 충남 예산 대연사 지장도를 조성하였다.

> □ 1893년 報德寺 觀音殿 阿彌陀後佛圖 조성(禮山 修德寺 所藏,『韓國의 佛畵 27 - 修德寺』) 수화승 錦湖若效
> □ 1902년 菩薩寺 祥雲庵 阿彌陀後佛圖 조성(東國大學校 所藏,『韓國의 佛畵 18 - 大學博物館(Ⅰ)』) 金魚 수화승[158]
> □ 1910년 충남 공주 甲寺 八相殿 釋迦牟尼後佛圖 조성(『韓國의 佛畵15 - 麻谷寺(上)』) 수화승 隆坡法融
> 1910년 충남 공주 甲寺 大雄殿 神衆圖 조성(『韓國의 佛畵 15 - 麻谷寺(上)』)[159] 수화승 錦湖若效
> □ 1933년 충남 예산 大連寺 地藏圖 조성(『韓國의 佛畵 27 - 修德寺』) 수화승 應坦

응하당(應荷堂) 경협(璟洽) 참조

응하당(應霞堂) 봉인(奉仁) 참조

응헌(應憲, 聽?憲 : -1868-) 서응당(西應堂) 19세기 중반에 활동한 불화승이다. 1868년에 수화승 경은 계윤과 경북 예천 용문사 아미타후불도와 신중도를, 수화승 의운자우와 강원 영월 보덕사 석가모니후불도를, 수화승 원명긍우와 고성 화엄사 안양암 지장시왕도와 신중도(고성 화암사 소장)를 조성하였다.

> □ 1868년 경북 예천 용문사 阿彌陀後佛圖 조성(『韓國의 佛畵8 - 直指寺(上)』)[160] 수화승 慶隱戒允
> 1868년 경북 예천 용문사 神衆圖 조성(『韓國의 佛畵8 - 直指寺(上)』)[161] 수화승 慶隱戒允
> 1868년 강원 영월 報德寺 釋迦牟尼後佛圖 조성(『韓國의 佛畵 10 -月精寺』) 수화승 意雲慈雨[162]
> 1868년 강원 고성 華嚴寺 安養庵 地藏圖 조성(高城 禾巖寺 所藏,『한국의 사찰문화재-강원도』와『韓國의 佛畵 37 - 新興寺』) 수화승 圓明亘祐
> 1868년 강원 고성 華嚴寺 安養庵 神衆圖 조성(高城 禾巖寺 所藏,『한국의 사찰문화

재-강원도』와 『韓國의 佛畵 37 – 新興寺』) 수화승 圓明亘祐

응훈(應訓 : -1868-) 19세기 중반에 활동한 불화승이다. 1868년에 수화승 금곡영환과 서울 청룡사 강당 신중도와 경기 남양주 흥국사 대웅보전 감로왕도를 조성하였다.

> ▫ 1868년 서울 靑龍寺 講堂 神衆圖 조성(『서울전통사찰불화』와 『韓國佛畵畵記集』 및 『韓國의 佛畵 35 – 曹溪寺(中)』) 片手 수화승 金谷永煥
> 1868년 경기 남양주 興國寺 大雄寶殿 甘露王圖 조성(『畿內寺院誌』와 『韓國佛畵畵記集』 및 『韓國의 佛畵 33 – 奉先寺』)[163] 수화승 金谷永煥

의간(義侃 : -1702-) 18세기 전반에 활동한 불화승이다. 1702년에 수화승 사신과 전남 순천 선암사 불조전 오십삼후불도를 조성하였다.

> ▫ 1702년 전남 순천 仙巖寺 佛祖殿 五十三後佛圖(8위) 조성(『韓國의 佛畵 12 – 仙巖寺』) 수화승 思信
> 1702년 전남 순천 仙巖寺 佛祖殿 五十三後佛圖(8위) 조성(『韓國의 佛畵 12 – 仙巖寺』) 수화승 思信

의견(義堅 : -1791-) 18세기 후반에 활동한 조각승이다. 1791년에 수화승 연홍과 경기 화성 장의사 지장도(화성 만의사 소장)를 조성하였다.

> ▫ 1791년 경기 화성 莊儀寺 地藏圖 조성(華城 萬儀寺 所藏, 『韓國의 佛畵 28 – 龍珠寺(上)』) 수화승 演泓

의겸, 감로도, 1736년, 순천 선암사 대웅전

의겸 1(義謙, 義兼 : -1713-1757-)* 18세기 전반에 활동한 대표적인 불화승이다. 1713년에 수화승 봉각과 전남 장흥 보림사 팔상도와 후불도를 그린 후, 수화승으로 1719년에 경남 고성 운흥사 영산전 영산회상도와 팔상도를, 1722년에 경남 진주 청곡사 괘불도를, 1723년에 전남 여수 흥국사 관음전 관음도, 영산회상도, 응진전 십육나한도를, 1724년에 전남 순천 송광사 응진당 석가모니후불도와 영산전 석가모니후불도 및 33조사도를, 1726년에 전북 남원 실상사 지장도(동국대학교 박물관 소장)를, 1728년에 전북 무주 안국사 괘불도를, 1729년에 경남 합천 해인사 대적광전 석가모니불도를, 1730년에 고성 운흥사 괘불도, 삼세불도(아미타불), 관음도, 감로도, 목조관음보살좌상(부산 내원정사 소장)을, 충남 공주 갑사 대웅전 삼세불도(석가모니불와 아미타불)를, 수월관음도(한국불교미술박물관 소장)를, 1736년에 순천 선암사 서부도전西浮屠殿 감로도를, 1740년에 강원 창평 서봉사 중불암 아미타회상도와 순천 송광사 보제당 아미타회상도를 조성하고, 수화승 혜식과 대구 파계사 건칠관음보살좌상을 중수하였다. 수화승으로 1741년에 강원 고성 안정사 나한전 석조삼존불과 나한상을, 전남 여

의겸, 감로도 부분, 1736년, 순천 선암사 대웅전

의겸, 영산회괘불도 부분,
1722년, 진주 청곡사

의겸, 영산회괘불도, 1722년,
진주 청곡사

의겸, 영산회괘불도 석가, 1730년,
운흥사

의겸, 영산회괘불도, 1730년, 운흥사

의겸, 영산회괘불도 부분,
1730년, 운흥사

수 흥국사 영산회상도를, 1745년에 전남 나주 다보사 괘불도를, 1749년에 전
북 부안 개암사 괘불도(부안 내소사 소장)와 전남 남원 실상사 금당 아미타회
상도 및 1749년에 전남 구례 천은사 용학암 칠성도를, 1757년에 구례 화엄사
대웅전 삼신도(노사나불)를 조성하였다.

- 1713년 전남 장흥 寶林寺 八相圖, 後佛圖를 7월 18일 시작하여 9월 30일 마침(『譯註 寶
  林寺重創記』) 수화승 奉覽
- 1719년 경남 고성 雲興寺 靈山殿 靈山會上圖 조성(유마리, 「朝鮮朝 阿彌陀佛畵의 硏究」
  와 安貴淑, 「조선후기 佛畵僧의 계보와 義謙比丘에 대한 연구(상)」) 片手 수화승
  1719년 경남 고성 雲興寺 靈山殿 八相圖 조성(유마리, 「朝鮮朝 阿彌陀佛畵의 硏究」와
  安貴淑, 「조선후기 佛畵僧의 계보와 義謙比丘에 대한 연구(상)」) 畵員 수화승

◦1722년 경남 진주 靑谷寺 掛佛圖 조성(『韓國의 佛畵 5 – 海印寺(下)』) 畵員 수화승
◦1723년 전남 여수 興國寺 觀音殿 觀音圖 조성(『韓國의 佛畵 11 – 華嚴寺』) 畵員 수화승
  1723년 전남 여수 興國寺 靈山會上圖 2(『韓國佛畵畵記集』) 畵員 수화승
  1723년 전남 여수 興國寺 應眞殿 十六羅漢圖(1·3·5尊者) 조성(『韓國의 佛畵 11 – 華嚴寺』) 畵員[164] 수화승
  1723년 전남 여수 興國寺 應眞殿 十六羅漢圖(7·9·11·13尊者) 조성(『韓國의 佛畵 11 – 華嚴寺』) 畵員 수화승
  1723년 전남 영수 興國寺 應眞殿 十六羅漢圖(8·10·12·14尊者) 조성(『韓國의 佛畵 11 – 華嚴寺』) 畵員 수화승
  1723년 전남 여수 興國寺 應眞殿 十六羅漢圖(15尊者) 조성(『韓國의 佛畵 11 – 華嚴寺』) 畵員 수화승
  1723년 전남 여수 興國寺 應眞殿 十六羅漢圖(16尊者) 조성(『韓國의 佛畵 11 – 華嚴寺』) 畵員 수화승
◦1724년 전남 순천 송광사 應眞堂 釋迦牟尼後佛圖 조성(『韓國의 佛畵 6 – 松廣寺』) 金魚 수화승
◦1725년 전남 순천 松廣寺 靈山殿 釋迦牟尼後佛圖 조성(『韓國의 佛畵 6 – 松廣寺』) 金魚 수화승
  1725년 전남 순천 松廣寺 三十三祖師圖 조성(『曹溪山松廣寺史庫』)[165] 金魚 수화승
◦1726년 전북 남원 實相寺 地藏圖 조성(東國大學校 博物館 所藏, 『韓國의 佛畵 18 – 大學博物館(Ⅰ)』) 畵員 수화승
◦1728년 전북 무주 安國寺 掛佛圖 조성(『韓國의 佛畵 13 – 金山寺』) 畵員 수화승
◦1729년 경남 합천 海印寺 大寂光殿 釋迦牟尼佛圖 조성(『韓國의 佛畵 4 – 海印寺(上)』) 毫仙 수화승 義謙
◦1730년 경남 고성 雲興寺 掛佛圖 조성(『韓國의 佛畵 26 – 雙磎寺(下)』) 金魚 수화승
  1730년 경남 고성 雲興寺 三世佛圖(阿彌陀佛) 조성(『韓國의 佛畵 25 – 雙磎寺(上)』)[166] 畵員 수화승
  1730년 경남 고성 雲興寺 觀音圖 조성(『韓國의 佛畵 25 – 雙磎寺(上)』) 金魚 수화승
  1730년 경남 고성 雲興寺 甘露圖 조성(『韓國의 佛畵 26 – 雙磎寺(下)』) 畵員 수화승
  1730년 경남 고성 雲興寺 三藏菩薩圖 조성(安貴淑, 「조선후기 佛畵僧의 계보와 義謙比丘에 대한 연구(상)」) 畵員 수화승
  1730년 충남 공주 甲寺 大雄殿 三世佛圖(釋迦牟尼佛) 조성(『韓國의 佛畵 15 – 麻谷寺(上)』)[167] 畵員 수화승
  1730년 충남 공주 갑사 대웅전 三世佛圖(阿彌陀佛) 조성(『韓國의 佛畵 15 – 麻谷寺(上)』) 畵員[168] 수화승
  1730년 水月觀音圖 조성(韓國佛敎美術博物館 所藏, 『衆生의 念願』) 수화승
◦1736년 전남 순천 仙巖寺 西浮屠殿 甘露圖 조성(『韓國의 佛畵 12 – 仙巖寺』) 畵員 수화승
◦1740년 昌平 瑞鳳寺 中佛庵 阿彌陀會上圖 조성(安貴淑, 「조선후기 佛畵僧의 계보와 義謙比丘에 대한 연구(상)」)
  1740년 전남 순천 松廣寺 普濟堂 彌陀會幀 조성(『大乘本寺松廣寺寺誌』)
◦1741년 경남 고성 安靜寺 羅漢殿 三尊佛 및 羅漢像 제작(石造, 金德祜, 『安靜寺誌』)
  1741년 전남 여수 興國寺 靈山會上圖 조성(『전통사찰총서 6– 전남의 전통사찰Ⅰ』)
◦1745년 전남 나주 多寶寺 掛佛圖 조성(畵記, 『掛佛調査報告書Ⅱ』와 『韓國의 佛畵 37 – 白羊寺·新興寺』) 畵員 수화승
◦1749년 전북 부안 開巖寺 掛佛圖 조성(扶安 來蘇寺 所藏, 『韓國의 佛畵 14 – 禪雲寺』) 金魚 尊宿 수화승
  1749년 전북 남원 實相寺 金堂 阿彌陀會上圖 조성(유마리, 「朝鮮朝 阿彌陀佛畵의 硏究」와 安貴淑, 「조선후기 佛畵僧의 계보와 義謙比丘에 대한 연구(상)」) 畵師 수화승
  1749년 전남 구례 泉隱寺 龍鶴庵 七星圖 조성(金玲珠, 『朝鮮時代佛畵硏究』와 安貴淑, 「조선후기 佛畵僧의 계보와 義謙比丘에 대한 연구(상)」 및 『韓國佛畵畵記集』) 金魚 수화승
◦1757년 전남 구례 華嚴寺 大雄殿 三身圖(盧舍那佛) 조성(『韓國의 佛畵 11 – 華嚴寺』) 大

正經 수화승

의겸 2(義謙 : -1882-) 19세기 후반에 활동한 불화승이다. 1882년에 수화승 연호봉의와 전북 남원 실상사 약사전 약사후불도와 신중도를 조성하였다.

> ▫ 1882년 전북 남원 實相寺 藥師殿 藥師後佛圖 조성(『韓國의 佛畵 13 – 金山寺』) 수화승 蓮湖捧毅
> 1882년 전북 남원 實相寺 藥師殿 神衆圖 조성(『韓國의 佛畵 13 – 金山寺』) 수화승 蓮湖捧毅

의관 1(宜官, 儀寬 : -1794-1796-) 18세기 후반에 활동한 불화승이다. 1794년 부터 1796년까지 화성 건립에 참여하여 1801년 작성된 『화성성역의궤華城城役儀軌』에 양주목楊州牧 승려로 언급되어 있다.

> ▫ 1794년-1796년 화성 건립에 화원으로 참여(1801년 작성된 『華城城役儀軌』 卷4 工匠 畵工 條) 楊州牧

의관 2(宜官, 宜寬 : -1863-1885-)* 관허당(寬虛堂, 冠虛堂, 貫虛堂) 19세기 후반에 활동한 불화승이다. 1863년에 수화승 경담성규와 경남 창녕 청련사 석가모니후불도를, 1868년에 수화승 금암천여와 경남 하동 쌍계사 지장도를 그리고, 1871년에 수화승 덕운영운와 경남 청도 운문사 나한상 중수하였다. 1873년에 수화승 하은위상과 경남 합천 해인사 법보전 비로자나후불도를, 1876년에 수화승 수룡기전과 대구 동화사 내원암 칠성도(치성광여래)를 조성하였다. 1879년에 울산 동축사 신중도와 1880년에 경남 밀양 만어사 아미타후불도 제작 시 증명證明으로 참여하였다. 수화승으로 1881년에 합천 해인사 관음전 아미타후불도와 경남 합천 해인사 궁현당 아미타후불도를, 경남 거창 심우사 신중도를 그린 후, 수화승 기전과 1882년에 부산 범어사 영산회상도, 삼장보살도, 신중도, 수월관음도를 그렸다. 1885년에 합천 해인사 장경각 삼존불상을 개금할 시 승통僧統으로 언급되어 있다.

> ▫ 1863년 경남 창녕 靑蓮寺 釋迦牟尼後佛圖 조성(『韓國의 佛畵 3 – 通度寺(下)』) 수화승 璟曇性奎
> ▫ 1868년 경남 하동 雙磎寺 地藏圖 조성(『韓國의 佛畵 25 – 雙磎寺(上)』) 수화승 錦庵天如
> ▫ 1871년 경북 청도 雲門寺 毘盧殿 神衆圖 조성(『韓國의 佛畵 21 – 桐華寺(上)』)¹⁶⁹ 수화승 德雲永芸
> ▫ 1873년 경남 합천 海印寺 法寶殿 毘盧遮那後佛圖 조성(『韓國의 佛畵 4 – 海印寺(上)』)¹⁷⁰ 수화승 偉相
> 1873년 경남 합천 海印寺 대장경전유공기(李智冠 編著, 『伽倻山 海印寺誌』) 住持¹⁷¹
> ▫ 1876년 대구 桐華寺 內院庵 七星圖(熾盛光如來) 조성(『韓國의 佛畵 22 – 桐華寺(下)』) 수화승 水龍 大電
> ▫ 1879년 울산 東竺寺 神衆圖 조성(양산 通度寺 所藏, 『韓國의 佛畵 1 – 通度寺(上)』) 證明¹⁷²
> ▫ 1880년 경남 밀양 萬魚寺 阿彌陀後佛圖 조성에 증명으로 참여(『韓國의 佛畵 3 – 通度寺(下)』) 金魚 수화승
> ▫ 1881년 경남 합천 海印寺 觀音殿 阿彌陀後佛圖 조성(『韓國의 佛畵 4 – 海印寺(上)』) 龍眼 수화승 冠虛宜官
> 1881년 경남 합천 海印寺 窮玄堂 阿彌陀後佛圖 조성(『韓國의 佛畵 4 – 海印寺(上)』) 龍眼 수화승

1881년 경남 거창 尋牛寺 神衆圖 조성(『韓國의 佛畫 4 - 海印寺(上)』) 龍眼 수화승
◦1882년 부산 梵魚寺 大雄殿 釋迦牟尼後佛圖 조성(『梵魚寺聖寶博物館 名品圖錄』과 『韓國의 佛畫 32 - 梵魚寺』)[173] 수화승 琪銓
1882년 부산 梵魚寺 三藏菩薩圖 조성(『梵魚寺聖寶博物館 名品圖錄』과 『韓國佛畫畫記集』 및 『韓國의 佛畫 32 - 梵魚寺』) 수화승 琪銓
1882년 부산 梵魚寺 神衆圖 조성(『梵魚寺聖寶博物館 名品圖錄』과 『韓國佛畫畫記集』 및 『韓國의 佛畫 32 - 梵魚寺』) 수화승 琪銓
1882년 부산 梵魚寺 觀音圖 조성(『梵魚寺聖寶博物館 名品圖錄』과 『韓國佛畫畫記集』 및 『韓國의 佛畫 32 - 梵魚寺』)[174] 수화승 琪銓
1882년 부산 長安寺 羅漢殿 釋迦牟尼後佛圖 조성(『韓國의 佛畫 32 - 梵魚寺』) 수화승 琪銓
◦1885년 경남 합천 海印寺 藏經閣 三尊佛像 改金(李智冠 編著, 『伽倻山 海印寺誌』) 僧統[175]

의균(義均 : -1699-1707-)* 18세기 전반에 대구 동화사를 중심으로 활동한 불화승이다. 수화승으로 1699년에 대구 동화사 아미타후불도와 1703년에 아미타후불도(국립중앙박물관 소장)를, 1707년에 대구 파계사 원통전 석가모니후불도를, 1708년에 경북 포항 보경사 괘불도를 조성하고, 1728년에 동화사 삼장도 조성 시 포시布施를 공양하였다.

의균파, 삼장보살도, 1707년, 대구 파계사 대웅전 (소재불명)

◦1699년 대구 桐華寺 阿彌陀後佛圖 조성(『韓國의 佛畫 21 - 桐華寺(上)』) 大畫員 수화승
◦1703년 대구 桐華寺 阿彌陀後佛圖 조성(國立中央博物館 所藏, 유마리, 「朝鮮朝 阿彌陀佛畫의 硏究」와 『韓國의 佛畫 39 - 國·公立博物館』) 畫工 수화승
◦1707년 대구 把溪寺 圓通殿 釋迦牟尼後佛圖 조성(『韓國의 佛畫 21 - 桐華寺(上)』) 畫員 수화승
◦1708년 경북 포항 寶鏡寺 掛佛圖 조성(『韓國의 佛畫 38 - 佛國寺』) 畫員名現碩德 수화승
◦1728년 대구 桐華寺 三藏圖 조성 시 布施 공양(『韓國의 佛畫 21 - 桐華寺(上)』) 本寺

의률(義律 : -1884-) 19세기 후반에 활동한 불화승이다. 1884년에 수화승 하은응상과 경북 예천 용문사 아미타후불도 2점(예천 용문사와 문경 금룡사 소장)을 조성하였다.

◦1884년 경북 예천 龍門寺 阿彌陀後佛圖 조성(聞慶 金龍寺 所藏, 『韓國의 佛畫 8 - 直指寺(上)』)[176] 수화승 霞隱應祥
1884년 경북 예천 龍門寺 阿彌陀後佛圖 조성(『韓國의 佛畫 8 - 直指寺(上)』) 수화승 霞隱應祥

의민(義敏, 義旻 : -1871-)* 19세기 후반에 활동한 불화승이다. 1846년에 수화승 양전과 시흥 삼성산 사자사 지장도(서울 사자사 소장)를, 1871년에 수화승 춘담봉은과 전북 완주 화암사 극락전 현왕도를, 1880년에 수화승으로 시흥 삼성산 사자사 현왕도를 조성하였다.

◦1846년 시흥 三聖山 獅子寺 地藏圖 조성(서울 獅子寺 所藏, 『韓國의 佛畫 34 - 曹溪寺(上)』) 수화승 良典
◦1871년 전북 완주 花巖寺 極樂殿 現王圖 조성(『韓國의 佛畫 13 - 金山寺』) 수화승 春潭奉恩
◦1880년 시흥 三聖山 獅子寺 現王圖 조성(『韓國의 佛畫 36 - 曹溪寺(下)』) 金魚片手 수

화승

의삼(義三 : -1860-) 19세기 중반에 활동한 불화승이다. 1860년에 수화승 익찬과 전남 구례 화엄사 각황전 삼세불도(약사불)를 조성하였다.

　◦1860년 전남 구례 華嚴寺 覺皇殿 三世佛圖(藥師佛) 조성(『韓國의 佛畵 11 – 華嚴寺』)[177] 수화승 海雲益讚

의성(義成 : -1812-) 19세기 전반에 활동한 불화승이다. 1812년에 수화승 계의와 경북 경주 불국사 극락전 후불도와 울산 오봉사 지장도(양산 통도사 소장)를 조성하였다.

　◦1812년 울산 五峯寺 地藏圖 조성(梁山 通度寺 所藏, 『韓國의 佛畵 1 – 通度寺(上)』)[178] 수화승 戒誼

의순(義恂, 義順 : -1806-1879-) 19세기 전반에 활동한 불화승이다. 1806년에 수화승 도일과 전남 순천 송광사 사천왕상을 개채하고, 1865년에 수화승 기연과 전남 완도 신흥사 목조약사여래좌상을 개금하였다. 1879년에 수화승 수룡기전과 전북 완주 위봉사 태조암 석가모니후불도를 조성하였다.

　◦1806년 전남 순천 송광사 사천왕상 개채(『曹溪山 松廣寺誌』) 수화승 度溢
　◦1865년 전남 완도 신흥사 목조약사여래좌상 개금(發願文) 證明 초의 의순, 수화승 錡衍
　◦1879년 전북 완주 威鳳寺 太祖庵 釋迦牟尼後佛圖 조성(『韓國의 佛畵 13 – 金山寺』) 수화승 繡龍大電

의심(義心, 誼甚 : -1803-) 19세기 전반에 활동한 불화승이다. 1801년에 수화승 옥인과 경남 양산 내원사 노전 석가모니후불도와 지장도를, 1803년에 수화승 지연과 울산 석남사 지장도를 조성하였다.

　◦1801년 경남 양산 內院寺 爐殿 釋迦牟尼後佛圖 조성(『韓國의 佛畵 3 – 通度寺(下)』) 수화승 玉仁
　1801년 경남 양산 內院寺 爐殿 地藏圖 조성(『韓國의 佛畵 3 – 通度寺(下)』) 수화승 玉仁
　◦1803년 울산 石南寺 地藏圖 조성(『韓國의 佛畵 3 – 通度寺(下)』) 수화승 指涓

의암(義庵 : -1649-) 17세기 중반에 활동한 불화승이다. 1649년에 인조仁祖 장릉長陵 조성소 화승畵僧으로 참여하였다.

　◦1649년 『仁祖殯殿都監儀軌』 魂殿二房 造成所 畵僧 (奎章閣 14855호, 朴廷蕙, 「儀軌를 통해서 본 朝鮮時代의 畵員」 자료1)

의암당(義庵堂, 檥庵堂) 현조(呟眺, 現照) 참조

의연(儀演 : -1904-) 20세기 전반에 활동한 불화승이다. 1904년에 수화승 한형과 경남 합천 해인사 국일암 지장도를 조성하였다.

　◦1904년 경남 합천 海印寺 國一庵 地藏圖 조성(『韓國의 佛畵 4 – 海印寺(上)』) 수화승 漢炯

의열(義悅 : -1759-) 18세기 중반에 활동한 불화승이다. 1759년에 불상 개금과 불화 및 단청 시주질에 언급되어 있다.

　◦1759년 己酉年改金幀畵丹艧事施主記(安貴淑, 「조선후기 佛畵僧의 계보와 義謙比丘에 대한 연구(상)」)

의운당(義雲堂) 상은(尙恩) 참조

의운당(義雲堂) 종호(鍾皓) 참조

의운당(義雲堂, 意雲堂) 자우(慈雨) 참조

의윤 1(義允 : -1728-) 18세기 전반에 활동한 불화승이다. 1728년에 수화승 의겸과 전북 무주 안국사 괘불도를 조성하였다.

  ▫ 1728년 전북 무주 安國寺 掛佛圖 조성(『韓國의 佛畵 13 – 金山寺』) 수화승 義謙

의윤 2(義允 : -1785-1807-)* 18세기 후반에 활동한 불화승이다. 1785년에 수화승 유성과 경북 김천 직지사 불사에 참여하고, 1790년에 수화승 민관과 경기 화성 용주사 대웅보전 삼장도를, 1807년에 수화승으로 경남 양산 통도사 삼성각 삼화상진영三和尙眞影을 조성하였다.

  ▫ 1785년 경북 김천 直指寺 「乾隆五十年緣化秩」 언급(『直指寺誌』)
  ▫ 1790년 경기 화성 龍珠寺 大雄寶殿 三藏圖 조성(『韓國의 佛畵 28 – 龍珠寺 (上)』) 수화승 旻官
  ▫ 1807년 경남 양산 通度寺 三聖閣 三和尙眞影 조성(『韓國의 佛畵 2 – 通度寺 (中)』) 良工 수화승

의윤 3(義玩 : -1827-1832-) 영운당(影雲堂) 19세기 전반에 활동한 불화승이다. 1827년에 수화승으로 경기 안성 성남사 아미타극락회도를, 1832년에 수화승 신선과 삼각산 신흥사 괘불도(서울 흥천사 소장)를 그렸다.

  ▫ 1827년 경기 안성 성남사 아미타극락회도 조성(용주사 성보박물관 소장, 畵記) 수화승
  ▫ 1832년 三角山 新興寺 掛佛圖 조성(서울 興天寺 所藏, 『서울전통사찰불화』와 『掛佛調査報告書 Ⅱ』 및 『韓國佛畵畵記集』) 수화승 愼善

의은(義銀 : -1821-)* 한암당(漢菴堂) 19세기 전반에 활동한 불화승이다. 1821년에 수화승으로 강원 양양 영혈사 아미타후불도를 조성하였다.

  ▫ 1821년 강원 양양 靈穴寺 阿彌陀後佛圖 조성(『한국의 사찰문화재-강원도』와 『韓國의 佛畵 37 – 新興寺』) 金魚 수화승

의익(義益 : -1847-1854-) 19세기 중반에 활동한 불화승이다. 1847년에 원담내원과 전남 순천 송광사 관음전 아미타삼존후불도를, 1854년에 수화승 원담내원과 전남 구례 화엄사 나한전 석가모니후불도를 조성하였다.

  ▫ 1847년 전남 순천 松廣寺 觀音殿 阿彌陀三尊後佛圖 조성(『韓國의 佛畵 6 – 松廣寺(上)』) 수화승 圓潭乃圓
  ▫ 1854년 전남 구례 華嚴寺 羅漢殿 釋迦牟尼後佛圖 조성(河東 寒山寺 所藏, 『韓國의 佛畵

영운의윤, 아미타극락회도(관음), 1827년, 안성 석남사(용주사 성보박물관) 1

영운의윤, 아미타극락회도(지장), 1827년, 안성 석남사(용주사 성보박물관)

25 - 雙磎寺(上)』) 수화승 圓潭乃圓

의일(義日 : -1753-1757-) 18세기 중반에 경기도에서 활동한 불화승이다. 1753년에 숙빈상시淑嬪上諡 봉원封園 조성소 화승畵僧으로, 1757년에 정성왕후貞聖王后 홍릉弘陵 조성소造成所 화승畵僧으로 참여하였다.

> · 1753년 『淑嬪上諡封園都監儀軌』(北漢僧) 造成所 畵僧(奎章閣 14925호, 朴廷蕙, 「儀軌를 통해서 본 朝鮮時代의 畵員」 자료1)
> · 1757년 『貞聖王后弘陵山陵都監儀軌』 造成所 畵僧(奎章閣 13591호, 朴廷蕙, 「儀軌를 통해서 본 朝鮮時代의 畵員」 자료1)

의잠(懿岑 : -1856-) 19세기 중반에 활동한 불화승이다. 1856년에 수화승 경성긍준과 강원 삼척 영은사 괘불도(평창 월정사 소장)를 조성하였다.

> · 1856년 강원 삼척 靈隱寺 掛佛圖 조성(平昌 月精寺 所藏, 『韓國의 佛畵 10 - 月精寺』) 수화승 璟惺肯濬

의전(義全, 義典 : -1755-) 18세기 중반에 활동한 불화승이다. 1755년에 수화승 임한과 경북 청도 운문사 비로전 삼신불도와 온양민속박물관 소장 삼장도三藏圖를 조성하였다.

> · 1755년 경북 청도 雲門寺 毘盧殿 三身佛圖 조성(『韓國의 佛畵 21 - 桐華寺 (上)』) 수화승 任閑
> 1755년 三藏圖 조성(溫陽民俗博物館 所藏, 『韓國의 佛畵 20 - 私立博物館』)[179] 수화승 任閑

의정(義定 : -1806-) 19세기 전반에 활동한 불화승이다. 1806년에 수화승 민관과 서울 원통사 괘불도를 조성하였다.

> · 1806년 서울 圓通寺 掛佛圖 조성(『韓國의 佛畵 35 - 曹溪寺(中)』) 수화승 旻官

의천 1(義天 : -1693-) 17세기 후반에 활동한 불화승이다. 1693년에 수화승 천신과 전남 여수 흥국사 석가모니후불도를 조성하였다.

> · 1693년 전남 여수 興國寺 釋迦牟尼後圖 조성(『韓國의 佛畵 11 - 華嚴寺』) 수화승 天信

의천 2(義天, 儀天, 儀千 : -1775-1792-) 18세기 후반에 활동한 불화승이다. 1775년에 수화승 국성과 경남 양산 통도사 명부전 시왕도(초강대왕)를, 1792년에 수화승 지연과 경남 양산 통도사 괘불도와 삼장도를, 수화승 瑞峯과 경북 영천 은해사 백흥암 극락전 감로도를, 1803년에 수화승 지연과 울산 석남사 지장도를 조성하였다.

> · 1775년 경남 양산 通度寺 冥府殿 十王圖(初江大王) 조성(『韓國의 佛畵 2 - 通度寺(中)』) 수화승 國成
> · 1792년 경남 양산 通度寺 掛佛圖 조성(『韓國의 佛畵 2 - 通度寺(中)』) 수화승 指演
> 1792년 경남 양산 通度寺 三藏圖 조성(『韓國의 佛畵 1 - 通度寺(上)』) 수화승 指演
> 1792년 경북 영천 銀海寺 百興庵 極樂殿 甘露圖 조성(『韓國의 佛畵 30 - 銀海寺』) 수화승 瑞峯
> · 1803년 울산 石南寺 地藏圖 조성(『韓國의 佛畵 3 - 通度寺(下)』) 수화승 指涓

의철(義哲 : -1708-) 18세기 전반에 활동한 불화승이다. 1708년에 수화승 인문과 충남 청양 장곡사 아미타후불도를 조성하였다.

◦ 1708년 충남 청양 長谷寺 阿彌陀後佛圖 조성(東國大學校 博物館 博物館 所藏, 『韓國의 佛畵 18 – 大學博物館(Ⅰ)』)[180] 수화승 印文

의초(義初, 宜初, 儀初 : -1759-1801-) 18세기 후반에 활동한 불화승이다. 1759년에 두훈과 불상 개금과 후불도를 그렸고, 1780년에 수화승 칭숙과 전남 장흥 보림사 천왕, 금강, 문수, 보현을 중창하였다. 1801년에 수화승 옥인과 양산 내원사 노전 석가모니후불도와 지장도를 조성하였다.

◦ 1759년 己酉年改金帿畫丹雘事施主記(安貴淑, 「조선후기 佛畫僧의 계보와 義謙比丘에 대한 연구(상)」)
◦ 1780년 전남 장흥 보림사 천왕, 금강, 문수, 보현 중창(현판 「寶林寺天王金剛重新功德記」와 『譯註 寶林寺重創記』) 수화승 稱淑
◦ 1801년 경남 양산 內院寺 爐殿 釋迦牟尼後佛圖 조성(『韓國의 佛畵 3 – 通度寺(下)』) 수화승 玉仁
1801년 경남 양산 內院寺 爐殿 地藏圖 조성(『韓國의 佛畵 3 – 通度寺(下)』) 수화승 玉仁

의학(義學 : -1796-) 18세기 후반에 활동한 불화승이다. 1796년에 송계쾌윤과 전남 순천 운수난야雲水蘭若 지장시왕도와 운수암 신중도를 조성하였다.

◦ 1796년 전남 순천 雲水蘭若 地藏十王圖 조성(順天 仙巖寺 所藏, 『韓國의 佛畵 12 – 仙巖寺』) 수화승 快玧
1796년 전남 순천 순천 雲水庵 神衆圖 조성(順天 仙巖寺 所藏, 『韓國의 佛畵 12 – 仙巖寺』) 수화승 快玧

의한(義閑 : -1742-) 18세기 중반에 활동한 불화승이다. 1742년에 수화승 민휘와 부산 범어사 지장보살도를 조성하였다.

◦ 1742년 부산 범어사 지장보살도 조성(김정희, 『조선시대 지장시왕도 연구』) 수화승 敏輝

의현 1(義玄 : -1620-) 17세기 전반에 활동한 불화승이다. 1620년에 대구 동화사 괘불도를 조성하였다.

◦ 1620년 대구 桐華寺 掛佛圖 조성(安貴淑, 「조선후기 佛畫僧의 계보와 義謙比丘에 대한 연구(상)」)

의현 2(義玄 : -1772-) 18세기 전반에 활동한 불화승이다. 1772년에 수화승 유성과 충남 서산 개심사 괘불도를 조성하였다.

◦ 1772년 충남 서산 開心寺 掛佛圖 조성(『韓國의 佛畵 27 – 修德寺』)[181] 수화승 有誠

의현 3(義賢 : -1860-) 19세기 중반에 활동한 불화승이다. 1860년에 수화승 해운익찬과 경남 하동 쌍계사 명부전 지장도를 조성하였다.

◦ 1860년 경남 하동 雙磎寺 冥府殿 地藏圖 조성(『韓國의 佛畵 25 – 雙磎寺(上)』) 수화승 海雲益讚

의환(義還 : -1684-) 17세기 후반에 활동한 불화승이다. 1684년에 지영智英 등과 명성왕후明聖王后 숭릉산릉崇陵山陵 조성소 화승畵僧으로 참여하였다.

◦ 1684년 『明聖王后崇陵山陵都監儀軌』 造成所 畵僧(奎章閣 14832호, 朴廷蕙, 「儀軌를 통해서 본 朝鮮時代의 畵員」 자료1)

의활(意豁, 義豁 : -1737-1739-) 18세기 전반에 활동한 불화승이다. 1737년에 수화승 순민과 전남 순천 선암사 응향각 목조비로자나불좌상을 제작하고,

1739년에 수화승 긍척과 전남 곡성 태안사 성기암 지장보살도와 칠성도를 조성하였다.

- 1737년 전남 순천 선암사 응향각 목조비로자나불좌상 제작(『仙巖寺』) 수화승 順敏
- 1739년 전남 곡성 泰安寺 聖祈庵 地藏菩薩圖와 七星圖 조성(湖巖美術館 所藏, 『泰安寺誌』) 수화승 亘陟

의희(義希 : -1675-) 17세기 후반에 활동한 불화승이다. 1675년에 현종顯宗 빈전殯殿 조성소造成所 화승畵僧으로 참여하였다.

- 1675년 『顯宗殯殿都監儀軌』 魂殿 造成所 畵僧(奎章閣 13540호, 朴廷蕙, 「儀軌를 통해서 본 朝鮮時代의 畵員」 자료1)

이봉당(尼峰堂, 尼峯堂) 중린(仲璘) 참조

이봉당(尼峯堂) 지천(地泉) 참조

이수(以秀 : -1862-1868-) 19세기 중반에 활동한 불화승이다. 수화승 의운자우와 1862년에 경북 영천 은해사 운부암 아미타후불묵도阿彌陀後佛墨圖와 1868년에 강원 영월 보덕사 석가모니후불도를 조성하였다.

- 1862년 경북 영천 銀海寺 雲浮庵 阿彌陀後佛墨圖 조성(『韓國의 佛畵 30 - 銀海寺』) 수화승 意雲慈友
- 1868년 강원 영월 報德寺 釋迦牟尼後佛圖 조성(『韓國의 佛畵 10 -月精寺』) 수화승 意雲 慈雨[182]

이윤(二潤 : -1899-) 19세기 후반에 활동한 불화승이다. 1899년에 수화승 벽산찬규와 상원암 신중도(군위 신흥사 소장)를 조성하였다.

- 1899년 上元庵 神衆圖(軍威 新興寺 所藏, 『韓國의 佛畵 30 - 銀海寺』) 수화승 粲圭

이한(怡漢) 조선후기에 활동한 불화승이다. 제작연대를 알 수 없는 전남 나주 죽림사 극락보전 석가모니후불도를 수화승 필영과 조성하였다.

- 연대미상 전남 나주 竹林寺 극락보전 釋迦牟尼後佛圖 조성(『韓國의 佛畵 37 - 白羊寺 · 新興寺』) 수화승 弼英

이활(伊活 : -1759-) 18세기 중반에 활동한 불화승이다. 1759년에 수화승 임한과 경남 양산 통도사 대광명전 비로자나후불도와 석가모니후불도를 조성하였다.

- 1759년 慶南 梁山 通度寺 大光明殿 毘盧遮那後佛圖 조성(『韓國의 佛畵 1 - 通度寺(上)』) 수화승 任閑
  1759년 慶南 梁山 通度寺 大光明殿 釋迦牟尼後佛圖 조성(『韓國의 佛畵 1 - 通度寺(上)』) 수화승 任閑
  1759년 己酉年改金幀畵丹艭事施主記(安貴淑, 「조선후기 佛畵僧의 계보와 義謙比丘에 대한 연구(상)」)

익민(益旻 : -1803-) 19세기 전반에 활동한 불화승이다. 1803년에 수화승 지연과 울산 석남사 지장도를 조성하였다.

- 1803년 울산 石南寺 地藏圖 조성(『韓國의 佛畵 3 - 通度寺(下)』) 수화승 指涓

익법(益法 : -1860-) 19세기 중반에 활동한 불화승이다. 1860년에 수화승 기연과 전남 고흥 능가사 수도암 칠성도(순천 송광사 소장)를 조성하였다.

- 1860년 전남 고흥 楞伽寺 修道庵 七星圖 조성(順天 松廣寺 所藏,『韓國의 佛畵 7 – 松廣
  寺(下)』) 수화승 錡衍

익섭(益攝 : -1846-) 19세기 중반에 활동한 불화승이다. 1846년에 수화승 양
전과 경기 시흥 삼성산 사자사 지장도(서울 사자사 소장)를 조성하였다.

- 1846년 경기 시흥 三聖山 獅子寺 地藏圖 조성(서울 獅子寺 所藏,『韓國의 佛畵 34 – 曹
  溪寺(上)』) 수화승 良典

익순(益淳 : -1769-) 18세기 후반에 활동한 불화승이다. 1769년에 수화승 쾌
윤과 경남 남해 용문사 괘불도를 조성하였다.

- 1769년 경남 남해 龍門寺 掛佛圖 조성(『韓國의 佛畵 26 – 雙磎寺(下)』) 수화승 快玧

익운(益沄, 益運 : -1860-1868-) 19세기 중반에 활동한 불화승이다. 수화승 금
암천여와 1860년에 전남 순천 선암사 청련암 아미타홍도阿彌陀紅圖와 신중도
(순천 선암사 소장)를, 1868년에 경남 양산 통도사 안적암安寂庵 아미타후불
홍도阿彌陀後佛紅圖를 조성하였다.

- 1860년 전남 순천 仙巖寺 靑蓮庵 阿彌陀紅圖 조성(順天 仙巖寺 所藏,『韓國의 佛畵 12
  – 仙巖寺』)[183] 수화승 錦庵天如
  1860년 전남 순천 仙巖寺 靑蓮庵 神衆圖 조성(順天 仙巖寺 所藏,『韓國의 佛畵 12 –
  仙巖寺』) 수화승 錦庵天如
- 1868년 경남 양산 通度寺 安寂庵 阿彌陀後佛紅圖 조성(『韓國의 佛畵 3 – 通度寺(下)』)
  수화승 錦庵天如
- 연대미상 대구 把溪寺 十六羅漢圖 조성(『韓國의 佛畵 22 – 桐華寺(下)』) 수화승 錦庵天如

익찬(益贊, 益讚 : -1820-1862-)* 해운당(海雲堂) 19세기 중반에 활동한 불화승
이다. 1820년에 수화승으로 전남 순천 송광사 화엄전 신중도(제석·동진보
살)를, 1821년에 아미타극락회상도(국립중앙박물관 소장)를, 1830년에 수화
승 성수와 전북 완주 화암사 명부전 지장도를, 1833년에 수화승 금암천여와
전남 구례 천은사 극락보전 신중도를, 1835년에 수화승으로 순천 송광사 자
정암 석가모니후불홍도釋迦牟尼後佛紅圖를, 원담내원과 1840년에 수화승 전북
고창 선운사 대웅보전 아미타후불벽화와 1845년에 전남 해남 대흥사 대적광
전 법신중위회삼십칠존도法身中圍會三十七尊圖 및 칠성도를, 수화승으로 1847
년에 해남 대흥사 대양문 대범왕도와 제석도를, 1849년에 수화승 금암천여와
전남 순천 선암사 대웅전 삼장도와 지장전 지장도를 그렸다. 수화승으로
1850년에 해남 대흥사 칠성도와 순천 송광사 신중도를, 1853년에 구례 천은
사 삼일암 아미타후불도를, 1854년에 순천 선암사 대승난야 칠성도를 조성하
였다. 1854년에 수화승 원담내원과 구례 화엄사 나한전 석가모니후불도를,
수화승으로 해남 대흥사 대광명전 지장시왕도와 수화승으로 호림박물관에
소장된 현왕도 및 수화승으로 경북 성주 선석사 대웅전 석가모니후불도를 그
렸다. 수화승으로 1860년에 구례 화엄사 각황전 삼세불도(약사불)와 경남 하

해운익찬, 삼세불도(석가), 1860년, 구례 화엄사 각황전

해운익찬, 삼세불도(아미타), 1860년, 구례 화엄사 각황전

해운익찬, 삼세불도(약사), 1860년, 구례 화엄사 각황전

동 쌍계사 명부전 지장도를, 1861년에 수화승 풍곡덕린과 전북 김제 금산사 명부전 지장도를, 1862년에 수화승으로 구례 화엄사 명부전 지장도를 조성하였다.

- 1820년 전남 순천 松廣寺 華嚴殿 神衆圖(帝釋·童眞菩薩) 조성(『韓國의 佛畵 6 - 松廣寺(上)』) 畵員 수화승
- 1821년 阿彌陀極樂會上圖 조성(국립중앙박물관 소장, 유마리, 「朝鮮朝 阿彌陀佛畵의 硏究」)
- 1830년 전북 완주 花巖寺 冥府殿 地藏圖 조성(『韓國의 佛畵 13 - 金山寺』) 수화승 誠修
- 1833년 전남 구례 泉隱寺 極樂寶殿 神衆圖 조성(『韓國의 佛畵 11 - 華嚴寺』) 수화승 錦庵天如
- 1835년 전남 순천 松廣寺 慈靜庵 釋迦牟尼後佛紅圖 조성(『韓國의 佛畵 6 - 松廣寺(上)』) 金魚 수화승
- 1840년 전북 고창 禪雲寺 大雄寶殿 阿彌陀後佛壁畵 조성(『韓國의 佛畵 14 - 禪雲寺』) 수화승 圓潭內元
- 1845년 전남 해남 大芚寺 大寂光殿 法身中圍會三十七尊圖 조성(大興寺 所藏, 『韓國의 佛畵 31 - 大興寺』) 수화승 乃圓
  1845년 전남 해남 大芚寺 大寂光殿 七星圖 조성(大興寺 所藏, 『韓國佛畵畵記集』과 『全南의 寺刹』 및 『韓國의 佛畵 31 - 大興寺』) 수화승 乃圓
- 1847년 전남 해남 大屯寺 大陽門 大梵王圖 조성(大興寺 所藏, 『韓國의 佛畵 31 - 大興寺』) 金魚 수화승
  1847년 전남 해남 大屯寺 大陽門 帝釋圖 조성(大興寺 所藏, 『韓國의 佛畵 31 - 大興寺』) 金魚 수화승
- 1849년 전남 순천 仙巖寺 大雄殿 三藏圖 조성(『韓國의 佛畵 12 - 仙巖寺』) 수화승 錦庵天如
  1849년 전남 순천 仙巖寺 地藏殿 地藏圖 조성(『韓國의 佛畵 12 - 仙巖寺』) 副片手 수화승 金庵天如
- 1850년 전남 해남 大芚寺 七星圖 조성(大興寺 所藏, 『韓國의 佛畵 31 - 大興寺』) 金魚 수화승
  1850년 전남 순천 松廣寺 神衆圖 조성(『韓國佛畵畵記集』) 畵員 수화승
- 1853년 전남 구례 泉隱寺 三日庵 阿彌陀後佛圖 조성(『韓國의 佛畵 11 - 華嚴寺』) 金魚

수화승

◦1854년 전남 순천 仙巖寺 大乘蘭若 七星圖 조성(『韓國의 佛畵 12 – 仙巖寺』) 金魚 수화승

　1854년 전남 구례 華嚴寺 羅漢殿 釋迦牟尼後佛圖 조성(河東 寒山寺 所藏, 『韓國의 佛畵 25 – 雙磎寺(上)』) 수화승 圓潭乃圓

　1854년 전남 해남 大芚寺 大光明殿 地藏十王圖 조성(大興寺 所藏, 『全南의 寺刹』과 『韓國의 佛畵 31 – 大興寺』) 畵師 수화승

　1854년 現王圖 조성(湖林博物館 所藏, 『韓國의 佛畵 20 – 私立博物館』) 畵師 수화승

◦1856년 경북 성주 禪石寺 大雄殿 釋迦牟尼後佛圖 조성(『韓國의 佛畵 21 – 桐華寺(上)』) 金魚 수화승

◦1860년 전남 구례 華嚴寺 覺皇殿 三世佛圖(藥師佛) 조성(『韓國의 佛畵 11 – 華嚴寺』)[184] 金魚 都片手 수화승

　1860년 경남 하동 雙磎寺 冥府殿 地藏圖 조성(『韓國의 佛畵 25 – 雙磎寺(上)』) 金魚 수화승

◦1861년 전북 김제 金山寺 冥府殿 地藏圖 조성(『韓國의 佛畵 13 – 金山寺』) 수화승 豊谷 德璘

◦1862년 전남 구례 華嚴寺 冥府殿 地藏圖 조성(『韓國의 佛畵 11 – 華嚴寺』) 片手 수화승

◦연대미상 전남 구례 연곡사 신중도 조성(『전통사찰총서 6 – 전남의 전통사찰Ⅱ』)

인간 1(仁侃 : -1840-) 19세기 중반에 활동한 불화승이다. 1840년에 수화승 대송성준과 경북 의성 수정암水淨庵 삼세불묵도三世佛墨圖를 조성하였다.

◦1840년 경북 의성 水淨庵 三世佛墨圖 조성(『韓國의 佛畵 23 – 孤雲寺(上)』) 수화승 大淞 成俊

※ 인간 1과 인간 2는 동일인으로 추정된다.

인간 2(仁侃 : -1860-)* 19세기 중반에 활동한 불화승이다. 1860년에 수화승 으로 부산 범어사 청풍당 아미타후불홍도阿彌陀後佛紅圖를 조성하였다.

◦1860년 부산 梵魚寺 淸風堂 阿彌陀後佛紅圖 조성(『韓國의 佛畵 32 – 梵魚寺』) 畵師 수화승

인관(仁寬 : -1854-) 19세기 중반에 활동한 불화승이다. 1854년에 수화승 원 담내원과 전남 구례 화엄사 나한전 석가모니후불도를 조성하였다.

◦1854년 전남 구례 華嚴寺 羅漢殿 釋迦牟尼後佛圖 조성(河東 寒山寺 所藏, 『韓國의 佛畵 25 – 雙磎寺(上)』) 수화승 圓潭乃圓

인규 1(印圭 : -1684-)* 17세기 후반에 활동한 불화승이다. 1684년에 수화승 으로 경북 상주 용흥사 괘불도를 조성하였다.

◦1684년 경북 상주 龍興寺 掛佛圖 조성(『韓國의 佛畵 9 – 直指寺(下)』) 畵員 수화승

인규 2(仁奎 : -1901-1909-) 19세기 후반부터 20세기 전반까지 활동한 불화승 이다. 1901년에 수화승 벽산찬규와 대구 달성 소재사 대웅전 석가모니후불도 와 신중도를 조성하였다. 1903년에 수화승 월연관혜와 경북 경주 기림사 칠 성도와 칠성각부도七星各部圖를, 1904년에 수화승 환월상휴과 경남 양산 통 도사 비로암 구품도九品圖와 칠성도를 조성하였다. 1905년에 수화승 초암세 한과 대구 동화사 석가모니후불도와 여러 명의 수화승과 십육나한도를, 1909 년에 수화원 처사 학권鶴權과 대구 동화사 승당 아미타후불도를 조성하였다.

◦1901년 대구 달성 消災寺 大雄殿 釋迦牟尼後佛圖 조성(『韓國의 佛畵 21 – 桐華寺(上)』)

수화승 碧山粲奎
1901년 대구 달성 消災寺 神衆圖 조성(『韓國의 佛畵 21 - 桐華寺(上)』) 수화승 碧山粲奎
圭
◦1903년 경북 경주 祇林寺 七星圖 조성(『韓國의 佛畵 38 - 佛國寺』) 수화승 月淵貫惠
1903년 경북 경주 祇林寺 七星各部圖 조성(『韓國의 佛畵 38 - 佛國寺』) 수화승 貫惠
◦1904년 경남 양산 通度寺 毘盧庵 九品圖 조성(『韓國의 佛畵 1 - 通度寺(上)』)[185] 수화승
煥月尙休
1904년 경남 양산 通度寺 毘盧庵 七星圖 조성(『韓國의 佛畵 2 - 通度寺(中)』)[186] 수화
승 煥月尙休
◦1905년 대구 桐華寺 釋迦牟尼後佛圖 조성(『韓國의 佛畵 21 - 桐華寺(上)』) 수화승 草庵
世閑
1905년 대구 桐華寺 靈山殿 十六羅漢圖 조성(『韓國의 佛畵 22 - 桐華寺(下)』) 수화승
慧山竺衍
1905년 대구 桐華寺 靈山殿 十六羅漢圖 조성(『韓國의 佛畵 22 - 桐華寺(下)』) 수화승
允一
1905년 대구 桐華寺 靈山殿 十六羅漢圖 조성(『韓國의 佛畵 22 - 桐華寺(下)』) 수화승
草庵世閑
◦1909년 대구 桐華寺 僧堂 阿彌陀後佛圖 조성(『韓國의 佛畵 21 - 桐華寺(上)』) 수화승 處
士鶴權
◦연대미상 대구 달성 瑜伽寺 神衆圖 조성(『韓國의 佛畵 21 桐華寺(上)』) 수화승 碧山

인계(印戒 : -1753-) 18세기 중반에 활동한 불화승이다. 1753년에 수화승 치한과 전남 순천 선암사 괘불도를 조성하였다.

◦1753년 전남 순천 仙巖寺 掛佛圖 조성(『韓國의 佛畵 12 - 仙巖寺』) 수화승 致閑

인문(印文 : -1704-1708-)* 18세기 전반에 활동한 불화승이다. 수화승으로 1704년에 부화원·초경 등과 경북 영천 수도사 괘불도를, 1708년에 경남 함양 벽송사 지장시왕도와 충남 청양 장곡사 아미타후불도(동국대학교 박물관 소장)를, 1709년에 영국사 석가모니후불도(불교중앙박물관 소장)를 조성하였다.

◦1704년 경북 영천 修道寺 掛佛圖 조성(『韓國의 佛畵 30 - 銀海寺』) 上畵員 수화승
◦1708년 경남 함양 碧松寺 地藏十王圖 조성(『韓國의 佛畵 4 - 海印寺(上)』) 大畵成 수화승
1708년 충남 청양 長谷寺 阿彌陀後佛圖 조성(東國大學校 博物館 所藏,『韓國의 佛畵
18 - 大學博物館(Ⅰ)』) 畵員 수화승
◦1709년 寧國寺 釋迦牟尼後佛圖 조성(佛敎中央博物館 所藏,『韓國의 佛畵 40 - 補遺』)
畵師 수화승

인민(仁玟, 仁旻 : -1882-) 19세기 후반에 활동한 불화승이다. 1882년에 수화승 연호봉의와 전북 남원 실상사 약사전 약사후불도와 신중도를 조성하였다.

◦1882년 전북 남원 實相寺 藥師殿 藥師後佛圖 조성(『韓國의 佛畵 13 - 金山寺』) 수화승
蓮湖琫毅
1882년 전북 남원 實相寺 藥師殿 神衆圖 조성(『韓國의 佛畵 13 - 金山寺』) 수화승 蓮
湖琫毅

인보(印宝 : -1649-) 17세기 중반에 활동한 불화승이다. 1649년에 수화승 신겸과 충북 청주 보살사 괘불도를 조성하였다.

◦1649년 충북 청주 菩薩寺 掛佛圖 조성(『韓國佛畵畵記集』과『韓國의 佛畵 17 - 法住寺』)[187]
수화승 信謙

인선 1(印善 : -1828-) 19세기 전반에 활동한 불화승이다. 1828년에 수화승 금겸과 황산사 제석도(영덕 덕홍사 소장)를 조성하였다.

　▫ 1828년 黃山寺 帝釋圖 조성(盈德 德興寺 所藏,『韓國의 佛畵 38 – 佛國寺』) 수화승 錦謙

인선 2(印宣, 仁宣 : -1894-1899-) 19세기 후반에 활동한 불화승이다. 1894년에 수화승 경호와 경남 함양 영원사 신중도를, 범해두안과 1895년에 대구 달성 유가사 도성암 석가모니후불도와 경북 김천 봉곡사 지장도를, 1896년에 수화승 덕산묘화와 대구 동화사 사천왕도(지국천왕)와 수화승 봉화와 종각 감로도를, 1899년에 수화승 주화와 경남 양산 통도사 비로암 석가모니후불도와 백련암 지장보살도를 조성하였다.

　▫ 1894년 경남 함양 靈源寺 神衆圖 조성(『韓國의 佛畵 4 – 海印寺(上)』) 수화승 斗明
　▫ 1895년 대구 달성 瑜伽寺 道成庵 釋迦牟尼後佛圖 조성(『韓國의 佛畵 21 – 桐華寺(上)』) 수화승 斗岸
　▫ 1896년 경북 김천 鳳谷寺 地藏圖 조성(『韓國의 佛畵 8 – 直指寺(上)』) 수화승 帆海 斗岸188)
　　1896년 대구 동화사 四天王圖(持國天王) 조성(『韓國의 佛畵 21 – 桐華寺(上)』) 수화승 德山妙華
　　1896년 대구 桐華寺 鐘閣 甘露圖 조성(『韓國의 佛畵 22 – 桐華寺(下)』) 수화승 奉華
　▫ 1899년 경남 양산 通度寺 毘盧庵 釋迦牟尼後佛圖 조성(『韓國의 佛畵 1 – 通度寺(上)』) 수화승 周華
　　1899년 경남 양산 通度寺 白蓮庵 地藏菩薩圖 조성(『韓國佛畵畵記集』) 수화승 周華
　▫ 연대미상 경남 합천 海印寺 弘濟庵 山神圖 조성(『韓國의 佛畵 5 – 海印寺(下)』) 수화승 帆海 斗岸

인성(印性 : -1660-1667-)* 17세기 후반에 활동한 조각승이다. 1660년에 수화승 응혜와 전남 담양 호국사 목조아미타불좌상(장성 백양사 성보박물관 소장)을, 1667년에 수화승 운혜와 전남 화순 쌍봉사 목조지장보살좌상과 시왕상을 제작하였다.

　▫ 1660년 전남 담양 호국사 목조아미타불좌상 제작(장성 백양사 성보박물관 소장, 송은석,「17세기 朝鮮王朝의 彫刻僧과 佛像」) 수화승 應惠
　▫ 1667년 전남 화순 쌍봉사 목조지장보살좌상과 시왕상 제작(發願文) 수화승 雲慧

인성 2(印性, 忍成 : -1740-1764-)* 18세기 중반에 활동한 불화승이다. 1740년에 수화승으로 서울 도선사 목조아미타삼존불좌상을, 1747년에 수화승 회밀과 충남 부여 무량사 극락전 아미타회상도와 삼장보살도를, 1748년에 수화승으로 강원 인제 백담사 목조아미타삼존불좌상을 조성하였다. 1753년에 숙빈淑嬪 상시봉원上諡封園 조성소 화승畵僧으로 참여하였다. 1764년에 수화승 전수와 경북 영덕 장육사 대웅전 지장도를 조성하였다.

　▫ 1740년 서울 도선사 목조아미타삼존불좌상 제작(文明大,「인성파 목불상의 제작과 도선사 목아미타삼존불의 고찰」) 良工 수화승
　▫ 1747년 충남 부여 無量寺 極樂殿 阿彌陀會上圖 조성(『全國寺刹所藏佛畵調査(1)』) 수화승 廻密
　　1747년 충남 부여 無量寺 極樂殿 三藏菩薩圖 조성(『全國寺刹所藏佛畵調査(1)』) 수화

승 逈密
◦ 1748년 강원 인제 백담사 목조아미타삼존불좌상 제작(文明大,「백담사목아미타삼존불」) 良工 수화승
◦ 1753년『淑嬪上諡封園都監儀軌』(北漢僧) 造成所 畵僧(奎章閣 14925호, 朴廷蕙,「儀軌를 통해서 본 朝鮮時代의 畵員」자료1)
◦ 1764년 경북 영덕 莊陸寺 大雄殿 地藏圖 조성(『韓國의 佛畵 38 - 佛國寺』) 수화승 典秀

인수(仁秀, 仁修 : -1895-1901-)* 19세기 후반부터 20세기 전반까지 활동한 불화승이다. 1895년에 수화승으로 강원 홍천 수타사 신중도와 칠성도를, 1900년에 수화승 금화기경과 경기 여주 신륵사 감로도를, 수화승 금화기형과 아미타회상도 및 수화승 환명용화와 극락보전 석가모니후불도를, 1901년에 수화승 한봉웅작과 서울 연화사 신중도를, 1901년에 수화승 재겸과 서울 학도사 신중도를 조성하였다.

◦ 1895년 강원 홍천 壽陀寺 神衆圖 조성(『韓國의 佛畵 10 - 月精寺』) 金魚 수화승
  1895년 강원 홍천 壽陀寺 七星圖 조성(『韓國의 佛畵 10 - 月精寺』) 金魚 片手 수화승
◦ 1900년 경기 여주 神勒寺 甘露圖 조성(『韓國의 佛畵 29 - 龍珠寺(下)』)[189] 沙彌 수화승 錦華機烱
  1900년 경기 여주 神勒寺 阿彌陀會上圖 조성(『韓國佛畵畵記集』) 沙彌 수화승 錦華機烱
  1900년 경기 여주 神勒寺 極樂寶殿 釋迦牟尼後佛圖 조성(『韓國의 佛畵 28 - 龍珠寺(上)』) 수화승 幻溟龍化
◦ 1901년 서울 蓮華寺 神衆圖 조성(『韓國의 佛畵 35 - 曹溪寺(中)』) 수화승 漢峰應作[190]
  1901년 서울 鶴到寺 神衆圖 조성(『서울전통사찰불화』와『韓國佛畵畵記集』) 수화승 在謙

인순(印珣, 印徇 : -1896-) 19세기 후반에 활동한 불화승이다. 1896년에 수화승 동호진철과 경남 양산 통도사 취운암 지장도와 수화승 범해두안과 반야용선도般若龍船圖를 조성하였다.

◦ 1896년 경남 양산 通度寺 翠雲庵 地藏圖 조성(『韓國의 佛畵 1 - 通度寺(上)』) 수화승 東昊震徹
  1896년 경남 양산 通度寺 般若龍船圖 조성(『韓國의 佛畵 2 - 通度寺(中)』) 수화승 帆海斗岸

인여(印如 : -1741-) 18세기 중반에 활동한 불화승이다. 1741년에 수화승 긍척과 전남 여수 흥국사 팔상전 석가모니후불도와 대웅전 삼장도 및 감로도 등을, 수화승 죽수와 오십전 제석도(양산 통도사 소장)를 조성하였다.

◦ 1741년 전남 여수 興國寺 八相殿 釋迦牟尼後佛圖 조성(『韓國의 佛畵 11 - 華嚴寺』) 수화승 亘陟
  1741년 전남 여수 興國寺 大雄殿 三藏圖(天藏·持地藏菩薩) 조성(『韓國의 佛畵 11 - 華嚴寺』) 수화승 亘陟
  1741년 전남 여수 興國寺 大雄殿 三藏圖(地藏菩薩) 조성(『韓國의 佛畵 11 - 華嚴寺』) 수화승 亘陟
  1741년 전남 여수 興國寺 帝釋圖 조성(『韓國佛畵畵記集』) 수화승 竹壽
  1741년 전남 여수 興國寺 甘露圖 조성(『韓國佛畵畵記集』) 수화승 亘陟
  1741년 靈鷲山 興國寺 五十殿 帝釋圖 조성(梁山 通度寺 所藏,『韓國의 佛畵 1 - 通度寺(上)』) 수화승 竹壽

인영(印英, 印影 : -1745-1749-) 18세기 중반에 활동한 불화승이다. 수화승 의

겸과 1745년에 전남 나주 다보사 괘불도와 1749년에 전북 부안 개암사 괘불
도(부안 내소사 소장)를 조성하였다.

  ▫ 1745년 전남 나주 多寶寺 掛佛圖 조성(畵記, 『掛佛調査報告書 Ⅱ』과 『韓國의 佛畵 37 −
    白羊寺・新興寺』) 수화승 義兼
  ▫ 1749년 전북 부안 開巖寺 掛佛圖 조성(扶安 來蘇寺 所藏, 『韓國의 佛畵 14 − 禪雲寺』)
    수화승 義兼

인용(印俑 : -1860-)* 19세기 중반에 활동한 불화승이다. 1860년에 수화승으
로 부산 범어사 아미타극락회상도를 조성하였다.

  ▫ 1860년 부산 梵魚寺 阿彌陀極樂會上圖 조성(『梵魚寺聖寶博物館 名品圖錄』)[191] 畵師 수
    화승

인우(仁祐, 仁宇 : -1862-1892-)* 성담당(性潭堂) 19세기 후반에 활동한 불화승
이다. 1862년에 수화승 해운익찬과 전남 구례 화엄사 명부전 지장도를, 1870
년에 수화승 월허준언과 전남 곡성 도림사 신덕암 아미타후불도와 지장시왕
도(순천 선암사 소장)를, 1872년에 수화승 월허준언과 구례 화엄사 금정암 칠
성도를, 1881년에 수화승으로 구례 천은사 아미타후불홍도阿彌陀後佛紅圖를,
1892년에 수화승 서암전기와 경남 합천 해인사 대적광전 팔상도(유성출가상)
를 조성하였다.

  ▫ 1862년 전남 구례 華嚴寺 冥府殿 地藏圖 조성(『韓國의 佛畵 11 − 華嚴寺』) 수화승 海雲
    益讚
  ▫ 1870년 전남 곡성 道林寺 神德庵 阿彌陀後佛圖 조성(『韓國의 佛畵 11 − 華嚴寺』)[192] 수
    화승 月虛俊彦
    1870년 전남 곡성 道林寺 神德庵 地藏十王圖 조성(順天 仙巖寺 所藏, 『谷城郡의 佛敎
    遺蹟』) 수화승 月虛俊彦
  ▫ 1872년 전남 구례 華嚴寺 金井庵 七星圖 조성(『韓國의 佛畵 11 − 華嚴寺』) 수화승 月虛
    浚彦
  ▫ 1881년 전남 구례 泉隱寺 阿彌陀後佛紅圖 조성(『韓國의 佛畵 11 − 華嚴寺』) 金魚 수화승
  ▫ 1892년 경남 합천 海印寺 大寂光殿 八相圖(踰城出家相) 조성(『韓國의 佛畵 5 − 海印寺
    (下)』) 수화승 瑞巖典琪

인원(印元, 因圓 : -1875-1879-) 19세기 후반에 활동한 불화승이다. 1875년에
수화승 금암천여와 경남 통영 용화사 관음암 신중도와 칠성도를, 1879년에
수화승 묘영과 경남 하동 쌍계사 국사암 칠성도를 조성하였다.

  ▫ 1875년 경남 통영 龍華寺 觀音庵 神衆圖 조성(『韓國의 佛畵 25 − 雙磎寺(上)』) 수화승
    錦巖天如
    1875년 경남 통영 龍華寺 觀音庵 七星圖 조성(『韓國의 佛畵 26 − 雙磎寺篇(下)』) 수화
    승 錦岩天如
  ▫ 1879년 경남 하동 雙溪寺 國師庵 七星圖 조성(『韓國의 佛畵 26 − 雙磎寺(下)』) 수화승
    妙英

인위(印位, 仁位 : -1739-1762-) 18세기 중반에 활동한 불화승이다. 1739년에
수화승 초흠과 서울 학림사 괘불도를 조성한 것으로 추정되고, 1762년에 장
조莊祖 영우원永祐園 원소園所 조성소 화승畵僧으로 참여하였다.

  ▫ 1739년 서울 鶴林寺 掛佛圖 造成 추정(박도화, 「鶴林寺 毘盧遮那三身掛佛幀畵」와 『韓國

의 佛畵 35 – 曹溪寺(中)』)[193] 수화승 楚欽
- 1762년 『莊祖永祐園園所都監儀軌』 造成所 畵僧(奎章閣 13607호, 朴廷蕙, 「儀軌를 통해서 본 朝鮮時代의 畵員」 자료1)

인정(仁定 : -1882-) 19세기 후반에 활동한 불화승이다. 1882년에 수화승 연호봉의와 전북 남원 실상사 약사전 약사후불도와 신중도를 조성하였다.
- 1882년 전북 남원 實相寺 藥師殿 藥師後佛圖 조성(『韓國의 佛畵 13 – 金山寺』) 수화승 蓮湖瑢毅
  1882년 전북 남원 實相寺 藥師殿 神衆圖 조성(『韓國의 佛畵 13 – 金山寺』) 수화승 蓮湖瑢毅

인종 1(印宗 : -1715-1722-)* 18세기 전반에 활동한 불화승이다. 수화승으로 1715년에 전남 장흥 보림사 남암 단청과 1722년 향로전 불자각佛子閣 단청에 참여하였다.
- 1715년 전남 장흥 寶林寺 南庵 丹靑(『譯註 寶林寺重創記』) 畵手 수화승
- 1722년 전남 장흥 寶林寺 香爐殿 佛子閣 丹靑(『譯註 寶林寺重創記』) 畵員[194] 수화승

인종 2(印宗 : -1776-1777-) 18세기 후반에 활동한 불화승이다. 1776년에 영조英祖 원능元陵 조성소 화원畵僧으로 참여하고, 1777년에 수화승 □영□穎과 서울 봉은사 시왕도를 조성하였다.
- 1776년 『英祖元陵山陵都監儀軌』 造成所 畵僧(奎章閣 13586호, 朴廷蕙, 「儀軌를 통해서 본 朝鮮時代의 畵員」 자료1)
- 1777년 서울 奉恩寺 十王圖 조성(東國大學校 博物館 所藏, 『韓國佛畵畵記集』) 수화승 □穎

인주(仁珠, 仁柱 : -1901-1922-) 현운당(玄雲堂) 20세기 전반에 활동한 불화승이다. 1901년에 벽산찬규와 경북 경산 환성사 명부전 지장도를, 1922년에 수화승 초암세복과 서울 화계사 삼성각 독성도를 조성하였다.
- 1901년 경북 경산 環城寺 冥府殿 地藏圖 조성(『韓國의 佛畵 30 – 銀海寺』) 수화승 璨圭
- 1922년 서울 華溪寺 三聖閣 獨聖圖 조성(『韓國의 佛畵 36 – 曹溪寺(下)』)[195] 수화승 草庵世復

인준 1(印俊 : -1770-1790-)* 18세기 후반에 활동한 불화승이다. 1770년에 수화승으로 경북 김천 고방사 신중도를, 1790년에 수화승 평삼과 경남 하동 쌍계사 고법당 제석신중도를 조성하였다.
- 1770년 경북 김천 高方寺 神衆圖 조성(『韓國의 佛畵 8 – 直指寺(上)』) 畵員大功德 수화승
- 1790년 경남 하동 雙磎寺 古法堂 帝釋神衆圖 조성(『韓國의 佛畵 25 – 雙磎寺(上)』)[196] 수화승 評三

인준 2(仁準 : -1885-) 19세기 후반에 활동한 불화승이다. 1885년에 수화승 수룡기전과 경남 합천 해인사 대적광전 삼장도三藏圖을 조성하였다.
- 1885년 경남 합천 海印寺 大寂光殿 三藏圖 조성(『韓國의 佛畵 4 – 海印寺(上)』) 수화승 繡龍琪銓

인찬 1(印贊 : -1762-1768-) 18세기 중반에 활동한 불화승이다. 1762년에 수화승 색민과 전남 구례 천은사 지장보살도를, 1768년에 수화승 정일와 경북 봉화 축서사 괘불도를 조성하였다.

◦ 1762년 전남 구례 泉隱寺 地藏菩薩圖 조성(김정희, 『조선시대 지장시왕도 연구』) 수화승
色旻
◦ 1768년 경북 봉화 鷲棲寺 掛佛圖 조성(『韓國의 佛畫 24 - 孤雲寺(下)』) 수화승 定一

인찬 2(仁讚 : -1856-) 19세기 중반에 활동한 불화승이다. 1856년에 수화승
금암천여와 부산 장안사 대웅전 석가모니후불도와 명부전 지장도를 조성하
였다.

◦ 1856년 부산 長安寺 大雄殿 釋迦牟尼後佛圖 조성(『韓國의 佛畫 32 - 梵魚寺』) 수화승
錦庵天如
1856년 부산 長安寺 冥府殿 地藏圖 조성(『韓國의 佛畫 32 - 梵魚寺』) 수화승 錦庵天如

인찰 1(印察 : -1741-1750-) 18세기 중반에 활동한 불화승이다. 1741년에 수
화승 붕우와 충남 천안 광덕사 대웅전 삼세불도(석가모니불, 아미타불)와 수
화승 사혜와 천안 광덕사 괘불도를, 1750년에 수화승 축명과 충남 예산 대련
사 괘불도를 조성하였다.

◦ 1741년 충남 천안 廣德寺 大雄殿 三世佛圖(釋迦牟尼佛) 조성(『韓國의 佛畫 15 - 麻谷寺
(上)』) 수화승 鵬友
1741년 충남 천안 廣德寺 大雄殿 三世佛圖(阿彌陀佛) 조성(『韓國의 佛畫 15 - 麻谷寺
(上)』) 수화승 鵬友
◦ 1749년 충남 천안 廣德寺 掛佛圖 조성(『韓國의 佛畫 16 - 麻谷寺(下)』)197) 수화승 思惠
◦ 1750년 충남 예산 大蓮寺 掛佛圖 조성(『韓國의 佛畫 27 - 修德寺』) 畫員 수화승 竺明

인찰 2(印察 : -1817-) 19세기 전반에 활동한 불화승이다. 1817년에 수화승
언보와 경북 청도 병사餅寺 석가모니후불홍도釋迦牟尼後佛紅圖를 조성하였다.

◦ 1817년 경북 청도 餅寺 釋迦牟尼後佛紅圖 조성(淸道 德寺 所藏, 『韓國의 佛畫 21 - 桐華
寺(上)』) 수화승 雲谷言輔

인찰 3(印刹 : -1830-) 19세기 전반에 활동한 불화승이다. 1830년에 수화승
무경관주와 경북 안동 중대사 신중도(안동 대원사 소장)를 조성하였다.

◦ 1830년 경북 안동 中臺寺 神衆圖 조성(安東 大圓寺 所藏, 『韓國의 佛畫 23 - 孤雲寺篇
(上)』) 수화승 無鏡觀周

인찰 4(仁察 : -1860-) 19세기 중반에 활동한 불화승이다. 수화승 해운익찬과
1860년에 전남 구례 화엄사 각황전 삼세불도(약사불)와 경남 하동 쌍계사 명
부전 지장도를 조성하였다.

◦ 1860년 전남 구례 華嚴寺 覺皇殿 三世佛圖(藥師佛) 조성(『韓國의 佛畫 11 - 華嚴寺』)198)
수화승 海雲益讚
1860년 경남 하동 雙磎寺 冥府殿 地藏圖 조성(『韓國의 佛畫 25 - 雙磎寺(上)』) 수화
승 海雲益讚

인탄(印坦, 仁坦 : -1731-) 18세기 전반에 활동한 불화승이다. 1731년에 수화
승 밀기와 경북 상주 정수사 석가모니후불도와 지장도(의성 고운사 소장)를
조성하였다.

◦ 1731년 경북 상주 淨水寺 釋迦牟尼後佛圖 조성(義城 孤雲寺 所藏, 『韓國의 佛畫 23 - 孤
雲寺(上)』) 수화승 密機
1731년 경북 상주 淨水寺 地藏圖 조성(義城 孤雲寺 所藏, 『韓國의 佛畫 23 - 孤雲寺

(上)』) 수화승 密機

인택(仁澤 : -1856-1868-) 보문당(普聞堂) 19세기 중반에 활동한 불화승이다. 1856년에 수화승 경성긍준과 강원 삼척 영은사 괘불도(평창 월정사 소장)를, 1868년에 수화승 원명긍우와 강원 고성 화엄사 미타암 칠성도(고성 화암사 소장)를 조성하였다.

- 1856년 강원 삼척 靈隱寺 掛佛圖 조성(平昌 月精寺 所藏,『韓國의 佛畵 10 – 月精寺』) 수화승 璟惺肯濬
- 1868년 강원 고성 華嚴寺 彌陀菴 七星圖 조성(高城 禾巖寺 所藏,『한국의 사찰문화재– 강원도』와『韓國의 佛畵 37 – 新興寺』) 수화승 圓明亘祐

인학(仁學 : -1627-) 17세기 전반에 활동한 불화승이다. 1627년에 수화승 법경과 충남 부여 무량사 괘불도를 조성하였다.

- 1627년 충남 부여 無量寺 掛佛圖 조성(『韓國의 佛畵 16 – 麻谷寺(下)』) 수화승 法冏

인행 1(印行 : -1687-) 17세기 후반에 활동한 불화승이다. 1687년에 수화승 능학과 충남 공주 마곡사 괘불도를 조성하였다.

- 1687년 충남 공주 麻谷寺 掛佛圖 조성(『韓國의 佛畵 16 – 麻谷寺(下)』) 수화승 能學

인행 2(印行 : -1724-1729-) 18세기 전반에 활동한 불화승이다. 1724년에 수화승 성징과 경남 합천 해인사 명부전 지장보살좌상을 개금하고, 수화승 성증과 경남 김천 직지사 감로왕도를 그렸다. 1729년에 수화승 성징과 경남 창원 성주사 감로도를 조성하였다.

- 1724년 경북 합천 해인사 명부전 지장보살좌상 개금(李智冠 編著,『伽倻山 海印寺誌』) 수화승 性澄
  1724년 경북 김천 直指寺 甘露王圖 조성(『韓國佛畵畵記集』) 수화승 性證
- 1729년 경남 창원 聖住寺 甘露圖 조성(『韓國의 佛畵 32 – 梵魚寺』) 畵員 수화승 性澄

인행 3(仁幸 : -1882-) 19세기 후반에 활동한 불화승이다. 1882년에 수화승 연호봉의와 전북 남원 실상사 약사전 약사후불도와 신중도를, 1882년에 수화승 수룡기전과 부산 범어사 영산회상도, 삼장보살도, 신중도를 조성하였다.

- 1882년 전북 남원 實相寺 藥師殿 藥師後佛圖 조성(『韓國의 佛畵 13 – 金山寺』) 수화승 蓮湖琫毅
  1882년 전북 남원 實相寺 藥師殿 神衆圖 조성(『韓國의 佛畵 13 – 金山寺』) 수화승 蓮湖琫毅
  1882년 부산 梵魚寺 大雄殿 釋迦牟尼後佛圖 조성(『梵魚寺聖寶博物館 名品圖錄』과 『韓國의 佛畵 32 – 梵魚寺』) 수화승 琪銓
  1882년 부산 梵魚寺 三藏菩薩圖 조성(『梵魚寺聖寶博物館 名品圖錄』과『韓國佛畵畵 記集』및『韓國의 佛畵 32 – 梵魚寺』) 수화승 琪銓
  1882년 부산 梵魚寺 神衆圖 조성(『梵魚寺聖寶博物館 名品圖錄』과『韓國佛畵畵記集』 및『韓國의 佛畵 32 – 梵魚寺』) 수화승 琪銓

인형(仁亨 : -1885-) 19세기 후반에 활동한 불화승이다. 1885년에 수화승 만파 정익과 경기 남양주 내원암 괘불도를 조성 시 편수片手로 참여하였다.

- 1885년 경기 남양주 內院庵 掛佛圖 조성(畵記,『韓國의 佛畵 33 – 奉先寺』) 片手 수화승 萬波定翼

인혜(印惠 : -1703-1710-) 18세기 전반에 활동한 불화승이다. 1703년에 수화승 수원과 경북 문경 김용사 괘불도를, 1710년에 수화승 승장과 경기 안성 칠장사 괘불도를 조성하였다.
- 1703년 경북 문경 金龍寺 掛佛圖 조성(『韓國의 佛畵 9 – 直指寺(下)』) 수화승 守源
- 1710년 경기 안성 七長寺 掛佛圖(三佛會掛佛) 조성(『韓國의 佛畵 29 – 龍珠寺(下)』) 수화승 勝藏

인훈(仁訓 : -1899-) 19세기 후반에 활동한 불화승이다. 1899년에 수화승 주화와 경남 양산 통도사 비로암 석가모니후불도를 조성하였다.
- 1899년 慶南 梁山 通度寺 毘盧庵 釋迦牟尼後佛圖 조성(『韓國의 佛畵 1 – 通度寺(上)』) 수화승 周華

인휴(仁休 : -1882-) 19세기 후반에 활동한 불화승이다. 1882년에 수화승 석옹철유와 강원 강릉 보현사 십육나한도(강릉 보현사와 평창 월정사 소장)를 조성하였다.
- 1882년 강원 강릉 普賢寺 十六羅漢圖 조성(平昌 月精寺 所藏,『韓國의 佛畵 10 – 月精寺』)[199] 수화승 石翁喆有
  1882년 강원 강릉 普賢寺 十六羅漢圖 조성(『韓國의 佛畵 10 – 月精寺』) 수화승 石翁喆有

인휘(仁輝 : -1677-) 17세기 후반에 활동한 불화승이다. 1677년에 전남 순천 송광사 괘불도를 조성하였다.
- 1677년 전남 순천 松廣寺 掛佛圖 조성(『曹溪山松廣寺史庫』)

인희(印希 : -1862-) 19세기 중반에 활동한 불화승이다. 수화승 의운자우와 1862년에 경북 영천 은해사 운부암 아미타후불묵도阿彌陀後佛墨圖와 1863년에 경북 영천 묘각사 아미타후불도를 조성하였다.
- 1862년 경북 영천 銀海寺 雲浮庵 阿彌陀後佛墨圖 조성(『韓國의 佛畵 30 – 銀海寺』) 수화승 意雲慈友
- 1863년 경북 영천 妙覺寺 阿彌陀後佛圖 조성(『韓國의 佛畵 30 – 銀海寺』) 수화승 義雲慈雨

일담(一曇, 日曇 : -1828-) 19세기 전반에 활동한 불화승이다. 1828년에 수화승 퇴운신겸과 경기 고양 중흥사 약사회상도와 아미타회상도(국립중앙박물관 소장)를 조성하였다.
- 1828년 경기 고양 中興寺 藥師會上圖 조성(國立中央博物館 所藏,『北漢山의 佛敎遺蹟』과『영혼의 여로 – 조선시대 불교회화와의 만남』및『韓國의 佛畵 39 – 國·公立博物館』) 수화승 退雲信謙
  1828년 경기 고양 中興寺 阿彌陀會上圖 조성(國立中央博物館 所藏,『北漢山의 佛敎遺蹟』과『영혼의 여로 – 조선시대 불교회화와의 만남』및『韓國의 佛畵 39 – 國·公立博物館』) 수화승 信謙

일민(日敏, 日旻 : -1722-1745-) 18세기 전반에 활동한 불화승이다. 수화승 의겸과 1722년에 경남 진주 청곡사 괘불도와 1723년에 전남 여수 흥국사 관음전 관음도를, 수화승 향오와 응진전 십육나한도(2·4·6존자)를, 수화승 의겸과 1724년에 전남 순천 송광사 응진당 석가모니후불도와 1725년에 영산전 석가모니후불도를, 수화승 미상과 오십전 오십삼불도(7위)와 삼십삼조사도를, 수화승 채인과 1726년에 경남 함양 금대암에서 그린 감로도를 안국암(함양 법인사 소장)에 봉안되어 있다. 수화승 의겸과 1726년 전북 남원 실상사 지장도(동국대학교 박물관 소장)와 1729년 경남 합천 해인사 대적광전 석가모니불도를, 1730년에 경남 고성 운흥사 괘불도와 감로도 및 충남 공주 갑사 대웅전 삼세불도(아미타불)를, 1736년에 순천 선암사 서부도전西浮屠殿 감로도를 그렸다. 1741년에 수화승 영안과 전남 곡성 도림사 신덕암 지장시왕도 (순천 선암사 소장)를, 1745년에 수화승 의겸과 전남 나주 다보사 괘불도를 조성하였다.

- 1722년 경남 진주 靑谷寺 掛佛圖 조성(『韓國의 佛畵 5 – 海印寺(下)』)200) 수화승 義謙
- 1723년 전남 여수 興國寺 觀音殿 觀音圖 조성(『韓國의 佛畵 11 – 華嚴寺』)201) 수화승 義謙
  1723년 전남 여수 興國寺 應眞殿 十六羅漢圖(2·4·6尊者) 조성(『韓國의 佛畵 11 – 華嚴寺』) 수화승 香悟
- 1724년 전남 순천 송광사 應眞堂 釋迦牟尼後佛圖 조성(『韓國의 佛畵 6 – 松廣寺』)202) 수화승 義謙
- 1725년 전남 순천 松廣寺 靈山殿 釋迦牟尼後佛圖 조성(『韓國의 佛畵 6 – 松廣寺』)203) 수화승 義謙
  1725년 전남 순천 松廣寺 五十殿 五十三佛圖(七位) 조성(『韓國의 佛畵 7 – 松廣寺』)204) 수화승 □□
  1725년 전남 순천 松廣寺 三十三祖師圖 조성(『曹溪山松廣寺史庫』)205) 수화승 義謙
- 1726년 경남 함양 金臺庵에서 그린 甘露圖를 安國庵 봉안(咸陽 法印寺 봉안, 『韓國의 佛畵 5 – 海印寺(下)』) 수화승 彩仁
  1726년 전북 남원 實相寺 地藏圖 조성(東國大學校 博物館 所藏, 『韓國의 佛畵 18 – 大學博物館(Ⅰ)』) 수화승 義謙
- 1729년 경남 합천 海印寺 大寂光殿 釋迦牟尼佛圖 조성(『韓國의 佛畵 4 – 海印寺(上)』)206) 수화승 義謙
- 1730년 경남 고성 雲興寺 掛佛圖 조성(『韓國의 佛畵 26 – 雙磎寺(下)』) 수화승 義謙
  1730년 경남 고성 雲興寺 甘露圖 조성(『韓國의 佛畵 26 – 雙磎寺(下)』) 수화승 義謙
  1730년 충남 공주 갑사 대웅전 三世佛圖(阿彌陀佛) 조성(『韓國의 佛畵 15 – 麻谷寺(上)』)207) 수화승 義兼
- 1736년 전남 순천 선암사 西浮屠殿 甘露圖 조성(『韓國의 佛畵 12 – 仙巖寺』) 수화승 義謙
- 1741년 전남 곡성 道林寺 神德庵 地藏十王圖 조성(順天 仙巖寺 所藏, 『韓國의 佛畵 12 – 仙巖寺』) 수화승 穎案
- 1745년 전남 나주 多寶寺 掛佛圖 조성(畵記, 『掛佛調査報告書 Ⅱ』와 『韓國의 佛畵 37 – 白羊寺·新興寺』)208) 수화승 義兼
- 연대미상 地藏圖 조성(東國大學校 博物館 所藏, 『韓國의 佛畵 18 – 大學博物館(Ⅰ)』) 수화승 採仁
  연대미상 十王圖(初江大王) 조성(溫陽民俗博物館 所藏, 『韓國의 佛畵 20 – 私立博物館』)209) 수화승 統□
  연대미상 十王圖(平等大王) 조성(溫陽民俗博物館 所藏, 『韓國의 佛畵 20 – 私立博物館』) 畵員 수화승
  ※ 일민은 왈민(曰敏)일 가능성이 있다.

일삼(一三 : -1879-) 19세기 후반에 활동한 불화승이다. 수화승 향호묘영과 1879년에 전남 순천 선암사 염불암 신중도와 낙안 금강암 지장도를 조성하

였다.
  · 1879년 전남 순천 선암사 念佛庵 神衆圖 조성(順天 仙巖寺 所藏, 『韓國의 佛畵 12 – 仙巖寺』) 수화승 香湖妙寧
  1879년 전남 순천 樂安 金剛庵 地藏圖 조성(圓光大學校 博物館 所藏, 『韓國의 佛畵19 – 大學博物館(II)』) 수화승 香湖妙寧

일선(一禪 : -1728-)* 18세기 전반에 활동한 불화승이다. 18세기 전반에 활동한 불화승이다. 1728년에 수화승으로 경남 하동 쌍계사 팔상도(도솔내의상, 비람강생상, 사문유관상, 유성출가상, 설산수도상, 수하항마상, 녹원전법상)와 수화승 명정과 감로도를 조성하였다.
  · 1728년 경남 하동 雙溪寺 八相圖(兜率來儀相, 毘籃降生相, 四門遊觀相, 踰城出家相, 雪山修道相, 樹下降魔相, 鹿苑轉法相, 雙磎涅槃相) 조성(『韓國의 佛畵 26 – 雙磎寺(下)』) 金魚 수화승
  1728년 경남 하동 雙溪寺 甘露圖 조성(『韓國의 佛畵 26 – 雙磎寺(下)』) 持殿 수화승 明淨

일성(日性, 日聖, 一成 : -1758-1768-) 18세기 중반에 활동한 불화승이다. 1758년에 수화승 각총과 경기 여주 신륵사 극락보전 삼장도를, 1762년에 수화승 색민과 전남 구례 천은사 지장보살도를, 1768년에 수화승 정일과 경북 봉화 축서사 괘불도를 조성하였다.
  · 1758년 경기 여주 神勒寺 極樂寶殿 三藏圖 조성(『韓國의 佛畵 28 – 龍珠寺(上)』) 수화승 覺聰
  · 1762년 전남 구례 泉隱寺 地藏菩薩圖 조성(김정희, 『조선시대 지장시왕도 연구』) 수화승 色旻
  · 1768년 경북 봉화 鷲棲寺 掛佛圖 조성(『韓國의 佛畵 24 – 孤雲寺(下)』) 수화승 定一

일오(一悟 : -1907-) 20세기 전반에 활동한 불화승이다. 1907년에 수화승 금호약효와 전북 무주 원통사 원통보전 칠성도와 충남 금산 신안사 석가모니후불도 및 충북 영동 영국사 석가모니후불도를 조성하였다.
  · 1907년 전북 무주 圓通寺 圓通寶殿 七星圖 조성(『韓國의 佛畵 13 – 金山寺』) 수화승 錦湖若效
  1907년 충남 금산 身安寺 釋迦牟尼後佛圖 조성(『韓國의 佛畵 15 – 麻谷寺(上)』) 수화승 錦湖若效
  1907년 충북 영동 寧國寺 釋迦牟尼後佛圖 조성(『韓國의 佛畵 17 – 法住寺』) 수화승 錦湖若效

일옥 1(一玉 : -1698-) 17세기 후반에 활동한 불화승이다. 1698년에 백기 등과 장릉莊陵 봉릉封陵 조성소 화승畵僧으로 참여하였다.
  · 1698년 『莊陵封陵都監儀軌』造成所 畵僧(奎章閣 14830호, 朴廷蕙, 「儀軌를 통해서 본 朝鮮時代의 畵員」 자료1)

일옥 2(一玉 : -1893-) 동월당(東月堂) 19세기 후반에 활동한 불화승이다. 1893년에 수화승 금호약효, 허곡긍순虛谷亘巡 등과 서울 지장사 대웅전 지장보살도를 조성하였다.
  · 1893년 서울 地藏寺 大雄殿 地藏菩薩圖 조성(『서울전통사찰불화』와 『韓國佛畵畵記集』 및 『韓國의 佛畵 34 – 曹溪寺(上)』) 수화승 錦湖若效

일운 1(日雲, 一雲 : -1649-1675-) 17세기 중·후반에 활동한 불화승이다. 1649년에 인조빈전仁祖殯殿과 인조장릉仁祖長陵 조성소 화승畵僧으로 참여하고, 1659년에 나묵 등과 효종빈전孝宗殯殿을 단청丹靑하였다. 1675년에 현종顯宗 빈전殯殿 조성소造成所 화승畵僧으로 참여하였다.

- 1649년『仁祖殯殿都監儀軌』魂殿二房 造成所 畵僧(奎章閣 14855호, 朴廷蕙,「儀軌를 통해서 본 朝鮮時代의 畵員」자료1)
  1649년『仁祖長陵山陵都監儀軌』造成所 畵僧(奎章閣 15074호, 朴廷蕙,「儀軌를 통해서 본 朝鮮時代의 畵員」자료1)
- 1659년『孝宗殯殿都監儀軌』魂殿二房, 丹靑 畵僧(奎章閣 13528호, 朴廷蕙,「儀軌를 통해서 본 朝鮮時代의 畵員」자료1)
- 1675년『顯宗殯殿都監儀軌』魂殿 造成所 畵僧(奎章閣 13540호, 朴廷蕙,「儀軌를 통해서 본 朝鮮時代의 畵員」자료1)

일운 2(一運 : -1747-) 18세기 중반에 활동한 불화승이다. 1747년에 수화승 회밀과 충남 부여 무량사 극락전 아미타회상도와 삼장보살도를 조성하였다.

- 1747년 충남 부여 無量寺 極樂殿 阿彌陀會上圖 조성(『全國寺刹所藏佛畵調査(1)』) 수화승 廻密
  1747년 충남 부여 無量寺 極樂殿 三藏菩薩圖 조성(『全國寺刹所藏佛畵調査(1)』) 수화승 廻密

일운 3(一芸 : -1841-) 19세기 중반에 활동한 불화승이다. 1841년에 수화승 용하천여와 순천 선암사 대승암 지장시왕도와 운수암 신중도를 조성하였다.

- 1841년 전남 순천 仙巖寺 大乘庵 地藏十王圖 조성(『韓國의 佛畵 12 - 仙巖寺』) 수화승 龍河天如
  1841년 雲水庵 神衆圖 조성(『韓國의 佛畵 12 - 仙巖寺』) 수화승 龍河天如

일원(日圓, 一元 : -1890-1907-) 19세기 후반부터 20세기 전반까지 활동한 불화승이다. 1890년에 수화승 향호묘영과 경남 하동 쌍계사 독성도와 국사암 독성도를, 1892년에 수화승 서암전기와 경남 합천 해인사 괘불도와 대적광전 팔상도(유성출가상)를, 1907년에 수화승 향호묘영과 전남 여수 흥국사 보광전 아미타후불도를, 수화승 월해성일과 전남 순천 송광사 설법전 독성도를 조성하였다.

- 1890년 경남 하동 雙溪寺 獨聖圖 조성(『韓國의 佛畵 26 - 雙磎寺(下)』) 수화승 香湖妙英
  1890년 경남 하동 雙溪寺 國師庵 獨聖圖 조성(『韓國의 佛畵 26 - 雙磎寺(下)』) 수화승 香湖妙英
- 1892년 경남 합천 海印寺 掛佛圖 조성(『韓國의 佛畵 - 5 海印寺(下)』) 수화승 瑞庵典琪
  1892년 경남 합천 海印寺 大寂光殿 八相圖(踰城出家相) 조성(『韓國의 佛畵 5 - 海印寺(下)』) 수화승 瑞巖典琪
- 1907년 전남 여수 興國寺 普光殿 阿彌陀後佛圖 조성(『韓國의 佛畵 11 - 華嚴寺』)210) 수화승 香湖妙英
  1907년 전남 순천 松廣寺 說法殿 獨聖圖 조성(崔淳雨·鄭良謨,『韓國의 佛教繪畵 - 松廣寺』과『韓國의 佛畵 7 - 松廣寺(下)』)211) 수화승 月海性一

일전(一典 : -1832-) 19세기 전반에 활동한 불화승이다. 1832년에에 수화승 신선와 삼각산 신흥사 괘불도(서울 흥천사 소장)를 조성하였다.

◦ 1832년 三角山 新興寺 掛佛圖 조성(서울 興天寺 所藏, 『서울전통사찰불화』와 『掛佛調査 報告書 Ⅱ』 및 『韓國佛畵畵記集』) 수화승 愼善

일준(日俊, 一俊 : -1874-1885-) 19세기 후반에 활동한 불화승이다. 1874년에 수화승 경선과 운대암 지장도(하동 쌍계사 소장)를, 1875년에 수화승 금암천 여와 경남 통영 용화사 관음암 신중도와 칠성도를, 1879년에 향호묘영과 염불암 신중도를, 낙안 금강암 지장도를, 수화승 운파취선과 전남 순천 송광사 광원암 지장시왕도를, 수화승 묘영과 경남 하동 쌍계사 국사암 칠성도를, 수화승 운파취선과 전남 강진 무위사 칠성도를, 1885년에 수화승 수룡기전과 경남 합천 해인사 대적광전 삼신도(비로자나불)를 조성하였다.

◦ 1874년 雲臺菴 地藏圖 조성(河東 雙磎寺 所藏, 『韓國의 佛畵 25 – 雙磎寺(上)』) 수화승 敬善
◦ 1875년 경남 통영 龍華寺 觀音庵 神衆圖 조성(『韓國의 佛畵 25 – 雙磎寺(上)』) 수화승 錦巖天如
1875년 경남 통영 龍華寺 觀音庵 七星圖 조성(『韓國의 佛畵 26 – 雙磎寺(下)』) 수화승 錦岩天如
◦ 1879년 전남 순천 선암사 念佛庵 神衆圖 조성(順天 仙巖寺 所藏, 『韓國의 佛畵 12 – 仙巖寺』) 수화승 香湖妙寧
1879년 전남 순천 樂安 金剛庵 地藏圖 조성(圓光大學校 所藏, 『韓國의 佛畵19 – 大學博物館(Ⅱ)』) 수화승 香湖妙寧
1879년 전남 순천 松廣寺 廣遠庵 地藏十王圖 조성(『韓國의 佛畵 6 – 松廣寺(上)』) 수화승 雲坡就善
1879년 경남 하동 雙溪寺 國師庵 七星圖 조성(『韓國의 佛畵 26 – 雙磎寺(下)』) 수화승 妙英
1879년 전남 康津 無爲寺 七星圖 조성(金玲珠, 『朝鮮時代佛畵硏究』와 『韓國佛畵畵記集』) 수화승 雲坡就善
◦ 1885년 경남 합천 海印寺 大寂光殿 三身圖(毘盧遮那佛) 조성(『韓國의 佛畵 4 – 海印寺(上)』) 수화승 水龍琪銓

일측(一測 : -1664-) 17세기 후반에 활동한 불화승이다. 1664년에 수화승 응열과 충남 공주 신원사 괘불도를 조성하였다.

◦ 1664년 충남 공주 新元寺 掛佛圖 조성(『韓國佛畵畵記集』과 『韓國의 佛畵 16 – 麻谷寺(下)』)[212] 수화승 應悅

일한(日暵, 日閑, 一閑 : -1725-1744-)* 18세기 중반에 활동한 불화승이다. 1725년에 수화승 서청과 서광암 관음도(국립중앙박물관 소장)를, 1744년에 수화승 효안과 경남 고성 옥천사 영산회상도, 명부전 지장도, 시왕도(송제대왕)를, 수화승으로 시왕도(도시대왕)를 조성하였다.

◦ 1725년 瑞光庵 觀音圖 조성(國立中央博物館 所藏, 『영혼의 여로 –조선시대 불교회화와의 만남』과 『韓國의 佛畵 39 – 國・公立博物館』) 수화승 瑞淸
◦ 1744년 경남 고성 玉泉寺 靈山會上圖 조성(『韓國佛畵畵記集』) 수화승 曉岸
1744년 경남 고성 玉泉寺 冥府殿 地藏圖 조성(『韓國의 佛畵 25 – 雙磎寺(上)』)[213] 수화승 曉岸
1744년 경남 고성 玉泉寺 冥府殿 十王圖(宋帝大王) 조성(『韓國의 佛畵 26 – 雙磎寺(下)』) 수화승 曉岸
1744년 경남 고성 玉泉寺 冥府殿 十王圖(都市大王) 조성(『韓國의 佛畵 26 – 雙磎寺

(下)』) 良工 수화승

일행(一行 : -1688-) 17세기 후반에 활동한 불화승이다. 1688년에 수화승 천신과 경남 하동 쌍계사 석가모니후불도를 조성하였다.

　◦1688년 경남 하동 雙磎寺 釋迦牟尼後佛圖 조성(『韓國의 佛畵 25 - 雙磎寺(上)』) 수화승 天信

일형 1(一泂 : -1675-) 17세기 후반에 활동한 불화승이다. 1675년에 현종顯宗 빈전殯殿 조성소造成所 화승畵僧으로 참여하였다.

　◦1675년 『顯宗殯殿都監儀軌』 魂殿 造成所 畵僧(奎章閣 13540호, 朴廷蕙,「儀軌를 통해서 본 朝鮮時代의 畵員」 자료1)

일형 2(一泂 : -1735-)* 18세기 중반에 활동한 불화승이다. 1735년에 수화승으로 경기 남양주 봉선사 괘불도를 조성하였다.

　◦1735년 경기 남양주 奉先寺 掛佛圖 조성(『전통사찰총서 5- 인천·경기도의 전통사찰Ⅱ』) 金魚

일호(一湖, 一浩 : -1673-1675-) 17세기 후반에 활동한 불화승이다. 1673년에 수화승 철학과 충남 청양 장곡사 괘불도를 조성하고, 1675년에 현종顯宗 빈전殯殿 조성소造成所 화승畵僧으로 참여하였다.

　◦1673년 충남 청양 長谷寺 掛佛圖 조성(『韓國의 佛畵 16 - 麻谷寺(下)』) 수화승 哲學
　◦1675년 『顯宗殯殿都監儀軌』 魂殿 造成所 畵僧(奎章閣 13540호, 朴廷蕙,「儀軌를 통해서 본 朝鮮時代의 畵員」 자료1)

일환(一環 : -1832-1854-) 해운당(海雲堂) 19세기 중반에 활동한 불화승이다. 1832년에 수화승 신선과 삼각산 신흥사 괘불도(서울 흥천사 소장)를, 1854년에 수화승 찬종과 경기 파주 금단사 아미타후불도를 조성하였다.

　◦1832년 三角山 新興寺 掛佛圖 造成(서울 興天寺 所藏, 『서울전통사찰불화』와『掛佛調査報告書 Ⅱ』 및 『韓國佛畵畵記集』) 수화승 愼善
　◦1854년 경기 파주 黔丹寺 阿彌陀後佛圖 조성(畵記, 『韓國佛畵畵記集』와『韓國의 佛畵 33 - 奉先寺』) 수화승 讚宗

일훈(日訓 : -1788-) 18세기 후반에 전라도에서 활동한 불화승이다. 1788년에 상겸 등과 남장사 불사에 참여하여 기록한 『불사성공록佛事成功錄』에 호남양공으로 언급되어 있다.

　◦1788년 남장사 불사에 참여한 화승을 적은『佛事成功錄』에 湖南良工으로 언급(이용윤,「『佛事成功錄』을 통해 본 남장사 괘불」) 수화승 尚謙

임담(任潭 : -1781-)* 18세기 후반에 활동한 불화승이다. 1781년에 수화승으로 경남 고성 옥천사 봉향전奉香殿 신중도를 조성하였다.

　◦1781년 경남 고성 玉泉寺 奉香殿 帝釋圖 조성(『韓國의 佛畵 25 - 雙磎寺(上)』)214) 金魚 수화승

임평(任平, 壬平, 壬坪 : -1770-1792-)* 18세기 후반에 활동한 불화승이다. 1770년에 수화승으로 경남 합천 해인사 신중도(제석천왕, 동진보살)를, 1775년에 수화승으로 경남 양산 통도사 대법당 현왕도를, 1792년에 수화승으로

연호사煙湖寺 신중도(양산 통도사 소장)를, 제작연대를 알 수 없는
경북 포항 보경사 팔상도(설산수도상, 녹원전법상)를 수화승 성명
과 조성하였다.

- 1770년 경남 합천 海印寺 神衆圖(帝釋天王) 조성(『韓國의 佛畵 4 – 海印寺
  (上)』) 金魚 수화승
  1770년 경남 합천 海印寺 神衆圖(童眞菩薩) 조성(『韓國의 佛畵 4 – 海
  印寺(上)』) 金魚 수화승
- 1775년 경남 양산 通度寺 靈山殿 八相圖 중 第三四門遊觀相 조성(『韓國의
  佛畵 2 – 通度寺(中)』) 수화승 抱冠
  1775년 경남 양산 通度寺 「八相記文」 언급(安貴淑, 「조선후기 佛畵僧의
  계보와 義謙比丘에 대한 연구(상)」) 수화승 抱冠
  1775년 경남 양산 通度寺 大法堂 現王圖 조성(『韓國의 佛畵 2 – 通度寺
  (中)』) 畵師 수화승
- 1792년 煙湖寺 神衆圖 조성(梁山 通度寺 所藏, 『韓國의 佛畵 1 – 通度寺(上)
  』) 畵師 수화승
- 연대미상 경북 포항 寶鏡寺 八相圖(雪山修道相) 조성(『韓國의 佛畵 38 –
  佛國寺』) 수화승 聖明
  연대미상 경북 포항 寶鏡寺 八相圖(鹿苑轉法相) 조성(『韓國의 佛畵 38 – 佛國寺』) 수
  화승 聖明

임담, 제석도, 1781년, 옥천사 봉향전

임한(任閑 : -1718-1759-)* 18세기 전・중반에 활동한 불화승이다. 1718년에
수화승 천오와 경북 경주 기림사 대적광전 삼신불회도를, 1727년에 수화승
탁행과 전남 해남 미황사 괘불도를 그렸다. 수화승으로 1734년에 경남 양산
통도사 영산전 석가모니후불도를, 1736년에 울산 석남사 석가여래후불도를,
1740년에 양산 통도사 극락보전 아미타후불도를, 1755년에 경북 청도 운문
사 비로전 삼신불도와 온양민속박물관 소장 삼장도三藏圖를, 1759년에 양산
통도사 대광명전 삼신불도를 조성하였다.

- 1718년 경북 경주 祇林寺 大寂光殿 三身佛會圖 조성(文明大, 「毘盧遮那三身佛圖像의 形
  式과 祇林寺 三身佛像 및 佛畵의 연구」와 『韓國의 佛畵 38 – 佛國寺』) 수화승 天悟
- 1727년 전남 해남 美黃寺 掛佛圖 조성(『掛佛調查報告書 Ⅱ』과 『韓國의 佛畵 31 – 大興寺』)
  수화승 琢行
- 1734년 경남 양산 通度寺 靈山殿 釋迦牟尼後佛圖 조성(『韓國의 佛畵 1 – 通度寺(上)』)
  功德畵員 수화승
- 1736년 울산 石南寺 釋迦如來後佛圖 조성(畵記에 碩南寺, 『韓國의 佛畵 3 – 通度寺(下)』)
  畵員 수화승
- 1740년 경남 양산 通度寺 極樂寶殿 阿彌陀後佛圖 조성(『韓國의 佛畵 1 – 通度寺(上)』)
  良工 수화승
- 1755년 경북 청도 雲門寺 毘盧殿 三身佛圖 조성(『韓國의 佛畵 21 – 桐華寺(上)』) 首頭
  수화승
  1755년 三藏圖 조성(溫陽民俗博物館 所藏, 『韓國의 佛畵 20 – 私立博物館』)215) 首頭
  수화승
- 1759년 경남 양산 通度寺 大光明殿 毘盧遮那後佛圖 조성(『韓國의 佛畵 1 – 通度寺(上)』)
  良工 수화승
  1759년 경남 양산 通度寺 大光明殿 盧舍那後佛圖 조성(『韓國의 佛畵 1 – 通度寺
  (上)』) 良工 수화승
  1759년 경남 양산 通度寺 大光明殿 釋迦牟尼後佛圖 조성(『韓國의 佛畵 1 – 通度寺
  (上)』) 良工 수화승

1759년 己酉年改金幀畵丹雘事施主記(安貴淑, 「조선후기 佛畵僧의 계보와 義謙比丘에 대한 연구(상)」) 丹靑畵員과 幀畵員에 2번 언급됨

- 18세기 전반 경북 경주 祇林寺 三藏圖 조성(東國大 慶州캠퍼스 博物館 所藏, 『韓國의 佛畵 18 – 大學博物館(Ⅰ)』)[216] 수화승 天悟

임호(任昊 : -1882-) 19세기 후반에 활동한 불화승이다. 1882년에 긍률과 경남 밀양 표충사 대홍원전 구품도를 조성하였다.

- 1882년 경남 밀양 表忠寺 大弘願殿 九品圖 조성(『韓國의 佛畵 3 – 通度寺(下)』) 수화승 肯律

입승(立繩 : -1863-) 19세기 중반에 활동한 불화승이다. 1863년에 수화승 하은위상과 경남 양산 통도사 백련암 석가모니후불홍도釋迦牟尼後佛紅圖를 조성하였다.

- 1863년 경남 양산 通度寺 白蓮庵 釋迦牟尼後佛紅圖 조성(『韓國의 佛畵 3 – 通度寺(下)』) 수화승 霞隱偉相

[주]

1) 洪潤植 編,『韓國佛畵畵記集』, 가람사연구소, 1995, pp.179-180에 安奉이 언급되지 않았다.

2) 畵記에 ...山□門寺로 나와 있다.

3) 洪潤植 編, 위의 책, pp.147-148에 若明으로 읽었다.

4)『韓國의 佛畵 33 - 奉先寺』, 성보문화재연구원, p.229 圖74에 金浩若效로 적혀 있다.

5)『韓國의 佛畵 32 - 梵魚寺』, p.208 圖20에 阿彌陀後佛圖로 보았다.

6)『韓國의 佛畵 16 - 麻谷寺(下)』, p.221 圖28에 錦湖 □□로 읽었다.

7)『麻谷寺 實測調査報告書』, 문화공보부 문화재관리국, 1989, pp.38-39.

8)『麻谷寺 實測調査報告書』, p.39.

9)『麻谷寺 實測調査報告書』, p.42.

10)『韓國의 佛畵 16 - 麻谷寺(下)』, 성보문화재연구소, p.222 圖41에 19세기 후반 작으로 추정하였다.

11) 畵記의 앞부분이 없어져 수화승을 알 수 없다.

12) 五十三佛圖, 八相圖, 十六羅漢圖도 조성하였다.

13) 五十三佛圖, 八相圖, 十六羅漢圖도 조성하였다.

14) 畵記에 良□으로 나와 있다.

15)『韓國의 佛畵 11 - 華嚴寺』, p.235 圖5에 畵記가 잘못 정리되어 있다.

16)『梵魚寺聖寶博物館 名品圖錄』, 경성대학교 부설 한국학연구소, 2002, 圖20에 연대미상으로 나와 있다.

17) 洪潤植 編, 위의 책, pp.163-165에 耘幸으로 읽었다.

18) 洪潤植 編, 위의 책, p.112에 □令으로 읽었다.

19) 洪潤植 編, 위의 책, pp.112-113에 合令으로 읽었다.

20) 畵記에 금어가 4번 나와 있다.

21)「傳燈寺地藏改金十王各部幀畵佛事記」(『傳燈寺本末寺誌』, p.23)에 수화승을 慧高爄□로 읽었다.

22) 洪潤植 編, 위의 책, p.315에 慧高爄□로 읽고 있다.

23) 神衆圖와 現王圖가 같이 제작된 불화이면서 白雲山과 古靈山으로 이름이 다르게 나온다.

24) 洪潤植 編, 위의 책, p.297에 快珪로 읽었다.

25)『韓國의 佛畵 21 - 桐華寺(上)』, p.246 圖50에 1775년에 제작된 것으로 나와 있지만, 同治十年辛未는 1871년이다.

26)『梵魚寺聖寶博物館 名品圖錄』圖20에 연대미상으로 나와 있다.

27) 洪潤植 編, 위의 책, pp.371-372에 阿彌陀會上圖로 보았다.

28)『韓國의 佛畵 2 - 通度寺(中)』圖51에 연대 미상으로, 洪潤植 編, 위의 책, p.373에 1904년으로 언급되어 있다.

29)『韓國의 佛畵 4 - 海印寺(上)』, p.227 圖12에 鏡潭映宜로 나와 있다.

30) 김창균,「거창・창녕 포교당 성보 조사기」,『聖寶』4, 大韓佛敎曹溪宗 聖寶保存委員會, 2002, p.167에 鏡潭暎宜로 읽었다.

31)『掛佛調査報告書』圖6과 洪潤植 編, 위의 책, p.368에 東雲堂震星으로,『韓國의 佛畵 35 - 曹溪寺(中)』圖8에 靈昱로 읽었다.

32)『梵魚寺聖寶博物館 名品圖錄』圖20에 연대미상으로 나와 있다.

33)『韓國의 佛畵 10 - 月精寺』, p.245 圖4에 수화승을 意雲慈頭로 읽었다.

34)『韓國의 佛畵 6 - 松廣寺篇(上)』圖25에 玲愛로 읽었지만, 崔淳雨・鄭良謨,『韓國의 佛敎繪畵 - 松廣寺』, 국립중앙박물관, 1970, p.62에 玲受로 읽었다.

35) 洪潤植 編, 위의 책, pp.231-232에 水淳으로 읽었다.

36) 持殿에 불화승들이 언급되어 있다.

37)『韓國의 佛畵 29 - 龍珠寺(下)』에 緣化秩 다음에 언급되어 있는데, 洪潤植 編, 위의 책, p.358에 불화승과 같이 적혀 있다.

38)『全南의 寺刹』, p.282에 東雲昱霍으로 읽었다.

39)『서울전통사찰불화』, 서울특별시, 1996, p.154와『韓國佛畵畵記集』, p.377에 東藝靈昱으로 읽었다.

40) 洪潤植 編, 위의 책, p.377에 수화승으로 慧果保鑑으로 읽었다.

41)『韓國의 佛畵 21 - 桐華寺(上)』, p.246 圖50에 1775년 제작된 것으로 나와 있지만, 同治十年辛未는 1871년이다.

42) 畵記에 中壇圖로 나와 있다.

43) 『韓國의 佛畵 11 - 華嚴寺』, p.235 圖5에 畵記가 잘못 정리되어 있다.

44) 김정희, 「雙磎寺의 佛畵」, pp.51-52에 영□로 읽었다.

45) 霞隱應祥을 잘못 적은 것으로 보인다.

46) 畵記에 2번 중복되어 있다.

47) 畵記에 2번 중복되어 있다.

48) 金玲珠, 『朝鮮時代佛畵硏究』, 지식산업사, 1986, p.49에 英堤로, 洪潤植 編, 위의 책, p.208에 英□으로 읽었다.

49) 崔淳雨·鄭良謨, 『韓國의 佛教繪畵 · 松廣寺』, p.49에 穎賢으로, 洪潤植 編, 위의 책, pp.89-90에 親賢으로 읽었다.

50) 五十三佛圖, 八相圖, 十六羅漢圖를 조성하였다.

51) 洪潤植 編, 위의 책, pp.257-258에 金谷永瓊으로 읽었다.

52) 洪潤植 編, 위의 책, p.276에 金谷永□로 읽었다.

53) 洪潤植 編, 위의 책, pp.276-277에 金谷永瓊으로 읽었다.

54) 洪潤植 編, 위의 책, p.283에 金谷永煖으로 읽었다.

55) 『서울전통사찰불화』, pp.132-133에 金笒永□로, 洪潤植 編, 위의 책, pp.321-322에 金谷永□으로 읽었다.

56) 도록에 金谷永燠으로 읽었지만, 洪潤植 編, 위의 책, pp.336-337에 金谷永煥으로 읽었다.

57) 畵記에 편수, 금어가 언급되고 다시 金魚秩에 여러 명의 불화승이 적혀 있다. 금곡영환을 金谷永燠으로 읽었다.

58) 『掛佛調査報告書』 圖5에 永■로 읽었다.

59) 洪潤植 編, 위의 책, pp.97-99에 榮洞으로 읽었다.

60) 『韓國의 佛畵 11 - 華嚴寺』, p.235 圖5에 畵記가 잘못 정리되어 있다.

61) 『韓國의 佛畵 25 - 雙磎寺(上)』 圖31에 瑞庵猻으로 읽었다.

62) 瑞巖 禮□으로 나와 있다.

63) 『韓國의 佛畵 35 - 曹溪寺(中)』, p.206 圖8에 五禾로 읽었다.

64) 『韓國의 佛畵 15 - 麻谷寺(上)』, p.227 圖49에 語性으로 읽었다.

65) 洪潤植 編, 위의 책, pp.218-219에 彌勒佛圖라고 하였다.

66) 洪潤植 編, 위의 책, p.318에 □悟로 읽었다.

67) 畵記에 大雄殿 三尊聖像 灵山殿 十六尊像 兩帝釋과 各部 改圖 및 現王圖 點眼으로 나와 있다.

68) 畵記의 일부가 망실되었다.

69) 『韓國의 佛畵 32 - 梵魚寺』, p.205 圖3에 龍般으로 읽었다.

70) 洪潤植 編, 위의 책, pp.307-308과 『韓國의 佛畵 32 - 梵魚寺』, p.212 圖29에 龍般으로 읽었다.

71) 洪潤植 編, 위의 책, p.308과 『韓國의 佛畵 32 - 梵魚寺』, p.214 圖41에 龍般으로 읽었다.

72) 『한국의 사찰문화재-강원도』, p.508 圖475에 수화승을 格夏로 읽었다.

73) 도록에 □夏로 읽었다.

74) 『韓國의 佛畵 23 - 孤雲寺 本末寺(上)』에 宗秉으로 읽었다.

75) 洪潤植 編, 위의 책, pp.319-320에 蓮華庵 神衆圖로 읽었다.

76) 洪潤植 編, 위의 책, p.133에 宇琉로 읽었다.

77) 洪潤植 編, 위의 책, pp.390-391에 靈山會上圖로 보았다.

78) 畵記에 ...山□門寺로 나와 있다.

79) 東國大 慶州캠퍼스 博物館에 소장된 1799년 경북 경주 祇林寺 十王殿 地藏圖와 같이 제작되었을 것으로 추정된다.

80) 『韓國의 佛畵 33 - 奉先寺』, p.219 圖17에 華潭 □□와 性月 □□로 읽었다.

81) 全錦明으로 나와 있어 속성이 전全씨라는 것을 알 수 있다.

82) 『韓國의 佛畵 36 - 曹溪寺(下)』, p.215 圖62에 錦□運濟로 읽었다.

83) 『畿內寺院誌』, 경기도, 1988, pp.220-221에 雲柞으로 읽었다.

84) 『畿內寺院誌』, p.431에 이름 뒤에 물음표(?)를 찍고, 洪潤植 編, 위의 책, p.353에 芸出로, 『韓國의 佛畵 33 - 奉先寺』, p.219 圖13에 芸照로 읽었다.

85) 『韓國의 佛畵 29 - 龍珠寺(下)』에 緣化秩 다음에 언급되어 있다.

86) 『韓國의 佛畵 20 - 私立博物館』, p.225 圖6에 淸庵雲□로 읽었다.

87) 『韓國의 佛畵 35 - 曹溪寺(中)』, p.211 圖29에 漢峰應□로 읽었다.

88) 畵記에 예천을 醴川으로 적어놓았다.

89) 『韓國의 佛畵8 - 直指寺(上)』과 洪潤植 編, 위의 책, p.274에 蓮藕堂先□로 읽었다.

90) 洪潤植 編, 위의 책, pp.310-311에 靈山會上圖로 보았다.

91) 『韓國의 佛畵 8 - 直指寺(上)』, p.268 圖46에 수화승을 航海斗帆으로 읽었다.

92) 洪潤植 編, 위의 책, p.377에 수화승으로 慧果保鑑으로 읽었다.

93) 『韓國의 佛畵 2 - 通度寺(中)』, p.282 圖48와 洪潤植 編, 위의 책, pp.262-263에 霞穩基相으로 읽었다.

94) 『韓國의 佛畵 38 - 佛國寺』, p.226 圖25에 霞隱만 적혀있다.

95) 『韓國의 佛畵 8 - 直指寺(上)』, p.263 圖22에 수화승을 露隱偉相으로 읽었다.

96) 『韓國의 佛畵 11 - 華嚴寺』, p.235 圖5에 畵記가 잘못 정리되어 있다.

97) 『韓國의 佛畵 13 - 金山寺』 圖33에 康熙二十一年壬申으로, 洪潤植 編, 위의 책, pp.44-45에 康熙二十一年壬戌로 적혀있다. 康熙21년은 壬戌년으로 1682년에 해당한다. 또한 洪潤植 編, 위의 책, pp.44-45에 □□으로, 『掛佛調査報告書 Ⅱ』圖19에 偉億으로 읽었다.

98) 『韓國의 佛畵 8 - 直指寺(上)』에 畵만 적혀 있다.

99) 『韓國의 佛畵 38 - 佛國寺』, p.234 圖94에 大雄殿三尊改金時新畵成靈山會部幀奉安으로 나와 있고, 塗金良工比丘大德 尙淨 碩峯 淸益 宇學 抱冠 德仁 定安 脫閏 藏榮 報恩 圓敏 最善 桂觀 □欣 有誠 都畵師 智□ 次全 幼禪 哲印 富一 大演 宥祥으로 적혀 있다. 따라서 불화의 조성에 수화승은 智□일 것으로 추정된다.

100) 『韓國의 佛畵 38 - 佛國寺』, p.234 圖94에 大雄殿三尊改金時新畵成靈山會部幀奉安으로 나와 있고, 塗金良工比丘大德 尙淨 碩峯 淸益 宇學 抱冠 德仁 定安 脫閏 藏榮 報恩 圓敏 最善 桂觀 □欣 有誠 都畵師 智□ 次全 幼禪 哲印 富一 大演 宥祥으로 적혀 있다. 따라서 불화의 조성에 수화승은 智□일 것으로 추정된다.

101) 洪潤植 編, 위의 책, pp.229-230에 인천 강화도 정수사에 소장된 것으로 나와 있다.

102) 洪潤植 編, 위의 책, p.281에 有□로 읽었다.

103) 畵記에 ...山□門寺로 나와 있다.

104) 『韓國의 佛畵 38 - 佛國寺』, p.234 圖94에 大雄殿三尊改金時新畵成靈山會部幀奉安으로 나와 있고, 塗金良工比丘大德 尙淨 碩峯 淸益 宇學 抱冠 德仁 定安 脫閏 藏榮 報恩 圓敏 最善 桂觀 □欣 有誠 都畵師 智□ 次全 幼禪 哲印 富一 大演 宥祥으로 적혀 있다. 따라서 불화의 조성에 수화승은 智□일 것으로 추정된다.

105) 『韓國의 佛畵 11 - 華嚴寺』, p.235 圖5에 畵記가 잘못 정리되어 있다.

106) 『掛佛調査報告書』, p.147과 洪潤植 編, 위의 책, pp.51-53에 崔順으로 읽었다.

107) 『韓國의 佛畵 8 - 直指寺(上)』 圖13과 洪潤植 編, 위의 책, pp.223-234에 有□로 읽었다.

108) 도록에 有□으로 나와 있다.

109) 『韓國의 佛畵 8 - 直指寺(上)』, p.262 圖17에 金魚都比丘 比丘有心□□ ……으로 적혀있다.

110) 洪潤植 編, 위의 책, pp.190-191에 불화승이 언급되어 있지 않다.

111) 『서울전통사찰불화』, pp.121-122에 退隱堂宥□로, 洪潤植 編, 위의 책, p.248에 退隱堂宥仁으로 읽었다.

112) 『朝鮮後期佛畵』 圖2에 裕足으로 읽었다.

113) 『梵魚寺聖寶博物館 名品圖錄』 圖20에 연대미상으로 나와 있다.

114) 金玲珠, 『朝鮮時代佛畵硏究』, p.106과 洪潤植 編, 위의 책, p.191에 六巴로 읽었다.

115) 洪潤植 編, 위의 책, pp.190-191에 불화승이 언급되어 있지 않다.

116) 『韓國의 佛畵 13 - 金山寺』, p.219 圖32에 수화승을 (封瑞로 보았다. 그러나 18세기 후반에 활동한 스님 가운데 봉서라는 인물은 조사된 예가 없다.

117) 도록에 六守로 읽었다.

118) 洪潤植 編, 위의 책, pp.275-276과 김정희, 「서울 靑龍寺의 佛畵」, pp.24-26에 允鑑이 시주질 옆에 언급되어 있다.

119) 洪潤植 編, 위의 책, pp.350-351에 明應幼鑑으로, 『韓國의 佛畵 33 - 奉先寺』, p.225 圖48에 明應幻鑑으로 읽었다.

120) 洪潤植 編, 위의 책, p.355에 明虛允鑑으로, 『韓國의 佛畵 33 - 奉先寺』, p.228 圖65에 月虛允鑑으로 읽었다.

121) 畵記에 편수, 금어가 언급되고 다시 金魚秩에 여러 명의 불화승이 적혀 있다.

122) 畵記에 梵華만 쓰여 있다.

123) 도록에 梵華允□으로 나와 있다.

124) 『全南의 寺刹』, p.280에만 模盡으로 읽었다.

125) 『韓國의 佛畵 29 - 龍珠寺(下)』에 緣化秩 다음에 언급되어 있는데, 洪潤植 編, 위의 책, p.358에 불화승과 같이 적혀 있다.

126) 『韓國의 佛畵 28 - 龍珠寺(上)』 圖8에 증명 다음에 언급되었다.

127) 『서울전통사찰불화』, pp.122-123과 洪潤植 編, 위의 책, p.251에 1847년으로 보았다.

128) 洪潤植 編, 위의 책, p.275에 中壇圖로 보았다.

129) 洪潤植 編, 위의 책, p.275에 應命으로 읽었다.

130) 畵記에 편수, 금어가 언급되고 다시 金魚秩에 여러 명의 불화승이 적혀 있다.

131) 『韓國의 佛畵 35 - 曹溪寺(中)』, p.211 圖29에 漢峰應□과 德月應□로 읽었다.

132) 『韓國의 佛畵 38 - 佛國寺』, p.222 圖8에 수화승 霞隱應祖로 읽었다.

133) 『韓國의 佛畵 38 - 佛國寺』, p.226 圖26에 수화승 霞隱 應祖로 읽었다.

134) 도록에 應禪 霞隱으로, 洪潤植 編, 위의 책, p.297에 霞隱應禪으로 읽었다.

135) 洪潤植 編, 위의 책, pp.310-311에 靈山會上圖로 명명하였다.

136) 『韓國의 佛畵 9 - 直指寺(下)』 圖67에 하은응상 뒤에 금어가 있지만, 洪潤植 編, 위의 책, p.331에 하은응상 앞에 있다.

137) 반야사에 보국사에서 봉안되었다가 옮겨온 후불도(1890년), 지장도(1753년), 산신도(1890년) 등이 있었으나 화재로 전부 없어졌다고 한다(『전통사찰전서 11 - 충북의 전통사찰Ⅱ』, p.239).

138) 畵記에 慶般應釋으로 적어놓았다.

139) 『掛佛調査報告書 Ⅱ』 圖18에 慶般應釋으로 읽었다.

140) 기내사원지에 慶般應釋으로, 洪潤植 編, 위의 책에 경선응석으로 적어놓았다.

141) 이 기록은 『麻谷寺 實測調査報告書』, 문화공보부 문화재관리국, 1989, p.42에 게재되어 있다. 내용 중 "比丘 慶船堂應釋 伏爲 忘恩師隱峰堂信瓊 亡父金海金氏 亡母密陽朴氏 .....으로 언급되어 있어 그의 스승이 은봉당 신경이고, 김해 김씨라는 것을 알 수 있다.

142) 畵記에 慶般應釋으로 적어놓았다.

143) 『서울전통사찰불화』, pp.131-132과 『韓國의 佛畵 36 - 曹溪寺(下)』, p.211 圖32에 慶般應釋으로 읽었다.

144) 畵記에 慶應釋으로 적어놓았다.

145) 『韓國의 佛畵 33 - 奉先寺』, p.221 圖28에 □□ □釋으로 나와 있다.

146) 洪潤植 編, 위의 책에 慶般 應釋으로 읽었다.

147) 洪潤植 編, 위의 책에 慶□應釋으로, 洪潤植 編, 위의 책에 慶般應釋으로 읽었다.

148) 洪潤植 編, 위의 책, pp.352-353에 慶般應釋으로 읽었다.

149) 洪潤植 編, 위의 책, 慶般 應釋으로 읽었다.

150) 洪潤植 編, 위의 책, 慶般 應釋으로 읽었다.

151) 洪潤植 編, 위의 책, pp.355-356에 慶船堂應□으로 읽었다.

152) 『서울전통사찰불화』, p.161과 洪潤植 編, 위의 책, p.355에 慶般應□으로 적어놓았다.

153) 洪潤植 編, 위의 책, p.32에 1644년(甲申)에 제작된 것으로 보았다.

154) 洪潤植 編, 위의 책에 畵만 적혀 있다.

155) 『韓國의 佛畵 10 -月精寺』, p.245 圖4에 수화승을 意雲慈頭로 읽었다.

156) 『韓國의 佛畵 35 - 曹溪寺(中)』, p.211 圖29에 漢峰應□로 읽었다.

157) 『韓國의 佛畵 16 - 麻谷寺(下)』, p.216 圖2에 木手로 읽었다.

158) 『韓國의 佛畵 18 - 大學博物館(Ⅰ)』, p.213 圖12에 淸應 牧丙으로 읽었다.

159) 洪潤植 編, 위의 책, pp.396-397에 月庵應珇로 읽었다.

160) 洪潤植 編, 위의 책, p.273에 西應廳□로 읽었다.

161) 洪潤植 編, 위의 책, p.274에 西應應□으로 읽었다.

162) 『韓國의 佛畵 10 -月精寺』, p.245 圖4에 수화승을 意雲慈頭로 읽었다.

163) 『畿內寺院誌』, pp.199-200와 洪潤植 編, 위의 책에 應□로 읽었다.

164) 洪潤植 編, 위의 책, p.76에 義□로 읽었다.

165) 동시에 五十三佛圖, 八相圖, 十六羅漢圖 조성하였다.

166) 1730년에 조성된 경남 고성 雲興寺 三世佛圖(藥師如來, 『韓國의 佛畵 25 - 雙磎寺』, p.223 圖21)에 畵員의 이름이 적혀있지 않다.

167) 畵記에 義謙, 採仁, 幸宗, 晶寬, 智元으로 나와 있으나, 아미타불에서 발견된 원문에 畵員 儀謙, 幸宗, 採仁, 德敏이 제작한 것으로 나와 있다(『韓國의 佛畵 15 - 麻谷寺(上)』, p.217). 그런데 洪潤植 編, 위의 책, p.97에 1730년작 갑사 영산회상도의 畵記에 良工 의□ 義謙 就祥 萬亨 明善이 그린 것으로 나와 있다.

168) 畵記에 義謙, 幸宗, 覺天, 德敏으로 나와 있으나, 원문에 畵員 儀謙, 幸宗, 日敏, 覺天, 策闊이 제작한 것으로 나와 있다(『韓國의 佛畵 15 - 麻谷寺(上)』, p.217).

169) 『韓國의 佛畵 21 - 桐華寺(上)』, p.246 圖50에 1775년에 제작된 것으로 나와 있지만, 同治十年辛未는 1871년이다.

170) 貫虛以官으로 읽었다.

171) 寬虛以官으로 읽었다.

172) 冠虛宣官으로 읽었다.

173) 『梵魚寺聖寶博物館 名品圖錄』 圖6에 宣寬으로 읽었다.

174) 『韓國의 佛畵 32 - 梵魚寺』, p.212 圖28에 宣寬으로 읽었다.

175) 寬虛以官으로 읽었다.

176) 洪潤植 編, 위의 책, pp.310-311에 靈山會上圖로 명명하였다.

177) 『韓國의 佛畵 11 - 華嚴寺』 圖5에 畵記를 잘못 정리하여 놓았다.

178) 畵記를 통하여 1812년에 慶北 慶州 佛國寺 極樂殿 佛畵도 그려졌음을 알 수 있다.

179) 畵記에 ...山□門寺로 나와 있다.

180) 洪潤植 編, 위의 책, p.68에 儀哲로 읽었다.

181) 洪潤植 編, 위의 책, pp.175-176에 언급되어 있지 않다.

182) 『韓國의 佛畵 10 -月精寺』, p.245 圖4에 수화승을 意雲慈頭로 읽었다.

183) 도록에 益□로 읽었다.

184) 『韓國의 佛畵 11 - 華嚴寺』 圖5에 畵記를 잘못 정리하여 놓았다.

185) 洪潤植 編, 위의 책, pp.371-372에 阿彌陀會上圖로 보았다.

186) 『韓國의 佛畵 2 - 通度寺(中)』 圖51에 연대 미상으로, 洪潤植 編, 위의 책, p.373에 1904년으로 언급하였다.

187) 『掛佛調査報告書』, p.104에 적혀있고, 洪潤植 編, 위의 책, p.33에 언급되지 않았다.

188) 『韓國의 佛畵 8 - 直指寺(上)』, p.268 圖46에 수화승을 航海 斗帆으로 읽었다.

189) 『韓國의 佛畵 29 - 龍珠寺(下)』에 緣化秩 다음에 언급되어 있는데, 洪潤植 編, 위의 책, p.358에 불화승과 같이 적혀 있다.

190) 『韓國의 佛畵 35 - 曹溪寺(中)』, p.211 圖29에 漢峰應□로 읽었다.

191) 釜山 梵魚寺에 있는 1860년 阿彌陀極樂會上圖(『梵魚寺聖寶博物館 名品圖錄』 圖16)는 畵員이 있는 부분이 망가져 읽을 수 없는데, 전체적인 구도와 색채, 세부 묘사에서 불화승 仁用이 그린 작품과 동일하다.

192) 『朝鮮後期佛畵』 圖2에 □祐로 읽었다.

193) 박도화는 불화의 하단 畵記가 좌우로 나뉘어 있는 가운데 왼쪽 畵記는 조성에 관련된 것으로 보았다. 또한 괘불함의 안쪽에「楊州 水落山內院菴掛佛幀 己未年造成三補定欽留鎭于寺」라는 묵서를 근거로 1739년에 제작된 것으로 추정하였다.

194) 당시에 金明遠 등 참여하였다.

195) 『韓國의 佛畵 36 - 曹溪寺(下)』, p.215 圖62에 錦□運濟로 읽었다.

196) 『掛佛調査報告書』, p.162에 印晉으로 읽었다.

197) 『掛佛調査報告書』, p.162에 印晉로 적혀있다.

198) 『韓國의 佛畵 11 - 華嚴寺』 圖5에 畵記를 잘못 정리하여 놓았다.

199) 畵記에 大雄殿 三尊聖像 灵山殿 十六尊像 兩帝釋과 各部 改圖 및 現王圖 點眼으로 나와 있다.

200) 조성 당시 수화승은 義謙으로, 日敏은 가장 마지막에 언급되면서도 畵員이라고 적고 있다.

201) 洪潤植 編, 위의 책, pp.75-76에 日敏을 供養主 성충비구 다음에 언급하였다.

202) 崔淳雨・鄭良謨, 『韓國의 佛教繪畵 - 松廣寺』, p.66과 洪潤植 編, 위의 책, pp.80-81에 왈민日敏으로 읽었다.

203) 崔淳雨・鄭良謨, 앞의 책, p.43와 洪潤植 編, 위의 책, pp.81-82에 왈민日敏으로 읽었다.

204) 崔淳雨・鄭良謨, 위의 책, p.26과 p.30에 日敏으로 읽었다.

205) 동시에 五十三佛圖, 八相圖, 十六羅漢圖 조성하였다. 또한 사적기에 왈민日敏으로 적혀 있다.

206) 『韓國의 佛畵 4 - 海印寺(上)』 圖1에 왈日로 읽었다.

207) 畵記에 義謙, 幸宗, 覺天, 德敏으로 나와 있으나, 원문에 畵員 儀謙, 幸宗, 日敏, 覺天, 策闊이 제작한 것으로 나와 있다(『韓國의 佛畵 15 - 麻谷寺(上)』, p.217).

208) 『掛佛調査報告書』, pp.132-135에 왈민日旻으로 읽었다.

209) 畵記 중에 왈日로 읽었다.

210) 洪潤植 編, 위의 책, pp.390-391에 靈山會上圖로 언급되어 있다.

211) 崔淳雨·鄭良謨, 위의 책, p.80에 1906년 제작된 것으로 나와 있다.

212) 洪潤植 編, 위의 책, p.32에 1644년(甲申)에 제작된 것으로 보았다.

213) 『韓國의 佛畵 25 - 雙磎寺(上)』圖33에 日□로 읽고, 洪潤植 編, 위의 책, p.122에 일한으로 읽었다.

214) 洪潤植 編, 위의 책, p.201에 任□로 읽었다.

215) 畵記에 ...山□門寺로 나와 있다.

216) 『韓國의 佛畵 18 - 大學博物館(Ⅰ)』, p.213 圖17에 18세기로 추정하였지만, 1718년에 수화승 천오가 경주 기림사 대적광전 삼신 불회도三身佛會圖를 조성하여 18세기 전반에 제작된 것으로 추정된다.

ㅈ

자간(自間 : -1868-1869-) 19세기 중반에 활동한 불화승이다. 1868년에 수화 승 금곡영환과 경기 남양주 흥국사 대웅보전 지장도를, 1869년에 수화승 경 선응석과 남양주 흥국사 팔상도(비람강생상)를 조성하였다.

- 1868년 경기 남양주 興國寺 大雄寶殿 地藏圖 조성(『韓國佛畵畵記集』과 『韓國의 佛畵 33 – 奉先寺』) 수화승 金谷永煥
- 1869년 경기 남양주 興國寺 八相圖(毘藍降生相) 조성(『韓國의 佛畵 33 – 奉先寺』)[1] 수화 승 慶船應釋

자관(自寛 : -1716-)* 18세기 전반에 활동한 불화승이다. 1716년에 수화승으 로 화장사 후불도를 조성하였다.

- 1716년 華藏寺 後佛圖 조성(『楡岾寺本末寺誌(華藏寺)』) 수화승

자문(自文, 紫紋 : -1759-1780-)* 18세기 중반에 활동한 불화승이다. 1759년에 수화승 비현과 전남 여수 흥국사 괘불도와 수화승으로 신중도를 조성하고, 1780년에 수화승 칭숙과 전남 장흥 보림사 천왕, 금강, 문수, 보현을 중창하 였다.

- 1759년 전남 여수 興國寺 掛佛圖 조성(『韓國의 佛畵 11 – 華嚴寺』) 수화승 丕賢
  1759년 전남 여수 興國寺 神衆圖(帝釋天龍圖) 조성(『韓國佛畵畵記集』) 金魚 수화승
- 1780년 전남 장흥 보림사 천왕, 금강, 문수, 보현 중창(현판 「寶林寺天王金剛重新功德記」 와 『譯註 寶林寺重創記』) 수화승 稱淑

자명(自明 : -1684-) 17세기 후반에 활동한 불화승이다. 1684년에 수화승 법 림과 경남 산청 율곡사 괘불도를 조성하였다.

- 1684년 경남 산청 栗谷寺 掛佛圖 조성(『韓國의 佛畵 5 – 海印寺(下)』) 수화승 法琳

자민(自敏, 自旻 : -1725-1741-) 18세기 전반에 활동한 불화승이다. 1725년에 수화승 의겸과 전남 순천 송광사 영산전 석가모니후불도를 그리고, 오십전 오십삼불도(7위) 및, 수화승 회안과 팔상도(비람강생상), 십육나한도(2·4·6존 자와 12·14·16존자) 등을, 1741년에 수화승 영안과 전남 곡성 도림사 신덕 암 지장시왕도(순천 선암사 소장)를 조성하였다.

- 1725년 전남 순천 松廣寺 靈山殿 釋迦牟尼後佛圖 조성(『韓國의 佛畵 6 – 松廣寺』) 수화 승 義謙

1725년 전남 순천 松廣寺 五十殿 五十三佛圖(七位) 조성(『韓國의 佛畵 7 - 松廣寺』) 수화승 □□

1725년 전남 순천 松廣寺 靈山殿 八相圖(毘藍降生相) 조성(『韓國의 佛畵 7 - 松廣寺』) 수화승 回眼

1725년 전남 순천 松廣寺 應眞殿 十六羅漢圖(2, 4, 6尊者) 조성(『韓國의 佛畵 7 - 松廣寺』) 수화승 回眼

1725년 전남 순천 松廣寺 應眞殿 十六羅漢圖(12, 14, 16尊者) 조성(『韓國의 佛畵 7 - 松廣寺』) 수화승 回眼

1725년 전남 순천 松廣寺 三十三祖師圖 조성(『曹溪山松廣寺史庫』)[2] 수화승 義謙

◦ 1741년 전남 곡성 道林寺 神德庵 地藏十王圖 조성(順天 仙巖寺 所藏, 『韓國의 佛畵 12 - 仙巖寺』) 수화승 穎案

자안(自安 : -1759-) 18세기 중반에 활동한 불화승이다. 1759년 불상 개금과 불화 및 단청을 조성하였다.

◦ 1759년 己酉年改金幀畵丹艧事施主記(安貴淑, 「조선후기 佛畵僧의 계보와 義謙比丘에 대한 연구(상)」)

자엄(自嚴 : -1702-) 18세기 전반에 활동한 불화승이다. 1702년에 수화승 태철과 전남 장흥 보림사 제석도 2위를 중수하였다.

◦ 1702년 전남 장흥 寶林寺 帝釋圖 2위 중수(『譯註 寶林寺重創記』) 수화승 太澈

의운자우, 감지금니석가오존도 부분, 1862년, 은해사 운부암(성보박물관)

자우(慈雨 : -1859-1868-)* 의운당(義雲堂, 意雲堂) 19세기 중반에 활동한 불화승이다. 1859년에 수화승으로 경북 예천 보문사 운계암 독성도를, 수화승으로 1860년에 경북 울진 불영사 대웅보전 신중도를, 1862년에 경북 영천 은해사 운부암 아미타후불묵도阿彌陀後佛墨圖를, 1863년에 영천 묘각사 아미타후불도를, 1867년에 서울 흥천사 극락보전 아미타후불도와 경북 예천 보문사 신중도를, 1868년에 강원 영월 보덕사 석가모니후불도를 조성하였다.

◦ 1859년 경북 예천 普門寺 雲溪菴 獨聖圖 조성(普門寺 所藏, 『韓國佛畵畵記集』) 金魚 수화승

◦ 1860년 경북 울진 佛影寺 大雄寶殿 神衆圖 조성(『韓國의 佛畵 38 - 佛國寺』) 金魚 수화승

◦ 1862년 경북 영천 銀海寺 雲浮庵 阿彌陀後佛墨圖 조성(『韓國의 佛畵 30 - 銀海寺』) 金魚 수화승

◦ 1863년 경북 영천 妙覺寺 阿彌陀後佛圖 조성(『韓國의 佛畵 30 - 銀海寺』) 畵師 수화승

◦ 1867년 서울 興天寺 極樂寶殿 阿彌陀後佛圖(『서울전통사찰불화』와 『韓國佛畵畵記集』) 金魚 수화승

1867년 경북 예천 普門寺 神衆圖 조성(『韓國佛畵畵記集』) 金魚 수화승

◦ 1868년 강원 영월 報德寺 釋迦牟尼後佛圖 조성(『韓國의 佛畵 10 - 月精寺』) 金魚 수화승

의운자우, 감지금니석가오존도 석가, 1862년, 은해사 운부암(성보박물관)

자운당(慈雲堂) □연(□演)[3] 참조

자은당(慈隱堂) 상렬(尙烈, 尙悅) 참조

자인(自仁 : -1745-1765-)* 18세기 중반에 활동한 불화승이다. 1745년에 수화

승 서기, 가선嘉善 뇌옥雷玉 등과 경북 영주 부석사 괘불
도를 그렸다. 수화승 서기와 1745년에 월악산 신륵사 괘
불(국립중앙박물관 소장)을 중수하고, 1748년에 경북 예
천 한천사 구장舊藏 지장시왕도를, 1748년에 수화승으로
신중도(국립중앙박물관 소장)를, 1765년에 수화승으로
경북 안동 봉정사 감로왕도를 조성하였다.

- 1745년 경북 영주 浮石寺 掛佛圖 조성(『韓國의 佛畵 24 – 孤雲
  寺(下)』) 수화승 瑞氣
  1745년 月岳山 神勒寺 掛佛圖 중수(國立中央博物館 所藏, 『韓
  國의 佛畵 39 – 國・公立博物館』)[4] 수화승 瑞氣
- 1748년 경북 예천 寒天寺 舊藏 地藏十王圖 조성(김정희, 『조
  선시대 지장시왕도 연구』) 畵員 수화승
  1748년 神衆圖 조성(國立中央博物館 所藏, 『韓國의 佛畵 39
  – 國・公立博物館』) 畵員 수화승
- 1765년 경북 安東 鳳停寺 甘露王圖 조성(『韓國佛畵畵記集』) 良
  工 都居[5] 수화승

자일(自壹 : -1748-) 18세기 중반에 활동한 불화승이다.
1748년에 수화승 법현과 충남 청양 장곡사 석가모니후불
도(동국대학교 박물관 소장)를 조성하였다.

- 1748년 충남 청양 長谷寺 釋迦牟尼後佛圖 조성(東國大學校 博
  物館 所藏, 『韓國의 佛畵 18 – 大學博物館(Ⅰ)』) 수화승 法玄
  * 수화승이 아닌데 중간쯤에 언급되면서도 畵員이라고 앞에
  붙이고 있다.

자정(自淨 : -1759-) 18세기 중반에 활동한 불화승이다.
1759년 불상 개금과 불화 및 단청을 조성하였다.

- 1759년 己酉年改金幀畵丹艧事施主記(安貴淑, 「조선후기 佛畵僧
  의 계보와 義謙比丘에 대한 연구(상)」)

자총(自聰) 조선후기에 활동한 불화승이다. 제작연대를
알 수 없는 아미타후불도를 수화승 □演과 조성하였다.

- 연대미상 阿彌陀後佛圖 조성(梁山 通度寺 所藏, 『韓國의 佛畵 3
  – 通度寺(下)』) 수화승 □演

자추(自秋 : -1745-) 18세기 중반에 활동한 불화승이다. 1745년에 수화승 서
기, 가선嘉善 뇌옥雷玉 등과 경북 영주 부석사 괘불도를 조성하였다.

- 1745년 경북 영주 浮石寺 掛佛圖 조성(『韓國의 佛畵 24 – 孤雲寺(下)』) 수화승 瑞氣

자한(自閑 : -1870-) 19세기 후반에 활동한 불화승이다. 1870년에 수화승 경
선응석과 서울 개운사 대웅전 지장도를 조성하였다.

- 1870년 서울 開運寺 大雄殿 地藏圖 조성(『韓國의 佛畵 34 – 曹溪寺(上)』) 수화승 慶船應釋

자환(自還 : -1744-1747-)* 18세기 중반에 운부사雲浮寺를 중심으로 활동한
불화승이다. 1744년에 수화승 세관과 경북 김천 직지사 석가모니후불도, 아

의운자우, 감지금니석가오존도, 1862년, 은해사
운부암(성보박물관)

자인, 지장시왕도, 1748년, 예천 한천사

미타후불도를, 시왕도(염라대왕와 초강대왕)를, 1747년에 수화승으로 경북 영천 은해사 운부암 지장시왕도를 조성하였다.

- 1744년 경북 김천 直指寺 釋迦牟尼後佛圖 조성(『韓國의 佛畵 8 - 直指寺(上)』) 雲浮寺 수화승 世冠
  1744년 경북 김천 直指寺 阿彌陀後佛圖 조성(『韓國의 佛畵 8 - 直指寺(上)』)[6] 수화승 世冠
  1744년 경북 김천 直指寺 十王圖(閻羅大王) 조성(『韓國의 佛畵 9 - 直指寺(下)』) 수화승 世冠
  1744년 경북 김천 直指寺 十王圖(初江大王) 조성(『韓國의 佛畵 9 - 直指寺(下)』) 수화승 世冠
- 1747년 경북 영천 銀海寺 雲浮庵 地藏十王圖 조성(김정희, 『조선시대 지장시왕도 연구』) 畵員 수화승
- 연대미상 大□寺 釋迦牟尼後佛圖 조성(永川 銀海寺 所藏, 『韓國의 佛畵 30 - 銀海寺』) 수화승 密機

자희(自希 : -1764-) 18세기 중반에 활동한 불화승이다. 1764년에 수화승 전수와 경북 영덕 장육사 대웅전 지장도를 조성하였다.

- 1764년 경북 영덕 莊陸寺 大雄殿 地藏圖 조성(『韓國의 佛畵 38 - 佛國寺』) 수화승 典秀

작품(昨品, 作品 : -1875-1878-) 19세기 후반에 활동한 불화승이다. 1875년에 수화승 봉간과 내원암 관음도(內院庵 觀音圖)(안성 청룡사 소장)를, 1883년 경선 응석과 경기 남양주 흥국사 신중도(의정부 회룡사 소장)를, 1885년에 수화승 만파 정탁과 경기 남양주 내원암 괘불도를, 1878년에 수화승 혜과 봉간과 강화 정수사 법당 칠성도를 조성하였다.

- 1875년 內院庵 觀音圖 조성(安城 靑龍寺 所藏, 『韓國의 佛畵 28 - 龍珠寺(上)』) 수화승 奉侃
- 1883년 경기 남양주 興國寺 神衆圖 조성(議政府 回龍寺 소장, 畵記, 『畿內寺院誌』와 『韓國佛畵畵記集』 및 『韓國의 佛畵 33 - 奉先寺』) 片手 수화승 應碩
- 1885년 경기 남양주 內院庵 掛佛圖 조성(畵記, 『韓國의 佛畵 33 - 奉先寺』) 수화승 萬波 定濯
- 1878년 인천 강화 淨水寺 法堂 七星圖 조성(『畿內寺院誌』와 『韓國佛畵畵記集』 및 『韓國의 佛畵 36 - 曹溪寺(下)』)[7] 수화승 慧果 奉侃

장권(壯權 : -1832-) 19세기 전반에 활동한 불화승이다. 1832년에 수화승 신선과 삼각산 신흥사 괘불도(서울 흥천사 소장)를 조성하였다.

- 1832년 三角山 新興寺 掛佛圖 조성(서울 興天寺 所藏, 『서울전통사찰불화』와 『掛佛調査報告書 II』 및 『韓國佛畵畵記集』) 수화승 愼善

장률(壯律 : -1860-) 19세기 중반에 활동한 불화승이다. 수화승 해운익찬과 1860년에 전남 구례 화엄사 각황전 삼세불도(약사불)와 경남 하동 쌍계사 명부전 지장도를 조성하였다.

- 1860년 전남 구례 華嚴寺 覺皇殿 三世佛圖(藥師佛) 조성(『韓國의 佛畵 11 - 華嚴寺』)[8] 수화승 海雲益讚
  1860년 경남 하동 雙磎寺 冥府殿 地藏圖 조성(『韓國의 佛畵 25 - 雙磎寺(上)』) 수화승 海雲益讚

장석(章奭 : -1868-) 19세기 중반에 활동한 불화승이다. 1868년에 수화승 의

운자우와 강원 영월 보덕사 석가모니후불도를 조성하였다.

- 1868년 강원 영월 報德寺 釋迦牟尼後佛圖 조성(『韓國의 佛畵 10 -月精寺』) 수화승 意雲 慈雨9)

장섭(章涉 : -1890-) 19세기 후반에 활동한 불화승이다. 1890년에 수화승 용준과 전북 김제 금산사 미륵전 신중도를 조성하였다.

- 1890년 전북 김제 金山寺 彌勒殿 神衆圖 조성(『韓國의 佛畵 13 - 金山寺』) 수화승 瀯俊

장순(莊旬 : -1831-)* 19세기 전반에 활동한 불화승이다. 1831년에 수화승으로 전북 무주 북고사 용화전 신중도를 조성하였다.

- 1831년 전북 무주 北固寺 龍花殿 神衆圖 조성(『韓國의 佛畵 13 - 金山寺』) 畵員 수화승

장식(壯植, 莊植 : -1862-1870-) 19세기 중반에 활동한 불화승이다. 1862년에 수화승 해운익찬과 전남 구례 화엄사 명부전 지장도를, 수화승 경선응석과 1869년에 경기 남양주 흥국사 팔상도(쌍림열반상)와 1870년 서울 개운사 대웅전 신중도를 조성하였다.

- 1862년 전남 구례 華嚴寺 冥府殿 地藏圖 조성(『韓國의 佛畵 11 - 華嚴寺』) 수화승 海雲益讚
- 1869년 경기 남양주 興國寺 八相圖(雙林涅槃相) 조성(『韓國의 佛畵 33 - 奉先寺』) 수화승 慶船應釋
- 1870년 서울 開運寺 大雄殿 神衆圖 조성(『韓國의 佛畵 35 - 曹溪寺(中)』) 수화승 慶船應釋

장언(壯彦 : -1864-) 19세기 중반에 활동한 불화승이다. 1864년에 수화승 성흔과 경북 고령 반룡사 보광전 칠성도(대구 동화사 소장)를 조성하였다.

- 1864년 경북 고령 盤龍寺 普光殿 七星圖 조성(大邱 桐華寺 所藏, 『韓國의 佛畵 22 - 桐華寺(下)』) 수화승 性炘

장엽(莊曄 : -1861-) 19세기 중반에 활동한 불화승이다. 1861년에 수화승 중봉혜호와 강원 평창 월정사 아미타후불도를 조성하였다.

- 1861년 강원 평창 月精寺 阿彌陀後佛圖 조성(『韓國의 佛畵 10 - 月精寺』) 수화승 中峯慧皓

장유(壯愈 : -1819-1830-)* 19세기 중반에 활동한 불화승이다. 1819년에 수화승 풍계현정과 전남 해남 대흥사 천불전 신중도를, 수화승으로 1825년에 전북 고창 선운사 내원암 각진국사진영(장성 백양사 소장)을, 1828년에 수화승 도일과 전남 순천 송광사 부도전 신중도(제석 · 동진보살)를, 1830년에 수화승 성수와 전북 완주 화암사 명부전 지장도를 조성하였다.

- 1819년 전남 해남 大屯寺 千佛殿 神衆圖 조성(大興寺 所藏, 『韓國의 佛畵 31 - 大興寺』) 수화승 楓溪賢正
- 1825년 白羊山 淨土寺 覺眞國師 眞影 조성(禪雲寺 內院庵 造成, 長城 白羊寺 所藏, 『朝鮮後期佛畵』와 『韓國의 佛畵 37 - 白羊寺 · 新興寺』) 畵員 수화승
- 1828년 전남 순천 松廣寺 浮屠殿 神衆圖(帝釋 · 童眞菩薩) 조성(『韓國의 佛畵 6 - 松廣寺(上)』) 수화승 度鎰
- 1830년 전북 완주 花巖寺 冥府殿 地藏圖 조성(『韓國의 佛畵 13 - 金山寺』) 수화승 誠修

장원(壯元, 章元, 璋元, 長遠 : -1890-1897-) 19세기 후반에 활동한 불화승이다.

1890년에 수화승 동운취선과 경남 합천 해인사 홍제암 석가모니후불도를, 1895년에 수화승 경성두삼과 전남 순천 선암사 삼성각 칠성도를, 1896년에 수화승 덕산묘화와 대구 동화사 사천왕도(지국천왕)를, 1897년에 수화승 연호봉의와 경남 남해 용문사 대웅전 석가모니후불도와 신중도를, 수화승 연파화인과 전남 구례 천은사 도계암 신중도를 조성하였다.

- 1890년 경남 합천 海印寺 弘濟庵 釋迦牟尼後佛圖 조성(『韓國의 佛畵 4 – 海印寺(上)』) 수화승 東雲就善
- 1895년 전남 순천 仙巖寺 三聖閣 七星圖 조성(『韓國의 佛畵 12 – 仙巖寺』) 수화승 景星 斗三
- 1896년 대구 동화사 四天王圖(持國天王) 조성(『韓國의 佛畵 21 – 桐華寺(上)』) 수화승 德山妙華
- 1897년 전남 구례 泉隱寺 道界庵 神衆圖 조성(『韓國의 佛畵 11 – 華嚴寺』) 수화승 蓮波華印
  1897년 경남 남해 龍門寺 大雄殿 釋迦牟尼後佛圖 조성(『韓國의 佛畵 25 – 雙磎寺(上)』) 수화승 蓮湖奉宜
  1897년 경남 남해 龍門寺 大雄殿 神衆圖 조성(『韓國의 佛畵 25 – 雙磎寺(上)』) 수화승 蓮湖奉宜
- 연대미상 경남 합천 海印寺 弘濟庵 神衆圖 조성(『韓國의 佛畵 4 – 海印寺(上)』) 수화승 東雲就善
  연대미상 경북 영천 銀海寺 百興庵 極樂殿 地藏圖 조성(『韓國의 佛畵 30 – 銀海寺』) 수화승 碧山璨奎

장유(壯愈 : -1828-) 19세기 전반에 활동한 불화승이다. 1828년에 수화승 도일과 전남 순천 송광사 부도전 신중도(제석 동진보살)를 조성하였다.

- 1828년 전남 순천 松廣寺 浮屠殿 神衆圖(帝釋 童眞菩薩) 조성(『韓國의 佛畵 6 – 松廣寺 (上)』) 수화승 度鎰

장일(莊日 : -1777-1778-) 18세기 후반에 활동한 불화승이다. 수화승 비현과 1777년에 전남 곡성 태안사 대웅전 석가여래도, 신중도 등과 명적암 신중도를, 1778년에 전남 고흥 금탑사 괘불도를 조성하였다.

- 1777년 전남 곡성 泰安寺 大雄殿 釋迦如來圖, 神衆圖, 三藏圖와 明寂庵 神衆圖 조성(『泰安寺誌』) 수화승 丕賢
- 1778년 전남 고흥 금탑사 掛佛圖 조성(『韓國의 佛畵 6 – 松廣寺』) 수화승 丕賢

장전(璋典 : -1888-) 19세기 후반에 활동한 불화승이다. 1888년에 수화승 금곡영환과 경기 안성 칠장사 명부전 지장도를 조성하였다.

- 1888년 경기 안성 七長寺 冥府殿 地藏圖 조성(『韓國의 佛畵 28 – 龍珠寺(上)』) 수화승 金谷永煥

장헌(壯軒 : -1831-) 19세기 전반에 활동한 불화승이다. 1831년에 수화승 경욱과 내원암 아미타극락회상도(국립중앙박물관 소장)를 조성하였다.

- 1831년 內院庵 阿彌陀極樂會上圖 조성(國立中央博物館 所藏, 『韓國의 佛畵 39 – 國·公立博物館』) 片手 수화승 慶郁

장협(壯洽 : -1868-1871-) 19세기 후반에 활동한 불화승이다. 1868년에 수화승 금암천여와 경남 양산 안적암安寂庵 아미타후불홍도阿彌陀後佛紅圖를, 수화승 덕운영운과 1871년에 경남 청도 운문사 나한상을 중수하고, 경북 청도 운문사

비로전 신중도雲門寺 毘盧殿 神衆圖와 경북 청도 적천사 백련암 아미타후불도
를 조성하였다.

- 1868년 경남 양산 通度寺 安寂庵 阿彌陀後佛紅圖 조성(『韓國의 佛畵 3 – 通度寺(下)』)
  수화승 錦庵天如
- 1871년 경북 청도 운문사 나한상 중수
  1871년 경북 청도 雲門寺 毘盧殿 神衆圖 조성(『韓國의 佛畵 21 – 桐華寺(上)』)[10] 수화
  승 德雲永芸
  1871년 경북 청도 磧川寺 白蓮庵 阿彌陀後佛圖 조성(『韓國의 佛畵 21 – 桐華寺(上)』)
  수화승 德雲永芸

장훈(壯訓 : -1812-1822-) 19세기 전반에 활동한 불화승이다. 1812년에 수화
승 도일과 수도암 삼세후불홍도三世後佛紅圖와 신중도(순천 선암사 소장)를
조성하였다.

- 1812년 修道庵 三世後佛紅圖 조성(順天 仙巖寺 所藏, 『韓國의 佛畵 12 – 仙巖寺』) 수화승
  度鎰
  1812년 修道庵 神衆圖 조성(順天 仙巖寺 所藏, 『韓國의 佛畵 12 – 仙巖寺』) 수화승 度鎰

장흡(樊洽 : -1879-) 19세기 후반에 활동한 불화승이다. 1879년에 수화승 덕
운영운과 울산 동축사東竺寺 신중도(양산 통도사 소장)를 조성하였다.

- 1879년 울산 東竺寺 神衆圖 조성(梁山 通度寺 所藏, 『韓國의 佛畵 1 – 通度寺(上)』) 수화
  승 德雲永芸
  ※ 장흡은 장협과 동일인일 가능성이 있다.

재겸(在謙, 在兼 : -1895-1905-)* 19세기 후반부터 20세기 전반까지 활동한 불
화승이다. 1895년에 수화승 상규와 서울 봉은사 영산전 십육나한도와 사자도
를, 수화승 금곡영환과 경기 남양주 불암사 괘불도를, 1897년에 수화승 보암
긍법과 서울 미타사 칠성전 아미타후불도와 칠성도를, 1898년에 수화승 예운
상규와 경기 파주 보광사 대웅전 영산회상도를, 1900년에 수화승 보암긍법과
서울 미타사 무량수전 신중도와 수화승 청암 운조와 무량수전 현왕도를,
1901년에 수화승 한봉응작과 서울 연화사 신중도와 수화승으로 서울 학도사
신중도를, 수화승 한봉응작와 서울 봉원사 괘불도를, 1902년에 수화승 한봉
응작과 서울 청룡사 심검당 가사도袈裟圖를, 1905년에 수화승 계은봉법과 경
기 여주 흥왕사 칠성도를 조성하였다.

- 1895년 서울 奉恩寺 靈山殿 十六羅漢圖 조성(『韓國의 佛畵 35 – 曹溪寺(中)』) 沙彌 수화
  승 尙奎
  1895년 서울 奉恩寺 靈山殿 使者圖 조성(『서울전통사찰불화』와 『韓國佛畵畵記集』 및
  『韓國의 佛畵 35 – 曹溪寺(中)』)[11] 수화승 尙奎
  1895년 경기 남양주 佛巖寺 掛佛圖 조성(『掛佛調査報告書』 圖5과 『韓國佛畵畵記集』
  및 『韓國의 佛畵 33 – 奉先寺』) 沙彌 수화승 金谷永煥
- 1897년 서울 彌陀寺 七星殿 阿彌陀後佛圖 조성(『韓國의 佛畵 34 – 曹溪寺(上)』) 수화승
  普庵肯法
  1897년 서울 彌陀寺 七星閣 七星圖 조성(『韓國의 佛畵 36 – 曹溪寺(下)』) 수화승 普庵
  肯法
- 1898년 경기 파주 普光寺 大雄殿 靈山會上圖 조성(『畿內寺院誌』와 『韓國佛畵畵記集』 및

『韓國의 佛畵 33 - 奉先寺』) 수화승 禮芸尙奎
- 1900년 서울 彌陀寺 無量壽殿 神衆圖 조성(『韓國의 佛畵 35 - 曹溪寺(中)』) 수화승 普庵肯法
1900년 서울 彌陀寺 無量壽殿 現王圖 조성(韓國의 佛畵 36 - 曹溪寺(下)』) 金魚 수화승 淸菴 雲照
- 1901년 서울 蓮華寺 神衆圖 조성(『韓國의 佛畵 35 - 曹溪寺(中)』) 수화승 漢峰應作12)
1901년 서울 鶴到寺 神衆圖 조성(『서울전통사찰불화』와 『韓國佛畵畵記集』) 金魚 片手 수화승
1901년 서울 奉元寺 掛佛圖 조성(『서울전통사찰불화』와 『韓國佛畵畵記集』) 수화승 韓峰應作
- 1902년 서울 靑龍寺 尋劒堂 袈裟圖 조성(『서울전통사찰불화』와 『韓國佛畵畵記集』 및 『韓國의 佛畵 34 - 曹溪寺(上)』) 수화승 漢峰應作
- 1905년 경기 여주 興旺寺 七星圖 조성(『韓國의 佛畵 29 - 龍珠寺(下)』) 수화승 啓恩奉法

재관(再寬 : -1887-) 19세기 후반에 활동한 불화승이다. 1887년에 수화승 하은응상과 대구 파계사 금당암 신중도와 금암 칠성도를 조성하였다.

- 1887년 대구 把溪寺 金堂庵 神衆圖 조성(『韓國의 佛畵 21 - 桐華寺(上)』) 수화승 霞隱應祥
1887년 대구 把溪寺 金庵 七星圖 조성(『韓國의 佛畵 22 - 桐華寺(下)』) 수화승 霞隱應祥

재근(在根 : -1868-1881-)* 화산당(華山堂) 19세기 후반에 서울 화계사를 중심으로 활동한 불화승이다. 1868년에 수화승 금곡영환과 서울 백련사 괘불도를, 1870년에 성운영희와 경선응석 등과 충북 진천 영수사 신중도를 제작할 때 출초出草로 참여하였다. 1872년에 강원 고성 유점사 흘성암 후불도와 반야암 달마도 및 신중도를, 1872년에 수화승 철우 진호와 경기 파주 보광사 시왕도를, 1874년에 편수片手로 강화 평창 청련사 원통전 신중도를, 1875년에 수화승으로 삼각산 화계사 아미타후불도를, 수화승 □만과 서울 개운사 명부전 지장도를, 1876년에 수화승으로 서울 화계사 명부전 시왕도와 수화승 하은위상과 경북 문경 대승사 지장도와 신중도를, 1879년에 수화승으로 강원 평창 월정사 현왕도를 조성하였다. 1880년에 수화승 서봉응순과 경북 울진 불영사 명부전 지장도와 불영사 불상을 점안하였다. 1881년에 강원 고성 유점사 철제관음보살입상을 제작하였다.

- 1868년 경기 남양주 興國寺 大雄寶殿 神衆圖 조성(『韓國의 佛畵 33 - 奉先寺』) 沙彌 수화승 金谷永煥
1868년 서울 白蓮寺 掛佛圖 조성(『掛佛調査報告書 Ⅱ』) 수화승 金谷永煥
- 1869년 경기 남양주 興國寺 八相圖(毘藍降生相) 조성(『韓國의 佛畵 33 - 奉先寺』) 수화승 慶船應釋
- 1870년 충북 진천 靈水寺 神衆圖 조성(『韓國의 佛畵 17 - 法住寺』) 出抄 수화승 尙月
- 1872년 강원 고성 유점사 흘성암 後佛圖, 반야암 達磨圖와 神衆圖 조성(『榆岾寺本末寺誌(榆岾寺)』) 수화승
1872년 경기 파주 普光寺 十王圖(3·7·9大王) 조성(『韓國의 佛畵 33 - 奉先寺』) 수화승 放牛琰昊
1872년 경기 파주 普光寺 使者圖(使者·將軍) 조성(『韓國佛畵畵記集』과 『韓國의 佛畵 33 - 奉先寺』) 수화승 放牛琰昊
- 1874년 積石寺 圓通殿 神衆圖 조성(江華 靑連寺 所藏, 『畿內寺院誌』와 『韓國佛畵畵記集』 및 『韓國의 佛畵 35 - 曹溪寺(中)』)13) 片手 수화승 萬波 頓照

◦ 1875년 三角山 華溪寺 阿彌陀後佛圖 조성(서울 華溪寺 所藏, 『韓國의 佛畫 34 - 曹溪寺(上)』) 金魚片手 수화승
1875년 서울 開運寺 冥府殿 地藏圖 조성(『韓國의 佛畫 34 - 曹溪寺(上)』) 수화승 □晩
◦ 1876년 서울 華溪寺 冥府殿 十王圖 조성(『韓國의 佛畫 35 - 曹溪寺(中)』) 金魚 수화승
1876년 경북 문경 大乘寺 地藏圖 조성(『韓國의 佛畫 8 - 直指寺(上)』) 수화승 霞隱偉相
1876년 경북 문경 大乘寺 神衆圖 조성(『韓國의 佛畫 8 - 直指寺(上)』) 수화승 霞隱偉相
◦ 1878년 三角山 華溪寺 冥府殿 地藏圖 조성(서울 華溪寺 所藏, 『韓國의 佛畫 34 - 曹溪寺(上)』) 金魚 수화승
◦ 1879년 강원 평창 月精寺 現王圖 조성(『韓國의 佛畫 10 - 月精寺』) 金魚 수화승
◦ 1880년 경북 울진 佛影寺 冥府殿 地藏圖 조성(『韓國의 佛畫 38 - 佛國寺』) 片手 수화승 西峯應淳
1880년 「天竺山佛影寺始創記」(『佛國寺誌(外)』) 畫員, 京畿 三角山 華溪寺
◦ 1881년 강원 고성 유점사 鐵製塗金 관음보살입상 조성(『楡岾寺本末寺誌(楡岾寺)』)

재론(在論 : -1900-) 19세기 후반에 활동한 불화승이다. 1900년에 수화승 보암 상월과 아미타후불도(목아불교박물관 소장)를 조성하였다.

◦ 1900년 阿彌陀後佛圖 조성(木芽佛敎博物館 所藏, 『韓國의 佛畫 20 - 私立博物館』) 수화승 普庵 上月

재명 1(再明 : -1790-) 18세기 후반에 활동한 불화승이다. 1790년에 수화승 민관과 경기 화성 용주사 대웅보전 삼장도를 조성하였다.

◦ 1790년 경기 화성 龍珠寺 大雄寶殿 三藏圖 조성(『韓國의 佛畫 28 - 龍珠寺(上)』)¹⁴) 수화승 旻官

재명 2(再明, 在明 : -1901-1938-)* 법해당(法海堂), 속성 신申씨, 20세기 초반에 활동한 불화승이다. 1901년에 한곡돈법과 충북 보은 법주사 여적암 신중도를, 1914년에 수화승 혜암 상정과 전북 진안 금당사 칠성도를, 1915년에 수화승으로 전북 완주 위봉사 삼성각 칠성도를, 1922년에 수화승 봉영과 전남 장성 백양사 석가모니후불도를, 1925년에 수화승으로 경북 청도 대산사 사십이수관음도四十二手觀音圖(청도 대산사 소장)를, 1938년에 수화승으로 경북 청도 대운암 삼신불도와 지장도 및 칠성도를 조성하였다.

◦ 1901년 충북 보은 法住寺 汝寂庵 神衆圖 조성(『韓國의 佛畫 17 - 法住寺』) 沙彌 수화승 漢谷頓法
◦ 1914년 전북 진안 金塘寺 七星圖 조성(『韓國의 佛畫 13 - 金山寺』) 수화승 慧庵 祥正
◦ 1915년 전북 완주 威鳳寺 三聖閣 七星圖 조성(『韓國의 佛畫 13 - 金山寺』) 金魚 수화승
◦ 1922년 전남 장성 白羊寺 釋迦牟尼後佛圖 조성(『韓國의 佛畫 37 - 白羊寺・新興寺』) 수화승 琫榮
◦ 1925년 경북 청도 岾山寺 四十二手觀音圖 조성(清道 臺山寺 所藏, 『韓國의 佛畫21 - 桐華寺(上)』) 金魚 出草 수화승
◦ 1938년 경북 청도 大雲菴 三身佛圖 조성(『韓國의 佛畫 21 - 桐華寺 (上)』) 金魚 수화승
1938년 경북 청도 大雲菴 地藏圖 조성(『韓國의 佛畫 21 - 桐華寺 (上)』) 金魚 수화승
1938년 경북 청도 大雲菴 七星圖 조성(『韓國의 佛畫 21 - 桐華寺 (上)』) 金魚 수화승

재민(在旻 : -1741-) 18세기 중반에 활동한 불화승이다. 1741년에 수화승 긍척과 전남 여수 흥국사 감로도를 조성하였다.

◦ 1741년 전남 여수 興國寺 甘露圖 조성(『韓國佛畫畫記集』) 수화승 亘陟

재봉(再封 : -1792-) 18세기 후반에 활동한 불화승이다. 1792년에 수화승 지연과 경남 양산 통도사 괘불도와 삼장도를, 수화승 복찬과 양산 통도사 신중도(원적산 금봉암 소장)를 조성하였다.

　◦1792년 경남 양산 通度寺 掛佛圖 조성(『韓國의 佛畵 2 – 通度寺(中)』)15) 수화승 指演
　1792년 경남 양산 通度寺 三藏圖 조성(『韓國의 佛畵 1 – 通度寺(上)』) 수화승 指演
　1792년 경남 양산 通度寺 神衆圖(圓寂山 金鳳庵 奉安) 조성(『韓國의 佛畵 1 – 通度寺(上)』) 수화승 福贊

재선 1(在禪, 再禪 : -1758-) 18세기 중·후반에 활동한 불화승이다. 1758년에 수화승 각총과 경기 여주 신륵사 극락보전 삼장도를, 1770년에 수화승 화연과 광주 무등산 안심사安心寺에서 화엄도를 조성하여 전남 순천 송광사 화엄전에 봉안하였다.

　◦1758년 경기 여주 신륵사 極樂寶殿 三藏圖 조성(『韓國의 佛畵 28 – 龍珠寺(上)』) 수화승 覺聰
　◦1770년 광주 無等山 安心寺에서 華嚴圖를 조성하여 순천 松廣寺 華嚴殿 봉안(『曹溪山松廣寺史庫』와 『韓國의 佛畵 6 – 松廣寺』) 수화승 華蓮

재선 2(再善 : -1865-) 19세기 중반에 활동한 불화승이다. 1865년에 수화승 영담선완과 경남 고성 운흥사 삼세불도와 신중도를 조성하였다.

　◦1865년 경남 固城 雲興寺 三世佛圖 조성(『韓國의 佛畵 25 – 雙磎寺(上)』) 수화승 暎潭善完
　1865년 경남 고성 雲興寺 神衆圖 조성(『韓國의 佛畵 25 – 雙磎寺(上)』) 수화승 瑛潭善完

재성(再性 : -1755-) 18세기 중반에 활동한 불화승이다. 1755년에 수화승 휴봉과 경기 광주 국청사 감로도(건봉사 제작, 프랑스 국립기메박물관 소장)를 조성하였다.

　◦1755년 京畿道 廣州 國淸寺 甘露圖(乾鳳寺 제작, 프랑스 국립기메박물관 소장, 『韓國佛畵畵記集』과 『프랑스 국립기메박물관 소장 한국문화재』 회화류16) 수화승 携鳳

재순 1(在旬 : -1849-) 19세기 중반에 활동한 불화승이다. 1849년에 수화승 금암천여와 전남 순천 선암사 대웅전 삼장도와 지장전 지장도를 조성하였다.

　◦1849년 전남 순천 仙巖寺 大雄殿 三藏圖 조성(『韓國의 佛畵 12 – 仙巖寺』) 수화승 錦庵天如
　1849년 전남 순천 仙巖寺 地藏殿 地藏圖 조성(『韓國의 佛畵 12 – 仙巖寺』) 수화승 金庵天如

재순 2(在循 : -1888-) 19세기 후반에 활동한 불화승이다. 1888년에 수화승 하은응상과 경북 안동 봉정사 대웅전 지장도를 조성하였다.

　◦1888년 경북 안동 鳳停寺 大雄殿 地藏圖 조성(『韓國의 佛畵 23 – 孤雲寺(上)』) 수화승 霞隱應祥

재신(再信 : -1817-) 19세기 전반에 활동한 불화승이다. 1817년에 수화승 언보와 경북 청도 병사餠寺 석가모니후불홍도釋迦牟尼後佛紅圖를 조성하였다.

　◦1817년 경북 청도 餠寺 釋迦牟尼後佛紅圖 조성(淸道 德寺 所藏, 『韓國의 佛畵 21 – 桐華寺(上)』) 수화승 雲谷言輔

재안(在岸 : -1890-) 19세기 후반에 활동한 불화승이다. 1890년에 수화승 금주와 경북 안동 석수사 무량수전 지장도를 조성하였다.

> ▫ 1890년 경북 안동 石水寺 無量壽殿 地藏圖 조성(『韓國의 佛畵 23 – 孤雲寺(上)』) 수화승 金珠

재엽(再燁 : -1853-) 19세기 중반에 활동한 불화승이다. 1853년에 수화승 응성환익과 경기 남양주 봉영사 아미타후불도를 조성하였다.

> ▫ 1853년 경기 남양주 奉永寺 阿彌陀後佛圖 조성(『韓國의 佛畵 33 – 奉先寺』) 수화승 應惺幻翼

재오(在悟 : -1892-1929-)* 설호당(雪湖堂) 19세기 후반부터 20세기 전반까지 활동한 불화승이다. 1892년에 수화승 금곡영환과 경기 남양주 흥국사 영산전 석가모니후불도와 수화승 경선응석과 만월보전 아미타후불도를, 수화승 경선응석과 1897년에 경기 남양주 불암사 십육나한도와 1898년에 경기 파주 보광사 감로도를, 1900년에 수화승 영운봉수와 죽림사 극락전 지장도와 칠성도(영천 은해사 소장)를, 1902년에 수화승 경선응석과 경기 고양 흥국사 괘불도를 조성하였다. 1907년에 수화승 보암긍법과 서울 수국사 현왕도와 감로도 및 경기 남양주 불암사 신중도를, 수화승으로 원통암 아미타후불도와 수화승 두흠과 감로도(강화 청련사 소장) 등을, 1929년에 수화승 보경 보현과 경기 과천 연주암 괘불도를 조성하였다.

> ▫ 1892년 경기 남양주 興國寺 靈山殿 釋迦牟尼後佛圖 조성(『韓國의 佛畵 33 – 奉先寺』) 수화승 金谷永煥
> 1892년 경기 남양주 興國寺 滿月寶殿 阿彌陀後佛圖 조성(『韓國의 佛畵 33 – 奉先寺』) 수화승 慶船應釋
> ▫ 1897년 경기 남양주 佛巖寺 十六羅漢圖 조성(『畿內寺院誌』와 『韓國佛畵畵記集』 및 『韓國의 佛畵 33 – 奉先寺』)[17] 수화승 慶船應釋
> ▫ 1898년 경기 파주 普光寺 甘露圖 조성(『韓國佛畵畵記集』과 『韓國의 佛畵 33 – 奉先寺』) 수화승 慶船應釋
> ▫ 1900년 竹林寺 極樂殿 地藏圖 조성(永川 銀海寺 所藏, 『韓國의 佛畵 30 – 銀海寺』) 수화승 影雲奉秀
> 1900년 竹林寺 七星圖 조성(永川 銀海寺 所藏, 『韓國의 佛畵 30 – 銀海寺』) 수화승 影雲奉秀
> ▫ 1902년 경기 고양 興國寺 掛佛圖 조성(『畿內寺院誌』, 『掛佛調査報告書』 및 『韓國佛畵畵記集』 및 『韓國의 佛畵 35 – 曹溪寺(中)』) 수화승 慶船應釋
> ▫ 1907년 서울 守國寺 現王圖 조성(『서울전통사찰불화』와 『韓國佛畵畵記集』 및 『韓國의 佛畵 36 – 曹溪寺(下)』)[18] 수화승 普庵肯法
> 1907년 서울 守國寺 甘露圖 조성(『韓國의 佛畵 36 – 曹溪寺(下)』)[19] 수화승 寶菴 肯法
> 1907년 경기 남양주 佛巖寺 神衆圖 조성(『畿內寺院誌』와 『韓國佛畵畵記集』 및 『韓國의 佛畵 33 – 奉先寺』)[20] 수화승 普庵肯法
> 1907년 圓通菴 阿彌陀後佛圖 조성(江華 靑蓮寺 소장, 『韓國의 佛畵 34 – 曹溪寺(上)』)[21] 片手 수화승
> 1907년 圓通菴 甘露圖 조성(江華 靑蓮寺 소장, 『畿內寺院誌』와 『韓國佛畵畵記集』) 片手[22] 수화승 斗欽
> 1907년 인천 강화 靑蓮寺 圓通殿 山神圖 조성(『畿內寺院誌』와 『韓國佛畵畵記集』 및 『韓國의 佛畵 36 – 曹溪寺(下)』) 片手[23] 수화승 斗欽

ㅈ

▫1929년 경기 과천 戀主庵 掛佛圖 조성(『韓國의 佛畵 29 – 龍珠寺(下)』)24) 수화승 金寶鏡
寶現
* 재오와 상오일 가능성이 존재한다.

재옥(再玉 : -1764-) 18세기 중반에 활동한 불화승이다. 1764년에 수화승 두
훈과 경북 영덕 장육사 대웅전 석가모니후불도와 수화승 전수와 지장도를 조
성하였다.

▫1764년 경북 영덕 莊陸寺 大雄殿 釋迦牟尼後佛圖 조성(『韓國의 佛畵 38 – 佛國寺』) 수
화승 枓訓
1764년 경북 영덕 莊陸寺 大雄殿 地藏圖 조성(『韓國의 佛畵 38 – 佛國寺』) 수화승 典秀

재원 1(在源 : -1856-) 19세기 중반에 활동한 불화승이다. 1856년에 수화승
경성긍준과 강원 삼척 영은사 괘불도(평창 월정사 소장)를 조성하였다.

▫1856년 강원 삼척 靈隱寺 掛佛圖 조성(平昌 月精寺 所藏, 『韓國의 佛畵 10 – 月精寺』)
수화승 璟惺肯濬

재원 2(在元 : -1894-1927-) 19세기 후반부터 20세기 전반까지 활동한 불화승
이다. 1894년에 수화승 경호와 경남 함양 영원사 신중도를, 1895년에 수화승
범해두안과 대구 달성 유가사 도성암 석가모니후불도를, 1906년에 수화승 허
곡긍순과 경기 여주 신륵사 신중도와 수화승 대운봉하와 신륵사 시왕도 일부
(사자・장군)를, 수화승 보암긍법과 1907년에 서울 수국사 감로도와 구품도
를, 서울 보문사 관음보살도를, 경기 남양주 불암사 신중도를, 수화승 두흠과
원통암 감로도(강화 청련사 소장)를, 1927년에 수화승 범화 정운과 강원 인제
청룡사 오백나한도(인제 백담사 소장)를 조성하였다.

▫1894년 경남 함양 靈源寺 神衆圖 조성(『韓國의 佛畵 4 – 海印寺(上)』) 수화승 斗明
▫1895년 대구 달성 瑜伽寺 道成庵 釋迦牟尼後佛圖 조성(『韓國의 佛畵 21 – 桐華寺(上)』)
수화승 斗岸
▫1906년 경기 여주 神勒寺 神衆圖 조성(『韓國의 佛畵 28 – 龍珠寺(上)』) 수화승 虛谷亘巡
1906년 경기 여주 神勒寺 十王各部圖(使者, 將軍) 조성(『韓國의 佛畵 29 – 龍珠寺(下)』)
수화승 大雲奉河
1906년 경기 여주 神勒寺 十王各部圖(使者, 將軍) 조성(『韓國의 佛畵 29 – 龍珠寺(下)』)
수화승 大雲奉河
▫1907년 서울 守國寺 甘露圖 조성(『韓國의 佛畵 36 – 曹溪寺(下)』) 수화승 寶菴 肯法
1907년 서울 守國寺 九品圖 조성(『韓國의 佛畵 34 – 曹溪寺(上)』) 수화승 普庵肯法
1907년 서울 普門寺 觀音菩薩圖 조성(『서울전통사찰불화』와 『韓國佛畵畵記集』) 수화
승 普庵肯法
1907년 경기 남양주 佛巖寺 神衆圖 조성(『畿內寺院誌』와 『韓國佛畵畵記集』 및 『韓國
의 佛畵 33 – 奉先寺』) 수화승 普庵肯法
1907년 圓通菴 甘露圖 조성(江華 靑蓮寺 所藏, 『畿內寺院誌』와 『韓國佛畵畵記集』)25)
수화승 斗欽
▫1927년 강원 인제 靑龍寺 五百羅漢圖 조성(麟啼 百潭寺 所藏, 『한국의 사찰문화재-강원
도』과 『韓國의 佛畵 37 – 新興寺』) 金魚 수화승 梵華 禎雲

재윤(在潤 : -1928-) 호산당(湖山堂) 20세기 전반에 활동한 불화승이다.

▫1928년 충남 논산 淨土宗 布敎堂 地藏圖 조성(公州 麻谷寺 所藏, 『韓國의 佛畵 15 – 麻
谷寺(上)』) 수화승 湖隱 定淵

재인(再仁 : -1794-1796-) 18세기 후반에 활동한 불화승이다. 1794년부터 1796년까지 화성 건립에 참여하여 1801년에 작성된『화성성역의궤華城城役儀軌』에 수원부水原府 승려로 언급되어 있다.

　◦ 1794년–1796년 화성 건립에 화원으로 참여(1801년 작성된『華城城役儀軌』卷4 工匠 畵工 條) 水原府

재일(再日 : -1749-) 18세기 중반에 활동한 불화승이다. 1749년에 수화승 순혜와 전남 해남 대흥사 영산회상도(국립중앙박물관 소장)를 조성하였다.

　◦ 1749년 전남 해남 大興寺 靈山會上圖 조성(國立中央博物館 所藏,『영혼의 여로 – 조선시대 불교회화와의 만남』과『韓國의 佛畵 39 – 國·公立博物館』) 수화승 順慧
　◦ 1764년 전남 해남 大興寺 掛佛圖 조성(『韓國의 佛畵 31 – 大興寺』) 수화승 色旻

재징(再澄 : -1808-) 19세기 전반에 활동한 불화승이다. 1808년에 수화승 화악평삼과 경남 고성 옥천사 괘불도를 조성하였다.

　◦ 1808년 경남 고성 玉泉寺 掛佛圖 조성(『韓國의 佛畵 26 – 雙磎寺(下)』) 수화승 華岳評三

재초(再初 : -1801-) 19세기 전반에 활동한 불화승이다. 1801년에 수화승 옥인과 경남 양산 통도사 백련암 제석도(의성 봉림사 소장)를 조성하였다.

　◦ 1801년 경남 양산 通度寺 白蓮庵 帝釋圖 조성(義城 鳳林寺 所藏,『韓國의 佛畵 23 – 孤雲寺(上)』) 수화승 玉仁

재토(再土 : -1755-) 18세기 중반에 활동한 불화승이다. 1755년에 수화승 휴봉과 경기 광주 국청사 감로도(건봉사 제작, 프랑스 국립기메박물관 소장)를 조성하였다.

　◦ 1755년 京畿道 廣州 國淸寺 甘露圖(乾鳳寺 제작, 프랑스 국립기메박물관 소장,『韓國佛畵畵記集』과『프랑스 국립기메박물관 소장 한국문화재』회화류)26) 수화승 携鳳

재협(在冶 : -1874-1895-) 19세기 후반에 활동한 불화승이다. 수화승 덕운영운과 1874년 부산 안적사 대웅전 아미타후불도와 1875년에 아미타후불도(국민대학교 박물관 소장)를, 1895년에 상규와 서울 봉은사 영산전 사자도를 조성하였다.

　◦ 1874년 부산 安寂寺 大雄殿 阿彌陀後佛圖 조성(『韓國의 佛畵 32 – 梵魚寺』) 수화승 德雲永芸
　◦ 1875년 阿彌陀後佛圖 조성(國民大學校 博物館 所藏,『韓國의 佛畵 19 – 大學博物館(Ⅱ)』) 수화승 德雲永芸
　◦ 1895년 서울 奉恩寺 靈山殿 使者圖 조성(『서울전통사찰불화』와『韓國佛畵畵記集』및『韓國의 佛畵 35 – 曹溪寺(中)』)27) 수화승 尙奎

재혜(在慧 : -1903-) 20세기 전반에 활동한 불화승이다. 1903년에 수화승 월연관혜와 경북 경주 기림사 칠성도를 조성하였다.

　◦ 1903년 경북 경주 祇林寺 七星圖 조성(『韓國의 佛畵 38 – 佛國寺』) 수화승 月淵貫惠

재화(再華 : -1765-1777-) 18세기 후반에 활동한 불화승이다. 1765년에 수화승 □□와 전남 순천 해천사 삼세후불도(석가모니불, 순천 선암사 소장)를,

1777년에 수화승 비현과 전남 영광 불갑사 팔상전 영산회상도와 지장전 지장시왕도 등을 조성하였다.

- 1765년 전남 순천 海川寺 三世後佛圖(釋迦牟尼佛) 조성(順天 仙巖寺 所藏,『韓國의 佛畵 12 - 仙巖寺』) 수화승 □□
- 1777년 전남 영광 佛甲寺 八相殿 靈山會上圖 조성(『靈光 母岳山 佛甲寺』과 『韓國의 佛畵 37 - 白羊寺‧新興寺』) 수화승 丕賢
  1777년 전남 영광 佛甲寺 地藏殿 地藏十王圖 조성(『靈光 母岳山 佛甲寺』과 『韓國의 佛畵 37 - 白羊寺‧新興寺』) 수화승 丕賢
  1777년 전남 영광 佛甲寺 大雄殿 神衆圖 조성(소재불명,『靈光 母岳山 佛甲寺』)28) 수화승 丕賢

재호(再湖 : -1802-) 19세기 전반에 활동한 불화승이다. 1802년에 수화승 경욱과 경기 양주 수□암 지장도(파주 보광사 소장)를 조성하였다.

- 1802년 경기 양주 守□庵 地藏圖 조성(坡州 普光寺 所藏,『韓國의 佛畵 33 - 奉先寺』) 수화승 慶郁

재훈 1(再訓 : -1757-1764-) 18세기 중반에 활동한 불화승이다. 1757년에 수화승 의겸과 전남 구례 화엄사 대웅전 삼신도(노사나불)를 그리고, 1762년에 장조莊祖 영우원永祐園 원소園所와 1764년에 건원릉健元陵 정자각丁字閣 중수에 화승畵僧으로 참여하였다.

- 1757년 전남 구례 華嚴寺 大雄殿 三身圖(盧舍那佛) 조성(『韓國의 佛畵 11 - 華嚴寺』) 수화승 義兼
- 1762년 『莊祖永祐園園所都監儀軌』造成所 畵僧(奎章閣 13607호, 朴廷蕙,「儀軌를 통해서 본 朝鮮時代의 畵員」자료1)
- 1764년 『健元陵丁字閣重修都監儀軌』畵僧(奎章閣 13500호, 朴廷蕙,「儀軌를 통해서 본 朝鮮時代의 畵員」자료1)

재훈 2(在訓 : -1896-1900-) 19세기 후반에 활동한 불화승이다. 1896년에 수화승 덕산묘화와 대구 동화사 사천왕도(지국천왕, 다문천왕)를, 1897년에 수화승 영운봉수와 경북 영천 은해사 백흥암 영산전 석가모니후불도와 백흥암 심검당 아미타후불도 및 대법당 신중도 등을, 1899년에 수화승 주화와 경남 양산 통도사 백련암 지장보살도를, 1900년에 수화승 동호진철과 양산 통도사 감로도를 조성하였다.

- 1896년 대구 동화사 四天王圖(持國天王) 조성(『韓國의 佛畵 21 - 桐華寺(上)』) 수화승 德山妙華
  1896년 대구 桐華寺 四天王圖(多聞天王) 조성(『韓國의 佛畵 21 - 桐華寺(上)』) 수화승 友松爽洙
- 1897년 경북 영천 銀海寺 百興菴 靈山殿 釋迦牟尼後佛圖 조성(『韓國의 佛畵 30 - 銀海寺』) 수화승 永雲奉洙
  1897년 경북 영천 銀海寺 百興菴 尋劍堂 阿彌陀後佛圖 조성(『韓國의 佛畵 30 - 銀海寺』) 수화승 永雲奉秀
  1897년 경북 영천 銀海寺 百興菴 大法堂 神衆圖 조성(『韓國의 佛畵 30 - 銀海寺』) 수화승 永雲奉秀
- 1899년 경남 양산 通度寺 白蓮庵 地藏菩薩圖 조성(『韓國佛畵畵記集』) 수화승 周華
- 1900년 경남 양산 通度寺 金剛戒壇 甘露圖 조성(『韓國의 佛畵 2 - 通度寺(中)』) 수화승 東湖震徹

재흡(在洽 : -1895-) 19세기 후반에 활동한 불화승이다. 1895년에 수화승 상규와 서울 봉은사 영산전 사자도를 조성하였다.

  ▫ 1895년 서울 奉恩寺 靈山殿 使者圖 조성(『서울전통사찰불화』와『韓國佛畵畵記集』)29) 수화승 尙奎

재희(在希, 在喜, 在禧, 在橲 : -1900-1904-) 20세기 전반에 활동한 불화승이다. 1900년에 수화승 동호진철과 경남 양산 통도사 금강계단 감로도를, 1901년에 수화승 벽산찬규와 대구 달성 소재사 대웅전 석가모니후불도와 신중도를, 1903년에 수화승 관혜와 경북 경주 기림사 칠성각부도七星各部圖를, 1904년에 수화승 한형과 울산 신흥사 석가모니후불도를 조성하였다.

  ▫ 1900년 경남 양산 通度寺 金剛戒壇 甘露圖 조성(『韓國의 佛畵 2 − 通度寺(中)』) 수화승 東湖震徹
  ▫ 1901년 대구 달성 消災寺 大雄殿 釋迦牟尼後佛圖 조성(『韓國의 佛畵 21 − 桐華寺(上)』) 수화승 碧山 粲奎
  1901년 대구 달성 消災寺 神衆圖 조성(『韓國의 佛畵 21 − 桐華寺(上)』) 수화승 碧山 粲圭
  ▫ 1903년 경북 경주 祇林寺 七星各部圖 조성(『韓國의 佛畵 38 − 佛國寺』) 수화승 貫惠
  ▫ 1904년 울산 新興寺 釋迦牟尼後佛圖 조성(『韓國의 佛畵 3 − 通度寺(下)』) 수화승 漢炯

적조(寂照 : -1718-1730-)* 18세기 전반에 활동한 조각승이다. 1718년에 수화승으로 경북 경주 기림사 대적광전 삼신불회도를, 1723년에 수화승 의겸과 전남 여수 흥국사 관음전 관음도와 영산회상도 및 십육나한도를 조성하였다. 1730년에 수화승 필영과 전남 장흥 보림사 명부전 지장보살 개금과 시왕상을 개채하였다.

  ▫ 1718년 경북 경주 祇林寺 大寂光殿 三身佛會圖 조성(文明大,「毘盧遮那三身佛圖像의 形式과 祇林寺 三身佛像 및 佛畵의 연구」와『韓國의 佛畵 38 − 佛國寺』) 수화승 天悟
  ▫ 1723년 전남 여수 興國寺 觀音殿 觀音圖 조성(『韓國의 佛畵 11 − 華嚴寺』) 수화승 義謙
  1723년 전남 여수 興國寺 靈山會上圖 2 조성(『韓國佛畵畵記集』)
  1723년 전남 여수 興國寺 應眞殿 十六羅漢圖(1·3·5尊者) 조성(『韓國의 佛畵 11 − 華嚴寺』)30) 수화승 義兼
  1723년 전남 여수 興國寺 應眞殿 十六羅漢圖(2·4·6尊者) 조성(『韓國의 佛畵 11 − 華嚴寺』) 수화승 香悟
  1723년 전남 여수 興國寺 應眞殿 十六羅漢圖(7·9·11·13尊者) 조성(『韓國의 佛畵 11 − 華嚴寺』) 수화승 義兼
  1723년 전남 여수 興國寺 應眞殿 十六羅漢圖(15尊者) 조성(『韓國의 佛畵 11 − 華嚴寺』) 수화승 義兼
  1723년 전남 여수 興國寺 應眞殿 十六羅漢圖(16尊者) 조성(『韓國의 佛畵 11 − 華嚴寺』) 畵員 수화승
  ▫ 1730년 전남 장흥 寶林寺 冥府殿 改金과 十王 改彩(『譯註 寶林寺重創記』) 수화승 필영
  ▫ 18세기 전반 경북 경주 祇林寺 三藏圖 조성(東國大 慶州캠퍼스 博物館 所藏,『韓國의 佛畵 18 − 大學博物館(Ⅰ)』)31) 수화승 天悟
  ▫ 연대미상 전남 나주 竹林寺 극락보전 釋迦牟尼後佛圖 조성(『韓國의 佛畵 37 − 白羊寺·新興寺』) 수화승 弼英

전기(典基, 典琪, 典玘, 琪基, 典基 : -1870-1896-)* 서암당(瑞庵堂, 接庵堂, 瑞巖堂) 19세기 후반에 활동한 불화승이다. 1870년에 수화승 금암천여와 경남 남해

용문사 괘불도를 개조하고, 수화승 연호봉의와 1873년에 수화승 봉의와 경
남 진주 청곡사 지장도와 진주 청곡사 삼장도 및 1882년에 전북 남원 실상사
약사전 약사후불도와 신중도를, 수화승 기전과 부산 범어사 대웅전 석가모니
후불도와 삼장보살도 및 신중도를, 1886년에 수화승 용선과 전북 남원 실상
사 보광전 아미타후불홍도阿彌陀後佛紅圖와 수화승으로 보광전 천룡도를,
1890년에 수화승 동운취선과 경남 합천 해인사 홍제암 석가모니후불도와 수
화승으로 경학원 아미타후불도를, 1891년에 수화승 봉의와 경남 산청 정취암
칠성도와 벽송사 신중도(함양 보림사 소장)를, 1892년에 수화승으로 합천 해
인사 괘불도와 팔상도(유성출가상, 쌍림열반상) 및 경북 고령 관음사 칠성도
를, 1896년에 수화승 덕산묘화와 대구 동화사 사천왕도(지국천왕)를 조성하
였다.

- 1870년 경남 남해 龍門寺 掛佛 改造(『韓國의 佛畵 26 – 雙磎寺(下)』) 수화승 錦岩天如
- 1873년 경남 진주 靑谷寺 地藏圖 조성(『韓國의 佛畵 4 – 海印寺(上)』) 수화승 奉儀
  1873년 경남 진주 靑谷寺 三藏圖 조성(『韓國의 佛畵 4 – 海印寺(上)』) 수화승 奉儀
- 1882년 전북 남원 實相寺 藥師殿 藥師後佛圖 조성(『韓國의 佛畵 13 – 金山寺』) 수화승
  蓮湖瑃毅
  1882년 전북 남원 實相寺 藥師殿 神衆圖 조성(『韓國의 佛畵 13 – 金山寺』) 수화승 蓮
  湖瑃毅
  1882년 부산 梵魚寺 大雄殿 釋迦牟尼後佛圖 조성(『梵魚寺聖寶博物館 名品圖錄』과
  『韓國의 佛畵 32 – 梵魚寺』) 수화승 琪銓
  1882년 부산 梵魚寺 三藏菩薩圖 조성(『梵魚寺聖寶博物館 名品圖錄』과 『韓國佛畵畵
  記集』 및 『韓國의 佛畵 32 – 梵魚寺』) 수화승 琪銓
  1882년 부산 梵魚寺 神衆圖 조성(『梵魚寺聖寶博物館 名品圖錄』와 『韓國佛畵畵記集』
  및 『韓國의 佛畵 32 – 梵魚寺』) 수화승 琪銓
- 1886년 전북 남원 實相寺 普光殿 阿彌陀後佛紅圖 조성(『韓國의 佛畵 13 – 金山寺』) 수화
  승 容善
  1886년 전북 남원 實相寺 普光殿 天龍圖 조성(『韓國의 佛畵 13 – 金山寺』) 畵員 수화승
- 1890년 경남 합천 海印寺 弘濟庵 釋迦牟尼後佛圖 조성(『韓國의 佛畵 4 – 海印寺(上)』)
  수화승 東雲就善
  1890년 경남 합천 海印寺 經學院 阿彌陀後佛圖 조성(『韓國의 佛畵 4 – 海印寺(上)』)
  金魚 수화승
- 1891년 경남 산청 淨趣庵 七星圖 조성(『韓國의 佛畵 5 – 海印寺(下)』) 수화승 奉議
  1891년 碧松寺 神衆圖 조성(咸陽 寶林寺 소장, 『韓國의 佛畵 40 – 補遺』) 수화승 奉儀
- 1892년 경남 합천 海印寺 掛佛圖 조성(『韓國의 佛畵 – 5 海印寺(下)』) 金魚 수화승
  1892년 경남 합천 海印寺 大寂光殿 八相圖(踰城出家相) 조성(『韓國의 佛畵 5 – 海印
  寺(下)』) 金魚 左片丈 수화승
  1892년 경남 합천 海印寺 大寂光殿 八相圖(雙林涅槃相) 조성(『韓國의 佛畵 5 – 海印
  寺(下)』) 金魚 수화승
  1892년 경북 고령 觀音寺 七星圖 조성(『韓國의 佛畵 22 – 桐華寺(下)』) 金魚 片手 수
  화승
- 1896년 대구 동화사 四天王圖(持國天王) 조성(『韓國의 佛畵 21 – 桐華寺(上)』) 수화승 德
  山妙華

전명(典冀 : -1875-) 19세기 후반에 활동한 불화승이다. 1875년에 수화승 덕
운영운과 아미타후불도(국민대학교 박물관 소장)를 조성하였다.

◦ 1875년 阿彌陀後佛圖 조성(國民大學校 所藏, 『韓國의 佛畵 19 – 大學博物館(Ⅱ)』) 수화
승 德雲永芸

전민(典敏, 典玫 : -1879-) 19세기 후반에 활동한 불화승이다. 1879년에 수화
승 수룡기전과 전북 완주 위봉사 태조암 석가모니후불도와 수화승 기전과 동
화사 염불암 아미타후불도를 조성하였다.

◦ 1879년 전북 완주 威鳳寺 太祖庵 釋迦牟尼後佛圖 조성(『韓國의 佛畵 13 – 金山寺』) 수화
승 繡龍大電
1879년 대구 桐華寺 念佛庵 阿彌陀後佛圖 조성(『韓國의 佛畵 21 – 桐華寺(上)』) 수화
승 琪銓

전수 1(典秀 : -1764-1765-)* 18세기 중반에 경북 영덕 장육사를 중심으로 활
동한 불화승이다. 1764년에 수화승으로 경북 영덕 장육사 대웅전 지장도를,
1765년에 수화승 성총과 대구 동화사 천룡도를 조성하였다.

◦ 1764년 경북 영덕 莊陸寺 大雄殿 地藏圖 조성(『韓國의 佛畵 38 – 佛國寺』) 山人 金魚
수화승
◦ 1765년 대구 桐華寺 天龍圖 조성(『韓國의 佛畵 21 – 桐華寺(上)』) 수화승 性聰

전수 2(典受, 典守 : -1894-1897-) 19세기 후반에 활동한 불화승이다. 1894년
에 수화승 법임과 경북 문경 김용사 양진암 석가모니후불도를, 1897년에 수
화승 영운봉수와 경북 상주 남장사 관음암 신중도를, 수화승 정연과 충북 보
은 법주사 원통보전 관음도와 수화승 봉화와 대웅보전 104위 신중도와 수화
승 금호약효와 팔상전 팔상도(사문유관상)를 조성하였다.

◦ 1894년 경북 문경 金龍寺 養眞庵 釋迦牟尼後佛圖 조성(『韓國의 佛畵 8 – 直指寺(上)』)
수화승 法任
◦ 1897년 경북 상주 南長寺 觀音庵 神衆圖 조성(『韓國의 佛畵 8 – 直指寺(上)』) 수화승 影
雲奉秀
1897년 충북 보은 法住寺 圓通寶殿 觀音圖 조성(『韓國의 佛畵 17 – 法住寺』) 수화승
定鍊
1897년 충북 보은 法住寺 大雄寶殿 104位 神衆圖 조성(『韓國의 佛畵 17 – 法住寺』)
수화승 奉化
1897년 충북 보은 法住寺 捌相殿 八相圖(四門遊觀相) 조성(『韓國의 佛畵 17 – 法住寺』)
수화승 錦湖若效

전영(典塋 : -1759-) 18세기 중반에 활동한 불화승이다. 1759년 불상 개금과
불화 및 단청을 조성하였다.

◦ 1759년 己酉年改金幀畵丹艧事施主記(安貴淑, 「조선후기 佛畵僧의 계보와 義謙比丘에 대
한 연구(상)」)

전오(典悟 : -1788-) 18세기 후반에 전라도에서 활동한 불화승이다. 1788년
에 상겸 등과 남장사 불사에 참여하여 기록한 『불사성공록佛事成功錄』에 호
남양공으로 언급되어 있다.

◦ 1788년 남장사 불사에 참여한 화승을 적은 『佛事成功錄』에 湖南良工으로 언급(이용윤,
「『佛事成功錄』을 통해 본 남장사 괘불」) 수화승 尙謙

전우(典宇 : -1764-) 18세기 중반에 활동한 불화승이다. 1764년에 수화승 색

민과 전남 해남 대흥사 괘불도를 조성하였다.

　◦1764년 전남 해남 大興寺 掛佛圖 조성(『韓國의 佛畵 31 - 大興寺』) 수화승 色旻

전일(典日 : -1764-) 18세기 중반에 활동한 불화승이다. 1764년에 수화승 색민과 전남 해남 대흥사 괘불도를 조성하였다.

　◦1764년 전남 해남 大興寺 掛佛圖 조성(『韓國의 佛畵 31 - 大興寺』) 수화승 色旻

전학(典學, 典鶴 : -1887-1892-)* 19세기 후반에 활동한 불화승이다. 1887년에 수화승 수룡기전과 대구 대광명사 아미타후불도와 부산 범어사 극락전 아미타도 및 수화승으로 석가십육보살도를 그렸다. 1890년에 수화승 하은응상과 경남 양산 통도사 자장암 신중도를, 1891년에 수화승 □규와 부산 범어사 극락암 칠성도를, 1892년에 수화승 민규와 경남 진주 청곡사 시왕도(삼라천자)를 조성하였다.

　◦1887년 대구 大光明寺 阿彌陀後佛圖 조성(『韓國의 佛畵 4 - 海印寺(上)』) 수화승 水龍琪銓
　　1887년 부산 梵魚寺 極樂殿 阿彌陀圖 조성(『韓國의 佛畵 32 - 梵魚寺』) 수화승 水龍琪銓
　　1887년 부산 梵魚寺 釋迦二十六菩薩圖 조성(『梵魚寺聖寶博物館 名品圖錄』) 수화승 水龍琪銓
　◦1890년 경남 양산 通度寺 慈藏庵 神衆圖 조성(『韓國의 佛畵 3 - 通度寺(下)』) 수화승 霞隱應祥
　◦1891년 부산 梵魚寺 極樂菴 七星圖 조성(『梵魚寺聖寶博物館 名品圖錄』와 『韓國의 佛畵 32 - 梵魚寺』) 수화승 □奎
　◦1892년 경남 진주 靑谷寺 十王圖(森羅天子) 조성(『韓國의 佛畵 5 - 海印寺(下)』) 수화승 玟奎

전헌(典憲 : -1803-) 19세기 전반에 활동한 불화승이다. 1803년에 수화승 제한과 경북 김천 직지사 괘불도를 조성하였다.

　◦1803년 경북 김천 直指寺 掛佛圖 조성(『韓國의 佛畵 9 - 直指寺(下)』) 수화승 濟閑

전호(典昊 : -1878-) 19세기 후반에 활동한 불화승이다. 1878년에 수화승 덕운영운과 울산 백양사 아미타삼존홍도阿彌陀三尊紅圖와 신중도를 조성하였다.

　◦1878년 울산 白楊寺 阿彌陀三尊紅圖 조성(『韓國의 佛畵 3 - 通度寺(下)』) 수화승 德雲永芸
　　1878년 울산 白楊寺 神衆圖 조성(『韓國의 佛畵 3 - 通度寺(下)』) 수화승 德雲永芸

전환(典環 : -1765-) 18세기 중반에 활동한 불화승이다. 1765년에 수화승 □□와 전남 순천 해천사 삼세후불도(석가모니불, 순천 선암사 소장)를 조성하였다.

　◦1765년 전남 순천 海川寺 三世後佛圖(釋迦牟尼佛) 조성(順天 仙巖寺 所藏, 『韓國의 佛畵 12 - 仙巖寺』) 수화승 □□

정감(幀鑑 : -1864-) 19세기 중반에 활동한 불화승이다. 1864년에 수화승 하은위상과 경남 양산 통도사 현왕도와 백련암 신중도를 조성하였다.

　◦1864년 경남 양산 通度寺 現王圖 조성(『韓國의 佛畵 2 - 通度寺(中)』)[32] 수화승 霞隱偉相
　　1864년 경남 양산 通度寺 白蓮庵 神衆圖 조성(『韓國의 佛畵 1 - 通度寺(上)』)[33] 수화승 霞隱偉相

정경(定瓊 : -1856-) 19세기 중반에 활동한 불화승이다. 1856년에 수화승 해운익찬과 해연 성념 등과 경북 성주 선석사 대웅전 석가모니후불도를 조성하였다.

> · 1856년 경북 성주 禪石寺 大雄殿 釋迦牟尼後佛圖 조성(『韓國의 佛畵 21 – 桐華寺(上)』) 수화승 益讚

정고(正苽 : -1764-) 18세기 중반에 활동한 불화승이다. 1764년에 건원릉健元陵 정자각丁字閣 중수에 화승畵僧으로 참여하였다.

> · 1764년 『健元陵丁字閣重修都監儀軌』 畵僧(奎章閣 13500호, 朴廷蕙, 「儀軌를 통해서 본 朝鮮時代의 畵員」 자료1)

정곡당(定谷堂) 부상(富祥) 참조

정공당(靜供堂) 천축(天竺) 참조

정관 1(定寬, 淨寬, 定官 : -1764-1780-) 18세기 후반에 활동한 불화승이다. 1764년에 한국불교미술박물관 소장 은선묘아미타도銀線描阿彌陀圖를, 1764년에 수화승 수성과 경북 경주 금정암 지장도(소재불명)를, 1774년에 수화승 수해와 충남 예산 문수사 청연암 지장도를, 1775년에 수화승 포관과 경남 양산 통도사 영산전 팔상도(도솔내의상)를 조성하였다. 1780년에 수화승 설훈과 경기 남양주 봉선사 대웅전 불상을 중수·개금하였다.

> · 1764년 銀線描阿彌陀圖(韓國佛敎美術博物館 所藏, 『제1회 조선불화특별전』)
> 1764년 경북 경주 金井庵 地藏圖 조성(소재불명, 『韓國의 佛畵 38 – 佛國寺』) 수화승 守性
> · 1774년 충남 예산 文殊寺 淸蓮庵 地藏圖 조성(『韓國의 佛畵 27 – 修德寺』) 수화승 守海
> · 1775년 경남 양산 通度寺 靈山殿 八相圖 중 第一兜率來儀相 조성(『韓國의 佛畵 2 – 通度寺(中)』) 수화승 抱冠
> 1775년 경남 양산 通度寺 「八相記文」 언급(安貴淑, 「조선후기 佛畵僧의 계보와 義謙比丘에 대한 연구(상)」) 수화승 抱冠
> · 1780년 경기 남양주 奉先寺 大雄殿 佛像 重修·改金(「有明朝鮮國京畿右道楊州牧地雲岳山奉先寺大雄殿佛像重修改金願文」, 『奉先寺本末寺誌(奉先寺)』) 수화승 雪訓

정관 2(正官 : -1860-1862-) 19세기 중반에 활동한 불화승이다. 1860년에 수화승 해운익찬과 전남 구례 화엄사 각황전 삼세불도(약사불)와 경남 하동 쌍계사 명부전 지장도 및 1862년에 구례 화엄사 명부전 지장도를 조성하였다.

> · 1860년 전남 구례 華嚴寺 覺皇殿 三世佛圖(藥師佛) 조성(『韓國의 佛畵 11 – 華嚴寺』)[34] 수화승 海雲益讚
> 1860년 경남 하동 雙磎寺 冥府殿 地藏圖 조성(『韓國의 佛畵 25 – 雙磎寺(上)』) 수화승 海雲益讚
> · 1862년 전남 구례 華嚴寺 冥府殿 地藏圖 조성(『韓國의 佛畵 11 – 華嚴寺』) 수화승 海雲益讚

정규 1(定奎 : -1822-1840-) 19세기 전반에 활동한 불화승이다. 수화승 퇴운신겸과 1822년에 경북 문경 김용사 화장암 석가모니후불도와 신중도를, 1825년에 지보암 석가모니후불도와 지장도 및 현왕도 등을(영천 은해사 소장), 1840년에 수화승 대송성준과 경북 의성 수정암 삼세불묵도三世佛墨圖와 신중도를 조성하였다.

- 1822년 경북 문경 金龍寺 華藏庵 釋迦牟尼後佛圖 조성(『韓國의 佛畵 8 - 直指寺(上)』) 수화승 退雲信謙
  1822년 경북 문경 金龍寺 神衆圖 조성(『韓國의 佛畵 8 - 直指寺(上)』) 수화승 退雲信謙
- 1825년 持寶菴 釋迦牟尼後佛圖 조성(永川 銀海寺 所藏, 『韓國의 佛畵 30 - 銀海寺』) 수화승 退雲信謙
  1825년 地藏圖 조성(永川 銀海寺 所藏, 『韓國의 佛畵 30 - 銀海寺』) 수화승 退雲信謙
  1825년 持寶寺 現王圖 조성(永川 銀海寺 所藏, 『韓國의 佛畵 30 - 銀海寺』) 수화승 退雲愼謙
  1825년 持寶菴 神衆圖 조성(東國大 慶州캠퍼스 所藏, 『韓國의 佛畵 18 - 大學博物館 (Ⅰ) 東國大』) 수화승 退雲愼謙
- 1840년 경북 의성 水淨庵 三世佛墨圖 조성(『韓國의 佛畵 23 - 孤雲寺(上)』) 都良工 수화승 大淞成俊
  1840년 경북 의성 水淨庵 神衆圖 조성(『韓國의 佛畵 23 - 孤雲寺篇(上)』) 都良工 수화승 大淞成俊

정규 2(延奎, 斑奎 : -1880-1892-)* 우송당(友松堂) 19세기 후반에 활동한 불화승이다. 수화승 수룡기전과 1880년에 경북 안동 연미사 신중도와 목아불교박물관 소장 석가모니후불도를, 1882년에 부산 범어사 영산회상도와 삼장보살도 및 신중도를, 1884년에 수화승으로 경남 진주 응석사 석가모니후불도를, 1885년에 수화승 수룡기전과 경남 합천 해인사 대적광전 삼신도(비로자나불)를, 1892년에 경남 합천 해인사 팔상도를 조성하였다.

- 1880년 경북 안동 燕尾寺 神衆圖 조성(『韓國의 佛畵 23 - 孤雲寺(上)』) 수화승 繡龍 琪銓
  1880년 釋迦牟尼後佛圖 조성(木芽佛敎博物館 所藏, 『韓國의 佛畵 20 - 私立博物館』)[35] 수화승 繡龍 琪銓
- 1882년 부산 梵魚寺 大雄殿 釋迦牟尼後佛圖 조성(『梵魚寺聖寶博物館 名品圖錄』과 『韓國의 佛畵 32 - 梵魚寺』) 수화승 琪銓
  1882년 부산 梵魚寺 三藏菩薩圖 조성(『梵魚寺聖寶博物館 名品圖錄』과 『韓國佛畵畵記集』 및 『韓國의 佛畵 32 - 梵魚寺』)[36] 수화승 琪銓
  1882년 부산 梵魚寺 神衆圖 조성(『梵魚寺聖寶博物館 名品圖錄』과 『韓國佛畵畵記集』 및 『韓國의 佛畵 32 - 梵魚寺』)[37] 수화승 琪銓
- 1884년 경남 진주 凝石寺 釋迦牟尼後佛圖 조성(『韓國의 佛畵 4 - 海印寺(上)』) 金魚 수화승
- 1885년 경남 합천 海印寺 大寂光殿 三身圖(毘盧遮那佛) 조성(『韓國의 佛畵 4 - 海印寺 (上)』) 수화승 水龍琪銓
- 1892년 경남 합천 海印寺 八相圖 조성(李智冠 編著, 『伽倻山 海印寺誌』)

정기(定基, 正機, 正基 : -1898-1907-) 금운당(錦雲堂) 20세기 전반에 활동한 불화승이다. 1898년에 수화승 추산천성과 서울 봉국사 명부전 시왕도(6·8·10대왕)를, 수화승 금화기경과 시왕도(일직사자, 월직사자, 건영대장군)를, 1901년에 수화승 한봉응작과 서울 봉원사 괘불도를, 수화승 한봉응작과 서울 연화사 신중도를, 1902년에 수화승 한봉응작과 서울 청룡사 심검당 가사도袈裟圖를, 1906년에 수화승 대운봉하와 경기 여주 신륵사 지장도와 시왕각부도十王各部圖(사자·장군)를, 1906년에 수화승 허곡긍순과 여주 신륵사 지장도와 신중도 등을, 1907년에 수화승 보암긍법과 서울 수국사 감로도를 조성하였다.

◦ 1898년 서울 奉國寺 冥府殿 十王圖(6·8·10大王) 조성(『韓國의 佛畵 35 – 曹溪寺(中)』) 수화승 秋山天性

1898년 서울 奉國寺 冥府殿 十王圖(日直使者, 月直使者, 建靈大將軍) 조성(『韓國의 佛畵 35 – 曹溪寺(中)』) 金魚 수화승 錦華機烱

◦ 1901년 서울 奉元寺 掛佛圖 조성(『서울전통사찰불화』와 『韓國佛畵畵記集』) 수화승 韓峰應作

1901년 서울 蓮華寺 神衆圖 조성(『韓國의 佛畵 35 – 曹溪寺(中)』) 수화승 漢峰應作[38]

◦ 1902년 서울 靑龍寺 尋劍堂 袈裟圖 조성(『서울전통사찰불화』와 『韓國佛畵畵記集』 및 『韓國의 佛畵 34 – 曹溪寺(上)』) 수화승 漢峰應作

◦ 1906년 경기 여주 神勒寺 地藏圖 조성(『韓國의 佛畵 28 – 龍珠寺(上)』) 수화승 大雲奉河

1906년 경기 여주 神勒寺 十王各部圖(使者, 將軍) 조성(『韓國의 佛畵 29 – 龍珠寺(下)』) 수화승 大雲奉河

1906년 경기 여주 神勒寺 神衆圖 조성(『韓國의 佛畵 28 – 龍珠寺(上)』) 수화승 虛谷亘巡

◦ 1907년 서울 守國寺 甘露圖 조성(『韓國의 佛畵 36 – 曹溪寺(下)』) 수화승 寶菴肯法

정률(正律 : -1860-) 19세기 중반에 활동한 불화승이다. 1860년에 수화승 해운익찬과 경남 하동 쌍계사 명부전 지장도를 조성하였다.

◦ 1860년 경남 하동 雙磎寺 冥府殿 地藏圖 조성(『韓國의 佛畵 25 – 雙磎寺(上)』) 수화승 海雲益讚

정민(定敏, 定旻 : -1771-1813-)* 18세기 후반부터 19세기 전반까지 활동한 불화승이다. 1771년에 수화승으로 경북 선산 수다사 시왕도(태산대왕)를, 1803년에 수화승 홍안과 경북 문경 김용사 석가모니후불도와 응진전 후불도 및 신장도를 그렸다. 1808년에 경북 안동 부석사 서보전 단청중수에 참여하고, 1810년에 수화승으로 대전사 운수암 지장도(영천 은해사 소장)를, 1811년에 수화승 수연와 문경 운암사 영산회상도를, 1813년에 수화승 퇴운신겸과 경북 예천 용문사 지장도를 조성하였다.

◦ 1771년 경북 선산 水多寺 十王圖(泰山大王) 조성(『韓國의 佛畵 9 – 直指寺(下)』) 良工 수화승

◦ 1803년 경북 문경 金龍寺 釋迦牟尼後佛圖 조성(『韓國의 佛畵 8 – 直指寺(上)』) 수화승 弘眼

1803년 경북 문경 金龍寺 應眞殿 後佛圖 조성(『韓國의 佛畵 8 – 直指寺(上)』) 수화승 弘眼

1803년 경북 문경 金龍寺 神衆圖 조성(『韓國의 佛畵 8 – 直指寺(上)』) 수화승 弘眼

1803년 경북 문경 金龍寺 神衆圖 조성(『韓國의 佛畵 8 – 直指寺(上)』) 수화승 弘眼

◦ 1808년 경북 안동 浮石寺 「西寶殿丹艧重修記」(「浮石寺資料」, 『佛敎美術』 3)

◦ 1810년 大典寺 雲水庵 地藏圖 조성(永川 銀海寺 所藏, 『韓國의 佛畵 30 – 銀海寺』) 良工 片手 수화승

◦ 1811년 경북 문경 雲巖寺 靈山會上圖 조성(『韓國佛畵畵記集』)[39] 수화승 守衍

◦ 1813년 경북 예천 龍門寺 地藏圖 조성(『韓國의 佛畵 8 – 直指寺(上)』) 수화승 退雲愼兼[40]

◦ 연대미상 충남 공주 麻谷寺 大光寶殿 七星圖 조성(『韓國의 佛畵 16 – 麻谷寺(下)』) 수화승 善律[41]

정보(定宝 : -1806-) 19세기 전반에 활동한 불화승이다. 1806년에 수화승 종간과 경북 청송 대전사 명부전 지장도를 조성하였다.

◦ 1806년 경북 청송 大典寺 冥府殿 地藏圖 조성(『韓國의 佛畵 30 – 銀海寺』) 수화승 宗侃

정민, 지장시왕도 부분, 1810년, 대전사
운수암(은해사 성보박물관)

정민, 지장시왕도 지장보살, 1810년,
대전사 운수암(은해사 성보박물관)

정민, 지장시왕도 화기, 1810년, 대전사 운수암
(은해사 성보박물관)

정민, 지장시왕도, 1810년, 대전사
운수암(은해사 성보박물관)

정상(正祥 : -1905-) 혜암당(慧庵堂) 20세기 전반에 활동한 불화승이다. 1905
년에 수화승 보응문성과 부산 범어사 팔상전 영산회상도와 나한전 영산회상
도를, 수화승 금호약효와 괘불도를 조성하였다.

- 1905년 부산 梵魚寺 捌相殿 靈山會上圖 조성(『梵魚寺聖寶博物館 名品圖錄』과 『韓國의
  佛畵 32 – 梵魚寺』)[42] 수화승 普應文性
  1905년 부산 梵魚寺 羅漢殿 靈山會上圖 조성(『梵魚寺聖寶博物館 名品圖錄』과 『韓國
  의 佛畵 32 – 梵魚寺』) 수화승 普應文性
  1905년 부산 梵魚寺 掛佛圖 조성(『梵魚寺聖寶博物館 名品圖錄』과 『韓國의 佛畵 32
  – 梵魚寺』) 수화승 錦湖若效

정석(鼎奭 : -1906-) 퇴경당(退耕堂) 20세기 전반에 활동한 불화승이다. 1906년에 수화승 동호진철과 경북 문경 대승사 석가모니후불도와 신중도를 조성하였다.

　ﾟ1906년 경북 문경 大乘寺 釋迦牟尼後佛圖 조성(『韓國의 佛畵 8 - 直指寺(上)』) 수화승 東昊 震徹
　1906년 경북 문경 大乘寺 神衆圖 조성(『韓國의 佛畵 8 - 直指寺(上)』) 수화승 東昊 震徹

정선(淨宣 : -1876-1899-) 19세기 후반에 활동한 불화승이다. 수화승 하은위상과 1876년에 경북 선산 도리사 석가모니후불도를, 1887년에 대구 파계사 금당암 석가모니후불도와 신중도 등을, 1888년에 경북 안동 봉정사 대웅전 지장도를 그렸다. 1889년에 수화승 한규와 경북 청도 운문사 명부전 지장도를, 1890년에 수화승 하은응상과 경남 양산 통도사 자장암 신중도를, 수화승 용준과 전북 김제 금산사 미륵전 신중도를, 1892년에 수화승 연하계창과 전북 익산 심곡사 아미타후불도를, 1899년에 수화승 주화와 양산 통도사 비로암 석가모니후불도와 백련암 지장보살도를 조성하였다.

　ﾟ1876년 경북 선산 桃李寺 釋迦牟尼後佛圖 조성(『韓國의 佛畵 8 - 直指寺(上)』) 수화승 霞隱偉相43)
　ﾟ1887년 대구 把溪寺 金堂庵 釋迦牟尼後佛圖 조성(『韓國의 佛畵 21 - 桐華寺(上)』)44) 수화승 霞隱應祥
　1887년 대구 把溪寺 金堂庵 神衆圖 조성(『韓國의 佛畵 21 - 桐華寺(上)』) 수화승 霞隱應祥
　1887년 대구 把溪寺 金庵 七星圖 조성(『韓國의 佛畵 22 - 桐華寺(下)』) 수화승 霞隱應祥
　ﾟ1888년 경북 안동 鳳停寺 大雄殿 地藏圖 조성(『韓國의 佛畵 23 - 孤雲寺(上)』) 수화승 霞隱應祥
　ﾟ1889년 경북 청도 雲門寺 冥府殿 地藏圖 조성(『韓國의 佛畵 21 - 桐華寺(上)』) 수화승 翰奎
　ﾟ1890년 경남 양산 通度寺 慈藏庵 神衆圖 조성(『韓國의 佛畵 3 - 通度寺(下)』) 수화승 霞隱應祥
　1890년 전북 김제 金山寺 彌勒殿 神衆圖 조성(『韓國의 佛畵 13 - 金山寺』) 수화승 聳俊
　ﾟ1892년 전북 익산 深谷寺 阿彌陀後佛圖 조성(『韓國의 佛畵 13 - 金山寺』) 수화승 蓮河啓昌
　ﾟ1899년 慶南 梁山 通度寺 毘盧庵 釋迦牟尼後佛圖 조성(『韓國의 佛畵 1 - 通度寺(上)』) 수화승 周華
　1899년 경남 양산 通度寺 白蓮庵 地藏菩薩圖 조성(『韓國佛畵畵記集』) 수화승 周華

정성(定成 : -1778-) 18세기 후반에 활동한 불화승이다. 1778년에 수화승 비현과 전남 고흥 금탑사 괘불도를 조성하였다.

　ﾟ1778년 전남 고흥 금탑사 掛佛圖 조성(『韓國의 佛畵 6 - 松廣寺』) 수화승 丕賢

정수(定守 : -1860-)* 19세기 중반에 활동한 불화승이다. 1860년에 수화승으로 경남 남해 화방사 아미타후불도를 조성하였다.

　ﾟ1860년 경남 南海 花芳寺 阿彌陀後佛圖 조성(『韓國의 佛畵 25 - 雙磎寺(上)』) 金魚 수화승

정숙(淨淑 : -1698-) 17세기 후반에 활동한 불화승이다. 1698년에 백기 등과

장릉莊陵 봉릉封陵 조성소 화승畵僧으로 참여하였다.

◦ 1698년 『莊陵封陵都監儀軌』 造成所 畵僧(奎章閣 14830호, 朴廷蕙, 「儀軌를 통해서 본 朝鮮時代의 畵員」 자료1)

정순 1(定諄, 定淳 : -1774-1788-) 18세기 후반에 경기도를 중심으로 활동한 불화승이다. 1775년에 수화승 포관과 경남 양산 통도사 영산전 팔상도(도솔내의상)를 조성하고, 1776년에 수화승 설훈과 강원 홍천 수타사 지장보살도와 영조英祖 원릉元陵 조성소造成所 화원畵僧으로 참여하였다. 1788년에 상겸 등과 남장사 불사에 참여하여 『불사성공록佛事成功錄』에 경성양공으로 언급되어 있다.

◦ 1774년 충남 예산 文殊寺 淸蓮庵 地藏圖 조성(『韓國의 佛畵 27 - 修德寺』) 수화승 守海
◦ 1775년 경남 양산 通度寺 靈山殿 八相圖 중 第一兜率來儀相 조성(『韓國의 佛畵 2 - 通度寺(中)』) 수화승 抱冠
◦ 1776년 『英祖元陵山陵都監儀軌』 造成所 畵僧(奎章閣 13586호, 朴廷蕙, 「儀軌를 통해서 본 朝鮮時代의 畵員」 자료1)
1776년 강원 홍천 壽陁寺 地藏菩薩圖 조성(『韓國의 佛畵 10 - 月精寺』) 수화승 雪訓
◦ 1788년 남장사 불사에 참여한 화승을 적은 『佛事成功錄』에 京城良工으로 언급(이용윤, 「『佛事成功錄』을 통해 본 남장사 괘불」) 수화승 尙謙

정순 2(定淳 : -1821-1825-) 19세기 전반에 활동한 불화승이다. 수화승 퇴운 신겸과 1821년에 온양민속박물관 소장 석가모니후불도와 지장도 및 경북 의성 수정사 지장도를, 1825년에 지보암 석가모니후불도와 지장도 및 현왕도(영천 은해사 소장)를, 1828년에 경기 고양 중흥사 약사회상도와 아미타회상도를 조성하였다.

◦ 1821년 釋迦牟尼後佛圖 조성(溫陽民俗博物館 所藏, 『韓國의 佛畵 20 - 私立博物館』) 수화승 退雲信謙
1821년 地藏圖 조성(溫陽民俗博物館 所藏, 『韓國의 佛畵 20 - 私立博物館』) 수화승 退雲信謙
1821년 경북 의성 水淨寺 地藏圖 조성(『韓國의 佛畵 23 - 孤雲寺(上)』) 수화승 退雲信謙
◦ 1825년 持寶菴 釋迦牟尼後佛圖 조성(永川 銀海寺 所藏, 『韓國의 佛畵 30 - 銀海寺』) 수화승 退雲信謙
1825년 地藏圖 조성(永川 銀海寺 所藏, 『韓國의 佛畵 30 - 銀海寺』) 수화승 退雲信謙
1825년 持寶寺 現王圖 조성(永川 銀海寺 所藏, 『韓國의 佛畵 30 - 銀海寺』) 수화승 退雲愼謙
◦ 1828년 경기 고양 中興寺 藥師會上圖 조성(國立中央博物館 所藏, 『北漢山의 佛敎遺蹟』과 『영혼의 여로 - 조선시대 불교회화와의 만남』 및 『韓國의 佛畵 39 - 國·公立博物館』) 수화승 退雲信謙
1828년 경기 고양 中興寺 阿彌陀會上圖 조성(國立中央博物館 所藏, 『北漢山의 佛敎遺蹟』과 『영혼의 여로 - 조선시대 불교회화와의 만남』 및 『韓國의 佛畵 39 - 國·公立博物館』) 수화승 信謙

정순 3(正順 : -1885-) 19세기 후반에 활동한 불화승이다. 1885년에 수화승 수룡기전과 경남 합천 해인사 대적광전 삼신도三身圖(석가모니불)를 제작하였다.

◦ 1885년 경남 합천 해인사 大寂光殿 三身圖(釋迦牟尼佛) 조성(『韓國의 佛畵 4 - 海印寺(上)』) 수화승 水龍琪銓

정신(正信, 淨信 : -1649-) 17세기 중반에 활동한 불화승이다. 1649년에 인조仁祖 빈전殯殿과 인조仁祖 장릉長陵 조성소 화승畫僧으로 참여하였다.

> · 1649년『仁祖殯殿都監儀軌』魂殿二房 造成所 畫僧(奎章閣 14855호, 朴廷蕙,「儀軌를 통해서 본 朝鮮時代의 畫員」자료1)
> 1649년『仁祖長陵山陵都監儀軌』造成所 畫僧(奎章閣 15074호, 朴廷蕙,「儀軌를 통해서 본 朝鮮時代의 畫員」자료1)

정심 1(淨心 : -1658-) 17세기 중반에 활동한 불화승이다. 1658년에 사과司果 박난朴蘭을 수화원首畫員으로 경기 안성 청룡사 괘불도를 조성하였다.

> · 1658년 경기 안성 靑龍寺 掛佛圖 조성(『韓國의 佛畫 29 – 龍珠寺(下)』)45) 수화원 朴蘭

정심 2(淨心 : -1755-) 18세기 중반에 활동한 불화승이다. 1755년에 수화승 상오와 경북 영천 은해사 대웅전 삼장도를 조성하였다.

> · 1755년 경북 영천 銀海寺 大雄殿 三藏圖 조성(『韓國의 佛畫 30 – 銀海寺』) 수화승 常悟

정심 3(正心 : -1853-) 19세기 중반에 활동한 불화승이다. 1853년에 수화승 해운익찬과 전남 구례 천은사 삼일암 아미타후불도를 조성하였다.

> · 1853년 전남 구례 泉隱寺 三日庵 阿彌陀後佛圖 조성(『韓國의 佛畫 11 – 華嚴寺』) 수화승 海雲益讚

정안 1(定安, 淨安 : -1741-) 18세기 중반에 활동한 불화승이다. 1741년에 수화승 긍척과 전남 여수 흥국사 팔상전 석가모니후불도와 대웅전 삼장도 및 감로도를 조성하였다.

> · 1741년 전남 여수 興國寺 八相殿 釋迦牟尼後佛圖 조성(『韓國의 佛畫 11 – 華嚴寺』) 수화승 亘陟
> 1741년 전남 여수 興國寺 大雄殿 三藏圖(天藏 · 持地藏菩薩) 조성(『韓國의 佛畫 11 – 華嚴寺』)46) 수화승 亘陟
> 1741년 전남 여수 興國寺 大雄殿 三藏圖(地藏菩薩) 조성(『韓國의 佛畫 11 – 華嚴寺』) 수화승 亘陟
> 1741년 전남 여수 興國寺 甘露圖 조성(『韓國佛畫畫記集』) 수화승 亘陟

정안 2(定眼, 定安 : -1767-1775-) 18세기 중반에 활동한 불화승이다. 1767년에 수화승 화월두훈과 경남 양산 통도사 괘불도를 그리고, 1769년에 수화승 상정과 경북 경주 불국사 불사佛事에 참여하였다. 1775년에 수화승 포관과 경남 양산 통도사 약사전 약사여래후불도와 수화승 옥인과 명부전 시왕도(오관대왕)를 조성하였다.

> · 1767년 경남 양산 通度寺 掛佛圖 조성(『韓國의 佛畫 2 – 通度寺(中)』) 수화승 枓薰
> · 1769년 경북 경주 佛國寺 佛事에 참여(『韓國의 佛畫 38 – 佛國寺』) 수화승 尙淨47)
> · 1775년 경남 양산 通度寺 藥師殿 藥師如來後佛圖 조성(『韓國의 佛畫 1 – 通度寺(上)』)48) 수화승 □冠
> 1775년 경남 양산 通度寺 冥府殿 十王圖(五官大王) 조성(『韓國의 佛畫 2 – 通度寺(中)』) 수화승 玉仁

정안 3(正眼 : -1874-1884-) 경허당(鏡虛堂) 19세기 후반에 활동한 불화승이다. 1874년에 수화승 한봉창엽과 경기 안성 청룡사 명부전 지장도를, 1876년에 수화승 하은위상과 경북 문경 대승사 지장도와 신중도 및 경북 선산 도리사 석가모니후불도를 그렸다. 수화승 하은응상과 1879년에 경북 포항 보경사 서운암 아미타후불홍도阿彌陀後佛紅圖와 신중도를, 1880년에 경북 문경 김용사 금선암 아미타후불도와 신중도 및 양진암 신중도 등을, 1881년에 선산 도리사 칠성도를, 1884년에 경북 예천 용문사 아미타후불도(예천 룡문사와 문경 금룡사 소장)와 십육나한도를 조성하였다.

- 1874년 경기 안성 靑龍寺 冥府殿 地藏圖 조성(『韓國의 佛畵 28 – 龍珠寺(上)』) 수화승 漢峰瑲燁
- 1876년 경북 문경 大乘寺 地藏圖 조성(『韓國의 佛畵 8 – 直指寺(上)』) 수화승 霞隱偉相
  1876년 경북 문경 大乘寺 神衆圖 조성(『韓國의 佛畵 8 – 直指寺(上)』) 수화승 霞隱偉相
  1876년 경북 선산 桃李寺 釋迦牟尼後佛圖 조성(『韓國의 佛畵 8 – 直指寺(上)』) 수화승 霞隱偉相49)
- 1879년 경북 포항 寶鏡寺 瑞雲菴 阿彌陀後佛紅圖 조성(『韓國의 佛畵 38 – 佛國寺』) 수화승 霞隱應相50)
  1879년 경북 포항 寶鏡寺 瑞雲菴 神衆圖 조성(『韓國의 佛畵 38 – 佛國寺』) 수화승 霞隱應相51)
- 1880년 경북 문경 金龍寺 金仙庵 阿彌陀後佛圖 조성(『韓國의 佛畵 8 – 直指寺(上)』) 수화승 霞隱應禪52)
  1880년 경북 문경 金龍寺 金仙庵 神衆圖 조성(『韓國의 佛畵 8 – 直指寺(上)』) 수화승 霞隱應祥
  1880년 경북 문경 金龍寺 養眞庵 神衆圖 조성(『韓國의 佛畵 8 – 直指寺(上)』53) 수화승 霞隱應祥
  1880년 경북 문경 金龍寺 四天王圖(持國天王) 조성(『韓國의 佛畵 8 – 直指寺(上)』) 수화승 霞隱應祥
- 1881년 경북 선산 桃李寺 七星圖 조성(『韓國의 佛畵 9 – 直指寺(下)』) 수화승 霞隱應祥
- 1884년 경북 예천 龍門寺 阿彌陀後佛圖 조성(聞慶 金龍寺 所藏, 『韓國의 佛畵 8 – 直指寺(上)』54) 수화승 霞隱應祥
  1884년 경북 예천 龍門寺 阿彌陀後佛圖 조성(『韓國의 佛畵 8 – 直指寺(上)』) 수화승 霞隱應祥
  1884년 경북 예천 龍門寺 十六羅漢圖 조성(『韓國의 佛畵 9 – 直指寺(下)』55) 수화승 霞隱應祥

정안 4(定安 : -1908-) 20세기 전반에 활동한 불화승이다. 1908년에 수화승 대원 원각과 인천 강화 백련사 아미타후불도를 조성하였다.

- 1908년 인천 강화 白蓮寺 阿彌陀後佛圖 조성(『畿內寺院誌』와 『韓國佛畵畵記集』 및 『韓國의 佛畵 34 – 曹溪寺(上)』) 수화승 大圓 圓覺

정언(正彦 : -1862-) 19세기 후반에 활동한 불화승이다. 1862년에 수화승 덕운 영운, 경담성규 등과 경남 합천 해인사 대적광전 124위 신중도를 조성하였다.

- 1862년 경남 합천 해인사 大寂光殿 124位 神衆圖 조성(『韓國의 佛畵 4 – 海印寺(上)』) 수화승 德芸

정연 1(訂演 : -1749-) 18세기 중반에 활동한 불화승이다. 1749년에 수화승 순혜와 전남 해남 대흥사 영산회상도(국립중앙박물관 소장)를 조성하였다.

- 1749년 전남 해남 大興寺 靈山會上圖 조성(國立中央博物館 所藏, 『영혼의 여로 – 조선시대 불교회화와의 만남』과 『韓國의 佛畵 39 – 國・公立博物館』) 수화승 順慧

정연 2(正連, 淨蓮, 定鍊, 定演, 定淵 : -1890-1939-)* 천연당(天然堂) 동성당(東星堂) 호은당(湖隱堂) 19세기 후반부터 20세기 전반까지 활동한 불화승이다. 1890년에 수화승 용준과 전북 김제 금산사 미륵전 신중도를, 1892년에 수화승 서암전기와 경남 합천 해인사 대적광전 팔상도(쌍림열반상) 조성 시 우편장右片丈으로 참여하였다. 수화승 연하계창과 전북 익산 심곡사 아미타후불도를, 수화승 서암전기와 경북 고령 관음사 칠성도와 합천 해인사 괘불도 및 대적광전 팔상도(유성출가상)를, 1893년에 수화승 금호약효와 서울 지장사 대웅전 지장보살도와 신중도를, 1895년에 수화승 금호약효와 충남 공주 갑사 대자암 십육성중도와 대성암 신중도 및 충남 서산 개심사 신장도를, 1896년에 수화승으로 충남 서산 천장암 신중도 조성을, 1896년에 수화승 완해용준과 전북 완주 위봉사 보광명전 신중도를, 수화승으로 충남 당진 영탑사 신중도를, 1897년에 수화승 금호약효와 충북 보은 법주사 팔상전 팔상도(도솔내의상)와 수화승 봉화와 대웅보전 아미타후불도 및 수화승으로 원통보전 관음도를, 1898년에 수화승 경선응석과 경기 파주 보광사 독성도, 수화승으로 충남 공주 동학사 약사여래후불도와 아미타후불도 및 신중도 등을, 1899년에 수화승 금호약효와 고산사 석가모니후불도(예산 수덕사 소장)를, 1900년에 수화승 동호진철과 경남 양산 통도사 금강계단 감로도, 수화승으로 충남 예산 화엄사 신중도(예산 수덕사 소장)를, 1905년에 수화승 금호약효와 충남 공주 마곡사 대웅보전 삼세불도(석가모니불)와 삼장도를, 수화승으로 삼세불도(아미타불)를 조성하였다. 1907년에 수화승 관하세겸과 전북 전주 남고사 자음전 아미타후불도를, 수화승 금호약효와 전북 무주 원통사 원통보전 칠성도와 충남 공주 갑사 대적전 삼세후불도 및 신향각 사천왕도 등을, 수화승 융파법융과 대적전 사천왕도를, 수화승 보응문성과 충남 공주 신원사 대웅전 석가모니후불도와 신중도 및 칠성도를 그렸다. 1908년에 수화승 진엄상오와 전북 전주 남고사 지장도를, 1909년에 수화승으로 전북 익산 백운암 칠성도와 독성도 및 신중도를, 1910년에 수화승 융파법융과 충남 공주 갑사 팔상전 석가모니후불도와 수화승 금호약효와 대웅전 신중도를, 1911년에 수화승으로 전북 전주 서고사 나한전 독성도를, 1912년에 수화승 금호약효와 충남 공주 마곡사 영은암 신중도를, 수화승으로 1913년 전북 익산 숭림사 보광전 삼세후불도와 충남 예산 정혜암 금선대 신중도 및 1917년에 충남 부여 무량사 도솔암 아미타후불도를, 1919년에 수화승으로 충남 당진 영랑사 석가모니후불도(예산 수덕사 소장)와 신중도(양산 통도사 소장), 충남 예산 보덕사 석가모니후불도, 충남 서산 일락사 신중도와 칠성도 등, 수화승으로 문수사 현왕도(예산 수덕사 소장)를 그렸다. 1922년에 수화승 태인과 울산 내원암 석가모

니후불도를, 1923년에 수화승으로 충남 논산 쌍계사 대웅전 삼세불도와 신중
도를, 수화승 금호약효와 1924년에 충남 예산 향천사 괘불도, 마곡사 심검당
석가모니후불도와 신중도 및 대광보전 신중도, 충남 서산 부석사 칠성도와
신중도를, 수화승으로 충남 연기 비암사 극락보전 신중도와 칠성도를, 1925
년에 수화승으로 충남 예산 정혜사 석가모니후불도, 1928년에 수화승으로 충
북 보은 법주사 대웅보전 삼장도, 수화승 호은정연과 충남 논산 정토종 포교
당 지장도와 수화승으로 시왕도(공주 마곡사 소장)를, 1934년에 수화승으로
충북 영동 품관사 독성도를, 1939년에 수화승으로 충남 예산 정혜사 견성암
아미타후불도를 조성하였다.

- 1890년 전북 김제 金山寺 彌勒殿 神衆圖 조성(『韓國의 佛畵 13 – 金山寺』) 수화승 聳俊
- 1892년 경남 합천 海印寺 大寂光殿 八相圖(雙林涅槃相) 조성(『韓國의 佛畵 5 – 海印寺
  (下)』) 右片丈 수화승 瑞庵典琪
  1892년 전북 익산 深谷寺 阿彌陀後佛圖 조성(『韓國의 佛畵 13 – 金山寺』) 수화승 蓮
  河 啓昌
  1892년 경북 고령 觀音寺 七星圖 조성(『韓國의 佛畵 22 – 桐華寺(下)』) 수화승 捷庵
  典琪
  1892년 경남 합천 海印寺 掛佛圖 조성(『韓國의 佛畵 – 5 海印寺(下)』)[56] 수화승 瑞庵
  典琪
  1892년 경남 합천 海印寺 大寂光殿 八相圖(踰城出家相) 조성(『韓國의 佛畵 5 – 海印
  寺(下)』) 수화승 瑞巖典琪
- 1893년 서울 地藏寺 大雄殿 地藏菩薩圖 조성(『서울전통사찰불화』과 홍윤식 편, 『韓國佛
  畵畵記集』 및 『韓國의 佛畵 34 – 曹溪寺(上)』) 수화승 錦湖若效
  1893년 서울 地藏寺 大雄殿 神衆圖 조성(『韓國의 佛畵 35 – 曹溪寺(中)』) 수화승 錦
  湖若效
- 1895년 충남 공주 甲寺 大慈庵 十六聖衆圖 조성(『韓國의 佛畵 15 – 麻谷寺(上)』) 수화승
  錦湖若效
  1895년 충남 공주 甲寺 大聖庵 神衆圖 조성(『韓國의 佛畵 15 – 麻谷寺(上)』) 수화승
  錦湖若效
  1895년 충남 서산 開心寺 神將圖 조성(『韓國의 佛畵 27 – 修德寺』) 出草 수화승 錦湖
  若效
- 1896년 天藏菴 神衆圖 조성(瑞山 天藏寺 所藏, 『韓國의 佛畵 27 – 修德寺』) 金魚 片手
  兼 出草 수화승
  1896년 전북 완주 威鳳寺 普光明殿 神衆圖 조성(『韓國의 佛畵 13 – 金山寺』) 片手 出
  草 수화승 玩海龍俊
  1896년 충남 당진 靈塔寺 神衆圖 조성(『韓國의 佛畵 27 – 修德寺』) 金魚 수화승
- 1897년 충북 보은 法住寺 捌相殿 八相圖(兜率來儀相) 조성(『韓國의 佛畵 17 – 法住寺』)
  金魚 수화승 錦湖若效
  1897년 충북 보은 法住寺 大雄寶殿 阿彌陀後佛圖 조성(『韓國의 佛畵 17 – 法住寺』)
  수화승 奉華
  1897년 충북 보은 法住寺 圓通寶殿 觀音圖 조성(『韓國의 佛畵 17 – 法住寺』)[57] 金魚
  出艸 片手 수화승 定鍊
- 1898년 경기 파주 普光寺 獨聖圖 조성(『韓國佛畵畵記集』와 『韓國의 佛畵 33 – 奉先寺』)
  수화승 慶船應釋
  1898년 충남 공주 東鶴寺 藥師如來後佛圖 조성(『韓國의 佛畵 15 – 麻谷寺(上)』) 金魚
  出草 수화승
  1898년 충남 공주 東鶴寺 阿彌陀後佛圖 조성(『韓國의 佛畵 15 – 麻谷寺(上)』) 金魚
  出草 수화승

1898년 충남 공주 東鶴寺 神衆圖 조성(『韓國의 佛畵 15 –麻谷寺(上)』) 金魚 수화승
1898년 충남 공주 東鶴寺 現王圖 조성(『韓國의 佛畵 16 – 麻谷寺(下)』)58) 金魚 수화승
◦1899년 高山寺 釋迦牟尼後佛圖 조성(禮山 修德寺 所藏, 『韓國의 佛畵 27 – 修德寺』) 出
草 수화승 錦湖若效
◦1900년 경남 양산 通度寺 金剛戒壇 甘露圖 조성(『韓國의 佛畵 2 – 通度寺(中)』) 수화승
東湖震徹
1900년 충남 예산 華嚴寺 神衆圖 조성(禮山 修德寺 所藏, 『韓國의 佛畵 27 – 修德寺』)
證明 金魚 수화승
◦1905년 충남 공주 麻谷寺 大雄寶殿 三世佛圖(釋迦牟尼佛) 조성(『韓國의 佛畵 15 –麻谷
寺(上)』) 수화승 錦湖若效
1905년 충남 공주 麻谷寺 大雄寶殿 三世佛圖(阿彌陀佛) 조성(『韓國의 佛畵 15 –麻谷
寺(上)』) 金魚 出草 수화승
1905년 충남 공주 甲寺 大雄殿 三藏圖 조성(『韓國의 佛畵 15 – 麻谷寺(上)』) 수화승
錦湖若效
◦1907년 전북 전주 南固寺 慈蔭殿 阿彌陀後佛圖 조성(『韓國의 佛畵 13 – 金山寺』) 出草
수화승 觀河 世兼
1907년 전북 무주 圓通寺 圓通寶殿 七星圖 조성(『韓國의 佛畵 13 – 金山寺』) 수화승
錦湖若效
1907년 충남 공주 甲寺 大寂殿 三世後佛圖 조성(『韓國의 佛畵 15 – 麻谷寺(上)』) 수화
승 錦湖若效
1907년 충남 공주 甲寺 大寂殿 四天王圖 조성(『韓國의 佛畵 15 – 麻谷寺(上)』) 出草
수화승 隆坡法融
1907년 충남 공주 岬寺 新香閣 四天王圖 조성(『韓國의 佛畵 15 – 麻谷寺(上)』) 出草
수화승 錦湖若效
1907년 충남 금산 身安寺 釋迦牟尼後佛圖 조성(『韓國의 佛畵 15 – 麻谷寺(上)』) 수화
승 錦湖若效
1907년 충남 공주 新元寺 大雄殿 釋迦牟尼後佛圖 조성(『韓國의 佛畵 15 – 麻谷寺(上)』)
수화승 普應文性
1907년 충남 공주 新元寺 大雄殿 神衆圖 조성(『韓國의 佛畵 15 – 麻谷寺(上)』) 수화승
普應文性
1907년 충남 공주 新元寺 七星圖 조성(『韓國의 佛畵 16 – 麻谷寺(下)』) 出草 수화승
普應文性
1907년 충북 영동 寧國寺 釋迦牟尼後佛圖 조성(『韓國의 佛畵 17 – 法住寺』) 出草 수
화승 錦湖若效
1907년 충북 영동 寧國寺 神衆圖 조성(『韓國佛畵畫記集』) 出草 수화승 錦湖若效
◦1908년 전북 전주 南固寺 地藏圖 조성(『韓國의 佛畵 13 – 金山寺』) 수화승 震广尚旿
◦1909년 충남 공주 麻谷寺 尋劒堂 公寮 飜瓦 시주(「公州郡泰華山麻谷寺尋劒堂公寮飜瓦
記」, 『麻谷寺 實測調査報告書』)59) 5냥
1909년 전북 익산 白雲庵 七星圖 조성(『韓國의 佛畵 13 – 金山寺』) 金魚 出草 수화승
1909년 전북 익산 白雲庵 獨聖圖 조성(『韓國의 佛畵 13 – 金山寺』) 金魚 수화승
1909년 전북 익산 白雲庵 山神圖 조성(『韓國의 佛畵 13 – 金山寺』) 金魚 수화승
◦1910년 충남 공주 甲寺 八相殿 釋迦牟尼後佛圖 조성(『韓國의 佛畵15 – 麻谷寺(上)』) 수
화승 隆坡法融
1910년 충남 공주 甲寺 大雄殿 神衆圖 조성(『韓國의 佛畵 15 – 麻谷寺(上)』) 出草 수
화승 錦湖若效
1910년 충남 공주 麻谷寺 靈山殿 神衆圖 조성(『韓國의 佛畵 15 – 麻谷寺(上)』) 金魚
出草 수화승
1910년 충남 공주 麻谷寺 天王門 重修(「泰華山麻谷寺天王門重修記」) 수화승 錦湖若效
◦1911년 전북 전주 西固寺 羅漢殿 獨聖圖 조성(『韓國의 佛畵 13 – 金山寺』) 金魚 수화승
◦1912년 충남 공주 麻谷寺 灵隱庵 神衆圖 조성(『韓國의 佛畵15 麻谷寺(上)』) 畵員 수화승
錦湖若效

▫ 1913년 전북 익산 崇林寺 普光殿 三世後佛圖 조성(『韓國의 佛畵 13 - 金山寺』) 金魚 出草 수화승

▫ 1916년 충남 예산 定慧庵 金仙臺 神衆圖 조성(『韓國의 佛畵 27 - 修德寺』) 金魚 수화승

▫ 1917년 충남 부여 無量寺 兜率菴 阿彌陀後佛圖 조성(『韓國의 佛畵 15 - 麻谷寺(上)』) 金魚 수화승

▫ 1919년 충남 당진 影浪寺 釋迦牟尼後佛圖 조성(禮山 修德寺 所藏, 『韓國의 佛畵 27 - 修德寺』) 金魚[60] 수화승

 1919년 충남 당진 影浪寺 神衆圖 조성(梁山 通度寺 소장, 『韓國의 佛畵 1 - 通度寺(上)』)[61] 金魚 수화승

 1919년 충남 예산 報德寺 釋迦牟尼後佛圖 조성(『韓國의 佛畵 27 - 修德寺』) 金魚 出草 수화승

 1919년 충남 서산 日樂寺 神衆圖 조성(『韓國의 佛畵 27 - 修德寺』) 金魚 出草 수화승

 1919년 충남 서산 日樂寺 七星圖 조성(『韓國의 佛畵 27 - 修德寺』) 金魚 出草 수화승

 1919년 충남 서산 日樂寺 獨聖圖 조성(『韓國의 佛畵 27 - 修德寺』) 金魚 出草 수화승

 1919년 文殊寺 現王圖 조성(禮山 修德寺 所藏, 『韓國의 佛畵 27 - 修德寺』) 出草 수화승

▫ 1922년 울산 內院庵 釋迦牟尼後佛圖 조성(『韓國의 佛畵 3 - 通度寺(下)』) 草出[62] 수화승 泰寅

▫ 1923년 충남 논산 雙溪寺 大雄殿 三世佛圖(釋迦牟尼佛) 조성(『韓國의 佛畵 15 - 麻谷寺(上)』) 金魚 수화승

 1923년 충남 논산 雙溪寺 大雄殿 三世佛圖(藥師佛) 조성(『韓國의 佛畵 15 - 麻谷寺(上)』) 金魚 수화승

 1923년 충남 논산 雙溪寺 大雄殿 三世佛圖(阿彌陀佛) 조성(『韓國의 佛畵 15 - 麻谷寺(上)』) 金魚 수화승

 1923년 충남 논산 雙溪寺 大雄殿 神衆圖 조성(『韓國의 佛畵 15 - 麻谷寺(上)』) 金魚 수화승

▫ 1924년 충남 예산 香泉寺 掛佛圖 조성(『韓國의 佛畵 27 - 修德寺』) 수화승 錦湖若效

 1924년 충남 공주 麻谷寺 尋劍堂 釋迦牟尼後佛圖 조성(『韓國의 佛畵 15 - 麻谷寺(上)』) 片手 수화승 錦湖若效

 1924년 충남 공주 麻谷寺 尋劍堂 神衆圖 조성(『韓國의 佛畵 15 - 麻谷寺(上)』) 片手 수화승 錦湖若效

 1924년 충남 공주 麻谷寺 大光寶殿 神衆圖 조성(『韓國의 佛畵 15 - 麻谷寺(上)』) 片手 出草 수화승 錦湖若效

 1924년 충남 연기 碑巖寺 極樂寶殿 神衆圖 조성(『韓國의 佛畵 15 - 麻谷寺(上)』) 金魚[63] 수화승

 1924년 충남 연기 碑巖寺 七星圖 조성(『韓國의 佛畵 16 - 麻谷寺(下)』) 金魚[64] 수화승

 1924년 충남 서산 浮石寺 七星圖 조성(『韓國의 佛畵 27 - 修德寺』) 片手 수화승 錦湖若效

 1924년 충남 서산 浮石寺 神衆圖 조성(『韓國의 佛畵 40 - 補遺』) 片手 수화승 錦湖若效

▫ 1925년 충남 예산 정혜사 釋迦牟尼後佛圖 조성(『韓國의 佛畵 27 - 修德寺』) 金魚 수화승

▫ 1928년 충북 보은 法住寺 大雄寶殿 三藏圖 조성(『韓國의 佛畵 17 - 法住寺』) 出草 수화승

 1928년 충남 논산 淨土宗 布敎堂 地藏圖 조성(公州 麻谷寺 所藏, 『韓國의 佛畵 15 - 麻谷寺(上)』) 片手 수화승 湖隱 定淵

 1928년 충남 논산 淨土宗 布敎堂 十王圖(初江大王) 조성(公州 麻谷寺 所藏, 『韓國의 佛畵 16 - 麻谷寺(下)』)[65] 片手 수화승

 1928년 충남 논산 淨土宗 布敎堂 十王圖(宋帝大王) 조성(公州 麻谷寺 所藏, 『韓國의 佛畵 16 - 麻谷寺(下)』) 片手[66] 수화승

 1928년 충남 논산 淨土宗 布敎堂 十王圖(五官大王) 조성(公州 麻谷寺 所藏, 『韓國의 佛畵 16 - 麻谷寺(下)』) 畵片手兼出草[67] 수화승

 1928년 충남 논산 淨土宗 布敎堂 十王圖(閻羅大王) 조성(公州 麻谷寺 所藏, 『韓國의 佛畵 16 - 麻谷寺(下)』) 片手와 出草[68] 수화승

 1928년 충남 논산 淨土宗 布敎堂 十王圖(泰山大王) 조성(公州 麻谷寺 所藏, 『韓國의

佛畵 16 - 麻谷寺(下)』片手69) 수화승
1928년 충남 논산 淨土宗 布敎堂 十王圖(都市大王) 조성(公州 麻谷寺 所藏,『韓國의 佛畵 16 - 麻谷寺(下)』金魚片手70) 수화승
◦1934년 영동 品官寺 獨聖圖(『韓國佛畵畵記集』) 出抄片手71)
◦1939년 충남 예산 定慧寺 見性菴 阿彌陀後佛圖 조성(『韓國의 佛畵 27 - 修德寺』) 金魚 수화승
◦연대미상72) 石泉庵 神衆圖 조성(東國大學校 所藏,『韓國의 佛畵 18 - 大學博物館(Ⅰ)』) 出草 수화승 文性
연대미상 七星圖 조성(東國大學校 所藏,『韓國의 佛畵 18 - 大學博物館(Ⅰ)』73) 出草 수화승 文性

정엽 1(定曄 : -1775-) 18세기 후반에 활동한 불화승이다. 1775년에 수화승 포관과 경남 양산 통도사 영산전 팔상도(도솔내의상)를 조성하였다.

◦1775년 경남 양산 通度寺 靈山殿 八相圖 중 第一兜率來儀相 조성(『韓國의 佛畵 2 - 通度寺(中)』) 수화승 抱冠

정엽 2(定燁, 定曄 : -1811-1822-) 19세기 전반에 활동한 불화승이다. 1811년에 수화승 수연과 경북 문경 운암사 영산회상도를, 1812년에 수화승 □□와 경북 예천 용문사 석가모니후불도를, 수화승 퇴운신겸과 1813년에 예천 용문사 지장도를, 1821년에 경북 의성 수정사 지장도와 온양민속박물관 소장 석가모니후불도와 지장도를, 1822년에 경북 문경 김용사 화장암 석가모니후불도와 신중도를 조성하였다.

◦1811년 경북 문경 雲巖寺 靈山會上圖 조성(『韓國佛畵畵記集』)74) 수화승 守衍
◦1812년 경북 예천 龍門寺 釋迦牟尼後佛圖 조성(『韓國의 佛畵 8 - 直指寺(上)』) 수화승 □□75)
◦1813년 경북 예천 龍門寺 地藏圖 조성(『韓國의 佛畵 8 - 直指寺(上)』) 수화승 退雲 愼兼76)
◦1821년 경북 의성 水淨寺 地藏圖 조성(『韓國의 佛畵 23 - 孤雲寺(上)』) 片手 수화승 退雲 信謙
1821년 釋迦牟尼後佛圖 조성(溫陽民俗博物館 所藏,『韓國의 佛畵 20 - 私立博物館』) 수화승 退雲信謙
1821년 地藏圖 조성(溫陽民俗博物館 所藏,『韓國의 佛畵 20 - 私立博物館』) 수화승 退雲信謙
◦1822년 경북 문경 金龍寺 華藏庵 釋迦牟尼後佛圖 조성(『韓國의 佛畵 8 - 直指寺(上)』) 수화승 退雲信謙
1822년 경북 문경 金龍寺 神衆圖 조성(『韓國의 佛畵 8 - 直指寺(上)』) 수화승 退雲信謙

정옥(定玉 : -1775-1777-) 18세기 후반에 활동한 불화승이다. 1775년에 수화승 포관과 경남 양산 통도사 약사전 약사후불도와 영산전 팔상도(도솔내의상)를, 1777년에 수화승 정총과 용연사 석가모니후불도(동국대학교 박물관 소장)를 조성하였다.

◦1775년 경남 양산 通度寺 藥師殿 藥師後佛圖 조성(『韓國의 佛畵 1 - 通度寺(上)』) 수화승 □冠
1775년 경남 양산 通度寺 靈山殿 八相圖(兜率來儀相) 조성(『韓國의 佛畵 2 - 通度寺(中)』) 수화승 抱冠
◦1777년 龍淵寺 釋迦牟尼後佛圖 조성(東國大學校 博物館 所藏,『韓國의 佛畵 18 - 大學博物館(Ⅰ)』) 수화승 定聰

정왕(定旺 : -1833-) 19세기 전반에 활동한 불화승이다. 1833년에 수화승 금암천여와 전남 구례 천은사 극락보전 신중도를 조성하였다.

◦ 1833년 전남 구례 泉隱寺 極樂寶殿 神衆圖 조성(『韓國의 佛畵 11 – 華嚴寺』)77) 수화승 錦庵天如

정우 1(正宇 : -1817-) 19세기 전반에 활동한 불화승이다. 1817년에 수화승 언보와 경북 청도 병사餠寺 석가모니후불홍도釋迦牟尼後佛紅圖를 조성하였다.

◦ 1817년 경북 청도 餠寺 釋迦牟尼後佛紅圖 조성(淸道 德寺 所藏, 『韓國의 佛畵 21 – 桐華寺(上)』) 수화승 雲谷言輔

정우 2(定旴, 幀羽 : -1886-1896-) 19세기 후반에 활동한 불화승이다. 1886년에 수화승 용선과 전북 남원 실상사 보광전 아미타후불홍도阿彌陀後佛紅圖와 수화승 전기와 천룡도를 1896년 범해두안과 경북 김천 봉곡사 지장도를 조성하였다.

◦ 1886년 전북 남원 實相寺 普光殿 阿彌陀後佛紅圖 조성(『韓國의 佛畵 13 – 金山寺』) 수화승 容善
1886년 전북 남원 實相寺 普光殿 天龍圖 조성(『韓國의 佛畵 13 – 金山寺』) 수화승 典基
◦ 1896년 경북 김천 鳳谷寺 地藏圖 조성(『韓國의 佛畵 8 – 直指寺(上)』) 수화승 帆海 斗岸78)

정운(禎雲 : -1906-1927-)* 범화당(梵華堂) 20세기 전반에 활동한 불화승이다. 1906년에 수화승 혜고봉감과 서울 지장사 약사전 약사후불도와 능인보전 신중도를, 1907년에 수화승 보암긍법과 서울 수국사 현왕도와 감로도를, 수화승 설호 재오와 원통암 아미타후불도(강화 청련사 소장)를, 수화승 보암긍법과 경기 남양주 불암사 대웅전 아미타후불도와 신중도를, 1915년에 수화승으로 서울 미타사 괘불도를, 1922년에 수화승 초암세복과 서울 화계사 삼성각 독성도를, 1927년에 수화승으로 강원 인제 청룡사 오백나한도(인제 백담사 소장)를 조성하였다.

◦ 1906년 서울 地藏寺 藥師殿 藥師後佛圖 조성(『韓國의 佛畵 34 – 曹溪寺(上)』) 수화승 惠杲 奉鑑79)
1906년 서울 地藏寺 能仁寶殿 神衆圖 조성(『韓國의 佛畵 35 – 曹溪寺(中)』) 수화승 奉鑑
◦ 1907년 서울 守國寺 現王圖 조성(『서울전통사찰불화』와 『韓國佛畵畵記集』 및 『韓國의 佛畵 36 – 曹溪寺(下)』) 金魚 수화승 普庵肯法
* 1907년 서울 守國寺 靈山會上圖에 畵記에 여러 불화 제작에 동참화원으로 언급되어 있다.
1907년 서울 守國寺 甘露圖 조성(『韓國의 佛畵 36 – 曹溪寺(下)』) 수화승 寶菴 肯法
1907년 圓通菴 阿彌陀後佛圖 조성(江華 靑蓮寺 소장, 『韓國의 佛畵 34 – 曹溪寺(上)』) 수화승 雪湖 在悟80)
1907년 경기 남양주 佛巖寺 大雄殿 阿彌陀後佛圖 조성(『韓國의 佛畵 33 – 奉先寺』) 金魚 수화승 普庵肯法
1907년 경기 남양주 佛巖寺 神衆圖 조성(『畿內寺院誌』와 『韓國佛畵畵記集』 및 『韓國의 佛畵 33 – 奉先寺』) 수화승 普庵肯法
◦ 1915년 서울 彌陀寺 掛佛圖 조성(『韓國의 佛畵 35 – 曹溪寺(中)』) 金魚 수화승

- 1922년 서울 華溪寺 三聖閣 獨聖圖 조성(『韓國의 佛畵 36 – 曹溪寺(下)』) 수화승 草庵 世復
- 1927년 강원 인제 靑龍寺 五百羅漢圖 조성(麟啼 百潭寺 所藏, 『한국의 사찰문화재–강원 도』과 『韓國의 佛畵 37 – 新興寺』) 片手 수화승

정원(定圓 : -1853-) 19세기 중반에 활동한 불화승이다. 1853년에 수화승 응성환익과 경기 남양주 봉영사 아미타후불도를 조성하였다.

- 1853년 경기 남양주 奉永寺 阿彌陀後佛圖 조성(『韓國의 佛畵 33 – 奉先寺』) 수화승 應惺幻翼

정윤 1(定玧 : -1797-) 18세기 후반에 활동한 불화승이다. 1797년에 수화승 위전과 경북 김천 직지사 신중도를 조성하였다.

- 1797년 경북 김천 直指寺 神衆圖 조성(『韓國의 佛畵 8 – 直指寺(上)』) 수화승 偉傳

정윤 2(定允, 正允 : -1901-) 20세기 전반에 활동한 불화승이다. 수화승 석옹철유와 1901년에 전남 해남 대흥사 삼세후불도(석가모니불)와 응진전 십육나한도 및 독성도 등을, 수화승 관하종인과 전북 고창 선운사 독성도를 조성하였다.

- 1901년 전남 해남 大興寺 三世後佛圖(釋迦牟尼佛) 조성(『韓國의 佛畵 31 – 大興寺』) 수화승 石翁喆侑
  1901년 전남 해남 大興寺 釋迦牟尼後佛圖 조성(『韓國의 佛畵 31 – 大興寺』) 수화승 石翁喆侑
  1901년 전남 해남 大興寺 十六羅漢圖 조성(『韓國의 佛畵 31 – 大興寺』) 수화승 石翁喆侑
  1901년 전남 해남 大興寺 山神閣 獨聖圖 조성(『全南의 寺刹』과 『韓國의 佛畵 31 – 大興寺』) 수화승 石翁喆侑
  1901년 전남 해남 大興寺 山神閣 獨聖圖 조성(『全南의 寺刹』과 『韓國의 佛畵 31 – 大興寺』) 수화승 石翁喆侑
  1901년 전북 고창 禪雲寺 獨聖圖 조성(『韓國의 佛畵 14 – 禪雲寺』) 수화승 觀河宗仁

정은(淨믈 : -1755-) 18세기 중반에 활동한 불화승이다. 1755년에 수화승 색민과 전남 장성 백양사 극락보전 아미타후불도를 조성하였다.

- 1755년 전남 장성 白羊寺 極樂寶殿 阿彌陀後佛圖 조성(『韓國의 佛畵 37 – 白羊寺·新興寺』) 수화승 嗇旻

정익(正翼 : -1877-1898-)* 만파당(萬波堂) 19세기 후반에 활동한 불화승이다. 1877년에 수화승으로 강원 고성 유점사 능인보전 삼장도를, 1880년에 수화승 서봉응순과 경북 울진 불영사 명부전 지장도를, 1885년에 수화승으로 경기 남양주 내원암 괘불도를, 1888년에 수화승 혜산축연과 강원 평창 상원사 십육나한도를 그리고, 수화승으로 고성 유점사 능인보전 목조제석천을 제작하였다. 1890년에 수화승 긍조와 서울 흥천사 대방 아미타후불도와 신중도를, 1898년에 수화승으로 고성 유점사 영산전 후불도 등을 조성하였다.

- 1877년 강원 고성 榆岾寺 能仁寶殿 三藏圖 조성(『榆岾寺本末寺誌(榆岾寺)』) 수화승
- 1880년 경북 울진 佛影寺 冥府殿 地藏圖 조성(『韓國의 佛畵 38 – 佛影寺』)[81] 수화승 西峯應淳
- 1885년 경기 남양주 內院庵 掛佛圖 조성(畵記, 『韓國의 佛畵 33 – 奉先寺』) 金魚[82] 수화승

◦ 1888년 강원 평창 上院寺 十六羅漢圖 조성(『韓國의 佛畵 10 - 月精寺』) 수화승 蕙山 竺衍
   1888년 강원 고성 楡岾寺 能仁寶殿 木製塗粉 帝釋菩薩 조성(『楡岾寺本末寺誌(楡岾
   寺)』) 수화승
◦ 1890년 서울 興天寺 大房 阿彌陀後佛圖 조성(『서울전통사찰불화』와『韓國佛畵畵記集』)[83]
   수화승 亘照
   1890년 서울 興天寺 大房 神衆圖 조성(『서울전통사찰불화』와『韓國佛畵畵記集』) 수
   화승 亘照
   1890년 서울 興天寺 大房 帝釋圖(『서울전통사찰불화』와『韓國佛畵畵記集』) 模像
◦ 1898년 강원 고성 楡岾寺 靈山殿 後佛圖, 神衆圖, 羅漢圖, 使者圖 등 조성(『楡岾寺本末
   寺誌(楡岾寺)』) 수화승

정인 1(精印 : -1687-) 17세기 후반에 활동한 불화승이다. 1687년에 수화승
능학과 충남 공주 마곡사 괘불도를 조성하였다.

◦ 1687년 충남 공주 麻谷寺 掛佛圖 조성(『韓國의 佛畵 16 - 麻谷寺(下)』) 수화승 能學

정인 2(定印, 定仁 : -1749-1777-)* 18세기 중반에 활동한 불화승이다. 1749년
에 수화승 의겸과 부안 개암사 괘불도를 조성하고, 1755년에 수화승 상정과
용화암 목조보살좌상(부천 석왕사 소장)을 제작하였다. 수화승으로 1757년에
전남 구례 화엄사 대웅전 삼신도 가운데 비로자나불도를, 1777년에 수화승
□영과 서울 봉은사 시왕도(동국대학교 박물관 소장)를 조성하였다.

◦ 1749년 전북 부안 開巖寺 掛佛圖 조성(扶安 來蘇寺 所藏,『韓國의 佛畵 14 - 禪雲寺』)
   수화승 義兼
◦ 용화암 木造菩薩坐像 조성(부천 석왕사 소장, 發願文) 수화승 상정
◦ 1757년 전남 구례 華嚴寺 大雄殿 三身圖(毘盧遮那佛) 조성(『韓國의 佛畵 11 - 華嚴寺』)
   畵員 수화승
   *『海東湖南道智異山大華嚴寺事蹟』에도 언급되어 있다.
◦ 1777년 서울 奉恩寺 十王圖(東國大學校 博物館 所藏,『韓國佛畵畵記集』) 수화승 □穎

정인 3(定仁 : -1825-1828-) 19세기 전반에 활동한 불화승이다. 수화승 퇴운
신겸과 1825년에 지보암 석가모니후불도와 지장도(영천 은해사 소장) 및 신
중도(동국대학교 경주캠퍼스 소장)를, 1828년에 경기 고양 중흥사 약사회상
도와 아미타회상도를, 수화승 금겸과 황산사 제석도(영덕 덕흥사 소장)를 조
성하였다.

◦ 1825년 持寶菴 釋迦牟尼後佛圖 조성(永川 銀海寺 所藏,『韓國의 佛畵 30 - 銀海寺』) 수
   화승 退雲信謙
   1825년 地藏圖 조성(永川 銀海寺 所藏,『韓國의 佛畵 30 - 銀海寺』) 수화승 退雲信謙
   1825년 持寶寺 現王圖 조성(永川 銀海寺 所藏,『韓國의 佛畵 30 - 銀海寺』) 수화승
   退雲愼謙
   1825년 持寶菴 神衆圖 조성(東國大 慶州캠퍼스 所藏,『韓國의 佛畵 18 - 大學博物館
   (Ⅰ) 東國大』) 수화승 退雲愼謙
◦ 1828년 경기 고양 中興寺 藥師會上圖 조성(國立中央博物館 所藏,『北漢山의 佛敎遺蹟』
   과『영혼의 여로 - 조선시대 불교회화와의 만남』 및『韓國의 佛畵 39 - 國・公立博物館』)
   수화승 退雲信謙
   1828년 경기 고양 中興寺 阿彌陀會上圖 조성(國立中央博物館 所藏,『北漢山의 佛敎
   遺蹟』과『영혼의 여로 - 조선시대 불교회화와의 만남』 및『韓國의 佛畵 39 - 國・公
   立博物館』) 수화승 信謙
   1828년 黃山寺 帝釋圖 조성(盈德 德興寺 所藏,『韓國의 佛畵 38 - 佛國寺』) 수화승

錦謙

정인 4(正仁 : -1876-1881-) 19세기 후반에 활동한 불화승이다. 수화승 하은 위상과 1876년에 경북 선산 도리사 석가모니후불도를, 경북 문경 대승사 지장도와 신중도를, 1879년에 경북 포항 보경사 서운암 아미타후불홍도阿彌陀後佛紅圖와 신중도를, 1880년에 문경 김용사 금선암 아미타후불도와 신중도 및 금선암 신중도 등을, 1881년에 경북 선산 도리사 칠성도를 조성하였다.

- 1876년 경북 선산 桃李寺 釋迦牟尼後佛圖 조성(『韓國의 佛畵 8 - 直指寺(上)』) 수화승 霞隱偉相[84]
  1876년 경북 문경 大乘寺 地藏圖 조성(『韓國의 佛畵 8 - 直指寺(上)』) 수화승 霞隱偉相
  1876년 경북 문경 大乘寺 神衆圖 조성(『韓國의 佛畵 8 - 直指寺(上)』) 수화승 霞隱偉相
- 1879년 경북 포항 寶鏡寺 瑞雲菴 阿彌陀後佛紅圖 조성(『韓國의 佛畵 38 - 佛國寺』) 수화승 霞隱應相[85]
  1879년 경북 포항 寶鏡寺 瑞雲菴 神衆圖 조성(『韓國의 佛畵 38 - 佛國寺』) 수화승 霞隱應相[86]
- 1880년 경북 문경 金龍寺 金仙庵 阿彌陀後佛圖 조성(『韓國의 佛畵 8 - 直指寺(上)』) 수화승 霞隱應禪
  1880년 경북 문경 金龍寺 養眞庵 神衆圖 조성(『韓國의 佛畵 8 - 直指寺(上)』) 수화승 霞隱應祥
  1880년 경북 문경 金龍寺 金仙庵 神衆圖 조성(『韓國의 佛畵 8 - 直指寺(上)』) 수화승 霞隱應祥
  1880년 경북 문경 金龍寺 四天王圖(持國天王) 조성(『韓國의 佛畵 8 - 直指寺(上)』) 수화승 霞隱應祥
- 1881년 경북 선산 桃李寺 七星圖 조성(『韓國의 佛畵 9 - 直指寺(下)』) 수화승 霞隱應祥

정일 1(定一, 定日 : -1762-1781-)* 취월당(醉月堂) 18세기 중·후반에 활동한 불화승이다. 1762년에 수화승 진찰과 강원 홍천 수타사 석가모니후불도를, 1768년에 수화승으로 경북 봉화 축서사 괘불도를, 1775년에 수화승으로 경북 영풍 쌍악사 신중도를, 1781년에 수화승으로 경북 문경 혜국사 신중도를 조성하였다.

- 1762년 강원 洪川 壽陁寺 釋迦牟尼後佛圖 조성(『韓國의 佛畵 10 - 月精寺』) 수화승 震刹
- 1768년 경북 봉화 鷲棲寺 掛佛圖 조성(『韓國의 佛畵 24 - 孤雲寺(下)』) 龍眼 수화승
- 1775년 경북 영풍 雙岳寺 神衆圖 조성(榮豊 聖穴寺 所藏, 『韓國의 佛畵 23 - 孤雲寺(上)』) 良工 수화승
- 1781년 경북 문경 惠國寺 神衆圖 조성(『韓國의 佛畵 8 - 直指寺(上)』) 畵師 수화승
- 연대미상 경북 포항 寶鏡寺 八相圖(鹿苑轉法相) 조성(『韓國의 佛畵 38 - 佛國寺』) 수화승 聖明

정일 2(定一 : -1830-) 19세기 중반에 활동한 불화승이다. 1830년에 수화승 성수와 전북 완주 화암사 명부전 지장도를 조성하였다.

- 1830년 전북 완주 花巖寺 冥府殿 地藏圖 조성(『韓國의 佛畵 13 - 金山寺』) 수화승 誠修

정일 3(正一 : -1904-1906-) 20세기 전반에 활동한 불화승이다. 1904년에 수화승 한형과 경남 합천 해인사 국일암 지장도를, 1906년에 수화승 대우 봉하와 경북 김천 청암사 아미타후불도를 조성하였다.

- 1904년 경남 합천 海印寺 國一庵 地藏圖 조성(『韓國의 佛畵 4 - 海印寺(上)』) 片手 수화

승 漢炯

◦ 1906년 경북 김천 靑巖寺 阿彌陀後佛圖 조성(『韓國의 佛畫 8 - 直指寺(上)』) 수화승 大愚 奉河

정철(定喆, 定哲 : -1803-1806-) 19세기 전반에 활동한 불화승이다. 1803년에 수화승 홍안과 경북 문경 김용사 석가모니후불도와 신중도를, 1804년에 수화승 홍안과 경북 문경 혜국사 석가모니후불도와 수화승 신겸과 신중도를, 1806년에 수화승 종간과 경북 청송 대전사 명부전 지장도를 조성하였다.

◦ 1803년 경북 문경 金龍寺 釋迦牟尼後佛圖 조성(『韓國의 佛畫 8 - 直指寺(上)』) 수화승 弘眼

1803년 경북 문경 金龍寺 神衆圖 조성(『韓國의 佛畫 8 - 直指寺(上)』) 수화승 弘眼

◦ 1804년 경북 문경 惠國寺 釋迦牟尼後佛圖 조성(『韓國의 佛畫 8 - 直指寺(上)』) 수화승 弘眼

1804년 경북 문경 惠國寺 神衆圖 조성(『韓國의 佛畫 8 - 直指寺(上)』) 수화승 愼謙

◦ 1806년 경북 청송 大典寺 冥府殿 地藏圖 조성(『韓國의 佛畫 30 - 銀海寺篇』) 수화승 宗侃

정첨(正添, 定沾 : -1874-1879-) 19세기 후반에 활동한 불화승이다. 수화승 덕운영운과 1874년 부산 안적사 대웅전 아미타후불도와 1879년에 울산 동축사 東竺寺 신중도(양산 통도사 소장)를, 1880년에 수화승 정행과 경남 밀양 만어사 아미타후불도를 조성하였다.

◦ 1874년 부산 安寂寺 大雄殿 阿彌陀後佛圖 조성(『韓國의 佛畫 32 - 梵魚寺』) 수화승 德雲 永芸

◦ 1879년 울산 東竺寺 神衆圖 조성(梁山 通度寺 소장, 『韓國의 佛畫 1 - 通度寺(上)』) 수화승 德雲永芸

◦ 1880년 경남 밀양 萬魚寺 阿彌陀後佛圖 조성(『韓國의 佛畫 3 - 通度寺(下)』) 수화승 正涬

정총(定聰 : -1775-1777-)* 18세기 후반에 활동한 불화승이다. 1775년에 수화승으로 경남 양산 통도사 응진전 석가모니후불도와 수화승 포관과 통도사 약사전 약사후불도를, 1776년에 수화승 취증과 경북 영천 영지사 대웅전 석가모니후불도를, 1777년에 수화승으로 용연사 석가모니후불도(동국대학교 박물관 소장)를 조성하였다.

◦ 1775년 경남 양산 通度寺 應眞殿 釋迦牟尼後佛圖 조성(『韓國의 佛畫 1 - 通度寺(上)』) 良工 수화승

1775년 경남 양산 通度寺 藥師殿 藥師後佛圖 조성(『韓國의 佛畫 1 - 通度寺(上)』)[87] 수화승 □冠

1775년 경남 양산 通度寺 「八相記文」 언급(安貴淑, 「조선후기 佛畫僧의 계보와 義謙比丘에 대한 연구(상)」) 수화승 抱冠

◦ 1776년 경북 영천 靈芝寺 大雄殿 釋迦牟尼後佛圖 조성(『韓國의 佛畫 30 - 銀海寺』) 畫師 수화승 取證

◦ 1777년 龍淵寺 釋迦牟尼後佛圖 조성(東國大學校 博物館 所藏, 『韓國의 佛畫 18 - 大學博物館(Ⅰ)』) 良工[88] 수화승

◦ 연대미상 경북 포항 寶鏡寺 八相圖(雪山修道相) 조성(『韓國의 佛畫 38 - 佛國寺』) 수화승 聖明

연대미상 경북 포항 寶鏡寺 八相圖(鹿苑轉法相) 조성(『韓國의 佛畫 38 - 佛國寺』) 수화승 聖明

정탁(定濯, 淨濯 : 1876-1878) 만파당(萬波堂) 19세기 후반에 활동한 불화승이

다. 1876년에 수화승 하은위상과 경북 문경 대승사 지장도와 신중도, 경북 선산 도리사 석가모니후불도를, 1877년에 수화승으로 경기 파주 보광사 십육나한도와 수월도장공화불사水月道場空花佛事를, 1878년에 수화승 용계서익과 인천 강화 정수사 아미타후불도를 조성하였다.

- 1877년에 수화승으로 坡州 普光寺 十六羅漢圖 2와 水月道場空花佛事
- 1876년 경북 문경 大乘寺 地藏圖 조성(『韓國의 佛畵 8 – 直指寺(上)』) 수화승 霞隱偉相
  1876년 경북 문경 大乘寺 神衆圖 조성(『韓國의 佛畵 8 – 直指寺(上)』) 수화승 霞隱偉相
  1876년 경북 선산 桃李寺 釋迦牟尼後佛圖 조성(『韓國의 佛畵 8 – 直指寺(上)』) 수화승 霞隱偉相[89]
- 1877년 경기 파주 普光寺 十六羅漢圖(2·4·6·8尊者) 조성(『韓國佛畵畵記集』과 『韓國의 佛畵 33 – 奉先寺』) 金魚 수화승 大虛體訓
  1877년 경기 파주 普光寺 十六羅漢圖(9·11·13·15尊者) 조성(『韓國佛畵畵記集』과 『韓國의 佛畵 33 – 奉先寺』) 出草 수화승 大虛體訓
  1877년 坡州 普光寺 水月道場空花佛事(『韓國佛畵畵記集』) 出草
- 1878년 인천 강화 淨水寺 阿彌陀後佛圖 조성(『畿內寺院誌』와 『韓國佛畵畵記集』 및 『韓國의 佛畵 34 – 曹溪寺(上)』)[90] 수화승 龍溪 瑞翊

정탄(定坦 : -1775-) 18세기 후반에 활동한 불화승이다. 1775년에 수화승 정총과 경남 양산 통도사 응진전 석가모니후불도를 조성하였다.

- 1775년 慶南 梁山 通度寺 應眞殿 釋迦牟尼後佛圖 조성(『韓國의 佛畵 1 – 通度寺(上)』)[91] 수화승 定聰

정해(正解) 18세기 전반에 활동한 불화승이다. 제작연대를 알 수 없는 전남 곡성 도림사 석가모니후불도(동국대학교 박물관 소장)를 수화승 정□와 조성하였다.

- 연대미상 전남 곡성 道林寺 釋迦牟尼後佛圖 조성(東國大學校 博物館 所藏, 『韓國의 佛畵 18 – 大學博物館(Ⅰ)』) 수화승 定□

정행(正涬 : -1878-1880-)* 19세기 후반에 활동한 불화승이다. 1878년에 수화승 덕운영운과 울산 백양사 아미타삼존홍도阿彌陀三尊紅圖와 신중도를, 1880년에 수화승으로 경남 밀양 만어사萬魚寺 아미타후불도를 조성하였다.

- 1878년 울산 白楊寺 阿彌陀三尊紅圖 조성(『韓國의 佛畵 3 – 通度寺(下)』) 수화승 德雲永芸
  1878년 울산 白楊寺 神衆圖 조성(『韓國의 佛畵 3 – 通度寺(下)』) 수화승 德雲永芸
- 1880년 경남 밀양 萬魚寺 阿彌陀後佛圖 조성(『韓國의 佛畵 3 – 通度寺(下)』) 金魚 수화승

정현 1(淨玄 : -1753-) 18세기 중반에 활동한 불화승이다. 1753년에 숙빈淑嬪 상시봉원上諡封園 조성소 화승畵僧으로 참여하였다.

- 1753년 『淑嬪上諡封園都監儀軌』(南漢僧) 造成所 畵僧(奎章閣 14925호, 朴廷蕙, 「儀軌를 통해서 본 朝鮮時代의 畵員」 자료1)

정현 2(淨玹 : -1899-) 19세기 후반에 활동한 불화승이다. 1899년에 수화승 우송상수와 전북 무주 북고사 칠성각 칠성도와 봉곡사 극락암 칠성도(무주 안국사 소장)를 제작하였다.

- 1899년 전북 무주 北固寺 七星閣 七星圖 조성(『韓國의 佛畵 13 – 金山寺』)[92] 수화승 友松爽洙
  1899년 鳳谷寺 極樂庵 七星圖 조성(茂朱 安國寺 所藏, 『韓國의 佛畵13 – 金山寺』) 수

화승 友松爽洙

정화(定華, 定和, 定畵 : -1775-1804-) 18세기 후반부터 19세기 전반까지 활동한 불화승이다. 1775년에 수화승 경옥과 경남 양산 통도사 명부전 시왕도(변성대왕)를, 1792년에 수화승 지연과 통도사 괘불도와 삼장도 및 신중도(원적산 금봉암 소장)를, 수화승 璟峯과 경북 영천 은해사 백흥암 극락전 감로도를, 수화승 지연과 1798년에 통도사 명부전 지장도와 1804년에 대구 동화사 양진암 신중도를 조성하였다.

- 1775년 경남 양산 通度寺 冥府殿 十王圖(變成大王) 조성(『韓國의 佛畵 2 - 通度寺(中)』) 수화승 璟玉
- 1792년 경남 양산 通度寺 掛佛圖 조성(『韓國의 佛畵 2 - 通度寺(中)』) 수화승 指演
  1792년 경남 양산 通度寺 三藏圖 조성(『韓國의 佛畵 1 - 通度寺(上)』) 수화승 指演
  1792년 경남 양산 通度寺 神衆圖(圓寂山 金鳳庵 奉安) 조성(『韓國의 佛畵 1 - 通度寺(上)』) 수화승 福贊
  1792년 경북 영천 銀海寺 百興庵 極樂殿 甘露圖 조성(『韓國의 佛畵 30 - 銀海寺』) 수화승 璟峯
- 1798년 경남 양산 通度寺 冥府殿 地藏圖 조성(『韓國의 佛畵 1 - 通度寺(上)』) 수화승 指演
- 1804년 대구 桐華寺 養眞庵 神衆圖 조성(『韓國의 佛畵 21 - 桐華寺(上)』) 수화승 指演

정환(定煥 : -1858-) 19세기 중반에 활동한 불화승이다. 1858년에 수화승 성주와 경남 밀양 표충사 명부전 지장도를 조성하였다.

- 1858년 경남 밀양 表忠寺 冥府殿 地藏圖 조성(『韓國의 佛畵 3 - 通度寺(下)』) 수화승 聖注

제한(濟閑 : -1803-)* 19세기 전반에 활동한 불화승이다. 1803년에 수화승으로 경북 김천 직지사 괘불도를 조성하였다.

- 1803년 경북 김천 直指寺 掛佛圖 조성(『韓國의 佛畵 9 - 直指寺(下)』) 龍眼秩 都畵 수화승

조감 1(祖鑑 : -1703-) 18세기 전반에 활동한 불화승이다. 1703년에 수화승 의균과 아미타후불도(국립중앙박물관 소장)를 조성하였다.

- 1703년 대구 桐華寺 阿彌陀後佛圖 조성(國立中央博物館 所藏, 유마리, 「朝鮮朝 阿彌陀佛畵의 硏究」, 『朝鮮朝 佛畵의 硏究-三佛會圖』과 『韓國의 佛畵 39 - 國·公立博物館』) 수화승 義均

조감 2(趙鑒 : -1808-) 19세기 전반에 활동한 불화승이다. 1808년에 수화승 화악평삼과 경남 고성 옥천사 괘불도를 조성하였다.

- 1808년 경남 고성 玉泉寺 掛佛圖 조성(『韓國의 佛畵 26 - 雙磎寺(下)』) 수화승 華岳評三

조연(祖演, 旵演 : -1762-1778-) 18세기 중반에 활동한 불화승이다. 1762년에 장조莊祖 영우원永祐園 원소園所와 1764년에 건원릉健元陵 정자각丁字閣 중수에 화원으로 참여하였다. 1778년에 수화승 비현과 전남 고흥 금탑사 괘불도를 조성하였다.

- 1762년 『莊祖永祐園園所都監儀軌』 造成所 畵僧(奎章閣 13607호, 朴廷蕙, 「儀軌를 통해서 본 朝鮮時代의 畵員」 자료1)
- 1764년 『健元陵丁字閣重修都監儀軌』 畵僧(奎章閣 13500호, 朴廷蕙, 「儀軌를 통해서 본 朝鮮時代의 畵員」 자료1)
- 1778년 전남 고흥 금탑사 掛佛圖 조성(『韓國의 佛畵 6 - 松廣寺』) 수화승 丕賢

조은(照隱, 照늘 : -1803-1804-) 19세기 전반에 활동한 불화승이다. 수화승 제한과 1803년에 경북 김천 직지사 괘불도와 1804년에 경남 양산 통도사 대광명전 신중도(제석천룡도, 금강도)를 조성하였다.

- 1803년 경북 김천 直指寺 掛佛圖 조성(『韓國의 佛畵 9 – 直指寺(下)』) 수화승 濟閑
- 1804년 경남 양산 通度寺 大光明殿 神衆圖(帝釋天龍圖) 조성(『韓國의 佛畵 1 – 通度寺(上)』) 수화승 戒閑
  1804년 경남 양산 通度寺 大光明殿 神衆圖(金剛圖) 조성(『韓國의 佛畵 1 – 通度寺(上)』) 수화승 戒閑

조일(照日 : -1764-) 18세기 중반에 활동한 불화승이다. 1764년에 수화승 치삭과 경북 의성 대곡사 지장도를 조성하였다.

- 1764년 경북 의성 大谷寺 地藏圖 조성(『韓國의 佛畵 23 – 孤雲寺(上)』) 수화승 稚朔

조한(祖閑 : -1718-) 18세기 전반에 활동한 불화승이다. 1718년에 수화승 천오와 경북 경주 기림사 대적광전 삼신불회도와 제작연대를 알 수 없는 삼장도를 조성하였다.

- 1718년 경북 경주 祇林寺 大寂光殿 三身佛會圖 조성(文明大, 「毘盧遮那三身佛圖像의 形式과 祇林寺 三身佛像 및 佛畵의 연구」와 『韓國의 佛畵 38 – 佛國寺』) 수화승 天悟
- 18세기 전반 경북 경주 祇林寺 三藏圖 조성(東國大學校 慶州캠퍼스 博物館 所藏, 『韓國의 佛畵 18 – 大學博物館(Ⅰ)』)[93] 수화승 天悟

조현(祖玄 : -1745-) 18세기 중반에 활동한 불화승이다. 1745년에 수화승 서기, 가선嘉善 뇌옥雷玉 등과 경북 영주 부석사 괘불도를 조성하였다.

- 1745년 경북 영주 浮石寺 掛佛圖 조성(『韓國의 佛畵 24 – 孤雲寺(下)』) 수화승 瑞氣

존혜(尊慧, 尊惠 : -1741-1744-) 18세기 중반에 활동한 불화승이다. 수화승 세관과 1741년에 경북 상주 남장사 아미타후불도와 삼장도를, 1744년에 경북 김천 직지사 석가모니후불도와 약사후불도 및 시왕도(오관대왕)를 조성하였다.

- 1741년 경북 상주 南長寺 阿彌陀後佛圖 1 조성(『韓國의 佛畵 8 – 直指寺(上)』) 수화승 世冠
  1741년 경북 상주 南長寺 阿彌陀後佛圖 2 조성(『韓國의 佛畵 8 – 直指寺(上)』) 수화승 世冠
  1741년 경북 상주 南長寺 三藏圖 조성(『韓國의 佛畵 8 – 直指寺(上)』) 수화승 世冠
- 1744년 경북 김천 直指寺 釋迦牟尼後佛圖 조성(『韓國의 佛畵 8 – 直指寺(上)』) 本寺 수화승 世冠
  1744년 경북 김천 直指寺 藥師後佛圖 조성(『韓國의 佛畵 8 – 直指寺(上)』) 수화승 世冠
  1744년 경북 김천 直指寺 十王圖(五官大王) 조성(『韓國의 佛畵 9 – 直指寺(下)』)[94] 수화승 世冠

종간(宗侃, 宗幹 : -1791-1806-)* 18세기 후반에 경기도를 중심으로 활동한 불화승이다. 1791년에 수화승 연홍과 경기 화성 장의사 지장도(화성 만의사 소장)를 조성하고, 1794년부터 1796년까지 화성 건립에 참여하였다. 1806년에 수화승으로 경북 청송 대전사 명부전 지장도를 조성하였다. 1801년에 작성된 『화성성역의궤華城城役儀軌』에 양주목楊州牧 승려로 언급되어 있다.

- 1791년 경기 화성 莊儀寺 地藏圖 조성(華城 萬儀寺 所藏, 『韓國의 佛畵 28 – 龍珠寺(上)』)[95]

수화승 演泓
◦ 1794년–1796년 화성 건립에 화원으로 참여(1801년 작성된 『華城城役儀軌』 卷4 工匠 畵工 條) 楊州牧
◦ 1806년 경북 청송 大典寺 冥府殿 地藏圖 조성(『韓國의 佛畵 30 – 銀海寺篇』) 龍眼 嘉善 수화승

종계(宗戒 : -1765-1767-) 18세기 중반에 활동한 불화승이다. 1765년에 수화승 자인과 경북 안동 봉정사 감로왕도를, 1767년에 수화승 상정과 경북 영주 부석사 무량수전 미타존상을 개금하였다.

◦ 1765년 경북 안동 鳳停寺 甘露王圖 조성(『韓國佛畵畵記集』) 수화승 自仁
◦ 1767년 경북 영주 浮石寺 無量壽殿彌陀尊像 개금(「浮石寺資料」, 『佛敎美術』 3) 수화승 尙淨

종담(宗淡 : -1854-) 19세기 중반에 활동한 불화승이다. 1854년에 수화승 찬종과 경기 파주 금단사 아미타후불도를 조성하였다.

◦ 1854년 경기 파주 黔丹寺 阿彌陀後佛圖 조성(畵記, 『韓國佛畵畵記集』와 『韓國의 佛畵 33 – 奉先寺』) 수화승 讚宗

종민 1(宗敏 : -1758-) 18세기 중반에 활동한 불화승이다. 1758년에 수화승 설훈, 벽하와 경북 의성 고운사 사천왕도(광목천왕과 지국천왕)를 조성하였다.

◦ 1758년 경북 의성 高雲寺 四天王圖(廣目天王) 조성(弘益大學校 博物館 所藏, 『韓國의 佛畵 19 – 大學博物館(II)』)
1758년 경북 의성 高雲寺 四天王圖(持國天王) 조성(弘益大學校 博物館 所藏, 『韓國의 佛畵 19 – 大學博物館(II)』)96)

종민 2(宗玟, 宗敏 : -1907-1913-) 20세기 전반에 활동한 불화승이다. 1907년에 수화승 보암긍법과 서울 수국사 신중도와 감로도를, 1913년에 수화승 퇴경 상노와 경북 문경 김용사 대성암 아미타후불도와 삼장도를 조성하였다.

◦ 1907년 서울 守國寺 神衆圖 조성(『서울전통사찰불화』와 『韓國佛畵畵記集』 및 『韓國의 佛畵 35 – 曹溪寺(中)』) 수화승 普庵肯法
1907년 서울 守國寺 甘露圖 조성(『韓國의 佛畵 36 – 曹溪寺(下)』) 수화승 寶菴 肯法
◦ 1913년 경북 문경 金龍寺 大成庵 阿彌陀後佛圖 조성(『韓國의 佛畵 8 – 直指寺(上)』) 수화승 退耕 相老
1913년 경북 문경 金龍寺 三藏圖 조성(『韓國의 佛畵 8 – 直指寺(上)』) 수화승 退耕 相老

종선(宗禪 : -1895-) 19세기 후반에 활동한 불화승이다. 1895년에 수화승 금곡영환과 서울 봉은사 영산전 나한도를, 수화승 영화와 경기 남양주 불암사 괘불도를 조성하였다.

◦ 1895년 경기 남양주 佛巖寺 掛佛圖 조성(『掛佛調査報告書』과 『韓國佛畵畵記集』 및 『韓國의 佛畵 33 – 奉先寺』) 수화승 金谷永煥
1895년 서울 奉恩寺 靈山殿 十六羅漢圖 조성(『韓國의 佛畵 35 – 曹溪寺(中)』) 수화승 尙奎

종수(宗脩 : -1882-) 원위당(圓潿堂) 19세기 후반에 활동한 불화승이다. 1882년에 수화승 혜과봉간과 경기 남양주 견성암 아미타후불도를 조성하였다.

◦ 1882년 경기 남양주 見聖庵 阿彌陀後佛圖 조성(『전통사찰총서 5– 인천·경기도의 전통사찰II』와 『韓國佛畵畵記集』)97) 수화승 慧果奉侃

종순(鍾順, 鍾純 : -1881-) 19세기 후반에 활동한 불화승이다. 수화승 관허의 관과 1881년에 경남 합천 해인사 관음전 아미타후불도와 궁현당 아미타후불도를, 경남 거창 심우사 신중도를 조성하였다.

- 1881년 경남 합천 海印寺 觀音殿 阿彌陀後佛圖 조성(『韓國의 佛畵 4 – 海印寺(上)』) 수화승 冠虛宜官
- 1881년 경남 합천 海印寺 窮玄堂 阿彌陀後佛圖 조성(『韓國의 佛畵 4 – 海印寺(上)』) 수화승 冠虛宜官
- 1881년 경남 거창 尋牛寺 神衆圖 조성(『韓國의 佛畵 4 – 海印寺(上)』)[98] 수화승 冠虛宜官

종연(宗淵 : -1794-1796-) 18세기 후반에 경기도를 중심으로 활동한 불화승이다. 1794년부터 1796년까지 화성 건립에 참여하여 1801년에 작성된 『화성성역의궤華城城役儀軌』에 양주목楊州牧 승려로 언급되어 있다.

- 1794년-1796년 화성 건립에 화원으로 참여(1801년 작성된 『華城城役儀軌』 卷4 工匠 畵工 條) 楊州牧

종열(宗悅 : -1710-) 18세기 전반에 활동한 불화승이다. 1710년에 수화승 도문과 경북 안동 봉정사 괘불도를 조성하였다.

- 1710년 경북 안동 鳳停寺 掛佛圖 조성(『韓國의 佛畵 24 – 孤雲寺(下)』) 수화승 道文

종예(宗藝 : -1901-1907-) 20세기 전반에 활동한 불화승이다. 1901년에 수화승 보암긍법과 경기 남양주 불암사 독성도를, 1902년에 수화승 경선응석과 경기 고양 흥국사 괘불도를, 1907년에 수화승 보암긍법과 남양주 불암사 신중도를 조성하였다.

- 1901년 경기 남양주 佛巖寺 獨聖圖 조성(『畿內寺院誌』와 『韓國佛畵畵記集』 및 『韓國의 佛畵 33 – 奉先寺』) 수화승 普庵亘法
- 1902년 경기 고양 興國寺 掛佛圖 조성(『畿內寺院誌』,『掛佛調査報告書』 및 『韓國佛畵畵記集』 및 『韓國의 佛畵 35 – 曹溪寺(中)』) 수화승 慶船應釋
- 1907년 경기 남양주 佛巖寺 神衆圖 조성(『畿內寺院誌』와 『韓國佛畵畵記集』 및 『韓國의 佛畵 33 – 奉先寺』) 수화승 普庵肯法

종운 1(宗運 : -1686-1691-)* 17세기 후반에 활동한 불화승이다. 수화승으로 1686년에 전남 장흥 보림사 비전碑殿과 1688년에 기묘당紀妙堂 및 1691년에 첨성각을 단청하였다.

- 1686년 전남 장흥 寶林寺 碑殿 丹靑(『譯註 寶林寺重創記』) 畵手 수화승
- 1688년 전남 장흥 寶林寺 紀妙堂 丹靑(『譯註 寶林寺重創記』) 畵手 수화승
- 1691년 전남 장흥 寶林寺 첨성각 丹靑(『譯註 寶林寺重創記』) 畵手 수화승

종운 2(宗運 : -1898-)* 19세기 후반에 활동한 불화승이다. 1898년에 수화승으로 서울 청룡사 대웅전 감로왕도를 조성하였다.

- 1898년 서울 靑龍寺 大雄殿 甘露王圖 조성(『서울전통사찰불화』와 『韓國佛畵畵記集』) 畵師 수화승

종원 1(宗元 : -1789-1796) 18세기 후반에 경기도를 중심으로 활동한 불화승이다. 1789년 장조莊祖 현릉원顯隆園 원소園所와 1794년부터 1796년까지 화

성 건립에 참여하였다. 1801년에 작성된 『화성성역의궤華城城役儀軌』에 양주 목楊州牧 승려로 언급되어 있다.

- 1789년 『莊祖顯隆園園所都監儀軌』 造成所 畵僧(奎章閣 13627호, 朴廷蕙, 「儀軌를 통해서 본 朝鮮時代의 畵員」 자료1)
- 1794년~1796년 화성 건립에 화원으로 참여(1801년 작성된 『華城城役儀軌』 卷4 工匠 畵工 條) 楊州牧

종원 2(宗元 : -1866-) 19세기 중반에 활동한 불화승이다. 1866년에 수화승 금암천여와 전남 구례 화엄사 구층암 아미타삼존도를 조성하였다.

- 1866년 전남 구례 華嚴寺 九層庵 阿彌陀三尊圖 조성(『韓國의 佛畵 11 – 華嚴寺』) 수화승 錦庵天如

종인(宗仁 : -1890-1933-)* 관하당(觀河堂) 19세기 후반에 활동한 불화승이다. 1881년에 수화승으로 강원 고성 유점사 삼성각 칠성도와 산신도를, 1890년에 수화승 벽산용□와 경기 파주 보광사 신중도를, 1896년에 수화승 범해두안과 경북 김천 봉곡사 지장도를, 1900년에 수화승 봉영과 전북 고창 선운사 참당암 대웅전 아미타후불도와 전남 장성 정토사 지장암 아미타후불도(정읍 옥천사 소장)를, 1901년에 수화승 석용철유와 전남 해남 대둔사 삼세후불도(석가모니불)와 석가모니 후불도 및 십육나한도 등을, 1901년에 수화승 허곡긍 순과 전남 순천 선암사 약사회상도, 전남 나주 다보사

관하종인, 십육나한도, 1901년, 해남 대흥사 응진전

대웅전 아미타후불도와 칠성도(순천 선암사 소장)를, 수화승 봉영과 충남 부안 개암사 대웅보전 석가모니후불도를, 수화승 보응문성과 전북 고창 선운사 아미타후불도와 팔상전 팔상도(사문유관상, 유성출가상) 및 수화승으로 독성도를, 1903년에 수화승으로 전남 나주 다보사 영산회상도와 독성도를, 1904년에 수화승 우담 선진과 전남 영광 불갑사 사천왕도를, 수화승으로 나주 다보사 삼성각 독성도를, 1905년에 수화승 보응문성과 부산 범어사 팔상전 영산회상도와 나한전 영산회상도 및 수화승 금호약효와 괘불도를, 수화승으로 전북 정읍 벽연암 신중도(광주 관음사 소장)를 그렸다. 수화승으로 1908년에 전남 화순 만연사 선정암 석가모니후불도와 전남 목포 원갑사 독성도(해남 대흥사 소장)를, 1910년 산신도(동국대학교 박물관 소장)를, 1911년에 전북 부안 성황사 지장도와 독성도를, 1912년에 수도암 칠성도 조성(원광대학교 박물관 소장)과 전남 목포 원갑사 신중도 및 칠성도(해남 대흥사 소장)를, 1913년에 전남 해남 대흥사 석가모니후불도를 조성하였다. 1917년에 수화승 봉영과 전남 장성 백양사 괘불도를, 1918년에 수화승 벽월창오와 순천 선암사 응진당 십육나한도와 사자도를, 1920년에 수화승 봉영과 전남 장성 정이

암 칠성도(원광대학교 박물관 소장)를, 수화승으로 전남 완도 신흥사 지장시
왕도(목포 달성사 조성)를, 1921년에 수화승 정순과 전남 나주 다보사 명부전
지장도와 수화승으로 전북 부안 개암사 독성도를, 1922년에 수화승으로 전남
무안 목우암 신중도를, 수화승 봉영과 장성 백양사 신중도를, 1925년에 수화
승으로 전북 완주 송광사 대웅전 104위 신중도를, 1928년에 수화승 호은 정
연과 충북 보은 법주사 대웅보전 삼장도를, 1928년에 수화승으로 충북 제천
정방사 후불도와 수화승 호은 정연과 충남 논산 정토종 포교당 지장도 등을,
수화승으로 1932년에 독성도(장성 백양사 소장)와 1933년 전남 장흥 신흥사
산신도를 조성하였다.

◦ 1881년 강원 고성 楡岾寺 三聖閣 七星圖와 山神圖 조성(『楡岾寺本末寺誌(楡岾寺)』) 수화승
◦ 1890년 경기 파주 普光寺 神衆圖 조성(『韓國의 佛畵 33 - 奉先寺』) 수화승 碧山 榕□[99]
◦ 1896년 경북 김천 鳳谷寺 地藏圖 조성(『韓國의 佛畵 8 - 直指寺(上)』) 수화승 帆海斗
  岸[100]
◦ 1900년 전북 고창 禪雲寺 懺堂庵 大雄殿 阿彌陀後佛圖 조성(『韓國의 佛畵 14 - 禪雲寺』)
  수화승 瑃榮
  1900년 전남 장성 淨土寺 地藏庵 阿彌陀後佛圖 조성(井邑 玉泉寺 所藏, 『韓國의 佛畵
  14 - 禪雲寺』) 片手[101] 수화승 瑃榮
◦ 1901년 전남 해남 大興寺 三世後佛圖(釋迦牟尼佛) 조성(『韓國의 佛畵 31 - 大興寺』) 片
  手 수화승 石翁喆侑
  1901년 전남 해남 大興寺 釋迦牟尼後佛圖 조성(『韓國의 佛畵 31 - 大興寺』) 片手 수
  화승 石翁喆侑
  1901년 전남 해남 大興寺 十六羅漢圖 조성(『韓國의 佛畵 31 - 大興寺』) 片手 수화승
  石翁喆侑
  1901년 전남 해남 大興寺 山神閣 獨聖圖 조성(『全南의 寺刹』과 『韓國의 佛畵 31 - 大
  興寺』) 片手 수화승 石翁喆侑
  1901년 전남 순천 仙巖寺 藥師會上圖 조성(『韓國佛畵畵記集』) 수화승 虛谷亘巡
  1901년 전남 나주 多寶寺 大雄殿 阿彌陀後佛圖 조성(『韓國의 佛畵 37 - 白羊寺·新興
  寺』) 수화승 虛谷亘巡
  1901년 전남 나주 多寶寺 七星圖 조성(順天 仙巖寺 소장, 『韓國의 佛畵 12 - 仙巖寺』)
  수화승 虛谷亘巡
  1901년 충남 扶安 開巖寺 大雄寶殿 釋迦牟尼後佛圖 조성(『韓國의 佛畵 14 - 禪雲寺』)
  수화승 瑃榮
  1901년 전북 고창 禪雲寺 阿彌陀後佛圖 조성(『韓國의 佛畵 14 - 禪雲寺』) 金魚 수화
  승 普應文性
  1901년 전북 고창 禪雲寺 八相殿 八相圖(四門遊觀相) 조성(『韓國의 佛畵 14 - 禪雲寺』)
  金魚 수화승 普應文性
  1901년 전북 고창 禪雲寺 八相殿 八相圖(踰城出家相) 조성(『韓國의 佛畵 14 - 禪雲寺』)
  金魚 수화승 普應文性
  1901년 전북 고창 禪雲寺 獨聖圖 조성(『韓國의 佛畵 14 - 禪雲寺』) 金魚 片手 수화승
◦ 1903년 전남 나주 多寶寺 靈山會上圖 조성(『羅州市의 文化遺蹟』) 金魚[102] 수화승
◦ 1904년 전남 나주 多寶寺 獨聖圖 조성(『羅州市의 文化遺蹟』) 金魚 수화승
  1904년 전남 영광 佛甲寺 四天王圖 조성(『靈光 母岳山 佛甲寺』와 『韓國의 佛畵 37
  - 白羊寺·新興寺』) 片手 수화승 雨曇善珠
  1904년 전남 나주 多寶寺 三聖閣 獨聖圖 조성(『韓國의 佛畵 37 - 白羊寺·新興寺』)
  金魚 수화승
◦ 1905년 부산 梵魚寺 捌相殿 靈山會上圖 조성(『梵魚寺聖寶博物館 名品圖錄』과 『韓國의
  佛畵 32 - 梵魚寺』)[103] 수화승 普應文性

1905년 부산 梵魚寺 羅漢殿 靈山會上圖 조성(『梵魚寺聖寶博物館 名品圖錄』과 『韓國의 佛畵 32 – 梵魚寺』) 수화승 普應文性

1905년 부산 梵魚寺 掛佛圖 조성(『梵魚寺聖寶博物館 名品圖錄』과 『韓國의 佛畵 32 – 梵魚寺』)104) 수화승 錦湖若效

1905년 전북 정읍 碧蓮庵 神衆圖 조성(光州 觀音寺 所藏, 『韓國의 佛畵 37 – 白羊寺·新興寺』) 片手 수화승

◦ 1908년 전남 화순 萬淵寺 禪定庵 釋迦牟尼後佛圖 조성(『韓國의 佛畵 6 – 松廣寺(上)』) 金魚 수화승

1908년 전남 목포 圓甲寺 獨聖圖 조성(海南 大興寺 所藏, 『韓國의 佛畵 31 – 大興寺』) 金魚 수화승

◦ 1910년 山神圖 조성(東國大學校 所藏, 『韓國의 佛畵 18 – 大學博物館(Ⅰ)』) 金魚 수화승

◦ 1911년 전북 부안 城隍寺 地藏圖 조성(『韓國의 佛畵 14 – 禪雲寺』) 金魚 수화승

1911년 전북 부안 城隍寺 獨聖圖 조성(『韓國의 佛畵 14 – 禪雲寺』) 金魚 수화승

◦ 1912년 修道庵 七星圖 조성(圓光大學校 所藏, 『韓國의 佛畵 19 – 大學博物館(Ⅱ)』) 金魚 수화승

1912년 전남 목포 圓甲寺 神衆圖 조성(大興寺 所藏, 『韓國의 佛畵 31 – 大興寺』) 金魚 수화승

1912년 전남 목포 圓甲寺 七星圖 조성(大興寺 所藏, 『韓國의 佛畵 31 – 大興寺』) 金魚 수화승

◦ 1913년 전남 해남 大興寺 釋迦牟尼後佛圖 조성(『韓國의 佛畵 31 – 大興寺』)105) 金魚 수화승

◦ 1917년 전남 장성 白羊寺 掛佛圖 조성(『掛佛調査報告書 Ⅱ』와 『韓國의 佛畵 37 – 白羊寺·新興寺』) 수화승 瑃榮

◦ 1918년 전남 순천 선암사 應眞堂 十六羅漢圖 조성(『韓國의 佛畵 12 – 仙巖寺』) 수화승 碧月昌旿

1918년 전남 순천 仙巖寺 應眞堂 十六羅漢圖 조성(『韓國의 佛畵 12 – 仙巖寺』) 金魚 수화승 碧月昌旿

1918년 전남 순천 仙巖寺 應眞堂 使者圖 조성(『韓國의 佛畵 12 – 仙巖寺』) 金魚 수화승 碧月昌旿

◦ 1920년 전남 장성 鄭李菴 七星圖 조성(圓光大學校 所藏, 『韓國의 佛畵 19 – 大學博物館(Ⅱ)』) 수화승 瑃榮

1920년 전남 완도 新興寺 地藏十王圖 조성(木浦 達聖寺 造成, 『全南의 寺刹』) 金魚106) 수화승

◦ 1921년 전남 나주 多寶寺 冥府殿 地藏圖 조성(『韓國의 佛畵 37 – 白羊寺·新興寺』) 수화승 正順

1921년 전북 부안 開巖寺 獨聖圖 조성(『韓國의 佛畵 14 – 禪雲寺』) 金魚 出草 수화승

◦ 1922년 전남 무안 牧牛庵 神衆圖 조성(『韓國의 佛畵 31 – 大興寺』) 金魚 수화승

1922년 전남 장성 白羊寺 神衆圖 조성(『韓國의 佛畵 37 – 白羊寺·新興寺』) 수화승 瑃榮

◦ 1925년 전북 완주 松廣寺 大雄殿 104位 神衆圖 조성(『韓國의 佛畵 13 – 金山寺』) 金魚 수화승

◦ 1928년 충북 보은 法住寺 大雄寶殿 三藏圖 조성(『韓國의 佛畵 17 – 法住寺』) 畵師 수화승 湖隱 定淵

1928년 堤川 淨芳寺 後佛圖(『전통사찰전서 10 – 충북의 전통사찰Ⅰ』) 金魚

1928년 충남 논산 淨土宗 布敎堂 地藏圖 조성(公州 麻谷寺 所藏, 『韓國의 佛畵 15 – 麻谷寺(上)』) 수화승 湖隱 定淵

1928년 충남 논산 淨土宗 布敎堂 十王圖(變成大王) 조성(公州 麻谷寺 所藏, 『韓國의 佛畵 16 – 麻谷寺(下)』) 金魚107) 수화승

1928년 충남 논산 淨土宗 布敎堂 十王圖(平等大王) 조성(公州 麻谷寺 所藏, 『韓國의 佛畵 16 – 麻谷寺(下)』) 金魚108) 수화승

◦ 1932년 獨聖圖 조성(長城 白羊寺 所藏, 『韓國의 佛畵 37 – 白羊寺·新興寺』) 金魚 수화승

▫1933년 전남 장흥 新興寺 山神圖 조성(『全南의 寺刹』) 金魚 수화승
▫연대미상 광주 藥師庵 地藏十王圖 조성(『韓國의 佛畵 6 - 松廣寺(上)』) 金魚 수화승

종직(宗稙 : -1684-) 17세기 후반에 활동한 불화승이다. 1684년에 수화승 인규와 경북 상주 용흥사 괘불도를 조성하였다.

▫1684년 경북 상주 龍興寺 掛佛圖 조성(『韓國의 佛畵 9 - 直指寺(下)』)[109] 수화승 印圭

종친(宗親 : -1880-) 19세기 후반에 활동한 불화승이다. 1880년에 수화승 연은축연과 인천 용궁사 관음도를 조성하였다.

▫1880년 인천 龍宮寺 觀音圖 조성(『畿內寺院誌』와 『韓國佛畵畵記集』) 蓮隱竺演

종택(宗擇 : -1762-) 18세기 중반에 활동한 불화승이다. 1762년에 장조莊祖 영우원永祐園 원소園所 조성소 화승畵僧으로 참여하였다.

▫1762년 『莊祖永祐園園所都監儀軌』造成所 畵僧(奎章閣 13607호, 朴廷蕙, 「儀軌를 통해서 본 朝鮮時代의 畵員」 자료1)

종현(宗現, 宗顯, 宗玄, 宗賢 : -1884-1805-)* 완송당(玩松堂) 19세기 후반에 활동한 불화승이다. 1884년에 수화승 축연과 서울 진관사 영산전 제석도(사자・장군)를, 1885년에 수화승 만파 정익과 경기 남양주 내원암 괘불도를, 1886년에 수화승 허곡긍순과 서울 화계사 괘불도, 수화승 영명천기와 서울 봉은사 판전 비로자나후불도, 수화승 혜과봉간과 경북 김천 직지사 신중도를, 1887년에 수화승 학허석운과 서울 미타사 대웅전 칠성도, 수화승 긍법과 서울 경국사 팔상도(설산수도, 수하항마, 녹원전법, 쌍림열반)를, 수화승으로 1890년에 경기 남양주 불암사 지장보살도와 1891년에 서울 청룡사 산영각 독성도를 그렸다. 1901년에 수화승 예운상규와 전남 해남 대흥사 삼세후불도(아미타불)를, 수화승 명응환감과 삼장도와 신중도 및 칠성도를, 1905년에 수화승 보암긍법과 서울 봉원사 대웅전 극락구품도極樂九品圖를 조성하였다.

▫1884년 서울 津寬寺 靈山殿 帝釋圖(使者, 將軍) 조성(『韓國의 佛畵 35 - 曹溪寺(中)』) 金魚 수화승 竺衍
▫1885년 경기 남양주 內院庵 掛佛圖 조성(畵記, 『韓國의 佛畵 33 - 奉先寺』) 수화승 萬波定翼
▫1886년 서울 華溪寺 掛佛圖 조성(『韓國의 佛畵 35 - 曹溪寺(中)』) 수화승 虛谷亘巡
　1886년 서울 奉恩寺 版殿 毘盧遮那後佛圖 조성(『서울전통사찰불화』와 『韓國佛畵畵記集』 및 『韓國의 佛畵 34 - 曹溪寺(上)』)[110] 수화승 影明天機
　1886년 경북 김천 直指寺 神衆圖 조성(『韓國佛畵畵記集』) 片手 수화승 慧果奉侃
▫1887년 서울 彌陀寺 大雄殿 七星圖 조성(『서울전통사찰불화』와 『韓國佛畵畵記集』 및 『韓國의 佛畵 36 - 曹溪寺(下)』) 수화승 鶴虛石雲
　1887년 서울 慶國寺 八相圖(雪山修道, 樹下降魔, 鹿苑轉法, 雙林涅槃) 조성(『韓國의 佛畵 35 - 曹溪寺(中)』 圖40) 수화승 亘法
▫1890년 경기 남양주 南楊州 佛巖寺 地藏菩薩圖 조성(『畿內寺院誌』와 『韓國佛畵畵記集』 및 『韓國의 佛畵 33 - 奉先寺』) 金魚 수화승
▫1891년 서울 靑龍寺 山靈閣 獨聖圖 조성(『서울전통사찰불화』와 『韓國佛畵畵記集』 및 『韓國의 佛畵 36 - 曹溪寺(下)』) 金魚[111] 수화승
▫1901년 전남 해남 大興寺 三世後佛圖(阿彌陀佛) 조성(『全南의 寺刹』와 『韓國의 佛畵 31 - 大興寺』) 수화승 禮芸尚奎

1901년 전남 해남 大興寺 大雄寶殿 三藏圖 조성(『全南의 寺刹』과 『韓國의 佛畵 31 – 大興寺』) 수화승 明應幻鑑
1901년 전남 해남 大興寺 大雄寶殿 神衆圖 조성(『全南의 寺刹』과 『韓國의 佛畵 31 – 大興寺』) 수화승 明應幻鑑
1901년 전남 해남 大興寺 大雄寶殿 七星圖 조성(『全南의 寺刹』과 『韓國의 佛畵 31 – 大興寺』) 수화승 明應幻鑑
◦ 1905년 서울 奉元寺 大雄殿 極樂九品圖(『서울전통사찰불화』와 『韓國佛畵畵記集』) 수화승 普庵肯法

주경(周景 : -1855-)* 퇴운당(退雲堂) 19세기 중반에 활동한 불화승이다. 1855년에 수화승으로 경기 남양주 불암사 칠성도를 조성하였다.
◦ 1855년 경기 남양주 佛巖寺 七星圖 조성(『韓國의 佛畵 33 – 奉先寺』) 金魚 수화승

주성(周成 : -1865-1873-) 19세기 후반에 활동한 불화승이다. 1865년에 수화승 영담선완과 경남 고성 운흥사 삼세불도와 신중도를, 1870년에 수화승 금암천여와 경남 남해 용문사 괘불도와 아미타후불홍도阿彌陀後佛紅圖를, 1873년에 수화승 봉의와 경남 진주 청곡사 지장도와 삼장도를 조성하였다.
◦ 1865년 경남 고성 雲興寺 三世佛圖 조성(『韓國의 佛畵 25 – 雙磎寺(上)』) 수화승 暎潭善完
  1865년 경남 고성 雲興寺 神衆圖 조성(『韓國의 佛畵 25 – 雙磎寺(上)』) 수화승 瑛潭善完
◦ 1870년 경남 남해 龍門寺 掛佛圖 改造(『韓國의 佛畵 26 – 雙磎寺(下)』) 수화승 錦岩天如
  1870년 경남 남해 龍門寺 阿彌陀後佛紅圖 조성(『韓國의 佛畵 25 – 雙磎寺(上)』) 수화승 錦巖天如
◦ 1873년 경남 진주 靑谷寺 地藏圖 조성(『韓國의 佛畵 4 – 海印寺(上)』) 수화승 奉儀
  1873년 경남 진주 靑谷寺 三藏圖 조성(『韓國의 佛畵 4 – 海印寺(上)』) 수화승 奉儀

주원(周元 : -1901-1903-) 신종당(信鍾堂) 20세기 전반에 활동한 불화승이다. 1901년에 수화승 범해두안과 경남 고성 옥천사 청연암 석가모니후불도와 안정사 원효암 삼세불도를, 1903년에 수화승 향호묘영과 경남 통영 용화사 석가모니후불도를 조성하였다.
◦ 1901년 경남 고성 玉泉寺 靑蓮庵 釋迦牟尼後佛圖 조성(『韓國의 佛畵 25 – 雙磎寺(上)』)[112] 수화승 梵海斗岸
  1901년 安靜寺 元曉庵 三世佛圖 조성(統營 龍華寺 所藏, 『韓國의 佛畵 25 – 雙磎寺(上)』) 수화승 梵海斗岸
◦ 1903년 경남 통영 龍華寺 釋迦牟尼後佛圖 조성(『韓國의 佛畵 25 – 雙磎寺(上)』) 수화승 香湖妙英

주일(周日, 周一 : -1903-1904-) 20세기 전반에 활동한 불화승이다. 1903년에 수화승 향호묘영과 경남 통영 용화사 석가모니후불도를, 1904년에 수화승 한형과 울산 신흥사 석가모니후불도, 수화승 한형과 경남 합천 해인사 국일암 지장도를 조성하였다.
◦ 1903년 경남 통영 龍華寺 釋迦牟尼後佛圖 조성(『韓國의 佛畵 25 – 雙磎寺(上)』) 수화승 香湖妙英
◦ 1904년 울산 新興寺 釋迦牟尼後佛圖 조성(『韓國의 佛畵 3 – 通度寺(下)』) 수화승 漢炯
  1904년 경남 합천 海印寺 國一庵 地藏圖 조성(『韓國의 佛畵 4 – 海印寺(上)』) 수화승 漢炯

주주(柱珠) 19세기 후반에 활동한 불화승이다. 제작연대를 알 수 없는 경남

양산 통도사 취운암 구품도를 수화승 수룡기전과 조성하였다.

　◦ 연대미상 경남 양산 通度寺 翠雲庵 九品圖 조성(『韓國의 佛畵 1 – 通度寺(上)』) 수화승 水龍 琪佺

주화(周華 : -1899-)* 19세기 후반에 활동한 불화승이다. 1899년에 수화승으로 경남 양산 통도사 비로암 석가모니후불도와 백련암 지장보살도를 조성하였다.

　◦ 1899년 경남 양산 通度寺 毘盧庵 釋迦牟尼後佛圖 조성(『韓國의 佛畵 1 – 通度寺(上)』) 金魚
　　1899년 경남 양산 通度寺 白蓮庵 地藏菩薩圖 조성(『韓國佛畵畵記集』) 金魚 수화승

죽수(竹壽, 竹守 : -1739-1741-)* 18세기 중반에 활동한 불화승이다. 1739년에 수화승 긍척과 전남 곡성 태안사 성기암 지장보살도와 칠성도(호암미술관 소장)를, 1741년에 수화승 긍척과 전남 여수 흥국사 팔상전 석가모니후불도와 대웅전 삼장도 및 감로도 등을, 수화승으로 오십전 제석도(양산 통도사 소장)를 조성하였다.

　◦ 1739년 전남 곡성 泰安寺 聖祈庵 地藏菩薩圖와 七星圖 조성(湖巖美術館 所藏, 『泰安寺誌』) 수화승 亘陟
　◦ 1741년 전남 여수 흥국사 八相殿 釋迦牟尼後佛圖 조성(『韓國의 佛畵 11 – 華嚴寺』) 수화승 亘陟
　　1741년 전남 여수 흥국사 大雄殿 三藏圖(天藏·持地藏菩薩) 조성(『韓國의 佛畵 11 – 華嚴寺』) 수화승 亘陟
　　1741년 전남 여수 흥국사 大雄殿 三藏圖(地藏菩薩) 조성(『韓國의 佛畵 11 – 華嚴寺』) 수화승 亘陟
　　1741년 전남 여수 興國寺 帝釋圖 1 조성(『韓國의 佛畵 11 – 華嚴寺』) 수화승 亘陟
　　1741년 전남 여수 興國寺 天龍圖 조성(『韓國의 佛畵 11 – 華嚴寺』) 수화승 亘陟
　　1741년 전남 여수 興國寺 甘露圖 조성(『韓國佛畵畵記集』) 수화승 亘陟
　　1741년 전남 여수 興國寺 帝釋圖2 조성(『韓國佛畵畵記集』)
　　1741년 靈鷲山 興國寺 五十殿 帝釋圖 조성(梁山 通度寺 소장, 『韓國의 佛畵 1 – 通度寺(上)』) 金魚 수화승

죽총(竹叢 : -1688-) 17세기 후반에 활동한 불화승이다. 1688년에 수화승 민원과 경북 김천 고방사 아미타회상도를 조성하였다.

　◦ 1688년 경북 김천 고방사 아미타후불도 조성(『韓國佛畵畵記集』과 『韓國의 佛畵 8 – 直指寺(上)』) 수화승 敏圓

준성(準性 : -1880-) 환봉당(幻峯堂) 19세기 후반에서 활동한 불화승이다. 1880년에 수화승 환봉 준성과 전북 완주 위봉사 보광명전 삼세불도(약사불)를 조성하였다.

　◦ 1880년 전북 완주 威鳳寺 普光明殿 三世佛圖(藥師佛) 조성(『韓國의 佛畵 13 – 金山寺』) 金魚 수화승 幻峯 準性

준언(俊彦, 浚彦, 準彦 : -1849-1872-)* 월허당(月虛堂) 19세기 중반부터 후반까지 활동한 불화승이다. 1849년에 수화승 금암천여와 전남 순천 선암사 대웅전 삼장도와 지장전 지장도를, 1853년에 수화승 해운익찬과 전남 구례 천은

사 삼일암 아미타후불도를, 1854년에 수화승 원담내원과 구례 화엄사 나한전 석가모니후불도를 조성하였다. 1856년에 수화승 해운익찬과 해연 성념 등과 경북 성주 선석사 대웅전 석가모니후불도를, 1858년에 수화승 도순과 순천 송광사 대장법당 신중도(홍익대학교 박물관 소장)와 산신도를, 1860년에 수화승 해운익찬과 전남 구례 화엄사 각황전 삼세불도(약사불)를, 1861년에 수화승 풍곡덕린과 전북 김제 금산사 명부전 지장도를, 1862년에 수화승 해운 익찬과 전남 구례 화엄사 명부전 지장도를, 1870년에 수화승으로 전남 곡성 도림사 신덕암 아미타후불도를, 수화승으로 신덕암 지장시왕도(순천 선암사 소장)와 1872년 구례 화엄사 금정암 칠성도와 산신도를 조성하였다.

- 1849년 전남 순천 仙巖寺 大雄殿 三藏圖 조성(『韓國의 佛畵 12 – 仙巖寺』) 수화승 錦庵 天如
  1849년 전남 순천 仙巖寺 地藏殿 地藏圖 조성(『韓國의 佛畵 12 – 仙巖寺』) 수화승 金 庵天如
- 1853년 전남 구례 泉隱寺 三日庵 阿彌陀後佛圖 조성(『韓國의 佛畵 11 – 華嚴寺』) 수화승 海雲益讚
- 1854년 전남 구례 華嚴寺 羅漢殿 釋迦牟尼後佛圖 조성(河東 寒山寺 所藏, 『韓國의 佛畵 25 – 雙磎寺(上)』) 수화승 圓潭乃圓
- 1856년 경북 성주 禪石寺 大雄殿 釋迦牟尼後佛圖 조성(『韓國의 佛畵 21 – 桐華寺(上)』) 片手 수화승 益讚
- 1858년 전남 순천 松廣寺 大藏法堂 神衆圖 조성(弘益大學校 博物館 所藏, 『韓國의 佛畵 19 – 大學博物館(II)』) 수화승 道詢
  1858년 전남 순천 松廣寺 大法堂 山神圖 조성(『韓國의 佛畵 7 – 松廣寺(下)』)[113] 수화승 道詢
- 1860년 전남 구례 華嚴寺 覺皇殿 三世佛圖(藥師佛) 조성(『韓國의 佛畵 11 – 華嚴寺』)[114] 수화승 海雲益讚
- 1861년 전북 김제 金山寺 冥府殿 地藏圖 조성(『韓國의 佛畵 13 – 金山寺』) 수화승 豊谷 德獜
- 1862년 전남 구례 華嚴寺 冥府殿 地藏圖 조성(『韓國의 佛畵 11 – 華嚴寺』) 片手 수화승 海雲益讚
- 1870년 전남 곡성 道林寺 神德庵 阿彌陀後佛圖 조성(『韓國의 佛畵 11 – 華嚴寺』) 金魚[115] 수화승
  1870년 전남 곡성 道林寺 神德庵 地藏十王圖 조성(順天 仙巖寺 所藏, 『谷城郡의 佛敎 遺蹟』) 金魚 수화승
- 1872년 전남 구례 華嚴寺 金井庵 七星圖 조성(『韓國의 佛畵 11 – 華嚴寺』) 金魚 수화승
  1872년 전남 구례 華嚴寺 金井庵 山神圖 조성(『韓國의 佛畵 11 – 華嚴寺』) 金魚 수화승

준의(俊儀 : -1870-1875-) 19세기 후반에 활동한 불화승이다. 수화승 천여와 1870년 경남 남해 용문사 괘불도를 고치고, 1871년에 경남 함양 한송사 신중 도를 그렸다. 1874년에 수화승 경선과 운대암 지장도를, 1875년에 수화승 금 암천여와 경남 통영 용화사 관음암 신중도와 칠성도를 조성하였다.

- 1870년 경남 남해 龍門寺 掛佛 改造(『韓國의 佛畵 26 – 雙磎寺(下)』) 수화승 錦岩天如
- 1871년 경남 함양 碧松寺 神衆圖 조성(『韓國의 佛畵 4 – 海印寺(上)』) 수화승 錦岩天如
- 1874년 雲臺菴 地藏圖 조성(河東 雙磎寺 所藏, 『韓國의 佛畵 25 – 雙磎寺(上)』) 수화승 敬善
- 1875년 경남 통영 龍華寺 觀音庵 神衆圖 조성(『韓國의 佛畵 25 – 雙磎寺(上)』) 수화승

錦巖天如
1875년 경남 통영 龍華寺 觀音庵 七星圖 조성(『韓國의 佛畫 26 – 雙磎寺篇(下)』) 수화
승 錦岩天如

준일(俊一, 俊日, 準日 : -1804-1830-) 19세기 전반에 활동한 불화승이다. 1804
년에 수화승 풍계순정 등과 전남 해남 서동사 목조삼세불좌상을 개금하고,
1819년에 수화승 □□와 신중도(한국불교미술박물관 소장)를, 1830년에 수
화승 성수와 전북 완주 화암사 명부전 지장도를 조성하였다.

  ▫ 1804년 전남 해남 서동사 목조삼세불좌상 개금(發願文) 수화승 楓溪舜靜
  ▫ 1819년 神衆圖(韓國佛教美術博物館 所藏, 『衆生의 念願』) 수화승 □□
  ▫ 1830년 전북 완주 花巖寺 冥府殿 地藏圖 조성(『韓國의 佛畫 13 – 金山寺』) 수화승 誠修

준한(峻閑 : -1770-) 18세기 후반에 활동한 불화승이다. 1770년에 광주 무등
산 안심사安心寺에서 수화승 화연과 화엄도를 조성하여 전남 순천 송광사 화
엄전에 봉안하였다.

  ▫ 1770년 광주 無等山 安心寺에서 華嚴圖를 조성하여 순천 松廣寺 華嚴殿 봉안(『曹溪山松
    廣寺史庫』와 『韓國의 佛畫 6 – 松廣寺』) 수화승 華蓮

중린(仲璘 : -1888-)* 이봉당(尼峰堂, 尼峯堂) 19세기 후반에 활동한 불화승이
다. 1888년에 수화승으로 인천 강화 백련사 지장시왕도, 신중도, 칠성도, 독
성도를 조성하였다.

  ▫ 1888년 인천 강화 白蓮寺 地藏圖 조성(『畿內寺院誌』와 『韓國佛畫畵記集』 및 『韓國의 佛
    畫 34 – 曹溪寺(上)』) 畵士 수화승
  1888년 인천 강화 白蓮寺 神衆圖 조성(『畿內寺院誌』와 『韓國佛畫畵記集』 및 『韓國의
  佛畫 35 – 曹溪寺(中)』) 金魚片手116) 수화승
  1888년 인천 강화 白蓮寺 七星圖 조성(『畿內寺院誌』와 『韓國佛畫畵記集』 및 『韓國
  의 佛畫 36 – 曹溪寺(下)』) 片手117) 수화승
  1888년 인천 강화 白蓮寺 獨聖圖 조성(『畿內寺院誌』와 『韓國佛畫畵記集』 및 『韓國의
  佛畫 36 – 曹溪寺(下)』) 片手 수화승

중봉당(中峰堂) 세호(勢晧) 참조

중봉당(中峯堂) 혜호(慧晧) 참조

중예(衆藝 : -1882-)* 영호당(影湖堂) 19세기 후반에 활동한 불화승이다. 1882
년에 수화승으로 경기 화성 용주사 오여래번五如來幡(감로왕여래)과 팔금강번
八金剛幡(대신력금강)을 조성하였다.

  ▫ 1882년 경기 화성 龍珠寺 五如來幡(甘露王如來) 조성(『韓國의 佛畫 29 – 龍珠寺(下)』)
    金魚 수화승
  1882년 경기 화성 龍珠寺 八金剛幡(大神力金剛) 조성(『韓國의 佛畫 29 – 龍珠寺(下)』)
  金魚 수화승

즉민(卽玟 : -1753-1759-)* 18세기 중반에 활동한 불화승이다. 1753년에 수화
승 은기와 전남 순천 선암사 삼십삼조사도(석가모니불, 1·2조사)와 수화승으
로 대법당 제석도를, 1753년에 수화승 치한과 순천 선암사 괘불도를, 1759년
에 수화승 비현과 전남 여수 흥국사 괘불도를 조성하였다.

◦1753년 전남 순천 仙巖寺 三十三祖師圖(釋迦牟尼佛, 1·2祖師) 조성(『韓國의 佛畵 12 – 仙巖寺』)[118] 首畵 수화승 隱奇

1753년 전남 순천 仙巖寺 大法堂 帝釋圖 조성(『韓國의 佛畵 12 – 仙巖寺』) 金魚 수화승

1753년 전남 순천 仙巖寺 掛佛圖 조성(『韓國의 佛畵 12 – 仙巖寺』)[119] 畵師 수화승 致閑

◦1759년 전남 여수 興國寺 掛佛圖 조성(『韓國의 佛畵 11 – 華嚴寺』) 片手 수화승 조賢

즉심(卽心 : -1722-1736-)* 18세기 전반에 활동한 불화승이다. 수화승 의겸과 1722년에 경남 진주 청곡사 괘불도와 1723년에 전남 여수 흥국사 관음전 관음도를, 수화승 의겸이나 향오 등과 응진전 십육나한도를, 1724년에 수화승 의겸과 전남 순천 송광사 응진당 석가모니후불도를, 1725년에 순천 송광사 오십전 오십삼불도(7위)와 수화승으로 영산전 팔상도(수하항마상) 등을, 1730년에 수화승 의겸과 경남 고성 운흥사 괘불도와 삼장보살도를, 수화승 채인과 전남 곡성 도림사 보광전 아미타후불도를, 1736년에 수화승 의겸과 순천 선암사 서부도전 감로도를 조성하였다.

◦1722년 경남 진주 靑谷寺 掛佛圖 조성(『韓國의 佛畵 5 – 海印寺(下)』) 수화승 義謙

◦1723년 전남 여수 興國寺 觀音殿 觀音圖 조성(『韓國의 佛畵 11 – 華嚴寺』) 수화승 義謙

1723년 전남 여수 興國寺 靈山會上圖 2 조성(『韓國佛畵畵記集』)

1723년 전남 여수 興國寺 應眞殿 十六羅漢(1·3·5尊者) 조성(『韓國의 佛畵 11 – 華嚴寺』) 수화승 義兼

1723년 전남 여수 興國寺 應眞殿 十六羅漢圖(2·4·6尊者) 조성(『韓國의 佛畵 11 – 華嚴寺』) 수화승 香悟

1723년 전남 여수 興國寺 應眞殿 十六羅漢圖(7·9·11·13尊者) 조성(『韓國의 佛畵 11 – 華嚴寺』) 수화승 義兼

1723년 전남 여수 興國寺 應眞殿 十六羅漢圖(15尊者) 조성(『韓國의 佛畵 11 – 華嚴寺』) 수화승 義兼

◦1724년 전남 순천 송광사 應眞堂 釋迦牟尼後佛圖 조성(『韓國의 佛畵 6 – 松廣寺』) 수화승 義謙

◦1725년 전남 순천 松廣寺 五十殿 五十三佛圖(七位) 조성(『韓國의 佛畵 7 – 松廣寺』) 수화승 □□

1725년 전남 순천 松廣寺 靈山殿 八相圖(樹下降魔相) 조성(『韓國의 佛畵 7 – 松廣寺』) 敬畵 수화승

1725년 전남 순천 송광사 「三十三祖師幀」 조성(『曹溪山松廣寺史庫』)[120]

◦1730년 경남 고성 雲興寺 掛佛圖 조성(『韓國의 佛畵 26 – 雙磎寺(下)』) 수화승 義謙

1730년 경남 고성 雲興寺 三藏菩薩圖 조성(安貴淑,「조선후기 佛畵僧의 계보와 義謙比丘에 대한 연구(상)」) 수화승 義謙

1730년 전남 곡성 道林寺 普光殿 阿彌陀後佛圖 조성(『韓國의 佛畵 11 – 華嚴寺』) 수화승 彩仁

◦1736년 전남 순천 仙巖寺 西浮屠殿 甘露圖 조성(『韓國의 佛畵 12 – 仙巖寺』)[121] 수화승 義謙

즉혜(卽慧 : -1749-) 18세기 중반에 활동한 불화승이다. 1749년에 수화승 순혜와 전남 해남 대흥사 영산회상도(국립중앙박물관 소장)를 조성하였다.

◦1749년 전남 해남 大興寺 靈山會上圖 조성(國立中央博物館 所藏, 『영혼의 여로 – 조선시대 불교회화와의 만남』圖36과 『韓國의 佛畵 39 – 國·公立博物館』) 수화승 順慧

증순(證淳 : -1742-1744-) 18세기 중반에 활동한 불화승이다. 1742년에 수화승

민휘와 부산 범어사 지장보살도를, 1744년에 수화승 효안과 경남 고성 옥천사 영산회상도와 명부전 지장도 및 시왕도(송제대왕, 태산대왕)를 조성하였다.

◦ 1742년 부산 범어사 지장보살도 조성(김정희, 『조선시대 지장시왕도 연구』) 수화승 敏輝
◦ 1744년 경남 고성 玉泉寺 靈山會上圖 조성(『韓國佛畵畵記集』) 수화승 曉岸
  1744년 경남 고성 玉泉寺 冥府殿 地藏圖 조성(『韓國의 佛畵 25 – 雙磎寺(上)』) 수화승 曉岸
  1744년 경남 고성 玉泉寺 冥府殿 十王圖(宋帝大王) 조성(『韓國의 佛畵 26 – 雙磎寺(下)』) 수화승 曉岸
  1744년 경남 고성 玉泉寺 冥府殿 十王圖(泰山大王) 조성(『韓國의 佛畵 26 – 雙磎寺(下)』) 수화승 曉岸

증언(證彥 : -1879-1893-)* 19세기 후반에 활동한 불화승이다. 1879년에 수화승 수룡기전과 전북 완주 위봉사 태조암 석가모니후불도를, 1893년에 수화승으로 전남 장성 백양사 극락보전 신중도와 관유암 관음전 삼세후불도를 조성하였다.

◦ 1879년 전북 완주 威鳳寺 太祖庵 釋迦牟尼後佛圖 조성(『韓國의 佛畵 13 – 金山寺』) 수화승 繡龍大電
◦ 1893년 전남 장성 白羊寺 觀流庵 觀音殿 三世後佛圖 조성(『韓國의 佛畵 37 – 白羊寺·新興寺』) 金魚片手 수화승
  1893년 전남 장성 白羊寺 極樂寶殿 神衆圖 조성(『韓國의 佛畵 37 – 白羊寺·新興寺』) 龍眼片手 수화승

증한(證閑 : -1744-) 18세기 중반에 활동한 불화승이다. 1744년에 수화승 효안과 경남 고성 옥천사 영산회상도와 명부전 지장도를 조성하였다.

◦ 1744년 경남 고성 玉泉寺 靈山會上圖 조성(『韓國佛畵畵記集』) 수화승 曉岸
  1744년 경남 고성 玉泉寺 冥府殿 地藏圖 조성(『韓國의 佛畵 25 – 雙磎寺(上)』) 수화승 曉岸

지간(智間 : -1821-) 19세기 전반에 활동한 불화승이다. 1821년에 수화승 퇴운신겸과 경북 의성 수정사 지장도를 조성하였다.

◦ 1821년 경북 의성 水淨寺 地藏圖 조성(『韓國의 佛畵 23 – 孤雲寺(上)』) 수화승 退雲信謙

지감(志鑑 : -1673-) 17세기 후반에 활동한 불화승이다. 1673년에 수화승 경심과 전남 구례 천은사 괘불도를 조성하였다.

◦ 1673년 전남 구례 泉隱寺 掛佛圖 조성(『韓國의 佛畵 11 – 華嚴寺』) 수화승 敬心

지률(旨律 : -1884-) 금영당(錦靈堂) 19세기 후반에 활동한 불화승이다. 1884년에 수화승 혜과엽계와 경북 예천 용문사 칠성도를 조성하였다.

◦ 1884년 경북 예천 龍門寺 七星圖 조성(『韓國의 佛畵 9 – 直指寺(下)』) 수화승 慧果燁桂

지만(智萬 : -1847-1860-) 19세기 중반에 활동한 불화승이다. 금암천여와 1847년에 수화승 전남 고흥 금탑사 극락전 아미타후불도, 1849년에 전남 순천 선암사 대웅전 삼장도와 지장전 지장도 및 경남 고성 옥천사 연대암 아미타후불홍도阿彌陀後佛紅圖, 1860년에 순천 선암사 청련암 아미타홍도阿彌陀紅圖와 신중도(순천 선암사 소장)를 그리고, 수화승 기연과 전남 고흥 능가사

수도암 칠성도(순천 송광사 소장)를 조성하였다.

　◦1847년 전남 고흥 金塔寺 極樂殿 阿彌陀後佛圖 조성(『韓國의 佛畵 6 - 松廣寺(上)』) 수화승 錦菴天如

　◦1849년 전남 순천 仙巖寺 大雄殿 三藏圖 조성(『韓國의 佛畵 12 - 仙巖寺』) 수화승 錦庵天如

　1849년 전남 순천 仙巖寺 地藏殿 地藏圖 조성(『韓國의 佛畵 12 - 仙巖寺』) 수화승 金庵天如

　1849년 경남 고성 玉泉寺 蓮臺庵 阿彌陀後佛紅圖 조성(『韓國의 佛畵 25 - 雙磎寺(上)』) 수화승 錦庵天如

　◦1860년 전남 순천 仙巖寺 靑蓮庵 神衆圖 조성(順天 仙巖寺 所藏,『韓國의 佛畵 12 - 仙巖寺』) 수화승 錦庵天如

　1860년 전남 순천 仙巖寺 靑蓮庵 阿彌陀紅圖 조성(順天 仙巖寺 所藏,『韓國의 佛畵 12 - 仙巖寺』)[122] 수화승 錦庵天如

　1860년 전남 고흥 楞伽寺 修道庵 七星圖 조성(順天 松廣寺 所藏,『韓國의 佛畵 7 - 松廣寺(下)』) 수화승 錡衍

지명 1(智明 : -1708-) 18세기 전반에 활동한 불화승이다. 1708년에 수화승 의균과 경북 포항 보경사 괘불도를 조성하였다.

　◦1708년 경북 포항 寶鏡寺 掛佛圖 조성(『韓國의 佛畵 38 - 佛國寺』) 수화승 義均

지명 2(智明 : -1888-) 19세기 후반에 활동한 불화승이다. 1888년에 수화승 금곡영환과 경기 안성 칠장사 명부전 지장도를 조성하였다.

　◦1888년 경기 안성 七長寺 冥府殿 地藏圖 조성(『韓國의 佛畵 28 - 龍珠寺(上)』) 수화승 金谷永煥

지문(之文 : -1709-)* 18세기 전반에 활동한 불화승이다. 1709년에 수화승으로 경북 예천 용문산 창기사 팔상전(예천 용문사 소장)을 조성하였다.

　◦1709년 경북 예천 龍門山 昌基寺 八相殿 조성(醴泉 龍門寺 소장,『韓國의 佛畵 9 - 直指寺(下)』) 畵員 수화승

지법(旨法 : -1884-) 19세기 후반에 활동한 불화승이다. 1884년에 수화승 혜과엽계와 경북 예천 용문사 칠성도를 조성하였다.

　◦1884년 경북 예천 龍門寺 七星圖 조성(『韓國의 佛畵 9 - 直指寺(下)』) 수화승 慧果燁桂

지변(智辯 : -1649-) 17세기 중반에 활동한 불화승이다. 1649년에 수화승 신겸과 충북 청주 보살사 괘불도를 조성하였다.

　◦1649년 충북 청주 菩薩寺 掛佛圖 조성(『韓國佛畵畵記集』과『韓國의 佛畵 17 - 法住寺』)[123] 수화승 信謙

지삼(之三 : -1879-) 19세기 후반에 활동한 불화승이다. 1879년에 수화승 춘담봉은과 원적암 지장시왕도(무안 원갑사 소장)를 조성하였다.

　◦1879년 圓寂菴 地藏十王圖 조성(務安 圓甲寺 所藏,『韓國의 佛畵 31 - 大興寺』) 수화승 春潭奉恩

지선 1(祉琁, 智膳, 誌善 : -1757-1768) 18세기 중반에 활동한 불화승이다. 1757년에 수화승 정인과 전남 구례 화엄사 대웅전 삼신도(비로자나불)를, 1768년에 수화승 상계와 강원 속초 신흥사 감로도를 조성하였다.

◦ 1757년 전남 구례 華嚴寺 大雄殿 三身圖(毘盧遮那佛) 조성(『韓國의 佛畵 11 – 華嚴寺』) 수화승 定印
◦ 1768년 강원 속초 神興寺 甘露圖 조성(『韓國佛畵畵記集』) 수화승 尙戒
◦ 연대미상 경기 의왕 淸溪寺 極樂寶殿 阿彌陀後佛圖 조성(『韓國의 佛畵 28 – 龍珠寺(上)』) 수화승 雪訓

지선 2(智宣 : -1844-) 19세기 중반에 활동한 불화승이다. 1844년에 수화승 중봉세호와 경기 의왕 청계사 극락보전 신중도를 조성하였다.

◦ 1844년 경기 의왕 淸溪寺 極樂寶殿 神衆圖 조성(『韓國의 佛畵 28 – 龍珠寺(上)』) 수화승 中峰勢晧

지성 1(智性, 至誠 : -1724-1744-) 18세기 전반에 활동한 불화승이다. 수화승 쾌민과 1724년에 대구 동구 파계사 건칠관음보살좌상을 중수하고, 경북 영천 법화사 대웅전 석가모니후불도(영천 봉림사 소장)와 1728년에 대구 동구 동화사 지장도를 조성하였다. 수화승 효안과 1744년에 경남 고성 옥천사 영산회상도, 명부전 지장도와 시왕도(송제대왕)를 그렸다.

◦ 1724년 대구 동구 파계사 건칠관음보살좌상 중수(『한국의 사찰문화재 – 대구광역시·경상북도Ⅰ 자료집』) 畵筆 수화승
  1724년 경북 영천 法華寺 大雄殿 釋迦牟尼後佛圖 조성(永川 鳳林寺 所藏, 『韓國의 佛畵 30 – 銀海寺』) 수화승 快旻
◦ 1728년 대구 桐華寺 地藏圖 조성(『韓國의 佛畵 21 – 桐華寺(上)』) 수화승 快旻
◦ 1744년 경남 고성 玉泉寺 靈山會上圖 조성(『韓國佛畵畵記集』) 수화승 曉岸
  1744년 경남 고성 玉泉寺 冥府殿 地藏圖 조성(『韓國의 佛畵 25 – 雙磎寺(上)』) 수화승 曉岸
  1744년 경남 고성 玉泉寺 冥府殿 十王圖(宋帝大王) 조성(『韓國의 佛畵 26 – 雙磎寺(下)』) 수화승 曉岸

지성 2(支性, 志成 : -1789-1805-)* 18세기 후반부터 19세기 전반까지 활동한 승장이다. 1789년에 장조莊祖 현릉원顯隆園 조성소 화승畵僧으로 참여하고, 1794년에 수화승 지언과 천불전 사천왕도(대흥사 소장)를 그렸다. 1802년에 수화승으로 전남 장흥 보림사 고법당 불상과 1804년에 수화승 풍계순정 등과 전남 해남 서동사 목조삼세불좌상을 개금하였으며, 1805년에 수화승으로 전남 장흥 보림사 지장보살상을 개금하고 시왕상을 개채하였다.

◦ 1789년 『莊祖顯隆園園所都監儀軌』 造成所 畵僧(奎章閣 13627호, 朴廷蕙, 「儀軌를 통해서 본 朝鮮時代의 畵員」 자료1)
◦ 1794년 千佛殿 四天王圖 조성(大興寺 所藏, 『韓國의 佛畵 31 – 大興寺』) 수화승 智彦
◦ 1802년 전남 장흥 보림사 고법당 개금(『譯註 寶林寺重創記』) 畵師 수화승
◦ 1804년 전남 해남 서동사 목조삼세불좌상 개금(發願文) 수화승 楓溪舜靜
◦ 1805년 전남 장흥 보림사 지장 개금 시왕 중채(『譯註 寶林寺重創記』) 畵師 수화승

지순 1(智淳 : -1718-) 18세기 전반에 활동한 불화승이다. 수화승 천오와 1718년에 경북 경주 기림사 대적광전 삼신불회도와 연대미상의 삼장도를 조성하였다.

◦ 1718년 경북 경주 祇林寺 大寂光殿 三身佛會圖 조성(文明大, 「毘盧遮那三身佛圖像의 形式과 祇林寺 三身佛像 및 佛畵의 연구」와 『韓國의 佛畵 38 – 佛國寺』) 수화승 天悟

- 18세기 전반 경북 경주 祗林寺 三藏圖 조성(東國大 慶州캠퍼스 博物館 所藏, 『韓國의 佛畵 18 - 大學博物館(Ⅰ)』)¹²⁴⁾ 수화승 天悟

지순 2(智淳, 祉怐, 支順 : -1759-1790-) 18세기 후반에 전라도를 중심으로 활동한 불화승이다. 수화승 화연과 1759년에 전남 곡성 태안사 봉서암 감로왕도(호암미술관 소장)와 1761년에 곡성 태안사 봉서암 신중도를, 1764년에 수화승 색민과 전남 해남 대흥사 괘불도를, 수화승 비현과 1777년에 전남 영광 불갑사 팔상전 영산회상도와 지장전 지장시왕도를, 곡성 태안사 대웅전 석가여래도, 신중도, 삼장도와 명적암 신중도를, 1780년에 전남 순천 선암사 팔상전 화엄도華嚴圖를 그렸다. 1781년에 수화승 승윤과 경남 하동 쌍계사 삼세불도(석가모니불)와 삼장도를, 1782년에 수화승 수인과 경북 의성 대곡사 삼화상진영三和尙眞影, 청허당대선사진영淸虛堂大禪師眞影, 사명당대선사진영四溟堂大禪師眞影을, 1790년에 수화승 평삼과 경남 하동 쌍계사 고법당 제석신중도를 조성하였다. 1788년에 상겸 등과 남장사 불사에 참여하여 기록한 『불사성공록佛事成功錄』에 호남양공으로 언급되어 있다.

- 1759년 전남 곡성 泰安寺 鳳瑞庵 甘露王圖 조성(湖巖美術館 所藏, 『韓國佛畵畵記集』) 수화승 華演
- 1761년 전남 곡성 泰安寺 鳳瑞庵 神衆圖 조성(『泰安寺誌』) 수화승 華演
- 1764년 전남 해남 大興寺 掛佛圖 조성(『韓國의 佛畵 31 - 大興寺』) 수화승 色旻
- 1777년 전남 영광 佛甲寺 八相殿 靈山會上圖 조성(『靈光 母岳山 佛甲寺』과 『韓國의 佛畵 37 - 白羊寺・新興寺』) 수화승 丕賢
  1777년 전남 영광 佛甲寺 地藏殿 地藏十王圖 조성(『靈光 母岳山 佛甲寺』과 『韓國의 佛畵 37 - 白羊寺・新興寺』) 수화승 丕賢
  1777년 전남 곡성 泰安寺 大雄殿 釋迦如來圖, 神衆圖, 三藏圖와 明寂庵 神衆圖 조성 (『泰安寺誌』) 수화승 丕賢
- 1780년 전남 순천 선암사 八相殿 華嚴圖 조성(『韓國의 佛畵 12 - 仙巖寺』) 수화승 丕賢
- 1781년 경남 하동 쌍계사 三世佛圖(釋迦牟尼佛) 조성(『韓國의 佛畵 25 - 雙磎寺(上)』) 수화승 勝允
  1781년 경남 하동 쌍계사 三藏圖 조성(『韓國의 佛畵 25 - 雙磎寺(上)』) 수화승 勝允
- 1782년 경북 의성 大谷寺 三和尙眞影 조성(『韓國의 佛畵 24 - 孤雲寺(下)』) 수화승 守印
  1782년 경북 의성 大谷寺 淸虛堂大禪師眞影 조성(『韓國의 佛畵 24 - 孤雲寺(下)』) 수화승 守印
  1782년 경북 의성 大谷寺 四溟堂大禪師眞影 조성(『韓國의 佛畵 24 - 孤雲寺(下)』) 수화승 守印
- 1788년 남장사 불사에 참여한 화승을 적은 『佛事成功錄』에 湖南良工으로 언급(이용윤, 「『佛事成功錄』을 통해 본 남장사 괘불」) 수화승 尙謙
- 1790년 경남 하동 雙磎寺 古法堂 帝釋神衆圖 조성(『韓國의 佛畵 25 - 雙磎寺(上)』) 수화승 評三

지순 3(志詢, 知詢 : -1821-1822-) 19세기 전반에 활동한 불화승이다. 수화승 퇴운신겸과 1821년에 석가모니후불도와 지장도(온양민속박물관 소장), 경북 의성 수정사 지장도를, 1822년에 경북 문경 김용사 화장암 석가모니후불도와 신중도를 조성하였다.

- 1821년 釋迦牟尼後佛圖 조성(溫陽民俗博物館 所藏, 『韓國의 佛畵 20 - 私立博物館』) 수

화승 退雲信謙
1821년 地藏圖 조성(溫陽民俗博物館 所藏, 『韓國의 佛畵 20 – 私立博物館』) 수화승
退雲信謙
1821년 경북 의성 水淨寺 地藏圖 조성(『韓國의 佛畵 23 – 孤雲寺(上)』) 수화승 退雲信謙
◦ 1822년 경북 문경 金龍寺 華藏庵 釋迦牟尼後佛圖 조성(『韓國의 佛畵 8 – 直指寺(上)』)[125]
수화승 退雲信謙
1822년 경북 문경 金龍寺 神衆圖 조성(『韓國의 佛畵 8 – 直指寺(上)』) 수화승 退雲信謙

지순 4(智順 : -1879-) 19세기 후반에 활동한 불화승이다. 1879년에 수화승
수룡기전과 전북 완주 위봉사 태조암 석가모니후불도를 조성하였다.

◦ 1879년 전북 완주 威鳳寺 太祖庵 釋迦牟尼後佛圖 조성(『韓國의 佛畵 13 – 金山寺』) 수화
승 繡龍大電

지심(智心 : -1738-1744-) 18세기 전반에 활동한 불화승이다. 수화승 효흔과
1738년에 경남 밀양 표충사 감로도를, 1744년에 수화승 효안과 경남 고성
옥천사 영산회상도와 명부전 지장도를 조성하였다.

◦ 1738년 경남 밀양 表忠寺 甘露圖 조성(『韓國의 佛畵 3 – 通度寺(下)』) 수화승 晶垠
◦ 1744년 경남 고성 玉泉寺 靈山會上圖 조성(『韓國佛畵畵記集』) 수화승 曉岸
1744년 경남 고성 玉泉寺 冥府殿 地藏圖 조성(『韓國의 佛畵 25 – 雙磎寺(上)』) 수화승
曉岸

지안(智眼 : -1657-) 17세기 중반에 활동한 불화승이다. 1657년에 수화승 신
겸과 충남 연기 비암사 괘불도를 조성하였다.

◦ 1657년 충남 연기 卑岩寺 掛佛圖 조성(畵記) 수화승 信謙

지언 1(智彦 : -1652-) 17세기 중반에 활동한 불화승이다. 1652년에 수화승
신겸과 충북 청원 안심사 괘불도를 조성하였다.

◦ 1652년 충북 청원 安心寺 掛佛圖 조성(『韓國의 佛畵 17 – 法住寺』) 수화승 信謙

지언 2(志言, 持彦 : -1753-1803-)* 18세기 후반에 활동한 불화승이다. 1753년
에 수화승 치한과 전남 순천 선암사 괘불도를, 1775년에 수화승 포관과 경남
양산 통도사 약사전 약사여래후불도와 영산전 팔상도(도솔내의상)를, 1777년
에 수화승 정총과 용연사 석가모니후불도(동국대학교 박물관 소장)를 그리고,
1784년에 수화승 유성과 경북 김천 직지사 천불전 불상을 제작하였다. 1794
년에 수화승으로 천불전 사천왕도(해남 대흥사 소장)를, 1803년에 수화승 홍
안과 경북 문경 김용사 신중도를 조성하였다.

◦ 1753년 전남 순천 仙巖寺 掛佛圖 조성(『韓國의 佛畵 12 – 仙巖寺』)[126] 수화승 致閑
◦ 1775년 경남 양산 通度寺 藥師殿 藥師如來後佛圖 조성(『韓國의 佛畵 1 – 通度寺(上)』)
수화승 □冠
1775년 경남 양산 通度寺 靈山殿 八相圖(兜率來儀相) 조성(『韓國의 佛畵 2 – 通度寺
(中)』) 수화승 抱冠
1775년 경남 양산 通度寺 「八相記文」 언급(安貴淑, 「조선후기 佛畵僧의 계보와 義謙
比丘에 대한 연구(상)」) 수화승 抱冠
◦ 1777년 龍淵寺 釋迦牟尼後佛圖 조성(東國大學校 博物館 所藏, 『韓國의 佛畵 18 – 大學博
物館(Ⅰ)』)[127] 수화승 定聰
◦ 1785년 경북 김천 直指寺 「乾隆五十年緣化秩」 언급(『直指寺誌』)

- 1794년 千佛殿 四天王圖 조성(海南 大興寺 所藏, 『韓國의 佛畵 31 – 大興寺』) 金魚 수화승
- 1803년 경북 문경 金龍寺 神衆圖 조성(『韓國의 佛畵 8 – 直指寺(上)』) 수화승 弘眼
- 연대미상 경북 포항 寶鏡寺 八相圖(兜率來儀相) 조성(『韓國의 佛畵 38 – 佛國寺』) 수화승 聖明[128]

지언 3(智彦 : -1879-) 19세기 후반에 활동한 불화승이다. 1879년에 수화승 덕운영운과 울산 동축사東竺寺 신중도(양산 통도사 소장)를 조성하였다.

- 1879년 울산 東竺寺 神衆圖 조성(梁山 通度寺 所藏, 『韓國의 佛畵 1 – 通度寺(上)』) 수화승 德雲永芸

지연(指演, 指涓 : -1775-1822-)* 18세기 후반부터 19세기 전반까지 활동한 불화승이다. 1775년에 수화승으로 경남 양산 통도사 명부전 시왕도(진광대왕)를, 1778년에 수화승 혜화와 경북 포항 보경사 삼장보살도를, 1792년에 수화승으로 양산 통도사 괘불도와 삼장도를, 수화승 璃峯과 경북 영천 은해사 백흥암 극락전 감로도를, 1794년에 제석·천룡도(한국불교미술박물관 소장)를, 1797년에 수화승으로 안동 운대사 아미타후불도를, 1798년에 수화승 옥인과 양산 통도사 명부전 지장도를 그렸다. 수화승으로 1801년에 양산 통도사 백운암 지장도를, 1803년에 울산 석남사 지장도를, 1804년에 대구 동화사 양진암 신중도를 조성하고, 1822년에 영천 수도사 괘불도를 개조하였다.

- 1775년 경남 양산 通度寺 冥府殿 十王圖 第一秦廣大王 조성(『韓國의 佛畵 2 – 通度寺(中)』) 良工 수화승
- 1778년 경북 포항 寶鏡寺 三藏菩薩圖 조성(『韓國佛畵畵記集』) 수화승 惠和
- 1792년 경남 양산 通度寺 掛佛圖 조성(『韓國의 佛畵 2 – 通度寺(中)』) 化主兼良工 수화승
 1792년 경남 양산 通度寺 三藏圖 조성(『韓國의 佛畵 1 – 通度寺(上)』) 化主兼功德良工 慈悲畵師 수화승
 1792년 경남 양산 通度寺 神衆圖(圓寂山 金鳳庵 奉安) 조성(『韓國의 佛畵 1 – 通度寺(上)』) 수화승 福贊
 1792년 경북 영천 銀海寺 百興庵 極樂殿 甘露圖 조성(『韓國의 佛畵 30 – 銀海寺』) 수화승 璃峯
- 1794년 帝釋·天龍圖(韓國佛敎美術博物館 所藏, 『제1회 조선불화특별전』)
- 1797년 경북 안동 雲臺寺 阿彌陀後佛圖 조성(安東 西岳寺 所藏, 『韓國의 佛畵 23 – 孤雲寺(上)』) 良工 수화승
- 1798년 경남 양산 通度寺 冥府殿 地藏圖 조성(『韓國의 佛畵 1 – 通度寺(上)』) 良工 수화승
- 1801년 경남 양산 通度寺 白雲庵 地藏圖 조성(『韓國의 佛畵 3 – 通度寺(下)』) 良工 수화승
- 1803년 울산 石南寺 地藏圖 조성(『韓國의 佛畵 3 – 通度寺(下)』) 龍眼 수화승
- 1804년 대구 桐華寺 養眞庵 神衆圖 조성(『韓國의 佛畵 21 – 桐華寺(上)』) 畵師 수화승
- 1822년 경북 영천 修道寺 掛佛圖 改備造成(『韓國의 佛畵 30 – 銀海寺』) 畵師 수화승

지열 1(志悅 : -1767-1775-) 18세기 중반에 활동한 불화승이다. 1767년에 수화승 화월두훈과 경남 양산 통도사 괘불도를, 1775년에 수화승 포관과 통도사 영산전 팔상도(도솔내의상)를 조성하였다.

- 1767년 경남 양산 通度寺 掛佛圖 조성(『韓國의 佛畵 2 – 通度寺(中)』) 수화승 枓薰
- 1775년 경남 양산 通度寺 靈山殿 八相圖 중 第一兜率來儀相 조성(『韓國의 佛畵 2 – 通度寺(中)』) 수화승 抱冠

지열 2(志悅 : -1803-) 19세기 전반에 활동한 불화승이다. 1803년에 수화승

제한과 경북 김천 직지사 괘불도를 조성하였다.
　◦1803년 경북 김천 直指寺 掛佛圖 조성(『韓國의 佛畫 9 - 直指寺(下)』) 수화승 濟閑

지영 1(智英 : -1653-) 17세기 중반에 활동한 불화승이다. 1653년에 수화승 지영과 전남 구례 화엄사 괘불도를 조성하였다.
　◦1653년 전남 구례 華嚴寺 掛佛圖 조성(『韓國의 佛畫 11 - 華嚴寺』) 畵員 수화승

지영 2(智英, 智暎, 知英 : -1684-1699-) 17세기 후반에 활동한 불화승이다. 1684년에 명성왕후明聖王后 숭릉崇陵 조성소에 참여하였다. 1695년에 수화승 상린과 경북 청도 적천사 괘불도를 그리고, 1698년 장릉莊陵 봉릉封陵 조성소 화승畵僧으로 참여하였으며, 1699년에 수화승 의균과 대구 동화사 아미타후불도 조성하였다.
　◦1684년 『明聖王后崇陵山陵都監儀軌』造成所 畵僧(奎章閣 14832호, 朴廷蕙, 「儀軌를 통해서 본 朝鮮時代의 畵員」 자료1)
　◦1695년 경북 淸道 磧川寺 掛佛圖 조성(『韓國의 佛畫 22 - 桐華寺(下)』) 수화승 尙璘
　◦1698년 『莊陵封陵都監儀軌』造成所 畵僧(奎章閣 14830호, 朴廷蕙, 「儀軌를 통해서 본 朝鮮時代의 畵員」 자료1)
　◦1699년 대구 桐華寺 阿彌陀後佛圖 조성(『韓國의 佛畫 21 - 桐華寺(上)』) 수화승 義均

지운 1(智雲, 智云 : -1725-) 18세기 전반에 활동한 불화승이다. 1725년에 수화승 의겸과 전남 순천 송광사 영산전 석가모니후불도를, 오십전 오십삼불도 五十三佛圖(7위), 수화승 붕안과 영산전 팔상도(쌍림열반상)와 응진전 십육나한도(1, 3, 5존자), 수화승 의겸과 삼십삼조사도三十三祖師圖를 조성하였다.
　◦1725년 전남 순천 松廣寺 靈山殿 釋迦牟尼後佛圖 조성(『韓國의 佛畫 6 - 松廣寺』) 수화승 義謙
　　1725년 전남 순천 松廣寺 五十殿 五十三佛圖(七位) 조성(『韓國의 佛畫 7 - 松廣寺』) 수화승 □□
　　1725년 전남 순천 松廣寺 靈山殿 八相圖(雙林涅槃相) 조성(『韓國의 佛畫 7 - 松廣寺』) 수화승 鵬眼
　　1725년 전남 순천 松廣寺 應眞殿 十六羅漢圖(1,3,5尊者) 조성(『韓國의 佛畫 7 - 松廣寺』) 수화승 鵬眼
　　1725년 전남 순천 松廣寺 三十三祖師圖幀 조성(『曹溪山松廣寺史庫』)129) 수화승 義謙

지운 2(至雲 : -1764-) 18세기 중반에 활동한 불화승이다. 1764년에 건원릉健元陵 정자각丁字閣 중수에 화원으로 참여하였다.
　◦1764년 『健元陵丁字閣重修都監儀軌』畵僧(奎章閣 13500호, 朴廷蕙, 「儀軌를 통해서 본 朝鮮時代의 畵員」 자료1)

지원 1(智元, 智圓 : -1729-1736-) 18세기 전반에 활동한 불화승이다. 수화승 의겸과 1729년에 경남 합천 해인사 대적광전 석가모니불도, 1730년에 경남 고성 운흥사 괘불도와 감로도, 충남 공주 갑사 대웅전 삼세불도(석가모니불)를, 1736년에 수화승 의겸과 전남 순천 선암사 서부도전 감로도를 조성하였다.
　◦1729년 경남 합천 海印寺 大寂光殿 釋迦牟尼圖 조성(『韓國의 佛畫 4 - 海印寺(上)』) 수화승 義謙
　◦1730년 경남 고성 雲興寺 掛佛圖 조성(『韓國의 佛畫 26 - 雙磎寺(下)』) 수화승 義謙

ㅈ

1730년 경남 고성 雲興寺 甘露圖 조성(『韓國의 佛畵 26 - 雙磎寺(下)』) 수화승 義謙
1730년 충남 공주 甲寺 大雄殿 三世佛圖(釋迦牟尼佛) 조성(『韓國의 佛畵 15 - 麻谷寺
(上)』)130) 수화승 義謙
◦ 1736년 전남 순천 仙巖寺 西淨屠殿 甘露圖 조성(『韓國의 佛畵 12 - 仙巖寺』)131) 수화승
義謙
◦ 연대미상 十王圖(平等大王) 조성(溫陽民俗博物館 所藏, 『韓國의 佛畵 20 - 私立博物館』)
수화승 日敏
연대미상 十王圖(都市大王) 조성(溫陽民俗博物館 所藏, 『韓國의 佛畵 20 - 私立博物
館』) 수화승 晶官

지원 2(智元 : -1801-) 19세기 전반에 활동한 불화승이다. 1801년에 수화승
태영과 경남 진주 백천사 운대암 감로왕도(의정부 망월사 소장)를 조성하였다.
◦ 1801년 경남 진주 百泉寺 雲臺庵 甘露王圖 조성(議政府 望月寺 소장, 『韓國佛畵畵記集』)
수화승 泰榮

지원 3(智圓 : 1913) 20세기 전반에 활동한 불화승이다.
◦ 1913년 경북 문경 金龍寺 大成庵 阿彌陀後佛圖 조성(『韓國의 佛畵 8 - 直指寺(上)』) 수화
승 退耕 相老
1913년 경북 문경 金龍寺 三藏圖 조성(『韓國의 佛畵 8 - 直指寺(上)』) 수화승 退耕 相老

지인 1(志仁, 志人 : -1759-1761-) 18세기 중반에 활동한 불화승이다. 1759년
에 수화승 화연과 전남 곡성 태안사 봉서암 감로왕도(호암미술관 소장)와 신
중도를 조성하였다.
◦ 1759년 전남 곡성 泰安寺 鳳瑞庵 甘露王圖 조성(湖巖美術館 所藏, 『韓國佛畵畵記集』) 수
화승 華演
◦ 1761년 전남 곡성 泰安寺 鳳瑞庵 神衆圖 조성(『泰安寺誌』) 수화승 華演

지인 2(智仁 : -1884-) 19세기 후반에 활동한 불화승이다. 1884년에 수화승
축연과 서울 진관사 영산전 제석도(사자·장군)를 조성하였다.
◦ 1884년 서울 津寬寺 靈山殿 帝釋圖(使者, 將軍) 조성(『韓國의 佛畵 35 - 曹溪寺(中)』) 金
魚 수화승 竺衍

지정(智定 : -1870-) 19세기 후반에 활동한 불화승이다. 1870년에 수화승 월
허준언과 전남 곡성 도림사 신덕암 아미타후불도와 지장시왕도(순천 선암사
소장)를 조성하였다.
◦ 1870년 전남 곡성 道林寺 神德庵 阿彌陀後佛圖 조성(『韓國의 佛畵 11 - 華嚴寺』) 수화승
月虛俊彦
1870년 전남 곡성 道林寺 神德庵 地藏十王圖 조성(順天 仙巖寺 所藏, 『谷城郡의 佛敎
遺蹟』) 수화승 月虛俊彦

지천(地泉 : -1884-) 이봉당(尼峯堂) 19세기 후반에 활동한 불화승이다. 1884
년에 수화승 혜과엽계와 경북 예천 용문사 칠성도를 조성하였다.
◦ 1884년 경북 예천 龍門寺 七星圖 조성(『韓國의 佛畵 9 - 直指寺(下)』) 수화승 慧果燁桂

지첨(至瞻 : -1764-) 18세기 중반에 활동한 불화승이다. 1764년에 건원릉健元
陵 정자각丁字閣 중수에 화승畵僧으로 참여하였다.
◦ 1764년 『健元陵丁字閣重修都監儀軌』 畵僧(奎章閣 13500호, 朴廷蕙, 「儀軌를 통해서 본
朝鮮時代의 畵員」 자료1)

지한 1(志閑 : -1675-) 17세기 후반에 활동한 불화승이다. 1675년에 현종顯宗 빈전殯殿 조성소 화승畫僧으로 참여하였다.

　　◦ 1675년 『顯宗殯殿都監儀軌』 魂殿 造成所 畫僧(奎章閣 13540호, 朴廷蕙, 「儀軌를 통해서 본 朝鮮時代의 畫員」 자료1)

지한 2(志閑 : -1775-1818-) 18세기 후반부터 19세기 전반까지 활동한 불화승이다. 1775년에 수화승 옥인과 경남 양산 통도사 명부전 사자도(직부사자)를, 1798년에 수화승 지안과 경남 양산 내원사 노전 신중도를, 1801년에 수화승 옥인과 양산 내원사 로전 석가모니후불도와 지장도를, 1802년에 송계쾌윤과 전남 순천 선암사 나한전 삼세후불도와 신중도를, 1803년에 수화승 지연과 울산 석남사 지장도를, 1818년에 수화승 지한과 통도사 극락암 신중도를 조성하였다.

　　◦ 1775년 경남 양산 通度寺 冥府殿 使者圖(直府使者) 조성(『韓國의 佛畵 2 – 通度寺(中)』) 수화승 玉仁
　　◦ 1798년 경남 양산 內院寺 爐殿 神衆圖 조성(『韓國의 佛畵 3 – 通度寺(下)』) 수화승 志閑
　　◦ 1801년 경남 양산 內院寺 爐殿 釋迦牟尼後佛圖 조성(『韓國의 佛畵 3 – 通度寺(下)』) 수화승 玉仁
　　　1801년 경남 양산 內院寺 爐殿 地藏圖 조성(『韓國의 佛畵 3 – 通度寺(下)』) 수화승 玉仁
　　◦ 1802년 전남 순천 선암사 羅漢殿 三世後佛圖 조성(『韓國의 佛畵 12 – 仙巖寺』) 수화승 快玧
　　　1802년 전남 순천 선암사 羅漢殿 神衆圖 조성(『韓國의 佛畵 12 – 仙巖寺』)[132] 수화승 快玧
　　◦ 1803년 울산 石南寺 地藏圖 조성(『韓國의 佛畵 3 – 通度寺(下)』) 수화승 指涓
　　◦ 1818년 경남 양산 通度寺 極樂庵 神衆圖 조성(『韓國의 佛畵 3 – 通度寺(下)』) 良工 수화승

지한 3(智瀚, 志瀚 : -1887-)* 혜고당(慧杲堂) 19세기 후반에 활동한 불화승이다. 1887년에 수화승으로 대구 동화사 대웅전 신중도를, 수화승으로 경기 양주 견성암 신중도(불교중앙박물관 소장)를, 수화승 학허석운과 서울 미타사 대웅전 칠성도를 조성하였다.

　　◦ 1887년 대구 동화사 大雄殿 神衆圖 조성(『韓國의 佛畵 21 – 桐華寺(上)』) 金魚 수화승
　　　1887년 경기 양주 見聖庵 神衆圖 조성(佛敎中央博物館 所藏, 『韓國의 佛畵 40 – 補遺』) 金魚 수화승
　　　1887년 서울 彌陀寺 大雄殿 七星圖 조성(『서울전통사찰불화』와 『韓國佛畵畵記集』 및 『韓國의 佛畵 36 – 曹溪寺(下)』)[133] 수화승 鶴虛石雲
　　※ 지한 3과 지한 4는 동일인으로 추정된다.

지한 4(誌閑 : -1890-) 벽은당(碧隱堂) 19세기 후반에 활동한 불화승이다. 1890년에 수화승 긍조와 서울 흥천사 대방 아미타후불도와 신중도를 조성하였다.

　　◦ 1890년 서울 興天寺 大房 阿彌陀後佛圖 조성(『서울전통사찰불화』와 『韓國佛畵畵記集』)[134] 수화승 亘照
　　　1890년 서울 興天寺 大房 神衆圖 조성(『서울전통사찰불화』와 『韓國佛畵畵記集』) 수화승 亘照

지해(智海 : -1698-) 17세기 후반에 활동한 불화승이다. 1698년에 백기 등과

봉릉莊陵 장릉封陵 조성소 화승畫僧으로 참여하였다.

> ◦1698년『莊陵封陵都監儀軌』造成所 畫僧(奎章閣 14830호, 朴廷蕙,「儀軌를 통해서 본 朝鮮時代의 畫員」자료1)

지현(智玄 : -1759-) 18세기 중반에 활동한 불화승이다. 1759년 불상 개금과 불화 및 단청을 조성하였다.

> ◦1759년 己酉年改金幀畫丹雘事施主記(安貴淑,「조선후기 佛畫僧의 계보와 義謙比丘에 대한 연구(상)」)

지홍(志洪 : -1808-) 19세기 전반에 활동한 불화승이다. 1808년에 수화승 화악평삼과 경남 고성 옥천사 괘불도를 조성하였다.

> ◦1808년 경남 고성 玉泉寺 掛佛圖 조성(『韓國의 佛畫 26 - 雙磎寺(下)』) 수화승 華岳評三

지환(智還 : -1764-1767-) 18세기 중반에 활동한 불화승이다. 1764년에 수화승 전수와 경북 영덕 장육사 대웅전 지장도를, 수화승 화월두훈과 1766년에 충북 보은 법주사 괘불도와 1767년에 경남 양산 통도사 괘불도를 조성하였다.

> ◦1764년 경북 영덕 莊陸寺 大雄殿 地藏圖 조성(『韓國의 佛畫 38 - 佛國寺』) 수화승 典秀
> ◦1766년 충북 보은 法住寺 掛佛圖 조성(『韓國의 佛畫 17 - 法住寺』) 수화승 華月枓訓
> ◦1767년 경남 양산 通度寺 掛佛圖 조성(『韓國의 佛畫 2 - 通度寺(中)』) 수화승 枓薰

지훈(知訓 : -1794-1796-) 18세기 후반에 경기도 양주를 중심으로 활동한 불화승이다. 1794년부터 1796년까지 화성 건립에 참여하여 1801년 작성된『화성성역의궤華城城役儀軌』에 양주목楊州牧 승려로 언급되어 있다.

> ◦1794년-1796년 화성 건립에 화원으로 참여(1801년 작성된『華城城役儀軌』卷4 工匠 畫工 條) 楊州牧

지흔(志欣 : -1840-) 19세기 후반에 활동한 불화승이다. 1840년에 수화승 대송성준과 경북 의성 수정암水淨庵 삼세불묵도三世佛墨圖를, 1841년에 수화승 동잠 □□와 대구 동화사 염불암 구품도를 조성하였다.

> ◦1840년 경북 의성 水淨庵 三世佛墨圖 조성(『韓國의 佛畫 23 - 孤雲寺(上)』) 수화승 大淞 成俊
> ◦1841년 대구 桐華寺 念佛庵 九品圖 조성(『韓國의 佛畫 21 - 桐華寺(上)』) 수화승 東岑 □□

직천(直天 : -1794-) 18세기 후반에 활동한 불화승이다. 1794년에 제석·천룡도(한국불교미술박물관 소장)를 조성하였다.

> ◦1794년 帝釋·天龍圖(韓國佛教美術博物館 所藏,『제1회 조선불화특별전』)

진규 1(眞奎 : -1791-) 19세기 후반에 활동한 불화승이다. 1791년에 수화승 환암현규와 경북 의성 옥련사 극락전 석가모니후불도를 조성하였다.

> ◦1791년 경북 의성 玉蓮寺 極樂殿 釋迦牟尼後佛圖 조성(『韓國의 佛畫 23 - 孤雲寺(上)』) 수화승 幻庵玄奎

진규 2(眞圭, 眞珪 : -1904-1909-)* 19세기 후반부터 20세기 전반까지 활동한 불화승이다. 1904년에 수화승 환월상휴와 경남 양산 통도사 비로암 구품도九品圖를, 1905년에 수화승 보응문성과 부산 범어사 팔상전 영산회상도와 나한

전 영산회상도 및 수화승 금호약효와 괘불도를, 1907년에 수화승으로 경남
함안 장춘사 아미타후불도와 신중도를, 1908년에 수화승 퇴운 원일과 경남
합천 해인사 백련암 아미타후불도와 신중도(고령 관음사 소장)를, 1909년에
수화승 기일과 경북 김천 청암사 독성도와 산신도를, 수화승 명조와 아미타
후불도를, 수화승 창흔과 신중도를 조성하였다.

· 1904년 경남 양산 通度寺 毘盧庵 九品圖 조성(『韓國의 佛畵 1 – 通度寺(上)』)[135] 수화승
  煥月尙休
· 1905년 부산 梵魚寺 捌相殿 靈山會上圖 조성(『梵魚寺聖寶博物館 名品圖錄』과 『韓國의
  佛畵 32 – 梵魚寺』)[136] 수화승 普應文性
  1905년 부산 梵魚寺 羅漢殿 靈山會上圖 조성(『梵魚寺聖寶博物館 名品圖錄』과 『韓國
  의 佛畵 32 – 梵魚寺』) 수화승 普應文性
  1905년 부산 梵魚寺 掛佛圖 조성(『梵魚寺聖寶博物館 名品圖錄』과 『韓國의 佛畵 32
  – 梵魚寺』) 수화승 錦湖若效
· 1907년 경남 함안 長春寺 阿彌陀後佛圖 조성(『韓國의 佛畵 4 – 海印寺(上)』) 金魚 수화승
  1907년 경남 함안 長春寺 神衆圖 조성(『韓國의 佛畵 4 – 海印寺(上)』) 金魚 수화승
· 1908년 경남 합천 海印寺 白蓮庵 阿彌陀後佛圖 조성(高靈 觀音寺 所藏, 『韓國의 佛畵21
  – 桐華寺(上)』) 수화승 退雲 圓日
  1908년 경남 합천 海印寺 白蓮庵 神衆圖 조성(高靈 觀音寺 所藏, 『韓國의 佛畵 21 桐
  華寺(上)』) 수화승 退雲 圓日
· 1909년 경북 김천 靑巖寺 獨聖圖 조성(『韓國의 佛畵 9 – 直指寺(下)』) 片手 수화승 奇一
  1909년 경북 김천 靑巖寺 阿彌陀後佛圖 조성(『韓國의 佛畵 8 – 直指寺(上)』) 片手 수
  화승 明照
  1909년 경북 김천 靑巖寺 神衆圖 조성(『韓國의 佛畵 8 – 直指寺(上)』) 片手 수화승
  昌昕
  1909년 경북 김천 靑巖寺 山神圖 조성(『韓國의 佛畵 9 – 直指寺(下)』) 片手 수화승
  奇一
· 연대미상 경남 양산 通度寺 毘盧庵 神衆圖 조성(『韓國의 佛畵 1 – 通度寺(上)』)[137] 수화
  승 尙休

진기당(震奇堂) 상오(尙悟) 참조

진명(振明 : -1851-) 19세기 중반에 활동한 불화승이다. 1851년에 수화승 기
연과 전남 순천 송광사 천자암 지장시왕도를 조성하였다.

· 1851년 전남 순천 松廣寺 天子庵 地藏十王圖 조성(『韓國의 佛畵 6 – 松廣寺(上)』) 수화승
  錡衍

진목(珍沐 : -1888-) 19세기 후반에 활동한 불화승이다. 1888년에 수화승 향
호묘영과 경북 하동 쌍계사 승당 아미타후불홍도阿彌陀後佛紅圖를 조성하였다.

· 1888년 경북 하동 雙溪寺 僧堂 阿彌陀後佛紅圖 조성(『韓國의 佛畵 25 – 雙磎寺(上)』)[138]
  수화승 香湖妙英

진성(眞性 : -1652-1657-) 17세기 중반에 활동한 불화승이다. 1652년에 수화
승 신겸과 충북 청원 안심사 괘불도와 1657년 충남 연기 비암사 괘불도를
조성하였다.

· 1652년 충북 청원 安心寺 掛佛圖 조성(『韓國의 佛畵 17 – 法住寺』) 수화승 信謙
· 1657년 충남 연기 卑岩寺 掛佛圖 조성(畵記) 수화승 信謙

ㅈ

진숙(鎭淑 : 1913-1924) 경해당(慶海堂) 20세기 전반에 활동한 불화승이다.
- 1913년 경북 문경 金龍寺 大成庵 阿彌陀後佛圖 조성(『韓國의 佛畵 8 - 直指寺(上)』) 수화승 退耕 相老
  1913년 경북 문경 金龍寺 三藏圖 조성(『韓國의 佛畵 8 - 直指寺(上)』) 수화승 退耕 相老
- 1923년 경남 양산 通度寺 獨聖圖 조성(『韓國의 佛畵 2 - 通度寺(中)』) 수화승 大愚 奉玟
  1923년 경남 양산 內院寺 七星圖 조성(『韓國의 佛畵 3 - 通度寺(下)』) 수화승 大愚 奉玟
- 1924년 대구 桐華寺 掛佛圖 조성(『韓國의 佛畵 22 - 桐華寺(下)』) 수화승 大愚 奉珉

진애(珍愛 : -1879-) 19세기 후반에 활동한 불화승이다. 1879년에 수화승 운파취선, 경성두삼, 향호묘영 등과 전남 강진 무위사 칠성도를 조성하였다.
- 1879년 전남 강진 無爲寺 七星圖 조성(金玲珠, 『朝鮮時代佛畵硏究』와 『韓國佛畵畵記集』) 수화승 雲波就善

진엄당(震广堂) 상오(尙旿) 참조

진영 1(震英, 震穎 : -1757-1787-) 18세기 중반에 활동한 불화승이다. 1757년에 정성왕후貞聖王后 홍릉弘陵 조성소 화승畵僧으로 참여하고, 1777년에 수밀과 서울 봉은사 시왕도를 그렸으며, 1786년에 문효세자文孝世子 묘소墓所 조성소 화승畵僧과 1787년에 금강산 화장사 불상 개금 시 지전持殿으로 참여하였다.
- 1757년 『貞聖王后弘陵山陵都監儀軌』 造成所 畵僧(奎章閣 13591호, 朴廷蕙, 「儀軌를 통해서 본 朝鮮時代의 畵員」 자료1)
- 1777년 서울 奉恩寺 十王圖 조성(東國大學校 博物館 所藏, 『韓國佛畵畵記集』) 龍眼[139] 수화승
- 1786년 『文孝世子墓所都監儀軌』 造成所 畵僧(奎章閣 13925호, 朴廷蕙, 「儀軌를 통해서 본 朝鮮時代의 畵員」 자료1)
- 1787년 금강산 화장사 불상 개금 시 持殿으로 참여(「乾隆五十二年丁未十二月歙谷金剛山華藏寺阿彌陀佛觀世音大勢至三位尊像改金願文」, 『楡岾寺本末寺誌(華藏寺)』)

진영 2(振榮 : -1909-) 20세기 전반에 활동한 불화승이다. 1909년에 수화승 경선응석과 서울 삼성암 칠성각 칠성도를 조성하였다.
- 1909년 서울 三聖庵 七星閣 七星圖 조성(『韓國의 佛畵 36 - 曹溪寺(下)』) 수화승 敬船 應碩

진우(進祐 : -1854-1856-) 19세기 중반에 활동한 불화승이다. 1854년에 수화승 성천과 무염암 아미타후불도(홍성 석련사 소장)를 조성하고, 1856년에 수화승 인원체정과 서울 도선사 목조아미타삼존불좌상을 개금하였다.
- 1854년 無染庵 阿彌陀後佛圖 조성(洪城 石蓮寺 所藏, 『韓國의 佛畵 27 - 修德寺』) 수화승 性天
- 1856년 서울 道詵寺 木造阿彌陀三尊佛坐像 개금(文明大, 「印性派 木佛像의 조성과 道詵寺 木阿彌陀三尊佛像의 고찰」)[140] 수화승 仁原體定

진월당(振月堂) 천호(天湖) 참조

진음당(震音堂) 상오(尙旿) 참조

진일(震一, 眞一 : -1765-1775-) 18세기 후반에 활동한 불화승이다. 1765년에 수화승 □□와 전남 순천 해천사 삼세후불도(석가모니불, 순천 선암사 소장)를, 1775년에 수화승 경보와 경남 양산 통도사 명부전 시왕도(평등대왕)를 조성하였다.

> ◦ 1765년 전남 순천 海川寺 三世後佛圖(釋迦牟尼佛) 조성(順天 仙巖寺 所藏, 『韓國의 佛畵 12 – 仙巖寺』) 수화승 □□
> ◦ 1775년 경남 양산 通度寺 冥府殿 十王圖(平等大王) 조성(『韓國의 佛畵 2 – 通度寺(中)』) 수화승 璟甫

진찰(震刹, 震利 : -1752-1762-)* 18세기 중반에 활동한 불화승이다. 수화승으로 1752년에 경북 안동 봉정사 목조관음보살좌상을 개금하고, 1762년에 강원 홍천 수타사 석가모니후불도를 조성하였다.

> ◦ 1752년 경북 안동 鳳停寺 木造觀音菩薩坐像 改金(大雄殿觀音改金懸板, 김창균, 「安東 鳳停寺 木造觀音菩薩坐像考」) 畵工 수화승
> ◦ 1762년 강원 洪川 壽陁寺 釋迦牟尼後佛圖 조성(『韓國의 佛畵 10 – 月精寺』) 金魚 嘉善 수화승

진철 1(震哲 : -1739-) 18세기 중반에 활동한 불화승이다. 1739년에 수화승 혜식과 경남 합천 해인사 명부전 지장도를 조성하였다.

> ◦ 1739년 경남 합천 海印寺 冥府殿 地藏圖 조성(『韓國의 佛畵 4 – 海印寺(上)』) 수화승 慧湜

진철 2(震徹, 震哲 : -1881-1900-)* 동호당(東昊堂, 東湖堂) 19세기 후반부터 20세기 전반까지 활동한 불화승이다. 1881년에 수화승으로 인천 강화 전등사 약사전 현왕도를, 1883년에 수화승 경선응석과 경기 남양주 흥국사 신중도(의정부 회룡사 소장)를, 1884년에 수화승 기형과 경북 예천 용문사 신중도와 칠성도를, 수화승으로 서울 진관사 석가모니후불도와 수화승 축연과 영산전 제석도(사자・장군)를, 1885년에 수화승 만파 정익과 경기 남양주 내원암 괘불도를, 1886년에 수화승 허곡긍순과 서울 화계사 괘불도, 수화승 경선응석과 봉은사 북극락전 칠성도, 수화승 영명천기와 판전 비로자나후불도를, 수화승 혜과봉간과 경북 김천 직지사 신중도를, 1887년에 수화승 혜고 지한과 대구 동화사 대웅전 신중도를, 수화승 금곡영환과 서울 미타사 대웅전 신중도를, 1888년에 금곡영환과 경기 안성 칠장사 명부전 지장도와 수화승으로 경남 양산 통도사 옥련암 지장보살도를, 1892년에 수화승으로 경북 의성 고운사 쌍수암 칠성도를, 1893년에 수화승으로 경남 합천 해인사 길상암 신중도와 수화승 우송상수와 지장도와 신중도를, 1896년에 수화승으로 양산 통도사 취운암 지장도와 대구 동화사 대웅전 석가모니후불도를, 수화승 덕산묘화와 동수 등과 대구 동화사 사천왕도(지국천왕)를 그렸다. 1897년에 수화승 영운봉수와 경북 영천 은해사 백흥암 영산전 석가모니후불도와 백흥암 심검당 아미타후불도 및 대법당 신중도 등을, 1887년에 수화승 혜고 지한과 대구 동

화사 대웅전 신중도와 수화승 영운봉수와 경북 상주 남장사 관음암 신중도
를, 1898년에 수화승 영운봉수와 상주 남장사 칠성도를, 1899년에 수화승으
로 양산 통도사 황화각皇華閣 화장찰해도華藏刹海圖를, 1900년에 수화승으로
양산 통도사 금강계단金剛戒壇 감로도와 수화승으로 태암太庵 아미타후불도
(안동 봉정사 소장)를 조성하였다.

- 1881년 인천 강화 傳燈寺 藥師殿 現王圖 조성(『畿內寺院誌』와 『韓國佛畫畫記集』 및 『韓國의 佛畫 36 – 曹溪寺(下)』)[141] 金魚 수화승
- 1883년 경기 남양주 興國寺 神衆圖 조성(議政府 回龍寺 所藏, 畫記, 『畿內寺院誌』와 『韓國佛畫畫記集』 및 『韓國의 佛畫 33 – 奉先寺』) 莊嚴 수화승 應碩
- 1884년 경북 예천 龍門寺 神衆圖 조성(『韓國의 佛畫 8 – 直指寺(上)』) 수화승 錦華機炯
  1884년 경북 예천 龍門寺 七星圖 조성(『韓國의 佛畫 9 – 直指寺(下)』) 수화승 慧果燁桂
  1884년 서울 津寬寺 釋迦牟尼後佛圖 조성(『北漢山의 佛敎遺蹟』과 『韓國의 佛畫 34 – 曹溪寺(上)』) 金魚 수화승
  1884년 서울 津寬寺 靈山殿 帝釋圖(使者, 將軍) 조성(『韓國의 佛畫 35 – 曹溪寺(中)』) 金魚 수화승 竺衍
- 1885년 경기 남양주 內院庵 掛佛圖 조성(畫記, 『韓國의 佛畫 33 – 奉先寺』) 수화승 萬波定翼
  1885년 서울 奉恩寺 七星圖 조성(『서울전통사찰불화』) 수화승 慶船應釋[142]
- 1886년 서울 華溪寺 掛佛圖 조성(『韓國의 佛畫 35 – 曹溪寺(中)』) 수화승 虛谷亘巡
  1886년 서울 奉恩寺 北極樂殿 七星圖 조성(『서울전통사찰불화』와 『韓國佛畫畫記集』 및 『韓國의 佛畫 36 – 曹溪寺(下)』) 수화승 慶船應釋
  1886년 서울 奉恩寺 北極樂殿 七星圖 조성(『서울전통사찰불화』와 『韓國佛畫畫記集』) 수화승 慶船應釋[143]
  1886년 서울 奉恩寺 版殿 毘盧遮那後佛圖 조성(『서울전통사찰불화』와 『韓國佛畫畫記集』 및 『韓國의 佛畫 34 – 曹溪寺(上)』) 수화승 影明天機
  1886년 경북 김천 直指寺 神衆圖 조성(『韓國佛畫畫記集』) 수화승 慧果奉侃
- 1887년 대구 동화사 大雄殿 神衆圖 조성(『韓國의 佛畫 21 – 桐華寺(上)』) 수화승 慧杲智瀚
  1887년 서울 彌陀寺 極樂殿 神衆圖 조성(『서울전통사찰불화』와 『韓國佛畫畫記集』 및 『韓國의 佛畫 35 – 曹溪寺(中)』) 수화승 金谷永煥
- 1888년 경기 안성 七長寺 冥府殿 地藏圖 조성(『韓國의 佛畫 28 – 龍珠寺(上)』) 수화승 金谷永煥
  1888년 경남 양산 通度寺 玉蓮庵 地藏菩薩圖 조성(『韓國佛畫畫記集』) 金魚[144] 수화승
- 1892년 경북 의성 孤雲寺 雙修庵 七星圖 조성(『韓國의 佛畫 24 – 孤雲寺(下)』) 畫所 수화승
- 1893년 경남 합천 海印寺 吉祥庵 神衆圖 조성(『韓國의 佛畫 4 – 海印寺(上)』) 金魚 수화승
  1893년 경남 합천 海印寺 吉祥庵 地藏圖 조성(『韓國의 佛畫 4 – 海印寺(上)』)[145] 수화승 友松尙守
  1893년 경남 합천 海印寺 神衆圖 조성(『韓國의 佛畫 4 – 海印寺(上)』)[146] 수화승 友松尙守
- 1896년 경남 양산 通度寺 翠雲庵 地藏圖 조성(『韓國의 佛畫 1 – 通度寺(上)』) 金魚 수화승
  1896년 대구 桐華寺 大雄殿 釋迦牟尼後佛圖 조성(『韓國의 佛畫 21 – 桐華寺(上)』) 金魚 수화승
  1896년 대구 동화사 四天王圖(持國天王) 조성(『韓國의 佛畫 21 – 桐華寺(上)』) 수화승 德山妙華
- 1897년 경북 영천 銀海寺 百興菴 靈山殿 釋迦牟尼後佛圖 조성(『韓國의 佛畫 30 – 銀海寺』) 수화승 永雲奉洙
  1897년 경북 영천 銀海寺 百興菴 尋劍堂 阿彌陀後佛圖 조성(『韓國의 佛畫 30 – 銀海寺』) 수화승 永雲奉秀

　　1897년 경북 영천 銀海寺 百興菴 大法堂 神衆圖 조성(『韓國의 佛畵 30 – 銀海寺』)
　　수화승 永雲奉秀
　　1897년 경북 영천 銀海寺 山神圖 조성(『韓國의 佛畵 30 – 銀海寺』) 수화승 永雲奉秀
　　1897년 경북 상주 南長寺 觀音庵 神衆圖 조성(『韓國의 佛畵 8 – 直指寺(上)』) 수화승
　　影雲奉秀
　◦1898년 경북 상주 南長寺 七星圖 조성(『韓國의 佛畵 9 – 直指寺(下)』) 수화승 影雲奉秀
　◦1899년 경남 양산 通度寺 皇華閣 華藏刹海圖 조성(『韓國의 佛畵 1 – 通度寺(上)』) 金魚
　　수화승
　◦1900년 경남 양산 通度寺 金剛戒壇 甘露圖 조성(『韓國의 佛畵 2 – 通度寺(中)』) 良工 片
　　手 수화승
　　1900년 太庵 阿彌陀後佛圖 조성(安東 鳳停寺 所藏, 『韓國의 佛畵 23 – 孤雲寺(上)』)
　　金魚 수화승

진평(震平 : -1769-) 18세기 후반에 활동한 불화승이다. 1769년에 수화승 쾌
윤과 경남 남해 용문사 괘불도를 조성하였다.
　◦1769년 경남 남해 龍門寺 掛佛圖 조성(『韓國의 佛畵 26 – 雙磎寺(下)』) 수화승 快玧

진한(鎭閑 : -1910-1913-) 20세기 전반에 활동한 불화승이다. 1910년에 수화
승 환월상휴와 충북 보은 법주사 중사자암 신중도와 탈골암 삼성전 칠성도
및 은적암 산신도(상주 미타사 소장)를, 1913년에 수화승 퇴경 상노와 경북
문경 김용사 삼장도와 대성암 아미타후불도를 조성하였다.
　◦1910년 충북 보은 法住寺 中獅子庵 神衆圖 조성(『韓國의 佛畵 17 – 法住寺』) 수화승 幻
　　月尙休
　　1910년 충북 보은 脫骨庵 三聖殿 七星圖 조성(『韓國의 佛畵 17 – 法住寺』) 수화승 幻
　　月尙休
　　1910년 隱寂庵 山神圖 조성(尙州 彌陀寺 所藏, 『韓國의 佛畵 17 – 法住寺』) 수화승 幻
　　月尙休
　◦1913년 경북 문경 金龍寺 三藏圖 조성(『韓國의 佛畵 8 – 直指寺(上)』) 수화승 退耕相老
　　1913년 경북 문경 金龍寺 大成庵 阿彌陀後佛圖 조성(『韓國의 佛畵 8 – 直指寺(上)』)
　　수화승 退耕相老

진행(眞行, 陳行 : -1730-) 18세기 전반에 활동한 불화승이다. 1730년에 수화
승 의겸과 경남 고성 운흥사 괘불도와 감로도를, 수화승 채인과 전남 곡성
도림사 보광전 아미타후불도를 조성하였다.
　◦1730년 경남 고성 雲興寺 掛佛圖 조성(『韓國의 佛畵 26 – 雙磎寺(下)』) 수화승 義謙
　　1730년 경남 고성 雲興寺 甘露圖 조성(『韓國의 佛畵 26 – 雙磎寺(下)』)[147] 수화승 義謙
　　1730년 전남 곡성 道林寺 普光殿 阿彌陀後佛圖 조성(『韓國의 佛畵 11 – 華嚴寺』) 수화
　　승 彩仁
　　1730년 水月觀音圖 조성(韓國佛敎美術博物館 所藏, 『衆生의 念願』) 수화승 義謙

진혁(震爀 : -1904-1906-)* 동호당(東昊堂) 20세기 전반에 활동한 불화승이다.
수화승으로 1904년에 경북 문경 봉암사 구품도와 경남 합천 해인사 홍제암
아미타삼존묵도阿彌陀三尊墨圖를, 1905년에 경북 김천 직지사 삼장도를, 1906
년에 부산 마하사 석가모니후불도를, 1906년에 경북 문경 대승사 석가모니후
불도와 신중도를, 경북 상주 북장사 산신도를 조성하였다.
　◦1904년 경북 문경 鳳巖寺 九品圖 조성(『韓國의 佛畵 9 – 直指寺(下)』) 수화승 金魚[148]

수화승
1904년 경남 합천 海印寺 弘濟庵 阿彌陀三尊墨圖 조성(『韓國의 佛畵 4 - 海印寺(上)』)
金魚 수화승
◦ 1905년 경북 김천 直指寺 三藏圖 조성(『韓國의 佛畵 8 - 直指寺(上)』) 金魚 수화승
◦ 1906년 부산 摩訶寺 釋迦牟尼後佛圖 조성(『韓國의 佛畵 32 - 梵魚寺』) 金魚 수화승
1906년 경북 문경 大乘寺 釋迦牟尼後佛圖 조성(『韓國의 佛畵 8 - 直指寺(上)』) 金魚
수화승
1906년 경북 문경 大乘寺 神衆圖 조성(『韓國의 佛畵 8 - 直指寺(上)』) 金魚 수화승
1906년 경북 상주 北長寺 山神圖 조성(『韓國佛畵畵記集』) 金魚
※ 동호진혁은 동호진철과 동일인으로 추정된다.

진혜(眞惠 : -1798-) 18세기 후반에 활동한 불화승이다. 1798년에 수화승 지
연과 경남 양산 통도사 명부전 지장도를 조성하였다.

◦ 1798년 경남 양산 通度寺 冥府殿 地藏圖 조성(『韓國의 佛畵 1 - 通度寺(上)』) 수화승 指演

진호(進浩, 眞昊, 珎昊 : -1860-1872-)* 방우당(放牛堂) 또는 철우당(鐵牛堂) 19
세기 중반에 활동한 불화승이다. 1857년에 수화승 선률과 서울 봉은사 판전
신중도를, 1860년에 수화승 혜운 익찬과 전남 구례 화엄사 각황전 삼세불도
(약사불)를, 1861년에 수화승 월하 세원과 한봉창엽과 서울 화계사 극락보전
아미타후불도(예산 수덕사 소장)를, 수화승 하운 유경과 경기 가평 현등사 칠
성도를 제작하고, 수화승 월하 세원과 대전 비래사 목조비로자나불좌상을 개
금하였다. 1872년에 수화승으로 경기 파주 보광사 지장도와 수화승으로 시왕
도 등을, 1878년에 수화승 화산 재근과 삼각산 화계사 명부전 지장도(서울
화계사 소장)를, 1883년에 수화승으로 서울 미타사 무량수전 칠성도를 조성
하였다.

◦ 1857년 서울 奉恩寺 版殿 神衆圖 조성(『韓國의 佛畵 35 - 曹溪寺(中)』) 수화승 善律
◦ 1860년 전남 구례 華嚴寺 覺皇殿 三世佛圖(藥師佛) 조성(『韓國의 佛畵 11 - 華嚴寺』[149])
수화승 海雲益讚
◦ 1861년 華溪寺 極樂寶殿 阿彌陀後佛圖 조성(禮山 修德寺 所藏, 『韓國의 佛畵 27 - 修德
寺』) 수화승 月霞世元
1861년 서울 華溪寺 七星圖 조성(加平 懸燈寺 소장, 畵記와 『韓國佛畵畵記集』 및 『韓
國의 佛畵 33 - 奉先寺』) 수화승 河雲宥景
◦ 1872년 경기 파주 普光寺 冥府殿 地藏圖 조성(『韓國의 佛畵 33 - 奉先寺』) 수화승[150]
1872년 경기 파주 普光寺 十王圖(1·5大王) 조성(『韓國佛畵畵記集』과 『韓國의 佛畵 33
- 奉先寺』) 金魚 수화승
1872년 경기 파주 普光寺 十王圖(2·4大王) 조성(『韓國의 佛畵 33 - 奉先寺』) 金魚 수화승
1872년 경기 파주 普光寺 十王圖(3·7·9大王) 조성(『韓國의 佛畵 33 - 奉先寺』) 金魚
수화승
1872년 경기 파주 普光寺 使者圖(使者·將軍) 조성(『韓國佛畵畵記集』과 『韓國의 佛畵
33 - 奉先寺』) 金魚 수화승
1872년 경기 파주 普光寺 使者圖(使者·將軍) 조성(『韓國佛畵畵記集』과 『韓國의 佛畵
33 - 奉先寺』) 金魚 수화승
◦ 1878년 三角山 華溪寺 冥府殿 地藏圖 조성(서울 華溪寺 所藏, 『韓國의 佛畵 34 - 曹溪寺
(上)』) 改彩 수화승 華山 在根
◦ 1883년 서울 彌陀寺 無量壽殿 七星圖 조성(『韓國의 佛畵 36 - 曹溪寺(下)』) 金魚 수화승

[주]

1) 『韓國의 佛畫 33 - 奉先寺』, 성보문화재연구소, 2004, p.222 圖32에 自閑으로 읽었다.

2) 동시에 五十三佛圖, 八相圖, 十六羅漢圖 조성하였다. 사적기에 自昊로 적혀 있지만, 畫記에 자민으로 읽었다.

3) 指演일 가능성이 매우 높다.

4) 1684년에 조성된 부석사 괘불(국립중앙박물관 소장)의 畫記에 조성 시 불화승을 알 수 없고, 1745년에 중수되어 충청남도청풍월악 산신륵사에 移安한 것으로 적혀있다. 그런데 洪潤植 編, 『韓國佛畫畫記集』, 가람연구소, 1995, pp.47-49에 端案과 自仁이 중수한 것으로 적혀있다.

5) 都居라고 부른 예는 처음이다.

6) 『韓國의 佛畫 8 - 直指寺(上)』 圖3과 洪潤植 編, 위의 책, pp.129-130에 白還으로 읽었다.

7) 『畿內寺院誌』, p.775에 昨品□□堂로, 洪潤植 編, 위의 책, p.292에 昨品□□□로 읽었다.

8) 『韓國의 佛畫 11 - 華嚴寺』 圖5에 畫記를 잘못 정리하여 놓았다.

9) 『韓國의 佛畫 10 - 月精寺』, p.245 圖4에 수화승을 意雲慈頭로 읽었다.

10) 『韓國의 佛畫 21 - 桐華寺(上)』, p.246 圖50에 1775년에 제작된 것으로 나와 있지만, 同治十年辛未는 1871년이다.

11) 『서울전통사찰불화』, pp.120-121에 1844년에 제작된 것으로 보았다.

12) 『韓國의 佛畫 35 - 曹溪寺(中)』, p.211 圖29에 漢峰應□로 읽었다.

13) 1984년 靑蓮寺와 圓通庵은 합해져서 이 불화는 청련사 원통전에 봉안되어 있다.

14) 洪潤植 編, 위의 책, p.208에 □明으로 읽었다.

15) 洪潤植 編, 위의 책, pp.211-213에 再卦로 읽었다.

16) 『프랑스 국립기메박물관 소장 한국문화재』 회화류 圖1에 재성(再性)이 언급되어 있지 않다.

17) 자료집에 雪庵在悟로 읽었다.

18) 도록에 雲湖在悟로 적혀 있다.

19) 『韓國의 佛畫 36 - 曹溪寺(下)』, p.208 圖7에 雲湖在悟로 읽었다.

20) 자료집에 영호재오(靈湖再悟)로 읽음.

21) 『韓國의 佛畫 34 - 曹溪寺(上)』, p.208 圖17에 雲湖在悟로 읽었다.

22) 1984년 靑蓮寺와 圓通庵은 합해지면서 이 불화는 청련사 원통전에 봉안되어 있다. 『畿內寺院誌』와 『韓國의 佛畫 36 - 曹溪寺(下)』, p.208 圖8에 雲湖在悟로 읽었다.

23) 1984년 靑蓮寺와 圓通庵은 합해지면서 이 불화는 청련사 원통전에 봉안되어 있다. 그런데 『畿內寺院誌』에 片手 □□□悟로 적혀 있고, 『韓國의 佛畫 36 - 曹溪寺(下)』, p.216 圖71에 雲湖在悟로 읽었다.

24) 『韓國의 佛畫 29 - 龍珠寺(下)』, p.197 圖5에 洪雲浩在悟로 읽었다.

25) 1984년 靑蓮寺와 圓通庵은 합해지면서 이 불화는 청련사 원통전에 봉안되어 있다.

26) 『프랑스 국립기메박물관 소장 한국문화재』 회화류 圖1에 再壬으로 읽었다.

27) 『서울전통사찰불화』, pp.120-121에서 1844년에 제작된 것으로 보았다.

28) 『靈光 母岳山 佛甲寺』, p.71에 제작연대를 건륭 42년 1766년으로 적어놓았지만, 실제적으로 건륭 42년은 1777년이다.

29) 『서울전통사찰불화』, pp.120-121에서 1844년에 제작된 것으로 보았다. 또한 洪潤植 編, 위의 책, p.247과 p.344에 동일한 畫記가 1844년과 1895년에 제작된 것으로 보았는데, 후자의 경우가 올바른 것으로 보인다. 또한 在冷과 在洽으로 읽었다.

30) 『韓國의 佛畫 11 華嚴寺』 圖46과 洪潤植 編, 위의 책, p.76에 寂晚으로 언급되어 있지만, 의겸과 같이 활동한 인물은 적조(寂照)이다.

31) 『韓國의 佛畫 18 - 大學博物館(Ⅰ)』, p.213 圖17에 18세기로 추정하였지만, 1718년에 수화승 천오가 경주 기림사 대적광전 삼신불회도三身佛會圖를 조성하여 같은 해에 그렸을 가능성이 매우 높다.

32) 洪潤植 編, 위의 책, pp.265-266에 幀鑑로 읽었다.

33) 洪潤植 編, 위의 책, pp.265-266에 幀鑑으로 읽었다.

34) 『韓國의 佛畫 11 - 華嚴寺』 圖5에 畫記를 잘못 정리하여 놓았다.

35) 洪潤植 編, 위의 책, p.299에 □奎로 읽었다.

36) 洪潤植 編, 위의 책, pp.307-308에 廷奎가 언급되어 있지 않다.

37) 洪潤植 編, 위의 책, p.308에 □奎로 읽었다.

38) 『韓國의 佛畵 35 - 曹溪寺(中)』, p.211 圖29에 漢峰應□로 읽었다.

39) 洪潤植 編, 위의 책, p.238에 持殿 守衍 有審 禪峻 定敏 達仁 奉玉 順定 定曄 永玉 道曄으로 나와 있고, 불화를 그린 불화승이 언급되어 있지 않다. 그런데 지전으로 언급된 인물들이 대부분 불화를 그린 승려들이다.

40) 『韓國의 佛畵 8 - 直指寺(上)』, p.267 圖42에 退雲愼豈로 읽었다.

41) 『韓國의 佛畵 16 - 麻谷寺(下)』, p.222 圖41에 19세기 후반 작으로 추정하였다.

42) 『韓國의 佛畵 32 - 梵魚寺』, p.208 圖20에 阿彌陀後佛圖로 보았다.

43) 『韓國의 佛畵 8 - 直指寺(上)』, p.263 圖22에 수화승을 露隱偉相으로 읽었다.

44) 도록에 正□으로 畵記를 읽었으나 동시에 제작된 작품을 보면 정선임을 알 수 있다.

45) 『掛佛調査報告書 Ⅱ』, p.127에 爭心으로 읽었다.

46) 洪潤植 編, 위의 책, pp.112-113에 淨汝로 읽었다.

47) 『韓國의 佛畵 38 - 佛國寺』, p.234 圖94에 大雄殿三尊改金時新畵成靈山會部幀奉安으로 나와 있고, 塗金良工比丘大德 尙淨 碩峯 淸益 宇學 抱冠 德仁 定安 脫闉 藏榮 報恩 圓敏 最善 桂觀 □欣 有誠 都畵師 智□ 次全 幼禪 哲印 富一 大演 宥祥으로 적혀 있다. 따라서 불화의 조성에 수화승은 智□일 것으로 추정된다.

48) 『韓國의 佛畵 1 - 通度寺(上)』, p.267 圖22에 정안定眼으로, 洪潤植 編, 위의 책, pp.179-180에 정안定安으로 읽었다.

49) 『韓國의 佛畵 8 - 直指寺(上)』, p.263 圖22에 수화승을 露隱偉相으로 읽었다.

50) 『韓國의 佛畵 38 - 佛國寺』, p.222 圖8에 수화승을 霞隱應祖로 읽었다.

51) 『韓國의 佛畵 38 - 佛國寺』, p.226 圖26에 수화승을 霞隱應祖로 읽었다.

52) 『韓國의 佛畵 8 - 直指寺(上)』, p.263 圖24에 霞隱應禪으로 읽었다.

53) 도록과 洪潤植 編, 위의 책, pp.297-298에 鏡虛三眼으로 읽었다.

54) 洪潤植 編, 위의 책, pp.310-311에 靈山會上圖로 명명하였다.

55) 『韓國의 佛畵 9 - 直指寺(下)』, p.262 圖16에 鏡慶正目靈, 洪潤植 編, 위의 책, pp.310-311에 鏡慶正□로 읽었다.

56) 洪潤植 編, 위의 책, pp.338-339에 正建으로 읽었다.

57) 도록에 定鍊으로 나와 있지만, 정련일 것이다.

58) 『韓國의 佛畵 16 - 麻谷寺(下)』, p.220 圖27에 定鍊으로 읽었다.

59) 이 기록은 『麻谷寺 實測調査報告書』, 문화공보부 문화재관리국, 1989, pp.38-39에 게재되어 있다.

60) 湖隱만 쓰여있다.

61) 湖隱만 쓰여있다.

62) 다른 불화에 出草로 쓰여 있다.

63) 湖隱만 쓰여있다.

64) 湖隱만 쓰여있다.

65) 湖隱만 쓰여있다.

66) 湖隱만 쓰여있다.

67) 湖隱만 쓰여있다.

68) 湖隱만 쓰여있다.

69) 湖隱만 쓰여있다.

70) 湖隱만 쓰여있다.

71) 洪潤植 編, 위의 책, p.415에 湖陰 定淵으로 적혀 있다.

72) 『韓國의 佛畵 18 - 大學博物館(Ⅰ)』, p.215 圖27에 20세기 초기로 보았으나, 慶熙大學校 博物館에 所藏된 1893년 大芚山 石泉寺 阿彌陀極樂會上圖와 관련이 있을 것으로 추정된다.

73) 石泉庵 神衆圖(東國大學校 경주캠퍼스 所藏)에 언급된 인물들이 동일하다.

74) 洪潤植 編, 위의 책, p.238에 持殿 守衍 有審 禪峻 定敏 達仁 奉玉 順定 定曄 永玉 道曄으로 나와 있고, 불화를 그린 불화승이 언급되어 있지 않다. 그런데 지전으로 언급된 인물들이 대부분 불화를 그린 승려들이다.

75) 『韓國의 佛畵 8 - 直指寺(上)』, p.262 圖17에 金魚都比丘 比丘有心□□ ……으로 읽어 수화승이 있었을 것으로 추정된다.

76) 『韓國의 佛畵 8 - 直指寺(上)』, p.267 圖42에 退雲愼豈로 읽었다.

77) 金玲珠, 『朝鮮時代佛畵硏究』, 지식산업사, 1986, p.59와 洪潤植 編, 위의 책, p.246에 定相으로 언급되어 있다.

78) 『韓國의 佛畵 8 - 直指寺(上)』, p.268 圖46에 수화승을 航海斗帆으로 읽었다.

79) 『韓國의 佛畵 34 - 曹溪寺(上)』, p.206 圖8에 수화승을 惠果奉鑑으로 읽었다.
80) 『韓國의 佛畵 34 - 曹溪寺(上)』, p.208 圖17에 수화승을 雲湖在悟로, 梵華禎□로 읽었다.
81) 『韓國의 佛畵 38 - 佛國寺』, p.225 圖17에 萬波定濯으로 읽었다.
82) 『韓國의 佛畵 33 - 奉先寺』, p.217 圖3에 萬波定濯으로 읽었다.
83) 『서울전통사찰불화』, 서울특별시, 1996, pp.122-123과 洪潤植 編, 위의 책, p.251에 1847년으로 잘못 읽었다.
84) 『韓國의 佛畵 8 - 直指寺(上)』, p.263 圖22에 수화승을 露隱偉相으로 읽었다.
85) 『韓國의 佛畵 38 - 佛國寺』, p.222 圖8에 수화승 霞隱應祖로 읽었다.
86) 『韓國의 佛畵 38 - 佛國寺』, p.226 圖26에 수화승 霞隱應祖로 읽었다.
87) 『韓國의 佛畵 1 - 通度寺(上)』, p.267(圖22)에 언급되지 않았고, 洪潤植 編, 위의 책, pp.179-180에 언급되어 있다.
88) 洪潤植 編, 위의 책, pp.191-193에 定摠으로 읽었다.
89) 『韓國의 佛畵 8 - 直指寺(上)』, p.263 圖22에 수화승을 露隱偉相으로 읽었다.
90) 洪潤植 編, 위의 책, p.291에 淨淮 萬波堂으로 읽고, 『畿內寺院誌』, pp.770-771에 언급되어 있지 않다.
91) 洪潤植 編, 위의 책, p.180에 定□으로 읽었다.
92) 『韓國의 佛畵 13 - 金山寺』, p.229 圖80에 □□로 읽었다.
93) 『韓國의 佛畵 18 - 大學博物館(Ⅰ)』, p.213 圖17에 18세기로 추정하였지만, 1718년에 수화승 천오가 경주 기림사 대적광전 삼신불회도三身佛會圖를 조성하여 동년에 그렸을 가능성이 매우 높다.
94) 『韓國의 佛畵 9 - 直指寺(下)』 圖75에 奠惠로 적혀있지만, 다른 畵記를 보면 존혜임을 알 수 있다.
95) 『畿內寺院誌』, p.359과 洪潤植 編, 위의 책, p.209에 宗係로 읽었다.
96) 畵記에 供養主 宗敏으로 나와 있다.
97) 洪潤植 編, 위의 책, p.305에 圓偉堂宗脩로 한자(偉)를 다르게 읽었다.
98) 김창균, 「거창・창녕 포교당 성보 조사기」, 『聖寶』 4, 大韓佛敎曹溪宗 聖寶保存委員會, 2002, pp.157-172(p.167)에서는 種順으로 읽었다.
99) 수화승은 용하일 것으로 추정되는데, 다른 문헌에서 용하의 號를 밝힐 수 있고, 벽산당은 찬규의 號이다.
100) 『韓國의 佛畵 8 - 直指寺(上)』, p.268 圖46에 수화승을 航海斗帆으로 읽었다.
101) 『韓國의 佛畵 14 - 禪雲寺』, p.201 圖3에 應虛 宗仁으로 적혀있지만, 琫榮과 같이 작업한 인물은 觀河宗仁이다.
102) 보고서에 觀河崇仁으로 읽었다.
103) 『韓國의 佛畵 32 - 梵魚寺』, p.208 圖20에 阿彌陀後佛圖로 보았다.
104) 觀虛堂宗仁으로 적혀 있다.
105) 『韓國의 佛畵 31 - 大興寺』 p.211 圖5에 一愚宗仁으로 읽었다.
106) 河 宗仁으로 읽고 있어 觀河宗仁의 앞자를 읽지 못한 것으로 보인다.
107) 觀河만 쓰여 있으나 '觀河宗仁'으로 추정된다.
108) 觀河만 쓰여 있으나 '觀河宗仁'으로 추정된다.
109) 洪潤植 編, 위의 책, pp.49-51에 宗積으로 나와 있다.
110) 『서울전통사찰불화』, p.132에 언급되어 있지 않다.
111) 이 불화는 『서울전통사찰불화』, p.136과 洪潤植 編, 위의 책, pp.335-336에 山神圖로 명명되었지만, 김정희, 「서울 靑龍寺의 佛畵」, pp.19-20에서 獨聖圖로 보았다.
112) 洪潤植 編, 위의 책, pp.364-365에 1901년 固城 玉泉寺 靑蓮庵 阿彌陀會上圖로 명명하였다.
113) 洪潤植 編, 위의 책, p.259에 溪彦로 읽었다.
114) 『韓國의 佛畵 11 - 華嚴寺』 圖5에 畵記를 잘못 정리하여 놓았다.
115) 『朝鮮後期佛畵』 圖2에 月虛堂□□만 읽었다.
116) 『畿內寺院誌』에 尼奉으로 적혀 있다.
117) 『畿內寺院誌』, pp.796-767와 洪潤植 編, 위의 책, p.324에 尼峯仲□으로 적혀 있다.
118) 『仙巖寺』, pp.185-186에 郎琝으로 나와 있다.
119) 『仙巖寺』, p.176에 郎琝으로, 洪潤植 編, 위의 책, pp.140-144에 卽琝珉으로 읽었다.
120) 동시에 五十三佛圖, 八相圖, 十六羅漢圖을 조성하였다.
121) 洪潤植 編, 위의 책, p.107에 良心으로 읽었다.
122) 도록에 □萬로 나와 있지만, 동년 동사에 제작된 신중도의 제작인과 동일하여 智萬이라는 사실을 알 수 있다.

123) 『掛佛調査報告書』, p.104에 智辯으로 p.105에 智辨을 혼용하여 쓰고 있다. 또한 洪潤植 編, 위의 책, p.33에 智辯으로 언급되어 있다.

124) 『韓國의 佛畵 18 - 大學博物館(Ⅰ)』, p.213 圖17에 18세기로 추정하였지만, 1718년에 수화승 천오가 경주 기림사 대적광전 삼신불회도三身佛會圖를 조성하여 동년에 그렸을 가능성이 매우 높다.

125) 도록에 知詢로, 洪潤植 編, 위의 책, pp.242-243에 知誥로 읽었다.

126) 『仙巖寺』, p.176과 洪潤植 編, 위의 책, pp.140-144에 特彦으로 적어놓았다.

127) 洪潤植 編, 위의 책, pp.191-193에 □言으로 읽었다.

128) 『韓國의 佛畵 38 - 佛國寺』, p.227 圖31에 聖朋으로 읽었다.

129) 동시에 五十三佛圖, 八相圖, 十六羅漢圖를 조성하였다.

130) 畵記에 義謙, 採仁, 幸宗, 晶寬, 智元으로 나와 있으나, 원문에 畵員 儀謙, 幸宗, 採仁, 德敏이 제작한 것으로 나와 있다(『韓國의 佛畵 15 - 麻谷寺(上)』, p.217).

131) 『韓國의 佛畵 12 - 仙巖寺』 圖49에 □□로 읽었지만, 洪潤植 編, 위의 책, p.107에 覺天으로 읽었다.

132) 畵記에 志□으로 나와 있으나 동년 동사에서 같이 조성된 삼세후불도를 근거로 지한임을 알 수 있다.

133) 『서울전통사찰불화』, pp.133-134에 志潮로, 洪潤植 編, 위의 책, p.322에 志湖로, 『韓國의 佛畵 36 - 曹溪寺(下)』 圖33)에 慧果志澣으로 읽었다.

134) 『서울전통사찰불화』, 서울특별시, 1996, pp.122-123과 洪潤植 編, 위의 책, p.251에 1847년으로 잘못 읽었다.

135) 洪潤植 編, 위의 책, pp.371-372에 阿彌陀會上圖로 보았다.

136) 『韓國의 佛畵 32 - 梵魚寺』, p.208 圖20에 阿彌陀後佛圖로 보았다.

137) 도록에 眞□로 나와 있지만, 1904년 梁山 通度寺 毘盧菴 九品圖(『韓國의 佛畵 1 - 通度寺(上)』 圖21) 조성 시 수화승 尙休와 같이 활동한 승려들과 중복되고 있다.

138) 김정희, 「雙磎寺의 佛畵」, pp.51-52에 眞沐으로 읽었다.

139) 책에 □頴으로 나와 있지만, 같이 활동한 불화승을 보면 진영일 것이다.

140) 문명대는 번역문에 진우를 읽지 않았지만, 원문에 진우를 화원질에 놓고 있다.

141) 『傳燈寺』, p.68에 東旲으로 적어놓았으나 잘못된 것이다.

142) 『서울전통사찰불화』, p.130에 수화승 慶般應釋으로 읽었다.

143) 『서울전통사찰불화』, p.130에 수화승 慶般應釋으로 읽었다.

144) 洪潤植 編, 위의 책, p.329에 東旲震□이라 읽었다.

145) 도록에 東旲震徹으로 읽었다.

146) 도록에 東□震□로 읽었다.

147) 洪潤植 編, 위의 책, pp.99-100에 直行으로 읽었으나, 同年同寺에 의겸과 같이 활동한 인물은 眞行이다.

148) 畵記 중에 大寺秩 중 養眞菴에 언급되어 그가 봉암사 양진암에 거주하던 승려임을 알 수 있다.

149) 『韓國의 佛畵 11 - 華嚴寺』 圖5에 畵記를 잘못 정리하여 놓았다.

150) 『韓國의 佛畵 33 - 奉先寺』, p.220 圖20에 放牛堂珎旲로 읽었다.

차붕(次鵬 : -1741-) 18세기 중반에 활동한 불화승이다. 1741년에 수화승 긍척과 전남 여수 흥국사 팔상전 석가모니후불도와 대웅전 삼장도를 조성하였다.

　　◦ 1741년 전남 여수 흥국사 八相殿 釋迦牟尼後佛圖 조성(『韓國의 佛畵 11 – 華嚴寺』) 수화승 亘陟
　　1741년 전남 여수 흥국사 大雄殿 三藏圖(天藏·持地藏菩薩) 조성(『韓國의 佛畵 11 – 華嚴寺』) 수화승 亘陟
　　1741년 전남 여수 흥국사 大雄殿 三藏圖(地藏菩薩) 조성(『韓國의 佛畵 11 – 華嚴寺』) 수화승 亘陟

차전(次全 : -1769-) 18세기 후반에 활동한 불화승이다. 1769년에 수화승 지□와 경북 경주 불국사 석가모니후불도를 조성하였다.

　　◦ 1769년 경북 경주 佛國寺 釋迦牟尼後佛圖 조성(『韓國의 佛畵 38 – 佛國寺』) 수화승 智□[1]

찬규(璨奎, 粲奎, 璨圭, 粲圭, 燦圭 : -1887-1918-)* 벽산당(碧山堂), 속성 김金씨, 19세기 후반부터 20세기 전반까지 활동한 불화승이다. 1887년에 수화승 수룡기전과 대구 대광명사 아미타후불도와 부산 범어사 극락전 아미타도를, 수화승 혜고 지한과 대구 동화사 대웅전 신중도를 조성하였다. 1888년에 수화승 우송상수와 경북 김천 직지사 삼성암 신중도와 칠성도를, 1890년에 수화승 동운취선과 경남 합천 해인사 홍제암 석가모니후불도를, 1892년에 수화승 서암전기와 합천 해인사 대적광전 팔상도(유성출가상)를, 1898년에 수화승으로 경남 영천 은해사 극락전 구품도九品圖와 독성도를, 1899년에 수화승으로 상원암 신중도(군위 신흥사 소장)를, 1900년에 수화승으로 경북 경주 분황사 보광전 칠성도를 그렸다. 수화승으로 1901년 대구 달성 소재사 대웅전 석가모니후불도와 신중도 및 경산 환성사 명부전 지장도를, 1902년에 경북 경주 분황사 보광전 약사후불도를, 1910년에 동화사 금당 수마제전須摩提殿 아미타후불도를, 1915년 □□사 독성도(영천 은해사 소장)를, 1918년에 경북 청도 신둔사 아미타후불도와 지장도 및 신중도(청도 신둔사 소장)를 조성하였다.

　　◦ 1887년 대구 大光明寺 阿彌陀後佛圖 조성(『韓國의 佛畵 4 – 海印寺(上)』) 수화승 水龍琪銓
　　1887년 대구 동화사 大雄殿 神衆圖 조성(『韓國의 佛畵 21 – 桐華寺(上)』) 수화승 慧杲 智瀚

1887년 부산 梵魚寺 極樂殿 阿彌陀圖 조성(『韓國의 佛畫 32 - 梵魚寺』) 수화승 水龍
琪銓
◦ 1888년 경북 김천 直指寺 三聖庵 神衆圖 조성(『韓國의 佛畫 8 - 直指寺(上)』) 수화승 友
松爽洙
1888년 경북 김천 直指寺 三聖庵 七星圖 조성(『韓國의 佛畫 9 - 直指寺(下)』) 수화승
友松爽洙
◦ 1890년 경남 합천 海印寺 弘濟庵 釋迦牟尼後佛圖 조성(『韓國의 佛畫 4 - 海印寺(上)』)
수화승 東雲就善
◦ 1892년 경남 합천 海印寺 大寂光殿 八相圖(踰城出家相) 조성(『韓國의 佛畫 5 - 海印寺
(下)』) 右片丈 수화승 瑞巖典琪
◦ 1898년 경북 영천 銀海寺 極樂殿 九品圖 조성(『韓國의 佛畫 30 - 銀海寺』) 金魚 수화승
1898년 경북 永川 銀海寺 極樂殿 獨聖圖 조성(『韓國의 佛畫 30 - 銀海寺』) 金魚 수화승
◦ 1899년 上元庵 神衆圖(軍威 新興寺 所藏, 『韓國의 佛畫 30 - 銀海寺』) 畵士 수화승
◦ 1900년 경북 경주 芬皇寺 普光殿 七星圖 조성(『韓國의 佛畫 38 - 佛國寺』)[2] 畵士 수화승
◦ 1901년 대구 달성 消災寺 大雄殿 釋迦牟尼後佛圖 조성(『韓國의 佛畫 21 - 桐華寺(上)』)
金魚 수화승
1901년 대구 달성 消災寺 神衆圖 조성(『韓國의 佛畫 21 - 桐華寺(上)』) 畵士 수화승
1901년 경북 경산 環城寺 冥府殿 地藏圖 조성(『韓國의 佛畫 30 - 銀海寺』) 金魚 수화승
◦ 1902년 경북 경주 芬皇寺 普光殿 藥師後佛圖 조성(『韓國의 佛畫 38 - 佛國寺』) 畵士兼
施主 수화승
◦ 1910년 대구 桐華寺 金塘 須摩提殿 阿彌陀後佛圖 조성(『韓國의 佛畫 21 - 桐華寺(上)』)
金魚 居士 수화승
◦ 1915년 □□寺 獨聖圖 조성(永川 銀海寺 所藏, 『韓國의 佛畫 30 - 銀海寺』) 金魚 수화승
◦ 1918년 경북 청도 新芚寺 阿彌陀後佛圖 조성(淸道 薪芚寺 所藏, 『韓國의 佛畫 21 - 桐華
寺(上)』) 畵師 수화승
1918년 경북 청도 新芚寺 地藏圖 조성(淸道 薪芚寺 所藏, 『韓國의 佛畫 21 - 桐華寺
(上)』) 畵師 수화승
1918년 경북 청도 新芚寺 神衆圖 조성(淸道 薪芚寺 所藏, 『韓國의 佛畫 21 -桐華寺
(上)』) 畵師 수화승
◦ 연대미상 경남 양산 通度寺 翠雲庵 九品圖 조성(『韓國의 佛畫 1 - 通度寺(上)』)[3] 수화승
水龍琪佺
연대미상 경남 합천 海印寺 弘濟庵 神衆圖 조성(『韓國의 佛畫 4 - 海印寺(上)』) 수화
승 東雲就善
연대미상 대구 달성 瑜伽寺 神衆圖 조성(『韓國의 佛畫 21 桐華寺(上)』) 片手 수화승
연대미상 경북 영천 銀海寺 百興庵 極樂殿 地藏圖 조성(『韓國의 佛畫 30 - 銀海寺』)
金魚 수화승

찬성(燦性 : -1871-) 19세기 후반에 활동한 불화승이다. 1871년에 수화승 덕
운영운과 경북 청도 운문사 비로전 신중도를 조성하였다.
◦ 1871년 경북 청도 雲門寺 毘盧殿 神衆圖 조성(『韓國의 佛畫 21 - 桐華寺(上)』)[4] 수화승
德雲永芸

찬순(贊淳 : -1792-) 18세기 후반에 활동한 불화승이다. 1792년에 수화승 지
연과 경남 양산 통도사 괘불도와 삼장도를, 수화승 瑃峯과 경북 영천 은해사
백흥암 극락전 감로도를 조성하였다.
◦ 1792년 경남 양산 通度寺 掛佛圖 조성(『韓國의 佛畫 2 - 通度寺(中)』) 수화승 指演
1792년 경남 양산 通度寺 三藏圖 조성(『韓國의 佛畫 1 - 通度寺(上)』) 수화승 指演
1792년 경북 영천 銀海寺 百興庵 極樂殿 甘露圖 조성(『韓國의 佛畫 30 - 銀海寺』) 수
화승 瑃峯

찬연(贊蓮 : -1788-) 18세기 후반에 전라도를 중심으로 활동한 불화승이다. 1788년에 상겸 등과 남장사 불사에 참여하여 기록한『불사성공록佛事成功錄』에 호남양공으로 언급되어 있다.

   □1788년 남장사 불사에 참여한 화승을 적은『佛事成功錄』에 湖南良工으로 언급(이용윤,『『佛事成功錄』을 통해 본 남장사 괘불」) 수화승 尙謙

찬열(贊悅 : -1742-) 18세기 중반에 활동한 불화승이다. 1742년에 수화승 민휘와 부산 범어사 지장보살도를 조성하였다.

   □1742년 부산 범어사 지장보살도 조성(김정희,『조선시대 지장시왕도 연구』) 수화승 敏輝

찬엽(贊曄 : -1803-) 19세기 전반에 활동한 불화승이다. 1803년에 수화승 지연과 울산 석남사 지장도를 조성하였다.

   □1803년 울산 石南寺 地藏圖 조성(『韓國의 佛畵 3 – 通度寺(下)』) 수화승 指涓

찬영(贊永, 讚榮, 讚永 : -1856-1879-) 19세기 중·후반에 활동한 불화승이다. 1856년에 수화승 금암천여와 선조암 아미타후불홍도阿彌陀後佛紅圖를, 1860년에 수화승 익찬과 전남 구례 화엄사 각황전 삼세불도(약사불)를, 1879년 전남 강진 무위사 칠성도를 수화승 운파취선, 경성두삼, 향호묘영 등과 같이 그렸다.

   □1856년 禪助庵 阿彌陀後佛紅圖 조성(順天 仙巖寺 所藏,『韓國의 佛畵 12 – 仙巖寺』) 수화승 錦庵天如
   □1860년 전남 구례 華嚴寺 覺皇殿 三世佛圖(藥師佛) 조성(『韓國의 佛畵 11 – 華嚴寺』)[5] 수화승 海雲益讚
   □1879년 전남 강진 無爲寺 七星圖 조성(金玲珠,『朝鮮時代佛畵研究』와『韓國佛畵畵記集』) 수화승 雲波 就善

찬옥(贊玉 : -1788-) 18세기 후반에 전라도를 중심으로 활동한 불화승이다. 1788년에 상겸 등과 남장사 불사에 참여하여 기록한『불사성공록佛事成功錄』에 호남양공으로 언급되어 있다.

   □1788년 남장사 불사에 참여한 화승을 적은『佛事成功錄』에 湖南良工으로 언급(이용윤,『『佛事成功錄』을 통해 본 남장사 괘불」) 수화승 尙謙

찬우(贊祐 : -1882-) 19세기 후반에 활동한 불화승이다. 1882년에 수화승 연호봉의와 전북 남원 실상사 약사전 신중도를 조성하였다.

   □1882년 전북 남원 實相寺 藥師殿 神衆圖 조성(『韓國의 佛畵 13 – 金山寺』) 수화승 蓮湖 瑔毅

찬욱(贊旭 : -1892-) 19세기 후반에 활동한 불화승이다. 1892년에 수화승 연하계창과 전북 익산 심곡사 아미타후불도를 조성하였다.

   □1892년 전북 익산 深谷寺 阿彌陀後佛圖 조성(『韓國의 佛畵 13 – 金山寺』) 수화승 蓮河 啓昌

찬운(贊雲 : -1794-1796-) 18세기 후반에 경기도 양주를 중심으로 활동한 불화승이다. 1794년부터 1796년까지 화성 건립에 참여하여 1801년에 작성된

『화성성역의궤華城城役儀軌』에 양주목楊州牧 승려로 언급되어 있다.
  ▫ 1794년~1796년 화성 건립에 화원으로 참여(1801년 작성된『華城城役儀軌』卷4 工匠 畵
    工 條) 水原府

찬인(贊仁 : -1856-) 19세기 중·후반에 활동한 불화승이다. 1856년에 수화승 금암천여와 선조암 아미타후불홍도阿彌陀後佛紅圖를 조성하였다.
  ▫ 1856년 禪助庵 阿彌陀後佛紅圖 조성(順天 仙巖寺 所藏,『韓國의 佛畵 12 - 仙巖寺』) 수
    화승 錦庵天如

찬일(贊一 : -1813-) 19세기 전반에 활동한 불화승이다. 1813년에 수화승 퇴운신겸과 경북 예천 용문사 지장도를 조성하였다.
  ▫ 1813년 경북 예천 龍門寺 地藏圖 조성(『韓國의 佛畵 8 - 直指寺(上)』) 수화승 退雲 愼兼⁶⁾

찬재(讚在 : -1923-) 효암(孝庵) - 재찬 효암으로 생각됨. 20세기 전반에 활동한 불화승이다.
  ▫ 1923년 論山 雙溪寺 大寂殿 三世佛圖(藥師佛) 조성(『韓國의 佛畵 15 - 麻谷寺(上)』)

찬정(贊定 : -1828-) 19세기 전반에 활동한 불화승이다. 1828년에 수화승 퇴운신겸과 목아불교박물관 소장 시왕도(초강대왕)를 조성하였다.
  ▫ 1828년 十王圖(初江大王) 조성(木芽佛敎博物館 所藏,『韓國의 佛畵 20 - 私立博物館』)
    수화승 退雲信謙

찬종(讚宗 : -1854-1856-)* 19세기 중반에 활동한 불화승이다. 1854년에 수화승으로 경기 파주 금단사 아미타후불도를, 1856년에 수화승 경성긍준과 강원 삼척 영은사 괘불도(평창 월정사 소장)를 조성하였다.
  ▫ 1854년 경기 파주 黔丹寺 阿彌陀後佛圖 조성(畵記,『韓國의 佛畵 33 - 奉先寺』) 金魚片
    手 수화승
  ▫ 1856년 강원 삼척 靈隱寺 掛佛圖 조성(平昌 月精寺 所藏,『韓國의 佛畵 10 - 月精寺』)
    수화승 璟惺肯濬

찬진(贊眞 : -1708-) 18세기 전반에 활동한 불화승이다. 1708년에 수화승 인문과 충남 청양 장곡사 아미타후불도를 조성하였다.
  ▫ 1708년 충남 청양 長谷寺 阿彌陀後佛圖 조성(東國大學校 博物館 所藏,『韓國의 佛畵 18
    - 大學博物館(Ⅰ)』) 수화승 印文

찬징(贊澄 : -1758-) 18세기 중반에 활동한 불화승이다. 1758년에 수화승 월인와 전북 무주 안국사 감로도를 조성하였다.
  ▫ 1758년 전북 무주 安國寺 甘露圖 조성(『韓國佛畵畵記集』) 수화승 月印

찬한(贊閑 : -1686-) 17세기 후반에 활동한 불화승이다. 1686년에 수화승 설현과 전남 장흥 보림사 정문, 종각, 식당, 사천왕문, 금강문, 서삼전을 단청丹靑하였다.
  ▫ 1686년 전남 장흥 寶林寺 正門, 鐘閣, 食堂, 四天王門, 金剛門, 西三殿 丹靑(『譯註 寶林寺
    重創記』) 수화승 雪玄

찬호(讚祜 : -1882-) 19세기 후반에 활동한 불화승이다. 1882년에 수화승 연

호봉의와 전북 남원 실상사 약사전 약사후불도를 조성하였다.

　◦1882년 전북 남원 實相寺 藥師殿 藥師後佛圖 조성(『韓國의 佛畵 13 - 金山寺』) 수화승
　蓮湖奉毅

찬홍(贊洪, 贊弘 : -1819-1822-) 19세기 전반에 활동한 불화승이다. 수화승 퇴
은 신겸과 1819년에 경북 의성 주월암 대웅전 삼세후불도와 1822년에 경북
문경 김용사 신중도 및 화장암 석가모니후불도를 조성하였다.

　◦1819년 경북 의성 住月庵 大雄殿 三世後佛圖 조성(『韓國의 佛畵 23 - 孤雲寺(上)』) 수화
　승 退隱 愼謙
　◦1822년 경북 문경 金龍寺 神衆圖 조성(『韓國의 佛畵 8 - 直指寺(上)』) 수화승 退雲信謙
　1822년 경북 문경 金龍寺 華藏庵 釋迦牟尼後佛圖 조성(『韓國의 佛畵 8 - 直指寺(上)』)
　수화승 退雲信謙

찬화(贊華 : -1803-) 19세기 전반에 활동한 불화승이다. 1803년에 수화승 홍
안과 경북 문경 김용사 석가모니후불도와 응진전 후불도 및 신중도를, 수화
승 수연과 경북 의성 성적암 지장도(의성 지장사 소장)를 조성하였다.

　◦1803년 경북 문경 金龍寺 釋迦牟尼後佛圖 조성(『韓國의 佛畵 8 - 直指寺(上)』)[7] 수화승
　弘眼
　1803년 경북 문경 金龍寺 應眞殿 後佛圖 조성(『韓國의 佛畵 8 - 直指寺(上)』) 수화승
　弘眼
　1803년 경북 문경 金龍寺 神衆圖 조성(『韓國의 佛畵 8 - 直指寺(上)』) 수화승 弘眼
　1803년 경북 의성 性寂庵 地藏圖 조성(義城 地藏寺 所藏, 『韓國의 佛畵 23 - 孤雲寺
　(上)』) 수화승 守衍

찰민(察敏, 察旻 : -1786-1808-) 18세기 후반부터 19세기 전반까지 전라도를
중심으로 활동한 불화승이다. 수화승 평삼과 1786년에 경남 의령 수도사 감
로도(양산 통도사 소장)와 아미타후불도阿彌陀後佛圖(구인사 유물전시관 소장)
를 그리고, 1788년에 상겸(상겸, 상겸) 등과 남장사 불사에 참여하여 기록한
『불사성공록佛事成功錄』에 호남양공으로 언급되어 있다. 1790년에 수화승 평
삼과 경남 하동 쌍계사 고법당 제석신중도를, 1796년에 송계쾌윤과 전남 순
천 운수난야 지장시왕도와 운수암 신중도(순천 선암사 소장)를, 1808년에 수
화승 화악평삼과 경남 고성 옥천사 괘불도를 조성하였다.

　◦1786년 경남 의령 修道寺 甘露圖 조성(梁山 通度寺 所藏, 『韓國의 佛畵 2 - 通度寺(中)』)
　수화승 評三
　1786년 阿彌陀後佛圖 조성(救仁寺 遺物展示館 所藏, 『韓國의 佛畵 40 - 補遺』) 片手
　수화승 平三
　◦1788년 남장사 불사에 참여한 화승을 적은 『佛事成功錄』에 湖南良工으로 언급(이용윤,
　「『佛事成功錄』을 통해 본 남장사 괘불」) 수화승 尙謙
　◦1790년 경남 하동 雙磎寺 古法堂 帝釋神衆圖 조성(『韓國의 佛畵 25 - 雙磎寺(上)』) 片手
　수화승 評三
　◦1796년 전남 순천 雲水蘭若 地藏十王圖 조성(順天 仙巖寺 所藏, 『韓國의 佛畵 12 - 仙巖
　寺』) 수화승 快玧
　1796년 전남 순천 순천 雲水庵 神衆圖 조성(順天 仙巖寺 所藏, 『韓國의 佛畵 12 - 仙
　巖寺』) 수화승 快玧
　◦1808년 경남 고성 玉泉寺 掛佛圖 조성(『韓國의 佛畵 26 - 雙磎寺(下)』) 片手 수화승 華

찰삼(察森 : -1781-) 18세기 후반에 활동한 불화승이다. 1781년에 수화승 승윤과 경남 하동 쌍계사 삼세불도(석가모니불)과 삼장도를, 수화승 평삼과 삼세불도(아미타불)와 제석천룡도 및 국사암 제석천룡도를 조성하였다.

> ◦ 1781년 경남 하동 쌍계사 三世佛圖(釋迦牟尼佛) 조성(『韓國의 佛畵 25 - 雙磎寺(上)』) 수화승 勝允
> 1781년 경남 하동 雙磎寺 三世佛圖(阿彌陀如來) 조성(『韓國의 佛畵 25 - 雙磎寺(上)』)[8] 수화승 平三
> 1781년 경남 하동 쌍계사 三藏圖 조성(『韓國의 佛畵 25 - 雙磎寺(上)』) 수화승 勝允
> 1781년 경남 하동 雙磎寺 國師庵 帝釋天龍圖 조성(『韓國의 佛畵 25 - 雙磎寺(上)』) 수화승 平三
> 1781년 경남 하동 雙磎寺 帝釋天龍圖 조성(『韓國佛畵畵記集』) 수화승 平三

찰오(察悟 : -1786-1789-) 18세기 후반에 활동한 불화승이다. 1786년에 문효세자文孝世子 묘소墓所 조성소와 1789년 장조莊祖 현릉원顯隆園 조성소 화승畵僧으로 참여하였다.

> ◦ 1786년 『文孝世子墓所都監儀軌』 造成所 畵僧(奎章閣 13925호, 朴廷蕙, 「儀軌를 통해서 본 朝鮮時代의 畵員」 자료1)
> ◦ 1789년 『莊祖顯隆園園所都監儀軌』 造成所 畵僧(奎章閣 13627호, 朴廷蕙, 「儀軌를 통해서 본 朝鮮時代의 畵員」 자료1)

창교(暢敎, 昶敎, 敞斅, 敞敎 : -1862-1876-) 19세기 중반에 활동한 불화승이다. 수화승 의운자우와 1860년에 경북 울진 불영사 대웅보전 신중도와 1862년에 경북 영천 은해사 운부암 아미타후불묵도阿彌陀後佛墨圖 및 1863년에 경북 영천 묘각사 아미타후불도를, 1876년에 수화승 하은위상과 경북 문경 대승사 지장도와 신중도 및 경북 선산 도리사 석가모니후불도를 조성하였다.

> ◦ 1860년 경북 울진 佛影寺 大雄寶殿 神衆圖 조성(『韓國의 佛畵 38 - 佛國寺』) 수화승 意雲慈友
> ◦ 1862년 경북 영천 銀海寺 雲浮庵 阿彌陀後佛墨圖 조성(『韓國의 佛畵 30 - 銀海寺』) 수화승 意雲慈友
> ◦ 1863년 경북 영천 妙覺寺 阿彌陀後佛圖 조성(『韓國의 佛畵 30 - 銀海寺』) 수화승 義雲慈雨
> ◦ 1876년 경북 문경 大乘寺 地藏圖 조성(『韓國의 佛畵 8 - 直指寺(上)』) 수화승 霞隱偉相
> 1876년 경북 문경 大乘寺 神衆圖 조성(『韓國의 佛畵 8 - 直指寺(上)』)[9] 수화승 霞隱偉相
> 1876년 경북 선산 桃李寺 釋迦牟尼後佛圖 조성(『韓國의 佛畵 8 - 直指寺(上)』) 수화승 霞隱偉相[10]

창경(昌慶 : -1872-) 19세기 후반에 활동한 불화승이다. 1872년에 수화승 방우진호와 경기 파주 보광사 명부전 지장도와 사자도(사자・장군)를 조성하였다.

> ◦ 1872년 경기 파주 普光寺 冥府殿 地藏圖 조성(『韓國의 佛畵 33 - 奉先寺』) 수화승 放牛琸昊
> 1872년 경기 파주 普光寺 使者圖(使者・將軍) 조성(『韓國佛畵畵記集』과 『韓國의 佛畵 33 - 奉先寺』) 수화승 放牛琸昊

창기(昌琪 : -1860-) 19세기 중반에 활동한 불화승이다. 1860년에 수화승 해운익찬과 전남 구례 화엄사 각황전 삼세불도(약사불)를 조성하였다.
> ▫ 1860년 전남 구례 華嚴寺 覺皇殿 三世佛圖(藥師佛) 조성(『韓國의 佛畵 11 – 華嚴寺』)[11] 수화승 海雲益讚

창담(暢潭 : -1863-) 19세기 중반에 활동한 불화승이다. 1863년에 수화승 의운자우와 경북 영천 묘각사 아미타후불도를 조성하였다.
> ▫ 1863년 경북 영천 妙覺寺 阿彌陀後佛圖 조성(『韓國의 佛畵 30 – 銀海寺』) 수화승 義雲慈雨

창률(敞律 : -1913-) 영운당(影雲堂) 20세기 전반에 활동한 불화승이다.
> ▫ 1913년 경북 문경 金龍寺 大成庵 阿彌陀後佛圖 조성(『韓國의 佛畵 8 – 直指寺(上)』) 金魚 수화승 退耕 相老
> 1913년 경북 문경 金龍寺 三藏圖 조성(『韓國의 佛畵 8 – 直指寺(上)』) 金魚 수화승

창림(昌林 : -1891-) 19세기 후반에 활동한 불화승이다. 1891년에 수화승 완송 종현과 서울 청룡사 산영각山靈閣 독성도를 조성하였다.
> ▫ 1891년 서울 靑龍寺 山靈閣 獨聖圖 조성(『서울전통사찰불화』와 『韓國佛畵畵記集』 및 『韓國의 佛畵 36 – 曹溪寺(下)』)[12] 수화승 玩松 宗現

창민(昌敏, 昌玟 : -1895-) 19세기 후반에 활동한 불화승이다. 1895년에 수화승 금곡영환과 서울 봉은사 영산전 나한도를, 1895년에 수화승 영화와 경기 남양주 불암사 괘불도를 조성하였다.
> ▫ 1895년 경기 남양주 佛巖寺 掛佛圖 조성(『掛佛調査報告書』과 『韓國佛畵畵記集』 및 『韓國의 佛畵 33 – 奉先寺』) 沙彌 수화승 金谷永煥
> 1895년 서울 奉恩寺 靈山殿 十六羅漢圖 조성(『韓國의 佛畵 35 – 曹溪寺(中)』) 沙彌 수화승 尙奎

창석(昌碩 : -1885-) 19세기 후반에 활동한 불화승이다. 1885년에 수화승 수룡기전과 경남 합천 해인사 대적광전 삼신도(비로자나불)를 조성하였다.
> ▫ 1885년 경남 합천 海印寺 大寂光殿 三身圖(毘盧遮那佛) 조성(『韓國의 佛畵 4 – 海印寺(上)』) 수화승 水龍琪銓

창선 1(暢善 : -1765-) 18세기 중반에 활동한 불화승이다. 1765년에 수화승 □□와 전남 순천 해천사 삼세후불도(석가모니불, 순천 선암사 소장)를 조성하였다.
> ▫ 1765년 전남 순천 海川寺 三世後佛圖(釋迦牟尼佛) 조성(順天 仙巖寺 所藏, 『韓國의 佛畵 12 – 仙巖寺』) 수화승 □□

창선 2(昌善 : -1875-) 19세기 후반에 활동한 불화승이다. 1875년에 수화승 덕운영운과 아미타후불도(국민대학교 박물관 소장)를 조성하였다.
> ▫ 1875년 阿彌陀後佛圖 조성(國民大學校 博物館 所藏, 『韓國의 佛畵 19 – 大學博物館(II)』) 수화승 德雲永芸

창설(昶設 : -1872-) 19세기 후반에 활동한 불화승이다. 1872년에 수화승 방우진호와 경기 파주 보광사 시왕도(2·4대왕)와 사자도(사자·장군)를 조성하였다.

◦1872년 경기 파주 普光寺 十王圖(2·4大王) 조성(『韓國의 佛畵 33 - 奉先寺』) 副頭陁 수
화승 放牛珎昊

1872년 경기 파주 普光寺 使者圖(使者·將軍) 조성(『韓國佛畵畵記集』과 『韓國의 佛畵
33 - 奉先寺』) 수화승 放牛珎昊

창섭(昌燮, 彰燮 : -1901-1916-)* 남곡당(南谷堂) 20세기 전반에 활동한 불화승
이다. 1901년에 수화승 □□와 전남 순천 향림사 산신도를, 수화승으로
1912년에 광주 무등산 약사암에서 석가모니후불도, 신중도, 현왕도, 독성도
를 조성하여 순천 송광사에 봉안하였다. 또한 수화승 경성두삼과 운수암 아
미타후불도(순천 선암사 소장)를, 1916년에 수화승으로 전남 화순 만연사 선
정암 독성도를 조성하였다.

◦1901년 전남 순천 香林寺 山神圖 조성(『韓國佛畵畵記集』) 수화승 □□[13]
◦1912년 광주 無等山 藥師庵에서 釋迦牟尼後佛圖를 조성하여 順天 松廣寺 봉안(『韓國의
佛畵6 - 松廣寺(上)』) 金魚 수화승

1912년 광주 無等山 藥師庵에서 神衆圖를 조성하여 順天 松廣寺 봉안(『韓國의 佛畵
6 - 松廣寺(上)』) 金魚 수화승

1912년 광주 無等山 藥師庵에서 現王圖를 조성하여 順天 松廣寺 봉안(『韓國의 佛畵
7 - 松廣寺(下)』) 金魚 수화승

1912년 광주 無等山 藥師庵에서 獨聖圖 조성하여 順天 松廣寺 봉안(『韓國의 佛畵 7
- 松廣寺(下)』) 金魚 수화승

1912년 雲水庵 阿彌陀後佛圖 조성(順天 仙巖寺 所藏, 『韓國의 佛畵 12 - 仙巖寺』) 片
手 수화승 景星斗三

◦1916년 전남 화순 萬淵寺 禪定庵 獨聖圖 조성(『韓國의 佛畵 7 - 松廣寺(下)』) 片手 수화승

창수 1(暢修 : -1788-1790-) 18세기 후반에 전라도를 중심으로 활동한 불화승
이다. 1788년에 상겸 등과 남장사 불사에 참여하여 기록한 『불사성공록佛事
成功錄』에 호남양공으로 언급되어 있고, 1790년에 수화승 평삼과 경남 하동
쌍계사 고법당 제석신중도를 조성하였다.

◦1788년 남장사 불사에 참여한 화승을 적은 『佛事成功錄』에 湖南良工으로 언급(이용윤,
「『佛事成功錄』을 통해 본 남장사 괘불」) 수화승 尙謙
◦1790년 경남 하동 雙磎寺 古法堂 帝釋神衆圖 조성(『韓國의 佛畵 25 - 雙磎寺(上)』) 수화
승 評三

창수 2(彰守 : -1822-) 19세기 전반에 활동한 불화승이다. 1822년에 수화승
퇴운신겸과 경북 문경 김용사 신중도를 조성하였다.

◦1822년 경북 문경 金龍寺 神衆圖 조성(『韓國의 佛畵 8 - 直指寺(上)』) 수화승 退雲信謙

창수 3(昌秀 : -1888-1892-) 19세기 후반에 활동한 불화승이다. 1888년에 수
화승 금곡영환과 경기 안성 칠장사 명부전 지장도를, 수화승 이봉중린과 인
천 강화 백련사 지장도와 신중도를, 1891년에 수화승 의암 현조와 경기 수원
청련암 극락보전 석가모니후불도를, 1892년에 수화승 취암승의와 수원 청련
암 극락보전 아미타후불도와 신중도 및 칠성도 등을 조성하였다.

◦1888년 경기 안성 七長寺 冥府殿 地藏圖 조성(『韓國의 佛畵 28 - 龍珠寺(上)』) 수화승
金谷永煥

1888년 인천 강화 白蓮寺 地藏圖 조성(『畿內寺院誌』와 『韓國佛畵畵記集』 및 『韓國의

佛畵 34 - 曹溪寺(上)』) 수화승 尼峯 仲獜
1888년 인천 강화 白蓮寺 神衆圖 조성(『畿內寺院誌』와 『韓國佛畵畵記集』 및 『韓國의 佛畵 35 - 曹溪寺(中)』) 수화승 尼峯 仲獜
▫1891년 경기 수원 靑蓮庵 極樂寶殿 釋迦牟尼後佛圖 조성(『韓國의 佛畵 28 - 龍珠寺(上)』) 수화승 橫庵 炫眺
▫1892년 경기 수원 靑蓮庵 極樂寶殿 阿彌陀後佛圖 조성(『韓國의 佛畵 28 - 龍珠寺(上)』)[14] 수화승 翠庵 勝宜
1892년 경기 수원 靑蓮庵 神衆圖 조성(『韓國의 佛畵 28 - 龍珠寺(上)』) 수화승 翠庵 勝宜
1892년 경기 수원 靑蓮庵 七星圖 조성(김정희, 「水原 靑蓮庵 佛畵考」) 수화승 翠庵勝宜

창순(昌淳 : -1898-) 19세기 후반에 활동한 불화승이다. 1898년에 수화승 경선응석과 경기 파주 보광사 독성도를 조성하였다.

▫1898년 경기 파주 普光寺 獨聖圖 조성(『韓國佛畵畵記集』와 『韓國의 佛畵 33 - 奉先寺』) 沙彌 수화승 慶船應釋

창조(昌祚 : -1892-) 19세기 후반에 활동한 불화승이다. 1892년에 수화승 영명천기와 서울 봉은사 대웅전 삼장도를 조성하였다.

▫1892년 서울 奉恩寺 大雄殿 三藏圖 조성(『韓國의 佛畵 34 - 曹溪寺(上)』) 수화승 永明 天機

창엽(瑲曄, 瑲燁, 琩曄, 槍曄, 彰葉 : -1858-1895-)* 한봉당(漢峰堂, 漢峯堂) 19세기 후반에 활동한 불화승이다. 1855년에 수화승 퇴운주경과 경기 남양주 불암사 칠성도를, 1858년에 수화승 성운영희와 남양주 흥국사 괘불도를, 1861년에 수화승 월하 세원과 서울 화계사 극락보전 아미타후불도(예산 수덕사 소장)와 수화승 하운 유경과 칠성도(가평 현등사 소장), 수화승으로 강원 고성 유점사 소조아미타불을 제작하고, 1868년에 수화승 금곡영환과 남양주 흥국사 감로왕도, 수화승 응륜과 서울 청룡사 대웅전 칠성도를 그렸다. 수화승으로 1871년에 서울 영화사 삼성각 나한도와 1873년에 운수암 아미타후불도와 현왕도(안성 운수암 소장)를, 양주 석굴암 석조지장보살과 나반존자를 제작하고, 1874년에 경기 안성 청룡사 명부전 지장도와 아미타후불도 및 신중도(안성 법계사 소장)를, 인천 강화 청련사 삼성각 지장보살도를, 1877년에 경기 파주 보광사 십육나한도(10·12·14·16존자)를 조성하였다. 1878년에 수화승 한담천신과 안성 청룡사 대웅전 삼세후불도를, 수화승으로 1880년에 서울 영화사 나한도와 1881년에 대원암 칠성도(보은 법주사 소장)를, 1883년에 수화승 대허체훈과 서울 개운사 대웅전 팔상도를, 1886년에 수화승 금곡영환과 안성 칠장사 대웅전 석가모니후불도와 신중도 및 원통전 석가모니후불도를 조성하였다. 1887년에 수화승 학허석운과 서울 미타사

창엽, 신중도 위태천, 안성 법계사

한봉창엽, 신중도, 1874년, 안성 청룡사 대웅전

극락전 지장도를, 수화승 금곡영환과 1887년에 안성 운수암 아
미타후불도와 1888년에 안성 칠장사 대웅전 지장도와 칠성도,
명부전 지장도, 원통전 신중도와 현왕도, 수화승으로 1891년
에 충북 청원 안심사 대웅전 삼세후불도를, 1892년에 서울 봉
은사 대웅전 감로왕도를, 수화승 금곡영환과 남양주 흥국사 영
산전 석가모니후불도와 수화승 경선응석과 십육나한도(2·4·6·
8존자)를, 1895년에 수화승 상규와 서울 봉은사 영산전 사자도
를, 수화승 금곡영환과 경기 남양주 불암사 괘불도를, 수화승으
로 서울 봉은사 영산전 나한도(2·4대왕)를 조성하였다.

한봉창엽, 감로도 부분(대장간), 1892년,
서울 봉은사

◦ 1855년 경기 남양주 佛巖寺 七星圖 조성(『韓國의 佛畵 33 - 奉先寺』) 수화승 退雲周景
◦ 1858년 경기 남양주 興國寺 掛佛圖 조성(『掛佛調査報告書』과 『韓國佛畵畵記集』 및 『韓
   國의 佛畵 33 - 奉先寺』) 수화승 惺雲永羲
◦ 1861년 華溪寺 極樂寶殿 阿彌陀後佛圖 조성(禮山 修德寺 所藏, 『韓國의 佛畵 27 - 修德
   寺』) 片手 수화승 月霞世元
   1861년 서울 華溪寺 七星圖 조성(加平 懸燈寺 소장, 畵記와 『韓國佛畵畵記集』 및 『韓
   國의 佛畵 33 - 奉先寺』) 片手 수화승 河雲宥景
   1861년 楡岾寺 土製塗粉 阿彌陀佛(『楡岾寺本末寺誌(楡岾寺)』)[15]
◦ 1868년 경기 남양주 興國寺 大雄寶殿 甘露王圖 조성(『畿內寺院誌』와 『韓國佛畵畵記集』
   및 『韓國의 佛畵 33 - 奉先寺』)[16] 수화승 金谷永煥
   1868년 서울 靑龍寺 大雄殿 七星圖 조성(『서울전통사찰불화』와 『韓國佛畵畵記集』 및
   『韓國의 佛畵 36 - 曹溪寺(下)』)[17] 수화승 應崙
◦ 1871년 서울 永華寺 三聖閣 羅漢圖(『서울전통사찰불화』와 『韓國佛畵畵記集』) 金魚
◦ 1873년 雲岾庵 阿彌陀後佛圖 조성(安城 雲水庵 所藏, 『韓國의 佛畵 28 - 龍珠寺(上)』)
   模像都料匠 수화승 等森
   1873년 雲岾菴 現王圖 조성(安城 雲水庵 所藏, 『韓國의 佛畵 29 - 龍珠寺(下)』) 模像
   都片匠 수화승 等森
   1873년 楊州 石窟庵 石造地藏菩薩坐像과 石造那般尊者 造成(「石窟庵新彫石像地藏菩
   薩那般尊者二尊像緣化錄序」)
◦ 1874년 경기 안성 靑龍寺 冥府殿 地藏圖 조성(『韓國의 佛畵 28 - 龍珠寺(上)』) 金魚 片手
   수화승
   1874년 경기 안성 靑龍寺 阿彌陀後佛圖 조성(『韓國의 佛畵 28 - 龍珠寺(上)』) 金魚
   수화승
   1874년 경기 안성 靑龍寺 神衆圖 조성(安城 法界寺 所藏, 畵記, 『韓國의 佛畵 40 -
   補遺』) 金魚片手 수화승
   1874년 圓通庵 地藏圖 조성(江華 靑蓮寺 소장, 『畿內寺院誌』와 『韓國佛畵畵記集』 및
   『韓國의 佛畵 34 - 曹溪寺(上)』) 片手[18] 수화승 金谷永煥
◦ 1877년 경기 파주 普光寺 十六羅漢圖(10·12·14·16尊者) 조성(『韓國의 佛畵 33 - 奉先寺』)
   수화승 金谷永煥
◦ 1878년 경기 안성 靑龍寺 大雄殿 三世後佛圖 조성(『韓國의 佛畵 28 龍珠寺(上)』) 都片手
   수화승 漢潭 天娠
◦ 1880년 서울 永華寺 羅漢圖(『韓國佛畵畵記集』) 金魚片手
◦ 1881년 大圓庵 七星圖 조성(報恩 法住寺 所藏, 『韓國의 佛畵 17 - 法住寺』) 金魚 수화승
◦ 1883년 서울 開運寺 大雄殿 八相圖 조성(『韓國의 佛畵 35 - 曹溪寺(中)』)[19] 수화승 大虛
   體訓
◦ 1886년 경기 안성 七長寺 大雄殿 釋迦牟尼後佛圖 조성(『韓國의 佛畵 28 - 龍珠寺(上)』)
   片手[20] 수화승 金谷永環
   1886년 경기 안성 七長寺 圓通殿 釋迦牟尼後佛圖 조성(『韓國의 佛畵 28 - 龍珠寺(上)』)

片手[21] 수화승 金谷 永環

1886년 경기 안성 七長寺 大雄殿 神衆圖 조성(『韓國의 佛畵 28 – 龍珠寺(上)』) 수화승 金谷永環

◦1887년 서울 彌陀寺 極樂殿 地藏圖 조성(『韓國의 佛畵 34 – 曹溪寺(上)』) 수화승 鶴虛石雲

1887년 경기 안성 雲水庵 阿彌陀後佛圖 조성(『韓國의 佛畵 28 – 龍珠寺(上)』) 수화승 金谷永煥

◦1888년 경기 안성 七長寺 大雄殿 地藏圖 조성(『韓國의 佛畵 28 – 龍珠寺(上)』) 수화승 金谷永煥

1888년 경기 안성 七長寺 冥府殿 地藏圖 조성(『韓國의 佛畵 28 – 龍珠寺(上)』) 수화승 金谷永煥

1888년 경기 안성 七長寺 圓通殿 神衆圖 조성(『韓國의 佛畵 28 – 龍珠寺(上)』) 수화승 金谷永煥

1888년 경기 안성 七長寺 大雄殿 七星圖 조성(『韓國의 佛畵 29 – 龍珠寺(下)』) 수화승 金谷永煥

1888년 경기 안성 七長寺 圓通殿 現王圖 조성(『韓國의 佛畵 29 – 龍珠寺(下)』) 金魚 수화승

◦1891년 충북 청원 安心寺 大雄殿 三世後佛圖 조성(『韓國의 佛畵 17 – 法住寺』) 金魚 수화승

◦1892년 서울 奉恩寺 大雄殿 甘露王圖 조성(『서울전통사찰불화』와 『韓國佛畵畵記集』) 金魚 수화승

1892년 경기 남양주 興國寺 靈山殿 釋迦牟尼後佛圖 조성(『韓國의 佛畵 33 – 奉先寺』) 수화승 金谷永煥

1892년 경기 남양주 興國寺 靈山殿 十六羅漢圖(2·4·6·8尊者) 조성(『韓國의 佛畵 33 – 奉先寺』) 수화승 慶船應釋

◦1895년 서울 奉恩寺 靈山殿 使者圖 조성(『서울전통사찰불화』와 『韓國佛畵畵記集』 및 『韓國의 佛畵 35 – 曹溪寺(中)』[22]) 수화승 尙奎

1895년 서울 奉恩寺 靈山殿 羅漢圖 조성(『서울전통사찰불화』와 『韓國佛畵畵記集』)[23] 수화승 金谷永煥

1895년 경기 남양주 佛巖寺 掛佛圖 조성(『掛佛調査報告書』과 『韓國佛畵畵記集』 및 『韓國의 佛畵 33 – 奉先寺』) 수화승 金谷永煥

◦1898년 서울 奉國寺 冥府殿 十王圖(2·4大王) 조성(『韓國의 佛畵 35 – 曹溪寺(中)』) 金魚 片手 수화승

◦연대미상 경남 양산 通度寺 泗溟庵 山神圖 조성(『韓國의 佛畵 2 – 通度寺(中)』) 金魚 수화승

창오(昌旿, 昌晤, 昌悟 : -1854-1923-)* 벽월당(碧月堂) 19세기 중반부터 20세기 전반까지 활동한 불화승이다. 1854년에 수화승 찬종과 경기 파주 금당사 아미타후불도를, 1892년에 수화승 금곡영환과 경기 남양주 흥국사 영산전 석가모니후불도와 수화승 경선응석과 십육나한도(9·11·13·15존자)를, 수화승 취암승의와 경기 수원 청련암 극락보전 아미타후불도와 신중도 및 칠성도를, 1895년에 수화승 금곡영환와 경기 남양주 불암사 괘불도를, 1901년에 수화승 한봉응작과 서울 연화사 신중도를, 수화승 허곡긍순과 전남 나주 다보사 칠성도(순천 선암사 소장)와 아미타후불도를, 수화승 허곡긍순과 순천 선암사 약사회상도를, 1907년에 수화승 설호 재오와 원통암 아미타후불도(강화 청련사 소장)를, 1911년에 수화승 환월상휴와 경기 청룡사 내원암 화장찰해도華藏刹海圖(안성 법계사 소장)를, 수화승으로 1918년에 전남 순천 선암사 응진당 십육나한도와 사자도 및 독성도 등을, 1923년에 서울 연화사 산신도를 조

성하였다.

- 1854년 경기 파주 黔丹寺 阿彌陀後佛圖 조성(畫記, 『韓國佛畫畫記集』와 『韓國의 佛畫 33 - 奉先寺』) 수화승 讚宗
- 1892년 경기 남양주 興國寺 靈山殿 釋迦牟尼後佛圖 조성(『韓國의 佛畫 33 - 奉先寺』) 수화승 金谷永奐

  1892년 경기 남양주 興國寺 靈山殿 十六羅漢圖(9·11·13·15尊者) 조성(『韓國의 佛畫 33 - 奉先寺』) 수화승 慶船應釋

  1892년 경기 수원 靑蓮庵 極樂寶殿 阿彌陀後佛圖 조성(『韓國의 佛畫 28 - 龍珠寺(上)』)[24] 수화승 翠庵勝宜

  1892년 경기 수원 靑蓮庵 神衆圖 조성(『韓國의 佛畫 28 - 龍珠寺(上)』) 수화승 翠庵勝宜

  1892년 경기 수원 靑蓮庵 七星圖 조성(김정희, 「水原 靑蓮庵 佛畫考」) 수화승 翠庵勝宜
- 1895년 경기 남양주 佛巖寺 掛佛圖 조성(『掛佛調査報告書』과 『韓國佛畫畫記集』 및 『韓國의 佛畫 33 - 奉先寺』) 수화승 金谷永奐
- 1901년 서울 蓮華寺 神衆圖 조성(『韓國의 佛畫 35 - 曹溪寺(中)』) 수화승 漢峰應作[25]

  1901년 전남 나주 多寶寺 七星圖 조성(順天 仙巖寺 소장, 『韓國의 佛畫 12 - 仙巖寺』) 수화승 虛谷亘巡

  1901년 전남 나주 多寶寺 大雄殿 阿彌陀後佛圖 조성(『韓國의 佛畫 37 - 白羊寺·新興寺』) 수화승 虛谷亘巡

  1901년 전남 순천 仙巖寺 藥師會上圖 조성(『韓國佛畫畫記集』) 수화승 虛谷亘巡
- 1907년 圓通菴 阿彌陀後佛圖 조성(江華 靑蓮寺 소장, 『韓國의 佛畫 34 - 曹溪寺(上)』) 수화승 雪湖在悟[26]
- 1911년 경기 안성 靑龍寺 內院庵 華藏刹海圖 조성(安城 法界寺 所藏, 畫記, 『韓國의 佛畫 40 - 補遺』) 수화승 煥月尙休
- 1918년 전남 순천 선암사 應眞堂 十六羅漢圖 조성(『韓國의 佛畫 12 - 仙巖寺』) 片手 수화승

  1918년 전남 순천 仙巖寺 應眞堂 十六羅漢圖 조성(『韓國의 佛畫 12 - 仙巖寺』) 片手 수화승

  1918년 전남 순천 仙巖寺 應眞堂 十六羅漢圖 조성(『韓國의 佛畫 12 - 仙巖寺』) 片手 수화승

  1918년 전남 순천 仙巖寺 應眞堂 十六羅漢圖 조성(『韓國의 佛畫 12 - 仙巖寺』) 片手 수화승

  1918년 전남 순천 仙巖寺 應眞堂 使者圖 조성(『韓國의 佛畫 12 - 仙巖寺』) 片手 수화승

  1918년 전남 순천 仙巖寺 應眞堂 使者圖 조성(『韓國의 佛畫 12 - 仙巖寺』) 片手 수화승

  1918년 전남 순천 仙巖寺 三聖閣 獨星圖 조성(『韓國의 佛畫 12 - 仙巖寺』) 片手 수화승

  1918년 전남 순천 仙巖寺 山神閣 山神圖 조성(『韓國의 佛畫 12 - 仙巖寺』) 片手 수화승
- 1923년 서울 蓮花寺 山神圖 조성(『韓國의 佛畫 36 - 曹溪寺(下)』) 片手 수화승

창우 1(暢佑, 彰宇 : -1812-1822-) 19세기 전반에 활동한 불화승이다. 1812년에 수화승 □□와 경북 예천 용문사 석가모니후불도를, 1822년에 수화승 퇴운신겸과 경북 문경 김용사 화장암 석가모니후불도를 조성하였다.

- 1812년 경북 예천 龍門寺 釋迦牟尼後佛圖 조성(『韓國의 佛畫 8 - 直指寺(上)』) 수화승 □□[27]
- 1822년 경북 문경 金龍寺 華藏庵 釋迦牟尼後佛圖 조성(『韓國의 佛畫 8 - 直指寺(上)』) 수화승 退雲信謙

창우 2(敞遇 : -1868-) 19세기 중반에 활동한 불화승이다. 1868년에 수화승 의운자우와 강원 영월 보덕사 석가모니후불도를 조성하였다.

- 1868년 강원 영월 報德寺 釋迦牟尼後佛圖 조성(『韓國의 佛畫 10 -月精寺』) 수화승 意雲慈雨[28]

창운(暢雲, 暢運 : -1892-1900-) 19세기 후반에 활동한 불화승이다. 1892년에 수화승 서암전기와 경북 고령 관음사 칠성도와 경남 합천 해인사 괘불도 및 대적광전 팔상도(유성출가상, 쌍림열반상)를, 1893년에 수화승 금호약효와 전북 진안 천황사 대웅전 삼세후불도를, 1897년에 수화승 완해용준과 전북 완주 위봉사 보광명전 삼세불도(석가모니불)를, 1900년에 수화승 봉영과 전북 고창 선운사 참당암 대웅전 아미타후불도를 조성하였다.

- 1892년 경북 고령 觀音寺 七星圖 조성(『韓國의 佛畵 22 - 桐華寺(下)』) 수화승 捿庵 典琪
  1892년 경남 합천 海印寺 掛佛圖 조성(『韓國의 佛畵 5 - 海印寺(下)』) 수화승 瑞庵典琪
  1892년 경남 합천 海印寺 大寂光殿 八相圖(踰城出家相) 조성(『韓國의 佛畵 5 - 海印寺(下)』) 수화승 瑞巖典琪
  1892년 경남 합천 海印寺 大寂光殿 八相圖(雙林涅槃相) 조성(『韓國의 佛畵 5 - 海印寺(下)』) 수화승 瑞庵典琪
- 1893년 전북 진안 天皇寺 大雄殿 三世後佛圖 조성(『韓國의 佛畵 13 - 金山寺』) 수화승 錦湖若效
- 1897년 전북 완주 威鳳寺 普光明殿 三世佛圖(釋迦牟尼佛) 조성(『韓國의 佛畵 13 - 金山寺』) 수화승 玩海 龍俊
- 1900년 전북 고창 禪雲寺 懺堂庵 大雄殿 阿彌陀後佛圖 조성(『韓國의 佛畵 14 - 禪雲寺』) 수화승 琫榮

창원(昌源, 昌元, 彰元 : -1886-1890-)* 19세기 후반에 활동한 불화승이다. 1886년에 수화승 혜과봉간과 경북 김천 직지사 신중도를, 1887년에 수화승 수룡기전과 대구 대광명사 아미타후불도를, 수화승 혜고 지한과 대구 동화사 대웅전 신중도를, 수화승 수룡기전과 부산 범어사 극락전 아미타도와 수화승으로 석가십육보살도를, 1888년에 수화승 우송상수와 경북 김천 직지사 삼성암 신중도와 칠성도를, 1890년에 수화승 동운취선과 경남 합천 해인사 홍제암 석가모니후불도를 조성하였다.

- 1886년 경북 김천 直指寺 神衆圖 조성(『韓國佛畵畵記集』) 수화승 慧果奉侃
- 1887년 대구 大光明寺 阿彌陀後佛圖 조성(『韓國의 佛畵 4 - 海印寺(上)』) 수화승 水龍琪銓
  1887년 대구 동화사 大雄殿 神衆圖 조성(『韓國의 佛畵 21 - 桐華寺(上)』) 수화승 慧杲智澣
  1887년 부산 梵魚寺 極樂殿 阿彌陀圖 조성(『韓國의 佛畵 32 - 梵魚寺』) 수화승 水龍琪銓
  1887년 부산 梵魚寺 釋迦二十六菩薩圖 조성(『梵魚寺聖寶博物館 名品圖錄』) 수화승 水龍琪銓
- 1888년 경북 김천 直指寺 三聖庵 神衆圖 조성(『韓國의 佛畵 8 - 直指寺(上)』) 수화승 友松爽洙
  1888년 경북 김천 直指寺 三聖庵 七星圖 조성(『韓國의 佛畵 9 - 直指寺(下)』) 수화승 友松爽洙
- 1890년 경남 합천 海印寺 弘濟庵 釋迦牟尼後佛圖 조성(『韓國의 佛畵 4 - 海印寺(上)』) 수화승 東雲就善
- 연대미상 경남 합천 海印寺 弘濟庵 神衆圖 조성(『韓國의 佛畵 4 - 海印寺(上)』) 수화승 東雲就善

창위(暢爲 : -1860-1863-) 19세기 중반에 활동한 불화승이다. 수화승 의운자우와 1860년에 경북 울진 불영사 대웅보전 신중도를, 1862년에 경북 영천 은해사 운부암 아미타후불묵도阿彌陀後佛墨圖를, 1863년에 경북 영천 묘각사 아미타후불도를 조성하였다.

- 1860년 경북 울진 佛影寺 大雄寶殿 神衆圖 조성(『韓國의 佛畵 38 - 佛國寺』) 수화승 意雲慈友
- 1862년 경북 영천 銀海寺 雲浮庵 阿彌陀後佛墨圖 조성(『韓國의 佛畵 30 - 銀海寺』) 수화승 意雲慈友
- 1863년 경북 영천 妙覺寺 阿彌陀後佛圖 조성(『韓國의 佛畵 30 - 銀海寺』) 수화승 義雲慈雨

창은(唱垦 : -1786-) 18세기 후반에 활동한 불화승이다. 1786년에 수화승 상겸과 경북 상주 황령사 아미타후불도와 신중도를 조성하였다.

- 1786년 경북 상주 黃嶺寺 阿彌陀後佛圖 조성(『韓國의 佛畵 8 - 直指寺(上)』)29) 수화승 尙謙
  1786년 경북 상주 黃嶺寺 神衆圖 조성(『韓國의 佛畵 8 - 直指寺(上)』) 수화승 尙謙

창인(昌仁, 彰仁 : -1886-) 19세기 후반에 활동한 불화승이다. 1886년에 수화승 영명천기와 서울 봉은사 판전 비로자나후불도를, 1892년에 수화승 금곡영환과 남양주 흥국사 영산전 석가모니후불도를, 수화승 경선응석과 경기 남양주 흥국사 영산전 십육나한도(1·3·5·7존자)를, 1895년에 수화승 금곡영환과 남양주 불암사 괘불도를 조성하였다.

- 1886년 서울 奉恩寺 版殿 毘盧遮那後佛圖 조성(『서울전통사찰불화』와 『韓國佛畵畵記集』 및 『韓國의 佛畵 34 - 曹溪寺(上)』)30) 수화승 影明天機
- 1892년 경기 남양주 興國寺 靈山殿 釋迦牟尼後佛圖 조성(『韓國의 佛畵 33 - 奉先寺』) 수화승 金谷永煥
  1892년 경기 남양주 興國寺 靈山殿 十六羅漢圖(1·3·5·7尊者) 조성(『韓國佛畵畵記集』과 『韓國의 佛畵 33 - 奉先寺』)31) 수화승 慶船應釋
- 1895년 경기 남양주 佛巖寺 掛佛圖 조성(『掛佛調査報告書』과 『韓國佛畵畵記集』 및 『韓國의 佛畵 33 - 奉先寺』) 수화승 金谷永煥

창일(昌日 : -1907-1908-) 20세기 전반에 활동한 불화승이다. 1907년에 수화승 보응문성과 충남 공주 신원사 대웅전 석가모니후불도와 신중도 및 칠성도를, 1908년에 수화승 금호약효와 충남 예산 수덕사 대웅전 삼세후불도를 조성하였다.

- 1907년 충남 공주 新元寺 大雄殿 釋迦牟尼後佛圖 조성(『韓國의 佛畵 15 - 麻谷寺(上)』) 수화승 普應文性
  1907년 충남 공주 新元寺 大雄殿 神衆圖 조성(『韓國의 佛畵 15 - 麻谷寺(上)』) 수화승 普應文性
  1907년 충남 공주 新元寺 七星圖 조성(『韓國의 佛畵 16 - 麻谷寺(下)』) 수화승 普應文性
- 1908년 충남 예산 修德寺 大雄殿 三世後佛圖 조성(『韓國의 佛畵 27 - 修德寺』) 수화승 錦湖若效

창전(昶琠, 彰殿 : -1868-) 19세기 중반에 활동한 불화승이다. 1854년에 수화승 원담내원과 전남 구례 화엄사 나한전 석가모니후불도를, 1868년에 수화승 금곡영환과 서울 백련사 괘불도를, 수화승 금곡영환과 경기 남양주 흥국사 대웅전 칠성도를, 수화승 의운자우와 강원 영월 보덕사 석가모니후불도를 조성하였다.
- 1854년 전남 구례 華嚴寺 羅漢殿 釋迦牟尼後佛圖 조성(河東 寒山寺 所藏, 『韓國의 佛畵 25 – 雙磎寺(上)』) 수화승 圓潭乃圓
  1868년 서울 白蓮寺 掛佛圖 조성(『掛佛調査報告書 Ⅱ』) 수화승 金谷永環
  1868년 경기 남양주 興國寺 大雄殿 七星圖 조성(『韓國의 佛畵 33 – 奉先寺』) 수화승 金谷永煥
  1868년 강원 영월 報德寺 釋迦牟尼後佛圖 조성(『韓國의 佛畵 10 –月精寺』) 수화승 意雲慈雨[32]

창택(敞澤 : -1868-) 19세기 중반에 활동한 불화승이다. 1868년에 수화승 의운자우와 강원 영월 보덕사 석가모니후불도를 조성하였다.
- 1868년 강원 영월 報德寺 釋迦牟尼後佛圖 조성(『韓國의 佛畵 10 –月精寺』) 수화승 意雲慈雨[33]

창학 1(昌學, 昶學 : -1860-1862-) 19세기 중반에 활동한 불화승이다. 수화승 해운익찬과 1860년에 전남 구례 화엄사 각황전 삼세불도(약사불)와 경남 하동 쌍계사 명부전 지장도를, 1862년에 전남 구례 화엄사 명부전 지장도를 조성하였다.
- 1860년 전남 구례 華嚴寺 覺皇殿 三世佛圖(藥師佛) 조성(『韓國의 佛畵 11 – 華嚴寺』)[34] 수화승 海雲益讚
  1860년 경남 하동 雙磎寺 冥府殿 地藏圖 조성(『韓國의 佛畵 25 – 雙磎寺(上)』) 수화승 海雲益讚
- 1862년 전남 구례 華嚴寺 冥府殿 地藏圖 조성(『韓國의 佛畵 11 – 華嚴寺』) 수화승 海雲益讚

창학 2(昌學 : -1909-1922-)* 20세기 전반에 활동한 불화승이다. 1909년에 수화승 명조와 경북 김천 청암사 아미타후불도를, 1922년에 수화승으로 경북 김천 학림사 영산회상도와 칠성도를 조성하였다.
- 1909년 경북 김천 靑巖寺 阿彌陀後佛圖 조성(『韓國의 佛畵 8 – 直指寺(上)』) 수화승 明照
- 1922년 경북 김천 鶴林寺 靈山會上圖 조성(『韓國佛畵畵記集』) 金魚
  1922년 경북 김천 鶴林寺 七星圖 조성(『韓國佛畵畵記集』) 金魚

창현(昌賢 : -1905-) 덕옹당(德翁堂) 20세기 전반에 활동한 불화승이다. 1905년에 수화승 계은봉법과 경기 여주 흥왕사 칠성도를 조성하였다.
- 1905년 경기 여주 興旺寺 七星圖 조성(『韓國의 佛畵 29 – 龍珠寺(下)』) 수화승 啓恩奉法

창협(彰俠 : -1899-) 19세기 후반에 활동한 불화승이다. 1899년에 수화승 주화와 경남 양산 통도사 백련암 지장보살도를 조성하였다.
- 1899년 경남 양산 通度寺 白蓮庵 地藏菩薩圖 조성(『韓國佛畵畵記集』) 수화승 周華

창호(昌昊, 昌浩, 昌湖 : -1901-1913-) 19세기 후반부터 20세기 전반까지 활동한 불화승이다. 1901년에 수화승 한곡돈법과 서울 연화사 금당 칠성도를, 1912년에 금호약효와 충남 공주 마곡사 영은암 신중도를, 1913년에 수화승 정연과 전북 익산 숭림사 보광전 삼세후불도를 조성하였다.
- 1901년 서울 蓮華寺 金堂 七星圖 조성(『서울전통사찰불화』와 『韓國佛畵畵記集』 및 『韓國의 佛畵 36 – 曹溪寺(下)』) 수화승 漢谷頓法

◦ 1912년 충남 공주 麻谷寺 灵隱庵 神衆圖 조성(『韓國의 佛畵 15 – 麻谷寺(上)』) 수화승 錦湖若效
◦ 1913년 전북 익산 崇林寺 普光殿 三世後佛圖 조성(『韓國의 佛畵 13 – 金山寺』) 수화승 定淵

창활(暢活, 昌活 : -1832-1868-) 19세기 전반에 활동한 불화승이다. 1832년에 수화승 신선과 삼각산 신흥사 괘불도(서울 興天寺 소장)를, 1868년에 수화승 금곡영환과 경기 남양주 흥국사 대웅보전 감로왕도를 조성하였다.

◦ 1832년 三角山 新興寺 掛佛圖 조성(서울 興天寺 所藏, 『서울전통사찰불화』와 『掛佛調査 報告書 Ⅱ』 및 『韓國佛畵畵記集』) 수화승 愼善35)
◦ 1868년 경기 남양주 興國寺 大雄寶殿 甘露王圖 조성(『畿內寺院誌』와 『韓國佛畵畵記集』 및 『韓國의 佛畵 33 – 奉先寺』) 수화승 金谷永煥

창훈(昌訓 : -1861-1898-) 19세기 중반의 불화승으로 1861년에 수화승 경욱과 충남 공주 마곡사 청련암 석가모니후불도를, 수화승 봉은과 부용암 아미타후불도(천안 은석사 소장)를, 1898년에 수화승 정연과 공주 동학사 신중도를 조성하였다.

◦ 1861년 충남 공주 麻谷寺 淸蓮庵 釋迦牟尼後佛圖 조성(『韓國의 佛畵 15 – 麻谷寺(上)』) 수화승 敬郁
1861년 충남 공주 麻谷寺 芙蓉庵 阿彌陀後佛圖 조성(天安 銀石寺 所藏, 『韓國의 佛畵 15 – 麻谷寺(上)』) 수화승 奉恩
◦ 1898년 東鶴寺 神衆圖 조성(『韓國의 佛畵 15 –麻谷寺(上)』) 수화승 定鍊

창흔(彰欣, 昌欣, 昌昕 : -1900-1939-)* 해성당(海城堂) 20세기 전반에 활동한 불화이다. 1900년에 수화승 동호진철과 경남 양산 통도사 금강계단金剛戒壇 감로도를, 1901년에 한곡돈법과 충북 보은 법주사 여적암 신중도를, 1904년에 수화승 동오 진혁東旿 震爀과 경북 문경 봉암사 구품도와 경남 합천 해인사 홍제암 아미타삼존묵도阿彌陀三尊墨圖를, 수화승 환월상휴와 경남 양산 통도사 비로암 구품도九品圖와 칠성도 및 아미타후불도(부산 청송암 소장)를, 1905년에 수화승 경선응석과 보은 법주사 팔금강번(백정수금강)을, 수화승 동호진철과 경북 김천 직지사 삼장도와 1906년에 부산 마하사 석가모니불도, 경북 문경 대승사 석가모니후불도와 신중도를, 1909년에 수화승 명조와 김천 청암사 아미타후불도와 수화승으로 신중도를, 1910년에 수화승 환월상휴와 보은 법주사 중사자암 신중도와 보은 탈골암 삼성전 칠성도 및 은적암 산신도(상주 미타사 소장)를, 1911년에 환월상휴와 김천 직지사 칠성도를, 1913년에 수화승 퇴경 상노와 문경 김용사 대성암 아미타후불도와 삼장도를, 1936년에 수화승으로 경북 상주 동해사 지장도와 문경 운암사 칠성도 및 산신도를 조성하였다.

◦ 1900년 경남 양산 通度寺 金剛戒壇 甘露圖 조성(『韓國의 佛畵 2 – 通度寺(中)』) 수화승 東湖震徹
◦ 1901년 충북 보은 法住寺 汝寂庵 神衆圖 조성(『韓國의 佛畵 17 – 法住寺』) 수화승 漢谷頓法

◦ 1904년 경북 문경 鳳巖寺 九品圖 조성(『韓國의 佛畵 9 – 直指寺(下)』) 수화승 東昊震爀
1904년 경남 합천 海印寺 弘濟庵 阿彌陀三尊墨圖 조성(『韓國의 佛畵 4 – 海印寺(上)』)
수화승 東昊震爀
1904년 경남 양산 通度寺 毘盧庵 九品圖 조성(『韓國의 佛畵 1 – 通度寺(上)』)[36] 수화
승 煥月尙休
1904년 경남 양산 通度寺 毘盧庵 七星圖 조성(『韓國의 佛畵 2 – 通度寺(中)』)[37] 수화
승 尙休
1904년 경남 양산 通度寺 阿彌陀後佛圖 조성(부산 靑松庵 소장, 『韓國의 佛畵 3 – 通
度寺(下)』) 수화승 煥月尙休
◦ 1905년 충북 보은 法住寺 八金剛幡(白淨水金剛) 조성(『韓國의 佛畵 17 – 法住寺』) 수화
승 慶船應釋
1905년 경북 김천 直指寺 三藏圖 조성(『韓國의 佛畵 8 – 直指寺(上)』) 수화승 東昊震
爀
◦ 1906년 부산 摩訶寺 釋迦牟尼後佛圖 조성(『韓國의 佛畵 32 – 梵魚寺』) 수화승 東昊震爀
1906년 경북 문경 大乘寺 釋迦牟尼後佛圖 조성(『韓國의 佛畵 8 – 直指寺(上)』) 수화
승 東昊震爀
1906년 경북 문경 大乘寺 神衆圖 조성(『韓國의 佛畵 8 – 直指寺(上)』) 수화승 東昊
震爀
◦ 1909년 경북 김천 靑巖寺 阿彌陀後佛圖 조성(『韓國의 佛畵 8 – 直指寺(上)』) 수화승 明照
1909년 경북 김천 靑巖寺 神衆圖 조성(『韓國의 佛畵 8 – 直指寺(上)』) 金魚 수화승
◦ 1910년 충북 보은 法住寺 中獅子庵 神衆圖 조성(『韓國의 佛畵 17 – 法住寺』) 수화승 幻
月尙休
1910년 충북 보은 脫骨庵 三聖殿 七星圖 조성(『韓國의 佛畵 17 – 法住寺』) 수화승 幻
月尙休
1910년 隱寂庵 山神圖 조성(尙州 彌陀寺 所藏, 『韓國의 佛畵 17 – 法住寺』) 수화승 幻
月尙休
◦ 1911년 경북 김천 直指寺 七星圖 조성(『韓國의 佛畵 9 – 直指寺(下)』) 수화승 金煥月尙
休[38]
◦ 1913년 경북 문경 金龍寺 大成庵 阿彌陀後佛圖 조성(『韓國의 佛畵 8 – 直指寺(上)』) 수화
승 退耕相老
1913년 경북 문경 金龍寺 三藏圖 조성(『韓國의 佛畵 8 – 直指寺(上)』) 수화승 退耕相老
◦ 1936년 경북 상주 東海寺 地藏圖 조성(『韓國의 佛畵 8 – 直指寺(上)』) 良工 수화승
◦ 1939년 경북 문경 雲巖寺 七星圖 조성(『韓國의 佛畵 9 – 直指寺(下)』) 良工 수화승
1939년 경북 문경 雲巖寺 山神圖 조성(『韓國佛畵畵記集』) 良工 수화승
◦ 연대미상 경남 양산 通度寺 毘盧庵 神衆圖 조성(『韓國의 佛畵 1 – 通度寺(上)』)[39] 수화
승 尙休
연대미상 경남 양산 通度寺 獨聖圖 조성(『韓國의 佛畵 2 – 通度寺(中)』) 수화승 煥月
尙休

채견(采堅 : -1853-)* 19세기 중반에 활동한 불화승이다. 1853년에 수화승으
로 경북 예천 용문사 산신도를 조성하였다.

◦ 1853년 경북 예천 龍門寺 山神圖 조성(『韓國의 佛畵 9 – 直指寺(下)』) 金魚 수화승

채민(采敏 : -1748-) 18세기 중반에 활동한 불화승이다. 1748년에 수화승 법현
과 충남 청양 장곡사 석가모니후불도(동국대학교 박물관 소장)를 조성하였다.

◦ 1748년 충남 청양 長谷寺 釋迦牟尼後佛圖 조성(東國大學校 博物館 所藏, 『韓國의 佛畵
18 – 大學博物館(Ⅰ)』)[40] 수화승 法玄

채붕(彩鵬 : -1745-) 18세기 중반에 활동한 불화승이다. 1745년에 수화승 서
기, 가선嘉善 뇌옥雷玉 등과 경북 영주 부석사 괘불도를 조성하였다.

え

　　□ 1745년 경북 영주 浮石寺 掛佛圖 조성(『韓國의 佛畫 24 – 孤雲寺 本末寺(下)』) 수화승 瑞氣

채언(采彦, 彩彦 : -1775-1804-) 18세기 후반부터 19세기 전반까지 활동한 불화승이다. 1775년에 수화승 옥인과 경남 양산 통도사 명부전 시왕도(오관대왕)를, 1797년에 수화승 지연과 경북 안동 운대사 아미타후불도를, 수화승 옥인과 1798년에 양산 통도사 명부전 지장도와 1801년에 양산 내원사 노전 석가모니후불도를, 수화승 지연과 1803년 울산 석남사 지장도와 1804년에 대구 동화사 양진암 신중도를 조성하였다.

　　□ 1775년 경남 양산 通度寺 冥府殿 十王圖 第四五官大王 조성(『韓國의 佛畫 2 – 通度寺(中)』) 수화승 玉仁
　　□ 1797년 경북 안동 雲臺寺 阿彌陀後佛圖 조성(安東 西岳寺 所藏, 『韓國의 佛畫 23 – 孤雲寺(上)』) 수화승 指涓
　　□ 1798년 경남 양산 通度寺 冥府殿 地藏圖 조성(『韓國의 佛畫 1 – 通度寺(上)』)[41] 수화승 指演
　　□ 1801년 경남 양산 內院寺 爐殿 釋迦牟尼後佛圖 조성(『韓國의 佛畫 3 – 通度寺(下)』)[42] 수화승 玉仁
　　□ 1803년 울산 石南寺 地藏圖 조성(『韓國의 佛畫 3 – 通度寺(下)』) 수화승 指涓
　　□ 1804년 대구 桐華寺 養眞庵 神衆圖 조성(『韓國의 佛畫 21 – 桐華寺(上)』) 수화승 指演
　　□ 연대미상 경남 양산 鷲棲庵 釋迦牟尼三尊紅圖 조성(『韓國의 佛畫 3 – 通度寺(下)』) 良工 수화승
　　　연대미상 경북 경주 祇林寺 十王圖(都市大王) 조성(『韓國의 佛畫 38 – 佛國寺』)[43] 良工 수화승

채연(彩演 : -1795-) 18세기 후반에 활동한 불화승이다. 1795년에 수화승 신겸과 충북 보은 법주사 대웅보전 신중도(복천암 소장)를 조성하였다.

　　□ 1795년 충북 보은 法住寺 大雄寶殿 神衆圖 조성(福泉庵 所藏, 『韓國의 佛畫 17 – 法住寺』) 수화승 信謙

채영(彩永 : -1828-) 19세기 전반에 활동한 불화승이다. 1828년에 수화승 퇴운신겸과 경기 고양 중흥사 약사회상도와 아미타회상도(국립중앙박물관 소장)를 조성하였다.

　　□ 1828년 경기 고양 中興寺 藥師會上圖 조성(國立中央博物館 所藏, 『北漢山의 佛敎遺蹟』과 『영혼의 여로 – 조선시대 불교회화와의 만남』 및 『韓國의 佛畫 39 – 國·公立博物館』) 수화승 退雲信謙
　　　1828년 경기 고양 中興寺 阿彌陀會上圖 조성(國立中央博物館 所藏, 『北漢山의 佛敎遺蹟』과 『영혼의 여로 – 조선시대 불교회화와의 만남』 및 『韓國의 佛畫 39 – 國·公立博物館』) 수화승 信謙

채운(采雲 : -1757-) 18세기 중반에 활동한 불화승이다. 1757년에 수화승 의겸과 전남 구례 화엄사 대웅전 삼신도(노사나불)를 조성하였다.

　　□ 1757년 전남 구례 華嚴寺 大雄殿 三身圖(盧舍那佛) 조성(『韓國의 佛畫 11 – 華嚴寺』) 수화승 義兼

채원 1(彩元 : -1739-) 18세기 중반에 활동한 불화승이다. 1739년에 수화승 밀기와 경북 울진 불영사 삼장도(경주 불국사 소장)를 조성하였다.

◦ 1739년 경북 울진 佛影寺 三藏圖 조성(慶州 佛國寺 所藏, 『韓國의 佛畵 38 – 佛國寺』) 수화승 密機

채원 2(彩元 : -1792-) 18세기 후반에 활동한 불화승이다. 1792년에 수화승 瑢峯과 경북 영천 은해사 백흥암 극락전 감로도를 조성하였다.

◦ 1792년 경북 영천 銀海寺 百興庵 極樂殿 甘露圖 조성(『韓國의 佛畵 30 – 銀海寺』) 수화승 瑢峯
◦ 18세기 중엽 大□寺 釋迦牟尼後佛圖 조성(永川 銀海寺 所藏, 『韓國의 佛畵 30 – 銀海寺』) 수화승 密機

채원 3(彩元 : -1900-) 19세기 후반에 활동한 불화승이다. 1900년에 수화승 향호묘영과 전남 순천 송광사 은적암에서 지장시왕도를 조성하여 청진암에 봉안하였다.

◦ 1900년 전남 순천 松廣寺 은적암에서 地藏十王圖를 조성하여 淸眞庵에 봉안(『韓國의 佛畵 6 – 松廣寺(上)』) 수화승 香湖 竗英

채은(采銀 : -1871-) 19세기 후반에 활동한 불화승이다. 1871년에 수화승 춘담봉은과 전북 완주 화암사 극락전 현왕도를 조성하였다.

◦ 1871년 전북 완주 花巖寺 極樂殿 現王圖 조성(『韓國의 佛畵 13 – 金山寺』) 수화승 春潭奉恩

채인(採仁, 彩仁, 采仁 : -1722-1730-)* 18세기 전·중반에 활동한 불화승이다. 1722년에 수화승 홍신과 경남 진주 청곡사 괘불도를, 수화승 의겸과 1723년에 전남 여수 흥국사 관음전 관음도와 응진전 십육나한도를, 1724년에 전남 순천 송광사 응진당 석가모니후불도를, 1725년에 순천 송광사 영산전 석가모니후불도를 조성하였다. 수화승으로 팔상도(유성출가상), 오십전 오십삼불도(七位)를, 1726년에 경남 함양 금대암에서 그린 감로도가 안국암安國庵에 봉안되어 있다. 수화승 의겸과 1729년에 경남 합천 해인사 대적광전 석가모니불도와 1730년에 경남 고성 운흥사 괘불도, 감로도, 관음도, 목조관음보살좌상(부산 내원정사 소장)를, 수화승으로 전남 곡성 도림사 보광전 아미타후불도를, 수화승 의겸과 충남 갑사 대웅전 삼세불도(석가모니후불도)와 한국불교미술박물관 소장 수월관음도를 조성하였다.

◦ 1722년 경남 진주 靑谷寺 掛佛圖 조성(『韓國의 佛畵 5 – 海印寺(下)』) 수화승 義謙
◦ 1723년 전남 여수 興國寺 觀音殿 觀音圖 조성(『韓國의 佛畵 11 – 華嚴寺』) 수화승 義謙
  1723년 전남 여수 興國寺 應眞殿 十六羅漢圖(2·4·6尊者) 조성(『韓國의 佛畵 11 – 華嚴寺』) 수화승 香悟
◦ 1724년 전남 순천 송광사 應眞堂 釋迦牟尼後佛圖 조성(『韓國의 佛畵 6 – 松廣寺』) 수화승 義謙
◦ 1725년 전남 순천 松廣寺 靈山殿 釋迦牟尼後佛圖 조성(『韓國의 佛畵 6 – 松廣寺』) 수화승 義謙
  1725년 전남 순천 松廣寺 五十殿 五十三佛圖(七位) 조성(『韓國의 佛畵 7 – 松廣寺』) 수화승 □□
  1725년 전남 순천 松廣寺 靈山殿 八相圖(踰城出家相) 조성(『韓國의 佛畵 7 – 松廣寺』) 金魚 수화승
  1725년 전남 순천 송광사 「三十三祖師幀」 조성(『曹溪山松廣寺史庫』)44)

ㅊ

▫ 1726년 경남 함양 金臺庵에서 그린 甘露圖를 安國庵 봉안(咸陽 法印寺 봉안,『韓國의 佛畵 5 – 海印寺(下)』) 畵員 수화승
▫ 1729년 경남 합천 海印寺 大寂光殿 釋迦牟尼佛圖 조성(『韓國의 佛畵 4 – 海印寺(上)』) 수화승 義謙
▫ 1730년 경남 고성 雲興寺 掛佛圖 조성(『韓國의 佛畵 26 – 雙磎寺(下)』) 수화승 義謙
  1730년 경남 고성 雲興寺 甘露圖 조성(『韓國의 佛畵 26 – 雙磎寺(下)』) 수화승 義謙
  1730년 경남 고성 雲興寺 觀音圖 조성(『韓國의 佛畵 25 – 雙磎寺(上)』) 수화승 義謙
  1730년 전남 곡성 道林寺 普光殿 阿彌陀後佛圖 조성(『韓國의 佛畵 11 – 華嚴寺』) 畵員 수화승
  1730년 충남 공주 甲寺 大雄殿 三世佛圖(釋迦牟尼佛) 조성(『韓國의 佛畵 15 – 麻谷寺(上)』)45) 수화승 義謙
  1730년 水月觀音圖 조성(韓國佛教美術博物館 所藏,『衆生의 念願』) 수화승 義謙
▫ 18세기 초반 地藏圖 조성(東國大學校 博物館 所藏,『韓國의 佛畵 18 – 大學博物館(Ⅰ)』) 畵員 수화승
▫ 18세기 초반 十王圖(秦廣大王) 조성(溫陽民俗博物館 所藏,『韓國의 佛畵 20 – 私立博物館』) 畵員 수화승

채일(菜一 : -1862-1864-) 19세기 후반에 활동한 불화승이다. 1862년에 수화승 덕운영운과 경남 합천 해인사 대적광전 124위 신중도를, 1864년에 수화승 성흔과 경북 고령 반룡사 보광전 칠성도(대구 동화사 소장)를 조성하였다.

▫ 1862년 경남 합천 해인사 大寂光殿 124位 神衆圖 조성(『韓國의 佛畵 4 – 海印寺(上)』) 수화승 德芸
▫ 1864년 경북 고령 盤龍寺 普光殿 七星圖 조성(大邱 桐華寺 所藏,『韓國의 佛畵 22 – 桐華寺(下)』) 수화승 性炘

채정(彩淨, 採政 : -1755-1788-) 18세기 중반에 활동한 불화승이다. 1755년에 수화승 상오와 경북 영천 은해사 대웅전 삼장도를, 수화승 임한과 경북 청도 운문사 비로전 삼신불도三身佛圖와 온양민속박물관 소장 삼장도를 조성하였다. 1788년에 상겸 등과 남장사 불사에 참여하여 기록한『불사성공록佛事成功錄』에 호남양공으로 언급되어 있다.

▫ 1755년 경북 영천 銀海寺 大雄殿 三藏圖 조성(『韓國의 佛畵 30 – 銀海寺』) 수화승 常悟
  1755년 경북 청도 雲門寺 毘盧殿 三身佛圖 조성(『韓國의 佛畵 21 – 桐華寺(上)』) 수화승 任閑
  1755년 三藏圖 조성(溫陽民俗博物館 所藏,『韓國의 佛畵 20 – 私立博物館』)46) 수화승 任閑
▫ 1788년 남장사 불사에 참여한 화승을 적은『佛事成功錄』에 湖南良工으로 언급(이용윤,「『佛事成功錄』을 통해 본 남장사 괘불」) 수화승 尙謙

채종(彩琮, 彩宗 : -1847-1849-) 완해당(翫海堂) 19세기 중반에 활동한 불화승이다. 수화승 금암천여와 1847년에 전남 고흥 금탑사 극락전 아미타후불도, 1849년 전남 순천 선암사 대웅전 삼장도와 지장전 지장도 및 경남 양산 용화사 아미타후불도 등을, 1855년에 경남 남해 화방사 지장도, 1856년에 부산 장안사 대웅전 석가모니후불도와 명부전 지장도를 조성하였다.

▫ 1847년 전남 고흥 金塔寺 極樂殿 阿彌陀後佛圖 조성(『韓國의 佛畵 6 – 松廣寺(上)』) 수화승 錦菴天如

◦1849년 전남 순천 仙巖寺 大雄殿 三藏圖 조성(『韓國의 佛畵 12 - 仙巖寺』) 수화승 錦庵
天如
1849년 전남 순천 仙巖寺 地藏殿 地藏圖 조성(『韓國의 佛畵 12 - 仙巖寺』) 수화승 金
庵天如
1849년 경남 양산 龍華寺 阿彌陀後佛圖 조성(『韓國의 佛畵 3 - 通度寺(下)』) 수화승
錦庵天如
1849년 경남 고성 玉泉寺 蓮臺庵 阿彌陀後佛紅圖 조성(『韓國의 佛畵 25 - 雙磎寺(上)』)
수화승 錦庵天如
◦1855년 경남 남해 花芳寺 地藏圖 조성(『韓國의 佛畵 25 - 雙磎寺(上)』) 수화승 錦庵天如
◦1856년 부산 長安寺 大雄殿 釋迦牟尼後佛圖 조성(『韓國의 佛畵 32 - 梵魚寺』) 수화승
錦庵天如
1856년 부산 長安寺 冥府殿 地藏圖 조성(『韓國의 佛畵 32 - 梵魚寺』) 수화승 錦庵天如

채주(採珠 : -1755-1776-) 18세기 후반에 활동한 불화승이다. 1755년에 순회
세자順懷世子 상시봉원上諡封園 비석소碑石所와 1776년에 영조英祖 원능元陵
조성소造成所 화원畵僧으로 참여하였다.
◦1755년 『順懷世子上諡封園都監儀軌』 碑石所 畵僧(奎章閣 13493호, 朴廷蕙, 「儀軌를 통
해서 본 朝鮮時代의 畵員」 자료1)
◦1776년 『英祖元陵山陵都監儀軌』 造成所 畵僧(奎章閣 13586호, 朴廷蕙, 「儀軌를 통해서
본 朝鮮時代의 畵員」 자료1)

채한(彩閒, 彩閑 : -1757-1762-) 18세기 중반에 활동한 불화승이다. 1757년에
정성왕후貞聖王后 홍릉弘陵과 1762년에 장조莊祖 영우원永祐園 조성소造成所
화승畵僧으로 참여하였다.
◦1757년 『貞聖王后弘陵山陵都監儀軌』 造成所 畵僧(奎章閣 13591호, 朴廷蕙, 「儀軌를 통
해서 본 朝鮮時代의 畵員」 자료1)
◦1762년 『莊祖永祐園園所都監儀軌』 造成所 畵僧(奎章閣 13607호, 朴廷蕙, 「儀軌를 통해
서 본 朝鮮時代의 畵員」 자료1)

채현(彩賢 : -1740-) 18세기 중반에 활동한 불화승이다. 1740년에 수화승 임
한과 경남 양산 통도사 극락보전 아미타후불도를 조성하였다.
◦1740년 慶南 梁山 通度寺 極樂寶殿 阿彌陀後佛圖 조성(『韓國의 佛畵 1 - 通度寺(上)』)
수화승 任閑

채홍(采洪 : -1857-) 19세기 중반에 활동한 불화승이다. 1857년에 수화승 응
상과 대구 동화사 칠성도를 조성하였다.
◦1857년 대구 桐華寺 七星圖 조성(『韓國의 佛畵 22 - 桐華寺(下)』) 수화승 應相

책영(策榮 : -1860-) 19세기 중반에 활동한 불화승이다. 1860년에 수화승 익
찬과 전남 구례 화엄사 각황전 삼세불도(약사불)를 조성하였다.
◦1860년 전남 구례 華嚴寺 覺皇殿 三世佛圖(藥師佛) 조성(『韓國의 佛畵 11 - 華嚴寺』)[47]
수화승 海雲益讚

책관(策寬 : -1775-) 18세기 후반에 활동한 불화승이다. 수화승 포관과 1775
년에 경남 양산 통도사 약사전 약사여래후불도와 영산전 팔상도(도솔내의상)
를 조성하였다.
◦1775년 경남 양산 通度寺 藥師殿 藥師如來後佛圖 조성(『韓國의 佛畵 1 - 通度寺(上)』)

수화승 □冠
1775년 경남 양산 通度寺 靈山殿 八相圖(兜率來儀相) 조성(『韓國의 佛畵 2 - 通度寺
(中)』) 수화승 抱冠

책견(策雁 : -1741-) 18세기 중반에 활동한 불화승이다. 1741년에 수화승 긍
척과 전남 여수 흥국사 대웅전 삼장도와 신중도를 조성하였다.

　◦ 1741년 전남 여수 興國寺 大雄殿 三藏圖(地藏菩薩) 조성(『韓國의 佛畵 11 - 華嚴寺』)[48]
　　수화승 亘陟
　　1741년 전남 여수 興國寺 大雄殿 三藏圖(天藏・持地藏菩薩) 조성(『韓國의 佛畵 11 -
　　華嚴寺』)[49] 수화승 亘陟
　　1741년 전남 여수 興國寺 帝釋圖 1 조성(『韓國의 佛畵 11 - 華嚴寺』)[50] 수화승 亘陟

책난(冊難 : -1741-) 18세기 중반에 활동한 불화승이다. 1741년에 전남 여수
흥국사 팔상전 석가모니후불도를 조성하였다.

　◦ 1741년 전남 여수 興國寺 八相殿 釋迦牟尼後佛圖 조성(『韓國의 佛畵 11 - 華嚴寺』)[51] 수
　　화승 亘陟

책영(策永 : -1860-) 19세기 중반에 활동한 불화승이다. 1860년에 수화승 해
운익찬과 경남 하동 쌍계사 명부전 지장도를 조성하였다.

　◦ 1860년 경남 하동 雙磎寺 冥府殿 地藏圖 조성(『韓國의 佛畵 25 - 雙磎寺(上)』) 수화승
　　海雲益讚

책화(策花 : -1753-) 18세기 중반에 활동한 불화승이다. 1753년에 수화승 은
기와 전남 순천 선암사 삼십삼조사도(석가모니불, 1・2조사)와 수화승 치한과
괘불도를 조성하였다.

　◦ 1753년 전남 순천 仙巖寺 三十三祖師圖(釋迦牟尼佛, 1・2祖師) 조성(『韓國의 佛畵 12 -
　　仙巖寺』)[52] 수화승 隱奇
　　1753년 전남 순천 仙巖寺 掛佛圖 조성(『韓國의 佛畵 12 - 仙巖寺』) 수화승 致閑

책활 1(策活, 策闊 : -1730-) 18세기 전반에 활동한 불화승이다. 1730년에 수
화승 채인과 전남 곡성 도림사 보광전 아미타후불도와 수화승 의겸과 충남
공주 갑사 대웅전 삼세불도三世佛圖(아미타불)를 조성하였다.

　◦ 1730년 전남 곡성 道林寺 普光殿 阿彌陀後佛圖 조성(『韓國의 佛畵 11 - 華嚴寺』) 수화승
　　彩仁
　　1730년 충남 공주 갑사 대웅전 三世佛圖(阿彌陀佛) 조성(『韓國의 佛畵 15 - 麻谷寺
　　(上)』)[53] 수화승 義兼

책활 2(冊活 : -1817-) 19세기 전반에 활동한 불화승이다. 1817년에 수화승
언보와 경북 청도 병사餠寺 석가모니후불홍도釋迦牟尼後佛紅圖를 조성하였다.

　◦ 1817년 경북 청도 餠寺 釋迦牟尼後佛紅圖 조성(淸道 德寺 所藏, 『韓國의 佛畵 21 - 桐華
　　寺(上)』) 수화승 雲谷言輔

처견(處堅 : -1786-) 18세기 후반에 활동한 불화승이다. 1786년에 문효세자文
孝世子 묘소墓所 조성소 화승畵僧으로 참여하였다.

　◦ 1786년 『文孝世子墓所都監儀軌』造成所 畵僧(奎章閣 13925호, 朴廷蕙, 「儀軌를 통해서
　　본 朝鮮時代의 畵員」 자료1)

처기(處己 : -1745-) 18세기 중반에 활동한 불화승이다. 1745년에 수화승 의겸과 전남 나주 다보사 괘불도를 조성하였다.
  ◦ 1745년 전남 나주 多寶寺 掛佛圖 조성(畵記,『掛佛調査報告書 II』과『韓國의 佛畵 37 – 白羊寺・新興寺』) 수화승 義兼

처담(處淡 : -1753-) 18세기 중반에 활동한 불화승이다. 1753년에 숙빈淑嬪 상시봉원上諡封園 조성소 화승畵僧으로 참여하였다.
  ◦ 1753년『淑嬪上諡封園都監儀軌』(南漢僧) 造成所 畵僧(奎章閣 14925호, 朴廷蕙,「儀軌를 통해서 본 朝鮮時代의 畵員」 자료1)

처린(處璘, 處隣 : -1690-) 17세기 후반에 활동한 불화승이다. 1690년에 수화승 해숙과 충남 홍성 용봉사 괘불도를 조성하고, 1702년에 수화승 윤탄과 금강산 장안사 대웅전 중수에 참여하였다.
  ◦ 1690년 충남 홍성 龍鳳寺 掛佛圖 조성(1725년 重修,『韓國의 佛畵 27 – 修德寺』) 수화승 海淑
  ◦ 1702년 금강산 장안사 대웅전 중수(「金剛山長安寺大雄殿重修上樑文」, 安貴淑,「조선후기 佛畵僧의 계보와 義謙比丘에 대한 연구(상)」) 수화승 允坦

처묵(處默 : -1687-) 17세기 후반에 활동한 불화승이다. 1687년에 수화승 능학과 충남 공주 마곡사 괘불도를 조성하였다.
  ◦ 1687년 충남 공주 麻谷寺 掛佛圖 조성(『韓國의 佛畵 16 – 麻谷寺(下)』) 수화승 能學

처붕(處鵬) 조선후기에 활동한 불화승이다. 제작연대를 알 수 없는 아미타후불도를 수화승 □연과 조성하였다.
  ◦ 연대미상 阿彌陀後佛圖 조성(梁山 通度寺 所藏,『韓國의 佛畵 3 – 通度寺(下)』) 수화승 □演

처상(處尙, 處常 : -1730-) 18세기 전반에 활동한 불화승이다. 1730년에 수화승 의겸과 경남 고성 운흥사 삼세불도(아미타불)를, 제작연대를 알 수 없는 온양민속박물관 소장 시왕도(염라대왕)를 수화승 행종과 조성하였다.
  ◦ 1730년 경남 고성 雲興寺 三世佛圖(阿彌陀佛) 조성(『韓國의 佛畵 25 – 雙磎寺(上)』)[54] 수화승 義謙
  ◦ 18세기 초반 十王圖(閻羅大王) 조성(溫陽民俗博物館 所藏,『韓國의 佛畵 20 – 私立博物館』) 수화승 幸宗

처성(處性 : -1790-1796-) 18세기 후반에 활동한 불화승이다. 1790년에 수화승 민관과 경기 화성 용주사 대웅보전 삼장도를 그리고, 1794년부터 1796년까지 화성 건립에 참여하여 1801년에 작성된『화성성역의궤華城城役儀軌』에 양주목楊州牧 승려로 언급되어 있다.
  ◦ 1790년 경기 화성 龍珠寺 大雄寶殿 三藏圖 조성(『韓國의 佛畵 28 – 龍珠寺(上)』) 수화승 旻官
  ◦ 1794년-1796년 화성 건립에 화원으로 참여(1801년 작성된『華城城役儀軌』卷4 工匠 畵工 條) 楊州牧

처안(處安 : -1684-) 17세기 후반에 활동한 불화승이다. 1684년에 지영智英

등과 명성왕후明聖王后 숭릉崇陵 조성소 화승으로 참여하였다.

▫ 1684년 『明聖王后崇陵山陵都監儀軌』 造成所 畵僧(奎章閣 14832호, 朴廷蕙, 「儀軌를 통해서 본 朝鮮時代의 畵員」 자료1)

처영(處英, 處永 : -1713-1730-) 18세기 전반에 활동한 불화승이다. 1713년에 전남 장흥 보림사의 팔상도와 후불도를 7월 18일 시작하여 9월 30일 마쳤다. 1728년에 수화승 일선과 경남 하동 쌍계사 팔상도(도솔내의상, 비람강생상, 사문유관상, 유성출가상, 설산수도상, 녹원전법상)와 수화승 명정과 감로도를, 1730년에 수화승 의겸과 경남 고성 운흥사 감로도를 조성하였다.

▫ 1713년 전남 장흥 寶林寺 八相圖, 後佛圖를 7월 18일 시작하여 9월 30일 마침(『譯註 寶林寺重創記』) 수화승 奉覽
▫ 1728년 경남 하동 雙溪寺 八相圖(兜率來儀相, 毘藍降生相, 四門遊觀相, 踰城出家相, 雪山修道相, 鹿苑轉法相) 조성(『韓國의 佛畵 26 - 雙磎寺(下)』55) 수화승 一禪
1728년 경남 하동 雙溪寺 甘露圖 조성(『韓國의 佛畵 26 - 雙磎寺(下)』) 수화승 明淨
▫ 1730년 경남 고성 雲興寺 甘露圖 조성(『韓國의 佛畵 26 - 雙磎寺(下)』56) 수화승 義謙

처원(處元 : -1639-1678-) 17세기 후반에 활동한 조각승이다. 수화승 운혜와 1639년에 전남 고흥 능가사 대웅전 불상을 만들고, 1657년에 수화승 신겸과 충남 연기 비암사 괘불도를 그렸다. 1667년에 전남 화순 쌍봉사 목조지장보살좌상과 시왕상을, 1678년에 수화승 경림과 전남 강진 백련사 목조아미타삼존불좌상(목포 달성사 봉안)을 제작하였다.

▫ 1639년 전남 고흥 능가사 大雄殿 木造釋迦佛坐像에서 발견된 發願文(『楞伽寺 大雄殿 實測調査報告書』) 수화승 雲惠
▫ 1657년 충남 연기 卑岩寺 掛佛圖 조성(畵記) 수화승 信謙
▫ 1667년 전남 화순 雙峰寺 木造地藏菩薩坐像과 十王像 제작(發願文) 수화승 雲慧
▫ 1678년 전남 강진 白蓮寺 木造阿彌陀三尊佛坐像 제작(목포 달성사 봉안, 發願文) 수화승 敬琳
※ 처원은 두 명일 가능성이 있다.

처이(處以 : -1675-) 17세기 후반에 활동한 불화승이다. 1675년에 현종顯宗 빈전殯殿 조성소 화승畵僧으로 참여하였다.

▫ 1675년 『顯宗殯殿都監儀軌』 魂殿 造成所 畵僧(奎章閣 13540호, 朴廷蕙, 「儀軌를 통해서 본 朝鮮時代의 畵員」 자료1)

처일 1(處一 : -1704-) 18세기 중반에 활동한 불화승이다. 1704년에 수화승 보총와 경북 영천 은해사 괘불도를 조성하였다.

▫ 1704년 경북 영천 銀海寺 掛佛圖 조성(『韓國의 佛畵 30 - 銀海寺』) 畵員 수화승 普摠

처일 2(處一 : -1750-1755-)* 18세기 중반에 활동한 불화승이다. 1750년에 수화승으로 경북 영천 은해사 대웅전 석가모니후불도와 수화승 상오와 삼장도를, 수화승 임한과 1755년에 삼장도(온양민속박물관 소장)와 경북 청도 운문사 비로전 삼신불도를, 제작연대를 알 수 없는 대□사 석가모니후불도(영천 은해사 소장)를 조성하였다.

처일, 석가삼존도, 1750년, 은해사(성보박물관)   처일, 석가삼존도 부분, 1750년, 은해사(성보박물관)

처일, 석가삼존도 좌협시보살, 1750년,   처일, 석가삼존도 우협시보살, 1750년,   처일, 석가삼존도 화기, 1750년,
은해사(성보박물관)   은해사(성보박물관)   은해사(성보박물관)

◦1750년 경북 영천 銀海寺 大雄殿 釋迦牟尼後佛圖 조성(『韓國의 佛畵 30 - 銀海寺』) 良畵 수화승
◦1755년 경북 영천 銀海寺 大雄殿 三藏圖 조성(『韓國의 佛畵 30 - 銀海寺』) 수화승 常悟
 1755년 三藏圖(溫陽民俗博物館 所藏, 『韓國의 佛畵 20』)57) 畵員 수화승 任閑
 1755년 경북 청도 雲門寺 毘盧殿 三身佛圖 조성(『韓國의 佛畵 21 - 桐華寺 (上)』) 敬畵 수화승 任閑
◦18세기 중엽 大□寺 釋迦牟尼後佛圖 조성(永川 銀海寺 所藏, 『韓國의 佛畵 30 - 銀海寺』) 수화승 密機

처정(處定 : -1788-) 18세기 후반에 전라도를 중심으로 활동한 불화승이다. 1788년에 상겸 등과 남장사 불사에 참여하여 기록한 『불사성공록佛事成功錄』에 호남양공으로 언급되어 있다.

◦1788년 남장사 불사에 참여한 화승을 적은 『佛事成功錄』에 湖南良工으로 언급(이용윤, 「『佛事成功錄』을 통해 본 남장사 괘불」) 수화승 尙謙

처증(處證 : -1725-) 18세기 전반에 활동한 불화승이다. 1725년에 수화승 의겸과 전남 순천 송광사 삼십삼조사도三十三祖師圖를 조성하였다.

◦1725년 전남 순천 松廣寺 三十三祖師圖 조성(『曹溪山松廣寺史庫』)58) 수화승 義謙

처징 1(處澄 : -1688-) 17세기 후반에 활동한 불화승이다. 1688년에 수화승 천신과 경남 하동 쌍계사 석가모니후불도를 조성하였다.

◦1688년 경남 하동 雙磎寺 釋迦牟尼後佛圖 조성(『韓國의 佛畵 25 - 雙磎寺(上)』) 수화승 天信

처징 2(處澄 : -1758-1796)* 18세기 중반에 경기도를 중심으로 활동한 불화승이다. 1758년에 수화승 벽하와 경북 의성 고운사 사천왕도(광목천왕과 지국천왕, 홍익대학교 박물관 소장)를, 수화승 각총과 경기 여주 신륵사 극락보전 삼장도를 그렸다. 1774년에 수화승으로 서울 학림사 괘불도를 중수하고, 1788년에 수화승 용봉경환과 경북 상주 남장사 괘불도를 조성하고, 불화승 상겸 등과 남장사 불사에 참여하여 기록한 『불사성공록佛事成功錄』에 경성양공京城良工으로 언급되어 있다. 1790년에 수화승 상겸과 경기 화성 용주사 감로도를, 1796년에 함남 복흥사 관음도와 칠성도 등을 그렸다. 1794년부터 1796년까지 화성 건립에 참여하여 1801년 작성된 『화성성역의궤華城城役儀軌』에 양주목楊州牧 승려로 언급되어 있다.

◦1758년 경북 의성 高雲寺 四天王圖(廣目天王) 조성(弘益大學校 博物館 所藏, 『韓國의 佛畵 19 大學博物館(Ⅱ)』) 수화승 碧河
 1758년 경기 여주 신륵사 極樂寶殿 三藏圖 조성(『韓國의 佛畵 28 - 龍珠寺(上)』) 수화승 覺聰
◦1774년 서울 鶴林寺 掛佛圖 重修(박도화, 「鶴林寺 毘盧遮那삼신괘불탱화」과 『韓國의 佛畵 35 - 曹溪寺(中)』) 良工 수화승
◦1788년 경북 상주 南長寺 掛佛圖 조성(『韓國의 佛畵 9 - 直指寺(下)』) 수화승 龍峰敬還
 1788년 남장사 불사에 참여한 화승을 적은 『佛事成功錄』에 京城良工으로 언급(이용윤, 「『佛事成功錄』을 통해 본 남장사 괘불」) 수화승 尙謙
◦1790년 경기 화성 龍珠寺 甘露圖 조성(『韓國佛畵畵記集』) 수화승 尙兼
◦1794년-1796년 화성 건립에 화원으로 참여(1801년 작성된 『華城城役儀軌』 卷4 工匠 畵

工 條) 楊州牧
◦1796년 함남 福興寺 觀音願 佛·七星·現王·四幀 조성(「萬德山福興寺事蹟記」,『朝鮮寺刹史料(下)』) 龍面[59]
◦연대미상 경기 의왕 淸溪寺 極樂寶殿 阿彌陀後佛圖 조성(『韓國의 佛畵 28 – 龍珠寺(上)』) 수화승 雪訓

처한(處閑 : -1731-) 18세기 전반에 활동한 불화승이다. 1731년에 수화승 도익과 경북 선산 수다사 석가모니후불도와 지장도를, 수화승 혜학과 삼장도(홍익대학교 박물관 소장)를 조성하였다.
◦1731년 경북 선산 水多寺 釋迦牟尼後佛圖 조성(『韓國의 佛畵 8 – 直指寺(上)』) 수화승 道益
1731년 경북 선산 水多寺 地藏圖 조성(『韓國의 佛畵 8 – 直指寺(上)』) 수화승 道益
1731년 경북 선산 水多寺 三藏圖 조성(弘益大學校 博物館 所藏,『韓國의 佛畵 19 – 大學博物館(Ⅱ)』)[60] 수화승 慧學

처해(處海 : -1684-) 17세기 후반에 활동한 불화승이다. 1684년에 지영智英 등과 명성왕후明聖王后 숭릉崇陵 조성소 화승畵僧으로 참여하였다.
◦1684년 『明聖王后崇陵山陵都監儀軌』 造成所 畵僧(奎章閣 14832호, 朴廷蕙,「儀軌를 통해서 본 朝鮮時代의 畵員」 자료1)

처헌(處軒 : -1682-) 17세기 후반에 활동한 불화승이다. 1682년에 수화승 명월과 전북 진안 금당사 괘불도를 조성하였다.
◦1682년 전북 진안 金塘寺 掛佛圖 조성(金堂寺 銘,『韓國의 佛畵 13 – 金山寺』)[61] 수화승 明遠

처현(處賢 : -1701-) 18세기 전반에 활동한 불화승이다. 1701년에 수화승 탁휘와 경북 상주 남장사 감로도를 조성하였다.
◦1701년 경북 상주 南長寺 甘露圖 조성(『韓國의 佛畵 9 – 直指寺(下)』) 수화승 卓輝

처형(處炯 : -1907-) 20세기 전반에 활동한 불화승이다. 1907년에 수화승 향호묘영과 전남 여수 흥국사 보광전 아미타후불도를 조성하였다.
◦1907년 전남 여수 興國寺 普光殿 阿彌陀後佛圖 조성(『韓國의 佛畵 11 – 華嚴寺』)[62] 수화승 香湖妙英

처홍(處弘, 處洪 : -1788-) 18세기 후반에 경기도를 중심으로 활동한 불화승이다. 1788년에 수화승 용봉경환과 경북 상주 남장사 괘불도를 조성하고, 불화승 상겸 등과 남장사 불사에 참여하여 기록한 『불사성공록佛事成功錄』에 경성양공京城良工으로 언급되어 있다.
◦1788년 경북 상주 南長寺 掛佛圖 조성(『韓國의 佛畵 9 – 直指寺(下)』) 수화승 龍峰敬還
1788년 남장사 불사에 참여한 화승을 적은 『佛事成功錄』에 京城良工으로 언급(이용윤,「『佛事成功錄』을 통해 본 남장사 괘불」) 수화승 尙謙

처흡(處洽 : -1788-) 18세기 후반에 경기도를 중심으로 활동한 불화승이다. 1788년에 수화승 용봉경환과 경북 상주 남장사 괘불도 조성하고, 불화승 상겸 등과 남장사 불사에 참여하여 기록한 『불사성공록佛事成功錄』에 경성양공京城良工으로 언급되어 있다. 1790년에 수화승 상겸과 경기 화성 용주사 감로

ㅊ

도를 조성하였다.

 ▫ 1788년 경북 상주 南長寺 掛佛圖 조성(『韓國의 佛畵 9 – 直指寺(下)』) 수화승 龍峰敬還
   1788년 남장사 불사에 참여한 화승을 적은 『佛事成功錄』에 京城良工으로 언급(이용
   윤,「『佛事成功錄』을 통해 본 남장사 괘불」) 수화승 尙謙
 ▫ 1790년 경기 화성 龍珠寺 甘露圖 조성(『韓國佛畵畵記集』) 수화승 尙兼

천규(天圭 : -1883-1887-) 19세기 후반에 활동한 불화승이다. 1883년에 수화
승 금운 긍률과 경북 청도 운문사 구품도九品圖를, 1884년에 수화승 하은응
상과 경북 예천 용문사 아미타후불도(문경 금룡사 소장)를, 1886년에 수화승
혜과봉간과 경북 김천 직지사 신중도를, 1887년에 수화승 수룡기전과 대구
대광명사 아미타후불도와 수화승 혜고 지한과 대구 동화사 대웅전 신중도 및
부산 범어사 극락전 아미타도 등을 조성하였다.

 ▫ 1883년 경북 淸道 雲門寺 九品圖 조성(『韓國의 佛畵 21 – 桐華寺(上)』) 수화승 肯律
 ▫ 1884년 경북 예천 龍門寺 阿彌陀後佛圖 조성(聞慶 金龍寺 所藏, 『韓國의 佛畵 8 – 直指
   寺(上)』)[63] 수화승 霞隱應祥
 ▫ 1886년 경북 김천 直指寺 神衆圖 조성(『韓國佛畵畵記集』) 수화승 慧果奉侃
 ▫ 1887년 대구 大光明寺 阿彌陀後佛圖 조성(『韓國의 佛畵 4 – 海印寺(上)』) 수화승 水龍琪銓
   1887년 대구 동화사 大雄殿 神衆圖 조성(『韓國의 佛畵 21 – 桐華寺(上)』) 수화승 慧杲
   智瀚
   1887년 부산 梵魚寺 極樂殿 阿彌陀圖 조성(『韓國의 佛畵 32 – 梵魚寺』) 수화승 水龍
   琪銓
   1887년 부산 梵魚寺 釋迦二十六菩薩圖 조성(『梵魚寺聖寶博物館 名品圖錄』) 수화승
   水龍琪銓

천기(天機, 天基 : -1878-1901-)* 영명당(影明堂, 永明堂) 19세기 후반부터 20세
기 전반까지 활동한 불화승이다. 1878년에 수화승 화산 재근과 삼각산 화계
사 명부전 지장도(서울 화계사 소장)를, 수화승으로 경기 수원 봉령사 석가모
니후불도와 칠성도를, 수화승 한담천신과 경기 안성 청룡사 대웅전 삼세후불
도를, 1883년에 수화승 대허체훈과 서울 개운사 대웅전 감로도를, 1885년에
수화승 금곡영환과 서울 봉국사 명부전 지장도를, 1886년에 수화승으로 서울
봉은사 괘불도와 서울 봉은사 판전 비로자나후불도를, 1887년에 수화승으로
서울 미타사 극락전 현왕도를, 1888년에 수화승 금곡영환과 경기 안성 칠장
사 명부전 지장도를, 1891년에 수화승으로 영랑사 칠성도(예산 수덕사 소장)
를, 1892년에 수화승과 증명으로 서울 봉은사 대웅전 삼불회도와 삼장도를,
1895년에 수화승 금곡영환과 서울 봉은사 영산전 나한도를, 1901년에 수화
승으로 서울 지장사 괘불도를 조성하였다.

 ▫ 1878년 三角山 華溪寺 冥府殿 地藏圖 조성(서울 華溪寺 所藏, 『韓國의 佛畵 34 – 曹溪寺
   (上)』) 수화승 華山在根
   1878년 경기 수원 奉寧寺 釋迦牟尼後佛圖 조성(『韓國의 佛畵 28 – 龍珠寺(上)』) 金魚
   수화승
   1878년 경기 수원 奉寧寺 七星圖 조성(『韓國의 佛畵 29 – 龍珠寺(下)』) 金魚 수화승
   1878년 경기 안성 靑龍寺 大雄殿 三世後佛圖 조성(『韓國의 佛畵 28 – 龍珠寺(上)』)
   수화승 漢潭天娠

- 1883년 서울 開運寺 大雄殿 甘露圖 조성(『韓國의 佛畵 36 – 曹溪寺(下)』) 수화승 大虛軆訓
- 1885년 서울 奉國寺 冥府殿 地藏圖 조성(『韓國의 佛畵 34 – 曹溪寺(上)』) 수화승 金谷永煥
- 1886년 서울 奉恩寺 掛佛圖 조성(『서울전통사찰불화』와 『韓國佛畵畵記集』 및 『韓國의 佛畵 35 – 曹溪寺(中)』) 片手 수화승
  1886년 서울 奉恩寺 版殿 毘盧遮那後佛圖 조성(『서울전통사찰불화』와 『韓國佛畵畵記集』 및 『韓國의 佛畵 34 – 曹溪寺(上)』)[64] 金魚 수화승
- 1887년 서울 彌陀寺 極樂殿 現王圖 조성(『韓國의 佛畵 36 – 曹溪寺(下)』) 金魚 수화승
- 1888년 경기 안성 七長寺 冥府殿 地藏圖 조성(『韓國의 佛畵 28 – 龍珠寺(上)』) 수화승 金谷永煥
- 1891년 影浪寺 七星圖(禮山 修德寺 所藏, 『韓國의 佛畵 27 – 修德寺』) 金魚 수화승
- 1892년 서울 奉恩寺 大雄殿 三佛會圖 조성(『서울전통사찰불화』와 『韓國佛畵畵記集』 및 『韓國의 佛畵 34 – 曹溪寺(上)』) 金魚와 證明 수화승
  1892년 서울 奉恩寺 大雄殿 三藏圖 조성(『韓國의 佛畵 34 – 曹溪寺(上)』) 金魚片手 수화승
- 1895년 서울 奉恩寺 靈山殿 羅漢圖 조성(『서울전통사찰불화』와 『韓國佛畵畵記集』)[65] 수화승 金谷永煥
- 1901년 서울 地藏寺 掛佛圖 조성(『韓國의 佛畵 35 – 曹溪寺(中)』)[66] 金魚 수화승

천률(天律 : -1688-) 17세기 후반에 활동한 불화승이다. 1688년에 수화승 학능과 경북 상주 북장사 괘불도를 조성하였다.

- 1688년 경북 상주 北長寺 掛佛圖 조성(『韓國의 佛畵 9 – 直指寺(下)』) 수화승 學能

천명(天明 : -1649-) 17세기 중반에 활동한 불화승이다. 1649년에 인조仁祖 장릉長陵 조성소 화승畵僧으로 활동하였다.

- 1649년 『仁祖長陵山陵都監儀軌』造成所 畵僧(奎章閣 15074호, 朴廷蕙, 「儀軌를 통해서 본 朝鮮時代의 畵員」 자료1)

천붕(天鵬 : -1755-)* 18세기 중반에 활동한 불화승이다. 1755년에 수화승으로 강원 삼척 운흥사 용왕도(평창 월정사 소장)를 조성하였다.

- 1755년 강원 삼척 雲興寺 龍王圖 조성(평창 月精寺 所藏, 『韓國의 佛畵 10 – 月精寺』) 良工 수화승

천성 1(天性 : -1770-) 18세기 후반에 활동한 불화승이다. 1770년에 수화승 유성과 경북 안동 모운사 지장도를 조성하였다.

- 1770년경 경북 안동 暮雲寺 地藏圖 조성(『韓國의 佛畵 23 – 孤雲寺(上)』) 수화승 有誠

천성 2(天性 : -1898-1901-)* 추산당(秋山堂) 19세기 후반에 활동한 불화승이다. 1898년에 수화승으로 서울 봉국사 명부전 시왕도(6·8·10대왕)를, 1901년에 수화승 한봉응작과 서울 봉원사 괘불도를 조성하였다.

- 1898년 서울 奉國寺 冥府殿 十王圖(6·8·10大王) 조성(『韓國의 佛畵 35 – 曹溪寺(中)』) 金魚 수화승
- 1901년 서울 奉元寺 掛佛圖 조성(『서울전통사찰불화』와 『韓國佛畵畵記集』) 수화승 韓峰應作

천수(千手 : -1890-1893-) 19세기 후반에 활동한 불화승이다. 1890년에 수화승 용준과 전북 김제 금산사 미륵전 신중도를, 1893년에 수화승 금호약효와 전북 진안 천황사 대웅전 삼세후불도三世後佛圖를 조성하였다.

- 1890년 전북 김제 金山寺 彌勒殿 神衆圖 조성(『韓國의 佛畵 13 – 金山寺』) 수화승 聳俊

◦1893년 전북 진안 天皇寺 大雄殿 三世後佛圖 조성(『韓國의 佛畫 13 – 金山寺』) 수화승
錦湖若效

천승(天勝 : -1654-1673-) 17세기 중반에 활동한 승장이다. 수화승 철학과
1654년 충남 부여 무량사 극락전 만수패와 1673년 충남 청양 장곡사 괘불도
를 조성하였다.

◦1654년 충남 부여 無量寺 極樂殿 萬壽牌_제작(『韓國의 古建築』 22) 수화승 哲學
◦1673년 충남 청양 長谷寺 掛佛圖 조성(『韓國의 佛畫 16 – 麻谷寺(下)』) 수화승 哲學

천신 1(天信 : -1655-1728-)* 17세기 중반부터 18세기 전반까지
활동한 불화승이다. 1655년에 수화승 인균과 전남 여수 흥국사
응진당 목조석가삼존불좌상과 나한상을, 1656년에 수화승 무염
과 전북 완주 송광사 목조석가삼존불좌상과 오백나한상을 제작
하였다. 수화승으로 1668년에 전남 고흥 금탑사 목조아미타삼존
불좌상을 중수하고, 1688년에 경남 하동 쌍계사 석가모니후불
도, 1693년에 여수 흥국사 석가모니후불도를, 1700년에 전북 부
안 내소사 괘불도를 1728년에 수화승 의겸과 전북 무주 안국사
괘불도를 조성하였다.

천신, 영산회상도, 1681년,
쌍계사 팔상전

◦1655년 전남 여수 興國寺 應眞堂 木造釋迦三尊佛坐像과 羅漢像 제작(손
영문, 「조각승 인균파 불상조각의 연구」) 수화승 印均
◦1656년 전북 완주 松廣寺 木造釋迦三尊佛坐像과 五百羅漢像 제작(『講座
美術史』 13) 수화승 無染
◦1668년 전남 고흥 金塔寺 木造阿彌陀三尊佛坐像 중수(發願文) 畵員 수
화승
◦1688년 경남 하동 雙磎寺 釋迦牟尼後佛圖 조성(『韓國의 佛畫 25 – 雙磎
寺(上)』) 畵圓[67] 嘉善大夫 수화승
◦1693년 전남 여수 興國寺 釋迦牟尼後圖 조성(『韓國의 佛畫 11 – 華嚴寺』) 畵員 嘉善 수
화승

천신, 괘불도, 1700년, 부안 내소사

천신, 괘불도 부분, 1700년, 부안 내소사

◦ 1700년 전북 부안 來蘇寺 掛佛圖 조성(『韓國의 佛畫 14 - 禪雲寺』) 嘉善大夫 畫員 수화승
◦ 1728년 전북 무주 安國寺 掛佛圖 조성(『韓國의 佛畫 13 - 金山寺』) 수화승 義謙

천신 2(天娠 : -1878-) 한담당(漢潭堂) 19세기 후반에 활동한 불화승이다. 1878년에 수화승 한담천신과 경기 안성 청룡사 대웅전 삼세후불도를 조성하였다.

◦ 1878년 경기 안성 靑龍寺 大雄殿 三世後佛圖 조성(『韓國의 佛畫 28 龍珠寺(上)』) 金魚 수화승

천심(天心 : -1759-1765-) 18세기 중반에 활동한 불화승이다. 1759년에 수화승 비현과 전남 여수 흥국사 괘불도를, 1765년에 수화승 □□와 전남 순천 해천사 삼세후불도(석가모니불, 순천 선암사 소장)를 조성하였다.

◦ 1759년 전남 여수 興國寺 掛佛圖 조성(『韓國의 佛畫 11 - 華嚴寺』) 수화승 趙賢
◦ 1765년 전남 순천 海川寺 三世後佛圖(釋迦牟尼佛) 조성(順天 仙巖寺 所藏, 『韓國의 佛畫 12 - 仙巖寺』) 수화승 □□

천여 1(天如 : -1841-1875-)* 용하당(龍河堂)과 금암당(錦庵堂, 金庵堂, 錦菴堂, 錦岩堂) 19세기 중·후반에 활동한 불화승이다. 1822년에 수화승 □□와 전남 여수 흥국사 신중도를, 1823년에 수화승 도일과 전남 순천 송광사 광원암 삼세후불도를, 수화승으로 1831년에 경남 합천 해인사 산신도, 1833년에 전남 구례 천은사 극락보전 신중도, 1841년에 순천 선암사 대승암 지장시왕도와 운수암 신중도, 1845년에 순천 송광사 국사도局司圖를, 1847년 전남 고흥 금탑사 극락전 아미타후불도와 순천 선암사仙巖寺 산신도山神圖를, 1849년에 경남 양산 용화사 아미타후불도, 순천 선암사

금암천여, 지장보살도, 1855년, 남해 화방사 명부전

대웅전 삼장도와 지장전 지장도 및 경남 고성 옥천사 연대암 아미타후불홍도 阿彌陀後佛紅圖 등을 그렸다. 1855년에 증명으로 여수 흥국사 극락암 칠성도, 수화승으로 경남 남해 화방사 지장도와 시왕도(염라대왕)를, 1856년에 부산 장안사 대웅전 석가모니후불도와 명부전 지장도를, 선조암 아미타후불홍도阿彌陀後佛紅圖와 수화승으로 선조암 산신도(순천 선암사 소장)를, 1860년에 순천 선암사 청련암 아미타후불홍도阿彌陀後佛紅圖와 신중도(순천 선암사 소장)를, 1866년에 전남 구례 화엄사 구층암 아미타삼존도를, 1868년에 경남 양산 통도사 안적암 아미타후불홍도阿彌陀後佛紅圖와 경남 하동 쌍계사 지장도 및 순천 선암사 대웅전 산신도를, 1870년에 남해 용문사 아미타후불홍도阿彌陀後 佛紅圖와 전남 해남 대둔사 청신암 아미타후불도 및 수화승 상월과 충북 진천

영수사 신중도를 그렸다. 수화승으로 1871년 경남 함
양 벽송사碧松寺 신중도神衆圖를, 1873년에 지장도(국립
중앙박물관 소장)를, 1875년에 경남 통영 용화사 관음
암 신중도와 칠성도를 조성하였다. 1864년에 그려진
진영이 순천 선암사에 봉안되어 있다.

금암천여, 시왕도 부분, 1855년,
남해 화방사 명부전

- 1822년 전남 여수 興國寺 神衆圖 조성(『韓國佛畵畵記集』) 수
  화승 □□
- 1823년 전남 순천 松廣寺 廣遠庵 三世後佛圖 조성(『韓國의
  佛畵 6 - 松廣(上)』) 수화승 度鎰
- 1831년 경남 합천 海印寺 山神圖 조성(『韓國의 佛畵 5 - 海印
  寺(下)』) 畵師 수화승
- 1833년 전남 구례 泉隱寺 極樂寶殿 神衆圖 조성(『韓國의 佛
  畵 11 - 華嚴寺』) 金魚 片手68) 수화승
- 1841년 전남 순천 仙巖寺 大乘庵 地藏十王圖 조성(『韓國의
  佛畵 12 - 仙巖寺』) 毘首 수화승
  1841년 雲水庵 神衆圖 조성(『韓國의 佛畵 12 - 仙巖寺』) 毘
  首 수화승
- 1845년 전남 순천 松廣寺 局司圖 조성(『韓國의 佛畵 7 - 松
  廣寺(下)』) 金魚 수화승
- 1847년 전남 고흥 金塔寺 極樂殿 阿彌陀後佛圖 조성(『韓國의 佛畵 6 - 松廣寺(上)』) 金
  魚 首 수화승
  1847년 전남 순천 仙巖寺 山神圖 조성(『韓國의 佛畵 12 - 仙巖寺』) 金魚 수화승
- 1849년 경남 양산 龍華寺 阿彌陀後佛圖 조성(『韓國의 佛畵 3 - 通度寺(下)』) 金魚 수화승
  1849년 전남 순천 仙巖寺 大雄殿 三藏圖 조성(『韓國의 佛畵 12 - 仙巖寺』) 金魚 수화승
  1849년 전남 순천 仙巖寺 地藏殿 地藏圖 조성(『韓國의 佛畵 12 - 仙巖寺』) 都片手 수
  화승
  1849년 경남 고성 玉泉寺 蓮臺庵 阿彌陀後佛紅圖 조성(『韓國의 佛畵 25 - 雙磎寺(上)』)
  金魚 수화승
  1849년 경남 고성 玉泉寺 蓮臺庵 神衆圖 조성(『韓國의 佛畵 25 - 雙磎寺(上)』) 金魚
  수화승
- 1855년 전남 여수 興國寺 極樂庵 七星圖 조성(『韓國佛畵畵記集』) 證明
  1855년 경남 남해 花芳寺 地藏圖 조성(『韓國의 佛畵 25 - 雙磎寺(上)』) 金魚 수화승
  1855년 경남 남해 花芳寺 十王圖(閻羅大王) 조성(『韓國의 佛畵 26 - 雙磎寺(下)』) 金
  魚 수화승
- 1856년 부산 長安寺 大雄殿 釋迦牟尼後佛圖 조성(『韓國의 佛畵 32 - 梵魚寺』) 金魚 수
  화승
  1856년 부산 長安寺 冥府殿 地藏圖 조성(『韓國의 佛畵 32 - 梵魚寺』) 金魚 수화승
  1856년 禪助庵 阿彌陀後佛紅圖 조성(順天 仙巖寺 所藏, 『韓國의 佛畵 12 - 仙巖寺』)
  錦庵 수화승 錦庵天如
  1856년 禪助庵 山神圖 조성(順天 仙巖寺 所藏, 『韓國의 佛畵 12 - 仙巖寺』) 金魚 수화승
- 1860년 전남 순천 仙巖寺 靑蓮庵 阿彌陀後佛紅圖 조성(順天 仙巖寺 所藏, 『韓國의 佛畵
  12 - 仙巖寺』) 金魚 수화승
  1860년 전남 순천 仙巖寺 靑蓮庵 神衆圖 조성(順天 仙巖寺 所藏, 『韓國의 佛畵 12 -
  仙巖寺』) 金魚69) 수화승
- 1864년 전남 순천 仙巖寺 錦庵堂大禪師天如眞影 조성(『韓國의 佛畵 12 - 仙巖寺』)
- 1866년 전남 구례 華嚴寺 九層庵 阿彌陀三尊圖 조성(『韓國의 佛畵 11 - 華嚴寺』) 金魚70)
  수화승
- 1868년 경남 양산 通度寺 安寂庵 阿彌陀後佛紅圖 조성(『韓國의 佛畵 3 - 通度寺(下)』)
  金魚 수화승

금암천여, 아미타극락회도, 1856년,
순천 선암사 선조암(성보박물관)

금암천여, 청련암 신중도, 1860년,
순천 선암사 대웅전

금암천여 조사도, 1864년, 순천 선암사

금암천여, 지장시왕도, 1869년, 서울 염불사

　　1868년 경남 하동 雙磎寺 地藏圖 조성(『韓國의 佛畵 25 - 雙磎寺(上)』) 金魚 수화승
　　1868년 전남 순천 仙巖寺 大雄殿 山神圖 조성(金玲珠,『朝鮮時代佛畵硏究』) 책에 作
　　으로만 나와 있다.
· 1870년 경남 남해 龍門寺 掛佛圖 改造(『韓國의 佛畵 26 - 雙磎寺(下)』) 金魚 수화승
　　1870년 경남 남해 龍門寺 阿彌陀後佛紅圖 조성(『韓國의 佛畵 25 - 雙磎寺(上)』) 金魚
　　수화승
　　1870년 충북 진천 靈水寺 神衆圖 조성(『韓國의 佛畵 17 - 法住寺』) 수화승 尙月
　　1870년 전남 해남 大興寺 無量殿 阿彌陀後佛圖 조성(『韓國의 佛畵 31 - 大興寺』) 金
　　魚 수화승
　　1870년 전남 해남 大興寺 淸神庵 阿彌陀後佛圖 조성(『全南의 寺刹』) 金魚 수화승
· 1871년 경남 함양 碧松寺 神衆圖 조성(『韓國의 佛畵 4 - 海印寺(上)』) 金魚 수화승
· 1873년 地藏圖 조성(國立中央博物館 所藏,『韓國의 佛畵 39 - 國·公立博物館』) 金魚
　　수화승
· 1875년 경남 통영 龍華寺 觀音庵 神衆圖 조성(『韓國의 佛畵 25 - 雙磎寺(上)』) 金魚 수화승
　　1875년 경남 통영 龍華寺 觀音庵 七星圖 조성(『韓國의 佛畵 26 - 雙磎寺篇(下)』) 金魚
　　수화승
· 연대미상 전남 여수 隱寂寺 山神圖 조성(『韓國의 佛畵 11 - 華嚴寺』) 金魚 수화승
　　연대미상 대구 把溪寺 十六羅漢圖 조성(『韓國의 佛畵 22 - 桐華寺(下)』) 金魚 수화승

천여 2(天如 : -1870-1873-) 상월당(尙月堂, 湘月堂) 19세기 후반에 활동한 불화
승이다. 1870년에 수화승 상월과 충북 진천 영수사 신중도를, 1872년에 수화
승 방우진호와 경기 파주 보광사 시왕도(3·7·9대왕)와 사자도(사자·장군)를
그리고, 1873년에 수화승 □□와 경북 선산 문수사 산신도를 조성하였다.

· 1870년 충북 진천 靈水寺 神衆圖 조성(『韓國의 佛畵 17 - 法住寺』) 수화승 尙月
· 1872년 경기 파주 普光寺 十王圖(3·7·9大王) 조성(『韓國의 佛畵 33 - 奉先寺』) 수화승
　　放牛珎昊
　　1872년 경기 파주 普光寺 使者圖(使者·將軍) 조성(『韓國佛畵畵記集』과 『韓國의 佛畵
　　33 - 奉先寺』) 수화승 放牛珎昊
· 1873년 경북 선산 文殊寺 山神圖 조성(『韓國佛畵畵記集』)[71] 수화승 □□
　　※ 천여는 천여 1과 동일인으로 추정된다.

천연당(天然堂) 정연(定淵) 참조

천열(千列 : -1794-1796-) 18세기 후반에 경기도 수원을 중심으로 활동한 불
화승이다. 1794년부터 1796년까지 화성 건립에 참여하여 1801년에 작성된
『화성성역의궤華城城役儀軌』에 수원부水原府 승려로 언급되어 있다.

· 1794년-1796년 화성 건립에 화원으로 참여(1801년 작성된 『華城城役儀軌』 卷4 工匠 畵
　　工 條) 水原府

천오 1(天悟 : -1718-)* 18세기 전반에 활동한 불화승이다. 1718년에 수화승
으로 경북 경주 기림사 대적광전 삼신불회도(경주 기림사 소장)와 삼장도(동
국대학교 경주캠퍼스 박물관 소장)를 조성하였다.

· 1718년 경북 경주 祇林寺 大寂光殿 三身佛會圖 조성(文明大,「毘盧遮那三身佛圖像의 形
　　式과 祇林寺 三身佛像 및 佛畵의 연구」와 『韓國의 佛畵 38 - 國優寺』) 畵員 수화승
· 18세기 전반 경북 경주 祇林寺 三藏圖 조성(東國大學校 慶州캠퍼스 博物館 所藏,『韓國
　　의 佛畵 18 - 大學博物館(Ⅰ)』)[72] 畵員 수화승

천오 2(千午, 天悟, 千悟, 千晤, 千午 : -1879-1907-) 20세기 전반에 활동한 불화

승이다. 1879년에 수화승 하은응상과 경북 포항 보경사 서운암 아미타후불홍
도阿彌陀後佛紅圖과 神衆圖를, 1880년에 수화승 하은응선과 경북 문경 김용
사 금선암 아미타후불도와 양진암 신중도를, 수화승 하은응상과 금선암 신중
도와 사천왕도(지국천왕)를, 1881년에 경북 선산 도리사 칠성도를, 1907년에
수화승 금호약효와 전북 무주 원통사 원통보전 칠성도, 충남 공주 갑사 대적
전 삼세후불도, 충남 금산 신안사 석가모니후불도, 충북 영동 영국사 석가모
니후불도를 조성하였다. 수화승 보응문성과 충남 공주 신원사 대웅전 석가모
니후불도와 칠성도 신중도를 조성하였다.

- 1879년 경북 포항 寶鏡寺 瑞雲菴 阿彌陀後佛紅圖 조성(『韓國의 佛畵 38 – 佛國寺』) 수
화승 霞隱應相[73]
  1879년 경북 포항 寶鏡寺 瑞雲菴 神衆圖 조성(『韓國의 佛畵 38 – 佛國寺』) 수화승 霞
  隱應相[74]
- 1880년 경북 문경 金龍寺 金仙庵 阿彌陀後佛圖 조성(『韓國의 佛畵 8 – 直指寺(上)』) 수
화승 霞隱應禪
  1880년 경북 문경 金龍寺 養眞庵 神衆圖 조성(『韓國의 佛畵 8 – 直指寺(上)』) 수화승
  霞隱應祥
  1880년 경북 문경 金龍寺 金仙庵 神衆圖 조성(『韓國의 佛畵 8 – 直指寺(上)』) 수화승
  霞隱應祥
  1880년 경북 문경 金龍寺 四天王圖(持國天王) 조성(『韓國의 佛畵 8 – 直指寺(上)』) 수
화승 霞隱應祥
- 1881년 경북 선산 桃李寺 七星圖 조성(『韓國의 佛畵 9 – 直指寺(下)』) 沙彌 수화승 霞隱
應祥
- 1907년 전북 무주 圓通寺 圓通寶殿 七星圖 조성(『韓國의 佛畵 13 – 金山寺』) 수화승 錦
湖若效
  1907년 충남 공주 甲寺 大寂殿 三世後佛圖 조성(『韓國의 佛畵 15 – 麻谷寺(上)』) 수화
  승 錦湖若效
  1907년 충남 금산 身安寺 釋迦牟尼後佛圖 조성(『韓國의 佛畵 15 – 麻谷寺(上)』) 수화
  승 錦湖若效
  1907년 충북 영동 寧國寺 釋迦牟尼後佛圖 조성(『韓國의 佛畵 17 – 法住寺』) 수화승
  錦湖若效
  1907년 충남 공주 新元寺 大雄殿 釋迦牟尼後佛圖 조성(『韓國의 佛畵 15 – 麻谷寺(上)』)
  수화승 普應文性
  1907년 충남 공주 新元寺 七星圖 조성(『韓國의 佛畵 16 – 麻谷寺(下)』) 수화승 普應文性
  1907년 충남 공주 新元寺 大雄殿 神衆圖 조성(『韓國의 佛畵 15 – 麻谷寺(上)』) 수화승
  普應文性

천우 1(千佑 : -1808-) 19세기 전반에 활동한 불화승이다. 1808년에 수화승
화악평삼과 경남 고성 옥천사 괘불도를 조성하였다.

- 1808년 경남 고성 玉泉寺 掛佛圖 조성(『韓國의 佛畵 26 – 雙磎寺(下)』) 수화승 華岳評三

천우 2(天祐, 天雨 : -1901-1910-) 긍명당(亘明堂) 20세기 전반에 활동한 불화
승이다. 1901년에 수화승 보응문성과 전북 고창 선운사 아미타후불도를,
1903년에 전남 나주 다보사 영산회상도를, 1910년에 수화승 융파법융과 공
주 갑사 팔상전 석가모니후불도와 수화승 금호약효와 대웅전 신중도를 조성
하였다.

◦1901년 전북 고창 禪雲寺 阿彌陀後佛圖 조성(『韓國의 佛畵 14 – 禪雲寺』) 수화승 普應文性
◦1903년 전남 나주 多寶寺 靈山會上圖 조성(『羅州市의 文化遺蹟』)
◦1910년 충남 공주 甲寺 八相殿 釋迦牟尼後佛圖 조성(『韓國의 佛畵15 – 麻谷寺(上)』) 수
화승 隆坡法融
1910년 충남 공주 甲寺 大雄殿 神衆圖 조성(『韓國의 佛畵 15 – 麻谷寺(上)』) 수화승
錦湖若效

천운(天雲 : -1659-) 17세기 중반에 활동한 불화승이다. 1659년에 나묵 등과
효종빈전孝宗殯殿을 단청丹靑하였다.

◦1659년 『孝宗殯殿都監儀軌』 魂殿二房, 丹靑 畵僧(奎章閣 13528호, 朴廷蕙, 「儀軌를 통해
서 본 朝鮮時代의 畵員」 자료1)

천일(天日, 天一, 千一, 千日 : -1901-1925-) 원응당(圓應堂) 20세기 전반에 활동
한 불화승이다. 1901년에 수화승 보응문성과 전북 남원 실상사 백장암 신중
도와 전북 고창 선운사 아미타후불도를, 1903년에 수화승 연총과 충남 공주
마곡사 대웅전 독성도, 1905년에 수화승 금호약효와 대웅보전 삼세불도(석가
모니불)와 삼장도, 수화승 보응문성과 삼세불도(약사불)와 부산 범어사 팔상
전 영산회상도 및 나한전 영산회상도를, 수화승 금호약효와 괘불도를 그렸다.
1907년에 수화승 보응문성과 충남 공주 신원사 대웅전 석가모니후불도, 충남
공주 신원사 대웅전 신중도와 칠성도를, 수화승 금호약효와 1908년에 충남
예산 수덕사 대웅전 삼세후불도와 1912년에 공주 마곡사 영은암 신중도를,
1922년에 수화승 태인과 울산 내원암 석가모니후불도를, 1923년에 수화승
호은 정연과 충남 논산 쌍계사 대웅전 삼세불도와 신중도를, 금호약효와
1924년에 수화승 공주 마곡사 심검당 석가모니후불도와 신중도 및 대광보전
신중도 및 충남 서산 부석사 신중도 등을, 수화승 대우봉민과 대구 동화사
괘불도를, 1925년에 수화승 호은 정연과 충남 예산 정혜사 석가모니후불도
를, 1925년에 수화승 고산축연과 충북 보은 법주사 대웅보전 사천왕도(향우)
등을 조성하였다.

◦1901년 전북 남원 實相寺 百丈庵 神衆圖 조성(『韓國의 佛畵 13 – 金山寺』) 수화승 普應
文性
1901년 전북 고창 禪雲寺 阿彌陀後佛圖 조성(『韓國의 佛畵 14 – 禪雲寺』) 수화승 普
應文性
◦1903년 충남 공주 麻谷寺 大雄殿 獨聖圖 조성(佛敎中央博物館 所藏, 『韓國의 佛畵 40
– 補遺』) 수화승 蓮聰
◦1905년 충남 공주 麻谷寺 大雄寶殿 三世佛圖(釋迦牟尼佛) 조성(『韓國의 佛畵 15 –麻谷
寺(上)』) 수화승 錦湖若效
1905년 충남 공주 麻谷寺 大雄寶殿 三世佛圖(藥師佛) 조성(『韓國의 佛畵 15 – 麻谷寺
(上)』) 수화승 普應文性
1905년 충남 공주 甲寺 大雄殿 三藏圖 조성(『韓國의 佛畵 15 – 麻谷寺(上)』) 수화승
錦湖若效
1905년 부산 梵魚寺 捌相殿 靈山會上圖 조성(『梵魚寺聖寶博物館 名品圖錄』과 『韓國
의 佛畵 32 – 梵魚寺』)75) 수화승 普應文性
1905년 부산 梵魚寺 羅漢殿 靈山會上圖 조성(『梵魚寺聖寶博物館 名品圖錄』과 『韓國

　의 佛畫 32 – 梵魚寺』) 수화승 普應文性
　1905년 부산 梵魚寺 掛佛圖 조성(『梵魚寺聖寶博物館 名品圖錄』과 『韓國의 佛畫 32
　– 梵魚寺』) 수화승 錦湖若效
◦1907년 충남 공주 新元寺 大雄殿 釋迦牟尼後佛圖 조성(『韓國의 佛畫 15 – 麻谷寺(上)』)
　수화승 普應文性
　1907년 충남 공주 新元寺 大雄殿 神衆圖 조성(『韓國의 佛畫 15 – 麻谷寺(上)』) 수화승
　普應文性
　1907년 충남 공주 新元寺 七星圖 조성(『韓國의 佛畫 16 – 麻谷寺(下)』) 수화승 普應文性
◦1908년 충남 예산 修德寺 大雄殿 三世後佛圖 조성(『韓國의 佛畫 27 – 修德寺』) 수화승
　錦湖若效
◦1912년 충남 공주 麻谷寺 靈隱庵 神衆圖 조성(『韓國의 佛畫 15 –麻谷寺(上)』) 수화승 錦
　湖若效
◦1922년 울산 內院庵 釋迦牟尼後佛圖 조성(『韓國의 佛畫 3 – 通度寺(下)』) 수화승 泰寅
◦1923년 충남 논산 雙溪寺 大雄殿 三世佛圖(釋迦牟尼佛) 조성(『韓國의 佛畫 15 – 麻谷寺
　(上)』) 수화승 湖隱定淵
　1923년 충남 논산 雙溪寺 大雄殿 三世佛圖(藥師佛) 조성(『韓國의 佛畫 15 – 麻谷寺
　(上)』) 수화승 湖隱定淵
　1923년 충남 논산 雙溪寺 大雄殿 三世佛圖(阿彌陀佛) 조성(『韓國의 佛畫 15 – 麻谷寺
　(上)』) 수화승 湖隱定淵
　1923년 충남 논산 雙溪寺 大雄殿 神衆圖 조성(『韓國의 佛畫 15 – 麻谷寺(上)』) 수화승
　湖隱定淵
◦1924년 충남 공주 麻谷寺 尋劍堂 釋迦牟尼後佛圖 조성(『韓國의 佛畫 15 – 麻谷寺(上)』)
　수화승 錦湖若效
　1924년 충남 공주 麻谷寺 尋劍堂 神衆圖 조성(『韓國의 佛畫 15 – 麻谷寺(上)』) 수화승
　錦湖若效
　1924년 충남 공주 麻谷寺 大光寶殿 神衆圖 조성(『韓國의 佛畫 15 – 麻谷寺(上)』) 수화
　승 錦湖若效
　1924년 대구 桐華寺 掛佛圖 조성(『韓國의 佛畫 22 – 桐華寺(下)』) 수화승 大愚奉珉
　1924년 충남 서산 浮石寺 七星圖 조성(『韓國의 佛畫 27 – 修德寺』) 수화승 錦湖若效
　1924년 충남 서산 浮石寺 神衆圖 조성(『韓國의 佛畫 40 – 補遺』) 수화승 錦湖若效
◦1925년 충남 예산 정혜사 釋迦牟尼後佛圖 조성(『韓國의 佛畫 27 – 修德寺』) 수화승 湖隱
　定淵
　1925년 충북 보은 法住寺 大雄寶殿 四天王圖(向右) 조성(『韓國의 佛畫 17 – 法住寺』)
　수화승 古山竺淵
◦연대미상 경북 김천 直指寺 山神圖 조성(『韓國의 佛畫 9 – 直指寺(下)』) 수화승 聖周

천주(天柱 : -1744-1755-) 18세기 중반에 쌍계사를 중심으로 활동한 불화승이
다. 1744년에 수화승 세관과 경북 김천 직지사 석가모니후불도와 아미타후불
도 및 시왕도(오관대왕)를, 1753년에 수화승 월인과 충북 영동 반야사 지장보
살도를, 1755년에 수화승 휴봉과 경기 광주 국청사 감로도(건봉사 제작, 프랑
스 국립기메박물관 소장)를 조성하였다.

◦1744년 경북 김천 直指寺 釋迦牟尼後佛圖 조성(『韓國의 佛畫 8 – 直指寺(上)』) 雙溪寺
　수화승 世冠
　1744년 경북 김천 直指寺 阿彌陀後佛圖 조성(『韓國의 佛畫 8 – 直指寺(上)』) 수화승
　世冠
　1744년 경북 김천 直指寺 十王圖(五官大王) 조성(『韓國의 佛畫 9 – 直指寺(下)』) 수화
　승 世冠
◦1753년 충북 영동 般若寺 地藏菩薩圖 조성(『韓國佛畫畫記集』) 수화승 月印
◦1755년 京畿 廣州 國淸寺 甘露圖 조성(乾鳳寺 제작, 프랑스 국립기메박물관 소장, 『韓國

佛畵畵記集』과『프랑스 국립기메박물관 소장 한국문화재』회화류) 證明 大禪師[76] 수화
승 携鳳

천준(天俊, 天淮, 天準 : -1741-) 18세기 중반에 활동한 불화승이다. 1741년에
수화승 긍척과 전남 여수 흥국사 팔상전 석가모니후불도와 대웅전 삼장도 및
감로도를 조성하였다.

　　◦1741년 전남 여수 흥국사 八相殿 釋迦牟尼後佛圖 조성(『韓國의 佛畵 11 - 華嚴寺』) 수화
　　　승 亘陟
　　　1741년 전남 여수 흥국사 大雄殿 三藏圖(天藏 · 持地藏菩薩) 조성(『韓國의 佛畵 11 -
　　　華嚴寺』) 수화승 亘陟
　　　1741년 전남 여수 흥국사 大雄殿 三藏圖(地藏菩薩) 조성(『韓國의 佛畵 11 - 華嚴寺』)[77]
　　　수화승 亘陟
　　　1741년 전남 여수 興國寺 甘露圖 조성(『韓國佛畵畵記集』) 수화승 亘陟

천축(天竺 : -1858-)* 정공당(靜供堂) 19세기 중반에 활동한 불화승이다. 1858
년에 수화승으로 충남 공주 갑사 서운암 칠성도(공주 갑사 대성암 소장)를 조
성하였다.

　　◦1858년 충남 공주 甲寺 瑞雲庵 七星圖 조성(公州 甲寺 大聖庵 所藏,『韓國의 佛畵 16 -
　　　麻谷寺(下)』) 金魚 수화승

천호(天湖, 天昊 : -1892-1934-)* 진월당(振月堂), 속성 김金씨, 19세기 후반부
터 20세기 전반까지 활동한 불화승이다. 1892년에 수화승 연하 계창과 전북
익산 심곡사 아미타후불도를, 1906년에 수화승으로 전북 완주 대원사 진묵대
조사진영震默大祖師眞影을, 1907년에 수화승 관하 세겸과 전북 전주 남고사
관음전 신중도를, 1908년에 수화승 진엄상오와 전주 남고사 지장도를, 수화
승으로 1912년에 익산 문수사 독성도와 1914년에 산신도 및 1932년에 아미
타후불도를 조성하였다.

　　◦1892년 전북 익산 深谷寺 阿彌陀後佛圖 조성(『韓國의 佛畵 13 - 金山寺』) 수화승 蓮河
　　　啓昌
　　◦1906년 전북 완주 大院寺 震黙大祖師眞影 조성(『韓國의 佛畵 13 - 金山寺』) 金魚 수화승
　　◦1907년 전북 전주 南固寺 觀音殿 神衆圖 조성(『韓國의 佛畵 13 - 金山寺』) 수화승 觀河
　　　世兼
　　◦1908년 전북 전주 南固寺 地藏圖 조성(『韓國의 佛畵 13 - 金山寺』) 수화승 震广尙旿
　　◦1912년 전북 益山 文殊寺 獨聖圖 조성(『韓國의 佛畵 13 - 金山寺』) 畵士 수화승
　　◦1914년 전북 益山 文殊寺 山神圖 조성(『韓國의 佛畵 13 - 金山寺』) 畵員 수화승
　　◦1932년 전북 익산 文殊庵 阿彌陀後佛圖 조성(『韓國의 佛畵 13 - 金山寺』) 金魚 수화승

천희(天禧, 天喜, 天熙 : -1873-1901) 용선당(龍船堂) 추산당(秋山堂) 19세기 후반
부터 20세기 전반까지 전남 순천 송광사 천진암을 중심으로 활동한 불화승이
다. 수화승 운파취선과 1873년에 전남 순천 향림사 칠성도를, 1874년에 순천
향림사 지장시왕도와 신중도를, 1879년에 순천 송광사 광원암 지장시왕도와
자정암 지장시왕도를, 1879년에 순천 송광사 청진암 신중도(제석 · 동진보살)
를, 1880년에 순천 송광사 청진암 아미타후불도를 그렸다. 1891년에 수화승
묘영과 순천 송광사 사천왕상을 개채하고, 1897년 수화승 묘영과 순천 송광

사 청진암 아미타후불도를, 1901년에 수화승 영명천기와 서울 지장사 괘불도
를 조성하였다. 1880년에 불화 제작 시 본암질에 운파취선과 같이 언급되어
있다.

- 1873년 전남 순천 香林寺 七星圖 조성(金玲珠, 『朝鮮時代佛畵硏究』와 『韓國佛畵畵記集』)
  수화승 雲波 就善
- 1874년 전남 순천 香林寺 地藏十王圖 조성(金玲珠, 『朝鮮時代佛畵硏究』와 『韓國佛畵畵
  記集』)[78] 수화승 雲波 就善
  1874년 전남 순천 香林寺 神衆圖 조성(金玲珠, 『朝鮮時代佛畵硏究』와 『韓國佛畵畵記
  集』) 수화승 雲波 就善
- 1879년 전남 순천 松廣寺 廣遠庵 地藏十王圖 조성(『韓國의 佛畵 6 - 松廣寺(上)』) 片手
  수화승 雲坡就善
  1879년 전남 순천 松廣寺 慈靜庵 地藏十王圖 조성(『韓國의 佛畵 6 - 松廣寺(上)』) 수
  화승 雲坡就善
  1879년 전남 순천 松廣寺 淸眞菴 神衆圖(帝釋·童眞菩薩) 조성(『韓國의 佛畵 6 - 松
  廣寺(上)』) 수화승 雲坡就善
- 1880년 전남 순천 松廣寺 淸眞庵 阿彌陀後佛圖 조성(『韓國의 佛畵 6 - 松廣寺(上)』) 수
  화승 雲波 就善
- 1891년 전남 순천 松廣寺 四天王像 개채(發願文) 수화승 妙英
- 1897년 전남 순천 松廣寺 山神閣 山神圖 조성(『韓國의 佛畵 7 - 松廣寺(下)』)[79] 수화승
  香湖 妙英
- 1901년 서울 地藏寺 掛佛圖 조성(『韓國의 佛畵 35 - 曹溪寺(中)』) 수화승 永明 天機

철안(哲眼 : -1731-1735-) 18세기 전반에 활동한 불화승이다. 1731년에 수화
승 밀기와 경북 상주 정수사 석가모니후불도와 지장도(의성 고운사 소장)를,
1735년에 수화승 수탄과 경북 울진 불영사 대웅보전 석가모니후불도를 조성
하였다.

- 1731년 경북 상주 淨水寺 釋迦牟尼後佛圖 조성(義城 孤雲寺 所藏, 『韓國의 佛畵 23 - 孤
  雲寺(上)』) 수화승 密機
  1731년 경북 상주 淨水寺 地藏圖 조성(義城 孤雲寺 所藏, 『韓國의 佛畵 23 - 孤雲寺
  (上)』) 수화승 密機
- 1735년 경북 울진 佛影寺 大雄寶殿 釋迦牟尼後佛圖 조성(『韓國의 佛畵 38 - 佛國寺』)
  수화승 冢遠

철우당(鐵牛堂) 진호(進浩) 참조

철월당(哲月堂) 칠현(七賢) 참조

철유 1(哲宥 : -1822-) 19세기 전반에 활동한 불화승이다. 1822년에 수화승
□□와 전남 여수 홍국사 신중도를 조성하였다.

- 1822년 전남 여수 興國寺 神衆圖 조성(『韓國佛畵畵記集』) 수화승 □□

철유 2(喆有, 喆侑, 喆裕 : -1875-1910-)* 석옹당(石翁堂), 속성 김金씨, 19세기
후반부터 20세기 전반까지 금강산 신계사를 중심으로 활동한 불화승이다.
1875년에 수화승 용하와 강원 삼척 신흥사 아미타후불도와 신중도(평창 월정
사 소장)를, 수화승 하은위상과 1876년에 경북 선산 도리사 석가모니후불도,
경북 문경 대승사 지장도와 신중도를 조성하였다. 수화승으로 1879년에 강원

통천 용흥암 불상과 은적사 불상 개금과 불화 제작에
참여하고, 1880년에 수화승 화산 재근과 경기 불영사
불상을 점안하였다. 1881년에 강원 고성 유점사 철조
아미타불을 제작하면서 능인보전 현왕도와 후불도, 신
중도를, 1882년에 변수邊首로 강릉 보현사 십육나한도
(평창 월정사 소장)를, 1887년에 수화승 연하 계창과
경기 의정부 망월사 괘불도를, 1887년에 수화승 혜산
축연과 봉래암 신중도(동국대학교 박물관 소장)를 조
성할 때 증명證明의 소임을 맡았다. 1887년에 수화승
으로 서울 경국사 감로왕도와 현왕도(동국대학교 박물
관 소장)를 그리고, 봉래암 신중도(동국대학교 박물관

석옹철유, 현왕도 부분, 1887년,
서울 경국사(동국대박물관)

소장) 제작 시 증명證明의 소임을 맡았다. 1888년에 편
수片手로 경북 문경 김룡사 칠성도와 독성도를, 1888
년에 강원 고성 유점사 호지문護持門 천왕도를, 1891
년에 수화승으로 고성 금강삼사金剛三寺 산신도를, 1897년에 강원 고성 유점
사 삼성각 독성도를 조성하였다. 1897년에 수화승으로 고성 유점사 월씨왕사
月氏王祠 월씨왕도와 능인보전 신중도를, 1901년에 수화승 관하종인이 제작
한 전남 해남 대흥사 응진전 십육나한도와 독성도 및 산신도에 출초出草로
참여하였다. 편수로 전남 나주 다보사 칠성도(순천 선암사 소장)와 순천 선암
사 약사회상도를, 1908년에 출초로 서울 삼성암 칠성각 산신도를 조성하고,
1910년에 통천 관음사 불상을 개금하였다.

- 1875년 강원 평창 月精寺 阿彌陀後佛圖 조성(平昌 月精寺 所藏, 『韓國의 佛畵 10 - 月精
  寺』와 『한국의 사찰문화재-강원도』)[80] 片手 수화승 榕夏
  1875년 강원 삼척 新興寺 神衆圖 조성(平昌 月精寺 所藏, 『한국의 사찰문화재-강원도』)
  수화승 □夏
- 1876년 경북 선산 桃李寺 釋迦牟尼後佛圖 조성(『韓國의 佛畵 8 - 直指寺(上)』) 수화승
  霞隱偉相[81]
  1876년 경북 문경 大乘寺 地藏圖 조성(『韓國의 佛畵 8 - 直指寺(上)』) 수화승 霞隱偉相
  1876년 경북 문경 大乘寺 神衆圖 조성(『韓國의 佛畵 8 - 直指寺(上)』) 수화승 霞隱偉相
- 1879년 강원 평창 月精寺 現王圖 조성(『韓國의 佛畵 10 - 月精寺』) 沙彌 수화승 華山
  在根
  1879년 隱跡寺 改金과 佛畵 조성(『楡岾寺本末寺誌(隱跡寺)』) 畵伯 수화승
  1879년 龍興庵改金幀畵佛事時及重創錄에 金魚로 언급(『楡岾寺本末寺誌(隱跡寺)』) 수
  화승
- 1880년 경북 울진 佛影寺 冥府殿 地藏圖 조성(『韓國의 佛畵 38 - 佛國寺』) 片手 수화승
  西峯應淳
  1880년 「天竺山佛影寺始創記」(『佛國寺誌(外)』) 畵員, 金剛山 新溪寺
- 1881년 강원 楡岾寺 鐵製塗金 아미타불좌상 조성(『楡岾寺本末寺誌(楡岾寺)』)
  1881년 강원 楡岾寺 능인보전 현왕도(『楡岾寺本末寺誌(楡岾寺)』)
  1881년 강원 고성 楡岾寺 鐵製阿彌陀佛 개금(『楡岾寺本末寺誌(楡岾寺)』)
- 1882년 강원 고성 楡岾寺 능인보전 후불도, 신중도(『楡岾寺本末寺誌(楡岾寺)』)

1882년 강원 강릉 普賢寺 十六羅漢圖 조성(平昌 月精寺 所藏, 『韓國의 佛畵 10 - 月精寺』)[82] 邊首 수화승
1882년 강원 강릉 普賢寺 十六羅漢圖 조성(『韓國의 佛畵 10 - 月精寺』) 邊首 及 出草 수화승
▫ 1887년 서울 慶國寺 甘露王圖 조성(『韓國佛畵畵記集』) 수화승 蕙山 竺衍
1887년 서울 慶國寺 現王圖 조성(東國大學校 所藏, 『韓國의 佛畵 18 - 大學博物館(I)』) 畵師 수화승
1887년 蓬萊庵 神衆圖 조성(東國大學校 所藏, 『韓國의 佛畵 18 - 大學博物館(I)』) 證明[83]
1887년 경기 의정부 望月寺 掛佛圖 조성(『掛佛調査報告書』와 『韓國佛畵畵記集』) 수화승 淵荷 啓昌
▫ 1888년 경북 문경 金龍寺 七星圖 조성(『韓國의 佛畵 9 - 直指寺(下)』) 片手 수화승 霞隱 應祥
1888년 경북 문경 金龍寺 獨聖圖 조성(『韓國의 佛畵 9 - 直指寺(下)』) 片手 수화승 霞隱應祥
1888년 강원 고성 유점사 護持門 천왕도 조성(『楡岾寺本末寺誌(楡岾寺)』)
▫ 1891년 강원 고성 金剛三寺 山神圖 조성(『한국의 사찰문화재-강원도』) 金魚
▫ 1897년 강원 楡岾寺 三聖閣 獨聖圖 조성(『楡岾寺本末寺誌(楡岾寺)』)
1897년 강원 고성 유점사 月氏王祠 월씨왕도 조성(『楡岾寺本末寺誌(楡岾寺)』)
1897년 강원 고성 유점사 능인보전 신중도 조성(『楡岾寺本末寺誌(楡岾寺)』)
▫ 1901년 전남 해남 大芚寺 三世後佛圖(釋迦牟尼佛) 조성(『韓國의 佛畵 31 - 大興寺』) 金魚出草 수화승
1901년 전남 해남 大興寺 釋迦牟尼後佛圖 조성(『韓國의 佛畵 31 - 大興寺』) 金魚 出草 수화승
1901년 전남 해남 大興寺 十六羅漢圖 조성(『韓國의 佛畵 31 - 大興寺』) 金魚 出草 수화승
1901년 전남 해남 大興寺 山神閣 獨聖圖 조성(『全南의 寺刹』과 『韓國의 佛畵 31 - 大興寺』) 金魚 出草 수화승
1901년 전남 해남 大興寺 山神閣 獨聖圖 조성(『全南의 寺刹』과 『韓國의 佛畵 31 - 大興寺』) 金魚 出草 수화승
1901년 전남 나주 多寶寺 七星圖 조성(順天 仙巖寺 소장, 『韓國의 佛畵 12 - 仙巖寺』) 片手 수화승 虛谷亘巡
1901년 전남 나주 多寶寺 大雄殿 阿彌陀後佛圖 조성(『韓國의 佛畵 37 - 白羊寺 · 新興寺』) 片手 수화승 虛谷亘巡
1901년 전남 순천 仙巖寺 藥師會上圖 조성(『韓國佛畵畵記集』) 片手 수화승 虛谷亘巡
▫ 1906년 서울 彌陀寺 香爐殿 觀音圖 조성(『韓國의 佛畵 34 - 曹溪寺(上)』) 金魚 수화승
▫ 1908년 서울 守國寺 掛佛圖 조성(『韓國의 佛畵 35 - 曹溪寺(中)』) 出草 수화승
1908년 서울 三聖庵 七星閣 山神圖 조성(『서울전통사찰불화』와 『韓國佛畵畵記集』 및 『韓國의 佛畵 36 - 曹溪寺(下)』) 出草 수화승
▫ 1910년 觀音寺 改金佛事(『楡岾寺本末寺誌(觀音寺)』)

철인(哲印 : -1769-) 18세기 후반에 활동한 불화승이다. 1769년에 수화승 지 □와 경북 경주 불국사 석가모니후불도를 조성하였다.

▫ 1769년 경북 경주 佛國寺 釋迦牟尼後佛圖 조성(『韓國의 佛畵 38 - 佛國寺』) 수화승 智 □[84]

철학(哲學 : -1640-1673-)* 17세기 중 · 후반에 활동한 승장이다. 1640년에 수화승 법령과 전북 옥구 불명사 목조불좌상(익산 숭림사 성불암 소장)을, 수화승으로 1654년에 충남 부여 무량사 극락전 만수패와 1673년에 충북 청양 장

곡사 괘불도를 조성하였다.

◦ 1640년 전북 옥구 불명사 목조불좌상 제작(익산 숭림사 성불암 소장, 『숭림사 보광전 수리보고서』) 수화승 法靈
◦ 1654년 충남 부여 무량사 극락전 만수패 제작(『韓國의 古建築』 22) 畵員 수화승
◦ 1673년 충남 청양 長谷寺 掛佛圖 조성(『韓國의 佛畵 16 – 麻谷寺(下)』) 畵員 수화승

철현(哲玄 : -1681-)* 17세기 후반에 활동한 불화승이다. 1681년에 수화승으로 감로도(우학문화재단 소장)를 조성하였다.

◦ 1681년 甘露圖 조성(宇鶴文化財團 所藏, 『韓國의 佛畵 40 – 補遺』) 畵員 수화승

청숙(淸淑, 淸肅 : -1757-1777-) 18세기 중반에 활동한 승장이다. 1757년에 정성왕후貞聖王后 홍릉弘陵 조성소 화원畵員으로 참여하고, 1765년에 수화승 긍유와 서울 봉은사 대웅전 목조삼세불좌상을 개금하였다. 1776년에 영조英祖 원릉元陵 조성소 화승畵僧으로 참여하고, 1777년에 □영□穎 등과 서울 봉은사 시왕도(동국대학교 박물관 소장)를 제작하였다.

철학, 괘불도, 1673년, 청양 장곡사

◦ 1757년 『貞聖王后弘陵山陵都監儀軌』 造成所 畵僧(奎章閣 13591호, 朴廷蕙, 「儀軌를 통해서 본 朝鮮時代의 畵員」 자료1)
◦ 1765년 서울 奉恩寺 大雄殿 木造三世佛坐像 개금(發願文) 수화승 긍유
◦ 1776년 『英祖元陵山陵都監儀軌』 造成所 畵僧(奎章閣 13586호, 朴廷蕙, 「儀軌를 통해서 본 朝鮮時代의 畵員」 자료1)
◦ 1777년 서울 奉恩寺 十王圖 조성(東國大學校 博物館 所藏, 『韓國佛畵畵記集』) 수화승 □穎

청습(淸習 : -1766-1767-) 18세기 중반에 활동한 불화승이다. 수화승 화월두훈과 1766년 충북 보은 법주사 괘불도와 1767년 경남 양산 통도사 괘불도를 조성하였다.

◦ 1766년 충북 보은 法住寺 掛佛圖 조성(『韓國의 佛畵 17 – 法住寺』) 수화승 華月枓訓
◦ 1767년 경남 양산 通度寺 掛佛圖 조성(『韓國의 佛畵 2 – 通度寺(中)』) 수화승 枓薰

청안(晴岸, 淸眼 : -1748-1749-) 18세기 중반에 활동한 불화승이다. 1748년에 수화승 법현과 충남 청양 장곡사 석가모니후불도(동국대학교 박물관 소장)를, 1749년에 수화승 사혜와 충남 천안 광덕사 괘불도를 조성하였다.

◦ 1748년 충남 청양 長谷寺 釋迦牟尼後佛圖 조성(東國大學校 博物館 所藏, 『韓國의 佛畵 18 – 大學博物館(Ⅰ)』)85) 수화승 法玄
◦ 1749년 충남 천안 廣德寺 掛佛圖 조성(『韓國의 佛畵 16 – 麻谷寺(下)』)86) 수화승 思惠

청암당(靑庵堂) 현성(鉉成) 참조

청암당(靑巖堂, 淸菴堂) 운조(雲照, 芸祚) 참조

청오당(淸悟堂) 성옥(性沃) 참조

청운(靑雲 : -1698-) 17세기 후반에 활동한 불화승이다. 1698년에 백기 등과

장릉莊陵 봉릉封陵 조성소 화승畵僧으로 참여하였다.

⚬1698년 『莊陵封陵都監儀軌』造成所 畵僧(奎章閣 14830호, 朴廷蕙, 「儀軌를 통해서 본 朝鮮時代의 畵員」 자료1)

청원(淸元 : -1698-) 17세기 후반에 활동한 불화승이다. 1698년에 백기 등과 장릉莊陵 봉릉封陵 조성소 화승畵僧으로 참여하였다.

⚬1698년 『莊陵封陵都監儀軌』造成所 畵僧(奎章閣 14830호, 朴廷蕙, 「儀軌를 통해서 본 朝鮮時代의 畵員」 자료1)

청응당(淸應堂) 목우(牧雨) 참조

체균(體均, 体均 : -1821-1831-)* 19세기 전반에 활동한 불화승이다. 1821년에 수화승 퇴운신겸과 석가모니후불도와 지장도(온양민속박물관 소장)를, 1824년에 수화승으로 대구 파계사 아미타후불묵도阿彌陀後佛墨圖와 수화승 관보와 신중도를, 1831년에 수화승 경욱과 내원암 아미타극락회상도(국립중앙박물관 소장)를 조성하였다.

⚬1821년 釋迦牟尼後佛圖 조성(溫陽民俗博物館 所藏, 『韓國의 佛畵 20 – 私立博物館』) 수화승 退雲信謙
1821년 地藏圖 조성(溫陽民俗博物館 所藏, 『韓國의 佛畵 20 – 私立博物館』) 수화승 退雲信謙
⚬1824년 대구 把溪寺 阿彌陀後佛墨圖 조성(『韓國의 佛畵 21 – 桐華寺(上)』) 畵師 수화승
1824년 대구 把溪寺 神衆圖 조성(『韓國의 佛畵 21 – 桐華寺(上)』) 수화승 琯普
⚬1831년 內院庵 阿彌陀極樂會上圖 조성(國立中央博物館 所藏, 유마리, 「朝鮮朝 阿彌陀佛畵의 研究」, 『朝鮮朝 佛畵의 研究-三佛會圖』와 『韓國의 佛畵 39 – 國·公立博物館』) 수화승 慶郁

체민(體敏 : -1675-) 17세기 후반에 활동한 불화승이다. 1675년에 현종顯宗 빈전殯殿 조성소 화승畵僧으로 참여하였다.

⚬1675년 『顯宗殯殿都監儀軌』魂殿 造成所 畵僧(奎章閣 13540호, 朴廷蕙, 「儀軌를 통해서 본 朝鮮時代의 畵員」 자료1)

체붕(體鵬 : -1736-1753-)* 18세기 중반에 활동한 불화승이다. 1736년에 수화승 의겸과 전남 순천 선암사 서부도전西浮屠殿 감로도를, 1753년에 수화승으로 불성사 지장시왕도(일본 후쿠오카 복취사 소장)를 조성하였다.

⚬1736년 전남 순천 선암사 西浮屠殿 甘露圖 조성(『韓國의 佛畵 12 – 仙巖寺』) 수화승 義謙
⚬1753년 佛聖寺 地藏十王圖 조성(日本 福岡 福聚寺 所藏, 中野照男, 『閻羅·十王像』) 畵員 수화승

체신(体信 : -1821-) 19세기 전반에 활동한 불화승이다. 1821년에 수화승 한암 의은과 강원 양양 영혈사 아미타후불도를 조성하였다.

⚬1821년 강원 양양 靈穴寺 阿彌陀後佛圖 조성(『韓國의 佛畵 37 – 新興寺』) 수화승 漢菴義銀

체영(體英 : -1821-) 19세기 전반에 활동한 불화승이다. 1821년에 수화승 퇴운신겸과 석가모니후불도와 지장도(온양민속박물관 소장)를 조성하였다.

⚬1821년 釋迦牟尼後佛圖 조성(溫陽民俗博物館 所藏, 『韓國의 佛畵 20 – 私立博物館』) 수화승 退雲信謙

ㅊ

1821년 地藏圖 조성(溫陽民俗博物館 所藏,『韓國의 佛畵 20 – 私立博物館』) 수화승
退雲信謙

체원(體圓, 體元 : -1803-) 19세기 전반에 활동한 불화승이다. 1803년에 수화
승 수연과 경북 의성 성적암 지장도(의성 지장사 소장)와 수화승 홍안과 경북
문경 김용사 석가모니후불도와 신중도, 1804년에 문경 혜국사 석가모니후불
도와 지장도 및 신중도를 조성하였다.

  ▫1803년 경북 의성 性寂庵 地藏圖 조성(義城 地藏寺 所藏,『韓國의 佛畵 23 – 孤雲寺(上)』)
    수화승 守衍
   1803년 경북 문경 金龍寺 釋迦牟尼後佛圖 조성(『韓國의 佛畵 8 – 直指寺(上)』)[87] 수
    화승 弘眼
   1803년 경북 문경 金龍寺 神衆圖 조성(『韓國의 佛畵 8 – 直指寺(上)』) 수화승 弘眼
  ▫1804년 경북 문경 惠國寺 釋迦牟尼後佛圖 조성(『韓國의 佛畵 8 – 直指寺(上)』) 수화승
    弘眼
   1804년 경북 문경 惠國寺 地藏圖 조성(『韓國의 佛畵 8 – 直指寺(上)』) 수화승 守衍
   1804년 경북 문경 惠國寺 神衆圖 조성(『韓國의 佛畵 8 – 直指寺(上)』) 수화승 愼謙

체일(体一, 體一 : -1722-1754-) 18세기 중반에 활동한 불화승이다. 1722년에
수화승 의겸과 경남 진주 청곡사 괘불도를, 1754년에 수화승 사인과 전북 고
창 선운사 천불도(동국대학교 박물관 소장)를 조성하였다.

  ▫1722년 경남 진주 靑谷寺 掛佛圖 조성(『韓國의 佛畵 5 – 海印寺(下)』) 수화승 義謙
  ▫1754년 전북 고창 禪雲寺 千佛圖 조성(東國大學校 博物館 所藏,『韓國의 佛畵 18 – 大學
    博物館(Ⅰ)』) 수화승 思仁

체정(体定, 軆定, 体定 : -1844-1856-)* 인원당(仁源堂, 仁原堂) 19세기 중반에
활동한 불화승이다. 수화승으로 1844년에 서울 봉은사 대웅전 신중도와
1855년에 신중도(국립중앙박물관 소장)를 조성하고, 1856년에 서울 도선사
목조아미타삼존불좌상을 개금하였다.

  ▫1844년 서울 奉恩寺 大雄殿 神衆圖 조성(『서울전통사찰불화』와『韓國佛畵畵記集』및『韓
    國의 佛畵 35 – 曹溪寺(中)』)[88] 金魚 수화승
  ▫1855년 神衆圖 조성(國立中央博物館 所藏,『영혼의 여로 – 조선시대 불교회화와의 만남』
    와『韓國의 佛畵 39 – 國·公立博物館』) 金魚 수화승
  ▫1856년 서울 道詵寺 木造阿彌陀三尊佛坐像 개금(文明大,「印性派 木佛像의 조성과 道詵
    寺 木阿彌陀三尊佛像의 고찰」) 金魚 수화승

체준(體俊, 体峻, 體浚 : -1707-1728-)* 18세기 전반에 활동한 승장이다. 1707
년에 수화승 두심과 전남 장흥 보림사 불탱 3축을 개조하여 완성하고, 1717
년에 수화승으로 대구 파계사 이응암二應庵 소재보살도消災菩薩圖를 제작한
후, 1719년에 수화승 계찰과 경북 경주 기림사 대웅전 아미타불을 중수·개
금하였다. 1724년에 수화승 쾌민과 경북 영천 법화사 대웅전 석가모니후불도
(영천 봉림사 소장)를, 1727년에 수화승으로 강원 원주 구룡사 감로도(동국대
학교 박물관 소장)를 그렸다. 1728년에 수화승 쾌민과 대구 동화사 지장도와
수화승으로 신중도를 제작하였다.

  ▫1707년 전남 장흥 寶林寺 불탱 3축을 개조하여 완성(『譯註 寶林寺重創記』) 수화승 斗心

◦ 1717년 대구 把溪寺 二應庵 消災菩薩圖 조성(『韓國의 佛畵 22 - 桐華寺(下)』) 金魚 수화승
◦ 1724년 경북 영천 法華寺 大雄殿 釋迦牟尼後佛圖 조성(永川 鳳林寺 所藏, 『韓國의 佛畵 30 - 銀海寺』) 快旻
◦ 1727년 강원 원주 龜龍寺 甘露圖 조성(東國大學校 博物館 所藏, 『韓國의 佛畵 18 - 大學博物館(Ⅰ)』)[89] 畵員 수화승
◦ 1728년 대구 桐華寺 地藏圖 조성(『韓國의 佛畵 21- 桐華寺(上)』) 수화승 快旻
1728년 대구 桐華寺 神衆圖 조성(『韓國의 佛畵 21 - 桐華寺(上)』) 畵員 수화승

체징(体澄 : -1768-) 18세기 중반에 활동한 불화승이다. 1768년에 수화승 정일과 경북 봉화 축서사 괘불도를 조성하였다.

◦ 1768년 경북 봉화 鷲棲寺 掛佛圖 조성(『韓國의 佛畵 24 - 孤雲寺(下)』) 수화승 定一

채학(彩鶴 : -1718-) 18세기 전반에 활동한 불화승이다. 1718년에 민회빈愍懷嬪 봉묘封墓 조성소 화승畵僧으로 참여하였다.

◦ 1718년 『愍懷嬪封墓都監儀軌』造成所 畵僧(奎章閣 14837호, 朴廷蕙, 「儀軌를 통해서 본 朝鮮時代의 畵員」 자료1)

체환(體環 : -1707-1728-) 18세기 전반에 활동한 불화승이다. 수화승 의균과 1707년에 대구 파계사 원통전 석가모니후불도와 1708년에 경북 포항 보경사 괘불도를, 1728년에 수화승 쾌민과 대구 동화사 지장도를 조성하였다.

◦ 1707년 대구 把溪寺 圓通殿 釋迦牟尼後佛圖 조성(『韓國의 佛畵 21 - 桐華寺 本末寺(上)』) 수화승 義均
◦ 1708년 경북 포항 寶鏡寺 掛佛圖 조성(『韓國의 佛畵 38 - 佛國寺』) 수화승 義均
◦ 1728년 대구 桐華寺 地藏圖 조성(『韓國의 佛畵 21 - 桐華寺(上)』) 수화승 快旻

체훈(體訓, 体訓, 軆訓 : -1868-1887-)* 대허당(大虛堂) 19세기 중반에 활동한 불화승이다. 1868년에 수화승 경은 계윤과 경북 예천 용문사 아미타후불도와 신중도를, 수화승 금암천여와 경남 하동 쌍계사 지장도를, 1869년에 수화승 경선응석과 경기 남양주 흥국사 팔상도(사문유관상)를, 1870년에 수화승 상월과 충북 진천 영수사 신중도와 수화승 경선응석과 서울 개운사 대웅전 지장도를, 1871년에 수화승 용계 서익과 경기 양주 만수사 신중도를, 1874년에 수화승 금곡영환과 원통암 지장도(강화 청련사 소장)를, 1875년에 수화승 봉간과 내원암 관음도(안성 청룡사 소장)를, 1877년에 수화승으로 경기 파주 보광사 십육나한도(1·3·5·7존자, 2·4·6·8존자, 9·11·13·15존자)와 수화승 금곡영환과 십육나한도(10·12·14·16존자)를, 1878년에 수화승 한담천신과 경기 안성 청룡사 대웅전 삼세후불도, 수화승 용계서익과 인천 강화 정수사 아미타후불도, 수화승으로 법당 지장도 등을, 1879년에 수화승 경선응석과 서울 개운사 괘불도를, 1881년에 수화승으로 인천 강화 청련사 삼장보살도와 수화승 한봉창엽과 대원암 칠성도(보은 법주사 소장)를, 1883년에 수화승으로 서울 개운사 대웅전 감로도와 팔상도, 경기 화성 봉림사 지장도와 신중도, 수화승 진호와 서울 미타사 무량수전 칠성도와 수화승으로 신중도(홍익대학교 소장)를, 1884년에 수화승 혜과엽계과 경북 예천 용문사 칠성도와 수화승

으로 인천 강화 전등사 약사전 약사후불도를, 1885년에 수화승 금곡영환과 서울 봉국사 명부전 지장도를, 1885년에 수화승으로 서울 흥천사 극락보전 극락구품도를, 1886년에 수화승 영명천기와 서울 봉은사 괘불도를, 1887년에 수화승 금곡영환과 서울 미타사 대웅전 극락전 아미타후불도와 수화승 묘흡과 경기 수원 청련암 칠성도를 조성하였다.

- 1868년 경북 예천 龍門寺 阿彌陀後佛圖 조성(『韓國의 佛畵8 - 直指寺(上)』)[90] 수화승 慶隱戒允

  1868년 경북 예천 龍門寺 神衆圖 조성(『韓國의 佛畵8 - 直指寺(上)』)[91] 수화승 慶隱戒允

  1868년 경남 하동 雙磎寺 地藏圖 조성(『韓國의 佛畵 25 - 雙磎寺(上)』) 수화승 錦庵天如

- 1869년 경기 남양주 興國寺 八相圖(四門遊觀相) 조성(『韓國의 佛畵 33 - 奉先寺』) 수화승 慶船應釋

- 1870년 충북 진천 靈水寺 神衆圖 조성(『韓國의 佛畵 17 - 法住寺』) 수화승 尙月

  1870년 서울 開運寺 大雄殿 地藏圖 조성(『韓國佛畵畵記集』과 『韓國의 佛畵 34 - 曹溪寺(上)』) 수화승 慶船應釋

- 1871년 경기 양주 萬壽寺 神衆圖 조성(서울 淸凉寺 所藏, 『서울전통사찰불화』와 『韓國佛畵畵記集』 및 『韓國의 佛畵 35 - 曹溪寺(中)』) 수화승 龍溪瑞翊

- 1874년 圓通庵 地藏圖 조성(江華 靑蓮寺 소장, 『韓國의 佛畵 34 - 曹溪寺(上)』) 수화승 金谷永煥

- 1875년 內院庵 觀音圖 조성(安城 靑龍寺 所藏, 『韓國의 佛畵 28 - 龍珠寺(上)』) 수화승 奉侃

- 1877년 경기 파주 普光寺 十六羅漢圖(1·3·5·7尊者) 조성(『韓國佛畵畵記集』과 『韓國의 佛畵 33 - 奉先寺』) 片手出草 수화승

  1877년 경기 파주 普光寺 十六羅漢圖(2·4·6·8尊者) 조성(『韓國佛畵畵記集』과 『韓國의 佛畵 33 - 奉先寺』) 片手 수화승

  1877년 경기 파주 普光寺 十六羅漢圖(9·11·13·15尊者) 조성(『韓國佛畵畵記集』과 『韓國의 佛畵 33 - 奉先寺』) 片手 수화승

  1877년 경기 파주 普光寺 十六羅漢圖(10·12·14·16尊者) 조성(『韓國의 佛畵 33 - 奉先寺』) 出草片手 수화승 金谷永煥

  1877년 경기 파주 普光寺 水月道場空花佛事 조성(『韓國佛畵畵記集』) 片手

- 1878년 경기 안성 靑龍寺 大雄殿 三世後佛圖 조성(『韓國의 佛畵 28 - 龍珠寺(上)』) 수화승 漢潭天娠

  1878년 인천 강화 淨水寺 阿彌陀後佛圖 조성(『畿內寺院誌』와 『韓國佛畵畵記集』 및 『韓國의 佛畵 34 - 曹溪寺(上)』) 片手 수화승 龍溪瑞翊

  1878년 인천 강화 淨水寺 法堂 地藏圖 조성(『畿內寺院誌』와 『韓國佛畵畵記集』 및 『韓國의 佛畵 34 - 曹溪寺(上)』) 金魚 수화승

  1878년 강원 고성 榆岾寺 蓮花社 七星圖 조성(『榆岾寺本末寺誌(榆岾寺)』) 수화승

- 1879년 서울 開運寺 掛佛圖 조성(『韓國의 佛畵 35 - 曹溪寺(中)』) 수화승 慶船應釋

- 1881년 인천 강화 靑蓮寺 三藏菩薩圖 조성(『畿內寺院誌』와 『韓國佛畵畵記集』 및 『韓國의 佛畵 34 - 曹溪寺(上)』) 金魚 수화승

  1881년 大圓庵 七星圖 조성(報恩 法住寺 所藏, 『韓國의 佛畵 17 - 法住寺』) 수화승 漢峰璟煜[92] - 태허로 적혀 있다.

- 1883년 서울 開運寺 大雄殿 甘露圖 조성(『韓國의 佛畵 36 - 曹溪寺(下)』) 金魚 片手 수화승

  1883년 서울 開運寺 大雄殿 八相圖 조성(『韓國의 佛畵 35 - 曹溪寺(中)』) 金魚 수화승

  1883년 경기 화성 鳳林寺 地藏圖 조성(『韓國의 佛畵 28 - 龍珠寺(上)』) 金魚 片手 수화승

  1883년 경기 화성 鳳林寺 神衆圖 조성(『韓國의 佛畵 28 - 龍珠寺(上)』) 金魚 片手 수

화승
1883년 서울 彌陀寺 無量壽殿 七星圖 조성(『韓國의 佛畵 36 – 曹溪寺(下)』) 수화승
進浩
1883년 神衆圖 조성(弘益大學校 所藏, 『韓國의 佛畵 19 – 大學博物館(Ⅱ)』) 金魚 수화승
◦1884년 경북 예천 龍門寺 七星圖 조성(『韓國의 佛畵 9 – 直指寺(下)』)[93] 수화승 慧果燁桂
1884년 인천 강화 傳燈寺 藥師殿 藥師後佛圖 조성(『韓國佛畵畵記集』와 『韓國의 佛畵
34 – 曹溪寺(上)』)[94] 金魚 수화승
◦1885년 서울 奉國寺 冥府殿 地藏圖 조성(『韓國의 佛畵 34 – 曹溪寺(上)』) 片手 수화승
金谷永奐
1885년 서울 興天寺 極樂寶殿 極樂九品圖 조성(『서울전통사찰불화』와 『韓國佛畵畵記
集』) 金魚片手[95] 수화승
◦1886년 서울 奉恩寺 掛佛圖 조성(『서울전통사찰불화』와 『韓國佛畵畵記集』 및 『韓國의
佛畵 35 – 曹溪寺(中)』)[96] 出草 수화승 影明天機
◦1887년 서울 彌陀寺 大雄殿 極樂殿 阿彌陀後佛圖 조성(『韓國의 佛畵 34 – 曹溪寺(上)』)
수화승 金谷永奐
1887년 경기 수원 靑蓮庵 七星圖 조성(『韓國의 佛畵 29 – 龍珠寺(下)』) 수화승 玅洽

초경(楚敬 : -1704-1708-) 18세기 전반에 활동한 불화승이다. 1704년에 수화
승 인문과 충북 영천 수도사 괘불도를 그릴 때 부화원副畵員으로 참여하고,
1708년에 수화승 인문과 충남 청양 장곡사 아미타후불도를 조성하였다.
◦1704년 경북 영천 修道寺 掛佛圖 조성(『韓國의 佛畵 30 – 銀海寺』) 副畵員 수화승 印文
◦1708년 충남 청양 長谷寺 阿彌陀後佛圖 조성(東國大學校 博物館 所藏, 『韓國의 佛畵 18
– 大學博物館(Ⅰ)』) 수화승 印文

초안(楚眼 : -1729-) 18세기 전반에 활동한 불화승이다. 1729년에 수화승 의
겸과 경남 합천 해인사 대적광전 석가모니불도를 조성하였다.
◦1729년 경남 합천 海印寺 大寂光殿 釋迦牟尼佛圖 조성(『韓國의 佛畵 4 – 海印寺(上)』)
수화승 義謙

초암당(草庵堂, 草菴堂) 세복(世復, 世福) 참조

초암당(草庵堂) 세한(世閑, 世閒) 참조

초일(楚日 : -1742-) 18세기 중반에 활동한 불화승이다. 1742년에 수화승 민
휘와 부산 범어사 지장보살도를 조성하였다.
◦1742년 부산 범어사 지장보살도 조성(김정희, 『조선시대 지장시왕도 연구』) 수화승 敏輝

초정(草淨 : -1698-) 17세기 후반에 활동한 불화승이다. 1698년에 백기 등과
장릉莊陵 조성소 화승畵僧으로 참여하였다.
◦1698년 『莊陵封陵都監儀軌』 造成所 畵僧(奎章閣 14830호, 朴廷蕙, 「儀軌를 통해서 본
朝鮮時代의 畵員」 자료1)

초진(草眞 : -1899-) 19세기 후반에 활동한 불화승이다. 1899년에 수화승 주
화와 경남 양산 통도사 비로암 석가모니후불도를 조성하였다.
◦1899년 경남 양산 通度寺 毘盧庵 釋迦牟尼後佛圖 조성(『韓國의 佛畵 1 – 通度寺(上)』)
수화승 周華

초흠(楚欽 : -1739-)* 18세기 중반에 활동한 불화승이다. 1739년에 수화승으

로 서울 학림사 괘불도를 조성하였다

- 1739년 서울 鶴林寺 掛佛圖 造成 추정(박도화, 「鶴林寺 毘盧遮那三身掛佛幀畫」과 『韓國의 佛畫 35 – 曹溪寺(中)』)97) 畫師 수화승

총륜(聰崙 : -1860-1861-) 19세기 중반에 활동한 불화승이다. 1860년에 수화승 익찬과 전남 구례 화엄사 각황전 삼세불도(약사불)를, 1861년에 수화승 월하 세원과 화계사 극락보전 아미타후불도를 조성하였다.

- 1860년 전남 구례 華嚴寺 覺皇殿 三世佛圖(藥師佛) 조성(『韓國의 佛畫 11 – 華嚴寺』)98) 수화승 海雲益讚
- 1861년 華溪寺 極樂寶殿 阿彌陀後佛圖 조성(禮山 修德寺 所藏, 『韓國의 佛畫 27 – 修德寺』) 수화승 月霞 世元

총선(摠善 : -1862-)* 화남당(化南堂) 19세기 중반에 활동한 불화승이다. 1862년에 수화승으로 경기 의왕 청계사 괘불도를 조성하였다.

- 1862년 경기 의왕 淸溪寺 掛佛圖 조성(『韓國의 佛畫 29 – 龍珠寺(下)』) 金魚99) 수화승

총성당(聰城) 성능(性能) 참조

총순(聰順 : -1739-) 18세기 후반에 활동한 불화승이다. 1739년에 수화승 긍척과 전남 곡성 태안사 성기암 지장보살도와 칠성도(호암미술관 소장)를 조성하였다.

- 1739년 전남 곡성 泰安寺 聖祈庵 地藏菩薩圖와 七星圖 조성(湖巖美術館 所藏, 『泰安寺誌』) 수화승 亘陟

총원(冢遠 : -1735-)* 18세기 전반에 활동한 불화승이다. 1735년에 수화승으로 경북 울진 불영사 대웅보전 석가모니후불도를 조성하였다.

- 1735년 경북 울진 佛影寺 大雄寶殿 釋迦牟尼後佛圖 조성(『韓國의 佛畫 38 – 佛國寺』) 畫員 수화승

총윤(摠允 : -1858-) 19세기 중반에 활동한 불화승이다. 1858년에 수화승 성운영희와 경기 남양주 흥국사 괘불도를 조성하였다.

- 1858년 경기 남양주 興國寺 掛佛圖 조성(『掛佛調查報告書』과 『韓國佛畫畫記集』 및 『韓國의 佛畫 33 – 奉先寺』) 수화승 惺雲永羲

총원, 영산회상도, 1735년, 울진 불영사 대웅전

최백(最白, 最伯 : -1748-1787-)* 18세기 중·후반에 활동한 불화승이다. 1748년에 수화승 인성과 강원 인제 백담사 목조아미타삼존불좌상을 제작하고, 1755년에 순회세자順懷世子 상시봉원上諡封園 비석소碑石所 화승畫僧으로 참여하고, 1758년에 경기 여주 신륵사 극락보전 삼장도를 그렸다. 1762년에 수화승으로 인천 강화 전등사 대웅전 목조삼세불좌상을 개금하고, 장조莊祖 영우원永祐園 원소園所 조성소 화승畫僧으로, 1787년에 강원 통천 화

장사 불상 개금 시 지전持殿으로 참여하였다.

- 1748년 강원 인제 百潭寺 木造阿彌陀三尊佛坐像 제작(發願文) 수화승 印性
- 1755년 『順懷世子上諡封園都監儀軌』 碑石所 畵僧(奎章閣 13493호, 朴廷蕙, 「儀軌를 통해서 본 朝鮮時代의 畵員」 자료1)
- 1758년 경기 여주 神勒寺 極樂寶殿 三藏圖 조성(『韓國의 佛畵 28 – 龍珠寺(上)』) 수화승 覺聰
- 1762년 인천 강화 傳燈寺 大雄殿 木造三世佛坐像 개금(發願文) 畵員 수화승
  1762년 『莊祖永祐園園所都監儀軌』 造成所 畵僧(奎章閣 13607호, 朴廷蕙, 「儀軌를 통해서 본 朝鮮時代의 畵員」 자료1)
- 1787년 금강산 화장사 불상 개금 시 持殿으로 참여(「乾隆五十二年丁未十二月歙谷金剛山華藏寺阿彌陀佛觀世音大勢至三位尊像改金願文」, 『楡岾寺本末寺誌(華藏寺)』)

최선(最善, 最禪 : -1767-1808-)* 18세기 중반에 활동한 승장이다. 1767년에 수화승 상정과 경북 영주 부석사 무량수전 미타존상을 개금하고, 1769년에 수화승 상정과 경북 경주 불국사 불사에 참여하였다. 1771년에 수화승 화월 두훈과 수다사 시왕도(초강대왕)를, 수화승 정민과 시왕도(태산대왕)를 조성하였다. 1796년에 작성된 「경상좌도순흥태백산부석사영산전아미타후불탱미타관음개금기慶尙左道順興太白山浮石寺靈山殿阿彌陀後佛幀彌陀觀音改金記」에 지배地排로 나오고, 1808년에 수화승으로 경남 영주 부석사 서보전 단청·중수하였다.

- 1767년 경북 영주 浮石寺 無量壽殿彌陀尊像 개금改金(「浮石寺資料」, 『佛敎美術』 3)
- 1769년 경북 경주 佛國寺 佛事에 참여(『韓國의 佛畵 38 – 佛國寺』) 수화승 尙淨[100]
- 1771년 경북 선산 水多寺 十王圖(初江大王) 조성(『韓國의 佛畵 9 – 直指寺(下)』) 수화승 抖薰
  1771년 경북 선산 水多寺 十王圖(泰山大王) 조성(『韓國의 佛畵 9 – 直指寺(下)』) 수화승 定敏
- 1796년 「慶尙左道順興太白山浮石寺靈山殿阿彌陀後佛幀彌陀觀音改金記」에 地排로 나옴(「浮石寺資料」, 『佛敎美術』 3)
- 1808년 경북 안동 浮石寺 「西寶殿丹艧重修記」 언급(「浮石寺資料」, 『佛敎美術』 3) 畵工[101]

최섭(最涉 : -1762-1764-) 18세기 중반에 활동한 불화승이다. 수화승 색민과 1762년에 전남 구례 천은사 지장보살도와 1764년에 전남 해남 대흥사 괘불도를 조성하였다.

- 1762년 전남 구례 泉隱寺 地藏菩薩圖 조성(김정희, 『조선시대 지장시왕도 연구』) 수화승 色旻
- 1764년 전남 해남 大興寺 掛佛圖 조성(『韓國의 佛畵 31 – 大興寺』) 수화승 色旻

최순(最淳 : -1794-1796-) 18세기 후반에 경기도 양주를 중심으로 활동한 불화승이다. 1780년에 수화승 설훈과 경기 남양주 봉선사 대웅전 불상을 중수·개금하고, 1792년에 수화승 상훈과 경기 고양 흥국사 약사전 석가모니후불도를 조성하였다. 1794년부터 1796년까지 화성 건립에 참여하여 1801년 작성된 『화성성역의궤華城城役儀軌』에 양주목楊州牧 승려로 언급되어 있다.

- 1780년 경기 남양주 奉先寺 大雄殿 佛像 重修·改金(「有明朝鮮國京畿右道楊州牧地雲岳

山奉先寺大雄殿佛像重修改金願文」,『奉先寺本末寺誌(奉先寺)』) 수화승 雪訓
- 1792년 경기 고양 興國寺 藥師殿 釋迦牟尼後佛圖 조성(畵記,『韓國의 佛畵 34 – 曹溪寺 (上)』) 片手 수화승 尙訓
- 1794년–1796년 화성 건립에 화원으로 참여(1801년 작성된『華城城役儀軌』卷4 工匠 畵 工 條) 楊州牧

최연(最演 : -1759-) 18세기 중반에 활동한 불화승이다. 1759년에 수화승 오관 과 강원 원주 鵑鸐寺 비로자나후불도(평창 월정사 소장)를 조성하였다.

- 1759년 강원 원주 稚岳山 鵑鸐寺 毘盧遮那後佛圖 조성(平昌 月精寺 소장,『韓國의 佛畵 10 – 月精寺 本末寺』) 수화승 悟寬

최우(最右, 最祐 : -1725-1741-) 18세기 중반에 활동한 불화승이다. 1725년에 수화승 붕안과 전남 순천 송광사 영산전 팔상도(쌍림열반상)와 응진전 십육 나한도(1, 3, 5존자) 등을, 1728년에 수화승 일선과 경남 하동 쌍계사 팔상도 (도솔내의상, 비람강생상, 사문유관상, 유성출가상, 설산수도상, 수하항마상, 녹원전법상, 쌍림열반상)와 수화승 명정과 경남 하동 쌍계사 감로도를, 1729 년에 수화승 명열과 경남 산청 율곡사 괘불도를 중수하고, 1741년에 수화승 긍척과 전남 여수 흥국사 팔상전 석가모니후불도와 삼장도 및 천룡도를 조성 하였다.

- 1725년 전남 순천 松廣寺 五十殿 五十三佛圖(七位) 조성(『韓國의 佛畵 7 – 松廣寺』) 수화 승 □□
  1725년 전남 순천 松廣寺 靈山殿 八相圖(雙林涅槃相) 조성(『韓國의 佛畵 7 – 松廣寺』)[102] 수화승 鵬眼
  1725년 전남 순천 松廣寺 應眞殿 十六羅漢圖(1, 3, 5尊者) 조성(『韓國의 佛畵 7 – 松廣 寺』) 수화승 鵬眼
  1725년 전남 순천 松廣寺 三十三祖師圖 조성(『曹溪山松廣寺史庫』)[103] 수화승 義謙
- 1728년 경남 하동 雙溪寺 八相圖(兜率來儀相, 毘藍降生相, 四門遊觀相, 踰城出家相, 雪 山修道相, 樹下降魔相, 鹿苑轉法相, 雙林涅槃相) 조성(『韓國의 佛畵 26 – 雙磎寺(下)』) 수화승 一禪
  1728년 경남 하동 雙溪寺 甘露圖 조성(『韓國의 佛畵 26 – 雙磎寺(下)』) 수화승 明淨
- 1729년 경남 산청 栗谷寺 掛佛圖 重修(1684년 조성,『韓國의 佛畵 5 – 海印寺(下)』) 수화 승 明悅
- 1741년 전남 여수 흥국사 八相殿 釋迦牟尼後佛圖 조성(『韓國의 佛畵 11 – 華嚴寺』) 수화 승 亘陟
  1741년 전남 여수 흥국사 大雄殿 三藏圖(天藏 · 持地藏菩薩) 조성(『韓國의 佛畵 11 – 華嚴寺』) 수화승 亘陟
  1741년 전남 여수 흥국사 大雄殿 三藏圖(地藏菩薩) 조성(『韓國의 佛畵 11 – 華嚴寺』) 수화승 亘陟
  1741년 전남 여수 興國寺 天龍圖 조성(『韓國의 佛畵 11 – 華嚴寺』) 수화승 亘陟

최윤(最玧 : -1755-) 18세기 중반에 활동한 불화승이다. 1755년에 수화승 임 한과 경북 청도 운문사 비로전 삼신불도三身佛圖와 온양민속박물관 소장 삼 장도三藏圖를 조성하였다.

- 1755년 경북 청도 雲門寺 毘盧殿 三身佛圖 조성(『韓國의 佛畵 21 – 桐華寺 (上)』) 수화승 任閑
  1755년 三藏圖 조성(溫陽民俗博物館 所藏,『韓國의 佛畵 20 – 私立博物館』)[104] 수화

승 任閑

최의(最義 : -1804-) 19세기 전반에 활동한 불화승이다. 1804년에 수화승 계한과 경남 양산 통도사 해장보월海藏寶閣 자장율사진영慈藏律師眞影을 조성하였다.

◦ 1804년 경남 양산 通度寺 海藏寶閣 慈藏律師眞影 조성(『韓國의 佛畵 2 - 通度寺(中)』) 수화승 戒閑

최인(最仁 : -1730-) 18세기 전반에 활동한 불화승이다. 1730년에 수화승 의겸과 경남 고성 운흥사 괘불도를 조성하였다.

◦ 1730년 경남 고성 雲興寺 掛佛圖 조성(『韓國의 佛畵 26 - 雙磎寺(下)』) 수화승 義謙

최현(最玄, 最賢 : -1728-1744-)* 18세기 전반에 활동한 불화승이다. 1728년에 수화승 쾌민과 대구 동화사 지장도를, 1744년에 수화승 효안과 경남 고성 옥천사 영산회상도와 지장도 및 시왕도(태산대왕)를, 수화승으로 시왕도(평등대왕)를 조성하였다.

◦ 1728년 대구 桐華寺 地藏圖 조성(『韓國의 佛畵 21 - 桐華寺(上)』) 수화승 快旻
◦ 1744년 경남 고성 玉泉寺 靈山會上圖 조성(『韓國佛畵畵記集』) 수화승 曉岸
　1744년 경남 고성 玉泉寺 冥府殿 地藏圖 조성(『韓國의 佛畵 25 - 雙磎寺(上)』) 수화승 曉岸
　1744년 경남 고성 玉泉寺 冥府殿 十王圖(泰山大王) 조성(『韓國의 佛畵 26 - 雙磎寺(下)』) 수화승 曉岸
　1744년 경남 고성 玉泉寺 冥府殿 十王圖(平等大王) 조성(『韓國의 佛畵 26 - 雙磎寺(下)』) 金魚 수화승

최훈(最薰 : -1718-) 18세기 전반에 활동한 불화승이다. 1718년에 수화승 천오와 경북 경주 기림사 대적광전 삼신불회도와 기림사 삼장도(동국대학교 경주캠퍼스 박물관 소장)를 조성하였다.

◦ 1718년 경북 경주 祇林寺 大寂光殿 三身佛會圖 조성(文明大, 「毘盧遮那三身佛圖像의 形式과 祇林寺 三身佛像 및 佛畵의 연구」와 『韓國의 佛畵 38 - 佛國寺』) 수화승 天悟
◦ 18세기 전반 경북 경주 祇林寺 三藏圖 조성(東國大學校 慶州캠퍼스 博物館 所藏, 『韓國의 佛畵 18 - 大學博物館(Ⅰ)』)105) 수화승 天悟

최흔(最欣 : -1895-) 19세기 후반에 활동한 불화승이다. 1895년에 수화승 인수와 강원 홍천 수타사 신중도와 칠성도를 조성하였다.

◦ 1895년 강원 홍천 壽陀寺 神衆圖 조성(『韓國의 佛畵 10 - 月精寺』) 수화승 仁秀
　1895년 강원 홍천 壽陀寺 七星圖 조성(『韓國의 佛畵 10 - 月精寺』) 수화승 仁秀

추봉(樞峯 : -1764-) 18세기 중반에 활동한 불화승이다. 1764년에 수화승 색민과 전남 해남 대흥사 괘불도를 조성하였다.

◦ 1764년 전남 해남 大興寺 掛佛圖 조성(『韓國의 佛畵 31 - 大興寺』) 수화승 色旻

추성(推性 : -1786-) 18세기 후반에 활동한 불화승이다. 1786년에 수화승 평삼과 아미타후불도(구인사 유물전시관 소장)를 조성하였다.

◦ 1786년 阿彌陀後佛圖 조성(救仁寺 遺物展示館 所藏, 『韓國의 佛畵 40 - 補遺』) 片手 수화승 平三

추안(湫眼 : -1745-) 18세기 중반에 활동한 불화승이다. 1745년에 수화승 서기, 가선嘉善 뇌옥雷玉 등과 경북 영주 부석사 괘불도를 조성하였다.

> ◦ 1745년 경북 영주 浮石寺 掛佛圖 조성(『韓國의 佛畵 24 – 孤雲寺(下)』) 通政[106] 수화승 瑞氣

추연(秋演, 湫演 : -1725-1735-) 18세기 전반에 활동한 불화승이다. 1725년에 수화승 석민과 북지장사 지장시왕도(국립중앙박물관 소장)를, 1735년에 수화승 수탄과 경북 울진 불영사 대웅보전 석가모니후불도를 조성하였다.

> ◦ 1725년 北地藏寺 地藏十王圖 조성(國立中央博物館 所藏, 김정희, 『조선시대 지장시왕도 연구』과 유마리, 「朝鮮朝 阿彌陀佛畵의 硏究」, 『朝鮮朝 佛畵의 硏究－三佛會圖』 및 『韓國의 佛畵 39 – 國·公立博物館』)[107] 수화승 碩敏
> ◦ 1735년 경북 울진 佛影寺 大雄寶殿 釋迦牟尼後佛圖 조성(『韓國의 佛畵 38 – 佛國寺』) 수화승 冡遠

추인(秋印 : -1741-) 18세기 중반에 활동한 불화승이다. 1741년에 수화승 성철과 충남 청양 장곡사 삼세불도三世佛圖(노사나불, 석가모니불)를 조성하였다.

> ◦ 1741년 충남 청양 長谷寺 三世佛圖(盧舍那佛) 조성(東國大學校 博物館 所藏, 『韓國의 佛畵 18 – 大學博物館(Ⅰ)』) 수화승 性哲
> 1741년 충남 청양 長谷寺 三世佛圖(釋迦牟尼佛) 조성(東國大學校 博物館 所藏, 『韓國의 佛畵 18 – 大學博物館(Ⅰ)』) 수화승 性哲

축담(竺潭 : -1888-) 19세기 후반에 활동한 불화승이다. 1888년에 수화승 금곡영환과 경기 안성 칠장사 명부전 지장도를 조성하였다.

> ◦ 1888년 경기 안성 七長寺 冥府殿 地藏圖 조성(『韓國의 佛畵 28 – 龍珠寺(上)』) 수화승 金谷永煥

축명(竺明 : -1741-1750-)* 18세기 중반에 활동한 불화승이다. 1741년에 수화승 붕우와 충남 천안 광덕사 대웅전 삼세불도(석가모니불와 아미타불)를, 1750년에 수화승으로 충남 예산 대련사 괘불도를 조성하였다.

> ◦ 1741년 충남 천안 廣德寺 大雄殿 三世佛圖(釋迦牟尼佛) 조성(『韓國의 佛畵 15 – 麻谷寺(上)』)[108] 수화승 鵬友
> 1741년 충남 천안 廣德寺 大雄殿 三世佛圖(阿彌陀佛) 조성(『韓國의 佛畵 15 – 麻谷寺(上)』) 수화승 鵬友
> ◦ 1750년 충남 예산 大蓮寺 掛佛圖 조성(『韓國의 佛畵 27 – 修德寺』) 畵員 수화승

축민(竺旻 : -1768-) 18세기 중반에 활동한 불화승이다. 1768년에 수화승 유행과 충남 부여 오덕사 괘불도를 조성하였다.

> ◦ 1768년 충남 부여 五德寺 掛佛圖 조성(『掛佛調査報告書 Ⅱ』과 『韓國佛畵畵記集』) 수화승 有幸

축선(竺禪 : -1898-) 19세기 후반에 활동한 불화승이다. 1898년에 수화승 한곡돈법과 경기 광주 명성암 칠성도를 조성하였다.

> ◦ 1898년 경기 광주 明性庵 七星圖 조성(『韓國의 佛畵 36 – 曹溪寺(下)』) 수화승 漢谷頓法

축성(竺性 : -1860-1865-) 19세기 중반에 활동한 불화승이다. 1860년에 수화승 기연과 전남 고흥 능가사 수도암 칠성도(순천 송광사 소장)를, 1865년에

수화승 기연과 전남 완도 신흥사 목조약사여래좌상를 개금하였다.

▫ 1860년 전남 고흥 楞伽寺 修道庵 七星圖 조성(順天 松廣寺 所藏,『韓國의 佛畵 7 – 松廣寺(下)』) 수화승 錡衍
▫ 1865년 전남 완도 新興寺 木造藥師如來坐像 개금(『全南의 寺刹』)[109] 수화승 錡衍

축연 1(竺衍, 竺演, 竺淵 : -1865-1927-)* 고산당(古山堂) 혜산당(惠山堂, 蕙山堂), 속성 문文씨, 19세기 후반에서 20세기 전반까지 활동한 불화승이다. 1865년에 수화승 용완기연과 전남 완도 신흥사 목조약사여래좌상을 개금하고, 1875년에 수화승 용하와 강원 평창 월정사 아미타후불도를, 1875년에 석옹철유 등과 강원 삼척 신흥사 신중도를, 1882년에 수화승으로 강원 고성 유점사 연화사蓮花社 후불도와 신중도를 조성하였다. 수화승으로 강원 통천 용공사 십육나한상을 개채하고 존상을 봉안하고, 1885년에 경남 합천 해인사 대적광전 삼신도(노사나불)와 수화승 대허체훈과 서울 흥천사 극락보전 극락구품도, 1887년에 수화승 연하 계창과 경기도 의정부 망월사 괘불도를 그렸다. 수화승으로 경기 화성 봉림사 칠성도를, 서울 경국사 감로왕도와 신중도(동국대학교 박물관 소장)를, 봉래암 신중도(동국대학교 박물관 소장)를, 화성 봉림사 칠성도를, 1888년에 수화승 이봉중린과 인천 강화 백련사 신중도를, 수화승으로 평창 상원사 십육나한도를, 1890년에 수화승 긍조와 서울 흥천사 대방 신중도를, 1891년에 수화승으로 경기 안성 청원사 대웅전 아미타후불도를, 1892년에 수화승 창엽과 서울 봉은사 대웅전 감로왕도를 조성하고, 1895년에 수화승 보암긍법과 평창 상원사 중대 사자암 목조비로자나불좌상을 개금하였다. 1905년에 수화승 초암세한 등과 대구 동화사 석가모니후불도와 십육나한도를, 수화승 금호약효와 부산 범어사 나한전 영산회상도와 괘불도를, 수화승 초암세한과 대구 동화사 석가모니후불도와 수화승으로 영산전 십육나한도 등을 그렸다. 1908년에 수화승 호봉성욱과 평창 상원사 중대 사자암 목조비로자나불좌상을 개금하고, 수화승으로 1911년에 충남 금산 보석사 대웅전 석가모니후불도와 신중도를, 1913년에 경기 화성 용주사 대웅보전 신중도를, 1916년에 인천 강화 전등사 대웅보전 후불도와 신중도를, 강화 청련사 감로왕도를 조성하였다. 1918년에 수화승 석초 봉영과 초암세한 등과 전남 순천 선암사 응진당 십육나한도를, 수화승으로 경북 성주 선석사 명부전 지장도와 사자도(감재사자)를, 1919년에 강원 양양 명주사 아미타도를, 1920년에 경북 선산 대둔사 나한전 후불도를, 1921년에 경남 거창 심우사 일심삼관문도一心三關門圖 제작에 출초로 참여하였다. 수화승으로 1925년에 충남 보은 법주사 대웅보전 사천왕도(향우)를, 1926년에 경남 양산 통도사 응진전 십육나한도와 신중도를 그렸다.

▫ 1875년 강원 평창 月精寺 阿彌陀後佛圖 조성(『韓國의 佛畵 10 – 月精寺』) 수화승 榕夏
1875년 강원 三陟 新興寺 神衆圖 조성(『한국의 사찰문화재-강원도』) 수화승 □夏

혜산축연, 감로도, 1887년, 서울 경국사

혜산축연, 칠여래, 1887년, 서울 경국사

혜산축연, 아귀부분, 1887년, 서울 경국사

혜산축연, 감로도 부분, 1887년, 서울 경국사

혜산축연, 신중도, 1887년, 경국사 극락보전

혜산축연, 신중도 화기, 1887년,
경국사 극락보전

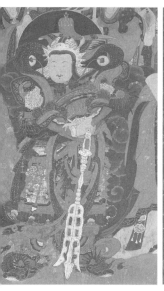

축연, 신중도 위태천, 1887년,
사 극락보전

혜산축연, 신중도 부분, 1887년,
경국사 극락보전

혜산축연, 신중도 부분도, 1887년,
경국사 극락보전

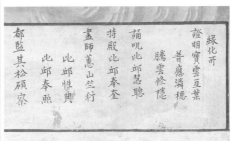

혜산축연, 지장시왕도, 1887년, 경국사

혜산축연, 지장시왕도 화기, 1887년, 경국사

혜산축연, 지장시왕도 지장, 1887년, 경국사

혜산축연, 지장시왕도 선악동자, 1887년, 경국사

▫1882년 강원 고성 楡岾寺 蓮花社 後佛圖와 神衆圖 조성(『楡岾寺本末寺誌(楡岾寺)』) 수화승

▫1882년 강원 통천 龍貢寺 十六羅漢 改彩 新畵成 各具尊像 奉安(『楡岾寺本末寺誌(龍貢寺)』) 金魚 수화승 竺衍

▫1884년 서울 津寬寺 靈山殿 帝釋圖(帝釋, 將軍) 조성(『韓國의 佛畵 35 - 曹溪寺(中)』) 金魚 수화승

1884년 서울 津寬寺 靈山殿 帝釋圖(使者, 將軍) 조성(『韓國의 佛畵 35 - 曹溪寺(中)』) 片手 수화승

▫1885년 경남 합천 海印寺 大寂光殿 三身圖(盧舍那佛) 조성(『韓國의 佛畵 4 - 海印寺(上)』) 金魚 수화승

1885년 서울 興天寺 極樂寶殿 極樂九品圖 조성(『서울전통사찰불화』과 『韓國佛畵畵記集』) 수화승 大虛體訓

▫1886년 서울 華溪寺 掛佛圖 조성(『韓國의 佛畵 35 - 曹溪寺(中)』) 出草 수화승 虛谷亘巡

▫1887년 경기 議政府 望月寺 掛佛圖 조성(『掛佛調査報告書』와 『韓國佛畵畵記集』) 수화승 淵荷啓昌

1887년 경기 화성 鳳林寺 七星圖 조성(『韓國의 佛畵 29 - 龍珠寺(下)』) 畵師 수화승

1887년 서울 慶國寺 神衆圖 조성(東國大學校 所藏, 『韓國의 佛畵 18 - 大學博物館(Ⅰ)』) 畵師 수화승

1887년 서울 慶國寺 神衆圖 조성(『韓國의 佛畵 35 - 曹溪寺(中)』) 畵師 수화승

1887년 서울 慶國寺 甘露王圖 조성(홍윤식 編, 『韓國佛畵畵記集』) 畵師 수화승

1887년 蓬萊庵 神衆圖 조성(東國大學校 所藏, 『韓國의 佛畵 18 - 大學博物館(Ⅰ)』) 畵師[110] 蕙山竺衍

▫1888년 인천 강화 白蓮寺 神衆圖 조성(『畿內寺院誌』와 『韓國佛畵畵記集』 및 『韓國의 佛畵 35 - 曹溪寺(中)』) 出草 수화승 尼峯仲猕

1888년 강원 평창 上院寺 十六羅漢圖 조성(『韓國의 佛畵 10 - 月精寺』) 金魚 수화승

1888년 강원 평창 上院寺 十六羅漢圖 조성(『韓國의 佛畵 10 - 月精寺』) 金魚 片手 수화승

▫1890년 서울 興天寺 大房 阿彌陀後佛圖 조성(『서울전통사찰불화』과 『韓國佛畵畵記集』)[111] 수화승 亘照

1890년 서울 興天寺 大房 神衆圖 조성(『서울전통사찰불화』와 『韓國佛畵畵記集』)[112] 수화승 亘照

1890년 경기 파주 普光寺 神衆圖 조성(『韓國의 佛畵 33 - 奉先寺』) 수화승 碧山榕□[113]

▫1891년 경기 안성 淸源寺 大雄殿 阿彌陀後佛圖 조성(『韓國의 佛畵 28 - 龍珠寺(上)』) 金魚 수화승

▫1892년 서울 奉恩寺 大雄殿 甘露王圖 조성(『서울전통사찰불화』과 『韓國佛畵畵記集』) 수화승 漢峰瑲曄

▫1905년 부산 梵魚寺 羅漢殿 靈山會上圖 조성(『梵魚寺聖寶博物館 名品圖錄』과 『韓國의 佛畵 32 - 梵魚寺』) 수화승 普應文性

1905년 부산 梵魚寺 掛佛圖 조성(『梵魚寺聖寶博物館 名品圖錄』과 『韓國의 佛畵 32 - 梵魚寺』) 수화승 錦湖若效

1905년 대구 桐華寺 釋迦牟尼後佛圖 조성(『韓國의 佛畵 21 - 桐華寺(上)』) 出草 수화승 草庵世閑

1905년 대구 桐華寺 靈山殿 十六羅漢圖 조성(『韓國의 佛畵 22 - 桐華寺(下)』) 金魚 수화승

1905년 대구 桐華寺 獨聖圖 조성(『韓國의 佛畵 22 - 桐華寺(下)』) 出草 居士 수화승 允一

▫1911년 충남 금산 寶石寺 大雄殿 釋迦牟尼後佛圖 조성(『韓國의 佛畵 15 - 麻谷寺(上)』) 금강산 유점사 金魚 片手[114] 수화승

▫1912년 충남 금산 寶石寺 大雄殿 神衆圖 조성(『韓國의 佛畵 15 - 麻谷寺(上)』) 金魚 수화승

▫1913년 경기 화성 龍珠寺 大雄寶殿 神衆圖 조성(『韓國의 佛畵 28 - 龍珠寺(上)』) 金魚 수화승

▫1916년 인천 강화 傳燈寺 大雄寶殿 三世佛圖 조성(『韓國의 佛畵 34 - 曹溪寺(上)』) 金魚

出草 수화승
1916년 인천 강화 傳燈寺 大雄寶殿 神衆圖 조성(『韓國의 佛畵 35 - 曹溪寺(中)』) 金魚
出草 수화승
1916년 인천 강화 靑蓮寺 甘露王圖 조성(『韓國佛畵畵記集』) 수화승 大圓 圓覺
◦1918년 서울 彌陀寺 甘露王圖 조성(『韓國의 佛畵 36 - 曹溪寺(下)』) 金魚 수화승
1918년 전남 순천 선암사 應眞堂 十六羅漢圖 조성(『韓國의 佛畵 12 - 仙巖寺』) 金魚
수화승 碧月昌昕
1918년 경북 성주 禪石寺 冥府殿 地藏圖 조성(『韓國의 佛畵 21 - 桐華寺(上)』) 金魚
수화승
1918년 경북 성주 禪石寺 冥府殿 使者圖(監齋使者) 조성(『韓國의 佛畵 22 - 桐華寺
(下)』) 金魚 수화승
◦1919년 강원 양양 明珠寺 阿彌陀後佛圖 조성(『한국의 사찰문화재-강원도』과 『韓國의 佛
畵 37 - 新興寺』) 金魚 수화승
◦1920년 경북 선산 大芚寺 羅漢殿 後佛圖 조성(『韓國의 佛畵 8 - 直指寺(上)』) 金魚[115]
수화승
◦1921년 경남 거창 尋牛寺 一心三關門圖 조성(『韓國의 佛畵 5 - 海印寺(下)』) 出草 수화승
鶴松學訥
◦1925년 충북 보은 法住寺 大雄寶殿 四天王圖(向右) 조성(『韓國의 佛畵 17 - 法住寺』) 金
魚 수화승
◦1926년 경남 양산 通度寺 應眞殿 十六羅漢圖 조성(『韓國의 佛畵 2 - 通度寺(中)』) 金魚
수화승
1926년 경남 창원 聖住寺 冥府殿 地藏圖 조성(『韓國의 佛畵 32 - 梵魚寺』) 畵員 수화승
◦1927년 경남 양산 通度寺 神衆圖 조성(『韓國의 佛畵 1 - 通度寺(上)』) 畵師 수화승
◦연대미상 충남 공주 麻谷寺 願成庵 神衆圖 조성(『韓國의 佛畵 15 - 麻谷寺(上)』) 金魚
수화승

축연 2(竺演 : -1880-)* 연은당(蓮隱堂) 19세기 후반에 활동한 불화승이다.
1880년에 수화승으로 인천 영종도 용궁사 관음도를 조성하였다.

◦1880년 인천 영종도 龍宮寺 觀音圖 조성(『畿內寺院誌』와 『韓國佛畵畵記集』) 金魚[116] 수
화승
※ 축연 2는 축연 1과 동일인으로 추정된다.

축함(竺檻, 笁檻, 竺涵, 竺蚴 : -1777-1789-) 18세기 후반에 활동한 불화승이다.
1777년에 수화승 □영□穎과 서울 봉은사 시왕도(동국대학교 박물관 소장)
를, 1788년에 수화승 연홍과 충남 공주 마곡사 대적광전 석가모니후불도를
그렸다. 1789년에 장조莊祖 현릉원顯隆園 조성소 화승畵僧으로 참여하였다.

◦1777년 서울 奉恩寺 十王圖 조성(東國大學校 博物館 所藏, 『韓國佛畵畵記集』) 수화승 □穎
1777년 서울 奉恩寺 十王圖 조성(安養 三幕寺 所藏, 『韓國佛畵畵記集』) 수화승 永印
◦1788년 충남 공주 麻谷寺 大寂光殿 釋迦牟尼後佛圖 조성(『韓國의 佛畵 15 - 麻谷寺(上)』)
수화승 錬弘
1788년 충남 공주 麻谷寺 三藏圖 조성(『韓國의 佛畵 40 - 補遺』) 수화승 錬弘
◦1789년 『莊祖顯隆園園所都監儀軌』 造成所 畵僧(奎章閣 13627호, 朴廷蕙, 「儀軌를 통해
서 본 朝鮮時代의 畵員」 자료1)

축행(竺行 : -1882-) 19세기 후반에 활동한 불화승이다. 1882년에 수화승 석
옹철유와 강원 강릉 보현사 십육나한도(평창 월정사 소장)를 조성할 때 출초
出草로 참여하였다.

◦1882년 강원 강릉 普賢寺 十六羅漢圖 조성(平昌 月精寺 所藏, 『韓國의 佛畵 10 - 月精寺』)[117]

出草 수화승 石翁 喆有
1882년 강원 강릉 普賢寺 十六羅漢圖 조성(『韓國의 佛畵 10 – 月精寺』) 수화승 石翁
喆有

축헌(竺軒 : -1777-) 18세기 후반에 활동한 불화승이다. 1777년에 수화승 수
밀과 서울 봉은사 시왕도를 조성하였다.

　　◦1777년 서울 奉恩寺 十王圖(東國大學校 博物館 所藏) 조성(『韓國佛畵畵記集』)

춘담당(春潭堂) 봉은(奉恩) 참조

춘담당(春潭堂) 성한(盛漢) 참조

춘만(春萬, 春晩 : -1868-1874-) 19세기 후반에 활동한 불화승이다. 1868년에
수화승 금곡영환과 경기 남양주 흥국사 대웅보전 신중도와 수화승 금곡영환
과 서울 백련사 괘불도를, 1869년에 수화승 경선응석과 경기 남양주 흥국사
팔상도(녹원전법상)를, 1872년에 수화승 방우진호와 경기 파주 보광사 시왕
도(1·5대왕)와 사자도와 장군도(사자·장군)를, 1874년에 수화승 한봉창엽과
경기 안성 청룡사 신중도(안성 법계사 소장)를 조성하였다.

　　◦1868년 경기 남양주 興國寺 大雄寶殿 神衆圖 조성(『韓國의 佛畵 33 – 奉先寺』) 수화승
　　　金谷永煥
　　　1868년 서울 白蓮寺 掛佛圖 조성(『掛佛調査報告書 II』) 수화승 金谷永環
　　◦1869년 경기 남양주 興國寺 八相圖(鹿苑轉法相) 조성(『韓國의 佛畵 33 – 奉先寺』) 수화
　　　승 慶船應釋
　　◦1872년 경기 파주 普光寺 十王圖(1·5大王) 조성(『韓國佛畵畵記集』과 『韓國의 佛畵 33 –
　　　奉先寺』) 副陁堂 수화승 放牛珍昊
　　　1872년 경기 파주 普光寺 使者圖(使者·將軍) 조성(『韓國佛畵畵記集』과 『韓國의 佛畵
　　　33 – 奉先寺』) 수화승 放牛珍昊
　　◦1874년 경기 안성 靑龍寺 神衆圖 조성(安城 法界寺 所藏, 畵記, 『韓國의 佛畵 40 – 補遺』)
　　　수화승 漢峰瑲燁

춘산당(春山堂) 성수(聖秀) 참조

춘화(春化 : -1910-1926-)* 속성 이李씨, 20세기 전반에 활동한 불화승이다.
1910년에 수화승 융파법융과 충남 공주 갑사 팔상전 석가모니후불도와 수화
승 금호약효와 대웅전 신중도 및 현왕도 등을, 1913년에 수화승 퇴경 상노와
경북 문경 김용사 대성암 아미타후불도와 삼장도를, 수화승으로 1917년에 전
북 군산 은적사 신중도와 1919년에 전북 임실 신흥사 산신도를, 1926년에
수화승 봉영과 전남 장성 백양사 대웅전 독성도를 조성하였다.

　　◦1910년 충남 공주 甲寺 八相殿 釋迦牟尼後佛圖 조성(『韓國의 佛畵15 – 麻谷寺(上)』) 淸
　　　信士 수화승 隆坡法融
　　　1910년 충남 공주 甲寺 大雄殿 神衆圖 조성(『韓國의 佛畵 15 – 麻谷寺(上)』) 淸信士
　　　수화승 錦湖若效
　　　1910년 충남 공주 甲寺 八相殿 神衆圖 조성(『韓國의 佛畵15 麻谷寺(上)』) 出草
　　　1910년 충남 공주 甲寺 大雄殿 現王圖 조성(『韓國의 佛畵 16 – 麻谷寺(下)』) 出草 淸
　　　信士[118] 수화승 錦湖若效
　　◦1913년 경북 문경 金龍寺 大成庵 阿彌陀後佛圖 조성(『韓國의 佛畵 8 – 直指寺(上)』) 수화

승 退耕 相老

 ◦1913년 경북 문경 金龍寺 三藏圖 조성(『韓國의 佛畵 8 - 直指寺(上)』) 수화승 退耕 相老
 ◦1917년 전북 군산 隱寂寺 神衆圖 조성(『韓國의 佛畵 13 - 金山寺』) 金魚 수화승
 ◦1919년 전북 임실 新興寺 山神圖 조성(『韓國의 佛畵 14 - 禪雲寺』) 金魚 수화승
 ◦1926년 전남 장성 白羊寺 大雄殿 獨聖圖 조성(『韓國의 佛畵 37 - 白羊寺·新興寺』) 畵師
 수화승 璡榮

춘화당(春花堂) 만총(万聰, 萬聰) 참조

출정(出定 : -1781-) 18세기 후반에 활동한 불화승이다. 1781년에 수화승 승
윤과 경남 하동 쌍계사 삼세불도(석가모니불)과 삼장도를 조성하였다.

 ◦1781년 경남 하동 쌍계사 三世佛圖(釋迦牟尼佛) 조성(『韓國의 佛畵 25 - 雙磎寺(上)』) 수
 화승 勝允
 1781년 경남 하동 쌍계사 三藏圖 조성(『韓國의 佛畵 25 - 雙磎寺(上)』) 수화승 勝允
 1781년 경남 하동 雙磎寺 國師庵 帝釋天龍圖 조성(『韓國의 佛畵 25 - 雙磎寺(上)』)[119]
 수화승 平三

충림(忠林, 忠琳 : -1892-) 19세기 후반에 활동한 불화승이다. 1892년에 수화
승 금곡영환과 경기 남양주 흥국사 영산전 석가모니후불도와 수화승 경선응
석과 십육나한도(10·12·14·16존자)를 조성하였다.

 ◦1892년 경기 남양주 興國寺 靈山殿 釋迦牟尼後佛圖 조성(『韓國의 佛畵 33 - 奉先寺』)
 수화승 金谷永煥
 1892년 경기 남양주 興國寺 靈山殿 十六羅漢圖(10·12·14·16尊者) 조성(『韓國의 佛畵
 33 - 奉先寺』) 수화승 慶船應釋

충섬(充暹 : -1892-) 19세기 후반에 활동한 불화승이다. 1892년에 수화승 취
암승의와 경기 수원 청련암 극락보전 아미타후불도, 신중도, 칠성도를 조성
하였다.

 ◦1892년 경기 수원 靑蓮庵 極樂寶殿 阿彌陀後佛圖 조성(『韓國의 佛畵 28 - 龍珠寺(上)』)[120]
 수화승 翠庵勝宜
 1892년 경기 수원 靑蓮庵 神衆圖 조성(『韓國의 佛畵 28 - 龍珠寺(上)』)[121] 수화승 翠
 庵勝宜
 1892년 경기 수원 靑蓮庵 七星圖 조성(김정희, 「水原 靑蓮庵 佛畵考」) 수화승 翠庵勝宜

충운(忠雲 : -1832-) 19세기 전반에 활동한 불화승이다. 1832년에 수화승 신
선과 삼각산 신흥사 괘불도(서울 흥천사 소장)를 조성하였다.

 ◦1832년 三角山 新興寺 掛佛圖 조성(서울 興天寺 所藏, 『서울전통사찰불화』와 『掛佛調査
 報告書 II』 및 『韓國佛畵畵記集』) 수화승 愼善

충현(忠賢 : -1860-1892-) 능파당(能波堂) 19세기 중·후반에 활동한 불화승이
다. 1860년에 수화승 해운익찬과 전남 구례 화엄사 각황전 삼세불도(약사불)
를, 1892년에 수화승 금곡영환과 경기 남양주 흥국사 영산전 석가모니후불도
와 수화승 경선응석과 십육나한도(9·11·13·15존자)를 조성하였다.

 ◦1860년 전남 구례 華嚴寺 覺皇殿 三世佛圖(藥師佛) 조성(『韓國의 佛畵 11 - 華嚴寺』)[122]
 수화승 海雲益讚
 ◦1892년 경기 남양주 興國寺 靈山殿 釋迦牟尼後佛圖 조성(『韓國의 佛畵 33 - 奉先寺』)
 수화승 金谷永煥

1892년 경기 남양주 興國寺 靈山殿 十六羅漢圖(9·11·13·15尊者) 조성(『韓國의 佛畫 33 – 奉先寺』) 수화승 慶船應釋

취감 1(就鑑 : -1684-) 17세기 후반에 활동한 불화승이다. 1682년에 수화승 법능과 경기 안성 청룡사 감로도를, 1684년에 수화승 인규와 경북 상주 용흥 사 괘불도를 조성하였다.

▫ 1682년 경기 안성 靑龍寺 甘露圖 조성(『韓國의 佛畫 29 – 龍珠寺(下)』)[123] 수화승 法能
▫ 1684년 경북 상주 龍興寺 掛佛圖 조성(『韓國의 佛畫 9 – 直指寺(下)』) 수화승 印圭

취감 2(就甘 : -1794-1796-) 18세기 후반에 경기도 양주를 중심으로 활동한 불화승이다. 1794년부터 1796년까지 화성 건립에 참여하여 1801년 작성된 『화성성역의궤華城城役儀軌』에 양주목楊州牧 승려로 언급되어 있다.

▫ 1794년-1796년 화성 건립에 화원으로 참여(1801년 작성된 『華城城役儀軌』 卷4 工匠 畫 工 條) 楊州牧

취겸(取謙 : -1757-) 18세기 중반에 활동한 불화승이다. 1757년에 정성왕후貞 聖王后 홍릉弘陵 조성소 화승畫僧으로 참여하였다.

▫ 1757년 『貞聖王后弘陵山陵都監儀軌』 造成所 畫僧(奎章閣 13591호, 朴廷蕙, 「儀軌를 통 해서 본 朝鮮時代의 畫員」 자료1)

취관(就寬 : -1747-) 18세기 중반에 활동한 불화승이다. 1747년에 수화승 회 밀과 충남 부여 무량사 극락전 아미타회상도를 조성하였다.

▫ 1747년 충남 부여 無量寺 極樂殿 阿彌陀會上圖 조성(文化財硏究所, 『全國寺刹所藏佛畫 調査(1)』) 수화승 廻密

취기(就機 : -1764-) 18세기 중반에 활동한 불화승이다. 1764년에 수화승 색 민과 전남 해남 대흥사 괘불도를 조성하였다.

▫ 1764년 전남 해남 大興寺 掛佛圖 조성(『韓國의 佛畫 31 – 大興寺』) 수화승 色旻

취련당(就鍊堂) 긍엽(兢曄) 참조

취밀(就密 : -1878-) 19세기 후반에 활동한 불화승이다. 1878년에 수화승 용 계 서익과 인천 강화 정수사 아미타후불도를 조성하였다.

▫ 1878년 인천 강화 淨水寺 阿彌陀後佛圖 조성(『畿內寺院誌』와 『韓國佛畫畫記集』 및 『韓 國의 佛畫 34 – 曹溪寺(上)』) 수화승 龍溪 瑞翊

취상(就詳, 就祥, 就常 : -1719-1730-) 18세기 전반에 활동한 조각승이다. 1719 년에 수화승 진열과 전남 남평 운흥사 목조지장보살좌상과 시왕상(목포 달성 사 소장)을 중수하고, 1727년에 수화승 탁행과 전남 해남 미황사 괘불도를, 1730년에 수화승 의겸과 경남 고성 운흥사 괘불도와 감로도 및 삼세불도(아 미타불)를 그렸다. 제작연대를 알 수 없는 지장도(동국대학교박물관 소장)를 수화승 채인, 시왕도 일부(온양민속박물관 소장)를 수화승 행종과 조성하였다.

▫ 1719년 전남 남평 雲興寺 木造地藏菩薩坐像과 十王像 중수(목포 달성사 소장, 發願文) 수화승 進悅
▫ 1727년 전남 해남 美黃寺 掛佛圖 조성(『掛佛調査報告書 II』) 수화승 琢行

◦1730년 경남 고성 雲興寺 掛佛圖 조성(『韓國의 佛畵 26 - 雙磎寺(下)』) 수화승 義謙
1730년 경남 고성 雲興寺 甘露圖 조성(『韓國의 佛畵 26 - 雙磎寺(下)』)[124] 수화승 義謙
1730년 경남 고성 雲興寺 三世佛圖(阿彌陀佛) 조성(『韓國의 佛畵 25 - 雙磎寺(上)』)[125]
수화승 義謙
◦18세기 초반 地藏圖 조성(東國大學校 博物館 所藏, 『韓國의 佛畵 18 - 大學博物館(Ⅰ)』)
수화승 採仁
18세기 초반 十王圖(泰山大王) 조성(溫陽民俗博物館 所藏, 『韓國의 佛畵 20 - 私立博物
館』) 수화승 幸宗

취선(就善, 就先, 趣善 : -1867-1890-)* 운파당(雲波堂)
동운당(東雲堂) 19세기 후반에 전남 순천 송광사 천
진암을 중심으로 활동한 불화승이다. 1867년에 수화
승 용원기연과 전남 순천 송광사 자정암 칠성홍도七
星紅圖를, 1868년에 수화승 용완기연과 전남 해남 대
흥사 청신암 신중도(도선암 조성), 수화승 금암천여
와 경남 양산 통도사 안적암 아미타후불홍도阿彌陀後
佛紅圖를, 수화승 원명긍우와 강원 고성 화엄사 안양
암에 지장시왕도, 신중도, 칠성도(고성 화암사 소장)
를, 1869년에 수화승으로 비로암 비로자나후불홍도
毘盧遮那後佛紅圖와 지장시왕도(순천 선암사 소장), 수

운파취선, 칠성도, 1879년, 강진 무위사

화승 금암천여와 1870년에 경남 남해 용문사 괘불도
를 개조하고, 아미타후불홍도阿彌陀後佛紅圖를 그렸으며, 해남 대흥사 청신암
아미타후불도와 1873년에 국립중앙박물관 소장 지장도를 그렸다. 수화승으
로 전남 순천 향림사 칠성도와 1874년에 향림사 지장시왕도와 신중도를,
1879년에 수화승으로 순천 송광사 광원암과 자정암 지장시왕도, 청진암 신중
도(제석·동진보살), 전남 강진 무위사 칠성도와 산신도를 그렸는데, 1879년
에 순천 송광사 천진암 신중도 조성 시 본암질에 언급되어 있다. 1880년 수
화승으로 순천 송광사 청진암 아미타후불도와 경남 합천 해인사 홍제암 석가
모니후불도를 조성하였다.

◦1867년 전남 순천 松廣寺 慈靜庵 七星紅圖 조성(『韓國의 佛畵 7 - 松廣寺(下)』) 수화승
龍院奇衍
◦1868년 전남 해남 大興寺 淸神庵 神衆圖 조성(道仙庵 造成, 『全南의 寺刹』) 수화승 龍琓
錡衍
1868년 경남 양산 通度寺 安寂庵 阿彌陀後佛紅圖 조성(『韓國의 佛畵 3 - 通度寺(下)』)
수화승 錦庵天如
1868년 강원 고성 華嚴寺 安養庵 地藏圖 조성(高城 禾巖寺 所藏, 『한국의 사찰문화재
-강원도』과 『韓國의 佛畵 37 - 新興寺』) 수화승 圓明 亘祐
1868년 강원 고성 華嚴寺 安養庵 神衆圖 조성(高城 禾巖寺 所藏, 『한국의 사찰문화재
-강원도』과 『韓國의 佛畵 37 - 新興寺』) 수화승 圓明 亘祐
1868년 강원 고성 華嚴寺 彌陀菴 七星圖 조성(高城 禾巖寺 所藏, 『한국의 사찰문화재
-강원도』과 『韓國의 佛畵 37 - 新興寺』) 수화승 圓明 亘祐
◦1869년 毘盧庵 毘盧遮那後佛紅圖 조성(順天 仙巖寺 所藏, 『韓國의 佛畵 12 - 仙巖寺』

5) 金魚 수화승
1869년 전남 순천 仙巖寺 毘盧庵 地藏十王圖 조성(順天 松廣寺
所藏, 『韓國의 佛畫 - 松廣寺(上)』) 金魚 수화승
◦1870년 경남 남해 龍門寺 掛佛圖 改造(『韓國의 佛畫 26 - 雙磎寺
(下)』) 수화승 錦岩天如
1870년 경남 남해 龍門寺 阿彌陀後佛紅圖 조성(『韓國의 佛畫 25
- 雙磎寺(上)』) 수화승 錦巖天如
1870년 전남 해남 大興寺 無量殿 阿彌陀後佛圖 조성(『全南의 寺
刹』와 『韓國의 佛畫 31 - 大興寺』) 수화승 天如
◦1873년 地藏圖 조성(國立中央博物館 所藏, 『韓國의 佛畫 39 -
國·公立博物館』) 수화승 錦庵天如
1873년 전남 순천 香林寺 七星圖 조성(金玲珠, 『朝鮮時代佛畫研
究』와 『韓國佛畫畫記集』) 金魚 수화승
◦1874년 전남 순천 香林寺 地藏十王圖 조성(金玲珠, 『朝鮮時代佛畫
研究』와 『韓國佛畫畫記集』)[126] 金魚 수화승
1874년 전남 순천 香林寺 神衆圖 조성(金玲珠, 『朝鮮時代佛畫研
究』와 『韓國佛畫畫記集』) 金魚 수화승
◦1879년 전남 순천 松廣寺 廣遠庵 地藏十王圖 조성(『韓國의 佛畫 6
- 松廣寺(上)』) 毘首 수화승
1879년 전남 순천 松廣寺 慈靜庵 地藏十王圖 조성(『韓國의 佛畫
6 - 松廣寺(上)』) 金魚 수화승
1879년 전남 순천 松廣寺 淸眞菴 神衆圖(帝釋·童眞菩薩) 조성(『韓國의 佛畫 6 - 松
廣寺(上)』)[127] 本菴秩 金魚 수화승
1879년 전남 강진 無爲寺 七星圖 조성(金玲珠, 『朝鮮時代佛畫研究』와 『韓國佛畫畫記
集』) 良工 수화승
1879년 전남 강진 無爲寺 山神圖 조성(金玲珠, 『朝鮮時代佛畫研究』와 『韓國佛畫畫記
集』) 畵員 수화승
◦1880년 전남 순천 松廣寺 淸眞庵 阿彌陀後佛圖 조성(『韓國의 佛畫 6 - 松廣寺(上)』) 金
魚 수화승
1890년 경남 합천 海印寺 弘濟庵 釋迦牟尼後佛圖 조성(『韓國의 佛畫 4 - 海印寺(上)』)
金魚 수화승
◦연대미상 대구 把溪寺 十六羅漢圖 조성(『韓國의 佛畫 22 - 桐華寺(下)』) 수화승 錦庵天如
연대미상 경남 합천 海印寺 弘濟庵 神衆圖 조성(『韓國의 佛畫 4 - 海印寺(上)』) 金魚
수화승 그렸다.

운파취선, 칠성도, 1879년, 강진 무위사

취성(就性 : -1702-1711-) 18세기 전반에 활동한 불화승이다. 1702년에 수화
승 사신과 전남 순천 선암사 불조전 오십삼후불도를, 1711년에 수화승 성찰
과 용연사 지장도(양산 통도사 소장)를 조성하였다.

◦1702년 전남 순천 仙巖寺 佛祖殿 五十三後佛圖(8위) 조성(『韓國의 佛畫 12 - 仙巖寺』)[128]
수화승 思信
1702년 전남 순천 仙巖寺 佛祖殿 五十三後佛圖(8위) 조성(『韓國의 佛畫 12 - 仙巖寺』)
수화승 思信
◦1711년 龍淵寺 地藏圖 조성(梁山 通度寺 所藏, 『韓國의 佛畫 1 - 通度寺(上)』) 수화승 性察

취섬(翠暹 : -1698-) 17세기 후반에 활동한 불화승이다. 1698년에 백기 등과
장릉莊陵 조성소 화승畵僧으로 참여하였다.

◦1698년 『莊陵封陵都監儀軌』造成所 畫僧(奎章閣 14830호, 朴廷蕙, 「儀軌를 통해서 본
朝鮮時代의 畫員」 자료1)

취습(就習 : -1708-) 18세기 전반에 활동한 불화승이다. 1708년에 수화승 인

문과 충남 청양 장곡사 아미타후불도를 조성하였다.

◦ 1708년 충남 청양 長谷寺 阿彌陀後佛圖 조성(東國大學校 博物館 所藏,『韓國의 佛畵 18
  – 大學博物館(Ⅰ)』) 수화승 印文

취안(就眼 : -1719-) 18세기 전반에 활동한 불화승이다. 1719년에 수화승 의
겸과 경남 고성 운흥사 영산전 팔상도를 조성하였다.

◦ 1719년 경남 고성 雲興寺 靈山殿 八相圖 조성(安貴淑,「조선후기 佛畵僧의 계보와 義謙
  比丘에 대한 연구(上)」) 수화승 義謙

취암당(翠庵堂) 승의(勝宜) 참조

취엽 1(就曄 : -1803-1804-) 19세기 전반에 활동한 불화승이다. 1801년에 수
화승 옥인과 경남 양산 내원사 노전 석가모니후불도와 지장도를, 1803년에
수화승 지연과 울산 석남사 지장도를, 1804년에 수화승 계한과 양산 통도사
대광명전 신중도(제석천룡도와 금강도)를 조성하였다.

◦ 1801년 경남 양산 內院寺 爐殿 釋迦牟尼後佛圖 조성(『韓國의 佛畵 3 – 通度寺(下)』) 수
  화승 玉仁
  1801년 경남 양산 內院寺 爐殿 地藏圖 조성(『韓國의 佛畵 3 – 通度寺(下)』) 수화승 玉仁
◦ 1803년 울산 石南寺 地藏圖 조성(『韓國의 佛畵 3 – 通度寺(下)』) 수화승 指涓
◦ 1804년 경남 양산 通度寺 大光明殿 神衆圖(帝釋天龍圖) 조성(『韓國의 佛畵 1 – 通度寺
  (上)』) 수화승 戒閑
  1804년 경남 양산 通度寺 大光明殿 神衆圖(金剛圖) 조성(『韓國의 佛畵 1 – 通度寺(上)』)[129]
  수화승 戒閑

취엽 2(就燁 : -1874-) 19세기 후반에 활동한 불화승이다. 1874년에 수화승
한봉창엽과 경기 안성 청룡사 명부전 지장도를 조성하였다.

◦ 1874년 경기 안성 靑龍寺 冥府殿 地藏圖 조성(『韓國의 佛畵 28 – 龍珠寺(上)』) 수화승
  漢峰瑲燁

취오(取旿 : -1897-) 19세기 후반에 활동한 불화승이다. 1897년에 수화승 영
운봉수와 경북 상주 남장사 관음암 신중도와 경북 영천 은해사 백흥암 영산전
석가모니후불도, 백흥암 심검당 아미타후불도, 신중도, 산신도를 조성하였다.

◦ 1897년 경북 상주 南長寺 觀音庵 神衆圖 조성(『韓國의 佛畵 8 – 直指寺(上)』) 수화승 影
  雲奉秀
  1897년 경북 영천 銀海寺 百興菴 靈山殿 釋迦牟尼後佛圖 조성(『韓國의 佛畵 30 – 銀
  海寺』) 수화승 永雲奉洙
  1897년 경북 영천 銀海寺 百興菴 尋劒堂 阿彌陀後佛圖 조성(『韓國의 佛畵 30 – 銀海
  寺』) 수화승 永雲奉秀
  1897년 경북 영천 銀海寺 百興菴 大法堂 神衆圖 조성(『韓國의 佛畵 30 – 銀海寺』)
  수화승 永雲奉秀
  1897년 경북 영천 銀海寺 山神圖 조성(『韓國의 佛畵 30 – 銀海寺』) 수화승 永雲奉秀

취온(就溫 : -1881-) 19세기 후반에 활동한 불화승이다. 1881년에 수화승 한
봉창엽과 대원암 칠성도(보은 법주사 소장)를 조성하였다.

◦ 1881년 大圓庵 七星圖 조성(報恩 法住寺 所藏,『韓國의 佛畵 17 – 法住寺』) 수화승 漢峰
  瑲燁

취우(就愚 : -1755-) 18세기 중반에 활동한 불화승이다. 1755년에 수화승 상오와 경북 영천 은해사 대웅전 삼장도와 수화승 임한과 경북 청도 운문사 비로전 삼신불도, 온양민속박물관 소장 삼장도를 조성하였다.

  ▫ 1755년 경북 영천 銀海寺 大雄殿 三藏圖 조성(『韓國의 佛畫 30 - 銀海寺』) 수화승 常悟
  1755년 경북 청도 雲門寺 毘盧殿 三身佛圖 조성(『韓國의 佛畫 21 - 桐華寺 (上)』) 수화승 任閑
  1755년 三藏圖 조성(溫陽民俗博物館 所藏, 『韓國의 佛畫 20 - 私立博物館』)130) 수화승 任閑

취욱(就旭 : -1817-) 19세기 전반에 활동한 불화승이다. 1817년에 수화승 언보와 경북 청도 병사餠寺 석가모니후불홍도釋迦牟尼後佛紅圖를 조성하였다.

  ▫ 1817년 경북 청도 餠寺 釋迦牟尼後佛紅圖 조성(淸道 德寺 所藏, 『韓國의 佛畫 21 - 桐華寺(上)』) 수화승 雲谷言輔

취운(翠云) 18세기 후반에 활동한 불화승이다. 제작연대를 알 수 없는 경북 포항 보경사 팔상도(녹원전법상)를 수화승 성명과 조성하였다.

  ▫ 연대미상 경북 포항 寶鏡寺 八相圖(鹿苑轉法相) 조성(『韓國의 佛畫 38 - 佛國寺』) 수화승 聖明

취운당(翠雲堂) 양언(良彦)참조

취원(就洹, 就圓 : -1879-1881-) 19세기 후반에 활동한 불화승이다. 1879년에 수화승 수룡기전과 전북 완주 위봉사 태조암 석가모니후불도를, 1881년에 수화승 성담인우와 전남 구례 천은사 아미타후불홍도阿彌陀後佛紅圖를 조성하였다.

  ▫ 1879년 전북 완주 威鳳寺 太祖庵 釋迦牟尼後佛圖 조성(『韓國의 佛畫 13 - 金山寺』) 수화승 繡龍大電
  ▫ 1881년 전남 구례 泉隱寺 阿彌陀後佛紅圖 조성(『韓國의 佛畫 11 - 華嚴寺』) 수화승 性潭仁宇

취월당(醉月堂) 정일(定一, 定日) 참조

취일(取一 : -1884-) 대명당(大溟堂) 19세기 후반에 활동한 불화승이다. 1884년에 수화승 기형과 경북 예천 용문사 시왕도(1·3·5대왕)를 조성하였다.

  ▫ 1884년 경북 예천 龍門寺 十王圖(1·3·5大王) 조성(『韓國의 佛畫 9 - 直指寺(下)』)131) 수화승 錦華機炯

취정 1(趣淨, 翠淨 : -1702-1707-) 18세기 전반에 활동한 불화승이다. 1702년에 수화승 태철과 전남 장흥 보림사 제석도 2위를 중수하고, 1707년에 수화승 두심과 보림사 불화 3축을 개조하였다.

  ▫ 1702년 전남 장흥 寶林寺 帝釋圖 2위 중수(『譯註 寶林寺重創記』) 수화승 太澈
  ▫ 1707년 전남 장흥 寶林寺 불탱 3축을 개조하여 완성(『譯註 寶林寺重創記』) 수화승 斗心

취정 2(就淨 : -1749-) 18세기 중반에 활동한 불화승이다. 1749년에 수화승 사혜와 충남 천안 광덕사 괘불도를 조성하였다.

∘1749년 충남 천안 廣德寺 掛佛圖 조성(『韓國의 佛畵 16 – 麻谷寺(下)』) 수화승 思惠

취주(就珠 : -1817-) 19세기 전반에 활동한 불화승이다. 1817년에 수화승 언보와 경북 청도 병사餠寺 석가모니후불홍도釋迦牟尼後佛紅圖를 조성하였다.

∘1817년 경북 청도 餠寺 釋迦牟尼後佛紅圖 조성(淸道 德寺 所藏,『韓國의 佛畵 21 – 桐華寺(上)』) 수화승 雲谷言輔

취증(取證 : -1776-)* 18세기 후반에 활동한 불화승이다. 1776년에 수화승으로 경북 영천 영지사 대웅전 석가모니후불도를 조성하였다.

∘1776년 경북 영천 靈芝寺 大雄殿 釋迦牟尼後佛圖 조성(『韓國의 佛畵 30 – 銀海寺』) 良工 수화승
※ 취증과 취징은 동일인으로 추정된다.

취징(取澄, 就澄 : -1775-1792-) 18세기 후반에 활동한 조각승이다. 1775년에 수화승 시보와 영천 묘각사 석조아미타불좌상을 도금하고, 경남 양산 통도사 「팔상기문八相記文」에 언급되어 있다. 1792년에 수화승 㻴峯과 경북 영천 은해사 백홍암 극락전 감로도를 조성하였다.

∘1775년 경북 영천 묘각사 석조아미타불좌상 도금(『한국의 사찰문화재 – 대구광역시・경상북도 Ⅰ 자료집』) 수화승 侍普
1775년 경남 양산 通度寺 「八相記文」 언급(安貴淑,「조선후기 佛畵僧의 계보와 義謙 比丘에 대한 연구(上)」) 수화승 抱冠
∘1792년 경북 영천 銀海寺 百興庵 極樂殿 甘露圖 조성(『韓國의 佛畵 30 – 銀海寺』) 수화승 㻴峯

취찬(取贊 : -1718-) 18세기 전반에 활동한 불화승이다. 1718년에 민회빈愍懷嬪 봉묘封墓 조성에 화승畵僧으로 참여하였다.

∘1718년 『愍懷嬪封墓都監儀軌』 造成所 畵僧(奎章閣 14837호, 朴廷蕙,「儀軌를 통해서 본 朝鮮時代의 畵員」 자료1)

취하(取河 : -1878-) 19세기 후반에 활동한 불화승이다. 1878년에 수화승 한담천신과 경기 안성 청룡사 대웅전 삼세후불도를 조성하였다.

∘1878년 경기 안성 靑龍寺 大雄殿 三世後佛圖 조성(『韓國의 佛畵 28 龍珠寺(上)』) 수화승 漢潭天娠

취한(就閑, 趣閑 : -1725-) 18세기 전반에 활동한 불화승이다. 1725년에 수화승 의겸과 전남 순천 송광사 영산전 석가모니후불도와 수화승 양운과 영산전 팔상도(설산수도상)를, 오십전 오십삼불도(7위)를, 수화승 의겸과 삼십삼조사도를 조성하였다.

∘1725년 전남 순천 松廣寺 靈山殿 釋迦牟尼後佛圖 조성(『韓國의 佛畵 6 – 松廣寺』) 수화승 義謙
1725년 전남 순천 松廣寺 五十殿 五十三佛圖(七位) 조성(『韓國의 佛畵 7 – 松廣寺』) 수화승 □□
1725년 전남 순천 松廣寺 靈山殿 八相圖(雪山修道相) 조성(『韓國의 佛畵 7 – 松廣寺』) 수화승 良云
1725년 전남 순천 松廣寺 三十三祖師圖 조성(『曹溪山松廣寺史庫』)[132] 수화승 義謙

취허당(翠虛堂) 환열(幻悅) 참조

취현(就賢 : -1860-1862-) 19세기 중반에 활동한 불화승이다. 수화승 익찬과 1860년에 전남 구례 화엄사 각황전 삼세불도(약사불)와 1862년에 명부전 지장도를 조성하였다.
- 1860년 전남 구례 華嚴寺 覺皇殿 三世佛圖(藥師佛) 조성(『韓國의 佛畫 11 – 華嚴寺』)[133] 수화승 海雲益讚
- 1862년 전남 구례 華嚴寺 冥府殿 地藏圖 조성(『韓國의 佛畫 11 – 華嚴寺』) 수화승 海雲益讚

취협(取協 : -1874-) 19세기 후반에 활동한 불화승이다. 1874년에 수화승 한 봉창엽과 경기 안성 청룡사 명부전 지장도를 조성하였다.
- 1874년 경기 안성 青龍寺 冥府殿 地藏圖 조성(『韓國의 佛畫 28 – 龍珠寺(上)』) 수화승 漢峰瑲嘩

취휘(就揮 : -1881-) 19세기 후반에 활동한 불화승이다. 1881년에 수화승 한 봉창엽과 대원암 칠성도(보은 법주사 소장)를 조성하였다.
- 1881년 大圓庵 七星圖 조성(報恩 法住寺 所藏, 『韓國의 佛畫 17 – 法住寺』) 수화승 漢峰瑲嘩

측원(測遠 : -1765-) 18세기 중반에 활동한 불화승이다. 1765에 수화승 □□ 와 전남 순천 해천사 삼세후불도(석가모니불, 순천 선암사 소장)를 조성하였다.
- 1765년 전남 순천 海川寺 三世後佛圖(釋迦牟尼佛) 조성(順天 仙巖寺 所藏, 『韓國의 佛畫 12 – 仙巖寺』) 수화승 □□

치경(致敬) 19세기 후반에 활동한 불화승이다. 제작연대를 알 수 없는 전남 여수 은적사 산신도를 수화승 금암천여와 조성하였다.
- 연대미상 전남 여수 隱寂寺 山神圖 조성(『韓國의 佛畫 11 – 華嚴寺』) 수화승 錦庵天如

치선(薙善 : -1861-) 19세기 중반에 활동한 불화승이다. 1861년에 수화승 하 은위상과 경남 양산 통도사 서운암 칠성도를 조성하였다.
- 1861년 경남 양산 通度寺 瑞雲庵 七星圖 조성(『韓國의 佛畫 2 – 通度寺(中)』)[134] 수화승 霞隱偉相

치성(致誠 : -1828-1840-) 19세기 전반에 활동한 불화승이다. 1828년에 수화 승 퇴운신겸과 경기 고양 중흥사 약사회상도와 아미타회상도(국립중앙박물 관 소장)를, 1840년에 수화승 대송성준과 경북 의성 수정암 삼세불묵도三世佛 墨圖를 조성하였다.
- 1828년 경기 고양 中興寺 藥師會上圖 조성(國立中央博物館 所藏, 『北漢山의 佛教遺蹟』 과 『영혼의 여로 – 조선시대 불교회화와의 만남』 및 『韓國의 佛畫 39 – 國·公立博物館』) 수화승 退雲信謙
  1828년 경기 고양 中興寺 阿彌陀會上圖 조성(國立中央博物館 所藏, 『北漢山의 佛教 遺蹟』과 『영혼의 여로 – 조선시대 불교회화와의 만남』 및 『韓國의 佛畫 39 – 國·公 立博物館』) 수화승 信謙
- 1840년 경북 의성 水淨庵 三世佛墨圖 조성(『韓國의 佛畫 23 – 孤雲寺(上)』) 수화승 大崧 成俊

치언(致彦 : -1860-) 19세기 중반에 활동한 불화승이다. 1860년에 수화승 익찬과 전남 구례 화엄사 각황전 삼세불도(약사불)를 조성하였다.

◦ 1860년 전남 구례 華嚴寺 覺皇殿 三世佛圖(藥師佛) 조성(『韓國의 佛畵 11 - 華嚴寺』)[135] 수화승 海雲益讚

치운(熾雲 : -1741-) 18세기 중반에 활동한 불화승이다. 1741년에 수화승 성철과 충남 청양 장곡사 삼세불도(노사나불과 석가모니불)를 조성하였다.

◦ 1741년 충남 청양 長谷寺 三世佛圖(盧舍那佛) 조성(東國大學校 博物館 所藏, 『韓國의 佛畵 18 - 大學博物館(Ⅰ)』) 수화승 性哲
1741년 충남 청양 長谷寺 三世佛圖(釋迦牟尼佛) 조성(東國大學校 博物館 所藏, 『韓國의 佛畵 18 - 大學博物館(Ⅰ)』) 수화승 性哲

치삭(稚朔 : -1764-)* 18세기 중반에 활동한 불화승이다. 1764년에 수화승으로 경북 의성 대곡사 지장도와 수화승 치상과 감로도(원광대학교 박물관 소장)를 조성하였다.

◦ 1764년 경북 의성 大谷寺 地藏圖 조성(『韓國의 佛畵 23 - 孤雲寺(上)』) 良工 通政 수화승
1764년 甘露圖 조성(圓光大學校 博物館 所藏, 『韓國의 佛畵 19 - 大學博物館(Ⅱ)』)[136] 畵員 首通政 수화승 雉翔

치상(致祥 : -1702-) 18세기 전반에 활동한 불화승이다. 1702년에 수화승 사신과 전남 순천 선암사 불조전 오십삼후불도(8위)를 조성하였다. 제작연대를 알 수 없는 전남 곡성 도림사 석가모니후불도(동국대학교 박물관 소장)를 수화승 정□와 조성하였다.

◦ 1702년 전남 순천 仙巖寺 佛祖殿 五十三後佛圖(8위) 조성(『韓國의 佛畵 12 - 仙巖寺』)[137] 수화승 思信
1702년 전남 순천 仙巖寺 佛祖殿 五十三後佛圖(8위) 조성(『韓國의 佛畵 12 - 仙巖寺』) 수화승 思信
◦ 연대미상 전남 곡성 道林寺 釋迦牟尼後佛圖 조성(東國大學校 博物館 所藏, 『韓國의 佛畵 18 - 大學博物館(Ⅰ)』) 수화승 定□

치수(致修 : -1776-) 18세기 후반에 활동한 불화승이다. 1776년에 영조英祖 원릉元陵 조성소造成所 화승畵僧으로 참여하였다.

◦ 1776년 『英祖元陵山陵都監儀軌』 造成所 畵僧(奎章閣 13586호, 朴廷蕙, 「儀軌를 통해서 본 朝鮮時代의 畵員」 자료1)

치심(致心 : -1775-1798-) 18세기 후반에 활동한 불화승이다. 1775년에 수화승 우홍과 경남 양산 통도사 명부전 시왕도(오도전륜대왕)를, 1792년에 수화승 지연과 경남 양산 통도사 괘불도와 삼장도를, 수화승 복찬과 신중도(원적산 금봉암 소장)를, 1798년에 수화승 옥인과 통도사 명부전 지장도를 조성하였다.

◦ 1775년 경남 양산 通度寺 冥府殿 十王圖(道轉輪大王) 조성(『韓國의 佛畵 2 - 通度寺(中)』) 수화승 宇洪
◦ 1792년 경남 양산 通度寺 掛佛圖 조성(『韓國의 佛畵 2 - 通度寺(中)』) 수화승 指演
1792년 경남 양산 通度寺 三藏圖 조성(『韓國의 佛畵 1 - 通度寺(上)』) 수화승 指演
1792년 경남 양산 通度寺 神衆圖(圓寂山 金鳳庵 奉安) 조성(『韓國의 佛畵 1 - 通度寺(上)』) 수화승 福贊
◦ 1798년 경남 양산 通度寺 冥府殿 地藏圖 조성(『韓國의 佛畵 1 - 通度寺(上)』) 수화승 指演

치연 1(致蓮 : -1741-) 18세기 중반에 활동한 불화승이다. 1741년에 수화승 긍척과 전남 여수 흥국사 팔상전 석가모니후불도와 대웅전 삼장도를 조성하였다.

- 1741년 전남 여수 흥국사 八相殿 釋迦牟尼後佛圖 조성(『韓國의 佛畫 11 – 華嚴寺』) 수화승 亘陟
  1741년 전남 여수 흥국사 大雄殿 三藏圖(天藏 · 持地藏菩薩) 조성(『韓國의 佛畫 11 – 華嚴寺』) 수화승 亘陟
  1741년 전남 여수 흥국사 大雄殿 三藏圖(地藏菩薩) 조성(『韓國의 佛畫 11 – 華嚴寺』) 수화승 亘陟

치연 2(致衍 : -1887-1892-) 19세기 후반에 활동한 불화승이다. 수화승 금곡 영환과 1887년에 서울 미타사 극락전 신중도와 1892년에 경기 남양주 흥국사 영산전 석가모니후불도 및 수화승 경선응석과 영산전 십육나한도(2·4·6·8존자)를 조성하였다.

- 1887년 서울 彌陀寺 極樂殿 神衆圖 조성(『서울전통사찰불화』와『韓國佛畫畫記集』 및 『韓國의 佛畫 35 – 曹溪寺(中)』) 沙彌 수화승 金谷永煥
- 1892년 경기 남양주 興國寺 靈山殿 釋迦牟尼後佛圖 조성(『韓國의 佛畫 33 – 奉先寺』) 沙彌 수화승 金谷永煥
  1892년 경기 남양주 興國寺 靈山殿 十六羅漢圖(2·4·6·8尊者) 조성(『韓國의 佛畫 33 – 奉先寺』) 수화승 慶船應釋

치정(致淨 : -1767-) 18세기 중반에 활동한 불화승이다. 1767년에 수화승 하윤과 경북 경주 불국사 대웅전 단청에 참여하였다.

- 1767년 경북 경주 佛國寺 大雄殿 丹艧(「佛國寺古今創記」, 『佛國寺誌』) 副畫員 수화승 夏閏

치한(致閑 : -1741-)* 18세기 중반에 활동한 불화승이다. 1741년에 수화승 긍척과 전남 여수 흥국사 팔상전 석가모니후불도와 대웅전 삼장도 및 감로도를, 1753년에 수화승으로 전남 순천 선암사 괘불도와 수화승 즉민과 대법당 제석도 및 수화승 은기와 순천 선암사 삼십삼조사도(석가모니불, 1·2조사)를 조성하였다.

- 1741년 전남 여수 興國寺 八相殿 釋迦牟尼後佛圖 조성(『韓國의 佛畫 11 – 華嚴寺』) 수화승 亘陟
  1741년 전남 여수 興國寺 大雄殿 三藏圖(天藏 · 持地藏菩薩) 조성(『韓國의 佛畫 11 – 華嚴寺』) 수화승 亘陟
  1741년 전남 여수 興國寺 大雄殿 三藏圖(地藏菩薩) 조성(『韓國의 佛畫 11 – 華嚴寺』) 수화승 亘陟
  1741년 전남 여수 興國寺 甘露圖 조성(『韓國佛畫畫記集』) 수화승 亘陟
- 1753년 전남 순천 仙巖寺 掛佛圖 조성(『韓國의 佛畫 12 – 仙巖寺』) 金魚 兼 持殿 수화승
  1753년 전남 순천 仙巖寺 大法堂 帝釋圖 조성(『韓國의 佛畫 12 – 仙巖寺』) 수화승 卽琝
  1753년 전남 순천 仙巖寺 三十三祖師圖(釋迦牟尼佛, 1·2祖師) 조성(『韓國의 佛畫 12 – 仙巖寺』) 수화승 隱奇

치행 1(致行 : -1755-) 18세기 중반에 활동한 불화승이다. 1755년에 수화승 상오와 경북 영천 은해사 대웅전 삼장도를, 수화승 임한과 경북 청도 운문사 비로전 삼신불도와 온양민속박물관 소장 삼장도를 조성하였다.

◦ 1755년 경북 영천 銀海寺 大雄殿 三藏圖 조성(『韓國의 佛畵 30 - 銀海寺』) 수화승 常悟
1755년 경북 청도 雲門寺 毘盧殿 三身佛圖 조성(『韓國의 佛畵 21 - 桐華寺 (上)』) 수화승 任閑
1755년 三藏圖 조성(溫陽民俗博物館 所藏, 『韓國의 佛畵 20 - 私立博物館』)[138] 수화승 任閑

치행 2(致行 : -1893-) 19세기 후반에 활동한 불화승이다. 1892년에 수화승 영명천기와 서울 봉은사 대웅전 삼불회도를, 1893년에 수화승 금호약효와 서울 지장사 대웅전 지장보살도를 조성하였다.

◦ 1892년 서울 奉恩寺 大雄殿 三佛會圖 조성(『韓國의 佛畵 34 - 曹溪寺(上)』) 수화승 永明天機
◦ 1893년 서울 地藏寺 大雄殿 地藏菩薩圖(『서울전통사찰불화』와 『韓國佛畵畵記集』) 수화승 錦湖若效[139]

치형(侈亨 : -1888-) 덕송당(德松堂) 19세기 후반에 활동한 불화승이다. 1888년에 수화승 금곡영환과 경기 안성 칠장사 명부전 지장도를 조성하였다.

◦ 1888년 경기 안성 七長寺 冥府殿 地藏圖 조성(『韓國의 佛畵 28 - 龍珠寺(上)』) 수화승 金谷永煥

치화(致化 : -1905-) 20세기 전반에 활동한 불화승이다. 1905년에 수화승 경선응석과 충북 보은 법주사 팔금강번八金剛幡(백정수금강)을 조성하였다.

◦ 1905년 충북 보은 法住寺 八金剛幡(白淨水金剛) 조성(『韓國의 佛畵 17 - 法住寺』) 수화승 慶船應釋

치훈(致訓 : -1847-) 19세기 중반에 활동한 불화승이다. 1844년에 수화승 태원과 전남 여수 흥국사 오십전五十殿 산신도를 조성하였다.

◦ 1844년 전남 여수 興國寺 五十殿 山神圖 조성(『韓國의 佛畵 11 - 華嚴寺』) 수화승 太原

칠현(七賢 : -1888-) 철월당(哲月堂) 19세기 후반에 활동한 불화승이다. 1888년에 수화승 우송한규와 대구 은적암 지장도를 조성하였다.

◦ 1888년 대구 隱跡菴 地藏圖 조성(『韓國의 佛畵 21 - 桐華寺(上)』) 良工 수화승 友松翰奎

칠혜(七惠 : -1735-1739-) 18세기 전·중반에 활동한 불화승이다. 1735년에 수화승 각총과 경기 남양주 봉선사 괘불도를, 1739년에 수화승 초흠과 서울 학림사 괘불도를 조성하였다.

◦ 1735년 경기 남양주 奉先寺 掛佛圖 조성(『掛佛調査報告書』과 『韓國佛畵畵記集』 및 『韓國의 佛畵 33 - 奉先寺』) 수화승 覺聰
◦ 1739년 서울 鶴林寺 掛佛圖 造成 추정(박도화, 「鶴林寺 毘盧遮那三身掛佛幀畵」과 『韓國의 佛畵 35 - 曹溪寺(中)』)[140] 수화승 楚欽

침룡당(枕龍堂) 윤규(潤圭) 참조

침허당(枕虛堂) 예준(禮遵) 참조

[주]

1) 『韓國의 佛畵 38 - 佛國寺』, 성보문화재연구소, p.234 圖94에 大雄殿三尊改金時新畵成靈山會部幀奉安으로 나와 있고, 塗金良工比丘大德 尙淨 碩峯 淸益 宇學 抱冠 德仁 定安 脫閏 藏榮 報恩 圓敏 最善 桂觀 □欣 有誠 都畵師 智□ 次全 幼禪 哲印 富一 大演 宥祥으로 적혀 있다. 따라서 불화의 조성에 수화승은 智□일 것으로 추정된다.
2) 『韓國의 佛畵 38 - 佛國寺』, p.230 圖53에 碧山□□로 읽었다.
3) 『韓國의 佛畵 1 - 通度寺(上)』, p.267에 碧山□奎로 읽었다.
4) 『韓國의 佛畵 21 - 桐華寺(上)』, p.246 圖50에 1775년에 제작된 것으로 나와 있지만, 同治十年辛未는 1871년이다.
5) 『韓國의 佛畵 11 - 華嚴寺』 圖5에 畵記를 잘못 정리하여 놓았다.
6) 『韓國의 佛畵 8 - 直指寺(上)』, p.267 圖42에 退雲愼豈로 읽었다.
7) 『韓國의 佛畵 8 - 直指寺(上)』 圖13과 洪潤植 編, 『韓國佛畵畵記集』, 가람사연구소, 1995, pp.223-234에 贊□로 읽었다.
8) 김정희, 「雙磎寺의 佛畵」, pp.51-52에 察三으로 읽었다.
9) 洪潤植 編, 위의 책, pp.285-286에 敞□로 읽었다.
10) 『韓國의 佛畵 8 - 直指寺(上)』, p.263 圖22에 수화승을 露隱偉相으로 읽었다.
11) 『韓國의 佛畵 11 - 華嚴寺』 圖5에 畵記를 잘못 정리하여 놓았다.
12) 이 불화는 『서울전통사찰불화』, 서울특별시, 1996, p.136과 洪潤植 編, 위의 책, pp.335-336에 山神圖로 보았다.
13) 金魚 普應 文□보다 먼저 언급되어 있다.
14) 『韓國의 佛畵 28 - 龍珠寺(上)』 圖14에 일부의 불화승을 시주질을 언급한 후에 적어놓았다.
15) 창화瑲瑋로 읽었다.
16) 『畿內寺院誌』, 경기도, 1988, pp.199-200에 漢峰瑲華로 읽었다.
17) 『서울전통사찰불화』, p.125와 洪潤植 編, 위의 책, pp.274-275에 □燁으로 읽었다.
18) 원래 원통암에 소장되었다가 1984년 靑蓮寺와 圓通庵은 합해지면서 청련사 삼성각에 옮겨졌다.
19) 『韓國의 佛畵 35 - 曹溪寺(中)』, p.212 圖38에 漢峰□曄으로 읽었다.
20) 漢峰丈燁으로 읽었다.
21) 漢峰堂 □燁으로 읽었다.
22) 『서울전통사찰불화』, pp.120-121에 1844년에 제작된 것으로 보았다.
23) 畵記에 편수, 금어가 언급되고 다시 金魚秩에 여러 명의 불화승이 적혀 있다.
24) 『韓國의 佛畵 28 - 龍珠寺(上)』 圖14에 일부의 불화승을 시주질을 언급한 후에 적어놓았다.
25) 『韓國의 佛畵 35 - 曹溪寺(中)』, p.211 圖29에 漢峰應□로 읽었다.
26) 『韓國의 佛畵 34 - 曹溪寺(上)』, p.208 圖17에 수화승을 雲湖在悟로, 碧月□□로 읽었다.
27) 『韓國의 佛畵 8 - 直指寺(上)』, p.262 圖17에 金魚都比丘 比丘有心□□ ……으로 읽었다.
28) 『韓國의 佛畵 10 -月精寺』, p.245 圖4에 수화승을 意雲慈頭로 읽었다.
29) 洪潤植 編, 위의 책, pp.204-205에 唱謙으로 읽었다.
30) 『서울전통사찰불화』, p.132에 언급되어 않았다.
31) 『畿內寺院誌』, pp.202-203에 언급되어 않았다.
32) 『韓國의 佛畵 10 -月精寺』, p.245 圖4에 수화승을 意雲慈頭로 읽었다.
33) 『韓國의 佛畵 10 -月精寺』, p.245 圖4에 수화승을 意雲慈頭로 읽었다.
34) 『韓國의 佛畵 11 - 華嚴寺』 圖5에 畵記를 잘못 정리하여 놓았다.
35) 『서울전통사찰불화』, 서울특별시, 1996, pp.117-118에 □活로, 洪潤植 編, 위의 책, p.245에 창활로, 『掛佛調査報告書 Ⅱ』 圖17에 暢活로 읽었다.
36) 洪潤植 編, 위의 책, pp.371-372에 阿彌陀會上圖로 보았다.
37) 도록에 昌□로 읽었다.
38) 洪潤植 編, 위의 책, pp.397-398에 金煥尙休로 적어놓았다.
39) 도록에 昌□로 나와 있지만, 1904년 梁山 通度寺 毘盧庵 九品圖(『韓國의 佛畵 1 - 通度寺(上)』 圖21) 조성 시 수화승 尙休와 같이 활동한 승려들과 동일하다.

ㅊ

40) 洪潤植 編, 위의 책, pp.133-134에 茶敏으로 읽었다.

41) 洪潤植 編, 위의 책, pp.219-221에 주언朱彦으로 읽었다.

42) 도록에 采彦으로 읽었다.

43) 東國大 慶州캠퍼스 博物館에 소장된 1799년 경북 경주 祇林寺 十王殿 地藏圖와 같이 제작되었을 것으로 추정된다.

44) 동시에 五十三佛圖, 八相圖, 十六羅漢圖를 조성하였다.

45) 畵記에 義謙, 採仁, 幸宗, 晶寬, 智元으로 나와 있으나, 원문에 畵員 儀謙, 幸宗, 採仁, 德敏이 제작한 것으로 나와 있다(『韓國의 佛畵 15 - 麻谷寺(上)』, p.217).

46) 畵記에 ...山□門寺로 적혀 있다.

47) 『韓國의 佛畵 11 - 華嚴寺』 圖5에 畵記를 잘못 정리하여 놓았다.

48) 洪潤植 編, 위의 책, p.112에 策難로 읽었다.

49) 洪潤植 編, 위의 책, pp.112-113에 策難로 읽었다.

50) 洪潤植 編, 위의 책, pp.113-115에 策難로 읽었다.

51) 洪潤植 編, 위의 책, pp.112-114에 舟□로 읽었다.

52) 『仙巖寺』, pp.185-186에 木花으로 추정하였다.

53) 畵記에 義謙, 幸宗, 覺天, 德敏으로 나와 있으나, 원문에 畵員 儀謙, 幸宗, 日敏, 覺天, 策闊이 제작한 것으로 나와 있다(『韓國의 佛畵 15 - 麻谷寺(上)』, p.217).

54) 1730년에 조성된 경남 고성 雲興寺 三世佛圖(藥師如來, 『韓國의 佛畵 25 - 雙磎寺』, p.223 圖21)에 畵員의 이름이 적혀있지 않다.

55) 洪潤植 編, 위의 책, p.92에 □□로 읽었다.

56) 洪潤植 編, 위의 책, pp.99-100에 處尙로 읽었다.

57) 畵記에 ...山□門寺로 나와 있다.

58) 동시에 五十三佛圖, 八相圖, 十六羅漢圖를 조성하였다.

59) 이곳에서만 불화승을 용면으로 불렀다.

60) 洪潤植 編, 위의 책, pp.102-104에 處□로 읽었다.

61) 『韓國의 佛畵 13 - 金山寺』 圖33에 康熙二十一年壬申으로, 洪潤植 編, 위의 책, pp.44-45에 제작연대가 康熙二十一年壬戌로 나와 있는데, 康熙21년은 壬戌년으로 1682년에 해당한다. 洪潤植 編, 위의 책, pp.44-45에 虛軒으로 읽었다.

62) 洪潤植 編, 위의 책, pp.390-391에 靈山會上圖로 언급되어 있다.

63) 洪潤植 編, 위의 책, pp.310-311에 靈山會上圖로 명명하였다.

64) 洪潤植 編, 위의 책, p.317에 影明堂影機로 읽었다.

65) 畵記에 편수, 금어가 언급되고 다시 金魚秩에 여러 명의 불화승이 적혀 있다. 또한 영명천기를 求明 天機로 적어 놓았다.

66) 『韓國의 佛畵 35 - 曹溪寺(中)』, p.206 圖6에 永明天□로 읽었다.

67) 『韓國의 佛畵 25 - 雙磎寺(上)』에 畵圓으로, 『掛佛調査報告書Ⅱ』에 畵員으로 적혀 있다.

68) 畵記에 金魚 錦庵 片手 天如로 쓰여 있다. 洪潤植 編, 위의 책, p.246에 금암을 別座로 읽었다.

69) 金玲珠, 『朝鮮時代佛畵硏究』, 지식산업사, 1986, p.59에 錦庵文如로 읽었다.

70) 『朝鮮後期佛畵』 圖1에 목포대학교박물관에서 간행한 보고서(『구례군 문화유적』, 1994, p.184)를 근거로 錦海堂天□, 龍浣으로 읽었다.

71) 湘月□□로 읽었다.

72) 『韓國의 佛畵 18 - 大學博物館(Ⅰ)』, p.213 圖17에 18세기로 추정하였지만, 1718년에 수화승 천오가 경주 기림사 대적광전 삼신불회도三身佛會圖를 조성하였다.

73) 『韓國의 佛畵 38 - 佛國寺』, p.222 圖8에 수화승 霞隱應祖로 읽었다.

74) 『韓國의 佛畵 38 - 佛國寺』, p.226 圖26에 수화승 霞隱應祖로 읽었다.

75) 『韓國의 佛畵 32 - 梵魚寺』, p.208 圖20에 阿彌陀後佛圖로 보았다.

76) 『프랑스 국립기메박물관 소장 한국문화재』 회화류 圖1에 天柱가 언급되어 있지 않다.

77) 洪潤植 編, 위의 책, p.112에 天涯로 읽었다.

78) 畵記에 中壇圖로 나와 있다.

79) 洪潤植 編, 위의 책, p.349에 1896년 龍□天禧가 제작한 것으로 나와 있다.

80) 『한국의 사찰문화재-강원도』, p.508 圖475에 수화승을 格夏로 읽었다.

81) 『韓國의 佛畫 8 - 直指寺(上)』, p.263 圖22에 수화승을 露隱偉相으로 읽었다.

82) 畫記에 大雄殿 三尊聖像 灵山殿 十六尊像 兩帝釋과 各部 改圖 및 現王圖 點眼으로 나와 있다.

83) 洪潤植 編, 위의 책, pp.319-320에 蓮華庵 神衆圖로 나와 있다.

84) 『韓國의 佛畫 38 - 佛甲寺』, p.234 圖94에 大雄殿三尊改金時新畵成靈山會部幀奉安으로 나와 있고, 塗金良工比丘大德 尙淨 碩峯 淸益 宇學 抱冠 德仁 定安 脫閏 藏榮 報恩 圓敏 最once 桂觀 □欣 有誠 都畵師 智□ 次全 幼禪 哲印 富一 大演 有祥으로 적혀 있다. 따라서 불화의 조성에 수화승은 智□일 것으로 추정한다.

85) 洪潤植 編, 위의 책, pp.133-134에 晴厓로 읽었다.

86) 『掛佛調查報告書』, p.162와 洪潤植 編, 위의 책, pp.137-139에 淸眼이 공양주로 언급되어 있다.

87) 『韓國의 佛畫 8 - 直指寺(上)』 圖13과 洪潤植 編, 위의 책, pp.223-234에 軆□로 읽었다.

88) 『韓國의 佛畫 35 - 曹溪寺(中)』, p.208 圖11에 인체당체□로 읽었다.

89) 洪潤植 編, 위의 책, p.92에 □岺으로 읽고, 5명(□岺, □俊, 秀□, 有□, □位)이 그린 것으로 언급되었다.

90) 畫記에 예천을 醴川으로 적어놓았다.

91) 『韓國의 佛畫8 - 直指寺(上)』 圖66과 洪潤植 編, 위의 책, p.274에 軆□로 나와 있다.

92) 『韓國의 佛畫 17 - 法住寺』, p.235 圖27에 太虛軆訓으로 읽었다.

93) 洪潤植 編, 위의 책, p.315에 大虛軆□로, 『韓國의 佛畫 34 - 曹溪寺(上)』, p.206 圖3에 太虛軆訓으로 읽었다.

94) 洪潤植 編, 위의 책, p.315에 太虛軆訓으로 읽었다.

95) 이름 뒤에 得訥의 의미를 알 수 없다.

96) 畫記에 大虛軆詞로 읽었다. 洪潤植 編, 위의 책, p.316에 出草로 나와 있다.

97) 박도화는 불화의 하단 畫記가 좌우로 나뉘어 있는 가운데 왼쪽 畵記는 조성에 관련된 것으로 보았다. 또한 괘불함의 안쪽에 「楊州 水落山內院菴掛佛幀 己未年造成三補定欽留鎭于寺」라는 묵서를 근거로 1739년에 제작된 것으로 추정하였다.

98) 『韓國의 佛畫 11 - 華嚴寺』 圖5에 畵記가 잘못 정리되어 있다.

99) 洪潤植 編, 위의 책, p.264와 『掛佛調查報告書』 圖2에 化南堂 摠舍로 읽었다.

100) 『韓國의 佛畫 38 - 佛甲寺』, p.234 圖94에 大雄殿三尊改金時新畵成靈山會部幀奉安으로 나와 있고, 塗金良工比丘大德 尙淨 碩峯 淸益 宇學 抱冠 德仁 定安 脫閏 藏榮 報恩 圓敏 最once 桂觀 □欣 有誠 都畵師 智□ 次全 幼禪 哲印 富一 大演 有祥으로 적혀 있다. 따라서 불화의 조성에 수화승은 智□일 것으로 추정한다.

101) 조사자는 舟로 적었지만, 丹일 것이다.

102) 崔淳雨・鄭良謨, 『韓國의 佛教繪畫 - 松廣寺』, p.49와 60, 洪潤植 編, 위의 책, pp.89-90에 最秘로 읽었다.

103) 동시에 五十三佛圖, 八相圖, 十六羅漢圖를 조성하였다.

104) 畫記에 ...山□門寺로 나와 있다.

105) 『韓國의 佛畫 18 - 大學博物館(Ⅰ)』, p.213 圖17에 18세기로 추정하였지만, 1718년에 수화승 천오가 경주 기림사 대적광전 삼신불회도三身佛會圖를 조성하였다.

106) 洪潤植 編, 위의 책, p.133에 湫根으로 읽었다.

107) 『韓國의 佛畫 39 - 國・公立博物館』, p.228 圖17에 秋溪로 읽었다.

108) 『韓國의 佛畫 15 - 麻谷寺(上)』 圖3 □明으로 읽었지만, 같이 그려진 아미타불도에 竺明이 참여하고 있다.

109) 『全南의 寺刹』, p.163에 畵佛 衍 竺性으로 읽었다.

110) 洪潤植 編, 위의 책, pp.319-320에 蓮華庵 神衆圖로 나와 있다.

111) 『서울전통사찰불화』, pp.122-123과 洪潤植 編, 위의 책, p.251에 1847년으로 잘못 읽었다.

112) 『서울전통사찰불화』, pp.134-135에 萬山竺衍으로 읽었다.

113) 수화승은 용하일 것으로 추정된다.

114) 金剛山 楡岾寺에 거주한 것을 언급되어 있다.

115) 『韓國의 佛畫 8 - 直指寺(上)』 圖34에 右山으로 쓰여 있다.

116) 『전통사찰총서 5- 인천・경기도의 전통사찰Ⅱ』, p.53에 慧果奉鑑과 漢谷敦法이 조성한 것으로 언급되어 있다.

117) 畫記에 大雄殿 三尊聖像 灵山殿 十六尊像 兩帝釋과 各部 改圖 및 現王圖 點眼으로 나와 있다.

118) 洪潤植 編, 위의 책, p.396에서는 渭信士로 읽었다.

119) 金玲珠, 위의 책, pp.57-58과 洪潤植 編, 위의 책, p.200에서는 出完으로 언급되어 있다.

120) 『韓國의 佛畫 28 龍珠寺篇(上)』 圖14에 일부의 불화승을 화원 다음의 시주질을 언급하였다.

121) 『韓國의 佛畫 28 - 龍珠寺(上)』, p.203 圖33에 胤暹으로 읽었다.

122) 『韓國의 佛畵 11 - 華嚴寺』 圖5에 畵記를 잘못 정리하여 놓았다.

123) 『韓國의 佛畵 29 - 龍珠寺(下)』의 畵記에 康熙三十一年 壬戌로 적혀 있는데, 洪潤植 編, 위의 책, p.45에 康熙二十一年 壬戌로 적혀 있어 앞의 자료가 잘못 읽었음을 알 수 있다. 또한 洪潤植 編, 위의 책, p.45에 就甘으로 읽었다.

124) 洪潤植 編, 위의 책, pp.99-100에 就謹으로 읽었다.

125) 1730년에 조성된 경남 고성 雲興寺 三世佛圖(藥師如來, 『韓國의 佛畵 25 - 雙磎寺』, p.223 圖21)에 畵員의 이름이 적혀있지 않다.

126) 畵記에 中壇圖로 나와 있다.

127) 崔淳雨・鄭良謨, 위의 책, p.60에 화기를 제대로 읽었지만, p.61에 雲沈就喜로 잘못 읽었다.

128) 就□으로 읽었다.

129) 洪潤植 編, 위의 책, p.230에 언급되지 않았다. 그러나 취의就宜라는 불화승을 언급하여 취엽와 계직을 잘못 읽은 것으로 보인다.

130) 畵記에 ...山□門寺로 나와 있다.

131) 畵記에 金魚가 4번 나오고 있다.

132) 동시에 五十三佛圖, 八相圖, 十六羅漢圖를 조성하였다.

133) 『韓國의 佛畵 11 - 華嚴寺』에 畵記를 적는 순서에 맞지 않는다.

134) 『韓國의 佛畵 2 - 通度寺(中)』, p.282 圖48에 □善으로, 洪潤植 編, 위의 책, pp.262-263에 薙善으로 읽었다.

135) 『韓國의 佛畵 11 - 華嚴寺』 圖5에 畵記를 잘못 정리하여 놓았다.

136) 畵記에 大谷□로 나와 있으나, 같은 해 大谷寺에서 불화를 조성하였다. 또한 『韓國의 佛畵 19 大學博物館(Ⅱ)』 圖35에 稚翔으로 읽었는데, 洪潤植 編, 위의 책에 稚朔으로 읽었다.

137) 致□으로 읽었다.

138) 畵記에 ...山□門寺로 읽었다.

139) 『韓國의 佛畵 34 - 曹溪寺(上)』, p.213 圖54에 致衍으로 읽었다.

140) 박도화는 불화의 하단 畵記가 좌우로 나뉘어 있는 가운데 왼쪽 畵記는 조성에 관련된 것으로 보았다. 또한 괘불함의 안쪽에 「楊州 水落山內院菴掛佛幀 己未年造成三補定欽留鎭于寺」라는 묵서를 근거로 1739년에 제작된 것으로 추정하였다.

ㅋ

쾌능(快能 : -1792-) 18세기 후반에 활동한 불화승이다. 1792년에 수화승 지연과 경남 양산 통도사 괘불도와 삼장도를, 수화승 복찬과 신중도를 조성하였다.

> ▫1792년 경남 양산 通度寺 掛佛圖 조성(『韓國의 佛畵 2 - 通度寺(中)』) 수화승 指演
> 1792년 경남 양산 通度寺 三藏圖 조성(『韓國의 佛畵 1 - 通度寺(上)』) 수화승 指演
> 1792년 경남 양산 通度寺 神衆圖(圓寂山 金鳳庵 奉安) 조성(『韓國의 佛畵 1 - 通度寺(上)』) 同助良工[1) 수화승 福贊

쾌민(快敏, 快旻 : -1724-1728-)* 18세기 전반에 활동한 불화승이다. 수화승으로 1724년에 대구 동구 파계사 건칠관음보살좌상을 중수하고, 경북 영천 법화사 대웅전 석가모니후불도(영천 봉림사 소장)를, 1728년에 수화승으로 대구 동화사 지장도를 조성하였다.

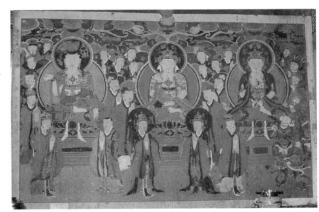

쾌민, 삼장보살도, 1728년, 대구 동화사 대웅전

> ▫1708년 경북 포항 寶鏡寺 掛佛圖 조성(『韓國의 佛畵 38 - 佛國寺』) 수화승 義均
> ▫1724년 대구 동구 파계사 건칠관음보살좌상 중수(『한국의 사찰문화재-대구광역시·경상북도Ⅰ 자료집』) 畵筆 수화승
> 1724년 경북 영천 法華寺 大雄殿 釋迦牟尼後佛圖 조성(永川 鳳林寺 所藏,『韓國의 佛畵 30 - 銀海寺』) 畵員 道僧 수화승
> ▫1728년 대구 桐華寺 地藏圖 조성(『韓國의 佛畵 21 - 桐華寺(上)』) 畵員 수화승

쾌성(快性 : -1771-1796-)* 18세기 후반에 경상도를 중심으로 활동한 불화승이다. 1771년에 수화승으로 충남 공주 갑사 괘불도 중수하고, 1786년

쾌성, 삼신불괘불도 부분, 1650년, 공주 갑사

에 수화승 평삼과 경남 의령 수도사 감로도(양산 통도사 소장)와 구인사 유물 전시관 소장 아미타후불도를 조성하였다. 1794년부터 1796년까지 화성 건립에 참여하여 1801년 작성된 『화성성역의궤華城城役儀軌』에 경상도 승려로 언급되어 있다.

- 1771년 충남 공주 甲寺 掛佛圖 重修(1650년 作, 『韓國의 佛畫 16 麻谷寺 本末寺編(下)』) 畵員 수화승
- 1786년 경남 의령 修道寺 甘露圖 조성(梁山 通度寺 所藏, 『韓國의 佛畫 2 - 通度寺(中)』) 수화승 評三
  1786년 阿彌陀後佛圖 조성(救仁寺 遺物展示館 所藏, 『韓國의 佛畫 40 - 補遺』) 片手 수화승 平三
- 1790년 경기 화성 龍珠寺 樓片手로 참여(慶尙道 永川 銀海寺 嘉善南漢總攝)
- 1794~1796년 경기 화성 건립에 목수로 참가(1801년 작성된 『華城城役儀軌』 卷4 工匠 畫工 條) 慶尙道

쾌식(快湜 : -1759-) 18세기 중반에 활동한 불화승이다. 1759년에 수화승 오관과 강원 원주 鵠鷳寺 비로자나후불도(평창 월정사 소장)를 조성하였다.

- 1759년 강원 원주 稚岳山 鵠鷳寺 毘盧遮那後佛圖 조성(平昌 月精寺 所藏, 『韓國의 佛畫 10 - 月精寺』) 수화승 悟寬

쾌신(快信 : -1757-1784-) 18세기 후반에 활동한 승장이다. 1757년에 정성왕후貞聖王后 홍릉弘陵 조성소 화승畵僧으로 참여하고, 1784년에 수화승 유성과 경북 김천 직지사 천불전 불상을 조성하였다.

- 1757년 『貞聖王后弘陵山陵都監儀軌』 造成所 畵僧(奎章閣 13591호, 朴廷蕙, 「儀軌를 통해서 본 朝鮮時代의 畵員」 자료1)
- 1784년 경북 김천 직지사 천불전 불상 제작(發願文) 수화승 有誠

쾌안(快安 : -1775-1803-) 19세기 전반에 활동한 불화승이다. 1775년에 수화승 국성과 경남 양산 통도사 명부전 시왕도(태산대왕)를, 1798년에 수화승 옥인과 명부전 지장도를, 1803년에 수화승 지연과 울산 석남사 지장도를 조성하였다.

- 1775년 경남 양산 通度寺 冥府殿 十王圖(太山大王) 조성(『韓國의 佛畫 2 - 通度寺(中)』) 수화승 國成
- 1798년 경남 양산 通度寺 冥府殿 地藏圖 조성(『韓國의 佛畫 1 - 通度寺(上)』) 수화승 指演
- 1803년 울산 石南寺 地藏圖 조성(『韓國의 佛畫 3 - 通度寺(下)』) 수화승 指涓

쾌언(夬彦 : -1799-) 18세기 후반에 활동한 불화승이다. 1799년에 수화승 자운지연과 경북 경주 기림사 시왕전 지장도를 조성하였다.

- 1799년 경북 경주 祇林寺 十王殿 地藏圖 조성(東國大 慶州캠퍼스 博物館 所藏, 『韓國의 佛畫 18 - 大學博物館(Ⅰ)』) 수화승 慈雲□演

쾌웅(快雄 : -1858-1861-) 해명당(海溟堂) 19세기 중반에 활동한 불화승이다. 1858년에 수화승 성운영희와 경기 남양주 흥국사 괘불도를, 1861년에 수화승 월하 세원과 화계사 극락보전 아미타후불도(예산 수덕사 소장)와 수화승 하운 유경과 서울 화계사 칠성도(가평 현등사 소장)를 조성하였다.

- 1858년 경기 남양주 興國寺 掛佛圖 조성(『掛佛調查報告書』과 『韓國佛畫畵記集』 및 『韓

國의 佛畵 33 – 奉先寺』) 수화승 惺雲永羲
。1861년 華溪寺 極樂寶殿 阿彌陀後佛圖 조성(禮山 修德寺 所藏,『韓國의 佛畵 27 – 修德寺』) 수화승 月霞世元
1861년 서울 華溪寺 七星圖 조성(加平 懸燈寺 所藏, 畵記와『韓國佛畵畵記集』및『韓國의 佛畵 33 – 奉先寺』)2) 수화승 河雲宥景

쾌월(快月 : -1803-) 19세기 전반에 활동한 불화승이다. 1803년에 수화승 제한과 경북 김천 직지사 괘불도를 조성하였다.
。1803년 경북 김천 直指寺 掛佛圖 조성(『韓國의 佛畵 9 – 直指寺(下)』) 수화승 濟閑

쾌윤(快允, 快玧, 快潤 : -1751-1802-)* 송계당(松溪堂) 18세기 후반에 전라도 선암사를 중심으로 활동한 불화승이다. 1751년에 수화승 비현 등과 전남 순천 선암사 아미타후불도를, 1753년에 수화승 치한과 순천 선암사 괘불도를, 1759년에 수화승 비현과 전남 여수 흥국사 괘불도를 조성하였다. 1765년에 수화승으로 전남 강진 백련사 삼세후불도(소재불명)를, 1769년에 경남 남해 용문사 괘불도를, 1773년에 강진 백련사 삼장도(소재불명)를, 1777년에 전남 영광 불갑사 팔상전 영산회상도와 지장전 지장시왕도 및 대웅전 신중도(소재불명)를, 전남 곡성 태안사 대웅전 석가여래도, 신중도, 삼장도와 명적암 신중도를, 1778년에 전남 고흥 금탑사 괘불도를, 1780년에 순천 선암사 팔상전 화엄도, 순천 송광사 국사전 보조국사진영과 16국사도, 전북 남원 현국사 대웅전 삼세후불도(순천 송광사 조성, 남원 선국사 봉안)를, 1783년에 전남 화순 만연사 괘불도(순천 송광사 소장)를 조성하였다. 1784년에 수화승 유성과 경북 김천 직지사 천불전 불상 제작한 후, 1788년에 상겸 등과 경북 상주 남장사 불사에 참여한 화승을 적은『불사성공록佛事成功錄』에 호남양공으로 언급되어 있다. 수화승으로 1796년에 순천 운수난야 지장시왕도와 운수암 신중도를, 1802년에 순천 선암사 나한전 삼세후불도와 신중도를 제작하였다. 기산綺山 임석진林錫珍 스님은 "화사畵師 쾌윤사快允師는 선암사인仙巖寺人으로 계행옥결戒行玉潔로 유명한 윤총각允總角이다"라고 하였다.
。1751년 전남 순천 仙巖寺 阿彌陀後佛圖 조성(『仙巖寺』) 수화승 丕賢
。1753년 전남 순천 仙巖寺 掛佛圖 조성(『韓國의 佛畵 12 – 仙巖寺』) 수화승 致閑
。1759년 전남 여수 興國寺 掛佛圖 조성(『韓國의 佛畵 11 – 華嚴寺』) 수화승 丕賢
。1765년 전남 순천 海川寺 三世後佛(釋迦牟尼佛) 조성(順天 仙巖寺 所藏,『韓國의 佛畵 12 – 仙巖寺』) 金魚 수화승 □□
1765년 전남 강진 白蓮寺 三世後佛圖 조성(소재불명,『全南의 寺刹』)3) 金魚 수화승
。1769년 경남 남해 龍門寺 掛佛圖 조성(『韓國의 佛畵 26 – 雙磎寺(下)』) 畵員 수화승
。1773년 전남 강진 白蓮寺 三藏圖 조성(소재불명,『全南의 寺刹』)4) 都片手 수화승
。1777년 전남 영광 佛甲寺 八相殿 靈山會上圖 조성(『靈光 母岳山 佛甲寺』과『韓國의 佛畵 37 – 白羊寺·新興寺』) 片手 수화승 丕賢
1777년 전남 영광 佛甲寺 地藏殿 地藏十王圖 조성(『靈光 母岳山 佛甲寺』과『韓國의 佛畵 37 – 白羊寺·新興寺』) 片手 수화승 丕賢
1777년 전남 영광 佛甲寺 大雄殿 神衆圖 조성(소재불명,『靈光 母岳山 佛甲寺』)5) 수화승 丕賢

1777년 전남 곡성 泰安寺 大雄殿 釋迦如來圖, 神衆圖, 三藏圖와 明寂庵 神衆圖 조성 (『泰安寺誌』) 片手 수화승 丕賢
◦1778년 전남 고흥 金塔寺 掛佛圖 조성(『韓國의 佛畵 6 – 松廣寺』) 片手 수화승 丕賢
◦1779년 전남 곡성 泰安寺 大雄殿重創記 중 施主秩과 畵工(「大雄殿重創記」, 『泰安寺誌』)
◦1780년 전남 순천 仙巖寺 八相殿 華嚴圖 조성(『韓國의 佛畵 12 – 仙巖寺』) 片手 수화승 丕賢
1780년 전남 순천 松廣寺 國師殿 普照國師眞影 조성(『韓國의 佛畵 7 – 松廣寺』) 金魚6) 수화승
1780년 전남 순천 松廣寺 十六國師圖 조성(『曹溪山松廣寺史庫』)7) 金魚 수화승
1780년 전북 남원 賢國寺 大雄殿 三世後佛圖 조성(順天 松廣寺 造成, 南原 善國寺 所藏, 『韓國의 佛畵 13 – 金山寺』) 金魚 수화승
◦1783년 전남 화순 萬淵寺 掛佛圖 조성(順天 松廣寺 所藏, 『韓國의 佛畵 6 – 松廣寺』) 片手 수화승 丕賢
◦1788년 남장사 불사에 참여한 화승을 적은 『佛事成功錄』에 湖南良工으로 언급(이용윤, 「『佛事成功錄』을 통해 본 남장사 괘불」) 수화승 尙謙
◦1796년 전남 순천 雲水蘭若 地藏十王圖 조성(順天 仙巖寺 所藏, 『韓國의 佛畵 12 – 仙巖寺』) 金魚 수화승
1796년 전남 순천 雲水庵 神衆圖 조성(順天 仙巖寺 所藏, 『韓國의 佛畵 12 – 仙巖寺』) 金魚 수화승
◦1802년 전남 순천 仙巖寺 羅漢殿 三世後佛圖 조성(『韓國의 佛畵 12 – 仙巖寺』) 片手 수화승
1802년 전남 순천 仙巖寺 羅漢殿 神衆圖 조성(『韓國의 佛畵 12 – 仙巖寺』) 片手 수화승

쾌인(快仁 : -1748-1764-) 18세기 중반에 활동한 불화승이다. 1748년에 수화승 법현과 충남 청양 장곡사 석가모니후불도(동국대학교 박물관 소장)를, 1764년에 수화승 치삭과 경북 의성 대곡사 지장도와 원광대학교 박물관 소장 감로도를 조성하였다.
◦1748년 충남 청양 長谷寺 釋迦牟尼後佛圖 조성(東國大學校 博物館 所藏, 『韓國의 佛畵 18 – 大學博物館(Ⅰ)』) 수화승 法玄
◦1764년 경북 의성 大谷寺 地藏圖 조성(『韓國의 佛畵 23 – 孤雲寺(上)』) 수화승 稚朔
1764년 甘露圖 조성(圓光大學校 博物館 所藏, 『韓國의 佛畵 19 – 大學博物館(Ⅱ)』)8) 수화승 雉翔

쾌일(快一, 快日 : -1743-1764-) 18세기 중반에 활동한 불화승이다. 1743년에 수화승 서준과 전남 영광 불갑사 대웅전 목조삼세불좌상을 개금하고, 1764년에 수화승 치삭과 원광대학교 박물관 소장 감로도를 조성하였다.
◦1743년 전남 영광 佛甲寺 大雄殿 木造三世佛坐像 개금(『靈光 母岳山 佛甲寺』) 수화승 瑞俊
◦1764년 甘露圖 조성(圓光大學校 博物館 所藏, 『韓國의 佛畵 19 – 大學博物館(Ⅱ)』)9) 수화승 雉翔

쾌전(快全 : -1786-1788-) 18세기 후반에 경기도를 중심으로 활동한 불화승이다. 1786년에 문효세자文孝世子 묘소墓所 조성소 화승畵僧으로 참여하고, 수화승 상겸과 경북 상주 황령사 아미타후불도와 신중도를, 1788년에 수화승 용봉경환과 경북 상주 남장사 괘불도를, 상겸 등과 남장사 불사에 참여하여 기록한 『불사성공록佛事成功錄』에 경성양공京城良工으로 언급되어 있다.
◦1786년 『文孝世子墓所都監儀軌』 造成所 畵僧(奎章閣 13925호, 朴廷蕙, 「儀軌를 통해서 본 朝鮮時代의 畵員」 자료1)

1786년 경북 상주 黃嶺寺 阿彌陀後佛圖 조성(『韓國의 佛畵 8 - 直指寺(上)』) 수화승 尙謙
1786년 경북 상주 黃嶺寺 神衆圖 조성(『韓國의 佛畵 8 - 直指寺(上)』) 수화승 尙謙
◦ 1788년 경북 상주 南長寺 掛佛圖 조성(『韓國의 佛畵 9 - 直指寺(下)』) 수화승 龍峰敬還
1788년 남장사 불사에 참여한 화승을 적은 『佛事成功錄』에 京城良工으로 언급(이용윤, 『佛事成功錄』을 통해 본 남장사 괘불」) 수화승 尙謙

쾌정 1(快定 : -1767-1780-) 18세기 후반에 활동한 불화승이다. 1767년에 수화승 화월두훈과 양산 통도사 괘불도를 조성하고, 1780년에 수화승 칭숙과 전남 장흥 보림사 천왕, 금강, 문수, 보현을 중창하였다.

◦ 1767년 경남 양산 通度寺 掛佛圖 조성(『韓國의 佛畵 2 - 通度寺(中)』) 수화승 枓薰
◦ 1780년 전남 장흥 보림사 천왕, 금강, 문수, 보현 중창(「寶林寺天王金剛重新功德記」와 『譯註 寶林寺重創記』) 수화승 稱淑

쾌정 2(快定 : -1832-) 19세기 전반에 활동한 불화승이다. 1832년에 수화승 신선과 삼각산 신흥사 괘불도(서울 흥천사 소장)를 조성하였다.

◦ 1832년 三角山 新興寺 掛佛圖 조성(서울 興天寺 所藏, 『서울전통사찰불화』와 『掛佛調査報告書 II』 및 『韓國佛畵畵記集』) 수화승 愼善

쾌종(快宗 : -1770-1772-) 18세기 후반에 활동한 불화승이다. 1770년에 수화승 부일과 경북 예천 서악사西岳寺 석가모니후불도를, 1772년에 수화승 유성과 충남 서산 개심사 괘불도를 조성하였다.

◦ 1770년 경북 예천 西岳寺 釋迦牟尼後佛圖 조성(『韓國의 佛畵 8 - 直指寺(上)』) 수화승 富日
◦ 1772년 충남 서산 開心寺 掛佛圖 조성(『韓國의 佛畵 27 - 修德寺』) 수화승 有誠

쾌학(快學 : -1794-1796-) 18세기 후반에 경기도 양주를 중심으로 활동한 불화승이다. 1794년부터 1796년까지 화성 건립에 참여하여 1801년 작성된 『화성성역의궤華城城役儀軌』에 양주목楊州牧 승려로 언급되어 있다.

◦ 1794년-1796년 화성 건립에 화원으로 참여(1801년 작성된 『華城城役儀軌』 卷4 工匠 畵工 條) 楊州牧

쾌혜(快慧 : -1753-1765-) 18세기 중반에 활동한 불화승이다. 1753년에 수화승 치한과 전남 순천 선암사 괘불도를, 1765년에 수화승 □□와 전남 순천 해천사 삼세후불도(석가모니불, 순천 선암사 소장)를 조성하였다.

◦ 1753년 전남 순천 仙巖寺 掛佛圖 조성(『韓國의 佛畵 12 - 仙巖寺』) 수화승 致閑
◦ 1765년 전남 순천 海川寺 三世後佛圖(釋迦牟尼佛) 조성(順天 仙巖寺 所藏, 『韓國의 佛畵 12 - 仙巖寺』) 수화승 □□

ㅋ

[주]

1) 畵記에 良工과 별도로 同助良工 快能 宇定 宇心 定華 普□ …… 永□ 永守 再封 碩雄 永□ 贊□ 國成이 언급되어 있다.

2) 洪潤植 編, 『韓國佛畵畵記集』, 가람사연구소, 1995, pp.263-264에 海溟□雄으로, 李殷希, 「懸燈寺의 佛像과 佛畵」, 金昶均, 朝鮮朝 仁祖 - 肅宗代 佛畵 硏究, 동국대학교 박사학위청구논문, 2006.2, pp.87-90에 海溟法確으로, 『韓國의 佛畵 33 - 奉先寺』, 성보문화재연구소, 圖67에 海溟映雄으로 읽었다.

3) 『全南의 寺刹』, 목포대학교박물관, 1990에 숭정기원후재을유...를 1705년으로 보았지만, 1765년으로 보는 것이 타당하다. 그리고 기존의 보고서에 불화승은 快玑, 性桀, 鴻參, 平三, 碩閑으로 적어놓았는데 快玑과 平三을 제외하고 다른 불화의 畵記에서 찾을 수 없다.

4) 『全南의 寺刹』에 畵記가 실려있지 않고, 표로 정리한 내용을 근거로 하였다. 그런데 도편수 快玖는 조선후기 불화승 가운데 찾을 수 없어 快玑을 잘못 적은 것으로 추정되고, 今手 平三은 片手를 잘못 적은 것으로 여겨진다.

5) 『靈光 母岳山 佛甲寺』, 동국대학교박물관, 2001, p.71에 제작연대를 乾隆42年을 1766년으로 적어놓았지만, 실제적으로 乾隆42年은 1777년이다.

6) 崔淳雨 · 鄭良謨, 『韓國의 佛敎繪畵 - 松廣寺』, 국립중앙박물관, 1970, p.38에 法玩으로, p.40에 法玑으로 읽었다.

7) 이 佛畵의 畵記는 洪潤植 編, 위의 책, p.196에 나온다. 내용 중 쾌윤사는 선암사인으로 戒行玉□로 유명한 允總角이다.

8) 畵記를 大谷□로 읽었다.

9) 畵記를 大谷□로 읽었다.

타민(它敏 : -1812-)* 19세기 전반에 활동한 불화승이다. 1812년에 수화승으로 경북 예천 용문사 현왕도를 조성하였다.
  ▫ 1812년 경북 예천 龍門寺 現王圖 조성(『韓國의 佛畵 9 – 直指寺(下)』) 金魚 수화승1)

탁경(卓慶 : -1684-) 17세기 후반에 활동한 불화승이다. 1684년에 지영智英 등과 명성왕후明聖王后 숭릉崇陵 조성소 화승畵僧으로 참여하였다.
  ▫ 1684년 『明聖王后崇陵山陵都監儀軌』 造成所 畵僧(奎章閣 14832호, 朴廷蕙, 「儀軌를 통해서 본 朝鮮時代의 畵員」 자료1)

탁오(卓悟 : -1755-) 18세기 중반에 활동한 불화승이다. 1755년에 수화승 임한과 경북 청도 운문사 비로전 삼신불도三身佛圖와 삼장도를 조성하였다.
  ▫ 1755년 경북 청도 雲門寺 毘盧殿 三身佛圖 조성(『韓國의 佛畵 21 – 桐華寺 (上)』) 수화승 任閑
   1755년 三藏圖 조성(溫陽民俗博物館 所藏, 『韓國의 佛畵 20 – 私立博物館』)2) 수화승 任閑

탁진(卓眞 : -1681-) 17세기 후반에 활동한 불화승이다. 1681년에 수화승 철현과 감로도(우학문화재단 소장)를 조성하였다.
  ▫ 1681년 甘露圖 조성(宇鶴文化財團 所藏, 『韓國의 佛畵 40 – 補遺』) 수화승 哲玄

탁행(琢行 : -1727-)* 18세기 전반에 활동한 불화승이다. 1727년에 수화승으로 전남 해남 미황사 괘불도를 조성하였다.
  ▫ 1727년 전남 해남 美黃寺 掛佛圖 조성(『掛佛調査報告書 II』와 『韓國의 佛畵 31 – 大興寺』) 畵師 수화승

탁휘(卓輝 : -1688-1702-)* 17세기 후반부터 18세기 전반까지 활동한 불화승이다. 1688년에 수화승 학능과 경북 상주 북장사 괘불도를 조성할 때 부화원으로 참여하였다. 1693년에 수화승 홍언과 경북 김천 직지사 관음전 단청을, 1701년에 수화승으로 상주 남장사 감로도와 1702년에 경북 성주 선석사 괘불도를 조성하였다. 그는 김천 직지사 천불전 중창기와 김천 직지사 천불전 중창 상량문에 상편수上片手로 언급되어 있다.
  ▫ 1688년 경북 상주 北長寺 掛佛圖 조성(『韓國의 佛畵 9 – 直指寺(下)』) 次 수화승 學能
  ▫ 1693년 경북 김천 直指寺 「觀音殿丹靑」 언급(『直指寺誌』) 수화승 弘彦

▫1701년 경북 상주 南長寺 甘露圖 조성(『韓國의 佛畵 9 – 直指寺(下)』)[3] 大畵士 수화승
▫1702년 경북 성주 禪石寺 掛佛圖 조성(『韓國의 佛畵 22 – 桐華寺(下)』) 畵員 수화승
 1702년 경북 金泉 直指寺 「千佛殿重創記」에 언급됨(『直指寺誌』 韓國寺志叢書 7)
▫연대미상 경북 金泉 直指寺 「千佛殿重創刱上樑文」[4] 언급됨(『直指寺誌』 韓國寺志叢書 7)
 上片手

탄계 1(坦戒 : -1653-) 17세기 중반에 활동한 불화승이다. 1653년에 수화승 지영과 전남 구례 화엄사 괘불도를 조성하였다.

▫1653년 전남 구례 華嚴寺 掛佛圖 조성(『韓國의 佛畵 11 – 華嚴寺』) 수화승 智英

탄계 2(坦桂 : -1758-) 18세기 중반에 활동한 불화승이다. 1758년에 수화승 각총과 경기 여주 신륵사 극락보전 삼장도를 그리고, 1759년에 수화승 오관과 경기 가평 현등사 극락전 아미타후불도 조성과 불상을 개금하였다. 1764년에 건원릉健元陵 정자각丁字閣 중수에 화승畵僧으로 참여하였다.

▫1758년 경기 여주 신륵사 極樂寶殿 三藏圖 조성(『韓國의 佛畵 28 – 龍珠寺(上)』) 수화승 覺聰
▫1759년 경기 가평 懸燈寺 極樂殿 阿彌陀後佛圖 조성(畵記, 『韓國의 佛畵 40 – 補遺』) 수화승 悟寬
 1759년 경기 가평 懸燈寺 木造阿彌陀如來坐像 改金(佛畵 畵記) 수화승 悟寬
▫1764년 『健元陵丁字閣重修都監儀軌』 畵僧(奎章閣 13500호, 朴廷蕙, 「儀軌를 통해서 본 朝鮮時代의 畵員」 자료1)

탄오(坦悟 : -1775-) 18세기 후반에 활동한 불화승이다. 1775년에 수화승 정총과 경남 양산 통도사 응진전 석가모니후불도를 조성하였다.

▫1775년 경남 양산 通度寺 應眞殿 釋迦牟尼後佛圖 조성(『韓國의 佛畵 1 – 通度寺(上)』)[5] 수화승 定聰

탄욱(坦旭 : -1675-) 17세기 후반에 활동한 불화승이다. 1675년에 현종顯宗 빈전殯殿 조성소造成所 화승畵僧으로 참여하였다.

▫1675년 『顯宗殯殿都監儀軌』 魂殿 造成所 畵僧(奎章閣 13540호, 朴廷蕙, 「儀軌를 통해서 본 朝鮮時代의 畵員」 자료1)

탄임(坦任 : -1766-) 18세기 중반에 활동한 불화승이다. 1766년에 수화승 색민과 전남 보성 대원사 명부전 지장보살 개금改金과 지장도를 조성하였다.

▫1766년 전남 보성 大原寺 冥府殿 地藏菩薩 改金과 地藏圖 조성(『韓國의 佛畵 6 – 松廣寺』) 수화승 色旻

탄잠(綻岑, 坦岑 : -1795-1804-) 18세기 후반부터 19세기 전반가지 활동한 불화승이다. 1795년에 수화승 신겸과 충북 보은 법주사 대웅보전 신중도(복천암 소장)를, 1803년에 수화승 제한과 경북 김천 직지사 괘불도를, 1804년에 수화승 계한과 경남 양산 통도사 대광명전 신중도(제석천룡도와 금강도)를 조성하였다.

▫1795년 충북 보은 法住寺 大雄寶殿 神衆圖 조성(福泉庵 所藏, 『韓國의 佛畵 17 – 法住寺』) 수화승 信謙
▫1803년 경북 김천 直指寺 掛佛圖 조성(『韓國의 佛畵 9 – 直指寺(下)』) 수화승 濟閑
▫1804년 경남 양산 通度寺 大光明殿 神衆圖(帝釋天龍圖) 조성(『韓國의 佛畵 1 – 通度寺

(上)』) 수화승 戒閑
  1804년 경남 양산 通度寺 大光明殿 神衆圖(金剛圖) 조성(『韓國의 佛畵 1 – 通度寺(上)』)
  수화승 戒閑

탄주(珇珠 : -1703-) 18세기 전반에 활동한 불화승이다. 1703년에 수화승 수
원과 경북 문경 김용사 괘불도를 조성하였다.
  ▫ 1703년 경북 문경 金龍寺 掛佛圖 조성(『韓國의 佛畵 9 – 直指寺(下)』) 수화승 守源

탄찰(珇察 : -1775-1785-) 18세기 후반에 활동한 불화승이다. 1775년에 수화
승 포관과 경남 양산 통도사 약사전 약사여래후불도를 조성하였다. 1785년에
수화승 유성과 경북 김천 직지사 불사에 참여하였다.
  ▫ 1775년 경남 양산 通度寺 藥師殿 藥師如來後佛圖 조성(『韓國의 佛畵 1 – 通度寺(上)』)
    수화승 抱冠
  ▫ 1785년 경북 김천 直指寺 「乾隆五十年緣化秩」 언급(『直指寺誌』)

탄형(珇炯 : -1898-1900-)* 현엄당(玄广堂) 19세기 후반부터 20세기 전반에 활
동한 불화승이다. 1898년에 수화승으로 전북 남원 영원암 산신도를, 1900년
에 수화승 향호묘영과 전남 순천 송광사 은적암隱寂菴에서 지장시왕도를 조
성하여 청진암淸眞庵에 봉안할 때 편수片手로 참여하였다.
  ▫ 1898년 전북 남원 靈源庵 山神圖 조성(『韓國의 佛畵 13 – 金山寺』) 金魚 수화승
  ▫ 1900년 전남 순천 松廣寺 隱寂菴에서 地藏十王圖를 조성하여 淸眞庵에 봉안(『韓國의 佛
    畵 6 – 松廣寺(上)』) 片手 수화승 香湖妙英

탄훈(珇訓 : -1748-) 18세기 중반에 활동한 불화승이다. 1748년에 수화승 법현
과 충남 청양 장곡사 석가모니후불도(동국대학교 박물관 소장)를 조성하였다.
  ▫ 1748년 충남 청양 長谷寺 釋迦牟尼後佛圖 조성(東國大學校 博物館 所藏, 『韓國의 佛畵
    18 – 大學博物館(Ⅰ)』)6) 수화승 法玄

탄희(珇希 : -1718-) 18세기 전반에 활동한 불화승이다. 1718년에 민회빈愍懷
嬪 봉묘封墓 조성소 화승畵僧으로 참여하였다.
  ▫ 1718년 『愍懷嬪封墓都監儀軌』 造成所 畵僧(奎章閣 14837호, 朴廷蕙, 「儀軌를 통해서 본
    朝鮮時代의 畵員」 자료1)

탈윤(脫閏, 脫潤 : -1764-1769-) 18세기 중반에 활동한 불화승이다. 1764년에
수화승 전수와 경북 영덕 장육사 대웅전 지장도를, 1767년에 수화승 화월두
훈과 경남 양산 통도사 괘불도를, 1769년에 수화승 상정과 경북 경주 불국사
불사에 참여 조성하였다.
  ▫ 1764년 경북 영덕 莊陸寺 大雄殿 地藏圖 조성(『韓國의 佛畵 38 – 佛國寺』) 수화승 典秀
  ▫ 1767년 경남 양산 通度寺 掛佛圖 조성(『韓國의 佛畵 2 – 通度寺(中)』) 수화승 枓薰
  ▫ 1769년 경북 경주 佛國寺 佛事에 참여(『韓國의 佛畵 38 – 佛國寺』) 수화승 尙淨7)

태률(太律, 汰律 : -1855-1866-) 19세기 중반에 활동한 불화승이다. 1855년에
수화승 인원체정과 국립중앙박물관 소장 신중도를, 1866년에 수화승 하은위
상과 경남 양산 통도사 안양암 북극전 칠성도를 조성하였다.
  ▫ 1855년 神衆圖 조성(國立中央博物館 所藏, 『영혼의 여로 – 조선시대 불교회화와의 만남』

ㅌ

와 『韓國의 佛畵 39 - 國·公立博物館』) 수화승 仁源體定
  ◦ 1866년 경남 양산 通度寺 安養庵 北極殿 七星圖 조성(『韓國의 佛畵 2 - 通度寺(中)』) 수
    화승 霞隱偉祥

태민(太旻 : -1791-) 18세기 후반에 활동한 불화승이다. 1791년에 수화승
영린과 부산 범어사 비로전 비로자나후불도를 조성하였다.

  ◦ 1791년 부산 梵魚寺 毘盧殿 毘盧遮那後佛圖 조성(『韓國의 佛畵 32 - 梵魚寺』)[8] 수화승
    永璘

태봉(泰峰 : -1777-) 18세기 후반에 활동한 불화승이다. 1777년에 수화승 정
총과 용연사 석가모니후불도를 조성하였다.

  ◦ 1777년 龍淵寺 釋迦牟尼後佛圖 조성(東國大學校 博物館 所藏, 『韓國의 佛畵 18 - 大學博
    物館(Ⅰ)』) 수화승 定聰

태삼(台三 : -1883-1890-) 19세기 후반에 활동한 불화승이다. 1883년에 수화
승 대허체훈과 경기 화성 봉림사 지장도와 신중도를, 1884년에 수화승 혜과
엽계와 경북 예천 용문사 칠성도, 수화승 기형과 용문사 시왕도를, 1886년에
수화승 하은응상과 경북 안동 광흥사 영산암 아미타후불도와 1887년에 대구
파계사 금당암金堂庵 석가모니후불도와 신중도 등을, 수화승 서휘과 백운산
보현사 칠성도를, 1888년에 하은응상과 문경 김용사 독성도와 안동 봉정사
대웅전 지장도를, 수화승 서휘와 충북 중원 태고사 칠성도를, 1889년에 수화
승 한규와 경북 청도 운문사 명부전 지장도를, 1890년에 수화승 봉수와 경북
상주 남장사 신중도, 수화승 서휘와 예천 명봉사鳴鳳寺 산신도를 조성하였다.

  ◦ 1883년 서울 開運寺 大雄殿 甘露圖 조성(『韓國의 佛畵 36 - 曹溪寺(下)』) 수화승 大虛體訓
    1883년 경기 화성 鳳林寺 地藏圖 조성(『韓國의 佛畵 28 - 龍珠寺(上)』) 수화승 大虛
    體訓
    1883년 경기 화성 鳳林寺 神衆圖 조성(『韓國의 佛畵 28 - 龍珠寺(上)』) 수화승 大虛
    體訓
  ◦ 1884년 경북 예천 龍門寺 七星圖 조성(『韓國의 佛畵 9 - 直指寺(下)』) 수화승 慧果燁桂
    1884년 경북 예천 龍門寺 十王圖(1·3·5大王) 조성(『韓國의 佛畵 9 - 直指寺(下)』)[9]
    수화승 錦華機炯
  ◦ 1886년 경북 안동 廣興寺 靈山庵 阿彌陀後佛圖 조성(『韓國의 佛畵 23 - 孤雲寺(上)』) 수
    화승 霞隱應祥
  ◦ 1887년 대구 把溪寺 金堂庵 釋迦牟尼後佛圖 조성(『韓國의 佛畵 21 - 桐華寺(上)』)[10] 수
    화승 霞隱應祥
    1887년 대구 把溪寺 金堂庵 神衆圖 조성(『韓國의 佛畵 21 - 桐華寺(上)』) 수화승 霞隱
    應祥
    1887년 대구 把溪寺 金庵 七星圖 조성(『韓國의 佛畵 22 - 桐華寺(下)』) 수화승 霞隱應祥
    1887년 白雲山 普賢寺 七星圖 조성(報恩 法住寺 所藏, 『韓國의 佛畵 17 - 法住寺』)
    수화승 瑞輝
  ◦ 1888년 경북 문경 金龍寺 獨聖圖 조성(『韓國의 佛畵 9 - 直指寺(下)』) 수화승 霞隱應祥
    1888년 경북 안동 鳳停寺 大雄殿 地藏圖 조성(『韓國의 佛畵 23 - 孤雲寺(上)』) 수화
    승 霞隱應祥
    1888년 충북 중원 太古寺 七星圖 조성(『韓國佛畵畵記集』) 수화승 瑞輝
  ◦ 1889년 경북 청도 雲門寺 冥府殿 地藏圖 조성(『韓國의 佛畵 21 - 桐華寺(上)』) 수화승
    翰奎

◦ 1890년 경북 상주 南長寺 神衆圖 조성(『韓國의 佛畵 8 - 直指寺(上)』) 수화승 奉秀
1890년 경북 예천 鳴鳳寺 山神圖 조성(『韓國의 佛畵 9 - 直指寺(下)』와 『韓國佛畵畵
記集』) 수화승 瑞輝

태연(太演, 泰演 : -1777-1798-) 18세기 후반에 활동한 불화승이다. 1775년에
수화승 지연과 경남 양산 통도사 명부전 시왕도 일부를, 1777년에 수화승 정
총과 용연사 석가모니후불도(동국대학교 박물관 소장)를, 1798년에 수화승
옥인과 통도사 명부전 지장도를 조성하였다.

◦ 1775년 경남 양산 通度寺 冥府殿 十王圖 第一秦廣大王 조성(『韓國의 佛畵 2 - 通度寺
(中)』)11) 수화승 指演
◦ 1777년 龍淵寺 釋迦牟尼後佛圖 조성(東國大學校 博物館 所藏, 『韓國의 佛畵 18 - 大學博
物館(Ⅰ)』) 수화승 定聰
◦ 1798년 경남 양산 通度寺 冥府殿 地藏圖 조성(『韓國의 佛畵 1 - 通度寺(上)』) 수화승 指演

태영(太榮, 泰榮 : -1792-1801-)* 백인당(百忍堂) 18세기 후반에 활동한 불화승이
다. 수화승으로 1792년에 전북 완주 송광사 목비木牌를 중수重修하고, 1801
년에 수화승으로 운대암 신중도(하동 쌍계사 소장)와 경남 진주 백천사 운대
암 감로왕도(의정부 망월사 소장)를 제작하였다.

◦ 1792년 전북 완주 송광사 木牌 중수(發願文) 수화승
◦ 1801년 雲臺菴 神衆圖 조성(河東 雙磎寺 所藏, 『韓國의 佛畵 25 - 雙磎寺(上)』) 畵員 수
화승
1801년 경남 진주 百泉寺 雲臺庵 甘露王圖 조성(議政府 望月寺 소장, 『韓國佛畵畵記
集』) 畵師 수화승

태우(太雨 : -1918-) 20세기 전반에 활동한 불화승이다. 1918년에 수화승 남
곡세섭과 전남 화순 운주사 칠성도(선암사 무우전 조성, 순천 송광사 소장)를
조성하였다.

◦ 1918년 전남 화순 雲住寺 七星圖 조성(仙巖寺 無憂殿 造成, 順天 松廣寺 所藏, 『韓國의
佛畵 7 - 松廣寺(下)』) 수화승 南谷世燮

태운(太雲, 泰云, 泰雲 : -1735-1759-) 18세기 중반에 활동한 불화승이다. 1735
년에 수화승 각총과 경기 남양주 봉선사 괘불도를, 1739년에 수화승 초흠과
서울 학림사 괘불도를 조성하였다. 1755년에 순회세자順懷世子 상시봉원上諡
封園 비석소碑石所와 1757년에 정성왕후貞聖王后 홍릉弘陵 조성소 화승畵僧으
로 참여하고, 1759년 불상 개금과 불화 및 단청을 조성하였다.

◦ 1735년 경기 남양주 奉先寺 掛佛圖 조성(『掛佛調査報告書』과 『韓國佛畵畵記集』 및 『韓
國의 佛畵 33 - 奉先寺』) 수화승 覺聰
◦ 1739년 서울 鶴林寺 掛佛圖 조성 추정(박도화, 「鶴林寺 毘盧遮那三身掛佛幀畵」과 『韓國
의 佛畵 35 - 曹溪寺(中)』)12) 수화승 楚欽
◦ 1755년 『順懷世子上諡封園都監儀軌』 碑石所 畵僧(奎章閣 13493호, 朴廷蕙, 「儀軌를 통
해서 본 朝鮮時代의 畵員」 자료1)
◦ 1757년 『貞聖王后弘陵山陵都監儀軌』 造成所 畵僧(奎章閣 13591호, 朴廷蕙, 「儀軌를 통
해서 본 朝鮮時代의 畵員」 자료1)
◦ 1759년 己酉年改金幀畵丹艧事施主記(安貴淑, 「조선후기 佛畵僧의 계보와 義謙比丘에 대
한 연구(상)」)

ㅌ

태원 1(太原 : -1844-1847-)* 19세기 중반에 활동한 불화승이다. 1844년에 수화승으로 전남 여수 흥국사 오십전五十殿 산신도를, 1847년에 수화승 금암천여와 전남 순천 선암사 산신도를 조성하였다.

> ▫ 1844년 전남 여수 興國寺 五十殿 山神圖 조성(『韓國의 佛畵 11 – 華嚴寺』) 金魚 수화승
> ▫ 1847년 전남 순천 仙巖寺 山神圖 조성(『韓國의 佛畵 12 – 仙巖寺』) 수화승 錦庵天如

태원 2(太元 : -1880-) 19세기 후반에서 활동한 불화승이다. 1880년에 수화승 환봉 준성과 전북 완주 위봉사 보광명전 삼세불도(약사불)를 조성하였다.

> ▫ 1880년 전북 완주 威鳳寺 普光明殿 三世佛圖(藥師佛) 조성(『韓國의 佛畵 13 – 金山寺』) 수화승 幻峯準性

태윤 1(泰閏, 太允, 泰允 : -1776-1780-) 18세기 후반에 활동한 불화승이다. 1776년에 수화승 신암 화연과 전남 구례 천은사 극락보전 아미타후불도와 삼장도를, 수화승 비현과 1777년에 전남 영광 불갑사 팔상전 영산회상도와 지장전 지장시왕도를, 전남 곡성 태안사 대웅전 석가여래도, 신중도, 삼장도와 명적암 신중도를, 1780년에 전남 순천 선암사 팔상전 화엄도華嚴圖를 조성하였다.

> ▫ 1776년 전남 구례 泉隱寺 極樂寶殿 阿彌陀後佛圖 조성(『韓國의 佛畵 11 – 華嚴寺』) 수화승 信庵華連
> 1776년 전남 구례 泉隱寺 極樂寶殿 三藏圖 조성(『韓國의 佛畵 11 – 華嚴寺』)13) 수화승 信庵華連
> ▫ 1777년 전남 영광 佛甲寺 八相殿 靈山會上圖 조성(『靈光 母岳山 佛甲寺』과 『韓國의 佛畵 37 – 白羊寺・新興寺』) 수화승 丕賢
> 1777년 전남 영광 佛甲寺 地藏殿 地藏十王圖 조성(『靈光 母岳山 佛甲寺』과 『韓國의 佛畵 37 – 白羊寺・新興寺』) 수화승 丕賢
> 1777년 전남 곡성 泰安寺 大雄殿 釋迦如來圖, 神衆圖, 三藏圖와 明寂庵 神衆圖 조성(『泰安寺誌』) 수화승 丕賢
> ▫ 1780년 전남 순천 선암사 八相殿 華嚴圖 조성(『韓國의 佛畵 12 – 仙巖寺』) 수화승 丕賢

태윤 2(泰潤 : -1907-)* 20세기 전반에 활동한 불화승이다. 1907년에 수화승 진규와 경남 함안 장춘사 아미타후불도, 수화승으로 신중도를 조성하였다.

> ▫ 1907년 경남 함안 長春寺 阿彌陀後佛圖 조성(『韓國의 佛畵 4 – 海印寺(上)』) 수화승 眞珪
> 1907년 경남 함안 長春寺 神衆圖 조성(『韓國의 佛畵 4 – 海印寺(上)』) 金魚 수화승

태일 1(太一, 太日, 台日, 泰一, 兌日 : -1755-1798-) 18세기 중반에 활동한 불화승이다. 수화승 임한과 1755년에 경북 청도 운문사 비로전 삼신불도三身佛圖와 삼장도(온양민속박물관 소장)를, 1759년에 경남 양산 통도사 대광명전 비로자나후불도와 석가모니후불도를, 1775년에 수화승 우홍과 통도사 명부전 시왕도 일부를, 1798년에 수화승 옥인과 통도사 명부전 지장도를 조성하였다.

> ▫ 1755년 경북 청도 雲門寺 毘盧殿 三身佛圖 조성(『韓國의 佛畵 21 – 桐華寺 (上)』) 수화승 任閑
> 1755년 三藏圖 조성(溫陽民俗博物館 所藏, 『韓國의 佛畵 20 – 私立博物館』)14) 수화승 任閑
> ▫ 1759년 경남 양산 通度寺 大光明殿 毘盧遮那後佛圖 조성(『韓國의 佛畵 1 – 通度寺(上)』)

　수화승 任閑
　1759년 경남 양산 通度寺 大光明殿 釋迦牟尼後佛圖 조성(『韓國의 佛畵 1 – 通度寺
(上)』) 수화승 任閑
。1775년 경남 양산 通度寺 冥府殿 十王圖 第十道轉輪大王 조성(『韓國의 佛畵 2 – 通度寺
(中)』) 수화승 宇洪
。1798년 경남 양산 通度寺 冥府殿 地藏圖 조성(『韓國의 佛畵 1 – 通度寺(上)』)[15] 수화승
指演

태일 2(太日, 太一, 泰日 : -1885-1897-)* 19세기 후반에 활동한 승장이다.
1885년에 수화승 수룡기전과 경남 합천 해인사 대적광전 삼신도(비로자나불)
를, 수화승 서암전기와 1892년에 경남 합천 해인사 괘불도와 대적광전 팔상
도(유성출가상)를, 1893년에 수화승 우송상수와 경남 합천 해인사 신중도를,
1895년에 수화승 두안과 대구 달성 유가사 도성암 석가모니후불도를 조성하
였다. 1896년에 수화승 덕산묘화와 대구 동화사 목조석가삼세불좌상을 개금
하고, 수화승 연호봉의와 1897년에 경남 남해 용문사 대웅전 석가모니후불
도, 신중도, 현왕도를 조성하였다. 수화승으로 경남 창녕 포교당 산신도와 수
화승 연호봉의와 경남 함양 벽송사 아미타후불도를 그렸다.

。1885년 경남 합천 海印寺 大寂光殿 三身圖(毘盧遮那佛) 조성(『韓國의 佛畵 4 – 海印寺
(上)』) 수화승 水龍琪銓
。1890년 경기 파주 普光寺 神衆圖 조성(『韓國의 佛畵 33 – 奉先寺』) 沙彌 수화승 碧山
榕□[16]
。1892년 경남 합천 海印寺 掛佛圖 조성(『韓國의 佛畵 – 5 海印寺(下)』) 수화승 瑞庵典琪
　1892년 경남 합천 海印寺 大寂光殿 八相圖(踰城出家相) 조성(『韓國의 佛畵 5 – 海印
寺(下)』) 수화승 瑞巖典琪
。1893년 경남 합천 海印寺 神衆圖 조성(『韓國의 佛畵 4 – 海印寺(上)』) 수화승 友松 尙守
。1895년 대구 달성 瑜伽寺 道成庵 釋迦牟尼後佛圖 조성(『韓國의 佛畵 21 – 桐華寺(上)』)
수화승 斗岸
。1897년 경남 남해 龍門寺 大雄殿 釋迦牟尼後佛圖 조성(『韓國의 佛畵 25 – 雙磎寺(上)』)
수화승 蓮湖奉宜
　1897년 경남 남해 龍門寺 大雄殿 神衆圖 조성(『韓國의 佛畵 25 – 雙磎寺(上)』) 수화승
蓮湖奉宜
　1897년 경남 남해 龍門寺 現王圖 조성(『韓國의 佛畵 26 – 雙磎寺篇(下)』) 수화승 蓮湖
奉宜
　1897년 경남 창녕 昌寧布敎堂 山神圖 조성(『韓國의 佛畵 3 – 通度寺(下)』) 金魚 수화승
　1897년 경남 咸陽 碧松寺 阿彌陀後佛圖 조성(『韓國의 佛畵 4 – 海印寺(上)』) 수화승
蓮湖奉宜

태정(泰定 : -1782-) 18세기 후반에 활동한 불화승이다. 1782년에 수화승 포
관과 경북 영천 은해사 백흥암 대웅전 현왕도를 조성하였다.

。1782년 경북 영천 銀海寺 百興庵 大雄殿 現王圖 조성(『韓國의 佛畵 30 – 銀海寺』) 수화
승 抱寬

태준(太俊 : -1759-) 18세기 중반에 활동한 불화승이다. 1759년에 수화승 임
한과 경남 양산 통도사 대광명전 비로자나후불도와 석가모니후불도를 조성
하였다.

。1759년 경남 양산 通度寺 大光明殿 毘盧遮那後佛圖 조성(『韓國의 佛畵 1 – 通度寺(上)』)

수화승 任閑
1759년 경남 양산 通度寺 大光明殿 釋迦牟尼後佛圖 조성(『韓國의 佛畵 1 - 通度寺(上)』) 수화승 任閑

태철 1(太澈 : -1702-)* 18세기 전반에 활동한 불화승이다. 1702년에 수화승으로 전남 장흥 보림사 제석도 2위를 중수하였다.

◦ 1702년 전남 장흥 寶林寺 帝釋圖 2위 중수(『譯註 寶林寺重創記』) 수화승 太澈

태철 2(太喆 : -1770-) 18세기 후반에 활동한 불화승이다. 1770년경에 수화승 유성과 경북 안동 모운사暮雲寺 지장도와 수화승 유상과 제석도를 조성하였다.

◦ 1770년경 경북 안동 暮雲寺 地藏圖 조성(『韓國의 佛畵 23 - 孤雲寺 本末寺(上)』) 수화승 有誠
1770년경 경북 안동 暮雲寺 帝釋圖 조성(『韓國의 佛畵 23 - 孤雲寺 本末寺(上)』) 수화승 有祥

태초(泰初 : -1698-) 17세기 후반에 활동한 불화승이다. 1698년에 사릉思陵 봉릉封陵 조성소 화승畵僧으로 참여하였다.

◦ 1698년 『思陵封陵都監儀軌』造成所 畵僧(奎章閣 14821호, 朴廷蕙, 「儀軌를 통해서 본 朝鮮時代의 畵員」 자료1)

태총(太聰, 泰聰 : -1745-1757-) 18세기 중반에 활동한 불화승이다. 수화승 의겸과 1745년 나주 다보사 괘불도와 1749년 전북 부안 개암사 괘불도(부안 내소사 소장)를, 1757년에 수화승 정인과 전남 구례 화엄사 대웅전 삼신도(비로자나불)를 조성하였다.

◦ 1745년 전남 나주 多寶寺 掛佛圖 조성(畵記, 『掛佛調査報告書 II』과 『韓國의 佛畵 37 - 白羊寺 · 新興寺』) 수화승 義兼
◦ 1749년 전북 부안 開巖寺 掛佛圖 조성(扶安 來蘇寺 所藏, 『韓國의 佛畵 14 - 禪雲寺』) 수화승 義兼
◦ 1757년 전남 구례 華嚴寺 大雄殿 三身圖(毘盧遮那佛) 조성(『韓國의 佛畵 11 - 華嚴寺』) 수화승 定印

태허당(太虛堂) 체훈(體訓) 참조

태현 1(太玄 : -1726-) 18세기 전반에 활동한 불화승이다. 1726년에 수화승 채인과 경남 함양 금대암에서 감로도를 그려 안국암安國庵에 봉안하였다.

◦ 1726년 경남 함양 金臺庵에서 그린 甘露圖를 安國庵 봉안(咸陽 法印寺 봉안, 『韓國의 佛畵 5 - 海印寺(下)』) 수화승 彩仁

태현 2(太玄 : -1798-) 18세기 후반에 활동한 불화승이다. 1798년에 수화승 신겸과 충북 보은 법주사 여적암 신중도(괴산 채운암 소장)를 조성하였다.

◦ 1798년 충북 보은 大法住寺 汝寂庵 神衆圖 조성(槐山 彩雲庵 所藏, 『韓國佛畵畵記集』) 수화승 信謙

태협(太冾 : -1892-) 19세기 후반에 활동한 불화승이다. 1892년에 수화승 금곡영환과 경기 남양주 흥국사 영산전 석가모니후불도를 조성하였다.

◦ 1892년 경기 남양주 興國寺 靈山殿 釋迦牟尼後佛圖 조성(『韓國의 佛畵 33 - 奉先寺』)

沙彌 수화승 金谷永煥

태호(太湖, 泰浩, 台浩 : -1901-1908-) 20세기 전반에 활동한 불화승이다. 1901
년에 수화승 한곡돈법과 서울 연화사 금당 칠성도와 수화승 한봉응작과 신중
도를, 1906년에 수화승 혜고봉감과 서울 지장사 약사전 약사후불도와 능인보
전 신중도를, 수화승 석옹철유와 1908년에 서울 수국사 괘불도와 서울 삼성
암 칠성각 산신도를 조성하였다.

> □ 1901년 서울 蓮華寺 金堂 七星圖 조성(『서울전통사찰불화』와 『韓國佛畵畵記集』 및 『韓國
> 의 佛畵 36 – 曹溪寺(下)』) 수화승 漢谷頓法
> 1901년 서울 蓮華寺 神衆圖 조성(『韓國의 佛畵 35 – 曹溪寺(中)』) 수화승 漢峰應作[17]
> □ 1906년 서울 地藏寺 藥師殿 藥師後佛圖 조성(『韓國의 佛畵 34 – 曹溪寺(上)』) 수화승 惠
> 杲 奉鑑[18]
> 1906년 서울 地藏寺 能仁寶殿 神衆圖 조성(『韓國의 佛畵 35 – 曹溪寺(中)』) 수화승
> 奉鑑
> □ 1908년 서울 守國寺 掛佛圖 조성(『韓國의 佛畵 35 – 曹溪寺(中)』) 수화승 石翁喆裕
> 1908년 서울 三聖庵 七星閣 山神圖 조성(『서울전통사찰불화』와 『韓國佛畵畵記集』 및
> 『韓國의 佛畵 36 – 曹溪寺(下)』) 수화승 石翁喆裕

태홍(泰弘 : -1799-) 18세기 후반에 활동한 불화승이다. 1799년에 수화승 자
운지연과 경주 기림사 시왕전 지장도를 조성하였다

> □ 1799년 경북 경주 祇林寺 十王殿 地藏圖 조성(東國大 慶州캠퍼스 博物館 所藏, 『韓國의
> 佛畵 18 – 大學博物館(Ⅰ)』) 수화승 慈雲 □演

태화 1(泰華, 泰和 : -1776-) 18세기 후반에 활동한 불화승이다. 1776년에 수
화승 신암 화연과 전남 구례 천은사 극락보전 아미타후불도와 삼장도를 조성
하였다.

> □ 1776년 전남 구례 泉隱寺 極樂寶殿 阿彌陀後佛圖 조성(『韓國의 佛畵 11 – 華嚴寺』) 수화
> 승 信庵華連
> 1776년 전남 구례 泉隱寺 極樂寶殿 三藏圖 조성(『韓國의 佛畵 11 – 華嚴寺』)[19] 수화승
> 信庵華連

태화 2(泰華 : -1854-) 만허당(滿虛堂) 19세기 중반에 활동한 불화승이다.
1854년에 수화승 원담내원과 전남 구례 화엄사 나한전 석가모니후불도를 조
성하였다.

> □ 1854년 전남 구례 華嚴寺 羅漢殿 釋迦牟尼後佛圖 조성(河東 寒山寺 所藏, 『韓國의 佛畵
> 25 – 雙磎寺(上)』) 수화승 圓潭乃圓

태희(太禧 : -1869-) 19세기 중반에 활동한 불화승이다. 1869년에 수화승 원
선과 부산 범어사 사천왕도를 조성하였다.

> □ 1869년 부산 梵魚寺 四天王圖 조성(『梵魚寺聖寶博物館 名品圖錄』과 『韓國의 佛畵 32 –
> 梵魚寺』) 수화승 元善

통익(通益 : -1767-) 18세기 중반에 활동한 불화승이다. 1767년에 수화승 화
월두훈과 경남 양산 통도사 괘불도를 조성하였다.

> □ 1767년 경남 양산 通度寺 掛佛圖 조성(『韓國의 佛畵 2 – 通度寺(中)』) 수화승 抖薰

퇴경당(退耕堂) 상노(相老) 참조

퇴경당(退耕堂) 정석(鼎奭) 참조

퇴운당(退耘堂) 일섭(日燮) 참조

퇴운당(退雲堂) 신겸(信謙, 愼謙) 참조

특언(特彦 : -1753-) 18세기 중반에 활동한 불화승이다. 1753년에 수화승 은기와 전남 순천 선암사 삼십삼조사도三十三祖師圖(석가모니불, 1·2조사)를 조성하였다.

> ▫1753년 전남 순천 仙巖寺 三十三祖師圖(釋迦牟尼佛, 1·2祖師) 조성(『韓國의 佛畵 12 – 仙巖寺』) 수화승 隱奇

특찰(特察 : -1741-) 18세기 중반에 활동한 불화승이다. 1741년에 수화승 긍척과 전남 여수 흥국사 팔상전 석가모니후불도, 대웅전 삼장도와 감로도를 조성하였다.

> ▫1741년 전남 여수 흥국사 八相殿 釋迦牟尼後佛圖 조성(『韓國의 佛畵 11 – 華嚴寺』) 수화승 亘陟
> 1741년 전남 여수 흥국사 大雄殿 三藏圖(天藏 · 持地藏菩薩) 조성(『韓國의 佛畵 11 – 華嚴寺』) 수화승 亘陟
> 1741년 전남 여수 흥국사 大雄殿 三藏圖(地藏菩薩) 조성(『韓國의 佛畵 11 – 華嚴寺』) 수화승 亘陟
> 1741년 전남 여수 興國寺 甘露圖 조성(『韓國佛畵畵記集』) 수화승 亘陟

[주]

1) 洪潤植 編, 『韓國佛畵畵記集』, 가람사연구소, 1995, p.239에 □敏으로 읽었다.

2) 畵記에 ...山□門寺로 읽었다.

3) 『韓國의 佛畵 9 - 直指寺(下)』, 성보문화재연구원, 1996에 供給比丘 覺獜比丘 能撵比丘 克林比丘로 이어져 있지만, 洪潤植 編, 위의 책에 供給 覺獜比丘 能撵比丘 克林比丘로 적혀 있어 후자를 따르고자 한다.

4) 상량문은 1642년에 쓰여졌는데, 단청화원과 관련된 내용은 맨 뒤 부분이 필치가 달라 이후에 첨가된 것으로 추정된다, 왜냐하면 上片手로 등장하는 탁휘와 법해 등은 17세기 후반에서 18세기 전반까지 활동한 불화승이기 때문이다.

5) 洪潤植 編, 위의 책, p.180에 언급되어 있지 않다.

6) 洪潤植 編, 위의 책, pp.133-134에 訓坦으로 읽었다.

7) 『韓國의 佛畵 38 - 佛國寺』, p.234 圖94에 大雄殿三尊改金時新畵成靈山會部幀奉安으로 나와 있고, 塗金良工比丘大德 尙淨 碩峯 淸益 宇學 抱冠 德仁 定安 脫閏 藏榮 報恩 圓敏 最善 桂觀 □欣 有誠 都畵師 智□ 次全 幼禪 哲印 富一 大演 宥祥으로 적혀 있다. 따라서 불화의 조성에 수화승은 智□일 것으로 추정한다.

8) 『梵魚寺聖寶博物館 名品圖錄』, 경성대학교 부설 한국학연구소, 2002, 圖20에 연대미상으로 나와 있다.

9) 畵記에 금어가 4번 나오고 있다.

10) 도록에 台□으로 읽었으나 동시에 제작된 불화을 보면 台三이라는 것을 알 수 있다.

11) 洪潤植 編, 위의 책, p.178에 太演이 언급되지 않았다.

12) 박도화는 불화의 하단 畵記가 좌우로 나뉘어 있는 가운데 왼쪽 畵記는 조성에 관련된 것으로 보았다. 또한 괘불함의 안쪽에 「楊州 水落山內院菴掛佛樻 己未年造成三補定欽留鎭于寺」라는 묵서를 근거로 1739년에 제작된 것으로 추정하였다.

13) 洪潤植 編, 위의 책, pp.190-191에 불화승이 언급되어 있지 않다.

14) 畵記에 ...山□門寺로 읽었다.

15) 洪潤植 編, 위의 책, pp.219-221에 언급되어 않았다.

16) 수화승은 용하일 것으로 추정된다.

17) 『韓國의 佛畵 35 - 曹溪寺(中)』, p.211 圖29에 漢峰應□로 읽었다.

18) 『韓國의 佛畵 34 - 曹溪寺(上)』, p.206 圖8에 수화승을 惠果奉鑑으로 읽었다.

19) 洪潤植 編, 위의 책, pp.190-191에 불화승이 언급되어 있지 않다.

ㅌ

표

파일(芭─ : -1775-) 18세기 후반에 활동한 불화승이다. 1775년에 수화승 포관과 경남 양산 통도사 영산전 팔상도(도솔래의상)를 조성하였다.

　▫ 1775년 경남 양산 通度寺 靈山殿 八相圖(兜率來儀相) 조성(『韓國의 佛畵 2 - 通度寺(中)』) 수화승 抱冠

팔정(八定 : -1790-1791-)* 18세기 후반에 강원도 삼척 영은사에서 거주하던 불화승이다. 1790년에 수화승으로 경기 화성 용주사 천보루를 단청하고, 1791년에 수화승 성암 홍안과 삼척 운흥사 목조아미타불좌상을 개금하였다.

　▫ 1790년 경기 화성 龍珠寺 天保樓 丹靑(「本寺諸般書畵造作等諸人芳卿」) 都片手 江原道 三陟 靈隱寺
　▫ 1791년 강원 삼척 雲興寺 木造阿彌陀佛坐像 개금(『한국의 사찰문화재-강원도』) 수화승 弘眼

팔현(八玄 : -1758-) 18세기 중반에 활동한 불화승이다. 1758년에 수화승 각총과 경기 여주 신륵사 극락보전 삼장도를 조성하였다. 1764년에 건원릉健元陵 정자각丁字閣 중수重修 화승畵僧으로 참여하였다.

　▫ 1758년 경기 여주 신륵사 極樂寶殿 三藏圖 조성(『韓國의 佛畵 28 - 龍珠寺(上)』) 수화승 覺聰
　▫ 1764년 『健元陵丁字閣重修都監儀軌』 畵僧(奎章閣 13500호, 朴廷蕙, 「儀軌를 통해서 본 朝鮮時代의 畵員」 자료1)

팽헌(彭軒, 彭憲 : -1806-1808-) 19세기 전반에 활동한 불화승이다. 1806년에 수화승 도일과 전남 순천 송광사 사천왕상을 개채하고, 1808년에 수화승 화악평삼과 경남 고성 옥천사 괘불도를 제작하였다.

　▫ 1806년 전남 순천 松廣寺 四天王像 개채(『曹溪山 松廣寺誌』) 수화승 度溢
　▫ 1808년 경남 고성 玉泉寺 掛佛圖 조성(『韓國의 佛畵 26 - 雙磎寺(下)』) 수화승 華嶽評三

편계(片桂 : -1693-) 17세기 후반에 활동한 불화승이다. 1693년에 수화승 홍언과 경북 김천 직지사 관음전 단청에 참여하였다.

　▫ 1693년 경북 김천 直指寺 「觀音殿丹靑」 언급(『直指寺誌』) 수화승 弘彦

평연(平連 : -1822-) 19세기 전반에 활동한 불화승이다. 1822년에 수화승 □□와 전남 여수 흥국사 신중도를 조성하였다.

◦ 1822년 전남 여수 興國寺 神衆圖 조성(『韓國佛畵畵記集』) 수화승 □□

평삼(評三, 平三, 萍三 : -1765-1808-)* 화악당(華岳堂) 18세기 중·후반에 전라도에서 활동한 불화승이다. 수화승 송계쾌윤과 1765년에 전남 강진 백련사 삼세후불도(소재불명)와 1769년에 경남 남해 용문사 괘불도를, 1773년에 강진 백련사 삼장도(소재 불명)를 제작할 때 편수片手로 참여하였다. 수화승 비현과 1777년에 전남 영광 불갑사 팔상전 영산회상도, 지장전 지장시왕도와 전남 곡성 태안사 대웅전 석가여래도, 신중도, 삼장도와 명적암 신중도를 제작하였다. 수화승으로 1781년에 경남 하동 쌍계사 삼세불도(석가모니불, 아미타여래)와 삼장도 및 국사암 제석천룡도 등을, 1786년에 경남 의령 수도사 감로도(양산 통도사 소장)를 그렸다. 1788년에 상겸 등과 경북 상주 남장사 불사에 참여하여 기록한 『불사성공록佛事成功錄』에 호남양공湖南良工으로 언급되어 있다. 수화승으로 1790년에 하동 쌍계사 고법당 신중도를 그리고, 1800년에 경기 고양 상운사 극락보전 목조관음보살좌상을 개금한 후, 1808년에 경남 고성 옥천사 괘불도를 조성하였다.

평삼, 삼세불도(아미타), 쌍계사 대웅전

◦ 1765년 전남 강진 白蓮寺 三世後佛圖 조성(소재불명, (『全南의 寺刹』)
◦ 1769년 경남 남해 龍門寺 掛佛圖 조성(『韓國의 佛畵 26 − 雙磎寺(下)』) 수화승 快玧
◦ 1773년 전남 강진 白蓮寺 三藏圖 조성(소재불명, 『全南의 寺刹』)1) 片手
◦ 1777년 전남 영광 佛甲寺 八相殿 靈山會上圖 조성(『靈光 母岳山 佛甲寺』과 『韓國의 佛畵 37 − 白羊寺·新興寺』) 수화승 丕賢
　 1777년 전남 영광 佛甲寺 地藏殿 地藏十王圖 조성(『靈光 母岳山 佛甲寺』과 『韓國의 佛畵 37 − 白羊寺·新興寺』) 수화승 丕賢
　 1777년 전남 곡성 泰安寺 大雄殿 釋迦如來圖, 神衆圖, 三藏圖와 明寂庵 神衆圖 조성(『泰安寺誌』) 수화승 丕賢
◦ 1779년 전남 곡성 泰安寺 大雄殿重創記 중 畵工으로 참여(「大雄殿重創記」, 『泰安寺誌』)
◦ 1781년 경남 하동 雙磎寺 三世佛圖(釋迦牟尼佛) 조성(『韓國의 佛畵 25 − 雙磎寺(上)』) 片手 수화승 勝允
　 1781년 경남 하동 雙磎寺 三世佛圖(阿彌陀如來) 조성(『韓國의 佛畵 25 − 雙磎寺(上)』) 金魚 수화승
　 1781년 경남 하동 雙磎寺 三藏圖 조성(『韓國의 佛畵 25 − 雙磎寺(上)』) 片手 수화승 勝允
　 1781년 경남 하동 雙磎寺 國師庵 帝釋天龍圖 조성(『韓國의 佛畵 25 − 雙磎寺(上)』) 金魚片手 수화승
　 1781년 경남 하동 雙磎寺 帝釋天龍圖 조성(『韓國佛畵畵記集』) 金魚 수화승
◦ 1786년 경남 의령 修道寺 甘露圖 조성(梁山 通度寺 所藏, 『韓國의 佛畵 2 − 通度寺(中)』) 畵師 수화승
　 1786년 阿彌陀後佛圖 조성(救仁寺 遺物展示館 所藏, 『韓國의 佛畵 40 − 補遺』) 畵師 수화승
◦ 1788년 남장사 불사에 참여한 화승을 적은 『佛事成功錄』에 湖南良工으로 언급(이용윤, 「『佛事成功錄』을 통해 본 남장사 괘불」) 수화승 尙謙
◦ 1790년 경남 하동 雙磎寺 古法堂 帝釋神衆圖 조성(『韓國의 佛畵 25 − 雙磎寺(上)』) 金魚

화악평삼, 괘불도, 1808년, 고성 옥천사   화악평삼, 괘불도 부분, 1808년, 고성 옥천사

　▫1800년 경기 고양 祥雲寺 木造觀音菩薩坐像 改金(發願文)2)
　▫1808년 경남 고성 玉泉寺 掛佛圖 조성(『韓國의 佛畵 26 − 雙磎寺(下)』) 金魚 수화승

평인(平仁, 平印 : -1759-) 18세기 중반에 활동한 불화승이다. 1759년에 수화
승 임한과 경남 양산 통도사 대광명전 비로자나후불도와 석가모니후불도를
조성하였다.

　▫1759년 慶南 梁山 通度寺 大光明殿 毘盧遮那後佛圖 조성(『韓國의 佛畵 1 − 通度寺(上)』)
　　수화승 任閑
　　1759년 慶南 梁山 通度寺 大光明殿 釋迦牟尼後佛圖 조성(『韓國의 佛畵 1 − 通度寺
　　(上)』) 수화승 任閑

평일(平日 : -1860-) 19세기 중반에 활동한 불화승이다. 수화승 해운익찬과
1860년에 전남 구례 화엄사 각황전 삼세불도(약사불)와 경남 하동 쌍계사 명
부전 지장도를 조성하였다.

　▫1860년 전남 구례 華嚴寺 覺皇殿 三世佛圖(藥師佛) 조성(『韓國의 佛畵 11 − 華嚴寺』)3)
　　수화승 海雲益讚
　　1860년 경남 하동 雙磎寺 冥府殿 地藏圖 조성(『韓國의 佛畵 25 − 雙磎寺(上)』) 수화
　　승 海雲益讚

평종(平從 : -1885-) 19세기 후반에 활동한 불화승이다. 1885년에 수화승 수
룡기전과 경남 합천 해인사 대적광전 삼장도三藏圖을 조성하였다.

　▫1885년 경남 합천 海印寺 大寂光殿 三藏圖 조성(『韓國의 佛畵 4 − 海印寺(上)』) 수화승
　　繡龍 琪銓

평주(坪注 : -1879-) 19세기 후반에 활동한 불화승이다. 1879년에 수화승 기
전과 대구 동화사 염불암 아미타후불도를 조성하였다.

　▫1879년 대구 桐華寺 念佛庵 阿彌陀後佛圖 조성(『韓國의 佛畵 21 − 桐華寺(上)』) 수화승
　　琪銓

포근(抱根, 抱勤 : -1734-1744-)* 18세기 중반에 활동한 불화승이다. 1734년에 수화승 임한과 경남 양산 통도사 영산전 석가모니후불도를, 1736년에 수화승으로 통도사 오계수호신장번五戒守護神將幡 제삼기第三戒와 수화승 임한과 울산 석남사 석가여래후불도를, 수화승 효안과 1744년에 경남 고성 옥천사 영산회상도와 명부전 지장도 및 시왕도(태산대왕)를 조성하였다.

- 1734년 경남 양산 通度寺 靈山殿 釋迦牟尼後佛圖 조성(『韓國의 佛畫 1 – 通度寺(上)』) 수화승 任閑
- 1736년 경남 양산 通度寺 五戒守護神將幡 第三戒 조성(『韓國의 佛畫 2 – 通度寺(中)』) 畫員 수화승
  1736년 울산 石南寺 釋迦如來後佛圖 조성(畫記에 碩南寺, 『韓國의 佛畫 3 – 通度寺(下)』) 수화승 任閑
- 1744년 경남 고성 玉泉寺 靈山會上圖 조성(『韓國佛畫畫記集』) 수화승 曉岸
  1744년 경남 고성 玉泉寺 冥府殿 地藏圖 조성(『韓國의 佛畫 25 – 雙磎寺(上)』) 수화승 曉岸
  1744년 경남 고성 玉泉寺 冥府殿 十王圖(泰山大王) 조성(『韓國의 佛畫 26 – 雙磎寺(下)』) 수화승 曉岸

포관(抱冠, 抱寬 : -1755-1782-)* 18세기 중반에 활동한 불화승이다. 1755년에 수화승 임한과 경북 청도 운문사 비로전 삼신불도와 온양민속박물관 소장 삼장도를 그렸다. 1769년에 수화승 상정과 경북 경주 불국사 불사에 참여하고, 수화승 지□와 대웅전 사천왕벽화(동방·남방)를, 1775년에 경남 양산 통도사 영산전 팔상도(도솔내의상, 비람강생상, 사문유관상, 설산수도상)를 제작하여 「팔상기문八相記文」에 언급되어 있다. 수화승 시보과 경북 영천 묘각사 석조아미타불좌상을 도금할 때 화성양공畫成良工으로 언급되어 있으며, 1782년에 수화승으로 경북 영천 은해사 백흥암 대웅전 현왕도를 조성하였다.

- 1755년 경북 청도 雲門寺 毘盧殿 三身佛圖 조성(『韓國의 佛畫 21 – 桐華寺 (上)』) 수화승 任閑
  1755년 三藏圖(溫陽民俗博物館 所藏, 『韓國의 佛畫 20 – 私立博物館』) 良工4) 수화승 任閑
- 1769년 경북 경주 佛國寺 佛事에 참여(『韓國의 佛畫 38 – 佛國寺』) 수화승 尙淨5)
  1769년 경북 경주 佛國寺 大雄殿 四天王壁畫(東方·南方) 조성(『韓國의 佛畫 38 – 佛國寺』) 수화승 智□
- 1775년 경남 양산 通度寺 靈山殿 八相圖(兜率來儀相과 毘藍降生相) 조성(『韓國의 佛畫 2 – 通度寺(中)』) 良工 수화승
  1775년 경남 양산 通度寺 靈山殿 八相圖(四門遊觀相) 조성(『韓國의 佛畫 2 – 通度寺(中)』) 良工 수화승
  1775년 경남 양산 通度寺 靈山殿 八相圖(雪山修道相) 조성(『韓國의 佛畫 2 – 通度寺(中)』) 敬畫 수화승
  1775년 경남 양산 通度寺 「八相記文」 언급(安貴淑, 「조선후기 佛畫僧의 계보와 義謙比丘에 대한 연구(상)」) 畫師 수화승
- 1782년 경북 영천 銀海寺 百興庵 大雄殿 現王圖 조성(『韓國의 佛畫 30 – 銀海寺』) 畫師 수화승
- 연대미상 경북 포항 寶鏡寺 八相圖(雪山修道相) 조성(『韓國의 佛畫 38 – 佛國寺』) 수화승 聖明

포선(抱善 : -1792-) 18세기 후반에 활동한 불화승이다. 1792년에 수화승 지연과 경남 양산 통도사 괘불도와 삼장도를, 수화승 복찬과 신중도를 조성하였다.

> ﹒1792년 경남 양산 通度寺 掛佛圖 조성(『韓國의 佛畵 2 - 通度寺(中)』) 수화승 指演
> 1792년 경남 양산 通度寺 三藏圖 조성(『韓國의 佛畵 1 - 通度寺(上)』) 수화승 指演
> 1792년 경남 양산 通度寺 神衆圖(圓寂山 金鳳庵 奉安) 조성(『韓國의 佛畵 1 - 通度寺(上)』) 수화승 福贊

포영(抱榮 : -1759-1761) 18세기 중반에 활동한 불화승이다. 1759년에 수화승 화연과 전남 곡성 태안사 봉서암 감로왕도(호암미술관 소장)와 1761년 봉서암 신중도를 조성하였다.

> ﹒1759년 전남 곡성 泰安寺 鳳瑞庵 甘露王圖 조성(湖巖美術館 所藏, 『韓國佛畵畵記集』) 수화승 華演
> ﹒1761년 전남 곡성 泰安寺 鳳瑞庵 神衆圖 조성(『泰安寺誌』) 수화승 華演

포일(抱一, 抱日 : -1855-1862-) 19세기 후반에 활동한 불화승이다. 1855년에 수화승 하은응상과 경북 영천 은해사 목조아미타불좌상을 중수하고, 1860년에 수화승 해운익찬과 전남 구례 화엄사 각황전 삼세불도(약사불)와 1862년에 수화승 의운자우와 은해사 운부암 아미타후불묵도를 조성하였다.

> ﹒1855년 경북 영천 은해사 목조아미타불좌상 중수(『한국의 사찰문화재-대구광역시・경상북도 I 자료집』) 수화승 霞隱應祥
> ﹒1860년 전남 구례 華嚴寺 覺皇殿 三世佛圖(藥師佛) 조성(『韓國의 佛畵 11 - 華嚴寺』)6) 수화승 海雲益讚
> ﹒1862년 경북 영천 銀海寺 雲浮庵 阿彌陀後佛墨圖 조성(『韓國의 佛畵 30 - 銀海寺』) 수화승 意雲 慈友

품관(品寬 : -1794-) 18세기 후반에 활동한 불화승이다. 1794년에 수화승 승초와 충남 공주 마곡사 백련정사 신중도(아산 세심사 소장)를, 수화승 지언과 전남 해남 대흥사 소장 천불전 사천왕도를 조성하였다.

> ﹒1794년 충남 공주 麻谷寺 白蓮精舍 神衆圖 조성(牙山 洗心寺 소장, 『韓國의 佛畵 15 - 麻谷寺(上)』) 수화승 勝初
> 1794년 千佛殿 四天王圖 조성(大興寺 所藏, 『韓國의 佛畵 31 - 大興寺』) 수화승 智彦

품연(品連, 品演 : -1856-) 19세기 중・후반에 활동한 불화승이다. 1856년에 수화승 금암천여와 선조암 아미타후불홍도阿彌陀後佛紅圖와 명부전 지장도를, 선조암 아미타후불홍도阿彌陀後佛紅圖(순천 선암사 소장)를 조성하였다.

> ﹒1856년 부산 長安寺 大雄殿 釋迦牟尼後佛圖 조성(『韓國의 佛畵 32 - 梵魚寺』) 수화승 錦庵天如
> 1856년 부산 長安寺 冥府殿 地藏圖 조성(『韓國의 佛畵 32 - 梵魚寺』) 수화승 錦庵天如
> 1856년 禪助庵 阿彌陀後佛紅圖 조성(順天 仙巖寺 所藏, 『韓國의 佛畵 12 - 仙巖寺』) 수화승 錦庵天如

품윤 1(禀允 : -1792-) 18세기 후반에 활동한 불화승이다. 1792년에 수화승 상훈과 경기 고양 흥국사 약사전 영산회상도를 조성하였다.

> ﹒1792년 경기 고양 興國寺 藥師殿 釋迦牟尼後佛圖 조성(畵記, 『韓國의 佛畵 34 - 曹溪寺

(上)』) 수화승 尙訓

품윤 2(品允 : -1888-1895-) 19세기 후반에 활동한 불화승이다. 1888년에 수화승 향호묘영과 경북 하동 쌍계사 승당僧堂 아미타후불홍도阿彌陀後佛紅圖를, 수화승 경성두삼과 1895년에 전남 순천 선암사 삼성각 칠성도와 삼성각 칠성도를 조성하였다.

- 1888년 경북 하동 雙溪寺 僧堂 阿彌陀後佛紅圖 조성(『韓國의 佛畵 25 - 雙磎寺(上)』) 수화승 香湖妙英
- 1895년 전남 순천 仙巖寺 三聖閣 七星圖 조성(『韓國의 佛畵 12 - 仙巖寺』) 수화승 景星斗三
  1895년 전남 순천 仙巖寺 三聖閣 七星圖 조성(『韓國의 佛畵 12 - 仙巖寺』) 수화승 景星斗三

품호(品昊 : -1895-) 19세기 후반에 활동한 불화승이다. 1895년에 수화승 상규와 서울 봉은사 영산전 십육나한도를 조성하였다.

- 1895년 서울 奉恩寺 靈山殿 十六羅漢圖 조성(『韓國의 佛畵 35 - 曹溪寺(中)』) 수화승 尙奎

풍곡당(豊谷堂) 덕인(德仁, 德潾, 悳麟) 참조

풍연(豐衍 : -1725-) 18세기 전반에 활동한 불화승이다. 1725년에 수화승 석민과 북지장사 지장시왕도(국립중앙박물관 소장)를 조성하였다.

- 1725년 北地藏寺 地藏十王圖 조성(國立中央博物館 所藏, 김정희, 『조선시대 지장시왕도 연구』과 유마리, 「朝鮮朝 阿彌陀佛畵의 硏究」, 『朝鮮朝 佛畵의 硏究-三佛會圖』 및 『韓國의 佛畵 39 - 國·公立博物館』) 수화승 碩敏

풍욱(豐旭 : -1775-1798-) 18세기 후반에 활동한 불화승이다. 1775년에 수화승 경보와 경남 양산 통도사 명부전 시왕도(평등대왕)를, 1798년에 수화승 지연과 통도사 명부전 지장도를 조성하였다.

- 1775년 경남 양산 通度寺 冥府殿 十王圖(平等大王) 조성(『韓國의 佛畵 2 - 通度寺(中)』) 수화승 璟甫
- 1798년 경남 양산 通度寺 冥府殿 地藏圖 조성(『韓國의 佛畵 1 - 通度寺(上)』) 수화승 指演

풍호당(楓湖堂) 혜찰(慧察) 참조

필영(弼英, 必英 : -1715-1730-)* 18세기 전반에 전남 장흥 보림사에서 활동한 불화승이다. 전남 장흥 보림사에서 수화승 변권과 1715년에 조사도를 그리고, 수화승으로 1718년에 고법당 후불도를, 1718년에 용자각 등 단청을, 1722년에 삼장三藏, 오로五路, 하단下壇 등을 조성하고, 1724년에 수화승 하천과 나한을 중수한 후, 1730년에 수화승으로 명부전 불상의 개금과 시왕상을 개채하였다.

- 1715년 전남 장흥 寶林寺에서 8월 7일 祖師圖를 시작하여 9월 8일까지 봉안(『譯註 寶林寺重創記』) 副手 수화승 卞權
- 1718년 전남 장흥 寶林寺에서 3월 9일 고법당 후불도 등을 시작하여 5월 23일까지 마침(『譯註 寶林寺重創記』) 金魚 邊手 수화승
  1718년 전남 장흥 寶林寺 용자각을 그림(『譯註 寶林寺重創記』) 畵員 수화승

필영, 영산회상도, 연대미상, 나주 죽림사

○ 1722년 전남 장흥 寶林寺 三藏, 五路, 下壇 등을 그림(『譯註 寶林寺重創記』) 畵員 수화승
○ 1724년 전남 장흥 寶林寺 羅漢 重修(『譯註 寶林寺重創記』) 畵員 수화승
○ 1730년 전남 장흥 寶林寺 冥府殿 改金과 十王 改彩(『譯註 寶林寺重創記』) 片手 수화승
○ 연대미상 전남 나주 竹林寺 극락보전 釋迦牟尼後佛圖 조성(『韓國의 佛畵 37 - 白羊寺·新興寺』) 金魚 수화승

필옥(弼玉 : -1821-) 19세기 전반에 활동한 불화승이다. 1821년에 수화승 퇴운신겸과 온양민속박물관 소장된 석가모니후불도와 지장도를 조성하였다.

○ 1821년 釋迦牟尼後佛圖 조성(溫陽民俗博物館 所藏, 『韓國의 佛畵 20 - 私立博物館』) 수화승 退雲信謙
1821년 地藏圖 조성(溫陽民俗博物館 所藏, 『韓國의 佛畵 20 - 私立博物館』) 수화승 退雲信謙

필영, 영산회상도 부분, 연대미상, 나주 죽림사

필화(弼和, 弼禾 : -1821-1825-) 19세기 전반에 활동한 불화승이다. 수화승 퇴운신겸과 1821년에 온양민속박물관 소장 석가모니후불도와 지장도를, 경북 의성 수정사 지장도를, 1825년에 경북 영천 은해사에 소장 지보암 석가모니후불도와 지장도 및 현왕도, 동국대학교 경주캠퍼스 소장 신중도를 조성하였다.

○ 1821년 釋迦牟尼後佛圖 조성(溫陽民俗博物館 所藏, 『韓國의 佛畵 20 - 私立博物館』) 수화승 退雲信謙
1821년 地藏圖 조성(溫陽民俗博物館 所藏, 『韓國의 佛畵 20 - 私立博物館』) 수화승 退雲信謙
1821년 경북 의성 水淨寺 地藏圖 조성(『韓國의 佛畵 23 - 孤雲寺(上)』) 수화승 退雲信謙
○ 1825년 持寶菴 釋迦牟尼後佛圖 조성(永川 銀海寺 所藏, 『韓國의 佛畵 30 - 銀海寺』) 수화승 退雲信謙
1825년 地藏圖 조성(永川 銀海寺 所藏, 『韓國의 佛畵 30 - 銀海寺』) 수화승 退雲信謙
1825년 持寶菴 神衆圖 조성(東國大學校 慶州캠퍼스 所藏, 『韓國의 佛畵 18 - 大學博物館(Ⅰ) 東國大』) 수화승 退雲愼謙
1825년 持寶寺 現王圖 조성(永川 銀海寺 所藏, 『韓國의 佛畵 30 - 銀海寺』) 수화승 退雲愼謙

[주]

1) 『全南의 寺刹』, 목포대학교박물관, 1989에 畵記는 없고, 표로 정리한 내용을 근거로 하였다. 그런데 今手 平三은 片手를 잘못 읽은 것으로 보인다.

2) 畵記에 華岳이라는 승려가 있고, 개금을 한 인물이 없어 불화승 華岳으로 추정된다.

3) 『韓國의 佛畵 11 - 華嚴寺』, 성보문화재연구원, 1998, p.235 圖5에 畵記를 잘못 정리하여 놓았다.

4) 『韓國의 佛畵 20 - 私立博物館』, pp.225-226 圖9-11에 普寬으로 읽었다.

5) 『韓國의 佛畵 38 - 佛國寺』, p.234 圖94에 大雄殿三尊改金時新畵成靈山會部幀奉安으로 나와 있고, 塗金良工比丘大德 尙淨 碩峯 淸益 宇學 抱冠 德仁 定安 脫閏 藏榮 報恩 圓敏 最善 桂觀 □欣 有誠 都畵師 智□ 次全 幼禪 哲印 富一 大演 宥祥으로 적혀 있다. 따라서 불화의 조성에 수화승은 智□일 것으로 추정한다.

6) 『韓國의 佛畵 11 - 華嚴寺』, p.235 圖5에 畵記를 잘못 정리하여 놓았다.

하윤(夏閏, 夏潤 : -1736-1767-)* 18세기 중반에 활동한 불화승이다. 수화승 임한과 1736년에 울산 석남사 석가여래후불도와 1740년에 경남 양산 통도사 극락보전 아미타후불도를 조성하였다. 1742년에 수화승 민휘와 부산 범어사 지장보살도를, 1759년에 수화승 임한과 통도사 대광명전 삼신불도를 조성하였다. 1767년에 수화승으로 경북 경주 불국사 대웅전 단청 작업에 참여하였다.

- 1736년 울산 石南寺 釋迦如來後佛圖 조성(畵記에 碩南寺, 『韓國의 佛畵 3 - 通度寺(下)』) 수화승 任閑
- 1740년 경남 양산 通度寺 極樂寶殿 阿彌陀後佛圖 조성(『韓國의 佛畵 1 - 通度寺(上)』) 수화승 任閑
- 1742년 부산 범어사 지장보살도 조성(김정희, 『조선시대 지장시왕도 연구』) 수화승 敏輝
- 1759년 경남 양산 通度寺 大光明殿 毘盧遮那後佛圖 조성(『韓國의 佛畵 1 - 通度寺(上)』) 都片手 수화승 任閑

  1759년 경남 양산 通度寺 大光明殿 盧舍那佛後佛圖 조성(『韓國의 佛畵 1 - 通度寺(上)』) 수화승 任閑

  1759년 경남 양산 通度寺 大光明殿 釋迦牟尼後佛圖 조성(『韓國의 佛畵 1 - 通度寺(上)』) 片手 수화승 任閑

  1759년 己酉年改金幀畵丹艧事施主記(安貴淑, 「조선후기 佛畵僧의 계보와 義謙比丘에 대한 연구(상)」)
- 1767년 경북 경주 佛國寺 大雄殿 丹艧 참여(「佛國寺古今創記」, 『佛國寺誌』) 都畵員 수화승

하은당(霞隱堂) 위상(偉相) 참조

하은당(霞隱堂) 응상(應祥) 참조

하은당(霞隱堂) 응선(應禪) 참조

하은당(霞隱堂) 기상(岐祥) 참조

하택당(霞澤堂) 보훈(普薰) 참조

학눌(學訥 : -1913-1926-) 학송당(鶴松堂) 속성 이(李)씨, 20세기 전반에 활동한 불화승이다. 1920년에 수화승 고산축연과 경북 선산 대둔사 나한전 후불도를 조성하였다.

- 1913년 경북 문경 金龍寺 大成庵 阿彌陀後佛圖 조성(『韓國의 佛畵 8 - 直指寺(上)』) 수화승 退耕 相老

1913년 경북 문경 金龍寺 三藏圖 조성(『韓國의 佛畵 8 - 直指寺(上)』) 수화승 退耕 相老
◦1919년 강원 양양 明珠寺 阿彌陀後佛圖 조성(『한국의 사찰문화재-강원도』와 『韓國의 佛畵 37 - 新興寺』) 수화승 文古山
◦1920년 경북 선산 大芚寺 羅漢殿 後佛圖 조성(『韓國의 佛畵 8 - 直指寺(上)』) 수화승 古山竺衍
◦1921년 경남 거창 尋牛寺 一心三關門圖 조성(『韓國의 佛畵 5 - 海印寺(下)』) 畵工 수화승
◦1924년 대구 桐華寺 掛佛圖 조성(『韓國의 佛畵 22 - 桐華寺(下)』) 수화승 大愚 奉珉
◦1926년 경남 창원 聖住寺 冥府殿 地藏圖 조성(『韓國의 佛畵 32 - 梵魚寺』) 수화승 古山竺演
1926년 경남 양산 通度寺 應眞殿 十六羅漢圖 조성(『韓國의 佛畵 2 - 通度寺(中)』)[1) 金魚 古山竺演

학능 1(學能 : -1650-1688-)* 17세기 중반에 활동한 불화승이다. 1650년에 수화승 경잠과 충남 공주 갑사 괘불도를, 1688년에 수화승으로 상주 북장사 괘불도를 조성하였다.

◦1650년 충남 공주 甲寺 掛佛圖 조성(『韓國佛畵畵記集』과 『韓國의 佛畵 16 - 麻谷寺(下)』) 수화승 敬岑
◦1688년 경북 상주 北長寺 掛佛圖 조성(『韓國의 佛畵 9 - 直指寺(下)』) 畵員 수화승

학능 2(學能 : -1865-1870-) 19세기 중반에 활동한 불화승이다. 1865년에 수화승 경훈 영파와 충남 예산 보덕사 지장도를, 1870년에 수화승 상월과 충북 진천 영수사 신중도를 조성하였다.

◦1865년 충남 예산 報德寺 地藏圖 조성(『韓國의 佛畵 27 - 修德寺』) 수화승 敬焄 影波
◦1870년 충북 진천 靈水寺 神衆圖 조성(『韓國의 佛畵 17 - 法住寺』) 片手 수화승 尙月

학림(學林 : -1688-) 17세기 후반에 활동한 불화승이다. 1688년에 수화승 민원과 경북 김천 고방사 아미타회상도를 조성하였다.

◦1688년 경북 김천 고방사 아미타후불도 조성(『韓國佛畵畵記集』과 『韓國의 佛畵 8 - 直指寺(上)』) 수화승 敏圓

학선 1(學禪 : -1788-) 18세기 후반에 경북 문경 대승사를 중심으로 활동한 불화승이다. 1788년에 상겸과 경북 상주 남장사 불사에 참여하여 『불사성공록佛事成功錄』에 대승양공大乘良工으로 적혀있다.

◦1788년 남장사 불사에 참여한 화승을 적은 『佛事成功錄』에 大乘良工으로 언급(이용윤, 「『佛事成功錄』을 통해 본 남장사 괘불」) 수화승 尙謙

학선 2(學善 : -1847-) 19세기 중반에 활동한 불화승이다. 1847년에 수화승 금암천여와 전남 고흥 금탑사 극락전 아미타후불도를 조성하였다.

◦1847년 전남 고흥 金塔寺 極樂殿 阿彌陀後佛圖 조성(『韓國의 佛畵 6 - 松廣寺(上)』) 수화승 錦菴天如

학성 1(學性 : -1768-) 18세기 중반에 활동한 불화승이다. 1768년에 수화승 유행과 충남 부여 오덕사 괘불도를 조성하였다.

◦1768년 충남 부여 五德寺 掛佛圖 조성(『掛佛調査報告書 II』와 『韓國佛畵畵記集』) 수화승 有幸

학성 2(鶴成 : -1888-) 19세기 후반에 활동한 불화승이다. 1888년에 수화승

ㅎ

금곡영환과 경기 안성 칠장사 명부전 지장도를 조성하였다.

　　∘1888년 경기 안성 七長寺 冥府殿 地藏圖 조성(『韓國의 佛畵 28 – 龍珠寺(上)』) 수화승
　　　金谷永煥

학송(鶴松 : -1936-) 주하당(周夏堂) 20세기 전반에 활동한 불화승이다.

　　∘1936년 寶宮丹雘施主秩(平昌 上院寺 寂滅寶宮 懸板, 이강근, 「上院寺 寂滅寶宮에 대한
　　　조사보고서」)

학송당(鶴松堂) 선준(禪俊) 참조

학송당(鶴松堂) 학눌(學訥) 참조

학순 1(學順 : -1860-) 19세기 중반에 활동한 불화승이다. 수화승 해운익찬과
1860년에 전남 구례 화엄사 각황전 삼세불도(약사불)와 경남 하동 쌍계사 명
부전 지장도를 조성하였다.

　　∘1860년 전남 구례 華嚴寺 覺皇殿 三世佛圖(藥師佛) 조성(『韓國의 佛畵 11 – 華嚴寺』)[2]
　　　수화승 海雲益讚
　　　1860년 경남 하동 雙磎寺 冥府殿 地藏圖 조성(『韓國의 佛畵 25 – 雙磎寺(上)』) 수화
　　　승 海雲益讚

학순 2(學淳, 學順 : -1900-1901-) 20세기 전반에 활동한 불화승이다. 1900년
에 수화승 동호진철과 경남 양산 통도사 금강계단 감로도를, 1901년에 수화
승 벽산찬규와 대구 달성 소재사 대웅전 석가모니후불도와 신중도를 조성하
였다.

　　∘1900년 경남 양산 通度寺 金剛戒壇 甘露圖 조성(『韓國의 佛畵 2 – 通度寺(中)』) 수화승
　　　東湖震徹
　　∘1901년 대구 달성 消災寺 大雄殿 釋迦牟尼後佛圖 조성(『韓國의 佛畵 21 – 桐華寺(上)』)
　　　수화승 碧山 粲奎
　　　1901년 대구 달성 消災寺 神衆圖 조성(『韓國의 佛畵 21 – 桐華寺(上)』) 수화승 碧山
　　　粲圭

학연(學演 : -1775-) 18세기 후반에 활동한 불화승이다. 1775년에 수화승 시
보와 경북 영천 묘각사 석조아미타불좌상을 도금하고, 수화승 포관과 경남
양산 통도사 영산전 팔상도(사문유관상)를 조성하였다.

　　∘1775년 경북 영천 묘각사 석조아미타불좌상 도금(『한국의 사찰문화재 – 대구광역시·경
　　　상북도Ⅰ 자료집』) 수화승 侍普
　　　1775년 경남 양산 通度寺 靈山殿 八相圖 중 第三四門遊觀相 조성(『韓國의 佛畵 2 –
　　　通度寺(中)』) 수화승 抱冠

학윤(學允 : -1807-) 19세기 전반에 활동한 불화승이다. 1807년에 수화승 오
봉과 전북 고창 선운사 대웅보전 신중도를 조성하였다.

　　∘1807년 전북 고창 禪雲寺 大雄寶殿 神衆圖 조성(『韓國의 佛畵 14 – 禪雲寺』) 수화승 鰲峯

학이(學伊 : -1708-) 18세기 전반에 활동한 불화승이다. 1708년에 수화승
인문과 충남 청양 장곡사 아미타후불도를 조성하였다.

　　∘1708년 충남 청양 長谷寺 阿彌陀後佛圖 조성(東國大學校 博物館 所藏,『韓國의 佛畵 18
　　　– 大學博物館(Ⅰ)』) 수화승 印文

학전(學全 : -1664-1673-) 17세기 후반에 활동한 불화승이다. 수화승 응열과 1664년에 충남 공주 신원사와 1673년에 충남 예산 수덕사 괘불도를 조성하였다.

◦1664년 충남 공주 新元寺 掛佛圖 조성(『韓國佛畵畵記集』과 『韓國의 佛畵 16 – 麻谷寺(下)』)[3] 수화승 應悅
◦1673년 충남 예산 修德寺 掛佛圖 조성(『韓國의 佛畵 27 – 修德寺』) 수화승 應悅

학청(學淸 : -1684-) 17세기 후반에 활동한 불화승이다. 1684년에 지영智英 등과 명성왕후明聖王后 숭릉崇陵 조성소 화승畵僧으로 참여하였다.

◦1684년 『明聖王后崇陵山陵都監儀軌』造成所 畵僧(奎章閣 14832호, 朴廷蕙, 「儀軌를 통해서 본 朝鮮時代의 畵員」 자료1)

학총(學聰 : -1757-) 18세기 중반에 활동한 불화승이다. 1757년에 정성왕후貞聖王后 홍릉弘陵 조성소 화승畵僧으로 참여하였다.

◦1757년 『貞聖王后弘陵山陵都監儀軌』造成所 畵僧(奎章閣 13591호, 朴廷蕙, 「儀軌를 통해서 본 朝鮮時代의 畵員」 자료1)
※ 학총은 각총과 관련이 있을 것으로 추정된다.

한계(漢戒 : -1776-1789-) 18세기 후반에 활동한 불화승이다. 1776년에 영조英祖 원릉元陵 조성소 화원畵僧으로 참여하고, 1777년에 수화승 수밀과 서울 봉은사 시왕도를 조성하였으며, 1789년에 장조莊祖 현릉원顯隆園 조성소 화승畵僧으로 참여하였다.

◦1776년 『英祖元陵山陵都監儀軌』造成所 畵僧(奎章閣 13586호, 朴廷蕙, 「儀軌를 통해서 본 朝鮮時代의 畵員」 자료1)
◦1777년 서울 奉恩寺 十王圖 조성(東國大學校 博物館 所藏, 『韓國佛畵畵記集』) 수화승 □穎
◦1789년 『莊祖顯隆園所都監儀軌』造成所 畵僧(奎章閣 13627호, 朴廷蕙, 「儀軌를 통해서 본 朝鮮時代의 畵員」 자료1)

한곡당(漢谷堂) 돈법(頓法) 참조

한규 1(翰奎 : -1881-1891-)* 19세기 후반에 활동한 불화승이다. 수화승 관허 의관과 1881년에 경남 합천 해인사 관음전 아미타후불도와 궁현당窮玄堂 아미타후불도 및 경남 거창 심우사 신중도를, 1884년에 수화승 하은응상과 경북 예천 용문사 아미타후불도(문경 금룡사 소장)와 십육나한도를, 1885년에 수화승 수룡기전과 경남 합천 해인사 대적광전 삼신도(비로자나불)를, 1886년에 수화승으로 경북 안동 봉정사 영산암 한송당대선사가평진영漢松堂大禪師佳坪眞影를, 수화승 하은응상과 1886년에 경북 안동 광흥사 영산암 아미타후불도와 1887년에 대구 파계사 금당암 석가모니후불도, 신중도, 칠성도와 대구 파계사 금암 칠성도 및 경북 의성 고운사 쌍수암 대법당 아미타후불도를, 1888년에 경북 문경 김용사 독성도, 경북 안동 봉정사 대웅전 지장도를, 1889년에 수화승으로 경북 청도 운문사 명부전 지장도, 의성 지장사 산신도를 조성하였다.

▫1881년 경남 합천 海印寺 觀音殿 阿彌陀後佛圖 조성(『韓國의 佛畵 4 - 海印寺(上)』) 수화승 冠虛宜官

　1881년 경남 합천 海印寺 窮玄堂 阿彌陀後佛圖 조성(『韓國의 佛畵 4 - 海印寺(上)』) 수화승 冠虛宜官

　1881년 경남 거창 尋牛寺 神衆圖 조성(『韓國의 佛畵 4 - 海印寺(上)』) 수화승 冠虛宜官

　1881년 경남 거창 尋牛寺 神衆圖 三藏圖 조성(「거창·창녕 포교당 성보조사기」)

▫1884년 경북 예천 龍門寺 阿彌陀後佛圖 조성(聞慶 金龍寺 所藏, 『韓國의 佛畵 8 - 直指寺(上)』)4) 수화승 霞隱應祥

　1884년 경북 예천 龍門寺 十六羅漢圖 조성(『韓國의 佛畵 9 - 直指寺(下)』) 수화승 霞隱應祥

▫1885년 경남 합천 海印寺 大寂光殿 三身圖(毘盧遮那佛) 조성(『韓國의 佛畵 4 - 海印寺(上)』) 수화승 水龍琪銓

▫1886년 경북 안동 鳳停寺 靈山庵 漢松堂大禪師佳坪眞影 조성(『韓國의 佛畵 24 - 孤雲寺(下)』) 畵員 수화승

　1886년 경북 안동 廣興寺 靈山庵 阿彌陀後佛圖 조성(『韓國의 佛畵 23 - 孤雲寺(上)』) 수화승 霞隱應祥

▫1887년 대구 把溪寺 金堂庵 釋迦牟尼後佛圖 조성(『韓國의 佛畵 21 - 桐華寺(上)』)5) 수화승 霞隱應祥

　1887년 대구 把溪寺 金堂庵 神衆圖 조성(『韓國의 佛畵 21 - 桐華寺(上)』) 수화승 霞隱應祥

　1887년 대구 把溪寺 金庵 七星圖 조성(『韓國의 佛畵 22 - 桐華寺(下)』) 수화승 霞隱應祥

　1887년 경북 의성 孤雲寺 雙修庵 大法堂 阿彌陀後佛圖 조성(『韓國의 佛畵 23 - 孤雲寺(上)』) 수화승 霞隱應祥

▫1888년 경북 문경 金龍寺 獨聖圖 조성(『韓國의 佛畵 9 - 直指寺(下)』) 수화승 霞隱應祥

　1888년 경북 안동 鳳停寺 大雄殿 地藏圖 조성(『韓國의 佛畵 23 - 孤雲寺(上)』) 片手 수화승 霞隱應祥

▫1889년 경북 청도 雲門寺 冥府殿 地藏圖 조성(『韓國의 佛畵 21 - 桐華寺(上)』) 金魚 수화승

▫1891년 경북 의성 地藏寺 山神圖 조성(『韓國의 佛畵 24 - 孤雲寺(下)』) 畵員 수화승

한규 2(翰奎 : -1888-)* 우송당(友松堂) 19세기 후반에 활동한 불화승이다. 1888년에 수화승으로 대구 은적암 지장도를 조성하였다.

▫1888년 대구 隱跡菴 地藏圖 조성(『韓國의 佛畵 21 - 桐華寺(上)』) 金魚 수화승

한담당(漢潭堂) 천신(天娠) 참조

한동(漢烔 : 1904-1916)* 한명당(漢溟堂) 19세기 후반부터 20세기 전반까지 활동한 불화승이다. 1904년에 수화승으로 울산 신흥사 석가모니후불도와 수화승 환월상휴와 경남 양산 통도사 비로암 구품도九品圖를, 수화승으로 1906년에 경북 경주 기림사 대적광전 신중도와 1910년에 경남 창녕 도성암 칠성도를 제작하였다.

▫1904년 울산 新興寺 釋迦牟尼後佛圖 조성(『韓國의 佛畵 3 - 通度寺(下)』) 金魚 수화승

　1904년 경남 양산 通度寺 毘盧庵 九品圖 조성(『韓國의 佛畵 1 - 通度寺(上)』)6) 수화승 煥月尙休

▫1906년 경북 경주 祇林寺 大寂光殿 神衆圖 조성(『韓國의 佛畵 38 - 佛國寺』) 金魚 수화승

▫1910년 경남 창녕 道成庵 七星圖 조성(『韓國의 佛畵 3 - 通度寺(下)』) 金魚 수화승

▫연대미상 경남 양산 通度寺 毘盧庵 神衆圖 조성(『韓國의 佛畵 1 - 通度寺(上)』)7) 수화승 尙休

▫1916년 慶州郡祇林寺藥師殿改金佛事記(『佛國寺誌』) 金魚

　※ 한동과 한형은 동일인으로 추정된다.

한병(漢炳 : -1904-) 한동에 이미 언급하였다. 20세기 전반에 활동한 불화승이다.

　◦1904년 경남 양산 通度寺 毘盧庵 九品圖 조성(『韓國의 佛畵 1 – 通度寺(上)』)[8] 수화승 煥月尙休

한봉당(漢峰堂) 장엽(丈燁) 참조

한봉당(漢峰堂) 창엽(瑲曄, 瑲燁, 琩曄) 참조

한봉당(韓峰堂) 응작(應作) 참조

한석(翰碩 : -1880-) 19세기 후반에 활동한 불화승이다. 수룡기전과 1880년에 석가모니후불도(목아불교박물관 소장)와 경북 안동 연미사 신중도를 조성하였다.

　◦1880년 釋迦牟尼後佛圖 조성(木芽佛敎博物館 所藏, 『韓國의 佛畵 20 – 私立博物館』)[9] 수화승 繡龍 琪銓
　1880년 경북 안동 燕尾寺 神衆圖 조성(『韓國의 佛畵 23 – 孤雲寺(上)』) 수화승 繡龍 琪銓

한열(漢悅) 18세기 후반에 활동한 불화승이다. 18세기 후반에 제작된 것으로 추정되는 경북 포항 보경사 팔상도(도솔내의상)를 수화승 성명과 조성하였다.

　◦연대미상 경북 포항 寶鏡寺 八相圖(兜率來儀相) 조성(『韓國의 佛畵 38 – 佛國寺』) 수화승 聖明[10]

한영 1(漢英 : -1729-) 18세기 전반에 활동한 불화승이다. 1729년에 수화승 성징과 경남 창원 성주사 감로도를 조성하였다.

　◦1729년 경남 창원 聖住寺 甘露圖 조성(『韓國의 佛畵 32 – 梵魚寺』) 수화승 性澄

한영 2(漢英, 漢暎 : -1788-1795-) 18세기 후반에 경북 문경 대승사를 중심으로 활동한 불화승이다. 1788년에 상겸 등과 경북 상주 남장사 불사에 참여하여 기록한 『불사성공록佛事成功錄』에 대승양공大乘良工으로 언급되어 있고, 1791년에 수화승 성암 홍안과 강원 삼척 운흥사 목조아미타불좌상을 개금하였으며, 1795년에 수화승 퇴운신겸과 충북 보은 법주사 대웅보전 신중도를 조성하였다.

　◦1788년 경북 상주 남장사 불사에 참여한 화승을 적은 『佛事成功錄』에 大乘良工으로 언급(이용윤, 「『佛事成功錄』을 통해 본 남장사 괘불」)
　◦1791년 강원 삼척 운흥사 목조아미타불좌상 개금(『한국의 사찰문화재–강원도』) 수화승 弘眼
　◦1795년 충북 보은 法住寺 大雄寶殿 神衆圖 조성(福泉庵 所藏, 『韓國의 佛畵 17 – 法住寺』) 수화승 信謙

한일(漢日 : -1690-) 17세기 후반에 활동한 불화승이다. 1690년에 수화승 해숙과 충남 홍성 용봉사 괘불도를 조성하였다.

　◦1690년 충남 홍성 龍鳳寺 掛佛圖 조성(1725년 重修, 『韓國의 佛畵 27 – 修德寺』) 수화승 海淑

ㅎ

한혁(翰奕 : -1882-) 19세기 후반에 활동한 불화승이다. 1882년에 수화승 수룡기전과 부산 범어사 영산회상도, 삼장보살도, 신중도를 조성하였다.

- 1882년 부산 梵魚寺 大雄殿 釋迦牟尼後佛圖 조성(『梵魚寺聖寶博物館 名品圖錄』과 『韓國의 佛畫 32 - 梵魚寺』)11) 수화승 琪銓
  1882년 부산 梵魚寺 三藏菩薩圖 조성(『梵魚寺聖寶博物館 名品圖錄』과 『韓國佛畫畫記集』 및 『韓國의 佛畫 32 - 梵魚寺』)12) 수화승 琪銓
  1882년 부산 梵魚寺 神衆圖 조성(『梵魚寺聖寶博物館 名品圖錄』과 『韓國佛畫畫記集』 및 『韓國의 佛畫 32 - 梵魚寺』)13) 수화승 琪銓

한형(漢炯 : -1904-1911-)* 19세기 후반에서 20세기 전반까지 활동한 불화승이다. 1904년에 수화승으로 경남 합천 해인사 국일암 지장도와 울산 신흥사 석가모니후불도, 수화승 환월상휴와 경남 양산 통도사 아미타후불도(부산 청송암 소장)를, 1905년에 수화승 보응문성과 부산 범어사 팔상전 영산회상도와 나한전 영산회상도를, 수화승 금호약효와 괘불도를, 1906년에 수화승 대우 봉하와 경북 김천 청암사 아미타후불도와 비로암 칠성도를, 수화승으로 1907년에 전북 무주 원통사 석가모니후불도, 원통보전 신중도, 명부전 독성도와 1911년에 경남 합천 해인사 삼선암 신중도를 조성하였다.

- 1904년 경남 합천 海印寺 國一庵 地藏圖 조성(『韓國의 佛畫 4 - 海印寺(上)』) 金魚 수화승
  1904년 울산 新興寺 釋迦牟尼後佛圖 조성(『韓國의 佛畫 3 - 通度寺(下)』)14) 金魚 수화승
  1904년 경남 양산 通度寺 阿彌陀後佛圖 조성(부산 靑松庵 所藏, 『韓國의 佛畫 3 - 通度寺(下)』) 수화승 煥月尚休
  1904년 경남 양산 通度寺 毘盧庵 七星圖 조성(『韓國의 佛畫 2 - 通度寺(中)』)15) 수화승 煥月尚休
- 1905년 부산 梵魚寺 捌相殿 靈山會上圖 조성(『梵魚寺聖寶博物館 名品圖錄』과 『韓國의 佛畫 32 - 梵魚寺』)16) 수화승 普應文性
  1905년 부산 梵魚寺 羅漢殿 靈山會上圖 조성(『梵魚寺聖寶博物館 名品圖錄』과 『韓國의 佛畫 32 - 梵魚寺』) 수화승 普應文性
  1905년 부산 梵魚寺 掛佛圖 조성(『梵魚寺聖寶博物館 名品圖錄』과 『韓國의 佛畫 32 - 梵魚寺』) 수화승 錦湖若效
- 1906년 경북 김천 靑巖寺 阿彌陀後佛圖 조성(『韓國의 佛畫 8 - 直指寺(上)』) 수화승 大愚 奉河
- 1907년 전북 무주 圓通寺 釋迦牟尼後佛圖 조성(『韓國의 佛畫 13 - 金山寺』) 金魚 수화승
  1907년 전북 무주 圓通寺 圓通寶殿 神衆圖 조성(『韓國의 佛畫 13 - 金山寺』) 金魚 수화승
  1907년 전북 무주 圓通寺 冥府殿 獨聖圖 조성(『韓國의 佛畫 13 - 金山寺』) 金魚 수화승
- 1911년 경남 합천 海印寺 三仙庵 神衆圖 조성(『韓國의 佛畫 4 - 海印寺(上)』) 金魚 수화승

함식 1(咸識, 咸湜 : -1777-1781-) 18세기 후반에 활동한 불화승이다. 1777년에 수화승 비현과 전남 곡성 태안사 대웅전 석가여래도, 신중도, 삼장도와 명적암 신중도를, 수화승 비현과 전남 영광 불갑사 팔상전 영산회상도와 지장전 지장시왕도를, 1781년에 수화승 승윤과 경남 하동 쌍계사 삼세불도(석가모니불)과 삼장도를 조성하였다.

- 1777년 전남 곡성 泰安寺 大雄殿 釋迦如來圖, 神衆圖, 三藏圖와 明寂庵 神衆圖 조성(『泰

安寺誌』) 수화승 丕賢

1777년 전남 영광 佛甲寺 八相殿 靈山會上圖 조성(『靈光 母岳山 佛甲寺』
과 『韓國의 佛畵 37 - 白羊寺·新興寺』) 수화승 丕賢

1777년 전남 영광 佛甲寺 地藏殿 地藏十王圖 조성(『靈光 母岳山 佛甲寺』
과 『韓國의 佛畵 37 - 白羊寺·新興寺』) 수화승 丕賢

▫1781년 경남 하동 雙磎寺 國師庵 阿彌陀後佛紅圖 조성(『韓國의 佛畵 25 -
雙磎寺(上)』) 金魚 수화승

1781년 경남 하동 쌍계사 三世佛圖(釋迦牟尼佛) 조성(『韓國의 佛畵 25
- 雙磎寺(上)』) 수화승 勝允

1781년 경남 하동 雙磎寺 三世佛圖(藥師如來) 조성(『韓國의 佛畵 25 -
雙磎寺(上)』) 金魚 수화승

1781년 경남 하동 雙磎寺 三世佛圖(阿彌陀如來) 조성(『韓國의 佛畵 25
- 雙磎寺(上)』) 수화승 平三

1781년 경남 하동 쌍계사 三藏圖 조성(『韓國의 佛畵 25 - 雙磎寺(上)』)
수화승 勝允

함식, 삼세불도(석가), 쌍계사 대웅전

함식 2(咸湜 : -1908-)* 20세기 전반에 활동한 불화승이다. 1908
년에 수화승으로 경남 함양 용추사 산신도를 조성하였다.

▫1908년 경남 함양 龍湫寺 山神圖 조성(『韓國의 佛畵 5 - 海印寺(下)』) 金
魚 수화승

함윤(咸允 : -1802-) 19세기 전반에 활동한 불화승이다. 1802년
에 송계쾌윤과 전남 순천 선암사 나한전 삼세후불도와 신중도를 조성하였다.

▫1802년 전남 순천 선암사 羅漢殿 三世後佛圖 조성(『韓國의 佛畵 12 - 仙巖寺』) 수화승
快玧

1802년 전남 순천 선암사 羅漢殿 神衆圖 조성(『韓國의 佛畵 12 - 仙巖寺』) 수화승 快玧

향민(向敏 : -1722-1730-)* 18세기 전반에 활동한 불화승이다. 1722년에 수화
승 의겸과 경남 진주 청곡사 괘불도, 관음전 관음도를, 1723년에 전남 여수
흥국사 영산회상도와 수화승으로 십육나한도(15존자와 16존자)를, 수화승 의
겸과 1724년에 전남 순천 송광사 응진당 석가모니후불도를, 1725년에 순천
송광사 오십전 오십삼불도(7위)와 수화승 행종과 영산전 팔상도(도솔내의상)
및 삼십삼조사도, 수화승 의겸과 1726년에 전북 남원 실상사 지장도(동국대
학교 박물관 소장)과 1730년에 경남 고성 운흥사 삼장보살도를 조성하였다.

▫1722년 경남 진주 青谷寺 掛佛圖 조성(『韓國의 佛畵 5 - 海印寺(下)』) 수화승 義謙
▫1723년 전남 여수 興國寺 觀音殿 觀音圖 조성(『韓國의 佛畵 11 - 華嚴寺』) 수화승 義謙

1723년 전남 여수 興國寺 靈山會上圖 2 조성(『韓國佛畵畵記集』)[17]

1723년 전남 여수 興國寺 應眞殿 十六羅漢圖(15尊者) 조성(『韓國의 佛畵 11 - 華嚴寺』)
수화승 義兼

1723년 전남 여수 興國寺 應眞殿 十六羅漢圖(16尊者) 조성(『韓國의 佛畵 11 - 華嚴寺』)
畵員 수화승

▫1724년 전남 순천 송광사 應眞堂 釋迦牟尼後佛圖 조성(『韓國의 佛畵 6 - 松廣寺』) 수화
승 義謙

▫1725년 전남 순천 松廣寺 五十殿 五十三佛圖(七位) 조성(『韓國의 佛畵 7 - 松廣寺』) 수화
승 □□

1725년 전남 순천 松廣寺 靈山殿 八相圖(兜率來儀相) 조성(『韓國의 佛畵 7 - 松廣寺』)
수화승 幸宗

ㅎ

   ◦ 1725년 전남 순천 松廣寺 三十三祖師圖 조성(『曹溪山松廣寺史庫』)¹⁸⁾ 수화승 義謙
   ◦ 1726년 전북 남원 實相寺 地藏圖 조성(東國大學校 博物館 所藏,『韓國의 佛畫 18 - 大學博物館(Ⅰ)』) 수화승 義謙
   ◦ 1730년 경남 고성 雲興寺 三藏菩薩圖 조성(安貴淑,「조선후기 佛畫僧의 계보와 義謙比丘에 대한 연구(상)」)

향오(香悟, 香五 : -1723-1741-)* 18세기 중반에 활동한 불화승이다. 1723년에 수화승 의겸과 전남 여수 흥국사 관음전 관음도와 응진전 십육나한도(7·9·11·13존자와 8·10·12·14존자 및 15존자) 등을, 수화승으로 응진전 십육나한도(2·4·6존자) 등을, 1739년에 수화승 긍척과 전남 곡성 태안사 성기암 지장보살도와 칠성도(호암미술관 소장)를, 1741년에 수화승 긍척과 전남 여수 흥국사 팔상전 석가모니후불도와 삼장도 및 제석도를 조성하였다.

   ◦ 1723년 전남 여수 興國寺 觀音殿 觀音圖 조성(『韓國의 佛畫 11 - 華嚴寺』) 수화승 義謙
     1723년 전남 여수 興國寺 靈山會上圖 2 조성(『韓國佛畫畫記集』)
     1723년 전남 여수 興國寺 應眞殿 十六羅漢圖(2·4·6尊者) 조성(『韓國의 佛畫 11 - 華嚴寺』) 畫員 수화승
     1723년 전남 여수 興國寺 應眞殿 十六羅漢圖(7·9·11·13尊者) 조성(『韓國의 佛畫 11 - 華嚴寺』) 수화승 義兼
     1723년 전남 여수 興國寺 應眞殿 十六羅漢圖(8·10·12·14尊者) 조성(『韓國의 佛畫 11 - 華嚴寺』) 수화승 義謙
     1723년 전남 여수 興國寺 應眞殿 十六羅漢圖(15尊者) 조성(『韓國의 佛畫 11 - 華嚴寺』) 수화승 義兼
   ◦ 1739년 전남 곡성 泰安寺 聖祈庵 地藏菩薩圖와 七星圖 조성(湖巖美術館 所藏,『泰安寺誌』) 수화승 亘陟
   ◦ 1741년 전남 여수 흥국사 八相殿 釋迦牟尼後佛圖 조성(『韓國의 佛畫 11 - 華嚴寺』) 수화승 亘陟
     1741년 전남 여수 흥국사 大雄殿 三藏圖(天藏 · 持地藏菩薩) 조성(『韓國의 佛畫 11 - 華嚴寺』)¹⁹⁾ 수화승 亘陟
     1741년 전남 여수 흥국사 大雄殿 三藏圖(地藏菩薩) 조성(『韓國의 佛畫 11 - 華嚴寺』)²⁰⁾ 수화승 亘陟
     1741년 전남 여수 興國寺 帝釋圖 1 조성(『韓國의 佛畫 11 - 華嚴寺』) 수화승 亘陟

향운(香雲 : -1908-1909-) 20세기 전반에 활동한 불화승이다. 1908년에 수화승 석옹철유와 서울 수국사 괘불도를, 1909년에 수화승 경선응석과 서울 삼성암 칠성각 칠성도를 조성하였다.

   ◦ 1908년 서울 守國寺 掛佛圖 조성(『韓國의 佛畫 35 - 曹溪寺(中)』) 수화승 石翁喆裕
   ◦ 1909년 서울 三聖庵 七星閣 七星圖 조성(『韓國의 佛畫 36 - 曹溪寺(下)』) 수화승 敬船應碩

해규(海珪 : -1893-) 19세기 후반에 활동한 불화승이다. 1893년에 수화승 해규와 경남 양산 통도사 극락보전 신중도를 조성하였다.

   ◦ 1893년 경남 양산 通度寺 極樂寶殿 神衆圖 조성(『韓國의 佛畫 1 - 通度寺(上)』) 金魚 수화승
   ◦ 光武연간 □蓮庵 阿彌陀後佛圖 조성(湖林博物館 所藏,『韓國의 佛畫 20 - 私立博物館』) 수화승 亘□

해련(海蓮 : -1849-) 19세기 중반에 활동한 불화승이다. 1849년에 수화승 금

암천여와 전남 순천 선암사 대웅전 삼장도와 지장전 지장도를 조성하였다.

▫ 1849년 전남 순천 仙巖寺 大雄殿 三藏圖 조성(『韓國의 佛畵 12 - 仙巖寺』) 수화승 錦庵
天如
1849년 전남 순천 仙巖寺 地藏殿 地藏圖 조성(『韓國의 佛畵 12 - 仙巖寺』) 수화승 錦庵
天如

해명(海明 : -1650-) 17세기 중반에 활동한 불화승이다. 1650년에 수화승 경
잠과 충남 공주 갑사 괘불도를 조성하였다.

▫ 1650년 충남 공주 甲寺 掛佛圖 조성(『韓國佛畵畵記集』과 『韓國의 佛畵 16 - 麻谷寺(下)』)
수화승 敬岑

해명당(海冥堂, 海溟堂) 산수(山水) 참조

해명당(海溟堂) 석조(奭照) 참조

해명당(海溟堂) 쾌웅(快雄) 참조

해범(海梵 : -1901-) 20세기 전반에 활동한 불화승이다. 1901년에 수화승 한
봉응작과 서울 연화사 천수천안관음도千手天眼觀音圖와 신중도를 조성하였다.

▫ 1901년 서울 蓮華寺 千手天眼觀音圖 조성(『韓國의 佛畵 34 - 曹溪寺(上)』) 수화승 漢峰
應作
1901년 서울 蓮華寺 神衆圖 조성(『韓國의 佛畵 35 - 曹溪寺(中)』) 수화승 漢峰應作[21]

해봉당(海峰堂) 도준(度遵) 참조

해붕(海鵬, 海朋 : -1817-1821-) 19세기 전반에 활동한 불화승이다. 1817년에
수화승 운곡언보와 경북 청도 병사餠寺 석가모니후불홍도釋迦牟尼後佛紅圖(청
도 덕사 소장)를, 1821년에 수화승 퇴운신겸과 석가모니후불도와 지장도(온
양민속박물관 소장)를, 1822년에 경북 문경 김용사 신중도와 화장암 석가모
니후불도를 조성하였다.

▫ 1817년 경북 청도 餠寺 釋迦牟尼後佛紅圖 조성(淸道 德寺 所藏, 『韓國의 佛畵 21 - 桐華
寺(上)』) 수화승 雲谷言輔
▫ 1821년 釋迦牟尼後佛圖 조성(溫陽民俗博物館 所藏, 『韓國의 佛畵 20 - 私立博物館』) 수
화승 退雲信謙
1821년 地藏圖 조성(溫陽民俗博物館 所藏, 『韓國의 佛畵 20 - 私立博物館』) 수화승
退雲信謙
▫ 1822년 경북 문경 金龍寺 神衆圖 조성(『韓國의 佛畵 8 - 直指寺(上)』) 수화승 退雲信謙
1822년 경북 문경 金龍寺 華藏庵 釋迦牟尼後佛圖 조성(『韓國의 佛畵 8 - 直指寺(上)』)[22]
수화승 退雲信謙

해선(海詵 : -1856-1861-) 선월당(船月堂) 19세기 중반에 활동한 불화승이다.
수화승 해운익찬과 1856년에 경북 성주 선석사 대웅전 석가모니후불도와
1860년에 경남 하동 쌍계사 명부전 지장도를, 1861년에 수화승 풍곡덕린과
전북 김제 금산사 명부전 지장도를 조성하였다.

▫ 1856년 경북 성주 禪石寺 大雄殿 釋迦牟尼後佛圖 조성(『韓國의 佛畵 21 - 桐華寺(上)』)
수화승 益讚
▫ 1860년 경남 하동 雙磎寺 冥府殿 地藏圖 조성(『韓國의 佛畵 25 - 雙磎寺(上)』) 수화승

海雲益讚
◦1861년 전북 김제 金山寺 冥府殿 地藏圖 조성(『韓國의 佛畵 13 - 金山寺』) 수화승 豊谷
德獜

해성당(海城堂) 창흔(昌昕) 참조

해숙(海淑 : -1690-1702-) 17세기 후반에 활동한 불화승이다. 1690년에 수화
승 해숙과 충남 홍성 용봉사 괘불도를, 1702년에 수화승 윤탄과 금강산 장안
사 대웅전 중수 상량문에 언급되어 있다.
◦1690년 충남 홍성 龍鳳寺 掛佛圖 조성(1725년 重修, 『韓國의 佛畵 27 - 修德寺』) 畵師
수화승
◦1702년 금강산 장안사 대웅전 중수(「金剛山長安寺大雄殿重修上樑文」, 安貴淑, 「조선후
기 佛畵僧의 계보와 義謙比丘에 대한 연구(상)」) 수화승 允坦

해순 1(海淳 : -1788-) 18세기 후반에 활동한 불화승이다. 1788년에 수화승
용봉경환과 경북 상주 남장사 괘불도를 조성하였다.
◦1788년 경북 상주 南長寺 掛佛圖 조성(『韓國의 佛畵 9 - 直指寺(下)』) 수화승 龍峰敬還

해순 2(海淳 : -1818-1824-) 19세기 전반에 활동한 불화승이다. 1818년에 수
화승 부첨과 금릉 봉곡사 아미타후불홍도阿彌陀後佛紅圖를, 수화승 퇴운신겸
과 1821년에 석가모니후불도와 지장도(온양민속박물관 소장)를, 1824년에
수화승 부첨과 성주 선석사 대웅전 신중도를 조성하였다.
◦1818년 경북 김천 鳳谷寺 阿彌陀後佛紅圖 조성(『韓國의 佛畵 8 - 直指寺(上)』) 수화승
富添
◦1821년 釋迦牟尼後佛圖 조성(溫陽民俗博物館 所藏, 『韓國의 佛畵 20 - 私立博物館』) 수
화승 退雲信謙
1821년 地藏圖 조성(溫陽民俗博物館 所藏, 『韓國의 佛畵 20 - 私立博物館』) 수화승
退雲信謙
◦1824년 경북 성주 禪石寺 大雄殿 神衆圖 조성(『韓國의 佛畵 21 - 桐華寺(上)』) 수화승
富添

해안(海眼 : -1700-) 18세기 전반에 활동한 불화승이다. 1700년에 수화승 천
신과 전북 부안 내소사 괘불도를 조성하였다.
◦1700년 전북 부안 來蘇寺 掛佛圖 조성(『韓國의 佛畵 14 - 禪雲寺』) 수화승 天信

해연 1(海衍 : -1728-) 18세기 전반에 활동한 불화승이다. 1728년에 수화승
쾌민과 대구 동화사 지장도를, 수화승 체준과 대구 동화사 신중도를 조성하
였다.
◦1728년 대구 桐華寺 地藏圖 조성(『韓國의 佛畵 21 - 桐華寺(上)』) 수화승 快旻
1728년 대구 桐華寺 神衆圖 조성(『韓國의 佛畵 21 - 桐華寺(上)』) 수화승 體俊

해연 2(海連 : -1847-) 19세기 중반에 활동한 불화승이다. 1847년에 원담내
원과 전남 순천 송광사 관음전 아미타삼존후불도를 조성하였다.
◦1847년 전남 순천 松廣寺 觀音殿 阿彌陀三尊後佛圖 조성(『韓國의 佛畵 6 - 松廣寺(上)』)
수화승 圓潭乃圓

해연당(海演堂) 성념(聖念) 참조

해영(海英, 海渶 : -1709-1710-) 18세기 전반에 활동한 불화승이다. 수화승 도문과 1709년에 경북 예천 용문사 천불도와 팔상도를, 1710년에 경북 안동 봉정사 괘불도를 조성하였다.

　◦1709년 경북 예천 龍門寺 千佛圖 조성(『韓國의 佛畵 9 – 直指寺(下)』) 수화승 道文
　　1709년 경북 예천 龍門寺 八相圖 조성(『韓國佛畵畵記集』)23) 수화승 道文
　◦1710년 경북 안동 鳳停寺 掛佛圖 조성(『韓國의 佛畵 24 – 孤雲寺(下)』) 수화승 道文

해옥(海玉 : -1757-) 18세기 중반에 활동한 불화승이다. 1757년에 정성왕후貞聖王后 홍릉弘陵 조성소 화승畵僧으로 참여하였다.

　◦1757년 『貞聖王后弘陵山陵都監儀軌』造成所 畵僧(奎章閣 13591호, 朴廷蕙, 「儀軌를 통해서 본 朝鮮時代의 畵員」 자료1)

해운당(海雲堂) 익찬(益讚) 참조

해웅(海雄 : -1695-) 17세기 후반에 활동한 불화승이다. 1695년에 수화승 상린과 경북 청도 적천사 괘불도를 조성하였다.

　◦1695년 경북 淸道 磧川寺 掛佛圖 조성(『韓國의 佛畵 22 – 桐華寺(下)』) 수화승 尙璘

해종 1(海宗 : -1673-) 17세기 후반에 활동한 불화승이다. 1673년에 수화승 철학과 충남 청양 장곡사 괘불도를 조성하였다.

　◦1673년 충남 청양 長谷寺 掛佛圖 조성(『韓國의 佛畵 16 – 麻谷寺(下)』) 수화승 哲學

해종 2(解宗 : -1725-) 18세기 전반에 활동한 불화승이다. 1725년에 수화승 의겸과 전남 순천 송광사 영산전 석가모니후불도를, 수화승 □□와 오십전 오십삼불도 등을 조성하였다.

　◦1725년 전남 순천 松廣寺 靈山殿 釋迦牟尼後佛圖 조성(『韓國의 佛畵 6 – 松廣寺』)24) 수화승 義謙
　　1725년 전남 순천 松廣寺 五十殿 五十三佛圖(七位) 조성(『韓國의 佛畵 7 – 松廣寺』) 수화승 □□
　　1725년 전남 순천 松廣寺 三十三祖師圖 조성(『曹溪山松廣寺史庫』)25) 수화승 義謙

해징(海澄 : -1750-) 18세기 중반에 활동한 불화승이다. 1750년에 수화승 축명과 충남 예산 대련사 괘불도를 조성하였다.

　◦1750년 충남 예산 大蓮寺 掛佛圖 조성(『韓國의 佛畵 27 – 修德寺』) 副員 수화승 竺明

해천(海天 : -1755-1760-) 18세기 중반에 활동한 불화승이다. 1755년에 수화승 천붕과 강원 평창 월정사 용왕도를, 1760년에 수화승에 경북 울진 불영사 이포외여래번離怖畏如來幡(양산 통도사 소장)를 조성하였다.

　◦1755년 강원 삼척 雲興寺 龍王圖 조성(平昌 月精寺 所藏, 『韓國의 佛畵 10 – 月精寺』) 수화승 天鵬
　◦1760년 경북 울진 佛影寺 離怖畏如來幡 조성(梁山 通度寺 所藏, 『韓國의 佛畵 2 – 通度寺(中)』) 良工 수화승

해초(海超 : -1659-) 17세기 중반에 활동한 불화승이다. 1659년에 나묵 등과 효종빈전孝宗殯殿을 단청丹靑하였다.

ㅎ

◦ 1659년 『孝宗殯殿都監儀軌』 魂殿二房, 丹靑 畵僧(奎章閣 13528호, 朴廷蕙, 「儀軌를 통해서 본 朝鮮時代의 畵員」 자료1)

해활(海活 : -1794-1796-) 18세기 후반에 경기도 수원을 중심으로 활동한 불화승이다. 1794년부터 1796년까지 화성 건립에 참여하여 1801년 작성된 『화성역의궤華城城役儀軌』에 수원부 승려로 언급되어 있다.

◦ 1794년-1796년 화성 건립에 화원으로 참여(1801년 작성된 『華城城役儀軌』 卷4 工匠 畵工 條) 水原府

행문 1(幸文 : -1802-) 19세기 전반에 활동한 불화승이다. 1802년에 송계쾌윤과 전남 순천 선암사 나한전 삼세후불도와 신중도를 제작하였다.

◦ 1802년 전남 순천 선암사 羅漢殿 三世後佛圖 조성(『韓國의 佛畵 12 – 仙巖寺』) 수화승 快玧
1802년 전남 순천 선암사 羅漢殿 神衆圖 조성(『韓國의 佛畵 12 – 仙巖寺』)26) 수화승 快玧

행문 2(幸文 : -1861-) 19세기 중반에 활동한 불화승이다. 1861년에 수화승 설하 관행과 경북 청도 운문사 아미타후불도를, 수화승 성주와 청도 운문사 관음전 신중도와 경북 울주 언양 석남사 부도암 석가모니후불도(양산 통도사 소장)를 조성하였다.

◦ 1861년 경북 淸道 雲門寺 阿彌陀後佛圖 조성(『韓國의 佛畵 21 – 桐華寺(上)』) 수화승 瓘幸
1861년 경북 청도 雲門寺 觀音殿 神衆圖 조성(『韓國의 佛畵 21 – 桐華寺(上)』) 수화승 晟周
1861년 경북 울주 彦陽 石南寺 浮屠庵 釋迦牟尼後佛圖 조성(梁山 通度寺 所藏, 『韓國의 佛畵 1 – 通度寺(上)』) 수화승 晟□27)

행변(幸卞 : -1702-) 18세기 전반에 활동한 불화승이다. 1702년에 수화승 윤탄과 금강산 장안사 대웅전 중수에 참여하였다.

◦ 1702년 금강산 장안사 대웅전 중수(「金剛山長安寺大雄殿重修上樑文」, 安貴淑, 「조선후기 佛畵僧의 계보와 義謙比丘에 대한 연구(상)」) 수화승 允坦

행붕(行鵬 : -1745-) 18세기 중반에 활동한 불화승이다. 1745년에 수화승 서기, 가선嘉善 뇌옥雷玉 등과 경북 영주 부석사 괘불도를 조성하였다.

◦ 1745년 경북 영주 浮石寺 掛佛圖 조성(『韓國의 佛畵 24 – 孤雲寺 本末寺(下)』) 수화승 瑞氣

행상 1(幸祥 : -1684-) 17세기 후반에 활동한 불화승이다. 1684년에 지영智英 등과 명성왕후明聖王后 숭릉崇陵 조성소 화승畵僧으로 참여하였다.

◦ 1684년 『明聖王后崇陵山陵都監儀軌』 造成所 畵僧(奎章閣 14832호, 朴廷蕙, 「儀軌를 통해서 본 朝鮮時代의 畵員」 자료1)

행상 2(行賞 : -1788-) 18세기 후반에 활동한 불화승이다. 1788년에 수화승 연홍과 충남 공주 마곡사 대적광전 석가모니후불도를 조성하였다.

◦ 1788년 충남 공주 麻谷寺 大寂光殿 釋迦牟尼後佛圖 조성(『韓國의 佛畵 15 – 麻谷寺(上)』) 수화승 錬弘

행성(幸性 : -1909-1912-) 20세기 전반에 활동한 불화승이다. 1909년에 수화

승 금호약효와 충남 공주 마곡사 은적암 신중도를, 1912년에 수화승 관하종
인과 수도암 칠성도(원광대학교 박물관 소장)를 조성하였다.

> ◦1909년 충남 공주 麻谷寺 隱寂庵 神衆圖 조성(『韓國의 佛畵 15 - 麻谷寺(上)』) 수화승
> 錦湖若效
> ◦1912년 修道庵 七星圖 조성(圓光大學校 博物館 所藏, 『韓國의 佛畵 19 - 大學博物館(Ⅱ)』)
> 수화승 觀河 宗仁

행순(幸淳 : -1792-) 18세기 후반에 활동한 불화승이다. 1792년에 수화승 화
엄□□와 경기 남양주 흥국사 시왕전 시왕도(변성대왕)를 조성하였다.

> ◦1792년 경기 남양주 興國寺 十王殿 十王圖(變成大王) 조성(『韓國의 佛畵 33 - 奉先寺』)
> 수화승 和嚴□□

행심(幸沈 : -1755-) 18세기 중반에 활동한 불화승이다. 1755년에 순회세자順
懷世子 상시봉원上諡封園 비석소碑石所 화승畵僧으로 참여하였다.

> ◦1755년 『順懷世子上諡封園都監儀軌』 碑石所 畵僧(奎章閣 13493호, 朴廷蕙, 「儀軌를 통
> 해서 본 朝鮮時代의 畵員」 자료1)

행언(幸彦 : -1898-1902-) 19세기 후반부터 20세기 전반까지 활동한 불화승이
다. 수화승 향호묘영과 1898년에 대승암 삼세후불도(순천 선암사 소장)를,
1900년에 전남 순천 송광사 은적암에서 지장시왕도를 조성하여 청진암에 봉
안하였다. 1901년에 수화승 봉영과 충남 부안 개암사 대웅보전 석가모니후불
도를, 1902년에 수화승 경선응석과 경기 고양 흥국사 괘불도를, 1907년에 수
화승 보암긍법과 서울 수국사 현왕도를, 수화승 보암긍법과 감로도를 조성하
였다.

> ◦1898년 大乘庵 三世後佛圖 조성(順天 仙巖寺 所藏, 『韓國의 佛畵 12 - 仙巖寺』) 수화승
> 香湖妙永
> ◦1900년 전남 순천 松廣寺 隱寂菴에서 地藏十王圖를 조성하여 淸眞庵에 봉안(『韓國의 佛
> 畵 6 - 松廣寺(上)』) 수화승 香湖妙英
> ◦1901년 충남 扶安 開巖寺 大雄寶殿 釋迦牟尼後佛圖 조성(『韓國의 佛畵 14 - 禪雲寺』) 수
> 화승 琫榮
> ◦1902년 경기 고양 興國寺 掛佛圖 조성(『畿內寺院誌』, 『掛佛調査報告書』 및 『韓國佛畵畵
> 記集』 및 『韓國의 佛畵 35 - 曹溪寺(中)』) 沙彌 수화승 慶船應釋
> ◦1907년 서울 守國寺 現王圖 조성(『서울전통사찰불화』와 『韓國佛畵畵記集』 및 『韓國의
> 佛畵 36 - 曹溪寺(下)』) 수화승 普庵肯法
> 　1907년 서울 守國寺 甘露圖 조성(『韓國의 佛畵 36 - 曹溪寺(下)』) 수화승 寶菴 肯法

행열(幸悅 : -1895-) 19세기 후반에 활동한 불화승이다. 1895년에 수화승 금
호약효와 충남 서산 개심사 신장도를 조성하였다.

> ◦1895년 충남 서산 開心寺 神將圖 조성(『韓國의 佛畵 27 - 修德寺』) 수화승 錦湖若效

행운(幸雲 : -1650-) 17세기 중반에 활동한 불화승이다. 1650년에 수화승
경잠과 충남 공주 갑사 괘불도를 조성하였다.

> ◦1650년 충남 공주 甲寺 掛佛圖 조성(『韓國佛畵畵記集』과 『韓國의 佛畵 16 - 麻谷寺(下)』)[28]
> 수화승 敬岑

행오(幸悟 : -1794-1803-) 18세기 후반부터 19세기 전반까지 활동한 불화승이

ㅎ

다. 1794년에 帝釋·天龍圖(한국불교미술박물관 소장)를, 1803년에 수화승 지연과 울산 석남사 지장도를 조성하였다.

▫ 1794년 帝釋·天龍圖(韓國佛敎美術博物館 所藏, 『제1회 조선불화특별전』)
▫ 1803년 울산 石南寺 地藏圖 조성(『韓國의 佛畵 3 – 通度寺(下)』) 수화승 指涓

행운(幸芸, 幸云 : -1866-) 19세기 중반에 활동한 불화승이다. 1866년에 수화승 금암천여와 전남 구례 화엄사 구층암九層庵 아미타삼존도를, 수화승 기연과 전남 해남 대흥사 진불암 지장시왕도(해남 대흥사 소장)를 조성하였다.

▫ 1866년 전남 구례 華嚴寺 九層庵 阿彌陀三尊圖 조성(『韓國의 佛畵 11 – 華嚴寺』) 수화승 錦庵天如
1866년 전남 해남 大興寺 眞佛庵 地藏十王圖 조성(大興寺 所藏, 『韓國의 佛畵 31 – 大興寺』) 수화승 錡衍
▫ 연대미상 대구 把溪寺 十六羅漢圖 조성(『韓國의 佛畵 22 – 桐華寺(下)』) 수화승 錦庵天如

행원(行元 : -1684-) 17세기 후반에 활동한 불화승이다. 1684년에 지영智英 등과 명성왕후明聖王后 숭릉崇陵 조성소 화승畵僧으로 참여하였다.

▫ 1684년 『明聖王后崇陵山陵都監儀軌』 造成所 畵僧(奎章閣 14832호, 朴廷蕙, 「儀軌를 통해서 본 朝鮮時代의 畵員」 자료1)

행음(幸崟 : -1725-)* 18세기 전반에 활동한 불화승이다. 1725년에 수화승으로 경북 포항 보경사 괘불도를 조성하였다.

▫ 1725년 경북 포항 寶鏡寺 掛佛圖 중수(『韓國의 佛畵 38 – 佛國寺』) 畵員 수화승

행인(幸仁 : -1882-) 19세기 후반에 활동한 불화승이다. 1882년에 수화승 연호봉의와 전북 남원 실상사 약사전 약사후불도와 신중도를, 수화승 기전과 부산 범어사 대웅전 석가모니후불도와 삼장보살도 및 신중도를 조성하였다.

▫ 1882년 전북 남원 實相寺 藥師殿 藥師後佛圖 조성(『韓國의 佛畵 13 – 金山寺』) 수화승 蓮湖琫毅
1882년 전북 남원 實相寺 藥師殿 神衆圖 조성(『韓國의 佛畵 13 – 金山寺』) 수화승 蓮湖琫毅
1882년 부산 梵魚寺 大雄殿 釋迦牟尼後佛圖 조성(『梵魚寺聖寶博物館 名品圖錄』과 『韓國의 佛畵 32 – 梵魚寺』) 수화승 琪銓
1882년 부산 梵魚寺 三藏菩薩圖 조성(『梵魚寺聖寶博物館 名品圖錄』과 『韓國佛畵畵記集』 및 『韓國의 佛畵 32 – 梵魚寺』) 수화승 琪銓
1882년 부산 梵魚寺 神衆圖 조성(『梵魚寺聖寶博物館 名品圖錄』와 『韓國佛畵畵記集』 및 『韓國의 佛畵 32 – 梵魚寺』) 수화승 琪銓

행일(幸日 : -1822-) 19세기 전반에 활동한 불화승이다. 1822년에 수화승 □□와 전남 여수 홍국사 신중도를 조성하였다.

▫ 1822년 전남 여수 興國寺 神衆圖 조성(『韓國佛畵畵記集』) 수화승 □□

행전(幸佺, 幸典 : -1862-1888-) 19세기 후반에 활동한 불화승이다. 1862년에 수화승 덕운과 경남 합천 해인사 대적광전 124위 신중도를, 1863년에 수화승 하은위상과 경남 양산 통도사 백련암 석가모니후불홍도釋迦牟尼後佛紅圖 를, 1868년에 수화승 금암천여와 경남 양산 통도사 안적암 아미타후불홍도阿

彌陀後佛紅圖와 경남 하동 쌍계사 지장도를, 1869년에 수화승 원선과 부산 범
어사 사천왕도를, 1871년에 수화승 덕운영운과 경북 청도 운문사 비로전 신
중도를, 1873년에 수화승 위상과 경남 합천 해인사 법보전 비로자나후불도
를, 1875년에 수화승 금암천여와 경남 통영 용화사 관음암 칠성도를, 수화승
서휘와 1887년에 백운산 보현사 칠성도(보은 법주사 소장)와 1888년에 충북
중원 태고사 칠성도를 조성하였다.

- 1862년 경남 합천 해인사 大寂光殿 124位 神衆圖 조성(『韓國의 佛畵 4 – 海印寺(上)』)
  수화승 德芸
- 1863년 경남 양산 通度寺 白蓮庵 釋迦牟尼後佛紅圖 조성(『韓國의 佛畵 3 – 通度寺(下)』)
  수화승 霞隱偉相
- 1868년 경남 양산 通度寺 安寂庵 阿彌陀後佛紅圖 조성(『韓國의 佛畵 3 – 通度寺(下)』)
  수화승 錦庵天如
  1868년 경남 하동 雙磎寺 地藏圖 조성(『韓國의 佛畵 25 – 雙磎寺(上)』) 수화승 錦庵
  天如
- 1869년 부산 梵魚寺 四天王圖 조성(『梵魚寺聖寶博物館 名品圖錄』과 『韓國의 佛畵 32 –
  梵魚寺』) 出草 수화승 元善
- 1871년 경북 청도 雲門寺 毘盧殿 神衆圖 조성(『韓國의 佛畵 21 – 桐華寺(上)』)[29] 수화승
  德雲永芸
- 1873년 경남 합천 海印寺 法寶殿 毘盧遮那後佛圖 조성(『韓國의 佛畵 4 – 海印寺(上)』)
  出草 수화승 偉相
- 1875년 경남 통영 龍華寺 觀音庵 七星圖 조성(『韓國의 佛畵 26 – 雙磎寺篇(下)』) 수화승
  錦岩天如
- 1887년 白雲山 普賢寺 七星圖 조성(報恩 法住寺 所藏, 『韓國의 佛畵 17 – 法住寺』) 수화
  승 瑞輝
- 1888년 충북 중원 太古寺 七星圖 조성(『韓國佛畵畵記集』) 수화승 瑞輝

행정(幸正 : -1776-)* 18세기 후반에 활동한 불화승이다. 1776년에 수화승으
로 전남 구례 천은사 응진당 영산회상도를, 수화승 신암화연과 구례 천은사
극락보전 아미타후불도와 삼장도를 조성하였다.

- 1776년 전남 구례 泉隱寺 應眞堂 靈山會上圖 조성(金玲珠, 『朝鮮時代佛畵研究』과 『韓國
  佛畵畵記集』) 金魚 수화승
  1776년 전남 구례 泉隱寺 極樂寶殿 阿彌陀後佛圖 조성(『韓國의 佛畵 11 – 華嚴寺』)
  수화승 信庵華連
  1776년 전남 구례 泉隱寺 極樂寶殿 三藏圖 조성(『韓國의 佛畵 11 – 華嚴寺』)[30] 수화
  승 信庵華連
- 연대미상 전북 고창 禪雲寺 十王殿 十王圖(初江大王) 조성(『韓國의 佛畵 14 – 禪雲寺』)
  수화승 宥閑

행종(幸宗 : -1725-1730-)* 18세기 전반에 활동한 불화승이다. 수화승 의겸과
1725년에 전남 순천 송광사 오십전 오십삼불도(7위) 등을, 수화승으로 영산
전 팔상도(도솔내의상)를, 수화승 의겸과 1729년에 경남 합천 해인사 대적광
전 석가모니불도를, 1730년에 경남 고성 운흥사 괘불도, 삼세불도, 감로도,
관음도, 목조관음보살좌상(부산 내원정사 소장)을, 충남 공주 갑사 대웅전 삼
세불도三世佛圖(아미타불)와 한국불교미술박물관 소장 수월관음도를 조성하
였다. 제작 연대를 알 수 없는 지장도(동국대학교 박물관 소장)를 수화승 채

ㅎ

인과 그리고, 수화승으로 시왕도 일부(온양민속박물관 소장)를 제작하였다.

- 1725년 전남 순천 松廣寺 五十殿 五十三佛圖(七位) 조성(『韓國의 佛畵 7 – 松廣寺』) 수화
  승 □□
  1725년 전남 순천 松廣寺 靈山殿 八相圖(兜率來儀相) 조성(『韓國의 佛畵 7– 松廣寺』)
  敬畵 수화승
  1725년 전남 순천 松廣寺 三十三祖師圖 조성(『曹溪山松廣寺史庫』)[31] 수화승 義謙
- 1729년 경남 합천 海印寺 大寂光殿 釋迦牟尼佛圖 조성(『韓國의 佛畵 4 – 海印寺(上)』)
  수화승 義謙
- 1730년 경남 고성 雲興寺 掛佛圖 조성(『韓國의 佛畵 26 – 雙磎寺(下)』) 수화승 義謙
  1730년 경남 고성 雲興寺 三世佛圖(阿彌陀佛) 조성(『韓國의 佛畵 25 – 雙磎寺(上)』)[32]
  片手 수화승 義謙
  1730년 경남 고성 雲興寺 甘露圖 조성(『韓國의 佛畵 26 – 雙磎寺(下)』) 수화승 義謙
  1730년 경남 고성 雲興寺 觀音圖 조성(『韓國의 佛畵 25 – 雙磎寺(上)』) 수화승 義謙
  1730년 충남 공주 갑사 대웅전 三世佛圖(阿彌陀佛) 조성(『韓國의 佛畵 15 – 麻谷寺
  (上)』)[33] 수화승 義兼
  1730년 水月觀音圖 조성(韓國佛敎美術博物館 所藏, 『衆生의 念願』) 수화승 義謙
- 연대미상 地藏圖 조성(東國大學校 博物館 所藏, 『韓國의 佛畵 18 – 大學博物館(Ⅰ)』) 수
  화승 探仁
  연대미상 十王圖(宋帝大王) 조성(溫陽民俗博物館 所藏, 『韓國의 佛畵 20 – 私立博物
  館』) 畵員 수화승
  연대미상 十王圖(閻羅大王) 조성(溫陽民俗博物館 所藏, 『韓國의 佛畵 20 – 私立博物
  館』) 畵員 수화승
  연대미상 十王圖(泰山大王) 조성(溫陽民俗博物館 所藏, 『韓國의 佛畵 20 – 私立博物
  館』) 畵員 수화승
  연대미상 十王圖(五道轉輪大王) 조성(溫陽民俗博物館 所藏, 『韓國의 佛畵 20 – 私立
  博物館』) 畵員 수화승

행준(幸準 : -1876-1881-) 19세기 후반에 활동한 불화승이다. 1876년 수화승
보훈과 전북 부안 칠성암 지장도를, 1881년에 수화승 관허의관과 경남 합천
해인사 관음전 아미타후불도, 궁현당窮玄堂 아미타후불도, 경남 거창 심우사
신중도와 삼장도를 조성하였다.

- 1876년 전북 부안 七星菴 地藏圖 조성(圓光大學校 所藏, 『韓國의 佛畵 19 – 大學博物館
  (Ⅱ)』) 수화승 普薰
- 1881년 경남 합천 海印寺 觀音殿 阿彌陀後佛圖 조성(『韓國의 佛畵 4 – 海印寺(上)』) 수화
  승 冠虛宜官
  1881년 경남 합천 海印寺 窮玄堂 阿彌陀後佛圖 조성(『韓國의 佛畵 4 – 海印寺(上)』)
  수화승 冠虛宜官
  1881년 경남 거창 尋牛寺 神衆圖 조성(『韓國의 佛畵 4 – 海印寺(上)』) 수화승 冠虛宜官
  1881년 경남 거창 尋牛寺 神衆圖 三藏圖 조성(「거창·창녕 포교당 성보조사기」)

행진(幸眞 : -1899-) 19세기 후반에 활동한 불화승이다. 1899년에 수화승 주
화와 경남 양산 통도사 백련암 지장보살도를 조성하였다.

- 1899년 경남 양산 通度寺 白蓮庵 地藏菩薩圖 조성(『韓國佛畵畵記集』) 수화승 周華

행찬(幸贊 : -1778-) 18세기 후반에 활동한 불화승이다. 1778년에 수화승 비
현과 전남 고흥 금탑사 괘불도를 조성하였다.

- 1778년 전남 고흥 金塔寺 掛佛圖 조성(『韓國의 佛畵 6 – 松廣寺』) 수화승 竎賢

행찰(行察 : -1762-) 18세기 중반에 활동한 불화승이다. 1762년에 장조莊祖

영우원永祐園 원소園所 조성소 화승畵僧으로 참여하였다.

  ◦1762년『莊祖永祐園園所都監儀軌』造成所 畵僧(奎章閣 13607호, 朴廷蕙,「儀軌를 통해 서 본 朝鮮時代의 畵員」자료1)

행철(行哲 : -1653-) 17세기 중반에 활동한 불화승이다. 1653년에 수화승 지 영과 전남 구례 화엄사 괘불도를 조성하였다.

  ◦1653년 전남 구례 華嚴寺 掛佛圖 조성(『韓國의 佛畵 11 – 華嚴寺』) 수화승 智英

행청(行淸 : -1681-) 17세기 후반에 활동한 불화승이다. 1681년에 수화승 철 현과 감로도(우학문화재단 소장)를 조성하였다.

  ◦1681년 甘露圖 조성(宇鶴文化財團 所藏,『韓國의 佛畵 40 – 補遺』) 수화승 哲玄

행화(幸和 : -1854-) 19세기 중반에 활동한 불화승이다. 1854년에 수화승 해 운익찬과 호림박물관 소장 현왕도를 조성하였다.

  ◦1854년 現王圖 조성(湖林博物館 所藏,『韓國의 佛畵 20 – 私立博物館』) 수화승 益讚

행활(行活 : -1872-) 19세기 후반에 활동한 불화승이다. 1872년에 수화승 방우진호와 경기 파주 보광사 사자도(사자・장군)를 조성하였다.

  ◦1872년 경기 파주 普光寺 使者圖(使者・將軍) 조성(『韓國佛畵畵記集』과『韓國의 佛畵 33 – 奉先寺』)34) 수화승 放牛珎昊

향림(香林 : -1861-) 19세기 중반에 활동한 불화승이다. 1861년에 수화승 경 욱과 충남 공주 마곡사 청련암 석가모니후불도와 수화승 춘담봉은과 부용암 아미타후불도를 조성하였다.

  ◦1861년 충남 공주 麻谷寺 淸蓮庵 釋迦牟尼後佛圖 조성(『韓國의 佛畵 15 – 麻谷寺(上)』) 수화승 敬郁
  1861년 충남 공주 麻谷寺 芙蓉庵 阿彌陀後佛圖 조성(天安 銀石寺 所藏,『韓國의 佛畵 15 – 麻谷寺(上)』) 수화승 奉恩

향암당(香庵堂) 성엽(性曄) 참조

향암당(香庵堂) 성주(聖周) 참조

향호당(香湖堂) 묘영(妙英, 玅英, 妙映) 참조

허곡당(虛谷堂) 긍순(亘巡) 참조

헌영(獻永 : -1801-) 19세기 전반에 활동한 불화승이다. 1801년에 수화승 태 영과 경남 진주 백천사 운대암 감로왕도(의정부 망월사 소장)를 조성하였다.

  ◦1801년 경남 진주 百泉寺 雲臺庵 甘露王圖 조성(議政府 望月寺 所藏,『韓國佛畵畵記集』) 수화승 泰榮

혁만(赫滿 : -1888-) 19세기 후반에 활동한 불화승이다. 1888년에 수화승 금곡영환과 경기 안성 칠장사 명부전 지장도를 조성하였다.

  ◦1888년 경기 안성 七長寺 冥府殿 地藏圖 조성(『韓國의 佛畵 28 – 龍珠寺(上)』) 수화승 金谷永煥

현각(玄覺 : -1741-) 18세기 중반에 활동한 불화승이다. 1741년에 수화승 성철

과 충남 청양 장곡사 삼세불도三世佛圖(노사나불, 석가모니불)를 조성하였다.

▫ 1741년 충남 청양 長谷寺 三世佛圖(盧舍那佛) 조성(東國大學校 博物館 所藏, 『韓國의 佛畵 18 – 大學博物館(Ⅰ)』) 수화승 性哲
1741년 충남 청양 長谷寺 三世佛圖(釋迦牟尼佛) 조성(東國大學校 博物館 所藏, 『韓國의 佛畵 18 – 大學博物館(Ⅰ)』) 수화승 性哲

현규 1(玄奎 : -1791-)* 환암당(幻庵堂) 18세기 후반에 활동한 불화승이다. 1791년에 수화승으로 경북 의성 옥련사 극락전 석가모니후불도를 조성하였다.

▫ 1791년 경북 의성 玉蓮寺 極樂殿 釋迦牟尼後佛圖 조성(『韓國의 佛畵 23 – 孤雲寺(上)』) 金魚 수화승

현규 2(玄奎 : -1890-) 19세기 후반에 활동한 불화승이다. 1890년에 수화승 동운취선과 경남 합천 해인사 홍제암 석가모니후불도와 신중도를 조성하였다.

▫ 1890년 경남 합천 海印寺 弘濟庵 釋迦牟尼後佛圖 조성(『韓國의 佛畵 4 – 海印寺(上)』) 수화승 東雲就善
▫ 연대미상 경남 합천 海印寺 弘濟庵 神衆圖 조성(『韓國의 佛畵 4 – 海印寺(上)』) 수화승 東雲就善

현상(炫祥 : -1907-) 20세기 전반에 활동한 불화승이다. 1907년에 보암긍법과 서울 수국사 십육나한도와 감로도, 경기 남양주 불암사 신중도를 조성하였다.

▫ 1907년 서울 守國寺 十六羅漢圖 조성(『서울전통사찰불화』와 『韓國佛畵畵記集』 및 『韓國의 佛畵 35 – 曹溪寺(中)』) 수화승 普庵肯法
1907년 서울 守國寺 甘露圖 조성(『韓國의 佛畵 36 – 曹溪寺(下)』) 수화승 寶菴 肯法
1907년 경기 남양주 佛巖寺 神衆圖 조성(『畿內寺院誌』와 『韓國佛畵畵記集』 및 『韓國의 佛畵 33 – 奉先寺』)[35] 수화승 普庵肯法

현성(賢性 : -1777-) 18세기 후반에 활동한 불화승이다. 1777년에 수화승 정총과 용연사 석가모니후불도(동국대학교 박물관 소장)를 조성하였다.

▫ 1777년 龍淵寺 釋迦牟尼後佛圖 조성(東國大學校 博物館 所藏, 『韓國의 佛畵 18 – 大學博物館(Ⅰ)』) 수화승 定聰

현수(賢殊 : -1907-) 20세기 전반에 활동한 불화승이다. 1907년에 수화승 관하 세겸과 전북 전주 남고사 자음전 아미타후불도를 조성하였다.

▫ 1907년 전북 전주 南固寺 慈蔭殿 阿彌陀後佛圖 조성(『韓國의 佛畵 13 – 金山寺』) 金魚 수화승 觀河 世兼

현암(玄菴) 조선후기에 활동한 불화승이다. 제작연대를 알 수 없는 전남 해남 대흥사 천불전 사천왕도를 수화승 지언과 조성하였다.

▫ 연대미상 전남 해남 大興寺 千佛殿 四天王圖 조성(『韓國의 佛畵 31 – 大興寺』) 수화승 智彦

현엄당(玄广堂) 탄동(坦炯) 참조

현오(玄悟 : -1649-) 17세기 중반에 활동한 불화승이다. 1649년에 인조仁祖 장릉長陵 조성소 화승畵僧으로 활동하였다.

▫ 1649년 『仁祖長陵山陵都監儀軌』 造成所 畵僧(奎章閣 15074호, 朴廷蕙, 「儀軌를 통해서

본 朝鮮時代의 畵員」 자료1)

현옹당(玄翁堂) 봉호(奉昊) 참조

현욱(玄旭 : -1653-) 17세기 중반에 활동한 불화승이다. 1653년에 수화승 명옥과 충북 진천 영수사 괘불도를 조성하였다.

　◦1653년 충북 진천 靈水寺 掛佛圖 조성(『韓國의 佛畵 17 – 法住寺』) 수화승 明玉

현응당(玄應堂) 우익(祐益) 참조

현정당(賢正堂) 순정(舜靜) 참조

현조(賢照, 賢調, 玄朝, 現照, 呟眺, 炫眺 : -1874-1892-)* 의암당(義庵堂, 義菴堂, 欑庵堂) 19세기 후반에 활동한 불화승이다. 1874년에 수화승 경선응석과 서울 미타사 삼성각 칠성도를, 1879년에 수화승으로 서울 개운사 괘불도를, 1884년에 수화승 혜과엽계와 경북 예천 용문사 칠성도를, 1885년에 수화승 금곡영환과 서울 봉국사 명부전 지장도를, 수화승 만파정익과 경기 남양주 내원암 괘불도를, 수화승 경선응석과 서울 봉은사 칠성도를, 1886년에 수화승 영명천기와 서울 봉은사 판전 비로자나후불도와 서울 미타사 극락전 현왕도를, 수화승 경선응석과 서울 봉은사 북극락전 칠성도를, 1891년에 수화승으로 경기 수원 봉령사 신중도와 극락보전 석가모니후불도를, 1892년에 수화승 금곡영환과 경기 남양주 흥국사 영산전 석가모니후불도와 수화승 취암승의와 경기 수원 청련암 극락보전 아미타후불도와 신중도 및 칠성도를 조성하였다.

　◦1874년 서울 彌陀寺 三聖閣 七星圖 조성(『韓國의 佛畵 36 – 曹溪寺(下)』) 沙彌 수화승
　　慶船應釋
　◦1879년 서울 開運寺 掛佛圖 조성(『韓國의 佛畵 35 – 曹溪寺(中)』) 沙彌 수화승 慶船應釋
　◦1884년 경북 예천 龍門寺 七星圖 조성(『韓國의 佛畵 9 – 直指寺(下)』) 수화승 慧果輝桂
　◦1885년 서울 奉國寺 冥府殿 地藏圖 조성(『韓國의 佛畵 34 – 曹溪寺(上)』) 수화승 金谷永煥
　　1885년 경기 남양주 內院庵 掛佛圖 조성(畵記, 『韓國의 佛畵 33 – 奉先寺』) 수화승
　　萬波 定翼
　　1885년 서울 奉恩寺 七星圖 조성(『서울전통사찰불화』) 수화승 慶船應釋36)
　◦1886년 서울 奉恩寺 版殿 毘盧遮那後佛圖 조성(『서울전통사찰불화』와 『韓國佛畵畵記集』
　　및 『韓國의 佛畵 34 – 曹溪寺(上)』) 수화승 影明天機
　　1886년 서울 奉恩寺 北極樂殿 七星圖 조성(『서울전통사찰불화』와『韓國佛畵畵記集』
　　및 『韓國의 佛畵 36 – 曹溪寺(下)』) 수화승 慶船應釋
　◦1887년 서울 彌陀寺 極樂殿 現王圖 조성(『韓國의 佛畵 36 – 曹溪寺(下)』) 수화승 影明天機
　◦1891년 경기 수원 奉寧寺 神衆圖 조성(『韓國의 佛畵 28 – 龍珠寺(上)』) 金魚 수화승
　　1891년 경기 수원 靑蓮庵 極樂寶殿 釋迦牟尼後佛圖 조성(『韓國의 佛畵 28 – 龍珠寺
　　(上)』37) 金魚 수화승
　◦1892년 경기 남양주 興國寺 靈山殿 釋迦牟尼後佛圖 조성(『韓國의 佛畵 33 – 奉先寺』)
　　수화승 金谷永煥
　　1892년 경기 수원 靑蓮庵 極樂寶殿 阿彌陀後佛圖 조성(『韓國의 佛畵 28 – 龍珠寺(上)』)
　　수화승 翠庵 勝宜
　　1892년 경기 수원 靑蓮庵 神衆圖 조성(『韓國의 佛畵 28 – 龍珠寺(上)』) 수화승 翠庵
　　勝宜

ㅎ

　　　1892년 경기 수원 靑蓮庵 七星圖 조성(김정희, 「水原 靑蓮庵 佛畵考」) 수화승 翠庵勝宜

현종(賢宗 : -1865-) 19세기 중반에 활동한 불화승이다. 1865년에 수화승 용완 기연과 전남 해남 청□암 아미타후불도를 조성하였다.
　　　◦1865년 전남 해남 淸□庵 阿彌陀後佛圖 조성(『韓國의 佛畵 31 - 大興寺』) 수화승 龍浣騎衍

현진(炫眞 : -1649-) 17세기 중반에 활동한 불화승이다. 1649년에 인조仁祖 장릉長陵 조성소 화승畵僧으로 활동하였다.
　　　◦1649년 『仁祖長陵山陵都監儀軌』造成所 畵僧(奎章閣 15074호, 朴廷蕙, 「儀軌를 통해서 본 朝鮮時代의 畵員」 자료1)

현책(玄冊 : -1710-) 18세기 전반에 활동한 불화승이다. 1710년에 수화승 승장과 경기 안성 칠장사 괘불도를 조성하였다.
　　　◦1710년 경기 안성 七長寺 掛佛圖(三佛會掛佛) 조성(『韓國의 佛畵 29 - 龍珠寺 本末寺(下)』) 수화승 勝藏

현택(玄澤 : -1718-) 18세기 전반에 활동한 불화승이다. 1718년에 민회빈愍懷嬪 봉묘封墓 조성소 화승畵僧으로 참여하였다.
　　　◦1718년 『愍懷嬪封墓都監儀軌』造成所 畵僧(奎章閣 14837호, 朴廷蕙, 「儀軌를 통해서 본 朝鮮時代의 畵員」 자료1)

형린(泂璘 : -1690-) 17세기 후반에 활동한 불화승이다. 1690년에 수화승 해숙과 충남 홍성 용봉사 괘불도를 조성하였다.
　　　◦1690년 충남 홍성 龍鳳寺 掛佛圖 조성(1725년 重修, 『韓國의 佛畵 27 - 修德寺』)[38] 수화승 海淑

형범(亨範 : -1906-1907-) 남곡당(南谷堂) 20세기 전반에 활동한 불화승이다. 1906년에 수화승 허곡긍순과 경기 여주 신륵사 신중도와 시왕각부도十王各部圖를, 1907년에 수화승 벽운 유봉과 전남 순천 선암사 천불도를 조성하였다.
　　　◦1906년 경기 여주 神勒寺 神衆圖 조성(『韓國의 佛畵 28 - 龍珠寺(上)』) 수화승 虛谷亘巡
　　　1906년 경기 여주 神勒寺 十王各部圖(一, 三, 五) 조성(『韓國의 佛畵 29 - 龍珠寺(下)』) 수화승 虛谷亘巡
　　　1906년 경기 여주 神勒寺 十王各部圖(二, 四, 六) 조성(『韓國의 佛畵 29 - 龍珠寺(下)』) 수화승 虛谷亘巡
　　　1906년 경기 여주 神勒寺 十王各部圖(使者, 將軍) 조성(『韓國의 佛畵 29 - 龍珠寺(下)』) 수화승 大雲奉河
　　　◦1907년 전남 순천 仙巖寺 千佛圖 조성(『韓國의 佛畵 12 - 仙巖寺』) 수화승 碧雲 有琫

형찬(泂贊 : -1771-) 18세기 후반에 활동한 불화승이다. 1771년에 수화승 정민과 경북 선산 수다사 시왕도(태산대왕)를, 수화승 교원과 시왕도(평등대왕)를 조성하였다.
　　　◦1771년 경북 선산 水多寺 十王圖(泰山大王) 조성(『韓國의 佛畵 9 - 直指寺(下)』)[39] 수화승 定敏
　　　1771년 경북 선산 水多寺 十王圖(平等大王) 조성(『韓國의 佛畵 9 - 直指寺(下)』)[40] 수화승 敎願

혜각(慧覺 : -1718-) 18세기 전반에 활동한 불화승이다. 1718년에 민회빈愍懷

嬪 봉묘封墓 조성소 화승畵僧으로 참여하였다.

　◦1718년 『愍懷嬪封墓都監儀軌』造成所 畵僧(奎章閣 14837호, 朴廷蕙, 「儀軌를 통해서 본
　朝鮮時代의 畵員」 자료1)

혜고당(慧杲堂) 봉감(奉鑑) 참조

혜고당(慧杲堂) 지한(智澣) 참조

혜과당(慧果堂) 엽계(燁桂) 참조

혜관 1(惠寬, 慧寬 : -1741-1759-)* 18세기 중반에 활동한 불화승이다. 1741년
에 수화승 성철과 충남 청양 장곡사 삼세불도(노사나불과 석가모니불)를, 수
화승으로 석가모니불(동국대학교 박물관 소장)를, 1758년에 수화승 각총과
경기 여주 신륵사 극락보전 삼장도를 그렸다. 1759년에 수화승 오관과 경기
가평 현등사 아미타회상도를 조성하고, 목조아미타불좌상을 개금하였다.

　◦1741년 충남 청양 長谷寺 三世佛圖(盧舍那佛) 조성(東國大學校 博物館 所藏, 『韓國의 佛
　畵 18 – 大學博物館(Ⅰ)』) 수화승 性哲
　1741년 충남 청양 長谷寺 三世佛圖(釋迦牟尼佛) 조성(東國大學校 博物館 所藏, 『韓國
　의 佛畵 18 – 大學博物館(Ⅰ)』 圖2) 都畵員 수화승 性哲
　◦1758년 경기 여주 신륵사 極樂寶殿 三藏圖 조성(『韓國의 佛畵 28 – 龍珠寺(上)』) 수화승
　覺聰
　◦1759년 경기 가평 懸燈寺 極樂殿 阿彌陀後佛圖 조성(畵記, 『韓國의 佛畵 40 – 補遺』)
　수화승 悟寬
　1759년 경기 가평 懸燈寺 木造阿彌陀如來坐像 改金(佛畵 畵記) 수화승 悟寬

혜관 2(慧觀, 慧寬 : -1888-1892-) 19세기 후반에 활동한 불화승이다. 1888년
에 수화승 금곡영환과 경기 안성 칠장사 명부전 지장도를, 1890년에 수화승
긍조와 서울 흥천사 대방 아미타후불도와 신중도를, 1892년에 수화승 창엽과
서울 봉은사 대웅전 감로왕도를, 수화승 금곡영환과 경기 남양주 흥국사 영
산전 석가모니후불도를, 수화승 경선응석과 남양주 흥국사 영산전 십육나한
도(10·12·14·16존자)를 조성하였다.

　◦1888년 경기 안성 七長寺 冥府殿 地藏圖 조성(『韓國의 佛畵 28 – 龍珠寺(上)』) 수화승
　金谷永煥
　◦1890년 서울 興天寺 大房 阿彌陀後佛圖 조성(『서울전통사찰불화』와『韓國佛畵畵記集』)⁴¹⁾
　수화승 亘照
　1890년 서울 興天寺 大房 神衆圖 조성(『서울전통사찰불화』와『韓國佛畵畵記集』) 수
　화승 亘照
　◦1892년 서울 奉恩寺 大雄殿 甘露王圖 조성(『서울전통사찰불화』와『韓國佛畵畵記集』)⁴²⁾
　수화승 漢峰瑲曄
　1892년 경기 남양주 興國寺 靈山殿 釋迦牟尼後佛圖 조성(『韓國의 佛畵 33 – 奉先寺』)
　수화승 金谷永煥
　1892년 경기 남양주 興國寺 靈山殿 十六羅漢圖(10·12·14·16尊者) 조성(『韓國의 佛
　畵 33 – 奉先寺』) 수화승 慶船應釋

혜규(惠圭 : -1741-) 18세기 중반에 활동한 불화승이다. 1741년에 수화승 영
안과 전남 곡성 도림사 신덕암 지장시왕도(순천 선암사 소장)를 조성하였다.

ㅎ

▫1741년 전남 곡성 道林寺 神德庵 地藏十王圖 조성(順天 仙巖寺 所藏,『韓國의 佛畵 12 仙巖寺篇』)

혜룡당(惠龍堂) 행은(幸恩) 참조

혜명 1(惠明 : -1688-1704-) 17세기 후반부터 18세기 전반까지 활동한 불화승이다. 1688년에 수화승 학능과 경북 상주 북장사 괘불도를, 1704년에 수화승 인문과 경북 영천 수도사 괘불도를 제작하였다.

▫1688년 경북 상주 北長寺 掛佛圖 조성(『韓國의 佛畵 9 - 直指寺(下)』) 수화승 學能
▫1704년 경북 영천 修道寺 掛佛圖 조성(『韓國의 佛畵 30 - 銀海寺』)43) 수화승 印文

혜명 2(慧明 : -1890-1891-) 19세기 후반에 활동한 불화승이다. 1890년에 수화승 금주와 경북 안동 석수사 무량수전 지장도를, 1891년에 수화승 한규와 경북 의성 지장사 산신도를 조성하였다.

▫1890년 경북 안동 石水寺 無量壽殿 地藏圖 조성(『韓國의 佛畵 23 - 孤雲寺(上)』) 수화승 金珠
▫1891년 경북 의성 地藏寺 山神圖 조성(『韓國의 佛畵 24 孤雲寺篇(下)』) 수화승 翰奎

혜밀(慧密 : -1725-) 18세기 전반에 활동한 불화승이다. 1725년에 수화승 의겸과 전남 순천 송광사 삼십삼조사도를 조성하였다.

▫1725년 전남 순천 松廣寺 三十三祖師圖 조성(『曹溪山松廣寺史庫』)44) 수화승 義謙

혜산당(惠山堂, 蕙山堂) 축연(竺演, 竺淵)

혜성(慧星 : -1878-) 19세기 후반에 활동한 불화승이다. 1878년에 인천 강화 정수사 지장도와 칠성도를 조성하였다.

▫1878년 인천 강화 淨水寺 地藏圖 조성(『傳燈寺本末寺誌(淨水寺誌)』와 『傳燈寺』)
1878년 인천 강화 淨水寺 七星圖 조성(『傳燈寺』)

혜식(慧湜, 慧式 : -1739-1742-)* 18세기 중반에 경상남도 가야산을 중심으로 활동한 불화승이다. 수화승으로 1739년에 경남 합천 해인사 명부전 지장도를 그리고, 1740년에 대구 동구 파계사 건칠관음보살좌상을 중수하였다. 1742년에 전북 무주 덕유산 영축사 영산회상도 제작 시 야산倻山 용안龍眼으로 적혀 있다.

▫1739년 경남 합천 海印寺 冥府殿 地藏圖 조성(『韓國의 佛畵 4 - 海印寺(上)』) 畵員 수화승
▫1740년 대구 동구 파계사 건칠관음보살좌상 중수(『한국의 사찰문화재-대구광역시·경상북도 I 자료집』) 良工 수화승
▫1742년 德裕山 靈鷲寺 靈山會上圖 조성(國立中央博物館 所藏,『영혼의 여로 - 조선시대 불교회화와의 만남』과 『韓國의 佛畵 39 - 國·公立博物館』) 毗首會 倻山 龍眼 수화승

혜안(惠眼 : -1748-1768-) 18세기 중반에 활동한 불화승이다. 1748년에 수화승 법현과 충남 청양 장곡사 석가모니후불도(동국대학교 박물관 소장)를, 1768년에 수화승 유행과 충남 부여 오덕사 괘불도를 조성하였다.

▫1748년 충남 청양 長谷寺 釋迦牟尼後佛圖 조성(東國大學校 博物館 所藏,『韓國의 佛畵 18 - 大學博物館(I)』) 수화승 法玄
▫1768년 충남 부여 五德寺 掛佛圖 조성(『掛佛調査報告書 II』과 『韓國佛畵畵記集』) 수화

승 有幸

혜암당(慧庵堂) 상정(祥正) 참조

혜오(惠悟 : -1857-) 19세기 중반에 활동한 불화승이다. 1857년에 수화승 선률과 서울 봉은사 판전 신중도를 조성하였다.

　◦ 1857년 서울 奉恩寺 版殿 神衆圖 조성(『韓國의 佛畵 35 - 曹溪寺(中)』) 수화승 善律

혜우(慧又 : -1770-) 18세기 후반에 활동한 불화승이다. 1770년에 수화승 부일과 경북 예천 서악사西岳寺 석가모니후불도를 조성하였다.

　◦ 1770년 경북 예천 西岳寺 釋迦牟尼後佛圖 조성(『韓國의 佛畵 8 - 直指寺(上)』) 수화승 富日

혜운(惠雲, 慧雲 : -1888-1915-) 상전당(尙全堂), 속성 이李씨, 19세기 후반부터 20세기 전반까지 활동한 불화승이다. 1888년에 수화승 니봉중린과 인천 강화 백련사 신중도를, 1915년에 수화승 재명과 전북 완주 위봉사 삼성각 칠성도를 조성하였다.

　◦ 1888년 인천 강화 白蓮寺 神衆圖 조성(『畿內寺院誌』와 『韓國佛畵畵記集』 및 『韓國의 佛畵 35 - 曹溪寺(中)』) 수화승 尼峯 仲璘
　◦ 1915년 전북 완주 威鳳寺 三聖閣 七星圖 조성(『韓國의 佛畵 13 - 金山寺』) 수화승 申梵海再明

혜웅(慧雄 : -1748-) 18세기 중반에 활동한 불화승이다. 1748년에 수화승 법현과 충남 청양 장곡사 석가모니후불도(동국대학교 박물관 소장)를 조성하였다.

　◦ 1748년 충남 청양 長谷寺 釋迦牟尼後佛圖 조성(東國大學校 博物館 所藏, 『韓國의 佛畵 18 - 大學博物館(Ⅰ)』) 수화승 法玄

혜웅(慧熊 : -1890-) 19세기 중반에 활동한 불화승이다. 1890년에 수화승 긍조와 서울 흥천사 대방 아미타후불도를 조성하였다.

　◦ 1890년 서울 興天寺 大房 阿彌陀後佛圖 조성(『서울전통사찰불화』와 『韓國佛畵畵記集』)45) 수화승 亘照

혜원 1(惠遠, 慧遠 : -1749-) 18세기 중반에 활동한 불화승이다. 1749년에 수화승 순혜와 전남 해남 대흥사 영산회상도(국립중앙박물관 소장)를 조성하였다.

　◦ 1749년 전남 해남 大興寺 靈山會上圖 조성(國立中央博物館 所藏, 『영혼의 여로 - 조선시대 불교회화와의 만남』과 『韓國의 佛畵 39 - 國·公立博物館』) 수화승 順慧
　◦ 연대미상 전남 나주 竹林寺 극락보전 釋迦牟尼後佛圖 조성(『韓國의 佛畵 37 - 白羊寺·新興寺』) 수화승 弼英

혜원 2(慧元, 慧元 : -1900-1903-)* 20세기 전반에 활동한 불화승이다. 1900년에 수화승 동호진철과 경남 양산 통도사 금강계단 감로도를, 수화승으로 충북 제천 정방사 독성도를, 수화승 긍엽과 경북 영천 영지사 명부전 지장도와 신중도(영천 영지사 소장)를, 1903년에 수화승으로 경북 예천 용문사 산신도를 조성하였다.

　◦ 1900년 경남 양산 通度寺 金剛戒壇 甘露圖 조성(『韓國의 佛畵 2 - 通度寺(中)』) 수화승 東湖震徹

　　1900년 충북 제천 淨芳寺 獨聖圖 조성(『전통사찰전서 10 - 충북의 전통사찰 I』) 金魚
　　수화승
　　1900년 경북 영천 靈芝寺 冥府殿 地藏圖 조성(永川 靈地寺 所藏,『韓國의 佛畵 30 -
　　銀海寺』) 수화승 亘燁
　　1900년 경북 영천 靈芝寺 大雄殿 神衆圖 조성(永川 靈地寺 所藏,『韓國의 佛畵 30 -
　　銀海寺』) 수화승 亘燁
　　◦1903년 경북 예천 龍門寺 山神圖 조성(『전통사찰전서 10 - 충북의 전통사찰 I』과『韓國
　　佛畵畵記集』) 金魚 出草 수화승

혜윤(慧允 : -1627-) 17세기 전반에 활동한 불화승이다. 1627년에 수화승 법
경과 충남 부여 무량사 괘불도를 조성하였다.
　　◦1627년 충남 부여 無量寺 掛佛圖 조성(『韓國의 佛畵 16 - 麻谷寺(下)』) 수화승 法冏

혜은(惠븐 : -1780-) 18세기 후반에 활동한 불화승이다. 1780년에 설훈과 경
기 남양주 봉선사 대웅전 불상을 중수·개금하였다.
　　◦1780년 경기 남양주 奉先寺 大雄殿 佛像 重修·改金(「有明朝鮮國京畿右道楊州牧地雲岳
　　山奉先寺大雄殿佛像重修改金願文」,『奉先寺本末寺誌(奉先寺)』) 수화승 雪訓

혜인(惠仁 : -1903-) 20세기 전반에 활동한 불화승이다. 1903년에 수화승 향
호묘영과 경남 통영 용화사 석가모니후불도를 조성하였다.
　　◦1903년 경남 통영 龍華寺 釋迦牟尼後佛圖 조성(『韓國의 佛畵 25 - 雙磎寺(上)』) 수화승
　　香湖妙英

혜일(惠日, 慧日 : -1652-1657-) 17세기 중반에 활동한 불화승이다. 1652년에
수화승 신겸과 충북 청원 안심사 괘불도와 1657년 충남 연기 비암사 괘불도
를 조성하였다.
　　◦1652년 충북 청원 安心寺 掛佛圖 조성(『韓國의 佛畵 17 - 法住寺』)[46] 수화승 信謙
　　◦1657년 충남 연기 卑岩寺 掛佛圖 조성(畵記) 수화승 信謙

혜잠(惠岑 : -1771-) 18세기 후반에 활동한 불화승이다. 1771년에 수화승 두
훈과 경북 선산 수다사 시왕도(염라대왕)와 수화승 성총과 시왕도(변성대왕)
를 조성하였다.
　　◦1771년 경북 선산 水多寺 十王圖(閻羅大王) 조성(『韓國의 佛畵 9 - 直指寺(下)』) 수화승
　　抖薰
　　1771년 경북 선산 水多寺 시왕도(變成大王) 조성(『韓國의 佛畵 9 - 直指寺(下)』) 수화
　　승 性聰

혜정(惠定 : -1768-) 18세기 중반에 활동한 불화승이다. 1768년에 수화승 유
행과 충남 부여 오덕사 괘불도를 조성하였다.
　　◦1768년 충남 부여 五德寺 掛佛圖 조성(『掛佛調査報告書 II』) 수화승 有幸

혜조(惠照, 慧照 : -1882-1891-) 19세기 후반에 활동한 불화승이다. 1882년에
수화승 축연과 강원 통천 용공사 십육나한상을 개채하고 존상을 봉안하였다.
1885년에 수화승 인형과 경기 남양주 내원암 괘불도를, 수화승 경선응석과
서울 봉은사 칠성도를, 1886년에 서울 봉은사 북극락전 칠성도와 수화승 혜
고봉간과 경북 김천 직지사 신중도를, 1888년에 수화승 이봉중린과 인천 강

화 백런사 신중도를, 1890년에 수화승 긍조와 서울 홍천사 대방 신중도를,
수화승 보암긍법과 경기 남양주 불암사 지장보살도를, 1891년에 수화승 고산
축연과 경기 안성 청원사 대웅전 아미타후불도를 조성하였다.

- 1882년 강원 통천 龍貢寺 十六羅漢 改彩 新畫成 各具 尊像 奉安(『楡岾寺本末寺誌(龍貢寺)』) 수화승 竺衍
- 1884년 인천 강화 傳燈寺 藥師殿 藥師後佛圖 조성(『韓國佛畫畫記集』와 『韓國의 佛畫 34 – 曹溪寺(上)』) 수화승 慧高 燁□
  1884년 서울 津寬寺 靈山殿 帝釋圖(使者, 將軍) 조성(『韓國의 佛畫 35 – 曹溪寺(中)』) 金魚 수화승 竺衍
- 1885년 경기 남양주 內院庵 掛佛圖 조성(畵記, 『韓國의 佛畫 33 – 奉先寺』) 수화승 萬波定翼
  1885년 서울 奉恩寺 七星圖 조성(『서울전통사찰불화』) 수화승 慶船應釋47)
- 1886년 서울 奉恩寺 版殿 毗盧遮那後佛圖 조성(『서울전통사찰불화』와 『韓國佛畫畫記集』 및 『韓國의 佛畫 34 – 曹溪寺(上)』)48) 수화승 影明天機
  1886년 서울 奉恩寺 北極樂殿 七星圖 조성(『서울전통사찰불화』와 『韓國佛畫畫記集』 및 『韓國의 佛畫 36 – 曹溪寺(下)』) 수화승 慶船應釋
  1886년 경북 김천 直指寺 神衆圖 조성(『韓國佛畫畫記集』) 수화승 慧果奉侃
- 1887년 서울 彌陀寺 極樂殿 甘露圖 조성(『韓國의 佛畫 36 – 曹溪寺(下)』) 수화승 鶴虛石雲
- 1888년 인천 강화 白蓮寺 神衆圖 조성(『畿內寺院誌』와 『韓國佛畫畫記集』 및 『韓國의 佛畫 35 – 曹溪寺(中)』) 수화승 尼峯仲獜
- 1890년 서울 興天寺 大房 神衆圖 조성(『서울전통사찰불화』와 『韓國佛畫畫記集』) 수화승 亘照
  1890년 경기 남양주 南楊州 佛巖寺 地藏菩薩圖 조성(『畿內寺院誌』와 『韓國佛畫畫記集』 및 『韓國의 佛畫 33 – 奉先寺』) 수화승 玩松宗顯
- 1891년 경기 안성 淸源寺 大雄殿 阿彌陀後佛圖 조성(『韓國의 佛畫 28 – 龍珠寺(上)』) 수화승 竺衍
- 1892년 서울 奉恩寺 大雄殿 三佛會圖 조성(『韓國의 佛畫 34 – 曹溪寺(上)』) 수화승 永明天機

혜주(慧珠 : -1886-) 19세기 후반에 활동한 불화승이다. 1886년에 수화승 허곡긍순과 서울 화계사 괘불도를 조성하였다.

- 1886년 서울 華溪寺 掛佛圖 조성(『韓國의 佛畫 35 – 曹溪寺(中)』) 수화승 虛谷亘巡

혜진(惠眞 : -1873-) 19세기 후반에 활동한 불화승이다. 1873년에 수화승 연호봉의와 경남 진주 청곡사 지장도와 삼장도를 조성하였다.

- 1873년 경남 진주 靑谷寺 地藏圖 조성(『韓國의 佛畫 4 – 海印寺(上)』) 수화승 奉儀
  1873년 경남 진주 靑谷寺 三藏圖 조성(『韓國의 佛畫 4 – 海印寺(上)』) 수화승 奉儀

혜찰(慧察, 惠察 : -1680-1728-) 17세기 후반에 활동한 승장이다. 1680년에 수화승 색난과 전남 화순 영봉사 목조지장보살좌상과 시왕상(광주 덕림사 소장)을, 1703년에 수화승 수원과 경북 문경 김룡사 괘불도를, 1718년에 부화승으로 수화승 필영과 전남 장흥 보림사에서 3월 9일 고법당 후불도 등을, 1726년에 수화승 여찬과 강원 삼척 삼화사 목조지장보살좌상을, 1728년에 수화승 의겸과 전북 무주 안국사 괘불도를 제작하였다.

- 1680년 전남 화순 영봉사 木造地藏菩薩坐像과 十王像 조성(광주 덕림사 봉안, 發願文) 수화승 色難

- 1703년 경북 문경 金龍寺 掛佛圖 조성(『韓國의 佛畵 9 - 直指寺(下)』) 수화승 守源
- 1718년 전남 장흥 寶林寺에서 3월 9일 고법당 후불도 등을 시작하여 5월 23일까지 마침
  (『譯註 寶林寺重創記』) 副 수화승 弼英
- 1726년 강원 삼척 三和寺 木造地藏菩薩坐像 조성(發願文) 수화승 여찬
- 1728년 전북 무주 安國寺 掛佛圖 조성(『韓國의 佛畵 13 - 金山寺』)49) 수화승 義謙

혜청(惠淸, 慧淸 : -1776-1796-)* 18세기 후반에 활동한 조각승이다. 1776년에
영조英祖 원릉元陵 조성소 화승畵僧으로 참여하고, 1780년에 수화승 설훈과
경기 남양주 봉선사 대웅전 불상을 중수·개금하고, 1776년에 영조英祖 원릉
元陵 조성소 화승畵僧으로 참여하였다. 1780년에 수화승 설훈과 경기 남양주
봉선사 대웅전 불상 중수·개금하고, 수화승으로 1785년에 함남 복흥사 불
상 제작과 영산회, 감로도, 신중도를, 1790년에 수화승 관허설훈과 경기 가평
현등사 지장전 청동지장보살좌상을, 1796년에 수화승 처징과 함남 복흥사 관
음도, 칠성도, 현왕도 등을 제작하였다.

- 1776년 『英祖元陵山陵都監儀軌』造成所 畵僧(奎章閣 13586호, 朴廷蕙, 「儀軌를 통해서
  본 朝鮮時代의 畵員」 자료1)
- 1780년 경기 남양주 奉先寺 大雄殿 佛像 重修·改金(「有明朝鮮國京畿右道楊州牧地雲岳
  山奉先寺大雄殿佛像重修改金願文」, 『奉先寺本末寺誌(奉先寺)』) 龍眼 수화승 雪訓
- 1785년 함남 福興寺 新佛像三尊과 靈山會·佛幀·甘露·神衆圖 조성(「萬德山福興寺事
  蹟記」, 『朝鮮寺刹史料』 下) 수화승
- 1790년 경기 가평 懸燈寺 靑銅地藏菩薩坐像 제작(造像記) 수화승 寬虛 雪訓
- 1796년 함남 福興寺 觀音·願佛·七星·現王·四幀 조성(「萬德山福興寺事蹟記」, 『朝鮮
  寺刹史料』 下) 수화승 처징

혜탁(慧卓 : -1882-) 19세기 후반에 활동한 불화승이다. 1882년에 수화승 수
룡기전과 부산 범어사 영산회상도, 삼장보살도, 신중도를 조성하였다.

- 1882년 부산 梵魚寺 大雄殿 釋迦牟尼後佛圖 조성(『梵魚寺聖寶博物館 名品圖錄』과 『韓
  國의 佛畵 32 - 梵魚寺』) 수화승 琪銓
  1882년 부산 梵魚寺 三藏菩薩圖 조성(『梵魚寺聖寶博物館 名品圖錄』과 『韓國佛畵畵
  記集』 및 『韓國의 佛畵 32 - 梵魚寺』) 수화승 琪銓
  1882년 부산 梵魚寺 神衆圖 조성(『梵魚寺聖寶博物館 名品圖錄』와 『韓國佛畵畵記集』
  및 『韓國의 佛畵 32 - 梵魚寺』) 수화승 琪銓

혜학(慧學 : -1731-)* 18세기 전반에 활동한 불화승이다. 1731년에 수화승
도익과 경북 선산 수다사 석가모니후불도와 지장도 및 수화승으로 삼장도를
조성하였다.

- 1731년 경북 선산 水多寺 釋迦牟尼後佛圖 조성(『韓國의 佛畵 8 - 直指寺(上)』)50) 수화승
  道益
  1731년 경북 선산 水多寺 地藏圖 조성(『韓國의 佛畵 8 - 直指寺(上)』) 수화승 道益
  1731년 경북 선산 水多寺 三藏圖 조성(弘益大學校 博物館 所藏, 『韓國의 佛畵 19 -
  大學博物館(Ⅱ)』) 畵員51) 수화승

혜호 1(惠旲) 19세기 중반에 활동한 불화승이다. 수화승 선률과 충남 공주
마곡사 대광보전 칠성도를 조성하였다.

- 연대미상 충남 공주 麻谷寺 大光寶殿 七星圖 조성(『韓國의 佛畵 16 - 麻谷寺(下)』) 수화
  승 善律52)

혜호 2(慧浩 : -1832-) 19세기 전반에 활동한 불화승이다. 1832년에 수화승 신선과 삼각산 신흥사 괘불도(서울 흥천사 소장)를 조성하였다.

- 1832년 三角山 新興寺 掛佛圖 조성(서울 興天寺 所藏, 『서울전통사찰불화』와 『掛佛調査報告書 II』 및 『韓國佛畵畵記集』) 수화승 愼善

혜호 3(慧皓 : -1846-1861-)* 중봉당(中峯堂, 仲峯堂) 19세기 중반에 활동한 불화승이다. 수화승으로 1846년에 경기 남양주 흥국사 감로도와 1861년에 강원 평창 월정사 아미타후불도를, 1861년에 수화승 월하세원과 서울 화계사 극락보전 아미타후불도와 수화승 하운유경과 화계사 칠성도(가평 현등사 소장)를 조성하였다.

- 1846년 경기 남양주 興國寺 甘露圖 조성(南楊州 佛巖寺 所藏, 『畿內寺院誌』와 『韓國佛畵畵記集』 및 『韓國의 佛畵 33 – 奉先寺』) 金魚 수화승
- 1861년 강원 평창 月精寺 阿彌陀後佛圖 조성(『韓國의 佛畵 10 – 月精寺』) 金魚 수화승
  1861년 華溪寺 極樂寶殿 阿彌陀後佛圖 조성(禮山 修德寺 所藏, 『韓國의 佛畵 27 – 修德寺』)53) 수화승 月霞 世元
  1861년 서울 華溪寺 七星圖 조성(加平 懸燈寺 소장, 畵記와 『韓國佛畵畵記集』 및 『韓國의 佛畵 33 – 奉先寺』)54) 수화승 河雲宥景
- 연대미상 鳳逸寺 後佛圖(『楡岾寺本末寺誌(鳳逸寺)』) 수화승
  연대미상 鳳逸寺 神衆圖(『楡岾寺本末寺誌(鳳逸寺)』) 수화승

혜화 1(惠和 : -1778-)* 18세기 후반에 활동한 불화승이다. 1778년에 수화승으로 경북 포항 보경사 삼장보살도를 조성하였다.

- 1778년 경북 포항 寶鏡寺 三藏菩薩圖 조성(『韓國佛畵畵記集』) 良工 수화승

혜화 2(憓華 : -1864-) 19세기 중반에 활동한 불화승이다. 1864년에 수화승 하은위상과 경북 양산 통도사 백련암 신중도를 조성하였다.

- 1864년 경남 양산 通度寺 白蓮庵 神衆圖 조성(『韓國의 佛畵 1 – 通度寺(上)』) 수화승 霞隱偉相

호묵(護默, 護嘿 : -1830-1840-) 19세기 전반에 활동한 불화승이다. 1830년에 수화승 성수와 전북 완주 화암사 명부전 지장도를, 1831년에 수화승 장순과 전북 무주 북고사 용화전 신중도를, 1840년에 수화승 원담내원과 전북 고창 선운사 대웅보전 아미타후불벽화阿彌陀後佛壁畵를 조성하였다.

- 1830년 전북 완주 花巖寺 冥府殿 地藏圖 조성(『韓國의 佛畵 13 – 金山寺』) 수화승 誠修
- 1831년 전북 무주 北固寺 龍花殿 神衆圖 조성(『韓國의 佛畵 13 – 金山寺』) 수화승 壯旬
- 1840년 전북 고창 禪雲寺 大雄寶殿 阿彌陀後佛壁畵 조성(『韓國의 佛畵 14 – 禪雲寺』) 수화승 圓潭內元

호밀(好密 : -1749-) 18세기 중반에 활동한 불화승이다. 1749년에 수화승 의겸과 전북 부안 개암사 괘불도(부안 내소사 소장)를 조성하였다.

- 1749년 전북 부안 開巖寺 掛佛圖 조성(扶安 來蘇寺 所藏, 『韓國의 佛畵 14 – 禪雲寺』) 수화승 義兼

호심(浩心 : -1759-) 18세기 중반에 활동한 불화승이다. 1759년 불상 개금과 불화 및 단청을 조성하였다.

　　◦1759년 己酉年改金幀畫丹艭事施主記(安貴淑, 「조선후기 佛畫僧의 계보와 義謙比丘에 대한 연구(상)」)

호영(好靈, 好泳, 好英 : -1747-1764-) 18세기 중반에 활동한 불화승이다. 1747년에 수화승 회밀과 충남 부여 무량사 극락전 아미타회상도와 삼장보살도를, 1749년에 수화승 의겸과 전남 구례 천은사 용학암 칠성도와 전북 부안 개암사 괘불도(부안 내소사 소장)를, 1757년에 수화승 정인과 전남 구례 화엄사 대웅전 삼신도(비로자나불)를, 1764년에 수화승 색민과 전남 해남 대흥사 괘불도를 조성하였다.

　　◦1747년 충남 부여 無量寺 極樂殿 阿彌陀會上圖 조성(『全國寺刹所藏佛畫調査(1)』) 수화승 廻密
　　1747년 충남 부여 無量寺 極樂殿 三藏菩薩圖 조성(『全國寺刹所藏佛畫調査(1)』) 수화승 廻密
　　◦1749년 전남 구례 泉隱寺 龍鶴庵 七星圖 조성(金玲珠, 『朝鮮時代佛畫硏究』과 安貴淑, 「조선후기 佛畫僧의 계보와 義謙比丘에 대한 연구(상)」 및 『韓國佛畫畫記集』) 수화승 義兼
　　1749년 전북 부안 開巖寺 掛佛圖 조성(扶安 來蘇寺 所藏, 『韓國의 佛畫 14 - 禪雲寺』) 수화승 義兼
　　◦1757년 전남 구례 華嚴寺 大雄殿 三身圖(毘盧遮那佛) 조성(『韓國의 佛畫 11 - 華嚴寺』) 수화승 定印
　　◦1764년 전남 해남 大興寺 掛佛圖 조성(『韓國의 佛畫 31 - 大興寺』) 수화승 色旻

호영당(湖暎堂) 삼천(三千) 참조

호운당(浩雲堂) 부일(富一) 참조

호은당(湖隱堂) 정연(定淵) 참조

호찬(昊贊 : -1700-) 18세기 전반에 활동한 불화승이다. 1700년에 수화승 천신과 전북 부안 내소사 괘불도를 조성하였다.

　　◦1700년 전북 부안 來蘇寺 掛佛圖 조성(『韓國의 佛畫 14 - 禪雲寺』)[55] 수화승 天信

호택(浩澤 : -1675-) 17세기 후반에 활동한 불화승이다. 1675년에 현종顯宗 빈전殯殿 조성소 화승畫僧으로 참여하였다.

　　◦1675년 『顯宗殯殿都監儀軌』 魂殿 造成所 畫僧(奎章閣 13540호, 朴廷蕙, 「儀軌를 통해서 본 朝鮮時代의 畫員」 자료1)

혼응당(渾應堂, 混應堂) 성주(聖周) 참조

홀윤(扢允 : -1855-) 19세기 중반에 활동한 불화승이다. 1855년에 수화승 인원체정과 신중도(국립중앙박물관 소장)를 조성하였다.

　　◦1855년 神衆圖 조성(國立中央博物館 所藏, 『영혼의 여로 - 조선시대 불교회화와의 만남』과 『韓國의 佛畫 39 - 國·公立博物館』) 수화승 仁源體定

홍걸(弘杰 : -1750-) 18세기 중반에 활동한 불화승이다. 1750년에 수화승 덕인과 감로도(원광대학교 박물관)를 조성하였다.

　　◦1750년 甘露圖 조성(圓光大學校 博物館, 『韓國의 佛畫 19 - 大學博物館(Ⅱ)』) 수화승 덕인

홍민(弘旻 : -1788-1790-) 18세기 후반에 활동한 불화승이다. 1788년에 수화

승 용봉경환과 경북 상주 남장사 괘불도를, 상겸 등과 남장사 불사에 참여하여 기록한 『불사성공록佛事成功錄』에 경성양공京城良工으로 언급되었다. 1790년에 수화승 상겸과 경기 화성 용주사 감로도를 조성하였다.

  ◦ 1788년 경북 상주 南長寺 掛佛圖 조성(『韓國의 佛畵 9 - 直指寺(下)』) 수화승 龍峰敬還
    1788년 남장사 불사에 참여한 화승을 적은 『佛事成功錄』에 京城良工으로 언급(이용윤, 『佛事成功錄』을 통해 본 남장사 괘불) 수화승 尙謙
  ◦ 1790년 경기 화성 龍珠寺 甘露圖 조성(『韓國佛畵畵記集』) 수화승 尙兼

홍범(洪範, 弘範 : -1891-1892-) 19세기 후반에 활동한 불화승이다. 1891년에 수화승 고산축연과 경기 안성 청원사 대웅전 아미타후불도를, 1892년에 수화승 한봉창엽과 서울 봉은사 대웅전 감로왕도를 조성하였다.

  ◦ 1891년 경기 안성 淸源寺 大雄殿 阿彌陀後佛圖 조성(『韓國의 佛畵 28 - 龍珠寺(上)』) 수화승 竺衍
  ◦ 1892년 서울 奉恩寺 大雄殿 甘露王圖 조성(『서울전통사찰불화』와 『韓國佛畵畵記集』) 수화승 漢峰瑲曄

홍순 1(洪洵 : -1882-) 19세기 후반에 활동한 불화승이다. 1882년에 수화승 석옹철유와 강원 강릉 보현사 십육나한도를 조성하였다.

  ◦ 1882년 강원 강릉 普賢寺 十六羅漢圖 조성(『韓國의 佛畵 10 - 月精寺』) 沙彌 수화승 石翁 喆有
    1882년 강원 강릉 普賢寺 十六羅漢圖 조성(『韓國의 佛畵 10 - 月精寺』) 沙彌 수화승 石翁 喆有
    1882년 강원 강릉 普賢寺 十六羅漢圖 조성(平昌 月精寺 所藏, 『韓國의 佛畵 10 - 月精寺』)56) 沙彌 수화승 石翁 喆有
    ※ 홍순 1과 홍순 2는 동일인으로 추정된다.

홍순 2(弘順 : -1907-) 20세기 전반에 활동한 불화승이다. 1886년에 수화승 허곡긍순과 서울 화계사 괘불도를, 1907년에 수화승 향호묘영과 전남 여수 흥국사 보광전 아미타후불도를 조성하였다.

  ◦ 1886년 서울 華溪寺 掛佛圖 조성(『韓國의 佛畵 35 - 曹溪寺(中)』) 수화승 虛谷亘巡
  ◦ 1907년 전남 여수 興國寺 普光殿 阿彌陀後佛圖 조성(『韓國의 佛畵 11 - 華嚴寺』)57) 수화승 香湖妙英

홍식(弘湜 : -1766-) 18세기 중반에 활동한 불화승이다. 1766년에 수화승 화월두훈과 충북 보은 법주사 괘불도를 조성하였다.

  ◦ 1766년 충북 보은 法住寺 掛佛圖 조성(『韓國의 佛畵 17 - 法住寺』) 수화승 華月 枓訓

홍신(弘信 : -1680-)* 17세기 후반에 활동한 불화승이다. 1680년에 수화승으로 경북 경주 분황사 보광전 단청 화원으로 참여하였다.

  ◦ 1680년 경북 경주 분황사 보광전 출토 상량문 언급(府東明活城下分皇寺重創文; 이강근, 「芬皇寺 普光殿 上樑文 調査」) 丹靑畵員 수화승

홍안(洪眼, 弘眼 : -1762-1804-)* 성암당(聖巖堂) 18세기 중·후반에 경북 문경 대승사를 중심으로 활동한 불화승이다. 1762년에 수화승 진찰과 강원 홍천 수타사 석가모니후불도를, 1764년에 수화승 치삭과 경남 의성 대곡사 지장도

와 감로도를, 1781년에 수화승 취월 정일과 문경 혜국사 신중도를 조성하였다. 1788년에 상겸 등과 경북 상주 남장사 불사에 참여하여 기록한『불사성공록佛事成功錄』에 대승양공大乘良工으로 언급되어 있다. 수화승으로 1791년에 강원 삼척 운흥사 목조아미타불좌상을 개금하고, 1803년에 문경 김룡사 석가모니후불도, 응진전 후불도, 신중도, 현왕도를, 1804년에 문경 혜국사 석가모니후불도, 신중도를 조성하였다.

- 1762년 강원 洪川 壽陁寺 釋迦牟尼後佛圖 조성(『韓國의 佛畵 10 - 月精寺』) 수화승 震刹
- 1764년 경북 의성 大谷寺 地藏圖 조성(『韓國의 佛畵 23 - 孤雲寺(上)』) 수화승 稚朔
  1764년 甘露圖 조성(圓光大學校 博物館 所藏,『韓國의 佛畵 19 - 大學博物館(Ⅱ)』)[58] 수화승 雉翔
- 1781년 경북 문경 惠國寺 神衆圖 조성(『韓國의 佛畵 8 - 直指寺(上)』) 수화승 醉月定一
- 1788년 남장사 불사에 참여한 화승을 적은『佛事成功錄』에 大乘良工으로 언급(이용윤,「『佛事成功錄』을 통해 본 남장사 괘불」) 수화승 尙謙
- 1803년 경북 문경 金龍寺 釋迦牟尼後佛圖 조성(『韓國의 佛畵 8 - 直指寺(上)』) 畵師 수화승
  1803년 경북 문경 金龍寺 應眞殿 後佛圖 조성(『韓國의 佛畵 8 - 直指寺(上)』) 畵師 수화승
  1803년 경북 문경 金龍寺 神衆圖 조성(『韓國의 佛畵 8 - 直指寺(上)』) 畵師 수화승
  1803년 경북 문경 金龍寺 神衆圖 조성(『韓國의 佛畵 8 - 直指寺(上)』) 畵師 수화승
  1803년 경북 문경 金龍寺 現王圖 조성(『韓國의 佛畵 9 - 直指寺(下)』) 畵師 수화승
- 1804년 경북 문경 惠國寺 釋迦牟尼後佛圖 조성(『韓國의 佛畵 8 - 直指寺(上)』) 龍眼 수화승
  1804년 경북 문경 惠國寺 神衆圖 조성(『韓國의 佛畵 8 - 直指寺(上)』) 수화승 愼謙

홍언 1(弘彦 : -1693-)* 17세기 후반에 활동한 불화승이다. 1693년에 수화승으로 김천 직지사 관음전 단청에 참여하였다.

- 1693년 경북 김천 直指寺「觀音殿丹靑」 언급(『直指寺誌』) 수화승 畵員

홍언 2(洪彦 : -1769-1780-) 18세기 후반에 활동한 불화승이다. 1769년에 수화승 쾌윤과 경남 남해 용문사 괘불도를, 수화승 비현과 1777년에 전남 영광 불갑사 팔상전 영산회상도와 지장전 지장시왕도를, 전남 곡성 태안사 대웅전 석가여래도, 신중도, 삼장도와 명적암 신중도를, 1778년에 전남 고흥 금탑사 괘불도를, 1780년에 전남 순천 선암사 팔상전 화엄도華嚴圖를 조성하였다.

- 1769년 경남 남해 龍門寺 掛佛圖 조성(『韓國의 佛畵 26 - 雙磎寺(下)』) 수화승 快玧
- 1777년 전남 영광 佛甲寺 八相殿 靈山會上圖 조성(『靈光 母岳山 佛甲寺』과『韓國의 佛畵 37 - 白羊寺・新興寺』) 수화승 丕賢
  1777년 전남 영광 佛甲寺 地藏殿 地藏十王圖 조성(『靈光 母岳山 佛甲寺』과『韓國의 佛畵 37 - 白羊寺・新興寺』) 수화승 丕賢
  1777년 전남 곡성 泰安寺 大雄殿 釋迦如來圖, 神衆圖, 三藏圖와 明寂庵 神衆圖 조성(『泰安寺誌』) 수화승 丕賢
- 1778년 전남 고흥 금탑사 掛佛圖 조성(『韓國의 佛畵 6 - 松廣寺』) 수화승 丕賢
- 1779년 전남 곡성 泰安寺 大雄殿重創記 중 畵工으로 언급(「大雄殿重創記」,『泰安寺誌』)
- 1780년 전남 순천 선암사 八相殿 華嚴圖 조성(『韓國의 佛畵 12 - 仙巖寺』) 수화승 丕賢

홍연(弘演 : -1776-) 18세기 후반에 활동한 불화승이다. 1776년에 영조英祖 원릉元陵 조성소 화원畵僧으로 참여하였다.

◦1776년 『英祖元陵山陵都監儀軌』造成所 畫僧(奎章閣 13586호, 朴廷蕙, 「儀軌를 통해서 본 朝鮮時代의 畫員」 자료1)

홍원(弘遠, 泓源, 弘愿 : -1740-1790-) 18세기 중·후반에 전라도에서 활동한 불화승이다. 1740년에 수화승 임한과 경남 양산 통도사 극락보전 아미타후불도를, 1781년에 수화승 승윤과 경남 하동 쌍계사 삼세불도(석가모니불)과 삼장도를, 1788년에 상겸 등과 남장사 불사에 참여하여 기록한 『불사성공록佛事成功錄』에 호남양공湖南良工으로 언급되었다. 1790년에 수화승 화악평삼과 경북 하동 쌍계사 고법당 제석·신중도를 조성하였다.

- ◦1740년 慶南 梁山 通度寺 極樂寶殿 阿彌陀後佛圖 조성(『韓國의 佛畵 1 - 通度寺(上)』) 수화승 任閑
- ◦1781년 경남 하동 쌍계사 三世佛圖(釋迦牟尼佛) 조성(『韓國의 佛畵 25 - 雙磎寺(上)』) 수화승 勝允
  1781년 경남 하동 쌍계사 三藏圖 조성(『韓國의 佛畵 25 - 雙磎寺(上)』) 수화승 勝允
- ◦1788년 남장사 불사에 참여한 화승을 적은 『佛事成功錄』에 湖南良工으로 언급(이용윤, 「『佛事成功錄』을 통해 본 남장사 괘불」) 수화승 尙謙
- ◦1790년 경남 하동 雙磎寺 古法堂 帝釋神衆圖 조성(『韓國의 佛畵 25 - 雙磎寺(上)』) 수화승 評三

홍의(弘儀 : -1776-1789-) 18세기 후반에 활동한 불화승이다. 1776년에 영조英祖 원릉元陵과 1789년에 장조莊祖 현륭원顯隆園 조성소 화원畫僧으로 참여하였다.

- ◦1776년 『英祖元陵山陵都監儀軌』造成所 畫僧(奎章閣 13586호, 朴廷蕙, 「儀軌를 통해서 본 朝鮮時代의 畫員」 자료1)
- ◦1789년 『莊祖顯隆園園所都監儀軌』造成所 畫僧(奎章閣 13627호, 朴廷蕙, 「儀軌를 통해서 본 朝鮮時代의 畫員」 자료1)

홍인(弘仁, 弘印 : -1649-1659-) 17세기 중반에 활동한 불화승이다. 1649년에 인조仁祖 빈전殯殿과 인조仁祖 장릉長陵 조성소 화승畫僧으로 참여하고, 1659년에 나묵 등과 효종孝宗 빈전殯殿을 단청丹靑하였다. 1675년에 현종顯宗 빈전殯殿 조성소 화승畫僧으로 참여하였다.

- ◦1649년 『仁祖殯殿都監儀軌』魂殿二房 造成所 畫僧(奎章閣 14855호, 朴廷蕙, 「儀軌를 통해서 본 朝鮮時代의 畫員」 자료1)
  1649년 『仁祖長陵山陵都監儀軌』造成所 畫僧(奎章閣 15074호, 朴廷蕙, 「儀軌를 통해서 본 朝鮮時代의 畫員」 자료1)
- ◦1659년 『孝宗殯殿都監儀軌』魂殿二房, 丹靑 畫僧(奎章閣 13528호, 朴廷蕙, 「儀軌를 통해서 본 朝鮮時代의 畫員」 자료1)
- ◦1675년 『顯宗殯殿都監儀軌』魂殿 造成所 畫僧(奎章閣 13540호, 朴廷蕙, 「儀軌를 통해서 본 朝鮮時代의 畫員」 자료1)

홍정(弘淨 : -1758-1759-) 18세기 중반에 활동한 불화승이다. 1758년에 수화승 각총과 경기 여주 신륵사 극락보전 삼장도를, 1759년에 수화승 오관과 경기 가평 현등사 극락전 목조아미타불좌상 개금하면서 아미타회상도를 제작하였다.

- ◦1758년 경기 여주 신륵사 極樂寶殿 三藏圖 조성(『韓國의 佛畵 28 - 龍珠寺(上)』) 수화승

覺聰
◦1759년 경기 가평 懸燈寺 極樂殿 阿彌陀後佛圖 조성(畵記, 『韓國의 佛畵 40 - 補遺』)
수화승 悟寬
1759년 경기 가평 懸燈寺 木造阿彌陀如來坐像 改金(佛畵 畵記) 수화승 悟寬

홍태 1(弘太, 洪泰, 弘泰 : -1801-1808-) 19세기 전반에 활동한 불화승이다.
1801년에 수화승 백인 태영과 운대암 신중도(하동 쌍계사 소장)를, 1801년에
경남 진주 백천사 운대암 감로왕도(의정부 망월사 소장)를 그렸다. 1806년에
수화승 도일과 전남 순천 송광사 사천왕상을 개채하고, 1808년에 수화승 화
악평삼과 경남 고성 옥천사 괘불도를 조성하였다.

◦1801년 雲臺菴 神衆圖 조성(河東 雙磎寺 所藏, 『韓國의 佛畵 25 - 雙磎寺(上)』) 수화승
百忍 泰榮
1801년 경남 진주 百泉寺 雲臺庵 甘露王圖 조성(議政府 望月寺 所藏, 『韓國佛畵畵記
集』) 수화승 泰榮
◦1806년 전남 순천 송광사 사천왕상 개채(『曹溪山 松廣寺誌』) 수화승 度溢
◦1808년 경남 고성 옥천사 괘불도 제작(『韓國의 佛畵 26-雙磎寺(下)』) 수화승 華岳評三

홍태 2(弘泰 : -1808-) 19세기 전반에 활동한 불화승이다. 1808년에 수화승
화악평삼과 경남 고성 옥천사 괘불도를 조성하였다.

◦1808년 경남 고성 玉泉寺 掛佛圖 조성(『韓國의 佛畵 26 - 雙磎寺(下)』) 수화승 華岳評三

화남당(化南堂) 총선(摠善) 참조

화린(華潾 : -1882-1886-) 19세기 후반에 활동한 불화승이다. 1882년에 수화
승 연호봉의와 전북 남원 실상사 약사전 신중도를, 1886년에 수화승 용선과
보광전 아미타후불홍도阿彌陀後佛紅圖를 조성하였다.

◦1882년 전북 남원 實相寺 藥師殿 神衆圖 조성(『韓國의 佛畵 13 - 金山寺』) 수화승 蓮湖
琫毅
◦1886년 전북 남원 實相寺 普光殿 阿彌陀後佛紅圖 조성(『韓國의 佛畵 13 - 金山寺』) 수화
승 容善

화봉당(華峯堂) 경조(敬祚) 참조

화산당(華山堂) 재근(在根) 참조

화악당(華岳堂) 평삼(評三) 참고

화암당(華庵堂) 두흠(斗欽) 참조

화암당(華庵堂) 세흠(世欽) 참조

화암당(華菴堂) 묘협(妙冾) 참조

화연 1(華連, 華蓮, 華演 : -1759-1776-)* 신암당(信庵堂) 18세기 중·후반에 활
동한 불화승이다. 수화승으로 1759년에 전남 곡성 태안사 봉서암 감로왕도와
1761년에 신중도를, 1764년에 수화승 색민과 전남 해남 대흥사 괘불도를,
1770년에 수화승으로 광주 무등산 안심사에서 화엄도를 조성하여 순천 송광

사 화엄전에 봉안하였다. 1776년에 수화승으로 전남 구례 천
은사 극락보전 아미타후불도와 삼장도를 조성하였다.

- 1759년 전남 곡성 泰安寺 鳳瑞庵 甘露王圖 조성(湖巖美術館 所藏, 『韓
  國佛畫畫記集』) 金魚 수화승
- 1761년 전남 곡성 泰安寺 鳳瑞庵 神衆圖 조성(『泰安寺誌』) 金魚 수
  화승
- 1764년 전남 해남 大興寺 掛佛圖 조성(『韓國의 佛畫 31 – 大興寺』) 수
  화승 色旻
- 1770년 광주 無等山 安心寺에서 華嚴圖를 조성하여 순천 松廣寺 華
  嚴殿 봉안(『曹溪山松廣寺史庫』와 『韓國의 佛畫 6 – 松廣寺』) 金魚
  수화승
- 1776년 전남 구례 泉隱寺 極樂寶殿 阿彌陀後佛圖 조성(『韓國의 佛畫
  11 – 華嚴寺』) 金魚 수화승
  1776년 전남 구례 泉隱寺 極樂寶殿 三藏圖 조성(『韓國의 佛畫 11 –
  華嚴寺』)59) 金魚 수화승

화연 2(和演, 華演 : -1862-1870-) 19세기 후반에 활동한 불화
승이다. 1862년에 수화승 해운익찬과 전남 구례 화엄사 명부
전 지장도를, 1870년에 수화승 월허준언과 전남 곡성 도림사
신덕암 아미타후불도와 지장시왕도를 조성하였다.

- 1862년 전남 구례 華嚴寺 冥府殿 地藏圖 조성(『韓國의 佛畫 11 – 華嚴
  寺』) 수화승 海雲益讚
- 1870년 전남 곡성 道林寺 神德庵 阿彌陀後佛圖 조성(『韓國의 佛畫 11
  – 華嚴寺』) 수화승 月虛俊彦
  1870년 전남 곡성 道林寺 神德庵 地藏十王圖 조성(順天 仙巖寺 所
  藏, 『谷城郡의 佛敎遺蹟』) 수화승 月虛俊彦

화운(華雲 : -1759-) 18세기 중반에 활동한 불화승이다. 1759
년에 수화승 오관과 강원 원주 鴒鵜寺 비로자나후불도(평창
월정사)를 조성하였다.

- 1759년 강원 원주 稚岳山 鴒鵜寺 毘盧遮那後佛圖 조성(平昌 月精寺
  소장, 『韓國의 佛畫 10 – 月精寺 本末寺』) 수화승 悟寬

화월당(華月堂)60) 두훈(枓熏) 참조

화은 1(和恩, 華恩 : -1860-1862-) 19세기 중반에 활동한 불화
승이다. 수화승 해운익찬과 1860년에 전남 구례 화엄사 각황
전 삼세불도(약사불)와 경남 하동 쌍계사 명부전 지장도를,
1862년에 구례 화엄사 명부전 지장도를 조성하였다.

- 1860년 전남 구례 華嚴寺 覺皇殿 三世佛圖(藥師佛) 조성(『韓國의 佛畫 11 – 華嚴寺』)61)
  수화승 海雲益讚
  1860년 경남 하동 雙磎寺 冥府殿 地藏圖 조성(『韓國의 佛畫 25 – 雙磎寺(上)』) 수화
  승 海雲益讚
- 1862년 전남 구례 華嚴寺 冥府殿 地藏圖 조성(『韓國의 佛畫 11 – 華嚴寺』) 수화승 海雲
  益讚

화응당(華應堂) 향진(享眞) 참조

신암화연, 아미타극락회도, 1776년,
구례 천은사 극락보전

신암화연, 아미타극락회도 사천왕부분,
1776년, 구례 천은사 극락보전

ㅎ

화인(華印, 和印, 華仁 : -1882-1900-)* 연파당(蓮波堂, 蓮坡堂) 19세기 후반에 활동한 불화승이다. 1882년에 수화승 연호봉의와 전북 남원 실상사 약사전 약사후불도와 1886년에 수화승 전기와 남원 실상사 보광전 천룡도를, 1888년에 수화승 향호묘영과 경북 하동 쌍계사 승당 아미타후불홍도阿彌陀後佛紅圖를, 1897년에 수화승으로 전남 구례 천은사 도계암 신중도, 수화승 문형과 구례 화엄사 원통전 칠성도, 수화승 문성과 원통전 독성도와 산신도, 수화승 연호봉의와 경남 남해 용문사 대응

연파화인, 칠성도, 1897년, 구례 화엄사 원통전

전 석가모니후불도와 삼장도 및 신중도 등을, 1900년에 수화승 향호묘영과 전남 순천 송광사 은적암에서 지장시왕도와 신중도를 조성하여 청진암에 봉안하였다.

- 1882년 전북 남원 實相寺 藥師殿 藥師後佛圖 조성(『韓國의 佛畵 13 - 金山寺』) 수화승 蓮湖琫毅
- 1886년 전북 남원 實相寺 普光殿 天龍圖 조성(『韓國의 佛畵 13 - 金山寺』) 수화승 典基
- 1888년 경북 하동 雙磎寺 僧堂 阿彌陀後佛紅圖 조성(『韓國의 佛畵 25 - 雙磎寺(上)』) 수화승 香湖妙英
- 1897년 전남 구례 泉隱寺 道界庵 神衆圖 조성(『韓國의 佛畵 11 - 華嚴寺』) 金魚 수화승
  1897년 전남 구례 華嚴寺 圓通殿 七星圖 조성(『韓國의 佛畵 11 - 華嚴寺』) 수화승 文炯
  1897년 전남 구례 華嚴寺 圓通殿 獨聖圖 조성(『韓國의 佛畵 11 - 華嚴寺』) 수화승 文性
  1897년 전남 구례 華嚴寺 圓通殿 山神圖 조성(『韓國의 佛畵 11 -華嚴寺』) 수화승 文性
  1897년 경남 남해 龍門寺 大雄殿 釋迦牟尼後佛圖 조성(『韓國의 佛畵 25 - 雙磎寺(上)』) 수화승 蓮湖奉宜
  1897년 경남 남해 龍門寺 大雄殿 三藏圖 조성(『韓國의 佛畵 25 - 雙磎寺(上)』) 수화승 蓮湖奉宜
  1897년 경남 남해 龍門寺 大雄殿 神衆圖 조성(『韓國의 佛畵 25 - 雙磎寺(上)』) 수화승 蓮湖奉宜
  1897년 경남 남해 龍門寺 現王圖 조성(『韓國의 佛畵 26 - 雙磎寺篇(下)』) 수화승 蓮湖奉宜
  1897년 경남 남해 龍門寺 山王圖 조성(『韓國의 佛畵 26 雙磎寺篇(下)』) 수화승 蓮湖奉宜
- 1900년 전남 순천 松廣寺 隱寂菴에서 地藏十王圖를 조성하여 淸眞庵에 봉안(『韓國의 佛畵 6 - 松廣寺(上)』) 수화승 香湖 妙英
  1900년 전남 순천 松廣寺 神衆圖(曹溪山 松廣寺 隱寂庵 造成) 조성(崔淳雨・鄭良謨, 『韓國의 佛敎繪畵 - 松廣寺』과 『韓國佛畵畵記集』)

화축(華竺 : -1863-1864-) 19세기 중반에 활동한 불화승이다. 1863년에 수화승 덕화와 경북 양산 통도사 백련암 석가모니후불홍도釋迦牟尼後佛紅圖와 신중도를, 1864년에 수화승 하은위상과 신중도를 조성하였다.

- 1863년 경남 양산 通度寺 白蓮庵 釋迦牟尼後佛紅圖 조성(『韓國의 佛畵 3 - 通度寺(下)』)

수화승 霞隱偉相
◦ 1864년 경남 양산 通度寺 白蓮庵 神衆圖 조성(『韓國의 佛畵 1 - 通度寺(上)』) 수화승 霞
隱偉相

환감 1(煥鑑 : -1806-) 19세기 전반에 활동한 불화승
이다. 1806년에 수화승 민관과 서울 원통사 괘불도를
조성하였다.

◦ 1806년 서울 圓通寺 掛佛圖 조성(『韓國의 佛畵 35 - 曹溪寺
(中)』) 수화승 旻官

환감 2(幻鑑 : -1887-1901-)* 명응당(明應堂) 19세기 후
반에 활동한 불화승이다. 1887년에 수화승 학허석운
과 서울 미타사 극락전 감로도를, 1888년에 수화승 금
곡영환과 경기 안성 칠장사 명부전 지장도를, 1890년
에 수화승으로 장경사 신중도(광주 명성암 소장)와 수
화승 긍조와 서울 흥천사 대방 신중도를, 1892년에 수
화승 영명천기와 서울 봉은사 대웅전 삼장도와 수화
승 취암승의와 경기 수원 청련암 신중도와 칠성도를,

명응환감, 감로도, 1901년, 해남 대흥사 대웅전

1898년에 수화승 한봉창엽과 서울 봉국사 명부전 시
왕도(1·3대왕)를, 1901년에 수화승 예운상규와 전남 해남 대흥사 삼세후불도
(아미타불)와 수화승으로 대웅보전 감로왕도, 삼장도, 신중도, 칠성도를, 수화
승 한봉응작과 서울 봉원사 괘불도를 조성하였다.

◦ 1887년 서울 彌陀寺 極樂殿 甘露圖 조성(『韓國의 佛畵 36 - 曹溪寺(下)』) 수화승 鶴虛石雲
◦ 1888년 경기 안성 七長寺 冥府殿 地藏圖 조성(『韓國의 佛畵 28 - 龍珠寺(上)』) 수화승
金谷永煥
◦ 1890년 長慶寺 神衆圖 조성(廣州 明性庵 所藏, 『韓國의 佛畵 35 - 曹溪寺(中)』) 金魚 수
화승
1890년 서울 興天寺 大房 神衆圖 조성(『서울전통사찰불화』와 『韓國佛畵畵記集』) 수
화승 亘照
◦ 1892년 서울 奉恩寺 大雄殿 三藏圖 조성(『韓國의 佛畵 34 - 曹溪寺(上)』) 수화승 永明天機
1892년 경기 수원 靑蓮庵 神衆圖 조성(『韓國의 佛畵 28 - 龍珠寺(上)』) 수화승 翠庵勝宜
1892년 경기 수원 靑蓮庵 七星圖 조성(김정희, 「水原 靑蓮庵 佛畵考」) 수화승 翠庵勝宜
◦ 1898년 서울 奉國寺 冥府殿 十王圖(1·3大王) 조성(『韓國의 佛畵 35 - 曹溪寺(中)』) 수
화승 漢峰瑲曄
◦ 1901년 전남 해남 大芚寺 三世後佛圖(阿彌陀佛) 조성(『全南의 寺刹』와 『韓國의 佛畵 31
- 大興寺』) 片手 수화승 禮芸尙奎
1901년 전남 해남 大屯寺 大雄寶殿 甘露王圖 조성(大興寺 所藏, 『韓國佛畵畵記集』와
『全南의 寺刹』 및 『韓國의 佛畵 31 - 大興寺』 圖47) 金魚 수화승
1901년 전남 해남 大屯寺 大雄寶殿 三藏圖 조성(大興寺 所藏, 『全南의 寺刹』과 『韓國
의 佛畵 31 - 大興寺』) 金魚 片手 수화승
1901년 전남 해남 大屯寺 大雄寶殿 神衆圖 조성(大興寺 所藏, 『全南의 寺刹』과 『韓國
의 佛畵 31 - 大興寺』)62) 金魚 수화승
1901년 전남 해남 大屯寺 大雄寶殿 七星圖 조성(大興寺 所藏, 『全南의 寺刹』과 『韓國
의 佛畵 31 - 大興寺』) 金魚 수화승
1901년 서울 奉元寺 掛佛圖 조성(『서울전통사찰불화』와 『韓國佛畵畵記集』) 수화승 韓

ㅎ

峰應作

※ 명응환감은 명응윤감과 관련이 있을 것으로 보인다.

환규(喚奎 : -1890-) 19세기 후반에 활동한 불화승이다. 1890년에 수화승 서휘와 경북 예천 명봉사 산신도를 조성하였다.

　◦1890년 경북 예천 鳴鳳寺 山神圖 조성(『韓國의 佛畵 9 - 直指寺(下)』와 『韓國佛畵畵記集』)[63] 수화승 瑞輝

환기(幻機, 幻幾 : -1744-)[64] 18세기 전반에 활동한 불화승이다. 1744년에 수화승 효안과 경남 고성 옥천사 영산회상도와 명부전 지장도 및 수화승 일한과 시왕도(도시대왕)를 조성하였다.

　◦1744년 경남 고성 玉泉寺 靈山會上圖 조성(『韓國佛畵畵記集』) 수화승 曉岸
　1744년 경남 고성 玉泉寺 冥府殿 地藏圖 조성(『韓國의 佛畵 25 - 雙磎寺(上)』)[65] 수화승 曉岸
　1744년 경남 고성 玉泉寺 冥府殿 十王圖(都市大王) 조성(『韓國의 佛畵 26 - 雙磎寺(下)』) 수화승 一閑

환봉(幻奉, 喚奉 : -1776-1777-) 18세기 후반에 활동한 불화승이다. 1776년에 영조英祖 원릉元陵 조성소 화승畵僧으로 참여하고, 1777년에 수화승 □영□穎과 서울 봉은사 시왕도(동국대학교 박물관 소장)를 조성하였다.

　◦1776년 『英祖元陵山陵都監儀軌』造成所 畵僧(奎章閣 13586호, 朴廷蕙, 「儀軌를 통해서 본 朝鮮時代의 畵員」 자료1)
　◦1777년 서울 奉恩寺 十王圖 조성(東國大學校 博物館 所藏, 『韓國佛畵畵記集』) 수화승□穎

환봉당(幻峯堂) 준성(準性) 참조

환선(喚禪 : -1745-) 18세기 중반에 활동한 불화승이다. 1745년에 수화승 서기, 가선嘉善 뇌옥雷玉 등과 경북 영주 부석사 괘불도를 조성하였다.

　◦1745년 경북 영주 浮石寺 掛佛圖 조성(『韓國의 佛畵 24 - 孤雲寺 本末寺(下)』)[66] 수화승 瑞氣

환암당(幻庵堂) 현규(玄奎) 참조

환열(幻悅 : -1780-) 취허당(翠虛堂) 18세기 후반에 활동한 불화승이다. 1780년에 설훈과 경기 남양주 봉선사 대웅전 불상을 중수·개금하였다.

　◦1780년 경기 남양주 奉先寺 大雄殿 佛像 重修·改金(「有明朝鮮國京畿右道楊州牧地雲岳山奉先寺大雄殿佛像重修改金願文」, 『奉先寺本末寺誌(奉先寺)』) 수화승 雪訓

환영(幻永 : -1786-) 18세기 후반에 활동한 불화승이다. 1786년 에 수화승 평삼과 경남 의령 수도사 감로도(양산 통도사 소장)를 조성하였다.

　◦1786년 경남 의령 修道寺 甘露圖 조성(梁山 通度寺 所藏, 『韓國의 佛畵 2 - 通度寺(中)』) 수화승 評三

환웅(幻雄 : -1741-) 18세기 중반에 활동한 불화승이다. 1741년에 수화승 긍척과 전남 여수 흥국사 팔상전 석가모니후불도, 대웅전 삼장도를 조성하였다.

　◦1741년 전남 여수 흥국사 八相殿 釋迦牟尼後佛圖 조성(『韓國의 佛畵 11 - 華嚴寺』)[67] 수화승 亘陟

1741년 전남 여수 흥국사 大雄殿 三藏圖(天藏·持地藏菩薩) 조성(『韓國의 佛畵 11 – 華嚴寺』)68) 수화승 亘陟
1741년 전남 여수 흥국사 大雄殿 三藏圖(地藏菩薩) 조성(『韓國의 佛畵 11 – 華嚴寺』)69) 수화승 亘陟

환월당(煥月堂, 幻月堂) 상휴(尙休) 참조

환월당(幻月堂) 상조(尙照) 참조

환익 1(環益, 幻益 : -1807-1831-) 19세기 전반에 활동한 불화승이다. 1807년에 수화승 오봉과 전북 고창 선운사 대웅보전 신중도를, 1831년에 수화승 경욱과 내원암 아미타극락회상도를 조성하였다.
  ◦ 1807년 전북 고창 禪雲寺 大雄寶殿 神衆圖 조성(『韓國의 佛畵 14 – 禪雲寺』) 수화승 鰲峯
  ◦ 1831년 內院庵 阿彌陀極樂會上圖 조성(國立中央博物館 所藏, 『韓國의 佛畵 39 – 國·公立博物館』) 片手 수화승 慶郁

환익 2(幻益, 幻翼 : -1853-1855-)* 응성당(應性堂, 應悝堂) 19세기 중반에 활동한 불화승이다. 1853년에 수화승으로 경기 남양주 봉영사 아미타후불도를, 1855년에 수화승 퇴운주경과 경기 남양주 불암사 칠성도를, 수화승 인원체정과 신중도(국립중앙박물관 소장)를 조성하였다.
  ◦ 1853년 경기 남양주 奉永寺 阿彌陀後佛圖 조성(『韓國의 佛畵 33 – 奉先寺』) 金魚 수화승
  ◦ 1855년 경기 남양주 佛巖寺 七星圖 조성(『韓國의 佛畵 33 – 奉先寺』) 수화승 退雲周景
    1855년 神衆圖 조성(國立中央博物館 所藏, 『영혼의 여로 – 조선시대 불교회화와의 만남』와 『韓國의 佛畵 39 – 國·公立博物館』) 수화승 仁源軆定

환일(幻一 : -1775-1814-)* 19세기 전반에 활동한 불화승이다. 1775년에 수화승으로 경남 양산 통도사 현왕도를, 1814년에 수화승 환일과 경남 양산 통도사 아미타후불홍도阿彌陀後佛紅圖를 조성하였다.
  ◦ 1775년 경남 양산 通度寺 現王圖 조성(『韓國佛畵畵記集』) 畵工 수화승
  ◦ 1814년 경남 양산 通度寺 阿彌陀後佛紅圖 조성(『韓國의 佛畵 1 – 通度寺(上)』) 畵工 수화승 幻一

환조(幻照 : -1901-) 한명당(漢明堂) 20세기 전반에 활동한 불화승이다. 1901년에 수화승 한곡돈법과 서울 연화사 금당 칠성도를 조성하였다.
  ◦ 1901년 서울 蓮華寺 金堂 七星圖 조성(『서울전통사찰불화』와 『韓國佛畵畵記集』 및 『韓國의 佛畵 36 – 曹溪寺(下)』) 수화승 漢谷頓法

환종(幻綜 : -1776-) 18세기 후반에 활동한 불화승이다. 1776년에 수화승 행정과 전남 구례 천은사 응진당 영산회상도를, 1776년에 수화승 신암화연과 전남 구례 천은사 극락보전 아미타후불도와 삼장도를 조성하였다.
  ◦ 1776년 전남 구례 泉隱寺 應眞堂 靈山會上圖 조성(金玲珠, 『朝鮮時代佛畵研究』과 『韓國佛畵畵記集』) 수화승 幸正
    1776년 전남 구례 泉隱寺 極樂寶殿 阿彌陀後佛圖 조성(『韓國의 佛畵 11 – 華嚴寺』) 수화승 信庵華連
    1776년 전남 구례 泉隱寺 極樂寶殿 三藏圖 조성(『韓國의 佛畵 11 – 華嚴寺』)70) 수화승 信庵華連

ㅎ

환혜(幻慧 : -1765-) 18세기 중반에 활동한 불화승이다. 1765년에 수화승 □
□와 전남 순천 해천사 삼세후불도를 조성하였다.

　◦1765년 전남 순천 海川寺 三世後佛圖(釋迦牟尼佛) 조성(順天 仙巖寺 所藏, 『韓國의 佛畵
　　12 - 仙巖寺』) 수화승 □□

회담(懷淡 : -1657-) 17세기 중반에 활동한 불화승이다. 1657년에 수화승 신
겸과 충남 연기 비암사 괘불도를 조성하였다.

　◦1657년 충남 연기 卑岩寺 掛佛圖 조성(畵記) 수화승 信謙

회밀(廻密, 〮會密, 回蜜 : -1745-1757-)* 18세기 중반에 활동한 불화승이다.
1745년에 수화승 의겸과 전남 나주 다보사 괘불도를, 1747년에 수화승 회밀
과 충남 부여 무량사 극락전 아미타회상도와 삼장보살도를, 1751년에 수화승
으로 전북 남원 실상사 극락전 신중도를, 1757년에 수화승 의겸과 전남 구례
화엄사 대웅전 삼신도(노사나불)를 조성하였다.

　◦1745년 전남 나주 多寶寺 掛佛圖 조성(畵記, 『掛佛調査報告書 II』과 『韓國의 佛畵 37 -
　　白羊寺·新興寺』) 수화승 義兼
　◦1747년 충남 부여 無量寺 極樂殿 阿彌陀會上圖 조성(文化財硏究所, 『全國寺刹所藏佛畵
　　調査(1)』) 畵員 수화승
　　1747년 충남 부여 無量寺 極樂殿 三藏菩薩圖 조성(文化財硏究所, 『全國寺刹所藏佛畵
　　調査(1)』) 畵員 수화승
　◦1751년 전북 남원 實相寺 極樂殿 神衆圖 조성(『韓國의 佛畵 13 - 金山寺』) 畵員 수화승
　◦1757년 전남 구례 華嚴寺 大雄殿 三身圖(盧舍那佛) 조성(『韓國의 佛畵 11 - 華嚴寺』) 片
　　手 수화승 義兼

회수(會秀 : -1702-) 18세기 전반에 활동한 불화승이다. 1702년에 금강산
장안사 대웅전 중수 상량문에 언급되어 있다.

　◦1702년 金剛山 長安寺 大雄殿 重修 上樑文(安貴淑, 「조선후기 佛畵僧의 계보와 義謙比
　　丘에 대한 연구(上)」)

회안(回眼, 懷眼 : -1723-1726-)* 18세기 전반에 활동한 불화승이다. 1723년에
수화승 의겸과 전남 여수 흥국사 관음전 관음도와 영산회상도를, 수화승 향
오와 전남 여수 흥국사 응진전 십육나한도(2·4·6존자)를, 1724년에 수화승
의겸과 전남 순천 송광사 응진당 석가모니후불도를, 1725년에 수화승 의겸과
전남 순천 송광사 영산전 석가모니후불도, 순천 송광사 오십전 오십삼불도(7
위)를, 수화승으로 영산전 팔상도(비람항생상과 사문유관상)와 십육나한도(2,
4, 6존자와 8, 10존자 및 12, 14, 16존자) 및 삼십삼조사도를, 1726년에 수화
승 의겸과 전북 남원 실상사 지장도(동국대학교 박물관 소장)를 조성하였다.

　◦1723년 전남 여수 興國寺 觀音殿 觀音圖 조성(『韓國의 佛畵 11 - 華嚴寺』) 수화승 義謙
　　1723년 전남 여수 興國寺 靈山會上圖 2 조성(『韓國佛畵畵記集』) 수화승 義謙
　　1723년 전남 여수 興國寺 應眞殿 十六羅漢圖(2·4·6尊者) 조성(『韓國의 佛畵 11 - 華
　　嚴寺』) 수화승 香悟
　◦1724년 전남 순천 송광사 應眞堂 釋迦牟尼後佛圖 조성(『韓國의 佛畵 6 - 松廣寺』) 수화
　　승 義謙
　◦1725년 전남 순천 松廣寺 靈山殿 釋迦牟尼後佛圖 조성(『韓國의 佛畵 6 - 松廣寺』) 수화

승 義謙
1725년 전남 순천 松廣寺 五十殿 五十三佛圖(七位) 조성(『韓國의 佛畵 7 – 松廣寺』)
수화승 □□
1725년 전남 순천 松廣寺 靈山殿 八相圖(毘藍降生相) 조성(『韓國의 佛畵 7 – 松廣寺』)
金魚 수화승
1725년 전남 순천 松廣寺 靈山殿 八相圖(四門遊觀相) 조성(『韓國의 佛畵 7 – 松廣寺』)
敬畵 수화승
1725년 전남 순천 松廣寺 應眞殿 十六羅漢圖(2, 4, 6尊者) 조성(『韓國의 佛畵 7 – 松廣寺』) 金魚 수화승
1725년 전남 순천 松廣寺 應眞殿 十六羅漢圖(8, 10尊者) 조성(『韓國의 佛畵 7 – 松廣寺』) 敬畵 수화승
1725년 전남 순천 松廣寺 應眞殿 十六羅漢圖(12, 14, 16尊者) 조성(『韓國의 佛畵 7 松廣寺』) 金魚 수화승
1725년 전남 순천 松廣寺 應眞殿 使者圖 조성(『韓國의 佛畵 7 – 松廣寺』) 金魚[71] 수화승
1725년 전남 순천 松廣寺 三十三祖師圖 조성(『曹溪山松廣寺史庫』)[72] 수화승 義謙
◦ 1726년 전북 남원 實相寺 地藏圖 조성(東國大學校 博物館 所藏, 『韓國의 佛畵 18 – 大學博物館(I)』) 수화승 義謙

회언(會彦 : -1775-1803-) 18세기 후반에 활동한 불화승이다. 1775년에 수화승 국성과 경남 양산 통도사 명부전 시왕도(태산대왕)를, 1797년에 수화승 지연과 경북 안동 운대사 아미타후불도를, 1798년에 수화승 옥인과 통도사 명부전 지장도를, 1803년에 수화승 지연과 울산 석남사 지장도를 조성하였다.
◦ 1775년 경남 양산 通度寺 冥府殿 十王圖(太山大王) 조성(『韓國의 佛畵 2 – 通度寺(中)』) 良工 수화승
◦ 1797년 경북 안동 雲臺寺 阿彌陀後佛圖 조성(安東 西岳寺 所藏, 『韓國의 佛畵 23 – 孤雲寺(上)』) 수화승 指涓
◦ 1798년 경남 양산 通度寺 冥府殿 地藏圖 조성(『韓國의 佛畵 1 – 通度寺(上)』) 수화승 指演
◦ 1803년 울산 石南寺 地藏圖 조성(『韓國의 佛畵 3 – 通度寺(下)』) 수화승 指涓

회옥(懷玉 : -1600-) 17세기 전반에 활동한 불화승이다. 1600년에 의인왕후懿仁王后 빈전殯殿 조성소 화승畵僧으로 참여하였다.
◦ 1600년 『懿仁王后殯殿魂殿都監儀軌』 畵僧(奎章閣 14845호, 朴廷蕙,「儀軌를 통해서 본 朝鮮時代의 畵員」 자료1)

회원(會元 : -1840-)[73] 19세기 중반에 활동한 불화승이다. 1840년에 수화승 원담내원과 전북 고창 선운사 대웅보전 아미타후불벽화를 조성하였다.
◦ 1840년 전북 고창 禪雲寺 大雄寶殿 阿彌陀後佛壁畵 조성(『韓國의 佛畵 14 – 禪雲寺』) 수화승 圓潭內元

회징(會澄 : -1707-) 18세기 전반에 활동한 불화승이다. 1707년에 수화승 의균과 대구 파계사 원통전 석가모니후불도를 조성하였다.
◦ 1707년 대구 把溪寺 圓通殿 釋迦牟尼後佛圖 조성(『韓國의 佛畵 21 – 桐華寺 本末寺(上)』) 수화승 義均

회해(懷海 : -1684-) 17세기 후반에 활동한 불화승이다. 1684년에 지영智英 등과 명성왕후明聖王后 숭릉崇陵 조성소 화승畵僧으로 참여하였다.
◦ 1684년 『明聖王后崇陵山陵都監儀軌』 造成所 畵僧(奎章閣 14832호, 朴廷蕙,「儀軌를 통

ㅎ

해서 본 朝鮮時代의 畵員」 자료1)

회현(會玄 : -1754-) 18세기 중반에 활동한 불화승이다. 1754년에 수화승 설심과 전북 고창 선운사 천불도(동국대학교 박물관 소장)를 조성하였다.

▫ 1754년 전북 고창 禪雲寺 千佛圖 조성(東國大學校 博物館 所藏,『韓國의 佛畵 18 - 大學博物館(Ⅰ)』) 수화승 雪心

효관(晶寬, 晶官 : -1730-) 18세기 전반에 활동한 불화승이다. 1730년에 수화승 의겸과 경남 고성 운흥사 괘불도를 조성하였다.

▫ 1730년 경남 고성 雲興寺 掛佛圖 조성(『韓國의 佛畵 26 - 雙磎寺(下)』) 수화승 義謙
1730년 경남 고성 雲興寺 甘露圖 조성(『韓國의 佛畵 26 - 雙磎寺(下)』)74) 수화승 義謙
1730년 충남 공주 甲寺 大雄殿 三世佛圖(釋迦牟尼佛) 조성(『韓國의 佛畵 15 - 麻谷寺(上)』)75) 수화승 義謙
▫ 18세기 초반 地藏圖 조성(東國大學校 博物館 所藏,『韓國의 佛畵 18 - 大學博物館(Ⅰ)』) 수화승 探仁
18세기 초반 十王圖(都市大王) 조성(溫陽民俗博物館 所藏,『韓國의 佛畵 20 私立博物館編』) 畵員

효능(曉能 : -1775-) 18세기 후반에 활동한 불화승이다. 1775년에 수화승 포관과 경남 양산 통도사 팔상도를 조성하였다.

▫ 1775년 경남 양산 通度寺「八相記文」언급(安貴淑,「조선후기 佛畵僧의 계보와 義謙比丘에 대한 연구(상)」) 수화승 抱冠

효안(効安, 曉岸 : -1705-1744-)* 18세기 중반에 활동한 불화승이다. 1705년에 수화승 성징과 경북 예천 용문사 괘불도를, 1744년에 수화승으로 경남 고성 옥천사 영산회상도와 명부전 지장도 및 시왕도(송제대왕, 태산대왕, 오도전륜대왕)를 조성하였다.

▫ 1705년 경북 예천 龍門寺 掛佛圖 조성(『韓國의 佛畵 9 - 直指寺(下)』) 畵員 수화승 性澄
▫ 1744년 경남 고성 玉泉寺 靈山會上圖 조성(『韓國佛畵畵記集』) 金魚 수화승
1744년 경남 고성 玉泉寺 冥府殿 地藏圖 조성(『韓國의 佛畵 25 - 雙磎寺(上)』) 金魚 登階 수화승

효안, 삼장보살도, 1744년, 고성 옥천사 대웅전

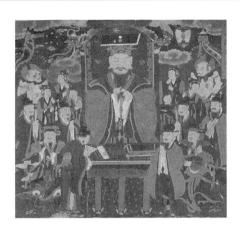

효안, 시왕도(염라대왕), 1744년,   효안, 시왕도(태산대왕), 1744년,
고성 옥천사 명부전   고성 옥천사 명부전

1744년 경남 고성 玉泉寺 冥府殿 十王圖(宋帝大王) 조성(『韓國의 佛畵 26 – 雙磎寺
(下)』) 金魚 수화승 曉岸
1744년 경남 고성 玉泉寺 冥府殿 十王圖(泰山大王) 조성(『韓國의 佛畵 26 – 雙磎寺
(下)』) 金魚 수화승 曉岸
1744년 固城 玉泉寺 冥府殿 十王圖(五道轉輪大王) 조성(『韓國의 佛畵 26 雙磎寺(下)』)
金魚 登階 수화승

효암당(孝庵堂) 재찬(在讚) 참조

효암당(孝庵堂) 석찬(石讚) 참조

효흔(晶根 : -1738-)* 18세기 전반에 활동한 불화승이다. 1738년에 수화승으로 경남 밀양 표충사 감로도를 조성하였다.

  ◦1738년 경남 밀양 表忠寺 甘露圖 조성(『韓國의 佛畵 3 – 通度寺(下)』) 畫員都[76] 수화승

후경(後鏡 : -1728-) 18세기 전반에 활동한 불화승이다. 1728년에 수화승 일선과 경남 하동 쌍계사 팔상도(도솔내의상, 비람강생상, 사문유관상, 유성출가상, 설산수도상, 수하항마상, 녹원전법상, 쌍림열반상)으로 조성하였다.

  ◦1728년 경남 하동 雙溪寺 八相圖(兜率來儀相, 毘籃降生相, 四門遊觀相, 踰城出家相, 雪
  山修道相, 樹下降魔相, 鹿苑轉法相, 雙林涅槃相) 조성(『韓國의 佛畵 26 – 雙磎寺(下)』)[77]
  수화승 一禪

후문(厚文 : -1775-) 18세기 후반에 활동한 불화승이다. 1775년에 수화승 포관과 경남 양산 통도사 영산전 팔상도(도솔내의상)를 조성하였다.

  ◦1775년 경남 양산 通度寺 靈山殿 八相圖 중 第一兜率來儀相 조성(『韓國의 佛畵 2 – 通度
  寺(中)』) 수화승 抱冠

후성(后性 : -1780-) 18세기 후반에 활동한 불화승이다. 1780년에 수화승 비현과 전남 순천 선암사 팔상전 화엄도를 조성하였다.

  ◦1780년 전남 순천 선암사 八相殿 華嚴圖 조성(『韓國의 佛畵 12 – 仙巖寺』) 수화승 趙賢

ㅎ

후옥(厚玉 : -1796-1802-) 18세기 후반에 활동한 불화승이다. 수화승 쾌윤과 1796년에 전남 순천 운수난약 지장시왕도와 운수암 신중도를, 1802년에 전남 순천 선암사 나한전 삼세후불도와 신중도를 조성하였다.

> ◦ 1796년 전남 순천 雲水蘭若 地藏十王圖 조성(順天 仙巖寺 所藏, 『韓國의 佛畵 12 – 仙巖寺』) 수화승 快玧
> 1796년 전남 순천 순천 雲水庵 神衆圖 조성(順天 仙巖寺 所藏, 『韓國의 佛畵 12 – 仙巖寺』) 수화승 快玧
> ◦ 1802년 전남 순천 선암사 羅漢殿 三世後佛圖 조성(『韓國의 佛畵 12 – 仙巖寺』) 수화승 快玧
> 1802년 전남 순천 선암사 羅漢殿 神衆圖 조성(『韓國의 佛畵 12 – 仙巖寺』)[78] 수화승 快玧

후은(厚銀 : -1847-) 봉월당(鳳月堂) 19세기 중반에 활동한 불화승이다. 1847년에 수화승 금암천여와 전남 고흥 금탑사 극락전 아미타후불도를 조성하였다.

> ◦ 1847년 전남 고흥 金塔寺 極樂殿 阿彌陀後佛圖 조성(『韓國의 佛畵 6 – 松廣寺(上)』) 수화승 錦菴天如

휴봉(携鳳 : -1755-)* 18세기 중반에 활동한 불화승이다. 1755년에 수화승으로 경기 광주 국청사 감로도(건봉사 제작, 프랑스 국립기메박물관 소장)를 조성하였다.

> ◦ 1755년 경기 광주 國淸寺 甘露圖 조성(乾鳳寺 제작, 프랑스 국립기메박물관 소장, 『韓國佛畵畵記集』과 『프랑스 국립기메박물관 소장 한국문화재』 회화류) 畵師[79] 수화승

휴집(烋集 : -1853-) 19세기 중반에 활동한 불화승이다. 1853년에 수화승 응성환익과 경기 남양주 봉영사 아미타후불도를 조성하였다.

> ◦ 1853년 경기 남양주 奉永寺 阿彌陀後佛圖 조성(『韓國의 佛畵 33 – 奉先寺』) 수화승 應惺幻翼

흥선(興善 : -1830-)* 19세기 전반에 활동한 불화승이다. 1830년에 수화승으로 경북 청도 운문사 아미타삼존홍도阿彌陀三尊紅圖를 조성하였다.

> ◦ 1830년 경북 청도 雲門寺 阿彌陀三尊紅圖 조성(『韓國의 佛畵 21 – 桐華寺(上)』) 良工 수화승

흥섭(興燮 : -1910-1911-) 20세기 전반에 활동한 불화승이다. 1910년에 수화승 융파법융과 충남 공주 갑사 팔상전 석가모니후불도와 수화승 금호약효와 대웅전 신중도를, 1911년에 수화승 관하종인과 전북 부안 성황사 지장도를 조성하였다.

> ◦ 1910년 충남 공주 甲寺 八相殿 釋迦牟尼後佛圖 조성(『韓國의 佛畵15 – 麻谷寺(上)』) 수화승 隆坡法融
> 1910년 충남 공주 甲寺 大雄殿 神衆圖 조성(『韓國의 佛畵 15 – 麻谷寺(上)』)[80] 수화승 錦湖若效
> ◦ 1911년 전북 부안 城隍寺 地藏圖 조성(『韓國의 佛畵 14 – 禪雲寺』) 수화승 觀河宗仁

흥신(興信 : -1722-1730-) 18세기 전반에 활동한 불화승이다. 수화승 의겸과 1722년에 경남 진주 청곡사 괘불도, 1724년에 전남 순천 송광사 응진당 석가

모니후불도와 수화승 의겸과 삼장보살도를 조성하였다.

　　◦1722년 경남 진주 靑谷寺 掛佛圖 조성(『韓國의 佛畵 5 – 海印寺(下)』) 畵員 수화승 義謙
　　◦1724년 전남 순천 송광사 應眞堂 釋迦牟尼後佛圖 조성(『韓國의 佛畵 6 – 松廣寺』) 수화
　　　승 義謙
　　◦1730년 경남 고성 雲興寺 三藏菩薩圖 조성(安貴淑,「조선후기 佛畵僧의 계보와 義謙比
　　　丘에 대한 연구(상)」) 수화승 義謙

흥언(興彦 : -1873-1874-) 19세기 후반에 활동한 불화승이다. 수화승 운파취
선과 1873년에 전남 순천 향림사 칠성도를 그린 후, 1874년에 지장시왕도와
신중도를 조성하였다.

　　◦1873년 전남 순천 香林寺 七星圖 조성(金玲珠,『朝鮮時代佛畵研究』와『韓國佛畵畫記集』)
　　　수화승 雲波 就善
　　◦1874년 전남 순천 香林寺 地藏十王圖 조성(金玲珠,『朝鮮時代佛畵研究』와『韓國佛畵畫
　　　記集』)[81] 수화승 雲波 就善
　　　1874년 전남 순천 香林寺 神衆圖 조성(金玲珠,『朝鮮時代佛畵研究』와『韓國佛畵畫記
　　　集』) 수화승 雲波 就善

흥오(興悟 : -1759-1775-) 18세기 중・후반에 활동한 불화승이다. 1759년에
수화승 임한과 경남 양산 통도사 대광명전 비로자나후불도와 석가모니후불
도를, 1768년에 수화승 상계와 강원 속초 신흥사 감로도를, 1775년에 수화승
포관과 통도사 약사전 약사여래후불도, 영산전 팔상도(도솔내의상) 등을 조성
하였다.

　　◦1759년 경남 양산 通度寺 大光明殿 毘盧遮那後佛圖 조성(『韓國의 佛畵 1 – 通度寺(上)』)
　　　수화승 任閑
　　　1759년 경남 양산 通度寺 大光明殿 釋迦牟尼後佛圖 조성(『韓國의 佛畵 1 – 通度寺
　　　(上)』) 수화승 任閑
　　　1759년 己酉年改金幀畵丹艭事施主記(安貴淑,「조선후기 佛畵僧의 계보와 義謙比丘에
　　　대한 연구(상)」)
　　◦1768년 강원 속초 神興寺 甘露圖 조성(『韓國佛畵畫記集』) 수화승 尙戒
　　◦1775년 경남 양산 通度寺 藥師殿 藥師如來後佛圖 조성(『韓國의 佛畵 1 – 通度寺(上)』)[82]
　　　수화승 □冠
　　　1775년 경남 양산 通度寺 靈山殿 八相圖(兜率來儀相) 조성(『韓國의 佛畵 2 – 通度寺
　　　(中)』) 수화승 抱冠
　　　1775년 경남 양산 通度寺「八相記文」언급(安貴淑,「조선후기 佛畵僧의 계보와 義謙
　　　比丘에 대한 연구(상)」) 수화승 抱冠

희상(熙尙 : -1627-) 17세기 전반에 활동한 불화승이다. 1627년에 수화승 법
경과 충남 부여 무량사 괘불도를 조성하였다.

　　◦1627년 충남 부여 無量寺 掛佛圖 조성(『韓國의 佛畵 16 – 麻谷寺(下)』) 수화승 法悶

희심(喜心 : -1727-1740-) 18세기 중반에 활동한 불화승이다. 1727년에 수화
승 탁행과 전남 해남 미황사 괘불도를, 1740년에 수화승 임한과 경남 양산
통도사 극락보전 아미타후불도를 조성하였다.

　　◦1727년 전남 해남 美黃寺 掛佛圖 조성(『掛佛調査報告書 II』과『韓國의 佛畵 31 – 大興寺』)
　　　수화승 琢行
　　◦1736년 경남 양산 通度寺 五戒守護神將幡 第一戒 조성(『韓國의 佛畵 2 – 通度寺(中)』)

ㅎ

畫員 수화승
1736년 경남 양산 通度寺 五戒守護神將幡 第二戒 조성(『韓國의 佛畫 2 - 通度寺(中)』)
畫員 수화승
◦1740년 慶南 梁山 通度寺 極樂寶殿 阿彌陀後佛圖 조성(『韓國의 佛畫 1 - 通度寺(上)』)
수화승 任閑

희연(喜演 : -1764-) 18세기 중반에 활동한 불화승이다. 1764년에 건원릉健元陵 정자각丁字閣 중수에 화승畫僧으로 참여하였다.

◦1764년 『健元陵丁字閣重修都監儀軌』畫僧(奎章閣 13500호, 朴廷蕙, 「儀軌를 통해서 본 朝鮮時代의 畫員」 자료1)

희원 1(喜元 : -1796-1802-) 18세기 후반에 활동한 불화승이다. 송계쾌윤과 1796년에 전남 순천 운수난야 지장시왕도와 운수암 신중도를, 1802년에 전남 순천 선암사 나한전 삼세후불도와 신중도를 그렸다.

◦1796년 전남 순천 雲水蘭若 地藏十王圖 조성(順天 仙巖寺 所藏, 『韓國의 佛畫 12 - 仙巖寺』) 수화승 快玧
1796년 전남 순천 순천 雲水庵 神衆圖 조성(順天 仙巖寺 所藏, 『韓國의 佛畫 12 - 仙巖寺』) 수화승 快玧
◦1802년 전남 순천 선암사 羅漢殿 三世後佛圖 조성(『韓國의 佛畫 12 - 仙巖寺』) 수화승 快玧
1802년 전남 순천 선암사 羅漢殿 神衆圖 조성(『韓國의 佛畫 12 - 仙巖寺』) 수화승 快玧

희원 2(熙圓 : -1831-1832-)* 19세기 전반에 활동한 불화승이다. 1831년에 수화승 경욱과 내원암 아미타극락회상도(국립중앙박물관 소장)를, 1832년에 수화승으로 서울 수국사 감로도(프랑스 국립기메박물관 소장)를 조성하였다.

◦1831년 內院庵 阿彌陀極樂會上圖 조성(國立中央博物館 所藏, 『韓國의 佛畫 39 - 國·公立博物館』) 片手 수화승 慶郁
◦1832년 서울 守國寺 甘露圖 조성(프랑스 국립기메박물관 소장, 『韓國佛畫畫記集』과 『프랑스 국립기메박물관 소장 한국문화재』 회화류) 金魚[83] 수화승

희장(喜璋 : -1863-1864-) 19세기 중반에 활동한 불화승이다. 수화승 하은위상과 1863년에 경남 양산 통도사 백련암 석가모니후불홍도釋迦牟尼後佛紅圖를, 1864년에 통도사 백련암 신중도를 조성하였다.

◦1863년 경남 양산 通度寺 白蓮庵 釋迦牟尼後佛紅圖 조성(『韓國의 佛畫 3 - 通度寺(下)』) 수화승 霞隱偉相
◦1864년 경남 양산 通度寺 白蓮庵 神衆圖 조성(『韓國의 佛畫 1 - 通度寺(上)』) 수화승 霞隱偉相

희준(希俊 : -1675-) 17세기 후반에 활동한 불화승이다. 1675년에 현종顯宗 빈전殯殿 조성소造成所 화승畫僧으로 참여하였다.

◦1675년 『顯宗殯殿都監儀軌』魂殿 造成所 畫僧(奎章閣 13540호, 朴廷蕙, 「儀軌를 통해서 본 朝鮮時代의 畫員」 자료1)

[주]

1) 『韓國佛畵畵記集』, 가람사연구소, 1995, p.412에 鶴松學□로 읽었다.

2) 『韓國의 佛畵 11 - 華嚴寺』 圖5에 畵記를 잘못 정리하여 놓았다.

3) 洪潤植 編, 위의 책, p.32에 1644년(甲申)에 제작된 것으로 보았다.

4) 洪潤植 編, 위의 책, pp.310-311에 靈山會上圖로 명명하였다.

5) 도록에 翰□으로 畵記를 읽었으나 동시에 제작된 작품을 보면 한규임을 알 수 있다.

6) 『韓國의 佛畵 1 - 通度寺(上)』에 漢炳으로, 洪潤植 編, 위의 책, pp.371-372에 阿彌陀會上圖와 漢炯으로 읽었다.

7) 도록에 敬□로 나와 있지만, 1904년 梁山 通度寺 毘盧庵 九品圖(『韓國의 佛畵 1 - 通度寺(上)』 圖21) 조성 시 수화승 尙休와 같이 활동한 승려들과 중복되고 있다.

8) 洪潤植 編, 위의 책, pp.371-372에 阿彌陀會上圖로 보았다.

9) 洪潤植 編, 위의 책, p.299에 輪碩으로 읽었다.

10) 『韓國의 佛畵 38 - 佛國寺』, p.227 圖31에 聖朋으로 읽었다.

11) 『韓國의 佛畵 32 - 梵魚寺』, p.205 圖3에 輪變으로 읽었다.

12) 洪潤植 編, 위의 책, pp.307-308에 翰變으로, 『韓國의 佛畵 32 - 梵魚寺』, p.212 圖29에 輪變으로 읽었다.

13) 洪潤植 編, 위의 책, p.308에 翰燮으로, 『韓國의 佛畵 32 - 梵魚寺』, p.214 圖41에 輪變으로 읽었다.

14) 『韓國의 佛畵 3 - 通度寺(下)』, p.250 圖7에 漢炯으로 읽었다.

15) 『韓國의 佛畵 2 - 通度寺(中)』 圖51에 연대 미상으로, 洪潤植 編, 위의 책, p.373에 1904년으로 언급하였다.

16) 『韓國의 佛畵 32 - 梵魚寺』, p.208 圖20에 阿彌陀後佛圖로 보았다.

17) 尙敏으로 읽었지만, 向敏일 것이다.

18) 동시에 五十三佛圖, 八相圖, 十六羅漢圖를 조성하였다.

19) 『韓國의 佛畵 11 - 華嚴寺』 圖28과 洪潤植 編, 위의 책, pp.112-113에 香玉으로 읽었다.

20) 洪潤植 編, 위의 책, p.112에 香玉으로 읽었다.

21) 『韓國의 佛畵 35 - 曹溪寺(中)』, p.211 圖29에 漢峰應□로 읽었다.

22) 洪潤植 編, 위의 책, pp.68-69에 □英으로 읽었다.

23) 『韓國佛畵畵記集』, pp.68-69에 □영(□英)으로 읽었지만, 同年同寺에서 그려진 천불도를 근거로 해영(海英)으로 추정한다.

24) 崔淳雨・鄭良謨, 『韓國의 佛敎繪畵 - 松廣寺』, 국립중앙박물관, 1970, p.43과 p.48에 海宗으로 읽었다.

25) 동시에 五十三佛圖, 八相圖, 十六羅漢圖를 조성하였다.

26) 畵記에 幸□으로 나와 있다.

27) 『韓國의 佛畵 1 - 通度寺(上)』, p.265에 수화승을 晟□로 읽었지만, 성주晟周일 것으로 추정된다.

28) 『掛佛調査報告書』, p.128과 洪潤植 編, 위의 책, pp.33-35에 화원질 안에 幸雲이 없고, 華雲이라는 이름을 볼 수 있다.

29) 『韓國의 佛畵 21 - 桐華寺(上)』, p.246 圖50에 1775년에 제작된 것으로 나와 있지만, 同治十年辛未는 1871년이다.

30) 洪潤植 編, 위의 책, pp.190-191에 불화승이 언급되어 있지 않다.

31) 동시에 五十三佛圖, 八相圖, 十六羅漢圖를 조성하였다.

32) 1730년에 조성된 경남 고성 雲興寺 三世佛圖(藥師如來, 『韓國의 佛畵 25 - 雙磎寺』, p.223 圖21)에 畵員의 이름이 적혀있지 않다.

33) 畵記에 義謙, 幸宗, 覺天, 德敏으로 나와 있으나, 원문에 畵員 儀謙, 幸宗, 日敏, 覺天, 策閱이 제작한 것으로 나와 있다(『韓國의 佛畵 15 - 麻谷寺(上)』, p.217).

34) 洪潤植 編, 위의 책, p.281에 行沽로 읽었다.

35) 『畿內寺院誌』, 경기도, 1988, pp.217-218에 炫拜로 읽었다.

36) 『서울전통사찰불화』, 서울특별시, 1996, p.130에 수화승 慶般應釋으로 읽었다.

37) 김정희, 「水原 靑蓮庵 佛畵考」, pp.47-48에 穰庵炫眺로 읽었다.

38) 洪潤植 編, 위의 책, pp.54-58에 洄璘으로 읽었다.

39) 洪潤植 編, 위의 책, p.172에 □贊으로 읽었다.

ㅎ

40) 洪潤植 編, 위의 책, p.173에 □贊으로 읽었다.

41) 『서울전통사찰불화』, pp.122-123과 洪潤植 編, 위의 책, p.251에 1847년으로 잘못 읽었다.

42) 『서울전통사찰불화』, pp.138-139과 洪潤植 編, 위의 책, pp.337-338에 慧覺으로, 『韓國의 佛畵 36 - 曹溪寺(下)』, p.207 圖4에 慧寬으로 읽었다.

43) 畵만 적혀 있다.

44) 동시에 五十三佛圖, 八相圖, 十六羅漢圖를 조성하였다.

45) 『서울전통사찰불화』, pp.122-123과 洪潤植 編, 위의 책, p.251에 1847년으로 잘못 읽었다.

46) 『掛佛調査報告書』 圖9와 洪潤植 編, 위의 책, pp.36-37에 惠月로 읽었다.

47) 『서울전통사찰불화』, p.130에 수화승 慶般應釋으로 읽었다.

48) 『서울전통사찰불화』, p.132에 혜능이 언급되지 않고 『奉恩本末寺誌』, p.63과 洪潤植 編, 위의 책, p.317에 惠能으로 읽었다.

49) 洪潤植 編, 위의 책, pp.93-96에 惠詧으로 읽었다.

50) 洪潤植 編, 위의 책, pp.100-101에 慧舉으로 읽었다.

51) 洪潤植 編, 위의 책, pp.102-104에 慧□로 읽었다.

52) 『韓國의 佛畵 16 - 麻谷寺(下)』, p.222 圖41에 19세기 후반 작으로 추정하였다.

53) 中峯堂 慧□으로 읽었다.

54) 洪潤植 編, 위의 책, pp.263-264에 中峯堂 慧□로 나와 있다.

55) 『韓國의 佛畵 14 - 禪雲寺』 圖9에 供養主로, 『掛佛調査報告書Ⅱ』에 彫刊畵員으로 참여한 것으로 보았다.

56) 畵記에 大雄殿 三尊聖像 灵山殿 十六尊像 兩帝釋과 各部 改畵 및 現王圖 點眼으로 나와 있다.

57) 洪潤植 編, 위의 책, pp.390-391에 靈山會上圖로 언급되어 있다.

58) 畵記에 大谷□로 읽었다.

59) 洪潤植 編, 위의 책, pp.190-191에 불화승이 언급되어 있지 않다.

60) 『韓國의 佛畵 2 - 通度寺(中)』 圖3에 당호만 적혀있다.

61) 『韓國의 佛畵 11 - 華嚴寺』 圖5에 畵記를 잘못 정리하여 놓았다.

62) 『全南의 寺刹』, p.280에 유일하게 幻監으로 읽었다.

63) 洪潤植 編, 위의 책, p.331에 □奎로 읽었다.

64) 1744년 固城 玉泉寺 명부전 지장보살도(洪潤植 編, 위의 책, p.122) 언급되어 있다.

65) 『韓國의 佛畵 25 - 雙磎寺(上)』 圖33에 幻營으로, 洪潤植 編, 위의 책, p.122에 幻機로 읽었다.

66) 洪潤植 編, 위의 책, p.133에 喚□로 읽었다.

67) 洪潤植 編, 위의 책, pp.112-114에 幼雄으로 읽었다.

68) 洪潤植 編, 위의 책, pp.112-113에 幼雄으로 읽었다.

69) 洪潤植 編, 위의 책, p.112에 幼雄으로 읽었다.

70) 洪潤植 編, 위의 책, pp.190-191에 불화승이 언급되어 있지 않다.

71) 崔淳雨・鄭良謨, 『韓國의 佛敎繪畵 - 松廣寺』, p.71과 洪潤植 編, 위의 책, p.91에 梵王圖로 명명하였다.

72) 동시에 五十三佛圖, 八相圖, 十六羅漢圖를 조성하였다.

73) 會尢으로 언급되어 있다.

74) 洪潤植 編, 위의 책, pp.99-100에 晶寬으로 읽었다.

75) 畵記에 義謙, 採仁, 幸宗, 晶寬, 智元으로 나와 있으나, 願文에 畵員 儀謙, 幸宗, 採仁, 德敏이 제작한 것으로 적혀 있다(『韓國의 佛畵 15 - 麻谷寺(上)』, p.217).

76) 畵記에 都畵員으로 적혀 있는데, 이 불화에 畵員都라고 적혀 있다.

77) 洪潤植 編, 위의 책, p.92에 언급되어 있지 않다.

78) 畵記에 厚□으로 나와 있으나 동년 동사에서 같이 조성된 삼세후불도를 근거로 후옥임을 알 수 있다.

79) 『프랑스 국립기메박물관 소장 한국문화재』 회화류 圖1에 □鳳으로 읽었다.

80) 洪潤植 編, 위의 책, pp.396-397에 興煥으로 읽었다.

81) 畵記에 中壇圖로 나와 있다.

82) 洪潤植 編, 위의 책, pp.179-180에 참여한 인물이 많이 다르고, 그 가운데 奧悟로 읽었다.

83) 洪潤植 編, 위의 책, pp.244-245에 서울 수국사에 소장한 것으로 적어놓았다.

〈조선후기 불교회화 참고문헌〉

1. 事蹟記와 문헌자료

권상노, 『한국사찰전서』, 동국대학교출판부, 1979.

國史編纂委員會 編, 『各司謄錄5－京畿道篇』, 時事文化社, 1982.

『兜率山 禪雲寺誌』, 禪雲寺, 2003.

동국대학교 불교문화연구소, 『韓國佛敎撰述文獻總錄』, 동국대학교출판부, 1976.

박상국 편저, 『全國寺刹所藏 木板集』, 문화재관리국, 1987.

박세민, 『韓國佛敎儀禮資料叢書』 1-4, 三聖庵, 1993.

梵海 撰, 『東師列傳』(『韓國佛敎全書』 10, 東國大學校 出版部, 1990 수록).

「浮石寺資料」, 『佛敎美術』, 동국대학교 박물관, 1977, pp.52-76.

獅巖 采永, 『海東佛祖源流』(東國大學校 圖書館 所藏本)

『三神山 雙磎寺誌』, 雙磎寺, 2004.

性能, 『北漢誌』(원영환 역, 『國譯 北漢誌』, 서울특별시사편찬위원회, 1994).

林錫珍 原著 / 古鏡 改正編輯, 『曹溪山 大乘禪宗 松廣寺』, 松廣寺, 2001.

『長興府迦智山寶林寺法堂各殿閣僚舍重創燔瓦年月與工師化主別座等芳啣記錄』(고경 감수, 김희태 ·
        최인선 · 양기수 譯註, 『역주 보림사 중창기』, 장흥문화원, 2001).

「全羅北道 寺刹 史料集」, 『佛敎學報』 3·4, 東國大學校 佛敎文化研究所, 1966, pp.1-53.

丁若鏞 鑑定, 梁光植 譯, 『白蓮社志』, 강진문헌연구회, 1998.

鄭彙憲 集錄, 「海東湖南道智異山大華嚴寺事蹟」, 『佛敎學報』 6, 東國大學校 佛敎文化研究所, 1966,
        pp.205-237.

『朝鮮寺刹史料』, 朝鮮總督府, 1911(亞細亞文化社, 1986 影印).

『朝鮮金石總覽』, 朝鮮總督府, 1919(亞細亞文化社, 1976 影印).

秦弘燮 編著, 『韓國美術史資料集成』 7, 一志社, 1998.

『抄錄譯註 朝鮮王朝實錄 佛敎史料集』 18-23, 동국대학교 불교문화연구원, 2003.

韓國學文獻研究所 編著, 『乾鳳寺本末事蹟 · 楡岾寺本末寺志』, 亞細亞文化社, 1977.

韓國學文獻研究所 編著, 『大芚寺誌』, 亞細亞文化社, 1976(『大芚寺誌』, 대둔사지간행위원회 · 강진문헌
        연구회, 1997).

韓國學文獻研究所 編著, 『金山寺誌』, 亞細亞文化社, 1983.

韓國學文獻研究所 編著, 『大乘寺誌』, 亞細亞文化社, 1977.

韓國學文獻研究所 編著, 『梵魚寺誌』, 亞細亞文化社, 1989.

韓國學文獻硏究所 編著,『佛國寺誌(外)』, 亞細亞文化社, 1976.

韓國學文獻硏究所 編著,『雲門寺誌』, 亞細亞文化社, 1977.

韓國學文獻硏究所 編著,『楡岾寺本末寺誌』, 亞細亞文化社, 1977.

韓國學文獻硏究所 編著,『曹溪山松廣寺史庫』, 亞細亞文化社, 1977.

韓國學文獻硏究所 編著,『傳燈本末寺誌·奉先本末寺誌』, 亞細亞文化社, 1978.

韓國學文獻硏究所 編著,『泰安寺誌』, 亞細亞文化社, 1978.

韓國學文獻硏究所 編著,『華嚴寺誌』, 亞細亞文化社, 1997.

『湖南左道金陵縣天台山淨水寺輿地勝覽』(梁光植 譯,『淨水寺志』, 강진문헌연구회, 1995).

황성렬,『숭림사제산목록대장』, 1957(필사본).

2. 報告書·資料集

『迦智山 寶林寺 精密地表調査』, 順天大學校 博物館, 1995.

『京畿道佛蹟資料集』, 경기도박물관, 1999.

『京畿道指定文化財 實測調査報告書』, 京畿道, 1989.

『觀龍寺 大雄殿 修理報告書』, 文化財廳, 2002.6.

『谷城郡의 佛敎遺蹟』, 국립광주박물관, 2003.

『求禮郡의 文化遺蹟』, 국립목포대학교박물관, 1994.

『求禮 華嚴寺 實測調査報告書』, 文化公報部 文化財管理局, 1986.

『畿內寺院誌』, 京畿道, 1988.

『楞伽寺 大雄殿 實測調査報告書』, 문화재청, 2003.

『桐裏山 泰安寺』, 대한불교조계종 동리산 태안사·대한불교조계종 문화유산발굴조사단, 2001.

『麻谷寺 實測調査報告書』, 文化公報部 文化財管理局, 1989(「泰華山麻谷寺事蹟立案」과 「兼使立案完文」).

『法住寺 捌相殿 修理工事報告書』, 國立文化財硏究所, 1998.

『奉元寺 實測調査報告書』, 서울특별시, 1990.

『奉恩寺 實測調査報告書』, 서울특별시, 1990.

『北漢山의 佛敎遺蹟』, 대한불교조계종 총무원 불교문화재발굴조사단, 1999.

『佛影寺 大雄寶殿 實測調査報告書』, 文化財廳, 2000.8.

『사자산 쌍봉사』, 무돌, 1995.

『寺刹誌』, 전라북도, 1990.

『上樑文集(補修時 發見된 上樑文)』, 文化部 文化財管理局, 1991.

『順天市의 文化遺蹟』, 順天大學校博物館, 1992.

『仙巖寺』, 昇州郡・南道佛敎文化硏究會, 1992.

『崇林寺 普光殿 修理報告書』, 文化財廳, 2002.8.

『雙峰寺』, 木浦大學校博物館, 1996.

『靈光 母岳山 佛甲寺 地表調査報告書』, 동국대학교 박물관・영광군, 2001.

『完州 松廣寺 鐘樓 實測調査報告書』, 文化財廳, 2000.12(「松廣寺開創碑文」, 「松廣寺三世佛造成記」,
　　「庚辰年十王訖功記」, 「石槽 銘文」).

『龍珠寺 本末寺誌』, 本末 住持會, 1984.

『全南金石文』, 全羅南道, 1990.

『全南의 寺刹』, 목포대학교 박물관, 1989.

『全羅北道의 佛敎遺蹟』, 국립전주박물관, 2001.

『指定對象佛像調査報告書』, 文化財管理局, 1988.

『淸平寺實測調査報告書』, 春城郡, 1984.

『掛佛調査報告書』, 文化財管理局 文化財硏究所, 1992.

『掛佛調査報告書』 2, 文化財管理局 文化財硏究所, 1992.

『韓國의 古建築』 1, 文化財管理局, 1973.12.

『韓國의 古建築』 9, 文化財管理局, 1987.12.

『韓國의 古建築』 15, 文化財管理局, 1993.12.

『韓國의 古建築』 19, 文化財管理局, 1997.12.

『韓國의 古建築』 20, 국립문화재연구소, 1998.12.

『韓國의 古建築』 21, 국립문화재연구소, 1999.

『韓國의 古建築』 22, 국립문화재연구소, 2000.

『韓國의 古建築』 23, 국립문화재연구소, 2001.12.

『華溪寺 實測調査報告書』, 서울특별시, 1988.

『興天寺 實測調査報告書』, 서울특별시, 1988.

崔淳雨・鄭良謨, 『韓國의 佛敎繪畵 - 松廣寺』, 國立中央博物館, 1970.

3. 圖　錄

1) 國　文

『高麗美術館 藏品圖錄』, 高麗美術館, 2003.

『美術史學誌－麗川 興國寺의 佛敎美術』 1, 韓國考古美術硏究所, 1993.

『美術史學誌』 2, 韓國考古美術硏究所, 1997.

『美術史學誌』3, 韓國考古美術研究所, 2000.

『美術史學誌』4, 韓國考古美術研究所, 2007.

『梵魚寺聖寶博物館 名品圖錄』, 梵魚寺聖寶博物館, 2002.

『梵魚寺聖寶文化財 解說集』, 梵魚寺聖寶博物館, 2002.

『北韓文化財圖錄』, 文化財管理局, 1993.

『불교문화재 도난백서』, 대한불교조계종 총무원, 1999.

『佛敎美術名品展』, 湖林博物館, 2002.

『새천년 새유물 展 』, 國立中央博物館, 2000.

『서울 전통사찰 불화』, 서울특별시, 1996.

『仙巖寺聖寶博物館 名品圖錄』, 선암사성보박물관, 2003.

『小川敬吉調査文化財資料』, 文化財管理局 文化財研究所, 1994.

『영혼의 여정 - 조선시대 불교회화와의 만남』, 국립중앙박물관, 2003.

王素芳, 石永士 編著, 『毗盧寺壁畵世界』, 河北敎育出版社, 2002.

『龍門寺聖寶遺物館 開館圖錄』, 용문사성보유물관, 2006.

『李朝の屛風』, 大和文華館, 1987.

『조선불화특별전』, 한국불교미술박물관, 2002.

『조선왕실의 가마』, 국립고궁박물관, 2006.

『朝鮮後期國寶展－위대한 문화유산을 찾아서(3)』, 湖巖美術館, 1998.

『朝鮮後期佛畵』, 全羅南道玉果美術館, 1997.

『衆生의 念願』, 한국불교미술박물관, 2004.

『直指寺聖寶博物館 소장품도록』, 직지사성보박물관, 2003.

『通道寺聖寶博物館 名品圖錄』, 통도사성보박물관, 1999.

『通度寺의 佛畵』, 通度寺聖寶博物館, 1988.

『프랑스 국립기메동양박물관 소장 한국문화재』, 국립문화재연구소, 1999.

『韓國의 佛畵』1-40, 聖寶文化財研究所, 1988-2007.

『한국의 사찰문화재』1-6, 문화재청・대한불교조계종 문화유산발굴조사단, 2002-2007.

2) 日 文

『高麗・李朝の佛敎美術展』, 山口縣立博物館, 1997.10.

3) 英 文

Chung, Yang-mo, Ahn Hwijoon, Yi Songmi, Kim Lena, Kim Hongnam and Jonathan Best. et. al, Arts of

Korea, New York: The Metropolitan Museum of Art. 1998.

4. 論 著

1) 單行本

(1) 國 文

강건기 · 김성우 · 권희경, 『송광사』, 대원사, 1997(4쇄).

『구산선문 최초가람 - 실상사』, 선우도량 출판부, 2000(3쇄).

權相老, 『韓國寺刹全書』, 동국대학교 출판부, 1979(『退耕堂全集』 2 재수록).

金玲珠, 『朝鮮時代佛畵研究』, 지식산업사, 1986.

김정희, 『조선시대 지장시왕도 연구』, 一志社, 1996.

金相永 外, 『갓바위 부처님 - 禪本寺寺誌』, 사찰문화연구원, 1996.

_____, 『奉恩寺』, 寺刹文化研究院, 1997.

문명대 外, 『畿內寺院誌』, 京畿道, 1988.

윤열수, 『掛佛』(빛깔있는 책들51), 대원사, 1990.

장희정, 『조선후기 불화와 화사 연구』, 일지사, 2003.

최선일, 『朝鮮後期僧匠人名辭典 - 佛教彫塑』, 양사재, 2007

홍윤식, 『韓國佛畵畵記集』, 가람사연구소, 1995.

_____, 『韓國佛畵의 研究』, 원광대학교출판국, 1980.

2) 論 文

(1) 國 文

姜永哲, 「18세기말-19세기초 경기지역 首畵僧 考察-楊州牧 · 水原府 首畵僧들의 畵籍을 중심으로-」, 『東岳美術史學 - 瓦本 金東賢博士 停年紀念論叢』 3(동악미술사학회, 2002), pp.242-244.

김경미, 「조선 후기 四佛山 佛畵 畵派의 연구」, 동국대학교 대학원 석사학위청구논문, 2000.

金美京, 「雲門寺 毘盧殿 三身佛 幀畵에 대한 考察」, 『蓮史洪潤植教授 停年退任紀念論叢 : 韓國文化의 傳統과 佛教』(논총간행위원회, 2000), pp.151-338.

김정희, 「기림사 十王圖 고찰」, 『불교미술』 15, 1998, pp.101-132.

_____, 「조선시대 『佛說八關齋秘密求生淨土心要』의 十王版畵」, 『미술사학연구』 201, 1994, pp.41-74.

_____, 「水原 靑蓮庵 佛畵考」, 『聖寶』 3(대한불교조계종 성보보존위원회, 2001), pp.41-68.

_____, 「雙磎寺의 佛畵」, 『聖寶』 5(대한불교조계종 성보보존위원회, 2003), pp.47-72.

_____, 「朝鮮後期 畵僧研究; 錦巖堂 天如(1794-1878)」, 『省谷論叢』 29(省谷學術文化財團, 1999), pp.437-438.

_____, 「朝鮮後期 畵僧研究(2); 海雲堂 益贊」, 『講座 美術史』 18(韓國佛敎美術史學會, 2002), pp.83-124.

_____, 「중국 道敎의 十王信仰과 圖像」, 『미술사학』 6, 1994, pp.35-85.

_____, 「서울 靑龍寺의 佛畵」, 『聖寶』 6(대한불교조계종 성보보존위원회, 2004), pp.5-28.

김창균, 「安東 鳳停寺 木造觀音菩薩坐像考」, 『聖寶』 3(大韓佛敎曹溪宗 聖寶保存委員會, 2001), pp.6-30.

_____, 「거창·창녕 포교당 성보 조사기」, 『聖寶』 4(大韓佛敎曹溪宗 聖寶保存委員會, 2002), pp.157-172.

_____, 『朝鮮朝 仁祖 - 肅宗代 佛畵 研究』, 동국대학교 박사학위청구논문, 2006.2.

김철웅, 「조선 초기 祀典의 체계화 과정」, 『문화사학』 20, 한국문화사학회, 2003, pp.189-207.

文明大, 「毘盧遮那三身佛圖像의 形式과 祇林寺 三身佛像 및 佛畵의 연구」, 『佛敎美術』 15(東國大學校博物館, 1998), pp.77-99.

_____, 「印性派 木佛像의 조성과 道詵寺 木阿彌陀三尊佛像의 고찰」, 『聖寶』 5(大韓佛敎曹溪宗 聖寶保存委員會), 2003, pp.5-16.

박도화, 「조선시대 金剛經板畵의 圖像」, 『불교미술연구』 3·4, 1997, pp.780-91.

_____, 「鶴林寺 毘盧遮那삼신괘불탱화」, 『聖寶』 6(대한불교조계종 성보보존위원회, 2004), pp.30-39.

박은경, 「조선시대 15·6세기 불교회화의 특색 - 地藏十王圖를 중심으로」, 『石堂論叢』 20, 1994, pp.251-279.

_____, 「日本 善導寺·長安寺 소장 16세기 조선불화」, 『東岳美術史學』 3(東岳美術史學會, 2002), pp.201-215.

박옥생, 「退雲堂 信謙의 佛畵 연구」, 동국대학교 대학원 석사학위청구논문, 2006.

朴廷蕙, 「儀軌를 통해서 본 朝鮮時代의 畵員」, 『미술사연구』 9(미술사연구회, 1995), pp.203-290.

박효열, 「조선 후기 七星圖 비교연구 - 전라도지역과 경기도지역의 양식 비교를 중심으로」, 동국대학교 불교대학원 석사학위청구논문, 1998.

沈曉燮, 「朝鮮後期 畵僧 信謙 研究」, 『蓮史洪潤植敎授 停年退任紀念論叢 : 韓國文化의 傳統과 佛敎』(논총간행위원회, 2000), pp.564-590

安貴淑, 「조선후기 佛畵僧의 계보와 義謙比丘에 대한 연구(상)」, 『미술사연구』 8(미술사연구회, 1994), pp.63-137.

_____, 「조선후기 佛畵僧의 계보와 義謙比丘에 대한 연구(하)」, 『미술사연구』 9(미술사연구회, 1995), pp.153-201.

_____, 「조선후기 佛畵僧 義謙에 관한 考察」, 『韓國의 佛畵』 10, 聖寶文化財研究所, 1997.

_____, 김정희, 「조선시대 시왕도연구」, 『朝鮮朝 佛畵의 研究』 2, 정신문화연구원, 1993, pp.1-61.

유마리, 「朝鮮朝 阿彌陀佛畵의 研究」, 『朝鮮朝 佛畵의 研究-三佛會圖』, 韓國精神文化研究院, 1985,

pp.23-51.

이강근, 「芬皇寺 普光殿 上樑文 調査」, 『聖寶』 1(大韓佛敎曹溪宗 聖寶保存委員會), 1999, pp.35-49.

_____, 「上院寺 寂滅寶宮에 대한 조사보고서」, 『聖寶』2(大韓佛敎曹溪宗 聖寶保存委員會, 2000, pp.8-24.

_____, 「曹溪寺 大雄殿에 대한 建築史的 照明」, 『聖寶』 3(大韓佛敎曹溪宗 聖寶保存委員會), 2001, pp.95-111.

이승혜, 「近代 佛畵僧의 西洋畵法 受容 硏究」, 서울대학교 대학원 석사학위청구논문, 2005.

이승희, 「조선 후기 甘露幀의 餓鬼 圖像의 재해석」, 『불교미술사학』 4, 2006, pp.199-219.

_____, 「조선 후기 神衆幀畵 圖像 硏究」, 『미술사학연구』 228·9, 2001, pp.115-144.

李英淑, 「栗谷寺 掛佛의 考察」, 『東岳美術史學』 3(東岳美術史學會, 2002), pp.217-233.

이용윤, 『佛事成功錄』을 통해 본 남장사 괘불」, 『尙州 南長寺 掛佛圖』, 통도사 괘불탱 특별전⑥(통도사 성보박물관, 2001)

_____, 「조선 후기 龍門寺의 佛敎繪畵」, 『용문사성보유물관』, 2006, pp.340-353.

_____, 「華溪寺 觀音殿 地藏三尊圖 硏究」, 『미술사연구』18, 2004, pp.99-119.

李殷希, 「雲興寺와 畵師 義謙에 관한 考察」, 『文化財』 24(문화재연구소, 1991), pp.195-211.

_____, 「懸燈寺의 佛像과 佛畵」, 『聖寶』3(大韓佛敎曹溪宗 聖寶保存委員會), 2001, pp.68-93.

이재승, 「조선 후기 高興地域 寺刹의 佛畵」, 전남대학교 교육대학원 석사학위청구논문, 1994.

이종수, 「조선후기 畵僧 快允에 관한 고찰」, 『順天 仙巖寺 掛佛圖』, 통도사 괘불탱 특별전⑧(통도사성보박물관, 2002)

장희정, 「근대 수도권 佛畵의 傳統性과 新傾向」, 『동악미술사학』 4, 2003, pp.119-139.

_____, 「조선 후기 現王圖의 유행과 慶國寺 現王圖」, 『불교미술』 18, 2007, pp.103-133.

鄭于澤, 「佛甲寺의 佛敎繪畵」, 『佛甲寺의 綜合的 考察 』, 東國大學校 附設 寺刹造景硏究所, 1998, pp.107-133.

_____, 「韓國 近代 佛畵草本考」, 『한국 근대의 백묘화』, 홍익대학교박물관, 2001, pp.105-109.

최선일, 「朝鮮後期 彫刻僧의 활동과 佛像硏究」, 홍익대학교 박사학위청구논문, 2006.6.

황호균, 「全南地域의 掛佛에 대한 一考察 - 羅州 竹林寺의 掛佛을 中心으로」, 『全南文化財』 4, 全羅南道, 1991, pp.155-184.

조선후기 불교회화 조성에
首畵僧으로 활동한 僧匠

이 름	활동 시기	이 름	활동 시기
(ㄱ)		계정(戒淨, 戒定)	-1869-1874-
각총(覺聰)	-1735-1758-	계창 1(啓昌)	-1886-1892-
거봉(巨奉, 居峯)	-1781-	계창 2(桂昌)	-1913-1919-
거붕(巨鵬)		계한(戒閑)	-1787-1804-
경륜(敬崙)	-1903-1907-	관보(琯甫, 琯普, 琯寶)	-1803-1824-
경보(景甫, 璟補, 璟甫, 景輔)	-1775-1798-	관주(觀周)	-1830-1845-
경선(敬善, 敬先, 慶善)	-1870-1879-	관행 1(寬行, 瓘幸)	-1858-1863-
경심(敬心)	-1673-	관혜(貫惠)	-1898-1903-
경연 2(慶演)	-1901-	광구(廣口)	-1719-
경연 3(敬演)	-1906-	광습(廣習)	-1710-1718-
경옥(慶玉, 璟玉, 景玉, 敬玉)	-1775-1801-	굉원(宏遠)	-1719-1732-
경욱 1(敬郁)	-1794-1796-	교원(敎願, 敎源)	-1767-1771-
경욱 2(慶郁)	-1831-	국성(國成, 國性)	-1775-1801-
경욱 3(敬郁, 敬旭)	-1854-1861-	규상(奎祥)	-1892-1898-
경운(敬雲, 慶雲)	-1863-1884-	금겸(錦謙)	-1810-1831-
경잠 1(景岑, 敬岑)	-1650-1656-	금석(金錫)	-1715-
경천(敬天, 景天)	-1888-1936-	금순(錦淳, 錦珣)	-1788-
경호 1(景昊, 璟鎬)	-1894-1896-	금점(錦点)	19세기 후반
경화(敬花)	-1781-	금현(錦昫, 錦現)	-1788-1801-
경환 1(敬還, 敬煥, 景煥)	-1764-1803-	긍률(肯律)	-1879-1888-
계관(戒寬, 桂觀)	-1769-1798-	긍법 1(肯法, 亘法)	-1881-1907-
계오(戒悟)	-1672-1683-	긍순(亘巡, 亘順, 亘淳, 肯巡)	-1886-1906-
계윤 4(戒允)	-1868-1870-	긍엽 1(亘曄, 亘爗, 亘葉)	-1877-1900-
계의(戒誼, 戒宜)	-1804-1818-	긍우(亘祐)	-1868-1870-
계인(戒仁, 戒印)	-1784-1789-	긍원(肯圓)	-1772-

이 름	활동 시기	이 름	활동 시기
긍조(肯照, 亘照)	-1886-1892-	도익(道益)	-1713-1731-
긍준(肯濬)	-1856-	도일(道日, 度鎰, 道鎰, 度日)	-1801-1828-
긍척(亘陟)	-1723-1741-	돈법 1(頓法, 敦法)	-1882-1914-
긍화(亘華, 亘和)	-1868-1910-	돈조(頓照)	-1868-1891-
기경(機烱)	-1886-1900-	돈희(頓喜)	-1901-
기상(岐祥, 祺祥, 旗翔)	-1862-1882-	두명(斗明)	-1884-1894-
기연(錡衍, 奇演, 琦演, 錡衍, 奇衍, 琪演)	-1847-1879-	두삼(斗三)	-1868-1912-
		두심(斗心)	-1707-
기일 2(奇一)	-1909-1911-	두안 2(斗岸)	-1895-1901-
기전(琪銓)	-1863-1887-	두훈(枓訓, 枓薰, 抖薰, 斗熏)	-1755-1775-
기형(機炯, 機烱)	-1876-1901-	두흠(斗欽)	-1869-1922-
(ㄴ)		등삼 2(等森)	-1873-1874-
나묵(懶默)	-1659-1695-	(ㅁ)	
낙현(洛現)	-1914-1927-	만겸(萬謙)	-1789-1792-
내원(乃元, 乃圓, 乃原)	-1819-1858-	만총(万聰, 萬聰)	-1893-1929-
뇌현(雷現)	-1742-	만형(萬亨, 滿泂)	-1730-1737-
능민(能旻)	-1882-	만희(萬喜)	-1661-
능학 1(能學)	-1655-1687-	맹찬(孟贊)	-1759-
능호(能昊, 能浩)	-1878-1893-	명열(明悅)	-1729-1734-
(ㄷ)		명옥(明玉)	-1653-1658-
대원(大園, 大遠)	-1844-1863-	명원(明遠)	-1682-
대전(大電)	-1876-1879-	명정(明淨)	-1728-
대징(大澄)	-1781-	명조(明照)	-1901-1910-
덕인 1(德印, 德仁)	-1748-1769-	목우(牧雨)	-1899-1936-
덕인 2(德仁, 德麟, 德獜)	-1856-1862-	몽화(夢華, 夢化)	-1904-1943-
덕화(德花, 德和, 德華, 惠華, 德化)	-1861-1887-	묘영(妙英, 玅永, 妙永, 玅英, 妙映, 玅寧, 妙寧)	-1866-1907-
도문 1(道文)	-1709-1710-		
도순 1(道順, 道詢, 道淳)	-1840-1860-	묘화(妙華)	-1858-1896-
도우 1(道祐, 道雨)	-1633-1664-	묘흡(妙洽, 玅洽)	-1881-1887-
도운(道云)	-1831-	문성 2(文性, 文成)	-1882-1939-

이 름	활동 시기
문형(文炯)	-1896-1898-
민관 1(敏瓘, 敏寬, 旻官, 旻寬)	-1786-1806-
민규(玟奎)	-1892-
민순(敏順)	-1755-
민원(敏圓)	-1688-
민정(珉淨, 泯淨)	-1876-1884-
민활(敏活)	-1817-
민휘 1(敏輝)	-1727-1742-
민휘 2(敏徽)	-1776-
밀기(密機)	-1731-1744-
(ㅂ)	
백기(白基, 白起, 白己)	-1698-1730-
범천(梵天)	-1901-1910-
법경(法囧)	-1627-
법능 1(法能)	-1649-1682-
법림(法琳)	-1684-
법오(法悟)	-1881-
법융(法融)	-1869-1910-
법임(法任, 法林)	-1879-1897-
법준 2(法俊)	-1847-
법현 1(法玄)	-1748-
법형(法泂)	-1628-
벽하(碧河, 碧荷)	-1755-1758-
변권(卞權)	-1715-
병규(炳奎, 丙圭)	-1892-1897-
보상(保相)	-1868-
보인(普仁)	-1784-1785-
보총(普摠)	-1704-1742-
보훈 1(普訓)	-1798-
보훈 2(輔勳, 普煮, 普薰)	-1876-1885-

이 름	활동 시기
봉각(奉覺)	-1713-
봉간(奉侃)	-1874-1886-
봉감 1(奉鑑)	-1858-1914-
봉규 2(奉奎, 鳳奎, 奉圭)	-1887-1890-
봉기(奉琪, 琫琪, 奉淇, 琫淇, 奉俱)	-1880-1890-
봉린(鳳麟)	-1906-1925-
봉민 2(奉玟, 琫玟, 奉珉)	-1881-1923-
봉법 1(奉法, 鳳法)	-1866-1920-
봉선 1(奉善)	-1831-
봉수(奉秀, 奉洙)	-1868-1905-
봉영 2(琫榮, 琫榮, 奉榮)	-1900-1937-
봉은(奉恩, 奉銀)	-1854-
봉의(琫䴏, 奉誼, 奉宜, 琫醫, 琫毅, 奉儀)	-1860-1897-
봉인(奉仁, 鳳仁)	-1910-1941-
봉주(奉珠, 奉周)	-1874-1928-
봉하 1(奉河)	-1906-
봉호(奉㫋, 奉昊)	-1875-1910-
봉화 3(奉華, 奉化)	-1884-1897-
부일 1(富一, 富日)	-1767-1775-
부일 2(富一)	-1887-1888-
부첨(富添, 富沾)	-1795-1830-
붕안(朋眼, 鵬眼)	-1725-1741-
붕우(鵬友)	-1741-
비현(조賢, 조玄)	-1751-1783-
(ㅅ)	
사신 1(思信)	-1702-
사인(思仁)	-1754-
사혜(思惠, 思慧)	-1741-1750-
산수(山水)	-1860-1867-

이 름	활동 시기	이 름	활동 시기
삼익(三益)	-1702-	선혜(善惠)	-1725
삼인 1(三印, 三忍)	-1628-1659-	선화(善和, 善花)	-1849-1855-
삼인 3(三仁)	-1887-1888-	설심(雪心)	-1727-1754-
상겸(尙謙, 尙兼)	-1780-1790	설현(雪玄)	-1686-1692-
상계(尙桂, 尙戒)	-1768-1790-	설훈(雪訓)	-1758-1794-
상규 2(尙奎, 祥奎)	-1887-1930-	성규 1(性奎)	-1862-1863-
상린(尙璘)	-1695-	성념(聖念)	-1856-1858-
상선(尙先, 尙仙, 尙宣)	-1895-1900-	성명(聖明)	
상수(爽洙, 尙守)	-1888-1911-	성여(性如)	-1860-
상순 2(祥順)	-1887-	성옥 2(性沃)	-1887-
상오 1(尙悟, 常悟)	-1744-1775-	성일 2(性一, 性日, 聖日)	-1888-1907-
상옥(祥玉)	-1887-1910-	성전 3(性典, 性詮)	-1868-1920-
상월(上月)	-1900-	성주 1(聖注, 晟周, 聖周)	-1858-1863-
상정(祥正)	-1907-1914-	성준 1(成俊)	-1840-
상현 1(相玄)	-1780-	성증(性證)	-1724-
상훈(尙訓)	-1777-1792-	성징 1(性澄)	-1688-1724-
상휴(尙休)	-1904-1920-	성찰(性察)	-1711-
색민(色敏, 色旻, 嗇旻)	-1741-1772-	성천 1(性天)	-1846-1854-
서기(瑞氣)	-1745-	성철(性哲)	-1741-
서우(瑞雨)	-1785-	성총(性聰, 聖摠)	-1755-1775-
서익(瑞翊, 瑞益)	-1868-1878-	성환 2(性還, 性煥)	-1900-1920-
서청(瑞淸)	-1725-	성흔(性炘)	-1864-
서휘(瑞暉, 瑞輝, 棲暉, 捿楎, 捿煇)	-1880-1890-	세겸(世兼)	-1907-
석민(碩敏)	-1707-1725-	세관(世冠)	-1681-1747-
석연 2(釋演)	-1730-	세복(世復, 世福)	-1906-1931-
석운(石雲)	-1878-1887-	세원(世元, 世圓)	-1832-1861-
선률(善律)	-1856-1872-	세한(世閑, 世閒)	-1905-
선완(善完)	-1865-	세호(勢晧)	-1844-
선종(善琮, 善宗)	-1849-1866-	세홍(世弘, 世洪)	-1903-1922-
선진(善珎, 善眞)	-1885-1921-	소현(所賢)	-1887-1897-

이　름	활동 시기
수기(須機)	-1742-
수성(守性)	-1759-1767-
수연 1(守衍, 修演, 守演)	-1803-1828-
수원(守源)	-1703-
수인 1(首印)	-1622-
수인 2(守仁, 守印)	-1772-1782-
수해(守海)	-1762-1774-
순민(洵玟)	-1887-
순혜(順惠, 順慧)	-1749-
승오(昇旿)	-1882-
승의(勝宜)	-1874-1892-
승장(勝藏)	-1710-
승호 3(承琥)	-1900-
승활(勝活, 勝闊)	-1775-1803-
신겸 1(信謙)	-1649-1657-
신겸 2(信謙, 信兼, 信謙, 愼謙, 愼兼)	-1788-1828-
신선(愼善)	-1828-1832-
심감(心鑑)	-1723-
심정(心正, 心淨)	-1741-
（ ㅇ ）	
약효(若效, 若孝)	-1878-1927-
양전(兩典, 良典)	-1844-1846-
여찬(麗贊, 呂燦)	-1708-1729-
연총(蓮聰)	-1903-
연홍(演洪, 演弘, 衍洪, 演泓, 練弘)	-1775-1791-
엽계(燁桂)	-1884-
엽주(燁桂)	-1884-
영린(永璘)	-1789-1791-
영선(映宣, 映善, 永宣)	-1876-1881-

이　름	활동 시기
영수 1(影守, 影修, 永守, 楹修)	-1785-1795-
영식(永植)	-1869-
영안(玲眼, 穎眼, 永眼, 穎案)	-1710-1749-
영운(永芸, 永雲, 永云)	-1840-1879-
영인(靈仁, 永印, 靈印)	-1774-1780-
영잠(靈岑)	-1702-
영파(影波)	-1865-
영환(永煥, 永環, 永幻)	-1856-1895-
영희 1(永熙, 永羲)	-1821-1858-
오관(悟寬)	-1758-1759-
오봉(鰲峯)	-1807-
오성 2(悟惺, 五性, 悟性)	-1885-1890-
옥인(玉仁)	-1775-1801-
완선(完善, 完先)	-1870-1878-
용선(容善)	-1879-1886-
용순(龍順)	-1899-
용준(龍俊, 聳俊)	-1890-1899-
용하(榕夏)	-1868-1884-
용화(龍化)	-1900-
우담(優曇, 雨曇)	-1901-1937-
우난(雨蘭)	-1737-
우심(佑心, 宇心, 友心)	-1786-1792-
우진(雨珍)	-1881-
우홍(宇洪, 宇弘)	-1775-1792-
우희(宇希)	-1817-1850-
운제(運齊)	-1885-1922-
원각(圓覺)	-1725-
원선(元善)	-1868-1872-
원식 1(元式)	-1723-
원인 2(元印)	-1785-

이 름	활동 시기
원일 2(圓日)	-1908-1924-
원행(遠行)	-1770-
월인(月印)	-1744-1758-
위상(偉相, 偉祥)	-1861-1876-
위전(偉傳, 瑋全)	-1790-1803-
유경(宥璟)	-1861-
유봉 1(有鳳, 有奉)	-1765-1796-
유봉 2(有琫)	-1907-
유상(有祥, 宥祥)	-1769-1770경-
유선 1(有仙, 宥善, 幼禪)	-1769-1803-
유성 1(有誠, 惟性, 有成, 有性, 有成, 宥聖)	-1755-1786-
유한(宥閑)	-1755-
유행(有幸, 侑行)	-1765-1780-
유홍(有弘, 宥弘, 有洪)	-1770-1790-
윤익(閏益, 潤益, 允益)	-1862-1905-
윤인(潤引)	-1792-
윤일(允一, 允日, 潤一)	-1900-1905-
윤탄(允坦)	-1702-1739-
윤행(允幸, 允行)	-1757-1771-
은기(隱奇)	-1753-
응륜(應崙)	-1866-1901-
응상 2(應祥)	-1855-1890-
응석(應釋, 應碩)	-1853-1909-
응순(應淳)	-1874-1891-
응열(應悅)	-1650-1673-
응옥(應玉)	-1704-1716-
응작(應作)	-1901-1902-
응탄(應坦)	-1893-1933-
의겸 1(義謙, 義兼)	-1713-1757-

이 름	활동 시기
의관 2(宜官, 宜寬)	-1863-1885-
의균(義均)	-1699-1707-
의민(義敏, 義旻)	-1871-
의윤 2(義允)	-1785-1807-
의은(義銀)	-1821-
익찬(益贊, 益讚)	-1820-1862-
인간 2(仁偘)	-1860-
인규 1(印圭)	-1684-
인문(印文)	-1704-1708-
인성 2(印性, 忍成)	-1740-1764-
인성(印性)	-1660-1667-
인수(仁秀, 仁修)	-1895-1901-
인용(印俑)	-1860-
인우(仁祐, 仁宇)	-1862-1892-
인종 1(印宗)	-1715-1722-
인준 1(印俊)	-1770-1790-
일선(一禪)	-1728-
일한(日暎, 日閑, 一閑)	-1725-1744-
일형 2(一泂)	-1735-
임담(任潭)	-1781-
임평(任平, 壬平, 壬坪)	-1770-1792-
임한(任閑)	-1718-1759-
(ㅈ)	
자관(自寬)	-1716-
자문(自文, 紫紋)	-1759-1780-
자우(慈雨)	-1859-1868-
자인(自仁)	-1745-1765-
자환(自還)	-1744-1747-
장순(莊旬)	-1831-
장유(壯愈)	-1819-1830-

이 름	활동 시기
재겸(在謙, 在兼)	-1895-1905-
재근(在根)	-1868-1881-
재명 2(再明, 在明)	-1901-1938-
재오 2(在悟)	-1892-1929-
적조(寂照)	-1718-1730-
전기(典基, 典琪, 典玘, 瑛基, 典基)	-1870-1896-
전수 1(典秀)	-1764-1765-
전학(典學, 典鶴)	-1887-1892-
정규 2(廷奎, 珽奎)	-1880-1892-
정민(定敏, 定旻)	-1771-1813-
정수(定守)	-1860-
정연 2(正連, 淨蓮, 定鍊, 定演, 定淵)	-1890-1905-
정운(禎雲)	-1906-1927-
정익(正翼)	-1877-1898-
정인 2(定印, 定仁)	-1749-1777-
정일 1(定一, 定日)	-1762-1781-
정총(定聰)	-1775-1777-
정행(正涬)	-1878-1880-
제한(濟閑)	-1803-
종간(宗侃, 宗幹)	-1791-1806-
종운 1(宗運)	-1686-1691-
종운 2(宗運)	-1898-
종인(宗仁)	-1890-1933-
종현(宗現, 宗顯, 宗玄, 宗賢)	-1884-1805-
주경(周景)	-1855-
주화(周華)	-1899-
죽수(竹壽, 竹守)	-1739-1741-
준언(俊彦, 浚彦, 準彦)	-1849-1872-
중린(仲璘)	-1888-

이 름	활동 시기
중예(衆藝)	-1882-
즉심(卽心)	-1722-1736-
증언(證彦)	-1879-1893-
지문(之文)	-1709-
지성 2(支性, 志成)	-1789-1805-
지언 2(志言, 持彦)	-1753-1803-
지연(指演, 指涓)	-1775-1822-
지한 3(智澣, 志澣)	-1887-
진규 2(眞圭, 眞珪)	-1904-1909-
진찰(震刹, 震刹)	-1752-1762-
진철 2(震徹, 震哲)	-1881-1900-
진혁(震爀)	-1904-1906-
진호(進浩, 眞昊, 珎昊)	-1860-1872-
(ㅊ)	
찬규(璨奎, 粲奎, 璨圭, 粲圭, 燦圭)	-1887-1918-
찬종(讚宗)	-1854-1856-
창섭(昌燮, 彰燮)	-1901-1916-
창엽(瑲曄, 瑲燁, 琩曄, 槍曄, 彰葉)	-1858-1895-
창오(昌旿, 昌晤, 昌悟)	-1854-1923-
창원(昌源, 昌元, 彰元)	-1886-1890-
창학 2(昌學)	-1909-1922-
창흔(彰欣, 昌欣, 昌昕)	-1900-1939-
채견(采堅)	-1853-
채인(採仁, 彩仁, 采仁)	-1722-1730-
처일 2(處一)	-1750-1755-
처징 2(處澄)	-1758-1796-
천기(天機, 天基)	-1878-1901-
천붕(天鵬)	-1755-
천성(天性)	-1898-1901-
천신 1(天信)	-1655-1700-

이 름	활동 시기	이 름	활동 시기
천여 1(天如)	-1841-1875-	쾌윤(快允, 快玧, 快潤)	-1751-1802-
천오 1(天悟)	-1718-	**(ㅌ)**	
천축(天竺)	-1858-	타민(它敏)	-1812-
천호(天湖, 天昊)	-1892-1934-	탁행(琢行)	-1727-
철유 2(喆有, 喆侑, 喆裕)	-1875-1910-	탁휘(卓輝)	-1688-1702-
철학(哲學)	-1640-1673-	탄형(坦炯)	-1898-1900-
철현(哲玄)	-1681-	태영(太榮, 泰榮)	-1792-1801-
체균(體均, 体均)	-1821-1831-	태원 1(太原)	-1844-1847-
체붕(體鵬)	-1736-1753-	태윤 2(泰潤)	-1907-
체정(体定, 軆定, 体定)	-1844-1856-	태일 2(太日, 太一, 泰日)	-1885-1897-
체준(體俊, 体峻, 體浚)	-1707-1728-	태철 1(太澈)	-1702-
체훈(體訓, 体訓, 軆訓)	-1868-1887-	**(ㅍ)**	
초흠(楚欽)	-1739-	팔정(八定)	-1790-1791-
총선(摠善)	-1862-	평삼(評三, 平三, 萍三)	-1765-1808-
총원(冢遠)	-1735-	포관(抱冠, 抱寬)	-1755-1782-
최백(最白, 最伯)	-1748-1787-	포근(抱根, 抱勤)	-1734-1744-
최선(最善, 最禪)	-1767-1808-	필영(弼英, 必英)	-1715-1730-
최현(最玄, 最賢)	-1728-1744-	**(ㅎ)**	
축명(笁明)	-1741-1750-	하윤(夏閏, 夏潤)	-1736-1767-
축연 1(竺衍, 竺演, 竺淵)	-1865-1927-	학능 1(學能)	-1650-1688-
축연 2(竺衍, 竺演)	-1885-1911-	한규 1(翰奎)	-1881-1891-
축연 3(竺演)	-1880-	한규 2(翰奎)	-1888-
춘화(春化)	-1910-1926-	한동(漢炯)	-1904-1916-
취선(就善)	-1867-1890-	한형(漢炯)	-1904-1911-
취증(取證)	-1776-	함식 2(咸湜)	-1908-
치삭(稚朔)	-1764-	행음(幸崟)	-1725-
치한(致閑)	-1741-	행정(幸正)	-1776-
(ㅋ)		행종(幸宗)	-1725-1730-
쾌민(快敏, 快旻)	-1724-1728-	향민(向敏)	-1722-1730-
쾌성(快性)	-1771-1796-	향오(香悟, 香五)	-1723-1741-

이 름	활동 시기
현규 1(玄奎)	-1791-
현조(賢照, 賢調, 玄朝, 現照, 呟眺, 炫眺)	-1874-1892-
혜관 1(惠寬, 慧寬)	-1741-1759-
혜식(慧湜, 慧式)	-1739-1742-
혜원 2(彗元, 慧元)	-1900-1903-
혜청(惠淸, 慧淸)	-1776-1796-
혜학(慧學)	-1731-
혜호 3(慧皓)	-1846-1861-
혜화 1(惠和)	-1778-
홍신(弘信)	-1680-
홍안(洪眼, 弘眼)	-1762-1804-
홍언 1(弘彦)	-1693-
화연 1(華連, 華蓮, 華演)	-1759-1776-
화인(華印, 和印, 華仁)	-1882-1900-
환감 2(幻鑑)	-1887-1901-
환익 2(幻益, 幻翼)	-1853-1855-
환일(幻一)	-1775-1814-
회밀(廻密, 澮密, 回蜜)	-1745-1757-
회안(回眼, 懷眼)	-1723-1726-
효안(効安, 曉岸)	-1705-1744-
효흔(皛垠)	-1738-
휴봉(携鳳)	-1755-
흥선(興善)	-1830-
희원 2(凞圓)	-1831-1832-

조선후기 불화승 堂號 목록

당 호	이 름	당 호	이 름
(ㄱ)		금암당(金庵堂, 錦岩堂, 錦菴堂, 錦庵堂)	천여(天如)
경담당 1(鏡潭堂, 環曇堂)	성규(性奎)	금영당(錦靈堂)	지률(旨律)
경담당 2(鏡潭堂)	영의(映宜)	금운당(錦雲堂)	긍률(肯律)
경선당(慶善堂, 慶船堂)	응석(應碩, 應釋)	금운당(錦雲堂)	정기(定基)
경성당 1(環惺堂)	긍준(肯濬)	금주당(金珠堂)	봉화(奉化)
경성당 2(景星堂)	두삼(斗三)	금하당(錦河堂)	재우(在雨)
경암당(慶菴堂)	묘흥(妙興)	금호당(錦湖堂)	약효(若效)
경월당(景月堂)	긍엽(亘燁)	긍명당(亘明堂)	천우(天雨)
경은당(慶隱堂)	계윤(戒允)	**(ㄴ)**	
경하당(慶霞堂, 慶椴堂)	도우(到雨)	낙암당(樂庵堂)	승의(勝宜)
경해당(慶海堂)	진숙(鎭淑)	남곡당(南谷堂)	세섭(世燮)
경허당(鏡虛堂)	정안(正眼)	남곡당(南谷堂)	창섭(彰燮, 昌燮)
경허당(慶虛堂, 擎虛堂)	영운(永芸)	남곡당(南谷堂)	형범(亨範)
경훈당(敬君堂)	영파(影波)	능파당(能波堂)	충현(忠賢)
계은당(繼恩堂, 桂隱堂, 啓恩堂)	봉법(鳳法, 奉法)	**(ㄷ)**	
고산당(古山堂)	축연(竺演, 竺淵)	대명당(大溟堂)	취일(取一)
곽운당(廓雲堂)	경천(敬天)	대송당(大淞堂)	성준(成俊)
관하당(觀河堂)	세겸(世兼)	대우당(大愚堂)	능호(能昊)
관하당(觀河堂)	종인(宗仁)	대우당(大愚堂)	봉민(奉珉, 奉玫)
관허당(冠虛堂, 寬虛堂)	의관(宜官)	대우당(大愚堂)	봉하(奉河)
금곡당(金谷堂)	영환(永煥, 永環)	대운당(大雲堂)	봉하(奉河)
금담당(錦潭堂)	병연(炳淵)	대허당(大虛堂)	체훈(體訓)
금명당(錦明堂, 錦溟堂, 錦冥堂)	운제(運齊)	덕산당(德山堂)	묘화(妙華)
금산당(錦山堂)	계주(桂柱)	덕송당(德松堂)	치형(侈亨)
		덕옹당(德翁堂)	창현(昌賢)

당 호	이 름
덕운당(德雲堂)	영운(永芸)
덕월당(德月堂)	응륜(應崙)
덕해당(德海堂)	도의(道儀)
동산당(東山堂)	병호(秉鎬, 秉皓)
동성당(東星堂)	정연(定淵)
동운당(東雲堂)	규현(奎鉉)
동운당(東雲堂)	취선(就善)
동호당(東昊堂, 東湖堂)	진철(震徹, 震哲, 震徹)
(ㅁ)	
만파당(萬波堂)	정익(正翼)
만허당(滿虛堂)	태화(泰華)
명응당(明應堂)	윤감(允鑑)
명응당(明應堂)	환감(幻鑑)
무경당(無鏡堂)	관주(觀周)
(ㅂ)	
백월당(白月堂)	색민(色敏)
백인당(百忍堂)	태영(泰榮)
범해당(梵海堂)	재명(再明)
범해당(帆海堂, 梵海堂)	두안(斗岸)
범화당(梵化堂, 梵華堂)	윤익(潤益)
법운당(法雲堂)	도간(道間)
법운당(法雲堂)	도한(道閑)
법인당(法仁堂)	석월(石月)
법해당(法海堂)	만계(萬戒)
법해당(法海堂)	재명(再明)
벽산당(碧山堂)	찬규(粲奎, 璨圭, 璨奎)
벽운당(碧雲堂)	봉민(奉珉)
벽월당(碧月堂)	창오(昌旿)
보명당(普明堂)	상오(尙悟)
보암당(普庵堂)	긍법(肯法)

당 호	이 름
보암당(普庵堂)	상월(上月)
보응당(普應堂)	계창(桂昌)
보응당(普應堂)	문성(文性)
보화당(寶華堂)	덕유(德裕)
봉다당(奉茶堂)	한조(漢祚)
봉월당(鳳月堂)	후은(厚銀)
(ㅅ)	
상전당(尙全堂)	혜운(惠雲, 慧雲)
서봉당(西峰堂, 西峯堂)	응순(應淳)
서암당(瑞庵堂)	예린(禮獜)
서암당(瑞庵堂, 瑞巖堂, 捿庵堂)	전기(典基, 典琪)
서운당(瑞雲堂)	도순(道詢)
서응당(西應堂)	응헌(應憲)
서허당(庶虛堂)	기규(基珪)
석옹당(石翁堂)	철유(喆侑, 喆有)
석원당(釋苑堂)	춘장(春莊)
석초당(石樵堂)	봉영(琒榮)
석화당(石化堂)	시찬(施讚)
설도당(雪嶋堂)	세홍(世弘)
설악당(雪岳堂)	세홍(世弘)
설재당(雪齋堂)	병민(秉玟, 秉敏)
설저당(雪渚堂)	달현(達玄)
설제당(雪霽堂)	선법(善法)
설하당(雪荷堂, 雪夏堂)	관행(瓘幸)
설학당(雪鶴堂)	세홍(世洪)
설해당(雪海堂, 說海堂)	민정(珉淨)
성공당(性空堂)	법상(法尙)
성담당(性潭堂)	인우(仁宇)
성암당(性庵堂)	승의(勝宜)

당 호	이 름
성월당(性月堂)	만희(萬喜)
성월당(性月堂)	우희(宇希)
송파당(松坡堂)	정순(淨順)
수경당(繡璟堂)	승호(承琥)
수룡당(繡龍堂, 水龍堂)	기전(琪銓)
수룡당(繡龍堂, 水龍堂)	대전(大電)
신암당(信庵堂)	화련(華連)
신종당(信鍾堂)	주원(周元)
쌍명당(雙明堂)	수인(修仁)
쌍운당(雙雲堂)	희□(熙□)
(ㅇ)	
양완당(梁玩堂)	낙현(洛現)
연암당(蓮庵堂)	경인(敬仁)
연우당(蓮藕堂)	원근(元根)
연파당(蓮波堂, 蓮坡堂)	화인(華印, 和印)
연하당(蓮河堂)	계창(啓昌)
연허당(蓮虛堂, 蓮虗堂)	병규(炳奎, 丙圭)
연호당(蓮湖堂)	봉의(琫毅, 奉宜)
연호당(蓮湖堂)	표의(表宜)
영담당(暎潭堂)	선완(善完)
영담당(影潭堂, 暎潭堂)	선종(善琮, 善宗)
영명당(影明堂)	천기(天機)
영성당(影惺堂)	엄석(嚴奭)
영성당(永惺堂, 永醒堂, 影成堂)	몽화(夢華)
영운당(影雲堂)	창률(敞律)
영운당(影雲堂, 英雲堂, 暎雲堂, 永雲堂)	봉수(奉秀, 奉洙, 奉秀)
영호당(影湖堂)	중예(衆藝)
예암당(睿庵堂)	상옥(祥玉)

당 호	이 름
예운당(禮雲堂, 禮芸堂)	상규(尙奎)
완담당(翫潭堂)	천은(天恩)
완성당(完惺堂)	천은(天恩)
완해당(玩海堂)	용준(龍俊)
완호당(玩虎堂)	낙현(洛現)
완호당(玩虎堂)	정희(正熙)
용봉당(龍峰堂)	경환(敬還)
용선당(龍船堂)	천희(天禧)
용완당(龍浣堂)	기연(琦演)
용원당(龍院堂)	기연(奇衍)
우송당(友松堂)	상수(爽洙, 尙守)
우송당(友松堂)	정규(珽奎)
우송당(友松堂)	한규(翰奎)
우운당(雨雲堂, 優雲堂)	선진(善珎)
운곡당(雲谷堂)	언보(言輔)
운성(雲城)	상근(尙根)
운파당(雲波堂)	취선(就善)
원담당(圓潭堂)	내원(乃圓, 乃元)
원응당(圓應堂)	천일(天日)
월선당(月仙堂)	봉종(奉宗)
월암당(月庵堂)	응탄(應坦)
월연당(月淵堂)	관혜(貫惠)
월연당(月蓮堂)	성희(性希)
월우당(月宇堂)	봉원(奉圓)
월파당(月波堂)	명진(明眞)
월하당(月霞堂)	세원(世元, 世圓)
월해당(月海堂)	성일(性一)
월허당(月虛堂)	준언(俊彦)
월현당(月現堂)	도순(道淳)
융파당(融波堂)	법융(法融)

당 호	이 름	당 호	이 름
응월당(應月堂)	선화(善和)	총성당(聰城)	성능(性能)
응하당(應荷堂)	경협(璟冾)	춘담당(春潭堂)	봉은(奉恩)
응하당(應霞堂)	봉인(奉仁)	춘담당(春潭堂)	성한(盛漢)
의암당(義庵堂, 欐庵堂)	현조(呟眺, 現照)	춘산당(春山堂)	성수(聖秀)
의운당(義雲堂)	상은(尙恩)	춘화당(春花堂)	만총(万聰, 萬聰)
의운당(義雲堂)	종호(鍾皓)	취련당(就鍊堂)	긍엽(兢曄)
의운당(義雲堂, 意雲堂)	자우(慈雨)	취암당(翠庵堂)	승의(勝宜)
이봉당(尼峰堂, 尼峯堂)	중린(仲璘)	취운당(翠雲堂)	양언(良彦)
이봉당(尼峯堂)	지천(地泉)	취월당(醉月堂)	정일(定一, 定日)
(ㅈ)		취허당(翠虛堂)	환열(幻悅)
자운(慈雲)	□연(□演)	침룡당(枕龍堂)	윤규(潤圭)
자은당(慈隱堂)	상렬(尙烈, 尙悅)	침허당(枕虛堂)	예준(禮遵)
정곡당(定谷堂)	부상(富祥)	(ㅌ)	
정공당(靜供堂)	천축(天竺)	태허당(太虛堂)	체훈(體訓)
중봉당(中峰堂)	세호(勢晧)	퇴경당(退耕堂)	상노(相老)
중봉당(中峯堂)	혜호(慧晧)	퇴경당(退耕堂)	정석(鼎奭)
진기당(震奇堂)	상오(尙悟)	퇴운당(退雲堂)	신겸(信謙, 愼謙)
진엄당(震广堂)	상오(尙旿)	퇴운당(退耘堂)	일섭(日燮)
진월당(振月堂)	천호(天湖)	(ㅍ)	
진음당(震音堂)	상오(尙旿)	풍곡당(豊谷堂)	덕인(德仁, 德僯, 惠麟)
(ㅊ)		풍호당(楓湖堂)	혜찰(慧察)
천연당(天然堂)	정연(定淵)	(ㅎ)	
철우당(鐵牛堂)	진호(進浩)	하은당(霞隱堂)	기상(岐祥)
철월당(哲月堂)	칠현(七賢)	하은당(霞隱堂)	위상(偉相)
청암당(青庵堂)	현성(鉉成)	하은당(霞隱堂)	응상(應祥)
청암당(青巖堂, 清菴堂)	운조(雲照, 芸祚)	하은당(霞隱堂)	응선(應禪)
청오당(清悟堂)	성옥(性沃)	하택당(霞澤堂)	보훈(普薰)
청응당(清應堂)	목우(牧雨)	학송당(鶴松堂)	선준(禪俊)
초암당(草庵堂)	세한(世閑, 世閒)	학송당(鶴松堂)	학눌(學訥)
초암당(草庵堂, 草菴堂)	세복(世復, 世福)	한곡당(漢谷堂)	돈법(頓法)

당 호	이 름	당 호	이 름
한담당(漢潭堂)	천신(天娠)	화산당(華山堂)	재근(在根)
한봉당(韓峰堂)	응작(應作)	화악당(華岳堂)	평삼(評三)
한봉당(漢峰堂)	장엽(丈燁)	화암(華菴)	묘협(妙冾)
한봉당(漢峰堂)	창엽(瑲曄, 瑲燁, 珺曄)	화암당(華庵堂)	두흠(斗欽)
해명당(海溟堂)	석조(奭照)	화암당(華庵堂)	세흠(世欽)
해명당(海溟堂)	쾌웅(快雄)	화월당(華月堂)	두훈(枓熏)
해명당(海冥堂, 海溟堂)	산수(山水)	화응당(華應堂)	향진(享眞)
해봉당(海峰堂)	도준(度遵)	환봉당(幻峯堂)	준성(準性)
해성당(海城堂)	창흔(昌昕)	환암당(幻庵堂)	현규(玄奎)
해연당(海演堂)	성념(聖念)	환월당(幻月堂)	상조(尙照)
해운당(海雲堂)	익찬(益讚)	환월당(煥月堂, 幻月堂)	상휴(尙休)
향암당(香庵堂)	성엽(性曄)	효암당(孝庵堂)	석찬(石讚)
향암당(香庵堂)	성주(聖周)	효암당(孝庵堂)	재찬(在讚)
향호당(香湖堂)	묘영(妙英, 玅英, 妙映)		
허곡당(虛谷堂)	긍순(亘巡)		
현엄당(玄广堂)	탄동(坦烔)		
현옹당(玄翁堂)	봉호(奉昊)		
현응당(玄應堂)	우익(祐益)		
현정당(賢正堂)	순정(舜静)		
혜고당(慧杲堂)	봉감(奉鑑)		
혜고당(慧杲堂)	지한(智澣)		
혜과당(慧果堂)	엽계(燁桂)		
혜룡당(惠龍堂)	행은(幸恩)		
혜암당(慧庵堂)	상정(祥正)		
호영당(湖暎堂)	삼천(三千)		
호운당(浩雲堂)	부일(富一)		
호은당(湖隱堂)	정연(定淵)		
혼응당(渾應堂, 混應堂)	성주(聖周)		
화남당(化南堂)	총선(摠善)		
화봉당(華峯堂)	경조(敬祚)		

도판목록

사진59> 연호봉의, 신중도, 1877년, 남해 용문사

사진60> 화산재근, 지장보살도, 1878년, 서울 화계사 명부전

사진61> 운파취선, 칠성도, 1879년, 강진 무위사(소재불명)

사진62> 하은응상, 칠성도, 1881년, 선산 도리사

사진63> 수룡기전, 신중도, 1882년, 동래 범어사 대웅전

사진64> 하은응상, 아미타극락회도, 1886년, 안동 광흥사

사진65> 작가미상, 신중도, 19세기 후반, 구례 화엄사 구층암 천불보전

사진66> 석옹철유, 현왕도, 1887년, 서울 경국사(동국대학교 박물관 소장)

사진67> 한봉창엽, 감로도, 1892년, 서울 봉은사

사진68> 연파화인, 칠성도, 1897년, 구례 화엄사 원통전

사진69> 승호, 감로도, 1900년, 여주 신륵사

사진70> 한봉응작, 괘불도, 1901년, 서울 봉원사

사진71> 명응환감, 감로도, 1901년, 해남 대흥사 대웅전

사진72> 관하종인, 십육나한도, 1901년, 해남 대흥사 응진전

사진73> 벽운유봉, 천불도, 1907년, 순천 선암사 천불전

사진74> 고산축연, 신중도, 1916년, 강화 전등사 대웅전

사진1〉 신겸, 괘불도, 1649년, 청주 보살사

사진1-1〉 보살

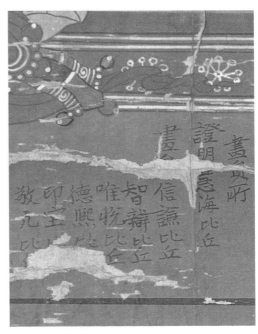

사진1-2〉 화기

사진2〉쾌성, 괘불도, 1650년, 공주 갑사

사진2-1〉비로자나불

사진2-2〉노사나불

사진2-3〉화불

사진3〉 신겸, 영산회괘불도, 1652년, 청원 안심사

사진3-1〉 사천왕

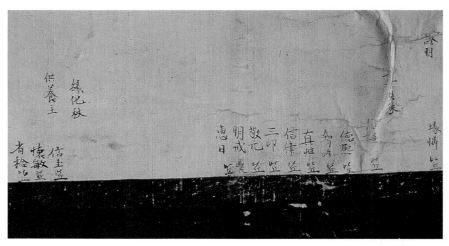

사진3-2〉 화기

사진4〉 명옥, 영산회괘불도, 1653년, 진천 영수사

사진4-1〉 주악천녀

사진4-2〉 사천왕

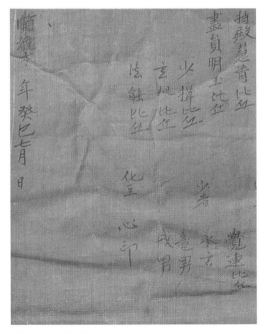

사진4-3〉 화기

사진5〉 철학, 괘불도, 1673년, 청양 장곡사

사진6〉 법능, 감로도, 1682년, 안성 청룡사

사진6-1〉 아귀

사진6-2〉 화기

사진7〉 천신, 영산회상도, 1681년, 하동 쌍계사 팔상전

사진8〉 사신, 오십삼불도(칠불), 1702년, 순천 선암사 불조전(소재불명)

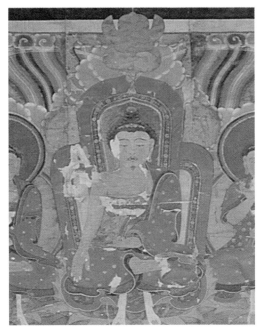

사진8-1〉 석가불

사진8-2〉 칠불도 중 세부

사진9〉 작가미상, 삼장보살도, 1707년, 대구 파계사 대웅전(소재불명)

사진9-1〉 천장보살

사진9-2〉 지장보살

사진10) 의겸, 팔상도, 1719년, 고성 운흥사 영산전(소재불명)

사진10-1〉쌍림열반상 세부

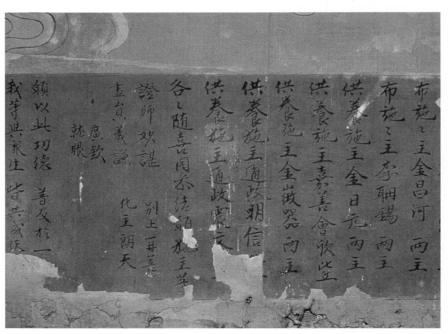

사진10-2〉화기

사진11〉 의겸, 괘불도, 1722년, 진주 청곡사

사진11-1〉 보살

사진11-2〉 석가불

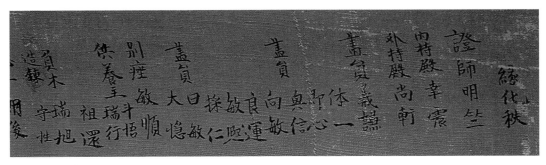

사진11-3〉 화기

사진12〉도ㅁ, 지장시왕도, 1724년, 강진 정수사 조계암(여수 한산사 소장)

사진12-1〉도명존자

사진12-2〉시왕

사진13〉 의겸, 팔상도, 1725년, 순천 송광사 영산전

사진13-1〉 세부

사진13-2〉 세부

사진14〉의겸, 지장시왕도, 1726년, 남원실상사(동국대학교 박물관 소장)

사진14-1〉지장보살

사진14-2〉무독귀왕

사진15〉 쾌민(?), 삼장보살도, 1728년, 대구 동화사 대웅전

사진15-1〉 천장보살

사진15-2〉 지장보살

사진16〉 명정, 감로도, 1728년, 하동 쌍계사 대웅전

사진16-1〉 칠여래

사진16-2〉 아귀

사진17〉 하경, 영산회상도, 1729년, 합천 해인사

사진18〉 의겸, 관세음보살도, 1730년, 고성 운흥사 대웅전

사진18-1〉 용왕과 용녀

사진19〉 각총, 괘불도, 1735년, 남양주 봉선사

사진19-1〉 세부

사진20〉 총원, 영산회상도, 1735년, 울진 불영사 대웅전

사진21〉 의겸, 감로도, 1736년, 순천 선암사 대웅전

사진21-1〉 아귀

사진21-2〉 관음보살과 지장보살

사진21-3〉 화기

사진22〉 긍척, 칠성도, 1739년, 태안사 성기암(용인 호암미술관 소장)

사진22-1〉
화기

사진22-2〉 부분

사진22-3〉 부분

사진23〉 긍척, 삼장보살(지장보살)도, 1741년, 여수 흥국사 대웅전

사진23-1〉 천장보살과 지지보살

사진23-2〉 지지보살

사진23-3〉 권속

사진24〉 효안, 시왕도(태산대왕), 1744년, 고성 옥천사 명부전

사진24-1〉 시왕도(염라대왕)

사진25〉 의겸, 영산회괘불도, 1745년, 나주 다보사

사진26〉 자인, 지장시왕도, 1748년, 예천 한천사(소재불명)

사진27〉 사혜, 괘불도(보살), 1749년, 천안 광덕사

사진27-1〉 사천왕

사진27-2〉 화기

사진28〉 덕인, 감로도 중 성반의식, 1750년, 원광대학교 박물관 소장

사진28-1〉 아귀

사진28-2〉 세부

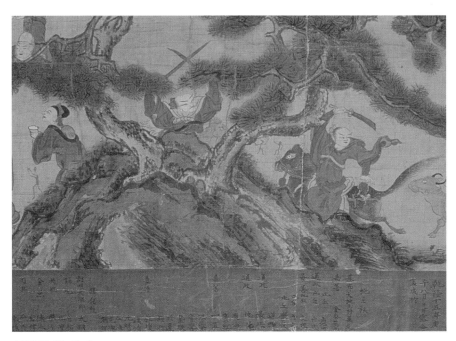

사진28-3〉 화기

사진29〉 의겸, 삼신불도, 1757년, 구례 화엄사 대웅전

사진29-1〉 삼신불(비로자나불)

사진29-2〉 삼신불도(노사나불)

사진30〉 신암화연, 감로도, 1759년, 용인 호암미술관 소장

사진31〉 색민, 지장보살도, 1762년, 구례 천은사 명부전

사진31-1〉 세부

사진32〉 화월두훈, 석가여래괘불도, 1767년, 양산 통도사

사진33〉 민휘, 신중도, 1776년, 구례 천은사 극락보전(순천 송광사 소장)

사진33-1〉 위태천

사진33-2〉 세부

사진34〉 신암화연, 아미타극락회도, 1776, 구례 천은사 극락보전

사진35〉 혜화, 삼장보살도, 1778년, 포항 보경사 대웅전

사진36〉 작가미상, 석가삼세불도, 1778년, 포항 보경사 대웅전

사진37〉 비현, 화엄도, 1780년, 순천 선암사 대웅전(소재불명)

사진37-1〉 노사나불

사진37-2〉 세부

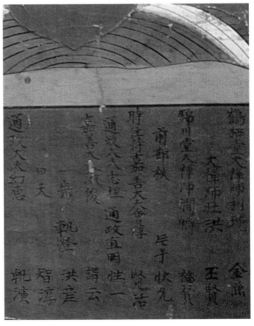

사진37-3〉 화기

사진38〉 화악평삼, 신중도, 1781년, 하동 쌍계사 대웅전

사진39〉 거봉, 감로도, 1781년, 창녕 관룡사(동국대학교 박물관 소장)

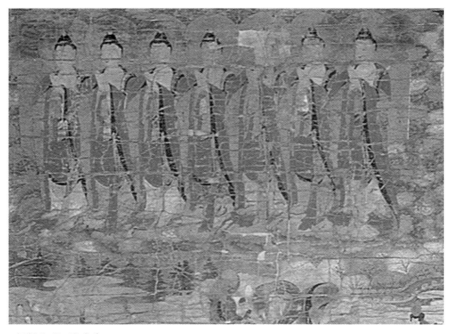

사진39-1〉 칠여래

사진40〉 승윤, 삼장보살도, 1781년, 하동 쌍계사 대웅전

사진41〉 상겸, 지장시왕도, 1782년, 예산 향천사(소재불명)

사진42〉 상겸, 감로도, 1790년, 화성 용주사 대웅보전(소재불명)

사진42-1〉 세부

사진42-2〉 세부

사진43〉 민관, 삼장보살도, 1790년, 화성 용주사 대웅보전

사진43-1〉 천장보살

사진43-2〉 권속

사진44〉송계쾌윤, 신중도, 1802년, 순천 선암사 나한전

사진45〉 화악평삼, 괘불도, 1808년, 고성 옥천사

사진45-1〉 석가불

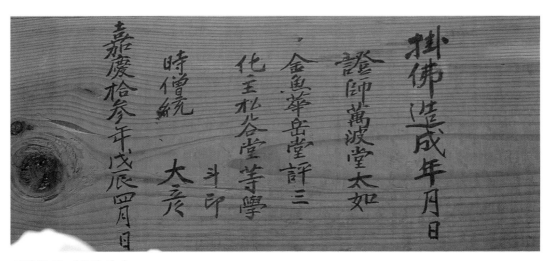

사진45-2〉 괘불함 화기

사진46〉퇴운신겸, 지장시왕도, 1816년, 대구 동화사

사진46-1〉지장보살

사진46-2〉권속

사진47〉 풍계현정, 신중도, 1819년, 해남 대흥사   사진47-1〉 위태천
　　　　천불전

사진48〉 금암천여, 지장보살도, 1855년, 남해 화방사 명부전

사진49〉 금암천여, 시왕도, 1855년, 남해 화방사
　　　　명부전

사진49-1〉 사자도

사진50〉 하은응상, 칠성도, 1857년, 대구 동화사

사진51〉해연성념, 신중도, 1858, 완주 화암사

사진52〉해연성념, 의상암 십육나한도, 1858년, 완주 화암사

사진53〉 금여천여, 아미타극락회도, 1856년, 순천 선암사 선조암(성보박물관)

사진54〉 해운익찬, 삼세불도(석가불), 1860년, 구례 화엄사 각황전

사진54-1〉 삼세불도(아미타불)

사진55〉 금암천여, 청련암 신중도, 1860년, 순천 선암사 대웅전

사진56〉 금암천여, 지장시왕도, 1868년, 하동 쌍계사 국사암

사진57〉 금곡영환, 감로도, 1868년, 남양주 흥국사 대웅전

사진58〉 한봉창엽, 신중도, 1874년, 안성 청룡사 대웅전

사진59〉 연호봉의, 신중도, 1877년, 남해 용문사

사진60〉 화산재근, 지장보살도, 1878년, 서울 화계사 명부전

사진61〉 운파취선, 칠성도, 1879년, 강진 무위사(소재불명)

사진62〉 하은응상. 칠성도, 1881년, 선산 도리사

사진63〉 수룡기전, 신중도, 1882년, 동래 범어사
        대웅전

사진63-1〉 부분

사진64〉하은응상, 아미타극락회도, 1886년, 안동 광흥사

사진65〉작가미상, 신중도, 19세기 후반, 구례 화
엄사 구층암 천불보전

사진65-1〉위태천

사진66〉 석옹철유, 현왕도, 1887년, 서울 경국사　사진66-1〉 현왕
　　　　(동국대학교 박물관 소장)

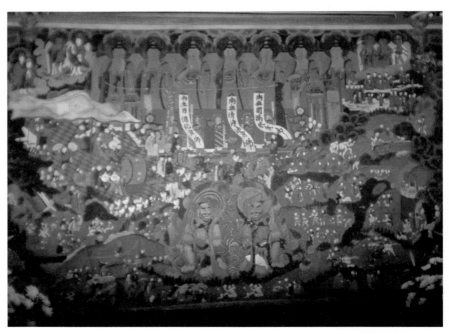

사진67〉 한봉창엽, 감로도, 1892년, 서울 봉은사

사진67-1〉 칠여래

사진67-2〉 풍속(대장간)

사진68〉 연파화인, 칠성도, 1897년, 구례 화엄사 원통전

사진69〉 승호, 감로도, 1900년, 여주 신륵사

사진70〉 한봉응작, 괘불도, 1901년, 서울 봉원사

사진70-1〉관음보살

사진70-2〉 가섭존자

사진71〉 명응환감, 감로도, 1901년, 해남 대흥사 대웅전

사진72〉 관하종인, 십육나한도, 1901년, 해남 대흥사 응진전

사진72-1〉 십육나한도

사진72-2〉 십육나한도

사진73〉 벽운유봉, 천불도, 1907년, 순천 선암사 천불전   사진73-1〉
                                                                화기

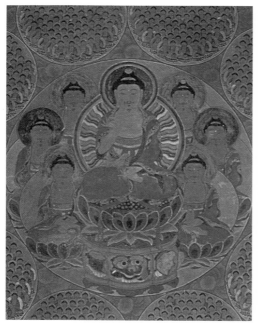

사진73-2〉 세부

사진73-3〉 세부

사진74〉 고산축연, 신중도, 1916년, 강화 전등사 대웅전

사진74-1〉 세부

사진74-2〉
화기